COMENTARIO MACARTHUR DEL NUEVO TESTAMENTO

GÁLATAS, EFESIOS

JOHN MACARTHUR

PORTAVOZ

La misión de *Editorial Portavoz* consiste en proporcionar productos de calidad —con integridad y excelencia—, desde una perspectiva bíblica y confiable, que animen a las personas a conocer y servir a Jesucristo.

Título del original: *The MacArthur New Testament Commentary: Galatians,* © 1987 por John MacArthur y publicado por The Moody Bible Institute of Chicago / Moody Press, 820 N. LaSalle Blvd., Chicago, Illinois 60610-3284.

Título del original: *The MacArthur New Testament Commentary: Ephesians,* © 1986 por John MacArthur y publicado por The Moody Bible Institute of Chicago / Moody Press, 820 N. LaSalle Blvd., Chicago, Illinois 60610-3284.

Edición en castellano: *Comentario MacArthur del Nuevo Testamento: Gálatas, Efesios,* © 2010 por John MacArthur y publicado por Editorial Portavoz, filial de Kregel Publications, Grand Rapids, Michigan 49501. Todos los derechos reservados.

Traducción: John Alfredo Bernal López

EDITORIAL PORTAVOZ
P.O. Box 2607
Grand Rapids, Michigan 49501 USA

Visítenos en: www.portavoz.com

ISBN 978-0-8254-1804-4

1 2 3 4 5 edición / año 14 13 12 11 10

Impreso en los Estados Unidos de América
Printed in the United States of America

GÁLATAS

$\mathcal{D}$edicado a Christopher Parkening,
un músico de habilidad sin par que me ha ministrado
con la belleza de su música y ha dado un ejemplo de
excelencia que emana de su amor a la gloria de Dios

Contenido

Prólogo

Predicar en el ámbito expositivo a través del Nuevo Testamento siempre ha sido para mí un motivo de gratificante comunión divina. Mi meta es siempre tener una comunión profunda con el Señor en el entendimiento de su Palabra, y a partir de esa experiencia proceder a explicar a su pueblo lo que significa e implica cierto pasaje. En las palabras de Nehemías 8:8, me esfuerzo en "poner sentido" a cada pasaje con el fin de que puedan verdaderamente escuchar a Dios hablar, y que al hacerlo se encuentren en capacidad de responderle.

Como es obvio, el pueblo de Dios necesita entender a Dios, y esto requiere un conocimiento de su Palabra de verdad (2 Ti. 2:15), así como el hecho de permitir que esa Palabra more en abundancia dentro de cada uno de nosotros (Col. 3:16). Por lo tanto, el ímpetu preponderante en mi ministerio consiste en contribuir de alguna forma a que la Palabra viviente de Dios sea avivada en su pueblo. Esta es una aventura siempre refrescante.

Esta serie de comentarios del Nuevo Testamento refleja la búsqueda de ese objetivo que precisamente consiste en explicar y aplicar las Escrituras a nuestra vida. Algunos comentarios son básicamente lingüísticos, otros eminentemente teológicos y algunos fundamentalmente homiléticos. El que usted tiene en sus manos es primordialmente explicativo o expositivo. No es técnico en el sentido de la lingüística, aunque también trata aspectos lingüísticos cuando esto resulta ser de ayuda para la interpretación adecuada. No pretende abarcar todos los temas de la teología sino que se enfoca en las doctrinas más importantes presentes en cada texto, así como en la manera como se relacionan con las Escrituras en su conjunto. No es homilético en principio, aunque cada unidad de pensamiento se trata por lo general como un capítulo, con un bosquejo claro y un flujo lógico de pensamiento. La mayoría de las verdades se ilustran y aplican con el respaldo de otras porciones de las Escrituras. Tras establecer el contexto de un pasaje, me he esforzado en seguir de cerca el desarrollo argumentativo y el razonamiento del escritor.

Mi oración es que cada lector pueda alcanzar un entendimiento pleno de lo que el Espíritu Santo está diciendo por medio de esta parte de su Palabra, de tal manera que su revelación se pueda alojar en las mentes de los creyentes trayendo como resultado una mayor obediencia y fidelidad, para la gloria de nuestro gran Dios.

Introducción

La carta a los gálatas ha sido llamada la Carta Magna de la libertad espiritual, el grito de guerra de la reforma protestante y la declaración de independencia del cristiano. Claramente es el decreto de libertad espiritual que el Espíritu Santo entrega a quienes han recibido a Jesucristo como Señor y Salvador.

Muchos historiadores de la iglesia sostienen que Martín Lutero puso los fundamentos de la reforma al escribir su comentario sobre Gálatas. El gran reformador alemán dijo: "La carta a los gálatas es mi epístola. Estoy unido a ella en matrimonio, por decirlo de alguna manera. Gálatas es mi Catalina [el nombre de su esposa]". Fue con base en este estudio meticuloso y sumiso de las Escrituras, y en especial el libro de Gálatas, que Lutero descubrió el plan de Dios de salvación por la gracia que obra mediante la fe, un plan contrario en todo sentido a la enseñanza católica romana de salvación por obras que se había impuesto por más de mil años.

Merril C. Tenney escribió acerca de Gálatas: "El cristianismo habría sido una secta judía más, y el pensamiento del mundo occidental pagano del todo, de no haberse escrito la epístola. Gálatas incorpora el germen de la enseñanza sobre la libertad cristiana que separó al cristianismo del judaísmo y lo lanzó en una carrera de conquista misionera. Fue la piedra angular de la reforma protestante, porque su enseñanza de salvación solo por gracia se convirtió en el tema dominante de la predicación de los reformadores" (*Gálatas* [Grand Rapids: Eerdmans, 1957], p. 15).

En Gálatas se transmite el mensaje de la libertad espiritual del cristiano, su puesta en libertad del yugo del pecado y el legalismo religioso mediante la intervención de Cristo. Su mensaje tiene particular relevancia en nuestro tiempo, ya que la libertad personal se ha convertido en el principio descollante de incontables filosofías, tanto en la cristiandad como fuera de ella.

Quizás debido a que Pablo mantuvo un interés tan intenso en el asunto de la salvación en Cristo por gracia y en los ataques violentos contra el evangelio por parte de los judaizantes, Gálatas es la única de sus epístolas que no ofrece palabras de encomio a sus lectores. Tras una salutación breve, el apóstol enuncia

11

de inmediato el problema que motivó su redacción: "Estoy maravillado de que tan pronto os hayáis alejado del que os llamó por la gracia de Cristo, para seguir un evangelio diferente. No que haya otro, sino que hay algunos que os perturban y quieren pervertir el evangelio de Cristo" (1:6-7). Desde ese punto hasta la bendición final (6:18) la carta es como la espada llameante que empuña un corazón encendido.

Pareciera extraño que Pablo tenga palabras elogiosas para los creyentes mundanos, disidentes, inmorales e inmaduros de Corinto, pero ninguna para los santos de Galacia. A los corintios escribió: "Gracias doy a mi Dios siempre por vosotros, por la gracia de Dios que os fue dada en Cristo Jesús; porque en todas las cosas fuisteis enriquecidos en él, en toda palabra y en toda ciencia; así como el testimonio acerca de Cristo ha sido confirmado en vosotros, de tal manera que nada os falta en ningún don, esperando la manifestación de nuestro Señor Jesucristo" (1 Co. 1:4-7). El apóstol no expresó por escrito esta clase de cumplidos a las iglesias de Galacia.

La diferencia radicó en que, a pesar de la situación deplorable de los corintios, el mayor problema allí (con la excepción notable de lo tocante a la resurrección; véase 1 Co. 15) no era pertinente tanto a la doctrina correcta como a la manera correcta de vivir. En las iglesias gálatas, por otra parte, el corazón mismo del evangelio estaba siendo menoscabado por falsos maestros. Se estaba pisoteando el evangelio de la gracia y en su lugar se ofrecía el evangelio de las obras, que para nada es evangelio ("buenas nuevas") sino una distorsión irreverente de la verdad de Dios (Gá. 1:6-7) que lleva a condenación y no a salvación (Ro. 3:20).

Gálatas no es un tratado teológico suelto sino una carta profundamente personal que sale del corazón dolido de un hombre piadoso que se lamenta por sus hijos espirituales, cuya fe y manera de vivir se corrompían bajo la influencia de falsos maestros. El clamor de su corazón a los creyentes de Galacia era: "Estad, pues, firmes en la libertad con que Cristo nos hizo libres, y no estéis otra vez sujetos al yugo de esclavitud" (Gá. 5:1).

ENFOQUE DOCTRINAL

Pablo estaba muy preocupado por los creyentes en Galacia y bastante contrariado en cuanto a los peligros doctrinales que les amenazaban. Los líderes judíos que apedrearon a Pablo en Listra sin lugar a dudas continuaron su intimidación y persecución a los cristianos convertidos del judaísmo en Galacia. Fueron enemigos implacables del evangelio y Satanás les utilizó para sembrar confusión y discordia en esas y muchas otras iglesias recién nacidas.

Sin embargo, un peligro todavía mayor lo representaban judíos que habían hecho una profesión superficial de fe en Jesucristo, para después volverse al judaísmo y propugnar que el cristianismo se convirtiera en una extensión de su sistema tradicional de justificación por obras. Así como los falsos maestros acerca de los cuales Pablo advirtió a los ancianos de Éfeso, los judaizantes se levantaron del interior de la iglesia misma con la intención de hablar "cosas perversas para arrastrar tras sí a los discípulos" (Hch. 20:30). Los judaizantes causaban gran confusión en las iglesias y pervertían con serias distorsiones "el evangelio de Cristo" (Gá. 1:8). Enseñaban que los gentiles deben convertirse en judíos mediante la circuncisión antes de que pudieran convertirse en cristianos, y que todos los cristianos, tanto judíos como gentiles, eran justos delante de Dios solo si permanecían subyugados a las leyes, regulaciones y ceremonias mosaicas (véase 2:3-5, 11-14; 3:3-5; 4:8-11, 21-31; 5:1-4; 6:12-13). Es probable que tal peligro haya amenazado a las iglesias incluso mientras Pablo estuvo en Galacia, y sin duda alguna se intensificó tras su partida. "Como antes hemos dicho, también ahora lo repito", recordó el apóstol a los creyentes en toda la región: "Si alguno os predica diferente evangelio del que habéis recibido, sea anatema" (Gá. 1:9; cp. vv. 6-8).

Además de enseñar la necesidad de ser circuncidados y guardar la ley mosaica, los falsos maestros también dirigían sus ataques personales a Pablo con la intención de desacreditar su autoridad y por ende su doctrina. En consecuencia, él se esmeró en reafirmar sus credenciales apostólicas. Empieza la carta con una referencia a sí mismo como "apóstol (no de hombres ni por hombre, sino por Jesucristo y por Dios el Padre)" (1:1). A través de los dos primeros capítulos insiste en la afirmación de la autoridad divina que le fue conferida como apóstol de Jesucristo, igual en todo sentido a los doce apóstoles incluido Pedro (véase 1:12, 15-17; 2:2, 7-9).

El tema de Gálatas, y un tema central de todo el Nuevo Testamento, es que la libertad verdadera solo viene a través de Jesucristo. En esta carta Pablo aborda el tema de la libertad espiritual en dos frentes. El primero (capítulos 3-4) es el de la salvación, a través de la cual Cristo hace libre a una persona de la esclavitud al pecado y a la ley. Como el apóstol declara en la carta a los romanos: "la ley del Espíritu de vida en Cristo Jesús me ha librado de la ley del pecado y de la muerte" (8:2). El segundo frente de Pablo en Gálatas (capítulos 5-6) es el de la santificación, aquella libertad que Dios da a sus hijos para llevar vidas de fidelidad, justicia y rectitud genuinas, libres del control del pecado y del yugo legalista.

DESTINATARIOS Y CONTEXTO HISTÓRICO

El nombre *Galacia* se deriva de los pueblos bárbaros conocidos como gaulos o celtas, que se instalaron en el Asia menor tras varios siglos de pillaje a lo largo y ancho del imperio griego y el romano. Bajo el dominio romano, la región original de Galacia se convirtió en parte de una provincia mayor del mismo nombre en el centro del Asia menor (actual Turquía), la cual abarcaba un área cercana a los cuatrocientos kilómetros de norte a sur y doscientos ochenta kilómetros de este a oeste.

En tiempos de Pablo el nombre Galacia se empleaba con referencia tanto a la región original más pequeña como a la gran provincia. En su primer viaje misionero Pablo y Bernabé establecieron cuatro iglesias en la parte sur de la provincia, en las ciudades de Antioquía, Iconio, Listra y Derbe (Hch. 13:14– 14:23), y al parecer esas iglesias llegaron a conformar una especie de agrupación regional de creyentes. La epístola a los gálatas no identifica como tales a las iglesias locales específicas, pero se trataba de iglesias en las que Pablo había ministrado en persona (4:13-15). El hecho de que el libro de Hechos menciona las cuatro iglesias establecidas por Pablo en el sur de Galacia y no menciona otra en el resto de la provincia parece indicar que la epístola estaba dirigida primordialmente a esas iglesias sureñas.

Mientras estuvo en Galacia, Pablo estuvo al borde de perder su vida, tras haber sido apedreado y dejado por muerto a manos de líderes judíos antagónicos que le siguieron desde Antioquía e Iconio hasta Listra (Hch. 14:19-20). Tras establecer una iglesia en Derbe, Pablo y Bernabé volvieron a visitar las otras tres ciudades, "confirmando los ánimos de los discípulos, exhortándoles a que permaneciesen en la fe" (14:22). En su segundo viaje misionero Pablo visitó las iglesias de Galacia acompañado por Silas, y "al pasar por las ciudades, les entregaban las ordenanzas que habían acordado los apóstoles y los ancianos que estaban en Jerusalén, para que las guardasen" (Hch. 16:1-5).

EL AUTOR

Pablo, cuyo nombre original era Saulo, fue un nativo de Tarso, ciudad ubicada al sudeste de Asia menor, no lejos del sur de Galacia. Fue criado en una estricta familia judía e insertado en el legalismo judío tradicional. Había sido educado a los pies del famoso rabino Gamaliel, y adiestrado de forma minuciosa en la ley judaica (Hch. 22:3). Fue "circuncidado al octavo día, del linaje de Israel, de la tribu de Benjamín, hebreo de hebreos; en cuanto a la ley, fariseo; en cuanto a celo, perseguidor de la iglesia; en cuanto a la justicia que es en la ley, irreprensible" (Fil. 3:5-6). Antes de su conversión "aventajaba en el judaísmo a muchos de [sus] contemporáneos en [su] nación, siendo mucho más celoso de las tradiciones de [sus] padres" (Gá. 1:14).

A pesar de su fuerte legalismo y tradicionalismo, Saulo no parece haber sido un hipócrita religioso, como lo eran muchos otros fariseos. Tenía ceguera espiritual y era un enemigo de Dios y su pueblo, pero no fue un hipócrita. Con toda sinceridad creía en el judaísmo tradicional y se adhería a sus dictados como la forma de vida que Dios había dado a su pueblo elegido. Como muchos otros judíos de su tiempo, Pablo amaba en verdad la ley tradicional y procuraba con honestidad cumplir todos los mandamientos, observar todas las ceremonias y ofrecer todos los sacrificios que requería el pacto de Moisés. Fue uno de los más estrictos legalistas, pero siempre honesto en tratar de agradar a Dios mediante la obediencia a lo que consideraba como la voluntad de Dios, y no parece que haya intentado impresionar a otros con su religiosidad.

En su defensa personal ante el sanedrín, el apóstol declaró: "Varones hermanos, yo con toda buena conciencia he vivido delante de Dios hasta el día de hoy" (Hch. 23:1). Aunque en ese momento Pablo había sido cristiano por muchos años, el contexto indica que su afirmación de tener una buena conciencia delante de Dios también aludía a la vida que llevó antes de su conversión. Mientras persiguió a los cristianos, haciendo que muchos fueran encarcelados y sometidos a muerte (Hch. 22:4-5; 26:10-11), lo hizo sin lugar a dudas con la convicción sincera de que así cumplía la voluntad de Dios (véase Hch. 22:3). A pesar de haber "sido antes blasfemo, perseguidor e injuriador", lo cierto es que fue "recibido a misericordia porque lo [hizo] por ignorancia, en incredulidad" (1 Ti. 1:13). Mucho antes de que Saulo de Tarso se convirtiera en un legalista fervoroso y vehemente, Dios le "apartó desde el vientre de [su] madre, y [le] llamó por su gracia" (Gá. 1:15).

El apóstol hablaba de legalismo con experiencia de primera mano, y también hablaba de la gracia por experiencia propia y con revelación divina de primera mano. Más que cualquier otro apóstol, Pablo entendió lo que significaban el yugo de la ley y la libertad de la gracia.

BOSQUEJO GENERAL

Aspectos personales: la autoridad apostólica de Pablo (1-2)
Saludo e introducción (1:1-9)
Credenciales apostólicas (1:10-24)
Aprobación apostólica (2:1-10)
Confianza apostólica (2:11-21)
Aspectos doctrinales: salvación solo por gracia mediante la fe (3-4)
Confirmada por la experiencia (3:1-5)
Afirmada por las Escrituras (3:6—4:31)
Aspectos prácticos: cómo vivir en la libertad cristiana (5-6)

El saludo (1:1–5)   1

Pablo, apóstol (no de hombres ni por hombre, sino por Jesucristo y por Dios
el Padre que lo resucitó de los muertos), y todos los hermanos que están
conmigo, a las iglesias de Galacia: Gracia y paz sean a vosotros, de Dios el
Padre y de nuestro Señor Jesucristo, el cual se dio a sí mismo por nuestros
pecados para librarnos del presente siglo malo, conforme a la voluntad de
nuestro Dios y Padre, a quien sea la gloria por los siglos de los siglos. Amén.
(1:1–5)

Una forma de negar la veracidad de un mensaje es negar la autoridad de quien
lo comunica. La iglesia en Galacia había recibido de Pablo el verdadero evangelio
de la gracia, y lo había creído hasta que algunos falsos maestros llegaron tras su
partida. Al parecer los judaizantes habían convencido a algunos de los miembros
de la iglesia en Galacia de que Pablo era un apóstol que se había nombrado a sí
mismo sin una comisión divina. Por eso al comienzo de la carta Pablo omitió
los saludos personales acostumbrados y procedió de inmediato a establecer la
autenticidad de su autoridad apostólica, acerca de la cual entra en detalles más
adelante (1:11–2:21).

En este saludo breve Pablo resume su autoridad (su derecho para hablar), su
mensaje (las verdades que comunica), y su motivo (su razón para hablar).

LA AUTORIDAD DE PABLO

Pablo, apóstol (no de hombres ni por hombre, sino por Jesucristo y por Dios
el Padre que lo resucitó de los muertos), y todos los hermanos que están
conmigo, a las iglesias de Galacia: (1:1–2)

Conforme a la costumbre de sus tiempos, el apóstol empieza su carta con la
enunciación simple de su nombre, **Pablo**. A continuación establece su autoridad
como un apóstol, primero con base en su derecho al título de "apóstol", segundo

con base en la manera como fue elegido para tal oficio, y en tercer lugar, basado en su relación con los hermanos en la fe.

EL TÍTULO DE APÓSTOL

Apóstol (1:1*a*)

Un **apóstol** ("aquel que es enviado con una comisión") era un enviado, embajador o mensajero que había sido escogido e instruido por Jesucristo como su emisario especial para la proclamación de su verdad durante los años formativos de la iglesia. En su empleo básico y técnico, el término se aplicó al grupo original de los doce hombres a quienes Jesús eligió al comienzo de su ministerio terrenal (Mr. 3:14; Lc. 6:13), y que fueron apartados para poner los cimientos de la iglesia primitiva y ser los canales de la revelación completa y final de Dios (Hch. 2:42; Ef. 2:20). También recibieron poder de lo alto para sanar y expulsar demonios como señales que verificaban su autoridad divina (Hch. 2:43; 2 Co. 12:12; He. 2:3-4). Debe advertirse que poco antes del Pentecostés, Judas fue reemplazado por Matías (Hch. 1:26).

En un sentido más amplio, el término apóstol también se empleó con referencia a hombres como Bernabé (Hch. 14:14), Silas y Timoteo (1 Ts. 1:1; 2:6), y otros líderes sobresalientes (Ro. 16:7). Tales hombres reciben el título específico de "mensajeros [gr. *apostoloi*] de las iglesias" (véase 2 Co. 8:23; Fil. 2:25), en tanto que los doce y Pablo fueron "apóstol[es] de Jesucristo". Ninguno de los dos grupos fue perpetuado. A excepción de Judas, no se registra en el Nuevo Testamento que algún apóstol haya reemplazado a otro del grupo primario o secundario tras su muerte.

Debido a que Pablo no se contaba entre los doce originales, le fue necesario defender su apostolado como ellos no tuvieron que hacerlo. Como una de las cualidades necesarias era haber sido testigo de Cristo resucitado (Hch. 1:22), Pablo explicó a la iglesia en Corinto que entre su resurrección y ascensión Jesús primero "apareció a Cefas [Pedro], y después a los doce. Después apareció a más de quinientos hermanos a la vez ... Después apareció a Jacobo; después a todos los apóstoles; y al último de todos, como a un abortivo, me apareció a mí" (1 Co. 15:5-8). Pablo fue testigo de la resurrección de Cristo de una manera especial. Mientras se desplazaba hacia Damasco para arrestar y encarcelar a los cristianos, "repentinamente le rodeó un resplandor de luz del cielo; y cayendo en tierra, oyó una voz que le decía: Saulo, Saulo, ¿por qué me persigues? (Él dijo: ¿Quién eres, Señor? Y le dijo: Yo soy Jesús, a quien tú persigues" (Hch. 9:3-5). Por medio de Ananías, el hombre piadoso que vivía en Damasco, el Señor declaró lo siguiente respecto a este enemigo a muerte del evangelio ahora convertido a Él: "instrumento escogido me es éste, para llevar mi nombre en presencia de los gentiles, y de reyes, y de los hijos de Israel" (v. 15). Tal como el Señor "actuó en Pedro para el apostolado de la circuncisión, actuó también en [Pablo] para con los gentiles" (Gá. 2:8).

El Señor también se apareció a Pablo de manera personal en otras ocasiones (Hch. 18:9; 22:17–21; 23:11; 2 Co. 12:1–4, cp. 1 Co. 9:1).

LA MANERA COMO FUE ESCOGIDO

(no de hombres ni por hombre, sino por Jesucristo y por Dios el Padre que lo resucitó de los muertos), (1:1*b*)

Con motivo de las acusaciones de ciertos falsos maestros según las cuales Pablo era un apóstol fraudulento e ilegítimo que carecía de autoridad para enseñar y dirigir a las iglesias, él declaró con firmeza que la suya no era comisión humana porque no había sido enviado por parte **de hombres.** Tampoco se había nombrado a sí mismo **ni por hombre** le había sido asignada la comisión divina. Ningún medio humano tuvo parte en la asignación de su comisión apostólica. Su llamado al apostolado no fue mediado por ceremonias o recursos humanos, ni siquiera por la imposición de manos de un grupo de líderes en Jerusalén, Antioquía o cualquier otro lugar, aunque el grupo de ancianos en Antioquía tuvo parte en su proceso de ser enviado en su viaje misionero de evangelización (Hch. 13:1–3).

El llamado original de Pablo al apostolado vino directamente **por Jesucristo y por Dios el Padre que lo resucitó de los muertos.** Jesús llamó a Pablo y le apartó antes de haber tenido contacto con alguno de los demás apóstoles. Tras varios años de preparación divina (véase Gá. 1:17–18), fue enviado para empezar su trabajo entre los gentiles por intervención directa del Espíritu Santo, cuyo encargo divino fue reconocido por los líderes de la iglesia en Antioquía (Hch. 13:2–3). La autoridad de Pablo no fue dada por los hombres ni por él mismo sino **por Dios,** y su derecho para instruir a los gálatas se fundaba en esa prerrogativa divina.

Pablo nunca perdía la oportunidad de mencionar la resurrección, sin la cual el evangelio carece de poder. El Dios que nombró apóstol a Pablo era nada más y nada menos que **Dios el Padre que resucitó** a su Hijo **de los muertos.**

Sin duda alguna Pablo tenía una comisión enormemente superior a la de cualquiera de los judaizantes que enseñaban falsedades y confundían a los gálatas con la intención de pasar por encima de la autoridad apostólica de Pablo.

La mención frecuente del apóstol a **Dios** y **Padre** vinculada a **Jesucristo** en todo el Nuevo Testamento es significativa y no debe perderse de vista. No se menciona para darnos a entender que Dios es *nuestro* Padre (aunque esa verdad se indica en 1:4), sino que **el Padre** tiene un papel específico en la Trinidad con relación al Hijo. De esa manera se subraya la gran importancia de esta relación entre la primera y segunda personas de la Trinidad en su naturaleza esencial. Tal título expresa igualdad en la deidad de ambos, el Padre y el Hijo que participan por igual de la misma naturaleza (cp. Mt. 11:27; Jn. 5:17–18, 22; 10:29–33; 14:9; 17:1–5; Ro. 15:6; 2 Co. 1:3; Ef. 1:3; 1 P. 1:3; 2 Jn. 3). Asevera que **Jesucristo** es Aquel que es de la naturaleza de Dios, y que el Dios verdadero es Aquel que es **el Padre** de **Jesucristo.**

SU ASOCIACIÓN

y todos los hermanos que están conmigo, a las iglesias de Galacia: (1:2)

La tercera base de la autoridad de Pablo queda implícita en su referencia de **hermanos** aplicada a las personas que le acompañaron durante su ministerio, a diferencia de su propia identificación como apóstol.

Los eruditos y teólogos liberales que interpretan la Biblia sostienen que los apóstoles no eran más importantes o inspirados que otros testigos humanos de Jesucristo que vivieron durante ese mismo tiempo de su ministerio terrenal. Lo que enseñaban y escribían se basaba en su percepción y entendimiento propios, por lo cual no tenía la impronta de la autoridad divina y no podía convertirse en objeto de observancia impuesto a los demás creyentes, tanto en esa época como en tiempos posteriores. Cada creyente tiene sus propias experiencias de lo que se denomina con frecuencia "el suceso de Cristo".

El dogma católico romano postula que la Biblia fue escrita por la iglesia y esta por ende se constituye en una autoridad superior a la Biblia. Por lo tanto, la iglesia puede hacer añadiduras o modificaciones a las Escrituras según juzgue apropiado, y a sus pronunciamientos eclesiásticos se les atribuye la misma autoridad espiritual y moral de las Escrituras, incluso en aquellos casos de contradicción patente a las enseñanzas bíblicas.

Pablo habría argumentado en contra de ambas posturas con todas sus fuerzas. Si él y los demás apóstoles del Nuevo Testamento no hubieran sido inspirados por Dios con autoridad e investidura únicas, eran por cierto los hombres más presuntuosos del mundo, porque alegaban de forma resuelta e indiscutible que hablaban y escribían en el nombre de Dios. Como apóstoles hablaban a la iglesia, no en representación de la iglesia. La iglesia derivaba su doctrina de los apóstoles, quienes a su vez la recibieron directamente de Dios (Ef. 3:5). Nunca se habla de ellos como los apóstoles de la iglesia, sino siempre como apóstoles de Jesucristo.

Jesús dijo a los doce: "De cierto, de cierto os digo: El que recibe al que yo enviare, me recibe a mí; y el que me recibe a mí, recibe al que me envió" (Jn. 13:20). Poco después les dijo: "Os he dicho estas cosas estando con vosotros. Mas el Consolador, el Espíritu Santo, a quien el Padre enviará en mi nombre, él os enseñará todas las cosas, y os recordará todo lo que yo os he dicho" (14:25-26).

Por cuanto la enseñanza de los apóstoles provenía directamente del Señor, los escritos de Pablo, Pedro, Juan y los otros cuentan con la misma autoridad e inspiración divinas de las palabras que Jesús habló en persona durante su ministerio terrenal. Es por esa razón que las Biblias editadas con las palabras de Cristo en tinta roja pueden llevar a malos entendidos: en cierta forma insinúan que las palabras dichas por Jesús durante sus tres años de ministerio en la tierra son más inspiradas y valiosas que otras partes de la Biblia. No obstante, como Pablo dejó en claro a Timoteo: "toda la Escritura es inspirada por Dios" (2 Ti. 3:16), quien es el autor de cada una de sus palabras bien sea a través de los profetas, el Señor Jesucristo o los apóstoles.

Como la Biblia es la propia Palabra de Dios, estar sujetos a Dios equivale a estar sujetos a la Biblia. No es una amalgama de opiniones humanas, sino el cofre inmune de la verdad divina.

Según lo dicho en la introducción a este comentario, **las iglesias** del sur **de Galacia** estaban en ciudades al centro del Asia menor como Antioquía de Pisidia, Iconio, Listra y Derbe, donde Pablo había ministrado en su primer y segundo viaje misionero (Hch. 13:14—14:23; 16:1-5). El hecho de que Pablo fundara esas iglesias ciertamente le facultaba para tratar con ellas en pleno ejercicio de su autoridad apostólica (cp. 1 Co. 4:14-21, donde Pablo expresa que tiene el derecho de reprender a los corintios porque es su padre espiritual).

La mención de estas **iglesias** es breve e impersonal, y se nota la falta de palabras efusivas que ocurren con bastante frecuencia en otras epístolas paulinas. La contrariedad que manifiesta ante su alejamiento del evangelio de la gracia le obliga a obviar elogios y comentarios personales, optando por un saludo apostólico simple para proceder de inmediato a la reprimenda doctrinal.

EL MENSAJE DE PABLO

Gracia y paz sean a vosotros, de Dios el Padre y de nuestro Señor Jesucristo, el cual se dio a sí mismo por nuestros pecados para librarnos del presente siglo malo, conforme a la voluntad de nuestro Dios y Padre, (1:3-4)

Como Pablo explica más adelante en la epístola, el evangelio que él predicaba no era "según hombre; pues yo ni lo recibí ni lo aprendí de hombre alguno, sino por revelación de Jesucristo" (Gá. 1:11-12). Dos de las palabras más preciosas relacionadas al evangelio dado por Dios son **gracia** y **paz**. La primera es la fuente de la salvación y la segunda es el resultado. La **gracia** es positiva, tiene que ver con nuestra posición firme en Cristo; la paz es el resultado práctico de su aplicación. Las dos fluyen por igual **de Dios el Padre** a través de su Hijo y **nuestro** Salvador, el **Señor Jesucristo.**

En la cultura griega del tiempo de Pablo el saludo cotidiano era *chara* ("gozo"). Aunque es cierto que el gozo forma parte de las múltiples bendiciones que los cristianos reciben de Dios y que se debería reflejar siempre en sus vidas (Gá. 5:22), el saludo cristiano distintivo de **gracia y paz** guardaba un significado especial para Pablo y otros creyentes en la iglesia primitiva.

Ya que no ofrece gracia ni suministra paz, el sistema legal enseñado por los judaizantes mentirosos es atacado aún por medio de este simple saludo. Si uno se justificara ante Dios y se hiciera poseedor de la salvación mediante las obras, como lo sostenían aquellos falsos maestros, la gracia queda excluida por completo (Ro. 4:4-5) y la paz es inalcanzable, porque nadie sabe si tiene suficientes buenas obras para obtener seguridad eterna de salvación.

En el versículo 4 Pablo hace un resumen sucinto del evangelio verdadero de la **gracia** y la **paz,** mostrando su naturaleza, su objeto y su fuente.

LA NATURALEZA DEL EVANGELIO: LA MUERTE EXPIATORIA Y LA RESURRECCIÓN DE JESUCRISTO

el cual se dio a sí mismo por nuestros pecados (1:4*a*)

Al pasar de la gracia a un sistema legalista de salvación por obras, los gálatas habían ignorado la importancia y el significado de la muerte de Cristo.

El corazón del evangelio es el sacrificio voluntario que Cristo hizo de **sí mismo por nuestros pecados.** La salvación no se gana con esfuerzos individuales para eliminar el pecado, sino mediante la confianza personal en la promesa de Dios de perdonar el pecado por medio de la obra de Jesucristo. Su muerte expiatoria fue la parte más esencial del plan divino de redención, sin la cual todas sus enseñanzas y obras milagrosas habrían sido ilusiones carentes de sentido. Aparte del sacrificio y la muerte de Cristo, su ministerio en la tierra habría manifestado el poder y la verdad de un Dios grande y maravilloso, pero un Dios con quien los hombres jamás podrían ser reconciliados, porque no tendrían escapatoria frente a las consecuencias del pecado. Como ningún hombre puede eliminar el pecado por las obras (Ro. 3:20), resulta imprescindible que le sea perdonado. Por esa razón fue necesario e ineludible que "él mismo [llevara] nuestros pecados en su cuerpo sobre el madero, para que nosotros, estando muertos a los pecados, vivamos a la justicia" (1 P. 2:24). Si Cristo no hubiera muerto en nuestro lugar, tampoco habría resucitado por nuestro bien, y si no hubiera resucitado, como dice Pablo, la predicación del evangelio sería en vano, confiar en el evangelio carecería de valor y todos los hombres seguirían muertos en sus delitos y pecados (1 Co. 15:14-17).

La expresión **se dio a sí mismo por nuestros pecados** afirma que el propósito de la venida de Cristo consistía en ser presentado como una ofrenda por los pecados (cp. 3:13).

EL OBJETO DEL EVANGELIO: LIBRAR DEL PRESENTE SIGLO

para librarnos del presente siglo malo, (1:4*b*)

El propósito del evangelio es **librarnos** (el subjuntivo griego indica propósito), a todos los que creemos en Cristo, **del presente siglo malo.** La muerte de Jesús fue una operación de rescate, el único medio posible para salvar a los hombres del mundo condenado y de la muerte eterna dándoles vida eterna.

Exaireō (**librarnos**) transmite la idea de rescatar del peligro. La palabra fue empleada por Esteban en su sermón ante el sanedrín, al describir la intervención divina que obró la puesta en libertad de José y los hijos de Israel en medio de su gran aflicción en Egipto (Hch. 7:10, 34). Pedro usó esa expresión para describir la manera como Dios le libró de la prisión (Hch. 12:11), y el tribuno romano Claudio Lisias la empleó en referencia a su intervención como comandante para rescatar a Pablo de la turba beligerante en Jerusalén (23:27; cp. v. 10). Gálatas 1:4 contiene el único uso metafórico del término en todo el Nuevo Testamento.

Siglo *(aiōn)* no se refiere a un período de tiempo sino a un sistema pasajero y transitorio que es **malo** en este caso, el sistema satánico que ha dominado al mundo desde la caída y lo seguirá dominando hasta el regreso del Señor. Aunque los creyentes no son removidos de la tierra hasta morir o ser arrebatados, sí son rescatados **del presente siglo malo** tan pronto reciben a Jesucristo como Señor y Salvador. Todavía están en el mundo, pero ya no le pertenecen (Jn. 17:11, 14–18; Fil. 3:20–21, 1 Jn. 5:5). La vida cristiana fiel es la vida celestial vivida en la tierra.

LA FUENTE DEL EVANGELIO: LA VOLUNTAD DE DIOS

conforme a la voluntad de nuestro Dios y Padre, (1:4*c*)

La fuente del evangelio salvador de Jesucristo es la **voluntad** soberana, amorosa, compasiva y generosa **de nuestro Dios y Padre,** quien "de tal manera amó ... al mundo, que ha dado a su Hijo unigénito, para que todo aquel que en él cree, no se pierda, mas tenga vida eterna" (Jn. 3:16).

Jesús oró así en el huerto: "Padre, si quieres, pasa de mí esta copa; pero no se haga mi voluntad, sino la tuya" (Lc. 22:42). La voluntad del Padre *no* era pasar de su Hijo esa copa, porque de otro modo el mundo no podría salvarse. Fue **la voluntad** del **Padre** que su Hijo precioso muriera, a fin de que todos los que confían en Él puedan vivir. El Padre envió al Hijo a morir, y el Hijo puso su vida en rescate de manera obediente y voluntaria.

En términos específicos, cada creyente rescatado es librado a causa de la voluntad de Dios en su gracia y soberanía. "Mas a todos los que le recibieron, a los que creen en su nombre, les dio potestad de ser hechos hijos de Dios; los cuales no son engendrados de sangre, ni de voluntad de carne, ni de voluntad de varón, sino de Dios" (Jn. 1:12-13). Así la salvación se separa por completo de la voluntad humana y queda sumida en las profundidades del decreto soberano de Dios.

EL MOTIVO DE PABLO

a quien sea la gloria por los siglos de los siglos. Amén. (1:5)

Pablo concluye su introducción con una doxología digna de un Dios que salva en gran manera. Su motivo para escribir a las iglesias en Galacia era reconocer en últimas que Dios es digno de **gloria por los siglos de los siglos.** El fin supremo del apóstol fue glorificar a su Señor, y llama a todos los creyentes a hacer "todo para la gloria de Dios" (1 Co. 10:31).

En estos cinco versículos introductorios de Gálatas, Pablo cubre las cuatro etapas de la salvación del hombre. La primera es el decreto soberano de Dios para salvarle, la segunda fue la muerte de Cristo por los pecados del hombre, la tercera el nombramiento de apóstoles para dar testimonio vivo de esa provisión divina, y la cuarta etapa fue el regalo de gracia y paz que Dios da a aquellos que creen en Jesucristo su Hijo. En cada una de las etapas el Padre y el Hijo trabajan juntos, porque su voluntad y su trabajo son siempre una misma cosa (Jn. 5:30; 6:38; 10:30).

Pablo y los demás apóstoles fueron comisionados y enviados por el Padre y el Hijo, y la gracia que trae salvación así como la paz que la salvación trae, provienen por igual del Padre y el Hijo. La salvación es provista, predicada y concedida por la operación común de Dios el Padre y Dios el Hijo. Ambos planearon la salvación, juntos proveen salvación, juntos anuncian la salvación y otorgan la salvación juntos a cada persona que acude a ellos con fe.

La palabra **amén** expresa aquí la afirmación debida que ratifica la dignidad absoluta de Dios para recibir gloria por siempre ante una provisión tan maravillosa de gracia y salvación eternas. Alan Cole escribe acerca de esta palabra: "Los cristianos tradicionales de habla cantonesa se acercan mucho al significado original en hebreo cuando dicen al final de una oración *shing sam shoh uen:* 'esto es lo que deseo de todo corazón'" (*The Epistle of Paul to the Galatians* [La epístola de Pablo a los Gálatas], Grand Rapids: Eerdmans, 1970], p. 37).

Apartado para destrucción (1:6-9)

2

Estoy maravillado de que tan pronto os hayáis alejado del que os llamó por la gracia de Cristo, para seguir un evangelio diferente. No que haya otro, sino que hay algunos que os perturban y quieren pervertir el evangelio de Cristo. Mas si aun nosotros, o un ángel del cielo, os anunciare otro evangelio diferente del que os hemos anunciado, sea anatema. Como antes hemos dicho, también ahora lo repito: Si alguno os predica diferente evangelio del que habéis recibido, sea anatema. (1:6-9)

A lo largo de la historia Dios ha apartado para destrucción a ciertos objetos, individuos y grupos de personas. Él declaró acerca de Jericó en la antigüedad: "Y será la ciudad anatema a Jehová, con todas las cosas que están en ella; solamente Rahab la ramera vivirá, con todos los que estén en casa con ella ... Pero vosotros guardaos del anatema; ni toquéis, ni toméis alguna cosa del anatema, no sea que hagáis anatema el campamento de Israel, y lo turbéis" (Jos. 6:17-18).

Los problemas empezaron tan pronto "Acán hijo de Carmi, hijo de Zabdi, hijo de Zera, de la tribu de Judá, tomó del anatema", y a causa de su desobediencia "la ira de Jehová se encendió contra los hijos de Israel" (7:1). Por cuanto él desobedeció y trató de preservar con motivos egoístas parte de lo que Dios había apartado de antemano para destrucción, acarreó una tragedia para sus compatriotas israelitas, quienes ya no pudieron "hacer frente a sus enemigos" (v. 12). Después que Acán, su familia y todo su patrimonio fueron destruidos, "Jehová se volvió del ardor de su ira. Y por esto aquel lugar se llama el Valle de Acor, hasta hoy" (vv. 25-26). Acor significa "turbación", y simboliza el destino de aquellos que intentan aprovecharse de lo que Dios ha condenado.

El Nuevo Testamento habla de dos categorías generales de personas a las que Dios aparta para destrucción. En la primera categoría está todo aquel "que no amare al Señor Jesucristo" (1 Co. 16:22). La segunda corresponde a los falsos maestros, a quienes Pablo llama dos veces "anatema" en Gálatas 1:8-9. Jesús advirtió a sus discípulos que "se levantarán falsos Cristos, y falsos profetas, y harán grandes señales y prodigios, de tal manera que engañarán, si fuere posible, aun a los escogidos" (Mt. 24:24). Los falsos maestros son hijos de su "padre el diablo, y los deseos de [su] padre [quieren] hacer", tal como han sido enseñados por aquel que "cuando habla mentira, de suyo habla; porque es mentiroso, y padre de mentira" (Jn. 8:44). Pablo recordó a Timoteo que a ciertas personas de esa calaña que ejercieron liderazgo en la iglesia de Éfeso, él los había entregado "a Satanás para que aprendan a no blasfemar" (1 Ti. 1:20).

En los primeros días de la iglesia, el mago Elimas se opuso a la predicación de Pablo y Bernabé y en particular trató de impedir que el procónsul romano Sergio Paulo cumpliera su deseo de oír la Palabra de Dios, por eso se la pasaba "procurando apartar de la fe al procónsul. Entonces Saulo, que también es Pablo, lleno del Espíritu Santo, fijando en él los ojos, dijo: ¡Oh, lleno de todo engaño y de toda maldad, hijo del diablo, enemigo de toda justicia! ¿No cesarás de trastornar los caminos rectos del Señor?" (Hch. 13:7-10). En esa represión Pablo expone a la luz cuatro características de los falsos maestros: son engañadores, hijos del diablo, enemigos de toda justicia y pervertidores del evangelio.

Entre las características principales de Satanás y sus seguidores se encuentra el engaño. Pablo advierte que en los últimos tiempos el anticristo vendrá "por obra de Satanás, con gran poder y señales y prodigios mentirosos, y con todo engaño de iniquidad para los que se pierden, por cuanto no recibieron el amor de la verdad para ser salvos" (2 Ts. 2:9-10). Juan nos habla acerca del "gran dragón, la serpiente antigua, que se llama diablo y Satanás, el cual engaña al mundo entero; fue arrojado a la tierra, y sus ángeles fueron arrojados con él" (Ap. 12:9; cp. 13:14; 20:3, 10).

Satanás y sus emisarios demoniacos acostumbran realizar sus obras de engaño por medio de seres humanos y con mayor frecuencia a través de líderes religiosos. Entre tales líderes religiosos se cuentan aquellos que aparentan ser cristianos, a quienes Pablo describe como "falsos apóstoles, obreros fraudulentos, que se disfrazan como apóstoles de Cristo" (2 Co. 11:13). "Y no es maravilla", continúa Pablo su explicación, "porque el mismo Satanás se disfraza como ángel de luz. Así que, no es extraño si también sus ministros se disfrazan como ministros de justicia" (vv. 14-15). Pablo reconocía a los agentes humanos utilizados por Satanás al hablar acerca de "espíritus engañadores" que propagan "doctrinas de demonios por la hipocresía de mentirosos" (1 Ti. 4:1-2).

Satanás ha llevado a cabo sus engaños más destructivos por medio de falsos maestros fortalecidos por demonios que se presentan como voceros de Dios. Era en épocas en las que sus propios sacerdotes y profetas deshonraban la verdad de Dios que los israelitas eran más propensos a la idolatría y otras prácticas paganas. Fueron falsos maestros que afirmaban predicar el evangelio los más exitosos en el debilitamiento de la iglesia primitiva, y entre sus representantes más agresivos se contaban los judaizantes, que provocaron grandes estragos espirituales en las iglesias de Galacia. Fueron falsos maestros dentro de la iglesia a finales de los siglos dieciocho y diecinueve quienes desviaron la teología bíblica sana hacia diversas formas de modernismo y liberalismo. Hoy día hasta los principios del misticismo oriental y el ocultismo tienen puertas abiertas en la iglesia, porque se revisten muchas veces de "neutralidad espiritual" bajo el disfraz engañoso de múltiples filosofías, psicologías o técnicas de mejoramiento personal.

En la vida de las iglesias, lo que más temía Pablo era la falsa doctrina, ya que es la fuente subyacente de toda conducta impía. Su profunda preocupación por el bienestar espiritual de los creyentes en Corinto es del todo relevante para la iglesia en nuestros días: "temo que como la serpiente con su astucia engañó a Eva, vuestros sentidos sean de alguna manera extraviados de la sincera fidelidad a Cristo" a causa de la influencia de "alguno predicando a otro Jesús que el que os hemos predicado, o si recibís otro espíritu que el que habéis recibido, u otro evangelio que el que habéis aceptado" (2 Co. 11:3-4).

A los ancianos de Éfeso en la playa de Mileto Pablo dijo: "Por tanto, mirad por vosotros, y por todo el rebaño en que el Espíritu Santo os ha puesto por obispos, para apacentar la iglesia del Señor, la cual él ganó por su propia sangre. Porque yo sé que después de mi partida entrarán en medio de vosotros lobos rapaces, que no perdonarán al rebaño. Y de vosotros mismos se levantarán hombres que hablen cosas perversas para arrastrar tras sí a los discípulos" (Hch. 20:28-30).

El objetivo principal que Satanás tiene en la mira es la doctrina de la salvación, porque si la gente se confunde con enseñanzas falsas al respecto, se abstendrán de acudir a Dios y seguirán bajo la influencia y control satánicos. El diablo miente acerca de la organización de la iglesia, la vida cristiana, el regreso del Señor y muchas otras cosas, pero su interés primordial es menoscabar el corazón del evangelio que es la salvación por gracia hecha posible a través de la persona y obra del Señor Jesucristo. Pedro advirtió así a sus lectores: "habrá entre vosotros falsos maestros, que introducirán encubiertamente herejías destructoras, y aun negarán al Señor que los rescató, atrayendo sobre sí mismos destrucción repentina. Y muchos seguirán sus disoluciones, por causa de los cuales el camino de la verdad será blasfemado" (2 P. 2:1-2). La herejía más destructiva de todas consiste en "negar al Señor", nuestro Dios encarnado, Emanuel.

Los falsos maestros también están más interesados en la popularidad que en la verdad. Su interés no es servir al Señor y ministrar a su pueblo sino "agradar en la carne" (Gá. 6:12) y tener su propia horda de seguidores (Hch. 20:30). Hacen su trabajo por dinero y "por avaricia [hacen] mercadería" de los oyentes "con palabras fingidas", como nos dice Pedro, porque "tienen el corazón habituado a la codicia" (2 P. 2:3, 14).

Puesto que carecen de vida y poder espiritual verdaderos para sojuzgar la carne, los falsos profetas son esclavos del pecado en su vida privada, y algunas veces lo dejan ver en público porque "tienen los ojos llenos de adulterio, no se sacian de pecar, seducen a las almas inconstantes" (2 P. 2:14). Como en el tiempo de Jeremías, cometen adulterio y "[fortalecen] las manos de los malos" (Jer. 23:14). Pedro se refiere a ellos en términos fuertes: "hablando mal de cosas que no entienden, como animales irracionales, nacidos para presa y destrucción, perecerán en su propia perdición, recibiendo el galardón de su injusticia, ya que tienen por delicia el gozar de deleites cada día. Estos son inmundicias y manchas, quienes aun mientras comen con vosotros, se recrean en sus errores ... son hijos de maldición. Han dejado el camino recto, y se han extraviado ... Estos son fuentes sin agua, y nubes empujadas por la tormenta; para los cuales la más densa oscuridad está reservada para siempre. Pues hablando palabras infladas y vanas, seducen con concupiscencias de la carne y disoluciones a los que verdaderamente habían huido de los que viven en error" (2 P. 2:12-15, 17-18). Las funciones ceremoniales, rituales y legalistas de la religiosidad humana carecen de poder para restringir a la carne, por eso las personas que se apoyan en esas muletas externas a duras penas refrenan el mal en sus vidas, pero tarde o temprano este se zafa de toda represión impuesta para su control.

Esta era la clase de falsos maestros que plagaba las iglesias en Galacia, y de manera específica los judaizantes. Gálatas es la única epístola de Pablo en la que el apóstol no tuvo palabras de elogio para sus destinatarios. Después de su saludo breve se lanza de inmediato a tratar el tema propuesto y la razón por la que escribió: su preocupación y perplejidad inmensas con respecto a los falsos maestros que arruinaban la enseñanza del evangelio de la gracia que él con tanto esmero había predicado y explicado mientras ejerció el ministerio en Galacia. El apóstol estaba muy afligido al ver que la verdad de la oferta que Dios hace en su soberanía y gracia, de redención por medio del sacrificio expiatorio de Jesucristo, era corrompida por las falsas enseñanzas de salvación por obras. En la práctica, esta falsa doctrina obligaba a los gentiles a convertirse físicamente en judíos por medios quirúrgicos y ceremoniales antes de que pudieran convertirse en cristianos, y a todos los cristianos a obedecer y honrar la ley y las tradiciones judías a fin de obtener y mantener su justificación delante del Señor.

En Gálatas 1:6-9 el apóstol presenta tres facetas de su fuerte oposición a esa herejía grave y condenatoria: su asombro, su sabiduría y su advertencia.

ASOMBRO DE PABLO ANTE LA DEFECCIÓN DE LOS GÁLATAS

Estoy maravillado de que tan pronto os hayáis alejado del que os llamó por la gracia de Cristo, para seguir un evangelio diferente. (1:6)

A Pablo le costó reconocer que los creyentes en Galacia ya habían abandonado su enseñanza apostólica. Estaba desconcertado y **maravillado** (*thaumazō*, una expresión fuerte que alude a quedar aturdido). No podía concebir la idea **de que** se hubieran **alejado tan pronto** de Dios, quien les **llamó por la gracia de Cristo.** No le sorprendió todo lo que hicieron los falsos maestros, pero quedó estupefacto ante la respuesta favorable que recibieron por parte de los cristianos en Galacia.

En especial sorprendió al apóstol que la defección sucediera **tan pronto.** Al respecto, Merril C. Tenney presenta un estudio excelente de la secuencia temporal de los escritos de Pablo en un libro que se titula *Gálatas: el estatuto de la libertad cristiana.* El adverbio temporal *tacheōs* (**tan pronto**) puede aludir a algo que sucede con desenvoltura y prontitud, como fue el caso de las iglesias que ya se habían **alejado** del evangelio verdadero. Al parecer los creyentes no se opusieron con firmeza a los falsos maestros y su lealtad enclenque a Pablo y su enseñanza les facilitó extraviarse. Al poco tiempo cayeron bajo la influencia de varias doctrinas heréticas.

Los gálatas habían tenido el privilegio de ser enseñados por el más grande maestro de la iglesia después del Señor mismo; sin embargo, desecharon **pronto** las verdades de la gracia que aprendieron de él. Siempre existe la necesidad urgente de predicar y enseñar de manera continua y reiterada las verdades centrales del evangelio (véase 2 P. 1:12-15). Es posible que creyentes de mucho tiempo atrás dejen de aferrarse a esas verdades y se dejen debilitar y trastornar por ideas de apariencia inofensiva que supuestamente ayudan a profundizar en las enseñanzas puras y sencillas de la Biblia.

Estos habitantes de Galacia eran creyentes verdaderos que habían llegado a la salvación en el poder del Espíritu Santo (3:3, 5; 4:6, 8-9). Eran hermanos cristianos (1:2, 11; 3:15; 4:12, 31; 5:13) que se hallaban sumidos en la más profunda confusión.

Los cristianos de Galacia no solo se habían dejado confundir y debilitar en su confianza para vivir por la gracia divina, sino que ya se habían **alejado.** El término griego que se traduce **alejado** (*metatithēmi*) se empleaba con referencia a la deserción militar, que se castigaba con pena de muerte en tiempo de guerra, como todavía se practica en la actualidad. El verbo griego es reflexivo, lo cual indica que se trata de un acto voluntario de alejamiento. Los creyentes no habían sido alejados pasivamente, como algunas traducciones parecen sugerir, sino que estaban en el proceso de alejarse por sí mismos de la esfera de la gracia. Los falsos maestros eran culpables por su corrupción de la verdad de Dios, pero los cristianos en Galacia también eran responsables al dejarse engañar de esa manera y cambiar la gracia divina por el legalismo.

Alejarse del evangelio de la gracia que Pablo les había enseñado no solo implicaba el abandono de una doctrina sino el alejamiento de Dios, **del que** los **llamó** a la salvación. **Llamó** se conjuga aquí como participio aoristo y puede traducirse: "aquel que os llamó una sola vez para siempre" (cp. 2 Ts. 2:13–14; 2 Ti. 1:8–9; 1 P. 1:15). Siempre que se habla de llamado en las epístolas del Nuevo Testamento, se trata de un llamado efectivo a la salvación (véase Ro. 8:30).

El único evangelio de Dios es el evangelio de la **gracia de Cristo,** que es el evangelio de la redención divina por completo independiente de cualquier obra o mérito por parte de los hombres. "Porque por gracia sois salvos por medio de la fe; y esto no de vosotros, pues es don de Dios; no por obras, para que nadie se gloríe. Porque somos hechura suya" (Ef. 2:8–10). Por la fe Cristo nos da entrada "a esta gracia en la cual estamos firmes" (Ro. 5:2). Vivimos en la gracia desde el momento de la salvación, y si ese torrente de gracia dejara de correr, perderíamos nuestra salvación inmerecida y pereceríamos en el pecado. **La gracia de Cristo** es el acto soberano y gratuito que Dios realiza en su amor y misericordia al conceder salvación por medio de la muerte y resurrección de Jesús, sin importar qué sean o qué puedan hacer los hombres, y al mantener esa salvación hasta la glorificación del creyente. Es absurdo aceptar una salvación de gracia para luego esforzarse en mantener la justificación mediante esfuerzos, ceremonias y rituales humanos.

Los judaizantes que plagaron la iglesia en sus comienzos afirmaban ser cristianos, y gran parte de su doctrina era ortodoxa. De seguro reconocieron a Jesús como el Mesías prometido y hasta reconocieron el valor de su muerte y sacrificio en la cruz. De otra manera nunca habrían captado la atención de la iglesia. Alegaban creer todas las verdades que otros cristianos creían. No se propusieron negar abiertamente el evangelio sino mejorarlo con la añadidura de los requisitos, ceremonias y normas del antiguo pacto. El problema es que cualquier cosa que se añade al nuevo pacto de la gracia lo destruye tanto como quitarle otra. Si una ley, incluida toda la ley de Dios, se añade a su gracia, la gracia divina deja de ser gracia (cp. Ro. 11:6).

Los peligros más destructivos para la iglesia nunca han sido el ateísmo, las religiones paganas o las sectas que niegan sin rodeos las Escrituras, sino movimientos de aparente índole cristiana que aceptan un grado tan alto de verdad bíblica que sus doctrinas ajenas a la Biblia parecen insignificantes e inofensivas en comparación. No obstante, lo cierto es que una sola gota de veneno en un recipiente grande de agua puede volver letal todo el líquido, y una sola idea falsa que en cualquier medida reduce la gracia de Dios, envenena todo el sistema de creencia cristiano.

Pablo no iba a permitir que una sola gota de legalismo se mezclara con la gracia pura de Dios. Alejarse de **la gracia de Cristo** es alejarse del poder de Dios y apoyarse en el esfuerzo humano. Aquellos que buscan mantener su justificación por la ley han "caído de la gracia" y se han "desligado de Cristo" (Gá. 5:4). Pablo no habla de perder la salvación que ya había sido recibida, sino de contaminar la corriente pura de la gracia viva al colocar una barrera entre el individuo y Cristo, de tal modo que este queda cortado o separado de la fuente de poder divino y de la comunión con Él. Es imposible abandonar la gracia sin abandonar al Señor de la gracia, por eso Pablo hizo este llamado a Timoteo: "hijo mío, esfuérzate en la gracia que es en Cristo Jesús" (2 Ti. 2:1) y testificó de su propia vida en la gracia en 1 Corintios 15:10.

Los judaizantes promovían **un evangelio diferente,** un medio del todo contrario e ineficaz para justificarse delante de Dios. En consecuencia, aunque habían comenzado por el Espíritu, algunos de los creyentes verdaderos en Galacia estaban tratando de "acabar por la carne" su proceso de perfección espiritual (Gá. 3:3). Aunque habían conocido a Dios, "o más bien, siendo conocidos por Dios", se habían vuelto "de nuevo a los débiles y pobres rudimentos" que carecían de valor y poder para salvar (4:9), y aunque antes habían corrido bien la carrera, ahora se habían dejado estorbar "para no obedecer la verdad" (5:7).

SABIDURÍA DE PABLO CON RESPECTO AL ENGAÑO PERPETRADO POR LOS FALSOS MAESTROS

No que haya otro, sino que hay algunos que os perturban y quieren pervertir el evangelio de Cristo. (1:7)

Los judaizantes presumían que sus enseñanzas torcidas eran una forma del evangelio verdadero, pero Pablo declara que su "evangelio diferente" (v. 6) en realidad **no** era **otro** evangelio en absoluto. Solo hay un mensaje de Buenas Nuevas, el evangelio de salvación por la gracia soberana de Dios que obra mediante la fe del hombre. Cualquier mensaje que dice menos o más que esto al instante deja de ser Buenas Nuevas y se convierte en falsa doctrina.

Otro es la traducción de *allos,* que se refiere a algo que es exactamente de la misma clase. Como ya se dijo, gran parte de lo enseñado por los judaizantes correspondía al evangelio verdadero. Seguro afirmaban que Jesús era el Hijo de Dios, el Mesías anunciado por los profetas del Antiguo Testamento, y un hacedor de grandes milagros. Es probable que creyeran en su crucifixión y resurrección, y que la salvación exigía la creencia en Él, pero también enseñaban que para ser justos delante de Dios y para mantener esa salvación y justicia una persona debe conformarse a todas las leyes del antiguo pacto. Con esto mutilaban el poder del evangelio verdadero que es la gracia soberana que salva y capacita.

31

Al añadir obras a la salvación menoscabaron de forma sutil pero completa el evangelio de la gracia de Dios, de la cual en realidad **no hay otro** evangelio. Se trata no de buenas sino malas nuevas, puesto que el hombre no puede mantener su relación correcta con Dios por medio de su propio esfuerzo y buenas obras. El creyente producirá buenas obras como resultado de la gracia salvadora y el poder de Dios que obran en él (Ef. 2:10; Stg. 2:14–26), pero no hace buenas obras para ganar o mantener su salvación.

A causa de este engaño, falsos maestros como los judaizantes son todavía más peligrosos que los que niegan abiertamente "Jesús es el Cristo" y así participan sin ambages en la obra del anticristo (1 Jn. 2:22). Los sistemas falsos que llevan el rótulo de cristianismo siempre distorsionan la naturaleza y la obra de Jesucristo. Aquellos que niegan desde un principio a Cristo son vistos con facilidad como incrédulos, pero los que *afirman* enseñar y seguir a Cristo al mismo tiempo que menoscaban el evangelio de su gracia representan un peligro muchísimo mayor, porque dan la apariencia de llevar la gente a Cristo cuando en realidad estas ponen barreras a la salvación por gracia.

La expresión **os perturban** es la traducción de *tarassō*, cuyo significado literal es sacudir con vigor de un lado al otro para así crear agitación y trastorno. En sentido figurado denota una conmoción emocional profunda y se refiere a una mente perturbada. Es la palabra empleada con referencia a Herodes cuando se enteró del nacimiento del rey de los judíos (Mt. 2:3), los discípulos al ver a Jesús caminar sobre el agua (14:26) y Zacarías al ver al ángel del Señor (Lc. 1:12). También la usó Jesús en su mandato: "No se turbe vuestro corazón" (Jn. 14:1).

Aunque lo ignoraban, las iglesias de Galacia eran sacudidas hasta sus cimientos por la falsa enseñanza de los judaizantes no regenerados, los cuales admitían las verdades básicas acerca de Jesucristo pero solo porque querían ocasionar perturbación espiritual en los creyentes con la adición de obras a la gracia, lo cual equivale a **pervertir el evangelio de Cristo.** *Metastrephō* (**pervertir**) comunica la idea de convertir algo en su opuesto, de distorsionarlo e invertirlo al punto de corromperlo. La mínima porción de ley que se añada al **evangelio de Cristo** alcanza a revertir su carácter y lo convierte en todo lo contrario a la provisión de salvación y santificación por la gracia de Dios, la cual se basa por completo en los méritos de su Hijo libre de pecado quien cargó con todo el pecado de la humanidad.

La ley no contamina la gracia con moderación sino que la revierte y destruye en esencia. Como medios de salvación, las dos cosas son diametralmente opuestas y no pueden coexistir. La gracia puede ser destruida, pero no puede ser modificada. Puede ser rechazada pero no puede ser cambiada. Como Pablo declara más adelante en la epístola: "si os circuncidáis, de nada os aprovechará Cristo. Y otra vez testifico a todo hombre que se circuncida, que está obligado a guardar toda la ley. De Cristo os desligasteis, los que por la ley os justificáis; de la gracia habéis caído" (Gá. 5:2–4).

Siempre que el evangelio es pervertido la iglesia queda perturbada. Cambiar el mensaje de gracia equivale a sofocar y tarde o temprano asfixiar a la iglesia. Pablo escribió a Tito: "Porque hay aún muchos contumaces, habladores de vanidades y engañadores, mayormente los de la circuncisión, a los cuales es preciso tapar la boca; que trastornan casas enteras, enseñando por ganancia deshonesta lo que no conviene" (Tit. 1:10–11). Los enemigos más grandes de la iglesia no son personas que contradicen la Biblia abiertamente y denuncian a Cristo, sino aquellos hijos del infierno que aparentan hablar en su nombre para menoscabar y distorsionar con sutileza el evangelio verdadero a fin de reemplazarlo con un sistema de justicia por obras.

ADVERTENCIA APOSTÓLICA DE LA DESTRUCCIÓN DE DIOS

Mas si aun nosotros, o un ángel del cielo, os anunciare otro evangelio diferente del que os hemos anunciado, sea anatema. Como antes hemos dicho, también ahora lo repito: Si alguno os predica diferente evangelio del que habéis recibido, sea anatema. (1:8–9)

Es posible que los judaizantes que extraviaban a las iglesias en Galacia tuviesen credenciales deslumbrantes y se contasen entre aquellos que habían venido de la iglesia en Jerusalén autorizados por Jacobo, el dirigente apostólico en esa ciudad (véase Hch. 15:24). Además de proclamar su propio evangelio transmutado que Pablo ni siquiera consideraba como "buenas nuevas", procuraron menoscabar la autoridad y la enseñanza de Pablo por todos los medios posibles.

Aunque la herejía específica de los judaizantes era el legalismo, la advertencia de Pablo se aplica por igual a la perversión inversa de libertinaje o antinomianismo, que bajo el disfraz de una falsa libertad en Cristo, remueve todas las normas de rectitud y moralidad. Judas escribió en estos términos acerca de tales falsos maestros: "Porque algunos hombres han entrado encubiertamente, los que desde antes habían sido destinados para esta condenación, hombres impíos, que convierten en libertinaje la gracia de nuestro Dios, y niegan a Dios el único soberano, y a nuestro Señor Jesucristo" (Jud. 4). Sea como legalismo restrictivo, liberalidad permisiva o perversión sectaria, cualquier enseñanza que añade o quita a la verdad revelada de Dios es una distorsión del evangelio y pervierte la naturaleza y la obra de Cristo.

Estas palabras de Pablo se dirigen contra todo tipo de distorsión del evangelio de Cristo: **si aun nosotros, o un ángel del cielo, os anunciare otro evangelio diferente del que os hemos anunciado, sea anatema.**

33

Si el mismo Pablo o cualquiera de sus asociados hiciera cambio alguno a sus enseñanzas, los gálatas no debían escucharles sino tratarles como herejes, porque en eso se habrían convertido sus maestros espirituales. Hasta **un ángel del cielo** debería ser rechazado de presentar un evangelio diferente a la "versión original" que Pablo enseñó. Los judíos creían que la ley divina vino por medio de ángeles (cp. He. 2:2), y quizá los judaizantes utilizaron esto para insistir en el carácter obligatorio permanente del antiguo pacto y sus ceremonias y tradiciones correspondientes.

Por supuesto, Pablo hablaba en sentido hipotético porque él jamás habría cambiado su enseñanza, y **un ángel** que en verdad sea **del cielo** (y por ende separado de los ángeles caídos que se identifican con el infierno), *jamás podría* enseñar algo contrario a la verdad revelada de Dios. Lo que Pablo se propuso dar a entender es que ni siquiera con las posibilidades imaginarias más desusadas se permite la posibilidad de que un mensajero, sin importar cuán piadoso y bueno parezca ser, sea creído o seguido si su enseñanza no cuadra con la doctrina apostólica revelada por Dios. La verdad supera en rango las credenciales de cualquiera, y todo maestro o predicador debe ser evaluado sobre la base de lo que dice y no de quién es.

Muchos sistemas falsos son atractivos por sus apelaciones emocionales al amor, la hermandad, la unidad y la armonía. Muchos falsos maestros son populares porque parecen acogedores y agradables, y afirman tener un gran amor por Dios y los demás. "No es maravilla" que resulten tan seductoras las distorsiones del evangelio presentadas por gente con personalidad atrayente, "porque el mismo Satanás se disfraza como ángel de luz" (2 Co. 11:14).

William Hendricksen parafrasea Gálatas 1:8 de esta manera: "Si nosotros o un ángel santo tiene que convertirse en objeto de la maldición justa de Dios, por haber predicado un evangelio contrario al que nosotros los humanos ya les predicamos antes a ustedes, con mucha más razón se derramará la ira divina sobre los ignotos presumidos que ahora se hacen culpables de este delito deplorable".

Pablo pasa del ámbito hipotético al fáctico con la reiteración de su instancia: **Como antes hemos dicho, también ahora lo repito: Si alguno os predica diferente evangelio del que habéis recibido, sea anatema.** Esta repetición refleja la pasión del apóstol por la verdad del evangelio.

Como antes hemos dicho se refiere a una visita anterior y no a la cláusula preliminar en el texto, puesto que la palabra **ahora** *(arti)* es un adverbio de tiempo. El sentido parece ser: "lo que dije en esa ocasión lo digo ahora de nuevo". Desde el comienzo de su ministerio entre ellos, Pablo les había advertido acerca de perversiones inminentes del evangelio. El evangelio **que habéis recibido** se refiere a la predicación que se hizo una vez para siempre (tiempo aoristo) de las buenas nuevas de gracia en Cristo, el cual ya habían creído con antelación.

Los falsos maestros no solo no deben ser creídos ni seguidos, sino convertirse en **anatema**. Esta palabra es la transliteración directa de *anathema,* que se refiere a todo lo que se aparta para destrucción. El apóstol Juan escribió: "Porque muchos engañadores han salido por el mundo, que no confiesan que Jesucristo ha venido en carne. Quien esto hace es el engañador y el anticristo ... Si alguno viene a vosotros, y no trae esta doctrina, no lo recibáis en casa, ni le digáis ¡Bienvenido! Porque el que le dice: ¡Bienvenido! participa en sus malas obras" (2 Jn. 7, 10-11).

Los cristianos deben abstenerse de cualquier contacto con falsos maestros, sin importar cuáles sean sus credenciales. Es ingenuo y contrario a la Biblia, por ejemplo, afirmar que la permanencia de un creyente en una iglesia o escuela religiosa o iglesia de algún tipo donde se niega la Biblia y se distorsiona el evangelio, constituye una buena oportunidad para que esa persona ejerza una influencia positiva para el Señor. Hasta un líder de la estatura de Timoteo, con una preparación excelente en la verdad divina, fue advertido a mantenerse alejado del error y concentrarse solo en la verdad pura de Dios (1 Ti. 4:6-7, 13; 2 Ti. 2:15-17). Someterse a cualquier enseñanza falsa, sin importar cuán ortodoxas sean las convicciones propias, es desobedecer a Dios y contribuir al descrédito y debilitamiento del testimonio personal, así como a tolerar la tergiversación y la distorsión de la gracia de Dios en Cristo.

Credenciales apostólicas (1:10–24) **3**

Pues, ¿busco ahora el favor de los hombres, o el de Dios? ¿O trato de agradar a los hombres? Pues si todavía agradara a los hombres, no sería siervo de Cristo.

Mas os hago saber, hermanos, que el evangelio anunciado por mí, no es según hombre; pues yo ni lo recibí ni lo aprendí de hombre alguno, sino por revelación de Jesucristo. Porque ya habéis oído acerca de mi conducta en otro tiempo en el judaísmo, que perseguía sobremanera a la iglesia de Dios, y la asolaba; y en el judaísmo aventajaba a muchos de mis contemporáneos en mi nación, siendo mucho más celoso de las tradiciones de mis padres. Pero cuando agradó a Dios, que me apartó desde el vientre de mi madre, y me llamó por su gracia, revelar a su Hijo en mí, para que yo le predicase entre los gentiles, no consulté en seguida con carne y sangre, ni subí a Jerusalén a los que eran apóstoles antes que yo; sino que fui a Arabia, y volví de nuevo a Damasco.

Después, pasados tres años, subí a Jerusalén para ver a Pedro, y permanecí con él quince días; pero no vi a ningún otro de los apóstoles, sino a Jacobo el hermano del Señor. En esto que os escribo, he aquí delante de Dios que no miento. Después fui a las regiones de Siria y de Cilicia, y no era conocido de vista a las iglesias de Judea, que eran en Cristo; solamente oían decir: Aquel que en otro tiempo nos perseguía, ahora predica la fe que en otro tiempo asolaba. Y glorificaban a Dios en mí. (1:10–24)

Uno de los objetivos principales de los judaizantes que tanta controversia y confusión trajeron en las iglesias de Galacia, consistió en desacreditar la autoridad apostólica de Pablo. Sabían que no tendrían éxito en menoscabar su enseñanza del evangelio de la gracia de Dios hasta que lograran descalificar su autoridad de origen divino ante los ojos de los miembros de la iglesia. Para lograr esto propagaron la idea de que Pablo no era un apóstol legítimo sino designado por sí mismo, y que su motivación era enaltecerse y crear su propio grupo de seguidores. Le acusaron de poner a un lado las ceremonias, normas y prácticas mosaicas con el fin de hacer más atractivo el evangelio a los gentiles, al obviar del todo su asociación original con el judaísmo. También hizo el evangelio más fácil de aceptar para los judíos, según argumentaban, porque quitó los requisitos y las exigencias del judaísmo tradicional a que todos los judíos leales se suscribían.

La estrategia funcionó porque tales acusaciones de los judaizantes hicieron que muchos miembros de las iglesias en Galacia empezaran a dudar de la legitimidad apostólica de Pablo. Como no se contaba entre los apóstoles originales a quienes Jesús llamó, enseñó y comisionó de forma personal, el gran interrogante era cuándo, dónde, cómo y de quién había obtenido su mensaje y su autoridad. ¿Lo recibió de segunda mano a través de los demás apóstoles, o simplemente inventó su propia versión del evangelio y se arrogó a sí mismo autoridad apostólica? ¿Qué derecho tenía Pablo, se preguntaban ellos, de hablar en representación de Dios como afirmaba hacerlo con tanta persistencia?

No existe evidencia de que la iglesia en sus comienzos haya dudado alguna vez del apostolado de los doce (los once originales y Matías que reemplazó a Judas). Los once fueron escogidos y adiestrados por Jesús mismo, y ellos bajo la dirección del Señor eligieron a Matías, quien había estado entre los discípulos que les acompañaron y estuvieron "juntos con nosotros todo el tiempo que el Señor Jesús entraba y salía entre nosotros ... [quien fue] hecho testigo con nosotros, de su resurrección" (Hch. 1:21-26). Las credenciales de los doce eran bien conocidas y atestiguadas.

Jesús les había prometido: "cuando os entreguen, no os preocupéis por cómo o qué hablaréis; porque en aquella hora os será dado lo que habéis de hablar. Porque no sois vosotros los que habláis, sino el Espíritu de vuestro Padre que habla en vosotros" (Mt. 10:19-20). Aunque a muchos cristianos les gusta reclamar esa promesa, lo cierto es que solo fue dada a los apóstoles. El Espíritu Santo puede traer cosas a nuestra memoria y darnos claridad mental en el momento de ser llamados a dar testimonio de Él bajo condiciones opresivas. No obstante, Cristo prometió revelación nueva solo a los apóstoles, quienes fueron los únicos voceros autorizados de su Palabra antes de ser escrito el Nuevo Testamento: "Os he dicho estas cosas estando con vosotros. Mas el Consolador, el Espíritu Santo, a quien el Padre enviará en mi nombre, él os enseñará todas las cosas, y os recordará todo lo que yo os he dicho" (Jn. 14:25-26). El Espíritu Santo no solo capacitó a los apóstoles para recordar con precisión y en su totalidad lo que Jesús les enseñó durante su ministerio terrenal de tres años, sino que les reveló con exactitud todas las verdades adicionales que declaró más adelante a través de ellos.

Después de Pentecostés los creyentes "perseveraban en la doctrina de los apóstoles, en la comunión unos con otros, en el partimiento del pan y en las oraciones" (Hch. 2:42), porque reconocieron que esos hombres fueron investidos por designación divina para predicar y ministrar en el lugar de Cristo. La autoridad apostólica de estos hombres fue confirmada por "muchas maravillas y señales [que] eran hechas por los apóstoles" (v. 43). Siempre que hablaron en representación de Dios, era Dios mismo quien hablaba a través de ellos.

Por otro lado, Pablo todavía no era creyente y mucho menos apóstol cuando Jesús hizo esas promesas a los doce y la iglesia naciente en Jerusalén se sometió a la instrucción y guía apostólicas. No se convirtió a Cristo sino varios años después, y de hecho había sido el enemigo más demoledor de la recién nacida iglesia.

Por lo tanto, no resultó difícil a los judaizantes sembrar dudas acerca de Pablo en la mente de muchos creyentes. Ahora que no estaba con ellos en persona para enseñarles y protegerles, se habían convertido en presa fácil de los falsos maestros. El hecho de que Pablo se declarase a sí mismo "apóstol a los gentiles" (Ro. 11:13) puede haber disgustado a algunos creyentes judíos que guardaban cierto rencor y prejuicio contra los gentiles, por considerar que estaban fuera por completo de la esfera de los privilegios, el cuidado, y la gracia de Dios. Además, el hecho de que Pablo haya afirmado y defendido tantas veces su apostolado indica que era cuestionado al respecto con mucha frecuencia (véase Ro. 1:1; 1 Co. 1:1; 9:1-2; 2 Co. 1:1; 1 Ti. 1:1; 2:7). Aunque era humilde y se veía a sí mismo como "el más pequeño de los apóstoles" (1 Co. 15:9), Pablo siempre fue consciente de su dignidad por la gracia divina en lo que concernía a su llamado y autoridad: "en nada he sido menos que aquellos grandes apóstoles, aunque nada soy" (2 Co. 12:11).

Pablo debió sentirse herido en lo más profundo al enterarse de que muchos creyentes en Galacia habían sido persuadidos por esos falsos maestros al punto de poner en duda sus motivos y dudar no solo de su autoridad sino también de la veracidad del evangelio mismo. Sin embargo, su defensa no fue un reflejo instintivo fundado en sus sentimientos personales, sino que se basó en los hechos. El apóstol no hizo una apelación emotiva para que ellos renovaran su lealtad a Pablo como persona, sino que presentó evidencias claras que contradecían las acusaciones presentadas en su contra. Lo que le interesaba no era su nivel de popularidad o su éxito personal sino la verdad de Dios. La defensa que hizo de su apostolado tenía el propósito de defender su autoridad y la integridad del evangelio que había proclamado fielmente en las iglesias de Galacia y en todos los lugares donde fue enviado.

En Gálatas 1:10-12 Pablo presenta algunas credenciales de su apostolado y su mensaje, y en los versículos 13 al 24 despliega credenciales autobiográficas que incluyen pruebas de su legitimidad anteriores, posteriores y simultáneas a su conversión.

CREDENCIALES GENERALES DE PABLO

Pues, ¿busco ahora el favor de los hombres, o el de Dios? ¿O trato de agradar a los hombres? Pues si todavía agradara a los hombres, no sería siervo de Cristo.

Mas os hago saber, hermanos, que el evangelio anunciado por mí, no es según hombre; pues yo ni lo recibí ni lo aprendí de hombre alguno, sino por revelación de Jesucristo. (1:10-12)

Las acusaciones en su contra incluían la mentira de que Pablo se había propuesto reducir las normas divinas para que fueran fáciles de cumplir, de tal modo que él se hiciera popular y ganara el apoyo de personas cansadas de los dictados arduos y exigentes del judaísmo legalista. Según ellos Pablo se había especializado en decir lo que los hombres querían oír.

PABLO NO AGRADABA A LOS HOMBRES

Pues, ¿busco ahora el favor de los hombres, o el de Dios? ¿O trato de agradar a los hombres? Pues si todavía agradara a los hombres, no sería siervo de Cristo. (1:10)

La palabra *gar* (**pues**) tiene muchos significados, los cuales en gran parte se determinan por el contexto. También puede traducirse "porque", "sí, en efecto", "ciertamente", "que" y "por qué". En algunos casos puede significar "en vista de" o "por eso digo". **Pues** no es una traducción incorrecta, pero el flujo del argumento de Pablo se puede seguir mejor en este contexto al conectar las maldiciones enérgicas de los dos versículos anteriores: "ahí lo tienen, ¿acaso suena lo que acabé de decir como si yo tratara de agradar a los hombres?" Es obvio que si Pablo pronuncia una maldición sobre los hombres (v. 9) las acusaciones de los judaizantes en su contra carecen de sentido. Más bien demuestra con ello que procura honrar a Dios, cuya verdad era pervertida por los falsos maestros.

Si todavía agradara a los hombres se refiere a otro tiempo cuando Pablo sí buscaba el favor de sus compatriotas judíos con la persecución furiosa de los cristianos, suponiendo que así era fiel a Dios y contribuía a la expansión del judaísmo tradicional. En cambio ahora, a la luz de lo que enseñaba y la manera como había vivido desde su conversión, la idea de que **todavía agradara a los hombres** era absurda. Si fuera cierto, **no sería siervo de Cristo.** Pablo había rendido su vida entera al señorío de Jesucristo, y esa rendición le había costado un alto precio en términos humanos. Al final de su epístola Pablo recuerda a sus lectores: "yo traigo en mi cuerpo las marcas del Señor Jesús" (6:17). Algunas de esas marcas las recibió en Galacia, donde fue dejado una vez por muerto tras ser apedreado en la ciudad de Listra (Hch. 14:19). Sufrir a manos de gente a la que no agradaba era un suceso frecuente en su vida, y muchas veces el precio que pagó al optar siempre por honrar a Dios.

Por naturaleza, los que buscan agradar a los hombres no son mártires. El deseo de escapar la ridiculización y los problemas es una de sus características más notables. Agradar a los hombres no trae la persecución severa que Pablo soportó y es del todo incompatible con ser **siervo de Cristo.**

Más bien eran los acusadores judíos de Pablo quienes buscaban el favor de los hombres. Era con el fin de "agradar en la carne" que ellos trataban de obligar a los creyentes gentiles a circuncidarse, con el fin único y exclusivo de no tener que "padecer persecución a causa de la cruz de Cristo" (Gá. 6:12). El propósito primordial de Pablo, al lado de otros siervos de Cristo que procuraban lo mismo, era "serle agradables" (2 Co. 5:9). Ahora, agradar al Señor Jesucristo significaba que él tenía todo el derecho de pronunciar una maldición contra cualquiera que intentara empequeñecer, por medio de una doctrina de justicia por obras, la obra finalizada del Salvador y su gracia perfecta para aplicarla a los creyentes (cp. Gá. 2:21). Su segundo propósito era ver salvados a los seres humanos, y esto requería el hacer denuncias enérgicas contra cualquier evangelio falso que les pudiera condenar con su capacidad para el engaño.

EL MENSAJE DE PABLO NO ERA INVENTO HUMANO

Mas os hago saber, hermanos, que el evangelio anunciado por mí, no es según hombre; (1:11)

Mas os hago saber es la frase que traduce *gnōrizō,* un verbo griego enérgico que significa dar a conocer con certidumbre o certificar. Se empleaba con frecuencia como preámbulo de lo que se iba a decir a continuación. Es como si Pablo dijera en el lenguaje actual: "en esto voy a ser perfectamente claro: el evangelio que yo predico no es humano en naturaleza ni en autoridad. No lo inventé ni lo modifiqué, y tampoco ningún otro **hombre** lo hizo. Su mensaje es de origen completamente divino, no se ha mezclado en absoluto con algún producto de la sabiduría humana". Por esa razón el evangelio de Pablo es la norma por la cual se miden y condenan todas las teorías humanas falsas acerca de la salvación.

Si Pablo hubiera proclamado un **evangelio** que fuera **según hombre,** estaría impregnado de justicia por obras, como cualquier otro sistema religioso de invención humana. El orgullo pecaminoso del hombre se ofende con la idea de que únicamente la misericordia y la gracia de Dios pueden salvarle del pecado, y por esa razón insiste en contribuir de alguna manera a su propia salvación. El hecho mismo de que Pablo hubiera **anunciado** un mensaje de salvación en el que las obras humanas no tienen papel alguno, era evidencia de que su mensaje era de Dios y **no según hombre.**

PABLO NO RECIBIÓ SU MENSAJE DE LOS HOMBRES

pues yo ni lo recibí ni lo aprendí de hombre alguno, (1:12*a*)

Esta declaración se dirigió en particular contra los judaizantes, que recibían su instrucción religiosa de la tradición rabínica por medio de la memorización mecánica. En lugar de estudiar las Escrituras directamente, la mayoría de los judíos, tanto los laicos como los líderes religiosos, recurrían a interpretaciones humanas de las Escrituras como guía y autoridad en asuntos religiosos. Su teología, sus normas morales y sus ceremonias estaban arraigadas en la Palabra revelada de Dios del Antiguo Testamento, pero las verdades y normas bíblicas se disolvían y distorsionaban tanto a causa de las interpretaciones humanas, que el judaísmo en tiempos del Nuevo Testamento era recibido por mediación humana y aprendido según la interpretación humana. Aunque las Escrituras, en especial la Torá o ley, recibían una atribución ritual de honor supremo, lo cierto es que no eran honradas por la gente mediante el estudio directo y la obediencia sincera. En los ojos de muchos judíos de aquel tiempo, así como hoy día a la vista de muchos cristianos de profesión, la Biblia era una reliquia religiosa que merecía reverencia superficial mas no estudio y obediencia serios. Las ideas religiosas que ellos tomaban con seriedad y trataban de aplicar en sus vidas eran tradiciones de fabricación humana que eran relevantes a sus propias peculiaridades culturales y comunitarias como pueblo escogido, las cuales se habían acumulado y transmitido en el transcurso de varios siglos. Muchas de las tradiciones no solo no eran enseñadas en las Escrituras sino contrarias a ellas. Con muy pocas excepciones, los judíos habían "invalidado el mandamiento de Dios por [su] tradición" (Mt. 15:6).

En cambio, la predicación de Pablo no tenía base humana alguna. La palabra **ni** traduce *oude,* que se emplea aquí para hacer hincapié en esta idea: "ni siquiera yo, que tuve tantas y tan buenas oportunidades de ser enseñado por hombres, fui enseñado así en el evangelio que anuncio". Aunque había recibido una educación de alto nivel en las escuelas rabínicas y vivió como fariseo "conforme a la más rigurosa secta de [su] religión" (Hch. 26:5; cp. 23:6), Pablo se aseguró de descartar todas las nociones ajenas a las Escrituras que había aprendido en ese sistema religioso de fabricación humana. Ningún judío tenía más razones que Pablo para jactarse de sus logros en el judaísmo, pero todo lo que él había logrado en la carne antes de recibir a Cristo lo tuvo "por basura" (Fil. 3:4–8), e inclusive aquellas partes de la historia de Cristo que conoció antes de su conversión le resultaron superfluos y vacuos a causa de su incredulidad. Lo que él creyó y predicó tras su conversión no lo recibió ni aprendió **de hombre alguno**. El mensaje de Pablo carecía de fuente humana porque el evangelio no fue inventado por los hombres ni transmitido al apóstol por algún ser humano. Esta respuesta refleja sin duda otra de las acusaciones de los judaizantes contra Pablo, a saber, que él había sido enseñado en su doctrina por los apóstoles en Jerusalén, quienes también habían abandonado el judaísmo.

EL MENSAJE DE PABLO VINO DE CRISTO DIRECTAMENTE

sino por revelación de Jesucristo. (1:12*b*)

El evangelio que Pablo predicaba y enseñaba no era fruto de la invención o la tradición humana, sino que le había sido dado por Dios directamente, **por revelación de Jesucristo**. La palabra **revelación** traduce *apokalupsis* y significa correr el velo que cubre algo mantenido antes en secreto. **Jesucristo** es el objeto mismo de ese acto de **revelación**. Esto no significa que el apóstol no tuviera cierto conocimiento previo acerca de Jesús. Fue por la misma razón de conocer algo acerca de Él y su obra que había decidido perseguir con celo destructor a quienes creían en Él. Es obvio que tenía conocimiento de que los cristianos creían que Jesús era el Hijo de Dios y el Mesías prometido del Antiguo Testamento, porque a causa de tales afirmaciones Jesús recibió sus mayores críticas y en últimas fue crucificado (Lc. 23:2, 35; Jn. 5:18; 10:30). Pablo supo que los cristianos creían que Jesús se levantó de los muertos y ascendió al cielo. También sabía que Jesús no solo prescindió de las tradiciones rabínicas sino hasta de las leyes ceremoniales de Moisés. Antes de su conversión Pablo habría podido enunciar con precisión muchas de las enseñanzas centrales del evangelio, pero no creía que esas enseñanzas fuesen verdaderas y en consecuencia no captaba su significado e importancia espirituales.

Fue solo después que él mismo en Damasco (Hch. 9:1–16) tuvo un encuentro personal con **Jesucristo** y llegó a conocerle como Señor y Salvador, que él recibió la verdad sobrenatural del evangelio **por** medio de la **revelación** divina. Como explicó a la iglesia de los corintios, solo cuando una persona se vuelve al Señor es quitado el velo de ignorancia espiritual y separación de Dios (2 Co. 3:14–16), de tal modo que la verdad recibida pueda también ser entendida. En el caso de Pablo, los detalles y distintivos de esa verdad del evangelio vinieron por revelación especial y directa de Dios (cp. v. 16).

Una cosa es afirmar que se ha recibido revelación directa de Dios, pero otro asunto es probarlo. A través de la historia de la iglesia muchas personas han hecho afirmaciones falsas de haber recibido tal revelación, como muchos lo hacen en la actualidad. Pablo no se contentó con hacer la afirmación ni esperó que sus lectores le creyeran con base en meros asertos personales. Por eso en los siguientes doce versículos el apóstol procede a sustentar su tesis con la presentación de evidencias irrefutables de esa revelación divina y de sus credenciales apostólicas.

CREDENCIALES AUTOBIOGRÁFICAS DE PABLO

Porque ya habéis oído acerca de mi conducta en otro tiempo en el judaísmo, que perseguía sobremanera a la iglesia de Dios, y la asolaba; y en el judaísmo aventajaba a muchos de mis contemporáneos en mi nación, siendo mucho más celoso de las tradiciones de mis padres. Pero cuando agradó a Dios, que me apartó desde el vientre de mi madre, y me llamó por su gracia, revelar a su Hijo en mí, para que yo le predicase entre los gentiles, no consulté en seguida con carne y sangre, ni subí a Jerusalén a los que eran apóstoles antes que yo; sino que fui a Arabia, y volví de nuevo a Damasco.

Después, pasados tres años, subí a Jerusalén para ver a Pedro, y permanecí con él quince días; pero no vi a ningún otro de los apóstoles, sino a Jacobo el hermano del Señor. En esto que os escribo, he aquí delante de Dios que no miento. Después fui a las regiones de Siria y de Cilicia, y no era conocido de vista a las iglesias de Judea, que eran en Cristo; solamente oían decir: Aquel que en otro tiempo nos perseguía, ahora predica la fe que en otro tiempo asolaba. Y glorificaban a Dios en mí. (1:13-24)

Partiendo de los tres períodos fundamentales de su vida espiritual, es decir, antes de convertirse, su conversión y su vida después de la conversión, Pablo muestra cómo ciertos acontecimientos alrededor de su conversión así como otros anteriores y posteriores a ella, constituyen la prueba de que él había recibido su mensaje de Dios.

LA PRUEBA ANTES DE SU CONVERSIÓN

Porque ya habéis oído acerca de mi conducta en otro tiempo en el judaísmo, que perseguía sobremanera a la iglesia de Dios, y la asolaba; y en el judaísmo aventajaba a muchos de mis contemporáneos en mi nación, siendo mucho más celoso de las tradiciones de mis padres. (1:13-14)

Aquí Pablo describe la posición que alcanzó **en otro tiempo** y las actividades que realizó mientras estuvo **en el judaísmo,** para presentarlas como una especie de prueba negativa de que su mensaje de gracia no se fundamentaba en las creencias, circunstancias o acontecimientos de su vida pasada. Resulta claro que nada en su vida no convertida suministró la fuente de la verdad que ahora proclamaba. De hecho, tanto su conversión como su mensaje estaban cimentados en la intervención divina.

Pablo había sido un judío de primer orden, "circuncidado al octavo día, del linaje de Israel, de la tribu de Benjamín, hebreo de hebreos; en cuanto a la ley, fariseo; en cuanto a celo, perseguidor de la iglesia; en cuanto a la justicia que es en la ley, irreprensible" (Fil. 3:5-6). Su vida previa a la conversión estaba centrada por completo en la ley y la tradición. La gracia era un concepto foráneo a la religión de Saulo el fariseo, a pesar del hecho de que la gracia fue la base de los pactos de Dios con el hombre, tanto del antiguo como del nuevo. La obra redentora de Dios siempre se ha originado en su gracia y nada más, pero la mayoría de los judíos, adoctrinados por escribas y fariseos que imponían sus ideas en materia religiosa, habían perdido de vista la gracia de Dios mucho tiempo atrás y en su lugar depositaron confianza en sus propias obras y bondad para agradar a Dios. Esto mismo se aplica a Pablo, pues todo lo concerniente a su estilo de vida y la **conducta** que llevó **en otro tiempo en el judaísmo,** era diametralmente opuesto al mensaje de la gracia soberana y salvadora de Jesucristo que ahora proclamaba y defendía.

El primer aspecto de la **conducta** de Pablo **en otro tiempo** que probaba su carencia de fundamento para la predicación posterior del evangelio, es **que perseguía sobremanera a la iglesia de Dios, y la asolaba.** Su conocimiento del evangelio antes de convertirse, por velado y distorsionado que fuese, le llevó a darse cuenta de que esta forma radical de salvación no dejaba lugar alguno a la justicia por obras y de ese modo excluía por completo al judaísmo legalista. Por otro lado, el judaísmo legalista no daba lugar a un evangelio de gracia y por esa razón procuraba destruir a quienes lo creyeran y enseñasen.

El lenguaje original es vívido en su descripción de la hostilidad de Pablo. La frase **perseguía sobremanera** está en el tiempo pasado imperfecto y denota una intención persistente y continua de hacer daño. La palabra **asolaba** evoca la imagen de un ejército de soldados que arrasa con una ciudad entera. También se utiliza aquí en tiempo imperfecto para recalcar la persistencia de los esfuerzos destructivos de Pablo. Este hombre había estado determinado a extinguir por completo **a la iglesia.** Al parecer empleó el título **la iglesia de Dios** para subrayar que no se trataba de un grupo aislado que pertenecía a Jesús, de modo que quien le hiciera oposición solo se oponía a Jesús. Lo cierto es que todo aquel que se opone **a la iglesia** se opone a **Dios** mismo.

Saulo el fariseo tenía una pasión tan vehemente por el judaísmo tradicional que no podía tolerar contradicción o componenda alguna del mismo por parte de compatriotas judíos. Tan pronto terminó el martirio de Esteban, "Saulo asolaba la iglesia, y entrando casa por casa, arrastraba a hombres y a mujeres, y los entregaba en la cárcel" (Hch. 8:3). Quizás un año después, "Saulo, respirando aún amenazas y muerte contra los discípulos del Señor, vino al sumo sacerdote, y le pidió cartas para las sinagogas de Damasco, a fin de que si hallase algunos hombres o mujeres de este Camino, los trajese presos a Jerusalén" (9:1-2; cp. 22:4-5; 26:10-11). Su pasión única y preponderante era destruir a la iglesia naciente. Fue debido en parte a esa actividad que siempre mantuvo un sentido inmenso de indignidad al contemplar la gracia salvadora de Dios que fue extendida para su bien (cp. 1 Co. 15:9; 1 Ti. 1:12-14).

El segundo aspecto de la vida anterior de Pablo que probaba que él no tenía fundamento previo en el evangelio era su celo sin par por el judaísmo tradicional: **en el judaísmo aventajaba a muchos de mis contemporáneos en mi nación, siendo mucho más celoso de las tradiciones de mis padres.**

Aventajaba es la traducción de *prokoptō*, cuyo significado literal es avanzar cortando obstáculos, como se hace al abrirse camino en medio de la vegetación de un bosque. Saulo iba adelante en la senda que le permitía avanzar **en el judaísmo,** lo cual significaba despejar y cortar todo obstáculo en su carrera como el representado por los cristianos judíos, que en su mente eran traidores máximos **de las tradiciones** ancestrales de sus **padres.** Era **mucho más celoso,** a tal extremo que después como creyente confesó esto acerca de su manera de tratar a los creyentes judíos: "muchas veces, castigándolos en todas las sinagogas, los forcé a blasfemar; y enfurecido sobremanera contra ellos, los perseguí hasta en las ciudades extranjeras" (Hch. 26:11). En su celo extremado rebasó **a muchos de** sus **contemporáneos.** Pocos judíos igualaron su apasionamiento por su religión y su intolerancia frente a la verdad acerca de Jesucristo.

Aquí **las tradiciones de mis padres** se refiere al cuerpo de enseñanzas orales acerca de la ley del Antiguo Testamento llegó a tener la misma autoridad que la ley. Conocida comúnmente como la *Halakah*, esta colección de interpretaciones de la Torá se convirtió en una cerca que rodeaba la verdad revelada de Dios a tal punto que la ocultó de la vista. Por un período de varios cientos de años se expandió hasta convertirse en una acumulación descomunal de regulaciones religiosas, morales, legales, prácticas y ceremoniales nada fácil de comprender y mucho menos de cumplir en toda su extensión. Contenía tantos detalles y minucias que ni siquiera los eruditos rabínicos más doctos y estudiosos lograban dominarlo, ni en la interpretación ni en la conducta diaria. No obstante, cuanto más complejo y enfadoso se hacía, mayor era el celo con que los judíos legalistas lo veneraban y propagaban.

En su vida como un fariseo devoto, Pablo fue superado por muy pocos. John R. W. Stott escribe al respecto: "Ahora bien, un hombre en esa condición mental y emocional no está de ánimo para cambiar su manera de pensar, ni siquiera para que le sea cambiada por los hombres ... Dios era el único que podía alcanzarle, ¡y Dios lo hizo!" *(The Message of Galatians* [El mensaje de Gálatas], Londres: InterVarsity, 1968, p. 32).

Con esta alusión a dos características generales de su vida pasada Pablo se propuso mostrar que antes de su encuentro con Cristo no contaba con la más mínima preparación o fundamento humano para que pudiera entender, mucho menos aceptar y proclamar, el evangelio de salvación por la gracia de Dios que obra mediante la fe y aparte por completo de las obras humanas. Esto era absolutamente ajeno a su pasada manera de vivir y de pensar.

LA PRUEBA EN SU CONVERSIÓN

Pero cuando agradó a Dios, que me apartó desde el vientre de mi madre, y me llamó por su gracia, revelar a su Hijo en mí, para que yo le predicase entre los gentiles, (1:15-16*a*)

No fue hasta que Cristo en su soberanía y en la gloria de su resurrección le confrontó en el camino a Damasco, que Pablo respondió a la gran realidad del evangelio: que Jesús, aunque fue muerto y sepultado, ahora estaba vivo. De inmediato Saulo se dio cuenta de que solo un Jesús resucitado podía proclamar desde el cielo: "Yo soy Jesús, a quien tú persigues" (Hch. 9:5).

Ninguna explicación o influencia humana podría dar razón de esa vuelta de ciento ochenta grados en la vida de Saulo. Hasta ese punto había sido como un tren de carga que arrasa imparable todos los obstáculos que le colocan al frente. Había perdido el control de su vida y se había vuelto irrefrenable. Su celo legalista le había puesto al frente de una marcha destructora de la cual ninguna fuerza natural excepto la muerte le habría podido desviar. Su llamamiento apostólico solo pudo haber sido sobrenatural y soberano, aparte por completo del testimonio o la persuasión de los hombres (aunque es posible que haya escuchado la verdad de los cristianos capturados por él).

El acercamiento de los hombres a Dios siempre se ha basado en su voluntad y gracia soberanas. Como Moisés explicó a Israel en el desierto: "No por ser vosotros más que todos los pueblos os ha querido Jehová y os ha escogido, pues vosotros erais el más insignificante de todos los pueblos; sino por cuanto Jehová os amó, y quiso guardar el juramento que juró a vuestros padres" (Dt. 7:7-8). Samuel confrontó al pueblo con el mismo mensaje: "Pues Jehová no desamparará a su pueblo, por su grande nombre; porque Jehová ha querido haceros pueblo suyo" (1 S. 12:22). Dios escogió a los judíos por ninguna otra razón que su propia complacencia y propósito santos.

David sabía que era el rey escogido y ungido por elección soberana de Dios. "Jehová el Dios de Israel me eligió de toda la casa de mi padre, para que perpetuamente fuese rey sobre Israel; porque a Judá escogió por caudillo, y de la casa de Judá a la familia de mi padre; y de entre los hijos de mi padre se agradó de mí para ponerme por rey sobre todo Israel. Y de entre todos mis hijos (porque Jehová me ha dado muchos hijos), eligió a mi hijo Salomón para que se siente en el trono del reino de Jehová sobre Israel" (1 Cr. 28:4-5). Desde la elección de la nación de Israel, la tribu de Judá, la familia de Isaí, el hijo menor de Isaí, David, y su nieto Salomón, el proceso fue divino y soberano en toda su extensión. La elección de Dios se basa en nada más que su propia y buena complacencia.

Pablo no tomó la iniciativa en su proceso de elección para ser salvo, mucho menos en la decisión de ser un apóstol. Él fue "llamado a ser apóstol de Jesucristo por la voluntad de Dios" (1 Co. 1:1). La frase **que me apartó** se refiere al propósito electivo de Dios antes de que Pablo siquiera fuese capaz de considerar una decisión al respecto. Ninguna persona se salva o es llamada a ejercer liderazgo en la iglesia si no es por la voluntad divina soberana y predeterminada: "en amor habiéndonos predestinado para ser adoptados hijos suyos por medio de Jesucristo, según el puro afecto de su voluntad, para alabanza de la gloria de su gracia, con la cual nos hizo aceptos en el Amado" (Ef. 1:5-6; cp. v. 9).

El Señor **apartó** a Pablo para la salvación y el apostolado no gracias a que Pablo demostró tener una gran capacidad para ser un líder o un escritor excelente, y tampoco por haber sido un trabajador arduo y resuelto. Saulo había sido apartado y consagrado por Dios aun **desde el vientre de** su **madre,** mucho antes de que pudiese haber dado la más mínima evidencia de su desempeño futuro. Pablo fue elegido para ser apóstol antes de su nacimiento, así como Jacob fue escogido sobre su hermano gemelo Esaú antes de nacer (Ro. 9:11-13), como Isaías y Jeremías fueron llamados y consagrados a su labor profética mientras estaban todavía en el vientre (Is. 49:1; Jer. 1:5), y así como Juan el Bautista fue llamado aun antes de su concepción para ser el precursor del Mesías (Lc. 1:13-17). Los lectores judíos de Pablo supieron de inmediato que estaba comparando su llamado al apostolado con los llamados de aquellos grandes hombres de Dios. No era su intención "codearse" con ellos sino establecer de forma inequívoca que así como el de ellos, su llamado era por completo la obra de Dios.

Este propósito se convirtió en hecho histórico en el camino a Damasco y en los días sucesivos, cuando Pablo dice: **Dios ... me llamó por su gracia.** De forma real y efectiva, mediante su amor y bondad no merecidos, Dios atrajo hacia Él mismo al hombre Saulo, quien fue previamente elegido por Él para salvación.

El hecho es que **agradó a Dios ... revelar a su Hijo** a Saulo de una forma única y directa: "yendo por el camino, aconteció que al llegar cerca de Damasco, repentinamente le rodeó un resplandor de luz del cielo; y cayendo en tierra, oyó una voz que le decía: Saulo, Saulo, ¿por qué me persigues? Él dijo: ¿Quién eres, Señor? Y le dijo: Yo soy Jesús, a quien tú persigues; dura cosa te es dar coces contra el aguijón. Él, temblando y temeroso, dijo: Señor, ¿qué quieres que yo haga? Y el Señor le dijo: Levántate y entra en la ciudad, y se te dirá lo que debes hacer" (Hch. 9:3-6). En su testimonio ante el rey Agripa, Pablo menciona otros detalles de su primer encuentro con el Señor resucitado. Tras identificarse como "Jesús, a quien tú persigues", el Señor dijo: "levántate, y ponte sobre tus pies; porque para esto he aparecido a ti, para ponerte por ministro y testigo de las cosas que has visto, y de aquellas en que me apareceré a ti, librándote de tu pueblo, y de los gentiles, a quienes ahora te envío" (26:15-17). Las revelaciones directas de Cristo y las Escrituras que Dios dio a Pablo empezaron ese día y continuaron durante su estadía breve en Damasco, los años que pasó en Arabia y desde entonces siempre que Dios lo dispuso a lo largo de la vida del apóstol.

La frase **en mí** no obliga a interpretar esa revelación divina como un sentimiento interior y subjetivo porque también puede significar "a mí", y alude a la idea de una experiencia objetiva.

El llamado a ser salvo fue acompañado por el llamado a servir: **para que yo le predicase entre los gentiles.** Aunque la experiencia de Pablo fue única e irrepetible, Dios no llama a una persona a la salvación sin llamarle también al servicio. Todos los creyentes sin excepción "somos hechura suya, creados en Cristo Jesús para buenas obras, las cuales Dios preparó de antemano para que anduviésemos en ellas" (Ef. 2:10). Pedro escribió esto a los creyentes: "Mas vosotros sois linaje escogido, real sacerdocio, nación santa, pueblo adquirido por Dios, para que anunciéis las virtudes de aquel que os llamó de las tinieblas a su luz admirable" (1 P. 2:9). Somos salvados para ser testigos y siervos del Salvador.

El objeto de la predicación de Pablo siempre fue Jesucristo. A los corintios escribió acerca del contenido de su anuncio apostólico que era "el testimonio de Dios", por el cual se había propuesto "no saber entre [ellos] cosa alguna sino a Jesucristo, y a éste crucificado" (1 Co. 2:1-2). Los judaizantes necesitaban ver que **los gentiles** no necesitaban oír la ley de Moisés o las tradiciones de los ancianos judíos, solo el evangelio de Jesucristo.

De modo que la elección de Pablo, su transformación, la revelación y el llamado a predicar a las naciones fueron todos realizados por Dios, no por los hombres. Aun después de ello, los hombres no tienen parte alguna en la preparación de Pablo para el cumplimiento de su llamado.

LA PRUEBA DESPUÉS DE SU CONVERSIÓN

no consulté en seguida con carne y sangre, ni subí a Jerusalén a los que eran apóstoles antes que yo; sino que fui a Arabia, y volví de nuevo a Damasco.

Después, pasados tres años, subí a Jerusalén para ver a Pedro, y permanecí con él quince días; pero no vi a ningún otro de los apóstoles, sino a Jacobo el

hermano del Señor. En esto que os escribo, he aquí delante de Dios que no miento. Después fui a las regiones de Siria y de Cilicia, y no era conocido de vista a las iglesias de Judea, que eran en Cristo; solamente oían decir: Aquel que en otro tiempo nos perseguía, ahora predica la fe que en otro tiempo asolaba. Y glorificaban a Dios en mí. (1:16*b*–24)

John Brown comentó que a partir del encuentro en el camino a Damasco, Cristo mantuvo a Pablo bajo su propia e inmediata tutela. Para el Señor era esencial establecer la independencia de Pablo como apóstol. Él no fue enseñado por los otros apóstoles pero en todo era igual a ellos. Después de pasar "algunos días con los discípulos que estaban en Damasco" y de haber predicado "a Cristo en las sinagogas" de ese lugar (Hch. 9:19-20), Pablo dice sin rodeos: **no consulté en seguida con carne y sangre.** No procuró obtener de Ananías u otros cristianos en Damasco dirección ni consejos, o alguna aclaración de la revelación que había recibido. Esto no quiere decir que ellos no le habrían ayudado o que no habría aprendido algo útil de otros creyentes, sino que al serle asignada la tarea especial de alcanzar a los gentiles era importante que él no fuera visto como alguien que había sido convencido por unos cuantos convertidos judíos de la doctrina cristiana. Los gentiles habrían vacilado más en aceptar su mensaje si le hubieran percibido como de origen judío, y los judaizantes necesitaban entender que el evangelio no era en absoluto una herejía defendida por un puñado de judíos.

Pablo fue **a Arabia** de los nabateos, una región que se extendía al oriente desde Damasco hasta el sur en la península del Sinaí. Aunque no identifica la ubicación exacta, es probable que se haya quedado cerca de Damasco. Se desconoce el lugar y el propósito de su estadía en Arabia, pero ese fue con toda seguridad el lugar de su preparación para el ministerio.

Tras su permanencia en Arabia, el apóstol **volvió de nuevo a Damasco** y continuó predicando allí por un tiempo. Casi de inmediato recibió oposición de los líderes judíos, un grupo que seguramente incluyó algunos de los hombres con los que él mismo había planeado conspirar en contra de los cristianos (véase Hch. 9:2).

El hecho de que "en Damasco, el gobernador de la provincia [árabe nabatea] del rey Aretas guardaba la ciudad de los damascenos para prender [a Pablo]" (2 Co. 11:32) indica que el apóstol también predicó en **Arabia** y suscitó el enfado de su rey. En cualquier caso, las autoridades civiles de los gentiles en Damasco apoyaban los esfuerzos de los líderes judíos para arrestar y ejecutar a Pablo (cp. Hch. 9:23-24).

Los dos períodos de predicación en Damasco y la estadía intermedia en Arabia los pasó Pablo a solas con el Señor Jesús en aprendizaje, meditación y estudio en el Antiguo Testamento. **Después, pasados tres años,** Pablo **subió a Jerusalén** (esto no debe confundirse con un viaje posterior que hizo desde

Antioquía para aliviar el problema del hambre en la región, el cual se menciona en Hechos 11:30, o el viaje a la reunión del concilio en Hechos 15). Lo hizo **para ver a Pedro** el apóstol. Pablo señala que fue a Jerusalén con el único propósito de conocer a Pedro, quien fue un compañero personal del Señor Jesús y el vocero más potente en los primeros años de la iglesia en Jerusalén, desde Pentecostés en adelante (Hch. 2:14-40; 3:11-26; 4:8-20; 5:3-32; 8:20-25). Solo **permaneció con él quince días,** un tiempo que obviamente es demasiado corto a escala humana para que hubiera sido transformado por completo de toda su teología y tradición judías, e instruido plenamente en el evangelio. Tampoco **vio a ningún otro de los apóstoles, sino a Jacobo el hermano del Señor.** La visita de Pablo a Jerusalén no fue para aprender más sobre el mensaje del evangelio sino para conocer en persona y **ver a** (el verbo significa "visitar con el fin de conocer a alguien") estos dos hombres que habían sido tan cercanos a Jesús y quizá también para enterarse de algunas de sus experiencias más personales con el Señor encarnado, a quien él había llegado a amar y servir, y con quien había pasado esos tres años en conocerle.

Debe notarse que Hechos 9:23-25 indica que la salida de Pablo de Damasco fue resultado de una serie dramática de acontecimientos. Los judíos pusieron resistencia enérgica a su predicación y habían desarrollado un plan para matarle tan pronto se presentara la oportunidad. Patrullaban las puertas de la ciudad día y noche a la espera de capturar a Pablo, pero al enterarse sus discípulos acerca de ese plan, estos le ayudaron a escapar bajándole de noche en una canasta por la muralla de la ciudad.

De no haber sido por ese apuro que amenazó su vida, Pablo se habría quedado más tiempo en Damasco. El registro bíblico no informa sobre el tiempo de su viaje a Jerusalén, pero al llegar y tratar de ver a los apóstoles, fue repelido a causa del temor explicable de que no fuese un verdadero creyente (Hch. 9:26). Sin la ayuda de Bernabé, Pablo no habría podido visitar a Pedro y Jacobo. No conoció a los demás apóstoles, quizás porque tenían temor de verle o por estar lejos de Jerusalén en ese momento. Se puede suponer que a pesar de que los apóstoles no se desperdigaron a causa de la persecución de Saulo (Hch. 8:1), optaron por hacerlo ante la presencia de Pablo. Cuando Herodes se precipitó en contra de ellos (12:1), parece que solo Pedro y Jacobo el hermano de Juan se quedaron en la ciudad, y Pedro huyó con premura para evitar la suerte de Jacobo (12:17). La mención de que Bernabé tomó a Pablo y "lo trajo a los apóstoles" (9:27) debió referirse tan solo a Pedro y Jacobo el hermano del Señor, quien por cierto estaba ligado a los apóstoles en aquel tiempo. Puesto que había visto a Cristo resucitado (1 Co. 15:7) y mantuvo una asociación íntima con los demás apóstoles (de manera muy semejante a Bernabé; véase Hch. 14:14), este Jacobo fácilmente pudo haber sido considerado por Pablo como un apóstol en el sentido más amplio del oficio.

Para dar a sus lectores la máxima confianza **en esto que os escribo,** Pablo hizo el voto judío habitual: **he aquí delante de Dios que no** miento. Esa declaración, al lado de muchas otras, contradice las afirmaciones de ciertos intérpretes liberales según las cuales Pablo era un líder sincero y bastante capaz, pero muchas de sus enseñanzas solo reflejan sus ideas y preferencias personales. Si esto fuera cierto, habría sido un individuo víctima de su propia autosugestión, o un mentiroso desvergonzado. O bien era un vocero autorizado de Dios y plenamente confiable, o un fraude total.

En esta sección de la carta Pablo se propone aseverar que había recibido su evangelio del Señor por vía directa, no de los otros apóstoles. El apóstol a los gentiles solo visitó a dos de ellos por dos semanas, y solo después de haber pasado tres años desde su conversión y el comienzo de su ministerio de predicación. Cualquier acusación en el sentido de que era un apóstol de segunda mano que había recibido su mensaje de los apóstoles en Jerusalén, era por completo falsa.

Después que Pablo salió de Jerusalén **fue a las regiones de Siria y de Cilicia;** en esta última región se encontraba Tarso, su ciudad natal (véase Hch. 9:11, 30). Este desplazamiento fue precipitado por otro grupo de judíos hostiles que "procuraban matarle" (Hch. 9:29). Fue escoltado fuera de Jerusalén hasta la ciudad portuaria de Cesarea, donde es probable que se haya embarcado hasta llegar a su ciudad natal. Allí en Tarso predicó hasta que Bernabé le mandó llamar para establecerse en Antioquía de Siria.

Durante su estadía de varios años en esas **regiones,** Pablo se dedicó a la predicación (v. 23). Los demás apóstoles seguían en Judea y Samaria sin mantener contacto con él ni ejercer influencia sobre su ministerio. Cuando "llegó la noticia" acerca del avivamiento en Antioquía de Siria "a oídos de la iglesia que estaba en Jerusalén", ellos "enviaron a Bernabé que fuese hasta Antioquía", y él ministró solo en ese lugar por un tiempo, hasta que decidió ir a Tarso "para buscar a Saulo; y hallándole, le trajo a Antioquía. Y se congregaron allí todo un año con la iglesia, y enseñaron a mucha gente; y a los discípulos se les llamó cristianos por primera vez en Antioquía" (Hch. 11:20–26). Pablo permaneció como maestro en la iglesia de Antioquía hasta que el Espíritu Santo le envió junto a Bernabé en su primer viaje misionero (Hch. 13:1–3), y al terminar regresaron a Antioquía, desde donde fueron enviados al concilio en Jerusalén (14:26–15:4).

En ese tiempo Pablo **no era conocido de vista a las iglesias de Judea, que eran en Cristo.** Aquí **iglesias** es una designación plural que se refiere a asambleas locales que forman parte de la iglesia como una sola entidad. Las dos visitas de Pablo a Jerusalén no incluyeron una visita **a las iglesias de Judea,** una región que por lo general se considera separada de su ciudad principal, Jerusalén (véase Hch. 1:8). Todo lo que esas **iglesias** sabían acerca de este apóstol independiente era lo que **oían decir: Aquel que en otro tiempo nos perseguía,**

ahora predica la fe que en otro tiempo asolaba. Por razones obvias, habría sido muy difícil para los creyentes aceptar la conversión de Pablo como genuina (véase Hch. 9:13–14, 21, 26), pero con la bendición que el Señor dio al ministerio de Pablo, lo cual resultó en su propia persecución (vv. 23–24, 29), sus hermanos cristianos no pudieron dudar más que él era un hombre de Dios con elección y dones especiales, y en vista de ello Pablo confirma que **glorificaban a Dios** por su causa.

Pablo y Bernabé solo hicieron dos visitas a Jerusalén, una para llevar ayudas de Antioquía en tiempo de gran hambre (Hch. 11:30), y la segunda para discutir la relación entre la ley mosaica y el evangelio de la gracia (Hch. 15). Como la presencia de Pablo allí fue tan escasa en el transcurso de catorce años (Gá. 2:1), la mayoría de las personas no le conocían excepto por su reputación. Además, aunque su evangelio no había venido de Jerusalén ni fue redefinido allí, los creyentes en ese lugar todavía lo afirmaban al igual que el poder de su apostolado como un motivo por el cual **glorificaban a Dios.** El hecho de que los creyentes alabaran a Dios por el mismo evangelio que conocían muestra que era idéntico al enseñado por los apóstoles en Jerusalén y en verdad procedía del Señor.

Todo lo que Pablo ha dado a entender por medio de esta autobiografía detallada es que las acusaciones de los judaizantes eran absurdas y superficiales. La iglesia en Jerusalén, que seguía bajo la supervisión de los otros apóstoles y Jacobo, el medio hermano del Señor, había reconocido tiempo atrás su oficio y su autoridad como apóstol de Jesucristo, y glorificaron a Dios por su causa. Jacobo, Pedro y Juan, los tres apóstoles principales ("columnas") entre los doce, habían reconocido de manera específica que la gracia de Dios había sido dada a Pablo, y con gran entusiasmo "nos dieron a mí y a Bernabé la diestra en señal de compañerismo" (Gá. 2:9), dice Pablo más adelante. En su segunda carta Pedro no solo reconoce la autoridad divina de Pablo sino que también afirma que sus epístolas, aun en esa fecha tan temprana, ya eran reconocidas como parte de las Escrituras (2 P. 3:15–16).

Rechazar la enseñanza de Pablo es rechazar la Palabra de Dios. Ni el testimonio de Pablo mismo ni el de los demás apóstoles da lugar a otra conclusión.

Elogio apostólico (2:1-10) 4

Después, pasados catorce años, subí otra vez a Jerusalén con Bernabé, llevando también conmigo a Tito. Pero subí según una revelación, y para no correr o haber corrido en vano, expuse en privado a los que tenían cierta reputación el evangelio que predico entre los gentiles. Mas ni aun Tito, que estaba conmigo, con todo y ser griego, fue obligado a circuncidarse; y esto a pesar de los falsos hermanos introducidos a escondidas, que entraban para espiar nuestra libertad que tenemos en Cristo Jesús, para reducirnos a esclavitud, a los cuales ni por un momento accedimos a someternos, para que la verdad del evangelio permaneciese con vosotros. Pero de los que tenían reputación de ser algo (lo que hayan sido en otro tiempo nada me importa; Dios no hace acepción de personas), a mí, pues, los de reputación nada nuevo me comunicaron. Antes por el contrario, como vieron que me había sido encomendado el evangelio de la incircuncisión, como a Pedro el de la circuncisión (pues el que actuó en Pedro para el apostolado de la circuncisión, actuó también en mí para con los gentiles), y reconociendo la gracia que me había sido dada, Jacobo, Cefas y Juan, que eran considerados como columnas, nos dieron a mí y a Bernabé la diestra en señal de compañerismo, para que nosotros fuésemos a los gentiles, y ellos a la circuncisión. Solamente nos pidieron que nos acordásemos de los pobres; lo cual también procuré con diligencia hacer. (2:1-10)

Como Jesús hizo evidente en la parábola del trigo y la cizaña (Mt. 13:24-30), siempre que la buena semilla de la verdad de Dios es sembrada en cualquier lugar, Satanás estará ahí para sembrar su semilla de falsedad. Por eso era inevitable que, mientras Pablo se dedicaba a plantar la verdad del evangelio de manera fiel y poderosa, los falsos maestros de Satanás se aprestaran a diseminar mentiras sobre el apóstol.

Pablo hizo estas advertencias a los ancianos de Éfeso: "Por tanto, mirad por vosotros, y por todo el rebaño en que el Espíritu Santo os ha puesto por obispos, para apacentar la iglesia del Señor, la cual él ganó por su propia sangre. Porque yo sé que después de mi partida entrarán en medio de vosotros lobos rapaces, que no perdonarán al rebaño. Y de vosotros mismos se levantarán hombres que hablen cosas perversas para arrastrar tras sí a los discípulos" (Hch. 20:28-30). Asimismo advirtió a Timoteo: "Pero el Espíritu dice claramente que en los postreros tiempos algunos apostatarán de la fe, escuchando a espíritus engañadores y a doctrinas de demonios; por la hipocresía de mentirosos que [tienen] cauterizada la conciencia" (1 Ti. 4:1-2).

A lo largo de su amplio e intenso ministerio Pablo luchó contra los emisarios de Satanás que siempre procuraron desacreditar tanto a la verdad divina como a sus representantes. En Gálatas 2:1-10 continúa con su defensa en contra de la acusación según la cual se había nombrado apóstol a sí mismo y proclamaba un mensaje inventado por él que se diferenciaba del enseñado por Pedro y los demás apóstoles en Jerusalén. Con argumentos devastadores Pablo muestra que a pesar de haber recibido su mensaje de forma independiente con respecto a los demás apóstoles, predicaba un mensaje idéntico al de ellos, y este era un hecho que los primeros apóstoles reconocían de todo corazón. Su evangelio era independiente en términos de revelación, pero idéntico en términos de contenido.

Con el recuento de su viaje más importante a Jerusalén después de su conversión, Pablo mostró que su llegada, su acompañante, su comisión y su reconocimiento como apóstol hacían evidente su unidad con los otros doce apóstoles en una sola verdad y un solo espíritu.

LA LLEGADA DE PABLO

Después, pasados catorce años, subí otra vez a Jerusalén con Bernabé, llevando también conmigo a Tito. Pero subí según una revelación, y para no correr o haber corrido en vano, expuse en privado a los que tenían cierta reputación el evangelio que predico entre los gentiles. (2:1-2)

Pablo ya había establecido que su contacto con los demás apóstoles fue casi nulo durante los primeros años después de su conversión. No vio a uno solo de ellos hasta tres años después de su encuentro con el Señor en el camino de Damasco, y en esa ocasión de forma breve. Se había quedado quince días con Pedro en Jerusalén y había conocido a Jacobo, el medio hermano de Jesús (1:18-19; cp. Hch. 9:26-28). Más adelante fue a Jerusalén por segunda vez y quizás por un tiempo todavía más breve. El apóstol no se refiere a este viaje en el texto porque no era relevante al asunto de su apostolado. Durante esa segunda visita breve ayudó a Bernabé a recolectar la ofrenda destinada a la iglesia de Jerusalén de parte de la iglesia en Antioquía para el alivio de los creyentes en

Judea que padecían la gran hambre que vino sobre todo el territorio (Hch. 11:27-30; 12:24-25).

Después, pasados catorce años desde la primera visita en la que vio a Pedro y Jacobo, el apóstol **subió otra vez a Jerusalén.** Durante los diecisiete años anteriores había predicado el evangelio sin recibir instrucción humana porque su mensaje le fue dado por revelación directa de Dios (Gá. 1:11-12, 16-17).

Pablo y Bernabé habían completado su primer viaje misionero (Hch. 13:1–14:28) y regresado a Antioquía para informar acerca de los milagros de conversión entre los gentiles por gracia mediante la fe. Los legalistas judíos en Judea se molestaron al escuchar el informe y fueron a Antioquía para enseñar que un gentil tenía que convertirse en judío antes de poder hacerse cristiano.

Es probable, como muchos eruditos creen, que este viaje de Pablo **otra vez a Jerusalén** fue para el concilio (Hch. 15) convocado para resolver la cuestión, y que **otra vez** no denota en sentido lingüístico una segunda visita. (Un estudio completo de la viabilidad de esa interpretación de Hechos 15 comparada con la explicación según la cual este texto se refiere a la segunda visita de Pablo a Jerusalén para el alivio del hambre que se registra en Hechos 11:27-30; 12:24-25, se encuentra en el comentario escrito por William Hendricksen *(New Testament Commentary: Exposition of Galatians* [Comentario del Nuevo Testamento: exposición de Gálatas], Grand Rapids: Baker, 1971, pp. 69-77).

Según Hechos 15, aquellos judíos que venían de Judea y profesaban ser cristianos, fueron a Antioquía, donde Pablo y Bernabé ejercían el ministerio, y "enseñaban a los hermanos: Si no os circuncidáis conforme al rito de Moisés, no podéis ser salvos. Como Pablo y Bernabé tuviesen una discusión y contienda no pequeña con ellos, se dispuso que subiesen Pablo y Bernabé a Jerusalén, y algunos otros de ellos, a los apóstoles y los ancianos, para tratar esta cuestión" (Hch. 15:1-2). El gran debate tendría que resolverse en **Jerusalén.**

Además de ir **con** su querido amigo y compañero judío **Bernabé,** Pablo decidió llevar **también** con él a **Tito,** un hijo espiritual del apóstol y su colaborador en el ministerio (Tit. 1:4-5), quien seguramente estaba entre el grupo al que Lucas se refirió como "algunos otros de ellos". Tito, un gentil no circuncidado y producto del mismo ministerio que los judaizantes atacaban, era el acompañante perfecto para llevar al concilio. Fieles a sus métodos engañosos de operación, es probable que los judaizantes hayan afirmado que enviaron la delegación de Antioquía a Jerusalén para corregir la doctrina de Pablo y Bernabé, pero tanto Lucas como Pablo dejan en claro que no fue así. Lucas declara que ellos fueron "encaminados por la iglesia" en Antioquía (v. 3). Aunque Pablo pudo haber oscilado un poco entre aceptar o no el encargo de ir a Jerusalén, **una revelación** directa de Dios confirmó su obligación de hacerlo. Pablo puntualiza: **Pero subí según una revelación, y para no correr o haber corrido en vano.** Es posible que el Espíritu Santo haya hablado a los líderes de la iglesia en Antioquía al mismo tiempo que a Pablo, tal como lo hizo cuando Pablo y Bernabé fueron comisionados por los maestros y profetas de la iglesia para realizar su primer periplo misionero (Hch. 13:2). De cualquier modo, el asunto se resolvió tan pronto Pablo recibió y obedeció la orden divina de ir a Jerusalén, con lo cual también recibió la bendición de la iglesia en Antioquía que confirmó la orden.

Al llegar a Jerusalén Pablo fue directo al grano: **expuse en privado** (del griego *anatithēmi* que significa someter un asunto a consideración del interlocutor) **... el evangelio que predico entre los gentiles,** el evangelio de salvación por la gracia soberana de Dios por medio de la fe penitente del hombre. Este era un evangelio totalmente contrario a la creencia de los judaizantes en obras humanas justas que expresaron en términos tajantes: "Si no os circuncidáis conforme al rito de Moisés, no podéis ser salvos" (Hch. 15:1).

Pablo expuso esto primero que todo a los apóstoles y ancianos de la iglesia local, incluidos Pedro, Juan y Jacobo, el medio hermano de nuestro Señor, y luego a toda la iglesia que se congregaba en Jerusalén, compuesta por todos los apóstoles y ancianos así como los demás miembros de la iglesia y quizá otros creyentes visitantes además de los enviados por la iglesia de Antioquía (Hch. 15:4). Pablo y Bernabé rindieron a ese un informe general sobre "todas las cosas que Dios había hecho con ellos", después de lo cual "algunos de la secta de los fariseos, que habían creído, se levantaron diciendo: Es necesario circuncidarlos, y mandarles que guarden la ley de Moisés" (vv. 4-5).

En ese punto "se reunieron los apóstoles y los ancianos para conocer de este asunto", y después de mucha discusión (vv. 6, 7), Pedro se dirigió al grupo para declarar que Dios no hace distinción entre judíos y gentiles, sino que les salva a ambos por fe y les concede por igual el don de su Espíritu que viene a morar en ellos. En cuanto a la supuesta necesidad de estar circuncidados y seguir toda la ley mosaica para poder salvarse, el apóstol Pedro fue enérgico: "Ahora, pues, ¿por qué tentáis a Dios, poniendo sobre la cerviz de los discípulos un yugo que ni nuestros padres ni nosotros hemos podido llevar? Antes creemos que por la gracia del Señor Jesús seremos salvos, de igual modo que ellos" (vv. 10-11).

Parece razonable suponer que esta reunión privada ocurrió primero porque Pablo quería estar seguro de la teología de los líderes de Jerusalén antes de hablarles en público. Por lo tanto, antes de comparecer en el concilio Pablo y Bernabé expusieron **en privado a los que tenían cierta reputación** "cuán grandes señales y maravillas había hecho Dios por medio de ellos entre los gentiles" (Hch. 15:12). En completa armonía con lo que Pedro iba a decir ante el concilio, Pablo y Bernabé declararon, primero en privado y luego en público, que Dios había salvado a los gentiles en todos los lugares donde habían proclamado el evangelio, y que su mensaje y esas conversiones eran atestiguados por Dios mismo por medio de "señales y maravillas" milagrosas. Esa evidencia era concluyente e irrebatible porque Dios no confirma falsedades. Cuando el Señor atestiguaba la predicación y la conversión con señales y maravillas, no había prueba mayor de que la predicación era conforme a la verdad divina y las conversiones eran por el poder de su Espíritu.

Que la iglesia en Jerusalén y la iglesia de Cristo en su conjunto no habían sido devastadas por la enseñanza hereje de los judaizantes, es evidente en el hecho de que el asunto se resolvió de manera rápida y decisiva en el concilio de Jerusalén. Dice el recuento que "toda la multitud calló" al terminar Pedro su intervención, y de inmediato Pablo y Bernabé procedieron a hablar, seguidos por Jacobo con su sabia recapitulación de los mensajes y su propuesta de que lo dicho por ellos fuera enviado como directiva doctrinal y práctica a todas las iglesias. Después que Pedro, Pablo y Bernabé terminaron de hablar no hubo más debate (cp. v. 7). Lo propuesto por Jacobo "pareció bien a los apóstoles y a los ancianos, con toda la iglesia", y una carta que oficializaba su decisión fue enviada "a los hermanos de entre los gentiles que están en Antioquía, en Siria y en Cilicia" (vv. 12-22). Los creyentes en Antioquía, tras haber sido fundamentados y arraigados por Pablo y Bernabé en el evangelio verdadero, "se regocijaron por la consolación" recibida en la lectura de la carta oficial del concilio (vv. 30-31).

La referencia de Pablo a los apóstoles con quienes habló en privado como **los que tenían cierta reputación** reflejaba la actitud general de la iglesia hacia aquellos líderes iniciales del cristianismo. La frase que les describe en el original se emplea con referencia a la autoridad e implica una posición honorable, pero el hecho de que se refiera así a ellos en cuatro ocasiones en ocho versículos (Gá. 2:2-9), denota cierto toque sarcástico. Sin embargo, el sarcasmo no está dirigido a los apóstoles sino a los judaizantes que habían venido reclamando para sí la aprobación apostólica de sus perversiones legalistas del evangelio. En la carta enviada por el concilio los judaizantes engañosos quedaron descritos así: "algunos que han salido de nosotros, a los cuales no dimos orden, [los cuales] os han inquietado con palabras, perturbando vuestras almas" (Hch. 15:24).

Aunque los judaizantes no proclamaban el mismo evangelio enseñado por los doce, sabían que necesitaban de confirmación apostólica para ser tomados en serio. Por esa razón forjaron la mentira de que su mensaje era aprobado por los apóstoles en Jerusalén y que se contaban entre sus representantes reconocidos. Por supuesto, esa afirmación fue negada del todo por los apóstoles y ancianos en el concilio de Jerusalén.

El hecho de que Pablo escribió Gálatas algunos años después del concilio de Jerusalén muestra que la decisión y la declaración oficial de ese concilio no habían detenido a los judaizantes en la predicación de sus doctrinas falsas y en su afirmación de contar cuando la aprobación apostólica **de los que tenían cierta reputación**. Según ellos era obvio que Pablo carecía de esa **cierta**

reputación, porque dijeron a los creyentes en Galacia que su evangelio estaba en conflicto con el de ellos y el de los apóstoles.

Al fin de cuentas Pablo fue vindicado y los judaizantes fueron denunciados cuando Pablo llevó a Tito a Jerusalén y expuso su evangelio ante estos hombres de **reputación.** El apóstol no buscó vindicación porque dudara de la validez de su predicación, solo declaró sin equívocos que su mensaje vino por revelación directa de Dios y que no tenía ni necesitaba aclaración o confirmación humana en lo absoluto (Gá. 1:11-19). Fue a Jerusalén para probar que el evangelio que él predicaba era idéntico al predicado por los otros apóstoles y que así haya sido por aparte, le fue revelado de manera directa por el mismo Señor Jesús. Pablo no fue para confirmar el carácter apostólico de su mensaje en beneficio propio, sino para que los creyentes en Galacia le consideraran conforme a la verdad y no según los engaños y la confusión que los judaizantes crearon en sus mentes.

Las enseñanzas de los judaizantes no solo eran interpretaciones incorrectas o aplicaciones desviadas del evangelio verdadero sino su antítesis misma. Fue por temor de verles transar con la enseñanza de los judaizantes y su evangelio pervertido que Pablo procuró asegurarse en privado de que los maestros en Jerusalén estaban de acuerdo con su revelación del evangelio y no serían tolerantes en su trato con el legalismo. De otro modo quizás se lamentaría después por **correr o haber corrido en vano,** al ver que todo el esfuerzo espiritual de su ministerio pasado y presente entraba en conflicto con ellos y era fútil. Los apóstoles afirmaron el evangelio de Pablo sin añadirle una sola cosa (Gá. 2:6). Esa confirmación privada preparó el escenario para la decisión que le siguió en el concilio público. Fue de suprema importancia que los creyentes en Galacia y en todo lugar, entendieran que su evangelio de gracia era idéntico al predicado por los otros apóstoles, y que era el mensaje satánico de los judaizantes lo que constituía una aberración de la verdad salvadora de Dios.

EL ACOMPAÑANTE DE PABLO

Mas ni aun Tito, que estaba conmigo, con todo y ser griego, fue obligado a circuncidarse; y esto a pesar de los falsos hermanos introducidos a escondidas, que entraban para espiar nuestra libertad que tenemos en Cristo Jesús, para reducirnos a esclavitud, a los cuales ni por un momento accedimos a someternos, para que la verdad del evangelio permaneciese con vosotros. (2:3-5)

Aunque el texto griego de los versículos pudo ser perfectamente inteligible para los gálatas, resulta casi imposible de traducir para los eruditos modernos. El notable erudito bíblico J. B. Lightfoot llamó el pasaje "un naufragio de la gramática griega". Tal vez Pablo se agitó a tal punto en la defensa del corazón mismo del evangelio y tuvo tanto temor de que sus rebaños amados fueran corrompidos por la herejía judaizante, que empleó una gramática espinosa y dejó una que otra frase sin terminar.

No obstante, lo que Pablo quiere dar a entender resulta obvio y no es difícil entender con precisión lo que dice. Como evidencia específica de que los apóstoles en Jerusalén estaban de acuerdo con él en un caso que iba a sentar un precedente en la historia de la iglesia, Pablo manifiesta que **ni aun Tito, que estaba** con él, **con todo y ser griego, fue obligado a circuncidarse** mientras se encontraba en Jerusalén (cp. Hch. 15:10, 19). Tito, un cristiano verdadero, era prueba viva y fehaciente de que la circuncisión y las regulaciones mosaicas no son necesarias para la salvación. El concilio de Jerusalén rehusó acceder a las exigencias de los judaizantes en el sentido de mandar circuncidar a Tito y a todos los demás creyentes gentiles, al determinar "que no se inquiete a los gentiles que se convierten a Dios" con la supuesta obligación de **circuncidarse** (Hch. 15:19, cp. v. 28).

Debe advertirse que algunos años después de esto Pablo circuncidó a Timoteo "por causa de los judíos que había en aquellos lugares" (la región de Galacia), pero lo hizo "porque todos sabían que su padre era griego" y en consecuencia Timoteo era mitad judío (Hch. 16:1-3). No hizo así una concesión a los judaizantes, sino más bien confirió a Timoteo una identidad que le acercaba a los judíos a quienes habrían de dar testimonio de la fe. Timoteo fue circuncidado como judío, no como cristiano. Su circuncisión no tuvo relación alguna con su salvación, tan solo le permitió tener acceso a las sinagogas judías, de las cuales habría sido excluido hasta que cumpliera con ese requisito.

Por otro lado, **Tito** era gentil por completo, y circuncidarle siendo creyente equivaldría a desacreditar el evangelio de la gracia y convertirle en un monumento de victoria para los judaizantes. Puede ser que Pablo llevó a **Tito** a Jerusalén con la intención expresa de confundir a **los falsos hermanos** judaizantes que fueron **introducidos a escondidas**, los cuales según el apóstol **entraban para espiar nuestra libertad que tenemos en Cristo Jesús, para reducirnos a esclavitud.** Pablo tenía plena confianza en los resultados del concilio de Jerusalén y sabía que al final de todo tendría a su disposición un acompañante que sería la prueba personal de que su evangelio de gracia aparte de la ley era válido. Tenía la confianza de que a **Tito** se le permitiría salir de Jerusalén tal como había entrado, incircunciso y con la bendición plena de los apóstoles y ancianos. Además, si los creyentes gentiles no eran obligados a circuncidarse en Jerusalén, que era el centro operativo de la mayor parte de los apóstoles, ¿cómo se les podría exigir que fueran circuncidados en sus propios lugares de origen? Por esa razón Tito se convirtió en una prueba viviente en el sentido de que los judaizantes enseñaban un evangelio fraudulento que el resto de la iglesia rechazaba de manera tajante.

Los judaizantes fueron señalados como **falsos hermanos** *(pseudadelphos)*, una frase que también se puede traducir como "cristianos tramposos" o "creyentes postizos". Estos judíos que profesaban ser creyentes verdaderos habían desarrollado un tipo híbrido de fe que no era fiel ni al judaísmo tradicional (porque afirmaba su lealtad a Cristo), ni al cristianismo apostólico (porque demandaba la circuncisión y obediencia total a la ley mosaica para alcanzar salvación).

Es imposible ser legalista y cristiano al mismo tiempo. "Si os circuncidáis, de nada os aprovechará Cristo", declara Pablo más adelante en la carta, y dice "a todo hombre que se circuncida, que está obligado a guardar toda la ley. De Cristo os desligasteis, los que por la ley os justificáis; de la gracia habéis caído" (Gá. 5:2-4). Hacer una sola cosa para ganarse la salvación equivale a tergiversar y enviciar la gracia.

Sin lugar a duda algunos de los judaizantes creían con toda sinceridad que su evangelio legalista era correcto y que ellos eran los únicos cristianos auténticos, pero Pablo se refiere aquí a **los que entraban para espiar** la **libertad** de los creyentes verdaderos en términos que aluden a enemigos mortales que entran con sigilo a un campamento con el objetivo de sabotearlo. Es posible que tales hombres ni siquiera hayan sido judaizantes honestos. Algunos eruditos creen que fueron plantados en las iglesias por fariseos o sacerdotes con el fin de corromper esta amenaza al judaísmo tradicional. En todo caso, Satanás fue, como siempre, el instigador principal de la artimaña destructiva. Los judaizantes fueron ante todo agentes diabólicos, sin importar cuáles hayan sido sus asociaciones o lealtades humanas.

Su propósito específico fue menoscabar **la libertad** que los creyentes verdaderos tienen **en Cristo Jesús, para reducirles a la esclavitud** del legalismo. Aquí el verbo *(katadouloō)* es compuesto y alude a una fuerte esclavitud bajo el sistema de las obras. Los judaizantes no podían tolerar un evangelio que no estuviera ligado a las leyes y los rituales mosaicos, porque su visión de la salvación se centraba en lo que podían hacer con méritos propios para ganar el favor de Dios y no en lo que Dios podía hacer a favor de ellos de forma inmerecida.

En Cristo Jesús los creyentes tienen **libertad** de la ley como camino de salvación y **libertad** de sus ceremonias y regulaciones externas como forma de vida. Puesto que Cristo llevó sobre sí esa maldición (3:13), también tienen **libertad** de la maldición por la desobediencia a la ley, la cual Dios exige a todos los hombres que obedezcan pero ningún hombre es capaz de guardar a perfección. Los cristianos están bajo una clase de ley totalmente diferente, "la ley del Espíritu de vida en Cristo Jesús me [les] ha librado de la ley del pecado y de la muerte" (Ro. 8:2).

La libertad es un tema que se reitera bastante en el Nuevo Testamento. En Cristo los creyentes "estamos libres de la ley, por haber muerto para aquella en que estábamos sujetos, de modo que sirvamos bajo el régimen nuevo del Espíritu y no bajo el régimen viejo de la letra" (Ro. 7:6), porque "donde está el Espíritu del Señor, allí hay libertad" (2 Co. 3:17). "Así que, si el Hijo os libertare", dijo Jesús, "seréis verdaderamente libres" (Jn. 8:36).

La libertad cristiana no es ocasión para la licencia moral. Al ser hechos libres en Cristo perdemos nuestra libertad para pecar, porque antes fuimos esclavos del pecado. En Cristo, tras haber sido "libertados del pecado, [hemos venido] a ser siervos de la justicia" (Ro. 6:18). "Porque vosotros, hermanos, a libertad fuisteis llamados", explica Pablo; "solamente que no uséis la libertad como ocasión para la carne, sino servíos por amor los unos a los otros" (Gá. 5:13). Pedro expresa la misma verdad en estas palabras: "[Actúen] como libres, pero no como los que tienen la libertad como pretexto para hacer lo malo, sino como siervos de Dios" (1 P. 2:16).

Pablo dice además: **ni por un momento accedimos a someternos** al yugo legalista de los judaizantes, **para que la verdad del evangelio permaneciese con vosotros,** los creyentes gálatas y todos los demás, como lo que es, una verdad sin tacha ni adulteración. Aquí **permaneciese** es la traducción de *diamenō* y se refiere a una condición permanente. En cuanto a metodología ministerial y cuestiones sin trascendencia espiritual, Pablo asumió esta postura: "a todos me he hecho de todo, para que de todos modos salve a algunos" (1 Co. 9:22); ahora bien, en asuntos doctrinales y sobre todo en lo relacionado al corazón del evangelio, el apóstol siempre fue intransigente. Estaba dispuesto a hacer concesiones considerables para acomodarse a los cristianos débiles, pero no cedió un solo milímetro de verdad para acomodar el mensaje al gusto de los cristianos falsos. Los líderes de la iglesia en Jerusalén estuvieron de todo corazón de acuerdo con el evangelio de Pablo, tal como lo indicaron sus declaraciones en el concilio (Hch. 15:13–21).

LA COMISIÓN DE PABLO

Pero de los que tenían reputación de ser algo (lo que hayan sido en otro tiempo nada me importa; Dios no hace acepción de personas), a mí, pues, los de reputación nada nuevo me comunicaron. Antes por el contrario, como vieron que me había sido encomendado el evangelio de la incircuncisión, como a Pedro el de la circuncisión (pues el que actuó en Pedro para el apostolado de la circuncisión, actuó también en mí para con los gentiles), y reconociendo la gracia que me había sido dada, (2:6–9*a*)

De nuevo Pablo se refiere a los demás apóstoles como **los que tenían reputación**

de ser algo. Al parecer era una frase favorita de los judaizantes. Pablo no fue despectivo al decir acerca de estos hombres piadosos: **lo que hayan sido en otro tiempo nada me importa.** Lo cierto es que les tenía respeto porque de otro modo no habría procurado una audiencia privada con ellos, y tampoco habría buscado su confirmación pública para que la gente supiera que él no corría en vano. Más bien se defendió contra el menosprecio de los judaizantes, quienes le acusaban de no tener parte con el grupo de apóstoles en Jerusalén y de ser un apóstol inferior, designado por sí mismo y en consecuencia falso. Aquí se propone mostrar que así esos doce hombres hayan sido designados como apóstoles por Jesucristo mismo, él también lo era, aunque no de la misma forma. Pablo no necesitaba la aprobación de ellos sino su propia confianza en Dios, y tampoco necesitaba su confirmación para convencerse a sí mismo. Por eso **nada importa lo que hayan sido** ellos para el ministerio de Pablo, quien no tenía duda alguna de su llamado y de la revelación personal de Dios en su vida.

Puede ser que los judaizantes trataron de restar importancia a Pablo con el argumento de que los doce habían estado con Jesús durante todo su ministerio en la tierra, a diferencia suya (cp. 1:19). Los doce también eran líderes en la iglesia de Jerusalén, la cual como puede entenderse era tenida en alta estima por los cristianos, como una congregación que encabezaba a todas las demás. No obstante, Pablo prosigue y dice que **Dios no hace acepción de personas,** como Pedro había aprendido con alguna dificultad (Hch. 10:9-48). Por ende, los privilegios especiales de aquellos doce no conferían mayor legitimidad o autoridad a su ministerio que al de Pablo.

Pablo no era orgulloso ni jactancioso, tan solo enunció una verdad sencilla. Sabía que todo lo que era y poseía era por la gracia de Dios y nada más (Gá. 2:9). Reconoció que era el primero entre los pecadores (1 Ti. 1:15) y "el más pequeño de los apóstoles, que no [era] digno de ser llamado apóstol, porque [persiguió] a la iglesia de Dios" (1 Co. 15:9). No obstante, bajo la gracia de Dios era igual a todos los demás creyentes, y en su llamado fue igual a todos los demás apóstoles. En 2 Corintios 11:5 afirmó: "pienso que en nada he sido inferior a aquellos grandes apóstoles".

Los doce apóstoles (**los de reputación**) no contribuyeron algo ni **nada nuevo comunicaron** al apóstol Pablo en su conocimiento o entendimiento del evangelio ni a su autoridad para predicarlo. Durante diecisiete años había predicado el evangelio sin que ellos participaran de ello en lo más mínimo. Al ir por fin a Jerusalén para rendir testimonio de lo que predicaba, no fue para recibir aprobación o corrección sino solo reconocimiento, y ello no para su propio bien sino en beneficio de aquellos que habían sido engañados por las acusaciones falsas en su contra que los judaizantes tanto se ocupaban en propagar.

Antes por el contrario, como vieron que a Pablo **le había sido encomendado el evangelio de la incircuncisión, como a Pedro el de la circuncisión,** los apóstoles en Jerusalén reconocieron que Dios le había encomendado predicar el evangelio verdadero. Con esta frase se pone punto final a la refutación definitiva de la acusación de los judaizantes según la cual Pablo predicaba un mensaje desviado. Como Lucas explica, el concilio de Jerusalén no solo reivindicó el mensaje de Pablo sobre gracia aparte de la ley, sino que le encomendaron la responsabilidad primordial de informar sobre esta decisión a las iglesias en Antioquía, Siria y Cilicia, áreas donde su trabajo fue objeto de críticas severas por parte de los judaizantes (Hch. 15:22-24).

Como algunas traducciones de la Biblia traducen "el evangelio *de* la incircuncisión" y "*de* la circuncisión", muchos intérpretes liberales han sugerido (por esta y otras razones) que Pedro y Pablo predicaban mensajes diferentes. Sin embargo, esa idea es repelida en Gálatas 1:6-9 por la decisión del concilio de Jerusalén y por la gramática griega. El artículo *tēs* en griego corresponde aquí a un genitivo objetivo y no indica definición ("de") sino dirección (**a**), y por esta razón una traducción más precisa alude a un mismo evangelio que es predicado "*a* los incircuncisos" y "*a* los circuncidados" por igual.

Pablo continúa esta explicación: **pues el que actuó en Pedro para el apostolado de la circuncisión, actuó también en mí para con los gentiles. El** mismo Espíritu Santo **que actuó** (del griego *energeō*) en forma efectiva y fructífera al dar poder a **Pedro**, también invistió de tal poder divino a **Pablo**, y el Espíritu de Dios tiene un solo y mismo evangelio. Al regresar Pablo y quienes le acompañaban a Jerusalén varios años después, "los hermanos [les] recibieron con gozo", y tan pronto "les contó una por una las cosas que Dios había hecho entre los gentiles por su ministerio", Jacobo y los demás apóstoles "glorificaron a Dios" (Hch. 21:17-20). Después del concilio de Jerusalén nunca se volvió a cuestionar el mensaje o el apostolado de Pablo. En su segunda epístola Pedro elogió con ahínco a Pablo por ser un hermano sabio y amado, y elevó sus cartas al mismo nivel de "las otras Escrituras" (2 P. 3:15-16).

Reconociendo la gracia que había sido dada a Pablo, los demás apóstoles y la iglesia en su conjunto llegó a la conclusión de que este hombre era un instrumento de Dios con plena bendición y comisión divina. Solo la gracia de Dios, su bendición gratuita, soberana e inmerecida, podía explicar la propagación poderosa del evangelio y la edificación firme de la iglesia que el Señor había logrado a través de este simple mortal.

EL RECONOCIMIENTO DE PABLO

Jacobo, Cefas y Juan, que eran considerados como columnas, nos dieron a mí y a Bernabé la diestra en señal de compañerismo, para que nosotros fuésemos a los gentiles, y ellos a la circuncisión. Solamente nos pidieron que nos acordásemos de los pobres; lo cual también procuré con diligencia hacer. (2:9*b*-10)

Otra vez Pablo se refiere a la reputación de **Jacobo, Cefas** (Pedro) **y Juan,** aquellos apóstoles **que eran considerados como columnas** (un término judío alusivo a los grandes maestros espirituales). Como ya se mencionó, la referencia un tanto sarcástica no va dirigida hacia estos hombres sino en contra de los judaizantes. Debido a que esos falsos maestros empleaban el término **columnas** para referirse a los tres líderes eclesiásticos en Jerusalén, a fin de recalcar su función de establecer y sostener a la iglesia, Pablo les avienta en la cara ese mismo término. Les demuestra a ellos y a los creyentes gálatas que trataban de poner en su contra, que él estaba en perfecta armonía doctrinal con esas tres **columnas** y con todos los demás apóstoles y ancianos en Jerusalén.

No solo estaba en armonía doctrinal con ellos, sino también en plena armonía personal. Solo hay un evangelio, y esos cinco hombres (los cuales escribieron 21 de los 27 libros del Nuevo Testamento) demuestran esa verdad. Dice el apóstol: **nos dieron a mí y a Bernabé la diestra en señal de compañerismo.** Esto confirma la falsedad de los alegatos de los judaizantes con respecto al apostolado de Pablo. En el cercano oriente dar **la diestra** equivalía a hacer un voto solemne de amistad y era una **señal de compañerismo** o camaradería. Las "columnas" en Jerusalén reconocieron a Pablo no solo como un predicador y maestro verdadero del evangelio sino también como un colega y socio amado en el servicio a Cristo. Tenían campos diferentes de servicio, ya que Pablo y Bernabé dirigieron su ministerio en especial **a los gentiles** y los líderes en Jerusalén a los hermanos que estaban bajo **la circuncisión,** pero siempre proclamaron el mismo evangelio y sirvieron al mismo Señor en el poder de su Espíritu. Ese acto de afirmación tanto de Pablo como de su mensaje fue un golpe fatal para los judaizantes. De hecho, el apostolado de Pablo a los gentiles fue reconocido como el equivalente del apostolado de Pedro a los judíos.

El apóstol aclara que la única petición que se les hizo en Jerusalén a Pablo y Bernabé fue **que nos acordásemos de los pobres.** La petición no era doctrinal sino práctica, una acotación para no olvidar las necesidades especiales de los creyentes en Judea, sobre todo en Jerusalén. Aun antes de la gran hambre que azotó la región (véase Hch. 11:28), para lo cual Pablo fue llamado a llevar ayudas, la iglesia de Jerusalén enfrentó el grave problema de alimentar y cuidar de sus miembros. Tenía a cientos y quizá miles de creyentes que se habían convertido mientras visitaban la ciudad y decidieron quedarse por tiempo indefinido. Muchos tenían pocos recursos y descubrieron en poco tiempo que debido a ser cristianos, en ocasiones resultaba difícil hallar empleos. En los primeros días de la iglesia aquellos que tenían dinero y otras posesiones con generosidad "lo repartían a todos según la necesidad de cada uno" (Hch. 2:45). No obstante, esos recursos se agotaban con rapidez a medida que crecía el número de convertidos. Por lo tanto, durante muchos años la iglesia en Jerusalén tuvo grandes limitaciones económicas.

Cuidar de los pobres no solo es una responsabilidad práctica sino espiritual, porque abandonar esa responsabilidad es desobedecer la Palabra de Dios: "el que tiene bienes de este mundo y ve a su hermano tener necesidad, y cierra contra él su corazón, ¿cómo mora el amor de Dios en él?" (1 Jn. 3:17). Santiago dice que es falso el creyente que dice a los hermanos que necesitan vestido y sustento diario: "Id en paz, calentaos y saciaos, pero no les [da] las cosas que son necesarias para el cuerpo" (Stg. 2:15-16; cp. Éx. 23:10-11; 30:15; Lv. 19:10; Dt. 15:7-11; Jer. 22:16; Am. 2:6-7; Lc. 6:36, 38; 2 Co. 8-9).

Por eso Pablo **[procuró] con diligencia hacer** todo lo que pudo para atender la petición de Jacobo, Pedro y Juan, como lo demostraron sus múltiples y constantes recaudaciones de ofrendas para los santos azotados por la pobreza en Judea. Su mandato: "si alguno no quiere trabajar, tampoco coma" (2 Ts. 3:10) se aplicaba a los perezosos, no a los indefensos y necesitados. El apóstol siempre alentó a los creyentes más prósperos a dar ayuda financiera a los hermanos en la fe que pasaban necesidad, y dio elogios efusivos a los que fueron generosos (Hch. 11:29-30; 24:17; Ro. 15:25-26; 1 Co. 16:1-4; 2 Co. 8:1-6; 9:1-5, 12). Pablo explicó esto a la iglesia de los romanos: "Porque si los gentiles han sido hechos participantes de [los] bienes espirituales [de los santos en Jerusalén], deben también ellos ministrarles de los materiales" (Ro. 15:27).

Justificación solo por fe (2:11-21)

5

Pero cuando Pedro vino a Antioquía, le resistí cara a cara, porque era de condenar. Pues antes que viniesen algunos de parte de Jacobo, comía con los gentiles; pero después que vinieron, se retraía y se apartaba, porque tenía miedo de los de la circuncisión. Y en su simulación participaban también los otros judíos, de tal manera que aun Bernabé fue también arrastrado por la hipocresía de ellos. Pero cuando vi que no andaban rectamente conforme a la verdad del evangelio, dije a Pedro delante de todos: Si tú, siendo judío, vives como los gentiles y no como judío, ¿por qué obligas a los gentiles a judaizar? Nosotros, judíos de nacimiento, y no pecadores de entre los gentiles, sabiendo que el hombre no es justificado por las obras de la ley, sino por la fe de Jesucristo, nosotros también hemos creído en Jesucristo, para ser justificados por la fe de Cristo y no por las obras de la ley, por cuanto por las obras de la ley nadie será justificado. Y si buscando ser justificados en Cristo, también nosotros somos hallados pecadores, ¿es por eso Cristo ministro de pecado? En ninguna manera. Porque si las cosas que destruí, las mismas vuelvo a edificar, transgresor me hago. Porque yo por la ley soy muerto para la ley, a fin de vivir para Dios. Con Cristo estoy juntamente crucificado, y ya no vivo yo, mas vive Cristo en mí; y lo que ahora vivo en la carne, lo vivo en la fe del Hijo de Dios, el cual me amó y se entregó a sí mismo por mí. No desecho la gracia de Dios; pues si por la ley fuese la justicia, entonces por demás murió Cristo. (2:11-21)

La culpa es una plaga universal de la raza humana y pecadora. Toda persona siente culpa. En consecuencia, cada persona trata de aliviar por algún medio su propio sentido de culpabilidad. En las tribus primitivas los hombres trataban de sosegar su culpa con el apaciguamiento de dioses imaginarios que según su parecer estaban siempre airados. Las personas cultas y sofisticadas pueden tomar la ruta escapatoria del psicoanálisis o alguna otra forma de consejería humana.

Algunos tratan de aplacar la culpa con pensamiento positivo y un estilo de vida despreocupado y placentero. Otros intentan escapar a través del sexo, el alcohol o las drogas.

Miles de años antes que Jesucristo viniese a la tierra y muriese por el pecado del hombre, Dios mostró por adelantado este, su sacrificio perfecto, mediante el ofrecimiento de animales inmolados. Al parecer esto se inició con la instrucción divina dada a Adán acerca de ofrecer sacrificios de sangre como símbolos que apuntaban hacia el derramamiento verdadero y efectivo de la sangre de Cristo en la cruz del calvario. El sacrificio de un carnero, macho cabrío, cordero o algún otro animal, nunca tuvo poder para perdonar y limpiar de pecado; en realidad ese nunca fue su propósito. Tales sacrificios solo fueron actos de obediencia externos y simbólicos que, a no ser que vinieran acompañados por un corazón contrito y humillado, jamás fueron aceptables para Dios. Sin confianza reverente en el Dios a quien ofrecía el sacrificio, el oferente tan solo se hacía partícipe de un ritual sin sentido (Is. 29:13).

Con la ofrenda de granos que presentó ante el Señor, Caín manifestó su desobediencia y pecó, al traer una ofrenda inapropiada y ofrecerla con una mala disposición de espíritu. En lugar de traer un sacrificio animal como Dios lo había mandado, él trajo el fruto de su propia labor y en su orgullo supuso que esta ofrenda desobediente era tan aceptable para Dios como la que había sido prescrita por Él. El suyo fue el primer acto de justicia por obras y se constituyó en precursor de todos los actos de esa naturaleza en la historia humana. Todas las personas en todas las épocas que han tratado de acercarse a Dios con base en sus propios méritos y obras, o mediante prescripciones religiosas de origen humano, ha seguido los pasos de Caín en su incredulidad y su rechazo de la gracia. Al rechazar el sacrificio animal prescrito por Dios, Caín rechazó la provisión divina de salvación por substitución en su Hijo, hacia la cual apuntaba ese primer sacrificio de sangre.

Abel, por otro lado, al obedecer con su ofrenda de un sacrificio de sangre, tal como Dios lo requería, fue transportado por su fe a través de los siglos y tocó la cruz. Dios aceptó su ofrenda, no porque esta rindiera algún beneficio espiritual intrínseco, sino porque fue presentada con fe y obediencia.

Desde el tiempo de Caín y Abel las dos líneas divergentes de obras y fe han caracterizado la vida religiosa del ser humano. La persona que sigue la senda humana, sin importar qué aspecto tenga, sigue la mentira de Satanás y la suerte de Caín. La persona que sigue la senda divina sigue los pasos de Abel por el camino de la gracia y el perdón.

Estas dos maneras de practicar el acercamiento a Dios pueden seguirse en todo el Antiguo Testamento. Los constructores de la torre de Babel siguieron la senda del incrédulo y rebelde Caín, mientras que Noé y su familia siguieron el sendero del creyente y obediente Abel. La vasta mayoría del mundo antiguo siguió por el camino impío de Caín, mientras que Abraham y sus descendientes siguieron la senda piadosa de Abel. Dentro de la nación de Israel siempre existieron las mismas dos líneas Dios logro humano y obra divina, de confiar en lo que el hombre puede hacer por Dios o confiar en lo que Dios ha hecho por el hombre. Aquellos que siguen la senda estrecha de la fe siempre son una minoría, pero las bendiciones de Dios nunca dejan de estar disponibles para ese remanente fiel, y sus promesas nunca les fallan.

En el tiempo que Jesús nació ese remanente de creyentes incluyó a María, José, Isabel, Zacarías, Ana, Simeón y muchos otros cuyos nombres no conocemos. Estas personas depositaron su fe y confianza en el Dios de Israel para su salvación y creían en el Antiguo Testamento como su Palabra y revelación divinas. De manera fiel y voluntaria conformaron su conducta a las normas y las ceremonias prescritas por Dios, pero siempre demostraron que su confianza reposaba en el Señor mismo y no en el cumplimiento de esas normas y ceremonias, que eran importantes como testimonio externo de obediencia bajo el antiguo pacto.

Por otro lado, en el tiempo del nacimiento de Jesús la vasta mayoría de israelitas, bien fuese en Palestina o en otras partes del imperio romano, se habían acostumbrado a pervertir y añadir a la revelación del Antiguo Testamento así como a depositar su confianza en ellos mismos y depender de sus propios logros y buenas obras para ser aceptables ante Dios. La mayor parte de las tradiciones rabínicas se fundamentaba en la justicia por obras, en la idea de obtener méritos ante Dios mediante la observancia estricta de una lista casi interminable de regulaciones y ceremonias de confección humana. La mayoría de los líderes judíos, representados por escribas y fariseos que se jactaban de su propia santidad, creían con orgullo que sus obras religiosas atraían el favor especial de Dios y les hacían acreedores al perdón de los pecados.

Fue de este vasto grupo de judíos legalistas que se levantaron los judaizantes, para afirmar que seguían a Cristo cuando en realidad enseñaban que los gentiles debían circuncidarse y acatar la ley mosaica antes de poder salvarse, y que todos los creyentes, tanto judíos como gentiles, debían continuar la observancia de esa ley para poder mantener su relación con Dios. Su enseñanza no solo corrompió el evangelio sino también la enseñanza del Antiguo Testamento, según la cual la salvación siempre fue solo por fe obediente en Dios. En ningún punto de la historia universal se ha salvado una sola persona por sus propios méritos. Tanto antes como durante el tiempo del pacto con Moisés, los hombres fueron salvados por la sola fe. Abel, Enoc, Noé, Abraham, Sara, Isaac, Jacob, José, Moisés, Rahab, los jueces piadosos, los reyes y profetas, y todos los demás santos del Antiguo Testamento fueron salvados solo con base en la fe. Todas esas personas "alcanzaron buen testimonio mediante la fe" y solo así recibieron la aprobación divina (cp. He. 11:1-39).

Por ende, los judaizantes no enseñaban la doctrina del Antiguo Testamento sino la doctrina cardinal de Satanás: que una persona puede por su bondad y esfuerzo propios alcanzar el favor de Dios. Por esa razón Pablo se refirió a los judaizantes como "los perros", "los malos obreros" y "los mutiladores del cuerpo" (Fil. 3:2). Esta última referencia traduce la expresión original *katatomē*, que solo se emplea en el Nuevo Testamento y se refiere a la mutilación sexual practicada por los paganos. Pablo declara en estos términos que para un incrédulo, sin importar su pedigrí judío o sus logros humanos, la circuncisión no se diferenciaba de una grotesca mutilación pagana. "Pues no es judío el que lo es exteriormente, ni es la circuncisión la que se hace exteriormente en la carne; sino que es judío el que lo es en lo interior, y la circuncisión es la del corazón, en espíritu, no en letra" (Ro. 2:28-29). Desde la venida de Cristo solo los cristianos pueden ser "circuncidados de corazón". Pablo declara: "nosotros somos la [verdadera] circuncisión, los que en espíritu servimos a Dios y nos gloriamos en Cristo Jesús, no teniendo confianza en la carne" (Fil. 3:3).

Ninguna persona de su tiempo tenía más razón que Pablo para jactarse de su herencia religiosa y sus logros en el judaísmo. Fue "circuncidado al octavo día, del linaje de Israel, de la tribu de Benjamín, hebreo de hebreos; en cuanto a la ley, fariseo; en cuanto a celo, perseguidor de la iglesia; en cuanto a la justicia que es en la ley, irreprensible". No obstante, el apóstol declara al respecto: "Pero cuantas cosas eran para mí ganancia, las he estimado como pérdida por amor de Cristo. Y ciertamente, aun estimo todas las cosas como pérdida por la excelencia del conocimiento de Cristo Jesús, mi Señor, por amor del cual lo he perdido todo, y lo tengo por basura, para ganar a Cristo, y ser hallado en él, no teniendo mi propia justicia, que es por la ley, sino la que es por la fe de Cristo, la justicia que es de Dios por la fe" (Fil. 3:5-9).

Los judaizantes reconocían a Jesús como el Mesías, pero debido a que su visión del Mesías era corrupta, así lo era su manera de ver a Jesús. No veían al Mesías como el Cordero de Dios que quitaba sus pecados, porque no creían que tenían un pecado que exigiera un sacrificio de esa magnitud a fin de ser perdonado. Como judíos circuncidados y sometidos a las leyes ceremoniales, estaban convencidos de que ya gozaban de todo el favor de Dios y que le eran aceptables tal como eran, tanto en sentido moral como espiritual. Esa perspectiva judía común se ve reflejada en el argumento de la carta a los Hebreos, en la cual el escritor se dedica a persuadir con argumentos profundos a sus lectores judíos de que el Mesías (Cristo) es superior a los profetas, los ángeles y Moisés mismo (He. 1:1—3:6). No solo fue otro gran líder judío porque está en una categoría del todo diferente. Se trata del mismísimo Hijo de Dios y Salvador del mundo, cuyo sacrificio salvador fue necesario para que cualquier persona pueda entrar en una relación correcta con Dios.

En Gálatas 2:11-21 la escena cambia de Jerusalén y el concilio en esa ciudad a Antioquía de Siria, donde se estableció la primera iglesia radicada en una región gentil, y donde Pablo y Bernabé sirvieron como pastores, con la ayuda de tres hombres más (véase Hch. 13:1). Pablo continúa la defensa de sus credenciales apostólicas con la descripción de un suceso en el que tuvo que ejercer su autoridad aún sobre Pedro, a quien la mayoría de los creyentes en la iglesia primitiva consideraban como el apóstol de mayor prominencia. Pablo no vaciló en corregirle tan pronto observó su desviación de la verdad del evangelio. En primer lugar explica el desvío de Pedro frente al evangelio, y con base en esa plataforma, presenta el evangelio en su forma verdadera.

LA DESVIACIÓN DE PEDRO

Pero cuando Pedro vino a Antioquía, le resistí cara a cara, porque era de condenar. Pues antes que viniesen algunos de parte de Jacobo, comía con los gentiles; pero después que vinieron, se retraía y se apartaba, porque tenía miedo de los de la circuncisión. Y en su simulación participaban también los otros judíos, de tal manera que aun Bernabé fue también arrastrado por la hipocresía de ellos. (2:11–13)

EL CHOQUE

Pero cuando Pedro vino a Antioquía, le resistí cara a cara, porque era de condenar. (2:11)

Como los judaizantes habían dicho a los creyentes en las iglesias de Galacia que Pablo no era un apóstol verdadero, el incidente mencionado en este versículo tiene un significado especial. Pablo no solo era igual a los demás apóstoles sino que en esta ocasión peculiar había amonestado a **Pedro,** quien era reconocido como líder entre los doce apóstoles. Tanto Pedro como Pablo habían experimentado la salvación por gracia mediante la fe, ambos fueron escogidos para ser apóstoles por intervención directa de Jesucristo tras su resurrección, y ambos habían sido usados con poder por el Espíritu Santo en el establecimiento e instrucción de la naciente iglesia. El libro de Hechos puede dividirse entre el ministerio de la iglesia primitiva que se centró en Pedro (1–12) y el que giró alrededor de Pablo (13–28). Aquí se menciona una ocasión en la que ambos hombres de Dios tuvieron un encuentro en **Antioquía** que pareció más un choque frente a frente.

Le resistí es traducción de *anistēmi,* que alude a impedir o prohibir, y por lo general se aplicaba a medidas preventivas. Con su apartamiento de los gentiles, Pedro en efecto se había unido a los judaizantes en su desprecio de la enseñanza inspirada de Pablo, en especial la doctrina de salvación por la sola gracia de Dios que obra solo mediante la fe humana. Pedro mismo sabía que esto **era de condenar** y por eso Pablo se le opuso **cara a cara.**

Pedro no había hecho algo que **era de condenar** en el sentido que corriera el peligro de perder su salvación, sino en el sentido de ser culpable de pecado al apoyar un punto de vista que sabía muy bien, era errado. Sin duda alguna su pecado **era de condenar** a la vista de los creyentes gentiles en Antioquía, porque habían sido bien fundamentados en el evangelio de la gracia y quedaron perplejos y heridos por el repentino ostracismo del apóstol hacia ellos.

Antes que la concesión de Pedro a favor de los judaizantes causara daños serios en la iglesia de Antioquía, Dios usó a Pablo para cortar el error de raíz. Al hacerlo también suministró a Pablo quizás la más convincente prueba de su autoridad apostólica. Dios siempre tiene un propósito, incluso en medio de las peores circunstancias, y aquello que pudo terminar en tragedia para el cristianismo Él lo utilizó para su gloria y para el fortalecimiento de su iglesia.

LA CAUSA

Pues antes que viniesen algunos de parte de Jacobo, comía con los gentiles; pero después que vinieron, se retraía y se apartaba, porque tenía miedo de los de la circuncisión. (2:12)

Pedro ya había estado en Antioquía algún tiempo **antes que viniesen algunos de parte de Jacobo,** y durante ese tiempo departía y **comía con los gentiles.** Ciertos judaizantes llegaron a la iglesia e hicieron creer a todos que venían **de parte de Jacobo.** Como líder de la iglesia en Jerusalén, **Jacobo** (medio hermano de nuestro Señor)́ había resumido la decisión del concilio en contra de los judaizantes con estas palabras: "yo juzgo que no se inquiete a los gentiles que se convierten a Dios" (Hch. 15:19). Estos hombres eran **de los de la circuncisión** y no solo enseñaban un evangelio falso sino que también traían credenciales falsas de supuesto patrocinio de los apóstoles y ancianos de Jerusalén. Al igual que Pedro, **Jacobo** tuvo cierta dificultad para abandonar su adherencia a los rituales y regulaciones de la ley de Moisés que había observado toda su vida (véase Hch. 21:18–26), y quizás le quedaban algunos residuos de prejuicio contra los gentiles. Sin embargo, jamás habría enviado una delegación de herejes a Antioquía para menoscabar el evangelio verdadero y crear problemas en la iglesia. Nunca habría sido el causante de caos y discordia allí donde el Espíritu Santo obraba para traer armonía y unidad.

El tiempo pretérito imperfecto del verbo griego indica que el acto de Pedro (**comía con los gentiles**) era continuo, es decir, algo regular y habitual que había hecho durante cierto tiempo. Había comido lo que le sirvieran acompañado por cualquier persona que tuviera al lado. Sin duda había participado en muchos ágapes con creyentes gentiles y se había sumado a ellos para celebrar la cena del Señor. Hasta que **algunos de parte de Jacobo** vinieron, participó con la iglesia en un compañerismo ejemplar entre creyentes judíos y gentiles que se expresaban con libertad y cuidaban con esmero su amor cristiano y su libertad en Cristo.

Solo es una digresión mínima dentro de los límites amplios de nuestra discusión el considerar lo siguiente: la iglesia cristiana no puede ser lo que ha sido llamada a ser mientras distinciones como raza, ritual y clase mantengan separados a sus miembros unos de otros. Las etiquetas que los hombres se ponen a sí mismos y a sus semejantes son irrelevantes para Dios, y también deberían serlo para su pueblo. Antes de alcanzar salvación, toda persona está separada de Dios por el mismo abismo eterno, y después de la salvación toda persona queda por igual reconciliada con Dios. Los creyentes son "todos hijos de Dios por la fe en Cristo Jesús... Ya no hay judío ni griego; no hay esclavo ni libre; no hay varón ni mujer; porque todos [ellos son] uno en Cristo Jesús" (Gá. 3:26, 28). Puesto que todos los creyentes son por igual hijos de Dios, todos ellos son hermanos y hermanas, sin lugar alguno a excepciones o distinciones.

Lo que alegan algunos grupos cristianos en el sentido de que la Biblia prohíbe la mezcla de razas es del todo espurio, y tal afirmación es una ofensa delante de Dios y una nube negra que afecta la imagen de su iglesia ante el mundo. Es la antítesis de la enseñanza del Nuevo Testamento. Si Pablo viviera hoy entre nosotros se levantaría con firmeza en contra de tales prejuicios y contra las personas que promulgan esas enseñanzas ajenas a las Escrituras, tal como lo hizo contra Pedro y los demás en Antioquía cuyos temores y prejuicios por poco traen descrédito a la verdad de Dios.

Pedro debió haber sabido, mejor que cualquier otro apóstol, que en Cristo todos los alimentos eran puros y todos los creyentes iguales. Había oído a Jesús explicar "que todo lo de fuera que entra en el hombre, no le puede contaminar, porque no entra en su corazón" (Mr. 7:18, 19). Había experimentado la impresionante visión de los animales impuros, y el subsecuente encuentro con el gentil Cornelio, tras lo cual declaró: "En verdad comprendo que Dios no hace acepción de personas" (Hch. 10:34). En el concilio de Jerusalén Pedro se opuso con dureza a los judaizantes y les dijo: "Dios, que conoce los corazones, les dio testimonio [a los gentiles, v. 7], dándoles el Espíritu Santo lo mismo que a nosotros; y ninguna diferencia hizo entre nosotros y ellos, purificando por la fe sus corazones. Ahora, pues, ¿por qué tentáis a Dios, poniendo sobre la cerviz de los discípulos un yugo que ni nuestros padres ni nosotros hemos podido llevar? Antes creemos que por la gracia del Señor Jesús seremos salvos, de igual modo que ellos" (Hch. 15:8–11).

No obstante, tan pronto **vinieron** los judaizantes a Antioquía, Pedro **se retraía**

y se apartaba de los gentiles, **porque tenía miedo de los de la circuncisión.** Aquí **retraía** es la traducción de *hupostellō*, un término empleado con referencia al alejamiento militar estratégico. El escritor antiguo Polibio lo utilizó para describir la manera como se retiran las tropas frente al enemigo para obtener refugio y seguridad. El tiempo imperfecto puede indicar que el retraimiento de Pedro fue gradual, y en ese caso se trató de un alejamiento solapado. Con su consentimiento del ritualismo y el racismo de los judaizantes, empezó a apartarse de sus hermanos gentiles y dejó de aceptar sus invitaciones a comer. Encontró diversas excusas para no unirse a ellos en otras actividades, a tal punto que **se apartaba** por completo de su compañía.

El viejo Pedro, aquel hombre temeroso, débil y fluctuante, salió de nuevo a escena. De nuevo hizo aparición el mismo Pedro que bajo inspiración divina declaró a Jesús como "Cristo, el Hijo del Dios viviente", y en seguida se atrevió a amonestar a su Señor por afirmar que le era necesario padecer y morir antes de resucitar (Mt. 16:16, 22). He aquí el mismo Pedro que declaró con denuedo que preferiría morir antes que negar a su Señor, pero que antes de terminar aquella misma noche ya le había negado tres veces (Mr. 14:29-31, 66-72). Allí estaba el mismo Pedro que fue llamado a predicar pero fue desobediente y volvió a la pesca aun después de su encuentro con el Cristo resucitado (Jn. 21:3).

Pedro no **tenía miedo de los de la circuncisión** porque ellos pudiesen amenazar su vida o su libertad. Los judaizantes afirmaban ser cristianos y por ende no tenían autoridad de parte del sanedrín para arrestar, encarcelar o someter a muerte a nadie, como en el caso de los hombres que apedrearon a Esteban y como Pablo mismo lo había hecho antes de su conversión. Lo máximo que habrían podido hacer los judaizantes en contra de Pedro era ponerle en ridículo y hablar mal de él en Jerusalén, como lo harían otros judaizantes contra Pablo en Galacia. De eso sí tenía temor Pedro, de perder su popularidad y prestigio ante un grupo de hipócritas justos en su propia opinión, cuyas doctrinas eran herejes y cuyas tácticas eran engañosas.

Pedro no se diferenciaba de la mayoría de los cristianos, a quienes les resulta difícil ser consecuentes en su compromiso espiritual. Era la clase de persona que en un momento mostraba gran valor y convicción tan solo para tropezar y caer al siguiente. Primero defendía la fe con gallardía pero luego sucumbía y cedía terreno. Al fallar así en Antioquía cayó en la trampa de los judaizantes, que seguro celebraron su éxito en atraer a este gran apóstol hasta su campamento, si no por precepto al menos en la práctica.

Los cristianos que rehúsan participar de la mesa del Señor al lado de otros creyentes por causa de sus temores y prejuicios, caen en el mismo error espiritual en que Pedro cayó en Antioquía, y al hacer esto fracturan la unidad divina del cuerpo mismo de Cristo, su iglesia.

LA CONSECUENCIA

Y en su simulación participaban también los otros judíos, de tal manera que aun Bernabé fue también arrastrado por la hipocresía de ellos. (2:13)

Pedro no solo se apartó de los creyentes gentiles sino que con su ejemplo indujo de manera indirecta a **los otros judíos,** los cuales **también participaban en su simulación.** La separación fue tan extensa e influyente **que aun** el piadoso **Bernabé,** que en aquel entonces era uno de los pastores en Antioquía, **también fue arrastrado** por ese pecado. Pablo y **Bernabé** habían acabado de terminar juntos un fructífero viaje misionero, habían ido juntos al concilio de Jerusalén (véase capítulo anterior), y ahora ejercían el pastorado en Antioquía. Habían enseñado juntos, orado juntos, ministrado juntos y sufrido juntos. Eran mejores amigos y tenían un profundo amor mutuo. Fue **Bernabé** quien se hizo amigo de Pablo antes que nadie y le defendió al partir hacia Jerusalén poco después de su conversión (Hch. 9:27). Muchas veces **Bernabé** había oído a Pablo predicar el evangelio de salvación solo por fe, y él mismo lo había predicado muchas veces él mismo. A pesar de todo esto, **Bernabé fue también arrastrado por la hipocresía** legalista de Pedro y los otros. Es posible que la hipocresía de Bernabé en esta ocasión haya iniciado su distanciamiento de Pablo, el cual llevó más adelante a la separación de ambos apóstoles sobre la cuestión de tener a Juan Marcos como acompañante en el siguiente viaje misionero (Hch. 15:37–40).

Pedro fue un líder por naturaleza, y sus acciones públicas siempre implicaron a otras personas que siguieron su ejemplo. En aquellas ocasiones en las que actuó en su propia sabiduría el resultado fue trágico, y siempre que otros creyentes pusieron su fe en él como ser humano la tragedia se complicó todavía más. En este caso, el efecto que tuvo su acción en la iglesia de Antioquía fue desastroso.

El término griego que se traduce aquí **hipocresía** se refería en su origen a un actor que porta una máscara para indicar un estado de ánimo en particular o un tipo de personaje. Un hipócrita es alguien que, al igual que un actor en el teatro griego, enmascara su identidad verdadera.

Pedro y los demás creyentes judíos que le acompañaron en su retraimiento, sabían que sus acciones eran erróneas, pero lo cierto es que se dejaron intimidar por los judaizantes aun en contra de la verdad de sus convicciones y conciencias. Al procurar agradar a aquellos hipócritas se hicieron ellos mismos hipócritas, y con ello lastimaron en lo profundo a sus hermanos gentiles y a su Señor.

Se pueden aprender varias verdades importantes del desliz de Pedro en Antioquía. La primera es que hasta los ministros más dotados del evangelio pueden cometer transgresiones graves, y llegar a ser culpables de caer en los mismos errores y pecados contra los cuales predicaron con gran firmeza.

Con el fin de mantener la doctrina de la infalibilidad de los papas, que en el sistema romano son considerados como sucesores de Pedro, algunos teólogos católicos han insistido en que el Pedro mencionado en este pasaje no es el apóstol. Lo cierto es que se trató del mismo Pedro que predicó el sermón del día de Pentecostés en el poder del Espíritu de Dios, y a través del cual fue sanado un hombre paralítico que mendigaba a la salida del templo. A pesar de su llamado y sus dones divinos, puso aquí de manifiesto que tenía pies de barro, como cualquier otro ser humano.

En segundo lugar, aprendemos que la fidelidad implica mucho más que creer la doctrina correcta. Doctrina correcta sin conducta correcta siempre produce hipocresía.

En tercer lugar, aprendemos que la verdad es más importante que la armonía y la paz externas. El compañerismo y la unidad de los cristianos se construyen con base en la verdad, nunca en la falsedad. Sin importar cuál parezca ser el beneficio desde el punto de vista humano, las concesiones a la mentira solo contribuyen al debilitamiento de la iglesia. La paz que se preserva mediante la negociación de la verdad de Dios es la paz falsa del mundo y no es de Dios. "El vínculo de la paz" (Ef. 4:3) no tiene que ver con una paz a cualquier precio sino con la paz basada en la Palabra de Dios y establecida por el Espíritu de Dios.

En cuarto lugar, vemos que la ética del relativismo según cada situación es una ética contraria a la piedad. La Palabra de Dios y no una situación humana dada, es la que determina qué es correcto y qué es errado. Los cristianos no producen de sí la verdad, y un grupo de creyentes o de apóstoles, sin importar cuán numeroso o influyente pueda ser, que defiende una posición incorrecta o mantiene una práctica incorrecta, sigue en el error. La conveniencia y el acomodamiento, el amor falso y el voto de la mayoría carecen por completo de poder sobre la verdad y la justicia.

En quinto lugar, aprendemos que la falsedad no debe ser ignorada, sin importar las consecuencias que pueda acarrear tal oposición. Siempre que la falsedad afecte al evangelio, como lo hizo la herejía de los judaizantes, es imperativo ejercer oposición firme. Hasta a los cristianos prominentes "que persisten en pecar" resulta necesario reprenderlos "delante de todos, para que los demás también teman" (1 Ti. 5:20).

LA DOCTRINA DE PABLO

Pero cuando vi que no andaban rectamente conforme a la verdad del evangelio, dije a Pedro delante de todos: Si tú, siendo judío, vives como los gentiles y no como judío, ¿por qué obligas a los gentiles a judaizar? Nosotros, judíos de nacimiento, y no pecadores de entre los gentiles, sabiendo que el hombre no es justificado por las obras de la ley, sino por la fe de Jesucristo, nosotros

también hemos creído en Jesucristo, para ser justificados por la fe de Cristo
y no por las obras de la ley, por cuanto por las obras de la ley nadie será
justificado. Y si buscando ser justificados en Cristo, también nosotros somos
hallados pecadores, ¿es por eso Cristo ministro de pecado? En ninguna manera.
Porque si las cosas que destruí, las mismas vuelvo a edificar, transgresor me
hago. Porque yo por la ley soy muerto para la ley, a fin de vivir para Dios. Con
Cristo estoy juntamente crucificado, y ya no vivo yo, mas vive Cristo en mí; y
lo que ahora vivo en la carne, lo vivo en la fe del Hijo de Dios, el cual me amó
y se entregó a sí mismo por mí. No desecho la gracia de Dios; pues si por la
ley fuese la justicia, entonces por demás murió Cristo. (2:14-21)

Las acciones de Pedro, Bernabé y los otros creyentes judíos en Antioquía no
solo fueron una cuestión de hipocresía personal. Su capitulación frente a los
judaizantes, mediante el mal ejemplo así no fuera por concesión doctrinal,
ocasionó rupturas dentro de la iglesia. El hecho de que Pedro y Bernabé fuesen
líderes espirituales empeoró las cosas a un grado inmensurable. Durante años
habían enseñado la salvación solo por fe y habían ejemplificado tal enseñanza
en sus propias vidas. La iglesia en Antioquía se había convertido en un modelo
de compañerismo y armonía entre hermanos judíos y gentiles, y casi de la
noche a la mañana se había convertido en todo lo opuesto.

SU REACCIÓN

**Pero cuando vi que no andaban rectamente conforme a la verdad del evangelio,
dije a Pedro delante de todos: Si tú, siendo judío, vives como los gentiles y no
como judío, ¿por qué obligas a los gentiles a judaizar?** (2:14-15)

Como ya se indicó, lo más probable es que el apartamiento de los creyentes
judíos de sus hermanos gentiles fue gradual, pero tan pronto Pablo se dio
cuenta de lo que estaba sucediendo, reaccionó de inmediato en su contra, y
cuando [vio] que no andaban rectamente conforme a la verdad del evangelio,
procedió a amonestar a **Pedro.** Como apóstol Pedro tenía que responder por
todos, y fue su ejemplo errado el que impulsó a los demás en la hipocresía
destructiva.

   Rectamente traduce *orthopodeō,* palabra compuesta por *orthos* (derecho) y
pous (pie) que significa andar bien, con la cabeza en alto. Un erudito traduce así
el versículo 14*a*: "No andaban por el camino recto hacia la verdad del evangelio".
Al apartarse de sus hermanos gentiles, Pedro y los demás dejaron un recorrido
paralelo a la Palabra de Dios y optaron por seguir una senda espiritual torcida.

   Puesto que la ofensa de Pedro fue pública, Pablo le amonestó **delante de
todos,** y así desenmascaró su hipocresía ante la congregación entera. Cada

creyente en Antioquía, y sin duda muchos no creyentes, supo que Pedro había dejado de asociarse con los gentiles como antes lo había hecho de manera libre y abierta. Agustín dijo: "De nada sirve corregir en secreto un error cometido en público". A no ser que el pecado público de un creyente sea tratado en público, la gente va a pensar que la iglesia no toma en serio el pecado y por ende lo aprueba de manera tácita. Una iglesia que no disciplina a sus miembros que pecan (incluidos los miembros más sobresalientes), pierde su credibilidad porque no toma con seriedad sus propias doctrinas y parámetros. Un niño que no es disciplinado por portarse mal llega en poco tiempo a la conclusión de que las normas de sus padres carecen de importancia, porque no se hacen respetar.

Tras asegurarse de haber determinado por medio de varios testigos que una acusación contra un anciano sea verdadera, Pablo dijo a Timoteo que el anciano debía ser reprendido "delante de todos, para que los demás también teman" (1 Ti. 5:20). La amonestación de Pedro por parte de Pablo muestra que ningún líder cristiano, sin importar su estatura, está por encima de la disciplina del cuerpo al que pertenece. El pecado público requiere la represión publica.

"Si tú, siendo judío", dijo Pablo, **"vives como los gentiles y no como judío, ¿por qué obligas a los gentiles a judaizar?"** A diferencia de la hipocresía de Pedro, la condena de Pablo *fue* recta *y* directa. Con sencillez Pablo señaló la ligereza del comportamiento de Pedro en Antioquía. Le recordó que al llegar allí por primera vez, Pedro había mantenido un compañerismo abierto con los creyentes gentiles y comía con ellos de forma habitual (v. 12). Les había visitado de manera libre y espontánea en sus casas y se había unido a ellos en sus ágapes y en la comunión sin mostrar evidencia alguna de legalismo o prejuicio. Había vivido **como los gentiles y no como judío,** es decir, sin el separatismo que caracterizaba por todo el mundo a sus compatriotas.

Josefo escribe acerca de la mujer madianita que trató de seducir a los israelitas y les dijo: "Sus comidas son peculiares para ustedes, y sus bebidas sin parangón en todo el mundo". Durante siglos los judíos habían sido conocidos por sus leyes estrictas y su separación de los gentiles. Bajo el antiguo pacto Dios había establecido ciertas leyes sobre dieta y otras restricciones con el propósito de evitar que su pueblo escogido se mezclara y tuviera matrimonios mixtos con gentiles paganos, a fin de impedir que fueran corrompidos por su idolatría e inmoralidad. No obstante, tanto durante como después de la era del exilio en Babilonia, la tradición rabínica había hecho añadiduras y enmiendas incontables a las regulaciones bíblicas. Por ejemplo, a los judíos se les permitía comprar carne en un mercado gentil solo si el animal había sido sacrificado por un judío y no había sido utilizado en una ceremonia religiosa pagana.

Después de la visión que tuvo de los animales impuros y de su experiencia en la casa de Cornelio, Pedro dejó de vivir **como judío** porque llegó a entender que hasta la separación ceremonial dictada por Dios y enseñada en el Antiguo

Testamento ya no era válida gracias a la obra reconciliadora de Jesucristo en la cruz. No obstante, bajo la influencia de los judaizantes en Antioquía el apóstol tropezó y recayó en los prejuicios de su vida vieja. Tan pronto soplaron los vientos del legalismo, él ajustó sus velas y se dejó arrastrar por su ímpetu. Pablo no tenía deseo alguno de enseñorearse de Pedro o elevar su propia reputación a costa de otras personas. Su motivo no fue humillar a Pedro, sino corregirle un error serio que había ocasionado la caída de muchos otros creyentes que siguieron su mal ejemplo. El apóstol no podía tolerar algo que amenazara la integridad del evangelio, en particular si esa amenaza provenía de un líder destacado e influyente como Pedro.

SU DECLARACIÓN

Nosotros, judíos de nacimiento, y no pecadores de entre los gentiles, sabiendo que el hombre no es justificado por las obras de la ley, sino por la fe de Jesucristo, nosotros también hemos creído en Jesucristo, para ser justificados por la fe de Cristo y no por las obras de la ley, por cuanto por las obras de la ley nadie será justificado. (2:15-16)

El meollo del dilema espiritual del hombre es que él es incapaz de imponerse a la pecaminosidad total que le separa del Dios santo. Bildad, el amigo de Job preguntó: "¿Cómo, pues, se justificará el hombre para con Dios?" (Job 25:4). ¿Cómo puede un pecador culpable y condenado ser hecho justo y por ende aceptable para Dios? La provisión de justificación por fe es la respuesta de Dios a ese dilema y necesidad.

La reprimenda que Pablo dio a Pedro culminó en una de las declaraciones más imponentes en el Nuevo Testamento sobre la doctrina de la justificación, la misma doctrina a la cual Pedro y los demás renunciaron por su separación hipócrita de los creyentes gentiles. En efecto, Pablo declaró: "Pedro, te reprendo porque has transgredido la verdad cardinal del cristianismo. Con tu comportamiento has condonado la justicia de las obras humanas, un sistema de legalismo que es contrario incluso al pacto dado por medio de Moisés, para no mencionar el nuevo pacto dado por nuestro Señor Jesucristo".

Con la exposición de la doctrina verdadera de la justificación, Pablo establece primero en qué consiste (vv. 15-16) y luego hace una defensa de ella (vv. 17-21). Como se indicó en un capítulo anterior, debido a su interés intenso y emotivo en la integridad del evangelio y el bienestar espiritual de los creyentes gálatas, la gramática de Pablo en esta epístola es varias veces difícil de reconstruir y su lógica difícil de seguir, aunque su significado siempre es claro.

Nosotros se emplea cuatro veces en los versículos 15 hasta el 17 y se refiere a Pablo, Pedro y todos los demás judío cristianos. La primera parte de su

81

argumento es que, hasta **nosotros, que somos judíos de nacimiento ... hemos creído en Jesucristo.** Es decir, "nosotros como judíos sabemos mejor que nadie lo que significa vivir por el sistema de la ley. Conocemos la ley como forma de vida y sabemos qué implica vivir siempre en función de las exigencias de los rituales y las regulaciones de nuestra religión. Sin embargo, nosotros fuimos salvados por creer en Jesucristo y no por la ley, y si **nosotros,** como **judíos,** no podemos ser salvos por la ley, ¿cómo podemos esperar que **pecadores de entre los gentiles** lo sean?"

Al hacer referencia a **los gentiles** como **pecadores,** Pablo no empleó el término en el sentido la conducta pública inmoral (como es su uso frecuente en los cuatro Evangelios), sino en el sentido legal en que era usado por los judíos. En la mente de la mayoría de los judíos, los gentiles eran **pecadores** por naturaleza ya que no tenían una ley que les guiara a llevar una vida piadosa y agradar a Dios. En cambio, Pablo dijo que con o sin la ley, ninguna persona se salva sin haber **creído en Jesucristo.**

En el concilio de Jerusalén Pedro declaró esa misma verdad en respuesta a los judaizantes: "Ahora, pues, ¿por qué tentáis a Dios, poniendo sobre la cerviz de los discípulos un yugo que ni nuestros padres ni nosotros hemos podido llevar? Antes creemos que por la gracia del Señor Jesús seremos salvos, de igual modo que ellos" (Hch. 15:10-11).

Martín Lutero dijo que si el artículo de justificación por fe se pierde, toda la doctrina cristiana se pierde. En la última sección del capítulo 2 Pablo fue inspirado a introducir esta doctrina esencial en la epístola, una doctrina que había predicado y explicado a los gálatas en muchas ocasiones. Utiliza cuatro veces la forma verbal de la palabra "justificación" *(dikaioō)* en los versículos 16 al 17, y una vez la forma sustantiva *(dikaiosunē)* en el versículo 21, donde se traduce "justicia". En el Nuevo Testamento estas y otras formas del mismo término griego se traducen con palabras como justificar, justificación, justicia, justo y justificado.

El uso original del término básico tenía que ver con la sentencia de un juez que declaraba a una persona acusada no culpable sino justa ante la ley. Era lo opuesto a ser declarado culpable y condenado. En toda la Biblia la palabra justificación se refiere a la manera como Dios declara a un pecador libre de culpa con base en la fe en Él. Es el acto libre y gratuito por el que Dios declara a un pecador recto delante de Él. En su gracia divina le perdona, le restaura y le acepta con base en nada más que la confianza en la Persona y la obra de su Hijo, Jesucristo.

Por eso Pablo continúa: **sabiendo que el hombre no es justificado por las obras de la ley, sino por la fe de Jesucristo, nosotros también hemos creído en Jesucristo, para ser justificados por la fe de Cristo y no por las obras de la ley, por cuanto por las obras de la ley nadie será justificado.**

Por mucho que una persona guarde la ley, nunca podrá hacerse justa. Esto se debe a que la raíz de la pecaminosidad humana está en el carácter caído del corazón del hombre y no en sus acciones externas. El problema básico del hombre radica en lo que es, no en lo que hace. Los actos pecaminosos no son más que la expresión interna de una naturaleza depravada imbuida por pensamientos pecaminosos. Una persona que odia es un homicida en su interior, sin importar que alguna vez acabe o no la vida de otra persona (Mt. 5:22). Un hombre con pensamientos inmorales acerca de mujeres es un adúltero, sin importar si comete o no el acto físico de adulterar (5:28).

En consecuencia, ninguna cantidad de **obras de la ley** puede salvar a una sola persona, porque ni siquiera las mejores obras humanas pueden cambiar la naturaleza de la persona que las hace: "sabemos que todo lo que la ley dice, lo dice a los que están bajo la ley, para que toda boca se cierre y todo el mundo quede bajo el juicio de Dios; ya que por las obras de la ley ningún ser humano será justificado delante de él; porque por medio de la ley es el conocimiento del pecado" (Ro. 3:19-20). La ley es importante porque funciona como un espejo que muestra con precisión nuestra pecaminosidad, pero lo cierto es que solo puede revelar el pecado, nunca removerlo. "Pero ahora, aparte de la ley, se ha manifestado la justicia de Dios, testificada por la ley y por los profetas; la justicia de Dios por medio de la fe en Jesucristo, para todos los que creen en él. Porque no hay diferencia, por cuanto todos pecaron, y están destituidos de la gloria de Dios, siendo justificados gratuitamente por su gracia, mediante la redención que es en Cristo Jesús ... Concluimos, pues, que el hombre es justificado por fe sin las obras de la ley" (3:21-24, 28).

Solo **la fe de Jesucristo** puede poner a disposición de cualquier persona el regalo gratuito de justicia perfecta que le suministra perdón y salvación. **La fe de Jesucristo** no es un mero reconocimiento intelectual del hecho de que Jesús murió y resucitó por el pecado del hombre, sino que es una confianza personal en su muerte para quitar y perdonar los pecados propios de esa persona. Es un compromiso total a someterse a Él como Señor (cp. Stg. 4:7).

Tres veces en Gálatas 2:16 Pablo declara que la salvación solo es por medio de la fe en Cristo y no por la ley. La primera declaración es general: **el hombre no es justificado por las obras de la ley, sino por la fe de Jesucristo.** La segunda es personal: **nosotros también hemos creído en Jesucristo, para ser justificados por la fe de Cristo y no por las obras de la ley.** La tercera es universal: **por cuanto por las obras de la ley nadie será justificado** (cp. Sal. 143:2). Las tres afirman la misma realidad grandiosa.

Todas las afirmaciones según las cuales la salvación es a través de la creencia en Jesucristo además de cualquier otra cosa, no son más que mentiras blasfemas y diabólicas. No existe ni puede existir una sola añadidura humana a la obra de Cristo que sea aceptable o efectiva. Este pasaje es una de las exposiciones más enérgicas e inequívocas de la doctrina de salvación solo por fe. Primero Pablo la establece con base en su autoridad apostólica, luego la establece con base en su propia experiencia, y en tercer lugar, la establece con base en la Palabra de Dios en el Antiguo Testamento.

SU DEFENSA

Y si buscando ser justificados en Cristo, también nosotros somos hallados pecadores, ¿es por eso Cristo ministro de pecado? En ninguna manera. Porque si las cosas que destruí, las mismas vuelvo a edificar, transgresor me hago. Porque yo por la ley soy muerto para la ley, a fin de vivir para Dios. Con Cristo estoy juntamente crucificado, y ya no vivo yo, mas vive Cristo en mí; y lo que ahora vivo en la carne, lo vivo en la fe del Hijo de Dios, el cual me amó y se entregó a sí mismo por mí. No desecho la gracia de Dios; pues si por la ley fuese la justicia, entonces por demás murió Cristo. (2:17-21)

Por su conducta, Pedro y los demás cristianos judíos en Antioquía habían dado su aprobación a la idea de los judaizantes según la cual era necesario que un gentil acatara los rituales judíos antes de poder convertirse en cristiano. La defensa que Pablo hace de la justificación por fe en los versículos 17 al 21 continúa su oposición a este legalismo judaico al que Pedro y los demás habían sucumbido.

Resulta crucial entender que, como en los dos versículos anteriores, la **palabra** nosotros se refiere a cristianos judíos. **Y si buscando ser justificados en Cristo, también nosotros,** como cristianos judíos, **somos hallados pecadores,** Pablo pregunta retóricamente, **¿es por eso Cristo ministro de pecado?**

Su primer punto consistió en mostrar que si los judaizantes estaban en lo correcto con su doctrina según la cual los creyentes se salvan en parte por guardar la ley ceremonial de Moisés, y además siguen obligados a cumplir esa ley para mantener su salvación, en ese caso aun antes de que los judaizantes llegaran a Antioquía, Pedro, Bernabé y todos los demás creyentes judíos, incluido Pablo, habían caído otra vez en la categoría de **pecadores,** por haber comido junto a cristianos gentiles y tener compañerismo con ellos.

El segundo punto de Pablo fue aun más devastador: "Si ustedes se volvieron **pecadores** por tener compañerismo con sus hermanos gentiles", propone el apóstol, "en ese caso **Cristo** mismo se convirtió en **ministro de pecado,** ¿no es así?" ¿De qué modo? Jesús había enseñado con claridad que ningún alimento puede ser fuente de contaminación espiritual para una persona porque la comida no puede afectar el corazón (Mr. 7:19). A través de la visión de los animales impuros así como la conversión y unción dramáticas de Cornelio, el Señor había dado a Pedro evidencia directa de que los creyentes gentiles son iguales en todo sentido a los creyentes judíos (Hch. 10). En muchas otras ocasiones y de muchas otras formas Jesús había enseñado que todos los que le pertenecen son uno con Él y por ende son uno solo entre todos ellos. Poco antes de su arresto, juicio y crucifixión, Jesús oró a su Padre de forma urgente y reiterada a favor de los que habrían de creer en Él: "para que todos sean uno; como tú, oh Padre, en mí, y yo en ti, que también ellos sean uno en nosotros ... para que sean uno, así como nosotros somos uno. Yo en ellos, y tú en mí, para que sean perfectos en unidad" (Jn. 17:21-23).

Ahora, si los judaizantes tuvieran la razón, Pablo señaló, sería porque Jesús se había equivocado. Si ellos enseñaban la verdad, Él había enseñado una mentira, ¡y eso le convertía en **ministro de pecado**! Tal acusación debió estremecer a Pedro hasta la médula. Ser llamado un hipócrita era bastante, pero ser llamado un pecador era impensable, y ser acusado de hacer ver a Jesús como un **ministro de pecado** no era menos que repulsivo y chocante. No obstante, la lógica del argumento de Pablo era ineludible. Por sus propias acciones, Pedro había condenado a Jesucristo mismo. Por esa razón le fue necesario abdicar de sus simpatías judaicas para no hacer caer en el descrédito a su Señor.

Pablo dio respuesta inmediata a su propia pregunta retórica: **En ninguna manera.** Le debió resultar doloroso siquiera hacer la sugerencia hipotética de que Cristo pudiera participar en el pecado y mucho menos promoverlo. Sin embargo, el peligro drástico del legalismo judaico exigía el despliegue de una lógica también drástica. El apóstol sabía que era la única forma de hacer caer en cuenta a Pedro y los demás de su error.

Con el empleo del término *nosotros* en los versículos anteriores, Pablo se había identificado con los detractores hasta cierto punto. Ahora con más gracia y amor todavía, suaviza el golpe para sus amigos al ponerse a sí mismo como ejemplo hipotético: **Porque si las cosas que destruí, las mismas vuelvo a edificar, transgresor me hago.** En otras palabras, si cualquiera, incluido él mismo, trata de volver **a edificar** un sistema de legalismo tras haberlo destruido del todo mediante la creencia en y la predicación del evangelio de la gracia poderosa de Dios y la desesperanza de la raza humana en su pecaminosidad, él se hace **transgresor** *a sí mismo,* no a Cristo. Así demuestra que es un hipócrita y un pecador, al abandonar la gracia por la ley.

"Yo nunca jamás podría hacer algo así", afirma Pablo, **"porque yo por la ley soy muerto para la ley, a fin de vivir para Dios.** El concepto del legalismo choca con la verdad de Dios y con mis propias convicciones más profundas. Ahora que he aceptado la gracia y **soy muerto para la ley,** jamás podría volver a su sistema de rituales y ordenanzas. De otra manera no podría **vivir para Dios".** La ley no es el amo del creyente, Dios lo es. La relación del creyente con la ley no es lo que le salva, sino su relación con Dios.

Pablo preguntó a los creyentes en Roma: "¿Acaso ignoráis, hermanos (pues hablo con los que conocen la ley), que la ley se enseñorea del hombre entre tanto que éste vive? Porque la mujer casada está sujeta por la ley al marido mientras éste vive: pero si el marido muere, ella queda libre de la ley del marido ... Así también vosotros, hermanos míos, habéis muerto a la ley mediante el cuerpo de Cristo, para que seáis de otro, del que resucitó de los muertos, a fin de que llevemos fruto para Dios" (Ro. 7:1-2, 4).

¿Qué, pues, diremos? ¿Perseveraremos en el pecado para que la gracia abunde? En ninguna manera. Porque los que hemos muerto al pecado, ¿cómo viviremos aún en él? ¿O no sabéis que todos los que hemos sido bautizados en Cristo Jesús, hemos sido bautizados en su muerte? Porque somos sepultados juntamente con él para muerte por el bautismo, a fin de que como Cristo resucitó de los muertos por la gloria del Padre, así también nosotros andemos en vida nueva. Porque si fuimos plantados juntamente con él en la semejanza de su muerte, así también lo seremos en la de su resurrección; sabiendo esto, que nuestro viejo hombre fue crucificado juntamente con él, para que el cuerpo del pecado sea destruido, a fin de que no sirvamos más al pecado. Porque el que ha muerto, ha sido justificado del pecado. Y si morimos con Cristo, creemos que también viviremos con él; sabiendo que Cristo, habiendo resucitado de los muertos, ya no muere; la muerte no se enseñorea más de él. Porque en cuanto murió, al pecado murió una vez por todas; mas en cuanto vive, para Dios vive. Así también vosotros consideraos muertos al pecado, pero vivos para Dios en Cristo Jesús, Señor nuestro.

No reine, pues, el pecado en vuestro cuerpo mortal, de modo que lo obedezcáis en sus concupiscencias; ni tampoco presentéis vuestros miembros al pecado como instrumentos de iniquidad, sino presentaos vosotros mismos a Dios como vivos de entre los muertos, y vuestros miembros a Dios como instrumentos de justicia. Porque el pecado no se enseñoreará de vosotros; pues no estáis bajo la ley, sino bajo la gracia. (Ro. 6:1–14)

Tanto en Romanos como en Gálatas, Pablo se refiere al hecho de que una persona al ejercer fe en el Señor Jesucristo, es colocada en unión espiritual trascendente con Cristo en el suceso histórico de su muerte y resurrección, en el cual se pagó por completo la pena del pecado.

Si un hombre es condenado de un delito que amerita la pena de muerte y recibe el castigo, es obvio que la ley no tiene reclamo alguno sobre su vida. Ese hombre ha pagado con su vida la deuda que tenía con la sociedad. Por lo tanto, aun si se levantara de los muertos, seguiría libre de culpa ante la ley, la cual no tendría reclamo alguno sobre su nueva vida. Así es con el creyente que muere en Cristo para levantarse a una vida nueva. Es libre para siempre de cualquier reclamo de la ley sobre su vida porque ha pagado la demanda de la ley al morir en Cristo. Su muerte física no es castigo, tan solo una puesta en libertad para acceder a la gloria eterna de su unión con Cristo.

El efecto más destructivo del legalismo es que cancela el efecto de la cruz. **Con Cristo estoy juntamente crucificado,** testifica Pablo, **y ya no vivo yo, mas vive Cristo en mí.** Volver a someterse a la ley equivale a cancelar nuestra unión con el sacrificio de Cristo en la cruz y en consecuencia, volver a vivir bajo el régimen del pecado y la ley.

Pablo explica: **soy muerto para la ley** porque **estoy juntamente crucificado con Cristo, y ya no vivo yo.** El hombre viejo, aquel viejo yo, está muerto, crucificado con Cristo, y esto permite que el hombre nuevo viva (cp. Col. 3:9-10). Ahora puedo **vivir para Dios** porque **Cristo vive en mí** (cp. Ro. 8:9). La vida que *recibí* por fe es algo que **ahora vivo en la fe.** El verbo griego que se traduce **vivo** está en tiempo perfecto, lo cual indica que se trata de una acción completada en el pasado que aun rinde resultados continuos. Tan pronto un creyente confía en Cristo para su salvación, participa con el Señor a escala espiritual en su crucifixión y en su victoria sobre el pecado y la muerte.

Esa es la razón, continúa el apóstol, por la cual **lo que ahora vivo en la carne, lo vivo en la fe del Hijo de Dios.** La vida cristiana verdadera no consiste tanto en que un creyente viva para Cristo como en el hecho de que Cristo vive a través del creyente. Gracias a que en Cristo "habita corporalmente toda la plenitud de la Deidad" (Col. 2:9), la plenitud de Dios también habita en todos y cada uno de los creyentes, quienes hemos llegado a ser "participantes de la naturaleza divina" (2 P. 1:4).

La vida divina y el privilegio supremo de ser habitado por el Hijo de Dios vivo y poderoso no se deben a algo que yo haya hecho o logrado con méritos propios, sino únicamente al hecho de que Él **me amó y se entregó a sí mismo por mí.**

Por lo tanto, el motivo principal de toda devoción y obediencia en nuestra vida espiritual debe ser la gratitud a nuestro Señor soberano y lleno de gracia. La frase **el cual me amó** se refiere al motivo detrás de la gracia salvadora de Dios. El Nuevo Testamento está repleto de enseñanzas acerca de esta gran verdad (véanse por ejemplo Jn. 3:16; Ro. 5:8; Ef. 2:5). El regalo del amor divino no fue tomado de Cristo, sino que Él **se entregó a sí mismo por mí,** dice el apóstol. Esto nos recuerda las palabras de nuestro Señor en Juan 10:17-18: "yo pongo mi vida, para volverla a tomar. Nadie me la quita, sino que yo de mí mismo la pongo. Tengo poder para ponerla, y tengo poder para volverla a tomar".

Toda esta obra salvadora es el don gratuito de la gracia soberana de Dios. En consecuencia, Pablo concluye con estas palabras: **no desecho la gracia de Dios; pues si por la ley fuese la justicia, entonces por demás murió Cristo.** Así le dijo a Pedro lo siguiente: "Con tu retraimiento y apartamiento del compañerismo con tus hermanos gentiles en la fe, te haces partidario de los judaizantes y al lado de ellos te pones en contra de Cristo. De ese modo desechas **la gracia de Dios** y niegas la necesidad de la muerte de Cristo, tal como lo hiciste al amonestar al Señor por declarar que le era necesario sufrir, morir y resucitar al tercer día" (véase Mt. 16:21–22).

Los dos pilares del evangelio son **la gracia de Dios** y la muerte de **Cristo,** y esos son los dos pilares que el legalismo, por su misma naturaleza, siempre apunta a derribar. La persona que insiste en que puede ganarse la salvación por sus propios esfuerzos, menoscaba el fundamento mismo del cristianismo y anula la muerte preciosa de Cristo para su propio bien.

Fascinados: una defensa de la justificación por fe a partir de la experiencia (3:1-5)

6

¡Oh gálatas insensatos! ¿quién os fascinó para no obedecer a la verdad, a vosotros ante cuyos ojos Jesucristo fue ya presentado claramente entre vosotros como crucificado? Esto solo quiero saber de vosotros: ¿Recibisteis el Espíritu por las obras de la ley, o por el oír con fe? ¿Tan necios sois? ¿Habiendo comenzado por el Espíritu, ahora vais a acabar por la carne? ¿Tantas cosas habéis padecido en vano? si es que realmente fue en vano. Aquel, pues, que os suministra el Espíritu, y hace maravillas entre vosotros, ¿lo hace por las obras de la ley, o por el oír con fe? (3:1-5)

La deserción y el alejamiento son reprochables porque implican deslealtad y traición. Pocas cosas son más trágicas o decepcionantes que un cristiano que abandona la pureza del evangelio por una forma falsa de cristianismo que presume de mejorar la obra finalizada de Cristo. Por absurdo que suene, esto es lo que muchos creyentes en las iglesias de Galacia habían hecho o corrían el peligro de hacer a causa de los judaizantes.

A lo largo de la historia de la iglesia algunos creyentes empezaron bien pero más adelante se apartaron de las verdades que creyeron y siguieron al principio. Reciben el evangelio de la salvación por gracia y viven para el Señor con fe humilde, pero caen presa de algún sistema de legalismo y justicia por obras que promete más y produce mucho menos. Algunos caen en el formalismo y substituyen con ceremonias y ritos externos la realidad interna del crecimiento personal en el Señor. Otros caen en sistemas de legalismo prohibitivo y en su orgullo esperan mejorar su posición delante de Dios con hacer o dejar de hacer ciertas cosas. Otros se dedican a buscar una supuesta segunda bendición, un secreto espiritual que abre la puerta hacia algún tipo de plano espiritual más alto y una experiencia adicional de la gracia divina. Así mantienen la falsa esperanza de que ahora pueden recibir de Dios mucho más de lo que les fue concedido al momento de su conversión.

Pablo había sido usado por el Señor para presentar el evangelio de la gracia soberana a los gálatas, en un principio para llevarles la verdad de que la salvación es recibida por fe en la obra expiatoria de Cristo en la cruz sin otra añadidura. Ahora ellos se estaban alejando de la pura gracia y habían aceptado un sustituto inferior e impotente basado en los viejos rituales mosaicos y sus parámetros y ceremonias que el nuevo pacto en Cristo habían invalidado, y que aun bajo el antiguo pacto carecían de poder para salvar. Los creyentes desertores no habían malogrado su salvación sino que habían perdido su gozo y libertad característicos a causa de haber regresado, en su engaño, a la incertidumbre y la esclavitud de un legalismo impuesto por ellos mismos. En cuanto a su situación espiritual todavía estaban en Cristo y eran justos delante de Dios, pero en la práctica habían dejado de vivir conforme a la verdad por la cual habían sido hecho justos. Substituyeron con una forma de religión que no tenía poder ni gozo la plenitud de vida en Cristo que antes gozaron. Por cuanto se dejaron engañar, también fueron fuente de engaño y proyectaron a los incrédulos de los alrededores la idea de que el cristianismo era cuestión de guardar la ley y no de tener fe. Se privaron de la plenitud de la bendición de Dios y estaban en peligro de privar al mundo perdido del conocimiento del único camino de salvación.

Satanás nunca deja de esforzarse en destruir el camino de salvación de Dios, y debido a que el camino de Dios es por gracia que obra mediante la fe humana, el camino de Satanás es todo lo opuesto: el propio esfuerzo del hombre y sus obras. Desde el tiempo en que Caín trajo a Dios la primera ofrenda con la intención de canjear obras humanas por justicia divina, es decir, su propia idea de una ofrenda de granos en lugar del sacrificio animal mandado por Dios, el hombre incrédulo ha procurado hacerse justo delante de Dios por medio de su propia bondad y sus propios méritos.

La primera vez que Pablo fue a Galacia, se maravilló ante la bienvenida tan generosa que le dieron. El apóstol llegó a ellos con muchas aflicciones físicas y así lo reconoció: "no me despreciasteis ni desechasteis por la prueba que tenía en mi cuerpo, antes bien me recibisteis como a un ángel de Dios, como a Cristo Jesús" (Gá. 4:14). Ahora el apóstol se maravilló ante su separación del evangelio que les había predicado. "Estoy maravillado de que tan pronto os hayáis alejado del que os llamó por la gracia de Cristo, para seguir un evangelio diferente. No que haya otro, sino que hay algunos que os perturban y quieren pervertir el evangelio de Cristo" (1:6-7). Tras recibir nueva vida en Cristo por la fe, habían sido persuadidos para vivir sus vidas nuevas según el método viejo de las obras.

Habían vuelto a caer de la gracia a la ley, de la fe a las obras, del calvario a las ceremonias, de la libertad a la esclavitud.

En los capítulos 3 y 4 Pablo presenta una defensa clásica de la doctrina de justificación por fe, una defensa que había introducido en 2:16-21. En 3:1-5 defiende la doctrina desde el punto de vista de la experiencia personal, y en 3:6—4:31 desde el punto de vista de la revelación de las Escrituras.

En 3:1-5 el apóstol recuerda a sus lectores que la experiencia de un creyente con el Señor Jesucristo, el Espíritu Santo y Dios el Padre, da evidencia incontrovertible de que ha sido hecho acepto a Dios mediante fe personal en la obra perfecta y completa de Cristo, aparte de cualquier aditamento humano.

Aunque la experiencia por sí sola no constituye una evidencia del todo confiable de la realidad espiritual, representa sin embargo una fuente importante de apologética o argumentos para la defensa de la fe, siempre y cuando se fundamente en la verdad de las Escrituras. Puesto que la experiencia cristiana auténtica verifica el evangelio de la gracia, el apóstol inspirado fue guiado por el Espíritu Santo para utilizarla como medio efectivo para defender la doctrina de la justificación por fe.

LA EXPERIENCIA DEL CREYENTE CON CRISTO

¡Oh gálatas insensatos! ¿quién os fascinó para no obedecer a la verdad, a vosotros ante cuyos ojos Jesucristo fue ya presentado claramente entre vosotros como crucificado? (3:1)

¡Oh gálatas insensatos! Esta fuerte exclamación refleja una combinación de ira y amor mezclados con sorpresa. A Pablo le costó creer lo que habían hecho los **gálatas.** Como muchos creyentes antes y después de ellos, habían sido víctimas de una conspiración diabólica y fueron inducidos a apartarse de su propia creencia en la verdad que les había salvado en un principio. Esos creyentes fueron **insensatos** más que todo porque habían sido enseñados con gran cuidado en todo lo relacionado al evangelio, y en muchas ocasiones tuvieron el privilegio de recibir la enseñanza directa de Pablo mismo, cuyo corazón latía con la pura gracia del evangelio de Dios.

La palabra griega *anoētos* (**insensatos**) no connota deficiencia mental sino pereza y descuido mentales. Los creyentes en Galacia no eran estúpidos sino que optaron por no ejercer su inteligencia espiritual al verse enfrentados a la enseñanza de los judaizantes que contradecía las Escrituras y destruía el mensaje del evangelio. Esos creyentes no usaron sus cabezas.

El término griego comunicaba con frecuencia la idea de una actitud errónea en el corazón, una falta de fe que nubla el juicio. Pablo escribió acerca de los codiciosos que creen que el dinero mejora sus vidas y les trae felicidad y satisfacción. En su búsqueda de riquezas "caen en tentación y lazo, y en muchas codicias necias y dañosas, que hunden a los hombres en destrucción y perdición" (1 Ti. 6:9). Pablo confesó que antes de su salvación él también se había contado entre los hombres "insensatos, rebeldes, extraviados, esclavos de concupiscencias y deleites diversos, [que la pasaban] viviendo en malicia y envidia, aborrecibles, y aborreciéndonos unos a otros" (Tit. 3:3).

Jesús usó el término para amonestar a los dos discípulos que encontró en el camino a Emaús: "¡Oh insensatos, y tardos de corazón para creer todo lo que los profetas han dicho!" (Lc. 24:25). El problema básico de los discípulos no era mental sino espiritual. Puesto que no habían estudiado en detalle para poder creer lo escrito por los profetas, fueron incapaces de entender que Jesús, como el Mesías, no solo había tenido que morir sino que sería resucitado y regresaría a su Padre en el cielo (véase v. 26). Su entendimiento falló porque su fe desfalleció.

Los gálatas habían caído de manera insensata en el legalismo judaico porque habían dejado de creer y aplicar las verdades básicas del evangelio que Pablo les había enseñado y por el cual habían sido salvos. Con su descuido pecaminoso de los recursos divinos que tenían a disposición, pusieron en entredicho el evangelio de la gracia. Siguieron sus caprichos e impulsos antes que la verdad revelada de Dios, y al hacerlo abandonaron la verdad básica del evangelio, que los hombres acceden a la salvación y la viven solo por fe en la Persona y el poder de Jesucristo. La vida cristiana no se inicia ni se vive con base en buenos sentimientos o inclinaciones positivas sino sobre el fundamento de la verdad de Dios en Cristo. Los cristianos que se apoyan en sus propias emociones y no en el contenido de las Escrituras están condenados a ser "niños fluctuantes, llevados por doquiera de todo viento de doctrina, por estratagema de hombres que para engañar emplean con astucia las artimañas del error" (Ef. 4:14). Siempre que juzgan una idea basados en qué tan bien les hace sentir o lo bonito que suena y no con base en su armonía con la Palabra de Dios, están en grave peligro espiritual.

La mayoría de los miembros de una secta no se involucraron a causa de su convicción intelectual sobre la veracidad de las doctrinas de la secta, sino porque sus enseñanzas y prácticas les eran atractivas. Sus mentes no fueron persuadidas pero sus emociones sí fueron manipuladas.

Pablo solicitó a los creyentes romanos: "Así que, hermanos, os ruego por las misericordias de Dios, que presentéis vuestros cuerpos en sacrificio vivo, santo, agradable a Dios, que es vuestro culto racional. No os conforméis a este siglo, sino transformaos por medio de la renovación de vuestro entendimiento, para que comprobéis cuál sea la buena voluntad de Dios, agradable y perfecta" (Ro. 12:1-2). Asimismo urgió a los creyentes en Éfeso: "renovaos en el espíritu de vuestra mente" (Ef. 4:23), y a los de Colosas para que se mantuvieran "revestido[s] del nuevo [hombre], el cual conforme a la imagen del que lo creó se va renovando hasta el conocimiento pleno" (Col. 3:10). La fe y la obediencia son establecidas por la mente, no por las emociones. Al ego humano le resulta interesante la idea de que se puede agradar a Dios con cierta conducta, porque el ego siempre busca su propia gloria y la manera de quedar bien consigo y con los demás.

Sin embargo, la vida cristiana fiel y eficaz no es una simple aventura emocional repleta de sentimientos agradables y experiencias maravillosas. Es antes que nada la búsqueda humilde de la verdad y la voluntad de Dios con el fin primordial de vivir conforme a ellas. El cristiano obediente experimenta gozo y satisfacción sin medida, y tal experiencia excede sobremanera la de creyentes superficiales que siempre tratan de alcanzar "cúspides" espirituales momentáneas. La vida en Cristo no es desabrida ni carente de gozo, pero lo cierto es que el gozo, la felicidad y la satisfacción verdaderas son productos secundarios de una vida dedicada a conocer y obedecer la verdad de Dios.

Los **gálatas** de hecho habían sido encantados o fascinados por los judaizantes. Aquí **fascinó** es la traducción de *baskainō*, que significa encantar o fascinar de manera engañosa, por medio de lisonjas, promesas falsas o poderes diabólicos, y aquí indica con claridad la manipulación de sentimientos por encima de los hechos, y de las emociones por encima del entendimiento claro de la verdad. Pablo preguntó de forma retórica acerca de **quién** les había engañado, pues sabía muy bien la respuesta: "¿Quién pudo haberles alejado del fundamento sólido de la verdad en que antes estuvieron tan firmemente plantados?" Aunque **fascinó** puede aludir a la idea de embrujar, no es el caso aquí. Los gálatas no fueron víctimas de un hechizo o un encanto mágico, sino que se dejaron convertir en pupilos de enseñanzas torcidas que debieron haber reconocido al instante como falsas. Eran víctimas voluntarias que sucumbieron a la justicia de obras de los judaizantes que tanto agradaba a la carne. Se habían dejado convencer de que la fe no era suficiente y algo faltaba en su vida cristiana que podía ser suplido con un regreso a las ceremonias y los requisitos del antiguo pacto. Sin embargo, tal como William Hendricksen escribió en su comentario de Gálatas, "un Cristo suplementario es un Cristo suplantado".

La propia experiencia de salvación de los gálatas debió impedir su fascinación con la falsedad de los judaizantes. Primero que todo, habían experimentado la verdad poderosa y transformadora del evangelio del Cristo crucificado. Se trataba de personas **ante cuyos ojos Jesucristo fue ya presentado claramente entre vosotros como crucificado.** Habían visto con claridad el significado de la cruz. El evangelio les había sido transmitido con la claridad y el poder plenos del sacrificio de Cristo a su favor, y por pura fe lo habían creído y recibido.

Aquí **presentado claramente** es la traducción de *prographō*, una palabra que se empleaba con referencia a la colocación de importantes avisos oficiales en un cartel que se ubicaba en la plaza de mercado o en otro lugar público, a fin de ser leídos por todos los ciudadanos. En sentido figurado, los gálatas habían tenido ante sus ojos carteles inmensos de **Jesucristo** que Pablo puso con claridad a la vista de todos. Pablo era un predicador dinámico, y quizás dramático también. Los que le oían sentados a sus pies quizás escuchaban hasta el golpe del martillo sobre los clavos que atravesaron las manos y los pies de Jesús. Tal vez pudieron visualizar la sangre que brotaba de su frente traspasada por espinas y su costado herido. Estaban convencidos de la muerte expiatoria de Jesús, tenían convicción plena de su propio pecado y por la gracia divina mediante su fe personal fueron recibidos en el reino de Dios.

La predicación de Pablo acerca de **Jesucristo** y la aceptación de Él por parte de los gálatas mediante la fe fueron cosas que se realizaron **claramente** en público. Los creyentes fueron testigos entre sí de la salvación que recibieron en ese lugar a causa de tener fe solo en Él, pero al caer en el legalismo negaron el poder absoluto de Cristo para salvar, porque en la cruz Él recibió el castigo y pagó la sentencia por sus pecados, comprando así su salvación eterna.

Crucificado es la traducción de un participio pasivo perfecto que indica que la crucifixión fue un hecho histórico cuyos resultados continúan en vigor. Juan declara que "si confesamos nuestros pecados, él es fiel y justo para perdonar nuestros pecados, y limpiarnos de toda maldad" (1 Jn. 1:9). Una traducción más literal es: "Él todavía es justo para seguir perdonando nuestros pecados". Ningún ritual, ceremonia, regulación o cualquier otra cosa impuesta o cumplida por los hombres puede completar lo ya terminado por la cruz, porque la cruz es la culminación plena de la obra divina de salvación. La cruz es el pago continuo y eterno de todos los pecados, y todo pecador que pone su confianza en la cruz es perdonado por siempre y para siempre. Un creyente no puede mantener su salvación con obras porque nunca la obtuvo por obras. Nada detiene el avance poderoso de la cruz por la historia de la humanidad, y para siempre se mantendrá firme como la prueba viviente de que los hombres no pueden redimirse a sí mismos.

Es trágico que gran parte de la religión que se cataloga bajo el nombre de cristianismo rechaza la obra sustitutiva de Cristo y la reemplaza con alguna forma de justicia por obras. Las iglesias que usan el nombre del Señor pero rechazan su justicia para favorecer la del hombre, son culpables de establecer una forma de piedad que carece en absoluto de poder.

Desde que pisó por primera vez Galacia, Pablo había proclamado que la justificación solo es por fe en Jesucristo. Pablo dijo a sus oyentes judíos en Antioquía de Pisidia: "de todo aquello de que por la ley de Moisés no pudisteis ser justificados, en él [Cristo] es justificado todo aquel que cree" (Hch. 13:39). En esencia ese es el mensaje del libro de Hebreos, que fue escrito ante todo para creyentes judíos, algunos de los cuales, como los que estaban en Galacia, corrían el grave peligro de retroceder al judaísmo.

"Queda, pues, abrogado el mandamiento anterior a causa de su debilidad e ineficacia (pues nada perfeccionó la ley), y de la introducción de una mejor esperanza, por la cual nos acercamos a Dios ... Por tanto, Jesús es hecho fiador de un mejor pacto" (He. 7:18-19, 22).

Más adelante en la carta a los gálatas el apóstol implora a sus lectores: "He aquí, yo Pablo os digo que si os circuncidáis, de nada os aprovechará Cristo. Y otra vez testifico a todo hombre que se circuncida, que está obligado a guardar toda la ley. De Cristo os desligasteis, los que por la ley os justificáis; de la gracia habéis caído" (Gá. 5:2-4). La persona que deposita su confianza en la ley se obliga a guardar la ley en toda su extensión, lo cual es humanamente imposible, y también se priva de los beneficios de la cruz, mediante la cual todos los pecados quedan perdonados y se cumple a perfección toda obligación para con la ley de Dios.

LA EXPERIENCIA DEL CREYENTE CON EL ESPÍRITU SANTO

Esto solo quiero saber de vosotros: ¿Recibisteis el Espíritu por las obras de la ley, o por el oír con fe? ¿Tan necios sois? ¿Habiendo comenzado por el Espíritu, ahora vais a acabar por la carne? ¿Tantas cosas habéis padecido en vano? si es que realmente fue en vano. (3:2-4)

En segundo lugar Pablo apela a la experiencia de los creyentes de Galacia con el Espíritu Santo. Les pregunta: "¿Acaso no recuerdan la obra que **el Espíritu** hizo en sus vidas tras haber confiado en Cristo para su salvación?" Con esta interpelación personal aumenta su enfoque en el asunto a tratar: **esto solo quiero saber de vosotros:** al recibir a Cristo, ¿**recibisteis el Espíritu por las obras de la ley, o por el oír con fe?** ¿Tuvieron que cumplir más requisitos, pasar por alguna ceremonia especial o realizar algunos ritos adicionales? O, ¿recibieron **el Espíritu** por la gracia de Dios al mismo tiempo que recibieron a Cristo como Señor y Salvador?" La pregunta era retórica y la respuesta era obvia: recibieron la justicia de Cristo y su Espíritu Santo al mismo tiempo.

El regalo del Espíritu Santo es la evidencia más inequívoca del favor de Dios en la vida del creyente, su más grande prueba de salvación y la garantía de gloria eterna. "El Espíritu mismo da testimonio a nuestro espíritu, de que somos hijos de Dios" (Ro. 8:16), asegura Pablo a los cristianos en Roma. En consecuencia, "si alguno no tiene el Espíritu de Cristo, no es de él" (v. 9). Juan escribe: "En esto conocemos que permanecemos en él, y él en nosotros, en que nos ha dado de su Espíritu" (1 Jn. 4:13; cp. 3:24).

Por lo tanto, es absurdo sostener, como lo hacen algunos cristianos, que la entrega plena del Espíritu Santo viene por medio de una obra o experiencia adicional por parte del creyente. Una persona que no tiene la plenitud del

Espíritu Santo no necesita una segunda bendición; necesita salvación. La presencia del Espíritu Santo que mora en el creyente es inseparable del nuevo nacimiento. Ninguna persona puede *tener* al **Espíritu** antes de la salvación ni *carecer* de su presencia constante después de la salvación. Pablo explicó a los efesios: "habiendo creído en él, fuisteis sellados con el Espíritu Santo de la promesa, que es las arras de nuestra herencia hasta la redención de la posesión adquirida" (Ef. 1:13-14). Aquí "arras" es la traducción de *arrabōn*, cuyo significado original aludía a una cuota inicial o un pago anticipado que se hacía a una persona para demostrar seriedad en las intenciones de compra, como una garantía de que se haría el pago completo de la cantidad acordada. En el idioma griego moderno se emplea una variación de la palabra para hacer referencia al anillo del compromiso matrimonial. El Espíritu Santo es la garantía divina del creyente que le asegura que como parte de la iglesia de Cristo, su esposa, un día será partícipe en el banquete de bodas del Cordero de Dios.

En cierta ocasión Pablo se encontró en Éfeso con algunos discípulos de Juan el Bautista. El apóstol procuró determinar que su fe era completa al preguntarles: "¿Recibisteis el Espíritu Santo cuando creísteis?" Al responder ellos que no, él les presentó el evangelio de Jesucristo y en ese momento recibieron al Espíritu (Hch. 19:1-6). En su discurso ante el concilio de Jerusalén, Pedro dijo: "Varones hermanos, vosotros sabéis cómo ya hace algún tiempo que Dios escogió que los gentiles oyesen por mi boca la palabra del evangelio y creyesen. Y Dios, que conoce los corazones, les dio testimonio, dándoles el Espíritu Santo lo mismo que a nosotros" (Hch. 15:7-8). La primera vez que Pedro fue testigo de que los gentiles también recibían al Espíritu Santo, fue durante su estadía en la casa de Cornelio en Cesarea, donde predicó el evangelio a él, sus parientes y sus amigos. "Mientras aún hablaba Pedro estas palabras, el Espíritu Santo cayó sobre todos los que oían el discurso. Y los fieles de la circuncisión que habían venido con Pedro se quedaron atónitos de que también sobre los gentiles se derramase el don del Espíritu Santo" (10:44-45).

Aunque tal vez no ocurrió de una forma tan dramática, todo creyente verdadero en Galacia recibió al Espíritu Santo tan pronto recibió a Jesucristo como Salvador. "¿Acaso no recuerdan", les preguntó Pablo, **"que recibieron el Espíritu ... por el oír con fe?** ¿Cómo es posible que ahora se hayan dejado engañar por los judaizantes para creer que Él vino a ustedes o que en algún momento vendrá a ustedes, **por las obras de la ley?"**

Como los judaizantes, muchos grupos y movimientos en la actualidad quieren introducir condiciones o requisitos especiales que según suponen ellos, añaden bendiciones a la obra terminada y perfecta de Cristo. Por ejemplo, muchos hablan de la posibilidad de una llenura más plena del Espíritu o una salvación más completa que se demuestra con el don de hablar en lenguas. Lo cierto es que tales ideas se convierten en la base de una justicia por obras en la que se añaden cosas que los hombres pueden hacer a lo que solo Cristo puede hacer y ya ha hecho una sola vez y para siempre.

"Ahora, pues, ninguna condenación hay para los que están en Cristo Jesús", declaró Pablo. "Porque la ley del Espíritu de vida en Cristo Jesús me ha librado de la ley del pecado y de la muerte. Porque lo que era imposible para la ley, por cuanto era débil por la carne, Dios, enviando a su Hijo en semejanza de carne de pecado y a causa del pecado, condenó al pecado en la carne; para que la justicia de la ley se cumpliese en nosotros, que no andamos conforme a la carne, sino conforme al Espíritu" (Ro. 8:1-4).

El Espíritu Santo no es la meta de la vida cristiana sino su fuente. Él no es el producto de una vida fiel sino el poder que la sustenta. Un nivel más alto de vida no trae al Espíritu Santo. Más bien, el sometimiento al Espíritu Santo, quien ya mora en el creyente, implica un nivel superior de vida.

"¿Habiendo comenzado por el Espíritu", continúa Pablo, **"ahora vais a acabar por la carne?** ¿Cómo pudieron llegar a pensar que su **carne** débil, imperfecta y todavía pecaminosa podría mejorar lo que el **Espíritu** de Dios empezó en ustedes desde que creyeron por primera vez?" Al poner la situación en perspectiva se hace evidente cuán irrisorio es cualquier intento de apartarse de las provisiones de la gracia para recurrir a los esfuerzos de la ley.

No obstante, es pertinente traer equilibrio a la discusión y notar la advertencia de Santiago acerca de una fe que no produce buenas obras, la cual no es una fe que salva: "Hermanos míos, ¿de qué aprovechará si alguno dice que tiene fe, y no tiene obras? ¿Podrá la fe salvarle?" (Stg. 2:14). Es decir, ¿acaso puede esa clase de fe traer salvación? No, porque "la fe, si no tiene obras, es muerta en sí misma". Al decir más adelante que "el hombre es justificado por las obras, y no solamente por la fe" (v. 24), se refiere a que las obras verifican, mas no producen la salvación. Obras que agradan a Dios, tales como "visitar a los huérfanos y a las viudas en sus tribulaciones, y guardarse sin mancha del mundo" (1:27), dan muestra de que la profesión de fe en Cristo de una persona es genuina.

La validez de las buenas obras ante los ojos de Dios depende de dos factores: en el poder de quién son hechas y para gloria de quién se hacen. Siempre que se hacen en el poder de su Espíritu y para su gloria, resultan agradables y hermosas para Dios. Al hacerse en el poder de la carne y motivadas por el reconocimiento o el mérito personales, son siempre ineficaces y rechazadas por Él. El legalismo se diferencia de la obediencia verdadera por la actitud del corazón. La emanación del uno es repugnante para Dios, mientras que la otra sube a Él como grato olor.

La oración que se ofrece con fe humilde para buscar la voluntad de Dios y procurar su gloria, es agradable al Padre, en tanto que una oración dicha por automatismo rutinario o para impresionar a Dios o a otras personas, es anatema para Él (Lc. 18:10-14). Ir a la iglesia para adorar a Dios con sinceridad en compañía de hermanos en la fe le es agradable, mientras que asistir al mismo servicio y estar con los mismos creyentes no es aceptable a Él si se hace con un espíritu de legalismo que busca justificar y servir al propio ego.

Hasta las obras más buenas y aceptables que se puedan hacer en esta vida son incapaces de mejorar nuestra posición delante de Dios o elevarnos a nuevas alturas espirituales. ¿Cómo es posible mejorar el ser hijos de Dios y coherederos con Jesucristo, quien es heredero de todo? (Ro. 8:17; He. 1:2; cp. Gá. 4:7; 1 P. 3:7).

¿Tantas cosas habéis padecido en vano? Les pregunta Pablo en seguida. Aquí **padecido** es la traducción de *paschō*, una expresión que alude al concepto general de la experiencia humana, la cual en algunas ocasiones es de dolor y penuria. Puesto que el contexto no indica un dolor o una penalidad específica, es mejor interpretar la palabra en referencia a la experiencia personal del creyente con Jesucristo, el Espíritu Santo y Dios el Padre. Pablo les pregunta: "¿Acaso las cosas que experimentaron fueron **en vano**? ¿Es posible que no hayan aprendido algo de su propia experiencia? ¿No pueden pensar en lo que han oído y darse cuenta de que los argumentos de los judaizantes no cuadran con el evangelio que les ha sido enseñado y el cual han experimentado en sus propias vidas?"

Pablo suaviza el golpe al añadir: **si es que realmente fue en vano.** De este modo deja abierta la posibilidad y la esperanza de que no fuese así. En otras palabras: "Espero que todo lo que he oído acerca de ustedes no sea cierto, o que ya hayan vuelto a la razón". El apóstol emplea la misma técnica en otros lugares de la epístola, con un ataque fuerte a los errores doctrinales y prácticos seguido con palabras afables para expresar su amor hacia los que han caído en el error (véase por ejemplo, 4:9-14, 20; 5:2-10).

LA EXPERIENCIA DEL CREYENTE CON EL PADRE

Aquel, pues, que os suministra el Espíritu, y hace maravillas entre vosotros, ¿lo hace por las obras de la ley, o por el oír con fe? (3:5)

La tercera apelación a la experiencia se relaciona con Dios el Padre, **Aquel, pues, que os suministra el Espíritu, y hace maravillas entre vosotros.**

Justo antes de su ascensión, Jesús mandó a sus discípulos "que no se fueran de Jerusalén, sino que esperasen la promesa del Padre, la cual, les dijo, oísteis de mí" (Hch. 1:4). A través del Hijo, el Padre celestial había prometido dar "el Espíritu Santo a los que se lo pidan" (Lc. 11:13). Además, "cuando venga el Espíritu de verdad, él os guiará a toda la verdad; porque no hablará por su propia cuenta, sino que hablará todo lo que oyere" (Jn. 16:13).

Suministra es la traducción de *epichorēgeō*, que significa proveer en abundancia gran generosidad. Se empleaba para aludir a los que patrocinaban las artes y sufragaban los gastos de producción de las obras del teatro griego, así como a Fascinados: una defensa de la justificación por fe a partir de la experiencia de su país. También se utilizaba con referencia al voto que hacía un prometido de amar y cuidar a su futura esposa.

En su generosidad sobreabundante con sus hijos, Dios les **suministra el Espíritu, y hace maravillas entre** ellos. La palabra **maravillas** traduce *dunamis*, que se refiere a un poder o capacidad intrínsecos. Es posible que Pablo se refería al poder espiritual sobre Satanás, el pecado, el mundo, la carne y la debilidad humana que el Padre otorga a sus hijos por medio de su **Espíritu**. La predicación de Pablo en Corinto fue "con demostración del Espíritu y de poder" (1 Co. 2:4). El apóstol incluso se gozaba en su propia debilidad porque quería que el poder de Cristo morara en él en abundancia (2 Co. 12:9). Dios, dice él, "es poderoso para hacer todas las cosas mucho más abundantemente de lo que pedimos o entendemos, según el poder que actúa en nosotros" (Ef. 3:20). En cada uno de esos pasajes la palabra *dunamis* se traduce "poder" y se refiere al don divino del Padre a sus hijos.

El argumento de Pablo tiene fuerza propia: si una ha recibido salvación eterna mediante la confianza en el Cristo crucificado, ha recibido la plenitud del Espíritu Santo el mismo instante en que creyó, y tiene el poder del Espíritu del Padre que mora y obra en él, ¿cómo puede abrigar la esperanza de mejorar esa situación por medio de sus propios recursos humanos insignificantes y la realización de algún esfuerzo meritorio?

¿Bendecidos o maldecidos? Una defensa de la justificación por fe a partir de las Escrituras (3:6-14)

7

Así Abraham creyó a Dios, y le fue contado por justicia. Sabed, por tanto, que los que son de fe, éstos son hijos de Abraham. Y la Escritura, previendo que Dios había de justificar por la fe a los gentiles, dio de antemano la buena nueva a Abraham, diciendo: En ti serán benditas todas las naciones. De modo que los de la fe son bendecidos con el creyente Abraham. Porque todos los que dependen de las obras de la ley están bajo maldición, pues escrito está: Maldito todo aquel que no permaneciere en todas las cosas escritas en el libro de la ley, para hacerlas. Y que por la ley ninguno se justifica para con Dios, es evidente, porque: El justo por la fe vivirá; y la ley no es de fe, sino que dice: El que hiciere estas cosas vivirá por ellas. Cristo nos redimió de la maldición de la ley, hecho por nosotros maldición (porque está escrito: Maldito todo el que es colgado en un madero), para que en Cristo Jesús la bendición de Abraham alcanzase a los gentiles, a fin de que por la fe recibiésemos la promesa del Espíritu. (3:6-14)

Pablo dio una respuesta concisa al carcelero de Filipos que le preguntó qué debía hacer para ser salvo: "Cree en el Señor Jesucristo y serás salvo" (Hch. 16:31). La salvación es apropiada mediante la fe, y esa fe debe ser personal, interna y espiritual, sin relación alguna con ceremonias, rituales, observancias, buenas obras o cualquier otra cosa externa.

La fe siempre ha sido la respuesta requerida por Dios que trae salvación a cada ser humano (Ef. 2:8-9). Los santos del Antiguo Testamento fueron salvados por fe, al igual que los santos del Nuevo. En comparación, Abel tuvo muy poca revelación acerca de Dios, pero él creyó en la verdad de lo poco que sabía y fue salvado. Noé también tuvo un conocimiento limitado acerca de Dios, y él también tuvo fe en la verdad de lo que conocía y se salvó. Moisés contó con mucha más revelación de la naturaleza y la voluntad de Dios, y fue salvado porque confió en lo que sabía acerca de Dios. Todos ellos fueron justificados, tenidos por justos y hechos aceptables a Dios por medio de su fe personal en Él. Los tres "alcanzaron buen testimonio mediante la fe" y recibieron la aprobación divina (He. 11:4, 7, 23-29, 39).

Tras haber mostrado a los creyentes gálatas con base en su propia experiencia que ellos fueron justificados por fe y no por las obras de la ley (Gá. 3:1-5), Pablo ahora defiende esa doctrina a partir de las Escrituras.

Sin lugar a duda los judaizantes citaron muchos pasajes del Antiguo Testamento para apoyar sus alegatos legalistas. Debido a que sus interpretaciones de esos pasajes se basaban en una antigua tradición rabínica que gozaba de gran aceptación y reverencia, a muchos creyentes judíos en Galacia y en otros lugares les sonaban persuasivos los argumentos.

En Gálatas 3:6-14 Pablo desenmascara esas interpretaciones erradas y muestra que los judaizantes eran herejes en su doctrina porque su entendimiento de las Escrituras era equivocado. Su primera línea argumentativa con base en el Antiguo Testamento es positiva, es decir, muestra lo que hace y caracteriza la fe bíblica verdadera, y su segunda línea de argumentos es negativa, ya que muestra lo que la justicia de las obras no puede hacer.

PRUEBA POSITIVA DEL ANTIGUO TESTAMENTO

Así Abraham creyó a Dios, y le fue contado por justicia. Sabed, por tanto, que los que son de fe, éstos son hijos de Abraham. Y la Escritura, previendo que Dios había de justificar por la fe a los gentiles, dio de antemano la buena nueva a Abraham, diciendo: En ti serán benditas todas las naciones. De modo que los de la fe son bendecidos con el creyente Abraham. (3:6-9)

La prueba positiva de Pablo de que el Antiguo Testamento enseña la salvación por fe y no por obras gira alrededor de Abraham, padre del pueblo hebreo y patriarca supremo del judaísmo.

Sin duda alguna los judaizantes utilizaban a Abraham como prueba segura de que la circuncisión era necesaria para agradar a Dios y ser aceptables para Él. Después de llamar a Abraham por primera vez para que saliera de su lugar de origen en Ur de los caldeos, el Señor prometió: "Y haré de ti una nación grande, y te bendeciré, y engrandeceré tu nombre, y serás bendición. Bendeciré a los que te bendijeren, y a los que te maldijeren maldeciré; y serán benditas en ti todas las familias de la tierra" (Gn. 12:2-3). Abraham y sus descendientes recibieron después el mandato de circuncidarse como señal de su pacto con

Dios y como una ilustración permanente de la necesidad de una limpieza espiritual del pecado: "Este es mi pacto, que guardaréis entre mí y vosotros y tu descendencia después de ti: Será circuncidado todo varón de entre vosotros" (Gn. 17:10). La incisión del prepucio que cubre el órgano reproductivo del hombre tenía como significado la necesidad de cortar el pecado de raíz en el corazón humano, en especial el pecado inherente que se transmitía de una generación a la siguiente (cp. Dt. 10:16; Jer. 4:4; Col. 2:11).

Los judaizantes articulaban ambos relatos y salían con su argumento: "¿No resulta obvio que si el resto del mundo, es decir, los gentiles, van a participar de las bendiciones prometidas a Abraham, primero deben recibir la señal que marca y distingue al pueblo de Dios, es decir, los judíos? Si todas las naciones de la tierra serán benditas en Abraham, tendrán que volverse como Abraham y someterse a la circuncisión".

"No obstante, ese no es el argumento lógico", les contestó Pablo. Al citar Génesis 15:6 el apóstol les pregunta: "¿Acaso no saben que incluso **así Abraham creyó a Dios, y le fue contado por justicia?** ¿Se les olvidó el hecho de que las Escrituras ya habían atribuido justicia a Abraham por la fe y que Dios le mandó circuncidarse muchos años *después* de habérsele **contado** como hombre justo gracias a que **creyó a Dios?**"

Tras haber pasado unos diez años después de la primera promesa de Dios sin que Sara, su esposa, tuviera hijos, Abraham oró: "Señor Jehová, ¿qué me darás, siendo así que ando sin hijo, y el mayordomo de mi casa es ese damasceno Eliezer?"; el Señor entonces "lo llevó fuera, y le dijo: Mira ahora los cielos, y cuenta las estrellas, si las puedes contar. Y le dijo: Así será tu descendencia. Y creyó a Jehová, y le fue contado por justicia" (Gn. 15:2, 5-6). Pasaron por lo menos catorce años después de ese acontecimiento (véase Gn. 16:16; 17:1) antes de haberse dado el mandato de la circuncisión.

Pablo empleó el mismo argumento en su carta a la iglesia de los romanos. Al hablar de cuán bienaventurados son los creyentes "cuyas iniquidades son perdonadas, y cuyos pecados son cubiertos, ... a [quienes] el Señor no inculpa de pecado", el apóstol preguntó:

> *¿Es, pues, esta bienaventuranza solamente para los de la circuncisión, o también para los de la incircuncisión? Porque decimos que a Abraham le fue contada la fe por justicia. ¿Cómo, pues, le fue contada? ¿Estando en la circuncisión, o en la incircuncisión? No en la circuncisión, sino en la incircuncisión. Y recibió la circuncisión como señal, como sello de la justicia de la fe que tuvo estando aún incircunciso; para que fuese padre de todos los creyentes no circuncidados, a fin de que también a ellos la fe les sea contada por justicia; y padre de la circuncisión, para los que no solamente son de la circuncisión, sino que también*

siguen las pisadas de la fe que tuvo nuestro padre Abraham antes de ser circuncidado. (Ro. 4:7-12)

Los judaizantes, como la mayoría de los demás judíos de aquel tiempo, habían invertido por completo la relación entre circuncisión y salvación. La circuncisión solo era una marca, nunca el medio, de la salvación. Dios estableció la circuncisión como una señal física que identificaba a su pueblo y le apartaba del mundo pagano e idólatra que le rodeó durante el tiempo del antiguo pacto. La circuncisión es un acto externo y físico que carece de efecto en la obra espiritual de la justificación. Dios dio la señal de la circuncisión a Abraham mucho *después* de haberle declarado como justo a causa de su fe.

Siempre ha sido cierto que "no es judío el que lo es exteriormente, ni es la circuncisión la que se hace exteriormente en la carne; sino que es judío el que lo es en lo interior, y la circuncisión es la del corazón, en espíritu, no en letra" (Ro. 2:28-29). La circuncisión física era una cuestión terrenal de identidad ceremonial con el pueblo de Dios, mientras que la salvación es un asunto de identidad espiritual con Él, y si el símbolo terreno no tiene su respaldo espiritual genuino que es la fe, carece por completo de valor. Aun bajo el antiguo pacto, la circuncisión estaba desprovista de cualquier poder espiritual.

Desde la caída, el hombre en su orgullo ha tenido la inclinación natural de confiar en sí mismo, incluso en su habilidad para agradar a Dios con su carácter y esfuerzos propios. Los judíos del tiempo de Dios atribuían gran importancia a la circuncisión y la descendencia física de Abraham. En cierta ocasión Jesús dijo a un grupo de ellos: "Si vosotros permaneciereis en mi palabra, seréis verdaderamente mis discípulos; y conoceréis la verdad, y la verdad os hará libres". A esto "le respondieron: Linaje de Abraham somos, y jamás hemos sido esclavos de nadie. ¿Cómo dices tú: Seréis libres?" (Jn. 8:31-33). Es obvio que su respuesta fue absurda desde el punto de vista histórico. El pueblo judío había estado bajo esclavitud severa muchas veces a lo largo de su historia y en ese momento se encontraban bajo el yugo férreo del imperio romano. No obstante, más necia fue su manera de pensar, según la cual el simple hecho de ser descendientes físicos de Abraham les hacía aceptables delante de Dios. En una de sus denuncias más fuertes del judaísmo deslustrado, Jesús dijo: "Sé que sois descendientes de Abraham; pero procuráis matarme, porque mi palabra no halla cabida en vosotros ... Si fueseis hijos de Abraham, las obras de Abraham haríais. Pero ahora procuráis matarme a mí, hombre que os he hablado la verdad, la cual he oído de Dios; no hizo esto Abraham ... Vosotros sois de vuestro padre el diablo, y los deseos de vuestro padre queréis hacer" (Jn. 8:37, 39-40, 44).

Al contar con su nacionalismo ceremonial, los judíos legalistas se imaginaban que eran parte de la herencia tanto racial como espiritual de Abraham, mientras que en realidad solo estaban en la herencia espiritual de Caín, quien con su rechazo a la manera como Dios hacía las cosas, no solo siguió su propio camino torcido sino también el de Satanás. Lo que Jesús mostró en esa ocasión fue que, sin importar qué linaje físico pueda tener una persona, si no tiene fe en Dios tampoco es un descendiente espiritual de Abraham. Fue secundario que Abraham se convirtiera en el progenitor físico del pueblo judío. Ante todo él fue padre espiritual de todos los que creen en Dios, sin importar cuál sea su raza o nacionalidad (Ro. 4:11). Tal como sucedió con Abraham, "al que no obra, sino cree en aquel que justifica al impío, su fe le es contada por justicia" (v. 5).

Debe advertirse además que Abraham no solo establece el modelo de justificación por fe sino también el de vida de obediencia por la fe:

> *Por la fe Abraham, siendo llamado, obedeció para salir al lugar que había de recibir como herencia; y salió sin saber a dónde iba. Por la fe habitó como extranjero en la tierra prometida como en tierra ajena, morando en tiendas con Isaac y Jacob, coherederos de la misma promesa; porque esperaba la ciudad que tiene fundamentos, cuyo arquitecto y constructor es Dios ... Por la fe Abraham, cuando fue probado, ofreció a Isaac; y el que había recibido las promesas ofrecía su unigénito, habiéndosele dicho: En Isaac te será llamada descendencia; pensando que Dios es poderoso para levantar aun de entre los muertos, de donde, en sentido figurado, también le volvió a recibir. (He. 11:8-10, 17-19)*

Por fe Abraham siguió a Dios por una tierra que le era desconocida y por fe estuvo dispuesto a devolver a Dios el hijo que constituía el único medio para el cumplimiento de la promesa divina. Abraham, como todo creyente verdadero antes y después de él, entendió la fe como "la certeza de lo que se espera, la convicción de lo que no se ve" (v. 1). Por fe Abraham aun miró por adelantado la llegada de Cristo. Jesús dijo a los judíos incrédulos en Jerusalén: "Abraham vuestro padre se gozó de que había de ver mi día; y lo vio, y se gozó" (Jn. 8:56).

Para volver a recalcar la importancia absoluta de lo que estaba diciendo, Pablo añadió: **Sabed, por tanto, que los que son de fe, éstos son hijos de Abraham.** Así insistió a los judíos de Galacia en lo mismo que Jesús recalcó a los judíos incrédulos en Jerusalén: solo creyentes genuinos, **los que son de fe,** tienen el derecho de afirmar su relación espiritual con **Abraham** como ancestro y con Dios como Padre. Los judíos que no tienen fe en el Señor Jesucristo no son verdaderos **hijos de Abraham,** en tanto que los gentiles que creen en Él lo son.

Para evitar que los cristianos piensen que por causa del rechazo de su pueblo escogido el Señor también les rechazará, Pablo aclara de forma inequívoca: "Digo, pues: ¿Ha desechado Dios a su pueblo? En ninguna manera. Porque también yo soy israelita, de la descendencia de Abraham, de la tribu de Benjamín.

No ha desechado Dios a su pueblo, al cual desde antes conoció" (Ro. 11:1-2). Dios todavía tiene planes maravillosos para los judíos como pueblo, pero lo cierto es que en ningún punto de la historia, antes o después del llamamiento especial de los judíos, se ha salvado *una* sola persona por algún otro medio aparte de la fe en Dios.

Como en una personificación de la Palabra de Dios, el apóstol prosigue a decir **que la Escritura, previendo que Dios había de justificar por la fe a los gentiles, dio de antemano la buena nueva a Abraham,** en esta exposición de Génesis 12:3: **"En ti serán benditas todas las naciones".** Evangelio significa **"la buena nueva",** y la buena noticia de Dios para la humanidad siempre ha sido la salvación solo por fe, suscitada por el poder de su gracia. La salvación por obras no sería más que una noticia muy mala para la humanidad. Aquí **todas las naciones** incluye por igual a judíos y a gentiles, porque todos son justificados y **bendecidos** por la misma razón que **Abraham** fue justificado y bendecido: su **fe. De modo que los de la fe son bendecidos con el creyente Abraham.** Ser bendecido significa ser el recipiente de todo lo que Dios en su amor, gracia y misericordia concede a los que están en Cristo (cp. Ef. 1:3; 2:6-7).

Jacobo dijo en el concilio de Jerusalén: "Varones hermanos, oídme. Simón [Pedro] ha contado cómo Dios visitó por primera vez a los gentiles, para tomar de ellos pueblo para su nombre. Y con esto concuerdan las palabras de los profetas, como está escrito: Después de esto volveré y reedificaré el tabernáculo de David, que está caído; y repararé sus ruinas, y lo volveré a levantar, para que el resto de los hombres busque al Señor, y todos los gentiles, sobre los cuales es invocado mi nombre" (Hch. 15:13-17; cp. Am. 9:11-12).

Cuando los gentiles se salvan, se salvan como gentiles, así como los judíos son salvados como judíos, pero ninguno en estos dos grupos se salva o se pierde a causa de su identidad racial o étnica. Aquellos que se salvan son salvados a causa de su fe, y aquellos que se pierden lo hacen a causa de su incredulidad. Un gentil no tiene ventaja alguna en convertirse en judío antes de convertirse en cristiano. De hecho, por esperar que la salvación venga como resultado de someterse al rito de la circuncisión, una persona, sin importar que sea judío o gentil, hace nula la gracia de Dios en su vida y declara en efecto que "por demás murió Cristo" (Gá. 2:21).

PRUEBA NEGATIVA DEL ANTIGUO TESTAMENTO

Porque todos los que dependen de las obras de la ley están bajo maldición, pues escrito está: Maldito todo aquel que no permaneciere en todas las cosas escritas en el libro de la ley, para hacerlas. Y que por la ley ninguno se justifica para con Dios, es evidente, porque: El justo por la fe vivirá; y la ley no es de fe, sino que dice: El que hiciere estas cosas vivirá por ellas. (3:10-12)

Los judaizantes también defendían con vehemencia la necesidad de guardar **la ley** mosaica para poder salvarse. Aquí también la simple secuencia de eventos del Antiguo Testamento debió haberles mostrado la necedad de esa creencia. Abraham no solo fue declarado justo unos catorce años antes de recibir el mandato de circuncidarse, sino más de quinientos años antes de que Dios revelara su ley a Moisés en el Sinaí. Isaac, Jacob, José y otros innumerables creyentes hebreos vivieron y murieron mucho antes que la ley escrita fuese dada por Dios.

Así como los judaizantes y sus víctimas en Galacia debieron haber sabido que la justificación es por fe y no por circuncisión, también debieron saber que no es por **la ley**. Por lo tanto, después de mostrar lo que *puede* hacer la fe, Pablo ahora muestra lo que las obras *no pueden* hacer. Como en los versículos 6 al 9, su argumento está basado en el Antiguo Testamento.

En su defensa ante el rey Agripa en Cesarea, Pablo establece el fundamento bíblico de toda su predicación y enseñanza: "habiendo obtenido auxilio de Dios, persevero hasta el día de hoy, dando testimonio a pequeños y a grandes, no diciendo nada fuera de las cosas que los profetas y Moisés dijeron que habían de suceder: Que el Cristo había de padecer, y ser el primero de la resurrección de los muertos, para anunciar luz al pueblo [judío] y a los gentiles" (Hch. 26:22-23).

Los rabinos antiguos tenían una convicción tan absoluta de que la salvación solo podía ganarse por medio de guardar la ley, que trataron de probar que Dios de alguna forma había revelado su ley a los patriarcas y otros santos que vivieron antes de Moisés, y que esas personas alcanzaron el favor divino porque guardaron su ley. Como se sentían incapaces de contemplar siquiera la posibilidad de limitar la supremacía de la ley, los rabinos se esmeraron más bien en acomodar y reconstruir la historia y la enseñanza clara de la Palabra de Dios.

Como es de esperarse, Pablo vuelve a devolverles la pelota. "¿No se dan cuenta de", dice el apóstol, "que **todos los que dependen de las obras de la ley están bajo maldición?**" Esta pregunta debió dejar perplejos a los judaizantes, quienes a su vez habrían respondido con vehemencia: "No sabemos nada de eso, ¿cómo puedes hablar tantas necedades?" "¿Acaso se les olvidó Deuteronomio, el último libro de **la ley?**" les vuelve a preguntar Pablo: "**pues escrito está: Maldito todo aquel que no permaneciere en todas las cosas escritas en el libro de la ley, para hacerlas**" (véase Dt. 27:26). Una maldición es un juicio divino que trae como sentencia la condenación.

El apóstol subraya en esta cita el requisito específico de permanecer **en todas las cosas escritas**. En otras palabras, el hecho de que aquellos que confían en **las obras de la ley** están obligados a guardar **todas las cosas** contenidas en la ley, sin excepción alguna, significa que de forma inevitable **están bajo maldición,** porque nadie tiene la capacidad de permanecer fiel en cumplir todas las demandas de la ley divina y perfecta de Dios. Pablo confesó su propia incapacidad para guardar la ley aun como un fariseo devoto. El apóstol testificó con humildad: "hallé que el mismo mandamiento que era para vida, a mí me resultó para muerte" (Ro. 7:10). Incluso siendo creyente dijo: "yo mismo con la mente sirvo a la ley de Dios, mas con la carne a la ley del pecado" (Ro. 7:25). Si los hombres en su orgullo insisten en vivir conforme a la ley, esta decisión jactanciosa les traerá maldición y no les salvará, porque es imposible que cumplan la ley a perfección.

Los judíos legalistas tenían "celo de Dios, pero no conforme a ciencia. Porque ignorando la justicia de Dios, y procurando establecer la suya propia, no se han sujetado a la justicia de Dios; porque el fin de la ley es Cristo, para justicia a todo aquel que cree" (Ro. 10:2-4). En consecuencia, se mantenían por ignorancia bajo la ira de Dios y no bajo su bendición, ya que *no podían* vivir conforme a su ley *ni querían* someterse a su gracia.

Ahora Pablo recuerda a sus lectores la enseñanza acerca de la manera como Dios justifica. El hecho de que **por la ley ninguno se justifica para con Dios, es evidente, porque: El justo por la fe vivirá,** como lo enseña de manera concisa el Antiguo Testamento en Habacuc 2:4. El pasaje de Deuteronomio prueba que la justificación *no puede* ser **por la ley,** y el pasaje de Habacuc prueba que *debe* ser **por la fe.** Los métodos de la ley y la fe se excluyen mutuamente. Vivir por la ley es vivir por el esfuerzo individual y lleva de manera inevitable al fracaso, la condenación y la muerte. Vivir **por la fe** es dar respuesta positiva a la gracia de Dios y conduce a la justificación y la vida eterna.

Con otra cita de un texto del Antiguo Testamento (Lv. 18:5), Pablo aplica otra vez las Escrituras al engaño de los judaizantes, mostrándoles que la salvación por hacer y la salvación por creer son objetos de exclusión mutua: **y la ley no es de fe, sino que dice: El que hiciere estas cosas vivirá por ellas.** La misma ley escrita de Dios advierte sobre el peligro de tratar de vivir conforme a su parámetro, que es la perfección divina. Si uno confía en las obras de la ley como medio de salvación individual, es necesario que viva **por ellas** a perfección.

Jesús señaló esta misma verdad en el sermón del monte y así destruyó el fundamento mismo del judaísmo legalista. Debido a que la norma de Dios es la perfección, Él dijo: "Sed, pues, vosotros perfectos, como vuestro Padre que está en los cielos es perfecto" (Mt. 5:48). Él ya había dejado en claro que la norma de perfección de Dios incluye la perfección y la virtud internas, no tan solo una conducta externa respetable. A aquellos que aparentaban piedad afirmando que nunca habían cometido homicidio les dijo: "yo os digo que cualquiera que se enoje contra su hermano, será culpable de juicio; y cualquiera que diga: Necio, a su hermano, será culpable ante el concilio; y cualquiera que le diga: Fatuo, quedará expuesto al infierno de fuego" (Mt. 5:22). A los que afirmaban nunca haber cometido adulterio Él dijo: "yo os digo que cualquiera que mira a una mujer para codiciarla, ya adulteró con ella en su corazón" (v. 28).

El mensaje es el mismo, tanto en Deuteronomio y en Habacuc como en Levítico: la perfección no permite excepción alguna ni falta por mínima que sea. Transgredir la ley en un punto equivale a transgredirla toda, "porque cualquiera que guardare toda la ley, pero ofendiere en un punto, se hace culpable de todos" (Stg. 2:10). Con razón el Espíritu Santo inspiró a Pablo a escribir que "por las obras de la ley ningún ser humano será justificado delante de él" (Ro. 3:20).

La firmeza de un barco asegurado a un puerto por una cadena depende de la firmeza del eslabón más débil en esa cadena. Si sobreviene una fuerte tormenta y un solo eslabón se revienta, todo el barco se desprende. Así sucede a quienes tratan de acercarse a Dios por medio de la perfección de sus propias obras. Tarde o temprano su seguridad se desvanecerá y su orgullo les llevará a su propio naufragio eterno.

ESPERANZA POSITIVA EN JESUCRISTO

Cristo nos redimió de la maldición de la ley, hecho por nosotros maldición (porque está escrito: Maldito todo el que es colgado en un madero), para que en Cristo Jesús la bendición de Abraham alcanzase a los gentiles, a fin de que por la fe recibiésemos la promesa del Espíritu. (3:13-14)

Pablo regresa al aspecto positivo y recuerda a los creyentes judíos en Galacia el hecho de que **Cristo nos redimió de la maldición de la ley,** porque Él mismo fue **hecho por nosotros maldición.**

Aquí **redimió** es la traducción de *exagorazō,* una palabra que se utilizaba comúnmente con referencia al acto de comprar la libertad de un esclavo. **Cristo** justifica a los que creen en Él mediante su compra con el pago de su esclavitud al pecado. El precio que se pagó fue el único con el monto suficiente para redimir a toda la humanidad: "la sangre preciosa de Cristo, como de un cordero sin mancha y sin contaminación" (1 P. 1:19).

La maldición de la ley fue el castigo demandado porque ningún hombre podía dejar de transgredir sus exigencias, pero **Cristo** tomó sobre sí la maldición como un sustituto por los pecadores y se convirtió **por nosotros** en **maldición** al morir crucificado, **porque está escrito: Maldito todo el que es colgado en un madero** (Dt. 21:23).

En el judaísmo antiguo un malhechor que era ejecutado con el castigo usual de apedreamiento, luego era amarrado a un poste, una especie de árbol o **madero** donde su cuerpo colgaba hasta la puesta del solo como una representación visible de rechazo por parte de Dios. No era que la persona caía bajo maldición por ser colgada en un madero sino que era colgado en el madero porque estaba bajo maldición. Jesús no fue **hecho por nosotros maldición** a causa de haber sido crucificado, sino porque cayó bajo maldición al cargar sobre sí el pecado de todo el mundo. "[Cristo] llevó él mismo nuestros pecados en su cuerpo sobre el madero, para que nosotros, estando muertos a los pecados, vivamos a la justicia; y por cuya herida fuisteis sanados" (1 P. 2:24; cp. Hch. 5:30).

La verdad era demasiado dura de aceptar para los judíos, porque ellos no podían imaginar que el Mesías fuera maldecido por Dios y muriera colgado en un madero. Primera Corintios 12:3 habla de llamar "anatema a Jesús" como un dicho común inspirado por los demonios que usaban los judíos incrédulos de la época. Para ellos la crucifixión de Jesús era la prueba definitiva y absoluta de que Él no era el Mesías prometido.

Por otro lado, para aquellos que creen y confían en Él, esas dos palabras, **por nosotros,** se convierten en las palabras más bellas de toda la Biblia. Gracias a que Dios envió a su Hijo para sufrir el castigo por el pecado del hombre, toda persona que pone su confianza en el Salvador crucificado es libre de **la maldición** que Él llevó **por** nosotros.

El sacrificio de Jesús fue total y por todos los hombres, **para que en Cristo Jesús la bendición de Abraham alcanzase a los gentiles, a fin de que por la fe recibiésemos la promesa del Espíritu.** Por parte del hombre la maldición es revocada por fe, la cual Dios por su parte y en su gracia, cuenta como justicia a favor del creyente, y el río de bendición divina empieza a correr a medida que el manantial de la gracia de Dios empapa al creyente. Jesucristo llevó la **maldición,** afirma Pablo, a fin de traer **la bendición de Abraham ... a los gentiles.** La salvación tiene el propósito de traer la bendición de Dios al mundo. Todo lo que Dios deseó y prometió a Abraham en cuanto a la salvación y sus beneficios habría de extenderse a todas las naciones. Se añade también una cláusula de propósito correspondiente: **a fin de que por la fe recibiésemos la promesa del Espíritu** (cp. Hch. 1:4-5; Ef. 1:13), quien viene a nuestra vida como la Persona que mora en nuestro interior para bendecirnos con poder de lo alto.

Toda esta bendición divina se hace realidad **por la fe.** La **fe** que justifica implica renunciar a uno mismo y despojarse de toda confianza en obras y méritos propios. Como los israelitas que eran perseguidos por el ejército de faraón con el obstáculo insuperable del Mar Rojo al frente, el pecador debe reconocer su pecado y su incapacidad total para salvarse por sus propios medios. Al ver que la justicia de Dios le persigue y el juicio de Dios le espera, tiene que darse cuenta de que su única esperanza es la gracia y la misericordia de Dios.

La **fe** que justifica también incluye la confianza y la sumisión totales al Señor. Cuando un pecador ve que no tiene escapatoria ni poder para librarse por sus propios recursos, sabe que debe apoyarse por completo y confiar sin reservas en la provisión y el poder de Dios. Por último, la **fe** que justifica requiere de apropiación, por medio de la cual el pecador se somete a la autoridad divina y recibe con gratitud el regalo generoso de perdón que Cristo le ofrece.

La **fe** que justifica no tiene que ser una fe fuerte, solo tiene que ser una fe verdadera. La fe verdadera no solo trae salvación al creyente sino gloria a Aquel que salva.

Tan pronto una persona recibe a Cristo como Señor y Salvador, recibe la **bendición** prometida y el **Espíritu** prometido, lo cual Pablo llama en Efesios ser bendecido "con toda bendición espiritual en los lugares celestiales en Cristo" (1:3). Esta bendición da un testimonio "para alabanza de la gloria de su gracia" (1:6). Dios recibe gloria cuando sus atributos son manifestados, y en ningún lugar es más evidente su gracia que en el acto divino de haber enviado a su Hijo unigénito para ser crucificado en lugar del hombre, en el hecho de que el único ser libre de pecado haya pagado la deuda por todos los que estaban llenos de pecado. Los creyentes fuimos resucitados "juntamente con él ... y asimismo nos hizo sentar en los lugares celestiales con Cristo Jesús, para mostrar en los siglos venideros las abundantes riquezas de su gracia en su bondad para con nosotros en Cristo Jesús" (2:6-7).

Los hombres son redimidos con el fin de exhibir la majestuosidad de Dios ante la creación entera. Su propósito supremo es desplegar el manto de su gracia gloriosa para cubrir por completo la pecaminosidad, la perdición y la absoluta falta de esperanza del ser humano. El propósito último de la iglesia es ser presentada "sin mancha delante de su gloria con gran alegría", para alabar "al único y sabio Dios, nuestro Salvador", con motivo de su "gloria y majestad, imperio y potencia, ahora y por todos los siglos" (Jud. 24-25).

A la luz de la promesa de Dios, ¿por qué la ley? (3:15–22)

8

Hermanos, hablo en términos humanos: Un pacto, aunque sea de hombre, una vez ratificado, nadie lo invalida, ni le añade. Ahora bien, a Abraham fueron hechas las promesas, y a su simiente. No dice: Y a las simientes, como si hablase de muchos, sino como de uno: Y a tu simiente, la cual es Cristo. Esto, pues, digo: El pacto previamente ratificado por Dios para con Cristo, la ley que vino cuatrocientos treinta años después, no lo abroga, para invalidar la promesa. Porque si la herencia es por la ley, ya no es por la promesa; pero Dios la concedió a Abraham mediante la promesa. Entonces, ¿para qué sirve la ley? Fue añadida a causa de las transgresiones, hasta que viniese la simiente a quien fue hecha la promesa; y fue ordenada por medio de ángeles en mano de un mediador. Y el mediador no lo es de uno solo; pero Dios es uno. ¿Luego la ley es contraria a las promesas de Dios? En ninguna manera; porque si la ley dada pudiera vivificar, la justicia fuera verdaderamente por la ley. Mas la Escritura lo encerró todo bajo pecado, para que la promesa que es por la fe en Jesucristo fuese dada a los creyentes. (3:15–22)

En 3:1–14 Pablo prueba con base en textos del Antiguo Testamento que Abraham fue justificado por fe y no por la ley, y que todos los demás creyentes, sean judíos o gentiles, de igual manera se salvan solo por fe, la cual se hace efectiva mediante Cristo que pone sobre sí la maldición del pecado.

Ahora el apóstol anticipa el argumento probable que sus adversarios, los judaizantes, presentarían para contradecir lo que había acabado de demostrar. "Muy bien", dirían ellos, "pero si concedemos que Abraham y sus descendientes que vivieron antes del Sinaí fueron salvados por fe, es obvio que tan pronto Dios dio la ley a Moisés, cambió la base sobre la cual se otorgaba salvación. Con la ley se hizo un nuevo pacto y se estableció un nuevo medio de salvación. Después de Moisés, la base de la salvación fue la ley en lugar de la fe o por lo menos como un requisito necesario de la fe. El pacto con Moisés anuló y suplantó el pacto con Abraham, el cual fue una medida temporal tomada por Dios hasta que Él diera a Moisés el pacto más perfecto y completo de la ley. Abraham y los demás que vivieron antes de la ley fueron salvados por fe, solo porque no tenían la ley. ¿Por qué otra razón habría dado Dios el pacto mosaico de la ley?"

Ese es el argumento hipotético que Pablo anticipa y al cual responde en 3:15-22. El meollo de su respuesta consiste en mostrar que el pacto con Abraham fue un pacto incondicional de promesas divinas que se apoyaba por completo en la fidelidad de Dios, mientras que el pacto con Moisés fue un pacto condicional de leyes que se apoyaba en la fidelidad del hombre para su cumplimiento. Dios dijo a Abraham "haré". Por medio de Moisés dijo al hombre "harás". La promesa dio inicio a una religión que dependía de Dios. La ley comenzó una religión que dependía del esfuerzo humano. La promesa está centrada en el plan de Dios, la gracia de Dios, la iniciativa de Dios, la soberanía de Dios, las bendiciones de Dios. La ley se centra en el deber del hombre, el trabajo del hombre, la responsabilidad del hombre, el comportamiento del hombre, la obediencia del hombre. La promesa, que se fundamenta en la gracia, solo requiere del hombre fe sincera. La ley, que está basada en las obras, demanda obediencia perfecta.

Al establecer este contraste entre los pactos de la promesa y de la ley, Pablo muestra primero la superioridad de la primera y luego la inferioridad de la segunda.

LA SUPERIORIDAD DE LA PROMESA

Hermanos, hablo en términos humanos: Un pacto, aunque sea de hombre, una vez ratificado, nadie lo invalida, ni le añade. Ahora bien, a Abraham fueron hechas las promesas, y a su simiente. No dice: Y a las simientes, como si hablase de muchos, sino como de uno: Y a tu simiente, la cual es Cristo. Esto, pues, digo: El pacto previamente ratificado por Dios para con Cristo, la ley que vino cuatrocientos treinta años después, no lo abroga, para invalidar la promesa. Porque si la herencia es por la ley, ya no es por la promesa; pero Dios la concedió a Abraham mediante la promesa. (3:15-18)

Se dan cuatro razones para afirmar la superioridad del pacto de la promesa: su confirmación, su enfoque centrado en Cristo, su cronología y su carácter completo.

SU CONFIRMACIÓN

Hermanos, hablo en términos humanos: Un pacto, aunque sea de hombre, una vez ratificado, nadie lo invalida, ni le añade. (3:15)

Primero que todo, el pacto de la promesa es superior porque fue confirmado como irrevocable e invariable. El apóstol ilustra estas características con referencia a un pacto entre hombres: **hablo en términos humanos: Un pacto, aunque sea de hombre, una vez ratificado, nadie lo invalida, ni le añade.** Hasta los seres humanos consideran todos sus pactos inviolables y no enmendables. **Una vez ratificado,** todo pacto es irrevocable e inmutable.

Diathēkē **(pacto)** es un término general que se usa para aludir a un acuerdo obligatorio. Se empleaba con referencia a testamento o última voluntad, y en algunos pasajes de las Escrituras la palabra se traduce en este sentido. Un testamento o última voluntad expresa los deseos e intenciones de una persona y puede o no incluir a otras personas. Un **pacto** por otro lado, siempre involucra a dos o más personas, aunque los términos pueden ser estipulados y cumplidos solo por una de las partes. En la Septuaginta (el Antiguo Testamento traducido al griego en el siglo III a.C.), el término se emplea siempre con referencia a los pactos de Dios con su pueblo, pactos que Dios originó y estableció por iniciativa propia y que algunas veces eran condicionales y otras veces no.

Cuando Dios hizo el pacto con Abraham, cuyo nombre en aquel entonces era Abram, le prometió lo siguiente: "Yo soy tu escudo, y tu galardón será sobremanera grande ... No te heredará éste [su mayordomo Eliezer], sino un hijo tuyo será el que te heredará. Y lo llevó fuera, y le dijo: Mira ahora los cielos, y cuenta las estrellas, si las puedes contar. Y le dijo: Así será tu descendencia. Y creyó a Jehová, y le fue contado por justicia. Y le dijo: Yo soy Jehová, que te saqué de Ur de los caldeos, para darte a heredar esta tierra" (Gn. 15:1, 4-7).

Tan pronto Abram preguntó: "Señor Jehová, ¿en qué conoceré que la he de heredar?" (v. 8), Dios ratificó el pacto por medio de una ceremonia común en el antiguo oriente. Por instrucciones del Señor, Abram tomó una becerra, una cabra, un carnero, una tórtola y un palomino, los partió por la mitad (no las aves) y puso cada mitad frente a la otra para dejar un pasadizo entre los animales divididos. A la puesta del sol Dios dio a Abram un sueño profundo y "el temor de una grande oscuridad cayó sobre él". Tras asegurar otra vez sus promesas a Abram, el Señor confirmó el pacto en forma simbólica con "un horno humeando, y una antorcha de fuego que pasaba por entre los animales divididos" (vv. 12-17).

Según se acostumbraba, las dos partes del pacto tenían que caminar entre los animales sacrificados cuya sangre era el símbolo de ratificación del acuerdo. No obstante, en este caso Dios fue el único que pasó por entre los animales, para indicar que el pacto, aunque incluía promesas a Abraham y sus descendientes, fue establecido por Dios consigo mismo. El pacto fue unilateral y del todo incondicional porque todas las obligaciones correspondían a Dios.

"Por lo tanto", argumentó Pablo, "si **un pacto de hombre,** al ser **ratificado, nadie lo invalida, ni le añade,** ¿cuánto menos se anulará o modificará un pacto que Dios hace con Él mismo? El pacto de Dios con Moisés no anuló ni enmendó su pacto con Abraham, porque Dios había hecho permanente e inmutable el pacto anterior".

SU ENFOQUE CENTRADO EN CRISTO

Ahora bien, a Abraham fueron hechas las promesas, y a su simiente. No dice: Y a las simientes, como si hablase de muchos, sino como de uno: Y a tu simiente, la cual es Cristo. (3:16)

En segundo lugar, Pablo vincula el argumento de la ilustración inferior del versículo 15 al de la ilustración superior del versículo 16, al mostrar que el pacto de la promesa fue superior al pacto de la ley porque está centrado en Cristo. La inmutabilidad del pacto que involucra la fe se debe a que fue el pacto último y definitivo que estableció a través de su Hijo Jesucristo. El pacto de la ley no interrumpió ni modificó el pacto anterior de la promesa porque el primer pacto no solo fue inviolable y permanente en sí mismo sino que también fue inseparable del pacto supremo de Dios, su nuevo pacto en el Mesías, el **Cristo.**

Bajo la guía del Espíritu Santo, quien inspiró los escritos de Génesis y Gálatas por igual, Pablo hace una exégesis del pasaje de Génesis citado. El término **simiente,** declara el apóstol, es singular en Génesis 22:18. Por ende, no es **como si hablase de muchos, sino como de uno: Y a tu simiente.**

Tanto el término griego *sperma* (**simiente**) como el término hebreo correspondiente *(zeraᶜ)* pueden ser singular o plural. Aparte de la inspiración del Espíritu Santo, Pablo no pudo haber establecido una interpretación tan crucial basado solamente en la gramática textual. La gramática hebrea, al igual que la griega y la occidental, permite pero no requiere aquí el singular.

En numerosos pasajes del Antiguo Testamento el término tiene la aplicación obvia a una sola persona. En Génesis 4:25 ("un hijo") solo se refiere a Set, en Génesis 21:13 ("descendiente") solo a Ismael (véase 16:11), en 1 Samuel 1:11 ("un hijo varón") solo a Samuel, y en 2 Samuel 7:12 ("uno de tu linaje") solo a Salomón (véase 12:24). Solo con base en la gramática y el contexto, el significado de **simiente** en Génesis 22:18 podría ser singular o plural, pero en la interpretación de su propia Palabra a través del apóstol, el Espíritu Santo deja en claro que es singular y solo habla **de uno.**

En otra promesa todavía más antigua, el uso singular de *simiente* también se refiere solo a Cristo. A la serpiente en el huerto de Edén, Dios dijo: "Y pondré enemistad entre ti y la mujer, y entre tu simiente y la simiente suya; ésta [la simiente de la mujer] te herirá en la cabeza, y tú le herirás en el calcañar" (Gn. 3:15).

El único heredero de todas las promesas de Dios es Cristo. Cada promesa dada en el pacto con Abraham se cumple a perfección en Jesucristo y solo en

Jesucristo. Por lo tanto, la única manera en que una persona puede participar de las bendiciones prometidas a Abraham consiste en ser coheredero con Cristo a través de la fe en Él.

Tanto antes como después de la venida de Cristo a la tierra, la salvación siempre ha sido provista por el único medio posible: el ofrecimiento perfecto de Cristo en la cruz. Los creyentes que vivieron antes de la cruz y nunca conocieron detalles acerca de Jesús, de todas formas fueron perdonados y hechos justos delante de Dios por su fe anticipada en el sacrificio de Cristo, mientras que los creyentes que viven después de la cruz se salvan al enfocar su mirada de fe en este evento del pasado. Cuando Cristo derramó su sangre, esta cubrió los pecados de la humanidad a ambos lados de la cruz. El antiguo pacto se encamina hacia la cruz y el nuevo pacto parte de ella. En el primero la fe apuntaba el camino que faltaba por recorrer y en el segundo apunta a su origen.

Nunca ha habido ni podrá haber jamás salvación aparte de la obra acabada de **Cristo**. El pacto con Abraham tuvo cumplimiento total en el pacto de Jesucristo. Por esta razón el pacto de la ley, con su carácter y propósito definidos, no abroga ni modifica esos dos pactos que en realidad se funden en uno solo.

SU CRONOLOGÍA

Esto, pues, digo: El pacto previamente ratificado por Dios para con Cristo, la ley que vino cuatrocientos treinta años después, no lo abroga, para invalidar la promesa. (3:17)

En tercer lugar, el pacto de la promesa fue superior al pacto de la ley en cuanto a su cronología. **El pacto previamente ratificado por Dios para con Cristo, la ley que vino cuatrocientos treinta años después, no lo abroga.** Por cuanto el pacto con Abraham fue permanente e inviolable, ninguna cantidad de tiempo puede **invalidar la promesa.**

Los **cuatrocientos treinta años** se refiere al tiempo que transcurrió entre la última declaración del pacto de Dios con Abraham y su entrega de **la ley** a Moisés. El Señor repitió la promesa a Isaac el hijo de Abraham (Gn. 26:24) y luego a su nieto Jacob (28:15). **La ley** vino seiscientos cuarenta y cinco años después de Abraham, pero doscientos quince años más tarde Dios reiteró el pacto de Abraham a Jacob: **cuatrocientos treinta años** exactos antes del pacto mosaico en el Sinaí.

Lo cierto es que el pacto con Abraham ni siquiera logró *establecer* el principio de salvación por fe. Tan solo lo verificó y lo tipificó, ya que desde el tiempo de la caída de Adán, la fe había sido el único medio para que el hombre llegara a ser justo delante de Dios.

En cuanto a **la promesa** que **Dios** dio como parte del **pacto** con Abraham y que Él mismo había **ratificado** (el verbo aquí se conjuga en participio pasivo perfecto y apunta a la autoridad perdurable de la ratificación), el paso del tiempo nunca tuvo ni tendrá efecto alguno sobre ella, mucho menos **para invalidarla.**

SU CARÁCTER COMPLETO

Porque si la herencia es por la ley, ya no es por la promesa; pero Dios la concedió a Abraham mediante la promesa. (3:18)

En cuarto lugar, el pacto de la promesa es superior al pacto de la ley porque es más completo. La lógica de Pablo es que **si la herencia es por la ley** entonces depende del desempeño humano, mientras que **la herencia** que Dios **concedió a Abraham mediante la promesa** depende del poder de Dios. El término **concedió** traduce la conjugación perfecta de _charizomai_ (dar de forma gratuita) y apunta al carácter permanente de la herencia. Los principios que sustentan los dos tipos de **herencia** son incompatibles. Uno es por la ley de Dios y las obras del hombre. El otro es pos la gracia de Dios y la fe del hombre. No solo eso, sino que las capacidades para cumplir los pactos presentan diferencias abismales. El hombre _no puede triunfar_ en la obediencia perfecta de la **ley** por sus propios medios, y Dios _no puede fallar_ en el cumplimiento perfecto de su **promesa.** Debido a que el pacto de la **promesa** es completo, el pacto de la **ley** no puede mejorarlo ni cambiarlo en absoluto.

Por definición, una **herencia** no se gana, tan solo se recibe. Trabajar para ganarse lo que ya uno tiene garantizado es insensato e innecesario. Tratar de ganarse la **herencia** que Dios promete a través de la fe en su Hijo es mucho peor que insensato. Añadir obras de la **ley** a la fe en la **promesa** de Dios equivale a desechar la gracia de Dios y hacer que Cristo muriera en vano (Gá. 2:21).

LA INFERIORIDAD DE LA LEY

Entonces, ¿para qué sirve la ley? Fue añadida a causa de las transgresiones, hasta que viniese la simiente a quien fue hecha la promesa; y fue ordenada por medio de ángeles en mano de un mediador. Y el mediador no lo es de uno solo; pero Dios es uno. ¿Luego la ley es contraria a las promesas de Dios? En ninguna manera; porque si la ley dada pudiera vivificar, la justicia fuera verdaderamente por la ley. Mas la Escritura lo encerró todo bajo pecado, para que la promesa que es por la fe en Jesucristo fuese dada a los creyentes. (3:19–22)

Tras haber mostrado la superioridad del pacto de la promesa, Pablo expone la inferioridad del pacto de la ley, primero con relación a su propósito, luego con relación a su mediador, y por último con relación a sus logros.

SU PROPÓSITO

Entonces, ¿para qué sirve la ley? Fue añadida a causa de las transgresiones, (3:19a)

A la luz del argumento convincente de Pablo hasta este punto, la pregunta obvia sería: **Entonces, ¿para qué sirve la ley?** Si la salvación siempre ha sido por fe y nunca por obras, y si el pacto de la promesa dado a Abraham fue cumplido en Jesucristo, ¿qué propósito real tuvo **la ley?**

La respuesta de Pablo es directa y seria: **Fue añadida a causa de las transgresiones** (*parabasis*, que significa pasar por encima de un límite). El propósito de la ley fue demostrar al hombre su pecaminosidad total, su incapacidad absoluta de agradar a Dios con sus propias obras, y su necesidad incondicional de misericordia y gracia divinas. **La ley ... fue añadida** para mostrar la profundidad de las **transgresiones** del hombre en contra de Dios. Fue dada para llevarle a la culpa insoportable y la conciencia ineludible de su necesidad de un Redentor.

Como el apóstol explica unos versículos más adelante, la ley fue dada como "nuestro ayo, para llevarnos a Cristo, a fin de que fuésemos justificados por la fe" (3:24). Las demandas imposibles de la ley tuvieron el propósito de constreñir a los hombres a reconocer su violación de las normas de Dios y a buscar su gracia mediante la fe en su Hijo. Siempre que un hombre se detiene a observar la ley, se da cuenta de que no solo ha cometido unos cuantos errores en su vida. Es un pecador que ha cometido graves ofensas contra el único y santo Dios, delante del cual ningún pecador puede quedar vivo. La ley muestra a los hombres su violación de la voluntad de Dios, quien gobierna el universo y les hace responsables de su pecado.

El pacto de la ley pasó hace mucho tiempo, pero las demandas morales de la ley no han disminuido porque no empezaron ni terminaron con el pacto mosaico. Por esa razón sigue siendo imperativa la predicación de las normas morales y éticas de la ley, a fin de llevar los hombres a Cristo. A no ser que los hombres se den cuenta de que todavía están en violación de la ley de Dios y siguen bajo su juicio divino, no verán razón para salvarse. La gracia carece de sentido para una persona que no se siente inadecuada delante de Dios o en gran necesidad de ayuda. No ve el propósito de salvarse hasta no darse cuenta de que está perdida. No ve la necesidad de recibir el perdón de Dios si no sabe que ha ofendido a Dios. No ve la necesidad de buscar la misericordia de Dios mientras ignore que está bajo la ira de Dios.

El propósito de la ley era, y es, llevar a los hombres a la angustia por sus pecados y a un deseo irresistible de recibir la salvación que Dios en su gracia soberana ofrece a quienes creen. El propósito de la ley no fue erróneo, solo inferior. Pablo dice que "la ley a la verdad es santa, y el mandamiento santo, justo y bueno" (Ro. 7:12), pero la ley tan solo apunta a lo que únicamente la gracia puede producir.

SUS MEDIADORES

hasta que viniese la simiente a quien fue hecha la promesa; y fue ordenada por medio de ángeles en mano de un mediador. Y el mediador no lo es de uno solo; pero Dios es uno. (3:19b-20)

En segundo lugar, el pacto de la ley fue inferior al pacto de la promesa porque esta **fue ordenada** (*diatassō*, un término técnico aplicado a la promulgación de una ley) **por medio de ángeles en mano de un mediador.** Dios dio el pacto de la ley a través de dos grupos de mediadores, primero **por medio de ángeles** y luego por ellos a través de Moisés al resto del pueblo.

Dios fue el autor y dador del pacto de la ley, y Él estuvo presente con Moisés en el monte Sinaí cuando fue dado (Éx. 19:18-24), pero de una manera que no se explica del todo, la ley fue dada por Dios a Moisés **por medio de ángeles** (cp. Hch. 7:53; He. 2:2).

Cuando Dios dio la ley fue en un contexto aterrador y prohibitivo. Dios advirtió al pueblo que no se acercara al pie del monte ni traspasara el límite, "no sea que haga en ellos estrago" (Éx. 19:24). En cambio, Dios dio el pacto a Abraham como si fuera entre amigos (véase Gn. 12:1-3; 15:1-7; 18:1-33). La promesa de salvación por fe era tan preciosa en el corazón de Dios que Él la dio a Abraham en persona. Así es como Dios desea venir a toda persona que se dispone a recibir a su Hijo como Señor y Salvador, Aquel quien es **la simiente** de Abraham **a quien fue hecha la promesa.**

Moisés fue grande y los ángeles también, pero ellos solo fueron mediadores. Pablo advirtió a los creyentes en Galacia que no exaltaran a Moisés ni a los ángeles por encima de Dios mismo, como los judaizantes estaban tan inclinados a hacerlo.

El texto griego de Gálatas 3:20 es difícil de traducir e interpretar, pero Pablo parece indicar que la **mano de un mediador** (alguien que se pone entre dos partes) solo se necesita cuando hay más que **uno solo** (partes contractuales). Dios dio el pacto a Abraham de forma directa sin **un mediador** porque Él era **uno solo** y el único responsable de *hacer* el pacto. Abraham fue testigo del pacto y su primer beneficiario, pero no fue una de las partes contractuales.

Abraham no tuvo parte alguna en el establecimiento o mantenimiento del pacto. Esa responsabilidad fue de Dios **solo.**

Por otro lado, el pacto de la ley no solo incluyó a mediadores (los ángeles y Moisés) sino obligaciones mutuas para ambas partes (Dios e Israel). La estipulación de ese pacto fue: "Andad en todo el camino que Jehová vuestro Dios os ha mandado, para que viváis y os vaya bien, y tengáis largos días en la tierra que habéis de poseer" (Dt. 5:33). La parte del hombre era obedecer y la de Dios era dar vida y salvar. El problema fue que el hombre no pudo cumplir su parte del pacto y Dios no pudo conceder salvación conforme a los términos de ese pacto.

SUS LOGROS

¿Luego la ley es contraria a las promesas de Dios? En ninguna manera; porque si la ley dada pudiera vivificar, la justicia fuera verdaderamente por la ley. Mas la Escritura lo encerró todo bajo pecado, para que la promesa que es por la fe en Jesucristo fuese dada a los creyentes. (3:21-22)

Por último, el pacto de la ley fue inferior al pacto de la promesa a causa de sus logros específicos.

De nuevo, Pablo anticipa la respuesta más probable de sus lectores y hace esta pregunta retórica: **¿Luego la ley es contraria a las promesas de Dios?** La preposición *kata* (**contraria a**) también se puede traducir "está en contra de" o "se opone a". Dios dio tanto la promesa como la ley, y Él no opera en contra de sí mismo.

Como lo hizo con otras preguntas similares (véase 2:17; Ro. 6:1-2; 7:13), Pablo da de inmediato la respuesta negativa y enérgica: **En ninguna manera.** Tal proposición es impensable en el plan de Dios.

Porque si la ley dada pudiera vivificar, la justicia fuera verdaderamente por la ley. En otras palabras, **la ley** fue inferior porque no pudo salvar, fue incapaz de **vivificar** o impartir vida al pecador. Si lo hubiera podido hacer, *habría* sido **contraria a las promesas de Dios,** porque habría suministrado un camino de salvación alternativo y contradictorio. Habría hecho de la muerte de Cristo algo trágico e innecesario (2:21). La gracia de Dios, el sacrificio de Cristo y la fe del hombre serían superfluos, o en el mejor de los casos, un medio opcional de salvación.

Mas ese no es el caso, porque **la Escritura,** por medio de la ley, **lo encerró todo bajo pecado.** La frase **lo encerró** traduce *sunkleiō,* una expresión fuerte que significa encerrar bajo llave sin escape alguno. "Yo sin la ley vivía en un tiempo", dijo Pablo; "pero venido el mandamiento, el pecado revivió y yo morí" (Ro. 7:9), porque el pacto con Moisés trajo "la ley del pecado y de la muerte"

121

(8:2). No es sino hasta que una persona se estrella de frente contra las demandas de la ley y las acusaciones de la conciencia, que reconoce su indefensión e impotencia y ve con claridad su necesidad de un Salvador. No es hasta que la ley le ha arrestado, encarcelado y sentenciado a muerte, que pierde toda esperanza en sus propios méritos para acudir humilde y sin reservas a Jesucristo.

El propósito esencial de encerrar a todos los hombres bajo el pecado y la muerte fue **que la promesa que es por la fe en Jesucristo fuese dada a los creyentes.** La ley fue dada para encerrar a los hombres **bajo pecado** hasta el punto en que les toque exclamar: "¡Miserable de mí! ¿quién me librará de este cuerpo de muerte?" (Ro. 7:24). La gracia es dada para capacitar **a los creyentes** de tal modo que al fin puedan decir: "Gracias doy a Dios, por Jesucristo Señor nuestro" (v. 25). El propósito salvador de Dios es el punto culminante, tanto de la ley como de la gracia (cp. Lc. 19:10; 1 Ti. 1:15).

¿Bajo la ley o en Cristo? (3:23-29)

9

Pero antes que viniese la fe, estábamos confinados bajo la ley, encerrados para aquella fe que iba a ser revelada. De manera que la ley ha sido nuestro ayo, para llevarnos a Cristo, a fin de que fuésemos justificados por la fe. Pero venida la fe, ya no estamos bajo ayo, pues todos sois hijos de Dios por la fe en Cristo Jesús; porque todos los que habéis sido bautizados en Cristo, de Cristo estáis revestidos. Ya no hay judío ni griego; no hay esclavo ni libre; no hay varón ni mujer; porque todos vosotros sois uno en Cristo Jesús. Y si vosotros sois de Cristo, ciertamente linaje de Abraham sois, y herederos según la promesa. (3:23-29)

Para continuar su discusión de las obras de la ley frente a la fe en la promesa, Pablo ahora establece un contraste entre los efectos prácticos que ambos sistemas tienen sobre las personas. Tras mostrar la relación histórica entre el pacto de la promesa en Abraham y el pacto de las obras a través de Moisés, para luego mostrar la superioridad del primero sobre el segundo para efectos de la redención humana (vv. 6-22), ahora introduce la aplicación personal de los dos pactos. Al hacerlo, describe cómo es la persona antes y después de la conversión, el carácter y la orientación de la vida de una persona antes de confiar en Dios para su salvación y después que Dios le concede justicia a causa de esa confianza. Antes de convertirse una persona está bajo la ley y padece la servidumbre de esa relación. Después de la conversión está en Cristo y disfruta la libertad que trae esa nueva relación.

BAJO LA LEY: SERVIDUMBRE

Pero antes que viniese la fe, estábamos confinados bajo la ley, encerrados para aquella fe que iba a ser revelada. De manera que la ley ha sido nuestro

ayo, para llevarnos a Cristo, a fin de que fuésemos justificados por la fe.
(3:23-24)

Después de usar la tercera persona en la mayor parte del capítulo (vv. 6-22), Pablo vuelve a la primera persona plural. Al decir **estábamos** se identifica con el pueblo judío, al que ambos pactos fueron dados, pero en un sentido más amplio también se identifica así con toda la humanidad, judíos y gentiles. Incluso el gentil más pagano que nunca ha oído al Dios verdadero está bajo la obligación de guardar las normas morales y espirituales de su Creador, y al desdeñarlas tiene que enfrentar el juicio divino.

Pablo emplea dos figuras para representar **la ley** de Dios y su efecto sobre los incrédulos: la prisión y el ayo.

LA LEY COMO UNA PRISIÓN

Pero antes que viniese la fe, estábamos confinados bajo la ley, encerrados para aquella fe que iba a ser revelada. (3:23)

Antes que Dios revelase la salvación en Cristo, los hombres estaban en una prisión espiritual. Las palabras contundentes de Pablo en otra epístola son un buen lugar para empezar la consideración del confinamiento espiritual de la raza humana **antes que viniese la fe.**

Pablo declaró:

> *La ira de Dios se revela desde el cielo contra toda impiedad e injusticia de los hombres que detienen con injusticia la verdad; porque lo que de Dios se conoce les es manifiesto, pues Dios se lo manifestó. Porque las cosas invisibles de él, su eterno poder y deidad, se hacen claramente visibles desde la creación del mundo, siendo entendidas por medio de las cosas hechas, de modo que no tienen excusa. Pues habiendo conocido a Dios, no le glorificaron como a Dios, ni le dieron gracias, sino que se envanecieron en sus razonamientos, y su necio corazón fue entenebrecido.* (Ro. 1:18-21)

En el siguiente capítulo de la misma epístola Pablo explica además que "cuando los gentiles que no tienen ley, hacen por naturaleza lo que es de la ley, éstos, aunque no tengan ley, son ley para sí mismos, mostrando la obra de la ley escrita en sus corazones, dando testimonio su conciencia, y acusándoles o defendiéndoles sus razonamientos" (2:14-15).

Bien sea a través de la ley escrita en la Biblia o la ley interna de la conciencia, hasta que una persona reconozca su pecaminosidad e incapacidad básicas para cumplir a perfección las demandas de la ley de Dios, no se acercará a Él en arrepentimiento para buscar salvación. Hasta que caiga en la angustia de su propia pecaminosidad e impotencia, no estará dispuesto a acudir con fe humilde para ser revestido con la justicia de Cristo. Una persona que afirma querer la salvación pero se niega a reconocer y arrepentirse de su pecado, solo se engaña a sí misma. La salvación es liberación del pecado, y una persona no puede tener al mismo tiempo el deseo de mantener su pecado y por otro lado librarse del mismo. Es imposible que desee con sinceridad la nueva vida de justicia en Cristo sin renunciar a la vida vieja del pecado (véase Stg. 4:7-10 para una descripción clara de los elementos necesarios de la fe que salva).

El propósito de **la ley** es revelar y convencer a los hombres de su propio pecado. Pablo lo explica: "yo no conocí el pecado sino por la ley; porque tampoco conociera la codicia, si la ley no dijera: No codiciarás ... Y yo sin la ley vivía en un tiempo; pero venido el mandamiento, el pecado revivió y yo morí" (Ro. 7:7, 9).

El perdón carece de significado para una persona que ignora que ha hecho algo malo, o que no está convencida de que el mal que es consciente de haber cometido acarrea consecuencias dañinas para su vida. La gracia carece de sentido para una persona que no sabe que está llena de pecado y que tal pecaminosidad significa que está separado de Dios sin remedio y que vive bajo condenación inminente. Por lo tanto, no tiene sentido predicar la gracia antes de predicar acerca de las demandas imposibles de la ley y la realidad de la culpa del hombre ante un Dios santo y justo.

En el primer capítulo de su alegoría clásica titulada *El progreso del peregrino*, Juan Bunyan escribe:

> *Mientras yo caminaba por la desolación de este mundo, llegué a cierto lugar donde había una cueva, y me acosté en ese lugar para dormir; allí dormido tuve un sueño. Soñé, y he aquí, vi a un hombre vestido de harapos y parado en algún lugar, con el rostro demudado, un libro en su mano y una carga inmensa sobre su espalda. Miré, y le vi abrir el libro y leer su contenido, y a medida que leía lloraba y temblaba. Incapaz ya de contenerse, reventó en lamentos y dijo esto mismo una y otra vez: "¿Qué voy a hacer?"*

Poco después el hombre se encontró con Evangelista, quien le preguntó por qué lloraba. Peregrino respondió: "Señor, percibo por el libro que tengo en mi mano que estoy sentenciado a morir, y después de ello ser sometido a juicio". Evangelista dirigió la mirada del peregrino hacia una puerta en la distancia, así como una luz y una colina detrás de ella. Con la carga inmensa sobre su espalda y el libro en su mano, Peregrino empezó a caminar rumbo a la colina y mientras avanzaba daba gritos de "¡Vida! ¡Vida! ¡La vida eterna!"

La carga sobre la espalda de Peregrino era su pecado, el libro en su mano era la Biblia y la colina hacia la cual dirigió sus pasos era el calvario. Fue por medio de su lectura de la Palabra de Dios que se enteró de que la ley de Dios le condenaba a la muerte y el infierno a causa de su pecado, y fue ese conocimiento del pecado y el juicio lo que le llevó a la cruz de Cristo, donde el castigo por su pecado fue pagado por completo y Dios le ofreció el perdón total y la vida eterna.

No solo desde el punto de vista de la historia de la redención, sino también en un sentido personal a lo largo de todos los tiempos, **antes que viniese la fe,** todos los seres humanos **estábamos** en el sentido más profundo de la expresión, **confinados bajo la ley** de Dios y la carga pesada de nuestro pecado. Todo ser humano vive de continuo como un esclavo cautivo y encadenado bajo el juicio de la ley universal e inmutable de Dios, cuyas demandas debe pagar con muerte e infierno eternos, o como un hijo de Dios que vive por fe y libre de juicio por completo (Ro. 8:1), bajo su gracia soberana y eterna.

El creyente que mira al pasado se da cuenta de que haber estado **bajo la ley** tuvo un buen efecto porque le mostró su culpabilidad e indefensión absolutas, su degeneración moral y espiritual, el peligro terrible que corría y su necesidad impostergable de un libertador. Las demandas imposibles de la ley no están diseñadas para salvar sino para condenar a los pecadores y conducirles por la vía más eficaz al Salvador.

Yo solía jugar fútbol americano en la universidad. Durante una práctica se lastimó una de mis rodillas pero yo estaba determinado a jugar en el siguiente partido. Fui al médico y me administró inyecciones de cortisona. También me dio una botella de anestésico para calmar el dolor con una solución de cloro etílico que "congelaba" los tejidos alrededor de la rodilla. Jugué durante todo el partido sin problemas porque apliqué la solución varias veces para contrarrestar el dolor recurrente. El resultado de aplacar así el dolor fue un daño permanente a mi rodilla y lesiones adicionales más severas a los ligamentos que hasta el día de hoy afectan mi movilidad corporal. Por rechazar el dolor que es el sistema natural de advertencias del organismo, pagué consecuencias serias. El propósito del dolor es advertir y proteger. Siempre que se ignora o acalla la advertencia, los resultados son malos sin excepción. Lo mismo sucede con la culpa, que es el sistema de advertencia que Dios da al hombre para decirle que tarde o temprano su pecado va a destruir su alma. Si se ignoran las advertencias, los resultados son desastrosos por toda la eternidad.

Confinados bajo la ley, la cual transgreden de forma continua, los pecadores se mantienen encarcelados y sentenciados a ejecución por su pecado, ya que la paga del pecado es la muerte (Ro. 6:23).

No solo eso, también se mantienen **encerrados para aquella fe que iba a ser revelada.** En sentido histórico, los judíos estuvieron aprisionados bajo el pacto de la **ley** hasta que el Mesías vino y cumplió el pacto de la promesa y la **fe** que fue dado a Abraham. De forma similar, los creyentes gentiles en Galacia, así como los creyentes gentiles de todos los tiempos, estaban **confinados bajo la ley** escrita en sus corazones (Ro. 2:14-16). Sin embargo, esta custodia no era la misma de los judíos, quienes habían recibido la revelación divina (cp. Ro. 3:2; 9:4-5). También como los judíos, eran perdonados y puestos en libertad por medio de su **fe** personal en Jesucristo.

La ley había mantenido un dominio total de la vida en el judaísmo desde el tiempo de Moisés. Debido a que era tan imposible cumplir sus demandas, el judío concienzudo y con una mente espiritual que procuraba amar a Dios y servirle, tenía un sentido abrumador de culpa e insuficiencia. Tenía el deseo sincero de obedecer toda la ley pero sabía que no lo podía hacer.

Por lo tanto, aun bajo el pacto de la **ley**, Dios siempre mantuvo abierto el camino de la **fe** (cp. comentarios anteriores sobre 3:6, 11, 17, 18). La ley nunca fue un sustituto ni una barrera de la fe. Bajo el régimen mosaico un judío podía salvarse por fe y ser contado como justo por Dios, tal como Abraham y muchos otros habían creído y se habían salvado. Esas personas miraban al Salvador por anticipado, así como nosotros lo hacemos con mirada retrospectiva, en ambos casos por medio de la fe.

No obstante, a pesar del hecho de que no podían guardar la ley, la mayoría de los judíos rechazaron el camino de la fe. Empezaron a jugar con sus mentes para inventar tradiciones que sí eran capaces de guardar, a fin de convencerse de que podían alcanzar justicia ante Dios por sus propios méritos.

La primera cosa que Jesús hizo en el sermón del monte fue desbaratar esa seguridad falsa. Los fariseos eran el epítome de la justicia por obras, y Jesús declaró que la bondad que reclamaban para sí era inválida y no servía para dar entrada al reino de Dios (Mt. 5:20). En efecto, Él les preguntó: "¿Ustedes de verdad creen que han guardado la ley? Si una sola vez han aborrecido a su prójimo, son homicidas, y si alguna vez han codiciado a una mujer, son adúlteros" (cp. vv. 22, 28). Ellos no podían llegar a ser justos con guardar la ley, porque sus corazones imperfectos les impedían guardarla de manera perfecta, como Dios lo requiere (v. 48).

"Yo les doy testimonio de que tienen celo de Dios", dijo Pablo acerca de los judíos que se creían justos, "pero no conforme a ciencia. Porque ignorando la justicia de Dios, y procurando establecer la suya propia, no se han sujetado a la justicia de Dios" (Ro. 10:2-3).

Desde que Caín ofreció el primer sacrificio por inventiva humana, los hombres han insistido en acercarse a Dios y agradarle a su manera y no como Dios lo ha determinado. No dispuestos a reconocer y abandonar su pecado o a reconocer su incapacidad para salvarse a sí mismos con esfuerzos religiosos, menosprecian la oferta de salvación por fe que Dios les hace con generosidad y rehúsan humillarse ante Él. Por apoyarse en su propio entendimiento y sus esfuerzos individuales se hunden cada vez más profundo en la bancarrota moral y espiritual.

La gracia salvadora siempre ha sido el regalo de Dios que está reservado para aquellos que se humillan a sí mismos, abrumados por su incapacidad de hacer algo para ganarse la justicia de Dios (véase Pr. 3:34; Stg. 4:6, 10; 1 P. 5:5).

El orgullo espiritual caracterizó a Pablo por muchos años antes de su conversión. Según parámetros humanos él era la quintaesencia del judío orgulloso de su propia justicia: "circuncidado al octavo día, del linaje de Israel, de la tribu de Benjamín, hebreo de hebreos; en cuanto a la ley, fariseo; en cuanto a celo, perseguidor de la iglesia; en cuanto a la justicia que es en la ley, irreprensible" (Fil. 3:5-6). Sin embargo, tan pronto el Señor le confrontó a la realidad del camino de salvación gratuita por fe en su Hijo, Pablo estimó "como pérdida por amor de Cristo" todas las cosas que había considerado como ganancia personal. No solo eso: "ciertamente, aun estimo todas las cosas como pérdida por la excelencia del conocimiento de Cristo Jesús, mi Señor, por amor del cual lo he perdido todo, y lo tengo por basura, para ganar a Cristo, y ser hallado en él, no teniendo mi propia justicia, que es por la ley, sino la que es por la fe de Cristo, la justicia que es de Dios por la fe" (vv. 7, 8-9).

La ley, aun si es guardada con los mejores esfuerzos de una persona, no es más que una prisión, una celda llena de condenados a muerte que no esperan más que la llegada de su ejecución eterna.

LA LEY COMO GUARDIÁN Y GUÍA

De manera que la ley ha sido nuestro ayo, para llevarnos a Cristo, a fin de que fuésemos justificados por la fe. (3:24)

En segundo lugar, **la ley ha sido** un guardián y guía para los judíos, y en un sentido menos único y más general, para toda la humanidad.

Un *paidagōgos* (**ayo**) no era un maestro o un instructor como tal, sino más bien un esclavo empleado por las familias griegas y romanas cuyo deber era supervisar a los hijos en la ausencia de sus padres. Los llevaban y traían de la escuela, se aseguraban de que estudiaran sus lecciones les adiestraban en la obediencia a la autoridad. Eran guías disciplinarios y estrictos que podían regañar y castigar si lo consideraban necesario. Pablo dijo a los creyentes corintios, que muchas veces se comportaban como hijos malcriados, que "aunque tengáis diez mil ayos [*paidagōgous*] en Cristo, no tendréis muchos padres; pues en Cristo Jesús yo os engendré por medio del evangelio" (1 Co. 4:15). Para continuar el contraste entre un *paidagōgos* y un padre, al apóstol pregunta más adelante: "¿Qué queréis? ¿Iré a vosotros con vara, o con amor y espíritu de mansedumbre?" (v. 21).

El papel del *paidagōgos* nunca fue permanente y para un joven era motivo de gran alegría el día en que por fin era librado de la supervisión de su *paidagōgos*.

Su función era cuidar al niño solo hasta que iniciaba su crecimiento en la vida adulta. Al llegar ese momento la relación cambiaba. Aunque era posible que ambos mantuvieran una relación estrecha y amistosa, el *paidagōgos,* una vez cumplida su tarea, dejaba de tener autoridad y control sobre el menor, que ahora tenía la edad de un joven adulto, y el joven ya no tenía la responsabilidad de rendir cuentas al *paidagōgos.*

El único propósito de **la ley,** que es el *paidagōgos* designado por Dios, fue **llevarnos a Cristo, a fin de que fuésemos justificados por la fe.** Después que una persona acude a Él, ya no es necesario que ceremonias rituales externos actúen como guías y agentes disciplinarios, porque los nuevos principios internos operan a través de la presencia de Cristo que mora en el creyente, ya que en Cristo "están escondidos todos los tesoros de la sabiduría y del conocimiento" (Col. 2:3). La **ley** es relegada en sentido ceremonial, aunque en el sentido moral sigue siendo siempre un amigo íntimo al que uno procura amar y favorecer.

Antes que Cristo viniese, la ley del ritual y las ceremonias exteriores, y en especial el sistema de sacrificios, ilustraban el sacrificio de **Cristo** por los pecados del mundo, el cual fue perfecto, efectivo y se ofreció una sola vez y para siempre. Tan pronto el **Cristo** perfecto entra al corazón del creyente, esas ilustraciones imperfectas de Él dejan de cumplir su función y carecen de significado y propósito.

EN CRISTO: LIBERTAD

Pero venida la fe, ya no estamos bajo ayo, pues todos sois hijos de Dios por la fe en Cristo Jesús; porque todos los que habéis sido bautizados en Cristo, de Cristo estáis revestidos. Ya no hay judío ni griego; no hay esclavo ni libre; no hay varón ni mujer; porque todos vosotros sois uno en Cristo Jesús. Y si vosotros sois de Cristo, ciertamente linaje de Abraham sois, y herederos según la promesa. (3:25-29)

Los judaizantes se negaban a desatender la ley ceremonial aún después de hacer una profesión de creer en Cristo. Para ellos la confianza en Cristo era una mera añadidura a las obras de la ley. Además, como se mantenían apegados a la servidumbre de la ley, no podían recibir la libertad de la **fe.** Por cuanto insistían en permanecer **bajo** el **ayo,** nunca se beneficiaron del cuidado del Salvador.

La ley nunca tuvo otra función que ser un medio temporal para mostrar a los hombres su pecado e impotencia, a fin de llevarles al Salvador como único y último recurso. Sus demandas internas y morales dejaban a los hombres abrumados con su propia culpa, mientras que sus ceremonias externas (circuncisión, ofrendas, lavamientos, días de reposo, festividades, etc.), simbolizaban la necesidad constante de ser limpiados de esa culpa. **Pero venida**

la fe en Jesucristo, una persona **ya no** está **bajo** la ley como un **ayo.** Ahora está por fuera de la subordinación al simbolismo de la ley, la servidumbre de la ley y la disciplina de la ley. El propósito de la ley se ha cumplido y la persona ya no está "bajo la ley, sino bajo la gracia" (Ro. 6:14). Ahora bien, las normas morales de Dios nunca cambian, y el Nuevo Testamento las reitera con firmeza. La diferencia es que el poder del Espíritu Santo que mora en el creyente le capacita para obedecerlas (véase Ef. 2:10).

A medida que expone el resultado de tener una relación correcta con Dios **por la fe en Cristo Jesús,** Pablo muestra cuatro aspectos de la libertad que trae esa relación: quienes creen en Él y de ese modo se hacen uno con Él llegan a ser hijos de Dios, están revestidos de Cristo, tienen unidad con los demás creyentes y se convierten en herederos de la promesa.

HIJOS DE DIOS

pues todos sois hijos de Dios por la fe en Cristo Jesús; (3:26)

Aunque Dios es Padre de todos los hombres como su Creador (cp. Hch. 17:24-28; 1 Co. 8:6), ninguna doctrina es más ajena a las Escrituras que la que enseña que Dios es el Padre de todos los hombres como su Redentor. Los únicos y verdaderos hijos espirituales de Dios son aquellos que **por la fe en Cristo Jesús** se convierten en **hijos de Dios** que crecen y maduran en su vida espiritual. Aquí **todos** se refiere a los creyentes de todas las razas. Aparte de la fe salvadora en Jesucristo, todos los seres humanos son enemigos de Dios (Ro. 5:10) e "hijos de ira" (Ef. 2:3). Al igual que los fariseos de Jerusalén que se creían justos en su propia opinión, toda persona incrédula es un hijo del diablo (Jn. 8:44). Nadie pertenece al Padre si no pertenece también al Hijo: "Yo soy el camino, y la verdad, y la vida; nadie viene al Padre, sino por mí" (Jn. 14:6).

A causa de ganarse la confianza de muchas tribus árabes, el famoso erudito y soldado británico conocido como Lorenzo de Arabia participó en las conversaciones de paz llevadas a cabo en París, después de la Primera Guerra Mundial. Varios líderes árabes viajaron con él a París y se quedaron en el mismo hotel. Resulta que al entrar a los baños quedaron pasmados al descubrir que podían atraer grandes cantidades de agua con el simple acto de dar vueltas a un grifo. Cuando se alistaban para salir de París, quitaron los grifos y los pusieron en su equipaje, convencidos de que los grifos mismos creaban por arte de magia los vastos chorros de agua. Al contar a Lorenzo lo que habían hecho, él les explicó que los grifos de nada servían si no se conectaban a un sistema de tubería que a su vez se conectaba a una fuente de agua.

De la misma forma, una persona que no está conectada al Hijo tampoco está conectada al Padre y no cuenta con la fuente de la vida o el poder espirituales.

Dios no tiene **hijos** que no se hayan identificado **por la fe** con su Hijo unigénito, **Cristo Jesús.** Nadie viene al Padre si no es por medio de su Hijo (Jn. 14:6).

Los antiguos romanos tenían una ceremonia de entrada a la vida adulta que se llamaba *toga virilis,* la cual se parecía un poco al *bar mitzvah* de los judíos. La ceremonia marcaba la llegada de un niño a la edad en que empezaba a ser considerado como un hombre (la edad oscilaba entre los catorce y los diecisiete años), dotado con todos los derechos y privilegios propios de la ciudadanía romana. Ya no necesitaba tener a su lado a un *paidagōgos* y ahora era reconocido como adulto, responsable de su propio bienestar y de sus propias acciones.

"Todos ustedes han pasado por la *toga virilis* espiritual", diría Pablo a los creyentes en Galacia, "y a la luz de esa verdad tan estupenda, ¿por qué tienen que contemplar ahora la posibilidad de volver a la onerosa tutela de la ley?"

La fe en Cristo Jesús, el Hijo unigénito de Dios, da entrada a los creyentes a una relación de hijos con **Dios** el Padre. Por eso Juan escribió: "Mas a todos los que le recibieron, a los que creen en su nombre, les dio potestad de ser hechos hijos de Dios" (Jn. 1:12).

Un poco más adelante en la carta a los gálatas, Pablo dice: "Y por cuanto sois hijos, Dios envió a vuestros corazones el Espíritu de su Hijo, el cual clama: ¡Abba, Padre!" (Gá. 4:6). Al entrar a morar en el creyente, "el Espíritu mismo da testimonio a nuestro espíritu, de que somos hijos de Dios" (Ro. 8:16). En otras palabras, la primera cosa que Dios da al creyente es Él mismo, en la forma de su Espíritu Santo que le llena con su presencia. El Espíritu a su vez nos asegura que pertenecemos al Padre. "Abba" es la forma diminutiva de la palabra que significa padre en arameo, y se puede traducir "papi" o "papá". Era un término tierno y entrañable que usaban los niños pequeños al llamar a sus padres. El Espíritu Santo nos lleva a una relación íntima y personal con nuestro Padre celestial, a quien podemos acercarnos a cualquier hora y en cualquier circunstancia, sabiendo que Él nos escucha y cuida de nosotros con amor infinito. Puesto que **todos** somos **hijos de Dios,** podemos venir con absoluta confianza ante su "trono de la gracia, para alcanzar misericordia y hallar gracia para el oportuno socorro" (He. 4:16).

REVESTIDOS DE CRISTO

porque todos los que habéis sido bautizados en Cristo, de Cristo estáis revestidos. (3:27)

Pablo dice a continuación que todos los que se bautizan **en Cristo** están **revestidos de Cristo.** Aunque el bautismo en agua es el acto exterior de confesión pública de la fe personal en Jesucristo, Pablo no habla aquí de ese bautismo. En ninguna parte de la Biblia se enseña que la salvación tenga algo que ver con el bautismo físico, mucho menos aquí en Gálatas, donde el mensaje central es la salvación solo por fe, sin añadiduras ni arandelas. Como aquí se equipara el ser bautizados con estar **revestidos de Cristo,** la frase **bautizados en Cristo** no puede hacer referencia a una ceremonia acuática en absoluto, sino más bien a la identificación espiritual con **Cristo** y la inmersión plena en la vida de **Cristo.** Es precisamente la inmersión espiritual en la persona y la obra de Cristo lo que Pablo explica en su carta a los romanos:

> *¿O no sabéis que todos los que hemos sido bautizados en Cristo Jesús, hemos sido bautizados en su muerte? Porque somos sepultados juntamente con él para muerte por el bautismo, a fin de que como Cristo resucitó de los muertos por la gloria del Padre, así también nosotros andemos en vida nueva. Porque si fuimos plantados juntamente con él en la semejanza de su muerte, así también lo seremos en la de su resurrección; (6:3–5)*

Este es un gran misterio que la mente humana no puede concebir, pero de alguna forma espiritual y sobrenatural que trasciende el tiempo y el espacio, todos los seres humanos que ponen su confianza en Jesucristo son crucificados, sepultados y resucitados con su Salvador: **bautizados en Cristo.** "El que se une al Señor, un espíritu es con él" (1 Co. 6:17), de modo que cuando el Padre mira al creyente que peca en realidad ve a su Hijo que está libre de pecado. La fe nos permite apropiarnos de la unión que el bautismo simboliza.

En cierta ocasión Gedeón tuvo que enfrentarse al poder temible de los madianitas y los amalecitas, y "el Espíritu de Jehová vino sobre" él (Jue. 6:34). El significado literal de la expresión "vino sobre" tiene que ver con "ser vestido", lo cual indica que Gedeón fue cubierto como con un manto por el Espíritu Santo, como revestido de una armadura celestial. Ese es el concepto que Pablo aplica en el texto. El creyente que se identifica con Jesucristo por la fe está revestido de Cristo por intervención divina. Esta es una manera gráfica de describir la manera como la vida, la presencia y la naturaleza justa de Cristo cubre y rodea al creyente por completo.

Gracias a que los creyentes son hijos de Dios, tienen en su mismo ser el poder y la seguridad de su Espíritu, y están recubiertos por la vida misma de Cristo, deben traer honra a su nombre con su manera de vivir. Al estar **revestidos de Cristo** deben vivir como Cristo: "irreprensibles y sencillos, hijos de Dios sin mancha en medio de una generación maligna y perversa, ... como luminares en el mundo" (Fil. 2:15). "Con Cristo estoy juntamente crucificado" había declarado el apóstol, "y ya no vivo yo, mas vive Cristo en mí; y lo que ahora vivo en la carne, lo vivo en la fe del Hijo de Dios, el cual me amó y se entregó a sí mismo por mí" (Gá. 2:20).

La definición más simple de un cristiano es: una persona que está revestida de Cristo. Nunca se dice de los seguidores de Confucio, Buda o Mahoma que están revestidos de los hombres cuyos nombres pregonan y cuyas enseñanzas observan, pero no existe un solo cristiano verdadero que no esté revestido de Cristo. Seguir las enseñanzas de Cristo es importante, pero esto no puede salvar a una persona ni mantener su salvación. Solo aquellos que están **revestidos de Cristo** reciben y preservan su salvación. Esa verdad es el corazón del cristianismo y el enfoque central de Gálatas 3:26-29.

Todo lo que el Señor es y tiene se convierte en propiedad del creyente. Gracias a que **Cristo** tiene el amor del Padre, los creyentes también lo tienen. Gracias a que Cristo tiene acceso pleno al Padre, los creyentes gozan de lo mismo, y debido a que Cristo tiene todos los recursos del Padre, los creyentes también cuentan con lo mismo.

UNIDAD DE TODOS LOS CRISTIANOS

Ya no hay judío ni griego; no hay esclavo ni libre; no hay varón ni mujer; porque todos vosotros sois uno en Cristo Jesús. (3:28)

Pablo se enfocó en las distinciones bien definidas que existían en el interior de la sociedad en que vivía, las cuales establecían líneas divisorias claras y barreras infranqueables de separación entre las personas. La esencia de tales distinciones era la idea de que algunas personas, a saber, los hombres judíos libres, eran mejores, más valiosos y más importantes que todos los demás seres humanos. El evangelio destruye esa manera de pensar basada en el orgullo. La persona que se hace uno con Cristo también se hace uno con todos los demás creyentes. No existen distinciones entre aquellos que pertenecen a Cristo. En cuestiones espirituales ninguna discriminación de tipo racial, social o sexual tiene cabida: no hay judío ni griego; **no hay esclavo ni libre; no hay varón ni mujer.**

Por supuesto, esto no significa que entre los cristianos ya no existan judíos, gentiles, esclavos, libres, hombres o mujeres. Hay diferencias raciales, sociales y sexuales obvias entre las personas. No obstante, Pablo habla aquí acerca de diferencias espirituales: diferentes rangos delante del Señor, diferencias en valor, privilegio y dignidad espirituales. En consecuencia, los prejuicios basados en raza, posición social, sexo o cualquier otra diferencia superficial y temporal no tienen lugar alguno en la comunión de la iglesia de Cristo. Todos los creyentes sin excepción **son uno en Cristo Jesús.** Todas las bendiciones, recursos y promesas espirituales son dados por igual a todos los que creen para salvación (cp. Ro. 10:12).

Solo fue con gran dificultad que Pedro finalmente aprendió que no existen distinciones raciales en Cristo, "que Dios no hace acepción de personas" ni distingue entre **judío ni griego,** "sino que en toda nación se agrada del que le teme y hace justicia" (Hch. 10:34-35). Entre los cinco profetas y maestros en la iglesia de Antioquía se contaba "Simón el que se llamaba Niger", palabra que significa negro (Hch. 13:1). El hijo amado de Pablo en la fe fue Timoteo, cuyo padre fue gentil mientras su madre y su abuela eran judías (Hch. 16:1; 2 Ti. 1:5).

De igual modo no se deben hacer distinciones de acuerdo a la situación social o económica. Pablo dijo a los **esclavos** cristianos que fueran obedientes a sus amos terrenales "como a Cristo", y dijo a los amos cristianos y **libres** que hicieran "con ellos lo mismo, dejando las amenazas, sabiendo que el Señor de ellos y vuestro está en los cielos, y que para él no hay acepción de personas" (Ef. 6:5, 9).

Santiago hizo esta advertencia: "Hermanos míos, que vuestra fe en nuestro glorioso Señor Jesucristo sea sin acepción de personas. Porque si en vuestra congregación entra un hombre con anillo de oro y con ropa espléndida, y también entra un pobre con vestido andrajoso, y miráis con agrado al que trae la ropa espléndida y le decís: Siéntate tú aquí en buen lugar; y decís al pobre: Estáte tú allí en pie, o siéntate aquí bajo mi estrado; ¿no hacéis distinciones entre vosotros mismos, y venís a ser jueces con malos pensamientos? ... si hacéis acepción de personas, cometéis pecado, y quedáis convictos por la ley como transgresores" (Stg. 2:1-4, 9). La unidad del cuerpo de Cristo se debe enfocar en una vida y unos privilegios espirituales comunes, como Pablo requirió de los efesios: "solícitos en guardar la unidad del Espíritu en el vínculo de la paz; un cuerpo, y un Espíritu, como fuisteis también llamados en una misma esperanza de vuestra vocación; un Señor, una fe, un bautismo, un Dios y Padre de todos, el cual es sobre todos, y por todos, y en todos. Pero a cada uno de nosotros fue dada la gracia conforme a la medida del don de Cristo" (Ef. 4:3-7).

Tampoco existen distinciones espirituales según el sexo: **no hay varón ni mujer.** Con su reconocimiento de la igualdad espiritual plena de las mujeres creyentes frente a los hombres creyentes, el cristianismo elevó a la mujer a una posición que nunca antes había conocido en el mundo antiguo. En asuntos de gobierno doméstico y eclesiástico Dios ha establecido al hombre como cabeza, pero en la dimensión de las posesiones y los privilegios espirituales no existe en absoluto diferencia alguna entre ambos sexos.

HEREDEROS DE LA PROMESA

Y si vosotros sois de Cristo, ciertamente linaje de Abraham sois, y herederos según la promesa. (3:29)

La **promesa** espiritual de salvación y bendición eternas que fue dada a **Abraham** pertenece a todos los que pertenecen a **Cristo**. Todos ellos son **herederos según**

la promesa, la cual se cumple en **Cristo.** Esta no es una referencia a las promesas dadas a Abraham con relación a la tierra (Gn. 12:1; 13:14-15; 17:8), sino que se refiere a las bendiciones espirituales que vienen a todos los que, al ser justificados por la fe tal como Abraham lo fue (Gn. 15:6; Ro. 4:3-11), heredarán las promesas espirituales dadas a Abraham. No todos los descendientes físicos de Abraham recibirán las promesas de salvación (Ro. 9:6-11), pero muchos que no son de la simiente física de Abraham las recibirán al acercarse a Dios por fe como él lo hizo, y de esa manera se convierten **ciertamente** en **linaje** espiritual **de Abraham.**

Aquellos que son hijos de Dios "también [son] herederos; herederos de Dios y coherederos con Cristo" (Ro. 8:17). La herencia de Cristo pertenece a "todos los santificados" (Hch. 20:32), aquellos que participan con Él como "herederos conforme a la esperanza de la vida eterna" (Tit. 3:7). Ellos han sido "sellados con el Espíritu Santo de la promesa" (Ef. 1:13), **la promesa** de recibir como herencia a Dios mismo: "Jehová es la porción de mi herencia y de mi copa" (Sal. 16:5).

En su visión en Patmos, Juan oyó "una gran voz del cielo que decía: He aquí el tabernáculo de Dios con los hombres, y él morará con ellos; y ellos serán su pueblo, y Dios mismo estará con ellos como su Dios. Enjugará Dios toda lágrima de los ojos de ellos; y ya no habrá muerte, ni habrá más llanto, ni clamor, ni dolor ... El que venciere heredará todas las cosas, y yo seré su Dios, y él será mi hijo" (Ap. 21:3-4, 7).

John Stott resume con lucidez sus comentarios sobre este pasaje con las siguientes palabras: "No podemos venir a Cristo para ser justificados hasta que primero vayamos a Moisés para ser condenados. Sin embargo, después de haber pasado un tiempo con Moisés a fin de reconocer nuestro pecado, nuestra culpa y nuestra condenación, no tenemos que quedarnos allí más de lo necesario. Debemos dejar que Moisés nos envíe donde Cristo está" (*The Message of Galatians* [El mensaje de Gálatas], Londres: InterVarsity, 1968, p. 102).

Hijos de Dios (4:1-11) **10**

Pero también digo: Entre tanto que el heredero es niño, en nada difiere del esclavo, aunque es señor de todo; sino que está bajo tutores y curadores hasta el tiempo señalado por el padre. Así también nosotros, cuando éramos niños, estábamos en esclavitud bajo los rudimentos del mundo. Pero cuando vino el cumplimiento del tiempo, Dios envió a su Hijo, nacido de mujer y nacido bajo la ley, para que redimiese a los que estaban bajo la ley, a fin de que recibiésemos la adopción de hijos. Y por cuanto sois hijos, Dios envió a vuestros corazones el Espíritu de su Hijo, el cual clama: ¡Abba, Padre! Así que ya no eres esclavo, sino hijo; y si hijo, también heredero de Dios por medio de Cristo.

Ciertamente, en otro tiempo, no conociendo a Dios, servíais a los que por naturaleza no son dioses; mas ahora, conociendo a Dios, o más bien, siendo conocidos por Dios, ¿cómo es que os volvéis de nuevo a los débiles y pobres rudimentos, a los cuales os queréis volver a esclavizar? Guardáis los días, los meses, los tiempos y los años. Me temo de vosotros, que haya trabajado en vano con vosotros. (4:1-11)

Pablo continúa su argumento básico de que la salvación no se gana con méritos y obras humanas, sino única y exclusivamente por la gracia soberana de Dios que obra por medio de la fe personal. En este capítulo profundiza en la analogía del niño que se convierte en adulto (véase 3:23-26). El apóstol compara la posición y los privilegios de un niño con los de un siervo. Las figuras de niño y siervo representan la vida bajo la ley y las de adulto e hijo representan la vida en Cristo.

PREPARACIÓN PARA LA HERENCIA: BAJO LA LEY

Pero también digo: Entre tanto que el heredero es niño, en nada difiere del esclavo, aunque es señor de todo; sino que está bajo tutores y curadores hasta el tiempo señalado por el padre. Así también nosotros, cuando éramos niños, estábamos en esclavitud bajo los rudimentos del mundo. (4:1-3)

En el mundo antiguo la división entre niños y adultos era mucho más marcada que en la mayoría de sociedades actuales. Aunque había diferentes costumbres en la antigüedad, existía una edad predeterminada en la que un **niño** dejaba la infancia y pasaba a asumir los privilegios y las responsabilidades propias de la edad adulta. Como se mencionó en el capítulo anterior, la ceremonia romana que demarcaba ese cambio en la posición social se llamaba *toga virilis,* mientras que la ceremonia judía correspondiente todavía se llama *bar mitzvah.*

Hasta la edad de doce años todo niño judío estaba bajo el control directo y absoluto de su padre, pero con la celebración del *bar mitzvah,* el cual era observado el primer día de reposo después de su doceavo cumpleaños, el padre del niño decía esta oración: "Bendito seas tú oh Dios, que has quitado de mí la responsabilidad por este niño"; el niño a su vez oraba con estas palabras: "Oh Dios mío y Dios de mi padre, en este día solemne y sagrado que marca mi paso de la niñez a la vida adulta, levanto mis ojos a ti con humildad y declaro con sinceridad y verdad que de ahora en adelante guardaré tus mandamientos y seré responsable por todas mis acciones delante de ti".

En la Grecia antigua un niño permanecía bajo el control de su padre hasta cerca de los dieciocho años. En ese punto se celebraba un festejo llamado *apatouria,* en el cual el joven se declaraba como un *ephebos,* término que en la práctica correspondía a una especie de cadete con responsabilidades especiales para con su clan o ciudad estado durante un período de dos años. Durante esta ceremonia de llegada a la mayoría de edad, el cabello largo del niño era cortado y ofrecido al dios Apolo.

En la ceremonia romana los niños llevaban sus juguetes, y en una ceremonia similar las niñas llevaban sus muñecas, y ofrecían estas cosas en sacrificio a los dioses como un símbolo de que ya dejaban atrás su infancia. Es a esta costumbre que Pablo alude en su comentario: "cuando ya fui hombre, dejé lo que era de niño" (1 Co. 13:11).

Por lo tanto, la ilustración de un **niño** (*nēpios,* que significa infante, alguien carente de entendimiento o un menor de edad) que alcanza su mayoría de edad era fácil de entender tanto para los judíos como para los gentiles a quienes Pablo escribió. Sus lectores sabían muy bien que **entre tanto que el heredero** fuera **niño,** se encontraba en una situación que **en nada** difería de la de cualquier **esclavo.** Como hijo y **heredero** de todas las posesiones y los deberes de su padre, un niño era en potencia el digno **señor de todo** lo que pertenecía a su padre. No obstante, como William Hendricksen lo indica, solo era heredero por la ley y no en la realidad inmediata. Era heredero por derecho legal pero no en la práctica.

Mientras fuera **niño,** se mantenía **bajo tutores y curadores hasta el tiempo señalado por el padre.** Las familias designaban a ciertos esclavos idóneos y de confianza para actuar como **tutores** o guardianes que se especializaban en el cuidado y la supervisión de menores de edad, y también como **curadores** (mayordomos domésticos) que dirigían la crianza del niño mientras crecía. Al lado del ayo (*paidagōgos*, véase la discusión de 3:24-25), estos esclavos de la familia se encargaban en la práctica de todo lo relacionado con la educación, el adiestramiento y el bienestar del niño. Así también en la práctica, el **niño** no se diferenciaba **en nada** del **esclavo** bajo cuya supervisión era criado. Así como **el esclavo** tenía amos, los niños de la familia tenían a los esclavos por amos.

Sin embargo, en **el tiempo señalado por el padre,** la posición del niño cambiaba de manera radical. Ya no era un simple heredero jurídico sino que se convertía en heredero real. Dejaba de ser **niño** semejante a un **esclavo,** para convertirse en un adulto y ciudadano responsable.

De una forma similar, **también nosotros, cuando éramos** incrédulos como **niños** sometidos a la ley, **estábamos en esclavitud.** Un incrédulo puede recibir la salvación y el cumplimiento de la promesa dada a todo el mundo por medio de Abraham (Gn. 12:3), pero a no ser que llegue a la "mayoría de edad" espiritual por medio de una confianza sin reservas en Jesucristo para su salvación, todo incrédulo es como un esclavo que se mantiene aprisionado **bajo los rudimentos del mundo.**

Rudimentos es una palabra que traduce *stoicheion*, una expresión cuya raíz significa "elemento básico" o "primer principio", con referencia al orden fundamental y rudimentario de cualquier sistema. Se aplicaba, por ejemplo, a las letras del alfabeto que son los bloques elementales con que se construye el lenguaje escrito.

Pablo no especifica lo que representan **los rudimentos del mundo,** y los eruditos bíblicos han ofrecido muchas interpretaciones. Algunos sostienen que se refiere a los espíritus diabólicos que gobiernan el sistema actual **del mundo.** Otros dicen que se refiere a las estrellas y por ende a sistemas paganos de astrología. Otros todavía creen que se refiere a las cosas más básicas y elementales de toda religión humana. Esta interpretación parece correcta en este contexto, en especial a la luz del hecho de que en 4:9 la misma frase se conecta a los rituales y las ceremonias de la religión humana.

En Colosenses 2:8 Pablo advierte: "Mirad que nadie os engañe por medio de filosofías y huecas sutilezas, según las tradiciones de los hombres, conforme a los rudimentos del mundo, y no según Cristo". Aquí Pablo asocia con claridad "rudimentos del mundo" con tradiciones y filosofías humanas engañosas. El corazón de la religión judía en tiempos de la Nuevo Testamento era el sistema de tradiciones rabínicas que había desplazado y sofocado la verdad revelada del Antiguo Testamento. En el mundo gentil de aquel tiempo, la filosofía humana y las religiones paganas tenían una conexión mutua bastante estrecha. Tanto las tradiciones judías como las religiones paganas se centraban en sistemas de obras hechas por el hombre. Estaban llenas de reglas y regulaciones cuya obediencia se consideraba el único medio para tener una relación correcta con la deidad. **Los rudimentos** de toda religión humana, bien sea judía o gentil, antigua o moderna, incluyen de forma inevitable la idea de obtener la aceptación divina por medio de los esfuerzos propios. En realidad son rudimentarios, porque solo son humanos y nunca se elevan por encima de lo mundano para aspirar a lo divino.

Juan Wesley se graduó con honores de la Universidad de Oxford como clérigo ordenado en la Iglesia de Inglaterra y teólogo ortodoxo. Era muy activo en la realización de obras buenas y prácticas, visitaba con regularidad a los presos y los obreros en Londres, ayudaba a distribuir ropa y comida entre los niños pobres y los huérfanos, etc. Estudiaba la Biblia con diligencia y asistía a numerosos servicios y otras reuniones religiosas todos los domingos y durante la semana. Daba ofrendas generosas a la iglesia y limosnas a los pobres. Oraba y ayunaba además de llevar una vida moral ejemplar. Además pasó varios años como misionero entre los indios americanos en lo que era entonces la colonia británica de Georgia. No obstante, al volver a Inglaterra hizo esta confesión en su diario: "Yo, que fui a Norteamérica para hacer convertir a otros, nunca me había convertido a Dios en toda mi vida". Después al reflejar en su condición previa a la experiencia de su conversión genuina, dijo: "En aquel entonces tenía la fe de un siervo, pero no la de un hijo".

Wesley fue incansable en sus intentos de vivir una vida aceptable a Dios, pero siempre supo que algo vital hacía falta. No fue sino hasta que fue "de muy mala gana a una reunión nocturna en la calle Aldersgate", que descubrió e hizo suya la vida cristiana verdadera. "Tuve en mi corazón una cálida y extraña sensación", escribió. "Sentí que ahora sí confiaba en Cristo y solo en Cristo para mi salvación. Además me fue dada la seguridad de que Él había perdonado todos mis pecados, sí, míos y de nadie más, y que me había salvado para siempre de la ley del pecado y la muerte". Así desaparecieron los **rudimentos** en la vida de Wesley, y su fe renovada le permitió reclamar su ciudadanía celestial.

ENTREGA DE LA HERENCIA

Pero cuando vino el cumplimiento del tiempo, Dios envió a su Hijo, nacido de mujer y nacido bajo la ley, para que redimiese a los que estaban bajo la ley, a fin de que recibiésemos la adopción de hijos. Y por cuanto sois hijos, Dios envió a vuestros corazones el Espíritu de su Hijo, el cual clama: ¡Abba, Padre! Así que ya no eres esclavo, sino hijo; y si hijo, también heredero de Dios por medio de Cristo.

Ciertamente, en otro tiempo, no conociendo a Dios, servíais a los que por naturaleza no son dioses; mas ahora, conociendo a Dios, o más bien, siendo

conocidos por Dios, ¿cómo es que os volvéis de nuevo a los débiles y pobres rudimentos, a los cuales os queréis volver a esclavizar? Guardáis los días, los meses, los tiempos y los años. Me temo de vosotros, que haya trabajado en vano con vosotros. (4:4-11)

En estos ocho versículos Pablo se concentra en la fuente, la confirmación, la consumación y la obligación de la herencia divina que es una realidad para los hijos de Dios, aquellos que tienen una fe personal en Jesucristo.

SU FUENTE

Pero cuando vino el cumplimiento del tiempo, Dios envió a su Hijo, nacido de mujer y nacido bajo la ley, para que redimiese a los que estaban bajo la ley, a fin de que recibiésemos la adopción de hijos. (4:4-5)

La fuente de nuestra condición de hijos de Dios es el **Hijo** verdadero, Jesucristo. Así como un padre humano en tiempos antiguos determinaba la fecha en que su hijo empezaba a ser mayor de edad, **Dios** el Padre predeterminó **el tiempo** en que **envió a su Hijo** encarnado a la tierra como Redentor de la humanidad. Fue en **el cumplimiento** perfecto **del tiempo** que Jesucristo vino, de la manera y en el tiempo exactos en que el Padre lo había establecido.

Hasta los judíos más piadosos del Antiguo Testamento murieron sin recibir el cumplimiento de la promesa de Dios a Abraham. "Y todos éstos, aunque alcanzaron buen testimonio mediante la fe, no recibieron lo prometido" (He. 11:39). Junto a los creyentes de todas las épocas, ellos también recibirán la plenitud de la promesa, pero durante sus vidas en la tierra ellos también vivieron como herederos legales aunque no actuales.

Cuando **Dios envió a su Hijo,** suministró la garantía de que esos creyentes y todos los demás llegarían a ser coherederos con el **Hijo.** Aquellos que bajo la ley no son mejores que cualquier esclavo (4:1), recibirán **la adopción de hijos** por completo y sin reservas.

El cumplimiento del tiempo se refiere a la culminación del período de preparación en el plan soberano de redención de Dios. Cuando la ley había cumplido del todo su propósito de mostrar al hombre su pecaminosidad total y su incapacidad absoluta para vivir conforme a la norma perfecta de justicia la justicia divina, Dios abrió la entrada a una nueva era de redención. Al enviar a **su Hijo** proveyó justicia para el hombre, la cual este nunca habría podido proveer por sí mismo.

En el tiempo del nacimiento de Jesús todas las cosas estaban listas para la llegada del Mesías. Primero que todo, el tiempo era justo en materia religiosa. Durante el cautiverio en Babilonia, Israel abandonó por fin del todo la idolatría en que había caído con tanta frecuencia. A pesar de muchos otros pecados y fallas que tenían, incluido el rechazo de toda la nación de su propio Mesías, ningún número significativo de judíos había vuelto a caer en la idolatría.

También durante el exilio, los judíos incorporaron las sinagogas para la práctica de su religión. De hecho, usaban las sinagogas como lugares de culto, como escuelas y como cortes legales. Además de esto, contaban por fin con todo el Antiguo Testamento, compilado por Esdras y otros tras el regreso de Babilonia. Estos elementos facilitaron la proclamación del evangelio del Mesías entre el pueblo de Israel.

En segundo lugar, el tiempo era justo en cuanto a la situación cultural. Los cristianos que propagaron el evangelio durante los primeros siglos de nuestra era tenían un lenguaje común con aquellos a quienes testificaron y con quienes adoraron a Dios. Alejandro Magno había establecido con éxito la cultura y el lenguaje de los griegos a lo largo y ancho del mundo conocido, y ambas cosas continuaron su influencia dominante mucho después que Roma hubo sucedido a Grecia como imperio universal.

En tercer lugar, el tiempo era justo en cuanto a la situación política. Roma había instituido la *pax romana* en todo el imperio, lo cual garantizaba hasta cierto punto la estabilidad económica y política. Los apóstoles y otros predicadores y maestros pudieron viajar con libertad y seguridad por todo el imperio, haciendo uso del estupendo sistema de caminos construido por los romanos.

Cada uno de esos factores fue clave para la expansión del evangelio. Como siempre, el reloj de Dios tenía sincronización perfecta con la historia humana.

Al llegar su **tiempo** propicio, **Dios envió a su Hijo.** Aquí **Hijo** no se refiere a la esencia divina de Jesús. Él por naturaleza no estuvo subordinado a **Dios** el Padre por la eternidad, sino que siempre había sido igual a Él. Lo que sucede es que Él se sometió de manera voluntaria al Padre durante su encarnación, como un hijo obediente lo hace con un padre terrenal. Jesús no había estado en sujeción eterna al Padre sino que estuvo sujeto a Él solo durante el tiempo de su humanidad. Pablo aclara este hecho al hacer referencia a la *kenosis* (vaciamiento): "el cual [Cristo], siendo en forma de Dios, no estimó el ser igual a Dios como cosa a que aferrarse, sino que se despojó a sí mismo, tomando forma de siervo, hecho semejante a los hombres" (Fil. 2:6–7). Jesús es por la eternidad "el resplandor de su gloria, y la imagen misma de su sustancia, y quien sustenta todas las cosas con la palabra de su poder" (He. 1:3).

Unos novecientos años antes que Jesús naciera, Dios profetizó: "Mi Hijo eres tú, yo te he engendrado hoy" (He. 1:5; 2 S. 7:14). Con ello indicó que desde la eternidad, aunque siempre hubo tres personas en la Trinidad, no existían todavía los papeles de Padre e Hijo. Al parecer tales designaciones se hicieron realidad por primera vez y para siempre en la encarnación. En la anunciación del nacimiento de Jesús a María, el ángel Gabriel declaró: "Este será grande, y *será llamado* Hijo del Altísimo; ... el Santo Ser que nacerá, será llamado Hijo de Dios" (Lc. 1:32, 35; cursivas añadidas). **Hijo** era un título nuevo que nunca antes había sido aplicado a la segunda persona de la Deidad excepto en las alocuciones proféticas, como en el Salmo 2:7, el cual se interpreta en Hebreos 1:5-6 como una referencia al acontecimiento de su encarnación. Juan escribió: "En el principio era el Verbo, y el Verbo era con Dios, y el Verbo era Dios" (Jn. 1:1). Solo fue cuando "aquel Verbo fue hecho carne, y habitó entre nosotros" como "el unigénito Hijo, que está en el seno del Padre" (Jn. 1:14, 18), que Él asumió el papel y las funciones de **Hijo.**

Nacido de mujer no es una expresión que tenga el propósito exclusivo de recalcar la ausencia de un varón, y en este sentido no se refiere tanto al nacimiento virginal de Jesús, no obstante la importancia de esa gran verdad, como a su completa humanidad. Él fue hombre a plenitud, **nacido de mujer** como todos los mortales, pero sin dejar de ser plenamente Dios. De otro modo no habría podido ser el Salvador del mundo. Tenía que ser plenamente Dios a fin de que su sacrificio tuviera el valor infinito que era necesario para expiar el pecado de toda la humanidad. También tenía que ser plenamente hombre a fin de representar a toda la humanidad y recibir el castigo del pecado en su cuerpo y en lugar de toda la raza humana. Fue el hombre el que pecó, el que estaba bajo la maldición y el que estaba condenado a perder su vida ante el juicio de un Dios santo. Por lo tanto, Jesús no habría podido hacer substitución perfecta por el hombre pecador en la cruz si no se hubiera hecho del todo "semejante a los hombres" (Fil. 2:7). Tenía que ser Dios para tener el poder de un Salvador, y tenía que ser hombre para ejercer la función de sustituto.

Jesús no solo vino a la tierra como hombre sino que también fue **nacido bajo la ley, para que redimiese a los que estaban bajo la ley.** Como Pablo explica en Romanos, "lo que era imposible para la ley, por cuanto era débil por la carne, Dios, enviando a su Hijo en semejanza de carne de pecado y a causa del pecado, condenó al pecado en la carne; para que la justicia de la ley se cumpliese en nosotros" (Ro. 8:3-4).

Como cualquier otro hombre, Jesús nació **bajo la ley.** Como cualquier otro judío, estaba obligado **bajo la ley** escrita de Dios para obedecerla y ser juzgado conforme a ella. Sin embargo, a diferencia de cualquier otro judío, Él satisfizo los requisitos de esa ley del Antiguo Testamento al llevar una vida de obediencia perfecta a la ley divina. Además, por cuanto vivió en obediencia perfecta tuvo la capacidad necesaria **para que redimiese a** todos los demás hombres **que estaban bajo la ley** pero *no* eran obedientes a ella, con la única condición de que tuviesen fe en Él para salvación.

Como se explicó en el capítulo 7 (los comentarios a Gálatas 3:13), el verbo **redimir** se deriva de *exagorazō* en el griego, que tiene el significado literal de recuperar lo perdido mediante compra, y se aplicaba a los esclavos cuya libertad era adquirida por un precio. Mediante el pago de la cantidad exigida, los esclavos eran redimidos y se convertían en hombres libres, y más que eso, recibían **la adopción de hijos** (cp. Ro. 8:15, 23; 9:4; Ef. 1:5; 3:14-15). Esto hacía completa su liberación.

Huiothesia (**adopción**) es una palabra compuesta por *huios* (hijo) y *thesis* (establecimiento) y se refiere al acto por el cual un hombre confiere el título de hijo propio a alguien que no es su hijo biológico. Debido a que los hombres no son hijos de Dios por naturaleza, solo pueden convertirse en sus **hijos** mediante la **adopción** divina. En el mundo romano la **adopción** era una costumbre honorable que daba dignidad especial y entrada a la familia a quienes no habían nacido en esa familia. Con frecuencia un hombre acaudalado y sin hijos adoptaba a un esclavo joven, el cual canjeaba su esclavitud por la adopción como hijo, con todos sus privilegios concomitantes.

SU CONFIRMACIÓN

Y por cuanto sois hijos, Dios envió a vuestros corazones el Espíritu de su Hijo, el cual clama: ¡Abba, Padre! (4:6)

Dios confirma a los creyentes como sus **hijos** adoptivos por medio del don del Espíritu Santo quien es **el Espíritu de su Hijo.** Ellos no solo tienen el conocimiento de ser hijos de Dios por medio de la verdad de su Palabra que abunda en sus mentes, sino también por la esencia misma de la vinculación filial a través del **Espíritu** de Dios que mora en sus **corazones.** Un padre humano no puede dar su propia naturaleza a un hijo adoptado, pero Dios sí puede y lo hace, al enviar su Espíritu Santo a morar dentro de los **corazones** de los creyentes.

El Señor dice a sus hijos que Él les ha bendecido "con toda bendición espiritual en los lugares celestiales en Cristo", que les "escogió en él antes de la fundación del mundo, para que [fuesen] santos y sin mancha delante de él", que les había "predestinado para ser adoptados hijos suyos por medio de Jesucristo", y que en Él tienen "redención por su sangre, el perdón de pecados según las riquezas de su gracia, que hizo sobreabundar" en ellos (Ef. 1:3-5, 7-8). El problema es que cuando los creyentes experimentan circunstancias difíciles o dejan de vivir en obediencia a Dios, les resulta fácil dudar de su posición exaltada como hijos suyos.

Uno de los ministerios del **Espíritu** para beneficio de los **hijos de Dios** es equiparles con la confianza plena para clamar a Él ¡**Abba, Padre!** El **Espíritu** ejerce así un ministerio subjetivo que confirma la verdad objetiva de las Escrituras. Pablo declaró ese mismo mensaje a los creyentes en Roma: "Porque todos los que son guiados por el Espíritu de Dios, éstos son hijos de Dios. Pues no habéis recibido el espíritu de esclavitud para estar otra vez en temor, sino que habéis recibido el

espíritu de adopción, por el cual clamamos: ¡Abba, Padre! El Espíritu mismo da
testimonio a nuestro espíritu, de que somos hijos de Dios" (Ro. 8:14-16).

Como se hizo mención en el capítulo anterior, **Abba** es una expresión
diminutiva y cariñosa de la palabra "padre". Era un término afectivo usado por
los niños pequeños para llamar a sus padres y podría traducirse "papi" o "papá".
El **Espíritu** Santo nos lleva a esta relación personal e íntima con nuestro **Padre**
celestial, a quien podemos acercarnos en cualquier momento y bajo cualquier
circunstancias, sabiendo que Él siempre nos oye y cuida con amor de nosotros,
porque en verdad somos suyos.

"En él también vosotros", escribió Pablo a los efesios, "habiendo oído la
palabra de verdad, el evangelio de vuestra salvación, y habiendo creído en él,
fuisteis sellados con el Espíritu Santo de la promesa, que es las arras de nuestra
herencia hasta la redención de la posesión adquirida, para alabanza de su gloria"
(Ef. 1:13-14). El hecho de que un creyente tenga una relación íntima con Dios
y pueda clamar a Él con confianza como **Padre,** es una prueba hermosa y
magnífica de su adopción plena como hijo de Dios. Aquellos que gozan de la
condición de ser hijos de Dios por medio del **Hijo** también tienen la esencia y
la seguridad plena de ello a través del **Espíritu,** quien les atrae a una comunión
íntima con su Padre celestial.

SU CONSUMACIÓN

**Así que ya no eres esclavo, sino hijo; y si hijo, también heredero de Dios por
medio de Cristo.** (4:7)

La consumación de nuestra adopción como hijos de Dios está incluida en la
promesa divina de hacernos coherederos con Cristo. El resultado final de nuestra
relación es que recibimos la herencia eterna de nuestro Padre. En el campo
espiritual, una persona que cree en Jesucristo ya no está bajo la ley ni es su
esclavo. Gracias a que ahora está en el hijo, el creyente es no es **esclavo, sino
hijo; y si hijo, también heredero de Dios por medio de Cristo.** Tal como sucedía
con las leyes antiguas de adopción, sucede en la familia de Dios: ser hijo significa
ser heredero.

Puesto que los creyentes han sido hechos hijos de Dios, son "también
herederos; herederos de Dios y coherederos con Cristo" (Ro. 8:17). Qué verdad
tan impenetrable: que por entregarnos a Jesucristo en fe, ¡Dios nos da todo lo
que su Hijo posee!

SU OBLIGACIÓN

Ciertamente, en otro tiempo, no conociendo a Dios, servíais a los que por

naturaleza no son dioses; mas ahora, conociendo a Dios, o más bien, siendo conocidos por Dios, ¿cómo es que os volvéis de nuevo a los débiles y pobres rudimentos, a los cuales os queréis volver a esclavizar? Guardáis los días, los meses, los tiempos y los años. Me temo de vosotros, que haya trabajado en vano con vosotros. (4:8-11)

El regalo de la adopción como hijos es gratuito, como todo en la gracia de Dios, pero trae con él una obligación seria. Toda gran bendición acarrea una gran responsabilidad (Lc. 12:48). Ahora, la gran responsabilidad del creyente no tiene que ver con aspectos ceremoniales de la fe porque la salvación le ha hecho libre de todas esas cosas. Esa es la verdad que los creyentes en Galacia habían olvidado bajo la influencia seductora de los judaizantes.

Pablo recuerda a esos creyentes acerca de **otro tiempo** en el cual ellos, **no conociendo a Dios**, servían como esclavos **a los que por naturaleza no son dioses**. Antes de acudir a Cristo su religión era la de las obras humanas, y eran esclavos de diversos dioses de fabricación humana que en realidad **no** eran **dioses** en absoluto. Los no redimidos son esclavos, no solo de la ley sino también de los ídolos.

Varios años atrás visité un inmenso templo budista. Centenares de hombres y mujeres, e incluso algunos niños, se postraban delante de una gigante imagen de piedra que representaba a Buda, y hacían rezos intensos con entonaciones extrañas y ofrendas de incienso y comida. Mi corazón estaba quebrantado a causa de las tinieblas espirituales en que andaban y la falta de esperanza que tenían. Quería gritarles: "¿Por qué hacen todo esto? ¿Acaso no se dan cuenta de que esa imagen no es más que un pedazo de piedra tallado por hombres? Aquí no hay ningún dios. Buda no puede ayudarles porque ha estado muerto por mucho tiempo, tanto en sentido físico como espiritual, y quedará muerto por la eternidad. Si siguen confiando en él ustedes también morirán por la eternidad". Hay muchos dioses falsos en los que los hombres depositan su confianza, pero ninguno de ellos puede salvar.

Mientras que esas personas son dignas de conmiseración a causa de su ignorancia sobre Dios, lo cierto es que también son condenadas debido a su rebeldía contra Dios: "porque lo que de Dios se conoce les es manifiesto", dice Pablo sobre ese tipo de personas, "pues Dios se lo manifestó. Porque las cosas invisibles de él, su eterno poder y deidad, se hacen claramente visibles desde la creación del mundo, siendo entendidas por medio de las cosas hechas, de modo que no tienen excusa. Pues habiendo conocido a Dios, no le glorificaron como a Dios, ni le dieron gracias, sino que se envanecieron en sus razonamientos, y su necio corazón fue entenebrecido ... ya que cambiaron la verdad de Dios por la mentira, honrando y dando culto a las criaturas antes que al Creador" (Ro. 1:19-21, 25).

Mas ahora, conociendo a Dios, o más bien, siendo conocidos por Dios, pregunta Pablo con gran asombro, ¿cómo es que os volvéis de nuevo a los débiles y pobres rudimentos a los cuales os queréis volver a esclavizar? ¿Por qué desean volver a rendir devoción a tales cosas? Ahora que son hijos de Dios, pregunta el apóstol a los fluctuantes gálatas, ¿por qué quieren volver a la esclavitud? Ahora que son adultos libres por medio de la fe en Cristo, ¿por qué quieren retroceder a la infancia servil bajo la ley?

Entre **los rudimentos débiles y pobres** a los que algunos de los gálatas querían regresar se encontraba la observancia ritualista de **los días, los meses, los tiempos y los años.** Durante su ministerio en Galacia es indudable que Pablo haya dado a los creyentes la misma advertencia que dio a la iglesia en Colosas: "Por tanto, nadie os juzgue en comida o en bebida, o en cuanto a días de fiesta, luna nueva o días de reposo, todo lo cual es sombra de lo que ha de venir; pero el cuerpo es de Cristo" (Col. 2:16-17). "Pues si habéis muerto con Cristo en cuanto a los rudimentos del mundo, ¿por qué, como si vivieseis en el mundo, os sometéis a preceptos tales como: No manejes, ni gustes, ni aun toques (en conformidad a mandamientos y doctrinas de hombres), cosas que todas se destruyen con el uso? Tales cosas tienen a la verdad cierta reputación de sabiduría en culto voluntario, en humildad y en duro trato del cuerpo; pero no tienen valor alguno contra los apetitos de la carne" (vv. 20-23).

En su comentario titulado *El mensaje de Gálatas,* John Stott menciona el relato extraordinario de John Newton, autor del himno predilecto *Amazing Grace* ("Sublime gracia"). Newton fue hijo único y perdió a su madre a los siete años. A la edad de once años se adentró en el océano como marinero y se involucró en la trata inhumana de esclavos africanos. Endurecido por la maldad que le rodeaba, pronto superó en inmoralidad, vulgaridad y blasfemia a sus compinches. Sin embargo, a los veintitrés años su barco fue rodeado por una tormenta severa, y al temer por su vida invocó a Dios por misericordia y fue salvado de manera maravillosa. Como no quería olvidar la profundidad pecaminosa de la que había sido rescatado por la gracia de Dios, Newton inscribió después las palabras de Deuteronomio 15:15 sobre la puerta de su casa: "Y te acordarás de que fuiste siervo en la tierra de Egipto, y que Jehová tu Dios te rescató; por tanto yo te mando esto hoy".

A diferencia de John Newton, los cristianos en Galacia no recordaban lo que habían sido antes, y Pablo expresó su gran decepción frente a la inmadurez y la falta de discernimiento que habían manifestado. El apóstol era incapaz de comprender cómo es que se habían olvidado tan rápido de su esclavitud anterior cuando eran incrédulos, y con cuánta facilidad abdicaron de su nueva libertad y las bendiciones que gozaban en Cristo. **Me temo de vosotros,** se lamentó, **que haya trabajado en vano con vosotros.**

Cuán triste es para un siervo fiel del Señor llegar a creer que habían sido en vano el servicio abnegado, los riesgos y los sacrificios que había tenido que experimentar para beneficio de los habitantes de Galacia. Todos los viajes, las enfermedades, la soledad, las luchas y hasta el apedreamiento mortal que recibió en Listra, habrían sido fútiles si ellos se devolvían por el camino que recorrieron hasta su antigua esclavitud.

No es de sorprenderse que la epístola mantenga un tono tan vehemente. Tan solo pensar que todo ese esfuerzo fuera nulo constriñó a Pablo a escribir como lo hizo.

Hasta que Cristo sea formado en vosotros (4:12-20)

11

Os ruego, hermanos, que os hagáis como yo, porque yo también me hice como vosotros. Ningún agravio me habéis hecho. Pues vosotros sabéis que a causa de una enfermedad del cuerpo os anuncié el evangelio al principio; y no me despreciasteis ni desechasteis por la prueba que tenía en mi cuerpo, antes bien me recibisteis como a un ángel de Dios, como a Cristo Jesús. ¿Dónde, pues, está esa satisfacción que experimentabais? Porque os doy testimonio de que si hubieseis podido, os hubierais sacado vuestros propios ojos para dármelos. ¿Me he hecho, pues, vuestro enemigo, por deciros la verdad? Tienen celo por vosotros, pero no para bien, sino que quieren apartaros de nosotros para que vosotros tengáis celo por ellos. Bueno es mostrar celo en lo bueno siempre, y no solamente cuando estoy presente con vosotros. Hijitos míos, por quienes vuelvo a sufrir dolores de parto, hasta que Cristo sea formado en vosotros, quisiera estar con vosotros ahora mismo y cambiar de tono, pues estoy perplejo en cuanto a vosotros. (4:12-20)

Hasta este punto en la carta, el método de Pablo ha sido la confrontación impersonal. Ha escrito como un erudito en un debate académico, con la presentación de todos los argumentos posibles y las ilustraciones más pertinentes para transmitir su mensaje claramente. Ha tomado la postura de un litigante determinado en la corte o un teólogo convencido en el salón de clase, el cual hace una presentación irrefutable e impasible. Ha hecho referencias al Antiguo Testamento para enseñar a los gálatas la verdad básica del evangelio que les había enseñado antes en muchas ocasiones: la salvación es solo por gracia y el perdón del hombre por sus transgresiones de la ley divina se hace efectivo solo por la fe. El apóstol ha usado tanto su propia experiencia como la de los gálatas para reforzar su enseñanza, pero hasta este punto en la carta ha mantenido un tono distante, preocupado más por los principios que por las personas.

149

Ahora el tratamiento del apóstol sufre un cambio dramático en el versículo 12 del capítulo 4. Su enojo contra los judaizantes pasa a un segundo plano, y el escritor pasa de lo puramente doctrinal a lo más personal. De hecho, los versículos 12 al 20 son las palabras más intensas de afecto personal que Pablo emplea en cualquiera de sus epístolas. Aquí no se dedica tanto a predicar o enseñar como a derramar su corazón con llaneza en una exhortación personal. Dice en efecto: "Ustedes me importan más de lo que puedo expresar. Les amo tanto como ustedes me han amado. Por favor presten atención a lo que les digo porque es de una importancia vital".

La fuente de la afabilidad de Pablo era Cristo mismo, como se nota en su apelación a los corintios inmaduros y tercos que todo el tiempo ponían a prueba su paciencia: "Yo Pablo os ruego por la mansedumbre y ternura de Cristo" (2 Co. 10:1).

El espíritu del apóstol nos recuerda aquí que todo siervo fiel de Dios debe tener un lado amable (véase 2 Ti. 2:24). Sin importar cuán seria sea la doctrina que defienda o cuán corruptora sea la inmoralidad que está en la obligación de impugnar, nunca debe perder la sensibilidad y la compasión por sus semejantes.

En el transcurso de su disertación íntima a los gálatas en 4:12-20, Pablo primero les implora, luego recuerda con cariño con cuánto amor le aceptaron al principio, les advierte acerca de los motivos ocultos de los judaizantes y por último les dice que desea verles de nuevo en persona.

SU IMPLORACIÓN A ELLOS

Os ruego, hermanos, que os hagáis como yo, porque yo también me hice como vosotros. (4:12*a*)

El **ruego** de Pablo a sus **hermanos** en Cristo fue que reconocieran y vivieran conforme a la libertad espiritual que todos los creyentes tienen en la gracia de Dios. Esta es la verdad central de la epístola, una verdad que el apóstol había predicado y enseñado antes a los gálatas pero los judaizantes les habían seducido a dudar y renunciar.

Os ruego, hermanos, que os hagáis como yo, es decir, libres de tratar de ganarse la salvación por medio de guardar la ley, y libres de tener que vivir en sumisión a sus símbolos, ceremonias, rituales y restricciones externos. Pablo también había escrito: "soy muerto para la ley, a fin de vivir para Dios" (2:19). Ahora les imploraba que confesaran de nuevo esa muerte a la ley para volver al camino de la santificación. Ellos ya habían experimentado esa muerte al depositar su fe en Jesucristo como Señor y Salvador. Aunque todos los creyentes son llamados a vivir en obediencia a los parámetros morales de Dios que nunca cambian (tal manera de vivir es la evidencia de la salvación, como lo indica

Efesios 2:6-10), el hecho es que no pueden vivir por la ley más de lo que pudieron haber sido salvos por ella: "Estad, pues, firmes en la libertad con que Cristo nos hizo libres, y no estéis otra vez sujetos al yugo de esclavitud" (5:1).

Por ahora, Pablo se abstiene de presentar más argumentos y en su lugar da una exhortación de todo corazón: "Ustedes saben muy bien de qué modo he vivido desde que recibí a Cristo", les dice con sinceridad, "y cómo viví mientras ejercí el ministerio entre ustedes. Así quiero que ustedes vivan también".

La razón para la imploración de Pablo también es personal: **porque yo también me hice como vosotros.** Al venir a Cristo él se había despojado por completo del legalismo en que había estado envuelto con más firmeza que muchos otros judíos devotos de su época (véase Fil. 3:4-6). Aunque él era judío mientras estaba entre los de su raza y se hacía gentil entre los gentiles, conforme a su política de que "a todos me he hecho de todo, para que de todos modos salve a algunos" (1 Co. 9:20-22), Pablo nunca se comportó ni se presentó a sí mismo como algo diferente a un pecador común redimido por Jesucristo, en quien "ya no hay judío ni griego; no hay esclavo ni libre; no hay varón ni mujer" (Gá. 3:28). Por consejo de los ancianos en la iglesia de Jerusalén, Pablo accedió en una ocasión a patrocinar a cuatro hombres en el cumplimiento de cierto voto judío en el templo, a fin de evitar cualquier ofensa innecesaria a los judíos no creyentes (Hch. 21:23-26). No obstante, también lo hizo como un acto de su libertad como cristiano y no bajo la coerción de la ley.

Los judíos creyentes en Galacia sabían bien que Pablo había abandonado su servidumbre anterior, no solo a las tradiciones rabínicas sino incluso a la ley ceremonial de Moisés (cp. Hch. 21:21). Muchos de esos creyentes, como Pablo mismo, habían pagado un alto precio al volverse del judaísmo a Cristo, con el ostracismo de sus familias y sinagogas que les trataban como si ya hubieran muerto. No obstante, ahora eran intimidados por los judaizantes para regresar a su esclavitud anterior bajo la ley. "Yo les introduje a la libertad", Pablo decía con apremio; "¡por favor no vuelvan a la esclavitud!"

SU REMEMBRANZA DE ELLOS

Ningún agravio me habéis hecho. Pues vosotros sabéis que a causa de una enfermedad del cuerpo os anuncié el evangelio al principio; y no me despreciasteis ni desechasteis por la prueba que tenía en mi cuerpo, antes bien me recibisteis como a un ángel de Dios, como a Cristo Jesús. ¿Dónde, pues, está esa satisfacción que experimentabais? Porque os doy testimonio de que si hubieseis podido, os hubierais sacado vuestros propios ojos para dármelos. ¿Me he hecho, pues, vuestro enemigo, por deciros la verdad? (4:12b-16)

La división de los versículos resulta desfavorable aquí porque es obvio que 12b corresponde al versículo 13. Pablo hace un cambio algo abrupto en su enfoque para recordar a los gálatas cuán fructífera y profunda había sido en otro tiempo su relación personal con él. No solo **ningún agravio** le habían **hecho,** sino que le habían recibido con amor y con brazos abiertos mientras pasó por circunstancias personales en extremo adversas. "¿Cómo puede ser", se preguntó el apóstol, "que ahora me rechacen, después de haberme aceptado antes?"

Al llegar por primera vez a Galacia, muchos judíos se pusieron en contra de Pablo al darse cuenta de que su mensaje estaba dirigido por igual a judíos y gentiles (Hch. 13:45, 50; 14:19). Sin embargo, Dios le usó para la salvación de muchos que se convirtieron, tanto de los judíos como de los gentiles (13:43–14:1), y aquellos que aceptaron su mensaje también le aceptaron como persona a pesar de una grave aflicción física que padeció en esa época. De hecho, fue **a causa de una enfermedad del cuerpo** que Pablo les había anunciado **el evangelio al principio.**

Parece que en su primer viaje misionero Pablo o bien cayó gravemente enfermo en Galacia, o fue a ese lugar para su recuperación. Algunos sugieren que contrajo malaria mientras viajaba por las regiones bajas y pantanosas de Panfilia, por lo cual decidió ir a la región más alta y saludable de Galacia y ministrar allí por un tiempo mientras su salud mejoraba (véase Hch. 13:13–14). Aunque la malaria puede ser bastante dolorosa y debilitadora, esos efectos no son continuos. Si Pablo tuvo esa enfermedad también pudo haber predicado y enseñado entre los ataques esporádicos de fiebre y dolor. Considero que esta explicación es plausible.

Sin importar qué **enfermedad** fue, se convirtió en una **prueba** para los gálatas porque su condición física era tal que la respuesta natural a ella era la repugnancia. A pesar de ello Pablo les recuerda que: **no me despreciasteis ni desechasteis por la prueba que tenía en mi cuerpo,** por repulsiva que esta fuese. El término griego que se traduce **despreciasteis** significa juzgar como indigno o insignificante, y el término para **desechasteis** tiene el significado literal de escupir, lo cual se acostumbraba hacer como un acto de repudio. Pablo fue aceptado y tratado en cambio como una persona con dignidad.

En tiempos antiguos, sin el beneficio de medicinas buenas, vendajes antisépticos y otros elementos modernos de cuidado, las enfermedades con frecuencia desfiguraban el semblante y producían pestilencia y olores nauseabundos. La mayoría de los pueblos antiguos, incluidos los judíos, consideraban la aflicción física como una forma de juicio divino. Los discípulos de Jesús le preguntaron esto acerca del mendigo ciego que estaba en Jerusalén: "Rabí, ¿quién pecó, éste o sus padres, para que haya nacido ciego?" (Jn. 9:2). Hablaron con la misma suposición que los tres amigos de Job tuvieron con respecto a sus tragedias (Job 4:7-9; 8:1-6; 11:13-20), y los nativos de la isla de Malta con relación a la mordida de víbora que sufrió Pablo (Hch. 28:3-4).

El hecho de que la enfermedad de Pablo no hubiera sido una barrera para su credibilidad entre los judíos y los gentiles de Galacia fue algo por completo inesperado. El apóstol se admiró de que **antes bien** le recibieron **como a un ángel de Dios, como a Cristo Jesús.** No cuestionaron lo que les dijo por el aspecto que tenía. No dudaron que se trataba de un mensajero de Dios y el representante apostólico del Señor Jesús en la tierra, y estuvieron agradecidos en gran manera por la bendición de vida espiritual que habían recibido a causa de su ministerio entre ellos. Tan solo después de su segundo mensaje en Antioquía de Pisidia, los gentiles "se regocijaban y glorificaban la palabra del Señor, y creyeron todos los que estaban ordenados para vida eterna" (Hch. 13:48).

Desde el punto de vista humano, la estadía de Pablo en Galacia solo había sido una circunstancia arbitraria precipitada por una enfermedad desafortunada. Pero la manera tan abierta como fue recibido por aquellos que creyeron el evangelio que les predicó, fue más de lo que él hubiera podido anticipar. Durante el primer viaje a Galacia, la persecución había sido severa y Pablo fue hasta apedreado y dejado por muerto por los que eran hostiles al evangelio (Hch. 14:19). Al regresar después a Antioquía con Bernabé, uno se puede imaginar lo maravillado que se sintió Pablo al sentir la vasta diferencia del amor y la bondad con que fue recibido por los creyentes.

No obstante, ahora les pregunta el apóstol: **¿Dónde, pues, está esa satisfacción que experimentabais? Porque os doy testimonio de que si hubieseis podido, os hubierais sacado vuestros propios ojos para dármelos.** *Makarismos* **(satisfacción)** alude a una bendición sin igual que trae gran felicidad y sentimientos de gozo, plenitud y contentamiento.

"Desde el principio se sintieron satisfechos y felices conmigo y con el mensaje de gracia que les prediqué", les dijo Pablo. "¿Qué les hizo perder esa **satisfacción?** ¿Por qué se han puesto en mi contra y contra el evangelio de la gracia?" El apóstol refrescó sus recuerdos de que antes le habían amado a tal punto que hasta se hubieran **sacado** sus **propios ojos** para dárselos a él.

Es posible que Pablo usó esto como una simple figura lingüística, para sugerir que los gálatas estaban dispuestos a sacrificar su propia vista, el más valioso e irreemplazable de los sentidos físicos, si hacer tal cosa pudiera ayudarle de alguna forma. Si la aflicción física de Pablo tenía que ver con una enfermedad de los ojos, como especulan algunos intérpretes, es posible que hiciera aquí referencia a la disposición de los gálatas de hacer un intercambio literal de sus ojos por los de él, si es que hubiera **podido** hacerse un transplante de esa magnitud en aquellos días.

La enfermedad de los ojos era común en tiempos antiguos, como lo es todavía en muchos países subdesarrollados. Si Pablo tenía una molestia ocular se pudo haber tratado de una condición permanente, quizás era el "aguijón en mi carne" y el "mensajero de Satanás" que el Señor le permitió soportar a fin de que siempre recordara con humildad la suficiencia de la gracia divina (2 Co. 12:7–9). Puesto que la malaria ataca muchas veces el nervio óptico y ocasiona pérdida de la capacidad de reconocer colores, atrofia y hasta ceguera, la aflicción que padeció en Galacia pudo haber afectado su vista tanto como su aspecto físico. La posibilidad de visión deficiente es apoyada por el cierre de la misma epístola a los gálatas que el apóstol empieza con estas palabras: "Mirad con cuán grandes letras os escribo de mi propia mano" (Gá. 6:11). Pablo acostumbraba dictar sus cartas a amanuenses que eran como especialistas en taquigrafía (véase Ro. 16:22), pero muchas veces añadía al final una nota o saludo personal de su puño y letra (1 Co. 16:21; Col. 4:18; 2 Ts. 3:17). Si tenía problemas de visión, es probable que escribiera en letras más grandes de lo normal para ver mejor lo que escribía.

Sea cual haya sido la naturaleza específica de la enfermedad de Pablo, su punto aquí es claro: los gálatas le habían amado con un amor que les habría constreñido a hacer cualquier sacrificio en su favor.

Sin embargo, tras haber pasado unos cuantos años, la situación tuvo un cambio radical. Ahora Pablo les pregunta con mayor asombro: **¿Me he hecho, pues, vuestro enemigo, por deciros la verdad?**

Los creyentes en Galacia que habían sucumbido a la herejía de los judaizantes eran culpables de deserción espiritual. Nada rompe el corazón de un pastor, maestro o misionero fiel como ver a una persona a la que ha llevado al Señor apartarse de la fe. ¿Cuánto más aflige al Señor mismo la defección de alguno de los suyos?

En su confrontación de la deserción espiritual de Judá, el profeta Isaías preguntó de parte Dios: "¿Qué más se podía hacer a mi viña, que yo no haya hecho en ella?" (Is. 5:4). Jesús se lamentó así por Jerusalén: "¡Jerusalén, Jerusalén, que matas a los profetas, y apedreas a los que te son enviados! ¡Cuántas veces quise juntar a tus hijos, como la gallina a sus polluelos debajo de sus alas, y no quisiste!" (Lc. 13:34). Dios siempre dio sin reservas a su pueblo escogido, Israel, todo lo que le fue posible dar, incluido su propio Hijo encarnado. Ellos usaron el nombre de Dios para identificarse como pueblo, pero rehusaron obedecer su voluntad o acudir a Él en fe para que sus pecados les fueran perdonados.

"Cuando Israel era muchacho, yo lo amé" había dicho Dios por medio del profeta Oseas; "y de Egipto llamé a mi hijo. Cuanto más yo los llamaba, tanto más se alejaban de mí; a los baales sacrificaban, y a los ídolos ofrecían sahumerios. Yo con todo eso enseñaba a andar al mismo Efraín, tomándole de los brazos; y no conoció que yo le cuidaba. Con cuerdas humanas los atraje, con cuerdas de amor; y fui para ellos como los que alzan el yugo de sobre su cerviz, y puse delante de ellos la comida" (Os. 11:1–4). Dios había dado a luz a Israel, por así decirlo, le había enseñado a caminar, vendó sus heridas, la tomó en sus brazos para consolarla, y la crió y alimentó. Todo esto para que al final esta nación le diera la espalda y siguiera su propio camino. "¿Qué haré a ti, Efraín? ¿Qué haré a ti, oh Judá?", pregunta Dios con desconsuelo. "La piedad vuestra es como nube de la mañana, y como el rocío de la madrugada, que se desvanece" (6:4).

Sin embargo, durante todos los períodos de rebeldía de Israel, Dios en su gracia mantuvo la oferta gratuita de perdón como un faro constante que le llamaba de vuelta a Él: "Vuelve, oh Israel, a Jehová tu Dios; porque por tu pecado has caído. Llevad con vosotros palabras de súplica, y volved a Jehová, y decidle: Quita toda iniquidad, y acepta el bien, y te ofreceremos la ofrenda de nuestros labios" (Os. 14:1–2).

Pablo amonesta así a los creyentes: "no contristéis al Espíritu Santo de Dios, con el cual fuisteis sellados para el día de la redención" (Ef. 4:20). El Padre, el Hijo y el Espíritu Santo experimentan tristeza por igual cada vez que caen en la deserción aquellos que han sido llamados a la libertad de la gracia y la salvación. Así como hay gran alegría en los cielos cada vez que un pecador se vuelve a Dios (Lc. 15:7), también hay gran pesadumbre en los cielos cuando un creyente se aleja de Él para seguir su pecaminosidad.

Lo que esto implica es que al darse un segundo viaje de Pablo a Galacia algunos de los miembros de la iglesia ya habían sucumbido a la influencia de los judaizantes y habían empezado a dudar de **la verdad** de la salvación solo por fe, la cual habían aprendido y aceptado por medio del apóstol. El evangelio del legalismo se había vuelto más atractivo para ellos que el evangelio de la gracia, y el hombre que había sido su amigo amado se había convertido para ellos como un **enemigo.**

Muchas personas aprecian a un predicador o maestro solo mientras dice lo que ellos quieren oír. Los creyentes confundidos y desertores en Galacia habían sentido gran admiración por Pablo, pero ahora le veían como a su **enemigo,** porque él les confrontó con **la verdad** acerca del evangelio genuino de Dios que les había salvado, y con la enseñanza falsa de los judaizantes que les había llevado de nuevo a la esclavitud del legalismo.

No hay duda que entre los gálatas también se contaban algunos que nunca habían sido salvos en realidad, y por esa razón retrocedieron con facilidad al legalismo y a la justicia imperfecta de sus propias obras.

En cierta ocasión una prostituta vino a nuestra iglesia para buscar ayuda. Había alcanzado un gran éxito financiero pero estaba plagada por sentimientos tremendos de culpa y ansiedad. Tomaba mucho licor y drogas para calmar el dolor hasta que se dio cuenta de que su vida era un desastre. Cuando le expliqué el evangelio y le aseguré que Dios estaba deseoso de perdonar sus pecados y darle vida nueva si depositaba su confianza en Jesucristo, ella expresó gran interés. En el transcurso de nuestra conversación ella me contó acerca de una libreta en la que conservaba los nombres y números telefónicos de sus clientes. Yo le sugerí que sacara la libreta y la quemara ahí mismo, como un símbolo de su arrepentimiento y renuncia total a su vida vieja. Ella se sobresaltó con la idea y dijo: "¡No puedo hacer eso! Esos nombres valen miles de dólares. Bueno, supongo que no necesito a Jesús tanto como pensé". Al igual que muchas personas, ella sabía que su forma de vida era equivocada y llevaba a la ruina personal, pero amaba su vida más que al Señor y no estuvo dispuesta a abandonarla.

SU ADVERTENCIA A ELLOS

Tienen celo por vosotros, pero no para bien, sino que quieren apartaros de nosotros para que vosotros tengáis celo por ellos. Bueno es mostrar celo en lo bueno siempre, y no solamente cuando estoy presente con vosotros. (4:17-18)

De nuevo Pablo advierte a los gálatas acerca de sus enemigos verdaderos que eran los judaizantes (cp. 1:7, 9; 2:4). **Tienen celo por vosotros, pero no para bien.** El término griego que se traduce **celo** alude a la idea de tener un interés serio en alguien y con frecuencia se usaba con referencia a un hombre que pretendía a una mujer. "Los judaizantes les hablan como si trataran de conquistarles", dice el apóstol, "pero son pretendientes falsos que carecen de amor o interés verdaderos en ustedes o en su bienestar".

La mayoría de las sectas muestran un gran interés e incluso afecto hacia los posibles futuros miembros, y les hacen muchas promesas de satisfacción personal y felicidad sin igual. Tal como sucedía con los judaizantes, la naturaleza verdadera de su esclavitud espiritual se disimula muy bien.

Los judaizantes no tenían interés alguno en los creyentes de Galacia más allá de hacerles caer en la trampa de su legalismo. Eran como los escribas y fariseos a quienes Jesús dijo: "¡Ay de vosotros, escribas y fariseos, hipócritas! porque recorréis mar y tierra para hacer un prosélito, y una vez hecho, le hacéis dos veces más hijo del infierno que vosotros" (Mt. 23:15). Su intención y objetivo verdaderos consistían **apartarlos** de la gracia de Dios y ganar reconocimiento y aceptación entre la gente (esto lo implica la frase **para que vosotros tengáis celo por ellos**). Su motivación verdadera era "agradar en la carne" (6:12).

Bueno es mostrar celo en lo bueno siempre, continúa Pablo en su explicación, porque él mismo se había propuesto **mostrar celo** a los habitantes de Galacia cuando les predicó el evangelio por primera vez. La diferencia es que lo hizo de una manera encomiable y el apóstol mostró interés genuino **en lo bueno siempre,** motivado por el amor de Cristo y un deseo profundo por la salvación de los perdidos. Ese interés entusiasta era apropiado **no solamente cuando** Pablo estaba **presente con** ellos. El apóstol no estaba celoso de los judaizantes. Tampoco se oponía a ellos a fin de mantener su propia popularidad o liderazgo, sino para proteger el bienestar espiritual de los gálatas. Algunos años después Pablo escribió desde la prisión: " Algunos, a la verdad, predican a Cristo por envidia y contienda ... Los unos anuncian a Cristo por contención, no sinceramente, pensando añadir aflicción a mis prisiones ... ¿Qué, pues? Que no obstante, de todas maneras, o por pretexto o por verdad, Cristo es anunciado; y en esto me gozo, y me gozaré aún" (Fil. 1:15, 17-18).

Pablo hizo advertencias en contra de los judaizantes no debido a que ellos se oponían a él y le habían causado heridas personales, sino porque se oponían al evangelio glorioso de la salvación de Jesucristo.

SU DESEO ACERCA DE ELLOS

Hijitos míos, por quienes vuelvo a sufrir dolores de parto, hasta que Cristo sea formado en vosotros, quisiera estar con vosotros ahora mismo y cambiar de tono, pues estoy perplejo en cuanto a vosotros. (4:19-20)

Con interpelaciones maternales, Pablo se dirige ahora a los creyentes gálatas como **hijitos míos, por quienes vuelvo a sufrir dolores de parto, hasta que Cristo sea formado en vosotros.** No litigó con argumentos legales como un abogado delante de un jurado escéptico, sino que instó con amor como un padre habla a un hijo descarriado.

Hijitos es la traducción de *teknion,* un diminutivo que se usaba en sentido figurado como un término de afecto especial. Su significado literal es niño pequeño, de ahí que la traducción "hijitos" sea apropiada. Los creyentes en Galacia eran muy queridos para Pablo pero habían actuado como bebés indecisos que rehusaban nacer y salir a la luz.

La compasión de Pablo siempre era evidente. Por ejemplo, el apóstol escribió a la iglesia de los tesalonicenses: "fuimos tiernos entre vosotros, como la nodriza que cuida con ternura a sus propios hijos. Tan grande es nuestro afecto por vosotros, que hubiéramos querido entregaros no sólo el evangelio de Dios, sino también nuestras propias vidas; porque habéis llegado a sernos muy queridos" (1 Ts. 2:7-8).

Con los gálatas, en cambio, tras haber dedicado tiempo y energías para su crianza espiritual en su nueva vida en Cristo, ahora volvía **a sufrir dolores de parto.** "Esta situación es anormal y va contra la naturaleza", es lo que da a entender aquí. "Ustedes ya han experimentado el nuevo nacimiento, pero por la forma en que actúan ahora mismo parece necesario que pasen otra vez por el nacimiento espiritual. Ustedes me hacen sentir como una madre a la que le dicen que tiene que dar a luz al mismo bebé por segunda vez".

Sin embargo, por anormal y trágica que fuese su condición espiritual, Pablo no estuvo dispuesto a abandonarles **hasta que Cristo** fuese **formado en** ellos. El verbo *(morphoō)* alude más a la idea de forma esencial que a la de aspecto substancial. Por eso se aplica al carácter semejante a Cristo. La semejanza a Cristo es la meta de la vida del creyente. "Por tanto, de la manera que habéis recibido al Señor Jesucristo, andad en él", fue la exhortación apostólica para la iglesia en Colosas (Col. 2:6; cp. Ro. 13:14). Dios predestinó a los creyentes "para que fuesen hechos conformes a la imagen de su Hijo" (Ro. 8:29). "Por tanto, nosotros todos, mirando a cara descubierta como en un espejo la gloria del Señor, somos transformados de gloria en gloria en la misma imagen, como por el Espíritu del Señor" (2 Co. 3:18). El Padre envió al Hijo a la tierra no solo a morir para que los hombres pudieran ser salvos, sino también para vivir como el ejemplo divino para quienes se salvan.

El gran deseo de Pablo era tratar de manera directa los problemas que requerían su presencia inmediata entre ellos, a fin de poder tratar mejor a los gálatas en persona: **quisiera estar con vosotros ahora mismo y cambiar de tono.** El apóstol no hallaba qué decir o cómo decirlo además de lo que ya había escrito, debido a que estaba tan **perplejo en cuanto a** ellos. Este verbo *(aporeomai)* se refiere a quedar sin más que decir y sin saber qué hacer. El apóstol no podía entender cómo era posible que tras haber sido enseñados tan bien en el evangelio, y tras haberlo creído de forma tan genuina, parecía que ellos lo habían abandonado con tal precipitación (cp. 1:6).

Todo obrero cristiano pasa por momentos en los que se siente atascado y ve sus recursos extinguirse por completo. Después de decir y hacer todo lo que sabe decir y hacer, aquellos a quienes trata de ayudar, trátese bien de incrédulos o de creyentes, siguen fuera de alcance y hasta amenazan con ponerse en su contra.

Como John R. W. Stott escribe en su comentario: "la iglesia necesita a personas que al escuchar a su pastor, escuchen el mensaje de Cristo, y a pastores que al trabajar entre las personas, busquen la imagen de Cristo" *(The Message of Galatians* [El mensaje de Gálatas], Londres: InterVarsity, 1968, p. 119).

Dos pactos (4:21–5:1)

12

Decidme, los que queréis estar bajo la ley: ¿no habéis oído la ley? Porque está escrito que Abraham tuvo dos hijos; uno de la esclava, el otro de la libre. Pero el de la esclava nació según la carne; mas el de la libre, por la promesa. Lo cual es una alegoría, pues estas mujeres son los dos pactos; el uno proviene del monte Sinaí, el cual da hijos para esclavitud; éste es Agar. Porque Agar es el monte Sinaí en Arabia, y corresponde a la Jerusalén actual, pues ésta, junto con sus hijos, está en esclavitud. Mas la Jerusalén de arriba, la cual es madre de todos nosotros, es libre. Porque está escrito: Regocíjate, oh estéril, tú que no das a luz; prorrumpe en júbilo y clama, tú que no tienes dolores de parto; porque más son los hijos de la desolada, que de la que tiene marido. Así que, hermanos, nosotros, como Isaac, somos hijos de la promesa. Pero como entonces el que había nacido según la carne perseguía al que había nacido según el Espíritu, así también ahora. Mas ¿qué dice la Escritura? Echa fuera a la esclava y a su hijo, porque no heredará el hijo de la esclava con el hijo de la libre. De manera, hermanos, que no somos hijos de la esclava, sino de la libre.

Estad, pues, firmes en la libertad con que Cristo nos hizo libres, y no estéis otra vez sujetos al yugo de esclavitud. (4:21–5:1)

En este texto Pablo continúa su exposición de los contrastes entre gracia y ley, fe y obras. Guiado por el Espíritu Santo el apóstol emplea una historia del Antiguo Testamento como analogía, lo cual sirve más como ilustración que como argumento.

En casi todas las traducciones de la Biblia se ha optado por hacer una transliteración del término *allēgoreō* en lugar de traducirlo (**alegoría, v. 24**). Esto ha creado cierta dificultad en el manejo del pasaje, porque el término "alegoría" se aplica por lo general a una historia ficticia o imaginaria que tiene un significado oculto, o a una historia verdadera cuyo significado patente es irrisorio.

No obstante, es obvio que los textos bíblicos que hablan de Abraham, Sara y

Agar son tanto históricos como llenos de significado. En reconocimiento de este hecho, el equipo de traductores de la *Nueva Versión Internacional* de la Biblia se propuso contribuir al entendimiento de lo que Pablo escribió, por lo cual evitaron el uso del término **alegoría** y ofrecieron la siguiente traducción: "estas cosas pueden ser tomadas en sentido figurado". Sin embargo, esto también puede acarrear la sugerencia de algo que no es necesariamente literal. Es mejor catalogar esta narración histórica y literal como análoga e ilustrativa en función de la verdad espiritual que Pablo elucida en el texto donde hace mención de ella. El diccionario define *analogía* como "una similitud parcial entre características semejantes de dos cosas entre las cuales puede establecerse una comparación". Aquí Pablo hace una simple comparación de similitudes entre la historia de Abraham y la verdad espiritual que enseña en el texto, y esta interpretación es consecuente con el significado de *allēgoreō* en el original.

Pablo no explica por qué, después de los argumentos potentes e irrefutables que ya ha expuesto, ahora recurre a una alegoría para generar persuasión adicional.

La alegoría como tal es un medio de interpretación etéreo y riesgoso. Debido a que la alegoría no necesita estar basada en los hechos, es limitada solo por la imaginación del intérprete y es fácilmente influenciada por sus predisposiciones personales. Con frecuencia lleva a conclusiones sesgadas y en algunos casos descabelladas.

Los rabinos antiguos usaban con regularidad métodos alegóricos para interpretar las Escrituras, y muchas veces se arrogaban el descubrimiento de "verdades" ocultas, portentosas y deslumbrantes que según ellos se habían mantenido escondidas en el significado ordinario de las palabras de un texto sagrado. La numerología era bastante popular y era más fácil y tentadora por el simple hecho de que los números hebreos son representados por ciertas letras del alfabeto hebreo, cuyos valores en algunos casos solo pueden ser determinados por el contexto. Como cada palabra tenía un valor aritmético correspondiente, esos números eran interpretados con frecuencia como la revelación de ciertas verdades esotéricas acerca de la persona, el lugar o el acontecimiento que la palabra representaba. Las repeticiones también se interpretaban en sentido alegórico. Por ejemplo, "Abraham, Abraham" era interpretado por algunos rabinos como una evidencia de que él había sido destinado para tener una vida de ultratumba en el cielo mismo.

Durante los últimos siglos antes de la venida de Cristo, eruditos judíos en Alejandría desarrollaron un sistema de alegorías bíblicas que ejerció una fuerte influencia no solo en el judaísmo sino también en el catolicismo romano hasta el tiempo de la reforma protestante. Por ejemplo, el río Éufrates era visto como la fuente de las buenas costumbres. El viaje de Abraham desde Ur hasta la Tierra Prometida ilustraba a un filósofo estoico que había abandonado sus percepciones sensuales para alcanzar la iluminación espiritual. Los dos denarios entregados por el buen samaritano al mesonero de la parábola simbolizaban el bautismo y la cena del Señor. El papa Gregorio afirmaba que los siete hijos de Job representaban a los doce apóstoles, sus amigos representaban a los herejes, sus siete mil ovejas representaban al pueblo fiel de Dios, ¡y sus tres mil camellos representaban a los gentiles perdidos!

La alegoría es como una caja de Pandora que ignora el significado literal e histórico de las Escrituras para dejar el campo abierto a la interpretación bíblica de todos los extremos. A causa del carácter finito y caído del hombre, conduce de forma inevitable a conclusiones arbitrarias, absurdas e inútiles.

El Espíritu Santo dirigió a Pablo a hacer uso de la analogía en esta ocasión, con el propósito de mostrar a los judaizantes que el plan de redención de Dios siempre ha sido por gracia. **La ley** misma enseña e ilustra que la salvación nunca fue por medio de sus provisiones.

El término **ley** se aplicaba con frecuencia a todo el Antiguo Testamento (véase por ejemplo, Ro. 3:19), pero aquí se refiere en particular al pentateuco, los cinco libros escritos por Moisés. Lo que Pablo quiere establecer mediante la analogía tomada de los escritos de Moisés es que **la ley** no puede ser un medio de salvación sino que es el camino que conduce a la servidumbre espiritual y moral.

Como introducción a la analogía, Pablo sugiere a los judaizantes y a los cristianos judíos que habían sido descarriados por ellos, que observen con cuidado la ley que tanto fomentan. **Decidme,** les pregunta el apóstol, **los que queréis estar bajo la ley: ¿no habéis oído la ley?** "Puesto que ustedes insisten en vivir **bajo la ley,** ¿están dispuestos a oír lo que **la ley** dice en realidad?"

Jesús empleó un método similar con los líderes judíos en varias ocasiones. En el sermón del monte, tras declarar de forma inequívoca que Él no había venido para abrogar la ley de Dios, también advirtió que las prácticas legalistas de los escribas y fariseos nunca podrían capacitar a una persona para entrar al reino de los cielos (Mt. 5:17-20). El enfoque de todo el sermón fue mostrar que ninguna persona puede cumplir en sus propias fuerzas las demandas santas de la ley, la primera de las cuales consiste en mantener un corazón justo y perfecto (5:6, 8, 48; cp. Mt. 22:36-38). En otra ocasión los principales de los sacerdotes y los escribas amonestaron a Jesús por no negarse el título de Hijo de David que le fue atribuido el domingo de ramos por la multitud, en la cual estaban incluidos muchos niños. Por su parte, Jesús recordó a esos líderes religiosos un dicho bien conocido de sus propias Escrituras sagradas que utilizaban para afirmar su autoridad suprema. "Sí", les respondió con gusto; "¿nunca leísteis: de la boca de los niños y de los que maman perfeccionaste la alabanza?" (Mt. 21:9-16; cp. Sal. 8:2).

A medida que Pablo desarrolla la analogía, primero presenta su trasfondo histórico, luego su interpretación divina y por último su aplicación personal.

EL TRASFONDO HISTÓRICO

Porque está escrito que Abraham tuvo dos hijos; uno de la esclava, el otro de la libre. Pero el de la esclava nació según la carne; mas el de la libre, por la promesa. (4:22-23)

Pablo recuerda a sus lectores que su ancestro **Abraham** fue progenitor de toda la raza hebrea. Era en su ascendencia racial desde Abraham que los judíos del tiempo de Pablo confiaban para su salvación. Sin embargo, como Juan el Bautista había declarado a los fariseos y saduceos, el simple hecho de que los judíos dijeran "A Abraham tenemos por padre" no les hacía justos delante de Dios, quien "puede levantar hijos a Abraham aun de estas piedras" (Mt. 3:9). Jesús dijo a otro grupo de judíos incrédulos que el simple hecho de ser los descendientes físicos de Abraham no solo no les hacía hijos de Dios sino que tampoco impedía que fueran hijos del diablo, igual que los gentiles incrédulos (Jn. 8:33–44).

El primer dato histórico que Pablo recuerda acerca de **Abraham** fue que él **tuvo dos hijos.** Los **hijos** se distinguieron entre sí por varias cosas, primero que todo porque tuvieron madres diferentes. Una de ellas fue **esclava** y la otra fue **libre.** El primer hijo fue Ismael, cuya madre fue Agar, una esclava egipcia de Sara, la esposa de Abraham. El segundo fue Isaac, cuya madre fue Sara.

En la exposición de esta analogía, todas las distinciones entre ambos hijos están basadas en el hecho de que tuvieron dos madres diferentes, no en el hecho de que tuvieron un mismo padre, **Abraham.** La herencia de la estirpe que vino por una de las madres fue perdición y servidumbre, mientras que la herencia del linaje de la otra madre es salvación y libertad.

El segundo dato histórico que Pablo trae a la memoria es que **el** hijo **de la esclava nació según la carne; mas el de la libre, por la promesa.**

Muchos años después de la primera vez que Dios prometió un hijo a Abraham, Sara seguía sin concebir. Al llegar a la edad de ochenta y seis, y su esposa a los setenta y seis años, Abraham temió que, según la costumbre de aquellos tiempos, su mayordomo Eliezer de Damasco tendría que convertirse en su único heredero. Abraham clamó a Dios en su desesperación y el Señor reafirmó su promesa original: "No te heredará éste, sino un hijo tuyo será el que te heredará" (Gn. 15:1-4). Sin embargo, pasaron más años y Sara seguía sin concebir, así que ella indujo a Abraham a engendrar un hijo por medio de su esclava Agar.

El nacimiento de ese hijo, cuyo nombre fue Ismael, fue **según la carne,** no porque haya sido físico sino a causa del artificio humano con que Sara concibió el plan que Abraham llevó a cabo, el cual fue motivado por deseos egoístas y realizado por medios puramente humanos.

Por otro lado, el nacimiento de Isaac, quien fue **el hijo de** Sara **la** mujer **libre**, se hizo realidad **por la promesa**. Su concepción fue sobrenatural, no en el sentido de que haya sido concebido por intervención directa del Espíritu Santo, como lo fue Jesús, sino que el Espíritu Santo intervino de forma milagrosa para capacitar a Abraham y Sara a fin de que produjeran un hijo después de ella haber pasado mucho tiempo atrás por la edad propicia para tener hijos, además de haber sido estéril toda su vida. "Por la fe también la misma Sara, siendo estéril, recibió fuerza para concebir; y dio a luz aun fuera del tiempo de la edad, porque creyó que era fiel quien lo había prometido" (He. 11:11). Cuando Isaac nació, su padre tenía cien años y su madre noventa (Gn. 17:17; 21:5).

La concepción de Ismael representa el camino del hombre que es **según la carne**, mientras que la concepción de Isaac representa el camino de Dios que es **por la promesa**. El primero es análogo a la justicia humana por vía de los esfuerzos individuales del hombre y sus obras religiosas; el segundo es análogo al camino de la fe y de la justicia imputada por Dios. Uno corresponde al legalismo y el otro a la gracia. Ismael simboliza a los que solo han tenido un nacimiento natural y confían en sus propias obras. Isaac simboliza a quienes también han tenido un nacimiento espiritual por cuanto han confiado en la obra de Jesucristo.

LA INTERPRETACIÓN DIVINA

Lo cual es una alegoría, pues estas mujeres son los dos pactos; el uno proviene del monte Sinaí, el cual da hijos para esclavitud; éste es Agar. Porque Agar es el monte Sinaí en Arabia, y corresponde a la Jerusalén actual, pues ésta, junto con sus hijos, está en esclavitud. Mas la Jerusalén de arriba, la cual es madre de todos nosotros, es libre. Porque está escrito: Regocíjate, oh estéril, tú que no das a luz; prorrumpe en júbilo y clama, tú que no tienes dolores de parto; porque más son los hijos de la desolada, que de la que tiene marido. (4:24-27)

Aquí Pablo hace la aclaración específica de que su presente ilustración es una analogía. **Lo cual** se refiere a los versículos 22 y 23, donde empieza la analogía. La desafortunada transliteración de **alegoría** es una palabra (*allēgoreō*) compuesta por las siguientes alocuciones: *allos* (otro) y *agoreuō* (hablar en un lugar de reunión, es decir, en público). Su significado literal es "decir algo diferente a lo que se habla". Se usaba con referencia a una historia cuyo significado era diferente al que parecían tener las palabras en su sentido literal. Alude a la idea de una cosa que es representada con la imagen de otra cosa. En este caso, la verdad espiritual es ilustrada por el relato histórico y por eso se puede hablar más correctamente de "analogía", ya que este es el significado básico del término griego.

Bajo la inspiración del Espíritu Santo, el apóstol explica que **estas mujeres,** la sierva Agar y la mujer libre Sara, **son** ilustraciones de **los dos pactos.** Las dos madres y los dos hijos representan de manera gráfica y patente **dos pactos.** Agar e Ismael representan el pacto de la ley y las obras, mientras que Sara e Isaac representan el pacto de la gracia y la fe.

El antiguo pacto de la ley fue dado por medio de Moisés en el **monte Sinaí** y requería que el pueblo escogido de Dios guardase todos los mandatos dados por Él en conexión a ese pacto. Debido a que los términos del pacto fueron imposibles de cumplir por parte de los seres humanos, el pacto produjo una especie de **hijos para esclavitud** espiritual, los cuales tenían que vivir sometidos a un amo del cual jamás podrían escapar. Cualquier persona, incluido cualquier judío, que tratara de satisfacer a Dios y alcanzar libertad de la condenación mediante sus propios intentos de justificación individual para vivir conforme a ese pacto, era en sentido espiritual como el hijo de **Agar** la sierva. Era un esclavo que luchaba por alcanzar una libertad que no podía obtener por sus propios esfuerzos.

Los descendientes de **Agar** a través de Ismael se radicaron más adelante en las áreas desérticas al oriente y al sur de la Tierra Prometida. Llegaron a ser conocidos en todo el mundo como árabes y su amplio territorio fue **Arabia.** Es significativo que el **monte Sinaí** se ubica en un área que todavía se conoce en la actualidad como la península arábiga.

Fue entre los hijos de Agar y Sara que tuvo comienzo la animosidad árabe–israelí que continúa hasta el día de hoy, después de más de cuatro mil años de rencillas que han producido un conflicto continuo entre dos pueblos que trazan su origen común a partir de un mismo ancestro: Abraham.

El monte Sinaí en Arabia, continúa Pablo su explicación, **corresponde a la Jerusalén actual.** Tanto el **monte Sinaí** como **Jerusalén** se asocian por lo general con los judíos y no con los árabes, pero una enseñanza principal en toda la epístola a los gálatas es que todas las distinciones superficiales que se establecen entre los hombres, incluidas las de tipo histórico, geográfico, racial, social y cultural, carecen en absoluto de relevancia en el campo espiritual (véase 3:28). De hecho, la identidad de una persona como judío, gentil, árabe o lo que sea, no hace diferencia alguna en el ámbito espiritual. Lo que tienen en común los incrédulos que pertenecen a esos diferentes grupos de personas es más importante y condenatorio que cualquiera de sus diferencias. En sentido espiritual, *todos* los incrédulos del mundo están perdidos porque todos ellos son descendientes espirituales de Agar e Ismael; son esclavos religiosos que viven por el beneficio y el poder fútiles de su carne, de tal modo que siempre luchan para justificarse ante Dios y nunca lo logran.

Pablo se refiere a la primera **Jerusalén** como **la actual** para mostrar que tiene en mente la ciudad terrenal histórica que se conoce con ese nombre. Así como Dios escogió el **monte Sinaí** como el lugar geográfico para dar el antiguo pacto a Moisés, Él escogió a **Jerusalén** como el lugar geográfico donde el antiguo pacto sería establecido, propagado y ejemplificado. En esta ilustración *ambos* lugares representan el antiguo pacto de la ley y las obras, así como la esclavitud que producen.

Es obvio que la Ciudad Santa también fue el lugar donde se llevó a cabo la consumación del nuevo pacto en la muerte y resurrección del Señor Jesucristo, pero a causa del rechazo de la gente a ese Nuevo Testamento, **la Jerusalén actual,** como **el monte Sinaí en Arabia,** es el lugar donde Agar, en sentido figurado, está **junto con sus hijos** incrédulos, **en esclavitud.** Estos hijos son los judíos que rechazan a Cristo, ignoran la gracia divina y creen que son justos por sí mismos. A excepción de unos cuantos creyentes, los habitantes judíos de **la Jerusalén** del tiempo de Pablo estaban en la más profunda servidumbre al legalismo condenatorio. Por su parte, los judaizantes en Galacia trataban de subvertir a los judíos creyentes para que volvieran a esa esclavitud, a los rituales, las ceremonias, los esfuerzos propios y todas las demás obras de la carne que constituyen la **esclavitud** sin esperanza de los **hijos** espirituales de Agar.

Por otro lado, los descendientes espirituales de Sara a través de Isaac, viven en **la Jerusalén de arriba** y son libres porque ella **es madre de todos nosotros,** si es que nos contamos entre aquellos que viven por fe en la promesa de gracia de Dios, la cual fue dada a Abraham y cumplida del todo en Jesucristo.

La "ciudadanía" de los cristianos "está en los cielos, de donde también esperamos al Salvador, al Señor Jesucristo" (Fil. 3:20). Al hacer referencia al monte Sinaí, el escritor de Hebreos dice a los creyentes: "Porque no os habéis acercado al monte que se podía palpar, y que ardía en fuego, a la oscuridad, a las tinieblas y a la tempestad ... sino que os habéis acercado al monte de Sion, a la ciudad del Dios vivo, Jerusalén la celestial" (He. 12:18, 22).

Los habitantes de **la Jerusalén** celestial son libres de la ley, las obras, la esclavitud y la carne. También son libres, como no lo son los habitantes de la Jerusalén actual, para hacer todo el bien que quieran y que de verdad agrada a Dios. Antes de venir a Cristo, una persona es libre para hacer cualquier cosa mala que quiera, pero no es verdaderamente libre para hacer lo que es bueno y recto ante los ojos de Dios. El Espíritu Santo no solo hace libre al creyente del pecado sino que le capacita, por primera vez en su vida, para hacer lo que es correcto. "Así que, si el Hijo os libertare, seréis verdaderamente libres" (Jn. 8:36).

Un día la **Jerusalén** celestial descenderá a la tierra (Ap. 21-22), pero lo cierto es que ya existe, con la seguridad y la eternidad que la Jerusalén actual y terrenal nunca tendrá. "Nacido de nuevo" (Jn. 3:3) también se puede traducir "nacido de arriba", y solo aquellos que nacen de lo alto son los que han ascendido espiritualmente a los lugares celestiales para vivir en **la Jerusalén de arriba.**

Pablo continúa con una cita de Isaías 54:1. **Porque está escrito: Regocíjate, oh estéril, tú que no das a luz; prorrumpe en júbilo y clama, tú que no tienes dolores de parto; porque más son los hijos de la desolada, que de la que tiene marido.** Esas palabras fueron escritas con el propósito de confortar a los exiliados judíos en Babilonia pero aquí se aplican a Sara, la mujer **estéril** cuya esterilidad parecía un obstáculo insuperable para el cumplimiento de la promesa que Dios hizo a su esposo, Abraham. Así como la nación que se encontraba bajo cautiverio en Babilonia recibió mayor libertad y abundancia, también llegarían los frutos de la libertad espiritual a quienes padecían bajo el cautiverio de la ley y su castigo inexorable, la muerte.

Así como Sión fue madre de hijos por gracia después del cautiverio, también los creyentes serán multiplicados por la gracia divina en la Jerusalén celestial, la cual también estuvo estéril por mucho tiempo. "La congregación de los primogénitos que están inscritos en los cielos" (He. 12:23) fue conformada en el momento en que Jesús fue crucificado y resucitado para llevar cautiva la cautividad y quitar la esterilidad espiritual que ningún esfuerzo humano bajo el antiguo pacto pudo quitar. El cielo, **la Jerusalén de arriba,** seguirá poblándose con los santos de Dios nacidos de lo alto hasta que haya entrado por sus puertas el último creyente predestinado.

Con una sola frase Pablo expone el factor común del poder divino que actuó en beneficio de Sara, los judíos cautivos y la iglesia. El elemento común de los tres es que el poder divino concede libertad y fruto espiritual sin reservas. Los resultados gloriosos en estos tres casos provienen de la gracia de regeneración divina y no del esfuerzo humano.

LA APLICACIÓN PERSONAL

Así que, hermanos, nosotros, como Isaac, somos hijos de la promesa. Pero como entonces el que había nacido según la carne perseguía al que había nacido según el Espíritu, así también ahora. Mas ¿qué dice la Escritura? Echa fuera a la esclava y a su hijo, porque no heredará el hijo de la esclava con el hijo de la libre. De manera, hermanos, que no somos hijos de la esclava, sino de la libre.

Estad, pues, firmes en la libertad con que Cristo nos hizo libres, y no estéis otra vez sujetos al yugo de esclavitud. (4:28–5:1)

Pablo se dirige otra vez a los creyentes en Galacia como **hermanos** (cp. 1:11; 4:12), y les dice que ellos, **como Isaac,** son **hijos de la promesa.** Todo creyente, **como Isaac,** es concebido por medios sobrenaturales y nace de manera milagrosa, y es uno de los descendientes de la **promesa** de Dios hecha a Abraham y cumplida a la perfección en Cristo. Los que empiezan a caer en la trampa del judaísmo legalista deben recordar que son **hijos de la promesa** que deben su vida, no a sus propios esfuerzos sino al poder milagroso de Dios, tal como lo fue Isaac en el campo físico. El poder soberano de la gracia de Dios les dio vida, y volver a caer bajo el dominio de la ley equivalía a negar esa obra divina y deshonrar a Dios.

En 4:29—5:1 Pablo menciona tres resultados de ser un Isaac espiritual, un hijo de la promesa redimido a través de Sara. Primero que todo, así **como entonces**, en el tiempo en que Ismael tenía resentimiento contra Isaac, los descendientes espirituales de Isaac, quien era el **que había nacido según el Espíritu,** pueden esperar persecución por parte de los descendientes espirituales de Ismael, quien fue **el que había nacido según la carne.**

En cierta ocasión Abraham tuvo una fiesta para celebrar que Isaac había sido destetado. Ismael se burló de la ocasión (Gn. 21:9) porque detestaba a Isaac tanto como su madre odiaba a Sara (16:4-5). Pablo nos dice que esto es **así también ahora.** A lo largo de la historia, y aun en la actualidad, los descendientes físicos y espirituales de Agar e Ismael han hecho oposición y persecución en contra de los descendientes físicos y espirituales de Sara e Isaac. Todos los que se aferran a una falsa salvación por obras y confían en su propia observancia de la ley, aborrecen a los que proclaman la salvación por gracia sin obras humanas.

En sus propias mentes los judaizantes se creían descendientes legítimos de Dios a través de Abraham e Isaac. Pablo escribió aquí algo que les enfurecía más que cualquier cosa, es decir, que ellos y todos los demás incrédulos son en realidad descendientes espirituales de Ismael tanto como los árabes son sus descendientes físicos. "Si fueseis hijos de Abraham, las obras de Abraham haríais. Pero ahora procuráis matarme a mí, hombre que os he hablado la verdad, la cual he oído de Dios; no hizo esto Abraham" (Jn. 8:39-40). Pablo escribió a los romanos: "no es judío el que lo es exteriormente, ni es la circuncisión la que se hace exteriormente en la carne; sino que es judío el que lo es en lo interior, y la circuncisión es la del corazón, en espíritu, no en letra; la alabanza del cual no viene de los hombres, sino de Dios" (Ro. 2:28-29).

Bien sea dentro del judaísmo o del cristianismo, los legalistas siempre han sido perseguidores. Aquellos que confían en Dios siempre han sido perseguidos por los que confían en ellos mismos. Los creyentes verdaderos siempre han sido más maltratados y oprimidos por gente religiosa que por ateos. Es el sistema religioso falso de Apocalipsis 17:6 el que se embriaga con la sangre de los santos.

En segundo lugar, los hijos espirituales de Sara e Isaac recibirán una herencia que los hijos espirituales de Agar e Ismael nunca tendrán. Es tal como lo dice **la Escritura: Echa fuera a la esclava y a su hijo, porque no heredará el hijo de la**

esclava con el hijo de la libre. Los perseguidores van a ser echados fuera y los perseguidos recibirán la herencia prometida que les corresponde. Así como Sara mandó echar a Agar e Ismael de la casa de Abraham (Gn. 21:10-14), la misma suerte les espera a sus descendientes incrédulos, aquellos que viven por las obras de la carne que serán echados de la casa de Dios (cp. Mt. 7:22-23; 25:41). Ni uno solo que esté por fuera del pacto de la gracia recibirá cosa alguna de Dios.

En tercer lugar, aunque los creyentes son **hermanos** en Jesucristo y por ende **no** son **hijos de la esclava, sino de la libre,** de todas maneras están bajo la obligación de vivir con fidelidad para con su Señor. **Estad, pues, firmes en la libertad con que Cristo nos hizo libres,** dice Pablo, **y no estéis otra vez sujetos al yugo de esclavitud** de la ley y su impotencia.

A la luz de lo que Pablo ha dicho a lo largo de la epístola, aquí también es implícita esta pregunta inquietante: "Si esto es así, ¿por qué algunos de ustedes quieren volver a ser como Ismael, quien fue un esclavo que vivió en el destierro y la separación de Dios?" Esto carecía de todo sentido.

"Pero gracias a Dios", exclamó Pablo a la iglesia de los romanos, "que aunque erais esclavos del pecado, habéis obedecido de corazón a aquella forma de doctrina a la cual fuisteis entregados; y libertados del pecado, vinisteis a ser siervos de la justicia. Hablo como humano, por vuestra humana debilidad; que así como para iniquidad presentasteis vuestros miembros para servir a la inmundicia y a la iniquidad, así ahora para santificación presentad vuestros miembros para servir a la justicia" (Ro. 6:17-19).

Pablo dice sin ambages que Dios ha declarado como propósito de la redención **la libertad** del creyente. **Cristo nos hizo libres** del poder de la ley para atacarnos con la culpa y en últimas con la muerte, por medio de su muerte y resurrección. Volver otra vez **al yugo de esclavitud** es absurdo. Sin embargo, los creyentes en Galacia fueron engañados por los judaizantes para hacer eso mismo.

Los descendientes espirituales de Sara e Isaac deben vivir como ellos vivieron: por fe. "Por la fe también la misma Sara, siendo estéril, recibió fuerza para concebir; y dio a luz aun fuera del tiempo de la edad, porque creyó que era fiel quien lo había prometido" (He. 11:11), y "por la fe bendijo Isaac a Jacob y a Esaú respecto a cosas venideras" (v. 20).

Hay dos advertencias, una positiva (**estad, pues, firmes**) y otra negativa (**no estéis otra vez sujetos**). Los creyentes deben acatar estas advertencias con seriedad para perseverar en su libertad. Así como un buey soltado no se vuelve a poner el yugo con que ara la tierra, nosotros tampoco volvamos **al yugo de esclavitud.**

En el ámbito humano y personal, Gálatas 4:21-5:1 continúa el contraste entre los valores de los judaizantes y los valores de Pablo. Sin embargo, en el nivel más importante de la doctrina constituye una serie extensa de contrastes entre el camino de la ley y el camino de la gracia, el camino de las obras y el camino de la fe, el camino del hombre y el camino de Dios. Si seguimos ese mismo patrón veremos de forma explícita o implícita los contrastes entre Agar y Sara, Ismael e Isaac, los hijos del diablo y los hijos de Dios, los mandamientos y la promesa, la ira y la misericordia, la esclavitud y la libertad, el antiguo y el nuevo pacto, Sinaí y Sión, la Jerusalén actual y la Jerusalén de arriba, lo carnal y lo espiritual, el rechazo y la herencia, y la perdición y la salvación. A lo largo de esta epístola, y sin duda en todas las Escrituras, tales contrastes reflejan y demuestran el contraste de todas las eras: el camino de Satanás y el camino de Dios. Sabemos que en el plan final e inmutable de Dios, el diablo y su camino serán destruidos, y solo permanecerá firme el camino de Dios, por siempre y para siempre. Ante esta realidad, toda indecisión entre ambos caminos resulta del todo inaceptable.

Caídos de la gracia (5:2-12) 13

He aquí, yo Pablo os digo que si os circuncidáis, de nada os aprovechará Cristo. Y otra vez testifico a todo hombre que se circuncida, que está obligado a guardar toda la ley. De Cristo os desligasteis, los que por la ley os justificáis; de la gracia habéis caído. Pues nosotros por el Espíritu aguardamos por fe la esperanza de la justicia; porque en Cristo Jesús ni la circuncisión vale algo, ni la incircuncisión, sino la fe que obra por el amor. Vosotros corríais bien; ¿quién os estorbó para no obedecer a la verdad? Esta persuasión no procede de aquel que os llama. Un poco de levadura leuda toda la masa. Yo confío respecto de vosotros en el Señor, que no pensaréis de otro modo; mas el que os perturba llevará la sentencia, quienquiera que sea. Y yo, hermanos, si aún predico la circuncisión, ¿por qué padezco persecución todavía? En tal caso se ha quitado el tropiezo de la cruz. ¡Ojalá se mutilasen los que os perturban! (5:2-12)

Este pasaje da comienzo a la tercera sección de la carta. Tras defender su apostolado (capítulos 1-2) y su mensaje de justificación por fe (capítulos 3-4), Pablo aplica ahora esa doctrina a la vida práctica del cristiano (capítulos 5-6), enfocado en el hecho de que la doctrina correcta siempre debe traer como resultado una manera correcta de vivir. Su tema es la santificación que debe venir como resultado de la justificación. La vida de fe genuina es más que una creencia pasiva en la verdad divina, también es la producción de fruto divino.

De manera especial en el capítulo 5 (vv. 5, 16-18, 25), el apóstol resalta el ministerio personal del Espíritu Santo en la vida del creyente, sin el cual sería imposible la vida cristiana auténtica. Es el Espíritu Santo quien hace que la vida de fe funcione y que la fe obre para vida. Si no fuera por el poder del Espíritu Santo que mora en el creyente, la vida en la fe no sería más productiva o aceptable para Dios que la vida en la ley.

La libertad con que Cristo nos hizo libres (v. 1) es la libertad para vivir una vida de justicia en el poder del Espíritu Santo. La norma de santidad de Dios no ha cambiado. Como Jesús deja en claro en el sermón del monte, no solo requiere desempeño exterior sino perfección interior. Por medio de su Espíritu Santo, los creyentes tienen la capacidad para vivir en rectitud.

Los últimos dos capítulos de Gálatas son un retrato de la vida llena del Espíritu, de la manera como el creyente implementa la vida de fe bajo el control y con el poder del Espíritu Santo. La vida llena del Espíritu se convierte así en un testimonio contundente del poder de la justificación por fe.

Al hacer su llamado a una vida llena del Espíritu y su libertad en lugar de retroceder a la vida fútil del legalismo con sus esfuerzos y obras ineficaces, Pablo empieza con lo negativo: primero una advertencia contra la doctrina falsa (vv. 2-6) y luego contra los falsos maestros (vv. 7-12). El apóstol muestra los peligros espirituales de la primera y el carácter corrupto de los segundos.

LOS PELIGROS DE LA DOCTRINA FALSA

He aquí, yo Pablo os digo que si os circuncidáis, de nada os aprovechará Cristo. Y otra vez testifico a todo hombre que se circuncida, que está obligado a guardar toda la ley. De Cristo os desligasteis, los que por la ley os justificáis; de la gracia habéis caído. Pues nosotros por el Espíritu aguardamos por fe la esperanza de la justicia; porque en Cristo Jesús ni la circuncisión vale algo, ni la incircuncisión, sino la fe que obra por el amor. (5:2-6)

El error doctrinal básico de los judaizantes era la justicia por obras, el mismo error que está en la raíz de todo sistema religioso de fabricación humana. Los judíos eran conocidos simplemente como "los de la circuncisión" (Hch. 10:45; 11:2; Gá. 2:7), ya que esta era su marca externa más distintiva y la que más les hacía sentir orgullosos y confiados. En lugar de valorar la **circuncisión** como Dios la había dado, es decir, como un símbolo de su pacto de promesa (Gn. 17:9-10), la mayoría de los judíos consideraban que tenía valor espiritual intrínseco. Para ellos no era un recordatorio de la bendición de Dios en su gracia y soberanía, sino un medio automático para garantizar su favor.

Debe advertirse que el simbolismo del corte del prepucio masculino consistía en un recuerdo constante para todas las generaciones de judíos, de que Dios deseaba cortar por completo la maldad de sus corazones (cp. Dt. 30:6; Jer. 4:4; 9:24-26). Todo varón circuncidado era un símbolo dramático del deseo que Dios tenía de purificar el corazón humano mediante la fe en Él y la aplicación de su gracia perdonadora al creyente.

Aquí la objeción de Pablo no es contra la **circuncisión** en sí. Al igual que todo niño judío, él mismo había sido circuncidado en su infancia (Fil. 3:5). El apóstol ni siquiera tenía problemas con la circuncisión de un cristiano siempre y cuando, como en el caso de Timoteo (Hch. 16:1-3), el acto tuviera el propósito de abrir las puertas para el ministerio. Puesto que Timoteo era mitad judío,

Pablo tuvo que circuncidarle a fin de que ambos tuvieran una mayor oportunidad de testificar a los judíos. Además, si se hubiera enterado de las posibles ventajas de la circuncisión para la salud, tampoco se habría opuesto a ella en ese sentido. La advertencia de Pablo acerca de la **circuncisión** solo tenía que ver con la idea falsa de que produjera de suyo algún beneficio o mérito espiritual. Los judaizantes decían en efecto que la fe en Jesucristo, aunque importante, no era suficiente para una salvación completa. Enseñaban que lo iniciado por Moisés en el antiguo pacto y complementado por Cristo en el nuevo pacto, tenía que ser finalizado y perfeccionado con los esfuerzos individuales, el más importante de los cuales se cristalizaba en el ritual judío de la **circuncisión.**

El concilio de Jerusalén fue convocado para tratar esta falsa enseñanza que declaraba: "Si no os circuncidáis conforme al rito de Moisés, no podéis ser salvos ... Es necesario circuncidarlos, y mandarles que guarden la ley de Moisés" (Hch. 15:1, 5).

A medida que Pablo combate esa noción hereje, expone cuatro consecuencias trágicas que trae como resultado. La persona que confía en la circuncisión pierde los beneficios de la obra de Cristo en su favor, queda bajo la obligación de guardar toda la ley, rechaza la gracia de Dios y se excluye de la justicia de Dios.

CRISTO DE NADA APROVECHA

He aquí, yo Pablo os digo que si os circuncidáis, de nada os aprovechará Cristo. (5:2)

He aquí, yo Pablo os digo es una frase que pone de manifiesto la autoridad apostólica (véase 1:1) con que Pablo hace esta grave declaración. También recalca de este modo que él también es judío, y al haber sido en otro tiempo fariseo y "hebreo de hebreos" (Fil. 3:5), no habla en contra de la circuncisión a causa de algún prejuicio personal o racial contra los judíos. Tanto como apóstol y judío circuncidado y redimido, declaró que someterse a la circuncisión con el propósito de ganar méritos ante Dios equivalía a invalidar la obra de Cristo: **si os circuncidáis, de nada os aprovechará Cristo.** El sacrifico expiatorio del Señor Jesucristo, aunque es perfecto y completo para todos, no puede beneficiar a una persona que pone su confianza en algo diferente, porque esa otra cosa, bien sea la circuncisión o cualquier otro acto o esfuerzo humano, se coloca entre esa persona y **Cristo.**

Todas las personas a quienes Pablo escribía habían profesado a Jesucristo como Salvador y Señor, de otro modo no habrían sido parte de las iglesias en Galacia. Muchos, quizás la mayoría, habían tenido una confianza genuina en Él para su salvación. La verdad que Pablo presenta aquí se aplicaba a ambos grupos.

El mensaje para los que no eran salvos fue que no podían salvarse ni aprovechar para **nada** los beneficios eternos de la obra de Cristo si confiaban en la obra humana de la circuncisión. A los que eran salvos el apóstol dijo que tal conducta era incongruente con su salvación y que no experimentarían beneficio ni crecimiento en sus vidas espirituales si empezaban a confiar en la circuncisión como añadidura a la gracia de Dios (cp. 3:1-3).

Confiar en Jesucristo para salvación es reconocer que uno no puede salvarse a sí mismo. Confiar en la circuncisión o en cualquier otro esfuerzo personal como medio de salvación es añadir a su obra divina el trabajo humano. Ya vimos que un Cristo suplementario es un Cristo suplantado. Confiar en el esfuerzo humano es confiar en la ley, la cual es del todo incompatible con la gracia.

Una persona llega a ser aceptable delante de Dios solo al depositar toda su confianza en su Hijo Jesucristo, y después de ser salva persevera en llevar una vida aceptable para Dios, solo mediante la *continuación* de su confianza plena en Cristo. Bien sea antes o después de la conversión, la confianza en obras humanas de cualquier tipo establece una barrera entre la persona y Cristo, lo cual trae como resultado un legalismo inaceptable.

Pablo explicó a los creyentes en Roma "que los gentiles, que no iban tras la justicia, han alcanzado la justicia, es decir, la justicia que es por fe; mas Israel, que iba tras una ley de justicia, no la alcanzó. ¿Por qué? Porque iban tras ella no por fe, sino como por obras de la ley" (Ro. 9:30-32). Los gentiles que ni siquiera buscaban ser justificados lo fueron al creer en Jesucristo, en cambio los judíos que procuraban con gran celo obtener justicia no la alcanzaron, ya que la buscaban en ellos mismos. Los gentiles que creyeron adquirieron la justicia de Cristo que es perfecta, mientras que los judíos incrédulos solo contaban con su propia justicia que carecía de valor.

OBLIGACIÓN DE GUARDAR TODA LA LEY

Y otra vez testifico a todo hombre que se circuncida, que está obligado a guardar toda la ley. (5:3)

La segunda consecuencia de confiar en la **circuncisión** es que la persona que lo hace se obliga a sí misma **a guardar toda la ley.** Vivir por una parte de la ley como medio para justificarse exige llevar una vida conforme a todos sus dictados.

Marturomai (**testifico**) aludía muchas veces a hacer una protesta enérgica, y parece ser lo que Pablo quiere dar a entender. **Otra vez** podría referirse al versículo anterior, a una ocasión previa o ambas cosas. En cualquier caso, esta declaración se hace con urgencia adicional.

"Porque cualquiera que guardare toda la ley, pero ofendiere en un punto", dice Santiago, "se hace culpable de todos" (Stg. 2:10). Debido a que la norma de Dios es justicia perfecta, el cumplimiento de solo una parte de **la ley** queda por debajo de sus parámetros. Aun si una persona pudiera guardar toda la ley durante toda su vida, si violara un solo mandamiento durante su último minuto sobre la tierra, perdería la salvación. O, si se las arreglara para guardar a perfección todas las leyes menos una sola, correría la misma suerte. Es fácil entender por qué Pablo declaró que "todos los que dependen de las obras de la ley están bajo maldición, pues escrito está: Maldito todo aquel que no permaneciere en todas las cosas escritas en el libro de la ley, para hacerlas" (Gá. 3:10). En vista de que la norma de Dios era imposible de alcanzar, esa verdad citada en Deuteronomio 27:26 debió haber compelido a todos los judíos a depender de su gracia y misericordia.

CAÍDOS DE LA GRACIA

De Cristo os desligasteis, los que por la ley os justificáis; de la gracia habéis caído. (5:4)

La tercera consecuencia de procurar ser justificados por la circuncisión o cualquier otra disposición de la **ley,** es que **desliga** a una persona **de Cristo,** lo cual le lleva a **caer de la gracia.** La expresión **desligasteis** se traduce del griego *katargeō,* que al lado de la preposición significa quedar separado o soltado (cp. Ro. 7:2, 6). **Caído** es la traducción de *ekpiptō,* que significa perder el asimiento firme de algo. Es decir, una persona no puede vivir tanto por la gracia como por la ley. Tratar de justificarse por la ley equivale a rechazar el camino de la gracia.

Pablo no trata aquí la seguridad del creyente sino los caminos opuestos de la **gracia** y la **ley,** las obras y la fe, como medios de salvación. No enseña que una persona que haya sido justificada pueda perder su posición justa delante de Dios y perder su salvación al circuncidarse o hacer cualquier otra cosa conforme al legalismo. La Biblia no habla en ninguna parte acerca de perder la justificación, sino más bien: "a los que predestinó, a éstos también llamó; y a los que llamó, a éstos también justificó; y a los que justificó, a éstos también glorificó" (Ro. 8:30).

En lo que Pablo sí insiste en este pasaje, así como en el resto de la carta, es que **ley** y **gracia** no pueden mezclarse. Como medios de salvación son incompatibles en todo sentido y se excluyen mutuamente. Mezclar **ley** con **gracia** significa obliterar la **gracia.** Que un creyente empiece a vivir de nuevo bajo la **ley** para merecer la salvación significa de hecho que ha rechazado la salvación por **gracia.** Contrario a la enseñanza de los judaizantes, añadir la circuncisión y otras obras de la **ley** a lo que Cristo logró mediante la **gracia,** no es elevar la vida espiritual sino degradarla. El legalismo no agrada a Dios, le ofende. No acerca más a Dios a una persona, más bien la aleja sin remedio.

Aplicado a alguien que en realidad era un incrédulo, el principio de caer **de la gracia** tiene que ver con ser expuesto a la verdad del evangelio de la gracia y luego dar la espalda a Cristo. El que así hace es un apóstata. Durante los comienzos de la iglesia muchas personas, tanto judías como gentiles, no solo oyeron el mensaje del evangelio sino que fueron testigos de las señales milagrosas que lo confirmaban por mano de los apóstoles. Se vieron atraídos a Cristo y en muchos casos profesaron su fe en Él. Algunos empezaron a participar en la vida de una iglesia local y experimentaron las bendiciones del amor y el compañerismo entre los cristianos. Recibieron de primera mano todas las verdades y bendiciones del evangelio de la gracia, pero al final dieron la vuelta y se alejaron. Habían sido "iluminados y gustaron del don celestial, y fueron hechos partícipes del Espíritu Santo, y asimismo gustaron de la buena palabra de Dios y los poderes del siglo venidero", pero no depositaron toda su confianza en Cristo "y recayeron", por lo cual perdieron todo prospecto de ser "otra vez renovados para arrepentimiento" y alcanzar la salvación (He. 6:4–6). Llegaron al portal mismo de la **gracia** que daba entrada a la vida eterna, pero cayeron otra vez en su religión de obras humanas.

Aplicado a un creyente, el principio de caer **de la gracia** tiene que ver con una persona que tiene una confianza genuina en Cristo para su salvación pero después revierte a una vida exterior de legalismo, de vivir bajo rituales, ceremonias y tradiciones que realiza con sus propias fuerzas, en lugar de vivir con un espíritu de obediencia a Cristo. De este modo canjea la vida por **gracia** por una vida bajo la **ley,** la vida conforme a la fe por la vida en la carne. Para Dios tiene gran importancia si vivimos en obediencia y sumisión aparente a los elementos externos de la religión, o en obediencia y sumisión de corazón a los dictados internos de la justicia divina. En la primera opción una persona es motivada y sostenida por la carne para tratar de ganarse la justicia. En la segunda, una persona es movida y sustentada por el Espíritu para demostrar la justicia.

Es obvio que los cristianos verdaderos no van a rechazar el camino verdadero de salvación, pero muchas veces se confunden a sí mismos y confunden a otros cuando tratan de vivir por obras, ya que la marca del discipulado verdadero es la obediencia continua a Cristo (Jn. 8:31). La seguridad de la salvación en el lado divino es garantizada por Dios para los suyos (cp. v. 10; Ro. 8:29–39; 11:29), pero en el lado humano es manifestada por la perseverancia en la gracia (véase Jn. 8:31; 15:4–9; Hch. 11:23; 13:43; 14:21–22; Ro. 2:7; He. 2:1; 3:14; 4:14; 10:23; 1 Jn. 2:19). Pablo hace un llamado a que los creyentes genuinos tengan esa perseverancia en la gracia.

A diferencia de la gracia que justifica, la gracia que santifica puede ser interrumpida. Vivir por la carne interfiere con la vida por el Espíritu, y vivir por la carne puede relacionarse incluso con hacer lo correcto por las razones erróneas de la manera equivocada. Por ejemplo, adorar a Dios de corazón y para su gloria es vivir por el Espíritu, pero adorarle solo de manera externa o para impresionar a otros con nuestra supuesta espiritualidad es vivir por la carne. Testificar a una persona confiando que Dios le convenza y convierta es vivir por el Espíritu, mientras que testificar con la intención de convertir a una persona por medio de nuestro propio conocimiento de las Escrituras y nuestra capacidad persuasiva es vivir por la carne. Sin importar cuán válidas y ordenadas por Dios sean las actividades exteriores de una persona, el hacerlas por la carne equivale a vivir conforme a la ley y abandonar el camino de la gracia.

EXCLUIDOS DE LA JUSTICIA

Pues nosotros por el Espíritu aguardamos por fe la esperanza de la justicia; porque en Cristo Jesús ni la circuncisión vale algo, ni la incircuncisión, sino la fe que obra por el amor. (5:5-6)

La cuarta consecuencia de confiar en las obras es quedar excluidos de la **justicia** por la cual el creyente tiene **esperanza,** perder por completo la vida de bendición verdadera que Dios desea para sus hijos.

La esperanza de la justicia que tenían los judaizantes se basaba en añadir obras imperfectas y sin valor en un intento vano de completar la obra perfecta e inestimable de Cristo, la cual según suponían ellos, era incompleta e imperfecta. Pablo dice que **nosotros,** es decir, los creyentes verdaderos, **por el Espíritu aguardamos por fe la esperanza de la justicia** que se basa en la gracia de Dios.

Los creyentes ya poseen la **justicia** imputada de la justificación, pero la **justicia** aun no completa de santificación y glorificación totales todavía les aguarda. "Pues tengo por cierto que las aflicciones del tiempo presente no son comparables con la gloria venidera que en nosotros ha de manifestarse ... porque también la creación misma será libertada de la esclavitud de corrupción, a la libertad gloriosa de los hijos de Dios" (Ro. 8:18, 21). En esta vida, los creyentes todavía esperan la llegada de la **justicia** perfecta que les aguarda a ellos y a la creación entera.

Pablo menciona aquí tres características de la vida piadosa, la vida que continúa basada en la gracia por la cual se recibió la salvación. Primero que todo, es una vida que se vive **por el Espíritu** y no por medio de la carne. En segundo lugar, es una vida que se vive **por la fe** y no por las obras. Por último, es una vida que se vive en espera paciente y no con la incertidumbre ansiosa de la esclavitud a la ley: **aguardamos por fe la esperanza de la justicia.**

Nada que se haga o se deje de hacer en la carne afecta la relación de una persona con Dios, **porque en Cristo Jesús ni la circuncisión vale algo, ni la**

177

incircuncisión. Lo externo carece de valor e importancia a no ser que refleje de manera auténtica la justicia interior.

La vida en el Espíritu no es estática e inactiva, **sino** que se caracteriza por **la fe que obra por el amor,** no la carne que obra por el esfuerzo individual. Los creyentes somos "creados en Cristo Jesús para buenas obras, las cuales Dios preparó de antemano para que anduviésemos en ellas" (Ef. 2:10). Esta **obra** es el producto de nuestra **fe,** no un sustituto de ella. Los creyentes no obran para obtener justicia sino porque la tienen, **por** medio del poder y la motivación del **amor** verdadero. Al hacer esto andan "como es digno del Señor, agradándole en todo, llevando fruto en toda buena obra, y creciendo en el conocimiento de Dios; fortalecidos con todo poder, conforme a la potencia de su gloria, para toda paciencia y longanimidad" (Col. 1:10-11).

El **amor** no necesita ni las prescripciones ni las proscripciones de la ley, porque su misma naturaleza consiste en cumplir a perfección las demandas de la ley. Como Pablo declara unos versículos más adelante, "toda la ley en esta sola palabra se cumple: Amarás a tu prójimo como a ti mismo" (Gá. 5:14; cp. Ro. 13:8). Por ejemplo, una persona no roba ni miente a alguien que ama de verdad. Por cierto, tampoco mata a una persona que ame. La persona que vive por **fe** obra por el apremio interior del **amor** y no necesita la compulsión exterior de la ley.

Se cuenta la historia de un estudiante de arte a quien le fue comisionada la elaboración de una gran escultura para un museo. Al fin le fue dada la oportunidad de crear la obra maestra que tanto había soñado. Después de trabajar muchos años en la obra pudo presenciar su crecimiento en tamaño y belleza, pero al terminar descubrió horrorizado que era demasiado grande para ser sacada por una ventana o puerta, y que no le era permitido romper la estructura del edificio para sacarla. Su obra maestra quedó para siempre cautiva en el salón donde fue creada.

Esa misma intrascendencia es la suerte de toda religión humana, porque ninguna cosa que una persona haga para ganarse el favor de Dios puede salir de esta tierra, donde se fabrican y se quedan todas las obras humanas de justificación.

EL CARÁCTER DE LOS FALSOS MAESTROS

Vosotros corríais bien; ¿quién os estorbó para no obedecer a la verdad? Esta persuasión no procede de aquel que os llama. Un poco de levadura leuda toda la masa. Yo confío respecto de vosotros en el Señor, que no pensaréis de otro modo; mas el que os perturba llevará la sentencia, quienquiera que sea. Y yo, hermanos, si aún predico la circuncisión, ¿por qué padezco persecución todavía? En tal caso se ha quitado el tropiezo de la cruz. ¡Ojalá se mutilasen los que os perturban! (5:7-12)

Tras exponer los peligros de las doctrinas falsas que amenazaban a los gálatas, Pablo expone el carácter malvado de los hombres que representaban esas doctrinas.

Al igual que su Señor, Pablo tenía una gran paciencia con aquellos que se veían atrapados hasta en el pecado moral más profundo. Aunque condenaban el pecado mismo y advertían sobre sus consecuencias, el amor que tenían por el pecador siempre se hizo evidente.

Jesús hizo amonestaciones afectuosas a la mujer con múltiples maridos que estaba en el pozo de Jacob y a la mujer sorprendida en el acto de adulterio, fueron amables, y sus ofertas de ayuda fueron bondadosas y alentadoras (Jn. 4:7-26; 8:3-11). Aun antes de que Zaqueo se arrepintiera y expresara su fe para salvación, Jesús no se avergonzó de comer con él a pesar de su fama de ladrón y del odio que le tenían (Lc. 19:1-10). En cambio, con los escribas y fariseos que se creían justos, cuyas vidas exteriores eran impecables en cuanto a la ley ceremonial pero se negaban a reconocer su necesidad espiritual, que además se dedicaban a corromper la mente del pueblo con su perversión legalista del judaísmo verdadero, Jesús fue implacable y solo tuvo palabras de condenación.

Los escribas y los fariseos eran los principales maestros e intérpretes de las Escrituras. Siempre que un hombre era iniciado en el oficio de escriba, se le hacía entrega de una llave que simbolizaba su calificación para la enseñanza. Por otro lado, Jesús les llamó hipócritas, engañadores, usurpadores, proselitistas desviados, guías ciegos, necios, corruptos e inmundos, sepulcros abiertos, cómplice de los que mataron a los profetas, homicidas, serpientes y víboras, así como perseguidores de su iglesia en el futuro (Mt. 23:13-36). Sin embargo, su peor maldad fue una que Isaías había profetizado acerca de ellos más de seiscientos años atrás: "Pues en vano me honran, enseñando como doctrinas, mandamientos de hombres" (Mt. 15:9; cp. Is. 29:13).

Pablo también fue paciente con los que eran sorprendidos en pecado, como lo muestran sus cartas a los creyentes inmaduros, divididos e inmorales en Corinto. Sin embargo, a diferencia del Señor, las denuncias más fuertes del apóstol estaban reservados para aquellos que pervierten la verdad de Dios y llevan a otros a caer en la falsedad. En Gálatas 5:7-12 presenta seis características de los judaizantes que son bastante generales como para aplicarse a todos los demás maestros de impiedad, tanto antiguos como modernos.

ESTORBAN LA OBEDIENCIA A LA VERDAD

Vosotros corríais bien; ¿quién os estorbó para no obedecer a la verdad? (5:7)

La primera y más obvia característica de los falsos maestros era que distorsionaban **la verdad** y así estorbaban el acceso libre a ella.

Vosotros corríais bien es una frase que alude a la imagen de una carrera, la cual Pablo utilizó con frecuencia (véase Ro. 9:16; 1 Co. 9:24; Gá. 2:2). Mientras Pablo ministró entre ellos, los creyentes en Galacia no tuvieron problemas para vivir por fe sus vidas cristianas. Al parecer corrieron **bien** la carrera cristiana hasta poco después de la salida de Pablo, cuando los judaizantes empezaron a alejarles del camino de la gracia y de la fe para volver al camino de la ley y las obras (véase 1:6-7). Esto entorpeció su avance y detuvo su crecimiento en el evangelio verdadero.

Debido a que Pablo ya había dejado en claro quién era el enemigo espiritual de los creyentes, la pregunta acerca de **quién** les **estorbó** era retórica. El motivo de la pregunta no era la identidad de los falsos maestros sino el hecho de que hubieran podido engañar y descarriar con tanta facilidad y rapidez a los creyentes de Galacia. "¿Cómo pudieron permitir a esos hombres trastocar todo lo que les enseñé con tanto cuidado y ustedes aceptaron de tan buen ánimo como la Palabra de Dios?" era la pregunta del apóstol. "¿**Quién** se creen y qué clase de personas creen ustedes que son ellos para estropear con arrogancia mi propia autoridad apostólica (véase 1:1; 5:2) así como la enseñanza clara del Antiguo Testamento (3:6-29; 4:21-31) la cual ellos afirman reverenciar?"

Obedecer a la verdad podría referirse al evangelio verdadero, es decir, la manera como los hombres son salvados (cp. Hch. 6:7; Ro. 2:8; 6:17; 2 Ts. 1:8). La frase también podría hacer referencia a la forma verdadera en que los salvados viven sus vidas redimidas, en obediencia a la Palabra y el Espíritu de Dios (cp. Ro. 6:17; 1 P. 1:22). Parece que Pablo emplea la frase en ambos sentidos, porque el legalismo de los judaizantes impedía a los no salvos acercarse a Cristo en fe y a los salvos seguirle en fe.

La iglesia siempre ha tenido que enfrentar el peligro del legalismo, porque la inclinación de la carne siempre es vivir para sus propios deseos y en su propio poder. Pablo advierte que "aunque andamos en la carne, no militamos según la carne; porque las armas de nuestra milicia no son carnales, sino poderosas en Dios para la destrucción de fortalezas" (2 Co. 10:4).

Los falsos maestros que descarriaban a los gálatas estaban lejos de tener buenas intenciones. Su propósito era tener su propio grupo de seguidores (Gá. 4:17) y "agradar en la carne" (6:12). Ellos fueron precursores de todos los falsos maestros que fomentan sus propias enseñanzas y que han plagado a la iglesia a lo largo de toda su historia y lo harán hasta el regreso del Señor. Pedro confirma esta advertencia: "hubo también falsos profetas entre el pueblo, como habrá entre vosotros falsos maestros, que introducirán encubiertamente herejías destructoras, y aun negarán al Señor que los rescató, atrayendo sobre sí mismos destrucción repentina" (2 P. 2:1). Pablo vuelve a advertir: "Pero el Espíritu dice claramente que en los postreros tiempos algunos apostatarán de la fe, escuchando a espíritus engañadores y a doctrinas de demonios; por la hipocresía de mentirosos que, teniendo cauterizada la conciencia" (1 Ti. 4:1-2). Ellos "siempre están aprendiendo, y nunca pueden llegar al conocimiento de la verdad ... éstos resisten a la verdad; hombres corruptos de entendimiento, réprobos en cuanto a la fe" (2 Ti. 3:7-8).

NO SON DE DIOS

Esta persuasión no procede de aquel que os llama. (5:8)

La segunda característica de los falsos maestros era su impiedad. La **persuasión** legalista que tenían no provenía de Dios, de **aquel que llama** a los creyentes verdaderos. Dios es identificado aquí como aquel quien es soberano para llamar a los que han de creer y ser salvados. La obra de la salvación es realizada solo por Dios y en ningún aspecto por el hombre (Ro. 8:28-30). Cualquier enseñanza en el sentido de que la obra de gracia de Dios para salvar a los hombres sea insuficiente, es falsa.

El legalismo nunca **procede de** Dios porque Él escogió a los creyentes "desde el principio para salvación, mediante la santificación por el Espíritu y la fe en la verdad, a lo cual os llamó mediante nuestro evangelio, para alcanzar la gloria de nuestro Señor Jesucristo" (2 Ts. 2:13-14). El evangelio de los judaizantes, que no era en absoluto un evangelio de buenas nuevas (Gá. 1:6-7), no procedía de Dios.

CONTAMINAN A LA IGLESIA

Un poco de levadura leuda toda la masa. (5:9)

Una tercera característica de los falsos maestros era que contaminaban a la iglesia mediante la propagación de su herejía entre los creyentes verdaderos y los que parecían ser creyentes. Así como **un poco de levadura leuda toda la masa,** una pequeña dosis de falsedad puede corromper la manera de pensar y de vivir de un grupo numeroso de personas.

En las Escrituras, la **levadura** representa muchas veces al pecado, como en la advertencia de Jesús acerca de "la levadura de los fariseos y de los saduceos" para hacer referencia a sus enseñanzas falsas y al poder que tenían para propagarlas (Mt. 16:6, 12). La figura de la **levadura** tiene que ver por lo general con la capacidad que algo tiene de extenderse, trátese de algo bueno o malo. En este pasaje, como en su referencia a la inmoralidad desvergonzada de los corintios, Pablo empleó la figura de la levadura en ambos sentidos, como representación de la proliferación del pecado así como su poder para infectar e impregnar todo lo que toca, aun las cosas buenas (véase 1 Co. 5:6).

181

De la misma manera en que una sola célula cancerígena puede tener metástasis hasta esparcirse por todo el organismo, una sola doctrina falsa puede multiplicarse y propagarse en todo un cuerpo de creyentes. Un gran incendio forestal puede empezar con una sola chispa. "Por falta de un clavo se perdió la herradura", escribió Benjamín Franklin; "por falta de herradura se perdió el caballo; por falta de caballo se perdió el jinete y por la falta de un jinete se perdió la guerra, por la falta de un clavo".

SERÁN JUZGADOS

Yo confío respecto de vosotros en el Señor, que no pensaréis de otro modo; mas el que os perturba llevará la sentencia, quienquiera que sea. (5:10)

La cuarta característica de los falsos maestros de Galacia era que estaban destinados a llevar **sentencia.**

Pablo introduce esta declaración con una palabra de ánimo para los creyentes verdaderos. **Yo confío respecto de vosotros en el Señor,** les dijo, **que no pensaréis de otro modo,** es decir, un punto de vista diferente al evangelio verdadero de la gracia que les había enseñado durante su ministerio entre ellos, y el cual constituye el tema central de esta epístola. El apóstol también escribió a la iglesia en Filipos palabras de ánimo parecidas a estas, "estando persuadido de esto, que el que comenzó en vosotros la buena obra, la perfeccionará hasta el día de Jesucristo ... todos vosotros sois participantes conmigo de la gracia" (Fil. 1:6–7).

El destino de los creyentes es seguro. "Yo les doy vida eterna; y no perecerán jamás, ni nadie las arrebatará de mi mano. Mi Padre que me las dio, es mayor que todos, y nadie las puede arrebatar de la mano de mi Padre" (Jn. 10:28–29). Ellos no van a rechazar su salvación verdadera a cambio de una falsa (Jn. 10:4–5, 14), sino que perseverarán y serán preservados.

En cambio, ese no es el destino de los maestros impíos que tratan de descarriar al pueblo del Señor: "cualquiera que haga tropezar a alguno de estos pequeños que creen en mí, mejor le fuera que se le colgase al cuello una piedra de molino de asno, y que se le hundiese en lo profundo del mar" (Mt. 18:6).

Pablo declaró sin rodeos: **el que os perturba llevará la sentencia, quienquiera que sea.** A causa de la oposición de los judaizantes a Dios y su verdad, tendrían que soportar todo el peso de su propia **sentencia.** Los falsos maestros hacen que muchos sigan "sus disoluciones, por causa de los cuales el camino de la verdad será blasfemado, y por avaricia harán mercadería de vosotros con palabras fingidas", como escribió Pedro a todos los creyentes. No obstante, "sobre los tales ya de largo tiempo la condenación no se tarda, y su perdición no se duerme ... sabe el Señor ... reservar a los injustos para ser castigados en el día del juicio" (2 P. 2:2–3, 9).

PERSIGUEN A LOS MAESTROS VERDADEROS

Y yo, hermanos, si aún predico la circuncisión, ¿por qué padezco persecución todavía? En tal caso se ha quitado el tropiezo de la cruz. (5:11)

Una quinta característica de los falsos maestros es que persiguen a los maestros de la verdad, en este caso a Pablo. La religión falsa siempre ha sido y seguirá siendo el perseguidor más agresivo y dominante de la iglesia (cp. Jn. 16:1–3; Ap. 17:5–6). Satanás pelea contra Dios, y la religión satánica pelea contra la verdad.

Entre sus otros engaños y mentiras, los judaizantes al parecer también afirmaban que Pablo predicaba la **circuncisión** tal como ellos lo hacían. Como Timoteo era mitad judío, Pablo le había hecho circuncidarse para minimizar las críticas de los judíos a quienes fueron llamados a ministrar juntos (Hch. 16:1–3). Sin embargo, Pablo nunca defendió la circuncisión como factor para determinar la conversión o la vida de un cristiano. **Y yo, hermanos, si aún predico la circuncisión** (como lo hizo en el pasado siendo fariseo) **¿por qué padezco persecución todavía** por parte de los judaizantes? Si predicara la circuncisión ellos no me perseguirían porque yo sería uno de ellos.

Como Pablo ya explicó, él nunca defendería la **circuncisión** como parte del evangelio, ya que esto equivaldría a desechar la gracia de Dios, "pues si por la ley fuese la justicia", la cual es representada por la circuncisión en opinión de los judaizantes, "entonces por demás murió Cristo" (Gá. 2:21). **En tal caso se** habría **quitado el tropiezo de la cruz.**

La cruz era un **tropiezo** para los judíos, en parte porque ellos no podían aceptar la idea de un Mesías sufriente y mucho menos crucificado. Sin embargo, era una ofensa mayor para ellos debido a que les hacía prescindir de las señales externas más distintivas de su identidad judía: la circuncisión y ley mosaica. Si **la cruz** hacía innecesario hasta el judaísmo del antiguo pacto ¿cuánto más hacía inútil el judaísmo falso de fabricación humana que era representado por los escribas, los fariseos y los judaizantes?

Crisóstomo, uno de los padres de la iglesia primitiva, comentó que la cruz fue una piedra de tropiezo para los judíos porque no requirió la obediencia a sus leyes ancestrales. Él observó que en su ataque a Esteban, los judíos no le acusaron de adorar a Cristo sino de hablar "contra este lugar santo y contra la ley" (Hch. 6:13).

Pablo confesó que antes, cuando "perseguía sobremanera a la iglesia de Dios, y la asolaba", lo hacía porque "en el judaísmo aventajaba a muchos de [sus] mis contemporáneos en [su] nación, siendo mucho más celoso de las tradiciones de [sus] padres" (Gá. 1:13–14). Los judíos se escandalizaban a causa de **la cruz** porque no solo anulaba la ley mosaica sino también las tradiciones veneradas de sus rabinos.

La **cruz** todavía ofende a los hombres caídos por la misma razón básica. Sean judíos o gentiles, todos los hombres están inclinados a confiar en lo que pueden hacer por sí mismos y se ofenden cada vez que alguien les dice que no pueden hacer nada en absoluto para hacerse justos delante de Dios por sí mismos. Predicar **la cruz** siempre genera persecución porque es la máxima ofensa a la justicia por obras. No obstante, como Pedro proclamó con gran denuedo ante los líderes judíos en Jerusalén, lo cierto es que "en ningún otro hay salvación; porque no hay otro nombre bajo el cielo, dado a los hombres, en que podamos ser salvos" (Hch. 4:12).

DEBERÍAN SER EXTIRPADOS

¡Ojalá se mutilasen los que os perturban! (5:12)

Pablo termina su polémica en contra de los falsos maestros con una de las exclamaciones más duras que hizo tanto de manera escrita como verbal. Su oposición a la herejía de los judaizantes era tan vehemente que les deseó lo peor que ellos pudieran imaginar: **¡Ojalá se mutilasen los que os perturban!**

Apokoptō significa "cortar de un solo tajo" y aplicado a un miembro del cuerpo tiene que ver con la mutilación. Esta palabra se empleaba con frecuencia para aludir a la castración, y aquí es claro que Pablo se refiere a esa práctica. Es probable que hiciera referencia al culto de Cibele, una diosa popular pagana que representaba a la naturaleza en el Asia menor durante el tiempo de Pablo. Muchos hombres que le adoraban con devoción se castraban a sí mismos, y todos sus sacerdotes eran eunucos por su propia mano.

Pablo no expresa aquí un deseo crudo y cruel sobre el castigo literal de los judaizantes, del cual solo Dios se encargaría (v. 10). El apóstol dice más bien: "si los judaizantes insisten tanto en la circuncisión como medio de agradar a Dios, ¿por qué no se castran como un acto supremo de devoción religiosa? Si creen como los paganos que con el logro humano puede ganarse el favor divino, ¿por qué no igualan y hasta superan los extremos paganos como la castración de los sacerdotes cibelinos?"

Añadir *cualquier* esfuerzo o acto humano a la provisión de Dios en su gracia por medio de la muerte de su Hijo, equivale a canjear el evangelio salvador de Jesucristo por la falsedad condenatoria del paganismo.

Llamados a libertad (5:13-15) 14

Porque vosotros, hermanos, a libertad fuisteis llamados; solamente que no uséis la libertad como ocasión para la carne, sino servíos por amor los unos a los otros. Porque toda la ley en esta sola palabra se cumple: Amarás a tu prójimo como a ti mismo. Pero si os mordéis y os coméis unos a otros, mirad que también no os consumáis unos a otros. (5:13-15)

En nuestros tiempos se oyen por todas partes gritos de liberación. Hombres, mujeres y hasta niños exigen más libertad para hacer lo que les plazca. En el nombre de los derechos personales se desafía la autoridad y se resisten las restricciones. Como los israelitas en los días de los jueces, la gente pecadora quiere hacer lo que les parece bien en sus propios ojos (véase Jue. 17:6; 21:25; cp. Dt. 12:8).

No obstante, los nuestros también son tiempos de adicción, no solo a drogas y alcohol sino también a pasiones sexuales, violencia y muchas otras formas de esclavitud en las que una persona tarde o temprano pierde toda posibilidad de escape. Cuando la gente decide persistir en un pecado, pierden cada vez más el control sobre él, hasta llegar al punto de perder la misma capacidad de tomar una decisión al respecto. A excepción del extremismo de sus situaciones, los adictos debilitados no se diferencian del resto de la humanidad no salva. Jesús dijo: "de cierto, de cierto os digo, que todo aquel que hace pecado, esclavo es del pecado" (Jn. 8:34). El hombre caído es un esclavo de su naturaleza pecaminosa, un adicto que no puede controlar sus pensamientos y acciones pecaminosas ni siquiera cuando tenga el deseo o la intención de controlarlos. Lo irónico del asunto es que cuanto más afirma su libertad egocéntrica, más se esclaviza al pecado.

En el pasaje citado, Jesús da el único remedio para alcanzar libertad verdadera: "si el Hijo os libertare, seréis verdaderamente libres" (v. 36). Ese es el máximo manifiesto del cristianismo y el tema de la epístola a los gálatas: libertad en Jesucristo. El cristianismo es liberación.

Pablo ya habló acerca de la "libertad que tenemos en Cristo Jesús" (2:4) y presentó una analogía que ilustra la descendencia espiritual del creyente a partir de Sara la esposa de Abraham, una mujer "libre" (4:21-31). También ha declarado que nos debemos mantener "firmes en la libertad con que Cristo nos hizo libres" para no estar "otra vez sujetos al yugo de esclavitud" (5:1).

No obstante, debido a que la idea de libertad cristiana se presta fácilmente a interpretaciones y aplicaciones incorrectas, Pablo era consciente de la importancia de entender su significado verdadero. En Gálatas 5:13-15 da una explicación breve de la naturaleza y el propósito básicos de la libertad, y en el versículo 16 explica cómo Dios hace provisión para que los creyentes vivan en ella.

El apóstol deja en claro una vez más (véase 5:1) que la **libertad** está en el corazón mismo del evangelio y de la vida piadosa. No es un beneficio secundario o adjunto a la vida cristiana. Todos los creyentes han sido **llamados** por Dios **a libertad.** Sus llamados a áreas particulares de ministerio y servicio varían de un creyente a otro, pero su llamado a la libertad es universal.

En la carta de Gálatas la **libertad** básica a que Pablo se refiere tiene que ver con ser libres del sometimiento a la ley como un régimen que regula todos los aspectos de la vida diaria. Esto incluye las ceremonias del Antiguo Testamento y las tradiciones rabínicas hacia las cuales los judaizantes querían arrastrar de vuelta a los creyentes. Habla acerca de una libertad de la tiranía opresiva, condenatoria y frustrante de un sistema legal que era imposible acatar. Es la libertad de saber que uno es aceptado por Dios gracias al mérito suficiente y perfecto de Cristo, en lugar de saber que el mérito propio nunca será suficiente para agradarle. Es la libertad de una limpieza total que ni siquiera los santos más piadosos del Antiguo Testamento entendieron a plenitud. Sus conciencias nunca estuvieron claras por completo debido a su conocimiento de que ellos nunca podrían satisfacer por completo las demandas de Dios en la ley, y porque los rituales y las ceremonias solo eran actos externos y temporales que simbolizaban una realidad que ellos nunca experimentaron de forma permanente. Solo con la llegada de Cristo y su obra los creyentes tuvieron la experiencia de una justicia completa que les fue imputada, de tal modo que fueron hechos justos para con Dios una sola vez y para siempre.

La sumisión de los cristianos a los rituales y las regulaciones del Antiguo Testamento, representadas por la circuncisión para los judíos, equivalía a volver a la esclavitud espiritual (4:9), a cambiar la nueva y gloriosa realidad interior por las sombras anquilosadas y opresoras del judaísmo histórico.

Debido a que las tradiciones y la reverencia a la ley de Dios tenían tal arraigo en sus mentes, la proclamación incansable de la libertad cristiana por parte de Pablo fue una piedra de tropiezo aun para algunos judíos creyentes y sinceros. También fue un escándalo total para los judaizantes hipócritas que habían hecho una mera profesión de fe en Cristo. Los judíos creían que la ley era lo único que impedía que el pecado corriera libre por todo el mundo y acarreara su destrucción por parte de Dios. Aparte de la provisión divina de gracia esto era del todo cierto. En vista de la inclinación natural del hombre hacia el pecado, la única manera de impedir que se desboquen sus pasiones más bajas fue establecer un sistema de leyes que fijara límites a la conducta e impusiera castigos lo bastante severos como para promover la conformidad basada en el temor.

Los judaizantes, y algunos de los creyentes judíos inmaduros, consideraban que Pablo se oponía a la ley y fomentaba la antinomia porque era un transgresor libertino. No se daban cuenta de que convertirse en cristiano implica tener la naturaleza misma de Cristo y a su Espíritu que viene a morar en su interior, y que por ende la motivación para obedecer los mandatos y las restricciones del Nuevo Testamento no viene de afuera. El cristiano tiene el privilegio glorioso de vivir bajo la guía, el control y el poder internos del Espíritu Santo, quien le infunde energía divina para obedecer la voluntad de Dios.

Debido a que los extremos opuestos de legalismo y antinominalismo están por igual centrados en el ser humano, siempre han sido atractivos para los pecadores. El legalista se satisface a sí mismo y según cree a Dios, por adherirse a un código estricto de órdenes y prohibiciones que demuestra, como imagina, que tiene en sí la justicia suficiente para entrar al cielo. Por otro lado, el libertino se satisface consigo mismo mediante el rechazo de todos los códigos y un estilo de vida dictado por sus intereses y deseos personales.

Alguien ha ilustrado el legalismo y el libertinaje como dos corrientes paralelas que corren entre el cielo y la tierra. La corriente del legalismo es clara, brillante y pura, pero sus aguas son tan profundas y furiosas que nadie puede entrar a ella sin ahogarse o golpearse contra las rocas de sus duras exigencias. La corriente del libertinaje, por contraste, es bastante tranquila y cruzarla parece fácil y agradable. El problema es que sus aguas están tan contaminadas que cualquier intento de cruzarlas es un riesgo mortal. Ambas corrientes son mortíferas e imposibles de cruzar, una a causa de sus demandas morales y espirituales imposibles, la otra a causa de su absoluta decadencia moral y espiritual.

Sin embargo, a esas dos corrientes mortíferas les pasa por encima el puente del evangelio de Jesucristo que constituye el único pasadizo de la tierra al cielo. Las dos corrientes llevan a la muerte porque son caminos humanos, mientras que el evangelio lleva a la vida eterna porque es el camino de Dios.

La ley gubernamental del Antiguo Testamento quedó abolida en Cristo. El propósito de aquella forma de la ley fue apartar a los judíos como el pueblo peculiar y escogido de Dios, y como una representación del sacrificio perfecto del Mesías venidero, el Cristo. Con la llegada de Cristo, los símbolos de su sacrificio dejaron de ser necesarios porque se ofreció una vez y para siempre el único sacrificio verdadero, perfecto y definitivo.

Como Pablo menciona en el versículo 14 y explica en detalle en otras epístolas, la obra de Jesucristo *no* altera la naturaleza moral de Dios ni su deseo por la santidad del hombre. Más bien capacita al creyente para vivir conforme a estas cosas tanto en lo interior como en lo exterior, gracias a la presencia poderosa del Espíritu Santo en su vida (v. 16). El motivo para obedecer no es la esclavitud a un sistema gubernamental de leyes sino que se basa de forma única y exclusiva en el amor. Aunque los santos del Antiguo Testamento también amaron a Dios y le obedecieron a causa de ese amor, ellos siempre vivieron obligados a todo el sistema de la ley. En Cristo esa obligación es quitada de en medio y lo único que queda es el amor. Lo que pone un temor reverente en nuestros corazones es el amor y el respeto por la santidad de Dios. Esa es la **libertad** espiritual gloriosa a la cual Dios ha **llamado** a todo aquel que confía en su Hijo para salvación.

En Gálatas 5:13b-15, Pablo presenta cuatro propósitos del llamado de Dios a la libertad de amarle: oponerse a la carne, servir a los demás, cumplir su ley moral y evitar el hacer daño a otros.

OPONERSE A LA CARNE

solamente que no uséis la libertad como ocasión para la carne, (5:13*b*)

Quizás en parte como respuesta a las acusaciones de los judaizantes de que era un libertino, y como una advertencia a los creyentes que se sentían tentados a abusar de su libertad cristiana, Pablo deja en claro que la libertad del evangelio no es tolerancia ni indulgencia a las inclinaciones humanas. No es un medio para satisfacer los deseos de **la carne** sino para oponerse a ellos.

Aphormē (**ocasión**) se empleaba de manera frecuente con relación a la base central donde se originaban todas las operaciones de una campaña militar. En este contexto **carne** no se refiere al cuerpo físico sino a la inclinación pecaminosa de la humanidad caída, el viejo hombre cuyo deseo supremo es hacer su propia voluntad y satisfacer sus apetitos pecaminosos. Es un sinónimo de la voluntad egoísta del pecador. La declaración de Pablo es que **la libertad** cristiana no es una base de operaciones donde **la carne** tiene **ocasión** de llevar a cabo sus campañas de pecado con toda libertad y sin consecuencias graves.

Cristo no da **libertad** a los creyentes para que puedan hacer lo que *ellos quieren*, sino para que puedan, por primera vez en sus vidas, hacer lo que *Dios* quiere por amor a Él. Dentro de los confines de sus situaciones y capacidades particulares, hasta los incrédulos más impíos son libres de hacer todo lo que quieran hacer. Tienen amplia **ocasión** para complacer los deseos de **la carne** y nunca necesitan que Cristo les dé libertad para hacerlo por la sencilla razón de que Él no suministra *esa* clase de libertad.

No obstante, Pablo insiste aquí en algo mucho más importante que una verdad obvia. La gran realidad que declara en el texto es que el evangelio salva a los creyentes *del* pecado, representado por **la carne**. Si hay algo que **la libertad** no es, es el derecho de los creyentes para volver a aquello por lo cual Cristo pagó con su propia vida para salvarles. Pedro dice a los creyentes que actúen "como libres, no como los que tienen la libertad como pretexto para hacer lo malo, sino como siervos de Dios" (1 P. 2:16).

Tapados bajo un manto falso de libertad cristiana, algunos cristianos de profesión afirman que son libres para emborracharse, disfrutar el entretenimiento mundano, alimentar sus mentes con libros, revistas y películas indecentes, y vivir casi en total indulgencia. Lo cierto es que tales personas dan fuertes evidencias de no ser cristianos en absoluto. Aunque es posible que un creyente verdadero caiga en un pecado serio, su conciencia renovada y el Espíritu de Cristo que mora en él no le permitirá disfrutarlo por mucho tiempo. Además, es seguro que no va a tratar todo el tiempo de justificar el pecado como una expresión legítima de libertad cristiana. La nueva naturaleza odia el pecado y ama la justicia de Dios (véase Ro. 7:14-25).

Enseñar que **la libertad** cristiana sea usada **como ocasión para la carne** es la "carnada" preferida por muchos falsos maestros que gozan de gran popularidad. Ellos imitan la filosofía mundana de ética relativa y circunstancial para afirmar que un creyente es librado por Cristo para poder expresarse de cualquier forma que se le antoje, siempre y cuando le parezca bien a él. Aunque esto atrae a los pecadores, Pablo reprende a tales maestros porque

> *hablando palabras infladas y vanas, seducen con concupiscencias de la carne y disoluciones a los que verdaderamente habían huido de los que viven en error. Les prometen libertad, y son ellos mismos esclavos de corrupción. Porque el que es vencido por alguno es hecho esclavo del que lo venció. Ciertamente, si habiéndose ellos escapado de las contaminaciones del mundo, por el conocimiento del Señor y Salvador Jesucristo, enredándose otra vez en ellas son vencidos, su postrer estado viene a ser peor que el primero. Porque mejor les hubiera sido no haber conocido el camino de la justicia, que después de haberlo conocido, volverse atrás del santo mandamiento que les fue dado. (2 P. 2:18-21)*

Judas se refiere a los falsos maestros como personas que "han entrado encubiertamente, los que desde antes habían sido destinados para esta condenación, hombres impíos, que convierten en libertinaje la gracia de nuestro Dios, y niegan a Dios el único soberano, y a nuestro Señor Jesucristo" (Jud. 4). Defender la vida licenciosa en el nombre de la libertad cristiana es negar al Señor Jesucristo, quien da libertad *del* pecado, no libertad para *pecar*. Pablo escribió a los hermanos de la iglesia en Roma y a través de ellos a todos los creyentes: "vestíos del Señor Jesucristo, y no proveáis para los deseos de la carne" (Ro. 13:14). Portar el nombre de Cristo de forma legítima y hacer provisión para **la carne** son cosas que se contradicen y excluyen entre sí.

Una de las características más admirables de Jesús fue que, a pesar de ser Dios encarnado, Él no "se agradó a sí mismo" (Ro. 15:3). Quienes le reciben como Señor y Salvador también reciben su naturaleza abnegada, y Él llama a sus seguidores a que expresen esa naturaleza con el mismo amor a Dios que le motivó a Él en todo.

SERVIRSE UNOS A OTROS

sino servíos por amor los unos a los otros. (5:13c)

En segundo lugar, la libertad cristiana lleva a los creyentes a un nivel mucho más alto que la simple oposición a la carne. En sentido positivo, Cristo hace libres a sus seguidores **por amor** para que puedan servirse **los unos a los otros.** Su libertad es la libertad paradójica de la sumisión mutua en amor.

Aquí también Jesús es nuestro máximo ejemplo a seguir. Cuando los discípulos disputaron entre ellos "sobre quién de ellos sería el mayor ... él les dijo: Los reyes de las naciones se enseñorean de ellas, y los que sobre ellas tienen autoridad son llamados bienhechores; mas no así vosotros, sino sea el mayor entre vosotros como el más joven, y el que dirige, como el que sirve. Porque, ¿cuál es mayor, el que se sienta a la mesa, o el que sirve? ¿No es el que se sienta a la mesa? Mas yo estoy entre vosotros como el que sirve" (Lc. 22:24-27).

"Haya, pues, en vosotros este sentir que hubo también en Cristo Jesús", escribió Pablo, "el cual, siendo en forma de Dios, no estimó el ser igual a Dios como cosa a que aferrarse, sino que se despojó a sí mismo, tomando forma de siervo, hecho semejante a los hombres" (Fil. 2:5-7). Tan pronto Cristo se encarna en los creyentes, les dota con la misma naturaleza de servicio en amor que Él ejemplificó, al ser el Hijo de Dios y el Hijo del Hombre que vivió en la tierra como el Siervo de Dios y el Siervo de los hombres.

CUMPLIR LA LEY MORAL DE DIOS

Porque toda la ley en esta sola palabra se cumple: Amarás a tu prójimo como a ti mismo. (5:14)

En tercer lugar, Pablo explica que la libertad cristiana no es una licencia para ignorar el deseo de Dios por nuestra santidad, sino más bien la oportunidad perfecta para cumplirlo. La naturaleza de Dios nunca ha cambiado, ni tampoco sus parámetros sobre lo correcto y lo incorrecto. Las verdades éticas de la **ley** del Antiguo Testamento son con exactitud las mismas del evangelio del Nuevo Testamento.

Jesús hizo eco del principio más grande del Antiguo Testamento con esta declaración: "Amarás al Señor tu Dios con todo tu corazón, y con toda tu alma, y con toda tu mente. Este es el primero y grande mandamiento. Y el segundo es semejante: Amarás a tu prójimo como a ti mismo. De estos dos mandamientos depende toda la ley y los profetas" (Mt. 22:36-40; cp. Dt. 6:5; Lv. 19:18). Dios siempre había llamado a su pueblo a servirle y obedecerle a causa de su amor por Él.

Pablo también expone y aplica esa verdad en su carta a los romanos: "No debáis a nadie nada, sino el amaros unos a otros; porque el que ama al prójimo, ha cumplido la ley. Porque: No adulterarás, no matarás, no hurtarás, no dirás falso testimonio, no codiciarás, y cualquier otro mandamiento, en esta sentencia se resume: Amarás a tu prójimo como a ti mismo. El amor no hace mal al prójimo; así que el cumplimiento de la ley es el amor" (Ro. 13:8-10).

Aunque no está sometido al sistema de la ley como los santos del Antiguo Testamento, el cristiano verdadero ama a los demás y así cumple todos los elementos morales de la ley mosaica.

La primera ordenanza dada a través de Moisés después de los diez mandamientos es una bella ilustración del servicio al Señor basado en el amor y no en el simple deber. La ordenanza estipulaba que si un hebreo compraba a otro hebreo como esclavo, ese siervo debía ser dejado en libertad tras seis años de servicio. Ahora bien, "si el siervo dijere: Yo amo a mi señor, a mi mujer y a mis hijos, no saldré libre; entonces su amo lo llevará ante los jueces, y le hará estar junto a la puerta o al poste; y su amo le horadará la oreja con lesna, y será su siervo para siempre" (Éx. 21:2-6).

El propósito de la libertad cristiana es que los creyentes hagan lo mismo que el siervo hebreo que entregó de nuevo su libertad al señor que tanto amaba. De este modo, los creyentes renuncian de manera voluntaria a la libertad de servirse a sí mismos, que es la libertad para satisfacer los deseos de la carne, a fin de convertirse en siervos permanentes de Dios, porque después de haber "sido libertados del pecado" ahora aceptan el privilegio glorioso de ser "hechos siervos de Dios" (Ro. 6:22).

Aun bajo el antiguo pacto de la ley, Dios exigió el servicio de corazón y no de labios para afuera (Dt. 11:13; Jos. 24:23; 1 R. 8:58; cp. Is. 29:13). La motivación interior de amar siempre ha sido el único motivo aceptable para servir a Dios y al prójimo. Como Pablo recalca en el resto del capítulo (Gá. 5:16-26), el cristiano tiene la presencia interna del Espíritu Santo no solo para dar motivos correctos a su servicio a Dios y los demás, sino para infundirle de poder para servir.

En los tres principios anteriores Pablo trata la libertad cristiana con relación al individuo, los demás y Dios. La libertad verdadera para amar produce dominio

191

propio, servicio a los demás y obediencia a Dios. Toda relación humana se armoniza con la libertad cristiana.

EVITAR EL HACER DAÑO A OTROS

Pero si os mordéis y os coméis unos a otros, mirad que también no os consumáis unos a otros. (5:15)

El cuarto propósito de la libertad cristiana es como el lado inverso del segundo. Pablo vuelva a recalcar la necesidad de que los cristianos usen su libertad para servirse unos a otros (véase v. 13), mostrando en esta ocasión el lado negativo de esa verdad en la forma de una advertencia acerca de lo que sucede cuando los creyentes *no* aman y sirven a sus hermanos en la fe. Se vuelven destructivos, al punto de morderse y comerse **unos a otros**. Esas dos expresiones aluden a la conducta de animales salvajes que se enfrentan con la furia de la lucha por la supervivencia.

Hasta el mundo mismo sabe que la libertad personal no puede ser ilimitada. Las sociedades más libertarias de la historia se han visto forzadas a reconocer que no habrían podido sobrevivir si cada individuo tuviera el derecho de pasar por encima de los demás para gratificar sus propios caprichos y satisfacer sus propias ambiciones. La anarquía siempre lleva a la destrucción, y siempre es necesario restringir los derechos de un individuo a los derechos de los demás.

En su carta a los romanos, Pablo aconseja a los creyentes fuertes en su vida espiritual que eviten esa clase de conflictos: "Recibid al débil en la fe, pero no para contender sobre opiniones. Porque uno cree que se ha de comer de todo; otro, que es débil, come legumbres. El que come, no menosprecie al que no come, y el que no come, no juzgue al que come; porque Dios le ha recibido" (Ro. 14:1-3).

Muchos cristianos en la iglesia primitiva, tanto judíos como gentiles, sentían tanto rechazo y aprensión hacia la idolatría, que se abstenían de comer cualquier tipo de carne para evitar el consumo inadvertido de algo que hubiera sido ofrecido en una ceremonia pagana y vendido después en el mercado de los sacerdotes paganos. Como el cerdo era impuro bajo la ley ritual mosaica, muchos creyentes judíos eran incapaces de consumirlo sin importar de dónde proviniera.

Los creyentes más maduros tenían mayor confianza y eran conscientes, como Pablo, de que "en el Señor Jesús ... nada es inmundo en sí mismo" (Ro. 14:14). Este no es un asunto de maldad intrínseca sino de conciencia individual. Un creyente nunca debe ir en contra de su conciencia, aun si es inmaduro. Por su parte, los demás creyentes nunca deben alentarle a hacer tal cosa ni a criticarle por sus convicciones personales. De igual modo, el creyente inmaduro no debe condenar en su propia justicia a los que se sienten libres de comer cualquier alimento que deseen. En cualquier caso, "si por causa de la comida tu hermano es contristado, ya no andas conforme al amor. No hagas que por la comida tuya se pierda aquel por quien Cristo murió" (v. 15).

Como Pablo ya explicó (Gá. 5:6, 13), el principio que gobierna la libertad cristiana siempre es el amor. El creyente que tiene una conciencia demasiado estricta y el que tiene una conciencia libre deben aceptarse y servirse con amor el uno al otro en Cristo. De no ser así, se van a comportar igual que la mayoría de los paganos impíos y egoístas que se muerden y devoran unos a otros hasta el punto de consumirse unos a otros. La falta de amor lleva a la destrucción completa.

De modo que hemos sido llamados a la libertad, la libertad del amor que anda por el puente que cruza los ríos mortales del legalismo y el libertinaje.

Andar en el Espíritu – parte 1 El mandato y el conflicto (5:16-18) **15**

Digo, pues: Andad en el Espíritu, y no satisfagáis los deseos de la carne. Porque el deseo de la carne es contra el Espíritu, y el del Espíritu es contra la carne; y éstos se oponen entre sí, para que no hagáis lo que quisiereis. Pero si sois guiados por el Espíritu, no estáis bajo la ley. (5:16-18)

Así como Jesucristo es la Persona principal detrás de la obra de justificación, el Espíritu Santo es la Persona principal en la obra de la santificación. Para un creyente es tan imposible santificarse a sí mismo como salvarse a sí mismo. No puede vivir la vida cristiana son sus propios recursos así como nunca pudo salvarse con sus propios recursos.

En su definición más profunda y a la vez simple, la vida cristiana fiel es una vida que se vive bajo la dirección y por el poder del Espíritu. Ese es el tema de Gálatas 5:16-26, pasaje en el cual Pablo llama a los creyentes a "andad en el Espíritu" (vv. 16, 25) y ser "guiados por el Espíritu" (v. 18). El primer párrafo de esta sección (vv. 16-18) introduce el pasaje con la enunciación del mandato y el conflicto propios de la vida guiada por el Espíritu.

EL MANDATO

Digo, pues: Andad en el Espíritu, y no satisfagáis los deseos de la carne. (5:16)

Los temas contrapuestos en el libro de Gálatas son la ley y la gracia, y Pablo demuestra en repetidas ocasiones que son incompatibles como medios de salvación y de santificación. Una persona no puede acercarse a Dios por medio de guardar la ley ni puede mantener una vida dedicada a Dios con guardar la ley, ni siquiera la ley de Moisés dada por Dios en la cual se había basado el antiguo pacto. Puesto que ningún hombre puede obedecerla a perfección, la ley nunca ha sido y nunca tuvo el propósito de ser un medio de salvación. Fue dada por Dios para revelar sus parámetros de santidad y para que los hombres perdieran toda esperanza en sus propios esfuerzos fallidos para agradarle, lo cual les hace acudir a Jesucristo quien es el único que por la gracia divina puede hacerles aceptables para el Padre. A través de la ley "la Escritura lo encerró todo bajo pecado, para que la promesa que es por la fe en Jesucristo fuese dada a los creyentes" (Gá. 3:22). La ley nunca fue dada como un agente salvador, solo como un ayo que conduce a los hombres al Salvador (v. 24).

El creyente no necesita la ley como medio de salvación porque ya ha sido salvado y adoptado por medio de Cristo como hijo de Dios en su hogar celestial (Gá. 3:26). Tampoco necesita el gobierno de la ley para que le guíe en su nueva vida, ya que tiene al **Espíritu** mismo de Cristo como guía divino y permanente que mora dentro de su ser. De hecho, cuanto más trate el creyente de forzarse a vivir conforme a reglas y regulaciones, sin importar cuán nobles puedan ser, más apaga la obra del Espíritu Santo.

Aunque estudiar la Biblia, orar, adorar, testificar y otras normas de conducta que se aplican a los creyentes constituyen observancias esenciales de la vida cristiana fiel, la espiritualidad no puede medirse por la frecuencia o la intensidad de nuestra participación en tales actividades. Utilizarlas para una medición de la espiritualidad lleva a la trampa del legalismo, cuyos únicos logros se miden por la actividad humana visible. Vivir conforme a un conjunto de leyes equivale a vivir por la carne en la justicia propia y la hipocresía, así como suprimir al **Espíritu,** quien es el único capaz de producir desde el interior del creyente las obras de la justicia verdadera. La santidad solo procede del Espíritu Santo. La vida santa no viene como resultado de *nuestro* desempeño delante de Dios sino de *su* desempeño a través de nosotros por su propio Espíritu. La vida santa consiste en "el ser fortalecidos con poder en el hombre interior por su Espíritu" a medida que somos "llenos del Espíritu Santo" (Ef. 3:16; 5:18).

Todo lo que un creyente necesita en absoluto para vivir una vida santa de acuerdo con la voluntad de Dios es el Espíritu Santo, quien le es dado en el mismo momento en que cree (Ro. 8:9). Hasta el cristiano más nuevo y menos enseñado es habitado por el maestro y fortalecedor divino de Dios que mora en su propio ser. Aunque **el Espíritu** utiliza las Escrituras para asistir a los creyentes para crecer en verdad y santidad, Él mismo es la fuente suprema de esas virtudes (cp. Col. 3:16).

Solo el orgullo o la ignorancia llevarían a un creyente a vivir conforme a una lista de reglas y mandatos externos en su propio poder limitado y pecaminoso, cuando en realidad puede vivir por el poder interno, perfecto y suficiente del Espíritu Santo. Sin embargo, eso es lo que muchos creyentes en las iglesias de

Galacia trataban de hacer, y lo que muchos creyentes desde aquel entonces se han esforzado en hacer también.

El hecho de que *peripateō* (**andad**) se emplee aquí en el tiempo presente, indica que Pablo habla acerca de una acción continua y regular. En otras palabras, se trata de un estilo habitual de vida. Además, el hecho de que el verbo se conjugue como imperativo también indica que el apóstol no presenta algo opcional para los creyentes sino un mandato divino.

Entre otras cosas, el acto de caminar implica avanzar, ir desde el lugar donde uno se encuentra al lugar donde debería estar. A medida que un creyente se somete al control del Espíritu, experimenta progreso en su vida espiritual. Paso a paso el Espíritu le traslada de donde se encuentra hacia el lugar donde Dios quiere que esté. De modo que mientras el Espíritu es la fuente de todo lo relacionado con la manera santa de vivir, es al creyente a quien se manda andar. Esta es la paradoja aparente que se ve entre los aspectos humano y divino en la salvación (Jn. 6:35–40), en la inspiración de las Escrituras (compárese 1 Jn. 1:1–3 con 2 P. 1:19–21), en la seguridad eterna (compárese Ro. 8:31–39 con Col. 1:21–23), y hasta en el ministerio (Col. 1:28–29).

Al recalcar el carácter central de la obra del Espíritu Santo en la vida del creyente, algunos cristianos han perdido de vista la tensión que hay entre lo humano y lo divino, y han enseñado la idea que se sugiere con expresiones populares como "renuncia y cede el paso a Dios" y "vive la vida en rendición". Estas expresiones pueden ser de ayuda si se usan en el contexto adecuado. Si se interpretan en el sentido de renunciar a los recursos y la voluntad individuales para rendirse a la verdad y el poder de Dios, la idea es bíblica. Por otro lado, si se utilizan, como sucede con frecuencia, para enseñar la idea de que la vida cristiana es una simple sumisión pasiva a Dios, son contrarias a todos los términos dinámicos y mandatos enérgicos acerca de hacer grandes esfuerzos y compromisos que se encuentran esparcidos por todo el Nuevo Testamento (véase por ejemplo, 1 Co. 9:24–27; He. 12:1–3).

Si la voluntad y las acciones humanas no tuvieran un papel directo y agresivo en la vida cristiana, esta sería la única instrucción que el Nuevo Testamento daría a los creyentes: **andad en el Espíritu.** Todos los demás mandatos serían superfluos. Esta es la esencia de la teología que se conoce con el nombre de quietismo, la cual tuvo en los cuáqueros antiguos a sus defensores más acérrimos. La tradición de Keswick, la predicación del famoso evangelista Charles Finney y la obra de Hannah Whitall Smith titulada *El secreto cristiano de una vida feliz,* también reflejan una fuerte orientación quietista. La rendición pasiva a Dios se enseña casi con total exclusión de la volición y acción humanas.

Muchos defensores de un quietismo moderado han sido santos piadosos a quienes el Señor usó en gran manera, pero la insistencia desmesurada en su enseñanza tiende a inhibir antes que a acrecentar la obra del Espíritu. Con ella se corre el peligro de minimizar y aun contradecir muchos otros mandatos del Nuevo Testamento a los creyentes además del relacionado con el sometimiento al Espíritu Santo.

El *poder* para vivir la vida cristiana pertenece por completo al Espíritu Santo así como el poder de la salvación solo está en Jesucristo, pero tanto en la obra justificadora de Cristo como en la obra santificadora del Espíritu Santo, la voluntad del hombre tiene un papel activo y su compromiso diligente es requerido.

El cristiano no debe sentarse como espectador a ver cómo el Espíritu Santo batalla por él. En lugar de esto, todos los creyentes han sido llamados a hacer esto: "consideraos muertos al pecado, pero vivos para Dios en Cristo Jesús, Señor nuestro. No reine, pues, el pecado en vuestro cuerpo mortal, de modo que lo obedezcáis en sus concupiscencias; ni tampoco presentéis vuestros miembros al pecado como instrumentos de iniquidad, sino presentaos vosotros mismos a Dios como vivos de entre los muertos, y vuestros miembros a Dios como instrumentos de justicia" (Ro. 6:11-13). "No nos cansemos, pues, de hacer bien; porque a su tiempo segaremos, si no desmayamos. Así que, según tengamos oportunidad, hagamos bien a todos, y mayormente a los de la familia de la fe" (Gá. 6:9-10).

El creyente que es guiado por el Espíritu Santo debe estar dispuesto a ir donde el Espíritu Santo le guíe y hacer lo que el Espíritu le guíe a hacer. Afirmar rendición al Espíritu Santo y no participar de forma personal en la obra de Dios es llamar a Jesús "Señor, Señor" y no hacer lo que Él dice (Lc. 6:46).

Aunque la palabra *epithumia* se refiere con mayor frecuencia a un deseo maligno, también puede aplicarse a **deseos** fuertes de cualquier tipo, sean buenos o malos. Jesús utilizó la palabra para expresar su intención de comer la cena de Pascua en compañía de sus discípulos (Lc. 22:15), y Pablo lo empleó para expresar su "deseo de partir y estar con Cristo, lo cual es muchísimo mejor" (Fil. 1:23). En este versículo se emplea en relación con la voluntad malvada **de la carne** que se inclina a la perdición. En el versículo 17 el término se usa tanto con relación a la voluntad maliciosa de la carne como a la voluntad santa del Espíritu.

La acción de andar **en el Espíritu** de tal modo que no se satisfagan **los deseos de la carne** corresponde al mismo principio de: "vestíos del Señor Jesucristo, y no proveáis para los deseos de la carne" (Ro. 13:14). Andar en el Espíritu tiene que ver con que "andemos como de día, honestamente", mientras que satisfacer los deseos de la carne tiene que ver con cosas tales como "glotonerías ... borracheras ... lujurias y lascivias ... contiendas y envidia" (v. 13). Las dos conductas se excluyen mutuamente, de tal modo que todo el tiempo durante nuestra vida cristiana o bien andamos por el Espíritu o actuamos conforme a los deseos carnales, pero nunca ambas cosas al mismo tiempo.

La vida que se anda en el Espíritu es la vida semejante a Cristo, la saturación de los pensamientos de un creyente con la verdad, el amor y la gloria de su Señor, y el deseo intenso de ser como Él en todo sentido. Es vivir con una conciencia continua de su presencia y su voluntad, permitiendo que "la palabra de Cristo more en abundancia en" su interior (Col. 3:16). La vida que se anda en el Espíritu es una vida que se moldea cada vez más al ejemplo y la enseñanza del Señor Jesucristo. Es una vida cuyo deseo constante y preponderante es "ser hallado en él, no teniendo mi propia justicia, que es por la ley, sino la que es por la fe de Cristo, la justicia que es de Dios por la fe", así como la motivación sincera "de conocerle, y el poder de su resurrección, y la participación de sus padecimientos, llegando a ser semejante a él en su muerte" (Fil. 3:9-10). No es diferente de la idea de ser "llenos del Espíritu" (Ef. 5:18), una frase que se refiere al poder controlador que ejerce el Espíritu en un cristiano dispuesto. (Un estudio más detallado de este concepto se encuentra en mi comentario de *Efesios* [Grand Rapids: Editorial Portavoz, 2002], pp. 301-311.)

EL CONFLICTO

Porque el deseo de la carne es contra el Espíritu, y el del Espíritu es contra la carne; y éstos se oponen entre sí, para que no hagáis lo que quisiereis. Pero si sois guiados por el Espíritu, no estáis bajo la ley. (5:17-18)

Al lado de muchos otros en el Nuevo Testamento, estos dos versículos hacen obvio que andar en el Espíritu no es un simple asunto de rendición pasiva. La vida guiada por el Espíritu es una vida de conflicto, porque está en combate constante con las costumbres viejas de **la carne** que todavía tientan y seducen al creyente: **el deseo de la carne es contra el Espíritu, y el del Espíritu es contra la carne.**

Debe advertirse que **la carne** es el término usado con frecuencia por Pablo para describir lo que queda del "viejo hombre" tras la salvación de una persona. Se refiere a la condición humana no redimida, la parte de un creyente que aguarda su redención futura en el momento de su glorificación (Ro. 8:23). Hasta ese entonces tiene una identidad redimida (cp. Gá. 2:20) que vive en una condición humana no redimida, y esto genera un conflicto de grandes dimensiones.

Pablo mismo, como cualquier otro creyente, enfrentó esa lucha constante contra **la carne,** como lo confiesa en su epístola a los romanos.

Y yo sé que en mí, esto es, en mi carne, no mora el bien; porque el querer el bien está en mí, pero no el hacerlo. Porque no hago el bien que quiero, sino el mal que no quiero, eso hago ... Así que, queriendo yo hacer el bien, hallo esta ley: que el mal está en mí. Porque según el hombre interior, me deleito en la ley de

Dios; pero veo otra ley en mis miembros, que se rebela contra la ley de mi mente,
y que me lleva cautivo a la ley del pecado que está en mis miembros. (Ro. 7:18-
19, 21-23)

Este uso específico de *sarx* (**carne**) se cuenta entre otros usos de la misma
palabra en el Nuevo Testamento. El término se refiere en ciertas ocasiones al
cuerpo físico, en particular a los músculos, la piel y otros tejidos que cubren el
esqueleto, así como a la condición humana en general. Fue en ese sentido que
Jesús usó la palabra cuando dijo a sus discípulos después de su resurrección:
"Mirad mis manos y mis pies, que yo mismo soy; palpad, y ved; porque un
espíritu no tiene carne ni huesos, como veis que yo tengo" (Lc. 24:39), y cuando
dijo que "la carne es débil" (Mt. 26:41).

Sarx también se utiliza como un término que describe la condición de todos
los que no se han salvado, aquellos que siguen "en la carne" y por ende bajo el
control total de sus propias pasiones pecaminosas (Ro. 7:5). En este caso, "carne"
se emplea por lo general en sentido figurado y teológico como una referencia a
la naturaleza caída del hombre, su identidad no redimida.

Al hablar de "Abraham, nuestro padre según la carne" (Ro. 4:1), Pablo no se
refiere al linaje racial de los judíos. En este contexto se propuso contrastar a las
personas judías o gentiles que descienden de Abraham en sentido *espiritual,*
bien sea a "según la carne" (es decir, antes de que Abraham creyera en Dios), o
según su fe, por la cual se convirtió en "padre de todos los creyentes" (v. 11).

En el texto presente y en otros, **carne** también se relaciona con la debilidad
y la impotencia moral y espiritual de la naturaleza humana que sigue adherida
a las almas redimidas, como lo mencionó Pablo en la cita previa de Romanos 7
(cp. Ro. 6:19). La **carne** de los cristianos es su propensión al pecado, su condición
humana caída que aguarda la redención plena de la creación nueva y santa en
la cual vivirán (cp. Gá. 2:20; 2 Co. 5:17).

La carne es aquella parte del creyente que funciona aparte de y en **contra**
del Espíritu. Se opone a la obra del Espíritu en el corazón nuevo del creyente.
La persona no salva lamenta con frecuencia las cosas pecaminosas que hace a
causa de la culpa o de las consecuencias dolorosas que ello le trae, pero ninguna
lucha espiritual sucede en su interior porque solo tiene una naturaleza carnal y
no tiene dentro de sí al Espíritu. Las cosas pecaminosas que hace, aunque a
veces le hacen sentir frustrado y sucio, de todas maneras son atinentes a su
naturaleza básica como enemigo de Dios (Ro. 5:10) e hijo de su ira santa (Ef.
2:3). Por lo tanto, no experimenta un conflicto espiritual interno aparte de la
voz de su conciencia que todavía alcance a escuchar en medio de su
pecaminosidad.

Solo es en las vidas de los creyentes que **el Espíritu** puede batallar **contra la**
carne, porque **el Espíritu** habita solo en los creyentes. Un creyente es el único

que puede decir: "según el hombre interior, me deleito en la ley de Dios; pero veo otra ley en mis miembros, que se rebela contra la ley de mi mente" (Ro. 7:22-23). Solo en los creyentes viven al mismo tiempo **la carne** no redimida y **el Espíritu** de Dios, los cuales **se oponen entre sí para que** los creyentes no hagan lo que quieren. Los creyentes no siempre hacen lo que desean hacer. Hay momentos en la experiencia de todo cristiano cuando el deseo está presente pero no el hacer. El Espíritu detiene muchas veces nuestros deseos carnales, y la carne a veces prevalece sobre la voluntad que viene del Espíritu. No es sorpresa que este conflicto frustrante haya llevado a Pablo a exclamar: "¡Miserable de mí! ¿quién me librará de este cuerpo de muerte?" (Ro. 7:24).

Aunque la vida cristiana es una guerra, se trata de una guerra donde la victoria siempre es posible. En su oración sacerdotal Jesús habló de la autoridad que su Padre le había dado "sobre toda carne [*sarx*]" (Jn. 17:2). Todo creyente tiene el poder del **Espíritu** de Dios que mora en su interior para batallar con su propia **carne** débil y pecaminosa, a fin de que no tenga que hacer las cosas que agradan a la carne. En Romanos 8:2 el apóstol escribió: "la ley del Espíritu de vida en Cristo Jesús me ha librado de la ley del pecado y de la muerte". En otras palabras, hay una tercera persona cuya participación es clave en el conflicto entre la nueva creación y la **carne: el Espíritu** Santo. Él da energía al nuevo hombre interior para tener victoria sobre su **carne.**

Como hijos de Dios y siervos de Jesucristo, los creyentes somos "deudores ... no a la carne, para que vivamos conforme a la carne; porque si vivís conforme a la carne, moriréis; mas si por el Espíritu hacéis morir las obras de la carne, viviréis. Porque todos los que son guiados por el Espíritu de Dios, éstos son hijos de Dios" (Ro. 8:12-14). "Y de igual manera el Espíritu nos ayuda en nuestra debilidad; pues qué hemos de pedir como conviene, no lo sabemos, pero el Espíritu mismo intercede por nosotros con gemidos indecibles" (v. 26).

Como ya se mencionó, la forma más efectiva en que un cristiano se puede oponer a los deseos y los actos de **la carne** es hacerlos morir de hambre, es decir, acatar la orden apostólica: "no proveáis para los deseos de la carne" (Ro. 13:14). La manera más segura de caer en un pecado es quedarse en situaciones donde existe la tentación de cometerlo. Por otro lado, la manera más segura de evitar un pecado es evitar las situaciones que conducen con mayor probabilidad a las tentaciones correspondientes. Un creyente debe hacer morir "lo terrenal" en su propio ser: "fornicación, impureza, pasiones desordenadas, malos deseos y avaricia que es idolatría" (Col. 3:5). La oración que el Señor nos enseñó dice "no nos metas en tentación" (Mt. 6:13). Con estas palabras reveló que hay una parte de la tentación pecaminosa que debemos evitar.

Los creyentes que no participan de manera activa en resistir el mal y procurar el bien, no han permitido ser **guiados por el Espíritu,** sin importar cuánto crean que han "rendido" sus vidas. El creyente fiel no es un observador sino un "buen soldado de Jesucristo" que mantiene un servicio activo a su Señor (2 Ti. 2:3-4).

El creyente fiel también es comparado a un atleta. Pablo manda a los cristianos: "Corred de tal manera que lo obtengáis" y a ejercer el dominio propio. Habla de sí mismo como un corredor que no corre "como a la ventura" y como un boxeador que no "golpea el aire, sino que golpeo mi cuerpo, y lo pongo en servidumbre" (1 Co. 9:24-27).

Un creyente no puede lograr algo para el Señor en su propio poder, pero también es cierto que el Espíritu logra muy poco a través de un creyente si no cuenta con la sumisión y el compromiso del creyente. El extremo opuesto del quietismo tiene el nombre tradicional de "pietismo", en el cual un creyente lucha en su propio poder de manera legalista para hacer todo lo que el Señor le manda y espera de él. Aquí también se da un desequilibrio doctrinal y práctico, pero esta vez por un énfasis exagerado en la disciplina, el esfuerzo individual y la diligencia personal.

En su segunda epístola, Pedro explica en bellos términos el equilibrio verdadero de la vida cristiana: "Como todas las cosas que pertenecen a la vida y a la piedad nos han sido dadas por su divino poder, mediante el conocimiento de aquel que nos llamó por su gloria y excelencia, por medio de las cuales nos ha dado preciosas y grandísimas promesas, para que por ellas llegaseis a ser participantes de la naturaleza divina, habiendo huido de la corrupción que hay en el mundo a causa de la concupiscencia" (2 P. 1:3-4). Ese es el compromiso de Dios, y con base en el poder divino el compromiso del creyente debería ser la aplicación de toda su diligencia y su fe para dar como fruto excelencia, conocimiento, dominio propio, perseverancia y piedad (vv. 5-6).

No es una cuestión de "todo de Él y nada de nosotros", como algunos dicen. Tampoco es todo de nosotros y nada de Él. Es el balance de nuestro sometimiento y compromiso a la guía y el poder del Espíritu: "ocupaos en vuestra salvación con temor y temblor", dice Pablo, "porque Dios es el que en vosotros produce así el querer como el hacer, por su buena voluntad" (Fil. 2:12, 13). El misterio de este equilibrio perfecto y paradójico no puede entenderse ni explicarse del todo, pero sí puede ser experimentado a plenitud.

Como una advertencia reiterada a los creyentes que eran influenciados por los judaizantes, Pablo añadió: **Pero si sois guiados por el Espíritu, no estáis bajo la ley.** Vivir **bajo la ley** es vivir por la carne así uno no cometa un pecado como tal, porque es la única vía disponible para el legalista. La carne es impotente para cumplir **la ley,** y **la ley** carece de poder para conquistar la carne. Más bien, "el pecado, tomando ocasión por el mandamiento, produjo en mí toda codicia; porque sin la ley el pecado está muerto. Y yo sin la ley vivía en un tiempo; pero venido el mandamiento, el pecado revivió y yo morí. Y hallé que el mismo mandamiento que era para vida, a mí me resultó para muerte; porque el pecado, tomando ocasión por el mandamiento, me engañó, y por él me mató" (Ro. 7:8-11).

En su libro *El progreso del peregrino,* Juan Bunyan describe la casa de Intérprete, a la cual entró Peregrino durante su periplo hacia la ciudad celestial. La sala estaba cubierta de polvo por completo, y cuando un hombre tomó una escoba y empezó a barrer, él y los demás que estaban en la casa empezaron a asfixiarse por las nubes de polvo que se levantaron. Cuanto más barría, más difícil se hacía respirar. Intérprete ordenó a una criada que rociara la habitación con agua, y de esa manera se pudo sacar la suciedad con rapidez y facilidad. Intérprete explicó a Peregrino que la sala representaba el corazón de un hombre no salvo, el polvo era el pecado original, el hombre con la escoba era la ley y la criada con el agua representaba el evangelio. Su mensaje fue que lo único que puede hacer la ley con respecto al pecado es agitarlo un poco tan solo para dejarlo en el mismo lugar. Solo el evangelio de Jesucristo puede llevárselo por completo.

"El poder del pecado [es] la ley", declaró Pablo. "Mas gracias sean dadas a Dios, que nos da la victoria por medio de nuestro Señor Jesucristo" (1 Co. 15:56).

Ser **guiados por el Espíritu** es lo mismo que andar en Él (vv. 16, 25) pero hace más hincapié en su liderazgo. No andamos con Él como un igual, sino que seguimos su dirección como nuestro guía soberano y divino. "Porque todos los que son guiados por el Espíritu de Dios, éstos son hijos de Dios" (Ro. 8:14). También es cierto lo inverso: aquellos que son hijos de Dios son guiados por el Espíritu de Dios. Los creyentes no necesitan orar pidiendo la dirección del Espíritu porque Él ya hace eso en sus vidas. Lo que necesitan es buscar la disposición y la obediencia para seguir su dirección.

Tan pronto Cristo entra en la vida de una persona, el Espíritu Santo lo hace también de forma simultánea (cp. Ro. 8:9). En el mismo momento de su entrada empieza a guiar al hijo recién nacido de Dios en el camino de la libertad (Gá. 5:1), la santidad (5:16), la verdad (Jn. 16:13-15), el dar fruto en abundancia (Gá. 5:22-23), el acceso a Dios en oración (Ef. 2:18), la seguridad (Ro. 8:16), el dar testimonio (Hch. 1:8) y el gozo sumiso (Ef. 5:18-21).

No es de sorprenderse que Pablo se regocijara "porque lo que era imposible para la ley, por cuanto era débil por la carne, Dios, enviando a su Hijo en semejanza de carne de pecado y a causa del pecado, condenó al pecado en la carne; para que la justicia de la ley se cumpliese en nosotros, que no andamos conforme a la carne, sino conforme al Espíritu" (Ro. 8:3-4).

Andar en el Espíritu – parte 2 **16**
El contraste y la conquista
(5:19-25)

Y manifiestas son las obras de la carne, que son: adulterio, fornicación, inmundicia, lascivia, idolatría, hechicerías, enemistades, pleitos, celos, iras, contiendas, disensiones, herejías, envidias, homicidios, borracheras, orgías, y cosas semejantes a estas; acerca de las cuales os amonesto, como ya os lo he dicho antes, que los que practican tales cosas no heredarán el reino de Dios. Mas el fruto del Espíritu es amor, gozo, paz, paciencia, benignidad, bondad, fe, mansedumbre, templanza; contra tales cosas no hay ley. Pero los que son de Cristo han crucificado la carne con sus pasiones y deseos.

Si vivimos por el Espíritu, andemos también por el Espíritu. (5:19-25)

En su descripción del andar de los creyentes en el Espíritu, Pablo primero expone el mandato y el conflicto de ese andar (vv. 16–18). A continuación se enfoca en la divergencia entre las obras de la carne y el fruto del Espíritu (vv. 19–23) y luego presenta la conquista (vv. 24–25) que ha sido provista.

EL CONTRASTE

Y manifiestas son las obras de la carne, que son: adulterio, fornicación, inmundicia, lascivia, idolatría, hechicerías, enemistades, pleitos, celos, iras, contiendas, disensiones, herejías, envidias, homicidios, borracheras, orgías, y cosas semejantes a estas; acerca de las cuales os amonesto, como ya os lo he dicho antes, que los que practican tales cosas no heredarán el reino de Dios. Mas el fruto del Espíritu es amor, gozo, paz, paciencia, benignidad, bondad, fe, mansedumbre, templanza; contra tales cosas no hay ley. (5:19-23)

Como motivación para una vida piadosa, Pablo pone lado a lado los productos de una vida vivida en la carne y los productos de la vida vivida en el Espíritu. Los pecados de la primera lista son los resultados feos y repugnantes del deseo perverso, mientras que las virtudes de la segunda son los resultados hermosos y atractivos de andar en el Espíritu. Ninguna lista es exhaustiva sino que alude a otros productos correspondientes a ambos estilos de vida (véase v. 21, "cosas semejantes a estas"; y v. 23, "tales cosas"). Esto indica que las cosas mencionadas eran pertinentes primero que todo a la iglesia en Galacia pero también tienen aplicación universal a los creyentes de todos los tiempos y lugares.

LAS OBRAS DE LA CARNE

Y manifiestas son las obras de la carne, que son: adulterio, fornicación, inmundicia, lascivia, idolatría, hechicerías, enemistades, pleitos, celos, iras, contiendas, disensiones, herejías, envidias, homicidios, borracheras, orgías, y cosas semejantes a estas; acerca de las cuales os amonesto, como ya os lo he dicho antes, que los que practican tales cosas no heredarán el reino de Dios. (5:19-21)

Las obras de la carne reflejan los deseos pecaminosos de la condición humana no redimida, los cuales están en guerra espiritual contra los deseos del Espíritu (vv. 16-17; cp. 24). Estas **obras** son tan **manifiestas** y evidentes que Pablo las menciona en primer orden para recordar algo básico.

Jesús dejó en claro que el problema básico del hombre no radica en lo que está fuera de él sino en aquello que tiene en su propio interior: "lo que del hombre sale, eso contamina al hombre. Porque de dentro, del corazón de los hombres, salen los malos pensamientos, los adulterios, las fornicaciones, los homicidios, los hurtos, las avaricias, las maldades, el engaño, la lascivia, la envidia, la maledicencia, la soberbia, la insensatez. Todas estas maldades de dentro salen, y contaminan al hombre" (Mr. 7:20-23).

La lista de Jesús se parece a la de Pablo en que ambos pasajes insisten en el hecho de que estas maldades se originan en el interior del hombre mismo, no en Satanás o en el mundo exterior. En ese relato breve Jesús menciona en tres ocasiones que los pecados proceden de dentro del hombre mismo, y Pablo identifica su lista de pecados como **las obras de la carne,** es decir, obras producidas por la propia naturaleza no regenerada del hombre.

Solo existen dos visiones posibles de la naturaleza humana: básicamente buena o básicamente mala. La visión humanista consiste en que nace con bondad moral intrínseca, o por lo menos neutralidad moral. Sin embargo, la Biblia sostiene lo opuesto, que el hombre tiene corrupción y depravación inherentes en todos los aspectos de su ser. En consecuencia, aunque el ambiente que rodea al hombre jamás es perfecto y casi siempre tiene un efecto destructivo en su vida, ese nunca es su problema peor. De hecho, el hombre es quien contamina el ambiente y no lo contrario.

Es por esa razón que todas las mejoras y los avances en vivienda, transporte, educación, empleo, ingresos, cuidados médicos y otras cosas semejantes, por deseables que puedan ser, no pueden contribuir en absoluto a resolver el problema básico del hombre que es el pecado en su interior. Ningún beneficio externo puede mejorar su interior. En lugar de esto, las condiciones externas óptimas presentan oportunidades mejores y más sofisticadas para hacer el mal, al punto que los beneficios mismos son corrompidos por la gente que han sido diseñados a ayudar.

Aunque los pecados que Pablo incluye aquí en su lista (cp. Ro. 1:29-31; 2 Co. 12:20-21) son características naturales de la humanidad no redimida, no toda persona manifiesta todos los pecados ni los manifiesta al mismo grado. Sin embargo, toda persona posee su propia **carne,** la cual es pecaminosa y de forma inevitable se manifestará en conductas pecaminosas, sea cual sea la forma particular de su manifestación. Se trata de conductas normales y continuas para los incrédulos en el transcurso de su vida en la carne, pero son conductas anormales y contraproducentes en las vidas de los cristianos, quienes viven en el Espíritu. Un cristiano puede andar en el Espíritu y evitar todas estas conductas, o puede ceder a **la carne** y caer víctima de cualquiera de ellas.

La lista que Pablo hace de **las obras de la carne** abarca tres áreas generales: sexualidad, religión y relaciones humanas.

El primer grupo de pecados se relaciona con la contaminación del hombre en la expresión de su sexualidad. La palabra **fornicación** se traduce del término griego *porneia,* del cual se deriva la palabra *pornografía*. El término tenía un significado amplio para referirse a toda actividad sexual ilícita, en especial el **adulterio,** las relaciones sexuales antes del matrimonio, el homosexualismo, el bestialismo y la prostitución. En 1 Corintios 5:1, Pablo usa el término para referirse a una forma de incesto (relaciones sexuales de un hombre con su madre o su madrastra) que ni siquiera era una práctica común de los paganos. En los dos capítulos siguientes (6:13, 18; 7:2; cp. Ef. 5:3; 1 Ts. 4:3) el apóstol emplea la misma palabra para representar el pecado sexual en general.

Inmundicia es la traducción de *akatharsia,* cuyo significado literal es "sucio", y se empleaba en el campo médico para referirse a una herida infectada y supurante. Es la forma negativa de *katharsia,* que significa "limpio" y es la palabra de la cual se deriva catarsis, que significa acto de purificación. En las Escrituras el término se emplea para aludir a la suciedad tanto moral como ceremonial, cualquier impureza e **inmundicia** que impide a una persona acercarse a Dios.

Lascivia se traduce de *aselgeia,* cuyo significado original se aplicaba a cualquier exceso o falta de control pero terminó asociado ante todo con los excesos sexuales. Es la indulgencia sexual sin restricciones, tal como ha llegado a ser tan común en el mundo occidental moderno. Se refiere a la complacencia sexual desinhibida, sin vergüenza y sin consideración por lo que piensen los demás o por la manera como puedan verse afectados (o infectados) por su ejercicio licencioso.

El segundo grupo de pecados, de manera específica la **idolatría** y las **hechicerías,** se relaciona con la religión de fabricación humana que es un producto de la carne tanto como lo son los pecados sexuales. Las obras de la carne no solo contaminan a los hombres mismos sino también su relación con Dios. Toda religión humana se basa en el esfuerzo individual, en la insistencia pecaminosa del hombre en que puede hacerse a sí mismo aceptable ante el Dios que ha concebido en su propia mente, por medio sus propios méritos. En consecuencia, la religión humana es el enemigo implacable de la gracia divina y por tanto del evangelio.

La **idolatría** es el pecado obvio de adorar imágenes de cualquier tipo fabricadas por el hombre. La palabra **hechicerías** traduce *pharmakeia,* término griego del que se derivan las palabras *farmacia* y *farmacéutico.* Su aplicación original hacía referencia a medicinas en general, pero llegó a utilizarse más que todo para describir drogas que alteraban la mente y el estado de ánimo, similares a las que crean tantos problemas en el mundo actual. Muchas ceremonias religiosas antiguas incluían prácticas ocultistas en las que se usaban drogas para inducir la supuesta comunicación con deidades, y por eso *pharmakeia* llegó a tener una vinculación muy cercana con la brujería y la magia. Aristóteles y otros escritores griegos de la antigüedad emplearon la palabra como sinónimo de brujería y magia negra, porque las drogas eran de uso tan común en tales prácticas.

El tercer grupo de pecados tiene que ver con relaciones humanas que son contaminadas por estos pecados específicos al igual que por muchos otros.

Enemistades se encuentra en plural y se refiere a actitudes odiosas que resultan en **pleitos** entre individuos, incluidos los conflictos amargos. Las actitudes erróneas siempre traen como consecuencia acciones erróneas.

Celos tiene que ver con una forma de enojo y resentimiento odioso ocasionado por el hecho de codiciar lo que pertenece a otra persona. Las explosiones de **ira** son expresiones repentinas y descontroladas de hostilidad hacia otros, muchas veces sin provocación ni justificación. Aunque los **celos** no siempre traen como resultado las **iras,** así como las **enemistades** llevan a los **pleitos,** el primer pecado en cada caso se refiere a la actitud o el motivo mientras que el segundo es la acción como tal.

Las **contiendas, disensiones, herejías** y **envidias** son expresiones más particulares y continuas de los pecados generales que las preceden en esta lista. Representan animosidades entre individuos y grupos que algunas veces se exacerban y descomponen por mucho tiempo después de la causa original del conflicto. Desde las riñas entre clanes antiguos que duran varias generaciones

208

hasta las hostilidades nacionales que duran siglos, estos pecados pueden establecerse como parte de un estilo de vida destructivo que muchas veces trae como consecuencia que se cometan **homicidios.**

Borracheras y **orgías** hacía referencia específica a las francachelas que caracterizaban tanto las ceremonias de adoración paganas en las que muchos de los gentiles convertidos en Galacia habían participado. En un sentido más general y universal, se refieren a embriagarse bajo cualquier circunstancia y degenerar en conductas vulgares, ruidosas e indecentes.

Como ya se observó, la frase **y cosas semejantes a estas** indica que la lista de obras de la carne escrita aquí por Pablo solo es representativa mas no exhaustiva. Tampoco eran **estas** conductas el resultado de tentaciones o caídas recientes en el pecado por parte de los creyentes en Galacia. Pablo dice que les amonesta de nuevo **acerca de las cuales, como ya** se los había **dicho antes.** Parece que se trataba de pecados preponderantes en la cultura, con respecto a los cuales los gálatas todavía experimentaban diversas tentaciones.

El punto clave en la advertencia del apóstol es bastante serio: **los que practican tales cosas no heredarán el reino de Dios.** Debido a que la lista de pecados abarca tantas cosas y la advertencia es tan severa, este pasaje ha llevado a muchos creyentes a dudar de su salvación. Tales temores se intensifican por causa de algunas traducciones tradicionales del texto como la siguiente: "los que *hacen* estas cosas". En ese caso, la gente se pregunta: "¿quién no ha hecho algunas de esas cosas? ¿Qué cristiano puede afirmar que no ha cometido uno solo de esos pecados desde que fue salvo? ¿Quién podría entrar al cielo si cometer uno solo de esos pecados le niega la entrada al reino de Dios?"

La palabra clave en esta advertencia de Pablo es **practican,** que traduce un participio activo presente de *prassō,* para indicar una acción persistente y continua. Es decir, **los que practican** de manera habitual e incesante **tales cosas** demuestran que no han sido regenerados y por esa razón **no heredarán el reino de Dios.** La Biblia siempre determina el carácter de una persona con base en sus acciones comunes y habituales, no las ocasionales. Las personas que se prestan de manera habitual a pecar demuestran que son enemigos de Dios, mientras que aquellos que tienen por hábito hacer el bien demuestran ser sus hijos. La persona no regenerada en ciertas ocasiones hace cosas buenas desde el punto de vista humano, y la persona regenerada cae en pecado de forma ocasional. Sin embargo, el carácter básico de los no regenerados es que **practican** las obras malas de la carne, y el de los regenerados por Dios es que llevan el fruto del Espíritu. Este es el corazón de la enseñanza del apóstol Juan en su primera carta 3:4-10.

Todo aquel que comete pecado, infringe también la ley; pues el pecado es infracción de la ley. Y sabéis que él apareció para quitar nuestros pecados, y no hay pecado en él. Todo aquel que permanece en él, no peca; todo aquel que peca, no le ha visto, ni le ha conocido. Hijitos, nadie os engañe; el que hace justicia es justo, como él es justo. El que practica el pecado es del diablo; porque el diablo peca desde el principio. Para esto apareció el Hijo de Dios, para deshacer las obras del diablo. Todo aquel que es nacido de Dios, no practica el pecado, porque la simiente de Dios permanece en él; y no puede pecar, porque es nacido de Dios. En esto se manifiestan los hijos de Dios, y los hijos del diablo: todo aquel que no hace justicia, y que no ama a su hermano, no es de Dios.

Pablo hace una declaración similar en 1 Corintios 6:9-10: "¿No sabéis que los injustos no heredarán el reino de Dios? No erréis; ni los fornicarios, ni los idólatras, ni los adúlteros, ni los afeminados, ni los que se echan con varones, ni los ladrones, ni los avaros, ni los borrachos, ni los maldicientes, ni los estafadores, heredarán el reino de Dios". A continuación deja en claro que los creyentes ya no **practican** tales cosas: "Y esto erais algunos; mas ya habéis sido lavados, ya habéis sido santificados, ya habéis sido justificados en el nombre del Señor Jesús, y por el Espíritu de nuestro Dios" (v. 11).

Aunque los santos no cometen esas maldades de manera habitual, Pablo les llama a andar en el Espíritu para que ni siquiera caigan en ellas de manera ocasional.

EL FRUTO DEL ESPÍRITU

Mas el fruto del Espíritu es amor, gozo, paz, paciencia, benignidad, bondad, fe, mansedumbre, templanza; contra tales cosas no hay ley. (5:22-23)

En contraste a las obras de la carne está **el fruto del Espíritu.** Las obras de la carne son hechas con los esfuerzos propios de una persona, bien sea salva o no salva. **El fruto del Espíritu,** por otro lado, es producido *por* el propio **Espíritu** de Dios y solo en las vidas de aquellos que le pertenecen mediante la fe en Jesucristo.

La conducta espiritual de andar en el Espíritu (v. 16) tiene el efecto negativo de hacer que el creyente elimine de su vida las obras habituales y continuas de la carne, y el efecto positivo de llevar el fruto bueno que es producido por **el Espíritu.**

El primer contraste entre las obras de la carne y **el fruto del Espíritu** es que los productos de la carne son plurales, mientras que el producto del **Espíritu** es singular. Aunque Pablo no menciona aquí esta verdad, también existe un contraste evidente entre los grados en que se producen las obras y el fruto. Es posible que una persona practique solo uno o dos, o quizás la mitad de los pecados que Pablo menciona aquí, pero sería imposible que esa persona los practique todos por igual de forma habitual y activa. **El fruto del Espíritu,** por otra parte, siempre es producido de manera completa en cada creyente, sin importar cuán tenue sea la evidencia de sus diversas manifestaciones en el individuo.

La Biblia tiene mucho que decir acerca del fruto, ya que se menciona unas ciento seis veces en el Antiguo Testamento y setenta veces en el Nuevo. Aun bajo el pacto de la ley, un creyente producía buen fruto solo por el poder de Dios y no el suyo propio. "De mí será hallado tu fruto", dijo el Señor al antiguo pueblo de Israel (Os. 14:8).

En el Nuevo Testamento se habla acerca de cosas como alabar al Señor (He. 13:15), ganar almas para Cristo (1 Co. 16:15) y hacer obras piadosas en general (Col. 1:10), en términos de un fruto espiritual producido por Dios a través de los creyentes. El fruto de la acción siempre debe proceder del **fruto** de la actitud, y esa es la clase de fruto que constituye el enfoque de Pablo en Gálatas 5:22-23. Si tales actitudes caracterizan la vida de un creyente, será inevitable la manifestación del fruto activo de buenas obras.

El Espíritu nunca deja de producir algún **fruto** en la vida de un creyente, pero el Señor desea que sus discípulos lleven "mucho fruto" (Jn. 15:8). Así como una persona no redimida que solo posee su propia naturaleza caída y pecaminosa manifiesta de forma inevitable esa naturaleza a través de "las obras de la carne" (v. 19), un creyente en Jesucristo, el cual posee una naturaleza nueva y redimida, manifestará esa naturaleza de forma inevitable en **el fruto del Espíritu.** No obstante, siempre es posible que el creyente lleve y manifieste más fruto si es receptivo al **Espíritu.**

La provisión de **fruto** por parte del Espíritu puede compararse a un horticultor que sube por una escalera para recolectar los frutos del árbol y los tira desde arriba en una canasta que el ayudante sostiene abajo. Sin importar cuánto fruto sea recolectado y tirado desde arriba, el ayudante no lo recibirá si no se coloca debajo de la escalera con la canasta lista para recibir.

El fruto del Espíritu es el indicador externo de la salvación. La condición de un creyente como hijo de Dios y ciudadano de su reino (cp. v. 21) se manifiesta por el fruto que el Espíritu produce en su vida. "Por sus frutos los conoceréis. ¿Acaso se recogen uvas de los espinos, o higos de los abrojos? Así, todo buen árbol da buenos frutos, pero el árbol malo da frutos malos. No puede el buen árbol dar malos frutos, ni el árbol malo dar frutos buenos" (Mt. 7:16-18).

En los versículos 22 y 23 Pablo hace una lista de nueve características representativas del fruto piadoso que el Espíritu Santo produce en la vida de un creyente. Aunque se han hecho numerosos intentos de categorización de estas nueve virtudes en diferentes grupos, la mayoría de esos esquemas parecen artificiales e irrelevantes. Así no puedan clasificarse de forma satisfactoria, lo más importante que debe recordarse acerca del tema es que no se trata de múltiples características espirituales sino de un solo fruto cuyas propiedades son inseparables entre sí. Esas características no se pueden producir ni manifestar de manera aislada.

Aunque parezca paradójico, todas las nueve manifestaciones del **fruto del Espíritu** también son *mandadas* a los creyentes en el Nuevo Testamento. También en cada caso, Jesús puede verse como el ejemplo supremo y el Espíritu Santo como la fuente.

Amor. La primera característica del fruto espiritual es el **amor,** la virtud suprema de la vida cristiana (1 Co. 13:13). Algunos comentaristas insisten en que el contexto determina que **amor** aquí es sinónimo de **fruto** y por eso abarca las demás características en la lista. En cualquier caso resulta clara la preeminencia del **amor.** Como Pablo acabó de declarar, "toda la ley en esta sola palabra se cumple: Amarás a tu prójimo como a ti mismo" (Gá. 5:14; cp. Ro. 13:10).

Amor *agapē* es la forma de amor que más refleja una decisión personal, porque no solo se refiere a emociones espontáneas o sentimientos agradables, sino al servicio dispuesto y generoso. "Dios muestra su amor para con nosotros, en que siendo aún pecadores, Cristo murió por nosotros" (Ro. 5:8). De la misma manera, la decisión de mayor sacrificio que una persona que ama puede hacer es dar "su vida por sus amigos" (Jn. 15:13). El apóstol Juan expresa la unidad de esas dos verdades en su primera carta: "En esto hemos conocido el amor, en que él puso su vida por nosotros; también nosotros debemos poner nuestras vidas por los hermanos" (1 Jn. 3:16). Sin embargo, el amor es puesto a prueba mucho antes de ser llamado a ofrecer ese sacrificio supremo. Como Juan dice a continuación, "el que tiene bienes de este mundo y ve a su hermano tener necesidad, y cierra contra él su corazón, ¿cómo mora el amor de Dios en él?" (v. 17). Una persona que cree que su amor es lo bastante grande como para sacrificar su vida por hermanos en la fe, pero que no les ayuda en sus tiempos de mayor necesidad, solo se engaña a sí mismo.

El verdadero **amor** *agapē* es una evidencia segura de salvación. "Nosotros sabemos que hemos pasado de muerte a vida", dice Juan, "en que amamos a los hermanos ... Todo aquel que ama, es nacido de Dios, y conoce a Dios" (1 Jn. 3:14; 4:7). En ese mismo orden de ideas, como Juan lo aclara en repetidas ocasiones en la misma carta, mantener un espíritu no amoroso hacia otros cristianos es razón para que una persona ponga en duda su propia salvación (véase por ejemplo 2:9, 11; 3:15; 4:8, 20).

Jesucristo es el ejemplo supremo de esta virtud suprema. No fue solo el amor del Padre sino también su propio amor lo que llevó a Jesús a poner su vida por nosotros, ya que su sacrificio de sí mismo es la demostración máxima del amor que da la vida por sus amigos. Además, antes de realizar el sacrificio supremo, Él demostró esa misma clase de **amor** abnegado de muchas otras maneras. Al ver Jesús a María y los demás que lloraban a causa de la muerte de Lázaro, Él también lloró (Jn. 11:33-35). No se afligió por el hecho de que Lázaro hubiera muerto, ya que se había propuesto llegar a Betania tras la muerte de su amigo querido, con el fin de demostrar su poder para levantarle de la tumba. Jesús lloró a causa de la gran destrucción y la miseria humana ocasionadas por el pecado, cuya paga final siempre es la muerte (Ro. 6:23).

Para los creyentes el **amor** no es una opción sino un mandato. El apóstol Pablo declaró: "andad en amor, como también Cristo nos amó, y se entregó a sí mismo por nosotros, ofrenda y sacrificio a Dios en olor fragante" (Ef. 5:2). No obstante, el mandato no puede cumplirse aparte del Espíritu Santo, la fuente de esta y todas las demás manifestaciones del **fruto** espiritual. Pablo explicó a los creyentes en Roma que "el amor de Dios ha sido derramado en nuestros corazones por el Espíritu Santo que nos fue dado" (Ro. 5:5), y fue por ese "amor en el Espíritu" que dio gracias por los creyentes en Colosas (Col. 1:8).

Gozo. La segunda manifestación del **fruto del Espíritu** es el **gozo**. *Chara* (gozo) se emplea unas setenta veces en el Nuevo Testamento y siempre significa un sentimiento de felicidad basado en realidades espirituales. El **gozo** es un sentido profundo de bienestar que llena el corazón de una persona que sabe que todo está bien entre él y su Señor. No es una experiencia que venga como resultado de circunstancias favorables, ni siquiera una emoción humana creada por estimulación divina. Es el don de Dios para los creyentes. Como Nehemías declaró: "el gozo de Jehová es vuestra fuerza" (Neh. 8:10). El **gozo** es parte de la naturaleza misma de Dios y de su **Espíritu** que se manifiesta en sus hijos.

Al hablar acerca de lo que sentimos por el Señor Jesucristo, Pedro escribió: "a quien amáis sin haberle visto, en quien creyendo, aunque ahora no lo veáis, os alegráis con gozo inefable y glorioso; obteniendo el fin de vuestra fe, que es la salvación de vuestras almas" (1 P. 1:8). El **gozo** fluye de manera inevitable como consecuencia de haber recibido a Jesucristo como Salvador, y por el conocimiento que el creyente tiene de su presencia continua en su vida.

El **gozo** no solo es independiente de las circunstancias humanas favorables, sino que algunas veces es más grande y fuerte cuando esas circunstancias son más dolorosas y difíciles. Poco antes de su arresto y crucifixión, Jesús dijo a sus discípulos: "De cierto, de cierto os digo, que vosotros lloraréis y lamentaréis, y el mundo se alegrará; pero aunque vosotros estéis tristes, vuestra tristeza se convertirá en gozo" (Jn. 16:20). Para ilustrar esa verdad, Jesús comparó el **gozo** divino con una mujer a punto de dar a luz. "La mujer cuando da a luz, tiene dolor, porque ha llegado su hora; pero después que ha dado a luz un niño, ya no se acuerda de la angustia, por el gozo de que haya nacido un hombre en el mundo. También vosotros ahora tenéis tristeza; pero os volveré a ver, y se gozará vuestro corazón, y nadie os quitará vuestro gozo" (vv. 21-22).

El **gozo** de Dios es pleno y completo en todo sentido. Nada humano o circunstancial puede añadirle o quitarle. Sin embargo, no es completo en la vida de un creyente si no se mantiene la dependencia y la obediencia al Señor. "Pedid, y recibiréis", explicó Jesús a continuación, "para que vuestro gozo sea cumplido" (Jn. 16:24). Uno de los motivos de Juan para escribir su primera epístola fue "para que [este] gozo sea cumplido" (1 Jn. 1:4).

Jesús mismo es aquí de nuevo nuestro ejemplo supremo. Él fue "varón de dolores, experimentado en quebranto" (Is. 53:3; cp. Lc. 18:31-33), pero tal como había prometido a sus discípulos, su tristeza se convirtió en gozo celestial: "por el gozo puesto delante de él sufrió la cruz, menospreciando el oprobio, y se sentó a la diestra del trono de Dios" (He. 12:2). A pesar de la incomprensión, el rechazo, el odio y el dolor que padeció por parte de los hombres durante su encarnación entre ellos, el Señor nunca perdió su gozo en la relación que tenía con su Padre, y ese gozo es el mismo que Él da a cada uno de sus seguidores.

Aunque el **gozo** es un regalo de Dios por medio de su **Espíritu** para quienes pertenecen a Cristo, también es algo que se les manda: "Regocijaos en el Señor siempre. Otra vez digo: ¡Regocijaos!" (Fil. 4:4; cp. 3:1). Puesto que el **gozo** viene como un don divino, es obvio que el mandato no implica que los creyentes tengan que fabricarlo o imitarlo. El cumplimiento del mandato consiste en aceptar y disfrutar con gratitud esta gran bendición que ya poseen, "porque el reino de Dios no es comida ni bebida, sino justicia, paz y gozo en el Espíritu Santo" (Ro. 14:17).

Paz. Si el gozo alude al alborozo del corazón que viene como resultado de estar en la relación correcta con Dios, **paz** *(eirēnē)* se refiere a la tranquilidad de la mente que viene como resultado de esa relación de salvación. La forma verbal tiene que ver con juntar cosas y se refleja en la expresión moderna "tener los asuntos en orden". Todo se encuentra en su lugar, tal como debería estar.

Así como el gozo, la **paz** no tiene relación alguna con las circunstancias. Los cristianos saben "que a los que aman a Dios, todas las cosas les ayudan a bien, esto es, a los que conforme a su propósito son llamado" (Ro. 8:28). Puesto que Dios está en control de todos los aspectos de la vida de un creyente, el aspecto que puedan tener sus circunstancias desde un punto de vista humano es en últimas irrelevante. Por esa razón Jesús pudo decir de manera incondicional a quienes confían en él: "No se turbe vuestro corazón" (Jn. 14:1). No existe una sola razón para que un creyente caiga presa de la ansiedad o el miedo.

Jesús fue el príncipe de la paz, tanto en el sentido de que es un ser lleno de paz suprema como en que Él dispensa su **paz** a los que son suyos. Aun al ser confrontado por Satanás cara a cara en el desierto, Jesús tuvo paz perfecta porque sabía que su Padre celestial estaba con Él todo el tiempo y haría provisión perfecta para todas sus necesidades (Mt. 4:1-11). Es su propia paz perfecta la que Él transfiere a sus discípulos: "La paz os dejo, mi paz os doy; yo no os la doy como el mundo la da. No se turbe vuestro corazón, ni tenga miedo" (Jn. 14:27).

"Lo que aprendisteis y recibisteis y oísteis y visteis en mí, esto haced", dijo Pablo; "y el Dios de paz estará con vosotros" (Fil. 4:9). Puesto que tienen al Dios de paz en sus corazones, los creyentes no necesitan "por nada [estar] afanosos", ya que tienen "la paz de Dios, que sobrepasa todo entendimiento", la cual guarda sus "corazones y [sus] pensamientos en Cristo Jesús" (vv. 6-7).

Paciencia. *Makrothumia* **(paciencia)** tiene que ver con tolerancia y longanimidad frente a las ofensas y las heridas infligidas por otros, la disposición serena para aceptar las situaciones que son irritantes o dolorosas.

Dios mismo es "lento para la ira" (Sal. 86:15) y espera que sus hijos también lo sean. Así como los creyentes nunca deben menospreciar "las riquezas de su benignidad, paciencia y longanimidad" (Ro. 2:4), también deberían manifestar en sus vidas esos atributos de su Padre celestial.

En los últimos días, incrédulos arrogantes afrontarán a los cristianos con esta pregunta: "¿Dónde está la promesa de su advenimiento? Porque desde el día en que los padres durmieron, todas las cosas permanecen así como desde el principio de la creación" (2 P. 3:4). En sus mentes entenebrecidas por el pecado, los incrédulos no pueden ver que será como en los días de Noé, cuando Dios retrasó con paciencia el diluvio para dar a los hombres más tiempo de arrepentirse (1 P. 3:20). Es también por causa de su paciencia y misericordia que Él demora la segunda venida de Cristo y el juicio de los incrédulos que la acompaña, "no queriendo que ninguno perezca, sino que todos procedan al arrepentimiento" (2 P. 3:9).

Pablo confesó que a pesar de haber sido el primero entre los pecadores, halló misericordia ante Dios "para que Jesucristo mostrase en mí el primero toda su clemencia, para ejemplo de los que habrían de creer en él para vida eterna" (1 Ti. 1:15-16).

Los creyentes tienen el mandato de imitar la **paciencia** de su Señor: "vestíos, pues, como escogidos de Dios, santos y amados, de entrañable misericordia, de benignidad, de humildad, de mansedumbre, de paciencia", en especial con los hermanos en la fe, "soportándoos con paciencia los unos a los otros en amor" (Ef. 4:2). Como Timoteo, todos los maestros y líderes cristianos deben ministrar "con toda paciencia y doctrina" (2 Ti. 4:2).

Benignidad. *Chrēstotēs* **(benignidad)** tiene que ver con la consideración tierna de los demás. No se relaciona con debilidad o falta de convicción, sino que es el deseo genuino de tratar a los demás con benevolencia, tal como el Señor trata al creyente. Pablo recordó a los tesalonicenses que, a pesar de tener la autoridad que tenía como uno de los apóstoles, "fuimos tiernos entre vosotros, como la nodriza que cuida con ternura a sus propios hijos" (1 Ts. 2:6-7).

La **benignidad** de Jesús es el ejemplo del creyente. En cierta ocasión "le fueron presentados unos niños, para que pusiese las manos sobre ellos, y orase; y los discípulos les reprendieron. Pero Jesús dijo: Dejad a los niños venir a mí, y no se lo impidáis; porque de los tales es el reino de los cielos" (Mt. 19:13-14). En otra ocasión Él dijo: "Venid a mí todos los que estáis trabajados y cargados, y yo os haré descansar. Llevad mi yugo sobre vosotros, y aprended de mí, que soy manso y humilde de corazón; y hallaréis descanso para vuestras almas" (Mt. 11:28-29).

Así como su Señor es benigno, a todo siervo suyo se le manda que "no debe ser contencioso, sino amable para con todos ... sufrido" (2 Ti. 2:24). Además, tal como lo hace con todas las demás manifestaciones de su **fruto** divino, el Espíritu Santo da a los hijos de Dios longanimidad y bondad que reproducen su propia **benignidad** divina (2 Co. 6:6).

Bondad. *Agathos* **(bondad)** tiene que ver con una excelencia moral y espiritual que se reconoce por su dulzura y compasión activas. Pablo contribuyó a la definición de esta virtud al observar que "ciertamente, apenas morirá alguno por un justo; con todo, pudiera ser que alguno osara morir por el bueno" (Ro. 5:7). Un cristiano puede mantener cierta rectitud moral sin manifestar la gracia de la **bondad.** Puede ser admirado y respetado por la excelencia de sus parámetros morales y hasta podría tener un amigo íntimo que estuviera dispuesto a arriesgar la vida por él, pero la persona recta que también tiene **bondad** tiene mucha mayor probabilidad de tener en su vida a personas dispuestas a sacrificarse por ella.

José fue un hombre que además de ser recto también fue bueno. Al enterarse de que María estaba embarazada sin saber todavía que era por el Espíritu Santo, "como era justo", no pudo considerar más la idea de casarse con ella, al suponer que ella le había sido infiel. Sin embargo, como también era un buen hombre, no pudo soportar la idea de infamar a su amada María y por esa razón "quiso dejarla secretamente" (Mt. 1:19).

David tenía un entendimiento profundo de la bondad de Dios, como lo revela de forma reiterada en sus salmos. "Ciertamente el bien y la misericordia me seguirán todos los días de mi vida, y en la casa de Jehová moraré por largos días", expresó con regocijo (Sal. 23:6). También confesó que sin lugar a dudas: "hubiera yo desmayado, si no creyese que veré la bondad de Jehová En la tierra de los vivientes" (Sal. 27:13).

Como sucede con toda gracia divina provista por el Espíritu, los creyentes también reciben el mandato de dar ejemplo de **bondad.** Más adelante en la epístola Pablo exhorta: "Así que, según tengamos oportunidad, hagamos bien a todos, y mayormente a los de la familia de la fe" (Gá. 6:10). "Por lo cual asimismo oramos siempre por vosotros", escribió a los tesalonicenses, "para que nuestro

Dios os tenga por dignos de su llamamiento, y cumpla todo propósito de bondad y toda obra de fe con su poder" (2 Ts. 1:11).

Fe. *Pistis* **(fe)** también se puede traducir "fidelidad" y es la manifestación del fruto del Espíritu que se relaciona con los conceptos de lealtad y confiabilidad. Jeremías declaró que "por la misericordia de Jehová no hemos sido consumidos, porque nunca decayeron sus misericordias" (Lm. 3:22).

Por cuanto Jesús fue fiel, Él "se despojó a sí mismo, tomando forma de siervo, hecho semejante a los hombres; y estando en la condición de hombre, se humilló a sí mismo, haciéndose obediente hasta la muerte, y muerte de cruz". A su vez, en vista de la fidelidad de su Hijo, Dios el Padre "también le exaltó hasta lo sumo, y le dio un nombre que es sobre todo nombre" (Fil. 2:7-9).

Además, así como Él fue fiel en venir por primera vez a la tierra, será fiel en regresar tal "como le habéis visto ir al cielo" (Hch. 1:11). "Fiel es el que os llama", dijo Pablo, "el cual también lo hará" (1 Ts. 5:24). En su gran visión en Patmos, Juan vio a Cristo sentado sobre "un caballo blanco, y el que lo montaba se llamaba Fiel y Verdadero, y con justicia juzga y pelea" (Ap. 19:11).

Los "servidores de Cristo, y administradores de los misterios de Dios" deben ser como su Señor, de tal modo "que cada uno sea hallado fiel" (1 Co. 4:1-2). "Sé fiel hasta la muerte, y yo te daré la corona de la vida" (Ap. 2:10).

Mansedumbre. *Prautēs* incluye la idea de amabilidad pero se traduce mejor como **mansedumbre.** En su libro útil que titula *Sinónimos del Nuevo Testamento*, R. C. Trench escribe que *prautēs* "no solo consiste en la conducta externa de una persona, tampoco en sus relaciones con sus semejantes y mucho menos en su mera disposición natural. Más bien es una gracia del alma entretejida en sus fibras más íntimas, cuyo ejercicio se dirige primero y por encima de todo a Dios. Es el temperamento espiritual que nos permite aceptar su trato hacia nosotros como bueno, y en consecuencia lo hacemos sin debate ni resistencia" (Grand Rapids: Eerdmans, 1953). Esa es la actitud humilde y amable que permite la sumisión paciente en medio de las ofensas, libre por completo de cualquier deseo de venganza o retribución.

De las nueve características del fruto del Espíritu, esta y la siguiente no se aplican a Dios como Dios. El Antiguo Testamento nunca se refiere a Dios como un ser manso, y en el Nuevo Testamento se atribuye mansedumbre solo al Hijo, pero nada más que durante su encarnación.

En el Nuevo Testamento *prautēs* se emplea para describir tres actitudes: sumisión a la voluntad de Dios (Col. 3:12), disposición a recibir la enseñanza de la Palabra de Dios (Stg. 1:21), y consideración de los demás (Ef. 4:2).

Aunque Él es Dios, mientras Jesús vivió en la tierra como el Hijo del Hombre, fue "manso *[prautēs]* y humilde de corazón" (Mt. 11:29; cp. 21:5; 2 Co. 10:1). Al igual que su Señor, los creyentes deben procurar de manera activa el ser mansos y amables (1 Ti. 6:11), y cubrirse con estas virtudes entrañables como un vestido (Col. 3:12).

Templanza. *Enkrateia* se refiere a la capacidad de refrenar las pasiones y los apetitos. Sin embargo, como sucede con la mansedumbre, esta gracia no se aplica a Dios, quien como es obvio no necesita controlarse a sí mismo. "Porque yo Jehová no cambio", nos informa el Señor (Mal. 3:6). En su ser eterno, el Señor "Jesucristo es el mismo ayer, y hoy, y por los siglos" (He. 13:8). La santidad perfecta posee un control perfecto.

Ahora bien, Cristo en su encarnación fue el epítome de la templanza y el dominio propio. Él nunca cayó en la tentación ni en la trampa de hacer o decir cualquier cosa que no estuviera de acuerdo con la voluntad de su Padre y su propia naturaleza divina. También como Jesús, todo creyente que lucha por ganar la carrera de la fe "de todo se abstiene" (1 Co. 9:25; cp. 7:9), "poniendo toda diligencia" para añadir a su "fe virtud; a la virtud, conocimiento; al conocimiento, dominio propio" (2 P. 1:5–6).

Contra tales cosas no hay ley, dice Pablo al final. Ni siquiera los incrédulos más obstinados hacen leyes en **contra** de **tales cosas** como las producidas por el fruto del Espíritu en la vida de los creyentes. El mundo no tiene leyes contra esa clase de conducta, más bien la valora y la premia. Aun si alguien llegara a considerar **tales cosas** como síntomas de debilidad, no puede dejar de reconocer que nunca hacen daño.

Por cierto **no hay ley** de Dios **contra tales cosas,** porque se trata de las mismas virtudes que Él quiere que tengan todos los hombres, y que Él les da tan pronto depositan su confianza en Jesucristo como Señor y Salvador. "Porque si estas cosas están en vosotros, y abundan", explica Pedro con relación a su lista similar de virtudes cristianas, "no os dejarán estar ociosos ni sin fruto en cuanto al conocimiento de nuestro Señor Jesucristo" (2 P. 1:8).

El creyente que anda en el Espíritu y manifiesta su fruto no necesita un sistema de **ley** para producir las actitudes y las conductas correctas, ya que estas brotan de su mismo interior.

LA CONQUISTA

Pero los que son de Cristo han crucificado la carne con sus pasiones y deseos. Si vivimos por el Espíritu, andemos también por el Espíritu. (5:24–25)

Todas las personas **que son de Cristo** por fe en Él y su obra perfecta de salvación, **han crucificado la carne con sus pasiones y deseos.**

Han crucificado la carne es una declaración estratégica porque la crucifixión era un medio de ejecución. A excepción de cuatro, todos los usos del término en el Nuevo Testamento se refieren a la muerte de Jesucristo en la cruz. Tres de las excepciones ayudan a entender la cuarta, que se encuentra en el texto presente.

La primera de las tres se encuentra en la carta a los romanos, donde Pablo afirma que en el momento de nuestra justificación, "nuestro viejo hombre fue crucificado juntamente con [Cristo]" (6:6). Las otras dos están en Gálatas, una antes y otra después de este texto. El apóstol dice: "Con Cristo estoy juntamente crucificado" (2:20), y cerca al final de la epístola, afirma que "el mundo me es crucificado a mí, y yo al mundo" (6:14).

En cada uno de esos tres pasajes, "crucificado" es una forma vívida y dramática de decir "muerto" o "ejecutado". En los primeros dos pasajes Pablo enseña que a la hora de la salvación su identidad con el hombre viejo, pecaminoso y no regenerado fue ejecutada y ahora ha muerto a él, de tal modo que ha dejado de actuar como su amo para mantenerle en esclavitud. Por lo tanto, ahora es libre para servir al Señor.

Como es obvio, en ninguno de esos pasajes Pablo quiere dar a entender que la analogía de la crucifixión incluye la idea de aniquilación total, en la cual cesa toda influencia. El pecado todavía es una realidad en su vida, al igual que la tentación del mundo. La situación ha cambiado porque se ha roto el poder del viejo yo y del mundo, influencias que a pesar de su existencia, ya no tienen dominio sobre la vida del creyente.

En el texto de Gálatas 5:24, Pablo dice que **la carne** ha sido ejecutada. Ahora, ¿cómo puede ser esto a la luz de lo que acaba de decir en este capítulo acerca de que los creyentes tienen una guerra constante con la **carne** a causa de su presencia constante? ¿En qué sentido muere **la carne** en la conversión?

No puede ser en el sentido completo y presente de la expresión, porque en ese caso contradice la realidad del conflicto espiritual continuo con la **carne** que se indica aquí y en Romanos 7:14-25. Tampoco puede ser que Pablo tenga en mente alguna interpretación futurista porque habría empleado el verbo en tiempo futuro con referencia al tiempo de la glorificación: "crucificarán la carne".

La mejor manera de entender esta verdad es considerar la frase **han crucificado** como una alusión a la cruz de Jesucristo, la cual, como acontecimiento del pasado, se ajusta al tiempo aoristo que Pablo utiliza aquí en la conjugación del verbo. Se trata de volver la mirada a la cruz, al momento en que se llevó a cabo la muerte de **la carne.** No obstante, como seguimos vivos en la tierra y todavía poseemos nuestra condición humana, todavía no hemos entrado a la plenitud futura del cumplimiento de ese acontecimiento pasado.

Mientras tanto, **la carne con sus pasiones y deseos** está muerta en el sentido de que ya no reina sobre nosotros ni nos mantiene en esclavitud y sin escape. Como una gallina cuya cabeza ha sido cortada, **la carne** ha recibido un golpe mortal pero sigue dando vueltas locas por el corral de la tierra hasta que cese la actividad del último de sus nervios.

Por cuanto **la carne** ha sido derrotada para siempre y ahora vivimos en una situación en la que Cristo reina sobre nosotros por su Espíritu, es nuestro deber vivir de acuerdo al Espíritu y no a la carne.

Debido a que los creyentes tienen vida nueva en Jesucristo, también deben tener una nueva *manera* de vivir. Pablo dice que **si vivimos por el Espíritu,** como lo hacemos, **andemos también por el Espíritu,** como lo debemos hacer. El apóstol pidió en oración ferviente que los cristianos en Colosas anduviesen "como es digno del Señor, agradándole en todo, llevando fruto en toda buena obra ... Por tanto, de la manera que habéis recibido al Señor Jesucristo, andad en él; arraigados y sobreedificados en él, y confirmados en la fe, así como habéis sido enseñados, abundando en acciones de gracias" (Col. 1:10; 2:6-7; cp. Ef. 4:1; 1 Ts. 2:12).

Cómo restaurar al hermano que peca (5:26—6:6) 17

No nos hagamos vanagloriosos, irritándonos unos a otros, envidiándonos unos a otros.

Hermanos, si alguno fuere sorprendido en alguna falta, vosotros que sois espirituales, restauradle con espíritu de mansedumbre, considerándote a ti mismo, no sea que tú también seas tentado. Sobrellevad los unos las cargas de los otros, y cumplid así la ley de Cristo. Porque el que se cree ser algo, no siendo nada, a sí mismo se engaña. Así que, cada uno someta a prueba su propia obra, y entonces tendrá motivo de gloriarse sólo respecto de sí mismo, y no en otro; porque cada uno llevará su propia carga.

El que es enseñado en la palabra, haga partícipe de toda cosa buena al que lo instruye. (5:26—6:6)

El pecado es una realidad en la vida de todo cristiano. "Si decimos que no tenemos pecado, nos engañamos a nosotros mismos", advierte Juan a los creyentes. De hecho, el apóstol se adelanta a decir que en ese caso "la verdad no está en nosotros" (1 Jn. 1:8, 10). "Porque todos ofendemos muchas veces" (Stg. 3:2).

Si los cristianos no estuvieran sujetos al pecado no necesitarían "toda la armadura de Dios" para poder "estar firmes contra las asechanzas del diablo" y "resistir en el día malo" (Ef. 6:11, 13). Tampoco necesitarían acatar la advertencia de Santiago acerca de ser tentados y descarriados por sus propias concupiscencias, o su admonición en cuanto a desechar "toda inmundicia y abundancia de malicia" (Stg. 1:14, 21).

Como se mencionó en el capítulo anterior donde se discuten las obras de la carne (Gá. 5:19-21), el pecado no solo afecta al creyente mismo sino también a Dios y a los demás, incluidos creyentes e incrédulos. Primero que todo, con relación a él mismo, su pecado trae como resultado la falta de confianza y la falta de gozo y paz interiores, así como la pérdida de todas las demás manifestaciones del fruto del Espíritu. Pedro expresa en estos términos el otro lado de esa verdad: "porque haciendo estas cosas", es decir, la lista de virtudes espirituales que acaba de dar, "no caeréis jamás" (2 P. 1:10; cp. vv. 5-7).

El pecado en la vida de un creyente también debilita su anticipación de la segunda venida de Cristo. Cuanto más peque un cristiano, menos ansioso estará de reunirse con su Señor. "Y ahora, hijitos, permaneced en él, para que cuando se manifieste, tengamos confianza, para que en su venida no nos alejemos de él avergonzados" (1 Jn. 2:28).

El pecado también derrota y algunas veces destruye la utilidad de un creyente e inhibe la ministración de sus dones espirituales. Una vida llena de pecado no puede producir buenas obras, así como un árbol dañado no puede producir buen fruto (Mt. 7:16-20; cp. Jn. 15:2). Ahora bien, "si alguno se limpia de estas cosas, será instrumento para honra, santificado, útil al Señor, y dispuesto para toda buena obra" (2 Ti. 2:21; cp. vv. 14, 16-18).

En segundo lugar, el pecado en un creyente afecta a Dios. Pablo hace la comparación chocante entre un creyente inmoral con la unión impensable del Señor con una prostituta. ¿Cómo puede ser siquiera posible algo tan descabellado? "¿O no sabéis", preguntó Pablo a los cristianos carnales de Corinto, "que el que se une con una ramera, es un cuerpo con ella? Porque dice: Los dos serán una sola carne. Pero el que se une al Señor, un espíritu es con él" (1 Co. 6:16-17). Por eso, un creyente que peca vincula al Señor mismo con su mismo pecado. Más adelante en la misma epístola el apóstol dice: "La copa de bendición que bendecimos, ¿no es la comunión de la sangre de Cristo? El pan que partimos, ¿no es la comunión del cuerpo de Cristo? ... No podéis beber la copa del Señor, y la copa de los demonios; no podéis participar de la mesa del Señor, y de la mesa de los demonios. ¿O provocaremos a celos al Señor? ¿Somos más fuertes que él?" (10:16, 21-22). Debido a que muchos de los creyentes en Corinto irrespetaban y provocaban a Dios con la persistencia en sus pecados desvergonzados, muchos de ellos estaban "enfermos y debilitados" y muchos otros ya habían muerto (11:30). Siempre que los creyentes pecan, contristan "al Espíritu Santo de Dios" (Ef. 4:30).

En tercer lugar, el pecado en la vida de un cristiano afecta a otras personas, tanto creyentes como incrédulos. No se puede impedir que su pecado infecte a hermanos en la fe, porque todos ellos son uno como cuerpo de Cristo. "Porque por un solo Espíritu fuimos todos bautizados en un cuerpo" (1 Co. 12:13).

La pena más grande que puede tener un pastor es ver a los creyentes que están bajo su cuidado, persistir de manera voluntaria y continua en el pecado, solo para perder así su bendición personal y su utilidad ministerial. Todavía peor es el hecho de que con su pecado deshonran y afligen al Señor y vulneran la pureza y la unidad de la iglesia.

El objetivo más importante en la vida de todos los cristianos, tanto a escala individual como corporativo, es la santidad. La primera misión de la iglesia es honrar y glorificar a Dios, y Él puede ser honrado y glorificado por sus hijos solo en la medida en que crecen para ser semejantes a Él en carácter. Aunque el evangelismo es el frente que avanza el ministerio de la iglesia, la santidad es el único fundamento sobre el cual puede cimentarse el evangelismo efectivo o cualquier otro ministerio. La prioridad suprema de la iglesia es la santidad y la pureza en la vida interior. Dios puede hacer todo lo que desea a través de un creyente santo y una iglesia santa, pero no puede hacer mucho por medio de aquellos que no lo son.

En sentido positivo, la santidad supone crecer en la semejanza a Cristo en conocimiento y obediencia de la Palabra de Dios, y en sumisión a su Espíritu. En sentido negativo implica corregir lo que es impuro, primero en la propia vida del creyente y después también en las vidas de otros creyentes. Ese aspecto negativo de la santidad es el tema de Gálatas 5:26—6:6.

La admonición de Pablo en el sentido de que **no nos hagamos vanagloriosos, irritándonos unos a otros, envidiándonos unos a otros,** parece cuadrar mejor al comienzo del capítulo 6, para servir como contraste frente a la clase de conducta que se llama a vivir en los versículos 1 al 6. el apóstol amonesta a los creyentes para que observen sus propias vidas y dejen de jactarse, provocar argumentos y tener envidia entre **unos** y **otros.** Esas actitudes pecaminosas son la marca de los cristianos pecadores e inmaduros que ponen sus propios intereses por encima de los intereses de sus hermanos en la fe (cp. Fil. 2:1-4). Son características de creyentes que no andan en el Espíritu sino que están en la carne y así estorban la comunión del cuerpo, al producir obras de la carne en lugar del fruto del Espíritu (véase vv. 16-25). Esas actitudes también impiden la disciplina benéfica de unos a otros.

Cabe recordar que la búsqueda de la santidad puede degenerar en la piedad falsa y orgullosa de la justicia propia. Ningún pecado hace daño más grave a la iglesia o es más ofensivo para Dios que la justicia del hombre en su propia opinión. Las represiones y advertencias más fuertes de Jesús fueron en contra de los escribas y los fariseos, cuyos mismos nombres son sinónimos de hipocresía y justicia propia. Nada destruye la justicia verdadera tanto como la justicia egocéntrica. La santidad debe ser por lo tanto, aquella santidad verdadera que se manifiesta en mansedumbre y se acredita por completo a la gracia de Dios y la obra del Espíritu y la Palabra.

No obstante, aunque el interés primordial de un cristiano debe ser su propia santidad y pureza de vida, la Palabra de Dios deja en claro que también tiene una responsabilidad por la santidad y la pureza del resto de la iglesia. Pablo hablaba a creyentes acerca de creyentes cuando dijo: "no participéis en las obras infructuosas de las tinieblas, sino más bien reprendedlas; porque vergonzoso es aun hablar de lo que ellos hacen en secreto" (Ef. 5:11-12). También instruyó así a Tito, quien era en aquel entonces pastor de la iglesia en Creta: "habla, y exhorta y reprende con toda autoridad", y "al hombre que cause divisiones, después de una y otra amonestación deséchalo, sabiendo que el tal se ha pervertido, y peca y está condenado por su propio juicio" (Tit. 2:15; 3:10-11).

La carne no redimida se resiste por naturaleza a la disciplina, y lo cierto que a nadie le gusta ser reprendido. Por otro lado, el cristiano que tiene sensibilidad espiritual sabe "que ninguna disciplina al presente parece ser causa de gozo, sino de tristeza; pero después da fruto apacible de justicia a los que en ella han sido ejercitados" (He. 12:11). Sabe que Dios disciplina por la misma razón que un padre amoroso disciplina: por el bien de su hijo. Por esa razón dice su Palabra: "no menosprecies la disciplina del Señor, ni desmayes cuando eres reprendido por él; porque el Señor al que ama, disciplina, Y azota a todo el que recibe por hijo" (vv. 5-6).

Pablo advirtió en repetidas ocasiones a la iglesia en Corinto acerca de la necesidad que tenía de limpiarse de aquellos miembros que persistían en el pecado. Se refirió de manera específica a un hombre que había cometido incesto con su madre o su madrastra: "el tal sea entregado a Satanás para destrucción de la carne, a fin de que el espíritu sea salvo en el día del Señor Jesús" (1 Co. 5:5). Como lo aclara el siguiente versículo, su reprensión iba dirigida a toda la iglesia y no solo al hombre que había cometido el pecado abominable que ni siquiera era practicado por los paganos (véase v. 1). Al parecer el resto de la congregación hizo guiños al pecador en cuestión o aun trató de justificar el pecado con base en un tipo falso de libertad cristiana. "No es buena vuestra jactancia. ¿No sabéis que un poco de levadura leuda toda la masa? Limpiaos, pues, de la vieja levadura, para que seáis nueva masa, sin levadura como sois; porque nuestra pascua, que es Cristo, ya fue sacrificada por nosotros ... Más bien os escribí que no os juntéis con ninguno que, llamándose hermano, fuere fornicario, o avaro, o idólatra, o maldiciente, o borracho, o ladrón; con el tal ni aun comáis ... Quitad, pues, a ese perverso de entre vosotros" (vv. 6-7, 11, 13). A los tesalonicenses escribió: "Pero os ordenamos, hermanos, en el nombre de nuestro Señor Jesucristo, que os apartéis de todo hermano que ande desordenadamente, y no según la enseñanza que recibisteis de nosotros" (2 Ts. 3:6; cp. v. 14).

No es con relación a los pecados de los incrédulos que los cristianos deben tener la mayor preocupación. Siempre que los no salvos cometen pecado, tan solo expresan sus naturalezas no redimidas. Pablo establece con claridad que su llamado a la separación no era de los incrédulos que pecaban sino de los creyentes que caían en pecado: "Os he escrito por carta, que no os juntéis con los fornicarios; no absolutamente con los fornicarios de este mundo, o con los avaros, o con los ladrones, o con los idólatras; pues en tal caso os sería necesario salir del mundo" (1 Co. 5:9-10). "Porque es tiempo de que el juicio comience por la casa de Dios; y si primero comienza por nosotros, ¿cuál será el fin de aquellos que no obedecen al evangelio de Dios?" (1 P. 4:17).

Los líderes de la iglesia no están exentos de la disciplina. De hecho, son más responsables por todo lo que dicen y hacen. Aunque una iglesia no debe admitir acusación alguna contra sus ancianos "sino con dos o tres testigos", si ese criterio se cumple y los ancianos "persisten en pecar", estos deben ser reprendidos "delante de todos, para que los demás también teman" las consecuencias de pecar (1 Ti. 5:19–20).

Jesús estableció con precisión el modelo de disciplina para el miembro de una iglesia que esté en pecado: "Por tanto, si tu hermano peca contra ti, vé y repréndele estando tú y él solos; si te oyere, has ganado a tu hermano. Mas si no te oyere, toma aún contigo a uno o dos, para que en boca de dos o tres testigos conste toda palabra. Si no los oyere a ellos, dilo a la iglesia; y si no oyere a la iglesia, tenle por gentil y publicano" (Mt. 18:15–17).

Todo tipo de pecado, desde la conducta desordenada hasta la inmoralidad y la falsa enseñanza, debe ser objeto de disciplina. Además, todos los cristianos desde el creyente más reciente hasta el líder con más experiencia, deben sujetarse por igual a esa disciplina. Para tener salud y eficacia espirituales en su ministerio, la iglesia debe tratar el pecado en sus propias filas. Juguetear con el pecado, ignorarlo bajo un disfraz de amor falso o abstenerse por cualquier otra razón de limpiar a la iglesia de su presencia, trae resultados desastrosos. Predicar contra el pecado y no reforzar esa predicación con la confrontación del pecado en las vidas de los individuos de la congregación, lleva a desconectar la predicación de la vida y la convierte en un ejercicio improductivo de oratoria.

No obstante, como sucede con bastante frecuencia, también existe el peligro opuesto. Así como la carne hace que sea fácil ignorar el pecado dentro de la iglesia, también facilita la aplicación errónea de la disciplina con un espíritu incorrecto. Siempre existe la tentación de tratar a los miembros de la iglesia que pecan con ciertos prejuicios y una actitud orgullosa de superioridad moral, en lugar de mantener un interés humilde y justo en la pureza del cuerpo del Señor.

Acerca de ese peligro, Pablo amonesta a la iglesia de los gálatas para que se aseguren de disciplinar de la manera correcta. En lugar de hacernos **vanagloriosos, irritándonos unos a otros, envidiándonos unos a otros,** los miembros de la iglesia debemos tener una actitud de amor, gracia y servicio mutuos, incluso hacia aquellos que pecan y ofenden. En 6:1–6 el apóstol declara que siempre que un hermano pecador sea disciplinado, los miembros espirituales de la iglesia deben levantarle, sostenerle y edificarle.

LEVANTAR AL HERMANO CAÍDO

Hermanos, si alguno fuere sorprendido en alguna falta, vosotros que sois espirituales, restauradle con espíritu de mansedumbre, considerándote a ti mismo, no sea que tú también seas tentado. (6:1)

225

La primera responsabilidad de un creyente espiritual que procura restaurar a un hermano caído es ayudarle a levantarse. Cuando una persona tropieza y cae lo primero que necesita es levantarse, y muchas veces requiere la ayuda de otros para hacerlo. Una parte integral de la disciplina en la iglesia es ayudar a un hermano caído para que vuelva a ponerse sobre sus pies, tanto en sentido espiritual como moral.

Incluso **si alguno fuere sorprendido en alguna falta,** merece ayuda y ánimo tanto como reprensión. **Sorprendido** puede implicar que la persona fue vista mientras cometía la falta, lo cual indica que era culpable sin lugar a dudas. Sin embargo, el verbo griego *(prolambanō)* también da cabida a la idea de que un hombre sea **sorprendido** por la **falta** misma, por así decirlo. Este parece ser el significado apropiado en este contexto.

Tal interpretación también es respaldada por el uso que Pablo hace de *paraptōma* **(falta),** que aludo al concepto básico de tropezar o caer. La persona no comete el pecado con premeditación sino más bien baja la guardia o tal vez flirtea con una tentación que según cree es capaz de resistir. También es posible que simplemente trate de vivir su vida en su propio poder y como es inevitable falla, con lo cual produce una obra de la carne en lugar del fruto del Espíritu.

La responsabilidad de disciplinar a los que tropiezan, así como a los que cometen pecados más serios, reposa en los hombros de los miembros de la iglesia **que** son **espirituales.** Los creyentes **espirituales** son aquellos que andan en el Espíritu, están llenos del Espíritu y manifiestan el fruto del Espíritu, aquellos que en virtud de su fortaleza espiritual son responsables por aquellos que son débiles y carnales.

Debe tenerse en cuenta que, mientras la madurez es relativa porque depende del progreso y el crecimiento individual, la espiritualidad es una realidad absoluta que no tiene relación alguna con el crecimiento. En cualquier punto en la vida de un cristiano, desde el momento de su salvación hasta su glorificación, es una de dos cosas: **espiritual** porque anda en el Espíritu, o carnal porque anda en las obras de su carne. La madurez es el efecto acumulado de los tiempos de espiritualidad, pero cualquier creyente en cualquier punto de su crecimiento hacia la semejanza a Cristo, puede ser un creyente maduro y **espiritual** que ayuda a un creyente que está en pecado porque ha caído en la concupiscencia de su propia carne.

Los que tienen fortaleza espiritual y moral tienen la responsabilidad de apoyar a los que tienen debilidad espiritual y moral. "Así que, los que somos fuertes", dice Pablo, "debemos soportar las flaquezas de los débiles, y no agradarnos a nosotros mismos" (Ro. 15:1). Los creyentes **espirituales** deben "[amonestar] a los ociosos ... [alentar] a los de poco ánimo ... [sostener] a los débiles ... [ser pacientes] para con todos" (1 Ts. 5:14).

Esto no significa que los creyentes espirituales tengan que ser suspicaces e inquisitivos, ya que estas no son cualidades propias de la espiritualidad. Más bien deben ser sensibles al pecado en cualquier momento y lugar en que haga aparición dentro del cuerpo, y deben estar preparados para tratarlo de la manera que prescribe la Palabra de Dios.

Cuando los escribas y fariseos trajeron a Jesús a la mujer sorprendida en el acto de adulterio, le recordaron que la ley de Moisés requería que muriese apedreada. Jesús se inclinó hacia el suelo y empezó a escribir en la tierra, quizás una lista de pecados de los cuales eran culpables los mismos acusadores que estaban en la multitud. "Y como insistieran en preguntarle, se enderezó y les dijo: El que de vosotros esté sin pecado sea el primero en arrojar la piedra contra ella. E inclinándose de nuevo hacia el suelo, siguió escribiendo en tierra. Pero ellos, al oír esto, acusados por su conciencia, salían uno a uno, comenzando desde los más viejos hasta los postreros; y quedó solo Jesús, y la mujer que estaba en medio. Enderezándose Jesús, y no viendo a nadie sino a la mujer, le dijo: Mujer, ¿dónde están los que te acusaban? ¿Ninguno te condenó? Ella dijo: Ninguno, Señor. Entonces Jesús le dijo: Ni yo te condeno; vete, y no peques más" (Jn. 8:3–11).

Jesús no estaba interesado en destruir a la mujer sino en ayudarle, y esa debería ser la actitud de sus seguidores hacia otras personas, en especial los hermanos en la fe.

El mandato de Jesús "no juzguéis, para que no seáis juzgados" (Mt. 7:1) es usado con frecuencia por algunos cristianos para oponerse a la disciplina en la iglesia y algunas veces es citado por gente de afuera para oponerse a las posturas fuertes que asume la iglesia con respecto a ciertos males y pecados. Sin embargo, como el contexto lo aclara (véase vv. 3–5), Jesús se refiere aquí a la persona que condena con base en su propia idea de justicia y que se arroga el papel de juez, a fin de imponer sus propias sentencias a otros porque solo ve lo mejor en sí mismo y lo peor en todos los demás. Si tal persona se confiesa y es limpiada de su propio pecado, como prosiguió a decir el Señor, entonces *está* calificada para confrontar a su hermano, no con el propósito de condenarle sino para "sacar la paja del ojo" de ese hermano (v. 5). De esa manera se hace **espiritual** y tiene el derecho y hasta la obligación de ayudar a su hermano a sobreponerse a la **falta**.

La advertencia similar de Santiago acerca de juzgar a otros también se utiliza con frecuencia para oponerse a la disciplina, pero otra vez el contexto deja en claro que en su dicho de "¿quién eres para que juzgues a otro?", el apóstol no hablaba acerca de ayudar a un hermano a salir de un pecado sino de las personas que juzgan y condenan en detrimento de los hermanos (Stg. 4:11–12). Un cristiano que "murmura del hermano y juzga a su hermano" es orgulloso, cruel y se cree justo en su propia opinión. Solo busca exaltarse a sí mismo con el menosprecio de los demás. Por otro lado, un creyente **espiritual** que de manera humilde procura **restaurar** a un hermano que peca, no habla mal de él sino que le sirve de la mejor manera posible.

Un pastor comentó en cierta ocasión: "He pensado con frecuencia que si alguna vez llegara a caer en una *paraptōma* **[falta],** pediré al Señor que no me permita caer en manos de los jueces censuradores y criticones que hay en la iglesia. Prefiero caer antes en manos de cantineros, callejeros y traficantes porque esa gente de la iglesia me haría trizas con sus lenguas largas y chismosas".

Solo los creyentes **espirituales** tienen la sabiduría o el derecho suficientes para disciplinar a hermanos en la fe, así como los creyentes espirituales son los únicos que tienen derecho a ejercer el liderazgo en la iglesia (1 Ti. 3:1-13; Tit. 1:5-9). De hecho, delante de Dios ni siquiera tienen derecho a abstenerse de aplicar tal disciplina. Han recibido un mandato ineludible: **restauradle.** Cuando una iglesia se compromete a restaurar a sus miembros caídos, sigue el camino de la pureza y se hace útil para Dios.

Katartizō **(restauradle)** tiene el significado literal de remendar o reparar, y algunas veces se usaba en sentido metafórico para aludir al restablecimiento de la armonía entre partes enfrentadas en un altercado. También se usaba con referencia al arreglo de un hueso fracturado o de una extremidad dislocada. Esa es la figura empleada por el escritor de Hebreos al hacer este llamado a los creyentes: "levantad las manos caídas y las rodillas paralizadas; y haced sendas derechas para vuestros pies, para que lo cojo no se salga del camino, sino que sea sanado" (He. 12:12-13).

Los creyentes **espirituales** restauran a un creyente caído primero que todo mediante el simple reconocimiento de su **falta** como una **falta.** Hasta que una persona admita su pecado, no puede ser ayudado a salir de él. Una vez que lo hace, debe ser alentado a confesar su pecado ante Dios y apartarse de él en arrepentimiento, buscando con sinceridad el perdón de Dios.

La restauración de hermanos y hermanas caídos siempre debe hacerse **con espíritu de mansedumbre,** el cual es característico de aquellos que andan en el Espíritu (Gá. 5:23). Un cristiano que critica y juzga mientras intenta levantar a un hermano caído no muestra la gracia de Cristo ni ayuda a su hermano, sino que tropieza él mismo.

Después que una iglesia haya aplicado la disciplina apropiada al hermano caído, los miembros deben "perdonarle y consolarle, para que no sea consumido de demasiada tristeza" (2 Co. 2:7). No debe ser tenido "por enemigo", sino que se le debe amonestar "como a hermano" (2 Ts. 3:15).

La precaución **considerándote a ti mismo, no sea que tú también seas tentado,** muestra con claridad que aun los creyentes **espirituales** pueden tropezar. Están hechos del mismo material que aquellos que han caído. Puesto que la exhortación **considerándote a ti mismo** es tan importante, Pablo utiliza una palabra enérgica *(skopeō,* que significa observar con cuidado) en el tiempo presente, lo cual recalca la necesidad de tener una atención continua y diligente a su propia pureza. Ellos **también** podrían ser **tentados** y hasta caer en el mismo pecado por el cual han sometido a un hermano a disciplina.

La actitud de todo cristiano debería ser siempre la actitud de Jesús, y cuando un creyente tenga que brindar su ayuda en la disciplina de un hermano caído, debe pedir una porción especial del amor y la bondad de Jesús. Si el Padre no quiere que ni siquiera uno de los suyos se pierda (Mt. 18:14), y si "el Hijo del Hombre no ha venido para perder las almas de los hombres, sino para salvarlas" (Lc. 9:56), ¿cuánto menos derecho tienen sus seguidores a ser destructivos antes que benefactores?

SOSTENER AL HERMANO

Sobrellevad los unos las cargas de los otros, y cumplid así la ley de Cristo. Porque el que se cree ser algo, no siendo nada, a sí mismo se engaña. Así que, cada uno someta a prueba su propia obra, y entonces tendrá motivo de gloriarse sólo respecto de sí mismo, y no en otro; porque cada uno llevará su propia carga. (6:2-5)

La segunda responsabilidad de un creyente espiritual que busca restaurar a un hermano es ayudarle a mantenerse en pie después de haberse levantado. No es suficiente ayudarle a dar la espalda a su pecado y dejarle ahí solo. Es justo después de una victoria espiritual que Satanás lanza sus ataques más severos contra los hijos de Dios.

Los cristianos deben sobrellevar (tiempo presente) de manera continua **los unos las cargas de los otros.** Aquí **sobrellevad** alude a la idea de soportar el peso con aguante y entereza, y **cargas** es la traducción de *baros,* que se refiere a cargas pesadas que son difíciles de levantar y llevar. Usado en sentido metafórico como en este pasaje, representa cualquier problema u obstáculo que una persona tiene dificultades para lidiar por sí misma. En este contexto la referencia indica que se trata de **cargas** que tientan a un creyente en pecado a caer de nuevo en la falta de la cual acaba de ser restaurado. Una tentación persistente y opresora es una de las cargas más pesadas que un cristiano puede llevar sobre sus hombros.

Ser librado de un pecado no equivale siempre a ser librado de la tentación correspondiente. El creyente espiritual que de verdad ama a su hermano y tiene el deseo sincero de restaurarle para que vuelva a andar en el Espíritu, seguirá pasando tiempo con él y se pondrá a su disposición para aconsejarle y animarle. La oración es el arma más potente que los creyentes tienen para conquistar el pecado y oponerse a Satanás, y nada ayuda a un hermano a llevar sus **cargas** tanto como la oración por él y con él.

El hermano que ha sido librado de una falta tiene la obligación de permitir que sus amigos espirituales le ayuden a llevar sus **cargas.** No es la espiritualidad sino el orgullo lo que hace que una persona quiera "arreglárselas por sí misma". Santiago dice a los creyentes: "Confesaos vuestras ofensas unos a otros, y orad unos por otros, para que seáis sanados. La oración eficaz del justo puede mucho" (Stg. 5:16). Dios mismo es la máxima fuente de fortaleza para el creyente, y todos somos llamados a echar sobre Él nuestra carga (Sal. 55:22) y "toda [nuestra] ansiedad sobre él, porque él tiene cuidado de [nosotros]" (1 P. 5:7). Además, Él usa con frecuencia a los hermanos en la fe como sus agentes para ayudar a llevar las **cargas** de sus hijos.

Aunque era bastante fuerte en el Señor, Pablo mismo no estaba libre de la tentación y el desánimo. El apóstol confesó que "de cierto, cuando vinimos a Macedonia, ningún reposo tuvo nuestro cuerpo, sino que en todo fuimos atribulados; de fuera, conflictos; de dentro, temores. Pero Dios, que consuela a los humildes, nos consoló con la venida de Tito; y no sólo con su venida, sino también con la consolación con que él había sido consolado en cuanto a vosotros, haciéndonos saber vuestro gran afecto, vuestro llanto, vuestra solicitud por mí, de manera que me regocijé aun más" (2 Co. 7:5-7).

Cuando los creyentes sobrellevan **los unos las cargas de los otros,** lo que hacen en realidad es **cumplir así la ley de Cristo.** Jesús dijo: "Un mandamiento nuevo os doy: Que os améis unos a otros; como yo os he amado, que también os améis unos a otros" (Jn. 13:14). **La ley de Cristo** es la ley del amor, la cual cumple todo el conjunto de la ley de Dios (Gá. 5:14; Ro. 13:8, 10).

Es una filosofía errada y ajena a las Escrituras la que hace creer a algunos pastores que no deberían hacerse demasiado asequibles a los miembros de su congregación. Es obvio que nunca deben mostrar favoritismo, y el peligro de involucrarse demasiado en relaciones sociales superficiales es muy real. No obstante, un pastor que no mantiene un trato cercano e íntimo con las personas que están bajo su cuidado no puede ministrarles con eficacia.

Porque el que se cree ser algo, no siendo nada, continúa Pablo, **a sí mismo se engaña.** A primera vista esa declaración parece un poco fuera de lugar, pero a la luz del llamado a los creyentes espirituales para que restauren a los hermanos que pecan "con espíritu de mansedumbre" (v. 1), se hace evidente la necesidad de una advertencia en esta dirección.

Una de las razones principales por la que muchos cristianos no se toman la molestia de ayudar a sus hermanos cristianos es que se sienten superiores a los pecadores y en su error **creen ser algo** en cuanto al nivel de espiritualidad, cuando la verdad es que son como **nada.** Al igual que los fariseos, lo que les preocupa no es la justicia verdadera que Dios da y que solo viene a través de la humildad (véase Mt. 5:3-8), sino la justicia que se arrogan a sí mismos, la cual no tiene parte alguna en el reino de Dios o en su obra (v. 20). Su deseo no es ayudar a un hermano que tropieza sino juzgarle y condenarle para sentirse mejor consigo mismos. En el mejor de los casos, le dejan solo para que "se escarmiente en su propio reguero", con la idea tácita de: "él se metió sin ayuda en ese lío, que se salga por cuenta propia".

El engreimiento puede coexistir con la moralidad externa, pero no puede coexistir con la espiritualidad. De hecho, esa clase de altivez es el pecado más grande que existe y ocupa el primer lugar en la lista de cosas que Dios abomina (Pr. 6:16–17). El cristiano **que se cree ser algo, no siendo nada,** necesita ayuda para enfrentar su propio pecado antes de estar calificado para ayudar a cualquier otro a salir de un pecado. Primero necesita sacar "la viga de [su] propio ojo" (Mt. 7:5). Si se niega a ver su propia necesidad espiritual, **a sí mismo se engaña** y es inútil para servir a Dios o para ayudar a los hermanos en la fe. El verbo griego en **se engaña** significa "desviar la propia mente" y se relaciona con fantasías subjetivas que conducen al autoengaño.

Por esa razón resulta imperativo que **cada** cristiano **someta a prueba su propia obra, y entonces tendrá motivo de gloriarse sólo respecto de sí mismo, y no en otro.** La primera responsabilidad de un creyente consiste en examinarse a sí mismo *(dokimazō,* que significa aprobar tras someter **a prueba),** para estar seguro de que sus propias actitudes y su vida son correctas delante del Señor antes de tratar de suministrar ayuda espiritual a otros. **Entonces,** y solo **entonces, tendrá motivo de gloriarse** en la forma adecuada. Si después de un examen honesto de uno mismo algo queda por lo cual pueda **gloriarse,** tiene que ser usado como **motivo** para **gloriarse** en el Señor (cp. 2 Co. 10:12–18).

Dios solo califica conforme a sus propios valores absolutos. Él no compara a los creyentes entre ellos sino de acuerdo a sus parámetros de justicia divinos y perfectos. Además, si el Señor no juzga a un creyente sometiéndole a comparación con otros creyentes, ¿cuánto menos debería el creyente juzgarse a sí mismo de este modo? (cp. 2 Co. 10:12).

Si existe un **motivo** para que el creyente proceda a **gloriarse,** o regocijarse **respecto de sí mismo,** es decir, con relación a lo que Dios ha hecho en él y por medio de él, es sobre la base de su fidelidad y obediencia, no con base en lo que pueda haber logrado con **respecto** o en comparación a otro creyente. Si en verdad es más fiel y útil que algunos de sus hermanos en la fe, esto es por obra de Dios y no la suya propia.

El mandato de Pablo **cada uno llevará su propia carga** parece contradecir lo que acaba de decir acerca de sobrellevar los unos las cargas de los otros (v. 2), pero el hecho es que aquí utiliza un término diferente. *Phortion* **(carga)** se refiere a cualquier cosa que se lleva, sin la connotación específica de dificultad. Se utilizaba en general para aludir a las obligaciones normales de la vida que **cada** persona es responsable de llevar como **su propia carga,** sin tener que reclinarse en los demás.

231

Para un cristiano, **carga** puede referirse a "lo que haya hecho mientras estaba en el cuerpo, sea bueno o sea malo", por lo cual tendrá que rendir cuentas "ante el tribunal de Cristo" (2 Co. 5:10; 1 Co. 3:12-15). Su **carga** también puede referirse a cumplir su llamado personal y el ministerio que le fue asignado para gloria del Señor. Jesús asegura a sus seguidores que la "carga" [*phortion*] de servicio que Él les asigna es "ligera" (Mt. 11:30). En todo caso, cada creyente tiene que rendir cuentas por **su propia carga,** incluida la carga ligera que Cristo le da, así como comparecer ante Él para responder por su fidelidad en llevarla.

EDIFICAR AL HERMANO

El que es enseñado en la palabra, haga partícipe de toda cosa buena al que lo instruye. (6:6)

La tercera responsabilidad de un creyente espiritual que busca restaurar a un hermano caído es contribuir a su edificación.

Como el versículo 3, este versículo no parece cuadrar a primera vista con el enfoque del pasaje. La interpretación que parece más obvia y que de hecho es la más común, es que Pablo exhorta aquí a las congregaciones a que paguen a sus pastores una remuneración justa. Ahora bien, aunque este principio se enseña en el Nuevo Testamento (véase por ejemplo Lc. 10:7; 1 Co. 9:7-14), no parece que Pablo se refiera aquí a esta enseñanza. Acaba de hablar acerca de la restauración espiritual de hermanos que caen en pecado, y en los versículos 7 y 8 habla acerca de cosechar y recolectar en la carne o en el Espíritu. No solo eso, tampoco se hace mención de algún apoyo financiero o cualquier otro tipo de sustento material. **Toda cosa buena** puede incluir bienes materiales, pero ese no parece ser el sentido aquí.

El texto griego se puede traducir así: "el que recibe instrucción debe participar al lado de aquel que le enseña en todas las cosas buenas". Esta interpretación parece apropiada.

Partícipe se traduce de *koinōneō,* que alude a la idea básica de distribuir o participar de algo por partes iguales. La forma verbal del sustantivo se traduce con la idea común de "comunión fraternal". Pablo habla acerca de algo que debe ser mutuo, no de una de las partes que sirve o suministra a la otra, sino de ambas partes que participan juntas y en la misma medida. **El que es enseñado en la palabra** y el **que lo instruye** tienen un compañerismo común en la fe y deben participar juntos **de toda cosa buena.**

El término más común para aludir a cosas materiales que son favorables o buenas es *kalos.* En cambio, **cosa buena** aquí es la traducción del plural de *agathos,* que se emplea en el Nuevo Testamento con referencia a la excelencia espiritual y moral. Pablo utiliza esta palabra para describir el evangelio mismo que es las "buenas nuevas" (Ro. 10:15). El escritor de Hebreos la usa en el mismo sentido para hablar de "los bienes venideros", con respecto a los cuales Cristo hizo presencia como sumo sacerdote (He. 9:11), y de los cuales la ley solo fue "la sombra" (10:1).

Bajo esta interpretación, el acto de participar **de toda buena cosa** constituye el tercer paso en la restauración de un creyente caído. El cristiano espiritual que ha levantado y sostenido a su hermano caído también le edifica en **la palabra,** y juntos participan de **toda cosa buena** que se relaciona con ella.

Sembrar y segar (6:7-10) **18**

No os engañéis; Dios no puede ser burlado: pues todo lo que el hombre sembrare, eso también segará. Porque el que siembra para su carne, de la carne segará corrupción; mas el que siembra para el Espíritu, del Espíritu segará vida eterna. No nos cansemos, pues, de hacer bien; porque a su tiempo segaremos, si no desmayamos. Así que, según tengamos oportunidad, hagamos bien a todos, y mayormente a los de la familia de la fe. (6:7-10)

El universo está bajo el control de leyes inviolables, como los científicos y otros hombres estudiosos a través de la historia lo han reconocido. Las ciencias naturales son en esencia el estudio de esas leyes físicas. Si no fuera por la operación constante de leyes absolutas, la ciencia tal como la conocemos no podría existir.

Una evidencia de que el autor de la Biblia en últimas es Dios, es que siempre es precisa en todo lo tocante a leyes y hechos científicos, aunque fue escrita varios miles de años antes de que la mayoría de las verdades científicas que trata se descubrieran por el hombre. Solo el Ser que hizo el universo podría haber dado información a los escritores humanos de las Escrituras que fuera compatible sin error alguno con todas las leyes y hechos científicos demostrados.

El eminente geólogo James Dwight Dale dijo esto a una clase que se graduaba de la Universidad de Yale: "Al enfrentar ustedes problemas científicos, recuerden que ... no hay nada más verdadero en el universo que las afirmaciones científicas contenidas en la Palabra de Dios".

Los escritos sagrados de los hindúes, los budistas y otras religiones paganas reflejan y hasta enseñan las ideas más insólitas acerca de la naturaleza y la operación del universo. La ciencia nunca se habría podido originar en tales religiones porque no manejan los conceptos de diseño, orden y funcionamiento divinos. Sin excepción alguna, su cosmología se basa en el azar ciego o en los caprichos tornadizos de deidades semejantes a los humanos. La idea de un universo ordenado por iniciativa divina y regulado por leyes absolutas, es por completo foránea a sus creencias más básicas.

La Biblia, por otro lado, no solo es precisa en lo relacionado a hechos físicos, sino que enseña con claridad que el universo es ordenado y confiable, y no por accidente o azar sino por el designio, diseño y poder soberanos de Dios, su creador. Él "extiende el norte sobre vacío, cuelga la tierra sobre nada. Ata las aguas en sus nubes, y las nubes no se rompen debajo de ellas ... Puso límite a la superficie de las aguas, hasta el fin de la luz y las tinieblas" (Job 26:7-8, 10). Mucho antes de que los viajes de Colón y otros aventureros demostraran que la tierra era redonda, Isaías escribió: "Él está sentado sobre el círculo de la tierra" (Is. 40:22). El término hebreo *hûg* ("bóveda celeste") también se puede traducir "esfera". Lo cierto es que la idea de que la tierra fuera redonda, mucho menos esférica y suspendida en el espacio, era por completo desconocida en el mundo antiguo.

Es una incongruencia total que los filósofos argumenten la no existencia de absolutos morales, cuando es claro e innegable que todas las cosas físicas que pueden observarse y medirse son reguladas por leyes absolutas e inviolables, aparte de las cuales hasta el organismo más pequeño en nuestro universo vasto y complejo cesaría de funcionar.

Aun los griegos de la antigüedad reconocieron que existen parámetros que definen el bien y el mal, un tipo básico de siembra y siega en el terreno moral. De acuerdo a su mitología, la diosa Némesis buscaba y castigaba a toda persona que se volviera demasiado orgullosa y arrogante, sin importar cuánto trataran de evadirla, ella siempre encontraba a sus víctimas y ejecutaba su sentencia inexorable.

La Biblia elucida la ley moral absoluta con mucha claridad y frecuencia. Por ejemplo, Dios había concedido a Nabucodonosor "el reino y la grandeza, la gloria y la majestad. Y por la grandeza que le dio, todos los pueblos, naciones y lenguas temblaban y temían delante de él", pero a causa del orgullo arrogante del rey, el Señor le quitó del trono y le despojó de su gloria, a tal punto que se volvió como un animal salvaje que comía hierba. "Y tú, su hijo", declaró Daniel ante Belsasar durante el gran banquete en Babilonia, "no has humillado tu corazón, sabiendo todo esto; sino que contra el Señor del cielo te has ensoberbecido, e hiciste traer delante de ti los vasos de su casa, y tú y tus grandes, tus mujeres y tus concubinas, bebisteis vino en ellos; además de esto, diste alabanza a dioses de plata y oro, de bronce, de hierro, de madera y de piedra, que ni ven, ni oyen, ni saben; y al Dios en cuya mano está tu vida, y cuyos son todos tus caminos, nunca honraste". Por esa razón "fue enviada la mano que trazó esta escritura", continuó el profeta su intervención. Se trataba de una inscripción que Daniel interpretó en estos términos: "Contó Dios tu reino, y le ha puesto fin ... Pesado has sido en balanza, y fuiste hallado falto ... Tu reino ha sido roto, y dado a los medos y a los persas" (Dn. 5:18-28).

El mundo moderno tiene sus propios personajes como Belsasar. Ernest

Hemingway se hizo famoso por hacer mofa de la moralidad y de Dios, al declarar que su propia vida era la prueba de que una persona puede hacer todo lo que quiere sin pagar las consecuencias. Como muchos otros antes y después de él, consideraba que las ideas de la Biblia eran anticuadas y superadas, por completo inútiles para el hombre moderno pues eran un obstáculo para sus placeres y su realización personal. Las leyes morales eran para él una superstición religiosa que carecía de relevancia. En una parodia blasfema de la oración que el Señor nos enseñó, Hemingway escribió: "Nada nuestro que estás en la nada". Sin embargo, en lugar de probar la impunidad de la infidelidad, el punto final de su vida comprobó la absoluta insensatez de hacer mofa de Dios. Su vida intemperante le llevó a tal angustia y desesperación que se pegó un tiro en la cabeza.

Otros escritores famosos como Sinclair Lewis y Oscar Wilde, que atacaron de forma abierta las normas morales divinas y afrentaron a Dios con burlas a su Palabra y su ley, de todas maneras fueron sujetos a esa ley inexorable. Lewis murió como un alcohólico lastimero en una clínica decrépita en Italia, y Wilde terminó en la cárcel y homosexual, con vergüenza y desprestigio totales. Casi al final de su vida escribió: "En algún punto del recorrido se me olvidó que aquello que uno es en secreto algún día se gritará desde los tejados".

También "en el postrer tiempo habrá burladores, que andarán según sus malvados deseos" (Jud. 18), "el fin de los cuales será perdición, cuyo dios es el vientre, y cuya gloria es su vergüenza" (Fil. 3:19).

En todas las dimensiones, incluidas la moral y la espiritual, el universo se estructura con base en leyes absolutas e inexorables. En Gálatas 6:7–10 Pablo aplica una ley conocida de la botánica, a saber, que una semilla dada solo puede reproducir su propia especie. Esto con el fin de ilustrar las leyes paralelas e igualmente inviolables de Dios en los campos moral y espiritual.

Pablo ha completado la presentación de su tesis principal, en el sentido de que el legalismo y en particular el legalismo de los judaizantes, no tiene que ver en absoluto con las realidades de recibir y vivir la vida cristiana. Tras impartir instrucción para que los creyentes espirituales restauren a sus hermanos que han caído en pecado por su propia carne, ahora amonesta a cualquiera de los hermanos caídos que se atrevieran a abusar de la gracia de Dios y resintieran el ser amonestados o ayudados.

No os engañéis, les advierte; **Dios no puede ser burlado.** Aquí engañéis es la traducción de *planaō*, cuyo significado básico es descarriar. En parte, apóstol llamaba aquí a los gálatas desorientados no se dejaran engañar más por otros, ya que muchos de ellos habían sido desviados o fascinados (3:1) por los judaizantes para creer que la obediencia a la ley mosaica, representada en especial por la circuncisión, era necesaria para poder recibir y vivir la vida cristiana (2:15-21; 3:2-3; 4:8-11).

El gran peligro de los falsos maestros no solo radica en la maldad de las enseñanzas mismas, sino en el hecho de que son enseñadas como la verdad de Dios. Una persona que enseña herejías en nombre de Satanás o solo con base en su propia autoridad, en muy raros casos tiene gran influencia, sobre todo en la iglesia. Los más destructivos de todos siempre han sido y seguirán siendo los falsos maestros que afirman enseñar en nombre de Dios: "los malos hombres y los engañadores irán de mal en peor, engañando y siendo engañados" (2 Ti. 3:13). Jesús dijo que durante los últimos días esos maestros del engaño se multiplicarán en gran manera, tanto en número como en influencia. "Porque se levantarán falsos Cristos, y falsos profetas, y harán grandes señales y prodigios, de tal manera que engañarán, si fuere posible, aun a los escogidos" (Mt. 24:24).

Es por esa razón que la enseñanza cuidadosa y congruente de todo el consejo de la Palabra de Dios es tan importante, no solo para edificar la iglesia en el Señor sino también para protegerla en contra de toda influencia debilitante y destructora. Un creyente no enseñado es un creyente débil y por ende, un creyente vulnerable. La Palabra de Dios no solo es el alimento del creyente sino también su armadura (Ef. 6:10-17).

Por supuesto, el engañador máximo es Satanás, el cual "cuando habla mentira, de suyo habla; porque es mentiroso, y padre de mentira" (Jn. 8:44). El Señor asegura a sus hijos que la derrota de Satanás es cierta, que "la serpiente antigua, que se llama diablo y Satanás, el cual engaña al mundo entero; [será] arrojado a la tierra, y sus ángeles [serán] arrojados con él" (Ap. 12:9). No obstante, mientras llega ese momento el diablo sigue siendo el gran adversario, cuyo objetivo principal es engañar y destruir.

Ahora bien, la indicación más fuerte de la advertencia de Pablo en Gálatas 6:7 parece ser que los creyentes desviados se engañaban a sí mismos. Como Jeremías advierte: "Engañoso es el corazón más que todas las cosas, y perverso; ¿quién lo conocerá?" (Jer. 17:9; cp. Abd. 3). "Por lo tanto, solo porque ustedes son salvos", les dice Pablo en esencia, "no crean que pueden pecar con impunidad. Se han engañado terriblemente a ustedes mismos si creen que Dios no trata con severidad el pecado en las vidas de sus hijos, incluido el pecado del legalismo que substituye la obra de Dios con las obras humanas".

Juan hace una advertencia específica a los creyentes en este sentido: "Si decimos que no tenemos pecado, nos engañamos a nosotros mismos, y la verdad no está en nosotros" (1 Jn. 1:8). Santiago da una advertencia similar a los que creen que es suficiente conocer la Palabra de Dios sin tener que obedecerla: "Pero sed hacedores de la palabra, y no tan solamente oidores, engañándoos a vosotros mismos" (Stg. 1:22).

Siempre que los creyentes dejan de reconocer la realidad o la seriedad del pecado en sus vidas, sus corazones son engañados y Dios es burlado. La segunda consecuencia es en gran medida peor que la primera, porque equivale a tratar al Señor con desprecio. La palabra **burlado** se traduce de *muktērizō,* cuyo significado literal es levantar la nariz, un acto irreverente de mofa y escarnio. En el pasaje citado arriba de su primera epístola, Juan declara que un cristiano que niega su pecado hace a Dios mentiroso (1 Jn. 1:10) y se burla de su santidad absoluta.

Un creyente que peca a sabiendas en cualquier forma y grado niega a su Señor, pero el que peca con la idea de que de alguna manera es inmune al parámetro de santidad de Dios, escarnece a su Señor e imita al mundo impío.

En Gálatas 6:7*b*-10 Pablo trae a casa el punto de que los creyentes mismos pueden hacerse culpables de burlarse de Dios y que el hecho de ser salvos no les exime de las consecuencias inexorables de su ley de la siembra y la siega. Tras enunciar y explicar esta ley divina, el apóstol pasa a mostrar cómo se cumple y aplica en el campo espiritual.

ENUNCIACIÓN DE LA LEY DIVINA

pues todo lo que el hombre sembrare, eso también segará. (6:7*b*)

En su sentido literal y físico, esa ley rudimentaria de la agricultura es evidente en sí misma. Es universal y absoluta porque se aplica por igual a todos los agricultores y jardineros en todo tiempo y lugar: a los jóvenes y a los viejos, a los experimentados y a los inexpertos, a los sabios y a los necios, a los salvos y a los no salvos. Es tan imparcial, predecible e inmutable como la ley de gravedad. No hay excepciones, y la persona que planta la semilla no influye en absoluto la operación de la ley. **Todo lo que** esa persona **sembrare, eso también segará.**

Al llegar a nuestra casa tras unas merecidas vacaciones, nuestra familia descubrió una planta grande y extraña que había crecido en el jardín. Se trataba de un girasol gigante que, como se descubrió más adelante, había sido plantado allí por un amigo para divertirse. A pesar de nuestra perplejidad, sin embargo, nunca se nos ocurrió la idea de que la planta hubiera germinado de alguna semilla de zanahoria, pepino o cualquier otra legumbre. Antes de que tuviéramos alguna idea de la manera como esa planta había dado a para en nuestro jardín, sabíamos que había crecido a partir de una semilla de girasol y de ninguna otra. En el mundo natural los hombres nunca ponen en duda la ley de la siembra y la siega.

No obstante, el principio es igualmente verdadero en los campos moral y espiritual, aunque el pecado y el engaño del hombre le impidan verlo o reconocerlo. La Palabra de Dios es clara: "los que aran iniquidad y siembran injuria, la siegan" (Job 4:8). Los que menosprecian el camino de Dios "comerán del fruto de su camino, y serán hastiados de sus propios consejos. Porque el desvío de los ignorantes los matará, y la prosperidad de los necios los echará a perder; mas el que oyere [la sabiduría de Dios], habitará confiadamente y vivirá tranquilo, sin temor del mal" (Pr. 1:31-33; cp. 11:18). Los malvados "sembraron viento, y torbellino segarán; no tendrán mies, ni su espiga hará harina; y si la hiciere, extraños la comerá" (Os. 8:7; 10:12).

En gran medida, el carácter de una persona es el producto de semillas que fueron plantadas temprano en su vida. Un niño criado de tal manera que se acostumbra a salir siempre con la suya, se convertirá en un adulto que quiere todo a su manera. Un escritor inglés observó: "Lo que me impresiona más y más cada día es la permanencia de la infancia y la identidad entre la niñez y la vida adulta. Todo hábito bueno y malo de esos primeros años parece haber afectado de manera permanente mi vida entera. Al parecer, la batalla se gana o se pierde en gran medida aún antes de ser declarada".

Esta observación no sorprende a la persona que conoce las Escrituras. "Instruye al niño en su camino, y aun cuando fuere viejo no se apartará de él" (Pr. 22:6).

La ley de la siembra y la siega tiene la misma validez en los campos físico y moral como en el campo físico. La frustración y desesperanza de la psicología, la psiquiatría y la consejería humanistas puede trazarse hasta su rechazo original de la mera posibilidad de considerarla ley espiritual inmutable de que lo que se siembra se cosecha. El carácter de una persona no puede cambiar hasta que su naturaleza haya cambiado, y esto solo puede ocurrir a través de la nueva creación que viene como resultado de confiar en Jesucristo.

"Sabed que vuestro pecado os alcanzará", advirtió Dios al pueblo antiguo de Israel (Nm. 32:23). "Pusiste nuestras maldades delante de ti, nuestros yerros a la luz de tu rostro" (Sal. 90:8), confesó el salmista. En el mundo espiritual una persona siembra lo mismo que siega: "tribulación y angustia sobre todo ser humano que hace lo malo ... pero gloria y honra y paz a todo el que hace lo bueno" (Ro. 2:9-10).

La ley de la siembra y la siega no contradice el evangelio de la gracia. La ley de salvación en Jesucristo es, de hecho, la máxima demostración de esa ley. Jesucristo sembró justicia perfecta y cosechó vida eterna, la cual Él da a quienes confían en su obra acabada. El creyente recolecta una cosecha de vida eterna porque se ha unido por la fe con Cristo y con lo que Él ha sembrado y segado por el bien de la raza humana.

Ahora bien, esto no implica que el creyente quede exento de todas las consecuencias de lo que ha sembrado por cuenta propia. Nunca segará las consecuencias últimas del pecado que son la muerte y el juicio, gracias a que su Señor ya segó esas consecuencias en su lugar, pero continúa segando las heridas, la vergüenza, el dolor y las aflicciones terrenales de sus pecados y su necedad. La ley de causa y efecto de Dios no deja de operar en las vidas de sus hijos.

Un sentimiento genuino de culpa que viene como parte de la cosecha del pecado es en realidad un aliado y amigo del creyente. Es la advertencia divina de que algo anda mal. Si es acatada a tiempo, la culpa verdadera es purificadora, ya que impide que una persona cometa un pecado, o si ya lo cometió le llevará al arrepentimiento, en virtud de lo cual el Señor "es fiel y justo para perdonar [sus] pecados, y [limpiarle] de toda maldad" (1 Jn. 1:9).

EXPLICACIÓN DE LA LEY DIVINA

Porque el que siembra para su carne, de la carne segará corrupción; mas el que siembra para el Espíritu, del Espíritu segará vida eterna. (6:8)

El cristiano solo tiene dos "campos" en los cuales puede sembrar: el de **su** propia **carne** y el **del Espíritu.** Como se ha establecido, la **carne** se refiere a la condición humana del creyente que no ha sido descontaminada y aguarda el día de la glorificación (Ro. 8:23). Mientras llega ese momento puede producir toda clase de deseos egoístas y carnales que son contrarios a la voluntad y los parámetros de Dios, y se expresan en todas las cosas que van desde la inmoralidad desfachatada hasta la indiferencia displicente frente las cosas del Señor. La **carne** es la residencia del pecado que todavía queda en la vida del creyente (Ro. 7:18). La persona que **siembra para su carne** satisface sus deseos malignos en lugar de permitir que el Espíritu la subyugue. Se somete a sus pasiones en lugar de vencerla.

El pecado específico que Pablo trata con gran vehemencia a través de esta carta es el pecado del legalismo, en particular el practicado por los herejes judaizantes que menoscababan el evangelio de la gracia al poner las obras humanas entre el sacrificio de Cristo y la salvación del hombre. Puesto que ese pecado estaba tan centrado en **la carne,** conducía a otros pecados innumerables. Hacía retroceder a los creyentes al punto de hacerles confiar en sus propios recursos y energías, en los cuales no podían hacer más que tropezar de una falta a la siguiente y producir nada más que las obras de **la carne** (véase 5:19–21; 6:1).

La palabra **corrupción** traduce el término griego *phthora,* que se refiere a degeneración, a ir de mal en peor. En ciertas ocasiones se aplicaba a los alimentos descompuestos que pasan de ser benéficos a dañinos. Las obras de **la carne** siempre corrompen y solo contribuyen al empeoramiento progresivo de una persona. La **corrupción** final es la muerte eterna que es la paga del pecado (Ro. 6:23).

Aunque su confianza en Cristo le salva de la muerte espiritual, un creyente que peca de todos modos **segará corrupción,** en el sentido de que sufrirá la muerte física al lado de muchas otras consecuencias trágicas en la tierra, como sucedió a algunos de los corintios que rehusaron arrepentirse (1 Co. 11:30).

El líder evangélico británico John R. W. Stott escribió: "Cada vez que permitimos a nuestra mente guardar un rencor, cebar una ofensa, entretener un capricho impuro, revolcarse en la lástima, lo que hacemos es sembrar para la carne. Cada vez que pasamos tiempo de más en malas compañías, cuya influencia pérfida sabemos que no podemos resistir, cada vez que nos metemos en la cama cuando deberíamos estar levantados y orando, cada vez que observamos materiales pornográficos, cada vez que corremos un riesgo que hace añicos nuestro dominio propio, lo único que hacemos es sembrar, sembrar y sembrar más para la carne" *(The Message of Galatians* [El mensaje de Gálatas], Londres: InterVarsity, 1968, p. 170).

Por otra parte, el creyente **que siembra para el Espíritu, del Espíritu segará vida eterna.** El cristiano que se ocupa en las cosas de Dios y no en las cosas carnales del mundo, producirá el fruto del Espíritu (5:22-23). Sembrar **para el Espíritu** es lo mismo que andar en el Espíritu (5:16), ser guiados por el Espíritu (5:18) y ser llenos del Espíritu (Ef. 5:18). Es lo mismo que permanecer en Cristo y en su Palabra, y que sus palabras permanezcan en nosotros (Jn. 8:31; 15:7). Es lo mismo que andar en Cristo (Col. 2:6) y poner "la mira en las cosas de arriba, no en las de la tierra" (3:2). Es lo mismo que presentar el cuerpo "en sacrificio vivo, santo, agradable a Dios, que es vuestro culto racional", y no conformarse "a este siglo, sino [ser transformados] por medio de la renovación [de nuestro] entendimiento, para que [comprobemos] cuál sea la buena voluntad de Dios, agradable y perfecta" (Ro. 12:1-2).

El producto de sembrar **para el Espíritu** es la **vida eterna.** No quiere decir que solo creyentes llenos del Espíritu vayan al cielo. Todo creyente va al cielo porque todo creyente es para siempre un hijo de Dios y un ciudadano del reino de Dios.

A través de las Escrituras, la expresión **vida eterna** se refiere más que todo a cualidad, no a duración. El creyente empieza a participar en la **vida eterna** el mismo momento que deposita su confianza en Jesucristo como Señor y Salvador. No obstante, así como su vida no siempre refleja de manera perfecta la justicia que tiene ante Dios en Cristo, tampoco refleja siempre de manera perfecta la cualidad **eterna** de la **vida** que tiene en Él.

Debido a que es **eterna,** ningún pecado en la vida de un creyente le puede separar de la **vida eterna,** pero *cualquier* pecado en su vida corrompe su reflejo y disfrute de esa **vida eterna.** Por eso es que algunos cristianos se cuentan entre las personas más miserables, tristes y desdichadas del mundo. Un creyente que peca de manera persistente puede ser en muchos casos más miserable que cualquier incrédulo, por la simple razón de que su pecado está en conflicto constante y en guerra permanente contra su nueva naturaleza en Cristo. El cristiano que peca tiene una batalla sangrienta que se libra en su interior, la cual un incrédulo jamás experimenta. El creyente **que siembra para su carne** no pierde al **Espíritu,** pero sí pierde el fruto del Espíritu que incluye amor, gozo, paz y paciencia (5:22). David no pidió a Dios "vuélveme tu salvación", sino: "Vuélveme el gozo de tu salvación" (Sal. 51:12).

Ese fruto representa todas las bendiciones de una vida sembrada **para el Espíritu,** una vida que en fidelidad y obediencia disfruta a plenitud "toda bendición espiritual en los lugares celestiales en Cristo" y "las riquezas de la gloria de su herencia en los santos" (Ef. 1:3, 18).

CUMPLIMIENTO DE LA LEY DIVINA

No nos cansemos, pues, de hacer bien; porque a su tiempo segaremos, si no desmayamos. (6:9)

Para aquellos que andan y siembran en el Espíritu, el fruto de la paciencia (véase 5:22) parece con mucha frecuencia el más esquivo de todos. Tras muchos años de servicio fiel y abnegado al Señor, es posible que un creyente haya experimentado pocas evidencias obvias de la bendición del Señor. Al igual que Pablo, es posible que tenga más problemas, frustraciones y persecución al final de su vida, en comparación a todos los que tuvo desde el comienzo de su vida cristiana.

El místico puritano John Brown escribió: "Muchos cristianos son como niños juguetones: siembran y cosechan el mismo día". Es fácil cansarse de sembrar y sentir ansiedad por la cosecha.

Nos cansemos contiene la palabra griega *enkakeō* y **desmayamos** es la traducción de *ekluō*. Ambos términos aluden a la idea de quedar exhaustos y darse por vencidos. Significan todo lo opuesto a ser "firmes y constantes, creciendo en la obra del Señor siempre, sabiendo que vuestro trabajo en el Señor no es en vano" (1 Co. 15:58). Fue con el objetivo de resistir la tentación de cansarse y desmayar que el escritor de Hebreos dijo:

Por tanto, nosotros también, teniendo en derredor nuestro tan grande nube de testigos, despojémonos de todo peso y del pecado que nos asedia, y corramos con paciencia la carrera que tenemos por delante, puestos los ojos en Jesús, el autor y consumador de la fe, el cual por el gozo puesto delante de él sufrió la cruz, menospreciando el oprobio, y se sentó a la diestra del trono de Dios. Considerad a aquel que sufrió tal contradicción de pecadores contra sí mismo, para que vuestro ánimo no se canse hasta desmayar. (He. 12:1-3)

Por supuesto, algunas veces el problema no es cansancio espiritual sino pereza espiritual que lleva a cansarse de no hacer nada en lugar de **hacer bien.** Algunas veces el problema es de hipocresía espiritual, escuchar y hablar mucho acerca de servir al Señor sin hacerlo mucho en la práctica (cp. Stg. 1:22).

Por el contrario, cuando un creyente de verdad es fiel en **hacer bien** con persistencia, tiene la seguridad de Dios de que **a su tiempo** segará. Al igual que con relación a la vida eterna (v. 8), Pablo no habla aquí acerca de la salvación sino de la bendición divina. Dice que es posible servir a Dios por largo tiempo y luego rendirse y perder la bendición aquí y la recompensa en la gloria. El apóstol Juan advirtió: "Mirad por vosotros mismos, para que no perdáis el fruto de vuestro trabajo, sino que recibáis galardón completo" (2 (Jn. 8).

Pablo sabía lo que significaba no cansarse ni desmayar en la obra del Señor. En la playa cerca de Mileto declaró a los ancianos de Éfeso: "de ninguna cosa hago caso, ni estimo preciosa mi vida para mí mismo, con tal que acabe mi carrera con gozo, y el ministerio que recibí del Señor Jesús, para dar testimonio del evangelio de la gracia de Dios" (Hch. 20:24). A la iglesia de los corintios dijo:

> *Por lo cual, teniendo nosotros este ministerio según la misericordia que hemos recibido, no desmayamos. Antes bien renunciamos a lo oculto y vergonzoso, no andando con astucia, ni adulterando la palabra de Dios, sino por la manifestación de la verdad recomendándonos a toda conciencia humana delante de Dios ... estamos atribulados en todo, mas no angustiados; en apuros, mas no desesperados; perseguidos, mas no desamparados; derribados, pero no destruidos; llevando en el cuerpo siempre por todas partes la muerte de Jesús, para que también la vida de Jesús se manifieste en nuestros cuerpos ... sabiendo que el que resucitó al Señor Jesús, a nosotros también nos resucitará con Jesús, y nos presentará juntamente con vosotros. (2 Co. 4:1-2, 8-10, 14)*

Pablo cosechó bendición en esta vida porque nunca se dio por vencido. Llamó a los creyentes en Tesalónica su gozo y corona de gloria (1 Ts. 2:19). Al término de su vida el apóstol pudo decir: "He peleado la buena batalla, he acabado la carrera, he guardado la fe. Por lo demás, me está guardada la corona de justicia, la cual me dará el Señor, juez justo, en aquel día; y no sólo a mí, sino también a todos los que aman su venida" (2 Ti. 4:7-8). La cosecha espiritual del creyente tiene lugar en esta vida y en la vida venidera.

APLICACIÓN DE LA LEY DIVINA

Así que, según tengamos oportunidad, hagamos bien a todos, y mayormente a los de la familia de la fe. (6:10)

Aquí se presenta una aplicación práctica del principio de siembra y siega, dado como una guía a los creyentes en su andar en el Espíritu.

Oportunidad es la traducción de *kairos,* que se refiere a un período de tiempo fijo y específico. La frase **según tengamos** no se refiere a **oportunidades** ocasionales que puedan surgir en la vida de un creyente sino a la **oportunidad** total de su existencia actual en la tierra. En otras palabras, toda la vida de un creyente es su oportunidad única pero limitada para servir a otros en el nombre del Señor. También se incluye la idea de buscar y aun crear oportunidades particulares dentro de la amplia oportunidad de nuestro tiempo aquí en la tierra. La exhortación reflexiva **hagamos** traduce el griego *ergazomai,* que significa ser activo y trabajar con eficacia y diligencia. El apóstol se incluye a sí mismo en este llamado a esforzarnos en aprovechar cada oportunidad que tenemos de sembrar para la gloria de Dios.

Bien se traduce de *agathos* y tiene un artículo definido al frente en el original griego. En otras palabras, Pablo habla acerca de un **bien** en particular que es *el* **bien** propiamente dicho. Se trata de la bondad *agathos* de la excelencia moral y espiritual que es parte del fruto del Espíritu (5:22), y no de la simple bondad *kalos* que está limitada a cosas físicas y temporales. Se trata del **bien** interior que es producido por el Espíritu en los corazones de los creyentes obedientes, el cual se expresa a su vez en actos externos de bondad por medio de las palabras de su boca y las obras de sus manos.

También es el **bien** incondicional e ilimitado que debe mostrarse **a todos** los hombres, incluidos los no creyentes. "Porque esta es la voluntad de Dios: que haciendo bien, hagáis callar la ignorancia de los hombres insensatos" (1 P. 2:15). Una de las mejores maneras de refutar las críticas al cristianismo es que los cristianos **hagamos bien a** los incrédulos. El interés sincero contribuye más a ganar a una persona para Cristo que el argumento mejor articulado. La característica principal del testimonio de todo creyente debería ser la bondad. "Presentándote tú en todo como ejemplo de buenas obras", exhortó Pablo a Tito, "en la enseñanza mostrando integridad, seriedad, palabra sana e irreprochable, de modo que el adversario se avergüence, y no tenga nada malo que decir de vosotros" (Tit. 2:7–8). Más adelante en la misma epístola Pablo dice: "Palabra fiel es esta, y en estas cosas quiero que insistas con firmeza, para que los que creen en Dios procuren ocuparse en buenas obras. Estas cosas son buenas y útiles a los hombres" (3:8).

Aunque es importante hacer **bien** a los no creyentes, **mayormente** lo es en la demostración de amor **a los de la familia de la fe.** La primera prueba que debe pasar nuestro amor a Dios es nuestro amor por el resto de sus hijos que son nuestros hermanos y hermanas en Cristo. "Nosotros sabemos que hemos pasado de muerte a vida", dice Juan, "en que amamos a los hermanos. El que no ama a su hermano, permanece en muerte" (1 Jn. 3:14). "Si alguno dice: Yo amo a Dios, y aborrece a su hermano, es mentiroso. Pues el que no ama a su hermano a quien ha visto, ¿cómo puede amar a Dios a quien no ha visto? Y nosotros tenemos este mandamiento de él: El que ama a Dios, ame también a su hermano" (4:20-21).

Esta clase de siembra siempre produce una cosecha llena de gozo y también constituye un testimonio dinámico a quienes todavía están fuera de la salvación. La manera como nos tratamos unos a otros es nuestro mayor atractivo para un mundo que busca por todas partes amor, bondad y compasión.

Gloriarse en la carne (6:11-13)

19

Mirad con cuán grandes letras os escribo de mi propia mano. Todos los que quieren agradar en la carne, éstos os obligan a que os circuncidéis, solamente para no padecer persecución a causa de la cruz de Cristo. Porque ni aun los mismos que se circuncidan guardan la ley; pero quieren que vosotros os circuncidéis, para gloriarse en vuestra carne. (6:11-13)

El final de la carta de Pablo a las iglesias en Galacia tiene la misma dosis de seriedad, urgencia e indignación que el resto de la epístola. Tanto al principio como al final (1:3; 6:18), el apóstol encomienda sus lectores a la gracia de Dios, y su profundo interés en el bienestar espiritual de aquellos a quienes escribe se hace evidente a través de toda la epístola. A pesar de esto, no dedica tiempo a los aspectos personales que se encuentran en la mayoría de sus otros escritos. Casi podemos imaginar al mensajero encargado de llevar la carta parado al lado de la puerta, a la espera de que Pablo terminara de escribir para hacerla llegar a sus destinatarios lo antes posible.

A excepción de la bendición final (v. 18), los versículos 11 hasta el último son en gran parte una descarga de cañonazos de despedida en contra de los judaizantes, cuyas actividades herejes fueron el motivo principal para escribir la carta. Ellos se dedicaban a enseñar un evangelio falso de fabricación humana que en realidad no tenía una sola buena noticia para los hombres (1:6-7), porque insistía en que el hombre podía salvarse por obras y vivir bajo el gobierno de la ley, en contradicción completa al evangelio divino de la salvación por gracia y la vida en el Espíritu que Pablo había predicado durante su ministerio en Galacia.

Esas dos maneras de entender la salvación son las únicas que existen y las únicas formas de religión que el hombre ha conocido jamás. Existe la religión de gracia, fe y Espíritu, conocida como cristianismo, y existe la religión de ley, obras y carne que identifica a todos los demás credos. El camino de Dios es el camino de la gracia, la cual obra por medio de la fe del hombre en la obra redentora de Jesucristo y el poder sustentador del Espíritu Santo. Todos los demás caminos, sin importar sus diferencias aparentes y superficiales, son intentos de salvación por medio de las obras de la ley en el poder condenatorio de la carne. Es como si hubiera cientos de paquetes llamativos en el estante del mercado de las religiones mundiales, con una gran variedad de formas, tamaños, carátulas, ofertas, garantías y precios. Sin embargo, dentro de todos esos paquetes se encuentra el mismo aserrín insípido y perjudicial de la justicia humana de las obras. En un estante aparte se encuentra el evangelio, en un paquete que no es vistoso ni deseable para el hombre natural, pero es el único que contiene alimento de verdad.

El camino de Dios es el camino del logro divino. Todos los demás caminos dependen del logro humano. Aquellos que siguen la religión del logro divino dicen: "No puedo lograr nada en mi propio poder o bondad, me abandono a la misericordia de Dios y confío para mi salvación en el sacrificio suficiente de su Hijo en mi favor". Aquellos que siguen el camino del logro humano, sin importar qué diga su empaque, dicen: "Con mis propios méritos y por mis propias fuerzas yo puedo hacerme aceptable delante de Dios y digno de un lugar en el cielo".

Antes de exponer los motivos impíos de los judaizantes para predicar el evangelio falso de los logros del legalismo judío, Pablo muestra primero sus propios motivos piadosos para predicar el evangelio verdadero de la gracia divina.

Como Pablo no explica lo que quiere dar a entender, el comentario **mirad con cuán grandes letras os escribo de mi propia mano** no puede ser interpretado de manera dogmática. Como siempre, la interpretación responsable tiene muy en cuenta el contexto.

Sin importar qué haya querido dar a entender con la mención específica de escribir **con grandes letras** de su **propia mano,** es razonable suponer que Pablo de alguna manera tenía como punto de referencia los versículos que rodeaban esta declaración. Se puede esperar que la frase tenga alguna relación con la admonición que acaba de hacer a los cristianos para que hagan el bien (vv. 9-10), con su advertencia siguiente acerca de los judaizantes (vv. 12-15), o con ambos temas como una transición entre ambos.

En este caso el uso de **grandes letras** por parte de Pablo pudo deberse a una combinación de razones. La primera posibilidad es que las utilizó a causa de su visión deficiente, una aflicción que se sugiere en esta carta. Poco después de hablar acerca de haber llegado a Galacia "a causa de una enfermedad del cuerpo" (4:13), el apóstol expresa su gratitud a los creyentes de ese lugar por haber estado dispuestos a sacrificarse por él: "os doy testimonio de que si hubieseis podido, os hubierais sacado vuestros propios ojos para dármelos" (v. 15). Si el "aguijón" en la carne de Pablo (2 Co. 12:7) tuvo que ver con alguna enfermedad ocular, es comprensible que haya usado **grandes letras** para ver lo que escribía **de** su **propia mano.**

Algunos eruditos sugieren que **grandes letras** se refiere a la uncial, un tipo básico de letra en la caligrafía griega que se utilizaba para los avisos públicos porque se escribía en bloques desconectados y muy visibles. Muy similar a las mayúsculas actuales, pero por lo general de mucho mayor tamaño. Sin embargo, un escribano profesional escribía la mayor parte del tiempo en cursiva, no solo porque era un estilo más atractivo sino también más económico, y se debe tener en cuenta que los materiales de escritura eran bastante costosos. De hecho, una práctica común era borrar documentos para utilizar de nuevo la superficie de escritura.

Por esa razón es posible que Pablo haya escrito toda la carta de su propia mano y que en ese punto haya llamado la atención a las **grandes letras** del tipo mencionado, como una manera de recalcar su contenido y un llamado especial a no distraerse por su forma específica. Quizás con el uso de ese tipo menos atractivo de letra Pablo quiso expresar de manera gráfica el contraste entre sus prioridades y las de los judaizantes, porque al igual que los escribas y fariseos a quienes imitaban, estaban más interesados en las apariencias que en la verdad, a fin de "agradar en la carne" (Gá. 6:12).

Como reflejo de todas esas posibilidades, es factible que Pablo haya empleado una caligrafía menos atractiva como una declaración que sonó más o menos así a los gálatas: "A causa de mi visión deficiente ustedes saben lo difícil que es para mí escribir de mi propia mano, pero lo que tengo que decir es tan importante y urgente que me propuse que tuvieran esta carta en sus manos tan pronto como fuera posible y en los términos más claros y rotundos. A diferencia de los judaizantes, yo nunca traté de impresionarles con mi erudición, con mis habilidades personales o por medio de formalidades superficiales. Al estar entre ustedes por primera vez, ustedes aceptaron mi mensaje con alegría a pesar de que mi propia apariencia física no fue la más agradable. Esta epístola tampoco la escribo con el estilo más atractivo, pero abrigo la esperanza de que ustedes recibirán su mensaje con la misma urgencia con que es enviado".

Aparte de cualquier otro significado, la frase **de mi propia mano** muestra que Pablo acostumbraba dictar sus cartas a un escribano o amanuense, el cual se encargaba de escribir como tal. Sin embargo, el apóstol también tenía por costumbre escribir un saludo breve de su propia mano (véase 1 Co. 16:21; Col. 4:18; 2 Ts. 3:17) a fin de probar la autenticidad de la carta. En el tiempo de la iglesia primitiva, muchos documentos falsificados circulaban en nombre de los apóstoles con el objetivo de ganar credibilidad. Pablo se refirió a esa práctica engañosa al hacer esta advertencia a los creyentes en Tesalónica: "no os dejéis mover fácilmente de vuestro modo de pensar, ni os conturbéis, ni por espíritu, ni por palabra, ni por carta como si fuera nuestra, en el sentido de que el día del Señor está cerca" (2 Ts. 2:2).

Si los judaizantes alegaban falsamente que hablaban en nombre de los apóstoles en Jerusalén, como es probable que lo hayan hecho (véase Hch. 15:1-5), no habrían vacilado en afirmar que hablaban en representación de Pablo si eso contribuyera a sus fines. Por esa razón a Pablo no solo le preocupaba que los creyentes en Galacia entendieran con claridad lo que les escribía, sino que entendieran sin lugar a dudas que era él quien lo escribía.

Como ya se mencionó, es probable que Pablo haya escrito la carta en toda su extensión. En todos los demás lugares en el Nuevo Testamento donde aparece, en griego el aoristo activo e indicativo *graphō* (**escribo**) se refiere a algo que ya ha sido escrito, no algo que falte por escribir. Por lo tanto, la frase puede traducirse "he escrito", y en ese caso haría referencia a la carta como un todo y no solo a unas cuantas letras finales que se disponía a añadir al final.

Quizás Pablo estaba ansioso de hacer llegar su mensaje a los gálatas pero no tenía a un escribano disponible en ese momento. También es posible que a causa de la severidad del mensaje mismo, haya querido presentar la carta como algo más personal y que a pesar de sus limitaciones haya decidido escribirla toda **de** su **propia mano.**

La mayor parte de la carta se dedica a la condenación de las enseñanzas falsas de los judaizantes. Ahora Pablo también condena sus motivos para enseñar su perversión legalista del evangelio. Declara que han sido motivados por el orgullo religioso, la cobardía y la hipocresía.

ORGULLO RELIGIOSO

Todos los que quieren agradar en la carne, éstos os obligan a que os circuncidéis, (6:12*a*)

En primer lugar, los judaizantes estaban motivados por el orgullo religioso, un deseo intenso de **agradar en la carne.** Aquí **la carne** se refiere a las obras y el esfuerzo propios de los seres humanos aparte del Espíritu. No les interesaba agradar a Dios con la justicia interna sino impresionar a los hombres con el legalismo externo.

Fue con relación a tales demostraciones de orgullo religioso que Jesús hizo advertencias reiteradas en el sermón del monte. En lo concerniente a la vida religiosa en general, Él dijo: "Guardaos de hacer vuestra justicia delante de los hombres, para ser vistos de ellos; de otra manera no tendréis recompensa de vuestro Padre que está en los cielos" (Mt. 6:1). Acerca de dar Él dijo: "Cuando, pues, des limosna, no hagas tocar trompeta delante de ti, como hacen los hipócritas en las sinagogas y en las calles, para ser alabados por los hombres; de cierto os digo que ya tienen su recompensa" (v. 2). En cuanto a la oración advirtió: "Y cuando ores, no seas como los hipócritas; porque ellos aman el orar en pie en las sinagogas y en las esquinas de las calles, para ser vistos de los hombres; de cierto os digo que ya tienen su recompensa" (v. 5). Acerca del ayuno dijo: "Cuando ayunéis, no seáis austeros, como los hipócritas; porque ellos demudan sus rostros para mostrar a los hombres que ayunan; de cierto os digo que ya tienen su recompensa" (v. 16). A los fariseos avaros y burlones hizo esta advertencia específica: "Vosotros sois los que os justificáis a vosotros mismos delante de los hombres; mas Dios conoce vuestros corazones; porque lo que los hombres tienen por sublime, delante de Dios es abominación" (Lc. 16:14-15).

En otra ocasión Jesús contó una parábola dirigida de manera específica "a unos que confiaban en sí mismos como justos, y menospreciaban a los otros". Él contó acerca de un fariseo que subió al templo y "puesto en pie, oraba consigo mismo" para dar gracias a Dios por su propia bondad, y de un publicano que se dedicaba a recolectar impuestos, el cual se quedó a cierta distancia y estaba tan avergonzado por su pecado que ni se atrevía a subir la mirada al cielo, como era la postura habitual en la oración. En lugar de esto "se golpeaba el pecho, diciendo: Dios, sé propicio a mí, pecador". Jesús declaró que el publicano que pidió misericordia "descendió a su casa justificado antes que el otro", porque al ser humilde ante Dios fue enaltecido, mientras que el fariseo enaltecido fue humillado (Lc. 18:9-14).

Fue acerca de los líderes religiosos llenos de orgullo y arrogancia que Pablo hizo la advertencia: "Mirad que nadie os engañe por medio de filosofías y huecas sutilezas, según las tradiciones de los hombres, conforme a los rudimentos del mundo, y no según Cristo" (Col. 2:8; cp. v. 20). "Las tradiciones de los hombres" y "los rudimentos del mundo" no solo se referían a las leyes y rituales ceremoniales del antiguo pacto que ya habían sido superados, sino a cualquier actividad religiosa externa que no sea "según Cristo", es decir, que se origina en la carne para exaltarla, en lugar de originarse en el Espíritu para exaltar a Dios. "Tales cosas tienen a la verdad cierta reputación de sabiduría en culto voluntario, en humildad y en duro trato del cuerpo", continúa Pablo; "pero no tienen valor alguno contra los apetitos de la carne" (v. 23).

Las liturgias, los rituales y otras observancias y actos religiosos prescritos, no solo carecen de valor para oponerse a la carne sino que casi siempre son producidos por la carne a fin de agradar a la carne. Dan a la carne gran satisfacción con despliegues ostentosos de devoción religiosa que no requieren pureza y justicia de corazón ni sumisión al Espíritu Santo. Puesto que son estrictamente superficiales, la persona más carnal e impía puede aprender a practicarlos con gran habilidad y sinceridad fingida.

Sin importar cuánto afirme ser cristiana, ninguna religión que confía en la carne y promueve el envanecimiento religioso tiene parte alguna en Cristo.

Cristo llevó a cabo la obra perfecta de salvación, y esa es la única obra que puede traer cualquier beneficio espiritual a una persona. No existe un solo acto, ritual, ceremonia, privación física o sacrificio que pueda añadir el más mínimo valor a lo que Cristo ya ha obrado. En lugar de esto, toda actividad motivada por la carne y orientada hacia la carne es una ofensa a Dios y acarrea su condenación, nunca su aprobación.

Para reforzar su propia religiosidad legalista, los judaizantes también trataban de obligar a otros en las iglesias a que se circuncidaran, como un elemento necesario en la obtención de la salvación. Por cierto, al igual que los escribas y fariseos hipócritas a quienes imitaban, habrían estado dispuestos a recorrer "mar y tierra para hacer un prosélito, y una vez hecho" le harían "dos veces más hijo del infierno que" ellos (Mt. 23:15).

COBARDÍA

solamente para no padecer persecución a causa de la cruz de Cristo. (6:12*b*)

Los judaizantes no solo eran orgullosos, también eran cobardes. Defendían el legalismo para proteger sus vidas y su bienestar material así como para alimentar sus egos carnales. Su motivo explícito es: **solamente para no padecer persecución.** No estuvieron dispuestos a pagar el precio de la persecución a fin de identificarse con Jesucristo. Utilizaban su nombre y participaban en su iglesia solo si ello no ofendía a los que les rodeaban. Ellos podían evitar la mayoría de esas ofensas con el simple hecho de negar el significado verdadero de la muerte de Cristo.

Desde el primer siglo, el cristianismo ha sido reconocido por **la cruz** como su insignia más distintiva. Durante las persecuciones de los romanos, el dibujo del pez se convirtió en una señal común, pero solo entre los cristianos mismos como una marca secreta para identificarse entre sí. La única señal que ha representado de forma continua y universal a la fe cristiana es **la cruz.** Hasta los historiadores romanos seculares, incluido Tácito en el primer siglo y Suetonio en el segundo, se refirieron a los cristianos como los seguidores de un criminal que había sido crucificado bajo Poncio Pilato.

La crucifixión no fue originada por los romanos, pero ellos la refinaron hasta el punto de convertirla en el medio de ejecución más cruel y violento jamás ingeniado por los hombres. No solo estaba diseñado para matar, lo cual podría hacerse con mayor facilidad de muchas otras maneras, sino para degradar y humillar hasta el extremo. Por lo general estaba reservado para enemigos especiales del estado que eran ejecutados en público para desalentar todo intento de sedición, rebelión y otras ofensas graves. A causa de lo inusual y prolongado de su dolor y crueldad, ningún ciudadano romano podía ser ejecutado de esta o cualquier otra forma.

Sin embargo, ese símbolo que representaba la muerte mediante un método horrible de ejecución, se convirtió para los cristianos en el símbolo más representativo de la vida, porque su **Cristo** amado había padecido y muerto en una **cruz** como el sacrificio perfecto y final para salvarles del pecado y la muerte. Dios transformó la expresión más temible del odio humano en la expresión más bella de su amor divino.

El libro de Gálatas ha sido llamado "la epístola de la crucifixión", no solo porque hace menciones directas de la cruz o la crucifixión en unas siete ocasiones (2:20; 3:1; 5:11, 24; 6:12, 14 [doble mención]), sino porque la gracia redentora de Dios que es el tema de la epístola, se hizo efectiva para los hombres solo a través de **la cruz de Cristo**. La señal de **la cruz** apunta siempre a la gracia divina.

Por esa razón, **la cruz de Cristo** siempre ha sido una ofensa para la religión de obras: "para los judíos ciertamente tropezadero, y para los gentiles locura" (1 Co. 1:23). Incluso antes de que Jesús fuera crucificado, la idea de su muerte como un sacrificio era repulsiva para muchos judíos que habían mostrado un interés superficial en su enseñanza. En la sinagoga de Capernaum Él declaró: "Porque mi carne es verdadera comida, y mi sangre es verdadera bebida. El que come mi carne y bebe mi sangre, en mí permanece, y yo en él. Como me envió el Padre viviente, y yo vivo por el Padre, asimismo el que me come, él también vivirá por mí. Este es el pan que descendió del cielo; no como vuestros padres comieron el maná, y murieron; el que come de este pan, vivirá eternamente" (Jn. 6:55–58). En respuesta a la "dureza" de esa palabra, "muchos de sus discípulos volvieron atrás, y ya no andaban con él" (vv. 60, 66).

Pablo se refiere con gran pesar a los "enemigos de la cruz de Cristo ... el fin de los cuales será perdición, cuyo dios es el vientre, y cuya gloria es su vergüenza; que sólo piensan en lo terrenal" (Fil. 3:18–19). Cualquier ser humano, sea religioso o irreligioso, cristiano de nombre o pagano, que niega o rechaza la suficiencia del sacrificio de Cristo por la salvación de los hombres, es un enemigo de la cruz.

Los judaizantes se identificaban a sí mismos con la iglesia pero no con **la cruz** y por ende no con **Cristo**. Reconocieron a Jesús como el Mesías y proclamaron lealtad a Él, pero no tuvieron parte con Él porque se negaron a recibir su obra finalizada en **la cruz** a favor de ellos. Su confianza estaba puesta en sus propias obras humanas, representadas por la circuncisión, y no en la provisión de salvación de Dios por la gracia mediante el poder de **la cruz de Cristo**. Querían a un Mesías que les librara de sus opresores, pero no un Salvador que les librara de sus pecados. Según su opinión, de ese problema podían encargarse ellos mismos.

Al emplearse en un contexto soteriológico (de salvación), **la cruz** no se refiere a los troncos de madera en que fue clavado Jesús, sino a toda la obra de redención divina que su muerte llevó a cabo en **la cruz.** La ofensa de **la cruz** no consiste en el hecho de que Jesús haya sido crucificado como un delincuente común, sino la verdad de la expiación por substitución que no da lugar al orgullo, la posición o el logro humanos.

Debido a que todavía confiaban en ellos mismos, aun después de profesar que eran cristianos, los judaizantes no tenían lealtad a **la cruz de Cristo.** Lo que les preocupaba era su propia seguridad y no su salvación, por eso esperaban que la adherencia a formas externas como la circuncisión haría mínima la ofensa a otros judíos y el tropiezo a los gentiles, a fin de asegurar que fueran protegidos de la **persecución** religiosa. Al enseñar la obediencia a la ley mosaica y el rito de circuncisión esperaban ser inmunes a todas las críticas, la alienación y el rechazo por parte de sus compatriotas judíos. Un judío que se convertía en cristiano era sujeto con frecuencia al ostracismo social y la ruina económica. Era expulsado de la sinagoga y muchas veces de su propia casa. Los otros judíos rehusaban hacer negocios con él, y en muchos casos le resultaba difícil comprar alimento y vestido, incluso si tenía más del dinero suficiente para pagarlos.

Los judaizantes también abrigaban la esperanza de que el hecho de identificarse con la ley de Moisés les ayudaría a mantener la protección que los judíos gozaban entonces en el Imperio Romano. Puesto que su líder había sido crucificado bajo la ley romana, los creyentes siempre eran tratados como sospechosos por los oficiales romanos y experimentaban su acoso, a diferencia de los judíos.

Debido a que la obra redentora de **la cruz** resta importancia a todos los sistemas religiosos de justicia por obras humanas, siempre es causa de ofensa y **persecución.** Cuando Pedro y los demás apóstoles predicaban con denuedo **la cruz de Cristo** en Jerusalén, los líderes judíos "se enfurecían y querían matarlos" (Hch. 5:29–33). En todo el libro de los Hechos, los cristianos sufrieron la oposición y persecución más cruenta al proclamar el poder de **la cruz.** Los judaizantes no querían participar de tal sufrimiento, con lo cual indicaron que no tenían un amor genuino por Cristo y ningún deseo de tomar sus cruces y seguirle (véase Mt. 10:38). Eran como la semilla en la parábola de nuestro Señor, la cual fue sembrada en medio de pedregales pero no echó raíz y representa a aquellos que abandonan la verdad tan pronto llega la persecución (Mt. 13:20–21).

HIPOCRESÍA

Porque ni aun los mismos que se circuncidan guardan la ley; pero quieren que vosotros os circuncidéis, para gloriarse en vuestra carne. (6:13)

La tercera razón por la que los judaizantes se gloriaban en la carne era su hipocresía. La hipocresía es inseparable de la cobardía, porque si una persona no temiera lo que otras personas pudieran decir o hacer, no tendría razón para aparentar ser algo que no es.

Los judaizantes que se circuncidaban ni siquiera hacían intentos sinceros de vivir conforme a los parámetros de **la ley** mosaica, mucho menos por el poder del Espíritu Santo. No eran ni siquiera judíos honestos, mucho menos cristianos genuinos, es lo que Pablo da a entender aquí. Su religión era pura apariencia, un despliegue fantoche que presentaban para quedar bien con los demás. Se hacían unos a otros la cirugía sencilla y externa pero nunca vivían en la práctica el resto de la ley de Dios.

Tenían un gran interés en levantar prosélitos de su versión pervertida del evangelio, que estaba simbolizada no por el bautismo sino por la circuncisión. **Quieren que vosotros os circuncidéis,** dijo Pablo a los gálatas, a fin de que puedan **gloriarse en vuestra carne.** Aunque ellos mismos nunca la guardaban, los judaizantes se esforzaban con celo ferviente para ganar conversos a **la ley,** con el fin de poderse jactar de cuán efectivos eran en ganar prosélitos.

Desde el tiempo en que Caín ofreció su ofrenda inaceptable al Señor, el hombre ha usado la religión como una cubierta para su pecado. Como los judaizantes demuestran, es posible ser muy activo en la iglesia y al mismo tiempo tener total corrupción moral y espiritual. En ningún lugar es más fácil y más peligrosa la hipocresía que en la obra de Dios, y en ningún lugar provoca tanto su ira como allí donde se practica la hipocresía en su nombre.

Jesús dijo acerca de "los escribas y los fariseos" que "en la cátedra de Moisés" se habían sentado: "Así que, todo lo que os digan que guardéis, guardadlo y hacedlo; mas no hagáis conforme a sus obras, porque dicen, y no hacen. Porque atan cargas pesadas y difíciles de llevar, y las ponen sobre los hombros de los hombres; pero ellos ni con un dedo quieren moverlas" (Mt. 23:2-4).

La carga más grande que los escribas y fariseos pusieron sobre los hombros de la humanidad era la carga insoportable de la salvación por obras. A causa de su hipocresía, no era una carga considerable para los líderes religiosos, mientras que para el judío concienzudo era motivo de frustración y desesperanza inimaginables porque esa persona quedaba sometida a las exigencias implacables de ley sobre ley, mandato sobre mandato, tradición sobre tradición, ceremonia tras ceremonia, etc., ordenanzas innumerables que jamás podría conocer en toda su extensión y mucho menos guardar con circunspección.

"Antes, hacen todas sus obras para ser vistos por los hombres", continuó Jesús. "Pues ensanchan sus filacterias, y extienden los flecos de sus mantos; y aman los primeros asientos en las cenas, y las primeras sillas en las sinagogas, y las salutaciones en las plazas, y que los hombres los llamen: Rabí, Rabí" (vv. 5-7). Hacían todo lo posible por dirigir la atención a ellos mismos y se gloriaban en el reconocimiento y el encomio que se les atribuía a causa de sus posiciones, títulos y número de convertidos.

Se honraban y agradaban a sí mismos, pero deshonraban y desagradaban a Dios, quien aborrece el orgullo y ama la humildad. Por lo tanto, "no queráis que os llamen Rabí", dijo Jesús a sus discípulos; "porque uno es vuestro Maestro, el Cristo, y todos vosotros sois hermanos. Y no llaméis padre vuestro a nadie en la tierra; porque uno es vuestro Padre, el que está en los cielos. Ni seáis llamados maestros; porque uno es vuestro Maestro, el Cristo" (vv. 8-10). Los más grandes entre los seguidores de Jesucristo son aquellos que como siervos (v. 11), ayudan a otros a llevar sus cargas.

En el resto de ese capítulo en Mateo, Jesús continúa su fuerte reprimenda a los escribas y los fariseos por su hipocresía. Les condena por exaltarse a sí mismos, impedir a los hombres la entrada al reino con su legalismo, hacer oraciones presuntuosas e insinceras, crear subterfugios legales para evitar el cumplimiento de votos, ser prolijos acerca de diezmar hierbas en detrimento de la justicia, la justicia y la misericordia, esforzarse en aparentar que sus vidas eran limpias por fuera sin interesarse para nada en la santidad interior, y por levantar tumbas para los profetas de cuya muerte habían sido cómplices (vv. 13-31). Todas esas ideas y actividades religiosas estaban diseñadas para justificar su orgullo y tapar su pecado, para **gloriarse** en la **carne.**

A medida que se aproximan los últimos tiempos, la hipocresía religiosa al igual que todos los demás pecados, tendrá un gran aumento. "También debes saber esto", advirtió Pablo a Timoteo: "que en los postreros días vendrán tiempos peligrosos. Porque habrá hombres amadores de sí mismos, avaros, vanagloriosos, soberbios, blasfemos, desobedientes a los padres, ingratos, impíos, sin afecto natural, implacables, calumniadores, intemperantes, crueles, aborrecedores de lo bueno, traidores, impetuosos, infatuados, amadores de los deleites más que de Dios, que tendrán apariencia de piedad, pero negarán la eficacia de ella; a éstos evita" (2 Ti. 3:1-5).

En algún punto de su vida, toda persona tiene que elegir entre las religiones condenatorias del logro humano y la verdad salvadora del logro divino en Jesucristo.

Gloriarse en la cruz (6:14-18)

20

Pero lejos esté de mí gloriarme, sino en la cruz de nuestro Señor Jesucristo, por quien el mundo me es crucificado a mí, y yo al mundo. Porque en Cristo Jesús ni la circuncisión vale nada, ni la incircuncisión, sino una nueva creación. Y a todos los que anden conforme a esta regla, paz y misericordia sea a ellos y al Israel de Dios. De aquí en adelante nadie me cause molestias; porque yo traigo en mi cuerpo las marcas del Señor Jesús. Hermanos, la gracia de nuestro Señor Jesucristo sea con vuestro espíritu. Amén. (6:14-18)

Como se mencionó en el capítulo anterior, solo existen dos religiones básicas en el mundo: la del logro divino y la del logro humano. La religión del logro divino es el evangelio de Jesucristo, quien por la gracia soberana de Dios, hizo provisión para la redención del hombre a través de su sacrificio de Él mismo en la cruz. La religión del logro humano abarca todas las demás religiones del mundo que se basan en la misma justicia de las obras, que consiste en tratar de agradar a Dios mediante diversas formas y métodos de mérito y esfuerzo humanos.

La religión de la justicia por obras se inició con la rebelión de Satanás contra Dios. Como Lucifer, el ángel de mayor preeminencia, él trató de usurpar el trono y la gloria de Dios con sus propios esfuerzos como criatura (véase Is. 14:12-15; Lc. 10:18). Fue con el señuelo del esfuerzo propio que el diablo tentó a Eva y de forma indirecta a Adán, para comer del fruto prohibido, y les engañó para que creyeran que por medio de la desobediencia y de hacer su propia voluntad podían ganarse los atributos divinos para beneficio propio (Gn. 3:1-7). Con ese mismo señuelo de esfuerzo voluntarioso Caín fue motivado para ofrecer su propia clase de sacrificio al Señor y ofrecerlo con presunción en lugar de fe (4:3-7). En cada caso Dios rechazó y condenó los esfuerzos pecaminosos que sus criaturas habían hecho por voluntad y fuerzas propias. A

Satanás lo expulsó del cielo, desterró a Adán y Eva del huerto, y rehusó aceptar el sacrificio impío de Caín.

Si uno estudia con detenimiento las diversas religiones y sectas del mundo, descubrirá que sin excepción alguna se han fundamentado en alguna variedad de esfuerzo humano y justicia por obras. Además, todas las religiones y sectas que tratan lo sobrenatural se han originado en revelaciones ocultas de ángeles, criaturas extraterrestres u otros espíritus. Por ejemplo, unos dicen que el ángel Moroni presentó a José Smith el libro de Mormón escrito en planchas de oro. Otros creen que el ángel Gabriel dictó el Corán a Mahoma, y fue con base en supuestas revelaciones angélicas a la esposa de Herbert Armstrong que se fundó la agrupación mundial que lleva su nombre (Iglesia de Dios Universal). Además de esto, cada religión y secta humana niega la Trinidad, niega la divinidad de Jesús entre los hombres, y niega su expiación única y completa por el pecado del hombre.

Pablo habla acerca de "falsos apóstoles, obreros fraudulentos, que se disfrazan como apóstoles de Cristo. Y no es maravilla", prosigue el apóstol, "porque el mismo Satanás se disfraza como ángel de luz. Así que, no es extraño si también sus ministros se disfrazan como ministros de justicia; cuyo fin será conforme a sus obras" (2 Co. 11:13-15).

Solo el cristianismo bíblico centrado en la gracia proviene de Dios. Toda otra forma de religión viene de Satanás, inspirada por sus espíritus demoníacos, promovida por sus agentes humanos mentirosos (1 Ti. 4:1-2), y centrada en su justicia de obras. Aquellos que confían en Jesucristo y su obra finalizada de redención se salvan, mientras todos los que confían en cualquier otro medio de salvación siguen perdidos. Ellos "no conocieron a Dios, ni obedecen al evangelio de nuestro Señor Jesucristo"; el apóstol dice que por esa razón "sufrirán pena de eterna perdición, excluidos de la presencia del Señor y de la gloria de su poder" (2 Ts. 1:8-9).

Antes de que el Mesías viniese a la tierra, el judaísmo del Antiguo Testamento era la expresión más perfecta de la creencia en Dios, porque estaba fundamentado en su Palabra revelada y apuntó siempre a la necesidad de un Salvador. No obstante, con la llegada del Mesías Salvador (Jesucristo), el judaísmo dejó de ser válido a la vista de Dios, y un judío que rechazara a Cristo era tan pagano en lo espiritual como cualquier adorador gentil de dioses paganos como Astarté y Zeus. De la misma forma, los que profesaban ser cristianos y en nombre del legalismo judío se propusieron añadir el esfuerzo humano a la obra completa de Cristo, también fueron enemigos impíos de Dios. Así fueron los judaizantes en Galacia, a los cuales les encantaba gloriarse en su carne (Gá. 6:13).

Pero lejos esté de mí es una frase que traduce *mē genoito*, una expresión negativa en griego que transmite la idea de algo casi imposible de hacer. Pablo emplea la misma frase en numerosas ocasiones en la epístola de romanos para rechazar con firmeza diversas interpretaciones falsas del evangelio (véase 3:4, 6, 31; 6:2, 15). Aquí la utiliza para decir a los gálatas que para él era inconcebible siquiera pensar en gloriarse en algo diferente a **la cruz de nuestro Señor Jesucristo.**

Aunque *kauchaomai* **(gloriarme)** se refiere con frecuencia a una jactancia mala (véase por ejemplo 1 Co. 1:29; 3:21; Ef. 2:9), aquí alude a la idea de gloriarse o regocijarse sobre algo bueno con motivos puros, como también es el caso en Romanos 5:2, 3, 11 y Filipenses 3:3 ("nos gloriamos"). Por definición, la expresión jactarse tiene una connotación más negativa de orgullo que gloriarse, y por eso se aleja bastante de lo que Pablo quiere dar a entender. El término griego tiene el significado básico de alabanza, y el factor que determina si es mala o buena es el destinatario de esa alabanza, a saber, Dios o el ego. La alabanza de los judaizantes tenía por objeto a ellos mismos, porque se jactaban de haber logrado subvertir a algunos de los gálatas y hacerles retroceder al legalismo judío (Gá. 6:13). La alabanza de Pablo, en cambio, estuvo siempre enfocada en **la cruz de nuestro Señor Jesucristo.** Dondequiera que fuese, Pablo se propuso "no saber entre [los creyentes] cosa alguna sino a Jesucristo, y a éste crucificado" (1 Co. 2:2).

Pablo se gloriaba **en la cruz** porque el sacrificio del **Señor Jesucristo** en ella era la fuente de su propia justicia y aceptación delante de Dios así como la de todos los demás creyentes, y ella había puesto fin a la frustración y la desesperanza de tratar de llegar a Dios por medio de las obras. "Al que no conoció pecado, [Dios] por nosotros lo hizo pecado, para que nosotros fuésemos hechos justicia de Dios en él" (2 Co. 5:21). Los cristianos honran y alaban **la cruz** porque el sacrificio de Cristo en ella proveyó plena redención y vida eterna para la humanidad perdida, y por eso se ha constituido en el símbolo supremo del evangelio que es la única religión del logro divino.

Sin importar qué tan bien se las arregle una persona para ser buena en sus propias fuerzas, siempre queda muy por debajo de la absoluta perfección moral y espiritual que Dios requiere. Jesús dijo que el requisito divino es que los hombres sean perfectos como Dios es perfecto (Mt. 5:48), y solo es a través de **la cruz** y por la gracia que la perfección divina se hace disponible para aquellos que creen, a los cuales les es dada la justicia perfecta de Cristo. "Mas Dios muestra su amor para con nosotros, en que siendo aún pecadores, Cristo murió por nosotros. Pues mucho más, estando ya justificados en su sangre, por él seremos salvos de la ira" (Ro. 5:8-9).

El librepensador que cree en la bondad innata del hombre o en su capacidad para salvarse a sí mismo, tiene una gran dificultad para ver la cruz como la demostración máxima del amor de Dios. Si los hombres fueran buenos por naturaleza o si fueran capaces de lograr su propia salvación, la muerte de Cristo en la cruz habría sido un gran desperdicio y un espectáculo inútil por parte de

Dios. Enviar a un hombre, sin mencionar que se trató de su propio Hijo amado, a morir de una manera tan horrible para salvar a los que no necesitaban ser salvados, a duras penas podría calificarse como un acto de amor. La cruz en ese caso habría sido un disparate cruel y sin sentido.

Si hubiera un hombre sentado en un muelle seguro y otro saltara al agua y se ahogara en un supuesto intento de rescatarle, el acto se consideraría incoherente y desquiciado, no de amor verdadero.

"En esto consiste el amor", explicó Juan: "no en que nosotros hayamos amado a Dios, sino en que él nos amó a nosotros, y envió a su Hijo en propiciación por nuestros pecados" (1 Jn. 4:10). La crucifixión de Jesús fue necesaria porque la humanidad no está sentada en el muelle seguro de la vida sino perdida en pecado y condenada a muerte eterna (Ro. 6:23). La crucifixión fue necesaria porque no existe otra forma en que el hombre pueda salvarse. Es el poder de **la cruz** lo que purifica al hombre de su pecado y le hace presentable ante Dios. "[Cristo] llevó él mismo nuestros pecados en su cuerpo sobre el madero, para que nosotros, estando muertos a los pecados, vivamos a la justicia; y por cuya herida fuisteis sanados" (1 P. 2:24).

Cuando los hombres se identifican con la muerte de Cristo **en la cruz,** Dios el Padre les identifica con la justicia perfecta de su Hijo, cuya sangre fue allí derramada, porque "ahora en Cristo Jesús, vosotros que en otro tiempo estabais lejos, habéis sido hechos cercanos por la sangre de Cristo" (Ef. 2:13). Los creyentes son "justificados gratuitamente por su gracia, mediante la redención que es en Cristo Jesús, a quien Dios puso como propiciación por medio de la fe en su sangre" (Ro. 3:24–25; cp. 4:25; 6:10; 1 Co. 15:3). Los creyentes nunca tendrán que encarar el juicio y la condenación de Dios por su pecado gracias a que Jesús fue juzgado y condenado en su lugar. "Ahora, pues, ninguna condenación hay para los que están en Cristo Jesús, los que no andan conforme a la carne, sino conforme al Espíritu. Porque la ley del Espíritu de vida en Cristo Jesús me ha librado de la ley del pecado y de la muerte. Porque lo que era imposible para la ley, por cuanto era débil por la carne, Dios, enviando a su Hijo en semejanza de carne de pecado y a causa del pecado, condenó al pecado en la carne" (Ro. 8:1–3).

No es que Pablo no tuviera algo de qué gloriarse desde el punto de vista humano. De hecho tenía mucho más de qué jactarse que los mismos judaizantes (véase Gálatas 6:13). "Si alguno piensa que tiene de qué confiar en la carne, yo más", dijo el apóstol: "circuncidado al octavo día, del linaje de Israel, de la tribu de Benjamín, hebreo de hebreos; en cuanto a la ley, fariseo; en cuanto a celo, perseguidor de la iglesia; en cuanto a la justicia que es en la ley, irreprensible". Sin embargo, consciente de la falta absoluta de valor eterno de tales cosas, él prosiguió a decir:

Pero cuantas cosas eran para mí ganancia, las he estimado como pérdida por amor de Cristo. Y ciertamente, aun estimo todas las cosas como pérdida por la excelencia del conocimiento de Cristo Jesús, mi Señor, por amor del cual lo he perdido todo, y lo tengo por basura, para ganar a Cristo, y ser hallado en él, no teniendo mi propia justicia, que es por la ley, sino la que es por la fe de Cristo, la justicia que es de Dios por la fe; a fin de conocerle, y el poder de su resurrección, y la participación de sus padecimientos, llegando a ser semejante a él en su muerte. (Fil. 3:4-10)

En Gálatas 6:14-16 Pablo da tres razones para gloriarse nada más que en la cruz de Jesucristo: la cruz tiene el poder para libertar a los hombres de la servidumbre al mundo, tiene el poder para hacer lo que la carne no puede hacer, y tiene el poder para traer la salvación.

EL PODER PARA LIBERTAR A LOS HOMBRES DE LA SERVIDUMBRE AL MUNDO

por quien el mundo me es crucificado a mí, y yo al mundo. (6:14*b*)

La primera razón que Pablo da para explicar que la cruz es su único motivo para gloriarse, es el poder que tiene para librarle de ser un esclavo al sistema de maldad del **mundo.** Aquí **el mundo** es la traducción de *kosmos*, un término que se refiere a un sistema ordenado (su antónimo es *kaos*, que alude a falta de orden o "caos"). La palabra *cosmético* (derivada de *kosmos)* tiene el significado básico de cubrir algo desordenado con algo que trae orden. En el Nuevo Testamento *kosmos* se refiere al orden del sistema de maldad encabezado por Satanás y sus agentes del mal (véase Jn. 12:31; 14:30; 1 Co. 2:6, 8; Ef. 2:2). La vida de una persona aparte de Jesucristo es la vida de una víctima de ese sistema. Es una vida sin sentido, una vida sin la esperanza de un plan, propósito o razón de ser. También es una vida regida por la carne, que de manera natural e inevitable sigue los dictados del sistema de maldad promovido por **el mundo,** bien sea con inmoralidad crasa o con la simple gratificación diaria del yo.

La persona sin Cristo vive la sombra de su propio pasado. No puede librarse de la culpa acerca de cosas que ha hecho o dejado sin hacer, pero no tiene modo de calmar su culpa o su ansiedad. Con frecuencia se siente fascinado por el futuro y espera con anticipación continua que el mañana traiga cosas mejores y más sentido a la vida, pero nunca es así y la vida se convierte en un montón de sueños frustrados. También es posible que tome la decisión hedonista de vivir un día a la vez y saciarse lo más que pueda sin pensar en las consecuencias. Puesto que la vida física es lo único que ve y le interesa, declara al lado de los griegos antiguos que negaban la resurrección: "comamos y bebamos, porque mañana moriremos" (1 Co. 15:32). De una u otra forma, todo incrédulo permanece en servidumbre ineludible a las futilidades y las frustraciones propias de la vida en **el mundo.**

La persona que pertenece a Jesucristo, por otro lado, ha sido librada de la maldad y la desesperanza del mundo. Sabe que sus pecados pasados, presentes y futuros son perdonados por medio de la muerte de Cristo, que su vida presente está bajo el cuidado, la dirección y la fortaleza del Espíritu Santo, y que su vida futura está tan asegurada en el cielo como si ya estuviera allí. Sus esperanzas más grandes están allí puestas, y aunque todavía han de cumplirse, son afianzadas y aseguradas por el Señor mismo. El creyente puede tener siempre la seguridad plena que Pablo declaró en estos términos: "el que comenzó en vosotros la buena obra, la perfeccionará hasta el día de Jesucristo" (Fil. 1:6).

Ahora bien, no todas las bendiciones de un creyente están en el futuro. En esta vida presente tiene la conciencia plena de la presencia, el amor y la paz de Dios, la certeza de que Dios vive y él mismo está vivo gracias a lo que Cristo logró en la cruz a su favor. Los creyentes sabemos que hemos sido bendecidos "con toda bendición espiritual en los lugares celestiales en Cristo", escogidos "en él antes de la fundación del mundo, para que fuésemos santos y sin mancha delante de él, en amor habiéndonos predestinado para ser adoptados hijos suyos por medio de Jesucristo, según el puro afecto de su voluntad", y que tenemos "redención por su sangre, el perdón de pecados según las riquezas de su gracia" (Ef. 1:3-8).

A la luz de las bendiciones inmensurables de la cruz, Pablo dice: **el mundo me es crucificado a mí, y yo al mundo.** Como se indicó antes, *kosmos* **(mundo)** se refiere aquí al sistema satánico bajo el cual la humanidad se encuentra ahora en servidumbre a causa del pecado. En un aspecto más específico se refiere al fasto sistema satánico de religiones falsas, todas las cuales se fundamentan en el mérito humano y la justicia por obras. El apóstol Juan declara que "el mundo entero está bajo el maligno" (1 Jn. 5:19). Sin importar que una persona sea atea o agnóstica, si no conoce a Cristo es cautiva del sistema satánico del **mundo.** Pablo dijo esto a los efesios al recordarles cómo eran sus vidas antes de ser conocidos por Cristo: "estabais muertos en vuestros delitos y pecados, en los cuales anduvisteis en otro tiempo, siguiendo la corriente de este mundo, conforme al príncipe de la potestad del aire, el espíritu que ahora opera en los hijos de desobediencia, entre los cuales también todos nosotros vivimos en otro tiempo en los deseos de nuestra carne, haciendo la voluntad de la carne y de los pensamientos, y éramos por naturaleza hijos de ira, lo mismo que los demás" (Ef. 2:1-3).

El mundo es corrupto (2 P. 1:4) y va a ser juzgado (1 Co. 11:32), y todo aquel que sea identificado con ese sistema es corrupto y será juzgado con él. En lugar de esto, el cristiano ha sido liberado de la corrupción y el juicio del mundo. La idea de que el mundo y el creyente estén crucificados el uno al otro significa que están muertos el uno para el otro. Como sucede con el acto de crucificar la carne (5:24), no significa que el mundo ya no ejerza influencia sobre el creyente, sino que su dominio ha sido quebrantado y ya no se encuentra en servidumbre total a él. Se ha propinado un golpe mortal al sistema del **mundo,** de tal modo que pronto dejará de existir. Mientras agoniza todavía puede tocar al creyente con su corrupción, pero la ciudadanía del cristiano ya no radica en el sistema maligno del **mundo** sino "en los cielos, de donde también esperamos al Salvador, al Señor Jesucristo; el cual transformará el cuerpo de la humillación nuestra, para que sea semejante al cuerpo de la gloria suya, por el poder con el cual puede también sujetar a sí mismo todas las cosas" (Fil. 3:20–21).

"He manifestado tu nombre a los hombres que del mundo me diste", oró Jesús a su Padre; "tuyos eran, y me los diste, y han guardado tu palabra ... Y ya no estoy en el mundo; mas éstos están en el mundo, y yo voy a ti. Padre santo, a los que me has dado, guárdalos en tu nombre, para que sean uno, así como nosotros ... No ruego que los quites del mundo, sino que los guardes del mal. No son del mundo, como tampoco yo soy del mundo" (Jn. 17:6, 11, 15–16).

La frase **el mundo me es crucificado a mí** también se relaciona con la posición espiritual de un creyente ante Dios, al hecho histórico de haber confiado en Cristo para salvación y a su unión espiritual con Cristo a través de su muerte en la cruz. "Porque todo lo que es nacido de Dios vence al mundo", nos dice Juan; "y esta es la victoria que ha vencido al mundo, nuestra fe. ¿Quién es el que vence al mundo, sino el que cree que Jesús es el Hijo de Dios?" (1 Jn. 5:4–5). Tan pronto una persona recibe a Jesucristo como Señor y Salvador, el pecado se vuelve un asunto muerto, la ley se vuelve un asunto muerto y **el mundo** se vuelve un asunto muerto.

En vista del peligro específico de los judaizantes, Pablo dijo en efecto: "Ese pedazo del sistema del mundo que se conoce como judaísmo me es crucificado, y yo estoy crucificado al judaísmo. Murió para mí y yo estoy muerto para él. Ya no tenemos parte alguna del otro". Sin importar cuál sea la manifestación particular del sistema del **mundo** que tenga atrapada a una persona, su único escape es a través de la cruz del Señor Jesucristo, por medio de la cual muere del todo a su vieja vida, y su vieja vida se hace muerta para él: "sabiendo esto, que nuestro viejo hombre fue crucificado juntamente con él, para que el cuerpo del pecado sea destruido, a fin de que no sirvamos más al pecado. Porque el que ha muerto, ha sido justificado del pecado" (Ro. 6:6–7).

La frase **y yo al mundo** se relaciona con la vida práctica del cristiano delante de Dios. El creyente fiel no tiene más intereses forzosos en las cosas del **mundo,** aunque todavía puede caer presa de sus vanidades y lujurias. Así como estas cosas han muerto para él, él también ha muerto para ellas, y por esa razón no tiene sentido que mantenga relación alguna con un cadáver. Por esa misma razón Pablo preguntó a los colosenses: "Pues si habéis muerto con Cristo en cuanto a los rudimentos del mundo, ¿por qué, como si vivieseis en el mundo, os sometéis a preceptos tales como: No manejes, ni gustes, ni aun toques (en conformidad a mandamientos y doctrinas de hombres), cosas que todas se destruyen con el uso? ... Si, pues, habéis resucitado con Cristo, buscad las cosas de arriba, donde está Cristo sentado a la diestra de Dios. Poned la mira en las cosas de arriba, no en las de la tierra. Porque habéis muerto, y vuestra vida está escondida con Cristo en Dios" (Col. 2:20–22; 3:1–3).

EL PODER PARA HACER LO QUE LA CARNE NO PUEDE HACER

Porque en Cristo Jesús ni la circuncisión vale nada, ni la incircuncisión, sino una nueva creación. (6:15)

En segundo lugar, Pablo se gloriaba en la cruz a causa de su poder para hacer lo que la carne, debilitada y corrompida por el pecado, no puede hacer. Como judío, él había hecho todo lo que podía hacer en sus propias fuerzas para agradar a Dios, pero descubrió que en lugar de agradar a Dios lo que hacía en realidad era perseguir al mismísimo Hijo de Dios (Hch. 9:5).

Para un judío **la circuncisión** no **vale nada** significativo o valioso, dice Pablo, y para un gentil **la incircuncisión** no significa nada. Tanto **circuncisión** como **incircuncisión** representan los sistemas religiosos del mundo, constituidos por el judaísmo legalista y todas las demás formas de cultos, sectas y paganismo. Todos esos sistemas se apoyan en la carne y en consecuencia todos sin excepción carecen de valor para alcanzar salvación.

Por otro lado, el poder de la cruz hace del creyente **una nueva creación** en Jesucristo. Jesús dijo a Nicodemo, quien era un hombre bastante religioso y moral: "De cierto, de cierto te digo, que el que no naciere de nuevo, no puede ver el reino de Dios" (Jn. 3:3). A la vida vieja no se le pueden hacer mejoras ni retoques, ni siquiera por parte de Dios, ya que nada bueno hay en la carne (Ro. 7:18). El hombre necesita una vida del todo nueva, un nuevo nacimiento, **una nueva creación.** "De modo que si alguno está en Cristo, nueva criatura es; las cosas viejas pasaron; he aquí todas son hechas nuevas" (2 Co. 5:17). Esa es la única condición que permite al ser humano tener comunión con su Padre celestial y ser ciudadano del cielo.

EL PODER PARA TRAER SALVACIÓN

Y a todos los que anden conforme a esta regla, paz y misericordia sea a ellos y al Israel de Dios. (6:16)

En tercer lugar, Pablo se gloriaba en la cruz porque tiene el poder de traer salvación **a todos los que anden conforme a esta regla**. Aquí Pablo parece extender una invitación implícita a los judaizantes y a cualquier otra persona que no conozca a Jesucristo como Salvador. No tenían que seguir perdidos y alienados de Dios todas sus vidas. Por medio de la fe en Cristo, ellos también podían andar **conforme a esta regla** del evangelio.

"Porque de tal manera amó Dios al mundo", declaró Jesús, "que ha dado a su Hijo unigénito, para que todo aquel que en él cree, no se pierda, mas tenga vida eterna. Porque no envió Dios a su Hijo al mundo para condenar al mundo, sino para que el mundo sea salvo por él. El que en él cree, no es condenado; pero el que no cree, ya ha sido condenado, porque no ha creído en el nombre del unigénito Hijo de Dios" (Jn. 3:16-18). La condición para la salvación es fe en el Hijo de Dios, y es una condición que toda persona puede cumplir si así lo dispone, porque Dios ha hecho la salvación disponible a todos, sin excepción alguna, "no queriendo que ninguno perezca, sino que todos procedan al arrepentimiento" (2 P. 3:9). No existen límites para el poder de la cruz, porque Cristo "por todos murió, para que los que viven, ya no vivan para sí, sino para aquel que murió y resucitó por ellos" (2 Co. 5:15; cp. 1 Ti. 2:6; 4:10).

Los hombres no pueden cambiar los términos de la salvación pero sí pueden rechazarlos, y al rehusar a sabiendas la oferta de salvación de Dios, su juicio es más grande que si nunca hubiesen escuchado el evangelio en sus vidas. "¿Cuánto mayor castigo pensáis que merecerá el que pisoteare al Hijo de Dios, y tuviere por inmunda la sangre del pacto en la cual fue santificado, e hiciere afrenta al Espíritu de gracia?" (He. 10:29).

Kanōn (**regla**) alude a la idea básica de medición, y se usaba con frecuencia en el sentido de un principio o norma. Andar **conforme a esta regla** quiere decir aceptar el evangelio del logro divino por medio del sacrificio de Cristo en la cruz y andar por fe en el poder de su Espíritu, no por vista en el poder de la carne (cp. 5:16-17; 2 Co. 5:7).

Paz y misericordia representan la salvación: **paz** en referencia a la nueva relación del creyente con Dios y **misericordia** a la remoción de todos sus pecados por parte de Dios. La **paz** es el lado positivo de la salvación, al establecerse una nueva y correcta relación con Dios. La **misericordia** es el lado negativo, ya que son perdonados todos los pecados de un creyente y se elimina la necesidad de juicio.

Sin importar cuáles sean sus convicciones o sus logros religiosos, aquellos que están separados de Cristo "son enemistad contra Dios" (Ro. 8:7; cp. 5:10) y son "hijos de desobediencia" (Ef. 2:2). Cada incrédulo está en guerra con Dios y solo hallará **paz** verdadera en la cruz de Jesucristo.

El **Israel de Dios** se refiere a los judíos creyentes en Jesucristo, aquellos que son descendientes de Abraham tanto espirituales como físicos (Gá. 3:7) y son herederos de la promesa antes que de la ley (v. 18). Son los judíos reales, el verdadero Israel de la fe al cual pertenecen las personas que se mencionan en Romanos 2:28-29 y 9:6-7.

En una advertencia final Pablo dice: **De aquí en adelante nadie me cause molestias; porque yo traigo en mi cuerpo las marcas del Señor Jesús.** Es posible que hablase aquí a algunos cristianos en Galacia que a pesar de ser creyentes genuinos, de alguna manera se habían dejado influenciar por el evangelio pervertido de los judaizantes. No solo contribuían a la corrupción de las iglesias sino que eran causantes de grandes **molestias** y aflicciones para el apóstol.

Sin lugar a dudas muchos creyentes en Galacia habían sido testigos de la manera como Pablo recibió **en** su **cuerpo** algunas de **las marcas** que aquí menciona. En Listra fue apedreado, arrastrado a las afueras de la ciudad y dejado por muerto (Hch. 14:19). "Por cuanto ustedes saben cuánto me ha costado mi fidelidad al evangelio", imploró Pablo, **"de aquí en adelante nadie me cause molestias".**

También es posible que Pablo hablase aquí a incrédulos y en especial a los judaizantes. A los judíos legalistas les gustaba aparentar que tenían gran devoción y disposición al sacrificio personal, como lo hacían por medio de sus rostros demudados al ayunar (Mt. 6:16). "Si a ustedes les impresionan las aflicciones corporales por causa del Señor", les habría dicho Pablo en esta advertencia, "fíjense bien en **las marcas del Señor Jesús** que **traigo en mi cuerpo** a todas partes".

Cada golpe recibido por Pablo fue en realidad un golpe contra **Jesús,** su maestro y Salvador: "abundan en nosotros las aflicciones de Cristo", dijo a los corintios (2 Co. 1:5). El apóstol y muchos de sus compañeros llevaban "en el cuerpo siempre por todas partes la muerte de Jesús, para que también la vida de Jesús se [manifestase] en [sus] cuerpos" (4:10). A la iglesia en Colosas escribió: "Ahora me gozo en lo que padezco por vosotros, y cumplo en mi carne lo que falta de las aflicciones de Cristo por su cuerpo, que es la iglesia" (Col. 1:24).

Siempre que un cristiano es perseguido por su fe, es Cristo quien en realidad es perseguido a través de él. Cuando Pablo iba camino a Damasco para arrestar y encarcelar a los cristianos del lugar, el Señor le dijo: "Saulo, Saulo, ¿por qué me persigues?" (Hch. 9:4). Debido a que Satanás y su sistema mundano ya no puede afligir a Cristo de forma directa, le afligen de forma indirecta con la persecución de la iglesia, la cual es su cuerpo.

En su bendición final Pablo hace una declaración concluyente de gracia sobre ley, fe sobre obras, lo interno sobre lo externo: **Hermanos, la gracia de nuestro Señor Jesucristo sea con vuestro espíritu. Amén.**

Para cerrar con broche de oro su libro *La guerra santa,* Juan Bunyan escribe una escena dramática entre Emanuel (Cristo) y los residentes de Almahumana (todos nosotros). Emanuel les ha ayudado a dejar fuera de combate a los diabolonios (el ejército de Satanás), y ahora está en la plaza del pueblo dando instrucciones a todos acerca de cómo permanecer libres de las garras de Satanás. Emanuel dice:

"Yo les he amado, habitantes de Almahumana. Les compré por un precio, un precio no de cosas corruptibles, como el oro o la plata, sino un precio de sangre, mi propia sangre, la cual derramé sin reservas para hacerles míos, y para reconciliarles con mi padre.

"Además estuve siempre a su lado a pesar de sus retrocesos, cuando ustedes me fueron infieles, y ni siquiera se dieron cuenta que allí estaba. Yo fui quien les hizo oscuro y amargo ese descarrío. Fui yo quien puso a trabajar al inspector Temorpío en sus corazones. También fui yo quien despertó a Conciencia, Entendimiento y Voluntad. Yo fui quien les hizo buscarme, y al hallarme volvieron a encontrar su propia salud y felicidad.

"Ahora nada puede lastimarles aparte de su propio pecado. Nada puede afligirme aparte del pecado. Nada puede traerles derrota ante sus enemigos fuera del pecado. Oh, ten mucho cuidado del pecado, mi querida Almahumana.

"Te he enseñado a velar, a pelear, a orar y a hacer guerra contra tus enemigos. Ahora te mando que creas que mi amor es constante para contigo.

"¡Oh, Almahumana mía, cuánto se desvela por ti mi corazón, y se desborda de amor por ti!

"Muéstrame tu amor y mantente firme, hasta que te lleve al reino de mi padre, donde no hay más lágrimas, ni tristeza, ni dolor ... donde nunca jamás tendrás miedo ..."

Mientras Emanuel se aleja montado en su carruaje, Conciencia, Entendimiento y Voluntad conversan acerca del futuro y de cómo tendrán que mantenerse alerta para impedir cualquier avance de los diabolonios. A no ser que dependan por completo del Rey Shadai (el Padre), Emanuel (el Hijo), y el Supremo Comandante (el Espíritu Santo), fracasarán y caerán en manos enemigas.

—¿Es esto mucho mejor que la libertad que antes teníamos? —pregunta Entendimiento con referencia a los días anteriores a la llegada de Emanuel a sus vidas.

—La libertad que antes teníamos era como... —Voluntad no hallaba las palabras—, como la de pájaros que vuelan por entre las ventanas rotas de una casa abandonada. Pueden entrar y salir cuantas veces quieran pero no tienen adonde ir y su vuelo carece de sentido.

—¿Le amas porque tienes que hacerlo? —indagó Entendimiento con sutileza. Su conversación tenía el propósito de reiterar su fe, y al hablar así fortalecían la fe de cada uno.

—Yo no tengo que amarle —dijo Voluntad—. Soy libre y él siempre me ha dejado en libertad de hacer lo que yo quiera.

—¿Y bien?

267

—Le amo porque quiero —dijo Voluntad llanamente—. Mi único problema es que nunca puedo amarle lo suficiente.*

Este es en esencia el mensaje de la epístola de Pablo a los creyentes en Galacia y a los creyentes de todos los tiempos: el mensaje de que, por haber nosotros confiado en Él, Cristo nos ha hecho libres.

---

* Adaptado del libro de Ethel Barrett, *The Great Conflict* [El gran conflicto] [Glendale, California: Regal Books, 1969], en el cual la autora escribe una nueva versión del clásico de Juan Bunyan, *The Holy War* [La guerra santa], en el lenguaje contemporáneo.

Bibliografía

Burton, Ernest de Witt. *A Critical and Exegetical Commentary on the Epistle to the Galatians* [Comentario crítico y exegético de la carta a los gálatas]. Edimburgo: T & T Clark, 1971.

Cole, R. A. *The Epistle of Paul to the Galatians* [La epístola de Pablo a los gálatas]. Grand Rapids: Eerdmans, 1971.

Criswell, W. A. *Expository Sermons on Galatians* [Sermones expositivos sobre Gálatas]. Grand Rapids: Zondervan, 1973.

Hendriksen, William. *New Testament Commentary: Exposition of Galatians* [Comentario sobre el Nuevo Testamento: exposición de Gálatas]. Grand Rapids: Baker, 1971.

Lightfoot, J. B. *The Epistle of St. Paul to the Galatians* [La epístola de san Pablo a los gálatas]. Grand Rapids: Zondervan, 1962.

Ridderbos, Herman N. *The Epistle of Paul to the Churches of Galatia* [La epístola de Pablo a las iglesias de Galacia]. Grand Rapids: Eerdmans, 1953.

Stott, John R. W. *The Message of Galatians* [El mensaje de Gálatas]. Londres: InterVarsity, 1968.

Tenney, Merrill C. *Galatians: The Charter of Christian Liberty* [El estatuto de la libertad cristiana]. Grand Rapids: Eerdmans, 1950.

Vos, Howard F. *Galatians: A Call to Christian Liberty* [Gálatas: un llamado a la libertad cristiana]. Chicago: Moody, 1971.

Wiersbe, Warren W. *Be Free: An Expository Study of Galatians* [Seamos libres: un estudio expositivo de Gálatas]. Wheaton, Ill.: Victor, 1975.

Índice de palabras griegas

(* no aparecen en el Nuevo Testamento)

agapē 212
agathos 216, 232, 245
agoreuō 163
aiōn 23
akatharsia 207
allēgoreō 159, 160, 163
allos 31, 163
anathema 35
anatithēmi 58
anistēmi 73
anoētos 91
*apatouria 138
aphormē 188
apokalupsis 43
apokoptō 184
aporeomai 158
apostoloi 18
arrabōn 96
arti 34
aselgeia 207

baros 229
baskainō 93

chara 22, 213
charizomai 118
chrēstotēs 215

diamenō 63
diatassō 120
diathēkē 115
dikaioō 82
dikaiosunē 82
dokimazō 231
dunamis 99

eirēnē 214
ekluō 243
ekpiptō 175
energeō 65
enkakeō 243
enkrateia 218
*ephebos 138
epichorēgeō 98
epithumia 198
ergazomai 245
exagorazō 109, 143
exaireō 23

gar 40
gnōrizō 41
graphō 250

huios 144
huiothesia 144
hupostellō 76

kairos 245
kalos 232, 245
kanōn 265
kaos 261
kata 121
katadouloō 62
katargeō 175
katartizō 228
katatomē 72
katharsia 207
kauchaomai 259
koinōneō 232
kosmos 261, 262

makarismos 153
makrothumia 215
marturomai 174
mē genoito 258
metastrephō 32
metatithēmi 29
morphoō 157
muktērizō 239

nēpios 138

orthopodeō 79
orthos 79
oude 42

271

Índice de palabras hebreas

Índice temático

EFESIOS

Índice

Prólogo

Predicar de manera expositiva a través del Nuevo Testamento sigue siendo para mí una gratificante comunión divina. Mi meta ha sido siempre tener una comunión profunda con el Señor en el entendimiento de su Palabra, y a partir de esa experiencia proceder a explicar a su pueblo lo que significa e implica cierto pasaje. En las palabras de Nehemías 8:8, me esfuerzo en "poner sentido" a cada pasaje con el fin de que los creyentes puedan en verdad escuchar a Dios hablar, y que al hacerlo se encuentren en capacidad de responderle.

Obviamente, el pueblo de Dios necesita entender a Dios, y esto requiere un conocimiento de su Palabra de verdad (2 Ti. 2:15), así como la disposición para permitir que esa Palabra more en abundancia dentro de cada uno de nosotros (Col. 3:16). Por lo tanto, la motivación preponderante en mi ministerio ha sido contribuir de alguna forma a que la Palabra viva de Dios sea avivada en su pueblo. Esta es una aventura que nunca deja de ser reconfortante e irreemplazable.

Esta serie de comentarios del Nuevo Testamento refleja la búsqueda de ese objetivo que precisamente consiste en explicar y aplicar las Escrituras a nuestra vida. Algunos comentarios son básicamente lingüísticos, otros eminentemente teológicos y algunos fundamentalmente homiléticos. El que usted tiene en sus manos es ante todo explicativo o expositivo. No es técnico en el sentido de la lingüística, aunque también trata aspectos lingüísticos cuando esto resulta de beneficio para la interpretación adecuada. No pretende abarcar todos los temas de la teología, pero sí se enfoca en las doctrinas más importantes presentes en cada texto y en la manera como se relacionan con las Escrituras en todo su conjunto. No es homilético en principio, aunque por lo general cada unidad de pensamiento se trata en cada capítulo, con un bosquejo claro y un flujo lógico de pensamiento. La mayoría de las verdades se ilustran y aplican con el respaldo de otras porciones de las Escrituras. Tras establecer el contexto de un pasaje, me he esforzado en seguir de cerca el desarrollo argumentativo y el razonamiento del escritor.

Mi oración es que cada lector pueda alcanzar un entendimiento pleno de lo que el Espíritu Santo está diciendo por medio de esta porción de su Palabra, de tal manera que su revelación pueda alojarse en las mentes de los creyentes trayendo como resultado una mayor obediencia y fidelidad de su parte, para la gloria de nuestro gran Dios.

Introducción

Hace algunos años el diario *Los Ángeles Times* divulgó la historia de una pareja de ancianos que fueron hallados muertos en su apartamento. Las autopsias revelaron que ambos habían fallecido a causa de una desnutrición aguda, aunque los investigadores encontraron un total de 40 mil dólares guardados en bolsas de papel dentro de un ropero.

Por muchos años Hetty Green fue llamada la mujer más tacaña de los Estados Unidos. Cuando murió en 1916 dejó un patrimonio evaluado en 100 millones de dólares, una gran fortuna para la época. No obstante, era tan miserable que prefería comer avena fría para ahorrar el gasto de calentar el agua. En una ocasión su hijo sufrió una fractura en la pierna, y ella se demoró tanto tratando de encontrar hospital que le ofreciera tratamiento gratuito, que la pierna del muchacho tuvo que ser amputada debido al avance de la infección. Se dice que ella misma apresuró su propia muerte al provocarse un derrame cerebral mientras discutía con alguien las ventajas de la leche descremada porque era más barata que la leche entera.

La epístola a los efesios está escrita en especial para cristianos que quizás tengan una propensión a tratar sus recursos espirituales en una forma similar al manejo mezquino que aquellos esposos y Hetty Green hicieron de sus recursos financieros. Tales creyentes se encuentran en peligro de padecer una desnutrición espiritual grave, porque no están aprovechando el inmenso depósito lleno de alimento y recursos espirituales que está a su disposición.

Efesios es una carta que ha recibido nombres como: el banco del creyente, la chequera del cristiano, y el erario público de la Biblia. Esta hermosa epístola habla a los cristianos acerca de las grandes riquezas, herencias y plenitudes que tienen en Jesucristo y en su iglesia. Les dice cuáles son las cosas que poseen y cómo pueden reclamar y disfrutar sus posesiones.

Durante la gran depresión de la década de los treinta, muchos bancos solo permitían que sus clientes sacaran un máximo del 10 por ciento de sus cuentas durante un periodo de tiempo determinado, porque los bancos no tenían reservas suficientes para cubrir todos los depósitos.

Por otro lado, el banco celestial de Dios no tiene esa clase de límites ni restricciones. Debido a ello, ningún cristiano tiene razón para estar arruinado, raquítico o empobrecido en su vida espiritual. De hecho, no tiene razón alguna para no estar del todo sano y rico de forma inmensurable en las cosas de Dios. Los recursos celestiales del Señor son más que adecuados para cubrir todas nuestras deudas pasadas, todas nuestras obligaciones actuales, y todas nuestras necesidades futuras, sin que las arcas celestiales se reduzcan en lo más mínimo. Esa es la magnitud prodigiosa de la provisión que Dios ha hecho en su gracia para sus hijos.

En esta epístola Pablo habla de "las riquezas de su gracia" (1:7), "las inescrutables riquezas de Cristo" (3:8) y "las riquezas de su gloria" (3:16). El apóstol llama a todos los creyentes a alcanzar "la unidad de la fe y del conocimiento del Hijo de Dios, a un varón perfecto, a la medida de la estatura de la plenitud de Cristo" (4:13), a ser "llenos del Espíritu" (5:18) y a ser "llenos de toda la plenitud de Dios" (3:19).

En esta carta la palabra *riquezas* se emplea en cinco ocasiones; *gracia* doce veces; *gloria* ocho veces; *plenitud, llenar* o *ser llenos* seis veces; y la frase clave *en Cristo* (o *en Él*), quince veces. Cristo es la fuente, la esfera y la garantía de todas y cada una de las bendiciones y riquezas espirituales que existen, y quienes están en Él tienen acceso a todo lo que Él es y tiene.

En nuestra unión con Jesucristo, Dios nos hace "coherederos con Cristo" (Ro. 8:17) y "un espíritu [somos] con él" (1 Co. 6:17). Cuando estamos "en Cristo", Él no se avergüenza de llamarnos hermanos (He. 2:11), y está dispuesto a hacernos partícipes de todo lo que Él posee, "una herencia incorruptible, incontaminada e inmarcesible, reservada en los cielos" para nosotros (1 P. 1:4).

Nuestras riquezas están basadas en la gracia de Cristo (1:2, 6-7; 2:7), su paz (1:2), su voluntad (1:5), su beneplácito (1:9), su propósito (1:9, 11), su gloria (1:12, 14), su llamamiento (1:18), su herencia (1:18), su poder (1:19), su amor (2:4), su hechura (2:10), su Espíritu (3:16), sus dones (4:11), su sacrificio (5:2), su fuerza (6:10) y su armadura (6:11, 13).

EL MISTERIO DE LA IGLESIA

También gracias a que estamos en Cristo, estamos en su cuerpo, la iglesia. Efesios se enfoca en la doctrina básica de la iglesia, qué es y cómo funcionan los creyentes dentro de ella. Esta verdad acerca de la iglesia le fue revelada a Pablo por Dios como un misterio (3:3). Como Pablo explica: "leyendo lo cual podéis entender cuál sea mi conocimiento en el misterio de Cristo, misterio que en otras generaciones no se dio a conocer a los hijos de los hombres, como ahora es revelado a sus santos apóstoles y profetas por el Espíritu" (vv. 4-5).

Este misterio, el cual había permanecido oculto hasta de Israel, el pueblo escogido de Dios, es "que los gentiles son coherederos y miembros del mismo cuerpo, y copartícipes de la promesa en Cristo Jesús por medio del evangelio" (v. 6). En Cristo, judíos y gentiles por igual serían de ahí en adelante uno en su cuerpo, la iglesia.

La manifestación que Dios hace de su verdad puede dividirse en tres categorías. En la primera categoría se encuentran las verdades que Él no revela a los seres humanos: "las cosas secretas [que] pertenecen a Jehová nuestro Dios" (Dt. 29:29). Su verdad sin límites está fuera del alcance de la mente finita del hombre para su percepción y comprensión. En su sabiduría y soberanía Dios ha decidido no revelar ciertas verdades a hombre alguno en cualquier momento de la historia.

En la segunda categoría están las verdades que Dios ha elegido revelar a personas especiales a lo largo de la historia. Todos los hombres pueden conocer algo acerca de la naturaleza de Dios: "porque lo que de Dios se conoce les es manifiesto, pues Dios se lo manifestó. Porque las cosas invisibles de él, su eterno poder y deidad, se hacen claramente visibles desde la creación del mundo, siendo entendidas por medio de las cosas hechas" (Ro. 1:19-20). No obstante, las verdades más profundas y plenas de su naturaleza y voluntad son incógnitas e incomprensibles para los incrédulos.

Las personas especiales a quienes Dios revela su voluntad y plan no componen un grupo elite de videntes o profetas, sino que se trata de personas creyentes. La revelación que Él ha dado a través de sus profetas y apóstoles es para todo su pueblo, para toda persona que le pertenece por la fe. "La comunión íntima de Jehová es con los que le temen, y a ellos hará conocer su pacto" (Sal. 25:14). El Señor tiene "comunión íntima con los justos" (Pr. 3:32). "Porque no hará nada Jehová el Señor, sin que revele su secreto a sus siervos los profetas" (Am. 3:7). Quienes recibían una revelación directa del Señor la daban a conocer a su pueblo.

En la tercera categoría se encuentran las verdades que Dios mantuvo en secreto durante cierto periodo de tiempo, pero al final decidió hacerlas manifiestas a su pueblo en el Nuevo Testamento. Aquí Dios da verdades nuevas para una era nueva, verdades que fueron desconocidas aun para los santos más piadosos del Antiguo Testamento. Estas verdades nuevas son los misterios (*mustēria*), las verdades antes escondidas y ahora reveladas que Dios da en su nuevo pacto.

Esta es la categoría de verdad que Pablo revela con muchos detalles en Efesios, en especial la verdad acerca de la iglesia de Jesucristo, la cual Dios diseñó desde la eternidad para que incluyera tanto judíos como gentiles. El conocimiento de ese misterio es una de las grandes riquezas que solo poseen los creyentes de esta era presente.

Mateo nos contó que Jesús no hablaba a las multitudes sino "por parábolas... y sin parábolas no les hablaba; para que se cumpliese lo dicho por el profeta, cuando dijo: Abriré en parábolas mi boca; declararé cosas escondidas desde la fundación del mundo" (Mt. 13:34-35). Una vez los discípulos de Jesús le preguntaron por qué razón hablaba por medio de parábolas, y Él explicó: "Porque a vosotros os es dado saber los misterios del reino de los cielos; mas a ellos no les es dado" (Mt. 13:11; cp. 11:25). Pablo hace eco de la misma verdad en 1 Corintios: "Pero el hombre natural no percibe las cosas que son del Espíritu de Dios, porque para él son locura, y no las puede entender, porque se han de discernir espiritualmente" (2:14). Los creyentes y los incrédulos pueden escuchar o leer las mismas verdades de la Palabra de Dios, y sin embargo, ser afectados por ella de maneras por completo diferentes. Lo que es claro y significativo para el creyente resulta incomprensible y absurdo para el incrédulo.

Los "misterios del reino de los cielos" es una expresión que hace referencia a las verdades reveladas en la modalidad actual del reino de Dios. El Antiguo Testamento habla mucho acerca del reino de Dios y de su dominio sobre él. El Mesías que había de venir se exhibía como un Mesías político que gobernaba, aquel único y ungido cuyo reino eterno fue profetizado hasta en el libro de Génesis. Cuando Jacob pronunció ciertas bendiciones a sus hijos, le dijo a Judá: "No será quitado el cetro de Judá, ni el legislador de entre sus pies, hasta que venga Siloh; y a él se congregarán los pueblos" (Gn. 49:10).

Tanto Juan el Bautista como Jesús dieron comienzo a sus ministerios proclamando: "Arrepentíos, porque el reino de los cielos se ha acercado" (Mt. 3:2; 4:17). Jesús nació como Rey, fue reconocido por los sabios de oriente como Rey, temido por Herodes como un rival en el reino, e incluso cuestionado por Pilato acerca de su realeza. Sin embargo, debido a que Israel le rechazó también perdió el reino mesiánico y su acceso a él quedó postergado. Puesto que los judíos declararon "No queremos que éste reine sobre nosotros" (Lc. 19:14), este mismo Hombre tampoco reinó sobre ellos. En consecuencia, Él ha aplazado el establecimiento de su reino terrenal hasta que Israel sea salvo y Él regrese para reinar sobre la tierra durante mil años (Ap. 20:4).

Mientras tanto el Rey se encuentra ausente de la tierra, pero de todos modos Cristo gobierna desde el cielo sobre su reino terrenal. Él ejercerá un dominio exterior y visible sobre el mundo entero durante el milenio, pero ahora lo gobierna internamente, en las vidas de quienes le pertenecen. Él es Rey sobre aquellos que le han confesado como Señor soberano. Las bendiciones que serán dispensadas en un sentido exterior durante el milenio están siendo dispensadas internamente ahora mismo a los creyentes. Así como Cristo será entronizado de manera visible en Jerusalén durante el milenio, Él está ahora sentado en el trono en los corazones de sus santos. Tal como dispensará gracia en el reino futuro, Él lo hace ahora mismo en favor de quienes confían en Él. Así como traerá paz exterior al mundo entero, Él trae ahora paz interior en la vida de los creyentes. Tal como impartirá en aquel entonces gozo y felicidad en lo exterior, Él ahora imparte esas bendiciones interiores a su propio pueblo.

Los santos del Antiguo Testamento ignoraban por completo que este tiempo intermedio iba a venir. Se trata de un paréntesis en la puesta en práctica divina del plan de redención, la cual fue un secreto hasta la llegada del Nuevo Testamento. El reino del que habla el Antiguo Testamento y que se manifestará a plenitud en el milenio, existe ahora en una especie de cumplimiento preparatorio y parcial. Como Pedro explicó en su sermón del Pentecostés, los sucesos notables que habían acabado de ocurrir en Jerusalén (Hch. 2:1-13) fueron una visión preliminar de lo que el profeta Joel profetizó acerca del reino milenario: "Y en los postreros días, dice Dios, derramaré de mi Espíritu sobre toda carne" (v. 17; cp. Jl. 2:28).

Dentro del misterio central del reino hay otros misterios revelados (véase Mt. 13:11). Uno de ellos es el misterio de la presencia interna de Cristo: "el misterio que había estado oculto desde los siglos y edades, pero que ahora ha sido manifestado a sus santos, a quienes Dios quiso dar a conocer las riquezas de la gloria de este misterio entre los gentiles; que es Cristo en vosotros, la esperanza de gloria" (Col. 1:26-27). Otros misterios son el de Dios en la carne, la encarnación del Hijo de Dios, una verdad que no fue revelada a plenitud en el Antiguo Testamento (Col. 2:2-3); el misterio de la incredulidad de Israel y el rechazo de su Mesías (Ro. 11:25); el misterio de la iniquidad (2 Ts. 2:7); el misterio de Babilonia, el sistema económico y religioso terrible y corrupto al final de los tiempos (Ap. 17); el misterio de la unidad de los creyentes (Ef. 3:3-6); el misterio de la iglesia como la esposa de Cristo (Ef. 5:24-32); y el misterio del arrebatamiento (1 Co. 15:51-52). La era de los misterios llegará a su consumación cuando Cristo regrese en gloria (Ap. 10:7).

LA IGLESIA COMO EL CUERPO DE CRISTO

La doctrina profusa de la iglesia como el cuerpo de Cristo es una metáfora que hace evidente la naturaleza de la iglesia, no como una organización sino como un organismo vivo compuesto de muchas partes relacionadas entre sí y que dependen unas de otras. Cristo es la Cabeza de ese cuerpo, y el Espíritu Santo, por así decirlo, es su tejido sanguíneo y vital.

El Nuevo Testamento emplea muchas metáforas para la iglesia que el Nuevo Testamento usa con referencia a Israel. Ambas son llamadas mujer o esposa (Os. 1:2; cp. 3:20; Ap. 21:2), familia (Sal. 107:41; Jer. 31:1; Ef. 2); rebaño (Is. 40:11; cp. Sal. 23; Lc. 12:32; Hch. 20:28-29), viñedo o ramas de vid (Is. 5:1-7; Jn. 15:5). Por otro lado, el Antiguo Testamento nunca habla de Israel como el cuerpo de Dios. Esa es una figura distinta y no antes revelada para hacer referencia al pueblo de Dios en el nuevo pacto. La iglesia de Cristo es su cuerpo encarnado actualmente en la tierra.

Esta encarnación externa de Cristo es lo único que el mundo ve de Él. En consecuencia, la iglesia debería tener la misma plenitud y estatura que Cristo

13

tuvo cuando ministró en la tierra. Los miembros del cuerpo de Cristo están unidos de una manera inextricable con su Señor, y cuando un miembro deja de funcionar bien, todo el cuerpo se debilita. Cada vez que sus miembros desobedecen a la Cabeza, el cuerpo cojea y tropieza. En cambio, cuando sus miembros responden con fidelidad a la Cabeza, la iglesia hace manifiesta la belleza, el poder y la gloria del Señor.

El cuerpo funciona mediante el uso de dones espirituales y el cumplimiento de responsabilidades sobre la comunión fraternal y el ministerio mutuo. Cuando la iglesia es fiel, Cristo se manifiesta en su estatura plena a través de su cuerpo terrenal presente. Cuando la iglesia no es fiel, la visión que el mundo tiene de Cristo se distorsiona, la iglesia es debilitada, y el Señor es deshonrado.

EL AUTOR

Pablo, cuyo nombre original fue Saulo, era de la tribu de Benjamín y es probable que haya recibido su nombre en memoria de Saúl, el primer rey de Israel y el hombre más sobresaliente de esa tribu en toda la nación. Saulo recibió una excelente educación en lo que hoy se conoce como humanidades, pero su entrenamiento más intenso se concentró en los estudios rabínicos bajo la tutela del famoso Gamaliel (Hch. 22:3). Se convirtió en un rabino preeminente por méritos propios, así como en miembro del Sanedrín, el concilio gubernamental judío en Jerusalén. También se convirtió con toda seguridad en el líder anticristiano de mayor vehemencia y ofuscación dentro del judaísmo (Hch. 22:4-5). Aborrecía de manera apasionada a los seguidores de Jesucristo y se encontraba camino a Damasco para arrestar algunos de ellos cuando el Señor de una manera milagrosa y dramática le detuvo en la marcha y le acercó a Él mismo (Hch. 9:1-8).

Después de haber pasado tres años en un desierto de Arabia, Pablo pastoreó una iglesia en Antioquía de Siria al lado de Bernabé, Simeón, Lucio y Manaén (Hch. 13:1). Durante su ministerio inicial Saulo vino a ser conocido como Pablo (Hch. 13:9). El hombre nuevo adoptó un nombre nuevo. Desde Antioquía el Espíritu Santo le envió con Bernabé para empezar la empresa misionera más grande en la historia de la iglesia. En ese punto Pablo empezó su obra como el apóstol especial de Dios para los gentiles (Hch. 9:15; Ro. 11:13).

FECHA Y DESTINO DE LA EPÍSTOLA

En algún tiempo entre los años 60 y 62, Pablo escribió esta carta desde una prisión en Roma (véase 3:1) a los creyentes a quienes había pastoreado. Puesto que la frase *que están en Éfeso* no aparece en muchos manuscritos antiguos, y debido a que no se hace mención de una situación local o un creyente individual, muchos eruditos creen que esta carta fue una encíclica que debió haber circulado entre todas las iglesias de Asia menor (incluyendo las de Esmirna, Pérgamo, Tiatira y Sardis, así como la de Éfeso). Puede ser que la carta llegó primero a Éfeso y por esa razón se asocia de manera específica con esa iglesia.

Los primeros tres capítulos de Efesios hacen énfasis en la doctrina, y los últimos tres capítulos se enfocan en la conducta. La primera mitad es teológica y la segunda mitad es práctica.

La salutación

1

Pablo, apóstol de Jesucristo por la voluntad de Dios, a los santos y fieles en Cristo Jesús que están en Éfeso: Gracia y paz a vosotros, de Dios nuestro Padre y del Señor Jesucristo. (1:1-2)

En su salutación, Pablo presenta la fuente doble de su autoridad apostólica, una descripción doble de los creyentes, una bendición doble para los creyentes, y la fuente doble de esas bendiciones.

LA FUENTE DOBLE DE AUTORIDAD

Pablo, apóstol de Jesucristo por la voluntad de Dios, (1:1a)

Pablo escribió con la autoridad de un **apóstol.** *Apostolos* significa "enviado", y en el Nuevo Testamento se emplea como un título oficial de los hombres a quienes Dios escogió de manera única y exclusiva como las capas fundamentales para la edificación de la iglesia, y también como los receptores, maestros y escritores de su revelación final, el Nuevo Testamento. Los deberes apostólicos eran predicar el evangelio (1 Co. 1:27), enseñar y orar (Hch. 6:4), obrar milagros (2 Co. 12:12), establecer a los demás líderes de la iglesia (Hch. 14:23), y escribir la Palabra de Dios (Ef. 1:1; etc.).

Además de los doce originales y Matías (Hch. 1:26), quien reemplazó a Judas, Pablo fue el único **apóstol** adicional que existió, el "último de todos, como ... un abortivo" según admitió él mismo (1 Co. 15:8). No obstante, él no fue inferior a los demás apóstoles y cumplió con todos los requisitos para tal oficio (1 Co. 9:1).

Las credenciales de Pablo no fueron su entrenamiento académico ni su liderazgo rabínico, sino el hecho de haber sido constituido **apóstol de Jesucristo por la voluntad de Dios.** Pablo no enseñaba ni escribía por su propia autoridad sino por la autoridad doble y plenamente unificada del Hijo (**Jesucristo**) y del

Padre (**Dios**). Al afirmar esta verdad Pablo no se jactaba de sus méritos personales ni se estaba elevando por encima de los demás creyentes. El apóstol recordaba muy bien que había sido blasfemo e injuriador, así como un violento perseguidor de la iglesia, así como un ignorante e incrédulo, por lo cual se seguía considerando a sí mismo como el primero de los pecadores (1 Ti. 1:13, 15). Al igual que todo cristiano, él era ante todo un "siervo de Jesucristo" su Señor (Ro. 1:1). Con la mención de su apostolado Pablo establecía de una manera sencilla la autoridad inmerecida con que Dios le había investido para hablar en su nombre, lo cual declara sin equívocos al principio de cada una de sus epístolas, excepto Filipenses y 1 y 2 Tesalonicenses.

LA DESIGNACIÓN DOBLE DE LOS CREYENTES

a los santos y fieles en Cristo Jesús que están en Éfeso: (1:1*b*)

Desde la perspectiva de Dios los creyentes son aquellos a quienes Él ha hecho **santos,** y desde el punto de vista del hombre los creyentes son aquellos que son **fieles** porque han confiado **en Cristo Jesús** como su Señor y Salvador.

Todo cristiano es un santo, porque todo cristiano ha sido apartado y hecho santo por medio de la justicia perfecta de Cristo que ha sido contada en su favor (Ro. 3:21-22; 1 Co. 1:30; Fil. 3:9; etc.). Cuando una persona actúa con fe para recibir a Cristo, Dios actúa en su gracia para dar a esa persona la justicia de Cristo mismo. Es la justicia perfecta de Cristo y no el carácter o los logros de una persona, sin importar cuán grandes puedan ser a la vista de los hombres, lo que establece a *todo* creyente como uno de los **santos** de Dios que le son **fieles** por medio de la fe que salva.

LA BENDICIÓN DOBLE DE LOS CREYENTES

Gracia y paz a vosotros, (1:2*a*)

Este era un saludo común entre los cristianos en la iglesia primitiva. *Charis* (**gracia**) es la gran bondad de Dios hacia aquellos que sin merecer su favor divino, han depositado su fe en su Hijo Jesucristo. Saludar a un hermano o hermana en la fe de este modo es mucho más que desear su bienestar general. También es un reconocimiento de la gracia divina en la que nos mantenemos firmes y que nos ha hecho miembros mutuos del cuerpo de Cristo y de la familia divina de Dios.

La **gracia** es la fuente de la cual la **paz** (*eirēnē*) es el torrente. Debido a que tenemos gracia de Dios, tenemos paz *con* Dios y la paz *de* Dios, "que sobrepasa todo entendimiento" (Fil. 4:7). La **paz** es el equivalente del término hebreo *shalōm*, que en su connotación más importante significa prosperidad y plenitud espirituales.

LA FUENTE DOBLE DE BENDICIÓN

de Dios nuestro Padre y del Señor Jesucristo. (1:2*b*)

La fuente doble de la bendición es la misma fuente doble de la autoridad: **Dios nuestro Padre** y el **Señor Jesucristo.** No se trata de fuentes separadas y distintas sino dos manifestaciones de la misma Fuente, como lo indica el conector *kai* (**y**), que puede aludir a equivalencia y en este caso indica que el **Señor Jesucristo** posee la misma divinidad de **Dios nuestro Padre.**

El mensaje de Pablo a lo largo de esta epístola es que los creyentes puedan entender y experimentar en mayor profundidad y plenitud todas las bendiciones otorgadas por su Padre celestial y su Hijo y el Salvador de ellos, Jesucristo.

El cuerpo formado en el pasado eterno

2

Bendito sea el Dios y Padre de nuestro Señor Jesucristo, que nos bendijo con toda bendición espiritual en los lugares celestiales en Cristo, según nos escogió en él antes de la fundación del mundo, para que fuésemos santos y sin mancha delante de él, en amor habiéndonos predestinado para ser adoptados hijos suyos por medio de Jesucristo, según el puro afecto de su voluntad, para alabanza de la gloria de su gracia, (1:3-6a)

En el texto griego original, los versículos 3-14 componen una sola frase que abarca el pasado, presente y futuro del propósito eterno de Dios para la iglesia. El pasaje constituye el esbozo general que Pablo hace del plan maestro de salvación de Dios. En 3-6a el apóstol nos expone el aspecto pasado, la elección; en 6b-11 se muestra el aspecto presente, la redención; y en 12-14 se presenta el aspecto futuro, la herencia. Dentro del plan maestro de salvación de Dios se encuentra todo creyente que en toda la historia humana haya confiado o confiará en Dios y será salvo. Como se expresa en algunas ocasiones, la historia solo es el desarrollo concreto de la historia de Dios mismo, la cual ya ha sido planeada y prescrita en la eternidad.

Este pasaje también se puede dividir en tres secciones, cada una de las cuales se enfoca en una Persona diferente de la Trinidad. Los versículos 3-6a están centrados en el Padre, los versículos 6b-12 en el Hijo, y los versículos 13-14 en el Espíritu Santo. Pablo nos lleva al recinto mismo del trono de la deidad para mostrar la grandeza y la extensión de las bendiciones y tesoros que pertenecen a quienes están en Jesucristo.

Hoy día la gente se preocupa en gran manera por asuntos como la identidad, el propósito de la vida, la dignidad personal y la autoaceptación. En consecuencia, existe una plétora de libros, artículos, seminarios y técnicas que tratan de satisfacer esos anhelos. No obstante, como Dios y su Palabra no son considerados en la mayoría de esas tentativas, la única fuente para hallar la verdad es eliminada del panorama, y de forma inevitable los hombres llegan otra vez a ellos mismos con las mismas preguntas y respuestas que tenían al principio. A pesar de las múltiples variaciones y a veces complejas fórmulas, el resultado final al que se llega siempre ha sido decirle a la gente que en realidad están muy bien después de todo y que cualquier identidad, dignidad y significado que encuentren en la vida es algo que deben hallar en ellos mismos y por sus propios medios.

Se dice en el mundo que debemos pensar primero en nosotros mismos y aprender las destrezas para llegar a la cima, utilizando y manipulando a otros e intimidando antes de ser intimidados. Nos dicen cómo ser exitosos y llegar a ser número uno. Nos aconsejan que hallemos el significado de la vida en las tradiciones de nuestra familia y en nuestras raíces étnicas, con la expectativa de que al descubrir de dónde venimos tendremos lo necesario para explicar dónde nos encontramos ahora y quizás en qué dirección estamos encaminados. Sin embargo, esas formas de abordar la cuestión solo añaden un lustre psicológico que ayuda a cubrir, pero nunca a resolver, el problema subyacente del significado de la vida.

Otros se fijan la meta de establecer su propio valor individual mediante la justicia por obras, algunos incluso llegan a tener un elevado nivel de participación en la obra de la iglesia y otras actividades cristianas. Buscan ser reconocidos y elogiados, y antes de darse cuenta quedan atrapados en la misma clase de juegos de hipocresía religiosa que caracterizaron a los escribas y fariseos del tiempo de Jesús. A medida que se acrecienta la satisfacción que hallan en sí mismos, sus vidas espirituales se vuelven inservibles porque esos esfuerzos alimentan la carne y atrofian el alma.

La verdad es que todo esfuerzo humano enfocado al mejoramiento y la satisfacción del ego, sin importar qué envoltura religiosa pueda tener, está sujeto a la ley del beneficio decreciente. Nunca se alcanza una satisfacción genuina y duradera, además el aumento en los logros solo trae consigo un aumento en los deseos. Lo que es más importante, la culpa y el temor que ocasionan la insatisfacción son suprimidos pero no aliviados. Cuanto más tiempo se pierda apostándole a esos juegos superficiales, más profundas serán la depresión y la ansiedad, y más hondos los sentimientos de culpa.

La única manera como una persona puede alcanzar un sentido verdadero de dignidad personal, significado y valor en la vida, consiste en tener una relación correcta con su Creador. Una persona sin Cristo carece de valores espirituales, no tiene sitio que ocupar delante de Dios ni propósito o significado en el mundo. Es como "el tamo que arrebata el viento" (Sal. 1:4).

Por otro lado, un cristiano es un hijo de Dios y un coheredero con Jesucristo. Si esa persona no cuenta con una comprensión de esas bendiciones, necesita entender la posición que ya ocupa en su Salvador. La fuerza impulsora fundamental de la carta de Efesios escrita por Pablo es dar a tales cristianos el entendimiento correcto de su posición y sus posesiones en Cristo. Si pertenecemos a Cristo, nos dice Pablo, podemos estar seguros de que Dios anotó nuestro nombre como integrantes de su iglesia aun antes que el mundo empezara. Por pura gracia y en su soberanía divina, Él nos escogió a cada uno para pertenecerle. No fue porque seamos más dignos o meritorios que cualquier otra persona o porque lo merezcamos, sino por la sencilla razón de que Dios estuvo dispuesto a elegirnos en su perfecta voluntad.

Aunque esta es una verdad incomprensible para el pensamiento finito, es una de las más reiteradas en las Escrituras. El registro de la historia de la redención de Dios ha sido la descripción de la manera como Él se extiende desde el cielo para atraer a sí aquellos a quienes ha escogido para salvar. En estos versículos introductorios de Efesios Pablo nos da una vislumbre de la eternidad pasada. Nos hace escuchar a Dios en secreto cuando diseñó el plan para salvarnos, no solo mucho antes de haber nacido nosotros, sino antes que la tierra existiera.

LOS ASPECTOS DE LA BENDICIÓN

Bendito sea el Dios y Padre de nuestro Señor Jesucristo, que nos bendijo con toda bendición espiritual en los lugares celestiales en Cristo, (1:3)

Pablo presenta aquí seis aspectos de la bendición divina que está a punto de exhibir: el único bendito, Dios; el que bendice, también Dios; los bendecidos, los creyentes; las bendiciones, todas las cosas espirituales; la ubicación de la bendición, los lugares celestiales, y el agente de la bendición, Jesucristo.

EL ÚNICO BENDITO – DIOS

Esta gran verdad de la gracia divina es introducida de manera apropiada con alabanza a Aquel quien ha hecho tal provisión: **Bendito sea el Dios y Padre de nuestro Señor Jesucristo.** De *eulogeō* (**bendito**) se deriva la palabra elogio, en el sentido de un mensaje de aclamación o un panegírico, la declaración acerca de la bondad de una persona. Puesto que nadie es bueno en verdad excepto **Dios** mismo (Mt. 19:17), nuestros elogios supremos y nuestra alabanza suprema están dirigidos solo a Él.

La bondad es la naturaleza misma de Dios. **Dios el Padre** no solo hace cosas buenas sino que Él *es* bueno en un sentido y en un grado que ningún ser humano excepto su propio Hijo encarnado, **nuestro Señor Jesucristo,** lo puede ser. En consecuencia, desde Génesis hasta Apocalipsis, hombres piadosos que reconocen la bondad de Dios insuperable e imposible de alcanzar para los humanos, han proclamado esa clase de bendición acerca de Él. Melquisedec declaró: "Bendito sea el Dios Altísimo" (Gn. 14:20). En los últimos días, "a todo lo creado que está en el cielo, y sobre la tierra, y debajo de la tierra, y en el mar, y a todas las cosas que en ellos hay", se le oirá "decir: Al que está sentado en el trono, y al Cordero, sea la alabanza la honra, la gloria y el poder, por los siglos de los siglos" (Ap. 5:13).

Nada es más apropiado para el pueblo de Dios que bendecirle por su gran bondad. En todas las cosas, sea en dolor, lucha, pruebas, frustración, oposición o adversidad, nosotros hemos de alabar a Dios, porque Él es bueno en medio de todo ello. Por eso le alabamos y le bendecimos.

EL QUE BENDICE – DIOS

De manera consecuente con su perfección y dignidad de ser alabado, Aquel único que debe ser bendecido por su bondad suprema es también Él mismo quien bendice otorgando a otros su bondad. Él es Aquel **que nos bendijo con toda bendición espiritual.** "Toda buena dádiva y todo don perfecto desciende de lo alto, del Padre de las luces" (Stg. 1:17). Pablo nos asegura que "a los que aman a Dios, todas las cosas les ayudan a bien, esto es, a los que conforme a su propósito son llamados" (Ro. 8:28). Dios bendice porque Él es la fuente de toda bendición, de toda buena dádiva. La bondad solo puede venir de Dios porque no existe otra fuente de bondad fuera de Dios.

LOS BENDECIDOS – LOS CREYENTES

La palabra **nos** que se refiere a los propósitos **que Dios bendijo,** se refiere a los creyentes, "los santos... en Cristo Jesús" a quienes Pablo se dirige en el versículo 1. En su gracia prodigiosa, su providencia maravillosa y su plan soberano, Dios ha elegido **bendecirnos.** Dios ha ordenado desde la eternidad que "los de la fe son bendecidos" (Gá. 3:9).

Para bendecir a Dios hablamos cosas buenas de Él. Cuando Dios nos bendice, Él comunica su bondad a nosotros. Nosotros le bendecimos con palabras; Él nos bendice con hechos. Todo lo que podemos hacer es hablar bien de Él porque en nosotros mismos no tenemos algo bueno para darle, y a Él no le falta bondad ni cosa buena; pero cuando Él nos bendice la situación es a la inversa. Él no puede bendecirnos *por* nuestra bondad, ya que carecemos de ella. Más bien, Él nos bendice *con* bondad. Nuestro Padre celestial nos colma de toda bondad, toda buena dádiva y toda bendición. Esa es su naturaleza y esa es nuestra necesidad.

LAS BENDICIONES – TODO LO ESPIRITUAL

Nuestro Padre celestial nos bendice **con toda bendición espiritual.** En el Nuevo Testamento *pneumatikos* (**espiritual**) siempre se emplea con relación a la obra del Espíritu Santo. Por lo tanto, aquí no se refiere a bendiciones no materiales con el fin de diferenciarlas de las materiales, sino al origen divino de las bendiciones, bien sea que nos ayuden en nuestros espíritus, en nuestra mente, en nuestros cuerpos, en nuestra vida diaria o en cualquier otra área. Aquí **espiritual** se refiere a la fuente, no al alcance de **toda bendición.**

Muchos cristianos piden a Dios de manera continua cosas que Él ya les ha dado. Oran pidiendo que les dé más amor, aunque deberían saber que "el amor de Dios ha sido derramado en nuestros corazones por el Espíritu Santo que nos fue dado" (Ro. 5:5). Oran por la paz aunque Jesús dijo: "La paz os dejo, mi paz os doy; yo no os la doy como el mundo la da" (Jn. 14:27). Oran por felicidad y gozo, aunque Jesús dijo: "Estas cosas os he hablado, para que mi gozo esté en vosotros, y vuestro gozo sea cumplido" (Jn. 15:11). Piden a Dios fortaleza, aunque su Palabra les dice: "Todo lo puedo en Cristo que me fortalece" (Fil. 4:13).

"Todas las cosas que pertenecen a la vida y a la piedad nos han sido dadas por su divino poder, mediante el conocimiento de aquel que nos llamó por su gloria y excelencia" (2 P. 1:3). No es que Dios *quiera* darnos, sino que Él *ya* nos ha dado "todas las cosas que pertenecen a la vida y a la piedad". Él ya **nos bendijo con toda bendición espiritual.** Nosotros ya estamos "completos en Él" (Col. 2:10).

Nuestros recursos en Dios no solo son prometidos sino también poseídos. Todo cristiano tiene lo que Pablo llama "la suministración del Espíritu de Jesucristo" (Fil. 1:19). Dios no puede darnos mas de lo que ya nos ha dado en su Hijo. No hay más que podamos recibir. La necesidad del creyente no es recibir algo más sino hacer algo más con lo que ya tiene.

Nuestra posición y posesión celestial son tan ciertas y seguras que Pablo habla de que Dios ya "nos resucitó, y asimismo nos hizo sentar en los lugares celestiales con Cristo Jesús" (Ef. 2:6).

LA UBICACIÓN DE LA BENDICIÓN – LOS LUGARES CELESTIALES

Estas bendiciones abundantes e ilimitadas de Dios se encuentran **en los lugares celestiales.** Es algo que incluye más que el cielo mismo. **Los lugares celestiales** (cp. 1:20; 2:6; 3:10) abarcan toda la extensión del reino sobrenatural de Dios, su dominio completo y el alcance pleno de su operación divina.

Los cristianos tienen una existencia paradójica en dos niveles: una ciudadanía doble. Mientras permanecemos en la tierra somos ciudadanos de la tierra, pero en Cristo nuestra ciudadanía primordial e infinitamente más importante "está en los cielos" (Fil. 3:20). Cristo es nuestro Señor y Rey, y nosotros somos ciudadanos de su reino, **los lugares celestiales.** Por esa razón debemos "buscar las cosas de arriba, donde está Cristo sentado a la diestra de Dios" (Col. 3:1).

Puesto que somos miembros del dominio de Dios, a diferencia de "los hijos de este siglo" (Lc. 16:8), estamos en capacidad de entender las cosas sobrenaturales de Dios, cosas que "el hombre natural no percibe" y "no las puede entender, porque se han de discernir espiritualmente" (1 Co. 2:14).

Siempre que un ciudadano norteamericano viaja a otro país, sigue siendo en todo sentido un ciudadano norteamericano, tal como lo es cuando se encuentra en el territorio de los Estados Unidos. Bien sea que se encuentre en África, el Medio Oriente, Europa, Antártica o cualquier otro lugar fuera de su patria, sigue siendo por completo un ciudadano norteamericano con todos los derechos y privilegios propios de esa ciudadanía.

Como ciudadanos del dominio celestial de Dios, los cristianos tienen todos los derechos y privilegios otorgados por esa ciudadanía, incluso mientras que vivimos en una tierra "extranjera" y a veces hostil. Nuestra vida verdadera se encuentra en **los lugares celestiales** y sobrenaturales. Nuestro Padre está allí, nuestro Salvador está allí, nuestras familias y seres queridos están allí, nuestro nombre está allí, y nuestra morada eterna y trono están allí.

No obstante, nos encontramos en la actualidad sujetos en medio de la tensión entre lo terrenal y lo celestial. Pablo reflejó la magnitud de esa tensión cuando dijo: "estamos atribulados en todo, mas no angustiados; en apuros, mas no desesperados; perseguidos, mas no desamparados; derribados, pero no destruidos... como entristecidos, mas siempre gozosos; como pobres, mas enriqueciendo a muchos; como no teniendo nada, mas poseyéndolo todo" (2 Co. 4:8-9; 6:10).

La clave para vivir como un ciudadano celestial mientras vivimos en una situación no celestial es andar en el Señor. "Andad en el Espíritu, y no satisfagáis los deseos de la carne" (Gá. 5:16). Siempre que andamos en su poder Él produce su fruto en nosotros: "amor, gozo, paz, paciencia, benignidad, bondad, fe, mansedumbre, templanza" (vv. 22-23). Recibimos nuestras bendiciones espirituales cuando vivimos en el poder del Espíritu Santo de Dios.

EL AGENTE DE LA BENDICIÓN – JESUCRISTO

Los cristianos poseen **toda bendición espiritual en los lugares celestiales** porque esto es una realidad **en Cristo**. Al confiar en Él como Señor y Salvador, somos colocados en una unión maravillosa con Jesucristo. "El que se une al Señor, un espíritu es con él" (1 Co. 6:17). Nuestra unidad como cristianos es más que un simple acuerdo común, es la unidad de llevar una vida en común, la vida eterna de Dios que por medio de su comunión con cada creyente late con fuerza en su alma (cp. Ro. 15:5-7).

Todo lo que el Señor tiene, lo tienen también quienes están **en Cristo**. "El Espíritu mismo da testimonio a nuestro espíritu, de que somos hijos de Dios. Y si hijos, también herederos; herederos de Dios y coherederos con Cristo" (Ro. 8:16-17). Las riquezas de Cristo son nuestras riquezas, sus recursos son nuestros recursos, su justicia es nuestra justicia, y su poder es nuestro poder. Su posición es nuestra posición: donde Él está, nosotros estamos. Su privilegio es nuestro privilegio: lo que Él es nosotros somos. Su posesión es nuestra posesión: lo que Él tiene, nosotros tenemos. Su práctica es nuestra práctica: lo que Él hace, nosotros hacemos. Somos esas cosas, tenemos esas cosas y hacemos esas cosas por la gracia de Dios, la cual nunca falla en obrar su voluntad en aquellos que confían en Él (1 Co. 15:10).

LOS ELEMENTOS DE LA FORMACIÓN ETERNA DEL CUERPO

según nos escogió en él antes de la fundación del mundo, para que fuésemos santos y sin mancha delante de él, en amor habiéndonos predestinado para ser adoptados hijos suyos por medio de Jesucristo, según el puro afecto de su voluntad, para alabanza de la gloria de su gracia, (1:4-6*a*)

Estos versículos revelan la parte pasada del plan eterno de Dios para formar la iglesia, el cuerpo de Jesucristo. Su plan es expuesto en siete elementos: el método, elección; el objeto, los elegidos; el tiempo, el pasado eterno; el propósito, la santidad; el motivo, amor; el resultado, adopción como hijos; y la meta, gloria.

EL MÉTODO - ELECCIÓN

La Biblia habla de tres tipos de elección. Una es la elección teocrática de Israel por parte de Dios. "Porque tú eres pueblo santo para Jehová tu Dios; Jehová tu Dios te ha escogido para serle un pueblo especial, más que todos los pueblos que están sobre la tierra" (Dt. 7:6).

Esa elección no tenía que ver con la salvación personal. "No todos los que descienden de Israel son israelitas", explica Pablo, "ni por ser descendientes de Abraham, son todos hijos" (Ro. 9:6-7). La descendencia racial de Abraham como padre del pueblo hebreo no equivalía a una descendencia espiritual de él como padre de los creyentes (Ro. 4:11).

Una segunda clase de elección es vocacional. El Señor llamó a la tribu de Leví para que fuesen sus sacerdotes, pero eso no constituyó una garantía de salvación para los levitas. Jesús llamó a doce hombres para que fuesen sus apóstoles, pero solo a once de ellos para la salvación. Después que Pablo llegó a Cristo debido a la elección de Dios para salvación, Dios luego le escogió de otra manera para que fuese su apóstol especial a los gentiles (Hch. 9:15; Ro. 1:5).

El tercer tipo de elección es para salvación, y es el tipo del cual Pablo habla en el texto presente. "Ninguno puede venir a mí", dijo Jesús", "si el Padre que me envió no le trajere" (Jn. 6:44). Allí la palabra *helkuō* (**trajere**) alude a la idea de una fuerza irresistible, y se empleaba en la literatura griega antigua para referirse por ejemplo a un hombre que sufría un hambre terrible y se sentía atraído a la comida, o también a fuerzas demoníacas que se sentían atraídas a animales cuando no podían poseer a los hombres.

En los cementerios de automóviles se utilizan electroimanes gigantes para levantar y clasificar parcialmente piezas de metal. Tan pronto se activa el imán, una fuerza magnética tremenda atrae todos los metales de hierro que estén cerca, pero no tiene efecto alguno sobre otros metales como el aluminio y el cobre.

De una manera similar, la voluntad de elección de Dios atrae de manera irresistible hacia sí mismo a aquellos a quienes Él ha predeterminado amar y perdonar, al mismo tiempo que no tiene efecto sobre los demás.

Desde toda la eternidad, **antes de la fundación del mundo,** y por ende de manera por completo independiente de cualquier mérito o virtud que cualquier persona pudiera tener, Dios **nos escogió en él,** "en Cristo" (v. 3). Por la elección soberana de Dios, quienes son salvos fueron colocados en unión eterna con Cristo antes que tuviera lugar el suceso de la creación misma.

Aunque la voluntad del hombre no es libre en el sentido imaginado por muchas personas, cada ser humano sí tiene una voluntad propia, y se trata de una voluntad que es reconocida con claridad por las Escrituras. Aparte de Dios, la voluntad del hombre es cautiva del pecado, pero él de todas maneras está en capacidad de escoger a Dios porque Dios ha hecho posible tal elección. Jesús dijo que todo aquel que cree en Él no se perderá sino que tendrá vida eterna (Jn. 3:16) y que "todo aquel que vive y cree en mí, no morirá eternamente" (11:26). Los mandatos frecuentes dados a los no salvos para que respondan al Señor (por ejemplo, Jos. 24:15; Is. 55:1; Mt. 3:1-2; 4:17; 11:28-30; Jn. 5:40; 6:37; 7:37-39; Ap. 22:17), indican claramente la responsabilidad del hombre en el ejercicio de su propia voluntad.

No obstante, la Biblia es igual de clara en el sentido de que ninguna persona recibe a Jesucristo como Salvador si no ha sido elegida por Dios (cp. Ro. 8:29; 9:11; 1 Ts. 1:3-4; 1 P. 1:2). Jesús presenta esas dos verdades en un solo versículo del evangelio de Juan: "Todo lo que el Padre me da, vendrá a mí; y al que a mí viene, no le echo fuera" (Jn. 6:37).

La elección soberana de Dios y el ejercicio de responsabilidad por parte del hombre en su elección voluntaria de Jesucristo parecen verdades opuestas e irreconciliables, y sin duda que desde nuestra perspectiva humana limitada de hecho *son* contradictorias y divergentes. Por eso es que tantos cristianos se han dedicado durante toda la historia de la iglesia a tratar de reconciliarlas como mejor puedan, con muy buenas intenciones pero incapaces de llegar a una conclusión. Puesto que el problema no puede ser resuelto por nuestra mente finita, el resultado siempre ha sido comprometer una verdad en favor de la otra o debilitar ambas tratando de asumir una posición insostenible en algún punto intermedio entre las dos.

Deberíamos dejar la antinomia tal como existe y creer ambas verdades por completo y sin reservas, dejando a Dios su armonización.

Aquí *eklegō* (**escogió**) se encuentra en el tiempo aoristo y en la voz media, lo cual indica que se trata de una elección del todo independiente por parte de Dios. Puesto que el verbo es reflexivo, significa que Dios no solo escogió por sí mismo sino para Él mismo. Su propósito primordial con la elección de la iglesia fue la alabanza de su propia gloria (vv. 6, 12, 14). Los creyentes fueron escogidos para la gloria del Señor antes de ser escogidos por su propio bien. La razón misma de que los creyentes hayan sido llamados para conformar la iglesia fue "para que la multiforme sabiduría de Dios sea ahora dada a conocer por medio de la iglesia a los principados y potestades en los lugares celestiales" (3:10).

Israel fue objeto de la elección de Dios y fue su "escogido" (Is. 45:5; cp. 65:9, 22), pero se le dijo: "No por ser vosotros más que todos los pueblos os ha querido Jehová y os ha escogido, pues vosotros erais el más insignificante de todos los pueblos; sino por cuanto Jehová os amó" (Dt. 7:7-8). Dios escogió a los judíos por la sencilla razón de su amor soberano.

Los ángeles de Dios en el cielo también han sido escogidos (1 Ti. 5:21), elegidos por Dios para glorificar su nombre y para ser sus mensajeros. Cristo mismo fue escogido (1 P. 2:6), y los apóstoles fueron elegidos (Jn. 15:16). Por ese mismo plan y voluntad soberanos la iglesia es elegida. Dios "nos salvó y llamó con llamamiento santo, no conforme a nuestras obras, sino según el propósito suyo y la gracia que nos fue dada en Cristo Jesús antes de los tiempos de los siglos" (2 Ti. 1:9). En Hechos dice que "creyeron todos los que estaban ordenados para vida eterna" (13:48).

Pablo dijo: "Por tanto, todo lo soporto por amor de los escogidos, para que ellos también obtengan la salvación que es en Cristo Jesús con gloria eterna" (2 Ti. 2:10). El deseo de su corazón era alcanzar a los elegidos, aquellos que ya habían sido escogidos por Dios, a fin de que pudieran asirse de la fe que ya les había sido otorgada por Dios según su decreto soberano.

Pablo dio gracias por la iglesia puesto que había sido elegida por Dios: "Pero nosotros debemos dar siempre gracias a Dios respecto a vosotros, hermanos amados por el Señor, de que Dios os haya escogido desde el principio para salvación, mediante la santificación por el Espíritu y la fe en la verdad" (2 Ts. 2:13).

En su libro *El evangelismo y la soberanía de Dios*, J. I. Packer observa:

Todos los cristianos creen en la soberanía divina, pero algunos no se han dado cuenta de ello y otros de una manera equivocada imaginan lo contrario e insisten en rechazarla. ¿Cuál es la causa de esta situación tan paradójica? La raíz del problema es la misma que en la mayoría de los casos de error en la iglesia: la intromisión de especulaciones racionalistas, la pasión por la congruencia sistemática, una reluctancia para reconocer la existencia de los misterios y dejar que Dios sea más sabio que los hombres, y en consecuencia el intento de someter las Sagradas Escrituras a las supuestas demandas de la lógica humana. La gente ve con claridad que la Biblia enseña la responsabilidad del hombre por sus acciones; no ven, porque es cierto que el hombre no lo puede ver, de qué forma esto puede ser consecuente con el señorío soberano de Dios sobre esas acciones. No se contentan con dejar esas dos verdades vivir una al lado de la otra, tal como conviven en toda la Biblia, sino que saltan a la conclusión de que, con el objeto de defender la verdad bíblica de la responsabilidad humana, se ven en la obligación de rechazar la igualmente bíblica e igualmente verdadera doctrina de la soberanía divina, y a obviar la gran cantidad de textos bíblicos que la enseñan. El deseo de simplificar en exceso la Biblia sacando de ella los misterios es algo natural para nuestra mente perversa, y no es sorpresa que aun hombres piadosos sean víctimas de tal tendencia. De ahí que esto siempre haya generado controversias persistentes y perjudiciales. Lo irónico de la situación, no obstante, es que cuando preguntamos cómo se ora en ambos lados, parece que quienes profesan negar la soberanía de Dios en realidad creen en ella con la misma firmeza de quienes la afirman abiertamente. ([Chicago: Inter-Varsity, 1961], pp. 16-17)

Debido a que no podemos soportar las tensiones de misterios, paradojas o antinomias, estamos inclinados a ajustar lo que la Biblia enseña para que se acomode a nuestros propios sistemas de orden y coherencia. No obstante, esa manera presuntuosa de abordar el asunto resulta en infidelidad a la Palabra de Dios y conduce a confusión doctrinal y debilidad práctica. También debe advertirse que otras doctrinas bíblicas fundamentales parecen paradójicas a nuestra capacidad limitada de comprensión. Es una antinomia que la Biblia misma sea la obra de autores humanos, y sin embargo, también constituye la recolección de las palabras de Dios mismo; que Jesucristo sea pleno Dios y pleno hombre; que la salvación es para siempre, y sin embargo, los santos deben permanecer obedientes y perseverar hasta el fin; que la vida cristiana se vive con compromiso y disciplina totales del individuo, y sin embargo, todo es obra de Cristo. Tales verdades inescrutables demuestran que la mente de Dios sobrepasa de manera infinita la mente del hombre y constituyen una prueba innegable de la autoría divina de las Escrituras. Si los humanos se propusieran escribir una Biblia por su propia cuenta, habrían tratado de resolver tales problemas.

No es que la elección soberana de Dios, o la predestinación, elimina la decisión voluntaria del hombre para tener fe. La soberanía divina y la respuesta humana son partes integrales e inseparables de la salvación, aunque solo la mente infinita de Dios sabe cómo operan de manera exacta y conjunta.

Tampoco es el caso, como muchos creen y enseñan, que Dios simplemente se limita a ver lo que sucede en el futuro para saber cuáles personas van a creer y después los elige para salvación. Sacado de su contexto, el texto de Romanos 8:29 se utiliza con frecuencia para apoyar esa opinión. Lo cierto es que el versículo 28 deja en claro que aquellos a quienes Dios ve de antemano y predestina a salvación son "los que conforme a su propósito son llamados". Cualquier enseñanza que disminuya el amor soberano de Dios al elegir a los suyos, dando así mayor crédito a los hombres, también disminuye la gloria de Dios y menoscaba el propósito mismo de la salvación.

Deberíamos estar satisfechos con hacer una declaración sencilla como la de John Chadwick:

> Busqué al Señor,
> y después supe que
> Él movió mi alma para buscarle,
> ¡mientras me buscaba!
> Y hallarte no pude,
> oh Salvador verdadero;
> no, yo fui hallado por ti.

EL OBJETO - LOS ELEGIDOS

El objeto de la elección no son todos sino solo aquellos a quienes Dios **nos escogió**, "los santos y fieles en Cristo Jesús" (v. 1). Aquellos que son elegidos por Dios son los que Él ha declarado santos antes de la fundación del mundo y quienes se han identificado con su Hijo Jesucristo por la fe. Ser cristiano es haber sido escogido por Dios para ser su hijo y heredar todas las cosas por medio de y juntamente con Jesucristo.

EL TIEMPO - EL PASADO ETERNO

Dios nos eligió **antes de la fundación del mundo.** Antes de la creación, la caída, los pactos o la ley, fuimos predestinados por Dios de manera soberana para ser suyos. Él designó a la iglesia, el cuerpo de su Hijo, antes que el mundo empezara.

Puesto que en el plan de Dios Cristo fue crucificado por nosotros "antes de la fundación del mundo" (1 P. 1:20), nosotros fuimos designados para salvación por ese mismo plan en ese mismo momento. Entonces nuestra herencia en el reino de Dios fue determinada (Mt. 25:34). Ya pertenecíamos a Dios antes que empezara el tiempo, y seremos suyos después que el tiempo haya dejado de existir. Nuestros nombres como creyentes fueron "escritos en el libro de la vida del Cordero que fue inmolado desde el principio del mundo" (Ap. 13:8; cp. 17:8).

EL PROPÓSITO – LA SANTIDAD

Dios nos escogió **para que fuésemos santos y sin mancha.** La palabra *amōmos* tiene el significado literal de carecer de toda mancha y defecto. Puesto que somos escogidos **en él,** somos **santos y sin mancha delante de él.** Gracias a que Jesucristo se entregó a sí mismo como "un cordero sin mancha y sin contaminación" (1 P. 1:9), Dios nos ha dado su propia naturaleza sin mancha ni contaminación. Los indignos hemos sido declarados dignos, los injustos declarados santos. Es el plan eterno y preordenado de Cristo "a fin de presentársela a sí mismo, una iglesia gloriosa, que no tuviese mancha ni arruga ni cosa semejante, sino que fuese santa y sin mancha" (Ef. 5:27).

Es obvio que Pablo está hablando acerca de nuestra posición y no de nuestra práctica. Sabemos que en nuestra vida estamos lejos de la norma de santidad y lejos de estar libres de toda mancha. No obstante, "en él", como Pablo dijo en otro lugar, estamos "completos" (Col. 2:10). Todo lo que Dios es, nosotros llegamos a ser en Jesucristo. Por eso es que la salvación es segura. Tenemos la justicia perfecta de Cristo. Nuestra práctica puede fallar y de hecho lo hace, pero nuestra posición nunca puede fallar porque es exactamente la misma posición santa y sin mancha delante de Dios que Cristo tiene. Estamos tan seguros como nuestro Salvador porque estamos en Él, mientras aguardamos la redención plena y la santidad gloriosa que nos espera en su presencia.

Además, gracias a que Dios nos declara y nos guía para ser **santos y sin mancha,** debemos ahora llevar vidas que reflejen la santidad y pureza que son nuestro destino.

EL MOTIVO – AMOR

Dios elige a quienes son salvos a causa de su **amor. En amor habiéndonos predestinado para ser adoptados hijos suyos.** Así como Él escogió Israel para ser su pueblo especial, solo a causa de su amor (Dt. 7:8), también escogió a la iglesia, la familia de los redimidos.

El **amor** *agapē* de la Biblia no es una emoción sino una disposición del corazón para procurar el bienestar de los demás y satisfacer sus necesidades. "Nadie tiene mayor amor que este, que uno ponga su vida por sus amigos" (Jn. 15:13). Eso es exactamente lo que Jesús mismo hizo a favor de aquellos a quienes Dios había escogido para ser salvos. En el supremo acto divino de **amor,** Dios determinó antes de la fundación de la tierra que Él daría a su Hijo unigénito para salvarnos. "Dios, que es rico en misericordia, por su gran amor con que nos amó, aun estando nosotros muertos en pecados, nos dio vida juntamente con Cristo" (Ef. 2:4-5). Él nos amó y nos seguirá amando por toda la eternidad, **según el puro afecto de su voluntad.**

EL RESULTADO - ADOPCIÓN COMO HIJOS

El resultado de la elección de Dios es que llegamos a **ser adoptados hijos suyos.** En Cristo nos convertimos en súbditos de su reino, y por cuanto Él es nuestro Señor nosotros somos sus siervos. Él aun nos llama amigos, porque dice que "todas las cosas que oí de mi Padre, os las he dado a conocer" (Jn. 15:15). Pero en su gran amor Él nos hace más que ciudadanos y siervos, y aun más que solo amigos. Él nos convierte en sus hijos. Dios en su amor atrae a los pecadores redimidos al círculo íntimo de su propia familia.

Al convertirnos en cristianos también nos convertimos en hijos de Dios. "Pues no habéis recibido el espíritu de esclavitud para estar otra vez en temor, sino que habéis recibido el espíritu de adopción, por el cual clamamos: ¡Abba, Padre!" (Ro. 8:15). *Abba* era una expresión aramea de cariño algo similar a los términos familiares papi o papá.

Ser salvos equivale a tener la vida misma de Dios en nuestras almas y su propio Espíritu vivificando nuestros espíritus. Los padres humanos pueden adoptar hijos y llegar a amarlos tanto como aman a sus hijos naturales. Pueden ofrecer a un hijo adoptado igualdad completa en la vida familiar, los recursos de la familia, y hasta una herencia. No obstante, ningún padre humano puede impartir su propia naturaleza distintiva a un hijo adoptado, y eso es lo que Dios hace de manera milagrosa a favor de cada persona a quien ha elegido y quien ha confiado en Cristo. Les constituye en hijos tal como su único Hijo divino. Los cristianos no solo tienen todas las riquezas y bendiciones del Hijo sino toda la naturaleza del Hijo.

LA META - GLORIA

¿Por qué Dios hizo todo esto por nosotros? ¿Por qué quiso que fuésemos sus hijos? Somos salvos y hechos hijos **para alabanza de la gloria de su gracia.** Por encima de todo lo demás, Él nos elige y salva para su propia **gloria.** Cuando Jesús dijo: "No temáis, manada pequeña, porque a vuestro Padre le ha placido daros el reino" (Lc. 12:32), estaba afirmando el deleite que Dios tiene al desplegar toda su gloria. Como Pablo explicó también: "Dios es el que [obra en nosotros] por su buena voluntad" (Fil. 2:13).

El apóstol Pablo intercedió por los tesalonicenses y oró: "que nuestro Dios os tenga por dignos de su llamamiento... para que el nombre de nuestro Señor Jesucristo sea glorificado en vosotros, y vosotros en él" (2 Ts. 1:11-12).

Aun las bestias del campo glorificarán al Señor, como Isaías nos narra (43:20), y los cielos dan a conocer la gloria de Dios (Sal. 19:1). Los únicos rebeldes en el universo son los ángeles caídos y el hombre caído. Todas las demás cosas y seres glorifican a su Creador. Los ángeles caídos ya han sido expulsados para siempre de la presencia de Dios, y los hombres caídos que no sean salvos por Jesucristo se unirán a esos ángeles en esa separación eterna.

Dios escogió y ordenó el cuerpo por adelantado, antes de la fundación del mundo, con el fin de que ningún ser humano pudiera jactarse ni recibir gloria para sí mismo, y para que toda **la gloria** fuera de Él. La salvación no es en parte de Dios y en parte del hombre, sino por entero de Dios. Para garantizar esto, cada provisión y cada detalle de la salvación fue realizado antes que cualquier ser humano hubiera nacido y antes que el planeta mismo fuese formado para que el hombre naciera en él.

La razón de ser de todas las cosas que existen es finalmente **la gloria de su gracia.** Esa es la razón por la cual los cristianos, como hijos de Dios, deben hacer todas las cosas que hagan, incluso cosas tan comunes como comer y beber, para la gloria de Dios (1 Co. 10:31).

Redención por su sangre

3

con la cual nos hizo aceptos en el Amado, en quien tenemos redención por su sangre, el perdón de pecados según las riquezas de su gracia, que hizo sobreabundar para con nosotros en toda sabiduría e inteligencia, dándonos a conocer el misterio de su voluntad, según su beneplácito, el cual se había propuesto en sí mismo, de reunir todas las cosas en Cristo, en la dispensación del cumplimiento de los tiempos, así las que están en los cielos, como las que están en la tierra. (1:6*b*-10)

Hace algunos años el canje de cupones de mercancía era una práctica popular. Por cada compra realizada en algún establecimiento, se entregaba al consumidor cierta cantidad de cupones de mercancía como un bono especial para la compra de otros productos. Después de ahorrar suficientes cupones, la gente podía redimir su valor acumulado en un centro de canje para obtener ciertas mercancías a cambio.

La redención es uno de los temas centrales de la Biblia y de la carta a los efesios, pero alude a mucho más que la simple idea de canjear una cosa por otra de igual valor.

EL SIGNIFICADO DE LA REDENCIÓN

El concepto de **redención** se expresa en seis términos tomados del ámbito legal y que se emplean en el Nuevo Testamento con relación a la salvación. *Dikaioō* (y otros términos relacionados) hacía referencia a la exculpación legal de una acusación y se emplea en sentido teológico para hablar de la vindicación, justificación y declaración de un pecador como justo delante de Dios (véase por ejemplo, Ro. 3:4; 4:25; 5:18; 1 Ti. 3:16). *Aphiēmi* tiene el significado básico de despachar y se utilizaba para indicar el pago o cancelación legal de una deuda, o el otorgamiento de un indulto. Se empleó en las Escrituras para hacer referencia al perdón de pecados por parte de Dios (véase Mt. 9:2; Ro. 4:7; Ef. 1:7; 4:32; etc.).

Huiothesia se refería al proceso legal de adoptar un hijo y es empleado por Pablo para representar la adopción del creyente en la familia de Dios (véase Ro. 8:15; Gá. 4:5; Ef. 1:5). *Katallassō* significaba alcanzar en una corte la reconciliación legal entre dos partes hostiles, y se usa en el Nuevo Testamento con referencia a la reconciliación del creyente con Dios por medio de Jesucristo (Ro. 5:10; 2 Co. 5:18-20).

Hay dos términos legales en griego que están relacionados con el concepto de redención. *Agorazō*, y su variación *exagorazō*, se refieren a compra o adquisición. El origen de ambos términos es la palabra *agora*, que significa plaza de mercado, y la idea a que se alude en la raíz de los verbos y sustantivos derivados hacía referencia a las compras y transacciones que se realizaban en el mercado. En el Nuevo Testamento se utilizan los términos para denotar la idea de adquisición o redención espiritual (véase Gá. 3:13; Ap. 5:9; 14:3-4; etc.).

El otro término para redención, *lutroō* (así como todas sus variaciones), significaba rescatar del cautiverio. Tenía un significado todavía más fuerte que el de *agorazō* y es la raíz presente en el sustantivo que se traduce en el texto presente como **redención**. Esta palabra se utilizaba para hacer referencia al pago de un rescate para libertar a una persona de algún yugo, en especial el de la esclavitud.

En tiempos del Nuevo Testamento el Imperio Romano tenía alrededor de seis millones de esclavos, y la compra y venta de ellos era una de sus principales actividades comerciales. Si una persona quería libertar a un ser querido o a un amigo que fuese esclavo, tenía que comprarle primero para ser su dueño y después concederle libertad, dando testimonio de su puesta en libertad mediante un certificado escrito. La expresión *lutroō* se utilizaba para designar la liberación de un esclavo realizada de ese modo.

Esa es la idea exacta a que se alude con el uso del término en el Nuevo Testamento para representar el sacrificio expiatorio de Cristo en la cruz. Él pagó el precio de la redención a fin de poder comprar para sí mismo la humanidad caída y ponerla en libertad de su esclavitud al pecado y de su resultado, la muerte.

Todo ser humano que ha nacido desde la caída ha entrado al mundo como un esclavo del pecado y bajo servidumbre total a una naturaleza que es corrupta, mala y separada de su Creador. Ninguna persona nace libre espiritualmente. Ningún ser humano es libre del pecado o libre de sus consecuencias temporales y de su consecuencia o castigo último que es la muerte (Ro. 6:23). "El alma que pecare, esa morirá" (Ez. 18:4).

Jesús dijo: "De cierto, de cierto os digo, que todo aquel que hace pecado, esclavo es del pecado" (Jn. 8:34), y Pablo señala que toda persona ha cometido pecado: "No hay justo, ni aun uno" (Ro. 3:10; cp. Sal. 14:1). En la misma carta el apóstol dice que cada uno de nosotros está "vendido al pecado" (7:14) y que de hecho, la creación entera está sometida a la esclavitud de corrupción del pecado (8:21).

El pecado es el tratante y propietario del hombre, por lo cual demanda el pago de un precio por su libertad. La muerte es el precio que debía pagarse por la redención del hombre del pecado. Por lo tanto, la redención bíblica se refiere al acto de Dios por el cual Él mismo pagó a manera de un rescate el precio del pecado.

En Romanos Pablo habla de redención como el proceso doble de ser "libertados del pecado" y llegar "a ser siervos de la justicia" (6:18). En Gálatas describe la redención diciendo que Jesucristo "se dio a sí mismo por nuestros pecados para librarnos del presente siglo malo, conforme a la voluntad de nuestro Dios y Padre" (1:3-4); que "Cristo nos redimió de la maldición de la ley, hecho por nosotros maldición" (3:13); y también en términos de que nosotros debemos estar "firmes en la libertad con que Cristo nos hizo libres, y no estéis otra vez sujetos al yugo de esclavitud" (5:1). En Colosenses el apóstol dice que Él "nos ha librado de la potestad de las tinieblas, y trasladado al reino de su amado Hijo, en quien tenemos redención por su sangre, el perdón de pecados" (1:13-14).

El escritor de Hebreos explica la redención en estas palabras: "Así que, por cuanto los hijos participaron de carne y sangre, él [Cristo] también participó de lo mismo, para destruir por medio de la muerte al que tenía el imperio de la muerte, esto es, al diablo, y librar a todos los que por el temor de la muerte estaban durante toda la vida sujetos a servidumbre" (2:14-15).

LOS ELEMENTOS DE LA REDENCIÓN

con la cual nos hizo aceptos en el Amado, en quien tenemos redención por su sangre, el perdón de pecados según las riquezas de su gracia, que hizo sobreabundar para con nosotros en toda sabiduría e inteligencia, dándonos a conocer el misterio de su voluntad, según su beneplácito, el cual se había propuesto en sí mismo, de reunir todas las cosas en Cristo, en la dispensación del cumplimiento de los tiempos, así las que están en los cielos, como las que están en la tierra. (1:6*b*-10)

En este pasaje Pablo menciona cinco elementos de la **redención** que Dios ofrece a los hombres caídos por medio de su Hijo Jesucristo: el Redentor, los redimidos, el precio, los resultados y la razón de la redención.

EL REDENTOR

La gracia (v. 6*a*) es el concepto al que Pablo hace referencia cuando escribe **con la cual.** Es la gracia de Dios (su amor y bondad inmerecidos), lo que Él nos concedió de manera gratuita, y el instrumento o herramienta **con la cual nos hizo aceptos en el Amado.** Además, **tenemos redención** gracias a que estamos en Él. Jesucristo es nuestro Redentor del pecado y **el Amado** (la palabra indica Aquel quien se encuentra en la condición de ser amado por Dios), quien pagó Él mismo el precio para nuestro rescate del pecado y la muerte. Puesto que ahora pertenecemos a Cristo, somos hechos uno con Él por la fe y estamos en su cuerpo, ahora es cuando Él nos ha hecho **aceptos** para Dios.

Desde el comienzo del ministerio de Jesús el Padre le declaró como "mi Hijo amado" (Mt. 3:17). Además, debido a que hemos creído en Él, "nos ha librado de la potestad de las tinieblas, y trasladado al reino de su amado Hijo" (Col. 1:13). Puesto que ahora estamos **en el Amado,** nosotros también somos "amados de Dios" (Ro. 1:7).

Solo Jesucristo tiene un derecho inherente a toda la bondad de Dios, pero gracias a que hemos sido identificados con Él por la fe, esa bondad también es ahora nuestra bondad. Gracias a que nuestro Salvador y Señor es el Amado del Padre y posee toda la bondad del Padre, nosotros también somos los amados del Padre y poseemos toda su bondad. Jesús dijo: "El que tiene mis mandamientos, y los guarda, ése es el que me ama; y el que me ama, será amado por mi Padre" (Jn. 14:21).

El Padre nos ama ahora como ama a Cristo y quiere que tengamos todo lo que Cristo tiene. Por eso es que Pablo pudo decir que Dios "nos bendijo con toda bendición espiritual en los lugares celestiales en Cristo" (Ef. 1:3). Todo cristiano es un hijo amado de Dios porque el Señor Jesucristo se ha convertido en nuestro Redentor.

El concepto de un redentor humano en el Antiguo Testamento establecía tres condiciones: debía tener un vínculo familiar con la persona que necesitaba la redención, debía estar en capacidad de pagar el precio y también estar dispuesto a hacerlo. El Señor Jesús cumplió a perfección estos requisitos.

Un poeta ha expresado la realidad magnífica de la redención con estas palabras:

> Cerca, tan cerca de Dios,
> más cerca jamás podría estar;
> porque en la persona de su Hijo,
> estoy tan cerca como Él lo está.

> Amado, tan amado por Dios,
> más amado jamás podría ser;
> porque en la persona de su Hijo,
> soy tan amado como Él lo es.

Charitoō (**hizo aceptos**) viene de *charis* (gracia, v. 6*a*), y por ende Pablo está diciendo que Dios nos ha agraciado con su gracia. Los cristianos son aquellos que han sido agraciados por Dios.

LOS REDIMIDOS

El Redentor en su generosidad y gracia **nos hizo aceptos,** a personas que se pueden describir como "los santos y fieles en Cristo Jesús" (v. 1). Nosotros somos quienes tenemos **redención por su sangre.**

En el capítulo 2 Pablo nos recuerda cómo éramos cuando Dios en su gracia nos redimió. Estábamos "muertos en [nuestros] delitos y pecados"; andábamos "siguiendo la corriente de este mundo, conforme al príncipe de la potestad del aire"; "todos nosotros vivimos en otro tiempo en los deseos de nuestra carne, haciendo la voluntad de la carne y de los pensamientos, y éramos por naturaleza hijos de ira"; además estábamos "sin Cristo... sin esperanza y sin Dios en el mundo" (vv. 1-3, 12). En el capítulo 4 nos recuerda que en otro tiempo anduvimos en la vanidad de nuestra mente, "teniendo el entendimiento entenebrecido, ajenos de la vida de Dios", a causa de la ignorancia y la dureza de corazón (vv. 17-18). Esa es la clase de personas (y la única clase que existe), que Dios eligió redimir.

Por supuesto, es debido a que los hombres *son* así que necesitan redención. Si los hombres fuesen buenos no necesitarían un Redentor. Por eso es que Cristo "se dio a sí mismo por nosotros para redimirnos de toda iniquidad y purificar para sí un pueblo propio, celoso de buenas obras" (Tit. 2:14).

Sin embargo, no es sino hasta que una persona se da cuenta de su necesidad de redención, que puede ver su necesidad de un Redentor. Hasta que reconozca su esclavitud irremediable al pecado, no estará dispuesto a buscar que sea librado de él, pero cuando lo hace, será liberado de la maldición del pecado, introducido en el cuerpo de Cristo y bendecido con todas sus bendiciones espirituales.

EL PRECIO DE LA REDENCIÓN

en quien tenemos redención por su sangre, (7*a*)

El precio de la redención es **su sangre.** Al Hijo de Dios le costó **su** propia **sangre** recobrar a los hombres del mercado esclavista del pecado (cp. Lv. 17:11; He. 9:22).

El derramamiento de sangre es una expresión que equivale a muerte, la cual constituye el castigo y la paga del pecado. La propia muerte de Cristo, es decir, el derramamiento de **su sangre,** fue la substitución por nuestra muerte. Aquello que merecíamos y de lo cual no podíamos salvarnos por nosotros mismos, el Salvador amado, aunque no lo merecía, decidió llevarlo sobre sí. Él pagó por algo que de otro modo nos habría condenado a la muerte y al infierno.

La sangre de los animales ofrecidos en sacrificio era ofrecida de manera continua sobre los altares del tabernáculo y después del templo. Esa sangre nunca pudo y nunca tuvo el propósito de limpiar de pecado a quienes la ofrecían.

Esos animales no eran más que substitutos alegóricos y tipológicos. Como el escritor de Hebreos explica: "porque la sangre de los toros y de los machos cabríos no puede quitar los pecados" (He. 10:4). En cambio, en el derramamiento de **su sangre,** "somos santificados mediante la ofrenda del cuerpo de Jesucristo hecha una vez para siempre" (10:10). Él se entregó a sí mismo por nosotros, ofrenda y sacrificio a Dios en olor fragante" (Ef. 5:2). El Salvador mismo dijo que su sangre "por muchos es derramada para remisión de los pecados" (Mt. 26:28). Como explica el escritor de Hebreos, el sacrificio de Cristo no fue "por sangre de machos cabríos ni de becerros, sino [que Él] por su propia sangre, entró una vez para siempre en el lugar santísimo, habiendo obtenido eterna redención. Porque si la sangre de los toros y de los machos cabríos, y las cenizas de la becerra rociadas a los inmundos, santifican para la purificación de la carne, ¿cuánto más la sangre de Cristo, el cual mediante el Espíritu eterno se ofreció a sí mismo sin mancha a Dios, limpiará vuestras conciencias de obras muertas para que sirváis al Dios vivo?" (He. 9:12-14).

No fuimos "rescatados... con cosas corruptibles, como oro o plata, sino con la sangre preciosa de Cristo, como de un cordero sin mancha y sin contaminación" (1 P. 1:18-19). Por eso Juan vio a los cuatro seres vivientes y a los veinticuatro ancianos cantar: "Digno eres de tomar el libro y de abrir sus sellos; porque tú fuiste inmolado, y con tu sangre nos has redimido para Dios, de todo linaje y lengua y pueblo y nación; y nos has hecho para nuestro Dios reyes y sacerdotes, y reinaremos sobre la tierra" (Ap. 5:8-10).

La "redención que es en Cristo Jesús... por medio de la fe en su sangre" (Ro. 3:24-25) ha pagado el precio de quienes son esclavos del pecado, les ha comprado del mercado esclavista en que estaban subyugados, y les ha puesto en libertad como hijos rescatados de Dios. En su libertad ellos están ahora en unión con Jesucristo y reciben toda buena dádiva que Él tiene y todo lo bueno que Él es. Su muerte liberta a los creyentes de la culpa, la condenación, el yugo, el poder y la paga del pecado, y algún día glorioso aun de su presencia.

LOS RESULTADOS DE LA REDENCIÓN

el perdón de pecados según las riquezas de su gracia, que hizo sobreabundar para con nosotros en toda sabiduría e inteligencia, dándonos a conocer el misterio de su voluntad, (7b-9a)

La redención incluye toda buena dádiva que se pueda concebir, "toda bendición espiritual en los lugares celestiales en Cristo" (v. 3), pero Pablo se enfoca aquí en dos aspectos de especial importancia. Uno es negativo, **el perdón de pecados,** y el otro es positivo, **toda sabiduría e inteligencia.**

Perdón. El resultado primordial de la redención para el creyente es **el perdón,** una de las verdades centrales tanto del Antiguo como del Nuevo Testamento. También es la verdad más apreciada por quienes han experimentado su gran bendición. En la última cena, Jesús explicó a los discípulos que la copa de la que Él les estaba haciendo partícipes era su "sangre del nuevo pacto, que por muchos es derramada para remisión de los pecados" (Mt. 26:28). La redención trae **el perdón.**

Los conductistas y representantes de otras escuelas de psicología sostienen que no podemos ser culpados por nuestro pecado ya que la culpa es de nuestros genes, nuestro ambiente, nuestros padres, o algún otro agente externo. Lo cierto es que el pecado de una persona *es* su propia falta, y la culpa correspondiente solo es suya. La persona honesta que entiende en lo más mínimo su propio corazón sabe esto con certeza.

El evangelio no enseña, como algunos sostienen falsamente, que los hombres no tengan pecado ni culpa, sino que Cristo puede y está dispuesto a quitar tanto el pecado como la culpa de aquellos que confían en Él. Como Pablo dijo a los judíos en Antioquía de Pisidia: "Por medio de él [Cristo] se os anuncia el perdón de pecados" (Hch. 13-38-39).

El día santo más grandioso de Israel era el Yom Kippur, el día de la expiación. En aquel día el sumo sacerdote seleccionaba dos machos cabríos sin defecto ni mancha para el sacrificio. Uno de ellos era degollado y el altar era rociado con su sangre como un sacrificio. El sumo sacerdote colocaba sus manos sobre la cabeza del otro macho cabrío, como una señal simbólica de que los pecados del pueblo eran echados sobre el animal. Ese macho cabrío era después llevado al desierto, tan lejos que nunca pudiese encontrar el camino de regreso. El significado alegórico era que los pecados del pueblo se iban con el animal para nunca volver a ellos (Lv. 16:7-10).

No obstante, ese acto no quitaba en realidad los pecados del pueblo, por hermoso y significativo que fuese, y esto lo sabían muy bien los israelitas. Solo era una ilustración de lo que Dios y nadie más puede hacer en Cristo. Como se mencionó antes, el término *aphiēmi* (del cual proviene **perdón**), tiene el significado básico de enviar lejos. Se empleaba como un término legal que hacía referencia al pago o cancelación de una deuda, o a la concesión de un indulto. Por medio del derramamiento de su propia sangre, Jesucristo en un sentido literal tomó los pecados del mundo y los puso sobre su propia cabeza, por así decirlo, a fin de poder llevarlos a una distancia infinita de la cual jamás podrían regresar. Ese es el alcance que tiene **el perdón de pecados según las riquezas de su gracia.**

Es trágico que muchos cristianos se depriman por sus deficiencias y faltas, pensando y actuando como si Dios aún les achacara su pecado, y olvidando que debido al hecho de que Dios ha tomado sobre sí todos sus pecados, están separados de ellos "cuanto está lejos el oriente del occidente" (Sal. 103:12). Olvidan la promesa de Dios por medio de Isaías, de que un día Él deshará "como una nube" las transgresiones de los creyentes, y "como niebla" sus pecados. "Vuélvete a mí", dice Él a cada creyente, "porque yo te redimí" (Is. 44:22). Aun antes que viniera el Mesías y pagara el precio por la redención, Dios habló de ella como un hecho que ya había tenido lugar. Los cristianos deprimidos olvidan que Dios se fijó en los pasajes del tiempo antes de siquiera formar la tierra, y colocó los pecados de sus elegidos sobre la cabeza de su Hijo, quien los alejó a una distancia eterna. Él disolvió nuestros pecados antes de que naciéramos, y estos jamás pueden regresar.

Cientos de años antes del calvario, Miqueas proclamó: "¿Qué Dios como tú, que perdona la maldad, y olvida el pecado del remanente de su heredad? No retuvo para siempre su enojo, porque se deleita en misericordia. Él volverá a tener misericordia de nosotros; sepultará nuestras iniquidades, y echará en lo profundo del mar todos nuestros pecados" (Mi. 7:18-19).

Para el Israel antiguo la distancia del oriente al occidente y "lo profundo del mar" representaba la infinidad. El **perdón** de Dios es infinito porque lleva nuestros **pecados** a los rincones más alejados de la infinidad eterna.

En la obra *El rey Ricardo III* de Shakespeare, el rey se lamenta:

> Mi conciencia tiene mil lenguas distintas,
> y cada lengua trae un cuento distinto,
> y cada cuento me condena como un villano.

Esto no es cierto con respecto a los cristianos. Tan pronto Jesús entra a nuestra vida como Salvador y Señor, Él nos dice lo que dijo a la mujer sorprendida en el acto de adulterio: "Ni yo te condeno; vete, y no peques más" (Jn. 8:11). "Ahora, pues, ninguna condenación hay para los que están en Cristo Jesús, los que no andan conforme a la carne, sino conforme al Espíritu. Porque la ley del Espíritu de vida en Cristo Jesús me ha librado de la ley del pecado y de la muerte" (Ro. 8:1-2).

El perdón en Jesucristo es algo inmerecido, pero es gratuito y es completo. Quienes tienen a Cristo también tienen libertad del pecado, ahora y por toda la eternidad. En Cristo nuestros pecados en el pasado, el presente y el futuro, "han sido perdonados por su nombre" (1 Jn. 2:12; cp. Ef. 4:32; Col. 2:13). Fueron perdonados mucho tiempo antes que los cometimos y seguirán perdonados para siempre.

Debido a que nosotros seguimos pecando, necesitamos el perdón continuo para nuestra limpieza, pero no necesitamos de manera continua el perdón para redención. Jesús dijo a Pedro: "El que está lavado, no necesita sino lavarse los pies, pues está todo limpio" (Jn. 13:10). Aunque seguimos pecando, Jesús "es fiel y justo para perdonar nuestros pecados y limpiarnos de toda maldad" (1 Jn. 1:9). Él perdona todos nuestros pecados en su gracia de salvación que todo lo cubre. Eso no significa que ya no pequemos, ni tampoco que cuando lo hacemos nuestros pecados dejen de tener efectos dañinos en nuestra vida. De hecho tienen un profundo efecto en nuestro crecimiento, gozo, paz, utilidad y capacidad para tener una comunión íntima y abundante con el Padre. Por esta razón el creyente está llamado a pedir perdón a diario para que pueda disfrutar no solo del perdón general de la redención, sino del perdón específico para la limpieza diaria, el cual lleva al máximo la comunión, el compañerismo y el provecho espiritual. Ese es el punto principal en la enseñanza de nuestro Señor sobre la oración que se encuentra en Mateo 6:12, 14-15.

No existen cristianos de segunda clase ni ciudadanos empobrecidos del reino de Dios o hijos menesterosos en su familia. Todo pecado de todo creyente es perdonado para siempre. Dios sabe cómo éramos, cómo vivimos ahora, y cómo viviremos el resto de nuestra vida. Él ve todo lo concerniente a nosotros tal como es en su cruda realidad. Sin embargo, Él dice: "Estoy satisfecho contigo porque estoy satisfecho con mi Hijo, a quien perteneces. Siempre que te miro, le veo a Él, y estoy complacido".

Gracias a que Dios acepta a todo creyente tal como acepta a su propio Hijo amado, todo creyente debería aceptarse a sí mismo en tal manera. No nos aceptamos por lo que seamos en nosotros mismos, más de lo que Dios nos acepte por esa razón. Nos aceptamos como perdonados y justos porque esto es lo que Dios mismo nos declara que somos. Pensar de otro modo no constituye una señal de humildad sino de arrogancia, porque atreverse a pensar algo diferente equivale a colocar nuestro propio juicio por encima de la Palabra de Dios y desvalorizar el precio de la redención que fue pagado a nuestro favor por su propio Hijo amado. Un cristiano que se denigra a sí mismo y duda del perdón pleno, está negando la obra de Dios y denigrando a un hijo de Dios. Si le importamos a Dios, por cierto que debemos valorarnos a nosotros mismos.

Es posible que una persona tenga muchos amigos en altas posiciones, puede ser que conozca presidentes, reyes, gobernadores, senadores y líderes mundiales de todo tipo. Pero esas amistades palidecen frente a la que el cristiano más desconocido tiene, no solo como amigo sino también como hijo, con el Creador del universo.

Philip Bliss escribió:

> Soy tan feliz porque nuestro Padre en el cielo
> nos habla de su amor en el Libro que ha dado.
> cosas maravillosas veo en la Biblia;
> esta es la más estimada de ellas, que Jesús me ama.
>
> Oh, si solo existe una canción que pueda cantar,
> cuando en su belleza vea al gran Rey,
> esta será mi canción en la eternidad:
> "Oh, ¡qué maravilla es que Jesús me ama!"

La inmensidad y alcance de nuestro **perdón** puede verse en el hecho de que Pablo dice de manera específica **según las riquezas de su gracia.** La gracia de Dios, al igual que su amor, santidad, poder y todos sus demás atributos, es ilimitada. Está más allá de nuestra capacidad para comprender o describir, pero de todas maneras sabemos que es **según las riquezas de** esa **gracia** infinita que Él nos da su perdón.

Si usted acudiera a un multimillonario y le pidiera que hiciera su contribución a un ministerio que lo merece, y él le diera un cheque por veinticinco dólares, él solo le estaría dando algo que sacó *de* sus riquezas. Muchas personas pobres dan tanto como eso, y hasta más. En cambio, si esa persona le diera un cheque por cincuenta mil dólares, le estaría dando *según* sus riquezas.

Esa es una ilustración diminuta de la generosidad de Dios. Su **perdón** no solo es dado **según las riquezas de su gracia** sino que Él lo **hizo sobreabundar para con nosotros.** No tenemos necesidad de preocuparnos de que nuestro pecado alguna vez sobrepase el perdón que Dios nos extiende en su gracia. "Mas cuando el pecado abundó", nos asegura Pablo, "sobreabundó la gracia" (Ro. 5:20). Nuestro Padre celestial no solo nos da un perdón para subsistir que apenas cubra nuestros pecados siempre y cuando cuidemos de no caer en extremos. Lo cierto es que *no podemos* pecar más allá del alcance de la gracia de Dios, ya que por perverso y extenso que sea o pueda llegar a ser nuestro pecado, nunca se acercará en magnitud a la grandeza de su gracia. Su **perdón** es infinito, y Él lo hace **sobreabundar para con nosotros** sin medida, sobre aquellos que confían en su Hijo. Por lo tanto, no solo podemos disfrutar de gloria futura con Dios, sino también de comunión con Él en el presente.

Sabiduría e inteligencia. El segundo resultado de la redención para el creyente es que recibe de Dios **sabiduría e inteligencia.** *Sophia* (**sabiduría**) es una palabra que alude al entendimiento de realidades últimas, tales como la vida y la muerte, Dios y el hombre, la justicia y el pecado, el cielo y el infierno, la eternidad y el tiempo. Pablo está hablando de sabiduría con respecto a las cosas de Dios. *Phronēsis* (**inteligencia**), por otra parte, hace énfasis en un entendimiento práctico, en la comprensión de las necesidades, problemas y principios propios de la vida diaria. Es una prudencia espiritual en el manejo de los asuntos cotidianos.

Dios no solo nos perdona y aleja de nosotros el pecado que corrompe y distorsiona nuestra vida, sino que también nos da todos los recursos suficientes para entenderle y andar en esta vida día tras día de una manera que refleje su voluntad y que le agrade. Él nos da con generosidad los medios necesarios para entender su Palabra y también para saber cómo obedecerla.

En Jesucristo, Dios nos acoge e imparte confianza. "Hablamos sabiduría entre los que han alcanzado madurez", dijo Pablo; se trata sin embargo, de una "sabiduría, no de este siglo, ni de los príncipes de este siglo, que perecen. Mas hablamos sabiduría de Dios en misterio, la sabiduría oculta, la cual Dios predestinó antes de los siglos para nuestra gloria... Y nosotros no hemos recibido el espíritu del mundo, sino el Espíritu que proviene de Dios, para que sepamos lo que Dios nos ha concedido" (1 Co. 2:6-7, 12). El apóstol concluyó ese asombroso pasaje con la declaración: "Mas nosotros tenemos la mente de Cristo" (v. 16).

El filósofo francés André Maurois dijo: "El universo es indiferente. ¿Quién lo creó? ¿Por qué estamos en este diminuto grano de barro que da vueltas sin parar en el espacio infinito? No tengo la más remota idea, y estoy convencido de que nadie tiene la menor idea".

No es de sorprenderse que quienes ni siquiera reconocen que Dios existe, mucho menos confíen en Él y le sirvan, y que carezcan de la más mínima idea acerca de qué son en realidad la vida, el universo y la eternidad. Jesús dijo: "Te alabo, Padre, Señor del cielo y de la tierra, porque escondiste estas cosas de los sabios y de los entendidos, y las revelaste a los niños" (Mt. 11:25). Santiago dijo: "Y si alguno de vosotros tiene falta de sabiduría, pídala a Dios, el cual da a todos abundantemente y sin reproche, y le será dada" (Stg. 1:5). Después que Dios quita el pecado, no nos deja en un vacío espiritual, moral y mental donde tengamos que ingeniarnos la manera de hacer funcionar las cosas. Él nos da una exuberante sobreabundancia de **sabiduría e inteligencia** de acuerdo a las riquezas de su gracia, así como también hace sobreabundar para con nosotros su perdón conforme a esas riquezas.

LA RAZÓN DE LA REDENCIÓN

según su beneplácito, el cual se había propuesto en sí mismo, de reunir todas las cosas en Cristo, en la dispensación del cumplimiento de los tiempos, así las que están en los cielos, como las que están en la tierra. (1:9*b*-10)

¿Por qué ha hecho Dios tanto por nosotros? ¿Por qué nos ha bendecido con toda bendición espiritual, nos ha escogido en Cristo antes de la fundación del mundo, hecho santos y sin mancha, predestinado a ser adoptados como sus hijos, redimido por su sangre, y dado con sobreabundancia su perdón, sabiduría e inteligencia según las riquezas infinitas de su gracia?

Dios redime a los hombres con el fin de que Él pueda reunir todas las cosas en sí mismo. El tiempo de esa reunión será el reino milenario, que será **la dispensación del cumplimiento de los tiempos.** Cuando la historia llegue a su consumación, cuando llegue el reino, la eternidad comience de nuevo y el cielo nuevo y la nueva tierra sean establecidos, se cumplirá lo que Dios **se había propuesto en sí mismo, ... reunir todas las cosas en Cristo... así las que están en los cielos, como las que están en la tierra.** Jesucristo es la meta de la historia y la única resolución posible de la historia es Jesucristo. El paraíso perdido en Adán es restaurado en Cristo.

En aquel momento, "en el nombre de Jesús se [doblará] toda rodilla de los que están en los cielos, y en la tierra, y debajo de la tierra; y toda lengua [confesará] que Jesucristo es el Señor, para gloria de Dios Padre" (Fil. 2:10-11). Cristo reunirá el universo entero en unidad perfecta (véase Sal. 2; He. 1:8-13). En el tiempo presente el universo no está unificado sino corrompido, dividido y deteriorado. Satanás es ahora "el príncipe de este mundo", pero en aquel día "será echado fuera" (Jn. 12:31). El diablo junto a sus ángeles demoníacos serán echados al abismo durante el milenio, soltados por un tiempo breve y después lanzados al lago de fuego por toda la eternidad (Ap. 20:3, 10).

Tan pronto sea desechado hasta el más mínimo vestigio de maldad, Dios establecerá una unidad incomparable en Él mismo de todas las cosas que queden. Esa es la meta inevitable del universo.

Macbeth declaró con pesimismo que la historia es "un cuento echado por un cretino, lleno de resonancia y furia, cuyo significado es: nada" (Shakespeare, *Macbeth*, 5.5.19).

Aparte de la sabiduría e inteligencia que Dios suministra a sus hijos, tal conclusión desesperanzadora es ineludible. Pero lo cierto es que la historia pertenece a Dios, no a los planes ínfimos del hombre o al poder destructivo de Satanás. La historia es escrita y dirigida por su Creador, quien la supervisa hasta que llegue al cumplimiento pleno de su propio y último propósito: **reunir todas las cosas en Cristo.** Él diseñó su gran plan en el pasado eterno y ahora lo desarrolla de forma soberana conforme a su voluntad divina; además, en el **cumplimiento de los tiempos** Él hará que se realice de manera completa y perfecta en su Hijo, en quien operará para siempre en armonía de justicia y renovación perfecta junto a todas las cosas, **así las que están en los cielos, como las que están en la tierra.**

Herencia divina garantizada

4

En él asimismo tuvimos herencia, habiendo sido predestinados conforme al propósito del que hace todas las cosas según el designio de su voluntad, a fin de que seamos para alabanza de su gloria, nosotros los que primeramente esperábamos en Cristo. En él también vosotros, habiendo oído la palabra de verdad, el evangelio de vuestra salvación, y habiendo creído en él, fuisteis sellados con el Espíritu Santo de la promesa, que es las arras de nuestra herencia hasta la redención de la posesión adquirida, para alabanza de su gloria. (1:11-14)

A través de los años he tenido muchas conversaciones con personas jóvenes y ancianas, educadas e incultas, privilegiadas e infortunadas, y todos por igual enfrentan la vida con una sensación de corazonadas inciertas, preguntándose si algún día podrán hallar satisfacción verdadera en sus vidas. Se preguntan si van a terminar siendo lo que podrían ser si todas las cosas funcionaran como es debido o como lo esperan. Se preguntan si la vida tiene en realidad la potencialidad para ser maravillosa, significativa y satisfactoria, y si lo tiene, si acaso ellos mismos pueden descubrir y realizar esa potencialidad.

Unos años atrás en un campamento cristiano en las montañas conocí a un joven que estaba impedido de un brazo y una pierna. Siempre se mantenía detrás del grupo o solo en alguna esquina, y no participaba en las actividades de los demás. El segundo día me acerqué a él, me presenté y pregunté su nombre. El joven respondió con un gruñido áspero, se levantó la parte de la camisa que cubría su brazo deformado y dijo: "Mire lo que Dios me hizo". Tras orar en silencio pidiendo sabiduría a Dios, le dije: "¿Te gustaría saber algo? Ese no eres tú". "¿Cómo que no soy yo?", replicó. "Esa solo es la casa en que vives ahora", le dije: "Eso es todo. No es más que una casa temporal, pero tú eres una persona que dura para siempre. Dios te ofrece un plan que es para siempre y también un

47

cuerpo eterno y nuevo para tu futuro". "Usted no habla en serio", me dijo. "No, no estoy bromeando", contesté, y luego le hablé del evangelio.

Ese joven dio su corazón a Jesucristo, y su actitud y talante cambiaron de inmediato. Una de las primeras cosas que hizo fue pedirme que jugara tenis de mesa con él. En esos momentos ya no parecía sentirse avergonzado o amargado por su defecto físico. Tan pronto Jesucristo tomó el control de su vida él se dio cuenta de que Dios tenía cosas para él que excedían en importancia lo que desde su perspectiva humana, había parecido algo de una importancia y valor tan terribles. Apenas supo que formaba parte del plan eterno de Dios y que había recibido las promesas eternas de Dios, su perspectiva cambió de forma dramática.

En este pasaje Pablo nos muestra la potencialidad prodigiosa y maravillosa de los creyentes cristianos. Aquello por lo cual toda persona de una u otra manera suspira que pueda alcanzar, es algo que el cristiano ya posee o se le ha asegurado que un día lo poseerá. El apóstol nos da un vistazo de las bendiciones gloriosas que Dios ha planeado y prometido para aquellos que vienen a Él a través de su Hijo Jesucristo.

Romper promesas es algo propio de la naturaleza humana. Los gobiernos hacen promesas y luego las rompen. Los publicistas y políticos hacen y rompen promesas. Patrones y empleados, predicadores y miembros de iglesia, padres e hijos, esposos y esposas, amigos y parientes por igual, todos se hacen promesas unos a otros, las cuales con mucha frecuencia son incumplidas. Algunas se hacen con las mejores intenciones, y otras con el fin de engañar y explotar, pero todos nosotros en algún momento hacemos y recibimos promesas que por cualquier razón, nunca se materializan.

Podemos estar eternamente agradecidos con Dios porque sus promesas no son como las nuestras. Cada promesa que Él hace, la cumple. Las promesas mencionadas aquí por Pablo que nuestro Padre celestial hace a sus hijos no solo son maravillosas y emocionantes sino absolutas y ciertas. Como el escritor de Hebreos nos dice: "Fiel es el que prometió" (He. 10:23). Como Abraham, cada creyente debe tener la plena certeza de que todo lo prometido por Dios, Él quiere y puede hacerlo (Ro. 4:21). El nuestro es un Dios que no puede ni está dispuesto a mentir (Tit. 1:2).

Al final de la frase más larga en toda la Biblia (Ef. 1:3-14), en la que Pablo exhibe su corazón en alabanza a Dios por su gracia inmensurable, él nos presenta la garantía que el Padre da a sus hijos de la promesa divina que les ha hecho. Ellos pueden tener certeza de que recibirán sin disminución la herencia plena de Jesucristo. Tal como hemos sido bendecidos "con toda bendición espiritual", escogidos "en él antes de la fundación del mundo", predestinados "para ser adoptados hijos suyos", y recibido "redención por su sangre" y dado "a conocer el misterio de su voluntad" (vv. 3-5, 7, 9), **asimismo tuvimos herencia.**

Nuestra herencia es el aspecto de la salvación que ante todo es de cumplimiento futuro. Fuimos escogidos o predestinados antes que el mundo o el tiempo existieran; hemos sido redimidos en este tiempo presente, y recibiremos nuestra herencia completa en las edades venideras, cuando entremos de lleno al reino celestial y eterno del Padre.

Aquí Dios nos da a conocer por medio del apóstol el fundamento, la garantía y la meta de nuestra herencia incomparable en Jesucristo.

EL FUNDAMENTO DE NUESTRA HERENCIA

En él asimismo tuvimos herencia, habiendo sido predestinados conforme al propósito del que hace todas las cosas según el designio de su voluntad, a fin de que seamos para alabanza de su gloria, nosotros los que primeramente esperábamos en Cristo. En él también vosotros, habiendo oído la palabra de verdad, el evangelio de vuestra salvación, y habiendo creído en él, (1:11-13*a*)

En él se conecta mejor con el principio del versículo 11 que con la última parte del versículo 10, pero en ambos lugares la frase hace referencia clara a Jesucristo (v. 10), quien es el fundamento o fuente de nuestra **herencia** divina. Aparte de Jesucristo, la única cosa definitiva y eterna que una persona puede recibir de Dios es condenación. Dios concede muchas bendiciones temporales como el sol, la lluvia y muchas otras cosas buenas, a todos los hombres, justos e impíos por igual (Mt. 5:45). Por otro lado, sus bendiciones espirituales solo son concedidas a quienes le pertenecen y están **en él** (cp. vv. 1, 3-4, 6-7 10). "Y en ningún otro hay salvación; porque no hay otro nombre bajo el cielo dado a los hombres, en que podamos ser salvos" (Hch. 4:12).

En Romanos 6 Pablo presenta la biografía espiritual de cada creyente. "¿O no sabéis", empieza, "que todos los que hemos sido bautizados en Cristo Jesús, hemos sido bautizados en su muerte?" (v. 3). "Porque somos sepultados juntamente con él para muerte por el bautismo, a fin de que como Cristo resucitó de los muertos para la gloria del Padre, así también nosotros andemos en vida nueva. Porque si fuimos plantados juntamente con él en la semejanza de su muerte, así también lo seremos en la de su resurrección" (vv. 4-5). Por un milagro maravilloso que solo Dios puede comprender, todo creyente ha sido colocado en la cruz del Calvario, clavado allí junto al Salvador en un sentido espiritual, y sepultado y resucitado con Él. Jesucristo no solo fue crucificado, sepultado y resucitado *por* cada creyente sino *con* cada creyente. No solo eso, sino que "sabemos que cuando él se manifieste, seremos semejantes a él, porque le veremos tal como él es" (1 Jn. 3:2). En aquel día glorioso seremos al fin y de manera plena, "hechos conformes a la imagen de su Hijo" (Ro. 8:29).

La expresión **asimismo tuvimos herencia** es la traducción de una sola palabra compuesta en griego (*eklērōthēmen*). Si había algún suceso futuro tan seguro que era inconcebible que no aconteciera, los griegos tenían por costumbre hablar del mismo como si ya hubiera ocurrido (al igual que en esta frase, donde Pablo emplea el aoristo pasivo indicativo).

En el capítulo 2 Pablo utiliza un tiempo verbal en griego bastante similar (aoristo activo indicativo), para decir que Dios "nos hizo sentar en los lugares celestiales con Cristo Jesús" (v. 6), aunque el apóstol y las personas a quienes escribió no habían tenido aún acceso a esa experiencia gloriosa. El hecho de que morarían por la eternidad con el Señor era tan cierto en el presente, como si ya estuvieran en el cielo.

La forma pasiva del verbo en 1:11a da cabida a dos interpretaciones posibles, y ambas son posibles a la luz de otros pasajes bíblicos. Se puede traducir, "fuimos hechos herencia", o tal como está aquí, **tuvimos herencia**. La primera versión indicaría que **nosotros** los creyentes, somos la herencia *de Cristo*. En reiteradas ocasiones Jesús habló de los creyentes como dados a Él por el Padre (Jn. 6:37, 39, 10:29, 17:2, 24; etc.). Jesús nos ganó en el Calvario como parte del trofeo de su victoria sobre Satanás, el pecado y la muerte, por lo cual ahora le pertenecemos a Él. "Y serán para mí especial tesoro, ha dicho Jehová de los ejércitos" (Mal. 3:17). Desde el pasado eterno el Padre planeó y determinó que todas las personas que depositaran su confianza en su Hijo para obtener salvación, le serían entregadas a su Hijo como una posesión y herencia gloriosa.

Sin embargo, si se traduce en otro sentido esta palabra significa justo lo opuesto: son los *creyentes* quienes reciben la herencia. Pedro habla de que el Padre en su misericordia "nos hizo renacer para una esperanza viva, por la resurrección de Jesucristo de los muertos, para una herencia incorruptible, incontaminada e inmarcesible, reservada en lo cielos para [nosotros]" (1 P. 1:3-4).

Ambas traducciones son por ende legítimas, tanto en sentido gramático como teológico. A través de toda la Biblia se habla de los creyentes como pertenecientes a Dios, y se habla de Él como perteneciente a ellos. El Nuevo Testamento habla de que estamos en Cristo y Él está en nosotros, de que estamos en el Espíritu y Él está en nosotros. "El que se une al Señor, un espíritu es con él" (1 Co. 6:17). Por eso Pablo pudo decir: "Para mí el vivir es Cristo" (Fil. 1:21).

El lado práctico de esa verdad es que, gracias a que hemos sido identificados con Cristo, nuestra vida debería identificarse con su vida (cp. 1 Jn. 2:6). Hemos de amar como Él amó, ayudar como Él ayudó, interesarnos como Él se interesó, compartir como Él compartió, y sacrificar nuestros propios intereses y bienestar por el bien de otros, como Él hizo. Así como nuestro Señor, estamos en el mundo para perder nuestra vida y ganar la de otros.

Aunque ambas interpretaciones de *eklērōthēmen* tienen respaldo bíblico, el énfasis de Pablo en Efesios 1:3-14 hace que la segunda traducción sea más apropiada aquí: **asimismo tuvimos herencia**. Nuestra herencia en Cristo es una más de las asombrosas y magníficas bendiciones con las que el Padre nos ha bendecido en el Hijo. Como Pablo aclara en el versículo 3, nuestra herencia incluye "toda bendición espiritual en los lugares celestiales en Cristo". En Jesucristo, los creyentes heredan toda promesa que Dios ha hecho. Pedro nos dice que Dios nos asegura que "todas las cosas que pertenecen a la vida y a la piedad nos han sido dadas por su divino poder", y también "nos ha dado preciosas y grandísimas promesas" (2 P. 1:3-4). Pablo dice que esto incluye todo lo prometido por Dios: "porque todas las promesas de Dios son en él Sí, y en él Amén" (2 Co. 1:20).

Todas nuestras necesidades son satisfechas por la provisión que Dios hace en su gracia conforme a sus promesas divinas. Tenemos promesas ciertas de paz, amor, gracia, sabiduría, vida eterna, gozo, victoria, fortaleza, guía, poder, misericordia, perdón, justicia, verdad, comunión con Dios, discernimiento espiritual, el cielo, riquezas eternas, gloria; esas y todas las demás buenas dádivas que proceden de Dios. Pablo dice: "Sea el mundo, sea la vida, sea la muerte, sea lo presente, sea lo por venir, todo es vuestro, y vosotros de Cristo, y Cristo de Dios" (1 Co. 3:22-23). Puesto que hemos sido hechos coherederos con Cristo, contamos con la posesión garantizada de todas las cosas que Él posee. Somos "herederos de Dios y coherederos con Cristo" (cp. Ro. 8:17).

Jesucristo es por ende el fundamento de la **herencia,** la cual desde el punto de vista humano hemos obtenido y cuya posesión ya es un hecho desde el punto de vista divino, porque **en él asimismo tuvimos herencia.**

LA PERSPECTIVA DIVINA

habiendo sido predestinados conforme al propósito del que hace todas las cosas según el designio de su voluntad, a fin de que seamos para alabanza de su gloria, (1:11-12*a***)**

Nuestra discusión sigue aquí el orden del texto griego en el versículo 12 que también está reflejado en la versión Reina Valera, donde la frase **que seamos para alabanza de su gloria** precede a "nosotros los que primeramente esperábamos en Cristo" (frase que será comentada más adelante con relación a la perspectiva humana).

La perspectiva que Dios tiene de nuestra herencia en Cristo es dada aquí a conocer en su predestinación, su poder y su preeminencia.

La predestinación de Dios. Nosotros como cristianos, **habiendo sido predestinados conforme al propósito** de Dios, somos conscientes de que somos lo que somos debido a lo que Dios decidió hacer de nosotros antes que cualquier ser humano fuese creado. Desde el pasado eterno Él declaró que todo pecador elegido, sin importar cuán vil, rebelde, inútil y merecedor solo de muerte pudiera ser, quien confiara en su Hijo, sería hecho tan justo como Aquel en quien había depositado su confianza. Como Pablo ya ha establecido: "según nos escogió en él antes de la fundación del mundo, para que fuésemos santos y sin mancha delante de él" (v. 4).

El comentario de William Hendriksen sobre este pasaje es conciso e interesante:

> Ni el azar ni el mérito humano es lo que determina nuestro destino. El propósito benévolo por el cual Dios tuvo el beneplácito de que nosotros fuésemos santos y sin mancha (versículo 4), hijos de Dios (versículo 5), y destinados a glorificarle por siempre (versículo 6, cp. versículos 12 y 14), es fijo porque forma parte de un plan mayor que abarca el universo entero. Dios no solo *hizo* que este plan incluyera en absoluto todas las cosas que tienen lugar en el cielo, en la tierra y en el infierno; las pasadas, presentes *y aun las futuras,* que pertenecen tanto a creyentes como incrédulos, a ángeles y demonios, a energías y unidades de existencia físicas y espirituales, tanto grandes como pequeñas; Él también *lo lleva a cabo hasta el final.* Su providencia en lo temporal abarca tanto como lo comprendido por su decreto eterno. (*New Testament Commentary: Exposition of Ephesians* [Grand Rapids: Baker, 1967], p. 88)

El poder de Dios. Se trata del poder **del que hace todas las cosas según el designio de su voluntad.** La palabra **hace** proviene de *energeō,* de la cual se derivan términos como *energía* y *energético.* En la mente divina de Dios, su creatividad y su energía son una y la misma cosa. Al crear con su pronunciación la existencia de cada parte del mundo, este empezó de inmediato a operar con precisión tal como Él lo había planeado. A diferencia de las cosas hechas por nosotros, las creaciones de Dios no tienen que ser objeto de nuevos diseños y prototipos, experimentos y pruebas, ni necesitan combustible o ser cargadas para funcionar. No solo son creadas para funcionar sino que funcionan porque son creadas.

La aplicación de energía es una parte indispensable de su plan y obra creativos. Debido a que en su gracia admirable Dios nos eligió para ser sus hijos, ciudadanos de su reino y coherederos con su Hijo, Él hará que todo esto se haga realidad. "Estando persuadido de esto", declaró Pablo, "que el que comenzó en vosotros la buena obra, la perfeccionará hasta el día de Jesucristo" (Fil. 1:6). Dios lleva a cabo lo que planea. Él imparte energía a todo creyente y le da todo el poder necesario para su perfeccionamiento espiritual. No es suficiente pensar que Dios solo hace el plan. Él se encarga de hacerlo funcionar y llevarlo a cabo.

La preeminencia de Dios. **A fin de que seamos para alabanza de su gloria.** Como se mencionó antes, esta frase va al comienzo del versículo doce en el texto griego, y ese orden lógico se ajusta a lo que Pablo ha estado diciendo acerca de la perspectiva de Dios con respecto a nuestra herencia. La perspectiva y obra continua del Señor es evidente en su predestinación, en su poder y, como vemos aquí, en su preeminencia. El hombre es redimido con el propósito de restaurar la imagen divina que fue mancillada por el pecado. Puesto que la intención que tuvo Dios al crear a los hombres fue que ellos reflejaran a perfección la imagen divina, la meta de la salvación es la meta de la creación. Dios desea criaturas que alaben su gloria con la proclamación y el despliegue en ellos de su propia gloria. Por esa razón Él redime a los hombres.

Las Escrituras siempre presentan la salvación desde el lado de Dios, a fin de que Él siempre reciba todo el crédito, como lo merece. En nuestra sociedad orientada a la exaltación del ser humano, el hecho de que Dios quiera tener el crédito exclusivo parece inapropiada, pero solo porque los hombres no tienen un concepto real de su grandeza, santidad y gloria. Cualquier manera de verle que tengan, no son más que simples proyecciones de ellos mismos. La alabanza y gloria que los hombres desean tanto son por completo inmerecidas, y sus motivos para querer recibirlas son del todo pecaminosos. En cambio, Dios procura su gloria por las razones correctas y porque Él es el único que la merece. Su deseo de gloria es santo porque la gloria es algo de lo que Él es digno de una manera suprema y única.

Por lo tanto, nuestra salvación predestinada, incluso las bendiciones eternas e ilimitadas que la acompañan, ha sido diseñada **a fin de que seamos para alabanza de su gloria.**

LA PERSPECTIVA HUMANA

nosotros los que primeramente esperábamos en Cristo. En él también vosotros, habiendo oído la palabra de verdad, el evangelio de vuestra salvación, y habiendo creído en él, (1:12*b*-13*a*)

En el texto griego este pasaje es continuo, la última parte del versículo 12 conduce de inmediato al versículo 13. Aquí vemos la herencia divina del creyente en Jesucristo desde nuestra propia perspectiva humana. A través de la Biblia existe tensión entre la soberanía de Dios y la voluntad del hombre, una tensión que el hombre en su conocimiento limitado e imperfecto, es incapaz de reconciliar por completo. Como sucede con todas las demás antinomias y paradojas en la Palabra de Dios, nuestra responsabilidad consiste en creer sin reservas los dos lados que de ellas se presentan en las Escrituras, tal como fueron reveladas. Sabemos que las verdades están en perfecto acuerdo con la mente de Dios, y ese conocimiento debería dejarnos satisfechos.

Alguien ha ilustrado con agudeza la verdad de los lados divino y humano de la salvación de esta manera: Si uno mira la entrada del cielo desde la tierra hay un aviso que dice: "Todo aquel que quiera puede entrar", y después de entrar al cielo, si uno se da la vuelta y ve el mismo aviso por el otro lado, dice: "Escogido en Cristo antes de la fundación del mundo".

Sin importar qué razones tuvo Dios para diseñar verdades tan irreconciliables desde el punto de vista humano, nosotros deberíamos agradecerle y alabarle por ellas. Por la razón misma de que son por completo verdaderas al tiempo que parecieran ser contradictorias, nos humillamos en su presencia y expresamos nuestro asombro y reverencia ante lo que es incomprensible para nosotros. Para el creyente que tiene una confianza real, la coexistencia de esas verdades es una evidencia más de que las Escrituras son obra e ingenio de Dios, no del hombre.

A fin de que... nosotros los que primeramente esperábamos en Cristo, es la primera mención al lado humano de nuestra herencia divina en Cristo. El texto griego tiene un artículo definido antes de Cristo, y una traducción más literal sería **esperábamos en el Cristo.** El significado no cambia, pero el artículo definido hace énfasis en el carácter único de nuestra esperanza: está puesta en *el* único Salvador, Jesús el **Cristo.** También recalca la idea de que los apóstoles y otros creyentes judíos de primera generación fueron los primeros en recibir al Mesías.

Un factor decisivo para que un hombre crea en el evangelio es la **esperanza** que recibe en su Salvador y Señor. Aunque Pablo, menciona antes la esperanza en este pasaje, el orden cronológico así como teológico es de fe primero y esperanza a continuación. En este contexto, sin embargo, la expresión **esperábamos** se emplea como un sinónimo de fe. **Los que primeramente** tuvieron esa esperanza en Cristo fueron los primeros que creyeron en Él.

Por lo tanto, continúa Pablo: **En él también vosotros, habiendo oído la palabra de verdad, el evangelio de vuestra salvación, y habiendo creído en él,** es como el apóstol explica en su carta a los Romanos: "La fe es por el oír, y el oír, por la palabra de Dios" (10:17). La fe viene a partir de una respuesta positiva a **la palabra de verdad** (cp. Gá. 1:6-9), las buenas nuevas de que Dios ha provisto un camino de salvación mediante la obra expiatoria de su Hijo Jesucristo. "A todos los que le recibieron, a los que creen en su nombre, les dio potestad de ser hechos hijos de Dios" (Jn. 1:12). Los sistemas religiosos hechos por el hombre que se basan en la confianza depositada en rituales, obras o en las dos cosas, no solo son incapaces de llevar a Dios sino que pueden constituirse en barreras casi infranqueables para hallarle. El único camino para llegar al Padre es su Hijo Jesucristo. "Porque con el corazón se cree para justicia, pero con la boca se confiesa para salvación. Pues la Escritura dice: Todo aquel que en él creyere, no será avergonzado" (Ro. 10:10-11). Con la frase **habiendo creído en él,** Pablo no solo hace énfasis en el medio por el cual se apropia la salvación, sino también en la uniformidad y universalidad de tal medio.

La fe es la respuesta del hombre al propósito de elección de Dios. La determinación de Dios con respecto a los hombres se llama elección; la determinación del hombre con respecto a Dios se llama fe. En la elección Dios da sus promesas, y los hombres las reciben por la fe.

LA GARANTÍA DE NUESTRA HERENCIA

fuisteis sellados con el Espíritu Santo de la promesa, que es las arras de nuestra herencia (1:13*b*-14*a*)

Los hombres siempre han querido tener certezas y garantías. Puesto que las promesas hechas por otros seres humanos son muchas veces poco dignas de crédito, siempre exigimos juramentos, declaraciones juramentadas, fianzas, garantías, depósitos, y muchos otros medios para tratar de asegurar que lo prometido se cumpla o se reciba.

La simple palabra de Dios debería ser suficiente para nosotros, pero Él en su gracia hace más seguras sus promesas, como si tal cosa fuese posible, al darnos sus propias garantías. Aquí el Señor garantiza sus promesas con su sello y con sus arras o juramento personal. Esto también nos recuerda Hebreos 6:13-18, donde Dios da su promesa de bendición y luego la confirma con un juramento para dar a todos los que esperan en Cristo lo que el Espíritu Santo llama un "fortísimo consuelo" (v. 18).

EL SELLO DE DIOS

Debido a que no recibimos de manera directa e inmediata la plenitud de todas las promesas de Dios desde el primer momento en que creemos (ya que tal plenitud está "reservada en los cielos para nosotros", 1 P. 1:3-4), algunas veces podemos sentirnos tentados a dudar de nuestra salvación y preguntarnos acerca de las bendiciones últimas que la acompañan. Mientras seguimos en esta vida nuestra redención no es completa porque todavía aguardamos "la redención de nuestro cuerpo" (Ro. 8:23). Puesto que no hemos recibido aún la posesión plena de nuestra herencia, es posible que cuestionemos su realidad o por lo menos su grandeza.

Como un medio para garantizar sus promesas a quienes han recibido a Jesucristo, Dios les ha **sellado con el Espíritu Santo de la promesa.** A cada creyente se le da el mismo **Espíritu Santo** de Dios en el momento en que confía en Cristo. "Mas vosotros ya no vivís según la carne, sino según el Espíritu, si es que el Espíritu de Dios mora en vosotros", declara Pablo (Ro. 8:9*a*). Por esa misma razón, prosigue a decir, "si alguno no tiene el Espíritu de Cristo, no es de él" (v. 9*b*). Resulta casi increíble que el cuerpo de todo cristiano verdadero sea de hecho "templo del Espíritu Santo, el cual está en [él]" (1 Co. 6:19).

Tan pronto una persona se convierte en cristiano, el Espíritu Santo hace su residencia en la vida de ese individuo. La vida en Jesucristo es diferente porque el Espíritu de Dios se encuentra en el interior. Él está allí para investirnos de poder, equiparnos para el ministerio y cumplir funciones específicas mediante

55

los dones que nos ha dado. El Espíritu Santo es nuestro defensor y consolador. Él nos protege y anima. También garantiza nuestra herencia en Jesucristo. "El Espíritu mismo da testimonio a nuestro espíritu, de que somos hijos de Dios. Y si hijos, también herederos; herederos de Dios y coherederos con Cristo" (Ro. 8:16-17). El Espíritu de Dios es nuestra fuerza y fuente de seguridad, nuestra garantía absoluta.

El sello del que Pablo habla aquí se refiere a una marca oficial de identificación que se colocaba en una carta, contrato, u otro documento importante. El sello por lo general se hacía de cera caliente que se colocaba sobre el documento y luego se estampaba con un anillo oficial. El documento quedaba de ese modo identificado legalmente con la autoridad de la persona a quien pertenecía la rúbrica.

Esa es la idea detrás de la frase **fuisteis sellados** en Cristo **con el Espíritu Santo de la promesa.** El sello del Espíritu de Dios en el creyente tiene cuatro significados básicos: seguridad, autenticidad, propiedad y autoridad.

Seguridad. En tiempos antiguos, el sello de un rey, príncipe o algún noble representaba seguridad e inviolabilidad. Cuando Daniel fue arrojado al foso de los leones, el rey Darío, al lado de sus nobles, mandó poner su sello sobre la piedra que tapaba la entrada al foso, "para que el acuerdo acerca de Daniel no se alterase" (Dn. 6:17). Cualquier persona fuera del rey que se atreviese a romper o alterar ese sello lo habría tenido que pagar con su vida. De una manera similar, la tumba donde Jesús fue sepultado también tuvo un sello oficial. Temiendo que los discípulos de Jesús pudieran robar su cuerpo y alegar falsamente su resurrección, los líderes judíos obtuvieron el permiso de Pilato para colocar un sello sobre la piedra y asignar soldados para guardar la tumba (Mt. 27:62-66).

En un sentido infinitamente más grande, el Espíritu Santo asegura a cada creyente y le marca con su propio sello inquebrantable.

Autenticidad. Cuando el rey Acab intentó sin éxito hacer que Nabot le vendiera o negociara su viña, la reina Jezabel se ofreció para conseguir la propiedad a su modo. "Entonces ella escribió cartas en nombre de Acab, y las selló con su anillo", y envió las cartas a varios nobles que vivían en la ciudad de Nabot, exigiéndoles que inventaran acusaciones falsas de blasfemia y traición contra ese hombre. Los nobles hicieron según se les mandó y Nabot fue apedreado hasta morir a causa de las denuncias falsas. El rey después solo tuvo que confiscar la viña que tanto codició (1 R. 21:6-16). A pesar de los engaños que contenían los mensajes enviados por Jezabel, las cartas en sí mismas eran auténticas y llevaban la autoridad del rey porque fueron enviadas con su aprobación y marcadas con su sello, que era su firma.

Cuando Dios nos da su Espíritu Santo, es como si Él nos estampara con un sello que dice: "Esta persona me pertenece y es ciudadano auténtico de mi reino divino y parte de mi familia".

Propiedad. Mientras Jerusalén se encontraba sitiada por Nabucodonosor y Jeremías estaba bajo arresto por parte del rey Sedequías por haber profetizado en contra del rey y la nación, el Señor dio instrucciones especiales a su profeta. A Jeremías se le dijo que comprara un terreno de Anatot sobre el cual tenía derechos de redención. Se acordaron los términos del contrato y el pago estipulado se hizo en el patio de la cárcel real delante del número de testigos requerido. En presencia de los testigos se firmó y selló la carta o título de propiedad, lo cual estableció a Jeremías como el nuevo dueño legal del terreno (Jer. 32:10).

Cada vez que el Espíritu Santo sella a los creyentes, les marca como posesiones divinas de Dios que a partir de ese momento le pertenecen del todo y por la eternidad. El sello del Espíritu declara que la transacción de salvación es oficial y definitiva desde el punto de vista divino.

Autoridad. Aun después que Amán fue ahorcado por su malvado complot para calumniar y ejecutar a Mardoqueo, la reina Ester se sentía intranquila por el decreto que Amán había persuadido al rey Asuero que firmara, y según el cual se permitía a cualquiera en su reino atacar y destruir a los judíos. Como ni siquiera el rey mismo podía revocar el decreto anterior que estaba marcado con su propio sello, él promulgó y selló otro decreto que permitía y aun alentaba a los judíos a armarse y defenderse (Est. 8:8-12). En ambos casos la autoridad absoluta de los decretos fue representada con el sello del rey. Quienes tuvieran en su posesión el decreto sellado del rey tenían toda su autoridad delegada tal como lo establecía el decreto.

Cuando los cristianos son sellados con el Espíritu Santo, también son delegados para proclamar, enseñar, ministrar y defender la Palabra de Dios y su evangelio con la propia autoridad del Señor.

LAS ARRAS DE DIOS

que es las arras de nuestra herencia (1:14*a*)

El Espíritu Santo no solo garantiza **nuestra herencia** en Jesucristo con su sello sino también con **las arras,** palabra que en griego (*arrabōn*) se refería originalmente a un pago inicial o un depósito de seguridad para asegurar la ejecución de una compra. Una variación de la palabra llegó a utilizarse con referencia al anillo de compromiso.

Como creyentes, tenemos al Espíritu Santo como **las arras** divinas **de nuestra herencia,** la "cuota inicial" de lo prometido por Dios como garantía de que el cumplimiento pleno de esas bendiciones espirituales "en los lugares celestiales en Cristo" (v. 3) será un día una realidad completa. Esas promesas están aseguradas y garantizadas con una certeza que solo Dios puede suministrar. El Espíritu

Santo **es las arras** de Dios y su juramento irrevocable, que para la iglesia es como su anillo de compromiso divino, por así decirlo, que le garantiza que como la esposa de Cristo, nunca será desatendida ni abandonada (cp. 2 Co. 1:22; 5:5).

LA META DE NUESTRA HERENCIA

hasta la redención de la posesión adquirida, para alabanza de su gloria (1:14*b*)

Aunque nuestra herencia divina en Cristo es una promesa maravillosa, admirable y garantizada que el Señor nos hace, no es ella el propósito primordial de nuestra salvación. Nuestra salvación y todas las promesas, bendiciones y privilegios que obtenemos por medio de la salvación son otorgados primero que todo como un anticipo de **la redención de la posesión adquirida, para alabanza de su gloria.**

El propósito global y preeminente de **la redención** de los hombres por parte de Dios es el rescate de lo que constituye su propia **posesión adquirida.** Toda la creación pertenece a Dios, y Él en su sabiduría, amor y gracia infinitos, decidió proveer redención para las criaturas caídas hechas por Él en su propia imagen, y es por su propia causa más que por causa de ellos, porque no se pertenecen a ellas mismas sino a Él.

Como Pablo ya declaró en dos ocasiones (vv. 6, 12), la meta última de Dios en su redención de los hombres es la **alabanza de su gloria.** No somos salvos y bendecidos para nuestra propia gloria, sino para la de Dios (cp. Is. 43:20-21). Cada vez que nos glorificamos a nosotros mismos estamos tratando de robarle a Dios lo que es por entero suyo y de nadie más. Él nos salvó para servirle y para alabarle. Somos salvos para ser restaurados conforme al propósito divino original de la creación: reflejar la imagen de Dios y darle una gloria cada vez mayor.

Esto se logra por completo con la glorificación del creyente, cuando recibamos la gloria y redención plenas que nos conviertan en **la posesión adquirida** y perfeccionada de Dios.

Nuestros recursos en Cristo 5

Por esta causa también yo, habiendo oído de vuestra fe en el Señor Jesús, y de vuestro amor para con todos los santos, no ceso de dar gracias por vosotros, haciendo memoria de vosotros en mis oraciones, para que el Dios de nuestro Señor Jesucristo, el Padre de gloria, os dé espíritu de sabiduría y de revelación en el conocimiento de él, alumbrando los ojos de vuestro entendimiento, para que sepáis cuál es la esperanza a que él os ha llamado, y cuáles las riquezas de la gloria de su herencia en los santos, y cuál la supereminente grandeza de su poder para con nosotros los que creemos, según la operación del poder de su fuerza, la cual operó en Cristo, resucitándole de los muertos y sentándole a su diestra en los lugares celestiales, sobre todo principado y autoridad y poder y señorío, y sobre todo nombre que se nombra, no solo en este siglo, sino también en el venidero; y sometió todas las cosas bajo sus pies, y lo dio por cabeza sobre todas las cosas a la iglesia, la cual es su cuerpo, la plenitud de Aquel que todo lo llena en todo. (1:15-23)

En los versículos 3-14 Pablo ha mostrado las bendiciones asombrosas e ilimitadas que los creyentes tienen en Jesucristo, bendiciones que equivalen a nuestra herencia personal de todo lo que le pertenece a Él. En el resto del capítulo (vv. 15-23) Pablo ora al Señor pidiendo que los creyentes a quienes escribe lleguen a entender y apreciar plenamente esas bendiciones. En esta oración se enfoca en la comprensión que cada creyente debe tener con respecto a los recursos con los que cuenta en su Señor y Salvador, Jesucristo. En los versículos 15-16 les elogia, y en los versículos 17-23 hace peticiones a Dios por ellos.

ELOGIO A LOS CREYENTES

Por esta causa también yo, habiendo oído de vuestra fe en el Señor Jesús, y de vuestro amor para con todos los santos, no ceso de dar gracias por vosotros, haciendo memoria de vosotros en mis oraciones, (1:15-16)

Ante la evidencia de su herencia maravillosa en Jesucristo (**Por esta causa**), Pablo ahora intercede por los poseedores de aquel tesoro. Como se mencionó en la Introducción, los destinatarios de la carta no solo incluían a los creyentes que había en Éfeso sino es probable que todos los de las iglesias de Asia menor. Habían transcurrido unos cuatro años desde que Pablo había ministrado allí, y aunque ahora se encontraba en prisión se comunicaba por medio de cartas y también por medio de informes personales de amigos que le visitaban en prisión había recibido una cantidad de información considerable de las iglesias y sobre su desarrollo. El apóstol había **oído** dos cosas que indicaban la autenticidad de la salvación de sus lectores, y les elogia de manera afectuosa por esas dos marcas cardinales de un cristiano verdadero: fe en Cristo y amor hacia otros cristianos. Esas dos dimensiones de la vida espiritual son inseparables (cp. 1 Jn. 2:9-11).

ELOGIO POR SU FE

vuestra fe en el Señor Jesús, (1:15*b*)

Aquí se hace énfasis en la creencia verdadera para salvación, con el señorío de Jesús como objeto concreto de esa creencia. Algunos cristianos que quizá tengan la intención de proteger el evangelio de cualquier mancha de justicia por obras, restan importancia al señorío de Cristo casi llegando al extremo de negarla. A otros les gustaría aceptar el término **Señor** solo como una referencia a su deidad y no a su soberanía. Ellos a veces describen en son de burla como "salvacionistas del señorío" a los que enseñan que una persona debe creer en Cristo como Señor soberano a fin de ser salva. Sin embargo, el Nuevo Testamento no separa a Jesús como Salvador de Jesús como Señor. O Él es ambas cosas al mismo tiempo o es ninguna de las dos. Pablo dice: "Si confesares con tu boca que Jesús es el Señor, y creyeres en tu corazón que Dios le levantó de los muertos, serás salvo" (Ro. 10:9; cp. Hch. 16:31). Jesús se convierte en Salvador cuando es aceptado como Señor. "Porque Cristo para eso murió y resucitó, y volvió a vivir", explica Pablo más adelante en Romanos, "para ser Señor así de los muertos como de los que viven" (14:9). Los creyentes dicen, y de hecho solo los creyentes pueden decir: "Jesús es Señor", porque tienen al Espíritu Santo (1 Co. 12:3), quien les fue dado cuando fueron salvos (Ro. 8:9). Recibir a Jesús como Salvador pero no como Señor sería tratar de dividir en dos su naturaleza única. Al recibirle, le recibimos por completo tal como Él es.

Es comprensible que una persona reciba a Jesucristo sin un entendimiento completo de todo lo que Él es o todo lo que Él requiere como Señor de aquellos a quienes salva. Muchos cristianos acuden a Cristo con apenas una mínima idea de su deidad soberana o de lo que significa pertenecerle y someterse a Él. No obstante, están dispuestos a someterse (cp. Mt. 8:19-22; 9:9; 10:37-39; Lc. 9:57-62), a darle todo lo que son y tienen (cp. Mt. 13:44-46; 18:3-4; 19: 16-26), y a dejarlo todo para seguirle (Mt. 19:27). Una vez que vienen a Él, algunos cristianos pierden su primer amor por Él como Salvador y se resisten a obedecerle como Señor, pero la falta de amor de ellos no reduce su carácter como Salvador, y su resistencia no le disminuye como Señor. Cristo no es aceptado por partes, primero como Salvador y luego como Señor. Jesús el Salvador es Jesús el Señor, y Jesús el Señor es Jesús el Salvador. Él no existe en compartimentos aislados ni se relaciona por pedazos con los creyentes. Es posible que en los creyentes cambie la conciencia, el aprecio y la obediencia a Él como Salvador y Señor. Si somos fieles a Él estas cosas aumentan, y cuando somos infieles disminuyen. Pero el *hecho* del señorío de Jesús empieza en el mismo momento que Él se convierte en Salvador, y ni su carácter como Señor ni su carácter como Salvador cambian para los creyentes en el tiempo o en la eternidad. Todos los mandatos de Cristo, que deben ser enseñados a todos los creyentes (Mt. 28:19-20), dan por sentado su derecho soberano a dar órdenes y a ser obedecido. Esa es precisamente la razón por la que Pablo llama a la salvación "la obediencia a la fe" (Ro. 1:5).

Pablo no está elogiando a los efesios por algún acto de fe adicional y posterior, sino por la fe original que les trajo al sometimiento para salvación a su Señor soberano. La **fe en el Señor Jesús** de esos creyentes se refiere a esta misma fe salvadora con la que tuvieron acceso a la vida cristiana y en la cual continúan viviendo.

ELOGIO POR SU AMOR

y de vuestro amor para con todos los santos, (1:15*c*)

Una segunda marca de salvación genuina es **amor para con todos los santos,** y debido a esa clase de amor Pablo ofrece su gratitud a los creyentes.

El amor cristiano es indiscriminado; no clasifica y selecciona a cuáles creyentes está dispuesto a amar. Por definición propia, el amor cristiano se extiende a todos los cristianos. En la medida en que no lo haga, pierde su carácter cristiano. Pablo llama a los creyentes a seguir "teniendo el mismo amor" (Fil. 2:2), que consiste en amar a todos los creyentes por igual.

Algunas veces escuchamos a cristianos decir: "Yo amo a tal persona en el Señor", con lo cual parecen implicar que no tienen un afecto ni compromiso personal con las necesidades del individuo. Extienden una especie de amor espiritualizado y formal a quienes son sus hermanos en la fe, pero no se trata de un amor genuino. Amar en el Señor de verdad a una persona es amarle como el Señor le ama, de una manera auténtica y sacrificada.

"Nosotros sabemos que hemos pasado de muerte a vida", dice Juan, "en que amamos a los hermanos. El que no ama a su hermano, permanece en muerte" (1 Jn. 3:14). Por importante que sea, la teología correcta no es substituto para el amor. Sin amor la mejor doctrina es como "metal que resuena, o címbalo que retiñe" (1 Co. 13:1). La salvación verdadera sale de la cabeza y el corazón del creyente para alcanzar a otros creyentes y al mundo para tocar a incrédulos en el nombre de Cristo. La salvación verdadera produce amor verdadero, y el amor verdadero no ama "de palabra ni de lengua, sino de hecho y en verdad" (1 Jn. 3:18). En el Nuevo Testamento el amor espiritual verdadero siempre se define como una actitud de sacrificio abnegado que resulta en actos generosos de bondad realizados en favor de otros. Es mucho más que un sentimiento, una atracción o una emoción. Tan pronto el Señor terminó de lavar los pies de sus orgullosos y egocéntricos discípulos, les dijo que lo había hecho para dejarles un ejemplo de cómo debían amarse unos a otros (Jn. 13:34). Juan hace énfasis en la misma verdad: "En esto hemos conocido el amor, en que él puso su vida por nosotros; también nosotros debemos poner nuestra vida por los hermanos. Pero el que tiene bienes de este mundo y ve a su hermano tener necesidad y cierra contra él su corazón, cómo mora el amor de Dios en él? Hijitos míos, no amemos de palabra ni de lengua, sino de hecho y en verdad" (1 Jn. 3:16-18).

Esa es la clase de amor que los cristianos de Éfeso tenían **para con todos los santos**. Es triste, sin embargo, que su amor no perduró. Sí lograron mantener pura la fe y perseveraron en ella, pero en su carta a las siete iglesias de Asia menor el Señor dice acerca de la iglesia en Éfeso: "Pero tengo esto contra ti, que has dejado tu primer amor" (Ap. 2:2-4). Habían perdido el gran amor por Cristo y sus hermanos en la fe, por el cual apenas unas décadas antes Pablo les había elogiado con tanto entusiasmo.

La fe y el amor deben mantenerse siempre en equilibrio. Muchos monjes, ermitaños y otras personas a lo largo de la historia de la iglesia se han esforzado en mantener pura la fe, pero no se han extendido a otros en amor como el Señor manda a todo creyente. Con frecuencia se convierten en cazadores de herejes ansiosos de acabar con el error, pero haciendo poco para edificar sobre lo que es bueno; están llenos de críticas pero son deficientes en el amor.

Es lamentable que algunos cristianos tengan una especie de fe carente de amor. Puesto que no tiene amor, existe razón para dudar que se trate de una fe genuina. La fe verdadera no puede existir aparte del amor verdadero. No podemos amar al Señor Jesús sin amar a quienes Él ama. "Todo aquel que cree que Jesús es el Cristo, es nacido de Dios; y todo aquel que ama al que engendró, ama también al que ha sido engendrado por él" (1 Jn. 5:1).

Los cristianos a quienes Pablo escribió esta carta tenían el balance correcto, y fue por su gran fe y su gran amor que el apóstol les aseguró: **no ceso de dar gracias por vosotros, haciendo memoria de vosotros en mis oraciones.**

PETICIÓN POR LOS CREYENTES

para que el Dios de nuestro Señor Jesucristo, el Padre de gloria, os dé espíritu de sabiduría y de revelación en el conocimiento de él, alumbrando los ojos de vuestro entendimiento, para que sepáis cuál es la esperanza a que él os ha llamado, y cuáles las riquezas de la gloria de su herencia en los santos, y cuál la supereminente grandeza de su poder para con nosotros los que creemos, según la operación del poder de su fuerza, la cual operó en Cristo, resucitándole de los muertos y sentándole a su diestra en los lugares celestiales, sobre todo principado y autoridad y poder y señorío, y sobre todo nombre que se nombra, no solo en este siglo, sino también en el venidero; y sometió todas las cosas bajo sus pies, y lo dio por cabeza sobre todas las cosas a la iglesia, la cual es su cuerpo, la plenitud de Aquel que todo lo llena en todo. (1:17-23)

El resto del capítulo es una petición en la que Pablo ora a Dios para que dé a los creyentes una comprensión y apreciación verdadera de lo que ellos son en Jesucristo, con el fin de que puedan empezar a tener una idea de cuán magníficas e ilimitadas son las bendiciones que ya les pertenecían en su Señor y Salvador. La petición está dirigida al **Dios de nuestro Señor Jesucristo, el Padre de gloria,** una designación que vincula de forma inseparable a Dios el Padre con Cristo el Hijo en términos de su naturaleza esencial (véase también Ro. 15:6; Ef. 1:3*a*, 17*a*; 2 Co. 1:3; Fil. 2:9-11; 1 P. 1:3; 2 Jn. 3). Aquel a quien pertenece la **gloria** es en esencia el mismo que el **Señor Jesucristo.** Por segunda vez en tres versículos Cristo es llamado Señor (véase v. 15).

En esencia, Pablo oró para que los efesios se libraran de estar buscando lo que ya era suyo, y que más bien pudieran ver que el Dios grande que es su Dios también es la fuente de todo lo que necesitan y que lo tiene dispuesto para ellos si están a su vez dispuestos para recibirlo. Tal actitud receptiva requiere que Dios mismo **dé** a los creyentes **espíritu de sabiduría y de revelación en el conocimiento de él.**

Warren Wiersbe narra la anécdota sobre la manera como William Randolph Hearst leyó acerca de una obra de arte de gran valor, la cual decidió añadir a su extensa colección. Dio instrucciones a su agente para que recorriera las galerías del mundo en busca de la obra maestra que estaba determinado a poseer a cualquier precio. Tras muchos meses de búsqueda minuciosa, el agente le informó que la obra ya pertenecía al señor Hearst y que había estado guardada en uno de sus depósitos durante muchos años.

Es trágico que muchos creyentes terminan enredados en la búsqueda de algo más en la vida cristiana, algo especial, algo insólito que la vida cristiana "ordinaria" no posee. Hablan de obtener más de Jesucristo, más del Espíritu Santo, tener más poder, más bendiciones, una vida suprema, una vida más profunda, como si los recursos de Dios se administraran por gotas como una prescripción farmacéutica o como si estuviesen encerrados bajo una clave con una combinación espiritual que solo contados veteranos pudieran conocer.

El hecho de decir: "de aquí en adelante quiero obtener todo lo que pueda obtener de Jesús", implica que cuando fuimos salvos, Cristo no nos dio todo de sí, que dejó en reserva algunas bendiciones para dosificarlas solamente a quienes cumplieran ciertos requisitos adicionales.

Pedro dice de manera explícita: "Todas las cosas que pertenecen a la vida y a la piedad nos han sido dadas por su divino poder, mediante el conocimiento de aquel que nos llamó por su gloria y excelencia" (2 P. 1:3). La enseñanza de la salvación en el Nuevo Testamento es que el nuevo nacimiento confiere a cada creyente todas las cosas en Cristo. En consecuencia, no existe necesidad ni justificación para estar buscando algo más en la vida cristiana. Aunque no lo haga de modo intencional, esa clase de búsqueda menoscaba la esencia de la verdad revelada de Dios acerca de la salvación. El germen de esa gran verdad se encuentra en las palabras del Predicador: "He entendido que todo lo que Dios hace será perpetuo; sobre aquello no se añadirá, ni de ello se disminuirá; y lo hace Dios, para que delante de él teman los hombres" (Ec. 3:14).

Al parecer, la iglesia de los colosenses había sido trastornada por esa clase de filosofía, en la que se piensa que los creyentes se estaban perdiendo algo de Dios que debía ser suministrado por algún acto, ritual, u otro requisito adicional a la salvación. Para algunos de los miembros de esa iglesia la idea ya se había convertido de hecho en una herejía que se estaba enseñando y promulgando en lugar de la doctrina apostólica.

Se estaba enseñando a los creyentes que una persona necesita a Cristo, y además una filosofía humana, la misma aproximación al evangelio vista en el liberalismo moderno, la nueva ortodoxia, el existencialismo y otros sistemas teológico/filosóficos que se disfrazan de cristianismo. Acerca de tal herejía Pablo dice: "Mirad que nadie os engañe por medio de filosofías y huecas sutilezas, según las tradiciones de los hombres, conforme a los rudimentos del mundo, y no según Cristo" (Col. 2:8).

Los maestros falsos en Colosas también enseñaban el legalismo además de Cristo. Defendían la observancia de días, fiestas y diversos rituales especiales con el fin de alcanzar una posición espiritual más elevada y mejor favor con Dios. Sobre esta herejía Pablo dijo: "Por tanto, nadie os juzgue en comida o en bebida, o en cuanto a días de fiesta, luna nueva o días de reposo, todo lo cual es sombra de lo que ha de venir; pero el cuerpo [la sustancia] es de Cristo" 2:16-17).

Un tercer error enseñado por los herejes en Colosas tenía que ver con el pecado de orgullo y la búsqueda de experiencias y visiones místicas para añadir de alguna manera a la obra completa y consumada del sacrificio expiatorio de Cristo en la cruz. Lo que enseñaban como algo que sumaba en realidad estaba restando valor a sus vidas espirituales, según les advirtió Pablo, porque les alejaba de la obra perfecta de Cristo. "Nadie os prive de vuestro premio, afectando humildad y culto a los ángeles, entremetiéndose en lo que no ha visto, vanamente hinchado por su propia mente carnal, y no asiéndose de la Cabeza, en virtud de quien todo el cuerpo, nutriéndose y uniéndose por las coyunturas y ligamentos, crece con el crecimiento que da Dios" (2:18-19).

Un cuarto error fomentado en la iglesia de los colosenses era el ascetismo, la creencia de que uno puede ganar el favor y una recompensa especial de Dios por medio de una abnegación extrema en la que se olvida todo placer y comodidad física y se evita el contacto con la gente "común" viviendo en situaciones de aislamiento y austeridad. Ese error alimenta el orgullo humano todavía más que los otros. Bajo el disfraz de un supuesto dominio de la carne, tales ideas y prácticas en realidad la estimulan y engruesan. Como Pablo señala, enseñanzas "tales como: No manejes, ni gustes, ni aun toques (en conformidad a mandamientos y doctrinas de hombres)... tienen a la verdad cierta reputación de sabiduría en culto voluntario, en humildad y en duro trato del cuerpo; pero no tienen valor alguno contra los apetitos de la carne" (2:21, 23).

El consejo de Pablo a los creyentes de Colosas en respuesta a esas amenazas serias a la fe se introduce en 1:12, donde el apóstol dice que el "Padre... nos hizo aptos para participar de la herencia de los santos en luz", y se resume en 2:9-10: "Porque en él [Cristo] habita corporalmente toda la plenitud de la Deidad, y vosotros estáis completos en él". Toda la plenitud de Dios está en Jesucristo, y Él no impide a los creyentes el acceso a esa plenitud. En Él estamos completos porque somos santos suficientes y autorizados (como lo demuestra en 1:12 el uso de *hikanoō* [cualificar, hacer aptos]). Juan da una advertencia acerca del mismo problema en su primera carta, diciendo: "Os he escrito esto sobre los que os engañan. Pero la unción que vosotros recibisteis de él permanece en vosotros, y no tenéis necesidad de que nadie os enseñe; así como la unción misma os enseña todas las cosas, y es verdadera, y no es mentira, según ella os ha enseñado, permaneced en él" (1 Jn. 2:26-27).

No obstante, hoy día muchos cristianos pasan gran cantidad de tiempo y esfuerzo buscando en vano las bendiciones que ya están a su disposición. Oran pidiendo la luz de Dios, aunque Él les ha provisto luz en abundancia por medio de su Palabra. Lo que necesitan es seguir la luz que ya tienen. Oran pidiendo fortaleza, aunque su Palabra les dice que pueden hacer todas las cosas en Cristo quien les fortalece (Fil. 4:13). Piden para recibir más amor, aunque Pablo dice que el propio amor de Dios ha sido derramado en sus corazones mediante el Espíritu Santo (Ro. 5:5). Piden para recibir más gracia, aunque el Señor dice que la gracia que Él ya ha dado es más que suficiente (2 Co. 12:9). Oran por paz, aunque el Señor les ha dado su propia paz "que sobrepasa todo entendimiento" (Fil. 4:7). Lo que sí puede esperarse es que oremos acerca de esas bendiciones pidiendo la gracia para apropiar lo que ya ha sido dado, en lugar de implorar cosas que según nuestra imaginación son escasas en nuestra vida o Dios no nos ha hecho por completo partícipes de ellas.

La necesidad primordial del cristiano es sabiduría y obediencia para apropiar la abundancia de bendiciones que el Señor ya le ha dado. Nuestro problema no es falta de bendiciones, sino falta de inteligencia y sabiduría para entenderlas y usarlas de manera apropiada y fiel. Nuestras bendiciones son tan vastas que la mente humana no puede comprenderlas. En nuestras propias mentes no podemos siquiera tantear las riquezas que tenemos en nuestra posición en Jesucristo. Tales cosas están más allá de lo que puede captar la mente humana. Solo el Espíritu Santo mismo puede escudriñar las cosas profundas de la mente de Dios, y solo el Espíritu puede traerlas a nuestro entendimiento. "Antes bien, como está escrito", dice Pablo: "Cosas que ojo no vio, ni oído oyó, ni han subido en corazón de hombre, son las que Dios ha preparado para los que le aman. Pero Dios nos las reveló a nosotros por el Espíritu; porque el Espíritu todo lo escudriña, aun lo profundo de Dios. Porque ¿quién de los hombres sabe las cosas del hombre, sino el espíritu del hombre que está en él? Así tampoco nadie conoció las cosas de Dios, sino el Espíritu de Dios. Y nosotros no hemos recibido el espíritu del mundo, sino el Espíritu que proviene de Dios, para que sepamos lo que Dios nos ha concedido" (1 Co. 2:9-12).

Las verdades más profundas de Dios no pueden ser vistas con nuestros ojos, oídas con nuestros oídos o comprendidas por nuestra razón o intuición. Son reveladas solo a aquellos que le aman.

Todo cristiano tiene muchas necesidades específicas: físicas, morales y espirituales, para las cuales debe pedir la ayuda del Señor. Pero ningún cristiano necesita, o puede tener, más del Señor o de su bendición y herencia, de lo que ya tiene. Por esa razón Pablo nos dice, como dijo a los creyentes en esta carta, que no busquemos más recursos espirituales sino que entendamos y usemos los que nos fueron dados en absoluta totalidad el mismo momento en que recibimos a Cristo.

Pablo ora de forma específica pidiendo a Dios que nos **dé** la facultad de entender para que podamos conocer nuestros recursos, y el apóstol llama esta facultad **espíritu de sabiduría y de revelación en el conocimiento de él.**

El **espíritu de sabiduría** es dado *por medio del* Espíritu Santo, pero este **espíritu** no se refiere al Espíritu Santo mismo, como sugieren algunos intérpretes. Aquí la palabra *pneuma* (**espíritu**) carece de artículo, y en tales casos, como en esta traducción, se omite el artículo indefinido para indicar que se trata de *un* espíritu, en minúscula. Los creyentes ya tienen al Espíritu Santo (Ro. 8:9), sus cuerpos son el templo de Él (1 Co. 6:19). Tampoco parece que Pablo estuviera hablando del espíritu humano, el cual toda persona ya posee (1 Co. 2:11).

El significado básico de *pneuma* (del cual se derivan palabras como neumático y neumonía), es aliento o aire, y de ese significado se deriva la connotación de espíritu. Además de esto, *pneuma* también se empleaba en algunas ocasiones para hacer referencia a una disposición, influencia o actitud, como cuando se habla de alguien enérgico o vivaz. Jesús empleó la palabra en ese sentido en la primera bienaventuranza: "Bienaventurados los pobres en espíritu" (Mt. 5:3). No se estaba refiriendo al Espíritu Santo o al espíritu humano sino al espíritu o la actitud de humildad.

Pablo oró que Dios diera a los efesios una disposición especial para la **sabiduría,** la plenitud de un conocimiento y entendimiento piadoso que la mente humana santificada es capaz de recibir. El apóstol dice en efecto: "Hazles saber cuánto poseen en tu Hijo, dales un entendimiento agudo, abundante, profundo y fuerte de su herencia en Cristo". Ora pidiendo que el Espíritu Santo de a sus espíritus el **espíritu** correcto **de sabiduría y de revelación en el conocimiento de él.**

Aunque **revelación** se utiliza aquí como un sinónimo de **sabiduría,** tiene que ver con el acto por el cual Dios nos imparte conocimiento, mientras que **sabiduría** hace énfasis en el uso que nosotros hacemos de ese conocimiento. Debemos conocer y entender nuestra posición en el Señor antes de estar en capacidad de servirle. Debemos saber qué tenemos antes de usarlo de una manera satisfactoria. Esta **sabiduría** adicional va mucho más allá del conocimiento intelectual y es mucho más abundante; por eso Pablo deseaba que los cristianos de Éfeso, al igual que los de Colosas, buscaran "las cosas de arriba, donde está Cristo" (Col. 3:1).

En su oración por los creyentes Pablo pide a Dios que les dé **revelación** y **sabiduría** en tres áreas particulares de la verdad magnífica e incomparable de Dios. Ora por ellos para que lleguen a tener un entendimiento más claro de la grandeza del plan de Dios, la grandeza de su poder, y la grandeza de su persona.

ENTENDER LA GRANDEZA DEL PLAN DE DIOS

alumbrando los ojos de vuestro entendimiento, para que sepáis cuál es la esperanza a que él os ha llamado, y cuáles las riquezas de la gloria de su herencia en los santos, (1:18)

En la mayoría de las culturas modernas, se cree que el **corazón** es el sitial de las emociones y los sentimientos. No obstante, la mayoría de los antiguos, fuesen los hebreos, griegos y muchos otros, consideraban el **corazón** (gr. *kardia*) como el centro del conocimiento, el entendimiento, el pensamiento y la sabiduría. El

Nuevo Testamento también emplea el término en ese sentido. El corazón se consideraba como la sede de la mente y la voluntad, y se le podían enseñar cosas que el cerebro nunca podría conocer. Las emociones y los sentimientos estaban asociados con los intestinos o con las vísceras (gr. *splanchnon*; compárese Hch. 1:18, donde el término se refiere claramente a órganos físicos internos o "entrañas", con Col. 3:12; Flm. 7, 12, 20; y 1 Jn. 3:17, donde se refiere a afectos y sentimientos).

Una causa de inmadurez en la iglesia de Corinto era su confianza en los sentimientos por encima del conocimiento. Muchos creyentes estaban más interesados en hacer lo que sentían que era correcto, que en hacer lo que Dios declaraba como correcto. Pablo les dijo por lo tanto: "Nuestra boca se ha abierto a vosotros, oh corintios; nuestro corazón *[kardia]* se ha ensanchado. No estáis estrechos en nosotros, pero sí sois estrechos en vuestro propio corazón *[splanchnon]*. Pues, para corresponder del mismo modo (como a hijos hablo), ensanchaos también vosotros" (2 Co. 6:11-13). En efecto, el apóstol dijo: "No puedo tomar la verdad de Dios de mi mente y entregarla a sus mentes, porque las emociones de ustedes les impiden recibirla". En lugar de que sus emociones fueran controladas por la verdad de Dios, eran sus emociones las que distorsionaban su entendimiento de la verdad divina.

Por ende, Pablo ora pidiendo que las mentes de los efesios sean **alumbradas.** Las emociones tienen un lugar significativo en la vida cristiana, pero solo son confiables cuando están guiadas y controladas por la verdad de Dios. Por eso es que debemos permitir que "la palabra de Cristo more en abundancia en [nosotros]" (Col. 3:16). Cuando el Espíritu Santo obra en la mente del creyente, la enriquece para que entienda verdades divinas que son profundas e insondables, y luego relaciona esa verdad con la vida, incluso aquellos aspectos de la vida que involucran nuestras emociones.

Mientras Jesús hablaba con los dos discípulos en el camino a Emaús, sus corazones (es decir, sus mentes) ardían dentro de ellos, pero no fue sino hasta el momento en que "les fueron abiertos los ojos [que ellos] le reconocieron" (Lc. 24:31-32). Antes que el Espíritu les alumbrara, ellos tenían la información pero no el entendimiento; lo que sabían era la verdad, pero en el poder de sus propias mentes eran incapaces de captar el significado y la importancia que tenía para ellos o para el mundo.

La primera cosa por la que Pablo ora es que los creyentes sean alumbrados acerca de la grandeza del plan de Dios en los ojos de su entendimiento. En los términos más comprensivos, el apóstol pide que ellos reciban un claro entendimiento de **la esperanza a que él os ha llamado** y de **las riquezas de la gloria de su herencia en los santos.** El apóstol ora para que Dios les alumbre el entendimiento con respecto a las verdades maravillosas de la elección, la predestinación, la adopción, la redención, el perdón, la sabiduría y la inteligencia, la herencia, y el sello y las arras del Espíritu Santo, acerca de lo cual acaba de instruirles (vv. 3-14).

Esas verdades resumen el plan maestro de Dios para la redención de la humanidad, su plan para traer a los hombres de regreso a Él mismo por medio de su propio Hijo, mediante lo cual les convierte en sus hijos. Ahora que ellos pertenecían a Cristo por la fe (v. 13), el deseo supremo de Pablo era que los creyentes se dieran cuenta a plenitud de lo que significaba su nueva identidad. "Ustedes no son fruto de una improvisación divina", les dice. "Dios no solo los eligió para salvarlos, sino que los eligió mucho antes que ustedes existieran y tuvieran la oportunidad de elegirle a Él por su gracia. ¡Eso es lo que ustedes son!"

Hasta que comprendamos quiénes somos verdaderamente en Jesucristo, es imposible que vivamos una vida obediente y plena. Solo cuando sepamos quiénes somos en realidad podremos vivir como lo que somos. Solo cuando llegamos a entender cómo es que nuestra vida está anclada en la eternidad, podemos tener la perspectiva y motivación correctas para vivir en el tiempo. Solo cuando lleguemos a entender lo que significa nuestra ciudadanía celestial, podremos llevar vidas obedientes y productivas como ciudadanos piadosos en la tierra.

El gran plan de Dios es que todos y cada uno de los creyentes sean un día "hechos conformes a la imagen de su Hijo" (Ro. 8:29). Esa es **la esperanza a que él** nos **ha llamado,** el destino y la gloria eternos del creyente realizados a plenitud en el reino venidero. La plenitud de esa esperanza será experimentada cuando recibamos **las riquezas** supremas **de la gloria de su herencia en los santos.** Es una verdad demasiado maravillosa para describir con palabras, y esta es la razón por la que la revelación misma de Dios requiere la iluminación de su Espíritu a fin de que los creyentes puedan siquiera empezar a entender la magnitud prodigiosa de las bendiciones de la salvación que existen en la esfera de los santos.

El hecho de que somos hijos gloriosos de Dios y coherederos con Jesucristo de todo lo que Dios posee es la consumación y el fin de la salvación prometida desde el pasado eterno y guardada en esperanza hasta la manifestación futura de Cristo. No hay nada más que buscar, nada más que pueda ser dado o recibido. Lo tenemos todo ahora, y lo tendremos por toda la eternidad.

ENTENDER LA GRANDEZA DEL PODER DE DIOS

y cuál la supereminente grandeza de su poder para con nosotros los que creemos, según la operación del poder de su fuerza, la cual operó en Cristo, resucitándole de los muertos y sentándole a su diestra en los lugares celestiales, (1:19-20)

La segunda petición de Pablo es que el Señor dé a los creyentes entendimiento de su gran **poder** con que va a llevarles a su herencia en gloria. En el versículo 19 Pablo utiliza cuatro sinónimos diferentes en griego para recalcar la grandeza de ese poder.

El primero es *dunamis* (**poder**), del cual obtenemos palabras como dinamita y dinamo. Este **poder** solo es para cristianos, para **nosotros los que creemos**. No solo eso, sino que es todo el poder que jamás nos será ofrecido o que jamás podremos tener. No podría haber más poder, y resulta necio y presuntuoso pedir más. **La supereminente grandeza** del **poder** de Dios es dada a todo creyente, no solo a quienes creen y luego tienen una experiencia mística, reciben una segunda bendición, o realizan alguna supuesta obra adicional para recibir la gracia divina. Una vez que somos salvos, recibimos toda la gracia de Dios y todo su poder, y esto nos asegura que nuestra esperanza eterna es una realidad.

El segundo es *energeia* (**operación**), la fuerza energética del Espíritu que enviste de poder a los creyentes para que puedan vivir para el Señor. El tercero es *kratos* (**poder**, potencia), que también puede traducirse "dominio" (1 Ti. 6:16) o "poder" (He. 2:14). El cuarto es *ischus* (**fuerza**), que alude a la idea de un poder o capacidad dotado. De todas esas maneras el Espíritu Santo llena de poder a los hijos de Dios.

Pablo no oró pidiendo que el poder le fuese dado a los creyentes. ¿Cómo podrían tener más de lo que ya tenían? Oró primero que todo para que recibieran una conciencia divina del poder que poseían en Cristo. Más adelante en la carta (capítulos 4-6) les amonestó que hicieran uso de ese poder viviendo con fidelidad para su Señor.

No necesitamos orar por el poder para evangelizar y dar testimonio de Cristo a otros. Los creyentes ya cuentan con ese poder. El evangelio mismo es "poder de Dios para salvación a todo aquel que cree" (Ro. 1:16). Escribiendo a los tesalonicenses, Pablo les recordó: "Nuestro evangelio no llegó a vosotros en palabras solamente, sino también en poder, en el Espíritu Santo y en plena certidumbre" (1 Ts. 1:5).

No necesitamos pedir a Dios poder para soportar el sufrimiento. Como una introducción a su mención de las múltiples aflicciones que había soportado para el Señor, Pablo comentó: "Pero tenemos este tesoro en vasos de barro, para que la excelencia del poder sea de Dios, y no de nosotros" (2 Co. 4:7).

Tampoco necesitamos orar pidiendo poder para hacer la voluntad de Dios. "Porque Dios es el que en vosotros produce así el querer como el hacer, por su buena voluntad" (Fil. 2:13). Pablo logró realizar su obra para el Señor mediante la fortaleza suministrada por el Señor, "luchando según la potencia de él, la cual actúa poderosamente en mí" (Col. 1:29). Justo antes de su ascensión, Jesús aseguró a sus discípulos: "Pero recibiréis poder, cuando haya venido sobre vosotros el Espíritu Santo" (Hch. 1:8), una dotación que todo creyente recibe en el momento de su salvación. Dios "es poderoso para hacer todas las cosas mucho más abundantemente de lo que pedimos o entendemos, según el poder que actúa en nosotros" (Ef. 3:20). Pedir a Dios más poder es una afrenta al amor y gracia con que nos ha provisto ya de todo lo que necesitamos.

El **poder... la operación** y **su fuerza** sobrenaturales con los que Dios equipa a cada creyente y con los que glorificará a todo creyente, es el mismo que **operó**

en Cristo, resucitándole de los muertos y sentándole a su diestra en los lugares celestiales. Más adelante en la carta Pablo trata el tema del uso del poder de Dios en su servicio (3:20), pero aquí su oración es que entendamos el poder con el que nos guarda y nos asegura el cumplimiento de su esperanza maravillosa, la cual es nuestra en Cristo. Es el poder de resurrección y ascensión, la energía divina que levantó a Cristo de la tumba a la tierra y de la tierra al cielo, es el mismo poder que nos elevará hacia la gloria.

En algunos momentos todos nos sentimos tentados a dudar, a preguntarnos si Dios puede hacer cierta cosa por nosotros o por medio de nosotros, o de llevarnos finalmente a la gloria de su presencia. Pero cuando miramos lo que **operó en Cristo,** lo que logró en su fidelidad hacer a favor de su Hijo, y también lo que nos asegura en el sentido de que con la misma fidelidad llevará a cabo su obra a nuestro favor (por medio de **la supereminente grandeza de su poder para con nosotros los que creemos**), ¿qué argumentos nos quedan para dudar? A la luz de tal certeza garantizada, ¿cómo puede un cristiano sentirse inseguro, abandonado o carente de poder? El mismo poder divino y sin límites que **operó en Cristo, resucitándole de los muertos,** nos levantará también de los muertos, y el mismo poder con que operó en Él **sentándole a su diestra en los lugares celestiales,** es el poder con el cual nos hará sentar allí con Él. Mientras tanto, ese poder de resurrección está a nuestra completa disposición para vivir para su gloria (Ef. 1:19-20; 3:20). Es algo tan cierto que este poder nos llevará a la gloria, que Pablo habló de este evento como si ya hubiera tenido lugar, porque de hecho ya ha ocurrido en el plan eterno de Dios (2:6).

ENTENDER LA GRANDEZA DE LA PERSONA DE DIOS

sobre todo principado y autoridad y poder y señorío, y sobre todo nombre que se nombra, no solo en este siglo, sino también en el venidero; y sometió todas las cosas bajo sus pies, y lo dio por cabeza sobre todas las cosas a la iglesia, la cual es su cuerpo, la plenitud de Aquel que todo lo llena en todo. (1:21-23)

Pasando del poderío de Cristo a su majestad, la tercera petición de Pablo es para que el Señor dé a los creyentes entendimiento de la grandeza de su persona, pues en su carácter les da seguridad y poder inalterables.

Cierta vez, cuando Timoteo se sintió intimidado por las críticas de otros cristianos, de una manera comprensible llegó a desanimarse. Pablo le escribió: "Acuérdate de Jesucristo, del linaje de David, resucitado de los muertos conforme a mi evangelio, en el cual sufro penalidades, hasta prisiones a modo de malhechor; mas la palabra de Dios no está presa. Por tanto, todo lo soporto por amor de los escogidos, para que ellos también obtengan la salvación que es en Cristo Jesús con gloria eterna" (2 Ti. 2:8-10). "Recuerda la grandeza de la Persona que vive dentro de ti", le está diciendo Pablo. "Él fue levantado de los muertos y se ha sentado a la diestra de Dios. Nació de la simiente de David, como un hombre igual a nosotros. Él se identifica con nosotros, nos entiende y simpatiza con nosotros".

Todo cristiano debería tener ese enfoque continuo. Si nos fijamos en Él, nuestros problemas físicos, psicológicos y hasta los espirituales, no van a parecernos tan importantes, porque no solo estaremos en mejor capacidad de ver nuestros problemas como son en realidad, sino que entonces, y solo entonces, tendremos la motivación y el poder correctos y necesarios para resolverlos. Es triste cuando leemos y escuchamos tanto acerca de las cuestiones periféricas de la vida cristiana y tan poco acerca de la Persona quien es la fuente de la vida cristiana. En realidad somos mucho más felices y productivos cuando nuestra atención primordial está fijada en su pureza, grandeza, santidad, poder y majestad. Pablo llama a los corintios a que se fijen con toda atención en su gloria con la visión clara suministrada en el nuevo pacto, de tal forma que podamos llegar a ser semejantes a Él por obra del Espíritu Santo (1 Co. 3:18).

Qué gran bendición podemos tener cuando dejamos nuestros intereses y necesidades de lado para sencillamente enfocarnos en el Señor de gloria, permitiendo al Espíritu Santo hacer en nosotros lo que Pablo le pidió que hiciera en los efesios: darnos un entendimiento profundo de la verdad de que nuestro Señor está **sobre todo principado y autoridad y poder y señorío, y sobre todo nombre que se nombra, no solo en este siglo, sino también en el venidero.** Los términos **principado** (*archē*, que significa líder o superior), **autoridad** (*exousia*), **poder** (*dunamis*), y **señorío** (*kuriotēs*), eran términos judíos tradicionales para designar seres angélicos de gran poder y rango. El punto aquí es que el poder de Cristo aplicado en favor del creyente no puede ser depuesto, negado ni vencido, porque sobrepasa en todo sentido al de las huestes de Satanás que se proponen derrotarlo.

Debe advertirse que el asunto de la guerra cósmica entre Dios, al lado de sus ejércitos de ángeles y Satanás y sus demonios, es un asunto de gran importancia en las Escrituras. La redención es una demostración del poder de Dios delante de los ángeles (3:10). Nuestro conflicto es con estos ángeles caídos que se esfuerzan en frustrar nuestros esfuerzos para Dios (6:12; compárese con 1 P. 3:18-22, que muestra el triunfo de Cristo sobre esos ángeles caídos, el cual obtuvo con su muerte). Satanás y sus huestes de maldad han intentado trastocar el plan de Dios desde el principio y son los enemigos constantes de la obra del reino, pero están destinados a ser derrocados y expulsados por toda la eternidad (Ap. 20:10-15).

Nuestro Señor no solo está por encima de todas las cosas y seres, sino **sobre todo**, por completo fuera de su alcance. Está sobre Satanás y sobre el sistema del mundo que maneja. Está muy por encima de los ángeles santos y de los ángeles caídos, sobre los salvos y los no salvos, tanto en el tiempo como en la eternidad. Él está por sobre todos los nombres, títulos, rangos, niveles, poderes y jurisdicciones en el universo. Dios **sometió todas las cosas bajo sus pies** (una cita de Sal. 8:6; cp. He. 2:8). No existe límite en el tiempo, como Pablo dijo: Cristo será supremo **no solo en este siglo, sino también en el venidero,** es decir, en el reino eterno del Señor Jesucristo (cp. 2:7).

Lo que es más importante, en lo que concierne a los creyentes, Dios **lo dio por cabeza sobre todas las cosas a la iglesia, la cual es su cuerpo, la plenitud de Aquel que todo lo llena en todo.** Cristo no solo es la **cabeza** de la iglesia sino su **plenitud.** Puesto que Él tiene una relación tan única e íntima con los redimidos a quienes ama, todo su poder será usado en favor de ellos para cumplir su propósito de amor para con ellos. Él está por entero sobre nosotros y también por completo en nosotros, siendo nuestro Señor supremo y poder supremo. La iglesia es **la plenitud** o el complemento perfecto (*plērōma*) de Cristo. Así como una cabeza debe tener un cuerpo para que se pueda manifestar la gloria de esa cabeza, también el Señor debe tener la iglesia para manifestar su gloria (3:10). Jesucristo es **Aquel** único ser a quien se aplica de verdad la palabra *incomparable;* sin embargo, ha hecho algo asombroso y que nos llena de seguridad, nos ha escogido para desplegar su majestad incomparable. Él nos garantiza que nos llevará a la gloria para que podamos manifestar por siempre la alabanza de su gloria.

El Cristo incomparable es incompleto hasta que **la iglesia, la cual es su cuerpo,** sea completa. Jesucristo es el único que **todo lo llena en todo** y Él da su plenitud a los creyentes, pero en la sabiduría y gracia de Dios, los creyentes, como **la iglesia,** también se constituyen en **la plenitud de Aquel que todo lo llena en todo.** Juan Calvino dijo: "Este es el honor más sublime de la iglesia, que hasta el momento en que Él esté unido a nosotros, el Hijo de Dios se considere a sí mismo incompleto en alguna medida. Es un consuelo para nosotros enterarnos de que solo hasta que estemos en su presencia Él poseerá de hecho todas sus partes, y querrá ser considerado como completo".

El punto central de esta gran petición es que podamos comprender cuán seguros estamos en Cristo y cuán inquebrantable e inmutable es nuestra esperanza de herencia espiritual. El poder de la glorificación es invencible y opera en el presente para llevarnos a la gloria.

Vivificados en Cristo 6

Y él os dio vida a vosotros, cuando estabais muertos en vuestros delitos y pecados, en los cuales anduvisteis en otro tiempo, siguiendo la corriente de este mundo, conforme al príncipe de la potestad del aire, el espíritu que ahora opera en los hijos de desobediencia, entre los cuales también todos nosotros vivimos en otro tiempo en los deseos de nuestra carne, haciendo la voluntad de la carne y de los pensamientos, y éramos por naturaleza hijos de ira, lo mismo que los demás. Pero Dios, que es rico en misericordia, por su gran amor con que nos amó, aun estando nosotros muertos en pecados, nos dio vida juntamente con Cristo (por gracia sois salvos), y juntamente con él nos resucitó, y asimismo nos hizo sentar en los lugares celestiales con Cristo Jesús, para mostrar en los siglos venideros las abundantes riquezas de su gracia en su bondad para con nosotros en Cristo Jesús. Porque por gracia sois salvos por medio de la fe; y esto no de vosotros, pues es don de Dios; no por obras, para que nadie se gloríe. Porque somos hechura suya, creados en Cristo Jesús para buenas obras, las cuales Dios preparó de antemano para que anduviésemos en ellas. (2:1-10)

Hace unos años, hablé a un grupo de actores y actrices y les presenté el evangelio de Jesucristo. Después de la conferencia, un apuesto joven de la India se acercó y me dijo que era musulmán y que quería tener a Jesucristo. Fuimos a una sala del lugar, y tras explicarle el evangelio con más detalles, él hizo la oración de aceptación. Tras abrir sus ojos dijo: "¡Qué maravilla! Ahora tengo a Jesús y a Mahoma". Con desilusión considerable, tuve que decirle que Jesús no podía ser sacado de una especie de vitrina de divinidades puestas a la venta y añadido a cualquier otra cantidad de dioses que pudiera tener una persona. Cuando Él es Señor, no puede haber otros al lado de Él. Ese es apenas un pequeño ejemplo de las múltiples maneras incorrectas de entender el significado de la salvación.

En Efesios 2:1-10 Pablo aclara lo que significa recibir la salvación y ser parte del cuerpo de Cristo, la iglesia. Aquí el apóstol pasa del pasado eterno a la esfera del tiempo. Describe el acto y el proceso de la salvación, el milagro que atrae los hombres para que se involucren en el plan eterno delineado en el capítulo 1. En sentido contextual esta sección se fundamenta en el pensamiento de 1:19, donde Pablo introduce el gran poder de Cristo para con nosotros los que creemos, y luego escribe acerca de ese poder eterno en la vida de Cristo. Ahora regresa al aspecto temporal para mostrar ese mismo poder en nuestra salvación.

En los primeros diez versículos Pablo presenta el pasado, presente y futuro del cristiano: lo que era (vv. 1-3), lo que es (vv. 4-6, 8-9), y lo que será (vv. 7, 10). Dentro de este marco de referencia el apóstol expone seis aspectos de la salvación: es del pecado (vv. 1-3), es por amor (v. 4), es para entrar en la vida (v. 5), es con un propósito (vv. 6-7), es por medio de la fe (vv. 8-9), y es para buenas obras (v. 10). El primer aspecto está en el pasado, los siguientes cuatro aspectos (a excepción de la segunda parte de "propósito", v. 7), pertenecen al presente, y el último aspecto (incluido el v. 7), se relaciona con el futuro.

LA SALVACIÓN ES DEL PECADO

Y él os dio vida a vosotros, cuando estabais muertos en vuestros delitos y pecados, en los cuales anduvisteis en otro tiempo, siguiendo la corriente de este mundo, conforme al príncipe de la potestad del aire, el espíritu que ahora opera en los hijos de desobediencia, entre los cuales también todos nosotros vivimos en otro tiempo en los deseos de nuestra carne, haciendo la voluntad de la carne y de los pensamientos, y éramos por naturaleza hijos de ira, lo mismo que los demás. (2:1-3)

En primer lugar, la salvación es del pecado, que es la realidad que caracteriza la vida humana antes de Cristo. Estos tres versículos son quizá una de las declaraciones más rotundas en las Escrituras sobre la pecaminosidad del hombre aparte de Cristo.

El salario o la paga que se da a cambio del pecado es la muerte (Ro. 6:23), y debido a que el hombre nace en pecado, también nace para muerte. El hombre no *se convierte* en un muerto espiritual a causa de los pecados que comete, sino que *está* muerto espiritualmente porque es por naturaleza pecaminoso. A excepción de Jesucristo, esa es la condición de todos los seres humanos desde la caída, incluido todo creyente antes de haber sido salvo. Es la condición pasada de los creyentes y la condición presente de todos los demás.

El problema básico del hombre no es que haya perdido la armonía con su herencia genética o con su ambiente, sino que está por completo fuera de armonía con su Creador. Su problema principal no es que sea incapaz de establecer relaciones significativas con otros seres humanos, sino que carece de una relación correcta con Dios, de quien está alienado a causa del pecado (Ef. 4:18). Su condición no tiene que ver con el modo en que vive; tiene que ver con el hecho de que está muerto aun mientras parece estar vivo. Está muerto espiritualmente al mismo tiempo que está vivo físicamente. Puesto que está muerto para Dios, está muerto ante la vida espiritual, la verdad, la justicia, la paz interior y la felicidad, y muerto para todas las demás cosas buenas.

Uno de los primeros indicios de muerte física es la incapacidad del cuerpo para responder a estímulos de cualquier clase. Una persona muerta no puede reaccionar. Ya no responde a agentes externos como luz, ruido, olores, sabores, dolor, o cualquier otra cosa. Es por completo insensible.

Cierto día un joven llegó a golpear la puerta de mi oficina. Al abrir la puerta vi que estaba llorando y le faltaba el aliento. Me dijo: "¿Usted es el reverendo?". Tras decirle que sí me dijo: "Venga, por favor venga rápido". Corrí detrás de él cruzando una o dos calles y entramos a una casa. Adentro estaba una joven mujer que lloraba descontrolada. Ella dijo: "¡Mi bebé está muerto! ¡Mi bebé está muerto!". Tendido sobre la cama estaba el cuerpo inmóvil de su hijo de tres meses. Había tratado de revivirlo pero nada parecía ayudar, el bebé no mostraba señales de vida. La madre le acarició, le besó, le habló y derramó lágrimas sobre su diminuta cabeza, pero el niño no respondió de ninguna manera. Tan pronto llegó el personal de la ambulancia, ellos trataron de hacer que el niño respirara, pero sin resultados. No había en aquel cuerpo una vida que respondiera, ni siquiera al amor poderoso de una madre.

Así también es la muerte espiritual. Una persona que está muerta espiritualmente carece de vida para poder responder a las cosas espirituales, mucho menos para vivir una vida espiritual. Ninguna cantidad de amor, cuidado y palabras de afecto por parte de Dios pueden generar una respuesta. Una persona muerta espiritualmente está alienada de Dios y por ende alienada de la vida verdadera. No tiene capacidad para responder. Como el gran comentarista escocés John Eadie dijo: "Es un caso de muerte andante". Los hombres aparte de Dios son muertos ambulantes que ni siquiera saben que están muertos. Realizan de manera mecánica todas las rutinas de la vida pero no poseen vida como tal.

Después que Jesús llamó a cierto hombre a seguirle, el hombre pidió permiso para ir primero a enterrar a su padre, que en sentido figurado significaba esperar hasta que su padre muriera a fin de recibir la herencia. Jesús respondió, indicando la condición de muerte espiritual y estableciendo una conexión entre los dos tipos de muerte: "Sígueme; deja que los muertos entierren a sus muertos" (Mt. 8:21-22). La preocupación del hombre no era por su padre, ya que es probable que ni siquiera estuviese cerca de la muerte física, sino por las cosas del mundo físico. Ese hombre quería encargarse primero de asegurar su bienestar material y no mostró un deseo genuino por el espiritual. En los consejos que

Pablo dio a Timoteo con respecto a las viudas en la iglesia, dijo acerca de las que eran desvergonzadas: "la que se entrega a los placeres, viviendo está muerta" (1 Ti. 5:6). Vivir al mismo tiempo que se está muerto es la triste condición de todo ser humano no redimido.

Antes de ser salvos nosotros éramos como cualquier otra persona que está separada de Dios: **muertos en** nuestros **delitos y pecados**. En griego se utiliza aquí un caso locativo que alude al reino o la esfera en que algo o alguien existe. No estábamos **muertos** a causa de haber cometido pecados, sino porque estábamos **en** pecado. En este contexto **delitos y pecados** no es una simple referencia a actos pecaminosos, sino en primer lugar a la esfera de existencia de la persona que está separada de Dios. El pecador no se convierte en mentiroso cuando dice una mentira, sino que dice una mentira porque ya es un mentiroso. No se convierte en ladrón cuando roba, sino que roba porque ya es un ladrón. Lo mismo es cierto con respecto al homicidio, el adulterio, la codicia y todos los demás pecados. El hecho de cometer actos pecaminosos no nos convierte en pecadores; cometemos actos de pecado porque *somos* pecadores. Jesús confirmó esto cuando dijo: "El hombre malo, del mal tesoro saca cosas malas" (Mt. 12:35), y "lo que sale de la boca, del corazón sale; y esto contamina al hombre. Porque del corazón salen los malos pensamientos, los homicidios, los adulterios, las fornicaciones, los hurtos, los falsos testimonios, las blasfemias" (Mt. 15:18-19).

La palabra *paraptōma* (**delitos**) significa resbalar, caer, tropezar, desviarse o ir en la dirección errada. *Hamartia* (**pecados**) aludía originalmente al concepto de errar el blanco, como sucede en la cacería con arco y flecha. Después llegó a representar cualquier falla u omisión en alguna meta, norma o propósito. En el campo espiritual se refiere a ignorar o incumplir la norma de santidad de Dios, y por eso el pecado nos mantiene destituidos de la gloria de Dios. En el Nuevo Testamento es el término más común y general para aludir al pecado (se emplea en 173 ocasiones). Pablo no usa los dos términos aquí para indicar clases diferentes de transgresión sino solo para hacer énfasis en el alcance de la pecaminosidad que viene como resultado de la condición humana de muerte espiritual.

La declaración de Pablo: "por cuanto todos pecaron, y están destituidos de la gloria de Dios" (Ro. 3:23) no presenta dos verdades, sino dos perspectivas de la misma verdad. El pecado equivale a destitución de la gloria de Dios, y ser destituido de la gloria de Dios equivale a estar en pecado. Como Pablo explicó dos capítulos antes en Romanos, en su sentido más básico el pecado consiste en dejar de glorificar a Dios. Aunque la humanidad caída había "conocido a Dios, no le glorificaron como a Dios" (1:21). De todos los epitafios que pudieron haberse escrito para Herodes, las palabras de Hechos 12:23 son las más apropiadas: "Un ángel del Señor le hirió, por cuanto no dio la gloria a Dios; y expiró comido de gusanos".

El hecho de que todos los hombres separados de Dios son pecadores no significa que toda persona sea corrupta y perversa por igual. Veinte cadáveres en un campo de batalla pueden encontrarse en diferentes fases de descomposición, pero la característica uniforme es que todos están muertos por igual. La muerte se manifiesta en muchas formas y grados diferentes, pero la muerte en sí no tiene grados. El pecado se manifiesta en muchas formas y grados diferentes, pero la condición de pecado como tal no tiene diversos grados. No todos los hombres son tan malvados como pudieran ser, pero ninguno llega a la altura de la norma de perfección de Dios.

Como condición del ser y una esfera de la existencia, el pecado tiene que ver más con lo que no se hace que con lo que se hace. La norma de Dios para los hombres es que sean perfectos así como Él es perfecto (Mt. 5:48). Jesús no dio una norma nueva sino que replanteó una antigua. Tampoco el mandato de Dios "seréis santos, porque yo soy santo" (Lv. 11:44; cp. 1 P. 1:16) creó una nueva norma para la humanidad o para su pueblo escogido. Dios nunca ha tenido otra norma para el hombre aparte de la santidad perfecta.

Es a causa de esa norma perfecta de santidad que los hombres separados de Dios no pueden ser más que pecadores. Debido a que el ser humano está separado de Dios, no puede hacer más que incumplir la norma de Dios y ser destituido de su gloria. Sin importar cuántas cosas buenas haga o trate de hacer, la norma que consiste en nunca hacer o nunca haber hecho mal es del todo inalcanzable.

El estado común de pecado en que está inmerso el hombre se ha comparado a veces con un grupo variado de personas que están de pie a lo largo de la rivera de un río ancho, el cual tiene cerca de un kilómetro de distancia entre sus orillas. Cada persona está tratando de saltar hasta el otro lado. Los niños y los ancianos apenas alcanzan un par de metros, los niños más grandes y los adultos ágiles pueden saltar casi el doble, y unos cuantos atletas pueden saltar aun más lejos. Pero ninguno de ellos se acerca en lo más mínimo al otro lado del río. Sus diversos grados de éxito solo se diferencian en relación de unos con otros, pero con relación al logro de la meta fijada todos son fracasos por igual.

A lo largo de la historia las personas han mostrado una gran diversidad en sus grados humanos de bondad y maldad, pero con relación a alcanzar la santidad de Dios todos han fracasado por igual. Por esa razón la persona buena, colaboradora, amable, considerada y generosa, necesita de salvación tanto como el homicida múltiple que está condenado a muerte. La persona que es un buen padre, un cónyuge amoroso, un trabajador honesto y un ciudadano humanitario, necesita a Jesucristo para salvarse de la condenación eterna del infierno, tanto como cualquier malhechor o terrorista despiadado. Es cierto que no llevan vidas igualmente pecaminosas, pero se encuentran en la misma condición de pecado e igualmente separados de Dios y de la vida espiritual.

Jesús dijo: "Si hacéis bien a los que os hacen bien, ¿qué mérito tenéis? Porque también los pecadores hacen lo mismo" (Lc. 6:33). En otra ocasión dijo: "Vosotros, siendo malos, sabéis dar buenas dádivas a vuestros hijos" (Lc. 11:13). Una persona separada de Dios puede hacer cosas humanamente buenas, pero como el Señor enseña en ambas declaraciones, tal persona sigue siendo un pecador y es mala por naturaleza, además que hace lo que hace por motivos diferentes a dar gloria a Dios. La vez que Pablo y los demás naufragaron en la isla de Malta, Lucas informa que "los naturales nos trataron con no poca humanidad" (Hch. 28:2); sin embargo, esto no quiere decir que ellos dejaron de ser paganos y supersticiosos (v. 6). El bien que haga un pecador es algo bueno, pero no puede cambiar su naturaleza o su esfera básica de existencia, y tampoco puede reconciliarle con Dios.

La bondad en las relaciones humanas resulta de beneficio para otros y es más agradable a Dios, de hecho constituye un paso en la dirección correcta. No obstante, así una persona dé cien mil pasos de esa clase no va a estar más cerca de Dios. Puesto que aquello que le separa de Dios es su condición de pecador o pecaminosidad y no sus pecados particulares, sus actos particulares de bondad no pueden reconciliarle con Dios.

Durante el segundo discurso de despedida de Jesús a sus discípulos Él dijo: "Y cuando él [el Espíritu Santo] venga, convencerá al mundo de pecado" (Jn. 16:8). El pecado del que convencerá a los hombres es el pecado de no creer en Jesucristo (v. 9). Ese es el pecado de separación, el pecado que ocasiona y refleja la alienación del hombre frente a Dios. Es el pecado de no aceptar a Dios como Dios y a Cristo como Salvador, el pecado de rechazo. No se trata de actos o declaraciones particulares de rechazo sino la esfera de rechazo en la que existen los no salvos y les mantiene separados de Dios. Ese es el estado de muerte espiritual, la condición de los seres humanos que están **muertos en... delitos y pecados.**

En la condición de muerte espiritual, la única manera de andar o de vivir que una persona puede tener es **siguiendo la corriente de este mundo, conforme al príncipe de la potestad del aire, el espíritu que ahora opera en los hijos de desobediencia.** *Kosmos* (**mundo**) no representa aquí simplemente la creación física sino el orden de cosas propio del mundo, el sistema mundano de valores y la manera de hacer las cosas en el mundo, **la corriente de este mundo.** Como Pablo deja en claro, **la corriente de este mundo** sigue el liderazgo y designio de Satanás, **el príncipe de la potestad del aire.**

Lo que llamamos con frecuencia "el espíritu de la época" refleja esa **corriente** o tendencia general **de este mundo,** una corriente en la cual los hombres mantienen un acuerdo básico acerca de lo que es correcto e incorrecto, valioso y carente de valor, importante e irrelevante, etc. Los hombres pecadores tienen muchas ideas y normas diferentes, pero están en acuerdo total en el sentido de que la operación conjunta de las cosas propias **de este mundo** es más importante que la perspectiva divina de Dios. En este marco básico y global del mundo todos tienen una sola mentalidad. Trabajan con resolución para alcanzar las metas y realizar los valores de su sistema, aunque desafíen a Dios y siempre les lleve a la autodestrucción. Los pecadores son persistentes en su rechazo y cuanto peor sea su sistema, mayores serán sus intentos para tratar de justificarlo y condenar a quienes pronuncian la Palabra de Dios en su contra. Son de una sola mente porque tienen un líder y señor común, **el príncipe de la potestad del aire**. Satanás es ahora el "príncipe de este mundo", y hasta que el Señor le eche fuera (Jn. 12:31) seguirá actuando como tal. **La potestad** [o autoridad] **del aire** es una referencia a las hordas de demonios de Satanás que existen en la esfera celeste. Pablo tiene esto en mente en Efesios 6:12, donde advierte acerca de "huestes espirituales de maldad en las regiones celestes". Durante el tiempo presente él y su hueste demoníaca dominan, presionan y controlan a toda persona que no sea salva. Es la personificación de la muerte espiritual porque es la personificación de la rebelión en contra de Dios, y así también es el sistema que ha forjado.

Los tres elementos que más caracterizan el sistema actual **de este mundo** son humanismo, materialismo y sexo ilícito. El humanismo coloca al hombre por encima de todo lo demás. El hombre es la medida y el fin de todas las cosas. Cada hombre es su propio jefe, su propia norma de rectitud y su propia fuente de autoridad. En resumen, cada hombre es su propio dios. El materialismo atribuye un alto valor a cosas físicas, en especial el dinero porque es el medio para adquirir todas las demás cosas físicas. La perversión sexual domina la sociedad occidental moderna como no ha dominado a otras sociedades desde los períodos más envilecidos de las antiguas Grecia y Roma. Al lado de la apelación humanista al interés egoísta y la apelación materialista al engrandecimiento individual, la corrupción sexual se utiliza para fomentar y persuadir prácticamente en todos los campos de la mercadotecnia a partir de la indulgencia en todos los apetitos de la carne. Ese triunvirato representa el espíritu de nuestra época y **la corriente** actual **de este mundo.**

Satanás es el *archōn*, **el príncipe** que gobierna sobre este sistema del mundo. No es que necesariamente todas las personas no salvas tengan a Satanás en su interior todo el tiempo o estén poseídas por demonios, pero tanto de manera consciente como inconsciente, están sujetas a la influencia de Satanás. Puesto que participan de su naturaleza de pecaminosidad y existen en la misma esfera de rebelión contra Dios, responden de manera natural a su dirección y a la influencia de sus demonios. Se encuentran sintonizados en la misma longitud de onda espiritual.

Igual que el **mundo**, el **aire** sobre el que Satanás tiene **potestad** y control representa la esfera donde se movilizan los demonios. Aire puede utilizarse aquí en sentido metafórico, como cuando hablamos de un "aire de expectación". En este contexto **mundo** y **aire** serían casi sinónimos porque ambos representan un reino, una esfera o campo de acción e influencia. En ese caso sería una referencia al campo de las ideas, las creencias y las convicciones sobre las que Satanás opera en la actualidad como **príncipe**. Sin embargo, no es lo que Pablo tiene en mente aquí o en 6:12. Está pensando más bien en el hecho de que Satanás gobierna sobre **la potestad** (los demonios) que ocupan el aire (la esfera celeste alrededor de la tierra). Los hombres no son libres e independientes, sino que son objeto de un dominio total por parte de las huestes del infierno.

Andar **siguiendo la corriente de este mundo, conforme al príncipe de la potestad del aire,** equivale a pensar y vivir de acuerdo a las conjeturas, ideologías y normas sobre las que el pecado y Satanás tienen control, y ser dominados por seres malignos sobrenaturales. El fin supremo que Satanás tiene con los hombres no solo es hacer que hagan cosas malas (la carne se encarga de ello por sí sola, como lo aclara en detalle Gálatas 5:19-21), sino que piensen y crean cosas malas, en especial con respecto a Dios (cp. 2 Co. 11:13-15). Debido a que la humanidad caída y las huestes de Satanás existen en la misma esfera espiritual, es bastante natural que su espíritu sea **el** mismo **espíritu que ahora opera en los hijos de desobediencia.** El **príncipe** de la desobediencia **opera en** (la palabra **en** hace énfasis en el carácter íntimo de la relación) sus seguidores voluntarios, aquellos que no tienen consideración alguna por la Palabra y la voluntad de Dios y son llamados aquí **los hijos de desobediencia** (un término semítico que describe a una persona que se caracteriza por ser rebelde y contumaz), de quienes ha sido su padre espiritual (Jn. 8:38-44). Pablo deja en claro esta característica que identifica la desobediencia a Dios cuando declara en términos absolutos: "¿No sabéis que si os sometéis a alguien como esclavos para obedecerle, sois esclavos de aquel a quien obedecéis, sea del pecado para muerte, o sea de la obediencia para justicia?" (Ro. 6:16). Luego caracteriza a los creyentes como personas que obedecen a Dios: "habéis obedecido de corazón" (v. 17).

Aquí el propósito primordial de Pablo no es mostrar cómo viven ahora los no salvos, aunque la enseñanza es valiosa para tal fin, sino recordar a los creyentes la manera como ellos anduvieron y vivieron **en otro tiempo.** Lo cierto es que **también todos nosotros vivimos en otro tiempo en los deseos de nuestra carne, haciendo la voluntad de la carne y de los pensamientos, y éramos por naturaleza hijos de ira, lo mismo que los demás.**

Epithumia (**deseos**) se refiere a inclinaciones y deseos fuertes de todo tipo, no solo a la lujuria sexual. *Thelēma* (**voluntad**) hace énfasis en tener una disposición fuerte y en procurar algo con gran diligencia. Al igual que **delitos y pecados, deseos y voluntad** son palabras que no se incluyen para mostrar que se trata de dos cosas diferentes, sino de cosas que son muy comunes. Se usan como sinónimos para representar la orientación completa del hombre caído hacia la realización de sus fines egoístas. Por naturaleza está motivado a satisfacer los **deseos** y la **voluntad** de su **carne** y de sus **pensamientos** pecaminosos. La **carne** (*sarx*) se refiere a la disipación de vida que trae como resultado que el individuo se abandone para hacer todo lo que sus sentidos le digan que es bueno. Los **pensamientos** (*dianoia*) o la mente, tienen que ver con las decisiones deliberadas que se oponen a la voluntad de Dios.

Todo creyente estuvo alguna vez perdido del todo en el sistema del **mundo,** la **carne** y el diablo, que es **el príncipe** sobre los demonios que a su vez son **la potestad del aire.** Esos son los tres grandes campos de batalla donde el hombre caído pierde a diario en contra de sus enemigos espirituales, y sin embargo, se trata de enemigos con los cuales, por naturaleza, está ahora aliado (cp. 1 Jn. 2:16). En lugar de que todos los hombres sean hijos de Dios, como le gusta creer a la mayor parte del mundo, quienes no han recibido salvación por medio de Jesucristo son **por naturaleza hijos de ira** (cp. Jn. 3:18). Aparte de la reconciliación con Cristo, toda persona por naturaleza (mediante el nacimiento humano) es el objeto de la **ira** de Dios, su juicio y condenación eternos. Se describen con precisión, no solo como **los hijos de desobediencia,** sino en consecuencia como **hijos de ira,** objetos del justo juicio condenatorio de Dios.

A pesar de que antes nos caracterizábamos también por ser **lo mismo que los demás,** por medio de la fe en el Salvador ya no somos como ellos. Gracias a la obra pasada de salvación realizada por Cristo en nosotros, estamos bajo su amor en el presente y por la eternidad, así como también librados de la condición humana y natural de muerte, pecado, alienación, desobediencia, control demoníaco, lujuria y juicio divino.

LA SALVACIÓN ES POR AMOR

Pero Dios, que es rico en misericordia, por su gran amor con que nos amó, (2:4)

La salvación es *del* pecado y *por* **amor.** La **misericordia** de Dios es abundante, sin medida e ilimitada, porque Él es **rico** (*plousios*) en ese maravilloso recurso divino. El problema con la reconciliación no está en el lado del Señor. **Pero Dios** son las dos palabras que muestran quién tuvo la iniciativa para suministrar el poder para la salvación de todos los seres humanos. Su gran deseo es que sus criaturas se unan de nuevo a Él, quien las hizo a su propia imagen y para su propia gloria. La rebelión y el rechazo se dan en el lado del hombre. Puesto que el Señor fue **rico en misericordia** hacia nosotros y tuvo un **gran amor** por nosotros, proveyó la manera en que pudiésemos volver a Él. En Romanos 11:32 el apóstol Pablo se enfoca en este mismo asunto al decir: "Porque Dios sujetó a todos en desobediencia, para tener misericordia de todos". Su propósito al hacer esto se expresa en el versículo 36: "Porque de él, y por él, y *para* él, son todas las cosas. A él sea la gloria por los siglos. Amén" (cursivas añadidas).

La salvación es para la gloria de Dios y con la motivación y el poder del **gran amor** de Dios, quien de manera intrínseca es bondadoso, misericordioso y amoroso. Él en su amor extiende sus brazos a seres humanos viles, llenos de pecado, rebeldes, depravados, apáticos y condenados, y les ofrece salvación y todas las bendiciones eternas que ella trae. Por ende, la rebelión del hombre no solo va en contra del señorío y la ley de Dios sino en contra de su **amor.**

Si una persona condujera a alta velocidad por una calle y en su imprevisión le quita la vida a un niño, es probable que sea arrestada, juzgada, multada y encarcelada por homicidio culposo. Después de pagar la multa y cumplir la sentencia quedaría en libertad y libre de culpa ante la ley con relación a ese delito. Sin embargo, el pago de su pena ante la ley no lograría jamás devolver la vida al niño ni aliviar la tristeza de los padres. El agravio contra ellos existiría a un nivel mucho más profundo e inalcanzable. La única manera como se podría establecer o restaurar una relación entre los padres y el hombre que mató a su hijo, sería que los padres ofrecieran su perdón. Sin importar cuánto quisiera el hombre producir la reconciliación de su parte, nunca lo podría hacer. Solo la parte ofendida puede ofrecer perdón, y solo el perdón puede traer reconciliación.

Aunque Dios ha sido ofendido en gran manera por el pecado del hombre (como se ilustra en la parábola de Mt. 18:23-35), a causa de ser **rico en misericordia** y en virtud de **su gran amor,** Él nos ofreció perdón y reconciliación, tal como lo sigue haciendo a cada pecador arrepentido. Aunque en su pecado y rebelión todos los hombres participaron en la injusticia infinita de la crucifixión de Jesús, la **misericordia** y el **amor** de Dios proveen un camino para que ellos participen en la justicia eterna de su crucifixión. "Yo sé qué eres y qué has hecho", Él dice, "pero a causa de mi **gran amor** por ti, tu castigo ha sido pagado y el juicio de mi ley contra ti ha sido satisfecho, por medio de la obra de mi Hijo a tu favor. Por amor de Él te ofrezco perdón. Para venir a mí solo necesitas venir a Él". Él no solo nos amó lo suficiente para perdonar, sino también lo suficiente para morir por aquellos que le habían ofendido. "Nadie tiene mayor amor que este, que uno ponga su vida por sus amigos" (Jn. 15:13). El amor compasivo de Dios hacia quienes no lo merecen es lo que hace posible la salvación.

LA SALVACIÓN ES PARA ENTRAR EN LA VIDA

aun estando nosotros muertos en pecados, nos dio vida juntamente con Cristo (por gracia sois salvos), (2:5)

Por encima de todo lo demás, los que están **muertos en pecados** necesitan recibir **vida.** Eso es lo que da la salvación, vida espiritual. A fin de animar a creyentes que dudan del poder de Cristo en sus vidas, Pablo les recuerda que si Dios tuvo el poder y amor suficientes para darles vida espiritual **juntamente con Cristo,** es por cierto capaz de sustentar esa vida por siempre. El poder que nos resucitó de en medio del pecado y la muerte y que nos ha hecho vivos (tiempo verbal aoristo) **juntamente con Cristo** (cp. Ro. 6:1-7), es el mismo poder que continúa llenando de energía y dinamismo cada parte de nuestra vida cristiana (Ro. 6:11-13). Aquí la palabra **nos** hace énfasis en la vinculación de judío y gentil al hablar de "vosotros" en el versículo 1. Los dos por igual están en pecado y pueden recibir misericordia de Dios y vida juntamente con Cristo.

Al convertirnos en cristianos dejamos de estar alienados de la vida de Dios. Llegamos a tener **vida** espiritual a través de nuestra unión con la muerte y resurrección de Cristo, y de ese modo por primera vez llegamos a ser sensibles a Dios. Pablo llama esto andar "en vida nueva" (Ro. 6:4). Por primera vez pudimos entender la verdad espiritual y desear las cosas espirituales. Puesto que ahora tenemos la naturaleza de Dios, podemos buscar las cosas de Dios, "las cosas de arriba" en lugar de "las de la tierra" (Col. 3:2). Esto es lo que viene como resultado de haber recibido **vida juntamente con Cristo.** "Y si morimos con Cristo, creemos que también viviremos con él" (Ro. 6:8), dice el apóstol, y nuestra nueva vida no se puede distinguir de su propia vida vivida en nosotros (Gá. 2:20). En Cristo no podemos evitar el ser agradables a Dios.

LA SALVACIÓN ES CON UN PROPÓSITO

y juntamente con él nos resucitó, y asimismo nos hizo sentar en los lugares celestiales con Cristo Jesús, para mostrar en los siglos venideros las abundantes riquezas de su gracia en su bondad para con nosotros en Cristo Jesús. (2:6-7)

La salvación tiene un propósito, tanto con relación a nosotros como con relación a Dios. El resultado más inmediato y directo de la salvación es que Dios **juntamente con él nos resucitó, y asimismo nos hizo sentar en los lugares celestiales con Cristo Jesús.** No solo estamos muertos al pecado y vivos para la justicia mediante su resurrección, en la cual somos resucitados, sino que también disfrutamos su exaltación y somos hechos partícipes de su gloria preeminente.

Después que Jesús levantó a Lázaro de entre los muertos su primera instrucción fue: "Desatadle, y dejadle ir" (Jn. 11:44). Una persona viva no puede funcionar mientras siga envuelta en las ataduras de la muerte. Debido a que nuestra nueva ciudadanía por medio de Cristo está en los cielos (Fil. 3:20), Dios nos sienta **en los lugares celestiales con Cristo Jesús.** Ya no pertenecemos a este mundo presente ni estamos en su esfera de pecaminosidad y rebelión. Hemos sido rescatados de la muerte espiritual y hemos recibido vida espiritual con el fin de estar **con Cristo Jesús en los lugares celestiales.** Aquí, como en 1:3, **los lugares celestiales** se refiere a la esfera sobrenatural donde Dios reina, aunque en 6:12 se refiere a la esfera sobrenatural donde Satanás rige.

El verbo griego detrás de **sentar** está en tiempo aoristo y hace énfasis en el carácter absoluto de esta promesa al hablar de ella como si ya hubiera tenido lugar por completo. Aunque todavía no hemos heredado todo lo que Dios tiene para nosotros en Cristo, estar **en los lugares celestiales** equivale a estar en el dominio de Dios y no en el de Satanás, en la esfera de la vida espiritual y no en el campo de la muerte espiritual. Allí es donde se encuentran nuestras bendiciones y donde tenemos comunión con el Padre, el Hijo, el Espíritu Santo, y con todos los santos que han ido antes de nosotros y que irán después de nosotros. Es el lugar de donde proceden todos los mandatos de Dios para nosotros y donde van todas nuestras peticiones y expresiones de alabanza. Algún día recibiremos "una herencia incorruptible, incontaminada e inmarcesible, reservada en los cielos para [nosotros]" (1 P. 1:4)

La frase **para mostrar** indica que el propósito de que seamos exaltados a la esfera sobrenatural de preservación y poder de Dios es que seamos bendecidos para siempre, pero esto no es algo para nuestro beneficio y gloria solamente. El propósito mayor de Dios con la salvación es por su propia causa, **para mostrar en los siglos venideros las abundantes riquezas de su gracia en su bondad para con nosotros en Cristo Jesús.** Es obvio que tal propósito redunda también para nuestro beneficio, pero primero que todo para el de Dios, porque hace manifiestas por toda la eternidad **las abundantes riquezas de su gracia** (cp. 3:10). Por medio de su **bondad** interminable **para con nosotros en Cristo Jesús,** el Padre se glorifica al bendecirnos. Desde el momento de la salvación y a través de **los siglos venideros,** nunca dejamos de recibir la **gracia** y la **bondad** de Dios. **Los siglos venideros** difiere del siglo venidero mencionado en 1:21 y se refiere de manera específica a la eternidad. Él se glorifica bendiciéndonos por toda la eternidad con "toda bendición espiritual en los lugares celestiales en Cristo" (1:3) y al concedernos su **gracia** y **bondad** sin límites. El cielo entero le glorificará a causa de lo que ha hecho por nosotros (Ap. 7:10-12).

LA SALVACIÓN ES POR MEDIO DE LA FE

Porque por gracia sois salvos por medio de la fe; y esto no de vosotros, pues es don de Dios; no por obras, para que nadie se gloríe. (2:8-9)

Nuestra respuesta en la salvación es **la fe,** pero ni siquiera esto es **de nosotros, pues es don de Dios.** La **fe** no es algo que ejercemos en nuestro propio poder o con nuestros propios recursos. En primer lugar, no *tenemos* poder ni recursos adecuados para ello. Además de esto, Dios preferiría que no confiásemos en tales cosas aun si las tuviéramos. De otro modo la salvación sería en parte por nuestras propias **obras,** y tendríamos alguna razón para jactarnos de nosotros mismos. Pablo se propone hacer énfasis en que hasta la fe es ajena para nosotros mientras no nos sea dada por Dios.

Algunos han objetado esta interpretación diciendo que **la fe** (*pistis*) tiene declinación femenina, mientras que **esto** (*touto*) es neutro. Lo cierto es que no hay problema en ello mientras se entienda que la palabra **esto** no se refiere con exactitud al sustantivo **fe** sino al acto de creer. Además, esta interpretación pone el mejor sentido al texto porque si **esto** se refiere a **por gracia sois salvos** (es decir, a la declaración completa), la adición de **y esto no de vosotros, pues es don de Dios** sería redundante, porque gracia se define como un acto que Dios realiza a nuestro favor sin merecerlo. Si la salvación es por gracia, tiene que ser un regalo inmerecido de Dios. La fe es presentada como un regalo de Dios en 2 Pedro 1:1; Filipenses 1:29 y Hechos 3:16.

Se narra la historia de un hombre que llegó entusiasmado pero muy retrasado a una reunión de avivamiento y encontró a los trabajadores desarmando la tienda de campaña donde se habían realizado las reuniones. Frenético al darse cuenta de que no podría escuchar al evangelista, decidió preguntar a uno de los trabajadores qué podía hacer para ser salvo. El hombre, quien era cristiano, contestó: "No puede hacer nada al respecto, ya es demasiado tarde". El otro dijo horrorizado: "¿Qué me está tratando de decir? ¿Cómo que ya es muy tarde?" "La obra ya está finalizada", le contestaron. "Usted no necesita hacer más que creerlo".

Toda persona vive por fe. Al abrir una lata de comida o tomar un vaso de agua, confiamos en que no están contaminados. Cuando cruzamos un puente confiamos que nos aguantará. Al colocar nuestro dinero en el banco confiamos que estará seguro. La vida es una serie constante de actos de fe. Ningún ser humano, sin importar cuán escéptico y confiado en sí mismo sea, podría vivir sin el ejercicio de la fe.

El ser miembro de una iglesia, el bautismo, la confirmación, las donaciones caritativas y el ser buen vecino carecen por completo de poder para traer la salvación. Lo mismo se aplica a recibir la comunión, guardar los diez mandamientos o vivir conforme al Sermón del Monte. La única cosa que una persona puede hacer que juega algún papel en su salvación es el ejercicio voluntario de su fe en lo que Jesucristo ha hecho por ella.

Al aceptar la obra consumada de Cristo a nuestro favor, actuamos por la **fe** suministrada por la **gracia** de Dios. Ese es el acto supremo de fe humana, el acto que a pesar de ser nuestro, tiene su razón de ser en Dios porque es su **don** dado a nosotros **por gracia.** Cuando una persona se ahoga y deja de respirar, no hay nada que pueda hacer en absoluto. Para que pueda respirar de nuevo es indispensable que otra persona le inicie la respiración. Una persona que está muerta espiritualmente no puede tan siquiera tomar una decisión de fe a no ser que Dios primero le infunda el aliento de vida espiritual. La **fe** es el simple acto de respirar el oxígeno suministrado por la **gracia** de Dios. Por esa razón somos responsables de ejercerla y también de las consecuencias que trae el no hacerlo (cp. Jn. 5:40).

Obviamente, si es cierto que la salvación es del todo por la gracia de Dios, se sigue que **no** es **por obras.** El esfuerzo humano no tiene que ver con su obtención (cp. Ro. 3:20; Gá. 2:16). Esto es así **para que nadie se gloríe** como si hubiera tenido parte alguna en ello. Toda jactancia humana es eliminada por completo en la salvación (cp. Ro. 3:27; 4:5; 1 Co. 1:31). No obstante, las buenas obras ocupan un lugar importante, como Pablo procede a afirmar de inmediato.

LA SALVACIÓN ES PARA BUENAS OBRAS

Porque somos hechura suya, creados en Cristo Jesús para buenas obras, las cuales Dios preparó de antemano para que anduviésemos en ellas. (2:10)

Aunque no cumplen función alguna en la obtención de la salvación, las **buenas obras** tienen mucho que ver con el hecho de vivir la salvación en la práctica. Ninguna cantidad de **buenas obras** puede producir la salvación, pero es cierto que muchas **buenas obras** son producidas por la salvación.

"En esto es glorificado mi Padre", dijo Jesús, "en que llevéis mucho fruto, y seáis así mis discípulos" (Jn. 15:8). Las buenas obras no producen el discipulado pero sí demuestran que es genuino. Cuando los hijos de Dios hacen buenas obras llevan fruto para su reino y traen gloria a su nombre.

La Biblia tiene mucho que decir acerca de las obras. Habla de las obras de la ley, que son buenas pero no pueden salvar a una persona (Gá. 2:16). Habla de obras muertas (He. 6:1) y de obras de las tinieblas y de la carne, las cuales son malignas de por sí (Ro. 13:12; Gá. 5:19-21; Ef. 5:11). Todas esas obras son hechas en las fuerzas propias del hombre y no tienen que ver en absoluto con la salvación.

Antes que podamos hacer cualquier buena obra para el Señor, Él tiene que hacer su buena obra en nosotros. Por la gracia de Dios que se hace efectiva mediante nuestra fe, llegamos a ser **hechura suya, creados en Cristo Jesús para buenas obras.** Dios ha ordenado que llevemos vidas de **buenas obras,** obras realizadas en su poder y para su gloria.

Yo soy la vid verdadera, y mi Padre es el labrador. Todo pámpano que en mí no lleva fruto, lo quitará; y todo aquel que lleva fruto, lo limpiará, para que lleve más fruto. Ya vosotros estáis limpios por la palabra que os he hablado. Permaneced en mí, y yo en vosotros. Como el pámpano no puede llevar fruto por sí mismo, si no permanece en la vida, así tampoco vosotros, si no permanecéis en mí. Yo soy la vid, y vosotros los pámpanos; el que permanece en mí, y yo en él, éste lleva mucho fruto; porque separados de mí nada podéis hacer. El que en mí no permanece, será echado fuera como pámpano, y se secará; y los recogen, y los echan en el fuego, y arden. Si permanecéis en mí, y mis palabras permanecen en vosotros, pedid todo lo que queréis, y os será hecho. En esto es glorificado mi Padre, en que llevéis mucho fruto, y seáis así mis discípulos. (Jn. 15:1-8)

El mismo poder que nos ha **creado en Cristo Jesús** también nos capacita para realizar las **buenas obras** para las cuales nos ha redimido. Tales obras sirven para verificar la salvación verdadera, ya que las actitudes y los actos justos proceden de la vida transformada cuya ciudadanía está en los cielos. Pablo dijo a los corintios que Dios había hecho que abundara en ellos "toda gracia, a fin de que... abundéis para toda buena obra" (2 Co. 9:8). A Timoteo le enseñó que todo creyente debe estar "enteramente preparado para toda buena obra" (2 Ti. 3:17). Cristo murió para "purificar para sí un pueblo propio, celoso de buenas obras" (Tit. 2:14). Aun esto es la obra de Dios, como Pablo dice: mientras nos ocupamos con temor y temblor en nuestra salvación, "Dios es el que en [nosotros] produce así el querer como el hacer, por su buena voluntad" (Fil. 2:12-13).

Aquí el mensaje básico de Pablo se dirige a los creyentes, muchos de los cuales habían experimentado años antes la salvación. No les está mostrando la manera de llegar a ser salvos, sino cómo *fueron* salvos, con el fin de convencerles de que el poder que les salvó es el mismo poder que les mantiene firmes. Así como ya les habían sido dadas todas las cosas necesarias para la salvación, también habían recibido todo lo necesario para vivir con fidelidad la vida salvada. La prueba más grande de que un cristiano ha sido investido del poder divino es su propia salvación y las buenas obras que Dios produce como resultado en y por medio de esa persona (cp. Jn. 15). Estas **buenas obras** son de esperar porque **Dios** las **preparó de antemano para que anduviésemos en ellas,** y por eso es que Santiago dice que la fe es ilegítima cuando no están presentes las obras (Stg. 2:17-26).

Es de la palabra griega *poiēma* (**hechura**) que derivamos la palabra poema, una composición o hechura literaria. Antes que empezara el tiempo, Dios nos diseñó para ser conformados a la imagen de su Hijo, Jesucristo (Ro. 8:29). Por lo tanto, Pablo dijo a los filipenses: "estando persuadido de esto, que el que comenzó en vosotros la buena obra, la perfeccionará hasta el día de Jesucristo" (1:6).

Se narra a menudo la anécdota de un niño reacio que siempre interrumpía la clase de la Escuela Dominical y consternaba a su maestra. Una mañana ella le preguntó: "¿Por qué actúas así? ¿Acaso no sabes quién te hizo?". El niño contestó: "Dios me hizo, pero es que no ha terminado conmigo todavía".

Todos nosotros seguimos siendo diamantes imperfectos que el artífice supremo está puliendo y acabando. Él todavía no ha terminado con nosotros, pero su obra no cesará hasta que nos haya moldeado a la semejanza perfecta de su Hijo (1 Jn. 3:2).

Cierto actor famoso fue en una ocasión el invitado de honor en una reunión social donde recibió muchas peticiones para que recitara partes favoritas de diversas obras literarias. Un predicador anciano que se encontraba allí le solicitó al actor que declamara el salmo veintitrés. El actor accedió con la condición de que el predicador también lo recitara. La declamación del actor tuvo bella entonación y énfasis dramático, por lo que recibió un aplauso prolongado. La voz del predicador era tosca e irregular a causa de sus muchos años de predicación, y su pronunciación era todo menos pulcra; pero cuando terminó su intervención, no había un ojo sin lágrimas en el recinto. Cuando alguien preguntó al actor qué había hecho la diferencia, él replicó: "Yo conozco el salmo, pero él conoce al Pastor".

La salvación no viene como resultado de conocer acerca de la verdad de Jesucristo sino de conocer de manera íntima a Cristo mismo. El hecho de que seamos vivificados en Cristo es una realidad gracias al poder infinito de Dios que obra conforme a su amor y misericordia.

La unidad del cuerpo

7

Por tanto, acordaos de que en otro tiempo vosotros, los gentiles en cuanto a la carne, erais llamados incircuncisión por la llamada circuncisión hecha con mano en la carne. En aquel tiempo estabais sin Cristo, alejados de la ciudadanía de Israel y ajenos a los pactos de la promesa, sin esperanza y sin Dios en el mundo. Pero ahora en Cristo Jesús, vosotros que en otro tiempo estabais lejos, habéis sido hechos cercanos por la sangre de Cristo. Porque él es nuestra paz, que de ambos pueblos hizo uno, derribando la pared intermedia de separación, aboliendo en su carne las enemistades, la ley de los mandamientos expresados en ordenanzas, para crear en sí mismo de los dos un solo y nuevo hombre, haciendo la paz, y mediante la cruz reconciliar con Dios a ambos en un solo cuerpo, matando en ella las enemistades. Y vino y anunció las buenas nuevas de paz a vosotros que estabais lejos, y a los que estaban cerca; porque por medio de él los unos y los otros tenemos entrada por un mismo Espíritu al Padre. Así que ya no sois extranjeros ni advenedizos, sino conciudadanos de los santos, y miembros de la familia de Dios, edificados sobre el fundamento de los apóstoles y profetas, siendo la principal piedra del ángulo Jesucristo mismo, en quien todo el edificio, bien coordinado, va creciendo para ser un templo santo en el Señor; en quien vosotros también sois juntamente edificados para morada de Dios en el Espíritu. (2:11-22)

Es parte de la naturaleza humana pecaminosa levantar barreras que impidan el paso a otras personas. En tiempos del Nuevo Testamento una de las barreras más grandes era la que existía entre esclavos y hombres libres, en especial entre esclavos y sus propietarios. Los que eran libres miraban con desprecio a los esclavos, como seres inferiores de valor un poco más alto que el de los animales. Muchos esclavos miraban a sus amos con displicencia y resentimiento. En consecuencia, uno de los problemas más grandes en la iglesia primitiva era lograr que los amos cristianos y los siervos cristianos se trataran unos a otros como iguales en sentido espiritual.

En la mayor parte de los casos, las mujeres también eran consideradas como seres inferiores. Los esposos con frecuencia trataban a sus esposas si acaso un poco mejor que a sus esclavos. Después que una esposa se convertía en cristiana, toda su vida, aspecto personal y sistema de valores cambiaban por completo. Era muy probable que un esposo incrédulo optara por divorciarse de ella por el simple hecho de que ella hubiera tomado una decisión tan radical sin su consentimiento.

Los griegos se sentían tan orgullosos de su cultura y supuesta superioridad racial, que consideraban bárbaros a todos los demás, una creencia a la que Pablo hace alusión en Romanos 1:14 y Colosenses 3:11. El idioma griego era considerado como el lenguaje de los dioses. El estadista romano Cicerón escribió: "Es como dicen los griegos: 'Todos los hombres están divididos en dos clases, los griegos y los bárbaros'." Livio, otro romano de la antigüedad, escribió que los griegos siempre libraban guerras sin tregua contra gente de otras razas a quienes consideraban como bárbaros. A causa de tales sentimientos, la iglesia primitiva se veía confrontada todo el tiempo con barreras, no solo entre gentiles y judíos creyentes sino además entre creyentes griegos y otros creyentes gentiles.

En su libro *La cruz de paz*, Sir Philip Gibbs escribe:

> El problema de cercos se ha convertido en uno de los más agudos que el mundo debe enfrentar. Hoy día existen toda clase de vallas que se cruzan en forma zigzagueante para imponer separaciones sobre todas las razas y personas del mundo. El progreso moderno ha hecho del mundo un gran vecindario y Dios nos ha asignado la tarea de convertirlo en una hermandad. En estos días de muros divisorios de raza y clase debemos sacudir la tierra una vez más con el mensaje de Cristo, en quien no hay esclavo ni libre, judío ni griego, ni heleno ni bárbaro, sino que todos son uno.

La falta de unidad entre su propio pueblo ha sido siempre motivo especial de dolor en el corazón de Dios. En su oración intercesora por sus discípulos en Juan 17, Jesús oró en tres ocasiones que ellos fuesen uno (vv. 11, 21, 22), y de nuevo "que sean perfectos en unidad" (v. 23). Las oraciones de Jesús siempre fueron contestadas porque Él siempre oró conforme a la voluntad de su Padre. Su oración por la unidad de su pueblo ya ha sido respondida en cuanto a la posición de los creyentes, porque toda persona que ha creído en Él ha sido hecha una con Él y con todos los demás creyentes de todos los tiempos. En sentido de la posición que ocupamos, ya *somos* uno en Jesucristo. "El que se une al Señor, un espíritu es con él" (1 Co. 6:17). "Porque así como el cuerpo es uno, y tiene muchos miembros, pero todos los miembros del cuerpo, siendo muchos, son un solo cuerpo, así también Cristo. Porque por un solo Espíritu fuimos todos bautizados en un cuerpo" (12:12-13).

Así como un cuerpo físico tiene un principio común de vida que fluye en toda su extensión, lo mismo sucede con el cuerpo de Cristo, su iglesia. El Espíritu de Dios pone la vida de Dios en el alma de cada persona que confía en Jesucristo y une esa persona a todos los demás creyentes en el ámbito eterno. En el reino de Jesucristo todas las barreras caen. En Él no hay muros divisorios de ningún tipo, sea de clase, casta, raza, género o por cualquier otra distinción.

Sin embargo, es trágico que en el sentido práctico esta verdad es con frecuencia muy diferente. En la misma carta a Corinto en la que Pablo declaró de manera tan enérgica la unidad de los creyentes en cuanto a su posición espiritual, también amonestó con vehemencia a los corintios por su falta de unidad en la práctica. "De manera que yo, hermanos, no pude hablaros como a espirituales, sino como a carnales, como a niños en Cristo... porque aún sois carnales; pues habiendo entre vosotros celos, contiendas y disensiones, ¿no sois carnales, y andáis como hombres?" (1 Co. 3:1, 3; cp. 1:11-13).

Hace apenas unos veinte años el pastor de una iglesia blanca y próspera en un pueblo al sur de los Estados Unidos sintió carga en su corazón por la comunidad en general. El encargado del mantenimiento en la iglesia era un cristiano obediente y amable quien además era de raza negra. El pastor le propuso que tuvieran un estudio bíblico semanal y un tiempo de oración juntos. Después de unos meses la junta de la iglesia se acercó al pastor y le comunicó que debía dejar de tener compañerismo con "ese hombre" porque esto afectaba la imagen de la iglesia. Cuando les dijo que no podía porque sentía que tener compañerismo con él y ministrarle era la voluntad del Señor, casi ningún almacén del pueblo estuvo dispuesto a recibirle como cliente. No podía comprar ropa, combustible y ni siquiera víveres. En poco tiempo llegó a sufrir un colapso nervioso y fue llevado al pabellón psiquiátrico de un hospital en una ciudad grande y cercana, donde el segundo día saltó por la ventana y acabó con su vida.

Por otro lado, una historia por completo diferente es la de una iglesia africana contemporánea, conformada por creyentes de diversas tribus que habían sido enemigos acérrimos durante generaciones incontables. Un misionero que se encontraba oficiando un culto de comunión en la iglesia se conmovió profundamente al ver lo que sucedía a su alrededor. Vio al jefe de los nigoni, al lado de muchos otros miembros de esa tribu. También vio a miembros de las tribus senga y tumbuka, todos juntos cantando, orando y participando en la Cena del Señor. En años anteriores a cada una de estas tribus les encantaba jactarse de la cantidad de hombres, mujeres y niños de las otras tribus a quienes habían matado, violado o lesionado. El anciano jefe podía recordar los días cuando los jóvenes guerreros nigoni habían salido a atacar sus enemigos, para luego dejar tras de sí un rastro de aldeas destruidas y quemadas, y llegar a casa con sus lanzas ensangrentadas con la muerte de gente senga y tumbuka. Pero así como una vez perecieron divididos por el derramamiento mutuo de su sangre, ahora viven unidos por la sangre de su Salvador común, Jesucristo.

Esta es la clase de unidad que Jesucristo da a su pueblo y que Él le ordena mantener, "solícitos en guardar la unidad del Espíritu en el vínculo de la paz" (Ef. 4:3). "Un cuerpo, y un Espíritu", prosigue a decir Pablo, "como fuisteis también llamados en una misma esperanza de vuestra vocación; un Señor, una fe, un bautismo, un Dios y Padre de todos, el cual es sobre todos, y por todos, y en todos" (vv. 4-6). La iglesia debe manifestar esa unidad "hasta que todos lleguemos a la unidad de la fe y del conocimiento del Hijo de Dios, a un varón perfecto, a la medida de la estatura de la plenitud de Cristo" (v. 13).

ALIENACIÓN APARTE DE CRISTO

Por tanto, acordaos de que en otro tiempo vosotros, los gentiles en cuanto a la carne, erais llamados incircuncisión por la llamada circuncisión hecha con mano en la carne. En aquel tiempo estabais sin Cristo, alejados de la ciudadanía de Israel y ajenos a los pactos de la promesa, sin esperanza y sin Dios en el mundo. (2:11-12)

La desunión dentro de la iglesia en Éfeso era más que todo entre creyentes judíos y gentiles, pero como Pablo les recordó más adelante, el mismo "misterio de Cristo" que "ahora es revelado a sus santos apóstoles y profetas por el Espíritu", es "que los gentiles son coherederos y miembros del mismo cuerpo, y copartícipes de la promesa en Cristo Jesús por medio del evangelio" (3:4-6). Todas las diferencias se han dejado de lado a favor de la unidad común en el Espíritu Santo de Dios. "Pues todos sois hijos de Dios por la fe en Cristo Jesús; porque todos los que habéis sido bautizados en Cristo, de Cristo estáis revestidos. Ya no hay judío ni griego; no hay esclavo ni libre; no hay varón ni mujer; porque todos vosotros sois uno en Cristo Jesús" (Gá. 3:26-28; cp. Ro. 10:12). La unidad de la iglesia no es como la de una organización material sino como cuerpo espiritual. Este pasaje se enfoca en la idea de esa unidad espiritual. Los términos "ambos... uno" (Ef. 2:14), "un solo y nuevo hombre" (v. 15), "un solo cuerpo" (v. 16), "ambos", "los unos y los otros" (vv. 14, 16, 18), y "juntamente" (vv. 21-22), indican todos el énfasis del apóstol.

Con frecuencia resulta beneficioso, y algunas veces necesario, enfocarse en grupos nacionales, raciales, religiosos o étnicos de manera particular para la realización de la obra evangelística y para aplicar modos de alcanzarlos que son únicos para su contexto propio. Pero es lamentable que creyentes que provienen de tales grupos muchas veces nunca son asimilados al interior de las iglesias existentes.

Dios en su soberanía escogió a los judíos para que fuesen su pueblo especial. "A vosotros solamente", dijo a Israel, "he conocido de todas las familias de la tierra" (Am. 3:2). Dios eligió a los judíos no solo para que recibiesen sus bendiciones especiales sino también para que fueran un canal de esas bendiciones para otros. Desde el principio el plan de Dios fue que por medio de Abraham y sus descendientes, los judíos, "serán benditas... todas las familias de la tierra" (Gn. 12:3). Israel fue llamado a ser un vaso a través del cual el conocimiento de Dios se esparciera al mundo entero.

Es lamentable que Israel nunca cumplió con ese llamado sino que prefirió condenar a los gentiles en lugar de testificarles. Un escritor rabínico narra acerca de un incidente que explica la actitud judía común hacia los gentiles. Cierta mujer gentil acudió al rabino Eleazar, confesó que era pecadora y le dijo que quería volverse justa. Ella quería ser aceptada dentro de la fe judía porque había escuchado que los judíos estaban más cerca de Dios. Se dice que el rabino le respondió: "No, usted no se puede acercar", y luego cerró la puerta en su cara.

Pedro tenía tal actitud desdeñosa hacia los gentiles antes de recibir la visión de los animales impuros que el Señor le ordenó comer (Hch. 10:9-16). Pedro explicó más adelante al centurión romano Cornelio y a los de su casa: "Vosotros sabéis cuán abominable es para un varón judío juntarse o acercarse a un extranjero; pero a mí me ha mostrado Dios que a ningún hombre llame común o inmundo" (v. 28; cp. Gá. 2:11-14).

Dios mandó a toda la iglesia: "Id por todo el mundo y predicad el evangelio a toda criatura" (Mr. 16:15), y "haced discípulos a todas las naciones" (Mt. 28:19), y a ser sus "testigos en Jerusalén, en toda Judea, en Samaria, y hasta lo último de la tierra" (Hch. 1:8). Siempre ha sido parte del plan de Dios extender su amor, gracia, perdón y misericordia a cada persona sobre la faz de la tierra.

Dios hizo que Israel se distinguiera de las demás naciones por dos razones. La primera fue su deseo de que el mundo les observara y advirtiera que no vivían ni actuaban como los demás hombres. La segunda, Él quiso que se distinguieran tanto que nunca pudieran terminar amalgamados con otros pueblos. Les dio leyes tan estrictas sobre dietas, vestuario, matrimonio y ceremonias, que nunca fue fácil para ellos encajar dentro de otra sociedad. Esas distinciones, al igual que las bendiciones especiales que Dios les dio, tenían el propósito de ser una herramienta para dar testimonio, pero Israel de manera continua las pervirtió para convertirlas en una fuente de orgullo, aislamiento y vanagloria.

Como Pablo recuerda a los cristianos de Éfeso más adelante en esta carta, la iglesia tiene un llamado similar para distinguirse del mundo: "ya no andéis como los otros gentiles, que andan en la vanidad de su mente", y más bien "despojaos del viejo hombre, que está viciado conforme a los deseos engañosos, y renovaos en el espíritu de vuestra mente, y vestíos del nuevo hombre, creado según Dios en la justicia y santidad de la verdad" (4:17, 22-24). No obstante, la iglesia también enfrenta el peligro de pervertir con orgullo esa bendición especial como un medio para el orgullo, el aislamiento y la satisfacción propia en lugar de emplearla con humildad para dar testimonio al mundo de la gracia y bondad de Dios.

Jonás tipificó la actitud judía común hacia los gentiles. Cuando Dios le llamó a predicar en Nínive, el profeta huyó en la dirección opuesta. Después de obedecer por fin al Señor y ver la ciudad entera arrepentirse a causa de su predicación, "Jonás se apesadumbró en extremo, y se enojó", porque Dios en su gracia y compasión perdonó la vida a los gentiles malvados de Nínive, tal como Jonás supo que Dios lo haría si ellos se arrepentían (Jon. 4:1-2).

Al igual que Jonás, la mayoría de los judíos no querían participar a nadie el amor y la gracia de su Dios. Aceptaron sus bendiciones divinas pero no su misión divina: ser una luz para las naciones gentiles (Is. 42:6; 49:6; 60:3; 62:1-2).

El desprecio de los judíos hacia los gentiles se justificaba a veces desde un punto de vista humano, porque a lo largo de su historia sufrieron opresión y persecución recurrentes de parte de los gentiles, quienes con frecuencia veían a los judíos como un pueblo para esclavizar y explotar. Como sucedió en nuestro propio tiempo bajo el régimen nazi, los judíos muchas veces han sido escarnecidos como enemigos de la raza humana.

No obstante, en lugar de reflejar el amor, la gracia y el perdón del Dios quien les llamó y bendijo, los judíos la mayor parte del tiempo expresaron su propio odio y resentimiento en contra de sus perseguidores. Como Jonás, querían que los gentiles fuesen juzgados, no perdonados. Algunos judíos creían que Dios había creado a los gentiles para utilizarlos como combustible para el infierno. Muchos creían que Él amaba a Israel y aborrecía a todas las demás naciones. En consecuencia, algunas mujeres judías rehusaban ayudar a mujeres no judías en sus partos, porque al hacerlo se hacían responsables de traer al mundo a otro aborrecible gentil.

Cada vez que un judío entraba a Palestina se sacudía el polvo de sus sandalias y su vestido para no contaminar la tierra santa con suelo gentil. Como los samaritanos eran gentiles en parte, la mayoría de los judíos hacían grandes esfuerzos para evitar el paso por Samaria. Si un hombre o mujer joven de los judíos se casaba con un gentil, su familia tenía un culto fúnebre que simbolizaba la muerte de su hijo en lo concerniente a su religión, raza y familia. Por temor a la contaminación, muchos judíos no entraban a un hogar gentil ni permitían que un gentil entrara al de ellos.

Durante muchos cientos de años la animosidad entre judíos y gentiles se había venido exacerbando. Aunque no siempre estaban en conflicto abierto, su desprecio mutuo continuó ensanchando el abismo que les separaba.

En la iglesia primitiva se encontraban algunos vestigios de esa animosidad. La puesta en práctica de la unidad de posición espiritual no fue fácil. A muchos creyentes judíos les parecía inconcebible que un gentil se pudiera salvar a no ser que se convirtiera primero en un judío prosélito, observando todas las leyes de Moisés y haciéndose circuncidar en el caso de un hombre. Estos judaizantes llegaron a tener tanta influencia en la iglesia que se convocó un concilio especial en Jerusalén para tratar lo que ellos enseñaban (véase Hch. 15). Incluso después de haberse tomado la clara decisión en el concilio de que un gentil *no* tenía que convertirse en judío para ser salvo, muchos cristianos judíos seguían creyendo lo contrario. A pesar de la revelación especial que Dios le había dado al respecto (Hch. 10), Pedro se dejó intimidar por ciertos judaizantes que querían desacreditar el evangelio. Por esa razón Pablo dice: "le resistí cara a cara, porque era de condenar" (Gá. 2:11). Solo existe un evangelio, el evangelio de la gracia. Por lo tanto, como Pablo había advertido, "si aun nosotros, o un ángel del cielo, os anunciare otro evangelio diferente del que os hemos anunciado, sea anatema" (Gá. 1:8).

Los judíos convertidos tenían dificultad para zafarse de leyes ceremoniales como la observancia del día de reposo y la abstención de comer animales impuros. Los gentiles convertidos tenían dificultad con asuntos como el consumo de carne que había sido ofrecida como sacrificio a una deidad pagana. En muchas otras cuestiones similares, los creyentes judíos y gentiles tropezaban a causa de sus tradiciones y creencias anteriores, y al hacerlo también tropezaban entre ellos mismos. Lo que era de importancia extremada para un grupo era inconsecuente para el otro. En Efesios 2:11-22 Pablo confronta ese problema desde dos ángulos. Primero describe la antigua alienación social y espiritual de judíos y gentiles, y luego describe su nueva unidad espiritual en Jesucristo.

Esta importante sección empieza con la expresión **Por tanto,** lo cual indica que la siguiente línea de pensamiento con respecto a la nueva identidad de estos gentiles cristianos se construye sobre la base de lo que Cristo ha hecho para darles vida y bendición eterna, como se describe en los versículos 1-10. Es como si Pablo les estuviese llamando a ser tan agradecidos por su liberación de la antigua situación en que se encontraban, que puedan apreciar plenamente su nueva situación de unión con todos los demás creyentes. Nada inspira más gratitud en un pecador salvo que una mirada retrospectiva al foso de donde fue sacado.

ALIENACIÓN SOCIAL

La primera clase de alienación era de tipo social: **en otro tiempo vosotros, los gentiles en cuanto a la carne, erais llamados incircuncisión por la llamada circuncisión hecha con mano en la carne.** Pablo llama a sus lectores **los gentiles en cuanto a la carne** con el objeto de hacer énfasis en la naturaleza física y externa de la distinción, y les llama a rememorar por un momento (**acordaos**) quiénes habían sido antes de haber venido a Cristo. Desde el punto de vista de los judíos, ellos habían sido parias a quienes se referían como **incircuncisión,** un término despectivo, denigrante y oprobioso. David llamó a Goliat "este filisteo incircunciso" (1 S. 17:26). Puesto que los gentiles no tenían la marca física de la circuncisión para distinguirse como parte del pueblo de Dios, muchos judíos habían llegado a considerarles como inferiores, y de hecho carentes de todo valor para Dios. Pablo se expresa aquí con tono desdeñoso hacia esa actitud odiosa por parte de los judíos, como se hace evidente en su elección de palabras para describir a los judíos, **la llamada circuncisión hecha con mano en la carne.** De esta forma descalifica la jactancia judía, al recalcar que la circuncisión no es más que una señal externa (cp. Lv. 26:41; Dt. 10:16; Jer. 4:4; Ez. 44:7).

Lo cierto es que la circuncisión nunca había sido una marca de la relación personal con Dios, para los judíos o cualquier otro ser humano. Pablo habla mucho de esa verdad en la carta de Romanos: "Pues no es judío el que lo es exteriormente, ni es la circuncisión la que se hace exteriormente en la carne; sino que es judío el que lo es en lo interior, y la circuncisión es la del corazón, en espíritu, no en letra; la alabanza del cual no viene de los hombres, sino de Dios" (Ro. 2:28-29; cp. Gá. 5:6; 6:15). Más adelante en la epístola a los romanos señala que Abraham, el padre del pueblo judío, fue salvo antes de ser circuncidado (4:9-12). La separación de los dos grupos entre sí fue simbolizada con la marca de la circuncisión, como una distinción de pura índole física.

ALIENACIÓN ESPIRITUAL

Una alienación de los gentiles mucho más importante era la espiritual: **En aquel tiempo estabais sin Cristo, alejados de la ciudadanía de Israel y ajenos a los pactos de la promesa, sin esperanza y sin Dios en el mundo.** Aunque no existía diferencia moral entre judío y gentil (como lo muestran versículos 1-10), sí había una diferencia en el trato de Dios con ellos como hombres. Antes que Cristo viniese, los judíos fueron el pueblo de la promesa de Dios, mientras que los gentiles como pueblo estaban separados de Dios en cinco sentidos diferentes.

Primero, estaban **sin Cristo,** separados por completo del Mesías. Por tal razón no tenían esperanzas mesiánicas en un Salvador y Libertador. Su historia no tenía propósito, plan ni destino, a excepción del juicio último de Dios, del cual no estaban siquiera enterados. Los populares filósofos estoicos enseñaban que la historia se repetía una y otra vez en ciclos de tres mil años. Al final de cada ciclo el universo se consume en llamas y después renace para repetir el mismo patrón de futilidad.

Las deidades paganas no eran más que extensiones de las propias debilidades y pecados del hombre. La diosa Diana, o Artemisa, quien era la deidad patrona de Éfeso, no era representada como una criatura hermosa y agraciada sino como una bestia horrenda con pezones por todo el cuerpo que sus engendros bestiales succionaban para sobrevivir. Sin excepción alguna, la idolatría pagana siempre ha sido prohibitiva y repulsiva cuando se muestra en su forma verdadera. Prolifera gracias al temor y la desesperación de la gente, no en su confianza y esperanza, porque sus dioses demoníacos son malvados y caprichosos en vez de santos y fieles. Aunque Dios tenía a los gentiles en su plan eterno y soberano para que fuesen unidos a Cristo mediante la fe, ellos todavía no tenían esa relación con Él. En segundo lugar, los gentiles eran objeto de alienación espiritual debido a que estaban **alejados de la ciudadanía de Israel.** Dios había organizado su pueblo escogido como una teocracia, una nación de la que Él mismo era Rey y Señor. Él dio a esa nación su bendición, protección y amor especiales. Les dio sus pactos, su ley, su sacerdocio, sus sacrificios, sus promesas y su guía (véase Dt. 32:9-14; 33-27-29; Is. 63:7-9; Am. 3:2). El salmista dijo que Dios "no ha hecho así con ninguna otra de las naciones; y en cuanto a sus juicios, no los conocieron" (147:20). La descripción de Ezequiel sobre el cuidado especial de Dios hacia Israel es contundente:

Y en cuanto a tu nacimiento, el día que naciste no fue cortado tu ombligo, ni fuiste lavada con aguas para limpiarte, ni salada con sal, ni fuiste envuelta con fajas. No hubo ojo que se compadeciese de ti para hacerte algo de esto, teniendo de ti misericordia; sino que fuiste arrojada sobre la faz del campo, con menosprecio de tu vida, en el día que naciste.

Y yo pasé junto a ti, y te vi sucia en tus sangres, y cuando estabas en tus sangres te dije: ¡Vive! Sí, te dije, cuando estabas en tus sangres: ¡Vive! Te hice multiplicar como la hierba del campo; y creciste y te hiciste grande, y llegaste a ser muy hermosa; tus pechos se habían formado, y tu pelo había crecido; pero estabas desnuda y descubierta. Y pasé otra vez junto a ti, y te miré, y he aquí que tu tiempo era tiempo de amores; y extendí mi manto sobre ti, y cubrí tu desnudez; y te di juramento y entré en pacto contigo, dice Jehová el Señor, y fuiste mía. Te lavé con agua, y lavé tus sangres de encima de ti, y te ungí con aceite; y te vestí de bordado, te calcé de tejón, te ceñí de lino y te cubrí de seda. Te atavié con adornos y puse brazaletes en tus brazos y collar a tu cuello. Puse joyas en tu nariz, y zarcillos en tus orejas, y una hermosa diadema en tu cabeza. Así fuiste adornada de oro y de plata, y tu vestido era de lino fino, seda y bordado; comiste flor de harina de trigo, miel y aceite; y fuiste hermoseada en extremo, prosperaste hasta llegar a reinar. Y salió tu renombre entre las naciones a causa de tu hermosura; porque era perfecta, a causa de mi hermosura que yo puse sobre ti, dice Jehová el Señor. (Ez. 16:4-14).

Si los gentiles hubiesen aceptado al Dios verdadero, ellos también habrían sido parte de esa nación bendecida, pero por cuanto rechazaron a Dios, perdieron su bendición para la nación santa. No contaban con una comunidad o reino bendecido por Dios, carecían de un verdadero benefactor divino. No recibieron bendición o protección especial porque estaban por fuera del dominio de Dios.

En tercer lugar, los gentiles eran alienados espirituales porque no tenían un pacto con Dios, eran **ajenos a los pactos de la promesa.** El pacto supremo de promesa fue el dado a Abraham: "Y haré de ti una nación grande, y te bendeciré, y engrandeceré tu nombre, y serás bendición. Bendeciré a los que te bendijeren, y a los que te maldijeren maldeciré; y serán benditas en ti todas las familias de la tierra" (Gn. 12:2-3; 17:7; 26:3-5; 28:13-15). Los pactos con Moisés, David, el de Palestina y aun el nuevo pacto (Jer. 31:33) estaban incluidos en ese. El trato de Dios con Israel giró alrededor y fue determinado por su pacto con Abraham (Ro. 9:4).

Debe aclararse que un pacto divino es un acuerdo en el que Dios se obliga a sí mismo a cumplir su promesa personal a su pueblo, redimirles del pecado y bendecirles por siempre. La fe y la obediencia son las marcas distintivas de la persona que experimenta el cumplimiento del pacto divino.

Por medio de los pactos, Dios daba y renovaba sus promesas sobre bendecir, prosperar, multiplicar, salvar y redimir a Israel. En ellos prometía dar a su pueblo una tierra, un reino y un Rey, y a quienes creyeran en Él prometió vida eterna y el cielo.

En cuarto lugar, los gentiles estaban alienados espiritualmente porque vivían **sin esperanza.** Los que están **sin Cristo, alejados de la ciudadanía y ajenos a los pactos de la promesa,** también carecen por completo de **esperanza.** La esperanza verdadera solo puede basarse en una promesa verdadera, sobre la confianza en alguien que puede llevar a cabo lo que promete. La esperanza de una bendición profunda que da significado y seguridad a la vida. Vivir sin esperanza de gozo y plenitud en el futuro reduce el ser humano a un pedazo insignificante de protoplasma. La esperanza es la consumación de la vida, la certidumbre confiada de que tenemos un futuro bienaventurado dentro del plan de Dios. El aspecto más triste en el gran lamento de Job se encuentra expresado en estas palabras: "Y mis días fueron más veloces que la lanzadera del tejedor, y fenecieron sin esperanza" (Job 7:6). El lado opuesto de ese panorama pesimista es la verdad jubilosa celebrada entre los judíos y declarada de manera sucinta en el Salmo 146:5: "Bienaventurado aquel cuyo ayudador es el Dios de Jacob, cuya esperanza está en Jehová su Dios". "La esperanza de Israel" (Hch. 28:20) era la esperanza de salvación y gloria eternas. Jeremías emplea la expresión "Oh esperanza de Israel" como un título para Dios que tiene significado paralelo al de Salvador (Jer. 14:8; 17:13). Los gentiles no tenían esperanza como la expresada por el salmista: "Porque tú, oh Señor Jehová, eres mi esperanza, seguridad mía desde mi juventud" (71:5).

Si alguien le ofreciera un préstamo comercial de un millón de dólares, a usted le gustaría estar seguro de que esa persona en realidad tuviera esa cantidad de dinero para prestarle. También querría estar seguro de que se trata de un hombre de palabra y credibilidad. Si no tuviera dinero suficiente o si no cumpliera su palabra, cualquier promesa que le hiciera carecería de valor y ninguna persona razonable pondría sus esperanzas en ella.

Israel estuvo en capacidad de tener una esperanza completa en las promesas de Dios porque Él tenía todos los recursos a su disposición para cumplirla y porque Él no puede mentir. Ellos tenían las promesas de Dios y sabían que Él podía cumplirlas y era digno de toda su confianza. El hecho de que muchas veces perdieron su esperanza en esas promesas se debió a su propia infidelidad, no a la de Dios.

Sin embargo, los gentiles no contaban con tales promesas y carecían de razones para tener esperanza. La mayoría de los gentiles en el tiempo de Pablo o bien creían que la muerte ponía fin a toda la existencia, o que soltaba al espíritu y le dejaba errante y sin destino en alguna especie de mundo subterráneo por el resto de la eternidad. La muerte no solo traía nulidad absoluta o desesperanza perenne. El filósofo griego Diógenes dijo: "En mi juventud el gozo de mi vida es el deporte. Ya estaré demasiado tiempo tendido bajo tierra y despojado de vida y de voz como una piedra, y un día seré abandonado por la luz del sol que tanto amo, por muy buen hombre que sea. Entonces no veré nada más; gózate, oh alma mía, en tu juventud". Esa es la filosofía básica de muchas personas en nuestros días, y que se refleja en dichos populares como: "sácale todo el jugo a la vida", y "solo se vive una vez".

En quinto lugar, y más importante, los gentiles eran objeto de alienación espiritual porque estaban **sin Dios** *[atheos]* **en el mundo**. No es que hubieran sido ateos intelectuales, porque la mayoría creían en muchos dioses. Algunos eran panteístas y creían que la divinidad estaba en todas las cosas, animadas e inanimadas. En la colina de Marte, Pablo observó que los griegos de Atenas eran "muy religiosos; porque pasando y mirando vuestros santuarios, hallé también un altar en el cual estaba esta inscripción: AL DIOS NO CONOCIDO" (Hch. 17:22-23). ¡Habían erigido ese santuario con el único fin de incluir a cualquier dios que hubieran omitido!

El problema no era que los gentiles carecieran de dios, sino más bien que no tenían al Dios verdadero. Aunque los creyentes tienen muchas penalidades y pruebas en el mundo pecaminoso presente y están asediados de continuo por el sistema engañoso de Satanás, ellos tienen la esperanza segura de un mundo futuro que es perfecto y libre de pecado. Por otro lado, quedar atrapado en medio de ese sistema de maldad sin tener a Dios es carecer por completo de esperanza. Pablo recordó a los conversos gentiles en Galacia que antes de conocer al Señor, "servíais a los que por naturaleza no son dioses" (Gá. 4:8), que es la razón por la que toda persona que está sin Cristo está sin esperanza (1 Ts. 4:13).

Los gentiles se encontraban **sin Dios en el mundo** porque no querían reconocer su necesidad de Él. El Señor no rechazó a los gentiles, "porque no hay acepción de personas para con Dios" (Ro. 2:11). No habían recibido la ley de Dios en tablas de piedra como los judíos, pero la tenían escrita en sus corazones y conciencias (Ro. 2:15). Tenían todo lo referente a la revelación de su naturaleza "manifiesto, pues Dios se lo manifestó. Porque las cosas invisibles de él, su eterno poder y deidad, se hacen claramente visibles desde la creación del mundo, siendo entendidas por medio de las cosas hechas, de modo que no tienen excusa" (Ro. 1:19-20). Los gentiles rechazaron a Dios al detener y suprimir la verdad sobre Él que les había manifestado con evidencias abundantes. El problema fue que "habiendo conocido a Dios, no le glorificaron como a Dios, ni le dieron gracias, sino que se envanecieron en sus razonamientos, y su necio corazón fue entenebrecido" (v. 21).

El propósito de Dios en su llamamiento de los judíos como su pueblo santo era enviarles como sus misioneros a los gentiles y llamar a todas las naciones a volverse a Él por medio de su amor y gracia. Sin embargo, los judíos no fueron más fieles a su luz mayor que los gentiles a su luz menor, y lo triste es que muchos cristianos tampoco son fieles a su Luz superlativa, "aquella luz verdadera, que alumbra a todo hombre" y que vino al mundo (Jn. 1:9; cp. Ro. 1:18-21).

Esa alienación nunca terminará sino hasta que Cristo regrese y por su propio poder rompa todas las barreras de separación. Aparte de Cristo no solo es imposible tener armonía con Dios sino que además no puede haber armonía entre los hombres.

UNIDAD EN CRISTO

Pero ahora en Cristo Jesús, vosotros que en otro tiempo estabais lejos, habéis sido hechos cercanos por la sangre de Cristo. Porque él es nuestra paz, que de ambos pueblos hizo uno, derribando la pared intermedia de separación, aboliendo en su carne las enemistades, la ley de los mandamientos expresados en ordenanzas, para crear en sí mismo de los dos un solo y nuevo hombre, haciendo la paz, y mediante la cruz reconciliar con Dios a ambos en un solo cuerpo, matando en ella las enemistades. Y vino y anunció las buenas nuevas de paz a vosotros que estabais lejos, y a los que estaban cerca; porque por medio de él los unos y los otros tenemos entrada por un mismo Espíritu al Padre. (2:13-18)

Aquellos que **en otro tiempo** estaban **lejos** eran los gentiles que habían venido a Cristo. **Lejos** era un término judío común que se empleaba en los escritos rabínicos para describir a los gentiles, quienes estaban alejados del Dios verdadero (cp. Is. 57:19; Hch. 2:39). Por otra parte, los judíos consideraban que ellos y los convertidos al judaísmo habían **sido hechos cercanos** a Dios **por la sangre de Cristo.** No se trata de una cercanía externa, dispensacional, nacional, geográfica o ceremonial, sino una íntima unión espiritual con el Señor Jesucristo (cp. 1 Co. 1:24).

La raíz de la discordia, el antagonismo, la enemistad, el odio, la amargura, la lucha, la guerra, el conflicto y todas las demás formas de división y falta de unidad, es el pecado. La razón por la que siempre hay armonía perfecta en Dios es que el pecado no existe en la Trinidad. La santidad perfecta produce armonía perfecta, y la única solución para las divisiones entre los hombres es el desarraigo completo del pecado, lo cual logró **Cristo Jesús** con su propia **sangre**. Aquellos que confían en su obra expiatoria son libertados del pecado ahora en su nueva naturaleza y serán libertados de manera practica y permanente del pecado en sus nuevos cuerpos, cuando lleguen a su encuentro con el Señor. El valor limpiador y purificador de **la sangre de Cristo** se lleva de inmediato el castigo del pecado y finalmente elimina su misma presencia.

Puesto que **en Cristo Jesús** la gran barrera fundamental del pecado ha sido quitada de en medio, todas las demás barreras también son removidas. Quienes son uno en Cristo son uno en cada uno de ellos y entre sí, bien sea que se percaten de ello o actúen como si no fuera un hecho (1 Co. 6:17). El propósito de participar de la Cena del Señor es que recordemos el sacrificio que nuestro Señor hizo, no solo para acercarnos a Él sino también entre nosotros.

Al quitar nuestro pecado, Cristo nos da paz unos con otros y acceso a Dios.

PAZ CON DIOS Y CON SU PUEBLO

Porque él es nuestra paz, que de ambos pueblos hizo uno, derribando la pared intermedia de separación, aboliendo en su carne las enemistades, la ley de los mandamientos expresados en ordenanzas, para crear en sí mismo de los dos un solo y nuevo hombre, haciendo la paz, y mediante la cruz reconciliar con Dios a ambos en un solo cuerpo, matando en ella las enemistades. Y vino y anunció las buenas nuevas de paz a vosotros que estabais lejos, y a los que estaban cerca; (2:14-17)

El texto griego tiene aquí un solo pronombre, *autos* (**él**), pero se encuentra en posición enfática, como lo refleja la reiteración de **en sí mismo**. El escritor recalca que solo Jesús **es nuestra paz** (cp. Is. 9:6); no existe otra fuente de paz. Lo que las leyes, ordenanzas, ceremonias, sacrificios y buenas obras nunca pudieron hacer para establecer la paz entre Dios y los hombres, Jesús lo hizo. Esas cosas no podían traer armonía entre los hombres y Dios ni entre ellos. En el sacrificio que **él** hizo de sí mismo sobre la cruz, Jesús logró ambas cosas.

Así como el pecado es la causa de todo conflicto y división, también es el enemigo de toda **paz** y armonía. Algo inherente a la maldad es la imposibilidad de la **paz**. El pecado tiene la característica básica del egoísmo, y el egoísmo por definición fomenta la división y el desorden. No podemos tener siempre lo que queremos sin pasar por encima de lo que otra persona quiere o necesita. No podemos salir siempre ganando sin que otros pierdan o sean perjudicados.

Santiago dijo: "¿De dónde vienen las guerras y los pleitos entre vosotros? ¿No es de vuestras pasiones, las cuales combaten en vuestros miembros? Codiciáis, y

103

no tenéis; matáis, y ardéis de envidia, y no podéis alcanzar; combatís y lucháis, pero no tenéis lo que deseáis, porque no pedís. Pedís, y no recibís, porque pedís mal, para gastar en vuestros deleites" (Stg. 4:1-3).

La **paz** solo llega cuando el ego muere, y el único lugar donde el ego muere de verdad es al pie del Calvario. "Con Cristo estoy juntamente crucificado", dijo Pablo, "y ya no vivo yo, mas vive Cristo en mí; y lo que ahora vivo en la carne, lo vivo en la fe del Hijo de Dios, el cual me amó y se entregó a sí mismo por mí" (Gá. 2:20).

Durante la segunda guerra mundial un grupo de soldados norteamericanos se estaba enfrentando a disparos con algunos alemanes que ocupaban una granja. La familia que vivía en la casa había escapado al granero para su protección. De repente su pequeña hija de tres años se asustó y salió corriendo por el campo entre los dos grupos de soldados. Tan pronto vieron a la niña, ambos lados dejaron de disparar hasta que ella estuvo segura. Por fugaz que haya sido la tregua, aquel pequeño ser humano trajo paz en medio de la situación como nada más lo habría podido hacer.

Jesucristo vino como un bebé a la tierra, y en su sacrificio en la cruz **él** se convirtió en **paz** para todos los que confían en Él. Su paz no es temporal sino permanente. Él **de ambos pueblos,** de los judíos que estaban "cercanos" y de los gentiles que estaban "lejos", **hizo uno, derribando la pared intermedia de separación.**

En Jesucristo, un judío ya no se distingue de un gentil en lo que concierne a la religión. De hecho, desde el año 70 d.C., cuando el templo fue destruido, el judaísmo religioso verdadero dejó de existir como tal. No solo quedó destruido el lugar para los sacrificios, sino también todos los registros genealógicos en los que se basaba el linaje sacerdotal. De igual forma, un gentil en Cristo ya no se distingue de otros en lo referente a su condición espiritual. Su paganismo es cosa del pasado, su incredulidad ya no existe, su falta de esperanza se ha esfumado, y su existencia sin Dios ha terminado.

Para quienes están en Cristo, la única identidad que importa es su identidad en Él. No existe el cristianismo judío o gentil, el cristianismo blanco o negro, el cristianismo masculino o femenino o el de libres y esclavos por aparte. Solo existe un cristianismo porque nuestro único Señor solo tiene una iglesia.

La pared intermedia de separación alude a la división que separaba el atrio de los gentiles del resto del templo. Entre ese atrio y el atrio de los israelitas había un aviso que decía: "Ningún gentil puede pasar por la barricada que rodea el santuario. El que sea sorprendido en tal acto será culpable de su propia muerte en consecuencia". Esta barrera física ilustraba la barrera de hostilidad y odio que también separaba a los dos grupos. Como aprendemos en el libro de los Hechos, hasta un judío que llevara un gentil a la parte restringida del templo se arriesgaba a ser ejecutado. Aunque Pablo no lo había hecho, ciertos judíos de

Asia le acusaron de llevar a Trófimo, un gentil de Éfeso, a la parte interior del templo. Habrían matado a Pablo con piedras de no haber sido rescatado por soldados romanos (Hch. 21:27-32).

Dios en un comienzo había separado a los judíos de los gentiles (cp. Is. 5:1-7; Mt. 21:33) con el propósito de redimir a ambos grupos, no para salvar a los judíos solamente. Él colocó el atrio de los gentiles en el templo con el fin específico de ganarles para Él. La función que tenía ese lugar era que los judíos "evangelizaran" allí a los gentiles y les convirtieran en prosélitos del judaísmo para que ellos también fueran hechos "cercanos" a Dios. Sin embargo, ese fue el mismo atrio que los líderes judíos del tiempo de Jesús utilizaron como "cueva de ladrones" (Mr. 11:17) y no como un lugar para dar testimonio a los gentiles.

Cristo derribó para siempre (la traducción **hizo uno... derribando,** alude al tiempo aoristo en griego que indica una acción finalizada), todas las paredes de separación **aboliendo en su carne las enemistades, la ley de los mandamientos expresados en ordenanzas.** Cuando Jesús murió en la cruz abolió todas las barreras entre el hombre y Dios, y entre el hombre y sus semejantes. La barrera más grande entre judíos y gentiles era la ley ceremonial: **la ley de los mandamientos expresados en ordenanzas.** Las festividades, sacrificios, ofrendas, leyes de limpieza y purificación, y todos los demás **mandamientos** externos y distintivos para la separación única de Israel frente al resto de naciones, fueron abolidos por completo.

Por otro lado, el hecho de que la ley moral de Dios nunca fue abolida queda claro en la frase **expresados en ordenanzas.** Su ley moral refleja su propia naturaleza santa y por ende nunca puede cambiar (cp. Mt. 5:17-19). Esa es la ley que para los judíos se resumía en los diez mandamientos y para todos los hombres está escrita en sus corazones (Ro. 2:15) y en todo caso es un imperativo moral que también se les manda obedecer (Mt. 22:37-40; Ro. 13:8-10). Jesús resumió la ley moral de Dios con la declaración: "Un mandamiento nuevo os doy: Que os améis unos a otros; como yo os he amado, que también os améis unos a otros" (Jn. 13:34). Los diez mandamientos, al igual que todas las leyes morales de Dios, apenas son la expresión estructurada y particularizada del amor que Dios requiere (Stg. 2:8).

Todas las leyes ceremoniales que distinguieron y separaron a los judíos de los gentiles fueron obliteradas. Antes de Cristo esos dos grupos no podían comer juntos a causa de alimentos restringidos, lavamientos requeridos y contaminaciones rituales. Ahora podían comer cualquier cosa con cualquier persona. Antes de Cristo no podían rendir culto juntos. Un gentil *no podía* adorar a plenitud en el templo judío, y un judío *no debía* rendir culto en un templo pagano. En Cristo ambos ahora adoraban juntos y no necesitaban de templo u otro lugar sagrado para santificar el culto. Todas las distinciones y requerimientos ceremoniales fueron quitados de en medio (cp. Hch. 10:9-16; 11:17-18; Col. 2:16-17), **para crear en sí mismo de los dos un solo y nuevo**

hombre, haciendo la paz. El énfasis se hace de nuevo, **en sí mismo,** para afirmar que esta nueva unidad solo puede ocurrir cuando los hombres son unidos en la persona del Señor Jesucristo.

Kainos (**nuevo**) no se refiere a algo recién completado, como se puede decir de un automóvil que acaba de salir de la línea de ensamblaje, siendo uno más entre muchos otros autos iguales. Esta palabra **nuevo** se refiere a una diferencia en clase y cualidad, un modelo nuevo totalmente y diferente a todo lo que existió antes. El **nuevo hombre** en Cristo no solo es un judío o gentil que además de eso ahora es cristiano, sino que esa persona es nueva porque ya no es judío ni gentil, ahora solo es cristiana. Todas las demás características son de "otro tiempo" que ya pasó y no vuelve (véase v. 11). Pablo lo resumió de la siguiente manera: "Porque no hay diferencia entre judío y griego, pues el mismo que es Señor de todos, es rico para con todos los que le invocan; porque todo aquel que invocare el nombre del Señor, será salvo" (Ro. 10:12-13).

Otra historia de la segunda guerra mundial es la de un grupo de soldados norteamericanos que perdió a uno de sus compañeros en combate. Llevaron su cuerpo al único cementerio del área que era católico. Al enterarse el sacerdote de que el difunto no era católico, dijo: "Lo siento, pero él no puede ser sepultado aquí". Los soldados, descorazonados y desalentados, decidieron hacer lo que consideraron la siguiente mejor opción y sepultaron a su camarada justo fuera del cementerio, al lado de la cerca divisoria. A la mañana siguiente regresaron para dar sus últimos respetos, pero no pudieron encontrar una tumba por fuera de la cerca. Tras contarle al sacerdote su dilema, él dijo: "La primera parte de la noche estuve despierto y apenado por lo que les dije antes, y la segunda parte de la noche la pasé moviendo la cerca".

Cuando Jesucristo derribó **la pared intermedia de separación, aboliendo en su carne las enemistades,** lo que hizo fue quitar la cerca por completo **para crear en sí mismo de los dos un solo y nuevo hombre, haciendo la paz.** Ninguna persona que acuda a Él será excluida, y ninguna persona que sea incluida podrá distinguirse espiritualmente de cualquier otra. La frase **en su carne** apunta de manera específica a la muerte de Jesús en la cruz, por medio de la cual anuló, dejó sin efecto e invalidó por completo (**aboliendo,** *katargeō*) la discordia, la disensión y la alienación (**enemistades,** *echthra*), **haciendo la paz,** como ya se indicó en el versículo 14.

Las palabras **y mediante la cruz reconciliar con Dios a ambos en un solo cuerpo,** no solo demuestran que judíos y gentiles son juntados, sino que juntos son traídos a Dios. La reconciliación mutua entre ellos es inseparable de su reconciliación con Dios. A medida que **ambos** son reconciliados con Dios, también se acercan y reconcilian entre ellos. La muerte de Cristo cumplió a perfección lo que Dios se había propuesto, acercar los hombres a Él. En el versículo 13 se señala la sangre de Cristo, en el versículo 15 Pablo se enfoca en la carne del

Salvador quien murió, y ahora en el versículo 16 menciona de manera específica el lugar (**la cruz**) donde la sangre fue derramada y la carne fue inmolada. ¿Cómo es que **la cruz** obró tal reconciliación? **Matando en ella las enemistades** entre los hombres y Dios (cp. Ro. 5:1, 10).

La hostilidad entre los hombres y Dios llegó a su fin con el sacrificio de Cristo. Él fue aquel quien recibió la sentencia judicial de Dios por el pecado. Él pagó el precio de la muerte que Dios requirió y de ese modo satisfizo la justicia divina (cp. 2 Co. 5:20). Él se convirtió en "maldito" por los pecados (Gá. 3:13) y suministró reconciliación del pecador creyente a Dios y a todos los demás pecadores arrepentidos sin distinciones raciales o de otro tipo.

El término **reconciliar** (*apokatallassō*) es rico en significado porque alude a la idea de pasar por completo de la hostilidad a la amistad. El uso doble de preposiciones como prefijos (*apo, kata*) hace énfasis en el carácter total de esta reconciliación (cp. Col. 1:19-23).

El hombre no puede siquiera reconciliarse con sus semejantes, mucho menos con Dios. "Mas Dios muestra su amor para con nosotros, en que siendo aún pecadores, Cristo murió por nosotros, pues mucho más, estando ya justificados en su sangre, por él seremos salvos de la ira. Porque si siendo enemigos, fuimos reconciliados con Dios por la muerte de su Hijo, mucho más, estando reconciliados, seremos salvos por su vida" (Ro. 5:8-10). Aparte de Cristo, toda persona es impotente, pecadora y enemiga de Dios. Como Pablo dice en otra epístola: "Por cuanto agradó al Padre que en él [Cristo] habitase toda plenitud, y por medio de él reconciliar consigo todas las cosas, así las que están en la tierra como las que están en los cielos, haciendo la paz mediante la sangre de su cruz" (Col. 1:19-20). El comentarista escocés John Eadie escribió: "La cruz que mató a Jesús también mató la hostilidad entre el hombre y Dios. Su muerte fue la muerte de esa animosidad". La cruz es la respuesta de Dios a los judaizantes, a la discriminación racial, a la segregación, el *apartheid*, el antisemitismo, el sectarismo, la guerra y todas las demás causas y resultados de conflicto humano. Este es el gran misterio de Efesios 3:6, "que los gentiles son coherederos y miembros del mismo cuerpo, y copartícipes de la promesa en Cristo Jesús por medio del evangelio".

Aquel quien es en sí mismo **nuestra paz, vino y anunció las buenas nuevas de paz a vosotros que estabais lejos, y a los que estaban cerca.** *Euangelizō* (**anunció las buenas nuevas**) es una expresión que se utiliza casi siempre en el Nuevo Testamento para aludir a la proclamación del evangelio, las buenas nuevas de salvación por medio de Jesucristo. De esa locución griega obtenemos palabras como evangelizar, evangelista y evangélico. Por esa razón la frase en nuestro texto puede traducirse "Él vino y evangelizó para traer paz".

El anuncio angelical del nacimiento de Jesús fue: "¡Gloria a Dios en las alturas, y en la tierra paz, buena voluntad para con los hombres!" (Lc. 2:14). El Señor tiene buena voluntad para con aquellos que confían en su Hijo Jesucristo. Como se declaró en el versículo 13 y explicó antes, los que estaban **lejos** son los gentiles y **los que estaban cerca** son los judíos. Toda persona, judía y gentil por igual, tiene acceso a la **paz** de Dios por medio de Cristo.

Jesús es el Príncipe de paz (Is. 9:6) quien prometió a sus discípulos: "La paz os dejo, mi paz os doy" (Jn. 14:27). Al igual que su Maestro, los discípulos de Cristo también deben ser pacificadores (Mt. 5:9) y proclamadores de la paz. Cuando el Señor envió a los setenta les dio esta comisión: "En cualquier casa donde entréis, primeramente decid: Paz sea a esta casa. Y si hubiere allí algún hijo de paz, vuestra paz reposará sobre él; y si no, se volverá a vosotros" (Lc. 10:5-6). La paz rodeó el ministerio de Jesús como un aura de bendición continua para todos los que creían en Él. Entre sus últimas palabras para sus discípulos Él dijo: "Estas cosas os he hablado para que en mí tengáis paz" (Jn. 16:33). El ministerio de los apóstoles y otros predicadores de la iglesia primitiva se caracterizó porque ellos iban "anunciando el evangelio de la paz por medio de Jesucristo" (Hch. 10:36). El ministerio del Espíritu Santo se caracteriza porque da "amor, gozo, paz", y el resto del fruto espiritual mencionado en Gálatas 5:22-23. El mismo reino de Dios se caracteriza por "justicia, paz y gozo en el Espíritu Santo" (Ro. 14:17). El Dios de paz (1 Co. 14:33; He. 13:20) llama a su pueblo a la paz (1 Co. 7:15).

ACCESO A DIOS

porque por medio de él los unos y los otros tenemos entrada por un mismo Espíritu al Padre. (2:18)

Al tener a Jesucristo (**él**), también tenemos acceso por el **Espíritu al Padre.** Los recursos de la Trinidad entera son nuestros en el momento que recibimos a Cristo. No solo recibimos una reconciliación jurídica sino una relación íntima y real que tiene valor práctico porque podemos presentar nuestras necesidades al Padre.

Prosagōgē (**entrada**) es una palabra que solo se emplea tres veces en el Nuevo Testamento, en cada caso para referirse al acceso que el creyente tiene a Dios (véase también Ro. 5:2; Ef. 3:12). En tiempos antiguos se empleaba una palabra similar para describir al oficial de la corte que presentaba al rey las personas que acudían a él. Estos funcionarios daban **entrada** al monarca. El término mismo indica que no se trata de poseer acceso por derecho propio, sino de recibirlo por concesión divina para acercarse a Dios con confianza, sabiendo que seremos bien recibidos. Solo es mediante el derramamiento que nuestro Salvador hizo de su sangre al morir como sacrificio perfecto en el Calvario, y por la fe en Él, que tenemos unión **en** su **Espíritu** Santo y **entrada al Padre.** El **Espíritu** obra para acercarnos a Dios (Ro. 8:15-17; Gá. 4:5-6). Pablo dice **los unos y los otros** y

un mismo Espíritu para hacer énfasis en la participación común y mutua de judíos y gentiles por igual. La obra de Cristo y el establecimiento de su iglesia alcanzan a todos los hombres.

Aunque en Juan 10 Jesús habló de Él mismo tanto como el buen pastor y como la puerta del redil (vv. 1-14), por cierto que no estaba mezclando metáforas. Un pastor palestino traía sus ovejas al aprisco de noche o levantaba un cercado temporal con piedras, madera o barro si estaba lejos de su casa. Después de colocar adentro a las ovejas, contarlas con cuidado y untarles aceite en sus heridas por el contacto con espinas o piedras, el pastor se acostaba en la entrada angosta y se convertía él mismo en la puerta de entrada al redil.

La única **entrada** a la presencia de Dios, la única puerta al redil de su reino, es a través de su Hijo. Además, es una **entrada** maravillosa y gloriosa que nunca nos puede ser quitada. Siempre podemos decir: "Acerquémonos, pues, confiadamente al trono de la gracia, para alcanzar misericordia y hallar gracia para el oportuno socorro" (He. 4:16). Por medio del Hijo divino de Dios, nosotros también nos convertimos en sus hijos. En consecuencia, "no [hemos] recibido el espíritu de esclavitud para estar otra vez en temor, sino que [hemos] recibido el espíritu de adopción, por el cual clamamos: ¡Abba, Padre!" (Ro. 8:15).

Quienes antes eran objetos de alienación social y espiritual, ahora en Cristo están unidos con Dios y entre sí. Puesto que tienen a Cristo han recibido paz y **entrada por un mismo Espíritu al Padre.** Tienen a Cristo, quien les presenta en el trono celestial de Dios, y ahora pueden presentarse a Él en cualquier momento. Pueden ahora acudir a Dios como su propio **Padre,** sabiendo que Él ya no les juzga ni condena sino que les perdona y bendice. Su disciplina misma es un acto de amor que Él da para limpiar y restaurar la pureza y la abundancia de la vida espiritual de sus hijos preciosos.

RESUMEN Y CONCLUSIÓN

Así que ya no sois extranjeros ni advenedizos, sino conciudadanos de los santos, y miembros de la familia de Dios, edificados sobre el fundamento de los apóstoles y profetas, siendo la principal piedra del ángulo Jesucristo mismo, en quien todo el edificio, bien coordinado, va creciendo para ser un templo santo en el Señor; en quien vosotros también sois juntamente edificados para morada de Dios en el Espíritu. (2:19-22)

Pablo finaliza su discusión de la unidad maravillosa del cuerpo de Cristo con tres metáforas que la ilustran. En la figura de **conciudadanos** muestra cómo judíos y gentiles se han vuelto parte del mismo reino. En la figura de **la familia de Dios** muestra cómo todos los creyentes son una sola familia espiritual en

Cristo. En la figura de **un templo santo en el Señor** muestra que todos los creyentes conforman juntos una habitación para Dios.

UNIDOS EN EL REINO DE DIOS

Así que ya no sois extranjeros ni advenedizos, sino conciudadanos de los santos, (2:19a)

Bien sea que los creyentes en otro tiempo estuviesen separados de Dios y de su pueblo o que estuviesen cerca, todos llegaron a ser uno en Jesucristo. Bien sea que antes hubieran sido **extranjeros** y excluidos o **advenedizos** y espectadores, todos los creyentes en Cristo se convierten en **conciudadanos** del reino de Dios con todos **los santos,** los creyentes de todos los tiempos que han depositado su confianza en Dios. El reino de Dios no tiene **extranjeros ni advenedizos,** ni ciudadanos de segunda categoría. "Nuestra ciudadanía está en los cielos" (Fil. 3:20), declara Pablo, y los únicos **conciudadanos** del cielo son **los santos** de Dios.

UNIDOS EN LA FAMILIA DE DIOS

y miembros de la familia de Dios, (2:19b)

Como si no fuera suficiente ser miembros de su reino divino, la obra que Dios en su gracia realiza por medio de Cristo nos acerca todavía más y nos hace **miembros de la familia de Dios.** Puesto que nos hemos identificado por la fe con su Hijo, Dios ahora nos ve y nos trata de la misma manera como ve y trata a su Hijo, con amor infinito. Debido a que el Padre no puede dar más que todo lo mejor al Hijo, tampoco puede dar algo menos que lo mejor de sí a quienes están en su Hijo. "Porque el que santifica y los que son santificados, de uno son todos", nos enseña el escritor de Hebreos, "por lo cual no se avergüenza de llamarlos hermanos... Cristo [fue fiel] como hijo sobre su casa, la cual casa somos nosotros" (2:11; 3:6; Ro. 8:17).

La ciudadanía celestial y el ser miembros de la familia de Dios no son funciones ni posiciones distintas sino ángulos diferentes para ver la misma realidad, porque todo ciudadano del reino es un miembro de la familia y cada miembro de la familia es un ciudadano del reino.

Si los creyentes no tienen distinciones delante de Dios, tampoco deben tenerlas entre ellos. Todos somos conciudadanos y miembros de la familia, iguales en todo sentido espiritual ante Dios. Si Dios acepta a cada uno de nosotros, ¿cómo es posible que no nos aceptemos unos a otros?

UNIDOS EN EL TEMPLO DE DIOS

edificados sobre el fundamento de los apóstoles y profetas, siendo la principal piedra del ángulo Jesucristo mismo, en quien todo el edificio, bien coordinado, va creciendo para ser un templo santo en el Señor; en quien vosotros también sois juntamente edificados para morada de Dios en el Espíritu. (2:20-22)

El fundamento de los apóstoles y profetas se refiere a la revelación divina que ellos enseñaron y que en su forma escrita es el Nuevo Testamento. Como parece que el caso genitivo en griego se emplea aquí en el sentido subjetivo dando a entender el agente originario, el significado no es que **los apóstoles y profetas** fueran ellos mismos **el fundamento,** aunque en cierto sentido lo eran, sino que ellos habían colocado los cimientos. Pablo habló de sí mismo como un "perito arquitecto [que] puse el fundamento", y prosiguió a decir que "nadie puede poner otro fundamento que el que está puesto, el cual es Jesucristo" (1 Co. 3:10-11; cp. Ro. 15:20). Se trata aquí de los **profetas** del Nuevo Testamento, como lo indican los hechos de que están incluidos en la lista después de **los apóstoles** y que son parte de la iglesia de Jesucristo (cp. 3:5; 4:11). Su función especial y única fue hablar con autoridad las palabras de Dios para la iglesia todo el tiempo antes que quedara completo el canon del Nuevo Testamento. El hecho de que sean identificados con el fundamento revela que están limitados a ese período formativo en la historia de la iglesia. Como lo muestra 4:11, ellos completaron su trabajo y cedieron paso a "evangelistas; ... pastores y maestros".

La principal piedra del ángulo en ese fundamento es **Jesucristo mismo** (véase Is. 28:16; Sal. 118:22; Mt. 21:42; Hch. 4:11). La piedra del ángulo era la parte más importante en la estructura de las edificaciones antiguas. Debía tener la resistencia suficiente para soportar todo lo que se construyera sobre ella, y era indispensable que se colocara con precisión porque todas las demás partes de la estructura se orientaban hacia ella. La piedra del ángulo era el agente de soporte, orientación y unificación de todo el edificio. Jesucristo es esa clase de agente en el reino de Dios, la familia de Dios y el edificio de Dios.

Por medio de Isaías Dios declaró: "He aquí que yo he puesto en Sion por fundamento una piedra, piedra probada, angular, preciosa, de cimiento estable; el que creyere, no se apresure" (Is. 28:16). Después de citar ese pasaje Pedro dice: "Para vosotros, pues, los que creéis, él es precioso; ... vosotros sois linaje escogido, real sacerdocio, nación santa, pueblo adquirido por Dios" (1 P. 2:7, 9).

Es **Jesucristo mismo** como **la principal piedra del ángulo, en quien todo el edificio, bien coordinado, va creciendo para ser un templo santo en el Señor.** *Sunarmologeō* (**bien coordinado**) se refiere al acople cuidadoso de cada componente y pieza de un mobiliario, una edificación u otra estructura. Cada parte está cortada con precisión para ajustarse con comodidad y firmeza, armonizando bellamente con todas las demás piezas. Nada está fuera de lugar ni es defectuoso, arbitrario o inapropiado. Puesto que se trata del **edificio** de Cristo, la iglesia es perfecta, sin mancha ni defecto alguno, y así es como presentará la iglesia, su propio **templo santo,** a Él mismo (Ef. 5:27).

Sin embargo, el cuerpo de Cristo no estará completo hasta que toda persona que va a creer en Él así lo haga. Cada nuevo creyente es una nueva piedra en **el edificio** de Cristo, su **templo santo.** Por esa razón Pablo dice que el templo **va creciendo,** porque los creyentes van siendo añadidos de manera continua.

En Europa muchas catedrales han estado bajo construcción durante cientos de años. En un proceso continuo se edifican nuevos recintos, alcobas, capillas y otras estructuras. Lo mismo sucede con la iglesia de Jesucristo. Se encuentra en un estado permanente de construcción a medida que cada nuevo santo se convierte en una nueva piedra. "Vosotros también, como piedras vivas", dijo Pedro, "sed edificados como casa espiritual y sacerdocio santo, para ofrecer sacrificios espirituales aceptables a Dios por medio de Jesucristo" (1 P. 2:5). Como ciudadanos del reino, miembros de la familia y piedras vivas, los creyentes en Jesucristo son un sacerdocio santo que ofrece sacrificios espirituales en el **templo santo** de Dios. Como una parte viva, preciosa y funcional de ese **templo,** nosotros también somos **juntamente edificados para morada de Dios en el Espíritu** (véase también 2 Co. 6:16).

El término **morada** (*katoikētērion*) alude a la idea de un hogar permanente. **Dios en el Espíritu** hace su santuario terrenal en la iglesia, donde establece su residencia permanente como Señor. Es seguro que esta figura trajo una percepción vívida de las cosas a las personas que vivían en medio de templos donde se creía que moraban las deidades paganas, como era el caso con el templo de Artemisa en Éfeso (véase Hch. 19:23-41). Lo cierto es que la iglesia no es una cámara secreta y diminuta donde se guarda un ídolo, sino el inmenso cuerpo espiritual conformado por todos los redimidos, dentro del cual reside el Espíritu de Dios. (Es importante distinguir esta verdad de aquella según la cual cada creyente también es el templo individual del Espíritu Santo, como se enseña en 1 Co. 6:19-20).

Por medio de la sangre, el sufrimiento en su carne, la cruz y la muerte del Señor Jesucristo, los extranjeros se convierten en ciudadanos, los advenedizos se convierten en familiares, los idólatras se convierten en el templo del Dios verdadero, los que no tienen esperanza heredan las promesas de Dios, aquellos que están sin Cristo se vuelven uno en Cristo, los que estaban alejados son acercados, y los impíos que no tienen a Dios son reconciliados con Dios. Por medio de Jesucristo hay reconciliación de los hombres con Dios y de los hombres con sus semejantes.

El misterio revelado

8

Por esta causa yo Pablo, prisionero de Cristo Jesús por vosotros los gentiles; si es que habéis oído de la administración de la gracia de Dios que me fue dada para con vosotros; que por revelación me fue declarado el misterio, como antes lo he escrito brevemente, leyendo lo cual podéis entender cuál sea mi conocimiento en el misterio de Cristo, misterio que en otras generaciones no se dio a conocer a los hijos de los hombres, como ahora es revelado a sus santos apóstoles y profetas por el Espíritu: que los gentiles son coherederos y miembros del mismo cuerpo, y copartícipes de la promesa en Cristo Jesús por medio del evangelio, del cual yo fui hecho ministro por el don de la gracia de Dios que me ha sido dado según la operación de su poder. A mí, que soy menos que el más pequeño de todos los santos, me fue dada esta gracia de anunciar entre los gentiles el evangelio de las inescrutables riquezas de Cristo, y de aclarar a todos cuál sea la dispensación del misterio escondido desde los siglos en Dios, que creó todas las cosas; para que la multiforme sabiduría de Dios sea ahora dada a conocer por medio de la iglesia a los principados y potestades en los lugares celestiales, conforme al propósito eterno que hizo en Cristo Jesús nuestro Señor, en quien tenemos seguridad y acceso con confianza por medio de la fe en él; por lo cual pido que no desmayéis a causa de mis tribulaciones por vosotros, las cuales son vuestra gloria. (3:1-13)

Este pasaje es en gran parte un paréntesis que va desde el versículo 2 hasta el versículo 13. Pablo empieza una oración por los creyentes para que entiendan sus recursos al ser uno en Cristo y a continuación decide volver a recalcar y expandir algunas de las verdades que ya ha mencionado. La oración como tal no empieza sino hasta el versículo 14, donde reitera la frase "por esta causa" del versículo 1, diciendo "por lo cual pido". Esto con el objeto de retomar el pensamiento presentado originalmente en el versículo 1. Parece como si él hubiera sentido que los efesios no estaban preparados para escuchar su oración a favor de ellos, hasta que hubiesen entendido mejor, y por ende estuvieran en mayor capacidad de aplicar las verdades acerca de las cuales quería orar. Además, a Pablo le pareció esencial afirmar su autoridad para enseñar una verdad tan nueva y de tanto alcance como la unidad de judíos y gentiles en Cristo, lo cual hace al ratificar que fue Dios mismo quien le dio la verdad y la comisión para proclamarla (vv. 2-7).

El énfasis principal que el apóstol reitera se hace en el gran misterio revelado ahora por Dios, según el cual gentiles y judíos son uno en Cristo y que ya no existe distinción alguna entre ellos. La revelación del misterio se discute en los vv. 1-3, su explicación en vv. 10-13. Pablo escribe en el versículo 6 de manera específica, que este secreto sagrado nunca antes había sido revelado: "que los gentiles son coherederos y miembros del mismo cuerpo, y copartícipes de la promesa en Cristo Jesús por medio del evangelio". En esencia, ese versículo es una síntesis de 2:11-22.

En 3:1-13 el apóstol nos conduce al enfoque en cinco aspectos de este misterio divino: su prisionero, su plan, su predicación, su propósito y sus privilegios.

EL PRISIONERO DEL MISTERIO

Por esta causa yo Pablo, prisionero de Cristo Jesús por vosotros los gentiles; si es que habéis oído de la administración de la gracia de Dios que me fue dada para con vosotros; que por revelación me fue declarado el misterio, como antes lo he escrito brevemente, leyendo lo cual podéis entender cuál sea mi conocimiento en el misterio de Cristo, (3:1-4)

Por esta causa introduce la causa de la oración de Pablo (que en realidad empieza en el v. 14), y se refiere de vuelta al grupo de verdades unificadoras que Pablo acaba de discutir en el capítulo 2, incluso las verdades de que la persona que está en Cristo es un "nuevo hombre" (v. 15); que todos los creyentes son un solo cuerpo (v. 16); que los gentiles, quienes antes estaban alejados, ahora son acercados cuando creen (v. 17); que todos los creyentes son por igual ciudadanos del reino de Dios y miembros de su familia (v. 19); y que todos los creyentes son edificados en unidad como templo y morada de Dios (vv. 21-22).

Como ya se mencionó, sin embargo, antes de empezar su oración Pablo decidió repasar algunas de esas verdades que la motivaron, haciendo énfasis en su fuente divina. El apóstol conocía el valor de la repetición en la didáctica y la importancia de establecer su autoridad al enseñar una doctrina nueva y no tradicional como esta. Ninguno de nosotros entiende todo lo relacionado con una verdad al escucharla por primera vez. Las verdades de Dios son tan maravillosas y grandiosas que nunca las comprenderemos a plenitud en esta vida, sin importar cuántas veces las escuchemos y estudiemos. Aun las cosas que llegamos a entender en cierta medida, con frecuencia las olvidamos y necesitamos acordarnos de ellas, mientras que algunas verdades serían inaceptables para nuestra mente humana si no supiéramos que proceden de Dios (cp. Jn. 6:60; 2 P. 3:16).

La primera verdad que Pablo menciona está relacionada con su propia situación y el ministerio que Dios le confió. Aparte del Señor Jesús, **Pablo** es en muchos sentidos la figura dominante del Nuevo Testamento, ya que escribió por lo menos trece de sus 27 libros y también es uno de los instrumentos humanos más sobresalientes que el Espíritu Santo utilizó conforme a lo registrado en el libro de los Hechos. Más que cualquier otro apóstol, él presentó con detalle los misterios del evangelio, las verdades que habían permanecido escondidas aun de los creyentes más fieles de otros tiempos, pero que fueron dadas a conocer a la iglesia de Jesucristo.

En la parte inicial de la carta Pablo presenta sus credenciales como apóstol de Cristo (1:1), pero aquí habla de sí mismo como **prisionero de Cristo Jesús.** Él ya había sido prisionero durante unos cinco años, dos en Cesarea y el resto en Roma. Había sido arrestado con acusaciones falsas hechas por los judíos de la provincia de Asia que estaban de visita en Jerusalén. Le habían acusado de llevar al gentil Trófimo a las áreas prohibidas del templo, aunque no había hecho tal cosa. Pablo había tenido que comparecer ante el Sanedrín, ante el gobernador romano Félix, ante Festo el sucesor de Félix, e incluso ante el rey Agripa. Si Pablo no hubiera apelado a César mientras se defendía ante Festo, Agripa le habría dejado en libertad. De Cesarea el apóstol fue llevado a Roma, donde se le permitió quedarse en un recinto privado con un soldado que le vigilaba (véase Hch. 21:27–28:16).

Aunque fue arrestado por acusaciones judías, Pablo no se consideró nunca un prisionero de los judíos. Aunque fue encarcelado bajo la autoridad romana, no se consideró prisionero de Roma. Aunque había apelado a César, nunca se consideró prisionero de César. Él era un ministro de Jesucristo, comprado con un precio y comisionado con la misión especial de predicar el evangelio a los gentiles. Por ende, él era **prisionero de Cristo Jesús.** Todo lo que hiciera y dondequiera que fuese, estaba bajo el control exclusivo de Cristo. Sin el consentimiento de su Señor no se sujetaba a los planes, el poder, el castigo o el encarcelamiento de cualquier hombre o gobierno. La forma griega de la frase se ha denominado caso genitivo de causa y origen, que cumple la función de identificar a Pablo como un prisionero perteneciente a Jesucristo, quien fue la causa de su encarcelamiento.

La perspectiva o forma de ver las cosas es algo de extrema importancia. La manera como vemos y reaccionamos a las circunstancias es más importante que las circunstancias mismas. Si todo lo que podemos ver es nuestra situación inmediata, entonces nuestras circunstancias nos controlan. En ese caso nos sentimos bien cuando nuestras circunstancias son buenas pero en la miseria cuando no lo son. Si Pablo solo hubiera sido capaz de ver sus circunstancias, en poco tiempo habría abandonado su ministerio. Si hubiera pensado que su vida estaba en las manos de sus perseguidores, sus carceleros, sus guardias o el gobierno romano, habría sido vencido por la desesperación total mucho tiempo atrás.

No obstante, la perspectiva de Pablo era una perspectiva divina, y él vivió con una confianza plena en los propósitos de Dios. No es que él supiera cómo iba a ser su futuro o que *entendiera* del todo los propósitos divinos que había detrás de sus aflicciones, sino que más bien él sabía que su futuro, sus aflicciones y todos los demás aspectos de su vida estaban del todo en las manos de su Señor. A pesar de su apostolado y las múltiples revelaciones que recibió del Señor, Pablo vivió y trabajó por fe, no por vista. Sabía, no a partir de lo que podía ver sino con base en la propia Palabra del Señor, "que a los que aman a Dios, todas las cosas les ayudan a bien, esto es, a los que conforme a su propósito son llamados" (Ro. 8:28). Por esa razón nosotros como creyentes debemos tener "por sumo gozo" el que nos hallemos "en diversas pruebas". Sabemos que esas pruebas producen fe, que la fe produce paciencia, y que la paciencia conduce a la perfección y el cumplimiento cabal de nuestra preparación para vivir una vida piadosa (Stg. 1:2-4; cp. Hch. 16:19-25; 1 P. 4:12-19).

Pablo estaba convencido de lo siguiente con respecto a sus circunstancias: "las cosas que me han sucedido, han redundado más bien para el progreso del evangelio, de tal manera que mis prisiones se han hecho patentes en Cristo en todo el pretorio, y a todos los demás. Y la mayoría de los hermanos, cobrando ánimo en el Señor con mis prisiones, se atreven mucho más a hablar la palabra sin temor" (Fil. 1:12-14).

Pablo fue encarcelado por el propósito de salvación de Cristo, el cual era **por vosotros los gentiles.** Así como Cristo no fue crucificado por su propia causa, Pablo no estaba encarcelado por su propia causa sino por causa y amor de su Señor, y por causa de todos aquellos a quienes de forma especial había sido llamado a servir (Hch. 9:15; 15:7; 20:20-24; 22:21; Ro. 11:13; etc.). "Ahora me gozo en lo que padezco por vosotros", dijo el apóstol a los creyentes gentiles de Colosas, "y cumplo en mi carne lo que falta de las aflicciones de Cristo por su cuerpo, que es la iglesia" (Col. 1:24). En los versículos siguientes dijo a los gentiles colosenses: "de la cual fui hecho ministro, según la administración de Dios que me fue dada para con vosotros, para que anuncie cumplidamente la palabra de Dios, el misterio que había estado oculto desde los siglos y edades, pero que ahora ha sido manifestado a sus santos" (vv. 25-26).

Pablo sabía que estaba en el ministerio porque había sido llamado por Dios para ejercerlo. No estaba en él por sus fines personales, ni trató de llevarlo a cabo por su propio poder. Hizo los sacrificios supremos propios de un servicio abnegado y no egoísta por causa de llevar otras personas a la gloria (Ef. 3:13). En 2 Corintios Pablo expande nuestro entendimiento de esta clase de compromiso vital:

Estamos atribulados en todo, mas no angustiados; en apuros, mas no desesperados; perseguidos, mas no desamparados; derribados, pero no destruidos; llevando en el cuerpo siempre por todas partes la muerte de Jesús, para que también la vida de Jesús se manifieste en nuestros cuerpos. Porque nosotros que vivimos, siempre estamos entregados a muerte por causa de Jesús, para que también la vida de Jesús se manifieste en nuestra carne mortal. De manera que la muerte actúa en nosotros, y en vosotros la vida. Pero teniendo el mismo espíritu de fe, conforme a lo que está escrito: Creí, por lo cual hablé, nosotros también creemos, por lo cual también hablamos, sabiendo que el que resucitó al Señor Jesús, a nosotros también nos resucitará con Jesús, y nos presentará juntamente con vosotros. Porque todas estas cosas padecemos por amor a vosotros, para que abundando la gracia por medio de muchos, la acción de gracias sobreabunde para gloria de Dios. (4:8-15)*

Las palabras **si es que habéis oído de la administración de la gracia de Dios que me fue dada para con vosotros** dan inicio al paréntesis de Pablo para enfatizar su autoridad divina para impartir esta enseñanza. La cláusula condicional de primera clase en griego indica aquí que la condición (**si es que habéis oído...**) se supone como verdadera. Por ende, Pablo está diciendo: "Según y como estoy seguro que ustedes ya han **oído, ...**"

Aquello **de** lo cual habían **oído** era **la administración de la gracia de Dios que** le **fue dada** a Pablo en favor de ellos como gentiles. *Oikonomia* (**administración**) se refería en primera instancia al manejo de una casa, negocio u otro asunto en nombre de otra persona. Un administrador o mayordomo era responsable del mantenimiento constante de algo que pertenecía a otra persona. Estaba encargado de supervisar cosas tales como compras, ventas, libros de contabilidad, siembras, cosechas, acopio y provisiones, preparación de comidas, asignación de deberes a los esclavos, y cualquier otra cosa que fuera necesario hacer.

Pablo no eligió su apostolado ni su ministerio, sino que fue nombrado para ejercerlo. "Doy gracias al que me fortaleció, a Cristo Jesús nuestro Señor, porque me tuvo por fiel, poniéndome en el ministerio, habiendo yo sido antes blasfemo, perseguidor e injuriador" (1 Ti. 1:12-13; cp. Ro. 15:15-16; Gá. 2:9). Pablo fue escogido y comisionado por pura gracia de Dios, fue designado como mayordomo *por* la gracia de Dios y luego se convirtió en un administrador **de la gracia de Dios.** En 1 Corintios 9:16-17 Pablo articula el sentido de compulsión divina que motiva su ministerio: "Pues si anuncio el evangelio, no tengo por qué gloriarme; porque me es impuesta necesidad; y ¡ay de mí si no anunciare el evangelio! Por lo cual, si lo hago de buena voluntad, recompensa tendré; pero si de mala voluntad [con referencia al acto soberano de Dios en el camino a Damasco], la comisión me ha sido encomendada". Por esa razón pidió a todos en representación de sus consiervos: "téngannos los hombres por servidores de Cristo, y administradores de los misterios de Dios" (1 Co. 4:1).

Todo creyente es un administrador del llamamiento, los dones espirituales, las oportunidades, las habilidades, el conocimiento y todas las demás bendiciones que ha recibido del Señor. Todas las cosas que tenemos pertenecen al Señor, y por lo tanto nos ha sido confiado como mayordomos responsables la administración y el manejo de nuestra vida y todo lo que poseemos en nombre de Aquel a quien le pertenecen. Somos administradores fieles cuando usamos lo que tenemos para ministrar a quienes forman parte de la familia de Dios y testificar a quienes todavía están fuera de ella. "Cada uno según el don que ha recibido, minístrelo a los otros, como buenos administradores de la multiforme gracia de Dios" (1 P. 4:10).

La mayordomía de Pablo fue única incluso para un apóstol, y algo tan revolucionario que a él le resultó necesario añadir: **que por revelación me fue declarado el misterio, como antes lo he escrito brevemente.** Es obvio que el misterio consiste en que judíos y gentiles son uno en Cristo, acerca de lo cual había **escrito antes brevemente** en 1:9-12 y 2:11-12. Se trataba de una verdad imposible de conocer y comprender para los hombres, de quienes estuvo escondida hasta que Dios la reveló (cp. 2 Ti. 3:16-17; 2 P. 1:19-21). Además, **leyendo lo cual podéis entender cuál sea mi conocimiento en el misterio de Cristo.** Pablo fue un instrumento clave en la revelación de muchos misterios a la iglesia, pero aquí el misterio particular es el que ya ha mencionado en términos generales y que está a punto de declarar de forma específica, a saber, que en Cristo judíos y gentiles se convierten en un solo pueblo antes los ojos de Dios como parte de su reino y su familia (3:6).

La intención de Pablo no era limitarse a declarar el misterio sino explicarlo y aclararlo. Cuando los creyentes de Éfeso y todos los creyentes subsiguientes estuvieran **leyendo** sus explicaciones (declaradas aquí como parte fundamental e incuestionable de la vida cristiana), la esperanza de Pablo era que pudiesen llegar a **entender** cuál era su **conocimiento en el misterio de Cristo.** *Sunesis* (**conocimiento**) tiene el significado literal de juntar dos o más cosas, y en sentido metafórico se refiere a comprensión y entendimiento, la capacidad mental de recibir y ordenar el conocimiento con el fin de captar su significado pleno. El **conocimiento** espiritual siempre debe anteceder toda aplicación práctica, porque aquello que no se entienda de manera adecuada no puede aplicarse a la vida de una manera correcta.

Lo opuesto al **conocimiento** espiritual es la "necedad" (*asunetos*, Ro. 1:21), la falta de discernimiento espiritual. Como queda claro a partir de la primera parte de ese versículo, la falta de discernimiento existía aun a pesar de conocerse los hechos espirituales necesarios: "Pues habiendo conocido a Dios, no le glorificaron como a Dios, ni le dieron gracias, sino que se envanecieron en sus razonamientos".

Pablo no obtuvo su celo por el evangelio ni su pasión por las almas con base en fuertes experiencias emocionales, aunque es probable que las haya tenido en gran cantidad. Su amor, pasión y celo enérgico para ganar a los perdidos y edificar a los salvos provenían de su gran **conocimiento** personal del evangelio. Cuanto más comprendía el amor y gracia insondables de Dios, más se sentía compelido a hacer a otros partícipes de ello y a ser un ejemplo vivo del amor y la gracia de Dios.

Pablo estaba tan lleno de entendimiento del **misterio de Cristo** que sacrificó su salud, su libertad y su propia vida en el ministerio de impartir ese entendimiento a otros para que ellos también pudiesen llegarlo a **entender,** y para él un sacrificio de esa clase representaba un gozo supremo e inefable.

EL PLAN DEL MISTERIO

misterio que en otras generaciones no se dio a conocer a los hijos de los hombres, como ahora es revelado a sus santos apóstoles y profetas por el Espíritu: que los gentiles son coherederos y miembros del mismo cuerpo, y copartícipes de la promesa en Cristo Jesús por medio del evangelio, (3:5-6)

En el versículo 5 Pablo define el significado general de misterio como se empleaba el término en el Nuevo Testamento, y en el versículo 6 identifica el misterio particular que está explicando a los efesios.

El apóstol continúa hablando del "**misterio** de Cristo", acerca del cual ya ha impartido revelación y conocimiento especiales (vv. 3-4). **En otras generaciones este misterio no se dio a conocer a los hijos de los hombres.** Esta expresión, **los hijos de los hombres,** se refiere a la humanidad en general y no solo al pueblo escogido de Dios, Israel. Antes de la iglesia ninguna persona, ni siquiera el más grande de los profetas de Dios, recibió más que una vislumbre de la verdad que Pablo procede a revelar a continuación. Las enseñanzas del Antiguo Testamento que se relacionan con este misterio solo pueden entenderse con claridad a la luz de la revelación del Nuevo Testamento. Nosotros podemos conocer el significado de muchos pasajes del Antiguo Testamento *solo* gracias a que han quedado explicados en el Nuevo (cp. He. 11:39-40; 1 P. 1:10-12).

Nadie conocía el significado pleno de la promesa de Dios a Abraham cuando le dijo: "serán benditas en ti todas las familias de la tierra" (Gn. 12:3), sino hasta que Pablo escribió: "Y la Escritura, previendo que Dios había de justificar por la fe a los gentiles, dio de antemano la buena nueva a Abraham, diciendo: En ti serán benditas todas las naciones" (Gá. 3:8). Nadie conoció el significado pleno de la predicción de Isaías: "también te di por luz de las naciones, para que seas mi salvación hasta lo postrero de la tierra" (Is. 49:6), hasta que Pablo explicó que significaba el ofrecimiento del evangelio de Jesucristo (el Mesías) a los gentiles de igual forma que a los judíos (Hch. 13:46-47).

Los santos del Antiguo Testamento no tenían una visión de la iglesia, la reunión de todos los salvos en un cuerpo unido donde no existieran distinciones raciales en lo absoluto. Los indicios que tenían en el Antiguo Testamento de una realidad de tal magnitud eran un misterio para ellos porque faltaba demasiada información. Por esa razón los judíos en la iglesia primitiva, incluido el apóstol Pedro (véase Hch. 10), tuvieron tanta dificultad para aceptar a los creyentes gentiles como personas que estaban por completo en el mismo nivel espiritual de los judíos. También por esa razón Pablo se esmeró en esta carta a los efesios para declarar y ratificar, para explicar y volver a explicar esa gran verdad.

El contenido de esa verdad **ahora es revelado a sus santos apóstoles y profetas por el Espíritu.** El verbo griego en la expresión **es revelado** se encuentra en el tiempo aoristo, que se refiere a actos o eventos específicos. Al acoplarse con la palabra **ahora,** indica en este texto el carácter inmediato y actual de la revelación, que fue dada de manera exclusiva a **santos apóstoles y profetas** del Nuevo Testamento, y no a cualquier otra persona antes o después de ellos. Estos hombres fueron los instrumentos usados por Dios para escribir la Biblia, y 1 Juan 1:1-3 describe su función especial y única. La última vez que ellos se reunieron fue en el concilio de Jerusalén, y el hombre que ofició en aquella ocasión (Jacobo, el medio hermano de Jesús, véase Hch. 15:13) no era un apóstol. Poco tiempo después fueron dispersados y murieron, pero no antes de que la revelación se completara. A ellos se hace referencia en Efesios 2:20 y 4:11, pero solo aquí son llamados **santos,** para afirmar que eran las personas apropiadas para recibir tal revelación y que su llamado, ministerio y carácter eran auténticos.

Algunos han advertido que el pronombre personal (*autou*, **sus**) está ligado a **apóstoles** mientras que no existe tal pronombre antes de la palabra **profetas.** Se trataría en ese caso de un énfasis en la primacía y prioridad cronológica de los **apóstoles** con respecto a los **profetas** que les seguían en importancia. La distinción se tratará más adelante en conexión con los comentarios de 4:11.

El **Espíritu** es el agente divino de la revelación de Dios a través de estos hombres. "Entendiendo primero esto", explica Pedro, "que ninguna profecía de la Escritura es de interpretación privada, porque nunca la profecía fue traída por voluntad humana, sino que los santos hombres de Dios hablaron siendo inspirados por el Espíritu Santo" (2 P. 1:20-21). Este fue el cumplimiento de la promesa de nuestro Señor en Juan 14:25-26 y 15:26-27.

Pablo prosigue para afirmar en qué consiste el misterio en concreto: **que los gentiles son coherederos y miembros del mismo cuerpo, y copartícipes de la promesa en Cristo Jesús por medio del evangelio.**

Como se mencionó antes, a nosotros nos resulta difícil darnos cuenta del carácter tan revolucionario que esa verdad tenía para los judíos en el tiempo de Pablo. A pesar del hecho de que el Antiguo Testamento enseña que los gentiles serán bendecidos por Dios (Gn. 12:3; 22:18; 26:4; 28:14), que los gentiles bendecirán a Dios (Sal. 72), que el Mesías vendrá a los gentiles (Is. 11:10; 49:6; 54:1-3; 60:1-3), que serán salvos por el Mesías (Os. 1:10; Am. 9:11ss), y que recibirán el Espíritu Santo (Jl. 2:28-29), la idea de incluir a los gentiles en un solo cuerpo al lado de los judíos era el equivalente espiritual de decir que los leprosos ya no tenían que ser aislados de la demás gente y que ahora estaban en perfecta libertad de mezclarse y asociarse con las otras personas como miembros normales de la sociedad. En las mentes de la mayoría de los judíos, su separación espiritual de los gentiles era tan absoluta y tan correcta que el pensamiento de una igualdad total delante de Dios era inconcebible y rayaba en la blasfemia.

No obstante, Pablo declara ante todo, **que los gentiles son coherederos.** Aquellos que antes se habían mantenido "alejados de la ciudadanía de Israel y ajenos a los pactos de la promesa" (2:12), ahora tienen exactamente el mismo estatus legal delante de Dios que el gozado por su pueblo escogido, los judíos. Cuentan con la misma herencia maravillosa e ilimitada en Cristo que Pablo ya ha mencionado (1:11, 14, 18). *Todo* creyente es bendecido "con toda bendición espiritual en los lugares celestiales en Cristo" (1:3). Como el apóstol dijo a los gálatas, sin consideración a la herencia racial o de otro tipo, "si vosotros sois de Cristo, ciertamente linaje de Abraham sois, y herederos según la promesa" (Gá. 3:29). Los gentiles no son forasteros ni advenedizos sino hijos (cp. 1:11, 14, 18; 2:19), y tienen la misma posición legal de todos los demás creyentes.

Los gentiles también son ahora **miembros del mismo cuerpo.** Ahora reciben la misma bendición como herederos que tienen los mismos beneficios de los judíos, pero que experimentan esos beneficios en alguna forma de existencia separada pero igual. Con **miembros** oficiales y totales **del mismo cuerpo,** ligados por una vida espiritual en común con todas las demás personas que pertenecen a la familia santa de Dios. No existen ciudadanos de segunda clase que se reconocen a regañadientes como parientes lejanos. Son **miembros** que no pueden distinguirse ante los ojos de Dios frente a cualquier otro miembro. Cada hijo de Dios es nada más y nada menos que un hijo de Dios. En un sentido espiritual, no posee más genes que los genes divinos. "Porque así como el cuerpo es uno, y tiene muchos miembros, pero todos los miembros del cuerpo, siendo muchos, son un solo cuerpo, así también Cristo. Porque por un solo Espíritu fuimos todos bautizados en un cuerpo, sean judíos o griegos, sean esclavos o libres; y a todos se nos dio a beber de un mismo Espíritu" (1 Co. 12:12-13).

Además de tener el mismo estatus legal y familiar, los gentiles también son **copartícipes de la promesa en Cristo Jesús por medio del evangelio.** No se trata tanto de un tercer estatus como de un resumen de los dos anteriores.

Todos los cristianos, sin importar cuál haya sido su condición o posición antes de haber sido salvos, ahora son **copartícipes** de todas las cosas que pertenecen a **Cristo Jesús por medio del evangelio,** que es de hecho todo lo que pertenece a Cristo. La esencia del **evangelio** es que por medio de la fe en Jesucristo, los creyentes son convertidos en todo lo que Él es y les es entregado todo lo que Él tiene. La frase "el misterio de Cristo" (v. 4) también se emplea en Col. 4:3 como la esencia misma del mensaje de Pablo. Transmite la verdad de Colosenses 1:27, que Cristo está tanto en los gentiles creyentes como en los judíos creyentes como "la esperanza de gloria" para ambos. También transmite la verdad de Colosenses 2:2, que el misterio es Cristo mismo, en quien los creyentes tienen todas las cosas (v. 3). De este modo se entiende a plenitud que el misterio consiste por un lado en judíos y gentiles en Cristo, y por otro en Cristo en judíos y gentiles, a fin de que exista la unión íntima y compartida de vida eterna cuando ambos pueblos quedan inmersos en el Señor Jesucristo (Gá. 2:20). Dios predestinó a todos los creyentes "para que fuesen hechos conformes a la imagen de su Hijo" (Ro. 8:29). Esto, en respuesta a la oración de nuestro Señor que quedó registrada en Juan 17:

> *Mas no ruego solamente por éstos, sino también por los que han de creer en mí por la palabra de ellos, para que todos sean uno; como tú, oh Padre, en mí, y yo en ti, que también ellos sean uno en nosotros; para que el mundo crea que tú me enviaste. La gloria que me diste, yo les he dado, para que sean uno, así como nosotros somos uno. Yo en ellos, y tú en mí, para que sean perfectos en unidad, para que el mundo conozca que tú me enviaste, y que los has amado a ellos como también a mí me has amado. (vv. 20-23)*

Estar **en Cristo** mediante la aceptación del **evangelio** es lo que crea entre los creyentes su asociación y su vida en una sociedad absolutamente nueva y perfecta. Nunca puede haber unidad verdadera aparte de esa realidad, y nunca puede darse la unidad práctica en la iglesia hasta que los cristianos se dan cuenta de su unidad real y viven en la unidad que ya tienen **en Cristo,** su Señor y Salvador único y común para todos.

LA PREDICACIÓN DEL MISTERIO

del cual yo fui hecho ministro por el don de la gracia de Dios que me ha sido dado según la operación de su poder. A mí, que soy menos que el más pequeño de todos los santos, me fue dada esta gracia de anunciar entre los gentiles el evangelio de las inescrutables riquezas de Cristo, y de aclarar a todos cuál sea la dispensación del misterio escondido desde los siglos en Dios, que creó todas las cosas; (3:7-9)

El evangelio es extendido por hombres a quienes Dios llama a proclamarlo, y es el evangelio del cual Pablo fue **hecho ministro**. "¿Cómo, pues, invocarán a aquel en el cual no han creído?", pregunta Pablo en Romanos. "¿Y cómo creerán en aquel de quien no han oído? ¿Y cómo oirán sin haber quién les predique?" (Ro. 10:14). Aunque habían escuchado la verdad de Dios, muchos israelitas no "obedecieron al evangelio; pues Isaías dice: Señor, ¿quién ha creído a nuestro anuncio?" (v. 16), así como muchos que escuchan el evangelio no lo obedecen ni acatan el llamado divino. Sin embargo, es necesario que sea escuchado antes que pueda ser obedecido, y el llamado de Pablo al igual que el llamado de todo predicador, fue predicar las buenas nuevas de Dios como un **ministro por el don de la gracia de Dios** que le fue dado. En una línea similar de pensamiento en 1 Corintios, Pablo hace énfasis en este llamamiento de la gracia: "Pero por la gracia de Dios soy lo que soy; y su gracia no ha sido en vano para conmigo, antes he trabajado más que todos ellos; pero no yo, sino la gracia de Dios conmigo" (1 Co. 15:10).

La palabra **ministro** es la traducción de *diakonos*, cuyo significado básico es servidor, en particular con referencia a la persona que sirve en una mesa. Más adelante se empleó para aludir a sirvientes en general. Por definición, un servidor es alguien que actúa con base en los mandatos de otros, que reconoce una autoridad superior sobre él y se somete a quien la ejerce. Su responsabilidad primordial consiste en hacer lo que se le dice que haga. La responsabilidad más grande de Pablo era servir con fidelidad, de conformidad con **el don de la gracia de Dios que** le había **sido dado según la operación de su poder**. "¿Qué, pues, es Pablo, y qué es Apolos?", preguntó Pablo a los corintios, quienes eran tan proclives a las divisiones internas. "Servidores por medio de los cuales habéis creído; y eso según lo que a cada uno concedió el Señor" (1 Co. 3:5). El Señor es el poder que respalda e impulsa al siervo de Dios. El apóstol dijo a los colosenses: "también trabajo, luchando según la potencia de él, la cual actúa poderosamente en mí" (Col. 1:29).

Pablo hace énfasis en el hecho de que no se había hecho ministro por su propia iniciativa, sino que **fue hecho ministro** (cp. Col. 1:23, 25). El llamado, el mensaje, la obra y el poder pertenecían todos a Dios. Desde el momento de su salvación en el camino a Damasco, y mientras seguía ciego a causa de la gran luz, Pablo había recibido de Jesús su comisión ministerial: "Pero levántate, y ponte sobre tus pies; porque para esto he aparecido a ti, para ponerte por ministro y testigo de las cosas que has visto" (Hch. 26:16). No fue la educación de Pablo, ni sus capacidades naturales, su experiencia, su poder, personalidad, influencia o cualquier otra cosa suya, lo que le calificó para ser un **ministro** de Jesucristo por mérito propio, sino que él fue **hecho** un apóstol, un predicador y un servidor por la voluntad y el poder de su Señor. Pablo se sentía indigno de recibir cualquier recompensa por haber procurado servir de una manera sacrificada, debido a que no se trataba de una opción que él hubiese elegido y en ese sentido no merecía elogio alguno (1 Co. 9:16-18). El apóstol no quería homenajes sino oraciones, ¡porque estaba en serios problemas si dejaba de cumplir un llamado al que no había optado por una preferencia personal!

Cualquier persona en el ministerio de la iglesia, a quien Dios no haya designado por llamamiento divino, es un usurpador. Sin importar cuán buenas parezcan ser sus intenciones, no puede hacer más que daño a la obra del Señor y al pueblo del Señor. Jeremías habla sobre esta cuestión al escribir la palabra del Señor: "No envié yo aquellos profetas, pero ellos corrían; yo no les hablé, mas ellos profetizaban... y yo no los envié ni les mandé" (Jer. 23:21, 32). Ningún hombre debería entrar al ministerio a no ser que tenga certeza absoluta del llamado del Señor sobre su vida.

La clave para el conocimiento de un llamado divino en el presente se encuentra en 1 Timoteo 3, donde Pablo habla de los requisitos para el pastor o supervisor espiritual, diciendo que es un hombre que "anhela [el] obispado, [y en ese caso] buena obra desea", que además es verificado y aprobado por quienes le conocen como una persona "irreprensible" (vv. 1-7). De modo que el llamado presente está conectado con el deseo de servir y la afirmación enérgica de un hombre que lleva una vida piadosa. Dios llama por medio del deseo personal y la verificación de la iglesia.

Tanto en aquel tiempo como ahora, el hombre que ha recibido un llamado auténtico de Dios corre el peligro constante de perder su eficacia cada vez que piensa de sí mismo como alguien más que un servidor. Al perder su sentido de servidumbre, pierde al mismo tiempo su poder y utilidad en el campo espiritual. Cuando se exalta a sí mismo y empieza a trabajar en su propio poder humano y conforme a sus propios planes, compite con Dios y pierde su poder espiritual. Perder la dependencia de Dios equivale a perder todo, porque todas las cosas que tienen algún valor en nuestra vida, incluido el poder para el servicio eficaz, provienen solo del Señor. Entre los peligros más grandes para el ministerio y para la vida cristiana en fidelidad, se encuentran las cosas que son de valor supremo a la vista del mundo: ambición personal, prestigio, reconocimiento, honor, reputación y éxito. Dios no solo elige salvar a personas consideradas como débiles y necias (1 Co. 1:26-29), sino también predicadores débiles y necios a través de quienes les salva (2 Co. 11:30; 12:7-10). Para aquellos que no están dispuestos a pagar ese precio, su búsqueda de la posición es ilegítima.

La falta de santidad también descalifica a tales supuestos aspirantes, y Pablo dice al respecto: "golpeo mi cuerpo, y lo pongo en servidumbre, no sea que habiendo sido heraldo para otros, yo mismo venga a ser eliminado" (1 Co. 9:27).

El llamado de Pablo al ministerio del evangelio, al igual que todas las otras cosas que recibió del Señor, fue **el don de la gracia de Dios.** El apóstol prosigue diciendo: **A mí, que soy menos que el más pequeño de todos los santos, me fue**

dada esta gracia. Aunque fue un apóstol y sobretodo un hombre elegido de manera especial para ser ministro de los misterios del evangelio, Pablo se consideró a sí mismo como **el más pequeño de todos los santos.** Aquí la expresión es comparativa pero no se trata de una falsa humildad sino la apreciación justa y honesta que Pablo hizo de sí mismo. Debido a que tenía una comprensión más clara de lo común con respecto a la justicia de Dios, también entendía con claridad inusual lo lejos que estaba de alcanzar esa justicia perfecta. Pablo declaró sin lugar a equívocos que solo por obra de la gracia divina había sido perfeccionado en santidad y amor. Al final de su vida se seguía considerando el primero de los pecadores (1 Ti. 1:15) y estaba abrumado por su sentimiento de indignidad absoluta. Esa actitud no limita el servicio de un hombre sino que más bien es la clave para su utilidad en las manos de Dios (cp. Gedeón en Jue. 6:15-16 e Isaías en Is. 6:1-9).

Las inescrutables riquezas de Cristo incluyen todas sus verdades y todas sus bendiciones, todo lo que Él es y tiene. El propósito de todo predicador es declarar esas **riquezas** y contar a los creyentes cuán ricos son en **Cristo.** Por eso es tan importante que los cristianos entiendan la grandeza de su posición en el Señor. La vida cristiana obediente, productiva y dichosa no puede vivirse aparte de un claro entendimiento de esa posición gloriosa. Antes que podamos hacer lo que el Señor quiere que hagamos por Él, debemos entender lo que Él ya ha hecho por nosotros. Tenemos riquezas más allá de lo conmensurable en Aquel de quien se dijo que en Él "están escondidos todos los tesoros de la sabiduría y del conocimiento" (Col. 2:3), y en Aquel en quien tenemos "todas las cosas que pertenecen a la vida y a la piedad" (2 P. 1:3).

Entre **las inescrutables riquezas** con las cuales Cristo nos ha bendecido, tenemos "las riquezas de su benignidad, paciencia y longanimidad" (Ro. 2:4), sus "riquezas de la sabiduría y de la ciencia" (11:33), su misericordia y gran amor (Ef. 2:4), "su gloria" (3:16), su provisión de "todas las cosas en abundancia para que las disfrutemos" (1 Ti. 6:17), su certeza y pleno entendimiento (Col. 2:2), su palabra abundante (3:16), y aun el tener "mayores riquezas [por] el vituperio de Cristo" (He. 11:26). No es asombroso que Pablo nos recuerde en tono triunfante: "vosotros estáis completos en él" (Col. 2:10).

Sin embargo, el simple hecho de saber acerca de las **riquezas de Cristo** no es suficiente. Siempre que caemos en pecado y desobediencia estamos perdiendo la bendición de esas riquezas en el presente, de igual forma que lo hicieron los creyentes carnales y desobedientes de Corinto. "Ya estáis saciados", les dijo Pablo en tono sarcástico, "ya estáis ricos, sin nosotros reináis. ¡Y ojalá reinaseis, para que nosotros reinásemos también juntamente con vosotros!" (1 Co. 4:8). Así como los de Laodicea, creyeron ser ricos y libres de toda necesidad, sin darse cuenta de que en realidad todos eran como un hombre "desventurado, miserable, pobre, ciego y desnudo" (Ap. 3:17).

El ministerio de Pablo también consistía en **aclarar a todos cuál sea la dispensación del misterio escondido desde los siglos en Dios, que creó todas las cosas**. La palabra **dispensación** viene de la misma palabra griega (*oikonomia*) que se traduce "administración" en el versículo 2. En efecto, Pablo está diciendo: No solo estoy llamado en sentido vertical a predicar las riquezas inescrutables de Cristo, sino en sentido horizontal para enseñar acerca de la **dispensación** y realizar una administración o dispensación del misterio de la era eclesiástica". El primer sentido tiene que ver con nuestra relación con Dios y el segundo con nuestro diario vivir y nuestro ministerio de unos a otros como hermanos en la fe.

La misión de Pablo era **aclarar** o revelar con la luz divina la expresión plena de la operación de esta gran verdad de la unidad de gentiles y judíos, una verdad escondida por mucho tiempo en la mente de Dios el Creador.

EL PROPÓSITO DEL MISTERIO

para que la multiforme sabiduría de Dios sea ahora dada a conocer por medio de la iglesia a los principados y potestades en los lugares celestiales, conforme al propósito eterno que hizo en Cristo Jesús nuestro Señor, (3:10-11)

El propósito (*hina* con el verbo subjuntivo) de que Dios revele el misterio de la iglesia es **que la multiforme sabiduría de Dios sea ahora dada a conocer por medio de la iglesia a los principados y potestades en los lugares celestiales**, es decir, a los ángeles. Acerca de los ángeles también se habla en esos términos en Efesios 1:21 y Colosenses 1:16. En Efesios 6:12 Pablo emplea palabras similares con referencia a ángeles caídos. Dios ha traído a existencia la iglesia con el propósito de manifestar su gran sabiduría ante los ángeles, tanto los santos como los no santos. El énfasis del Nuevo Testamento se hace en el interés que los ángeles santos tienen en la iglesia, pero es obvio que los ángeles caídos también pueden hasta cierto grado darse cuenta de lo que sucede, aunque no tengan deseo ni capacidad para alabar a Dios.

Todo esto es **conforme al propósito eterno que hizo en Cristo Jesús nuestro Señor**, según Pablo prosigue a explicar. Todas las cosas que Dios ha hecho siempre han tenido el propósito último de dar gloria a Él. Como Pablo declara en otro lugar: "sólo hay un Dios, el Padre, del cual proceden todas las cosas, y nosotros somos para él; y un Señor, Jesucristo, por medio del cual son todas las cosas, y nosotros por medio de él" (1 Co. 8:6), y "todo fue creado por medio de él y para él" (Col. 1:16).

La iglesia no existe por el único propósito de salvar almas, aunque esa es una obra maravillosa e importante. El propósito supremo de la iglesia, como Pablo declara de forma explícita en el texto presente, es glorificar a Dios mediante la manifestación de su **sabiduría** delante de los ángeles, quienes pueden a su vez ofrecer mayor alabanza a Dios. El propósito del universo es dar gloria a Dios, y esa será su realidad última después que todo mal sea conquistado y destruido. Incluso ahora mismo, "los cielos cuentan la gloria de Dios, y el firmamento anuncia la obra de sus manos" (Sal. 19:1). La iglesia no es un fin en sí mismo sino un medio para un fin, y el fin es que Dios sea glorificado. El drama real de la redención solo puede entenderse cuando nos damos cuenta de que la gloria de Dios es la meta suprema de la creación. Los santos ángeles han sido hechos de una manera especial y confirmados en pureza como criaturas que darán gloria a Dios para siempre (Sal. 148:2; He. 1:6), y la redención de los hombres caídos enriquece su alabanza. Por tanto, las personas redimidas fomentan y realzan la alabanza angelical y un día se sumarán a ella en el cielo (Ap. 4:8-11; 5:8-14; 7:9-12; 14:1-3; 19:1-8).

Hasta los ángeles caídos glorifican a Dios, aunque no se lo proponen. Fue su propio rechazo de la gloria de Dios y la búsqueda de su propia gloria lo que desde un principio ocasionó su expulsión del cielo. No obstante, Jesús dijo: "edificaré mi iglesia; y las puertas del Hades no prevalecerán contra ella" (Mt. 16:18). Dios es glorificado por medio de los ángeles caídos al frustrar de manera continua sus planes rebeldes y al mostrar la futilidad de sus intenciones malignas de destruir su iglesia. Su ira santa también hace un despliegue de su gloria, porque es una revelación de quien es Él (cp. Ro. 9:19-22).

Los ángeles pueden ver el poder de Dios en la creación, la ira de Dios en el monte Sinaí, y el amor de Dios en el Calvario. Pero por encima de todo ven su **multiforme** [en sentido literal, multicolor y multifacética] **sabiduría** que ha sido **dada a conocer por medio de la iglesia.** Le ven tomando a judíos y gentiles, esclavos y libres, hombres y mujeres, todos los cuales clavaron a una cruz al Mesías y eran dignos solo del infierno, y cómo les convierte mediante esa misma cruz de muerte, en un solo cuerpo espiritual en Jesucristo. Le ven derribando toda barrera y todo muro de división para establecer como un solo hombre a todos los creyentes en unidad indivisible, íntima y eterna con el Padre, el Hijo, el Espíritu Santo y todos los demás creyentes de otros tiempos y circunstancias. "Hay gozo delante de los ángeles de Dios por un pecador que se arrepiente", dijo Jesús (Lc. 15:10). Cada pecador que se arrepiente y se vuelve a Cristo añade otra piedra espiritual al templo de Dios, otro miembro a su cuerpo, y se convierte en otro pecador perdonado y limpiado que por la eternidad es hecho uno con todos los demás pecadores perdonados y limpiados. Los santos ángeles no solo están interesados en la salvación de los hombres (1 P. 1:12) sino que de manera perpetua contemplan el rostro de Dios en el cielo para ver su reacción frente al trato personal de sus hijos terrenales y salvos (Mt. 18:10, 14), manteniéndose siempre listos para llevar a cabo cualquier misión en su favor.

Pablo amonestó en cierta ocasión a las mujeres de la iglesia en Corinto para que mostraran sumisión a sus esposos mediante la costumbre de llevar el cabello largo, y reforzó el mandato diciendo que era algo dado "por causa de los ángeles" (1 Co. 11:10), de tal modo que no ofendiesen su sentido de sujeción y les pudieran dar mayor causa para glorificar a Dios por la obediencia de la iglesia en lo relacionado a la forma correcta de conducirse los hombres y las mujeres en la iglesia. También son impulsados a alabar al Señor cuando ven que las relaciones humanas correctas en la iglesia se imponen frente a la perversión de las relaciones que Satanás y el pecado han introducido en la raza humana. Después que Pablo declaró ciertos principios concernientes a los ancianos en la iglesia, escribió: "Te encarezco delante de Dios y del Señor Jesucristo, y de sus ángeles escogidos, que guardes estas cosas sin prejuicios, no haciendo nada con parcialidad" (1 Ti. 5:21). Los ángeles tienen un gran interés en la disciplina que se necesita para producir santidad en la conducta y pureza en la vida dentro de la iglesia así como un liderazgo piadoso (vv. 17-25). Después de todo, dice el escritor de Hebreos: "¿No son todos espíritus ministradores, enviados para servicio a favor de los que serán herederos de la salvación?" (He. 1:14). Ellos ministran a la iglesia y también velan por ella en la tierra.

En el salón de clase del universo de Dios, Él es el profesor, los ángeles son los estudiantes, la iglesia es la ilustración, y el tema es **la multiforme sabiduría de Dios.**

EL PRIVILEGIO DEL MISTERIO

en quien tenemos seguridad y acceso con confianza por medio de la fe en él; por lo cual pido que no desmayéis a causa de mis tribulaciones por vosotros, las cuales son vuestra gloria. (3:12-13)

Al depositar nuestra **fe en** Jesucristo podemos con toda libertad acercarnos a Dios y participar de todas las riquezas insondables del cielo. En el judaísmo, nadie más que el sumo sacerdote podía entrar a la presencia de Dios en el lugar santísimo, y tan solo por breves momentos una vez al año en el día de la expiación. A otra persona que intentara acceder a la presencia de Dios esto le significaba la muerte instantánea. En lugar de esto, Pablo dice que ahora toda persona que se acerca a Cristo con fe puede venir delante de Dios en cualquier momento, teniendo **seguridad y acceso con confianza.** Ese es el privilegio que Dios concede en el misterio de la iglesia: "Porque no tenemos un sumo sacerdote que no pueda compadecerse de nuestras debilidades, sino uno que fue tentado en todo según nuestra semejanza, pero sin pecado. Acerquémonos, pues, confiadamente al trono de la gracia, para alcanzar misericordia y hallar gracia para el oportuno socorro" (He. 4:15-16).

No debemos ser frívolos ni irreverentes, sino acercarnos al Señor con un corazón honesto y abierto, con libertad para hablar y con libertad de espíritu.

Acceso con confianza equivale a una certidumbre carente de todo temor al rechazo, porque pertenecemos por completo al Señor (cp. 1 Ti. 3:13).

A la luz de un privilegio tan grande, Pablo dice: **pido que no desmayéis a causa de mis tribulaciones por vosotros, las cuales son vuestra gloria.** En medio y por medio de toda circunstancia que atraviesen sus hijos, Dios obra y trae como resultado bondad, bendición y **gloria.** Parece que muchos creyentes estaban dolidos por los prolongados años de encarcelamiento de Pablo y los sufrimientos casi continuos que padeció a causa de su ministerio, pero como él explicó a los creyentes romanos: "tengo por cierto que las aflicciones del tiempo presente no son comparables con la gloria venidera que en nosotros ha de manifestarse" (Ro. 8:18); además el sufrimiento de Pablo redundó más para el honor que para la deshonra de aquellos a quienes ministró (cp. Fil. 1:12).

La plenitud de Dios

9

Por esta causa doblo mis rodillas ante el Padre de nuestro Señor Jesucristo, de quien toma nombre toda familia en los cielos y en la tierra, para que os dé, conforme a las riquezas de su gloria, el ser fortalecidos con poder en el hombre interior por su Espíritu; para que habite Cristo por la fe en vuestros corazones, a fin de que, arraigados y cimentados en amor, seáis plenamente capaces de comprender con todos los santos cuál sea la anchura, la longitud, la profundidad y la altura, y de conocer el amor de Cristo, que excede a todo conocimiento, para que seáis llenos de toda la plenitud de Dios.
Y a Aquel que es poderoso para hacer todas las cosas mucho más abundantemente de lo que pedimos o entendemos, según el poder que actúa en nosotros, a él sea gloria en la iglesia en Cristo Jesús por todas las edades, por los siglos de los siglos. Amén. (3:14-21)

Es posible conocer muchas cosas acerca de un automóvil y saber con exactitud cómo funcionan el motor, el arranque, la transmisión y demás partes, y a pesar de todo ese conocimiento nunca utilizar el vehículo para ir a alguna parte. También es posible saber muy poco acerca de automóviles y de todas maneras usar uno todos los días para recorrer cientos de kilómetros. De igual modo, es posible conocer bastante acerca de la Biblia, sus doctrinas, su interpretación, sus normas morales, promesas, advertencias y demás elementos, y a pesar de ello no vivir conforme a tales verdades.

En Efesios 1:1–3:13 Pablo presenta las verdades básicas acerca de la vida cristiana: quiénes somos en Cristo y los recursos grandiosos e ilimitados que tenemos en Él. A partir del 3:14 y en el resto de la carta somos exhortados a reclamar y vivir conforme a esas verdades. En 3:14-21 Pablo presenta sus peticiones de oración a favor de los creyentes. Al dar a conocer sus peticiones a los efesios, les urge a vivir en la plenitud del poder y la eficacia que implica tener "toda bendición en los lugares celestiales en Cristo" (1:3). Esta segunda oración en la epístola de Efesios (véase también 1:15-23) es una oración por capacitación espiritual. En la primera oración el apóstol pide que los creyentes puedan *conocer* su poder; en la segunda pide que lleguen a *usar* ese poder.

Hay dos cosas en las que un pastor debe interesarse por sobretodo: decir a sus fieles quiénes son en Cristo y luego urgirles a vivir conforme a esa realidad. En otras palabras, el pastor ayuda a los miembros del rebaño a entender su poder espiritual, y en seguida les motiva a usarlo. Como el apóstol Pablo por medio de esta carta, el pastor fiel procura llevar su grey al lugar máximo de poder espiritual en su funcionamiento pleno y normal como cristianos.

La oración de Efesios 3:14-21 es un ruego a Dios que también sirve como una interpelación a los creyentes. Pablo insta a los creyentes que respondan a la provisión soberana de Dios, y ruega a Dios que les motive a hacerlo, porque Dios no solo es el proveedor sino también el iniciador y motivador. Pablo invoca a Dios para que active el poder de los creyentes de modo que puedan convertirse en hijos fieles y por esa vía glorifiquen a su Padre celestial.

En esta gran oración de súplica a Dios y exhortación a sus hijos, Pablo ora en términos específicos por la fortaleza interna del Espíritu, por la presencia de Cristo que mora en el corazón del creyente, por un amor incomprensible e inabarcable que sature sus vidas, para que tengan toda la plenitud de Dios, y para que la gloria de Dios sea manifestada y proclamada por medio de todo ello. Cada elemento se construye sobre la base del anterior en una progresión espléndida de capacitación en el poder espiritual.

EL PODER DEL ESPÍRITU

Por esta causa doblo mis rodillas ante el Padre de nuestro Señor Jesucristo, de quien toma nombre toda familia en los cielos y en la tierra, para que os dé, conforme a las riquezas de su gloria, el ser fortalecidos con poder en el hombre interior por su Espíritu; (3:14-16)

Por esta causa es una transición que retoma lo dicho en el paréntesis explicativo de 3:2-13 y empieza con una reiteración de las palabras del primer versículo de la sección. La **causa** a la que hace referencia Pablo se encuentra por lo tanto en el capítulo 2. Cristo nos da vida en Él (2:5), somos "hechura suya" (v. 10), "ya no [somos] extranjeros ni advenedizos, sino conciudadanos de los santos, y miembros de la familia de Dios" (v. 19), "edificados sobre el fundamento de los apóstoles y profetas" (v. 20), y "juntamente edificados para morada de Dios en el Espíritu" (v. 22). **Por esta causa** y gracias a que nuestra nueva identidad nos convierte en la morada de Dios, Pablo ora para que los efesios usen el poder que Dios ha provisto para los creyentes en la posición grande y privilegiada que ocupan ahora en Cristo. Puesto que el poder de Dios está en los creyentes, Pablo ora para que Dios les capacite a fin de emplear y usufructuar la plenitud de ese poder. Por cuanto los creyentes son la habitación del Dios del universo, trino y omnipotente, Pablo ora pidiendo que la energía ilimitada que reciben de Él se vea manifestada por completo.

La verdad según la cual la omnipotencia mora dentro de la impotencia es tan majestuosa, grandiosa y elevada que podría esperarse que Pablo se dirigiera a Dios como el Rey eterno de la gloria o mediante algún otro título de suprema exaltación. En lugar de eso dice: **doblo mis rodillas ante el Padre. Padre** es el mismo apelativo que Jesús siempre empleó en la oración, y el que usó para enseñar a sus discípulos a orar (Mt. 6:9). Gracias a que Dios es nuestro Padre celestial, no acudimos a Él con miedo y temblor, atemorizados ante la posibilidad de que nos regañe o sea indiferente. No nos acercamos a Dios para apaciguarle, como los paganos hacen con sus deidades. Venimos delante de un Padre tierno, amoroso, interesado, compasivo, quien se interesa y es compasivo hacia nosotros. Un padre humano que es amoroso siempre acepta a sus hijos cuando toman la iniciativa de acercarse a él, incluso en las ocasiones en que hayan sido desobedientes o desagradecidos. ¿Cuánto más acepta nuestro Padre celestial a sus hijos, sin importar lo que hayan hecho o dejado de hacer? Pablo se acerca al **Padre** con seguridad y confianza, sabiendo que Él está dispuesto a recibir a sus hijos siempre que acuden a Él, mucho más de lo que ellos están para presentarse ante Él. El apóstol sabe que Dios ha estado esperando todo este tiempo con su corazón de Padre, lleno de amor y anticipación.

Al decir **doblo mis rodillas,** Pablo no está prescribiendo una postura exigida para la oración; él no oraba siempre arrodillado, y la Biblia habla de los fieles de Dios orando en diversas posturas corporales, como lo muestran los siguientes pasajes en los que se añaden cursivas. Al interceder por Sodoma y Gomorra, "Abraham estaba aún [*de pie*] delante de Jehová" (Gn. 18:22). Cuando David oró acerca de la construcción del templo, "estuvo [*sentado*] delante de Jehová" (1 Cr. 17:16). Mientras Jesús oraba en el Huerto de Getsemaní la noche que fue traicionado, "*se postró* sobre su rostro, orando" (Mt. 26:39).

Por otro lado, en las Escrituras el acto de doblar rodillas significa varias cosas que pueden haber motivado a Pablo a mencionar aquí esa postura específica. En primer lugar, representa una actitud de sumisión, de reconocer que uno se encuentra en la presencia de alguien que posee un rango, una dignidad y una autoridad muy superiores. Tras proclamar al Señor como "la roca de nuestra salvación... Dios grande, y Rey grande sobre todos los dioses", y como el Creador de toda la tierra, el salmista dice: "Venid, adoremos y postrémonos; arrodillémonos delante de Jehová nuestro Hacedor" (Sal. 95:1-6).

En segundo lugar, vemos referencias a doblar rodilla delante de Dios en tiempos de pasión y emoción intensas. Al sentirse Esdras espantado y con el corazón quebrantado tras enterarse de los matrimonios mixtos entre israelitas con sus vecinos paganos, él cayó sobre sus rodillas y extendió sus manos para hacer confesión delante del Señor a favor de ellos (Esd. 9:5-6). Al escuchar Daniel que el rey Darío había firmado el edicto fraguado por los celosos gobernadores y sátrapas para prohibir toda expresión de culto a cualquier deidad fuera del rey, él de todos modos "se arrodillaba tres veces al día, y oraba y daba gracias delante de su Dios, como lo solía hacer antes" (Dn. 6:10), aunque sabía que su adoración continuada al Dios verdadero traería como resultado el ser arrojado al foso de leones. Cuando Pablo se reunió por última vez con los ancianos de Éfeso, "se puso de rodillas, y oró con todos ellos" en la costa de Mileto (Hch. 20:36).

Al orar por los efesios mientras escribía esta carta a ellos, el apóstol se sintió impelido a doblar sus rodillas **ante el Padre** para interceder por ellos, no debido a que esa postura o cualquier otra tenga un carácter especial o sagrado, sino porque reflejó de manera espontánea su reverencia por la gloria de Dios en medio de su oración apasionada.

La frase **de quien toma nombre toda familia en los cielos y en la tierra** no enseña que Dios sea el **Padre** espiritual de todos los seres en el universo. No enseña, como se afirma en el liberalismo moderno, la paternidad universal de Dios y la hermandad universal de los seres humanos. Las Escrituras enseñan con claridad que existen dos clases de paternidad espiritual, la de Dios y la de Satanás. Dios es el Padre celestial de aquellos que confían en Él y Satanás es el padre espiritual de quienes no. Juan 8 es el capítulo de la Biblia donde se distinguen de manera más explícita esos dos tipos opuestos de paternidad. Jesús dijo a los judíos incrédulos: "Si fueseis hijos de Abraham, las obras de Abraham haríais. Pero ahora procuráis matarme a mí, hombre que os he hablado la verdad, la cual he oído de Dios; no hizo esto Abraham. Vosotros hacéis las obras de vuestro padre... Vosotros sois de vuestro padre el diablo" (vv. 39-42, 44). En su primera epístola Juan declara: "En esto se manifiestan los hijos de Dios, y los hijos del diablo: todo aquel que no hace justicia, y que no ama a su hermano, no es de Dios" (3:10).

La expresión **toda familia en los cielos y en la tierra** se refiere a los santos de todas las edades, aquellos que ahora están **en los cielos** y los que todavía quedan **en la tierra.** Ellos son los únicos que derivan con toda legitimidad sus nombres y apellidos de Dios el Padre. Los cristianos no son más o menos hijos de Dios que los israelitas creyentes, al igual que los gentiles creyentes antes de la venida de Cristo. **Toda familia** de creyentes forma parte integral de la única y gran familia espiritual de Dios, en la cual hay muchos miembros pero solo un **Padre** de todos y una sola hermandad.

La primera y central petición de Pablo por su familia divina es **para que** Dios **os dé, conforme a las riquezas de su gloria, el ser fortalecidos con poder en el hombre interior por su Espíritu.**

En un capítulo previo se utilizó la ilustración de una persona acaudalada quien da *según* sus riquezas y no solo *basado* en sus riquezas. Que un millonario dé cincuenta o cien dólares es un simple acto en el que saca algo de su riqueza, en cambio al dar veinticinco mil dólares lo hace conforme a la medida de su riqueza. Cuanto mayor es la riqueza de una persona, mayor debe ser su donación para ser considerada como algo que da de acuerdo a su riqueza. El hecho de que Dios no se limite a sacar parte de su riqueza sino que **nos dé, conforme a las riquezas de su gloria,** es prodigioso y conmovedor en todo sentido, ¡porque sus **riquezas** son incalculables y carecen por completo de límites! Sin embargo, esa es la "medida exacta" en la que Pablo implora a Dios que capacite y llene de poder a los efesios.

Casi todas las oraciones de Pablo que se encuentran registradas en la Biblia fueron hechas por el bienestar espiritual de otros. Aun mientras estaba perseguido, encarcelado y necesitado de muchas cosas para su propio bienestar, él oraba en primera instancia por los hermanos en la fe para que fuesen protegidos y fortalecidos en su vida espiritual. Incluso al orar por sí mismo era casi siempre con el propósito de poder estar en mejor capacidad de servir a su Señor y al pueblo de su Señor. Más adelante en esta carta el apóstol pidió a los efesios orar "por mí, a fin de que al abrir mi boca me sea dada palabra para dar a conocer con denuedo el misterio del evangelio" (6:19).

Pablo oró pidiendo que el amor de los filipenses "abunde aun más y más en ciencia y en todo conocimiento, para que aprobéis lo mejor, a fin de que seáis sinceros e irreprensibles para el día de Cristo" (Fil. 1:9-10). No cesaba de orar por los creyentes de Colosas para "que seáis llenos del conocimiento de su voluntad en toda sabiduría e inteligencia espiritual, para que andéis como es digno del Señor, agradándole en todo, llevando fruto en toda buena obra, y creciendo en el conocimiento de Dios; fortalecidos con todo poder [lit., "apoderados" con todo poder], conforme a la potencia de su gloria" (Col. 1:9-11; cp. Fil. 1:4; 1 Ts. 1:2).

Todos en el pueblo de Dios deben ser como Pablo, teniendo una sensibilidad preponderante a las necesidades espirituales de otros, con respecto a la salvación de los no salvos y la protección y crecimiento espiritual de los salvos. Hemos de ser sensibles a las necesidades espirituales de nuestros cónyuges, hijos, pastores, hermanos de la iglesia, vecinos, compañeros de estudio, amigos y compañeros de trabajo. Hemos de orar por todas las personas con quienes tengamos contacto y también por muchos otros tales como funcionarios del gobierno, líderes cristianos y misioneros, personas a quienes tal vez nunca lleguemos a conocer personalmente.

La oración debe ser un esfuerzo constante que forma parte de nuestra vida diaria. Jesús dijo: "Velad, pues, en todo tiempo orando que seáis tenidos por dignos... y de estar en pie" (Lc. 21:36). Pablo mencionó con frecuencia que oraba por otros de manera continua (Ef. 1:16; Fil. 1:4; Col. 1:3, 4:2; cp. Fil. 4:6). Por lo menos dos de las parábolas de Jesús se enfocan en la oración persistente: la parábola del hombre que golpea en la puerta de su vecino a medianoche pidiendo alimento para darle a un visitante inesperado (Lc. 11:5-10), y la parábola de la viuda importuna quien a fin de cuentas obtuvo la ayuda de un juez malvado gracias a que se negó a dejar de hacerle peticiones al respecto (Lc. 18:1-8).

Como lo indica el resto de la oración, la petición de Pablo por los creyentes de Éfeso fue decidida, confiada y comprensiva. El apóstol pidió a Dios que les diera toda la capacitación espiritual con el poder que todavía no estaban utilizando para aplicar sus recursos abundantes y disponibles a la vida diaria. Jacques Ellul, el filósofo cristiano contemporáneo, está convencido de que la oración para personas que viven en la era tecnológica debe ser combativa, y él dice que la oración no solo es un combate contra Satanás, la sociedad corrupta y nosotros mismos con la lucha entre el viejo y el nuevo hombre, sino que también es un combate con Dios. Debemos reñir con el Señor así como Jacob tuvo que hacerlo en Peniel (Gn. 32:24-30), como Abraham intercedió con denuedo por Sodoma y Gomorra (Gn. 18:23-32), y como Moisés intercedió por sus hermanos israelitas (Éx. 32:11-13; Nm. 14:13-19).

En 1540 el buen amigo y asistente de Lutero, quien se llamaba Federico Miconius, cayó enfermó y se esperaba su muerte en poco tiempo. Desde su lecho escribió una tierna carta de despedida a Lutero. Al recibir el mensaje, Lutero envió de inmediato la siguiente respuesta: "Te ordeno en el nombre de Dios que vivas porque todavía te necesito en la obra de reformar a la iglesia... El Señor nunca me dejará oír que estás muerto, sino que te permitirá vivir después que yo muera. Por esto estoy orando, esta es mi voluntad, y que se haga mi voluntad, porque lo único que procuro es glorificar el nombre de Dios".

Esas palabras suenan crudas e insensibles en oídos modernos, pero según parece Dios honró la petición. Aunque Miconius ya había perdido la facultad del habla cuando llegó la respuesta de Lutero, en poco tiempo se recuperó. Vivió seis años más y murió dos meses después de Lutero.

En nuestra vida diaria y nuestra vida de oración, es más difícil apreciar las riquezas espirituales que las materiales. Bien sea que tengamos o no mucho dinero, comprendemos en cierta medida en qué consiste la prosperidad material. Podemos probarla en las cosas que sí poseemos y tener cierto goce vicario de las casas y autos lujosos, los barcos, las joyas, el vestuario y otras cosas por el estilo que vemos disfrutar a la gente rica. Por otra parte, las riquezas espirituales no son tan obvias, y ni siquiera tan atractivas para el hombre natural o para los cristianos desobedientes.

Sin embargo, para el creyente espiritual **las riquezas de su gloria** son ricas y deseables sin lugar a dudas. Desde el principio de la carta Pablo se ha expresado con alborozo acerca de esas riquezas divinas: que Dios nos bendice con toda bendición espiritual en los lugares celestiales (1:3), que nos ha escogido para Él antes de la fundación del mundo (1:4), que nos da su redención y perdón (1:7), que nos da a conocer el misterio de su voluntad (1:9) que nos da una herencia junto a su Hijo Jesucristo (1:11), y así sucesivamente en los dos primeros capítulos y medio. La frase **de su gloria** testifica que estas riquezas pertenecen a Dios en virtud de quien Él es. Pertenecen en un sentido innato a su persona, que es lo mismo que decir, su gloria (cp. 1:17, donde Pablo llama a Dios "el Padre de gloria" y Éx. 33:18ss, donde Dios revela sus atributos personales como la gloria misma).

Esas y muchas otras riquezas, son las que todo creyente tiene en Jesucristo. Pablo no está orando para que Dios *dé* tales **riquezas** a los creyentes, sino que **conforme a las riquezas de su gloria** que ellos ya poseen, Él les conceda o les **dé... el ser fortalecidos.** El apóstol quiere que vivan vidas que correspondan a la riqueza espiritual que ya tienen en Cristo.

A cierto inglés opulento y excéntrico llamado Julián Ellis Morris le gustaba vestirse como mendigo y vender cuchillas de afeitar, sopa y champú de puerta en puerta. Tras un agotador día de trabajo solía regresar a su bella mansión, colocarse vestimenta formal y mandar que su chofer le llevase a un restaurante exclusivo en su limosina. En ciertas ocasiones tomaba un vuelo a París solo para pasar la noche.

Muchos cristianos viven parecido al señor Morris, quieren pasar sus vidas cotidianas en pobreza espiritual aparente y disfrutar solo de forma ocasional las vastas **riquezas de su gloria** que les han sido dadas por su Padre celestial. Es algo trágico que vayamos de un lado para otro en los harapos de nuestra propia inadecuación cuando podríamos estar viviendo con suntuosidad en la sobreabundancia de las riquezas inefables de Dios.

El primer paso que debe darse para vivir como hijos de Dios es **el ser fortalecidos con poder en el hombre interior por su Espíritu.** Sin embargo, la mayoría de los cristianos parecen nunca dar este primer paso e ignoran lo que es ver el poder de Dios obrando a plenitud en sus vidas. Ellos sufren, la iglesia sufre y el mundo sufre, porque **el hombre interior** de la mayoría de los creyentes nunca es **fortalecido con poder... por** el **Espíritu** de Dios.

A Pablo le preocupaba la salud física de los creyentes y fue usado por Dios para traer sanidad a muchos. Se interesaba en los santos que padecían pobreza en Jerusalén y trabajó sin descanso para recolectar fondos con los que ellos pudiesen comprar alimentos y suplir otras necesidades físicas. Pero él sabía de todas formas que el hombre exterior estaba destinado a perecer porque solo es un alojamiento temporal para la persona real que es **el hombre interior.** "Por tanto, no desmayamos", pudo decir Pablo, "antes aunque este nuestro hombre exterior se va desgastando, el interior no obstante se renueva de día en día" (2 Co. 4:16). Pablo dijo a Timoteo: "Pero el Señor estuvo a mi lado, y me dio fuerzas, para que por mí fuese cumplida la predicación, y que todos los gentiles oyesen. Así fui librado de la boca del león" (2 Ti. 4:17).

En su libro *La sociedad psicológica*, Martin Gross cuestiona los fundamentos mismos de la psicología y la psiquiatría, sugiriendo que el prestigio y el lucro económico son las verdaderas fuerzas motrices que impulsan a quienes trabajan en tales disciplinas. Sin embargo, lo más significativo que afirma es que la psicología y la psiquiatría carecen de respuestas para los males emocionales que están acostumbrados a tratar. Su conclusión es que toda persona es un neurótico incurable por naturaleza y debe dejarse solo y en paz con su propia neurosis. Desde el punto de vista puramente humano con que escribe, la conclusión pesimista de Gross es del todo plausible, porque la naturaleza básica del hombre sí es anómala, universal e incurable. Pero la anomalía es el pecado, del cual todas las neurosis y demás problemas no son más que síntomas. La anomalía se encuentra en **el hombre interior,** y allí es donde Él quiere obrar más. Su obra empieza con la salvación, y después de ello su campo principal de trabajo sigue siendo **el hombre interior,** porque allí es donde existe la vida espiritual y donde debe crecer. La naturaleza divina que es impartida al creyente en su salvación (1 P. 1:3), está en el meollo del **hombre interior** y es la base desde donde el Espíritu Santo cambia la manera de pensar del creyente.

Aunque el hombre exterior y físico se vuelve cada vez más débil con el paso de los años, **el hombre interior** y espiritual debe crecer de manera continua y hacerse cada vez más fuerte **con poder... por su Espíritu.** Solo el Espíritu de Dios puede fortalecer nuestros espíritus. Él es quien nos llena y reviste de energía, vitalidad y poder (cp. Hch. 1:8). En Romanos 7:22-23 escuchamos a Pablo expresar el fuerte deseo que un hombre regenerado tiene de hacer la voluntad de Dios, pero que se ve estorbado en su intención por el pecado que habita en su cuerpo carnal, mientras que en el capítulo 8 le escuchamos expresar la verdad de que la victoria en este conflicto se halla en el Espíritu Santo. "Porque los que son de la carne piensan en las cosas de la carne; pero los que son del Espíritu, en las cosas del Espíritu. Porque el ocuparse de la carne es muerte, pero el ocuparse del Espíritu es vida y paz" (8:5-6). "Y los que viven según la carne no pueden agradar a Dios", prosigue el apóstol. "Mas vosotros no vivís según la carne, sino según el Espíritu, si es que el Espíritu de Dios mora en vosotros" (vv. 8-9). De hecho, en ese punto también contamos con la promesa de que mediante el poder del Espíritu el creyente puede matar o hacer morir las obras perversas de su carne no redimida (v. 13).

A los gálatas escribió: "Digo, pues: Andad en el Espíritu, y no satisfagáis los deseos de la carne" (Gá. 5:16). El cristiano obediente, efectivo y productivo debe ser consciente del Espíritu, lleno del Espíritu y controlado por el Espíritu.

Cuando **el hombre interior** se alimenta con regularidad con la Palabra de Dios y busca hacer la voluntad del Espíritu en todas las decisiones de la

vida, el creyente puede estar seguro de que será **fortalecido con poder...
por su Espíritu.** El poder espiritual no es un distintivo que se aplique a una
clase especial de cristianos, sino que es la marca de todo cristiano que se
somete a la Palabra y el Espíritu de Dios. Al igual que el crecimiento y el
fortalecimiento físicos, el crecimiento espiritual y la fortaleza espiritual no
llegan de la noche a la mañana. A medida que disciplinamos nuestra mente
y espíritu a estudiar la Palabra de Dios, a entenderla y vivir de conformidad
con ella, somos nutridos y fortalecidos. Cada bocado de alimento espiritual
y cada porción de ejercicio espiritual añaden a nuestra fortaleza y capacidad
de resistencia.

El crecimiento espiritual se puede definir en términos de frecuencia decreciente
de pecado. Cuanto más ejercitamos nuestros músculos espirituales, rindiendo
nuestra vidas al control del Espíritu, tanto menos estará presente el pecado.
Donde se incrementa la fortaleza de Dios, por necesidad el pecado merma.
Entre más cerca estemos de Dios, más lejos estaremos del pecado.

Si esto sucede en nuestra vida, lo que acontezca al hombre exterior tiene cada
vez menor importancia. Por eso Pablo pudo decir a los corintios:

*Estamos atribulados en todo, mas no angustiados; en apuros, mas no
desesperados; perseguidos, mas no desamparados; derribados, pero no destruidos;
llevando en el cuerpo siempre por todas partes la muerte de Jesús, para que
también la vida de Jesús se manifieste en nuestros cuerpos. Porque nosotros que
vivimos, siempre estamos entregados a muerte por causa de Jesús, para que
también la vida de Jesús se manifieste en nuestra carne mortal. De manera que
la muerte actúa en nosotros, y en vosotros la vida. Por tanto, no desmayamos;
antes aunque este nuestro hombre exterior se va desgastando, el interior no
obstante se renueva de día en día.* (2 Co. 4:8-12, 16)

LA HABITACIÓN DE CRISTO

para que habite Cristo por la fe en vuestros corazones, (3:17a)

Para que es la traducción de *hina,* una palabra griega que se emplea para
introducir cláusulas de propósito. El propósito de que seamos "fortalecidos con
poder en el hombre interior por su Espíritu" es **que habite Cristo por la fe en
[nuestros] corazones.**

El orden adecuado parece invertido, porque todo creyente en la salvación es
habitado por Cristo (2 Co. 13:5; Col. 1:27) y no puede tener al Espíritu Santo en
el hombre interior hasta que haya recibido a Cristo como Salvador (Ro. 8:9, 11;
1 Co. 3:16; 6:19). Pablo ya ha dejado en claro que todos los creyentes están en
Cristo (1:1, 3, 10, 12; 2:6, 10, 13). Por lo tanto, no se está refiriendo aquí a que

Cristo more en los creyentes a partir de la salvación sino en el proceso de la santificación.

Katoikeō (**habite**) es una palabra compuesta formada por *kata* (abajo) y *oikeō* (ocupar una casa). En el contexto de este pasaje la connotación no es solo estar en el interior de la casa que es nuestros **corazones** sino de sentirse allí como en casa, instalado y arraigado como un miembro de la familia. Cristo no puede sentirse "en casa" en nuestros corazones hasta que nuestro ser interior se someta al fortalecimiento de su Espíritu. Hasta que el Espíritu controla nuestra vida, Jesucristo no puede sentirse cómodo allí y se limita a quedarse como un visitante tolerado. La enseñanza de Pablo no se relaciona aquí con el *hecho* de la presencia de Jesús en los corazones de los creyentes sino con la *calidad* de su permanencia y presencia allí.

Cuando el Señor vino con dos ángeles a visitarles, Abraham y Sara hicieron de inmediato preparativos para agasajar a sus huéspedes de la mejor manera posible. Con base en el resto del pasaje (Gn. 18), es evidente que Abraham y Sara sabían que eran anfitriones del Señor mismo. También es evidente que el Señor se sintió como en su casa al estar con Abraham y Sara. Parece significativo que poco tiempo después, cuando el Señor advirtió a Lot que sacara su familia de la ciudad y huyera para salvarse, Él no fue sino que solo envió a los dos ángeles (19:1). Lot era un creyente, pero el Señor no se sentiría a gusto en la casa de Lot como se sintió en el hogar y la tienda de Abraham.

En su folleto titulado *Mi corazón, el hogar de Cristo,* Robert Munger representa la vida cristiana como una casa en la que Jesús pasa por todos los cuartos uno por uno. En la biblioteca, que es la mente, Jesús encuentra basura de toda clase de cosas sin valor, las cuales procede a echar fuera y reemplazar con su Palabra. En el comedor del apetito encuentra muchos deseos pecaminosos listados en un menú mundano. En el lugar ocupado por cosas como prestigio, materialismo y lujuria, coloca humildad, mansedumbre, amor y todas las demás virtudes por las que deben sentir hambre y sed todos los creyentes. Pasa por la sala del compañerismo, donde encuentra muchas compañías y actividades mundanas, luego pasa por el taller donde solo se están haciendo juguetes, al guardarropa donde se esconden muchos pecados ocultos, y así hasta recorrer la casa entera. Solo después de haber limpiado cada habitación, cada armario y cada esquina de todo pecado y necedad, puede Él instalarse y sentirse como en casa.

Jesús entra a la casa de nuestros corazones en el momento en que nos salva, pero no puede vivir allí a gusto y satisfecho hasta que esté limpia de pecado y llena con su voluntad. Dios tiene gracia y paciencia infinitas y más allá de toda comprensión, Él continúa amando a sus hijos que insisten en soslayar su voluntad, pero no puede estar feliz ni satisfecho en un corazón así. No puede sentirse del todo en casa hasta que se le permita que **habite... en** nuestros **corazones** por medio de la **fe** continua que confía en Él con respecto al ejercicio de su señorío sobre cada aspecto de nuestra vida. Su presencia es algo que recibimos y practicamos **por la fe.**

¡Cuán admirable y maravilloso es que el Dios todopoderoso y santo quiera vivir en nuestros **corazones,** sentirse como en casa y gobernar allí! Jesús dijo: "El que me ama, mi palabra guardará; y mi Padre le amará, y vendremos a él, y haremos morada con él" (Jn. 14:23)

LA ABUNDANCIA DE AMOR

a fin de que, arraigados y cimentados en amor, seáis plenamente capaces de comprender con todos los santos cuál sea la anchura, la longitud, la profundidad y la altura, y de conocer el amor de Cristo, que excede a todo conocimiento, para que seáis llenos de toda la plenitud de Dios. (3:17*b*-19*a*)

El ser fortalecidos en nuestro interior por el Espíritu de Dios lleva a que Cristo se sienta en casa dentro de nuestros corazones, lo cual lleva a un amor que es incomprensible. El resultado de nuestra rendición al poder de Espíritu y sumisión al señorío de Cristo en nuestros corazones es **amor.** Cuando Cristo se domicilia en nuestra vida empieza a desplegar su propio amor en nosotros y por medio de nosotros. Siempre que Él habita con toda libertad en nuestros corazones, llegamos a estar **arraigados y cimentados en amor,** es decir, establecidos sobre un fundamento fuerte y firme de amor.

"Un mandamiento nuevo os doy", dijo Jesús: "Que os améis unos a otros; como yo os he amado, que también os améis unos a otros" (Jn. 13:34). Pedro escribió: "Habiendo purificado vuestras almas por la obediencia a la verdad, mediante el Espíritu, para el amor fraternal no fingido, amaos unos a otros entrañablemente, de corazón puro" (1 P. 1:22). El deseo supremo de Dios es que sus hijos se amen unos a otros con amor pleno y sincero, tal como Él nos ama. El amor es el primer fruto del Espíritu, del cual gozo, paz, paciencia, benignidad, bondad, fe, mansedumbre y templanza son en esencia categorías secundarias (Gá. 5:22-23).

El amor es una actitud de negación de uno mismo y ausencia de todo egoísmo. El **amor** bíblico *agapē* es una cuestión de la voluntad y no un asunto de sentimiento ni emoción, aunque el amor casi siempre está acompañado de emociones y sentimientos profundos. El amor de Dios por el mundo no es una simple cuestión de sentimiento; su resultado concreto fue haber enviado a su Hijo unigénito a redimir el mundo (Jn. 3:16). Amar es dar con abnegación, siempre dando y siempre negando el yo. Es la naturaleza y sustancia misma del amor negar el ego y dar a otros. Jesús no dijo: "Nadie tiene mayor amor que quien tiene sentimientos cariñosos hacia sus amigos", sino más bien: "Nadie tiene mayor amor que este, que uno ponga su vida por sus amigos" (Jn. 15:13).

Al obedecer la voluntad amorosa del Padre de redimir al mundo, Jesús se entregó por amor y voluntad propia a fin de llevar a cabo esa redención: "el cual, siendo en forma de Dios, no estimó el ser igual a Dios como cosa a que aferrarse, sino que se despojó a sí mismo, tomando forma de siervo, hecho semejante a los hombres; y estando en la condición de hombre, se humilló a sí mismo, haciéndose obediente hasta la muerte, y muerte de cruz" (Fil. 2:6-8). Ese es el amor en su forma más perfecta, y esta es la actitud divina de amor que se sacrifica a sí mismo, y que todo creyente debe tener en su vida (v. 5).

Solo podemos tener esa clase de amor cuando Cristo está en libertad de obrar con su propio amor a través de nosotros. No podemos cumplir uno solo de los mandatos de Cristo sin tener a Cristo mismo, y mucho menos su mandato de amar. "En esto se mostró el amor de Dios para con nosotros" dice Juan: "en que Dios envió a su Hijo unigénito al mundo, para que vivamos por él. En esto consiste el amor: no en que nosotros hayamos amado a Dios, sino en que él nos amó a nosotros, y envió a su Hijo en propiciación por nuestros pecados. Amados, si Dios nos ha amado así, debemos también nosotros amarnos unos a otros. Nadie ha visto jamás a Dios. Si nos amamos unos a otros, Dios permanece en nosotros, y su amor se ha perfeccionado en nosotros... Nosotros le amamos a él, porque él nos amó primero" (1 Jn. 4:9-12, 19).

Cuando el Espíritu reviste de poder nuestra vida y Cristo es obedecido como el Señor de nuestros corazones, nuestros pecados y debilidades son tratados con eficacia y nos encontramos *deseando* servir a otros, *deseando* sacrificarnos por ellos y servirles, todo porque la naturaleza amorosa de Cristo se ha convertido de verdad en algo propio de nosotros. Amar es la actitud sobrenatural del cristiano, porque el amor es la naturaleza de Cristo. Para que un cristiano no ame se requiere que se lo proponga hacer y se esfuerce en ello, tal como tendría que hacerlo para dejar de respirar. Para dejar de amar en forma habitual, se requiere que tenga por hábito resistir a Cristo como el Señor de su corazón. Siguiendo la analogía de la respiración, cuando Cristo tiene su lugar merecido y adecuado en nuestros corazones, no necesitamos recibir la instrucción de amar, así como nadie tiene que decirnos que debemos respirar. Tarde o temprano esto debe suceder, porque amar es tan natural para la persona espiritual como lo es respirar para la persona natural.

Aunque no es natural que el cristiano deje de amar, todavía es posible que sea desobediente con respecto al amor. Así como el amar está determinado por la voluntad y no por las circunstancias u otras personas, ocurre lo mismo con el *no* amar. Si un esposo falla en su amor por su esposa, o ella hacia él, nunca es a causa de la otra persona, sin importar qué pueda haber hecho el otro. Con el amor *agapē* no sucede que uno se enamora o se desenamora, porque es un amor controlado por la voluntad. El amor romántico puede ser hermoso y lleno de significado, además hallamos muchos relatos favorables de ese tipo de amor en las Escrituras. Pero es amor *agapē* el que Dios manda que esposos y esposas tengan unos por otros (Ef. 5:25, 28, 33; Tit. 2:4), la clase de amor que cada persona controla por un acto de su propia voluntad. Las relaciones tensas entre esposos y esposas, entre compañeros de trabajo, entre hermanos y hermanas, o entre cualquier clase de personas, nunca es una cuestión de incompatibilidad o de choque de personalidades, sino que siempre es un asunto de pecado.

El principio se aplica a todas las personas con quienes el cristiano tiene contacto, en especial sus hermanos en la fe. Amar a otros es un acto de obediencia, y no amarles es un acto de desobediencia. "Si alguno dice: Yo amo a Dios, y aborrece a su hermano, es mentiroso. Pues el que no ama a su hermano a quien ha visto, ¿cómo puede amar a Dios a quien no ha visto? Y nosotros tenemos este mandamiento de él: El que ama a Dios, ame también a su hermano" (1 Jn. 4:20-21). En el sentido más profundo, el amor es el *único* mandamiento de Dios. El mandamiento más grande, dijo Jesús, es amar a Dios con todo nuestro corazón, alma y mente; y el segundo mandamiento es amar a nuestro prójimo como a nosotros mismos (Mt. 22:37-39). Por eso Pablo dijo: "No debáis a nadie nada, sino el amaros unos a otros; porque el que ama al prójimo, ha cumplido la ley. Porque: No adulterarás, no matarás, no hurtarás, no dirás falso testimonio, no codiciarás, y cualquier otro mandamiento, en esta sentencia se resume: Amarás a tu prójimo como a ti mismo. El amor no hace mal al prójimo; así que el cumplimiento de la ley es el amor" (Ro. 13:8-10).

La ausencia de amor es la presencia de pecado. La ausencia de amor no tiene que ver en absoluto con lo que nos sucede, sino todo que ver con lo que está sucediendo dentro de nosotros. El pecado y el amor son enemigos, porque el pecado y Dios son enemigos. No pueden coexistir. Donde está uno, el otro no está. La vida carente de amor es la vida carente de Dios; y la vida piadosa es la vida de servicio, cuidado, ternura, afecto, generosidad y sacrificio del amor de Cristo que obra por medio del creyente.

Cuando estamos **arraigados y cimentados en amor,** llegamos entonces a ser **plenamente capaces de comprender con todos los santos cuál** es **la anchura, la longitud, la profundidad y la altura** del amor. No podemos **comprender** la plenitud del **amor** a no ser que estemos inmersos por completo en el amor, a menos que sea la raíz y el cimiento de nuestro ser. En cierta ocasión alguien preguntó al famoso trompetista Louis Armstrong que le explicara la música jazz, y él replicó: "Hombre, si te lo tengo que explicar es porque no lo tienes". En cierto sentido esa idea tan simple se aplica al amor. No puede ser entendido ni comprendido de verdad hasta que se ha experimentado. Sin embargo, hay que recordar que la experiencia y la puesta en práctica de la clase de amor del que Pablo está hablando en este pasaje, no es algo emocional ni subjetivo. No son los sentimientos lindos o cálidos los encargados de traer tal comprensión, sino la obra directa y concreta del Espíritu de Dios y del Hijo de Dios en nuestra vida para *producir* un **amor** que es puro y sincero, abnegado y servicial. Para estar **arraigados y cimentados en amor** se requiere estar arraigados y cimentados en Dios. Cuando somos salvos, el amor de Dios "es derramado en nuestros corazones por el Espíritu Santo que nos fue dado" (Ro. 5:5). Es el Señor mismo quien encamina nuestros "corazones al amor de Dios, y a la paciencia de Cristo" (2 Ts. 3:5).

El **amor** es disponible para todo cristiano porque Cristo está disponible para todo cristiano. Pablo ora pidiendo que lleguemos a ser **plenamente capaces de comprender con todos los santos.** El amor no solo es para el cristiano de temperamento constante o el cristiano que por naturaleza es afable y magnánimo. Tampoco es una supuesta clase especial de cristianos la que goza de una vida espiritual superior en su interior. El amor es algo destinado y mandado para todos los cristianos, **todos los santos.**

La comprensión del amor viene como resultado de mantenerse inmerso de continuo en las cosas de Dios, y de forma especial en su Palabra. "Fueron halladas tus palabras, y yo las comí", declaró Jeremías; "y tu palabra me fue por gozo y por alegría de mi corazón; porque tu nombre se invocó sobre mí, oh Jehová Dios de los ejércitos" (Jer. 15:16). Job testificó: "Del mandamiento de sus labios nunca me separé; guardé las palabras de su boca más que mi comida" (Job 23:12), y el salmista nos expresa que el deleite de la persona justa está "en la ley de Jehová... y en su ley medita de día y de noche" (Sal. 1:2; cp. 19:9b-10; 119:167; etc.).

Comprender... cuál sea la anchura, la longitud, la profundidad y la altura del amor consiste en entenderlo en su plenitud. El amor está dispuesto a ir en cualquier dirección y superar todas las distancias. Va dondequiera que sea necesitado durante todo el tiempo que sea requerido. Jerónimo, un padre de la iglesia primitiva, dijo que el amor de Cristo alcanza arriba hasta los ángeles santos y abajo hasta quienes están en el infierno. Su longitud cubre a los hombres que van camino al cielo y su anchura alcanza a quienes se están desviando por malos caminos.

No creo que **la anchura, la longitud, la profundidad y la altura** representen aquí cuatro tipos o categorías específicas de amor, sino que indican con sencillez su carácter vasto y completo. Podemos ver **la anchura** del amor reflejada en la aceptación que Dios hace de gentiles y judíos por igual en Cristo (Ef. 2:11-18). Podemos ver **la longitud** del amor en el hecho de que Dios nos escogió antes de la fundación del mundo (1:4-5). Podemos ver **la altura** del amor en que Dios "nos bendijo con toda bendición espiritual en los lugares celestiales en Cristo" (1:3) y en que nos resucitó y nos hizo sentar "en los lugares celestiales con Cristo Jesús" (2:6). Podemos ver **la profundidad** del amor en que Dios se extiende hasta lo más bajo y vil de la depravación humana para redimir a quienes están muertos en delitos y pecados (2:1-3). El amor de Dios puede alcanzar a cualquier persona en cualquier pecado, y se extiende desde la eternidad pasada hasta la eternidad futura, para hablar en términos que podamos entender. Nos lleva a la presencia misma de Dios y nos sienta con Él en su trono.

En lo que parece a primera vista una contradicción de términos, Pablo habla de **conocer el amor de Cristo, que excede a todo conocimiento.** Conocer el **amor** de Cristo nos lleva mucho más allá del **conocimiento** humano, porque proviene de una fuente de grandeza infinita. Pablo no está hablando aquí de conocer el amor que debemos tener *por* Cristo, sino del **amor de Cristo,** su propio amor que Él debe colocar en nuestros corazones antes que podamos amarle o amar a otros. Tenemos el mandato de amar porque recibimos amor en gran medida. Dios siempre da antes de demandar cualquier cosa a cambio, y el amor es uno de los mayores dones de Cristo a su iglesia. En todo el texto de Juan 14—16, Jesús promete dar amor, gozo, paz, poder y consuelo sin medida a quienes le pertenecen.

El mundo no puede comprender el gran amor que Cristo da porque no puede entender a Cristo. El amor mundano está basado en la atracción y por ende solo dura mientras subsista la atracción. El amor de Cristo está basado en su propia naturaleza y por lo tanto dura para siempre. El amor del mundo dura hasta que es ofendido o repudiado. El amor de Cristo perdura a pesar de todas las ofensas y repudios. El amor mundano ama por lo que puede obtener a cambio. El amor de Cristo ama por todo lo que puede dar. Lo que es incomprensible para el mundo debe ser la manera normal de vivir para el hijo de Dios.

LA PLENITUD DE DIOS

para que seáis llenos de toda la plenitud de Dios. (3:19*b*)

El fortalecimiento interno del Espíritu Santo conduce a que Cristo habite en los creyentes, lo cual lleva a un amor abundante y esto a su vez, a la plenitud de Dios en nosotros. Ser **llenos de toda la plenitud de Dios** es sin duda algo incomprensible, aun para los hijos de Dios. Es increíble e indescriptible. Para nosotros que vivimos de este lado del cielo, no existe manera de escrutar esa verdad, lo único que podemos hacer es creerla y alabar a Dios por ella.

J. Wilbur Chapman relataba con frecuencia el testimonio dado por cierto hombre en una de sus reuniones:

> Me bajé en la estación del tren en Pennsylvania como un vagabundo, y durante un año mendigué en las calles para sobrevivir. Cierto día toqué a un caballero en el hombro y le dije: "Oiga señor, ¿me puede dar una moneda?". Tan pronto vi su rostro me aterré al darme cuenta de que se trataba de mi propio padre. Le dije: "Padre, padre, ¿me reconoces?". Él me rodeó con sus brazos y dijo con lágrimas en sus ojos:

"¡Oh, hijo mío, al fin te encontré! Te encontré, ¿y quieres que te dé una moneda? ¡Todo lo que tengo es tuyo!". Ahora considera esto: yo era un mendigo y le estaba rogando a mi propio padre algunos centavos, mientras que él había estado buscándome durante 18 años para darme todo lo que tenía.

Ese es apenas un pequeño cuadro de lo que Dios quiere hacer por sus hijos. Su meta suprema al acercarnos a Él es hacernos semejantes a Él mismo, llenándonos de Él con todo lo que Él es y tiene.

Tan siquiera para empezar a captar la magnitud de esa verdad, debemos pensar en todos los atributos y características de Dios. Debemos pensar en su poder, majestad, sabiduría, amor, misericordia, paciencia, bondad y todas las demás cosas que Dios es y hace. Que Pablo no está exagerando se ve con claridad en el hecho de que en esta carta menciona en repetidas ocasiones la plenitud de las bendiciones de Dios para aquellos que le pertenecen por medio de Cristo. El apóstol nos dice con respecto a Cristo que la iglesia "es su cuerpo, la plenitud de Aquel que todo lo llena en todo" (Ef. 1:23). Nos dice que "el que descendió, es el mismo que también subió por encima de todos los cielos para llenarlo todo" (4:10). También nos dice que Dios quiere que todos los creyentes sean "llenos del Espíritu" (5:18).

Plēroō significa hacer lleno o llenar hasta lo máximo, y se emplea muchas veces en el Nuevo Testamento. Alude a un dominio total. Una persona llena de cólera está totalmente dominada por el odio. Una persona llena de felicidad está totalmente dominada por el gozo. Estar **llenos de toda la plenitud de Dios** significa por lo tanto estar totalmente dominados por Él, sin alguna cosa reservada para el ego o cualquier parte del viejo hombre. Así que por definición, ser lleno de Dios equivale a vaciarse del ego. No consiste en tener mucho de Dios y un poco de ego, sino todo de Dios y nada de ego. Este es un tema recurrente en Efesios. Aquí Pablo habla acerca de **la plenitud de Dios;** en 4:3 de "la plenitud de Cristo"; y en 5:18 de la llenura o plenitud del Espíritu.

¡Qué Dios tan maravilloso, quien nos ama tanto que no descansará hasta que seamos por completo semejantes a Él! Tan solo podemos acertar a cantar junto a David: "Jehová es mi roca y mi fortaleza, y mi libertador; Dios mío, fortaleza mía, en él confiaré; mi escudo, y el fuerte de mi salvación, mi alto refugio; Salvador mío" (2 S. 22:2-3). En el resto de ese himno magnífico, David amontona alabanzas sobre alabanzas para declarar la grandeza y bondad de Dios.

De la misma manera, a Job parecen faltarle las palabras para exultar con propiedad las maravillas de Dios: "¿En qué ayudaste al que no tiene poder? ¿Cómo has amparado al brazo sin fuerza? ¿En qué aconsejaste al que no tiene ciencia, y qué plenitud de inteligencia has dado a conocer?... Él extiende el norte sobre vacío, cuelga la tierra sobre nada. Ata las aguas en sus nubes, y las nubes no se rompen debajo de ellas... Las columnas del cielo tiemblan, y se espantan a su reprensión... Su espíritu adornó los cielos; su mano creó la serpiente tortuosa. He aquí, estas cosas son sólo los bordes de sus caminos; ¡y cuán leve es el susurro que hemos oído de él!" (Job. 26:2-3, 7-8, 11, 13-14).

Desde nuestra perspectiva humana y terrenal, nunca podemos ver más que "los bordes de sus caminos". No es de sorprenderse que David dijese a Dios que no quedaría satisfecho, hasta que despertara "a tu semejanza" (Sal. 17:15). Solo entonces conoceremos a plenitud, tal como hemos sido conocidos (1 Co. 13:12).

LA GLORIA DEL SEÑOR

Y a Aquel que es poderoso para hacer todas las cosas mucho más abundantemente de lo que pedimos o entendemos, según el poder que actúa en nosotros, a él sea gloria en la iglesia en Cristo Jesús por todas las edades, por los siglos de los siglos. Amén. (3:20-21)

Para culminar todo lo que ha estado declarando acerca de la provisión sin límites de Dios para sus hijos, Pablo hace ahora su gran doxología, un himno de alabanza y gloria que introduce con las palabras: **Y a Aquel.**

Cuando el Espíritu Santo nos ha investido de poder, Cristo ha habitado en nosotros, el amor nos ha dominado por completo y Dios nos ha llenado con su propia plenitud, entonces Él **es poderoso para hacer todas las cosas mucho más abundantemente de lo que pedimos o entendemos.** Hasta que esas condiciones se cumplen, la obra de Dios en nosotros es limitada, pero al cumplirse su obra en nosotros carece de límites. "De cierto, de cierto os digo: El que en mí cree, las obras que yo hago, él las hará también; y aun mayores hará, porque yo voy al Padre. Y todo lo que pidiereis al Padre en mi nombre, lo haré, para que el Padre sea glorificado en el Hijo. Si algo pidiereis en mi nombre, yo lo haré" (Jn. 14:12-14).

No existe situación en la que el Señor no pueda usarnos, siempre y cuando estemos sometidos a Él. Como se ha indicado con frecuencia, el versículo 20 es una progresión piramidal de la capacitación en el poder de Dios: Él es poderoso; Él es poderoso para hacer; Él es poderoso para hacer todas las cosas; Él es poderoso para hacer todas las cosas mucho más abundante de lo que pedimos; Él es poderoso para hacer todas las cosas mucho más abundante de lo que pedimos o entendemos. No existe duda alguna en la mente de los creyentes en el sentido de que Dios **es poderoso** para hacer más de lo que podemos concebir, pero muy pocos cristianos disfrutan de verdad el privilegio de verle hacer eso en sus vidas, porque no están siguiendo el patrón de capacitación espiritual presentado en estos versículos.

147

Pablo declaró que la eficacia de su propio ministerio radicaba en que, según dijo, "ni mi palabra ni mi predicación fue con palabras persuasivas de humana sabiduría, sino con demostración del Espíritu y de poder" (1 Co. 2:4), "porque el reino de Dios no consiste en palabras, sino en poder" (4:20). A lo largo de su ministerio el apóstol se esmeró en cumplir lo siguiente: "No damos a nadie ninguna ocasión de tropiezo, para que nuestro ministerio no sea vituperado; antes bien, nos recomendamos en todo como ministros de Dios, en mucha paciencia, en tribulaciones, en necesidades, en angustias; en azotes, en cárceles, en tumultos, en trabajos, en desvelos, en ayunos; en pureza, en ciencia, en longanimidad, en bondad, en el Espíritu Santo, en amor sincero, en palabra de verdad, en poder de Dios" (2 Co. 6:3-7). Todo lo que Pablo hizo fue en el poder de Dios, y en el poder de Dios no había una sola cosa dentro de la voluntad del Señor que él no pudiese ver realizada para gloria de Dios. Ese es el mismo **poder que actúa en nosotros** por la presencia del Espíritu (Hch. 1:8).

Una vez que por medio de nuestra rendición voluntaria Dios se muestra **poderoso para hacer todas las cosas mucho más abundantemente de lo que pedimos o entendemos, según el poder que actúa en nosotros,** solo entonces somos de verdad efectivos y solo entonces Él es glorificado en verdad. Además, Él merece **gloria en la iglesia en Cristo Jesús,** no solo ahora sino **por todas las edades, por los siglos de los siglos.** El **Amén** confirma que tal meta es valiosa y vale la pena esforzarse en alcanzarla.

Andar con humildad 10

Yo pues, preso en el Señor, os ruego que andéis como es digno de la vocación con que fuisteis llamados, con toda humildad y mansedumbre, soportándoos con paciencia los unos a los otros en amor, solícitos en guardar la unidad del Espíritu en el vínculo de la paz; un cuerpo, y un Espíritu, como fuisteis también llamados en una misma esperanza de vuestra vocación; un Señor, una fe, un bautismo, un Dios y Padre de todos, el cual es sobre todos, y por todos, y en todos. (4:1-6)

Cuando alguna persona se une a cualquier organización, se obliga por voluntad propia a vivir y actuar de conformidad con las normas del grupo. Acepta sus metas, objetivos y normas como suyos. Por ejemplo, un ciudadano está obligado a regirse por las leyes de su país, un empleado está obligado a trabajar de acuerdo con las reglas, parámetros y propósitos de su compañía. Los miembros de los clubes de servicio se obligan a fomentar las metas del club y regirse por sus normas. Cuando alguien se une a un equipo atlético está obligado a jugar como lo ordena el entrenador y de acuerdo con las reglas del deporte. La sociedad humana no podría operar sin esa clase de obligación.

Como seres humanos tenemos el deseo natural de ser aceptados y adquirir un sentido de pertenencia, y muchas personas están dispuestas a recorrer cualquier distancia para merecer la aceptación en una orden fraternal, un club social, un equipo atlético u otro grupo. Muchas personas también están dispuestas a pagar cualquier precio con tal de evitar ser rechazadas por un grupo. Los padres del hombre que nació ciego tenían miedo de contar a los líderes judíos que Jesús había sanado a su hijo, porque temían ser expulsados de la sinagoga (Jn. 9:22). Aunque habían visto el resultado de un milagro con el que su propio hijo había sido curado de su ceguera de toda la vida, no quisieron dar crédito a Jesús por el milagro a causa de su temor a ser objetos del ostracismo social. Por la misma razón, "aun de los gobernantes, muchos creyeron en él; pero a causa de los fariseos no lo confesaban, para no ser expulsados de la sinagoga. Porque amaban más la gloria de los hombres que la gloria de Dios" (12:42-43).

En algunas ocasiones tales lealtades a normas y el temor al ostracismo en la iglesia no operan con la misma fuerza. Hay demasiados cristianos que se alegran de poder contar con la seguridad espiritual, las bendiciones y las promesas del evangelio, pero que tienen muy poco sentido de responsabilidad con respecto a vivir de conformidad con sus normas y obedeciendo sus mandatos.

En los primeros tres capítulos de Efesios Pablo ha expuesto la posición que gozan los creyentes con todas las bendiciones, honores y privilegios de ser un hijo de Dios. En los siguientes tres capítulos presenta las obligaciones y requisitos consecuentes de ser sus hijos, a fin de vivir en la práctica nuestra salvación de acuerdo con la voluntad del Padre y para su gloria. En los primeros tres capítulos se expone la verdad acerca de la identidad del creyente en Cristo, y los últimos tres constituyen un llamado para responder a ello en la práctica.

Al recibir a Cristo como Salvador nos convertimos en ciudadanos de su reino y miembros de su familia. Al lado de esas bendiciones y privilegios también recibimos obligaciones. El Señor espera de nosotros que actuemos como las personas nuevas que somos ahora en Jesucristo. Él espera que sus normas se conviertan en nuestras normas, sus propósitos en nuestros propósitos, sus deseos en nuestros deseos, su naturaleza en nuestra naturaleza. Una definición simple de la vida cristiana es: el proceso de convertirnos en lo que somos.

Dios espera conformidad dentro de la iglesia, el cuerpo de Cristo. No se trata de una conformidad legalista y forzosa a reglas y regulaciones externas, sino una conformidad interna y voluntaria a la santidad, el amor y la voluntad de nuestro Padre celestial, quien quiere que sus hijos le honren como su Padre. "Solamente que os comportéis como es digno del evangelio de Cristo", amonestó Pablo a los filipenses, "para que o sea que vaya a veros, o que esté ausente, oiga de vosotros que estáis firmes en un mismo espíritu, combatiendo unánimes por la fe del evangelio" (Fil. 1:27).

La palabra **pues** en Efesios 4:1 marca la transición de la posición espiritual de verdad a la práctica en la vida diaria, de la doctrina al deber, del principio a la práctica. Pablo hace una transición similar en la epístola a los romanos. Después de asentar once capítulos de doctrina, dedica el resto de la carta a apremiar a los cristianos que vivan de acuerdo con esa doctrina, a que presenten sus "cuerpos en sacrificio vivo, santo, agradable a Dios, que es vuestro culto racional" (12:1). En Gálatas Pablo dedica los primeros cuatro capítulos a explicar la libertad cristiana y los últimos dos a exhortar a los cristianos a vivir conforme a esa libertad. Esa clase de división se encuentra en muchas de las epístolas de Pablo (véase también Fil. 2:1-2; Col. 3:5; 1 Ts. 4:1). La práctica correcta siempre debe estar basada en los principios correctos. Es imposible tener un estilo cristiano de vida sin conocer las realidades de la vida que Cristo ha suministrado.

La doctrina correcta es esencial para el vivir correcto. Es imposible vivir una vida cristiana fiel sin conocer la doctrina bíblica. Doctrina significa enseñanza, y no hay modo de que hasta el más sincero de los creyentes pueda vivir una vida agradable a Dios sin conocer cómo es Dios mismo y cuál es la clase de vida que Dios quiere que él viva. Quienes dejan de lado la teología bíblica también dejan de lado la vida cristiana saludable.

La renovación de la iglesia no viene como resultado de nuevos programas, edificios, organizaciones, métodos educativos o cualquier otro agente externo. La renovación de la iglesia viene primero que todo mediante la renovación de la mente. Más adelante en esta carta Pablo ora y pide que los efesios: "renovaos en el espíritu de vuestra mente, y vestíos del nuevo hombre, creado según Dios en la justicia y santidad de la verdad" (4:23-24). Quienes pertenecen al pueblo de Dios solo son renovados cuando captan en el espíritu de sus mentes la justicia y santidad de la verdad de Dios. Al principio de esta carta Pablo oró: "que el Dios de nuestro Señor Jesucristo, el Padre de gloria, os dé espíritu de sabiduría y de revelación en el conocimiento de él" (1:17). Crecer en gracia, como Pablo nos dice, está vinculado al hecho de crecer en "el conocimiento de nuestro Señor y Salvador Jesucristo" (2 P. 3:18). Además de su ministerio de proclamar a Cristo, Pablo también se mantenía "amonestando a todo hombre, y enseñando a todo hombre en toda sabiduría, a fin de presentar perfecto en Cristo Jesús a todo hombre" (Col. 1:28). En sus conocidas palabras a Timoteo, Pablo declara: "Toda la Escritura es inspirada por Dios, y útil para enseñar, para redargüir, para corregir, para instruir en justicia, a fin de que el hombre de Dios sea perfecto, enteramente preparado para toda buena obra" (2 Ti. 3:16-17). Es imposible hacer buenas obras sin un conocimiento de la Palabra de Dios.

En Efesios 4:1-6 Pablo apela a los creyentes urgiéndole a andar como es digno de la elevada posición que han adquirido en Jesucristo. Al describir esa manera de andar discute su llamado, sus características y su causa.

EL LLAMADO A UN ANDAR DIGNO

Yo pues, preso en el Señor, os ruego que andéis como es digno de la vocación con que fuisteis llamados, (4:1)

Antes de hacer su apelación, Pablo una vez más se refiere a sí mismo como **preso en el Señor** (véase 3:1). Con la mención de su encarcelamiento Pablo recuerda con gentileza a sus lectores que sabe lo costosa que puede resultar la decisión de andar como es digno del Señor, y que él mismo ha pagado un costo considerable a causa de su obediencia al Señor. El apóstol no les pediría que anduviesen de una manera en que él mismo no lo hiciera, ni que pagaran un precio que él mismo no estuviese dispuesto a pagar. Sus circunstancias físicas

151

presentes parecían en extremo negativas desde la perspectiva humana, pero Pablo quería que sus lectores supieran que esto no cambiaba su compromiso con el Señor ni su confianza **en el Señor.**

El apóstol no estaba procurando obtener la simpatía de sus lectores ni utilizar su confinamiento romano como un medio para avergonzar a los efesios y forzarles a cumplir con lo que les pedía. Más bien, les estaba recordando de nuevo su propia servidumbre y sumisión completas a Cristo, el hecho de que era **preso en el Señor** sin importar que estuviera o no en una cárcel. Pablo se convirtió en **preso** del Señor en el camino a Damasco y nunca buscó librarse de ese encarcelamiento divino.

Pablo tenía la capacidad de ver todas las cosas a la luz de cómo afectaban a Cristo y su relación con Él. Veía todo en sentido vertical antes de verlo en sentido horizontal. Sus motivos eran los de Cristo, sus normas eran las de Cristo, sus objetivos eran los de Cristo, su visión era la de Cristo, su orientación entera fue la de Cristo. Todas las cosas que pensaba, planeaba, decía y hacía se relacionaban de forma directa con su Señor, y en el sentido más pleno de la palabra era un cautivo del Señor Jesucristo.

La mayoría de nosotros estamos dispuestos a admitir que tenemos una tendencia tal a orientarnos hacia el ego que vemos muchas cosas primero que todo, y a veces solo así, con relación a nosotros mismos. Por otro lado, la persona que tiene la Palabra de Cristo morando en abundancia dentro de sí, aquel hombre y mujer que satura su mente con la sabiduría y verdad divinas, se pregunta: "¿Cómo afecta esto a Dios? ¿Qué impresión tendrá de ello? ¿Qué quiere Él que yo haga con este problema o esta bendición? ¿Cómo puedo agradarle mejor y honrarle más en esto?". Esa persona trata de ver todas las cosas a través del filtro divino de Dios, y esa actitud es la base y la marca distintiva de la madurez espiritual. Junto a David, el cristiano maduro puede decir: "A Jehová he puesto siempre delante de mí; porque está a mi diestra, no seré conmovido" (Sal. 16:8).

Pablo no se excusaba por requerir de la gente que hiciera lo que él sabía que era correcto, por eso dice sin rodeos: **os ruego** (*parakaleō*), que significa llamar a alguien para que esté al lado de uno, con la idea de ayudar o ser ayudado. Connota un sentimiento intenso y un deseo fuerte. En este contexto no solo se trata de una solicitud sino de un ruego, de algo que se implora o suplica. Pablo no estaba dando sugerencias a los efesios sino normas divinas aparte de las cuales no podrían vivir de una manera coherente frente al hecho de que eran hijos de Dios. Pablo nunca planteaba sus exhortaciones como diciendo: "tómalo o déjalo"; él no podía descansar hasta que quienes estaban bajo su cuidado espiritual anduviesen **como es digno de la vocación con que** habían sido **llamados.**

Pablo rogó al rey Agripa que escuchara su testimonio (Hch. 26:3), urgió con firmeza a los corintios que reafirmaran su amor hacia el hermano arrepentido (2 Co. 2:8), y suplicó a los gálatas que se mantuvieran firmes en la libertad del evangelio como él lo hacía (Gá. 4:12). Sus ruegos se basaban en su amor intenso hacia los demás, tanto salvos como no salvos. Acerca de sus compatriotas judíos no salvos escribió: "Verdad digo en Cristo, no miento, y mi conciencia me da testimonio en el Espíritu Santo, que tengo gran tristeza y continuo dolor en mi corazón. Porque deseara yo mismo ser anatema, separado de Cristo, por amor a mis hermanos, los que son mis parientes según la carne" (Ro. 9:1-3).

Los cristianos no deberían resentirse contra un pastor que les inste e interpele con requerimientos sobre la fe como lo hizo Pablo a quienes ministraba. Un pastor que ejerce su ministerio con despreocupación o indiferencia no es digno de su oficio. El interés en amor por el bienestar espiritual de otros tiene un elevado costo, y aparte de la fortaleza de Dios puede ser frustrante y desmoralizador.

Algunas encuestas realizadas a pastores en décadas pasadas han revelado un gran desánimo y hasta depresión generalizada, algo que un escritor describió como fatiga de batalla. Un elevado porcentaje de los entrevistados dijo que la parte más deprimente de su ministerio era el sentimiento de nunca terminar el trabajo, de tener siempre algo más que hacer y de ver que gran parte de su "éxito" solo era superficial y efímero. Informaron que parece nunca haber tiempo suficiente para preparar sermones con la dedicación y el cuidado que deberían tener, ni para visitar y aconsejar a todos aquellos que lo necesitan, ni para asistir a todas las reuniones o realizar muchas de las otras cosas que la congregación y él mismo esperan de su desempeño ministerial. Su trabajo nunca termina, y cuanto más se interesa, más cosas ve que faltan por hacer. Pablo, quien realizó también el trabajo de un pastor además de ser apóstol y evangelista, habló en estos términos de los creyentes en Galacia: "Hijitos míos, por quienes vuelvo a sufrir dolores de parto, hasta que Cristo sea formado en vosotros" (Gá. 4:19). Él sufrió dolores de parto permanentes a causa de su deseo inmenso por el crecimiento y la madurez espiritual de las personas a quienes ministró.

No solo pastores sino todo creyente debería tener preocupación e interés en amor para interpelar, implorar, rogar e instar a otros para que respondan con su obediencia al evangelio. Como Pablo, todos deberíamos tener una pasión para decir a nuestros hermanos en la fe **os ruego que andéis como es digno de** vuestra **vocación**, y a ser todo lo que el Señor desea que sean.

La palabra andar se emplea con frecuencia en el Nuevo Testamento para hacer referencia a la conducta diaria, a la vida cotidiana, y es el tema de los últimos tres capítulos de Efesios. En los primeros dieciséis versículos del capítulo 4 Pablo hace énfasis en la unidad, y en el resto del capítulo en el carácter único del andar cristiano. En los capítulos 5 y 6 recalca la pureza moral, la sabiduría, el control del Espíritu, las manifestaciones familiares de ese control, y la guerra espiritual del andar cristiano.

Axios (**digno**) tiene en su raíz el significado de equilibrar la balanza, de asegurar que lo que haya a un lado de la balanza sea igual en peso a lo que se coloca en el otro lado. Por extensión la palabra llegó a ser aplicada a cualquier cosa de la cual se esperaba que correspondiese con otra. Una persona digna de su paga era aquella cuyo trabajo del día correspondía con el salario por un día de trabajo. El creyente que anda **como es digno de la vocación con que** ha sido **llamado,** es aquel cuya vida diaria corresponde con su elevada posición como hijo de Dios y coheredero con Jesucristo. Se caracteriza porque su vida práctica concuerda con su posición espiritual.

La vocación con que fuisteis llamados es el llamamiento soberano y salvador de Dios (cp. 1 Ts. 2:12). "Ninguno puede venir a mí", dijo Jesús, "si el Padre que me envió no le trajere" (Jn. 6:44; cp. v. 65). En otra ocasión Él dijo: "Y yo, si fuere levantado de la tierra, a todos atraeré a mí mismo" (Jn. 12:32). Pablo nos dice que Dios "a los que predestinó, a éstos también llamó; y a los que llamó, a éstos también justificó; y a los que justificó, a éstos también glorificó" (Ro. 8:30). Como el apóstol mencionó al comienzo de esta carta: "nos escogió en él antes de la fundación del mundo, para que fuésemos santos y sin mancha delante de él" (Ef. 1:4). Ninguna persona puede salvarse aparte de recibir a Jesucristo como su Salvador, pero ninguna persona puede escoger a Cristo si no ha sido ya escogida por el Padre y el Hijo. "No me elegisteis vosotros a mí, sino que yo os elegí a vosotros, y os he puesto para que vayáis y llevéis fruto, y vuestro fruto permanezca" (Jn. 15:16).

Pablo hace muchas referencias a la **vocación** (*klēsis*) del creyente, que como en este caso, se refiere al llamamiento soberano y efectivo del Señor a la salvación (Ro. 11:29; 1 Co. 1:26; Ef. 1:18; 4:1,4; Fil. 3:14; 2 Ts. 1:11; 2 Ti. 1:9; cp. He. 3:1; 2 P. 1:10).

Sin la **vocación** divina y nuestra elección por parte de Dios, el hecho de escogerle nosotros tendría una futilidad absoluta. De hecho, si Dios no llamara los hombres a Él mismo, ningún ser humano *querría* acudir a Él, porque todos los hombres naturales se encuentran en enemistad con Dios (Ro. 8:7). La verdad maravillosa del evangelio es que Dios no solo envió a su Hijo para *proveer* el camino de salvación (Ro. 5:8), sino que lo envió para *buscar* a los perdidos con el fin de poder salvarles (Lc. 19:10). Dios no se contentó con el simple hecho de hacer disponible la salvación para la humanidad, sino que ha llamado para sí a los escogidos y redimidos.

Esa es la razón por la que nuestra **vocación** es suprema, es un "llamamiento celestial" (He. 3:1) y un "llamamiento santo" (2 Ti. 1:9). También por eso mismo el cristiano fiel y obediente tiene la determinación firme que le permite decir con Pablo: "prosigo a la meta, al premio del supremo llamamiento de Dios en Cristo Jesús" (Fil. 3:14).

LAS CARACTERÍSTICAS DEL ANDAR DIGNO

con toda humildad y mansedumbre, soportándoos con paciencia los unos a los otros en amor, solícitos en guardar la unidad del Espíritu en el vínculo de la paz; (4:2-3)

Aquí Pablo da seis elementos esenciales para la vida cristiana fiel, seis actitudes que constituyen el predicado en la frase que define lo que significa andar como es digno del llamado del Señor.

HUMILDAD

Estas características, de las cuales **toda humildad** es el fundamento, conforman una progresión en la que el ejercicio genuino de una de ellas conduce al ejercicio de la que le sigue.

Tapeinophrosunē (**humildad**) es una palabra compuesta con el significado literal de pensar o juzgar con docilidad, de ahí que la idea sea tener una mente dócil y humilde. Juan Wesley observó lo siguiente: "Ni los romanos ni los griegos tenían una palabra específica para aludir al concepto de humildad". El concepto mismo era tan ajeno y aborrecible para su modo de pensar que ni siquiera contaban con un término para describirlo. Parece que este término griego fue acuñado por los cristianos, es probable que por Pablo mismo, a fin de describir una cualidad para la cual no había otra palabra disponible. Para los orgullosos griegos y romanos, sus términos para referirse a personas cobardes o innoble eran suficientes para describir a la persona "no natural" que no pensaba de sí con orgullo y satisfacción egocéntrica. Durante los primeros siglos del cristianismo los escritores paganos que tomaron prestado el término *tapeinophrosunē*, siempre lo usaron con sarcasmo y zaherimiento para referirse casi siempre a los cristianos, por cuanto la humildad para ellos era una debilidad digna de lástima y escarnio.

No obstante, la **humildad** es la virtud cristiana más fundamental. No podemos siquiera empezar a agradar a Dios sin humildad, así como nuestro mismo Señor no pudo haber agradado a su Padre si de forma voluntaria no hubiera hecho esto: "se despojó a sí mismo, tomando forma de siervo, ... y estando en la condición de hombre, se humilló a sí mismo, haciéndose obediente hasta la muerte, y muerte de cruz" (Fil. 2:7-8).

Por otro lado, la **humildad** es muy escurridiza porque si uno se enfoca demasiado en ella con gran facilidad se puede convertir en orgullo, que es todo lo opuesto. La humildad es una virtud que debe procurarse siempre y alegarse nunca, porque si uno alega tenerla es porque ya la ha perdido. Solo Jesucristo, como el Hijo perfecto y obediente, pudo afirmar tal humildad con justificación acerca de sí mismo: "Llevad mi yugo sobre vosotros, y aprended de mí, que soy

155

manso y humilde de corazón" (Mt. 11:29). Él vino a la tierra como el Hijo de Dios, sin embargo, nació en un pesebre, fue criado en una familia campesina, nunca tuvo propiedades a excepción de su manto, y fue sepultado en una tumba prestada. En cualquier momento Él pudo haber ejercido sus derechos, prerrogativas y gloria divina, pero en obediencia y humildad rehusó hacerlo porque se habría salido de la voluntad de su Padre. Si el Señor de gloria anduvo en humildad mientras estuvo en la tierra, ¿cuánto más deben hacerlo sus seguidores imperfectos? "El que dice que permanece en él, debe andar como él anduvo" (1 Jn. 2:6).

Aunque la humildad está en el corazón mismo del carácter cristiano, ninguna virtud es más ajena a los caminos del mundo. El mundo exalta el orgullo, no la humildad. En el transcurso de la historia, la naturaleza humana caída y regida por Satanás el príncipe de este mundo, ha eludido la humildad y defendido el orgullo. En gran parte la humildad ha sido vista como debilidad e impotencia, como una abyección que debe despreciarse. La gente afirma sin modestia alguna que les enorgullecen sus trabajos, sus hijos, sus logros y demás. A la sociedad le encanta reconocer y alabar a quienes hayan logrado alguna cosa sobresaliente. Ostentación, jactancia, alarde y encumbramiento son las acciones más dinámicas en la bolsa de valores del mundo.

Desdichadamente, la iglesia refleja con mucha frecuencia esa perspectiva y patrón mundanos, construyendo muchos programas y organizaciones alrededor de las incitaciones superficiales de premios, trofeos y reconocimiento público. Parece que hemos encontrado la manera de alentar una jactancia que es "aceptable", porque se trata de alardes que se hacen en nombre del evangelio. Lo cierto es que al hacerlo contradecimos el mismo evangelio que afirmamos promover, porque la marca del cristianismo por excelencia es la humildad, no el orgullo y la autoexaltación. La obra de Dios no puede beneficiarse en ningún sentido por los caminos del mundo. El llamado de Dios es *a* la humildad y su obra solo puede realizarse *mediante* la humildad.

El primer pecado fue el orgullo, y todo pecado después de ese ha sido en una u otra forma la extensión del orgullo. Orgullo fue lo que llevó al ángel llamado "Lucero, hijo de la mañana" a exaltarse por encima de su Creador y Señor. Por cuanto decía de continuo en su corazón: "Subiré al cielo; en lo alto, junto a las estrellas de Dios, levantaré mi trono, y... me sentaré, ... sobre las alturas de las nubes subiré, y seré semejante al Altísimo", todo en oposición a la voluntad de Dios, fue arrojado del cielo (Is. 14:12-23). Por cuanto dijo: "Yo soy Dios", fue echado "del monte de Dios" (Ez. 28:11-19). El pecado original de Adán y Eva fue el orgullo, la confianza que tuvieron en su propio entendimiento por encima del de Dios (Gn. 3:6-7). El escritor de Proverbios advierte: "Cuando viene la soberbia, viene también la deshonra" (11:2), "Antes del quebrantamiento es la soberbia, y antes de la caída la altivez de espíritu" (16:18), y también "Altivez de ojos, y orgullo de corazón, y pensamiento de impíos, son pecado" (21:4).

Isaías advirtió: "La altivez de los ojos del hombre será abatida, y la soberbia de los hombres será humillada; y Jehová solo será exaltado en aquel día" (Is. 2:11; cp. 3:16-26). "He aquí yo estoy contra ti", declaró Dios contra Babilonia; "porque tu día ha venido, el tiempo en que te castigaré. Y el soberbio tropezará y caerá, y no tendrá quien lo levante" (Jer. 50:31-32). El último capítulo del Antiguo Testamento empieza con estas palabras: "Porque he aquí, viene el día ardiente como un horno, y todos los soberbios y todos los que hacen maldad serán estopa" (Mal. 4:1). Las bienaventuranzas empiezan con: "Bienaventurados los pobres en espíritu" (Mt. 5:3), y Santiago nos asegura que "Dios resiste a los soberbios, y da gracia a los humildes" (Stg. 4:6; cp. Sal. 138:6).

El orgullo es la tentación máxima por parte de Satanás, porque el orgullo está en el corazón de su propia naturaleza maligna. En consecuencia, Satanás se asegura que el cristiano nunca esté libre por completo de la tentación de enorgullecerse. Siempre estaremos enfrascados en la batalla contra el orgullo hasta que el Señor nos lleve para estar con Él. Nuestra única protección contra el orgullo, y nuestra fuente de humildad por excelencia, es una visión apropiada de Dios. El orgullo es el pecado de competir con Dios, y la humildad es la virtud de someterse a su gloria suprema e incomparable.

El orgullo se manifiesta de muchas maneras. Podemos ser tentados a enorgullecernos por nuestras capacidades, nuestras posesiones, nuestra educación, nuestra posición social, nuestra apariencia, nuestro poder, e incluso nuestro conocimiento de la Biblia y todo tipo de logros religiosos. Lo cierto es que en todas las Escrituras el Señor llama a su pueblo a la humildad. "A la honra precede la humildad" (Pr. 15:33); "riquezas, honra y vida son la remuneración de la humildad y del temor de Jehová" (22:4); "alábete el extraño, y no tu propia boca; el ajeno, y no los labios tuyos" (27:2).

La humildad es un ingrediente de toda bendición espiritual. Así como todo pecado tiene raíces de orgullo, toda virtud tiene su raíz en la humildad. La humildad nos permite vernos tal como somos, porque nos muestra delante de Dios tal como Él es. Así como el orgullo está detrás de todo conflicto que tengamos con otras personas y todo problema de comunión que tengamos con el Señor, también la humildad está detrás de toda relación humana armónica, todo éxito espiritual y cada instante de comunión gozosa con el Señor.

Durante los días en que se practicaba la esclavitud en las Indias occidentales, a cierto grupo de cristianos moravos les resultó imposible testificar a los esclavos debido a que estaban separados por completo de la sociedad, y para muchos en aquel tiempo les parecía degradante el simple hecho de dirigirle la palabra a un esclavo. Sin embargo, dos misioneros jóvenes tenían la determinación de alcanzar a esas personas oprimidas a cualquier costo. Con el fin de cumplir el llamado de Dios se añadieron a los esclavos. Trabajaron y vivieron al lado de los esclavos y se identificaron por completo con ellos, tomando parte en sus trabajos excesivos, sus golpizas y sus maltratos. No es extraño que en poco tiempo los dos misioneros ganaron los corazones de esos esclavos, muchos de los cuales aceptaron como suyo el Dios quien había sido capaz de mover a aquellos hombres a tener una clase de amor tan abnegado y sacrificado.

Una persona ni siquiera puede convertirse en cristiano sin la humildad necesaria para reconocerse a sí misma como pecador y digno solo de la justa condenación de Dios. "De cierto os digo, que si no os volvéis y os hacéis como niños, no entraréis en el reino de los cielos. Así que, cualquiera que se humille" (Mt. 18:3-4). En el punto más elevado de su propia fama y reconocimiento como profeta, Juan el Bautista dijo acerca de Jesús: "Es necesario que él crezca, pero que yo mengüe" (Jn. 3:30). Marta se encontraba ocupada haciendo muchas cosas que se suponían eran por causa de Jesús, pero en tres ocasiones diferentes vemos a María con una verdadera actitud de humildad al sentarse con sencillez a los pies de Jesús. En todos los cuatro evangelios los escritores esconden su identidad para que la atención se enfoque solo en Jesús. Habría sido muy fácil para ellos incluir con sutileza relatos que favorecieran su imagen personal. Mateo se identifica como un odiado publicano y cobrador de impuestos, lo cual no hacen los otros escritores de los evangelios. Por otra parte, no menciona el banquete que ofreció a sus colegas publicanos con el objetivo de conocer a Jesús. A causa de la humildad de Mateo, fue Lucas quien se encargó de escribir acerca de ese evento.

Es probable que Marcos haya escrito bajo la tutela de Pedro, y es posible que debido a la influencia de ese apóstol no se informen en ese evangelio dos de las cosas más asombrosas que sucedieron a Pedro durante el ministerio de Jesús: el hecho de haber caminado sobre el agua, y su confesión de Jesús como el Cristo, el Hijo del Dios viviente. Juan nunca menciona su propio nombre y con sencillez se refiere a sí mismo como "el discípulo a quien amaba Jesús".

En una compilación de citas antiguas se encuentra un párrafo excelente escrito por Thomas Guthrie:

> Los edificios más espléndidos, las torres más altas y las cúspides más encumbradas, reposan sobre fundamentos profundos. La seguridad misma de los dones eminentes y las gracias preeminentes radica en su asociación con la profunda humildad. Solo pueden ser cosas peligrosas sin ella, y es necesario que los hombres grandes sean hombres buenos. Consideremos el potente navío. Un leviatán en el mar con sus mástiles elevados y una nube de velas. Con qué firmeza remonta las olas y recorre erguido las aguas turbulentas como si poseyera una vida inherente con la capacidad de regularse sin ayuda de cosa alguna... ¿Por qué no se vuelca sobre el asta para hundirse hasta el fondo? Porque oculto a la vista y bajo la superficie, hay un casco hermético y cargado con pesos y

contrapesos bien distribuidos que le dan equilibrio a la nave y la mantienen siempre a flote. De igual manera, para preservar en rectitud al santo, siempre erguido y seguro frente a cualquier riesgo de caída y hundimiento, Dios da equilibrio por medio de pesos y contrapesos a quienes Él ha concedido espléndidos dones, y esto con la gracia esmerada de una humildad proporcionada.

La **humildad** empieza por una conciencia correcta de nosotros mismos, "aquella virtud", según dijo Bernardo de Clairvaux, "por la cual un hombre se hace consciente de su propia indignidad". Empieza con una visión honesta de uno mismo, sin adornos ni retoques. La primera cosa que la persona honesta ve en sí misma es pecado, y por lo tanto una de las marcas más seguras de humildad verdadera es la confesión diaria de pecado. "Si decimos que no tenemos pecado, nos engañamos a nosotros mismos, y la verdad no está en nosotros. Si confesamos nuestros pecados, él es fiel y justo para perdonar nuestros pecados, y limpiarnos de toda maldad" (1 Jn. 1:8-9). "Porque no nos atrevemos a contarnos ni a compararnos con algunos que se alaban a sí mismos", dice Pablo; "pero ellos, midiéndose a sí mismos por sí mismos, y comparándose consigo mismos, no son juiciosos" (2 Co. 10:12). Algo que además de no ser espiritual es nada inteligente, consiste en juzgarnos por comparación con otros. Todos tendemos por naturaleza a exagerar nuestras propias buenas cualidades y minimizar las buenas cualidades de los demás. La humildad nos quita los anteojos teñidos de color rosa y permite que nos veamos como somos en realidad. No debemos ser "competentes por nosotros mismos para pensar algo como de nosotros mismos", dice Pablo, "sino que nuestra competencia proviene de Dios" (2 Co. 3:5).

En segundo lugar, la **humildad** involucra el ser conscientes de quién es Cristo. Él es la única norma por la cual puede juzgarse la rectitud y el agradar a Dios. Nuestra meta no debe ser menos que "andar como él anduvo" (1 Jn. 2:6), Jesucristo anduvo en perfección. Jesús es el único de quien Dios dijo jamás: "Este es mi Hijo amado, en quien tengo complacencia" (Mt. 3:17).

En tercer lugar, la **humildad** implica que seamos conscientes de quién es Dios. A medida que estudiamos su vida en los evangelios podemos llegar a ver a Jesús cada vez más en su perfección humana: su humildad perfecta, su sumisión perfecta al Padre, su amor, compasión y sabiduría perfectos. No obstante, más allá de su perfección humana llegamos a ver su perfección divina: su poder ilimitado, el hecho de que conoce los pensamientos y el corazón de toda persona; también su autoridad para sanar a los enfermos, expulsar demonios y aun perdonar pecados. Llegamos a ver a Jesucristo como Isaías vio al Señor: "sentado sobre un trono alto y sublime", y queremos exclamar a plena voz con los serafines: "Santo, santo, santo, Jehová de los ejércitos; toda la tierra está llena de su gloria", y clamar con el profeta mismo: "¡Ay de mí! que soy muerto; porque siendo hombre inmundo de labios, y habitando en medio de pueblo que tiene labios inmundos, han visto mis ojos al Rey, Jehová de los ejércitos" (Is. 6:1, 3, 5).

Cuando Pablo se miró con conciencia de sí mismo, vio al primero de los pecadores (1 Ti. 1:15). Cuando Pedro se miró al ser consciente de Cristo dijo: "Apártate de mí, Señor, porque soy hombre pecador" (Lc. 5:8). Cuando Job se miró al ser consciente del carácter de Dios, dijo: "Por tanto me aborrezco, y me arrepiento en polvo y ceniza" (Job 42:6).

Nuestro éxito en los negocios, fama, educación, riqueza, personalidad, buenas obras o cualquier otra cosa que tengamos en esta vida, no cuentan para nada delante de Dios. Cuanto más confiamos y nos gloriamos en tales cosas, se irán convirtiendo en una barrera cada vez mayor a nuestra comunión con Dios. Toda persona se presenta delante del Señor carente de toda cosa elogiable y cargada con todas las cosas que pueden condenarle, pero cuando acude con el espíritu del publicano penitente diciendo: "Dios, sé propicio a mí, pecador" Dios con amor y buena voluntad le acepta, "porque cualquiera que se enaltece, será humillado; y el que se humilla será enaltecido" (Lc. 18:13-14).

MANSEDUMBRE

La humildad siempre produce **mansedumbre,** y esta es una de las señales más seguras de humildad verdadera. Uno no puede poseer mansedumbre *sin* humildad, y no puede poseer mansedumbre *con* orgullo. Puesto que el orgullo y la humildad se excluyen mutuamente, lo mismo sucede con el orgullo y la **mansedumbre.**

Muchos diccionarios definen mansedumbre en términos como "timidez" o "una deficiencia en ímpetu o espíritu"; pero tal definición está muy lejos del significado bíblico de la palabra. *Praotēs* (traducido aquí **mansedumbre**) se refiere a un espíritu afable y controlado, lo opuesto a toda actitud vengativa y virulenta. Jesús empleó la forma adjetivada del término en la tercera bienaventuranza ("Bienaventurados los mansos", Mt. 5:5) y también para describir su propio carácter ("que soy manso y humilde de corazón", Mt. 11:29). La **mansedumbre** es uno de los frutos del Espíritu (Gá. 5:23) y debería caracterizar a todo hijo de Dios (Col. 3:12; cp. Fil. 4:5).

El significado de *praotēs* no tiene que ver en absoluto con debilidad, timidez, indiferencia o cobardía. Se empleaba para aludir a animales salvajes que habían sido domesticados, en especial caballos que habían tenido que ser doblegados y entrenados. Un animal así todavía conserva su fortaleza y brío, pero su voluntad está bajo el control de su dueño. El león domado sigue siendo potente, pero su potencia está bajo el control de su adiestrador. El caballo puede galopar con la misma velocidad, pero solo lo hace en el momento y el lugar en que su dueño le ordena correr.

La mansedumbre es poder bajo control. La mansedumbre bíblica es poder bajo el control de Dios. Una persona mansa por lo general es tranquila, discreta, apaciguadora y de buenas maneras, además nunca es vengativa ni defensiva. Cuando los soldados llegaron para arrestar a Jesús en el Huerto de Getsemaní y Pedro sacó su espada para defender a su Señor, Jesús dijo: "¿Acaso piensas que no puedo ahora orar a mi Padre, y que él no me daría más de doce legiones de ángeles?" (Mt. 26:53). Aun en su humanidad Jesús tenía acceso a poder divino infinito que habría podido usar en cualquier momento para su propia defensa. No obstante, en ningún momento optó por hacerlo. El haber rehusado utilizar recursos divinos para cualquier cosa que no fuese la obediencia total a la voluntad de su Padre, es la imagen suprema y perfecta de mansedumbre, de poder bajo control.

David demostró esa clase de mansedumbre cuando rehusó matar al rey Saúl en la cueva que estaba en el desierto de En-gadi, aunque tuvo una oportunidad fácil y justificación considerable para hacerlo desde el punto de vista humano (1 S. 24:1-7). Después que David se convirtió él mismo en rey, de nuevo mostró la moderación de la mansedumbre cuando se abstuvo de resarcirse ante las provocaciones, maldiciones y ataques con piedra que recibió por parte de Simei (2 S. 16:5-14).

Moisés se describe como un varón "muy manso, más que todos los hombres que había sobre la tierra" (Nm. 12:3). No obstante, confrontó sin temor a Faraón en el nombre del Señor (véase Éx. 5–12), confrontó con enojo a Israel ante su rebelión e idolatría (32:19-29), y aun confrontó con osadía al Señor para que perdonara el pecado del pueblo (32:11-13, 30–32). En todo ello, la confianza de Moisés no se basaba en sí mismo sino en el carácter y las promesas del Señor. Cuando Dios le llamó por primera vez Moisés respondió: "¡Ay, Señor! nunca he sido hombre de fácil palabra, ni antes, ni desde que tú hablas a tu siervo; porque soy tardo en el habla y torpe de lengua" (4:10). En su servicio al Señor a lo largo de su vida, Moisés cargó la vara que Dios le dio para que recordara que la gran obra a que el Señor le había llamado solo podría llevarse a cabo en el poder del Señor. Las marcas de la mansedumbre de Moisés fueron que él mismo era como nada y Dios lo era todo. Como Martin Lloyd-Jones ha observado: "Ser manso significa que usted está por completo acabado".

Por otra parte, la persona mansa también está en capacidad de actuar con justo enojo cuando la Palabra o el nombre de Dios son vituperados, como Jesús lo hizo cuando la casa de su Padre estaba siendo utilizada como una cueva de ladrones, y Él utilizó la fuerza física para sacar de allí a los transgresores (Mt. 21:13). Como Pablo afirma más adelante en esta carta, es posible enojarse sin pecar (Ef. 4:26). Al igual que el Señor mismo, la persona mansa no maldice a quienes le maldicen (1 P. 2:23). Cuando la persona mansa se enoja, su *enardecimiento* se da ante aquello que afrenta a Dios o es perjudicial para otros, no a causa de algo que le afecte en lo personal. Además, su enojo es controlado y dirigido con precisión, no se trata de una explosión abrupta y arbitraria que afecte a cualquiera que esté cerca.

Una de las marcas distintivas de la mansedumbre verdadera es el autocontrol. Las personas que se enojan con cualquier molestia o inconveniencia que les afecta no saben nada de **mansedumbre**. "Mejor es el que tarda en airarse que el fuerte; y el que se enseñorea de su espíritu, que el que toma una ciudad" (Pr. 16:32). Otras dos marcas de mansedumbre ya mencionadas, son la ira ante todo vituperio contra el nombre o la obra de Dios, y la *ausencia* de ira cuando nosotros mismos somos lastimados o criticados.

La persona mansa responde de buena voluntad a la Palabra de Dios sin importar que requisitos o consecuencias tenga para su vida, y recibe con humildad "la palabra implantada" (Stg. 1:21). También es un pacificador que perdona sin dilación y ayuda a restaurar un hermano que cayó en pecado (Gá. 6:1). Por último, la persona de verdad mansa y afable conforme a las normas de Dios, tiene la actitud correcta hacia los no salvos. No los mira con un sentimiento de superioridad sino que anhela su salvación, sabiendo que en otro tiempo él mismo estuvo perdido, y lo seguiría estando de no ser por la gracia de Dios. Hemos de "estar siempre preparados para presentar defensa con mansedumbre (*praotēs*) y reverencia ante todo el que nos demande razón de la esperanza que hay en nosotros" (1 P. 3:15). No solo las mujeres cristianas sino todos los creyentes deben mantenerse agraciados con "el incorruptible ornato de un espíritu afable y apacible, que es de grande estima delante de Dios" (1 P. 3:4).

PACIENCIA

Una tercera actitud que caracteriza el andar digno del cristiano es la **paciencia,** que es producto de la humildad y la mansedumbre. *Makrothumia* (**paciencia**) tiene el significado literal de aguante, y se traduce algunas veces como resistencia. La persona paciente resiste todas las circunstancias negativas y nunca cede ante ellas.

Abraham recibió la promesa de Dios pero tuvo que esperar muchos años para ver su cumplimiento. "Y habiendo esperado con paciencia", nos dice el escritor de Hebreos, "alcanzó la promesa" (He. 6:15). Dios había prometido que los descendientes de Abraham serían una nación grande (Gn. 12:2), pero no le fue dado Isaac, el hijo de la promesa, hasta después que Abraham tuvo más de cien años de edad. A pesar de ello, "tampoco dudó, por incredulidad, de la promesa de Dios, sino que se fortaleció en fe, dando gloria a Dios" (Ro. 4:20).

Dios le dijo a Noé que construyera una embarcación en un sitio desértico y alejado de cualquier masa de agua, antes que hubiera caído la primera lluvia sobre la tierra. Durante 120 años Noé trabajó en esa labor al tiempo que predicaba a sus vecinos acerca del juicio venidero de Dios.

En la crónica detallada de los santos del Antiguo Testamento que encontramos en la carta a los hebreos, la resistencia paciente de Moisés se menciona en dos ocasiones. Este hombre prefirió "antes ser maltratado con el pueblo de Dios, que gozar de los deleites temporales del pecado, teniendo por mayores riquezas el vituperio de Cristo que los tesoros de los egipcios; porque tenía puesta la mirada en el galardón. Por la fe dejó a Egipto, no temiendo la ira del rey; porque se sostuvo como viendo al Invisible" (He. 11:25-27).

Santiago dijo: "Hermanos míos, tomad como ejemplo de aflicción y de paciencia a los profetas que hablaron en nombre del Señor" (Stg. 5:10). Cuando Dios llamó a Jeremías, dijo al profeta que nadie creería su mensaje y que sería aborrecido, maldecido y perseguido (Jer. 1:5-19). Sin embargo, Jeremías sirvió al Señor con fidelidad y paciencia hasta el final de su vida. De forma similar, cuando el Señor llamó a Isaías le dijo que la nación no le escucharía ni se apartaría de su pecado (Is. 6:9-12). Así como Jeremías, él de todas maneras predicó y ministró con fidelidad paciente.

Pablo estuvo dispuesto a soportar cualquier penalidad, aflicción, burla o persecución con el objeto de servir con paciencia a su Señor. "¿Qué hacéis llorando y quebrantándome el corazón? Porque yo estoy dispuesto no sólo a ser atado, mas aun a morir en Jerusalén por el nombre del Señor Jesús" (Hch. 21:13).

H. M. Stanley fue al África en 1871 para encontrar a David Livingstone y elaborar un informe sobre su actividad, para lo cual pasó varios meses en compañía del misionero, observando con detalle al hombre y su obra. Livingstone nunca habló a Stanley sobre asuntos espirituales, pero la compasión amorosa y paciente de Livingstone hacia los africanos estaba más allá de la capacidad de comprensión de Stanley, quien no podía entender cómo podía el misionero tener tal amor hacia la gente pagana y atrasada entre quienes había ministrado por tanto tiempo. Livingstone literalmente gastó todas sus energías en un servicio incansable hacia los que no tenía que amar por otra razón aparte del amor de Cristo. Stanley escribió en su diario: "Al ver con qué paciencia infatigable y celo inquebrantable servía a aquellos hijos del África ya alumbrados con el evangelio, me convertí en cristiano a su lado aunque él jamás me dijo una palabra al respecto".

Aristóteles dijo que la virtud griega más grande era rehusarse a tolerar cualquier insulto y disposición inmediata para devolver la ofensa. Ese no es el camino de Dios para su pueblo. El santo paciente acepta todo lo que otras personas le hagan y los cristianos deben ser "pacientes para con todos" (1 Ts. 5:14), aun con aquellos que ponen a prueba su paciencia hasta el límite. El cristiano es paciente con quienes le calumnian y cuestionan sus motivos para servir al Señor.

El santo paciente acepta el plan de Dios para todas las cosas, sin cuestionar ni refunfuñar. No se queja cuando su llamado parece menos llamativo que el de otra persona o cuando el Señor le envía a un lugar difícil o peligroso. Recuerda que Dios el Hijo dejó su hogar celestial lleno de amor, santidad y gloria para venir a la tierra y ser aborrecido, rechazado, escupido, golpeado y crucificado, sin devolver una sola vez mal por mal ni quejarse ante su Padre.

AMOR QUE SOPORTA

Un cuarto elemento del andar digno del cristiano es la actitud de estar **soportándoos con paciencia los unos a los otros en amor.** Pedro nos dice que esa clase de "amor cubrirá multitud de pecados" (1 P. 4:8). Es como si tendiera una cobija gruesa sobre los pecados de los demás, no para justificarlos o excusarlos sino para impedir que sean conocidos más de lo necesario. "El odio despierta rencillas; pero el amor cubrirá todas las faltas" (Pr. 10:12). Con el amor que soporta uno puede recibir maltrato de otros y al mismo tiempo seguir amándoles.

El **amor** que soporta solo puede ser amor *agapē*, porque solo el amor *agapē* da de una manera continua e incondicional. El amor *erōs* es en esencia amor a uno mismo, porque se interesa en otros solo en la medida de lo que pueda obtener de ellos. Es un hombre que toma y nunca da. El amor *philos* es ante todo un amor recíproco, un amor que da en la misma medida en que recibe. En cambio el amor *agapē* es incondicional y libre de todo egoísmo, es la clase de amor en que se da de manera voluntaria sin importar que se reciba o no algo a cambio. Es benevolencia inconquistable y bondad invencible, un amor que se extiende hasta a los enemigos y que ora por sus perseguidores (Mt. 5:43-44). Por esa razón Pablo llama a los creyentes diciendo: **soportándoos,** sabiendo que esto ha de expresarse de la única manera posible, **en amor** *agapē*.

UNIDAD

El resultado último de la humildad, la mansedumbre, la paciencia y el soportar en amor es ser **solícitos en guardar la unidad del Espíritu en el vínculo de la paz.** *Spoudazō* (ser **solícitos**) tiene el significado básico de apresurarse, y de allí se derivan los significados de celo y diligencia. Un comentarista describe el concepto como celo santo que demanda dedicación plena. Pablo empleó la palabra al decir a Timoteo: "Procura con diligencia presentarte a Dios aprobado, como obrero que no tiene de qué avergonzarse, que usa bien la palabra de verdad" (2 Ti. 2:15; cp. Tit. 3:12-13).

La preservación de **la unidad del Espíritu en el vínculo de la paz** debe ser el interés constante y **solícito** de todo creyente. Pablo no está hablando de unidad en el sentido de organización, como la fomentada en muchas denominaciones y en el movimiento ecuménico. Está hablando de la **unidad del Espíritu** que es interna y universal, por la cual todo creyente verdadero está vinculado con todos los demás creyentes verdaderos. Como Pablo aclara, se trata de **la unidad del**

Espíritu obrando en la vida de los creyentes. No proviene de afuera sino del interior, y se manifiesta mediante las cualidades internas de humildad, mansedumbre, paciencia y amor que soporta.

La **unidad** espiritual no es y no puede ser creada por la iglesia. Ya ha sido creada por el **Espíritu** Santo. "Porque por un solo Espíritu fuimos todos bautizados en un cuerpo, sean judíos o griegos, sean esclavos o libres; y a todos se nos dio a beber de un mismo Espíritu... son muchos los miembros, pero el cuerpo es uno solo" (1 Co. 12:13, 20; cp. Ro. 8:9). Se trata de **la unidad del Espíritu** por la que Jesús oró con tanto fervor en el aposento alto poco antes de ser traicionado y arrestado: "Padre santo, a los que me has dado, guárdalos en tu nombre, para que sean uno, así como nosotros... para que todos sean uno; como tú, oh Padre, en mí, y yo en ti, que también ellos sean uno en nosotros; ... La gloria que me diste, yo les he dado, para que sean uno, así como nosotros somos uno. Yo en ellos, y tú en mí, para que sean perfectos en unidad" (Jn. 17:11, 21-23).

La responsabilidad de la iglesia, por medio de las vidas de creyentes individuales, consiste en **guardar la unidad del Espíritu** a través del andar en fidelidad como es digno de la vocación divina (v. 1), haciendo manifiesto a Cristo ante el mundo mediante la unidad en Él (cp. Ro. 15:1-6; 1 Co. 1:10-13; 3:1-3; Fil. 1:27). El mundo siempre está buscando unidad y nunca la puede hallar. Todas las leyes, conferencias, tratados, acuerdos y convenios existentes han fracasado en el intento de traer unidad o paz. Se ha informado que en el transcurso de la historia registrada casi todos los tratados establecidos han sido quebrantados. No hay y no puede haber paz para los malos (Is. 48:22). Mientras el ego siga en el centro de todo, mientras nuestros sentimientos, prestigio y derechos sean el interés principal de nuestra vida, jamás habrá unidad.

El **vínculo** que preserva **la unidad** es **la paz**, el cinturón espiritual que rodea y enlaza a una todo el pueblo santo de Dios. Es el **vínculo** que Pablo describió en Filipenses al decir: "sintiendo lo mismo, teniendo el mismo amor, unánimes, sintiendo una misma cosa" (2:2). Detrás de este **vínculo de la paz** está el amor, que en Colosenses 3:14 se llama "el vínculo perfecto".

La humildad hace nacer la mansedumbre, la mansedumbre da a luz la paciencia, y la paciencia hace germinar el amor que soporta; todas estas cuatro características cumplen la función de **guardar la unidad del Espíritu en el vínculo de la paz**. Estas virtudes y **la unidad** sobrenatural de la que dan testimonio son con probabilidad el testimonio más poderoso que la iglesia puede tener, porque presentan un contraste marcado frente a las actitudes y falta de unidad del mundo. Ningún programa o método, sin importar el cuidado con que se planee y ejecute, puede abrir la puerta a la predicación del evangelio como lo hacen creyentes individuales al ser humildes y pacientes de verdad, al soportarse con paciencia unos a otros en amor y al demostrar su unidad pacífica en el Espíritu Santo.

LA CAUSA DEL ANDAR DIGNO

un cuerpo, y un Espíritu, como fuisteis también llamados en una misma esperanza de vuestra vocación; un Señor, una fe, un bautismo, un Dios y Padre de todos, el cual es sobre todos, y por todos, y en todos. (4:4-6)

Todas las cosas que se relacionan con la salvación, la iglesia y el reino de Dios están basadas en el concepto de unidad, como se refleja en el uso que Pablo hace de siete variaciones de la palabra **uno** en estos tres versículos. La causa o base de la unidad externa es la unidad interna. La unidad práctica está basada en la unidad espiritual. Para hacer énfasis en la unidad del Espíritu, Pablo cita de nuevo las características de la unidad pertinentes a nuestra doctrina y vida.

Pablo no desarrolla las áreas particulares de unidad, sino que presenta una lista de ellas: **cuerpo, Espíritu, esperanza, fe, bautismo, Dios y Padre.** Su enfoque está en la unidad que existe entre estos y cada uno de los otros aspectos de la naturaleza, el plan y la obra de Dios como la base para nuestro compromiso de vivir como uno solo. Es obvio que el versículo 4 se centra en el Espíritu Santo, el versículo 5 en el Hijo y el versículo 6 en el Padre.

UNIDAD EN EL ESPÍRITU

un cuerpo, y un Espíritu, como fuisteis también llamados en una misma esperanza de vuestra vocación; (4:4)

Solo existe **un cuerpo** de creyentes, la iglesia, el cual está compuesto por todos y cada uno de los santos que han confiado o que confiarán en Cristo como Salvador y Señor. Por esa razón no existe un cuerpo denominacional, geográfico, étnico o racial. No hay un cuerpo gentil, judío, masculino, femenino, esclavo o libre. Solo existe el **cuerpo** de Cristo, y la unidad de ese **cuerpo** está en el corazón de la enseñanza de Efesios.

Es obvio que solo existe **un Espíritu,** el Espíritu Santo de Dios, quien es poseído por todo creyente y quien por ende es la fuerza unificadora en el **cuerpo.** Los creyentes son templos individuales del Espíritu Santo (1 Co. 3:16-17) que como colectividad crecen como un edificio "bien coordinado, [que] va creciendo para ser un templo santo en el Señor; ... juntamente edificados para morada de Dios en el Espíritu" (Ef. 2:21-22) el **Espíritu** es dado como "las arras de nuestra herencia hasta la redención de la posesión adquirida, para alabanza de su gloria" (Ef. 1:14). Él es como el anillo de compromiso divino (el juramento o las arras), por así decirlo, quien garantiza que todo creyente estará en la cena de las bodas del Cordero (Ap. 19:9).

Si todos los cristianos estuviesen andando en obediencia al Espíritu Santo y en su poder, primero nuestra doctrina y luego nuestras relaciones serían purificadas y unificadas. La unidad espiritual que ya existe se manifestaría en la práctica en armonía completa entre el pueblo de Dios.

Los creyentes también son unificados en **una esperanza** de su **vocación.** Nuestro llamamiento a la salvación es un llamado a la perfección y gloria de la semejanza a Cristo. En Cristo tenemos diferentes dones, diferentes ministerios, diferentes lugares de servicio, pero solo **una misma... vocación,** aquel llamado a ser "santos y sin mancha delante de él" (Ef. 1:4) y a ser "hechos conformes a la imagen de su Hijo" (Ro. 8:29), lo cual ocurrirá cuando veamos a Cristo glorificado (1 Jn. 3:2). Es el Espíritu quien nos ha colocado en un mismo cuerpo y quien garantiza nuestro futuro glorioso.

UNIDAD EN EL HIJO

un Señor, una fe, un bautismo, (4:5)

En el mismo sentido obvio, solamente hay **un Señor,** Jesucristo nuestro Salvador. "Y en ningún otro hay salvación; porque no hay otro nombre bajo el cielo, dado a los hombres, en que podamos ser salvos" (Hch. 4:12). Pablo dijo a los gálatas: "Mas si aun nosotros, o un ángel del cielo, os anunciare otro evangelio diferente del que os hemos anunciado, sea anatema" (Gá. 1:8). "Pues el mismo que es Señor de todos, es rico para con todos los que le invocan" (Ro. 10:12).

En consecuencia solo puede haber **una fe.** Pablo no se refiere aquí al acto de fe por el cual una persona se salva o a la fe continua que produce una vida cristiana productiva, sino más bien al cuerpo de doctrina revelado en el Nuevo Testamento. En el cristianismo verdadero solo existe **una fe,** "la fe que ha sido una vez dada a los santos" y por la cual debemos contender ardientemente (Jud. 3). Nuestra **fe** única es el contenido de la Palabra revelada de Dios. La falta de estudio fiel y cuidadoso de su Palabra, las tradiciones no examinadas, las influencias del mundo, las inclinaciones carnales y muchas otras cosas se encargan de fragmentar la doctrina en muchas formas diversas y aun contradictorias entre sí. La Palabra de Dios contiene muchas verdades, pero sus verdades individuales son facetas armoniosas de su única verdad, la cual es **una fe** que nos ha sido dada.

Solo existe **un bautismo** entre los creyentes. El bautismo espiritual, por el cual todos los creyentes son colocados en el cuerpo por el Espíritu Santo, está implícito en el versículo 4. El **un bautismo** del versículo 5 se refiere al bautismo en agua, el medio común usado en el Nuevo Testamento para que un creyente haga confesión pública de Jesús como su Salvador y Señor. Se prefiere esta interpretación por la manera específica como Pablo ha hablado en sucesión de cada miembro de la Trinidad. Por así decirlo, este es el versículo que corresponde al Señor Jesucristo.

El bautismo en agua tenía una gran importancia en la iglesia primitiva, no como un medio de salvación o bendición especial sino de testimonio de identidad y de unidad con Jesucristo. Los creyentes no eran bautizados en el nombre de una iglesia local, un evangelista destacado o hasta de un apóstol, sino única y exclusivamente en el nombre de Cristo (véase 1 Co. 1:13-17). Aquellos que gracias a **un Señor** están unidos en **una fe,** testifican de esa unidad en **un bautismo.**

UNIDAD EN EL PADRE

un Dios y Padre de todos, el cual es sobre todos, y por todos, y en todos. (4:6)

La doctrina básica del judaísmo siempre ha sido: "Jehová nuestro Dios, Jehová uno es" (Dt. 6:4; véase también 4:35; 32:39; Is. 45:14; 46:9), y la unidad de Dios es asimismo fundamental para el cristianismo (véase 1 Co. 8:4-6; Ef. 4:3-6; Stg. 2:19). Además, el Nuevo Testamento revela la verdad más completa de que **un Dios** existe en tres Personas: **Padre,** Hijo y Espíritu Santo (Mt. 28:19; Jn. 6:27; 20:28; Hch. 5:3-4).

Dios el **Padre** es un nombre que se emplea con frecuencia en las Escrituras como el título divino que más comprende y abarca el concepto de la deidad, aunque es claro a partir de muchos textos del Nuevo Testamento que Él nunca se separa en naturaleza o poder del Hijo ni del Espíritu Santo. Pablo no trata aquí de separar las personas de la deidad sino llamar la atención sobre sus papeles únicos al tiempo que se enfoca en su unidad en su relación mutua y con relación a la iglesia, unidad que se manifiesta en los diferentes aspectos mencionados en estos tres versículos.

Nuestro **un Dios y Padre de todos,** al lado del Hijo y del Espíritu, **es sobre todos, y por todos, y en todos.** Esa declaración comprensiva apunta al hecho de la unidad divina, gloriosa y eterna que el Padre da a los creyentes por su Espíritu y a través del Hijo. Somos creados por Dios, amados por Dios, salvos por Dios, adoptados como hijos por Dios, controlados por Dios, sustentados por Dios, llenados por Dios y bendecidos por Dios. Somos un pueblo bajo **un Dios** soberano (**sobre todos**), omnipotente (**por todos**) y omnipresente (**en todos**).

Los dones de Cristo para su iglesia

Pero a cada uno de nosotros fue dada la gracia conforme a la medida del don de Cristo. Por lo cual dice: Subiendo a lo alto, llevó cautiva la cautividad, y dio dones a los hombres. Y eso de que subió, ¿qué es, sino que también había descendido primero a las partes más bajas de la tierra? El que descendió, es el mismo que también subió por encima de todos los cielos para llenarlo todo. Y él mismo constituyó a unos, apóstoles; a otros, profetas; a otros, evangelistas; a otros, pastores y maestros, (4:7-11)

La esencia del evangelio no radica en lo que deban hacer los hombres por Dios sino en lo que Él ha hecho por ellos. El Nuevo Testamento, así como el Antiguo, contiene muchos mandatos y requisitos, muchas normas y obligaciones que deben ser acatadas y cumplidas. Sin embargo, por importantes que sean tales cosas, no constituyen el corazón del cristianismo. Solo son lo que Dios nos llama y capacita a fin de hacerlo para su gloria en respuesta a lo que Él ha hecho por nosotros por medio de nuestro Señor Jesucristo. Cada libro del Nuevo Testamento enseña lo que Cristo ha hecho por los creyentes, y cada exhortación del Nuevo Testamento está basada en ese fundamento de la provisión de gracia que Dios ha hecho por medio del Salvador. Dios dio el don supremo de la gracia y sus hijos han de responder a ello con obediencia y fidelidad (véase Ef. 2:10).

Pablo empieza este pasaje con una redención a lo que Dios ha hecho por quienes han confiado en su Hijo. El andar digno del cristiano que acaba de describir (4:1-6) se lleva a la práctica mediante el ministerio del don que Él nos ha dado. En los versículos 7-11 el apóstol nos asegura primero que todo creyente ha sido dotado de una manera individual; luego pasa a mostrarnos de qué manera Cristo obtuvo el derecho de repartir dones; por último menciona algunos de los

hombres dotados de una manera especial y por medio de los cuales el Señor
bendice a la iglesia entera.

LOS DONES DE CRISTO PARA CREYENTES INDIVIDUALES

**Pero a cada uno de nosotros fue dada la gracia conforme a la medida del don
de Cristo.** (4:7)

Es importante notar que el término **pero** que inicia este versículo, se emplea
aquí en sentido adversativo y no de simple conjunción. Se podría traducir "a
pesar de ello" o "por otra parte", como un contraste que se establece entre el
tema anterior y lo que se dice a continuación.

Esta interpretación de **pero** empalma el énfasis en la unidad que ha sido el
tema recurrente de los versículos 3-6, con el énfasis paralelo en la diversidad que
es el tema de los versículos 7-11. De este modo entrelaza al individuo (**cada uno**)
y al grupo conformado por "todos" (v. 6) con relación a su unidad en el cuerpo
de Cristo. La lectura del **pero** como adversativo se ratifica con el uso enfático de
hekastos (**cada uno**). Unidad no es uniformidad, y mantiene una coherencia
perfecta con la diversidad de dones. La relación de gracia que Dios tiene con
"todos" también es una relación personal *con* **cada uno** (1 Co. 12:7, 11) así como
un ministerio personal *por medio de* **cada uno**. De ese modo Pablo pasa de hablar
sobre la unidad de los creyentes a tratar la unicidad de los creyentes.

La gracia es una definición del evangelio en una sola palabra. El evangelio es
las buenas nuevas de la gracia de Dios que se extiende a la humanidad pecadora.
La naturaleza de la gracia es la dadivosidad, y la Biblia nos habla mucho más
acerca de dar que de obtener, porque Dios es dador por naturaleza, y es un Dios
de gracia porque es un Dios que da con liberalidad y generosidad. En este sentido
el evangelio no tiene que ver en absoluto con cualquier cosa que hayamos hecho
o dejado de hacer, sino que es algo que solo puede ser recibido.

Dios tiene gracia a causa de quien Él es y no de lo que nosotros seamos o
hagamos. Por ende, su **gracia** es imposible de ganar, merecer o adquirir por
nuestros propios medios. Depende por entero de Aquel quien la da y no de
quienes la reciben. La **gracia** es el acto soberano que se genera por la motivación
exclusiva de Dios para dar.

La gracia de Dios tiene otra dimensión que la coloca aun más por encima de
las demás clases de actos en que se da alguna cosa. La dádiva más grande de la
gracia es la entrega del yo. Por esa razón **la gracia** es la donación que Dios hace
de sí mismo, su autoentrega. Él no solo da bendiciones a los hombres sino que
se da Él mismo. De una importancia infinita y más preciosa que cualquier
bendición que Dios nos da, es su entrega de sí mismo a nosotros. La verdad
incomprensible y estremecedora del evangelio es que el Dios santo y soberano

del universo entero se ha dado *a sí mismo* a la humanidad pecadora. Dios nos concede su salvación, su reino, su herencia, su Espíritu, su trono, su sabiduría, su amor, su poder, su paz, su gloria y toda otra "bendición espiritual en los lugares celestiales en Cristo" (Ef. 1:3). Sin embargo, mucho más que todas esas bendiciones, Él nos bendice con su presencia personal. Dios no debe nada a los hombres pecadores a excepción de juicio inexorable por su pecado. Él no debe a los hombres la bendición o el favor más diminuto. No obstante, Él en su gracia nos ha dado la mayor bendición de todas, la bendición inmensurable de hacernos partícipes de una vida íntima con Él (cp. 2 P. 1:3-4).

Al elegir la pareja con quien tenemos planeado pasar el resto de nuestra vida en santo matrimonio, somos cuidadosos en extremo para optar por una persona que sea digna de la entrega incondicional de uno mismo que el matrimonio demanda. Se trata de una persona a quien por encima de todas las demás daremos nuestro amor, nuestro tiempo, nuestros pensamientos, nuestra devoción, nuestra lealtad y nuestros recursos; es decir, todo lo que tenemos.

A diferencia de ello, cuando Dios "nos escogió en él antes de la fundación del mundo" (Ef. 1:4), lo hizo por pura gracia y no a causa de algo que hubiese visto en nosotros y que nos hiciera dignos de su cuidado e interés. "Porque de tal manera amó Dios al mundo, que ha dado a su Hijo unigénito" (Jn. 3:16). Todo lo que Dios puede ver en el mundo es pecado, sin embargo, Él se entregó a ese mundo pecador por medio de su propio Hijo a fin de que el mundo pudiera ser redimido. El Hijo también se dio a sí mismo al vaciarse de su propia gloria para poder ofrecer la gloria a los hombres caídos y entregar su propia vida para que los muertos espirituales pudiesen vivir.

En el transcurso de su ministerio terrenal Jesús se dio a otros de una manera continua. Él se entregó a sus discípulos, a todos los que sanó y también a quienes levantó de los muertos, liberó de demonios y perdonó sus pecados. A la mujer en el pozo de Sicar le ofreció a beber agua de vida eterna (Jn. 4:14), y esa agua es Él mismo (6:35; 7:38). "Porque ya conocéis la gracia de nuestro Señor Jesucristo, que por amor a vosotros se hizo pobre, siendo rico, para que vosotros con su pobreza fueseis enriquecidos" (2 Co. 8:9). A aquellos que reciben su **gracia** Dios se encarga continuamente de "mostrar... las abundantes riquezas de su gracia en su bondad para con nosotros en Cristo Jesús" (Ef. 2:7).

La gracia en la que estamos firmes (Ro. 5:2) no solo salva sino que además capacita (cp. Ef. 6:10; Fil. 4:13; 1 Ti. 1:12; 2 Ti. 4:17), y ese es el sentido del término en el texto presente. Pablo deja en claro que **la gracia fue dada** a todos y cada uno de los creyentes. El artículo definido (*hē*) se emplea en el texto original y esto indica que se trata de **la gracia,** esto es, la gracia que es única y exclusiva con respecto a Cristo. Aquí el término **gracia** es *charis* en griego, con el cual se alude a algo que se da, no es *charismata* (los dones especiales a que se hace referencia con esta palabra en Ro. 12:6-8 y 1 Co. 12:4-10); se trata más bien de la gracia subjetiva que obra en el creyente y se manifiesta a través de su vida. Esta **gracia** es el poder que capacita al cristiano para que sus dones especiales funcionen para la gloria de Dios.

Esta distinción es clara con relación al resto de la declaración de Pablo: **conforme a la medida del don de Cristo.** La gracia que capacita se mide en proporción a lo que sea necesario para el funcionamiento **del don de Cristo.** El término *dōrea* (**don**) no se enfoca en el carácter inmerecido del don como sucede con *charismata* (los "dones" especiales; cp. Ro. 12:6; 1 Co. 12:4; 1 P. 4:10) ni en la fuente espiritual del don como sucede con *pneumatikōn* ("dones espirituales", lit., cosas espirituales; cp. 1 Co. 12:1), sino en el carácter gratuito del don (cp. Mt. 10:8; Ro. 3:24).

El **don** de cada creyente es único; **la medida** o porción específica que le es dada viene como resultado del designio soberano de la Cabeza de la iglesia. El Señor ha medido el don de cada creyente en su proporción exacta (compárese el uso que Pablo hace del término en la frase "la medida de fe" en (Ro. 12:3). La proporción exacta de gracia para habilitar que Dios da está vinculada en proporción exacta con la fe para actuar de cada creyente, y Dios es la fuente de ambas cosas. La síntesis de esto es que Dios da tanto la gracia como la fe para convertir en energía dinámica la energía potencial de todos los dones que Él da, a fin de que cumplan a plenitud el propósito que tiene con ellos.

A la luz de la verdad recién declarada queda claro que por cuanto son dados por soberanía divina (cp. 1 Co. 12:4-7, 11), los dones no son negociables, y puesto que son elementos esenciales en el plan de Dios (cp. 1 Co. 12:18, 22, 25), ninguno debe dejar de usarse; además, como provienen del Señor los dones no deben ser exaltados ni usarse para la autoexaltación (cp. Ro. 12:3).

Cada uno de nosotros tiene un **don** que nos ha sido repartido en la medida exacta; contamos con ciertas capacidades, parámetros y propósitos distintivos. A cada uno nos es dado un **don** (singular) específico, por medio del cual hemos de ministrar y servir en el nombre de Cristo. "Cada uno según el don que ha recibido", dice Pedro, "minístrelo a los otros, como buenos administradores de la multiforme gracia de Dios" (1 P. 4:10).

En Romanos 12 Pablo da una explicación más detallada de los dones espirituales, la cual presenta haciendo énfasis, como lo hace en Efesios 4, en que tenemos "diferentes dones, según la gracia que nos es dada" (v. 6). Por definición, los dones son algo que recibimos, y recibimos dones espirituales mediante la obra realizada por la gracia de Dios. Los dones de los creyentes no están determinados por sus preferencias, inclinaciones, habilidades naturales, mérito o cualquier otra consideración personal, sino de manera única y exclusiva por la voluntad y la gracia soberanas de Dios. Somos dotados con dones diferentes conforme a su plan, su propósito y su **medida.** No tenemos más que ver con la determinación de nuestro don que con el haber determinado el color de la piel, el cabello o los ojos con que nacimos. Dios es la fuente de la gracia que elige, la gracia que equipa y la gracia que capacita.

En 1 Corintios 12 vemos una explicación y énfasis similares: "Ahora bien, hay diversidad de dones, pero el Espíritu es el mismo. Y hay diversidad de ministerios, pero el Señor es el mismo. Y hay diversidad de operaciones, pero Dios, que hace todas las cosas en todos, es el mismo. Pero a cada uno le es dada la manifestación del Espíritu para provecho" (vv. 4-7). Dios es el único y exclusivo agente dador y determinante de dones espirituales.

Las listas de dones específicos que se encuentran en Romanos 12:6-8, 1 Corintios 12:8-10 y Efesios 4:11 no son delineaciones ajustadas y estrictas de los dones espirituales. Por ejemplo, no existe una *sola clase* de don profético, don de enseñanza o don de servicio. Cien creyentes que hayan recibido el don de enseñanza no tendrán todos los mismos grados de preparación o campos de enseñanza. Uno de ellos puede ser excelente en la enseñanza pública en el salón de clases o en la iglesia, mientras que el don de enseñanza de otro se aplique a la instrucción infantil, el de otro a la enseñanza uno a uno, etc. A cada creyente le es dada la medida de gracia y fe necesarias para hacer funcionar su don de acuerdo al plan de Dios. Al añadir rasgos de la personalidad individual, trasfondo de la persona, educación, influencias en la vida y necesidades específicas en el área de servicio, resulta obvio que la dotación de cada creyente es única e irrepetible.

Tampoco se trata de que el **don** singular de un creyente esté restringido a una categoría de dotación espiritual. Un don espiritual puede incluir diversas áreas específicas para su aplicación en una variedad ilimitada de combinaciones. Alguien que posea un gran don de administración también puede tener parte de los dones de ayuda mutua y enseñanza. Los dones de los creyentes son como copos de nieve y huellas digitales, cada uno es por completo distinto de los demás así no parezca a primera vista. Es posible que algunos maestros hagan énfasis en el conocimiento, otros en la instrucción en sabiduría, otros en tener misericordia y otros en la exhortación. El Espíritu Santo toma la abigarrada gama de dones y usa el pincel de su designio soberano para pintar la mezcla exacta para cada creyente, de modo que no existen dos que sean iguales.

Los cristianos no son producto de una línea de ensamblaje donde cada unidad es exacta a todas las demás. En consecuencia, ningún cristiano puede reemplazar a otro en el plan de Dios. Dios tiene su propio plan individualizado para cada uno de nosotros y nos ha dotado conforme al mismo de una forma única e irrepetible. No somos partes intercambiables en el cuerpo de Cristo, sino que "nosotros, siendo muchos, somos un cuerpo en Cristo, y todos miembros los unos de los otros" (Ro. 12:5). "Todas estas cosas las hace uno y el mismo Espíritu, repartiendo *a cada uno en particular* como él quiere" (1 Co. 12:11, cursivas añadidas). Cuando un creyente no ministra su don de forma adecuada como buen administrador de Dios (1 P. 4:10), la obra de Dios sufre en ese respecto, porque Dios no ha llamado ni dotado a otro cristiano de esa forma exacta o para realizar ese mismo trabajo. Por esa razón ningún cristiano puede ser un mero espectador. Todo creyente está en el equipo y su participación es estratégica en el plan de Dios, contando con sus habilidades, posición y responsabilidades únicas.

En ocasiones como bodas, cumpleaños y la época navideña, con frecuencia recibimos regalos a los que no podemos hallarles uso. Los colocamos en un armario, los guardamos en el garaje o los damos más adelante a otra persona. Por otra parte, Dios nunca da regalos de esa clase. Cada uno de sus dones y dádivas es con exactitud lo que necesitamos para cumplir cabalmente nuestro trabajo para Él. Nunca recibimos de su parte el don equivocado ni una cantidad deficiente o exagerada del mismo. Cuando el Espíritu Santo nos dio nuestro don, lo hizo con la mezcla precisa y correcta de habilidades y nos capacitó tal como lo necesitamos para servir a Dios con efectividad. Nuestra dotación única no solo nos hace miembros irremplazables del cuerpo de Cristo, sino que es una marca del gran amor de Dios por cada uno de nosotros como individuos y su propósito único de bendición y ministerio en nuestra vida.

No usar nuestro don constituye una afrenta a la sabiduría de Dios, un desaire a su amor y gracia, y una pérdida para su iglesia. No fuimos nosotros quienes determinamos nuestro don, y tampoco lo merecimos ni lo ganamos, pero todos tenemos un don del Señor y si no lo usamos, su obra se debilita y su corazón es contristado. La intención del texto presente consiste en revelar la relación equilibrada que existe entre la unidad de los creyentes y la individualidad de cada uno de ellos que contribuye de forma única a esa unidad. (Para mayor explicación de los dones espirituales, véase el comentario del autor sobre 1 Corintios, en especial sobre 12:1-31; cp. Ro. 12:3-8.)

CÓMO GANÓ CRISTO EL DERECHO DE DAR DONES

Por lo cual dice: Subiendo a lo alto, llevó cautiva la cautividad, y dio dones a los hombres. Y eso de que subió, ¿qué es, sino que también había descendido primero a las partes más bajas de la tierra? El que descendió, es el mismo que también subió por encima de todos los cielos para llenarlo todo. (4:8-10)

Pablo se propone ahora delinear algunos de los dones que Cristo ha dado, pero antes de mencionar dones específicos que Dios ha concedido a la iglesia entera, utiliza el Salmo 68:18 como un pasaje comparativo para mostrar cómo Cristo recibió el derecho para otorgar esos dones. Las diferencias obvias entre el texto hebreo y griego (Septuaginta) del Antiguo Testamento en los textos del Salmo 68:18 así como la cita hecha por Pablo sugieren que lo más probable es que solo esté haciendo una alusión general al pasaje para fines de analogía, y no para identificarlo de modo específico como una predicción directa de Cristo.

El Salmo 68 es un himno de victoria compuesto por David para celebrar la conquista de Dios sobre la ciudad de los jebuseos y el ascenso triunfal de Dios (representado por el arca del pacto) hasta el monte Sion (cp. 2 S. 6:7; 1 Cr. 13). Después que un rey obtenía una victoria tal, traía los despojos de guerra y los prisioneros del enemigo para exhibirles en desfile triunfal ante su pueblo. En el caso de un rey israelita, en compañía de su séquito real atravesaba la santa ciudad de Jerusalén y subía al monte Sion. Otra parte del desfile de victoria era la exhibición de los soldados del rey que habían sido libertados después de ser los prisioneros del enemigo. A estos hombres se hacía referencia como cautivos que se habían vuelto a capturar, prisioneros que habían sido tomados otra vez como prisioneros, por así decirlo, por parte de su propio rey a fin de que él les pudiese dar libertad.

La frase: **Subiendo a lo alto** representa a un Cristo triunfante que regresa de la batalla en la tierra a la gloria de la ciudad celestial con el botín y los trofeos de su gran victoria.

En su crucifixión y resurrección, Jesucristo conquistó a Satanás, el pecado y la muerte (cp. Col. 2:15), y por esa gran victoria **llevó cautiva la cautividad,** compuesta por todos los seres humanos que habían sido prisioneros del enemigo pero ahora eran devueltos al Dios y al pueblo a que pertenecían. La ilustración es vívida en su demostración de que Dios aún tiene personas que le pertenecen y no son salvas todavía, aunque por naturaleza están en las garras del diablo y allí se quedarían de no ser porque Cristo por su muerte y resurrección hizo provisión para llevarles a la cautividad de su reino, al cual han sido llamados a pertenecer por elección soberana "antes de la fundación del mundo" (Ef. 1:4). Compárese Hechos 18:10, donde el Señor le dice a Pablo que se quede en Corinto y predique porque había personas en esa ciudad que le pertenecían pero aún no eran salvas del yugo al príncipe de las tinieblas (véase también Jn. 10:16; 11:51-52; Hch. 15:14-18).

Al llegar al cielo **dio dones a los hombres.** Pablo emplea aquí otro término para **dones** (*domata*) para expresar la amplia diversidad que abarca esta provisión de la gracia divina. Así como un conquistador triunfante que distribuye el botín a sus súbditos, Cristo toma los trofeos que ha ganado y los distribuye en su reino. Después de su ascensión vinieron todos los dones activados por el poder del Espíritu Santo (Jn. 7:39; 14:12; Hch. 2:33). Cuando el Salvador fue exaltado en lo alto, envió al Espíritu (Hch. 1:8), y con la venida del Espíritu también vinieron sus dones para la iglesia. Antes de que Pablo identifique los dones que tiene en mente, abre primero un paréntesis para explicar la analogía que acaba de utilizar.

A fin de explicar la aplicación del pasaje del Antiguo Testamento, Pablo dice: **Y eso de que subió, ¿qué es, sino que también había descendido primero a las partes más bajas de la tierra?** Pablo se refiere a Aquel quien subió **para llenarlo**

todo, es decir, Jesucristo, "Aquel que todo lo llena en todo" (1:23). La expresión **subió** se refiere a la ascensión de Jesús de la tierra al cielo (Hch. 1:9-11). Él **subió** de la tierra al cielo para reinar por siempre con su Padre.

Pablo se adelanta en seguida a explicar que la expresión **subió** no puede significar otra cosa **sino que también había descendido primero.** Si, como parece claro, **subió** se refiere a que nuestro Señor ascendió al cielo, entonces **descendido primero** debe hacer referencia a su venida del cielo a la tierra. El capitán de nuestra salvación primero fue afrentado y luego exaltado. El desvestimiento vino antes de la investidura, la encarnación antes de la glorificación (véase Fil. 2:4-11). Esta verdad se repite en su secuencia cronológica en el versículo 10: **El que descendió, es el mismo que también subió.**

Se dice aquí que la profundidad del descenso de Cristo en la encarnación fue **a las partes más bajas de la tierra.** Esta referencia se presenta para mostrar el contraste absoluto en términos de su ascenso **por encima de todos los cielos,** con el fin de hacer énfasis en el rango y alcance extremado del doblegamiento y la exaltación de nuestro Señor. Para entender la frase **las partes más bajas de la tierra** solo necesitamos examinar su uso en otras partes de las Escrituras. En el Salmo 63:9 tiene que ver con muerte ya que se relaciona con caer a filo de espada (v. 10). En Mateo 12:40 una frase similar, "el corazón de la tierra" se refiere al vientre del gran pez donde el profeta Jonás fue preservado de las aguas. En Isaías 44:23 la frase se refiere a la tierra creada con sus montañas, bosques y árboles. El Salmo 139:15 usa la frase en referencia al vientre de una mujer, donde Dios se encuentra en el proceso de formar un ser humano. La suma de estos usos indica que la frase se relaciona con la tierra creada como un lugar tanto de vida como de muerte. En la mayor parte de los usos aparece en contraste con lo más alto de los cielos, como en el texto presente y también en el Salmo 139:8, 15 y en Isaías 44:23.

El uso de la frase en esta carta no tiene la intención de señalar un lugar específico, sino hacer referencia a la profundidad y dimensión de la encarnación. Es interesante que cada uno de los usos de la frase además del de Efesios también se pueden relacionar con la profundidad de la encarnación de Cristo. Él fue formado en el vientre (Sal. 139:15), vivió en la tierra (Is. 44:23), se hizo referencia a su propia sepultura como un paralelo a la estadía temporal de Jonás dentro del gran pez (Mt. 12:40), y su muerte también se conecta con el uso de la frase en el Salmo 63:9.

Además, debe advertirse que el descenso de nuestro Señor fue todavía más allá del vientre humano, la tierra, la tumba y la muerte, y se convirtió en un descenso literal al abismo de la condenación de los demonios. Pedro arroja luz sobre el significado de la frase: **también había descendido primero a las partes más bajas de la tierra.** En su primera carta el apóstol dice: "Porque también Cristo padeció una sola vez por los pecados, el justo por los injustos, para llevarnos

176

a Dios, siendo a la verdad muerto en la carne, pero vivificado en espíritu; en el cual también fue y predicó a los espíritus encarcelados" (1 P. 3:18-19). Entre la muerte de Jesús en el Calvario y su resurrección en el jardín de la tumba, Él estuvo "a la verdad muerto en la carne, pero vivificado en espíritu". Físicamente estuvo muerto, pero vivo espiritualmente. Durante los tres días que pasó en esa condición única e irrepetible, Cristo **descendió** y "también predicó [del griego *kērussō*] a los espíritus encarcelados". Esto no se refiere a predicar el evangelio (del griego *euangelizō*), sino a hacer un anuncio triunfal, en este caso el anuncio que Cristo hizo de su victoria sobre los demonios incluso mientras trataban en vano de retenerle en el reino de la muerte.

El Antiguo Testamento se refiere al lugar de los muertos como Seol (Dt. 32:22; Job 26:6; Sal. 16:10; etc.). El Seol era en parte un lugar de tormento y maldad ocupado por los muertos injustos e inicuos y por los demonios que habían sido confinados y atados allí a causa de su cohabitación con mujeres durante el tiempo anterior al diluvio (véase Gn. 6:2-5; 2 P. 2:4; Jud. 6). Cuando Cristo **descendió** al Seol, proclamó su victoria porque triunfó "despojando a los principados y a las potestades, [y] los exhibió públicamente, triunfando sobre ellos en la cruz" (Col. 2:15; cp. 1 P. 3:19). En ese momento vino el anuncio a los demonios, atados y sueltos por igual ("los principados" y "las potestades"), de que todos estaban sometidos a Cristo (1 P. 3:22; Ef. 1:20-21). Para ascender al cielo, Él también pasó por el territorio de Satanás y sus demonios en el aire (en He. 4:14 se emplea *dia*, a través) y sin duda celebró su triunfo sobre ellos. Es difícil establecer si Pablo tenía o no este evento en mente con su referencia, pero también demuestra la profundidad del descenso de Cristo.

Otra parte del Seol, aunque no es distinguida con claridad de la otra por parte de los escritores del Antiguo Testamento, se creía que era un lugar de felicidad y dicha habitado por los muertos justos que habían creído en Dios. Según parece el "seno de Abraham" (Lc. 16:22-23) y "el paraíso" (Lc. 23:43) eran designaciones comunes del Seol en el tiempo de Cristo. El dogma de la iglesia primitiva enseñaba que los justos del Antiguo Testamento que habían muerto no podían ser llevados a la plenitud de la presencia de Dios hasta que Cristo hubiese comprado su redención en la cruz, y que habían esperado en este lugar la llegada de su victoria en aquel día. Hablando en sentido figurado, los padres de la iglesia primitiva decían que tras el anuncio de su triunfo sobre los demonios en una parte del Seol, Él luego procedió a abrir las puertas de otra parte del Seol para libertar aquellos cautivos piadosos. Como los reyes victoriosos de la antigüedad, Él capturó de nuevo a los cautivos y les libertó para que de allí en adelante ellos viviesen en el cielo como hijos de Dios, libres por la eternidad.

Debe indicarse que tal punto de vista parece forzado en el contexto de Efesios, porque **las partes más bajas de la tierra** es una frase general y no se puede demostrar que haga referencia directa al Seol.

El objetivo de Pablo en Efesios 4:8-10 es explicar que el pago hecho por Jesús del precio infinito que fue para Él venir a la tierra y padecer la muerte en nuestro lugar y a nuestro favor, le calificó para ser exaltado **por encima de todos los cielos** (es decir, hasta el trono de Dios), con el fin de que pudiera en pleno derecho ejercer la autoridad para dar dones a sus santos. Por esa victoria Él se ganó el derecho para gobernar su iglesia y dar dones a su iglesia, **para llenarlo todo.**

¿Acaso **todo** se refiere a todas las profecías, todas las tareas asignadas o a toda la soberanía universal? Es seguro que la respuesta a cada uno de esos aspectos es afirmativa, pero el contexto indicaría que el hecho de **llenarlo todo** tiene que ver ante todo con su presencia divina y su poder glorioso expresados en soberanía universal. Él llena el universo entero con bendición y bienaventuranza, y en particular a su iglesia como lo ilustra el siguiente versículo.

LOS DONES DE CRISTO PARA TODA LA IGLESIA

Y él mismo constituyó a unos, apóstoles; a otros, profetas; a otros, evangelistas; a otros, pastores y maestros, (4:11)

Después del paréntesis explicativo (vv. 9-10) de la analogía basada en el Salmo 68:18, Pablo continúa su explicación de los dones espirituales. Cristo no solo da dones a creyentes individuales sino al cuerpo como un todo. Él da a cada creyente dones especiales de capacitación divina, y a la iglesia en general da hombres dotados de manera especial como líderes (véase v. 8, "dio dones a los hombres"), bajo las designaciones de **apóstoles, ... profetas, ... evangelistas, y pastores y maestros.**

Constituyó hace énfasis en la elección y autoridad soberanas que fueron dadas a Cristo a causa de su cumplimiento perfecto de la voluntad del Padre. No solo los **apóstoles** y **profetas** son llamados y emplazados por voluntad divina, sino también los **evangelistas** y los **pastores y maestros.**

APÓSTOLES Y PROFETAS

En 1 Corintios 12:28 Pablo dice: "Y a unos puso Dios en la iglesia, primeramente apóstoles, luego profetas, lo tercero maestros". Esa declaración no solo añade peso a la idea del llamamiento divino sino también al orden cronológico de importancia ("primeramente... luego... lo tercero") y en la constitución que Dios hace de estos hombres dotados en la iglesia como dádivas para su crecimiento.

A los dos primeros tipos de hombres dotados, **apóstoles** y **profetas,** les fueron asignadas tres responsabilidades básicas:

(1) colocar los cimientos de la iglesia (Ef. 2:20); (2) recibir y declarar la revelación de la Palabra de Dios (Hch. 11:28; 21:10-11; Ef. 3:5); y (3)

dar confirmación de esa Palabra mediante "señales, prodigios y milagros" (2 Co. 12:12; cp. Hch. 8:6-7; He. 2:3-4).

Los primeros hombres dotados por Dios en la iglesia del Nuevo Testamento fueron los apóstoles, entre los cuales Jesucristo mismo tuvo la preeminencia (He. 3:1). El significado básico de apóstol (*apostolos*) es simple: aquel que es enviado para cumplir una misión. En su sentido más elemental y técnico, la palabra *apóstol* solo se emplea en el Nuevo Testamento con referencia a los doce, incluido Matías quien reemplazó a Judas (Hch. 1:26), y a Pablo quien fue apartado de una manera única para ser apóstol a los gentiles (Gá. 1:15-17; cp. 1 Co. 15:7-9; 2 Co. 11:5). Las cualidades requeridas para ese apostolado eran el haber sido seleccionado directamente por Cristo y haber sido testigos oculares del Cristo resucitado (Mr. 3:13; Hch. 1:22-24). Pablo fue el último en cumplir esos requisitos (Ro. 1:1, etc.). Por lo tanto, no es posible, como algunos alegan, que existan apóstoles en la iglesia hoy día. Algunos han observado que los apóstoles fueron como delegados que asistieron a una convención constitucional. Al terminar la convención, el cargo o la posición cesa. Al ser completado el Nuevo Testamento, el oficio de apóstol dejó de existir como tal.

El término *apóstol* se emplea en un sentido más general para hacer alusión a otros hombres de la iglesia primitiva, tales como Bernabé (Hch. 14:4), Silas y Timoteo (1 Ts. 2:6), y otros contados líderes sobresalientes (Ro. 16:7; 2 Co. 8:23; Fil. 2:25). Los falsos apóstoles de quienes se habla en 2 Co. 11:13 sin duda pretendieron adulterar esta clase de apostolado porque la otra estaba limitada a trece personas reconocidas por todos. Los apóstoles verdaderos en el segundo grupo eran llamados "mensajeros [*apostoloi*] de las iglesias" (2 Co. 8:23), mientras que los trece fueron apóstoles de Jesucristo (Gá. 1:1; 1 P. 1:1; etc.).

Los apóstoles en ambos grupos eran autenticados "por señales, prodigios y milagros" (2 Co. 12:12), pero ninguno de los dos oficios podía perpetuarse, ya que a partir de Hechos 16:4 deja de usarse el término *apóstol* en ambos sentidos. Tampoco existe registro en el Nuevo Testamento de un apóstol en cualquiera de los grupos que hubiera sido reemplazado por otro al morir.

...Los profetas también eran designados por Dios como hombres con dones especiales, y se diferencian de los creyentes que tienen el don de profecía (1 Co. 12:10). No todos esos creyentes podían ser llamados profetas. Parece que la posición de profeta estaba destinada de forma exclusiva al trabajo dentro de una congregación local, mientras que el apostolado era un ministerio mucho más amplio y no se confinaba a un área en particular, como lo implica la palabra *apostolos* ("el que es enviado en una misión"). Por ejemplo, a Pablo se hace referencia como un profeta cuando ministraba a escala local en la iglesia de Antioquía (Hch. 13:1), pero el resto del tiempo siempre es llamado un apóstol.

Los profetas hablaban en algunas ocasiones con revelación directa de Dios (Hch. 11:21-28), y a veces solo hacían una exposición explicativa de revelación ya dada (como está implícito en Hch. 13:1, donde se presentan en conexión con maestros). Siempre hablaban en nombre de Dios pero no siempre daban un nuevo mensaje revelado de parte de Dios. Los profetas secundaban a los apóstoles y su mensaje debía ser juzgado conforme al de los apóstoles (1 Co. 14:37). Otra distinción entre los dos oficios pudo haber sido que el mensaje del apóstol era más general y doctrinal, mientras que el de los profetas era más personal y práctico.

Sin embargo, al igual que los apóstoles, su oficio llegó a un cese definitivo al quedar completo el Nuevo Testamento, así como los profetas del Antiguo Testamento desaparecieron con la culminación de ese testamento, unos 400 años antes de Cristo. La iglesia fue establecida y edificada "sobre el fundamento de los apóstoles y profetas, siendo la principal piedra del ángulo Jesucristo mismo" (Ef. 2:20). Una vez que el fundamento quedó asentado, la obra de los apóstoles y profetas llegó a su fin. (*Primera Corintios,* El Comentario MacArthur del Nuevo Testamento [Chicago: Moody, 1984], pp. 322-24)

No se menciona que los últimos dos oficios reemplacen a los primeros dos, porque en tiempos del Nuevo Testamento todos eran operantes. No obstante, el hecho es que en su servicio continuado a la iglesia, los **evangelistas** y **pastores** sí tomaron la batuta de la primera generación de **apóstoles** y **profetas.**

Desde su inicio en el Pentecostés, la iglesia ha sido deudora de los **apóstoles,** por medio de quienes Cristo estableció doctrina plena del Nuevo Testamento (véase Hch. 2:42). Aquellos hombres con llamado y capacitación espiritual únicos consignaron la revelación definitiva de Dios tal como les fue revelada.

Los **profetas,** aunque por lo general no recibían revelación directa de Dios, de todas maneras fueron instrumentos esenciales en la edificación y fortalecimiento de la iglesia primitiva. Tanto los **apóstoles** como los **profetas** han salido de la escena (Ef. 2:20), pero el fundamento que asentaron es el mismo sobre el que se ha construido toda la iglesia de Cristo.

EVANGELISTAS

Los **evangelistas** y los **pastores y maestros** ocupan ahora su lugar en el plan de Dios para el avance de su reino. Los **evangelistas** (*euangelistēs*) son hombres que proclaman buenas nuevas. El término específico *evangelista* solo se emplea en este texto de Efesios; también en Hechos 21:8, donde Felipe es llamado un "evangelista" (véase Hch. 8:4-40 para detalles sobre uno de los esfuerzos evangelísticos de Felipe); y en 2 Timoteo 4:5, donde se le dice a Timoteo "haz obra de evangelista". Sin embargo, estas contadas referencias describen un ministerio vital, amplio y de largo alcance, como lo indica el uso del verbo *euangelizō* (proclamar buenas noticias) en 54 ocasiones y del sustantivo *euangelion* (buenas nuevas) en 76 ocasiones. Dios fue el primer evangelista, puesto que Él "dio de antemano la buena nueva" (del griego *proeuangelizomai*; Gá. 3:8). Hasta el ángel evangelizó ("he aquí os doy nuevas de gran gozo" [de *euangelizomai*]), al anunciar el nacimiento de Cristo (Lc. 2:10). Jesús mismo evangelizó "anunciando el evangelio" (Lc. 20:1), al igual que los apóstoles, "anunciando el evangelio" (Hch. 8:4).

La obra del evangelista consiste en predicar y explicar las buenas nuevas de salvación en Jesucristo a aquellos que todavía no han creído. Es alguien que proclama la salvación por gracia mediante la fe en el Hijo de Dios.

Felipe demuestra que el evangelista no es un hombre con cinco sermones, diez vestidos y veinte corbatas que sostiene giras programadas con espectáculos públicos. Los evangelistas del Nuevo Testamento eran misioneros y plantadores de iglesias (como los apóstoles pero sin el título y los dones de milagros), quienes iban a los lugares donde Cristo no había sido nombrado y dirigían a las personas a depositar su fe en el Salvador. Luego enseñaban la Palabra a los nuevos creyentes para edificarles, y proseguían su camino hacia territorios nuevos.

Timoteo ilustra el hecho de que un evangelista puede estar identificado con iglesias locales en un ministerio prolongado que cumple el propósito de predicar y explicar el evangelio verdadero, con el fin de contrarrestar a los maestros falsos y su mensaje dañino y condenatorio, así como para establecer la sana doctrina y la vida piadosa.

Estos hombres dotados por Dios son diseñados y dados a la iglesia de una manera única para alcanzar a los perdidos con el evangelio de salvación, y toda iglesia debe considerar este ministerio de elevada prioridad. Tengo la convicción de que cada asamblea local debería levantar evangelistas, enviar algunos en operaciones misioneras y mantener a otros en la congregación de manera permanente, con el objetivo de enseñar, movilizar y dirigir a otros en el cumplimiento de la comisión de ganar los perdidos para Cristo. Toda iglesia debería ser conducida por una combinación de evangelistas y pastores maestros, hombres dotados para traer a los perdidos y hombres dotados para alimentar a los creyentes y dirigirles en la Palabra para su edificación integral.

PASTORES Y MAESTROS

Pastores es la traducción de *poimēn*, cuyo significado normal es pastor de ovejas. Hace énfasis en el cuidado, la protección y el liderazgo del hombre de Dios hacia el rebaño. El término **maestros** (*didaskaloi*) tiene que ver con la función primordial de los **pastores.**

181

Aunque la enseñanza puede identificarse como un ministerio de por sí (1 Co. 12:28), **pastores y maestros** se entiende mejor como un solo oficio de liderazgo en la iglesia. A veces la palabra **y** (*kai*) significa "que es" o "en particular", por lo que **maestros** en este contexto define a **pastores**. Ese significado no puede demostrarse de forma conclusiva en este texto, pero el texto de 1 Timoteo 5:17 muestra con claridad que ambas funciones van de la mano: "Los ancianos que gobiernan bien, sean tenidos por dignos de doble honor, mayormente los que trabajan en predicar y enseñar" (lit., "laboran hasta el cansancio en palabra y enseñanza"). Esas dos funciones definen al pastor que enseña. Para entender del todo este ministerio es necesario responder dos preguntas acerca de la identidad del anciano en el Nuevo Testamento, y se requiere conocer algunos detalles para entenderla.

¿Cómo se relaciona el pastor maestro con el obispo y el anciano? Los pastores no son distintos a los obispos y ancianos; los términos solo son formas diferentes de identificar a las mismas personas. Como se explicó antes, la palabra griega para pastor (*poimēn*) tiene el significado básico de apacentador de ovejas. La palabra griega para obispo es *episkopos*, de la cual derivamos episcopado, y su significado básico es "supervisor". La palabra griega para anciano es *presbuteros*, de la cual obtenemos presbítero y también sirve para denotar a una persona de mayor edad.

La evidencia textual indica que los tres términos se refieren al mismo oficio. En los requisitos para un obispo que se listan en 1 Timoteo 3:7 y los que se mencionan en Tito para un anciano, Pablo emplea ambos términos para referirse al mismo hombre (1:5, 7). Primera de Pedro 5:1-2 presenta todos los términos juntos. Pedro instruye a los ancianos que sean buenos obispos en su ejercicio del pastorado: "Ruego a los ancianos [*presbuteros*] que están entre vosotros, yo anciano también con ellos, y testigo de los padecimientos de Cristo, que soy también participante de la gloria que será revelada: Apacentad [*poimainō*] la grey de Dios que está entre vosotros, cuidando de ella [*episkopeō*], no por fuerza, sino voluntariamente; no por ganancia deshonesta, sino con ánimo pronto".

Hechos 20 también emplea los tres términos de forma intercambiable. En el versículo 17 Pablo reúne a todos los ancianos (*presbuteros*) de la iglesia para darles su mensaje de despedida. En el versículo 28 dice: "Por tanto, mirad por vosotros, y por todo el rebaño en que el Espíritu Santo os ha puesto por obispos [*episkopos*], para apacentar [*poimainō*] la iglesia del Señor, la cual él ganó por su propia sangre".

La palabra *anciano* alude a quién es el hombre, *obispo* habla de lo que hace y *pastor* tiene que ver con su actitud y carácter. Los tres términos se aplican por igual a los mismos líderes dentro de la iglesia, e identifican a quienes alimentan y dirigen a la iglesia, pero cada término tiene un énfasis único.

Episkopos significa "supervisor" o "guardián" y se utiliza cinco veces en el Nuevo Testamento. En 1 Pedro 2:25, Jesucristo es llamado el "Obispo de vuestras almas"; es decir, Él es quien tiene la visión más clara y global de nosotros y quien por ende nos entiende mejor. Los otros cuatro usos de *episkopos* se refieren a líderes en la iglesia.

Episkopos era el equivalente en la cultura secular griega de la idea histórica de anciano en el hebreo. Los supervisores u obispos eran agentes nombrados por los emperadores para gobernar ciudades estado capturadas o recién fundadas. El obispo era responsable ante el emperador, pero la supervisión le era delegada por completo. Funcionaba como un comisario que regulaba los asuntos de la nueva colonia o adquisición. Por ende, el término *episkopos* aludía a dos ideas en la mente griega del primer siglo: responsabilidad con un poder superior e introducción a un nuevo orden de cosas. Los conversos gentiles entendieron esos conceptos de inmediato con el uso del término en el Nuevo Testamento.

Es interesante rastrear los usos bíblicos de *episkopos*. Aparece en el libro de los Hechos solo una vez y cerca del final (Hch. 20:28). En aquel tiempo había relativamente pocos gentiles en la iglesia, así que el término no era de uso común en círculos cristianos. A medida que más y más gentiles fueron salvos y la iglesia empezó a perder su orientación judía, parece que la palabra griega *episkopos* se utilizó con mayor frecuencia para describir a los hombres que se desempeñaban como ancianos (véase 1 Ti. 3:1).

El obispo, guardián o supervisor del Nuevo Testamento jugaba un papel único de liderazgo en la iglesia y tenía la responsabilidad específica de enseñar. (1 Ti. 3:2), alimentar, proteger y en general nutrir y sostener al rebaño (Hch. 20:28). En términos bíblicos no existe diferencia en el papel de un anciano y el de un obispo. Los dos términos se refieren al mismo grupo de líderes, *episkopos* con énfasis en la función y *presbuteros* con énfasis en el carácter.

Poimēn (pastor o apacentador) se emplea varias veces en el Nuevo Testamento. Dos de las tres veces que aparece en las epístolas, *poimēn* se refiere a Cristo. Hebreos 13:20-21 es una expresión de bendición: "Y el Dios de paz que resucitó de los muertos a nuestro Señor Jesucristo, el gran pastor [*poimēn*] de las ovejas, por la sangre del pacto eterno, os haga aptos en toda obra buena para que hagáis su voluntad". Primera de Pedro 2:25 dice: "Porque vosotros erais como ovejas descarriadas, pero ahora habéis vuelto al Pastor [*poimēn*] y Obispo [*episkopos*] de vuestras almas".

En Efesios 4:11, pastor (*poimēn*) se emplea con la palabra *maestro*. La construcción del griego indica allí que los dos términos van juntos y que se podrían unir como pastor maestro o maestro pastor. Claro, el énfasis se hace en el ministerio de enseñanza que tiene el pastor.

Poimēn hace énfasis en el papel pastoral de cuidado y alimentación espiritual, aunque el concepto de liderazgo también es inherente a la imagen de un apacentador del rebaño. El enfoque del término *poimēn* está centrado en la actitud del líder. Para ser calificado como pastor, un hombre debe tener el corazón de un apacentador que cuida de otros.

La palabra *anciano* es de origen judío en el Antiguo Testamento. La palabra hebrea básica para anciano (*zaqēn*) se utiliza, por ejemplo, en Números 11:16 y Deuteronomio 27:1 para aludir a los setenta líderes que asistieron a Moisés. Allí se refiere a una categoría especial de hombres que, de forma similar a un senado, habían sido apartados para ejercer liderazgo en Israel. Deuteronomio 1:9-18 indica que estos hombres estaban encargados de la responsabilidad de administrar justicia en el pueblo, y Moisés se comunicaba con el pueblo por medio de ellos (Éx. 19:7-9; Dt. 31:9). También dirigían las actividades relacionadas con la Pascua (Éx. 12:21) y quizá otros elementos del culto y la adoración.

Más adelante, los ancianos de Israel se involucraron de manera específica en el liderazgo de ciudades (1 S. 11:3; 16:4; y 30:26). Su función seguía siendo tomar decisiones aplicando sabiduría a las vidas de las personas para resolver conflictos, dar orientación y supervisar en general los detalles atinentes al orden de la vida social.

El Antiguo Testamento se refiere a ellos como "los ancianos de la congregación" (Jue. 21:16), "los ancianos de Israel" (1 S. 4:3), "los ancianos del país" (1 R. 20:7), "los ancianos de Judá" (2 R. 23:1), y "los ancianos de cada ciudad" (Esd. 10:14). Servían como magistrados de localidades y como gobernadores sobre las tribus (Dt. 16:18; 19:12; 31:28).

Otra palabra hebrea para anciano es *sab*, que solo se utiliza cinco veces en el Antiguo Testamento, todas en el libro de Esdras, donde se refiere al grupo de líderes judíos encargados de la reconstrucción del templo después del exilio.

La palabra griega para anciano (*presbuteros*) se emplea cerca de setenta veces en el Nuevo Testamento. Al igual que *zaqen* (que significa "añejo" o "barbado"), *sab* (que significa "de pelo gris") y nuestra palabra *anciano*, el término *presbuteros* se refiere a edad madura. En Hechos 2:17 Pedro cita Joel 2:28: "vuestros ancianos soñarán sueños". La palabra hebrea para "ancianos" en Joel es *zaqen*, y la palabra griega empleada en Hechos es *presbuteros*. Usada en ese sentido, *anciano* no constituye un título oficial sino que simplemente es una referencia a un hombre de edad.

En 1 Timoteo 5:2 se emplea la forma femenina de *presbuteros* para hacer referencia a mujeres ancianas por contraste a las más jóvenes: "[Trata a] las ancianas, como a madres; a las jovencitas, como a hermanas, con toda pureza". En ese contexto el término tiene el significado simple de edad madura, no de un cargo en la iglesia.

Primera de Pedro 5:5 contiene un uso similar del término: "Igualmente, jóvenes, estad sujetos a los ancianos". Como en 1 Timoteo 5:2, la palabra se usa aquí para contrastar edad madura y juventud. En tal contexto *presbuteros* se entiende por lo general como "una persona mayor", no necesariamente una persona que ocupe un cargo oficial de cualquier tipo, y ese fue el significado básico del término en el griego corriente.

En el tiempo de Cristo *presbuteros* era un término conocido. Se empleó veintiocho veces en el Nuevo Testamento para referirse a un grupo de líderes espirituales de Israel que no ostentaban cargos oficiales; véase por ejemplo: "los principales sacerdotes y... los ancianos" (Mt. 27:3); "los escribas... y los ancianos" (27:41); "los jefes de la guardia del templo y... los ancianos" (Lc. 22:52); y "gobernantes del pueblo, y ancianos de Israel" (Hch. 8:4). En cada una de esas ocurrencias y los demás usos similares, *presbuteros* se refiere a reconocidos líderes religiosos judíos que no se definían como sacerdotes de ninguna clase. Parece que esos ancianos conformaban el Sanedrín, el cuerpo gubernamental más preeminente del judaísmo en tiempo de Jesús.

Mateo 15:2 y Marcos 7:3, 5 utilizan la frase "tradición de los ancianos". Allí *presbuteros* se refiere a un linaje ancestral de líderes que transmitieron los principios que gobiernan la práctica religiosa. Fueron los maestros que determinaron la forma y contenido de la tradición judía, y en ese sentido *anciano* es equivalente a rabino y puede haber tenido o no estatus oficial.

Presbuteros ocurre doce veces en el libro de Apocalipsis, cada vez con referencia a los veinticuatro ancianos que parecen ser representantes únicos del pueblo redimido de Dios de todas las edades.

La iglesia del Nuevo Testamento fue judía en sus inicios, y resultó natural que se adoptara el concepto del mandato de los ancianos. Anciano era el término judío de uso común para hablar de liderazgo que además estaba libre de cualquier connotación de tipo monárquico o sacerdotal. Esto es significativo para el uso del término en el Nuevo Testamento, porque en la iglesia cada creyente es corregente junto a Cristo y por lo tanto no podía haber un rey terrenal en la iglesia. Además, a diferencia del Israel nacional, la iglesia no cuenta con un sacerdocio establecido por designación especial, porque todos los creyentes son sacerdotes (1 P. 2:5, 9; Ap. 1:6). Por lo tanto, de todos los conceptos judíos de liderazgo, el de anciano se transfiere mejor a la clase de liderazgo ordenado para la iglesia.

Los ancianos de Israel eran hombres maduros y cabezas de familia (Éx. 12:21); hombres capaces, de carácter moral fuerte, que temían a Dios y eran conocidos por su veracidad e integridad (Éx. 18:20-21); hombres llenos del Espíritu Santo (Nm. 11:16-17); hombres capaces y dotados con sabiduría, discernimiento y experiencia, hombres imparciales y valientes que estaban dispuestos y preparados para interceder, enseñar y juzgar con rectitud (Dt. 1:13-17). Todas esas características formaban parte de la manera judía de entender el término *presbuteros*. El uso de ese término para describir a los líderes de la iglesia también hace énfasis en la madurez y la experiencia espiritual demostradas en la fortaleza y la sensatez del carácter moral.

Presbuteros se emplea cerca de veinte veces en Hechos y las epístolas en referencia a un grupo único de líderes en la iglesia. Desde los comienzos de la iglesia fue claro que un grupo de líderes espirituales maduros estaba designado para ejercer una gran responsabilidad por la iglesia. La iglesia en Antioquía, por ejemplo, donde los creyentes fueron llamados cristianos por primera vez, envió a Bernabé y Saúl a los ancianos de Jerusalén con donativos que debían distribuirse a los hermanos necesitados en Judea (Hch. 11:29-30). Por lo tanto, es claro que los ancianos existieron en la iglesia desde un principio y que los creyentes de Antioquía reconocieron su autoridad.

Puesto que la iglesia en Antioquía creció a partir del ministerio empezado en Jerusalén, es probable que también existieran ancianos allí. Es factible que Pablo mismo se desempeñara como anciano en Antioquía antes de empezar a hacerlo como apóstol. En Hechos 13:1 es incluido en la lista de maestros de esa iglesia. Los ancianos jugaron un papel preponderante en el concilio de Jerusalén (véase Hch. 15:2, 4, 6, 22,23; 16:4), y es obvio que tuvieron gran influencia en la vida fundamental de la iglesia primitiva.

A medida que Pablo y Bernabé empezaron a predicar en áreas nuevas y la iglesia comenzó a extenderse, el proceso de identificar a los líderes de la iglesia se definió con mayor claridad. A través del Nuevo Testamento, a medida que la iglesia se desarrollaba, los líderes eran llamados ancianos.

Por lo tanto, en su uso general *anciano* parece ser el término más apropiado para nuestro tiempo, ya que está libre de muchas de las connotaciones y ambages de significados no bíblicos que se han impuesto a términos como *obispo* y hasta *pastor* en gran parte de la historia eclesiástica.

Desde principios de la narración bíblica a partir de Hechos 14, vemos que uno de los pasos clave en establecer una iglesia nueva era identificar y nombrar ancianos para ejercer el liderazgo eclesiástico. "Y constituyeron ancianos en cada iglesia, y habiendo orado con ayunos, los encomendaron al Señor en quien habían creído" (Hch. 14:23).

Casi toda iglesia que conocemos en el Nuevo Testamento se dice de manera específica que tenía ancianos. Por ejemplo, sabemos que Pablo "desde Mileto..., hizo llamar a los ancianos de la iglesia [de Éfeso]". Es significativo que la iglesia en Éfeso tenía ancianos, porque todas las iglesias de Asia menor, así como las que aparecen en la lista de Apocalipsis 1:11, eran extensiones del ministerio en Éfeso. Podemos suponer que esas iglesias establecieron su liderazgo siguiendo el patrón aplicado en Éfeso, a saber, el de la pluralidad de ancianos.

Pedro escribió a los creyentes dispersados "en el Ponto, Galacia, Capadocia, Asia y Bitinia", y les exhortó diciendo: "Apacentad la grey de Dios" (1 P. 1:1; 5:1-2). Ponto, Galacia, Capadocia y Bitinia no eran ciudades, sino más bien territorios. Por ende, Pedro estaba escribiendo a un número de iglesias esparcidas en todo el Asia, y todas ellas tenían ancianos.

¿Cuál es el papel de un pastor-maestro? Al llegar a su fin la era apostólica, el oficio de pastor-maestro surgió como el nivel más elevado de liderazgo en la iglesia local. Por eso tenía una gran medida de responsabilidad. Los ancianos estaban encargados del cuidado, la alimentación y la guía espiritual de la iglesia entera. No existía tribunal más elevado de apelación ni recurso más grande para conocer el corazón y la mente de Dios con respecto a los asuntos de la iglesia.

Primera Timoteo 3:1 dice: "Palabra fiel: Si alguno anhela obispado [*episkopos*], buena obra desea". En el versículo 5 Pablo dice que la obra de un *episkopos* consiste en "cuidar de la iglesia de Dios". Esto implica con claridad que la responsabilidad primordial del obispo es encargarse del cuidado de la iglesia.

Esa responsabilidad general involucra una serie de deberes más específicos, el más obvio de los cuales quizás sea la vigilancia y supervisión de los asuntos de la iglesia local. Primera Timoteo 5:17 dice: "Los ancianos que gobiernan bien, sean tenidos por dignos de doble honor". La palabra griega que se traduce "gobiernan" (*proistēmi*) se emplea cuatro veces para hablar de las responsabilidades de los ancianos en 1 Timoteo (3:4, 5, 12; 5:17), una vez en 1 Tesalonicenses 5:12 (donde se traduce "presiden"), y una vez en Romanos 12:8, donde la función de presidir se lista como un don espiritual. *Proistēmi* tiene el significado literal de "ponerse de pie en primer lugar", y habla del deber de ejercer inspección y cuidado en la iglesia, que es común a todos los ancianos.

Como sucede con quienes presiden en la iglesia, los ancianos pastorales no están sujetos a autoridades terrenales más importantes fuera de la asamblea local, pero su autoridad sobre la iglesia no debe ser por fuerza ni poder dictatorial, sino mediante la instrucción en los preceptos divinos y su inculcación mediante el ejemplo fiel (véase He. 13:7).

Los ancianos no deben operar por mandato ni voto de la mayoría. Si todos los ancianos son guiados por el mismo Espíritu y tienen la mente de Cristo, debería haber unanimidad en las decisiones que toman (véase 1 Co. 1:10; cp. Ef. 4:3; Fil. 1:27; 2:2). Si hay división, todos los ancianos deberían estudiar, orar y buscar la voluntad de Dios unidos hasta alcanzar un consenso. La unidad y la armonía en la iglesia empiezan con este principio.

Los ancianos tienen la responsabilidad de predicar y enseñar (1 Ti. 5:17). Deben determinar asuntos doctrinales para la iglesia y tienen la responsabilidad de proclamar la verdad a la congregación. En la lista de calificaciones espirituales del supervisor espiritual, 1 Timoteo 3:2-7 solo da una que se relaciona con funciones específicas: debe ser "apto para enseñar". Todas las demás cualidades se relacionan con el carácter personal.

Tito 1:7-9 también hace énfasis en la importancia de la responsabilidad del anciano como maestro: "Porque es necesario que el obispo... también pueda exhortar con sana enseñanza y convencer a los que contradicen". La amenaza de maestros falsos en la iglesia ya era tan grande que una cualidad clave para el liderazgo era la capacidad para entender y enseñar la sana doctrina. "Exhortar" en ese versículo corresponde al griego *parakaleō*, que significa literalmente "llamar para acercar". A partir de sus usos en el Nuevo Testamento, vemos que el ministerio de exhortación tiene diversos elementos. Incluye persuasión (Hch. 2:14; 14:22; Tit. 1:9), solicitud (2 Co. 8:17), consuelo (1 Ts. 2:11), ánimo (1 Ts. 4:1), y reiteración paciente de la doctrina sana e importante (2 Ts. 4:2).

Los ancianos deben ser un recurso siempre disponible para quienes buscan respaldo en oración. Santiago escribió: "¿Está alguno enfermo entre vosotros? Llame a los ancianos de la iglesia, y oren por él, ungiéndole con aceite en el nombre del Señor" (Stg. 5:14).

En Hechos 20:28 aprendemos que otra función del anciano consiste en pastorear: "Por tanto, mirad por vosotros, y por todo el rebaño en que el Espíritu Santo os ha puesto por obispos, para apacentar la iglesia del Señor, la cual él ganó por su propia sangre". En el concepto de pastorado están involucradas las responsabilidades dobles de alimentar y proteger al rebaño. Los versículos 29-30 confirman el énfasis en que el ministerio de protección realizado por el agente encargado del cuidado y la supervisión espiritual resulta esencial para contrarrestar la amenaza de los falsos maestros.

El anciano actúa como un pastor amoroso y cuidadoso del rebaño, pero nunca en las Escrituras se habla de una congregación como "su rebaño" o "su grey" personal. Los creyentes son "la grey de Dios" (1 P. 5:2), y el anciano no es más que un mayordomo y centinela que sirve a esas posesiones preciosas de Dios.

Como supervisores espirituales de la iglesia, los pastores maestros se encargan de determinar las políticas eclesiásticas (Hch. 15:22); ejercer vigilancia y supervisión continuas (Hch. 20:28); ordenar a otros al ministerio (1 Ti. 4:14); presidir, enseñar y predicar (1 Ti. 5:17); exhortar y refutar (Tit. 1:9); y actuar como pastores por medio del ejemplo que dan a todos para seguir (1 P. 5:1-3). Esas responsabilidades ubican a los ancianos en el eje focal de la obra de Dios en la iglesia neotestamentaria. (Para un estudio más profundo sobre ancianos en la iglesia, véase el libro del autor *Respuestas a preguntas clave sobre ancianos* [Panorama City, CA: Word of Grace Communications, 1984].)

Todo creyente en la actualidad es deudor de manera directa o indirecta para con esta clase de hombres dotados de forma especial y a quienes Dios ha dado a la iglesia para su crecimiento y edificación. Por medio de su predicación, enseñanza, exhortación, materiales escritos y otros ministerios, ellos dirigen los perdidos a Cristo, enriquecen nuestro conocimiento de Dios y su Palabra, y nos animan a "andar como es digno de la vocación con que fuimos llamados" (cp. Ef. 4:1). Ellos son "dignos de doble honor, mayormente los que trabajan en predicar y enseñar" (1 Ti. 5:17). "Obedeced a vuestros pastores, y sujetaos a ellos; porque ellos velan por vuestras almas, como quienes han de dar cuenta; para que lo hagan con alegría, y no quejándose, porque esto no os es provechoso"

(He. 13:17).

Todos los dones que Cristo da a individuos y a la iglesia como un todo son dones que Él mismo ejemplificó a la perfección. Si alguna vez existió un predicador por excelencia, fue Cristo mismo, si alguna vez existió un maestro, regente, encauzador, guía, administrador, siervo, ayudador o dador por excelencia, fue Cristo. Él es la ilustración suprema y el ejemplo perfecto de todos los dones, porque sus dones para nosotros son regalos que Él da de sí en su gracia sobreabundante.

La edificación del cuerpo de Cristo

12

a fin de perfeccionar a los santos para la obra del ministerio, para la edificación del cuerpo de Cristo, hasta que todos lleguemos a la unidad de la fe y del conocimiento del Hijo de Dios, a un varón perfecto a la medida de la estatura de la plenitud de Cristo; para que ya no seamos niños fluctuantes, llevados por doquiera de todo viento de doctrina, por estratagema de hombres que para engañar emplean con astucia las artimañas del error, sino que siguiendo la verdad en amor, crezcamos en todo en aquel que es la cabeza, esto es, Cristo, de quien todo el cuerpo, bien concertado y unido entre sí por todas las coyunturas que se ayudan mutuamente, según la actividad propia de cada miembro, recibe su crecimiento para ir edificándose en amor. (4:12-16)

En las décadas pasadas hemos sido testigos del desarrollo de lo que se denomina el movimiento de crecimiento eclesiástico o iglecrecimiento. Hay seminarios, conferencias, libros, programas y hasta organizaciones especiales dedicadas de forma exclusiva a la enseñanza y discusión de los principios y métodos más efectivos para el crecimiento de la iglesia. Muchos de los esfuerzos son útiles pero solo en la medida en que sean consecuentes con los principios enseñados por Pablo en Efesios 4:12-16. Aquí se presenta en su forma más sucinta el plan de Dios mediante el cual Cristo produce el crecimiento de la iglesia. Puesto que el Señor dijo: "*Yo...* edificaré mi iglesia" (Mt. 16:18, cursivas añadidas), es obvio que la edificación debe llevarse a cabo de acuerdo con su plan. Tratar de edificar la iglesia por medios humanos no es más que competir en vano con la obra de Cristo.

Como se discutió en el capítulo anterior, los dones espirituales de Dios para su iglesia incluyen tanto la dotación individual de cada creyente como su entrega de hombres equipados de forma única y llamados apóstoles y profetas, quienes fueron dados estrictamente para tiempos del Nuevo Testamento y fueron seguidos por los hombres dotados que se denominan evangelistas y pastores–maestros, quienes son dados para el ministerio continuo de la iglesia (Ef. 4:11). El plan de Dios para los últimos dos grupos de hombres dotados, es decir, los evangelistas y los pastores–maestros, es que se dediquen a equipar, edificar y desarrollar su iglesia mediante la aplicación del procedimiento operativo general que se establece en los versículos 12-16. En este pasaje nos es mostrada la progresión, el propósito y el poder del patrón divino que Dios ha preceptuado para la edificación y el funcionamiento de su iglesia.

LA PROGRESIÓN DEL PATRÓN DE DIOS

a fin de perfeccionar a los santos para la obra del ministerio, para la edificación del cuerpo de Cristo, (4:12)

En los términos más simples que son posibles, Pablo enuncia aquí el plan progresivo de Dios para su iglesia: **perfeccionar** o equipar para el **ministerio** y **para la edificación.**

PERFECCIONAMIENTO

La primera tarea dentro del designio de Dios es que los evangelistas y pastores maestros equipen de manera apropiada **a los santos** para su perfeccionamiento. **Santos** es un título que se aplica a todos los que han sido apartados por Dios para salvación (cp. 1 Co. 1:2). La obra del evangelista consiste en hacer que hombres y mujeres entiendan el evangelio de salvación, guiarles para que reciban a Jesucristo como Señor y Salvador para que de esa manera se conviertan en hijos dentro de su familia espiritual y en ciudadanos de su reino divino. En los primeros años el objetivo era establecer una iglesia local. Esto da comienzo al perfeccionamiento de la obra, y el trabajo subsiguiente del pastor maestro es suministrar el liderazgo y los recursos espirituales para hacer que los creyentes adquieran en la práctica la semejanza que tienen de su Señor y Salvador mediante la obediencia continua a su Palabra, y también suministrar un patrón o ejemplo de piedad con su propia vida (1 Ts. 1:2-7; 1 P. 5:3).

Katartismos (**perfeccionar**) se refiere básicamente a algo que ha sido restaurado o devuelto a su condición original, que se ajusta a perfección o ha sido hecho completo. La palabra se empleaba con frecuencia como un término médico para la acomodación de huesos. Pablo utilizó la forma verbal en su admonición final a los creyentes de Corinto: "Por lo demás, hermanos, tened gozo, *perfeccionaos*" (2 Co. 13:11, cursivas añadidas). El escritor de Hebreos empleó el término en su oración de cierre: "Y el Dios de paz que resucitó de los muertos a nuestro Señor Jesucristo, el gran pastor de las ovejas, por la sangre del pacto eterno, os haga aptos en toda obra buena para que hagáis su voluntad, haciendo él en vosotros lo que es agradable delante de él por Jesucristo; al cual sea la gloria por los siglos de los siglos. Amén" (He. 13:20-21).

El tema del perfeccionamiento individual no solo está implícito en estos textos sino también el perfeccionamiento colectivo expresado en 1 Corintios 1:10: "Os ruego, pues, hermanos, por el nombre de nuestro Señor Jesucristo, que habléis todos una misma cosa, y que no haya entre vosotros divisiones, sino que estéis *perfectamente* (de *katartizō*) unidos en una misma mente y en un mismo parecer" (cursivas añadidas). El perfeccionamiento de cada creyente trae como resultado la unidad de todos.

Dios ha dado cuatro herramientas básicas, por así llamarlas, para **perfeccionar a los santos** en su vida espiritual. Se trata de medios espirituales porque la carne no puede hacer perfecto a nadie (Gá. 3:3). La primera y más importante es su Palabra, la Biblia. "Toda la Escritura es inspirada por Dios, y útil para enseñar, para redargüir, para corregir, para instruir en justicia, a fin de que el hombre de Dios sea perfecto, enteramente preparado para toda buena obra" (2 Ti. 3:16-17). Jesús dijo: "Ya vosotros estáis limpios por la palabra que os he hablado" (Jn. 15:3). El primer propósito del pastor–maestro es por ende, alimentarse a sí mismo, alimentar a su pueblo y dirigirles para que se alimenten a sí mismos con la Palabra de Dios.

El ejemplo de los apóstoles, quienes se dedicaban con persistencia a enseñar la Palabra y a la oración (Hch. 6:4), indica que una segunda herramienta para **perfeccionar** es la oración, y el pastor maestro es responsable de prepararse y dirigir a su pueblo para prepararse en la oración. Epafras tenía un compromiso firme con este medio espiritual para edificar a los creyentes. Pablo caracterizó el ministerio de Epafras diciendo que él se mantenía "siempre rogando encarecidamente por vosotros en sus oraciones, para que estéis firmes, perfectos y completos en todo lo que Dios quiere. Porque de él doy testimonio de que tiene gran solicitud por vosotros" (Col. 4:12-13, cursivas añadidas).

Resulta esencial advertir que la labor de **perfeccionar,** completar o equipar a los santos puede llevarse a cabo aquí en la tierra, porque Pablo emplea *katartizō* (la forma verbal de **perfeccionar**) para referirse a lo que los creyentes fuertes en su vida espiritual deben hacer por sus hermanos en la fe que han caído en pecado. El texto enseña con gran énfasis que el ministerio de **perfeccionar** es una obra que consiste en llevar a los cristianos del pecado a la obediencia.

Una tercera herramienta para el perfeccionamiento de los santos es la prueba y la cuarta es el sufrimiento. Estas son experiencias depuradoras mediante las cuales el creyente es refinado para adquirir mayor santidad. Santiago nos dice: "Hermanos míos, tened por sumo gozo cuando os halléis en diversas pruebas, sabiendo que la prueba de vuestra fe produce paciencia. Mas tenga la paciencia su obra completa", prosigue a decir, "para que seáis perfectos y cabales, sin que os falte cosa alguna" (Stg. 1:2-4). Cuando respondemos a la prueba de Dios con confianza y obediencia continua, nuestros músculos espirituales son fortalecidos y el servicio eficaz para Él se amplía.

El sufrimiento también es un medio de perfeccionamiento espiritual. Pedro emplea esta palabra casi al final de su primera carta: "Mas el Dios de toda gracia, que nos llamó a su gloria eterna en Jesucristo, después que hayáis padecido un poco de tiempo, él mismo os perfeccione, afirme, fortalezca y establezca" (1 P. 5:10, cursivas añadidas). Conocer y seguir a Cristo en el sentido más profundo del término no solo significa ser resucitados con Él sino también acceder a "la participación de sus padecimientos" (Fil. 3:10). Pablo se regocijaba en sus sufrimientos por causa de Cristo. Dios "nos consuela en todas nuestras tribulaciones", nos dice el apóstol, "para que podamos también nosotros consolar a los que están en cualquier tribulación, por medio de la consolación con que nosotros somos consolados por Dios. Porque de la manera que abundan en nosotros las aflicciones de Cristo, así abunda también por el mismo Cristo nuestra consolación" (2 Co. 1:4-5).

Las pruebas y el sufrimiento son enviados por entero mediante operación divina, y Dios da estas cosas a sus **santos** conforme a su voluntad amorosa y soberana. Por otra parte, los otros dos agentes encargados de **perfeccionar a los santos,** la oración y el conocimiento de las Escrituras, son tareas de hombres dotados por Dios para ello.

Al igual que los apóstoles en Jerusalén, el pastor maestro debe consagrarse por encima de todo a persistir "en la oración y en el ministerio de la palabra" (Hch. 6:4). Como Pablo, debería estar en capacidad de decir que su esfuerzo supremo se concentra en mantenerse "amonestando a todo hombre, y enseñando a todo hombre en toda sabiduría, a fin de presentar perfecto en Cristo Jesús a todo hombre" (Col. 1:28). Como Pablo dijo acerca de Epafras, debería poder decirse de todo pastor maestro que ora y labora con esmero y diligencia por quienes han sido puestos bajo su cuidado, "para que [estén] firmes, perfectos y completos en todo lo que Dios quiere" (Col. 4:12). El pastor maestro dedicado es un "buen ministro de Jesucristo, nutrido con las palabras de la fe y de la buena doctrina" que ha seguido y que después de ello prescribe, enseña, lee en público y exhorta a los demás a obedecer (1 Ti. 4:6, 11, 13). Es un hombre llamado como Timoteo, a "que prediques la palabra; que instes a tiempo y fuera de tiempo; redarguye, reprende, exhorta con toda paciencia y doctrina" (2 Ti. 4:2).

Hasta las organizaciones eclesiásticas más bíblicas y eficientes no producirán madurez espiritual sin el liderazgo de ministros dotados por Dios que estén consagrados de continuo a la oración y a su Palabra. La administración y la estructura tiene su lugar, pero están lejos de ser el corazón del crecimiento espiritual de la iglesia. La gran necesidad de la iglesia siempre ha sido madurez espiritual antes que reestructuración como organización. Todos los libros sobre liderazgo, organización y administración ejecutiva ofrecen poca ayuda para la dinámica real de la iglesia de Jesucristo.

Todavía menos necesita la iglesia de entretenimiento. El pueblo de Dios puede hacer uso de sus talentos de maneras que glorifican al Señor y dan testimonio de su gracia, pero cuando el testimonio se trata de reforzar con la presentación de espectáculos, como sucede con frecuencia, Dios no es glorificado y su pueblo no es edificado. El entretenimiento religioso no procede de ni conduce a la madurez espiritual. Proviene del ego y solo puede fomentar al ego.

El estudio y la enseñanza de la Palabra de Dios toma tiempo. Por ende, el evangelista o el pastor maestro no puede cumplir su responsabilidad asignada por Dios si se ve atosigado por la planeación y administración de una multitud de programas humanos, sin importar cuán válidos y benéficos puedan ser. De nuevo, al igual que los apóstoles en Jerusalén el ministro no puede evadir su responsabilidad primordial: "No es justo que nosotros dejemos la palabra de Dios, para servir a las mesas"; por eso debe ocuparse con fidelidad y persistencia "en la oración y en el ministerio de la palabra" (Hch. 6:2, 4).

El camino más seguro hacia la extinción espiritual de una iglesia, el desgaste irreversible de un pastor o ambas cosas, es que el pastor se deje sumergir a tal punto por actividades y programas que le queda muy poco tiempo para la oración y la Palabra. Además, los programas que funcionan y tienen "éxito" pueden ser todavía más destructivos que los que fracasan si son hechos en la carne y por motivos de satisfacción humana antes que para la gloria del Señor. Es la falta del conocimiento de la Palabra de Dios y de obediencia a ella (Os. 4:6), no la falta de programas y métodos, lo que destruye a su pueblo. Cuando el pueblo de Dios falla no es debido a programas débiles sino a una enseñanza débil.

El interés y preocupación primordiales del liderazgo de la iglesia deben enfocarse en los asientos ocupados, no en los vacíos. Cuando un joven predicador se quejó ante Charles Spurgeon de que su congregación era demasiado pequeña, Spurgeon replicó: "Bueno, de pronto tiene el tamaño que a usted le gustaría tener si supiera que tiene que rendir cuentas por ella en el día del juicio".

El crecimiento espiritual no involucra siempre el aprendizaje de algo nuevo. Nuestro crecimiento más importante con frecuencia se relaciona con la verdad que ya hemos escuchado pero que no hemos aplicado del todo. Pedro escribió: "Por esto, yo no dejaré de recordaros siempre estas cosas, aunque vosotros las sepáis, y estéis confirmados en la verdad presente. Pues tengo por justo, en tanto que estoy en este cuerpo, el despertaros con amonestación; ... También yo procuraré con diligencia que después de mi partida vosotros podáis en todo momento tener memoria de estas cosas" (2 P. 1:12-13, 15). Las grandes verdades de la Palabra de Dios nunca pueden dominarse como un conocimiento cualquiera ni aprenderse en exceso. La batalla con nuestra carne no redimida hace necesario que siempre nos sea recordada la verdad divina. Mientras un pastor tenga aliento debe persistir en predicar esas verdades, y mientras su congregación tenga aliento las debería escuchar siempre.

Durante la guerra de 1967 entre árabes e israelíes un reportero norteamericano se encontraba volando sobre el desierto del Sinaí con un oficial del gobierno israelí, y avistaron unos cincuenta mil soldados egipcios extraviados que estaban muriendo de sed. Al recibir los periódicos el informe de la situación, un número de líderes y organismos internacionales trataron de hacer algo para ayudar, pero cada vez que se sugería un plan, algún obstáculo militar, diplomático o burocrático impedía su puesta en marcha. Para el momento en que al fin llegaron las ayudas, ya habían muerto miles de soldados.

Es trágico por igual que las iglesias hagan girar sus ruedas a fuerza de programas y comités mientras que miles de personas a su alrededor necesitan de forma desesperada y angustiosa el agua espiritual de la Palabra de Dios.

MINISTERIO

El segundo aspecto del plan de Dios para el funcionamiento correcto de su iglesia es el **ministerio**. El lenguaje de Pablo indica aquí que no son los hombres dotados quienes tienen la responsabilidad más directa **para** realizar **la obra del ministerio**. Ningún pastor, ni siquiera un grupo considerable de pastores, puede hacer todas las cosas que una iglesia necesita hacer. Sin importar cuántos dones, talentos y dedicación pueda tener un pastor, la obra que es necesario hacer en el lugar donde ha sido llamado a ministrar siempre excederá en gran medida su tiempo y capacidades individuales. Su propósito en el plan de Dios no consiste en tratar de satisfacer él mismo todas esas necesidades, sino en equipar a las personas bajo su cuidado espiritual para que tales necesidades sean satisfechas (cp. v. 16, donde se hace énfasis en esta idea). Es obvio que los líderes tienen participación en el servicio, y muchos en la congregación participan de la obra de perfeccionamiento, pero el diseño básico de Dios para la iglesia es que el perfeccionamiento se haga de modo que **los santos** puedan servirse unos a otros con eficacia. La iglesia entera debe involucrarse de manera activa y agresiva en la obra del Señor (cp. 1 Co. 15:58; 1 P. 2:5, 9; 4:10-11; contrastar con 2 Ts. 3:11).

Cuando los hombres dotados son fieles en la oración y la enseñanza de la Palabra, el pueblo estará equipado de la manera adecuada y motivado de la manera correcta para llevar a cabo **la obra del ministerio**. Es del grupo de **santos** que han sido perfeccionados y equipados, que Dios levanta ancianos, diáconos, maestros y todos los demás tipos de obreros necesarios para que la iglesia sea fiel y productiva. El **ministerio** espiritual es **la obra** de *todo* cristiano, de *todo* **santo** de Dios. La mera asistencia a una iglesia no es más que el pobre substituto para la participación activa en el ministerio.

EDIFICACIÓN

La tercera meta elemental e inmediata del plan de Dios para el funcionamiento de su iglesia es su edificación. La **edificación** apropiada por parte de evangelistas y pastores maestros que conduce al **ministerio** apropiado por parte de la congregación, resulta de forma inevitable en **la edificación del cuerpo de Cristo.** *Oikodomē* (**edificación**) se refiere literalmente a la construcción de una casa, y se empleaba en sentido figurado para aludir a cualquier tipo de edificación. Es de la edificación y el desarrollo espiritual de la iglesia que Pablo habla aquí. El **cuerpo** se edifica por fuera mediante el evangelismo, a medida que se añaden más creyentes, pero el énfasis se hace aquí en su edificación interna a medida que todos los creyentes son nutridos con miras a un servicio fructífero por medio de la Palabra. La exhortación de Pablo a los ancianos de Éfeso subraya la importancia de este proceso: "Y ahora, hermanos, os encomiendo a Dios, y a la palabra de su gracia, que tiene poder para sobreedificaros" (Hch. 20:32). La maduración de la iglesia está vinculada con el aprendizaje de y la obediencia a la revelación santa de las Escrituras. Así como los bebés recién nacidos necesitan y desean leche física, los creyentes deberían desear el alimento espiritual de la Palabra (1 P. 2:2).

EL PROPÓSITO DEL PATRÓN DE DIOS

hasta que todos lleguemos a la unidad de la fe y del conocimiento del Hijo de Dios, a un varón perfecto a la medida de la estatura de la plenitud de Cristo; para que ya no seamos niños fluctuantes, llevados por doquiera de todo viento de doctrina, por estratagema de hombres que para engañar emplean con astucia las artimañas del error, sino que siguiendo la verdad en amor, (4:13-15*a*)

La edificación de los redimidos involucra un objetivo último doble que Pablo identifica como **la unidad de la fe y** el **conocimiento del Hijo de Dios,** a partir de los cuales fluyen la madurez espiritual, la sana doctrina y el testimonio de amor.

Algunos comentaristas defienden la opinión de que tal objetivo último solo se puede alcanzar con la glorificación, al creer que Pablo está describiendo nuestra unidad y conocimiento finales que tendremos en el cielo. Sin embargo, esa idea no encaja en el contexto porque el apóstol no está describiendo la obra final de Cristo a favor de la iglesia en el cielo sino la obra de hombres dotados en la iglesia sobre la tierra. Estos resultados solo podrían aplicarse a la iglesia en su dimensión terrenal.

UNIDAD DE LA FE

El objetivo espiritual último para la iglesia empieza con **la unidad de la fe** (cp. v. 3). Como en el versículo 5, la **fe** no se refiere aquí al acto de tener una creencia o de obedecer sino al cuerpo general de verdad cristiana, a la doctrina cristiana como tal. **La fe** es el contenido del evangelio en su forma más completa. Como lo ilustra con gran claridad la iglesia de Corinto, la falta de unidad en la iglesia viene como resultado de la ignorancia doctrinal y la inmadurez espiritual. Siempre que los creyentes reciben enseñanza correcta, cuando realizan con fidelidad la obra del ministerio y cuando el cuerpo es en consecuencia edificado hacia la madurez espiritual, **la unidad de la fe** es un resultado inevitable. La unidad en compañerismo es imposible a no ser que sea construida sobre el fundamento de la verdad divina creída por todos en común. La solución a las divisiones en Corinto fue que todos acogieran una misma manera de entender y opinar, y que todos hablaran con la misma verdad (1 Co. 1:10).

La verdad de Dios no está fragmentada ni dividida contra sí, y cuando su pueblo se fragmenta y divide esto significa que en ese mismo grado se han apartado de su verdad, se han separado de **la fe** de un conocimiento y entendimiento correctos. Solo una iglesia equipada y perfeccionada con base en la enseñanza bíblica, que sirve con fidelidad en el ministerio y es madura en su vida espiritual, puede aspirar a **que todos lleguemos a la unidad de la fe.** Cualquier otra unidad ocurre solo a un nivel humano y no solo estará aparte de **la** verdadera **unidad de la fe** sino que será un estorbo para ella y una fuente de conflicto constante. Nunca puede haber unidad en la iglesia aparte de la integridad doctrinal.

CONOCIMIENTO DE CRISTO

El segundo resultado de seguir el patrón de Dios para la edificación de su iglesia es alcanzar **el conocimiento del Hijo de Dios.** Pablo no habla aquí sobre conocimiento para salvación sino acerca del conocimiento profundo (*epignōsis*, conocimiento pleno que es correcto y exacto) que se alcanza por medio de una relación con Cristo basada en la oración y el estudio fiel de y la obediencia a la Palabra de Dios. Tras muchos años de apostolado devoto, Pablo aún podía decir: "estimo todas las cosas como pérdida por la excelencia del conocimiento de Cristo Jesús, mi Señor, por amor del cual lo he perdido todo, y lo tengo por basura, para ganar a Cristo, y ser hallado en él, ... a fin de conocerle, y el poder de su resurrección, y la participación de sus padecimientos... No que lo haya alcanzado ya, ni que ya sea perfecto; sino que prosigo, por ver si logro asir aquello para lo cual fui también asido por Cristo Jesús" (Fil. 3:8-10, 12). Pablo oró pidiendo que los efesios tuvieran ese mismo "conocimiento de él" (1:17; cp. Fil. 1:4; Col. 1:9-10; 2:2). Crecer en el **conocimiento** más profundo **del Hijo de Dios** es un proceso que dura toda la vida y que no será completo hasta que veamos a nuestro Señor cara a cara. Esa es la clase de conocimiento a que Jesús hizo referencia cuando dijo: "Mis ovejas oyen mi voz, y yo las conozco" (Jn. 10:27). No estaba hablando de conocer sus identidades sino de conocerlas de manera íntima, y así es como Él quiere que su pueblo también le conozca.

MADUREZ ESPIRITUAL

El tercer resultado de seguir el patrón de Dios para su iglesia es la madurez espiritual, una madurez **a la medida de la estatura de la plenitud de Cristo.** El gran deseo de Dios para su iglesia es que todo creyente sin excepción alguna, llegue a ser semejante a su Hijo (Ro. 8:29), manifestando el carácter y las cualidades de Aquel quien es la única **medida** de **un varón perfecto,** plenamente desarrollado y maduro. La iglesia en el mundo es Jesucristo en el mundo, porque la iglesia es ahora la plenitud de su cuerpo encarnado en el mundo (cp. 1:23). Nosotros hemos de irradiar y reflejar las perfecciones de Cristo. Por esa razón los cristianos están llamados a "andar como él anduvo" (1 Jn. 2:6; cp. Col. 4:12), y Él anduvo en comunión y obediencia completas y continuas para con su Padre y su Palabra. "Por tanto, nosotros todos, mirando a cara descubierta como en un espejo la gloria del Señor, somos transformados de gloria en gloria en la misma imagen, como por el Espíritu del Señor" (2 Co. 3:18). A medida que crecemos en una comunión cada vez más profunda con Cristo, el proceso de santificación divina por medio de su Espíritu Santo nos cambia a su imagen y semejanza yendo de un nivel de gloria al siguiente. El agente de maduración espiritual, así como de todos los demás aspectos de la vida piadosa, es el propio Espíritu de Dios, aparte del cual hasta la oración más sincera carece de efectividad (Ro. 8:26), y aun la propia Palabra de Dios está falta de poder (Jn. 14:26; 16:13-14; 1 Jn. 2:20).

Es obvio que los creyentes, todos los cuales tienen carne no redimida (Ro. 7:14; 8:23), no pueden alcanzar de forma plena y perfecta en esta vida **la medida de la estatura de la plenitud de Cristo;** pero sí deben y pueden alcanzar un grado de madurez que agrade y glorifique al Señor. La meta del ministerio de Pablo a los creyentes era su madurez, como lo indican sus arduas labores realizadas "a fin de presentar perfecto en Cristo Jesús a todo hombre" (Col. 1:28-29; cp. Fil. 3:14-15).

DOCTRINA SANA

El cuarto resultado de seguir el patrón de Dios para su iglesia es la sana doctrina. El cristiano que está equipado para su perfeccionamiento y maduración **ya no** se comporta como los creyentes inmaduros que son como **niños fluctuantes, llevados por doquiera de todo viento de doctrina, por estratagema de hombres que para engañar emplean con astucia las artimañas del error.**

Kubia (**estratagema**) es el término del que se deriva la palabra *cubo,* y se empleaba con referencia a juegos de azar con lanzamiento de dados. Al igual que hoy día, los dados con frecuencia eran "cargados" o manipulados de otras maneras por apostadores profesionales para su ventaja personal. El término para dados llegó así a ser sinónimo para **estratagemas** deshonestas de cualquier tipo. **Astucia** (*panourgia*; véase Lc. 20:23; 1 Co. 3:19; 2 Co. 12:16) es un término similar que alude a la idea de manipulación artificiosa para hacer que el error tenga aspecto de verdad. *Methodia* (**artimañas**) se utiliza más adelante en la carta con referencia a "las asechanzas del diablo" (6:11). Sin duda tiene que ver con intentos planeados, sutiles y sistemáticos de hacer caer en el error. El punto de Pablo es que ni por **estratagema de hombres** ni por **las artimañas del error** perpetradas por el diablo estaría el creyente maduro, equipado y perfeccionado espiritualmente dispuesto a dejarse desviar del camino eterno.

Por otro lado, son **niños** espirituales (*nēpios*, lit. "los que no hablan") tales como lo eran muchos de los creyentes de la iglesia en Corinto (1 Co. 3:1; 14:20), quienes se encuentran en peligro constante de caer presa de todo lo que esté de moda en la pasarela religiosa o de cualquier interpretación inédita y novedosa de las Escrituras que se escuche por ahí. Al carecer de un conocimiento profundo de la Palabra de Dios, son **fluctuantes** porque se dejan llevar por los dictados del sensacionalismo popular y son **llevados por doquiera de todo viento de doctrina** nueva que les resulte atractiva. Debido a que no están anclados con firmeza en la verdad de Dios, están sujetos a toda clase de verdad falsificada, bien sea de tipo humanista, sectario, pagano, demoníaco u otro. El Nuevo Testamento está repleto de advertencias en contra de este peligro (véase Hch. 20:30-31; Ro. 16:17-18; 2 Co. 11:3-4; Gá. 1:6-7; 3:1; Col. 2:4-8; 1 Ti. 4:1, 6-7; 2 Ti. 2:15-18; 3:6-9; 4:3; He. 13:9; 2 P. 2:1-3; 1 Jn. 2:19-26).

El cristiano inmaduro es crédulo, y en la historia de la iglesia no hay otro grupo de creyentes que haya caído en mayores desatinos en nombre del cristianismo que como ha sucedido a gran parte de la iglesia en la actualidad. A pesar de nuestros niveles educativos, de sofisticación y libertad sin precedentes, así como el acceso sin restricciones a la Palabra de Dios y a enseñanza cristiana sólida y sana, parece que todo vendedor ambulante de religiones (cp. 2 Co. 2:17; 4:2; 11:13-15) puede encontrar un auditorio dispuesto con apoyo financiero incluido entre el conglomerado del pueblo de Dios. El gran número de líderes necios, descarriados, corruptos y hasta heréticos a quienes muchos miembros de iglesia dan de buena gana su dinero y lealtad, es chocante y descorazonador.

La causa de esta triste situación espiritual no es difícil de encontrar. Muchos evangelistas han presentado un evangelio de fe fácil sin compromiso real, y muchos pastores han enseñado un mensaje casi carente de contenido. En muchos lugares el cuerpo de Cristo no ha sido edificado en la sana doctrina ni en la obediencia fiel. En consecuencia hay muy poca solidaridad doctrinal ("unidad de la fe") y poca madurez espiritual ("conocimiento del Hijo de Dios... a la medida de la estatura de la plenitud de Cristo").

De la manera en que muchas familias hoy día están dominadas por sus hijos, lo mismo sucede en muchas iglesias. Es trágico cuando los **niños** de la iglesia, es decir, los creyentes inmaduros en su vida espiritual (cp. 1 Jn. 2:13-14) que se caracterizan por cambiar sus puntos de vista conforme a **todo viento de doctrina** y que de continuo caen presa de la **estratagema** de los hombres y la **astucia** con que Satanás introduce sus **artimañas del error,** se cuentan entre sus maestros y líderes más influyentes.

TESTIMONIO AMOROSO AUTÉNTICO

La quinta y última característica que es ante todo un requisito pero también un resultado de seguir el patrón de Dios para su iglesia está en oposición directa a la fluctuación, el desvío arbitrario y los engaños de Satanás, a saber, el hecho de mantenerse **siguiendo la verdad en amor,** un principio que se aplica a todos los aspectos de la vida y el ministerio cristiano. El verbo que se traduce **siguiendo la verdad** es *alētheuō*, que significa hablar, relacionarse o actuar conforme a la verdad. Algunos lo han traducido "hacer verdad", mientras que otros dicen que transmite la idea de andar de una forma veraz. El verbo se refiere a ser verdadero y auténtico en el sentido más amplio del término y es difícil traducir todo lo que significa. No obstante, en Gálatas 4:16 ese verbo parece hacer énfasis especial en la predicación de la verdad del evangelio. Puesto que la referencia en Gálatas es el único uso adicional del verbo en el Nuevo Testamento, parece seguro decir que el énfasis en Efesios 4 también se hace en la predicación de la verdad (dentro del contexto de una vida cristiana veraz y auténtica). Los creyentes auténticos y maduros cuyas vidas están marcadas por el **amor** no caerán víctimas de la falsa enseñanza (v. 14) sino que vivirán con autenticidad proclamando el evangelio verdadero a un mundo engañado y engañador. La obra de la iglesia se da en todas sus dimensiones, desde el evangelismo hasta la edificación y de vuelta al evangelismo, de forma ininterrumpida hasta el regreso del Señor. Los evangelizados son edificados, y ellos a su vez evangelizan y edifican a otros.

La iglesia equipada y perfeccionada, cuyos miembros se han apropiado de la sana doctrina y son maduros en su manera de pensar y de vivir, es una iglesia que puede extenderse en **amor** para proclamar el evangelio de salvación. Dios no nos da conocimiento, entendimiento, dones y madurez para acaparar sino para hacer a otros partícipes de ello. Él no nos equipa ni perfecciona para nuestro anquilosamiento sino para nuestro servicio activo. No somos dotados y edificados a fin de ser complacientes y ufanos sino con el propósito de hacer la obra del ministerio del Señor en la edificación y expansión del cuerpo de Cristo. **En amor** es la actitud con la cual evangelizamos (cp. 3:17-19; 4:2; 5:1-2). Pablo fue un ejemplo de esa clase de amor, como puede verse en el siguiente testimonio:

Antes fuimos tiernos entre vosotros, como la nodriza que cuida con ternura a sus propios hijos. Tan grande es nuestro afecto por vosotros, que hubiéramos querido entregaros no sólo el evangelio de Dios, sino también nuestras propias vidas; porque habéis llegado a sernos muy queridos. Porque os acordáis, hermanos, de nuestro trabajo y fatiga; cómo trabajando de noche y de día, para no ser gravosos a ninguno de vosotros, os predicamos el evangelio de Dios. Vosotros sois testigos, y Dios también, de cuán santa, justa e irreprensiblemente nos comportamos con vosotros los creyentes; así como también sabéis de qué modo, como el padre a sus hijos, exhortábamos y consolábamos a cada uno de vosotros, y os encargábamos que anduvieseis como es digno de Dios, que os llamó a su reino y gloria. (1 Ts. 2:7-12; cp. 2 Co. 12:15; Fil. 2:17; Col. 1:24-29)

Juan Bunyan dijo acerca de los cristianos: "Cuando todas sus vestiduras sean blancas el mundo reconocerá que son de Dios", y el poeta del escepticismo alemán Heinrich Heine dijo a los cristianos: "Muéstrenme su vida redimida y quizá me sienta inclinado a creer en su Redentor". La vida auténtica que habla el evangelio con un espíritu de sacrificio amoroso será eminentemente convincente.

Nos podríamos engañar con la apariencia de que mantenerse **siguiendo la verdad en amor** es algo fácil de hacer, cuando lo cierto es que resulta en extremo difícil. Es posible tan solo para el creyente que se ha dejado equipar a la perfección en la sana doctrina y en la madurez espiritual. Para el creyente inmaduro la doctrina correcta no es más que ortodoxia fría y el amor nada más que sensiblería. Solo el **varón perfecto,** el hombre que está creciendo y madurando **a la medida de la estatura de la plenitud de Cristo,** cuenta con la sabiduría suficiente para entender la **verdad** de Dios y presentarla con efectividad a otros; solo esa persona tiene la humildad y gracia continuas para presentarla **en amor** y en poder. La combinación de verdad y amor contrarresta las dos grandes amenazas al ministerio poderoso: falta de verdad y falta de compasión.

crezcamos en todo en aquel que es la cabeza, esto es, Cristo, (4:15*b*)

Este testimonio auténtico de amor asiste a los creyentes en su crecimiento constante en la semejanza a Jesucristo. La frase **en todo** es un llamado a la semejanza a Cristo que abarque todos los aspectos de la vida, tales como los descritos en el versículo 13 (cp. 1 Co. 11:1; 2 Co. 3:18; Gá. 4:19; Ef. 5:2; 1 P. 2:21; 1 Jn. 2:6).

La cabeza, esto es, Cristo, expresa una analogía paulina recurrente que indica la autoridad de Cristo (Ef. 1:22; Col. 1:18), su liderazgo (Ef. 5:23), y aquí como en Colosenses 2:19, su poder para controlar. Él no solo es la cabeza soberana y la cabeza gobernante sino también la cabeza orgánica. Él es la fuente de poder para todas las funciones. A los seres humanos se les declara oficialmente muertos cuando el electrocardiograma queda en línea recta indicando muerte cerebral. Así como al cerebro el centro de control de la vida física, el Señor Jesucristo es la fuente orgánica de vida y poder para su cuerpo, la iglesia.

Crecer en su semejanza es estar por completo sujetos a su poder controlador, obedientes a todos sus pensamientos y expresiones de voluntad divina. Es personificar las oraciones de Pablo: "Para mí el vivir es Cristo" (Fil. 1:21) y "ya no vivo yo, mas vive Cristo en mí" (Gá. 2:20).

EL PODER PARA EL PATRÓN DE DIOS

de quien todo el cuerpo, bien concertado y unido entre sí por todas las coyunturas que se ayudan mutuamente, según la actividad propia de cada miembro, recibe su crecimiento para ir edificándose en amor. (4:16)

El poder para ser equipados, perfeccionados y madurados como proclamadores auténticos y amorosos de la verdad, no reposa en los creyentes mismos, en sus líderes o en la estructura eclesiástica. El cuerpo recibe su autoridad, dirección y poder a medida que crece "en todo en aquel que es la cabeza, esto es, Cristo", **de quien todo el cuerpo** llega a quedar **bien concertado y unido entre sí.** Los dos participios presentes pasivos que se traducen con estas frases son sinónimos y se encargan de expresar que la correlación estrecha, sólida y compacta de las funciones realizadas en el cuerpo como un organismo es resultado del poder de Cristo. Esto no niega los esfuerzos de los creyentes, como lo demuestran las frases **por todas las coyunturas que se ayudan mutuamente** y **según la actividad propia de cada miembro.** Cada una de las frases tiene gran importancia para explicar la verdad bíblica acerca de la función desempeñada por el cuerpo. Cristo mantiene unido al cuerpo **entre sí** y le hace funcionar **por todas las coyunturas que se ayudan mutuamente**; es decir, las coyunturas son puntos simultáneos de contraste y unión donde los dones, los recursos espirituales y la provisión del Espíritu Santo son transmitidos de un miembro a otro, suministrando el flujo de ministerio que produce crecimiento.

La actividad propia de cada miembro recalca la importancia del don de cada creyente (v. 7; cp. 1 Co. 12:12-27). El crecimiento de la iglesia no es un resultado de métodos sagaces sino de que cada miembro del cuerpo haga uso pleno de su don espiritual en contacto estrecho con otros creyentes. Cristo es la fuente de la vida y poder y crecimiento de la iglesia, lo cual Él facilita por medio de los dones de cada creyente y el ministerio mutuo en **coyunturas** que permiten el contacto entre los creyentes. El poder en la iglesia fluye a partir del Señor mediante creyentes individuales y relaciones personales entre los creyentes.

Allí donde su pueblo mantiene relaciones cercanas de ministerio espiritual y servicio mutuo y genuino, Dios obra con poder; y allí donde no existe intimidad mutua ni fidelidad en el uso de los dones para el bien común, Él no puede obrar. Él no busca creatividad, ingenuidad o sagacidad, sino obediencia dispuesta y amorosa. El cuerpo físico funciona de forma apropiada solo a medida que cada miembro en unión con todos los demás responde a la dirección de la cabeza para hacer con exactitud lo que fue diseñado para hacer.

En Colosenses 2:19 Pablo presenta un pensamiento de gran valor al advertir en contra de "no [permanecer] asiéndose de la Cabeza, en virtud de quien todo el cuerpo, nutriéndose y uniéndose por las coyunturas y ligamentos, crece con el crecimiento que da Dios". La idea clave en ese versículo es que cada miembro del cuerpo permanezca cercano e íntimo, asiéndose con firmeza a su comunión con Cristo, la Cabeza, de tal manera que no sea desviado por aquello que es falso y destructivo.

La suma de todo lo afirmado por estas verdades es que cada creyente individual debe mantenerse en estrecha intimidad con Jesucristo, usando fielmente su don espiritual en contacto cercano con cada creyente que encuentre a su paso, y que por medio de tal compromiso y ministerio el poder del Señor fluya **para ir edificándose** el cuerpo **en amor.**

El pronombre **crecimiento** (*auxēsis*, empleado solo aquí y en Col. 2:19) aparece en forma de voz media presente, indicando que el cuerpo produce su propio crecimiento por medio de una dinámica que reside en su interior. Como sucede con todos los organismos vivos, el crecimiento espiritual en la iglesia no proviene de fuerzas externas sino del poder vital que fluye del interior y que hace que el cuerpo reciba **su crecimiento para ir edificándose en amor.** Todo esto sucede **en amor,** que debe ser siempre el espíritu del compañerismo entre los creyentes. Por encima de todo, el cuerpo debe manifestar **amor,** y cuando es edificado de conformidad con este plan, el mundo sabrá que se trata de nada menos que el mismo Cuerpo de Cristo (Jn. 13:34-35).

Lo viejo se va y llega lo nuevo

13

Esto, pues, digo y requiero en el Señor: que ya no andéis como los otros gentiles, que andan en la vanidad de su mente, teniendo el entendimiento entenebrecido, ajenos de la vida de Dios por la ignorancia que en ellos hay, por la dureza de su corazón; los cuales, después que perdieron toda sensibilidad se entregaron a la lascivia para cometer con avidez toda clase de impureza. Mas vosotros no habéis aprendido así a Cristo, si en verdad le habéis oído, y habéis sido por él enseñados, conforme a la verdad que está en Jesús. En cuanto a la pasada manera de vivir, despojaos del viejo hombre, que está viciado conforme a los deseos engañosos, y renovaos en el espíritu de vuestra mente, y vestíos del nuevo hombre, creado según Dios en la justicia y santidad de la verdad. (4:17-24)

Cuando una persona cree en Jesucristo y le confiesa como Señor para así nacer de nuevo, tiene lugar una transformación en su naturaleza básica. El cambio es aún más básico y radical que el que tiene lugar en el momento de la muerte. Cuando un creyente muere, ya ha sido hecho apto para el cielo, un ciudadano del reino que además ya se ha convertido en un hijo de Dios. Simplemente empieza a experimentar de manera perfecta la naturaleza divina que ha tenido desde su nacimiento espiritual, puesto que por primera vez queda por completo libre de la carne no redimida. El hecho de que reciba en el futuro su cuerpo resucitado (cp. 1 Co. 15:42-54) no le hará mejor, puesto que ya ha sido perfeccionado; pero sí le dará la capacidad plena para acceder a todo lo que incluye la vida eterna después de la resurrección.

La salvación no es una cuestión de mejoramiento o perfección de algo que haya existido con anterioridad. Es una transformación total. El Nuevo Testamento habla de que los creyentes tienen una nueva mente, una nueva voluntad, un nuevo corazón, una herencia nueva, una relación nueva, poder nuevo, conocimiento nuevo, sabiduría nueva, percepción nueva, entendimiento nuevo, justicia nueva, amor nuevo, deseo nuevo, ciudadanía nueva, y muchas otras cosas nuevas todas las cuales están sintetizadas en la novedad de vida (Ro. 6:4).

En el momento del nuevo nacimiento una persona se convierte en "nueva criatura... las cosas viejas pasaron; he aquí todas son hechas nuevas" (2 Co. 5:17). No es solo que recibe algo nuevo sino que *se convierte* en alguien nuevo. "Con Cristo estoy juntamente crucificado, y ya no vivo yo, mas vive Cristo en mí; y lo que ahora vivo en la carne, lo vivo en la fe del Hijo de Dios, el cual me amó y se entregó a sí mismo por mí" (Gá. 2:20). La nueva naturaleza no es añadida a la vieja naturaleza sino que la reemplaza. La persona transformada es un "yo" renovado por completo. Por contraste al antiguo amor de lo malo (cp. Jn. 3:19-21; Ro. 1:21-25; 28-32), ese nuevo yo que es la parte más profunda y verdadera del cristiano, ahora ama la ley de Dios, anhela cumplir sus justas demandas, aborrece el pecado y anhela su liberación definitiva de la carne no redimida, que es la residencia de la nueva criatura eterna hasta el momento de su glorificación (véase Ro. 7:14-25; 8:22-24).

¿Por qué entonces seguimos pecando después de convertirnos en cristianos? Como Pablo explica en Romanos 7: "De manera que ya no soy yo quien hace aquello, sino el pecado que mora en mí. Y yo sé que en mí, esto es, en mi carne, no mora el bien; porque el querer el bien está en mí, pero no el hacerlo" (vv. 17-18; cp. 20). El pecado sigue residiendo en la carne, de tal modo que estamos inhibidos y restringidos para dar una expresión plena y perfecta a la nueva naturaleza que poseemos. La posesión de la plenitud de la naturaleza divina libre de la corrupción de nuestra carne no redimida es una promesa que solo veremos realizada en el futuro (cp. Ro. 8:23; Fil. 3:20-21; 2 P. 1:3-4).

Por lo tanto, en términos bíblicos correctos no se puede decir que un cristiano tenga dos naturalezas diferentes. Solo tiene una naturaleza que es la nueva naturaleza en Cristo. El viejo hombre muere y el nuevo hombre vive, esto quiere decir que jamás coexisten. No es una vieja naturaleza remanente lo que hace pecar a los cristianos sino la vestimenta externa de la carne pecaminosa. El cristiano es una persona nueva y una criatura totalmente nueva, no un esquizofrénico espiritual. Son los trapos inmundos de la condición humana residual en que tiene que morar por un tiempo la nueva criatura, lo que sigue impidiendo y contaminando su vida. El creyente en la totalidad de su persona es transformado, pero aún no es perfecto del todo. Tiene un pecado que reside pero que ya no reina sobre su vida (cp. Ro. 6:14). Ha dejado de ser el viejo hombre corrompido y ahora es el nuevo hombre creado en justicia y santidad, aguardando la plenitud de su redención (cp. Ro. 13:11).

En Efesios 4 Pablo hace dos llamados basado en el hecho de que los creyentes son nuevas criaturas. El primero da inicio al capítulo: "Yo, pues, ... os ruego que andéis como es digno de la vocación con que fuisteis llamados" (v. 1). El segundo (v. 17) introduce el texto presente, en el que Pablo contrasta el andar del incrédulo y perverso con el andar del cristiano espiritual. Da continuidad al contraste con las palabras "por lo tanto" y "pues" (v. 25; 5:1, 7, 15), mostrando la respuesta y reacción adecuada del cristiano frente al hecho de que es una nueva criatura. Todo esto apunta al hecho de que una naturaleza cambiada demanda un comportamiento cambiado. Es como si el apóstol dijera: "En vista de que Dios ha creado una entidad nueva y maravillosa llamada la iglesia, y a causa de esta creación única con su carácter único de humildad, su investidura única de poder con dones espirituales, su unidad única como el cuerpo de Cristo y su necesidad de ser edificada en amor, aquí les presento la manera como cada creyente debería vivir al ser miembro de esa iglesia".

En los versículos 17-24 Pablo pasa de lo general a lo específico, dando primero cuatro características del andar del viejo hombre y luego cuatro características de la manera de andar del nuevo.

EL ANDAR DEL VIEJO HOMBRE

Esto, pues, digo y requiero en el Señor: que ya no andéis como los otros gentiles, que andan en la vanidad de su mente, teniendo el entendimiento entenebrecido, ajenos de la vida de Dios por la ignorancia que en ellos hay, por la dureza de su corazón; los cuales, después que perdieron toda sensibilidad se entregaron a la lascivia para cometer con avidez toda clase de impureza. (4:17-19)

El **pues** se refiere a lo que Pablo estaba diciendo acerca de nuestro llamamiento supremo en Jesucristo. Puesto que somos llamados a salvación, unificados en el cuerpo de Cristo, equipados por el Espíritu Santo con sus dones y edificados por hombres dotados de manera especial (vv. 1-16), debemos **ya** dejar de andar **como los otros gentiles.** No podemos llevar a cabo la obra gloriosa de Cristo si continuamos viviendo de la misma manera que el mundo vive.

La palabra *ethnos* (**gentiles**) no se encuentra en todos los textos griegos antiguos, y puede haber sido una añadidura posterior, pero su presencia aquí es del todo consecuente con su uso en otros lugares del Nuevo Testamento, incluso las demás epístolas de Pablo. El término se refiere básicamente a una multitud de personas en general, y luego a un grupo en particular. Este es el significado secundario que vemos en nuestra palabra derivada *etnia* o grupo étnico. Los judíos empleaban el término de dos formas comunes, primero para distinguir a todos los demás pueblos de los judíos y segundo para distinguir todas las religiones del judaísmo. Los **gentiles** por ende se relacionaban en sentido racial y étnico con todos los no judíos y en sentido religioso con todos los paganos.

En su primera carta a los tesalonicenses Pablo emplea el término en su significado pagano cuando se refiere a "los gentiles que no conocen a Dios" (1 Ts. 4:5), y ese es el sentido en que lo usa en nuestro texto presente. La palabra **gentiles** representa aquí a todas las personas paganas, impías y no regeneradas.

Como la iglesia en nuestros días, las iglesias en Éfeso y en casi todo el área fuera de Palestina en tiempos del Nuevo Testamento estaban rodeadas de paganismo descomedido y la inmoralidad que lo acompaña. Éfeso era una ciudad comercial y cultural de gran notoriedad en el Imperio Romano. Se jactaba de tener el gran templo pagano de Artemisa o Diana, una de las siete maravillas del mundo antiguo; pero también era una ciudad que llevaba la delantera en la disipación y la inmoralidad sexual. Algunos historiadores la califican como la ciudad más lasciva de Asia menor.

El templo de Artemisa o Diana era el centro de gran parte de la perversión. Como los templos de la mayor parte de las religiones paganas, sus rituales y prácticas no eran más que extensiones de los pecados más viles y depravados del hombre. Había intercambio de papeles masculinos y femeninos, y eran comunes el sexo orgiástico, la homosexualidad y todas las demás aberraciones sexuales. Artemisa era como tal una diosa del sexo representada por un ídolo antiestético y repugnante de color negro que parecía un cruce entre vaca y lobo. Era servida por miles de prostitutas, eunucos, cantores, danzarines, sacerdotes y sacerdotisas. Se veían en todas partes ídolos de Artemisa y otras deidades, en todos los tamaños y en diferentes materiales. Gozaban de especial popularidad los ídolos y artefactos religiosos hechos de plata. Fue debido a que la predicación de Pablo afectó en gran medida la reputación de ese oficio que los plateros efesios amotinaron a la plebe en contra suya y de sus hermanos en la fe (Hch. 19:24-28).

El templo de Artemisa contenía una de las colecciones de arte más exuberantes en existencia en aquel tiempo. También era utilizado como un banco porque la mayoría de la gente tenía temor de robar dentro de sus muros, no fuera que provocasen la ira de la diosa o de otras deidades. Un perímetro de 400 metros servía como asilo para delincuentes, quienes estaban a salvo de amenazas y castigos mientras se mantuvieran dentro de los aledaños del templo. Por razones obvias, la presencia de cientos de delincuentes encallecidos añadía aún más a la corrupción y el vicio de Éfeso. El filósofo griego Heráclito del quinto siglo antes de Cristo, siendo pagano él mismo, se refirió a Éfeso como "la oscuridad de la vileza donde la moral es más baja que la de los animales; los ciudadanos de Éfeso solo son aptos para morir ahogados". No existe razón para creer que la situación hubiese cambiado mucho en el tiempo de Pablo, y si hubo cambio pudo ser solo para empeorar.

La iglesia en Éfeso era una isla diminuta compuesta por personas menospreciadas por los demás en medio de un cuchitril de perversión. La mayoría de los creyentes habían pertenecido antes al paganismo. Con frecuencia pasaban por lugares donde antes se desenfrenaban con amigos paganos en borracheras y lujurias. Enfrentaban tentaciones continuas para recaer en viejos hábitos, y por esa razón el apóstol les amonestaba que resistieran. **Esto, pues, digo y requiero en el Señor: que ya no andéis como los otros gentiles.** Pedro dio una palabra similar de admonición al escribir: "Baste ya el tiempo pasado para haber hecho lo que agrada a los gentiles, andando en lascivias, concupiscencias, embriagueces, orgías, disipación y abominables idolatrías. A éstos les parece cosa extraña que vosotros no corráis con ellos en el mismo desenfreno de disolución, y os ultrajan" (1 P. 4:3-4).

Con base en lo que somos en Cristo y todo lo que Dios ha propuesto y dispuesto para nosotros como sus hijos redimidos y amados, hemos de ser en absoluto distintos del resto del mundo que no le conoce ni le sigue. En sentido espiritual ya hemos dejado el mundo y somos ahora ciudadanos del cielo. Por lo tanto, debemos acatar la exhortación: "No améis al mundo, ni las cosas que están en el mundo. Si alguno ama al mundo, el amor del Padre no está en él. Porque todo lo que hay en el mundo, los deseos de la carne, los deseos de los ojos, y la vanagloria de la vida, no proviene del Padre, sino del mundo. Y el mundo pasa, y sus deseos; pero el que hace la voluntad de Dios permanece para siempre" (1 Jn. 2:15-17). Las normas del mundo son erróneas, sus motivos son errados, sus metas son absurdas. Sus caminos son pecaminosos, engañosos, corruptos, vacíos y destructivos.

La advertencia que Pablo da no se originó de sus propios gustos o preferencias personales. **Esto, pues, digo y requiero en el Señor.** Insistir en el asunto de abandonar el pecado y seguir la justicia no es un capricho de predicadores y maestros anticuados. Es la propia norma de Dios y su única guía para quienes le pertenecen. Es la esencia misma del evangelio y está en contraste radical con las normas de los no redimidos.

Pablo procede a dar cuatro características específicas del estilo de vida impío y pagano que los creyentes deben abandonar. La vida mundana es fútil en lo intelectual, ignorante de la verdad de Dios, insensible en lo moral y espiritual, y depravada en el aspecto mental.

FÚTIL EN LO INTELECTUAL

La primera característica de las personas no regeneradas es que viven **en la vanidad de su mente.** Es significativo que el asunto básico del estilo de vida se centra en la **mente.** Pablo continúa hablando de entendimiento e ignorancia (v. 18), aprendizaje y enseñanza (vv. 20-21), y de la mente y la verdad (vv. 23-24), todos los cuales están relacionados con el intelecto. Puesto que los incrédulos y los cristianos *piensan de manera diferente,* se concluye por lo tanto que han de *actuar diferente.* En lo concerniente a asuntos espirituales y morales, un incrédulo no puede pensar correctamente. Sus procesos racionales en esas áreas están atrofiados y son inadecuados (cp. Ro. 1:28; 8:7; 1 Co. 2:14; Col. 2:18; Tit. 1:15).

En su extenso libro _La personalidad delictiva,_ Samuel Yochelson y Stanton Samenow sostienen que la conducta delictiva es resultado de un pensamiento atrofiado. Tres secciones enteras (páginas 251–457) están dedicadas al tema: "Los errores de pensamiento del delincuente". Mediante el estudio de lo que piensan los delincuentes en lugar de los intentos de explorar sus sentimientos y trasfondos, estos investigadores utilizan las secciones mencionadas para dar a conocer sus conclusiones. Ellos escriben: "Es notable que el delincuente con frecuencia deriva tanto efecto de sus actividades realizadas durante fases libres de arrebato como el que deriva de actividades delictivas. Los patrones de pensamiento del delincuente operan en todas partes y no están restringidos al delito". Esa es una descripción de la mente depravada y réproba. "Las explicaciones sociológicas han sido insatisfactorias", declaran los autores. "La idea de que un hombre se convierte en delincuente porque es corrompido por su ambiente ha demostrado ser una explicación muy débil. Hemos indicado que los delincuentes proceden de un amplio espectro de hogares, lo mismo desaventajados que privilegiados dentro de un mismo vecindario. Algunos son violadores y la mayoría no lo son. No es el ambiente lo que convierte a un hombre en delincuente, sino una serie de decisiones y opciones que empieza a tomar desde una edad muy temprana". Los investigadores también concluyen que la mentalidad delictiva tarde o temprano "decidirá de forma unilateral que todas las cosas carecen de valor". "Su manera de pensar es ilógica", afirman en resumen.

Debido a que la pecaminosidad del hombre fluye a partir de su mente reprobada, la transformación debe empezar con la mente (v. 23). El cristianismo es cognitivo antes de ser experimentado. Es nuestro pensamiento lo que nos hace considerar el evangelio y nuestro pensamiento lo que nos hace creer los hechos históricos y las verdades espirituales del evangelio, así como recibir a Cristo como Señor y Salvador. Por esa razón el primer paso en el arrepentimiento es un cambio de mente acerca de uno mismo, de su condición espiritual y de su relación con Dios.

Para los griegos la mente tenía una importancia preponderante. Se enorgullecían por su grandiosa literatura, arte, filosofía, política y ciencia. Habían avanzado tanto en su aprendizaje que los esclavos griegos eran valorados en gran manera por los romanos y otros conquistadores, como tutores para sus hijos y administradores de sus casas y negocios. Los griegos creían que casi cualquier problema podía ser resuelto mediante la razón.

Sin embargo, Pablo dice que en el campo espiritual la operación de la mente natural es fútil e improductiva. _Mataiotēs_ (**vanidad**) se refiere a aquello que no produce el resultado deseado, todo aquello que no tiene éxito. Por ende, se empleaba como sinónimo de vacío porque al fin de cuentas es como nada. Es inevitable que el pensamiento espiritual y el estilo de vida que trae como resultado en los **gentiles,** palabra que aquí representa a todos los impíos, sea vacío, vano y carente de sustancia. La vida de un incrédulo está destinada a la trivialidad absoluta en pensamientos y acciones. Consume sus energías en pos de metas puramente egoístas, en la acumulación de lo que no pasa de ser temporal, y buscando satisfacción en lo que de por sí es engañoso y decepcionante.

La persona no regenerada planea y resuelve todas las cosas con base en su propia manera de pensar. Se convierte en su propia autoridad final y sigue su propio pensamiento hasta sus consecuencias y resultados últimos de futilidad, y falta absoluta de propósito y de sentido, a ese vacío egocéntrico que caracteriza el mundo en que vivimos (cp. Sal. 94:8-11; Hch. 14:15; Ro. 1:21-22).

Tras una vida en la que experimentó toda clase de ventajas y placeres mundanos, el hombre más sabio, rico y favorecido del mundo antiguo llegó a la conclusión de que la vida mundana "es vanidad y aflicción de espíritu" (Ec. 2:26; cp. 1:2; 14; 2:11; etc.). No obstante, siglo tras siglo y milenio tras milenio, los hombres siguen procurando alcanzar las mismas metas fútiles en las mismas formas fútiles.

IGNORANTE DE LA VERDAD DE DIOS

La segunda característica de las personas impías es su ignorancia de la verdad de Dios. Su pensamiento no solo es fútil sino que carece de toda advertencia espiritual. **Andan... teniendo el entendimiento entenebrecido, ajenos de la vida de Dios por la ignorancia que en ellos hay, por la dureza de su corazón.**

La educación general y el aprendizaje superior se han divulgado con mayor extensión en nuestros días que en cualquier otra época de la historia humana. Las personas con títulos universitarios se cuentan por los cientos de millones, y nuestra sociedad al igual que la Grecia antigua, se enorgullece de su ciencia, tecnología, literatura, arte y demás logros de la mente. Para muchas personas el ser llamado ignorante es un insulto más grande que ser llamado pecador. No obstante, el punto de Pablo en este pasaje es que la ignorancia y el pecado son inseparables. Puede ser que los impíos "siempre están aprendiendo", pero lo cierto es que "nunca pueden llegar al conocimiento de la verdad" (2 Ti. 3:7). La humanidad caída tiene una incapacidad intrínseca para conocer y comprender las cosas de Dios, las únicas cosas que en realidad merecen y necesitan ser conocidas. Cuando los hombres rechazaron a Dios "se envanecieron en sus razonamientos, y su necio corazón fue entenebrecido" (Ro. 1:21). La futilidad y necedad intelectual se combinan como parte del castigo por el pecado.

La palabra griega detrás de **entenebrecido** es un participio perfecto, lo cual indica una condición continua de oscuridad e ignorancia espiritual. Esta oscuridad implica al mismo tiempo ignorancia e inmoralidad, y la oscuridad en **el entendimiento** va de la mano con la exclusión irremediable **de la vida de Dios** (cp. Jn. 1:5). La causa de sus tinieblas, ignorancia y separación de Dios es **la dureza de su corazón,** su determinación voluntariosa a permanecer en pecado. Puesto que los hombres determinan rechazarle, Dios a su vez determina de forma judicial y soberana enceguecer sus mentes, excluirles de su presencia y ratificarles en su ignorancia espiritual. "Pues habiendo conocido a Dios, no le glorificaron como a Dios, ni le dieron gracias", explica Pablo acerca de la humanidad caída. "Profesando ser sabios, se hicieron necios... Por lo cual también Dios los entregó a la inmundicia, en las concupiscencias de sus corazones" (Ro. 1:21-22, 24).

Por la dureza de su corazón, los impíos son incapaces de responder a la verdad (cp. Is. 44:18-20; 1 Ts. 4:5). Así como un cadáver no puede escuchar una conversación en la funeraria, el individuo que está espiritualmente muerto en sus "delitos y pecados" (Ef. 2:1) no puede escuchar ni entender las cosas de Dios sin importar con cuánta resonancia o claridad sean declaradas o se hagan evidentes ante él. *Pōrōsis* (**dureza**) alude a la idea de ser duro como la piedra. Los médicos utilizaban la palabra para describir la calcificación que se forma alrededor de huesos rotos y que adquiere mayor dureza que el hueso mismo. También se usaba para aludir a las capas endurecidas que se forman a veces en las articulaciones y que ocasionan su inmovilidad. Por lo tanto, la palabra podía connotar tanto la idea de parálisis como de dureza espiritual. El pecado tiene un efecto petrificador, y el **corazón** de la persona que opta por pecar de continuo, se endurece y paraliza frente a la verdad espiritual y llega a ser por completo insensible a las cosas de Dios.

Leroy Auden de la universidad de Chicago ha escrito: "Escondemos un león infatigable e inquieto bajo una caja de cartón, ya que así utilicemos términos diferentes al de culpa para describir esta turbulencia en nuestras almas, se mantiene el hecho de que no todo está bien en nuestro interior". De una u otra forma, bien sea mediante juegos psicológicos, racionalización, autojustificación o por medio de transferencia de culpas, negación del pecado y eliminación de la moralidad, los hombres tratan inútilmente de librarse del león de la culpa. El problema es que la culpa no se aleja por ningún medio.

Satanás juega un papel parcial en la ceguera de aquellos que rehúsan creer, porque "el dios de este siglo cegó el entendimiento de los incrédulos, para que no les resplandezca la luz del evangelio de la gloria de Cristo, el cual es la imagen de Dios" (2 Co. 4:4). Se niegan a ver a Cristo porque rehúsan ver a Dios, y su rechazo es confirmado y reforzado sin dilación por el dios de este mundo.

Además, cuando los hombres persisten de manera continua en seguir su propio camino, llegará también el momento en que serán confirmados en su propia elección por el Dios del cielo. Los judíos que escucharon a Jesús enseñar y predicar tenían la gran ventaja de que la Palabra de Dios les había sido dada por medio de Moisés, los profetas y demás escritores del Antiguo Testamento. Incluso contaron con la ventaja de haber visto y escuchado al propio Hijo encarnado de Dios, "pero a pesar de que había hecho tantas señales delante de ellos, no creían en él; ... Por esto no podían creer, porque también dijo Isaías: Cegó los ojos de ellos, y endureció su corazón; Para que no vean con los ojos, y entiendan con el corazón, Y se conviertan, y yo los sane" (Jn. 12:37, 39-40). Puesto que no estaban dispuestos a creer, tampoco tenían la capacidad para creer. Por eso Dios dice: "El que es injusto, sea injusto todavía; y el que es inmundo, sea inmundo todavía" (Ap. 22:11).

Siempre que los hombres eligen petrificar sus corazones mediante el rechazo constante de la luz (Jn. 12:35-36), llegan a tener **el entendimiento entenebrecido, y** se mantienen **ajenos de la vida de Dios por la ignorancia que en ellos hay, por la dureza de su corazón.** Esa es la tragedia inenarrable de la incredulidad, la tragedia de la persona que se convierte en su propio dios.

INSENSIBLE EN LO ESPIRITUAL Y MORAL

La tercera característica de la persona no regenerada es la insensibilidad espiritual y moral, por eso Pablo dice que los impíos **perdieron toda sensibilidad.** Cuando las personas continúan en el pecado y dan la espalda por voluntad propia a la vida de Dios, se vuelven apáticos e insensibles con respecto a realidades morales y espirituales. Rechazan todas las normas de justicia y no les importan las consecuencias de sus pensamientos y acciones injustas. Hasta su conciencia se cauteriza y pierde la capacidad de percibir lo que es malo (1 Ti. 4:2; Tit. 1:15).

De acuerdo a un antiguo relato griego, un joven espartano robó una zorra pero luego se encontró de forma inadvertida con el hombre a quien la había robado. Para evitar que se descubriera su escamoteo, el muchacho metió la zorra dentro de su vestido y se quedó de pie sin mover un solo músculo mientras el animal asustado le desgarraba las entrañas. Ni siquiera a precio de su propia y horrible muerte estuvo dispuesto a desembaular su falta.

Nuestra sociedad llena de maldad está tan determinada a no dejarse descubrir por lo que es, que se sostiene impertérrita mientras su propia vida y vitalidad le son arrancadas sin tregua por los pecados y la corrupción a los que se aferra con tanto apego. La sociedad ha perdido **toda sensibilidad,** tanto frente a la realidad como a las consecuencias del pecado, y está dispuesta a soportar cualquier agonía con tal de no admitir que su forma de "vivir" es el camino más seguro a la muerte.

Por otra parte, los pecados que antes eran disimulados o excusados ahora son objeto de la indulgencia pública y se cometen de manera abierta y desmandada. A veces ni siquiera se trata de mantener la apariencia de moralidad. Siempre que rige el deseo del ego, la indecencia corre indómita y procede a cauterizar la conciencia, aquella luz de advertencia y centro sensible al dolor que Dios ha dado a los hombres en su alma. Los moribundos se vuelven insensibles a lo que está acabando sus vidas, y esto debido a que han elegido esa manera de ver las cosas. Ni siquiera al ser expuestos en su desvergüenza a la vista del mundo sus pecados son reconocidos como pecaminosos, ni como la causa de una cada vez mayor y absoluta falta de sentido y de esperanza (cp. Ro. 1:32).

DEPRAVADOS EN SU MENTE

La manera egocéntrica de pensar, la ignorancia de la verdad y la insensibilidad espiritual y moral conducen de forma inevitable **a la lascivia para cometer con avidez toda clase de impureza.**

Aselgeia (**lascivia**) se refiere a conducta licenciosa y ausencia total de todo freno moral, sobre todo en el área de los pecados sexuales. Un comentarista dice que el término se refiere a "una disposición del alma que es incapaz de soportar el dolor de la disciplina". La idea del término es indulgencia desenfrenada en apetitos egoístas y obscenidad recalcitrante.

La **lascivia** caracteriza a la gente descrita por Pablo en estos términos: "aquellos que, siguiendo la carne, andan en concupiscencia e inmundicia, y desprecian el señorío. Atrevidos y contumaces, no temen decir mal de las potestades superiores, mientras que los ángeles, que son mayores en fuerza y en potencia, no pronuncian juicio de maldición contra ellas delante del Señor. Pero éstos, hablando mal de cosas que no entienden, como animales irracionales, nacidos para presa y destrucción, perecerán en su propia perdición" (2 P. 2:10-12).

Todas las personas reconocen en principio por lo menos alguna norma que establece la diferencia entre lo bueno y lo malo, lo correcto y lo incorrecto, y todos los seres humanos cuentan con cierta capacidad de sentir vergüenza cuando actúan en contra de ese principio. En consecuencia, por lo general tratan de esconder sus faltas y desvaríos. Es posible que recaigan siempre en lo mismo y lo sigan reconociendo como malo y como algo que no deberían hacer, de modo que su propia conciencia no les permite sentirse cómodos todo el tiempo. Pero a medida que persisten en prevalecer sobre la conciencia y adiestrarse o encallecerse en hacer lo malo e ignorar la culpa, tarde o temprano terminan rechazando esas normas y determinan vivir única y exclusivamente en conformidad con sus propios deseos, con lo cual revelan tener una conciencia ya cauterizada. Tras rechazar todas las pautas y recursos divinos para su protección, se vuelven depravados en sus mentes y se abandonan a **la lascivia**. A esa clase de persona no le importa en absoluto lo que piensen otras personas, para no mencionar lo que Dios piensa, sino tan solo aquello que gratifica las concupiscencias de su propia mente descarriada.

La impiedad y la inmoralidad que le acompaña destruyen la mente al igual que la conciencia y el espíritu. El rechazo de Dios y de su verdad y justicia trae como resultado final lo que Pablo llamó en Romanos "una mente reprobada" (1:28), una mente que no es mente en realidad porque no puede razonar, no puede pensar con claridad, no puede reconocer ni entender la verdad de Dios, y la cual pierde contacto con *toda* realidad. Tal es la perversión y deficiencia mental propia de la gente famosa que se caracteriza por la indulgencia y disipación absolutas, de aquellas personas que pierden sus carreras, su cordura y muchas veces su vida física a causa de **la lascivia** desvergonzada y extravagante que consienten en su vida. Cuando la indecencia se convierte en un estilo de vida, todos los aspectos de la vida se corrompen, distorsionan y destruyen tarde o temprano.

El rápido aumento en las enfermedades mentales hoy día puede verse en proporción directa con el aumento desmesurado en **la lascivia** de todo tipo. El hombre está hecho para Dios y fue diseñado de acuerdo a sus normas. Siempre que el hombre rechaza a Dios y sus normas se destruye a sí mismo en el proceso. Las corrupciones de nuestra sociedad actual no son el resultado de circunstancias psicológicas o sociológicas sino el resultado de decisiones y preferencias personales basadas en principios que tienen el propósito específico de ir en contra de Dios y sus caminos. La homosexualidad, la perversión sexual, el aborto, la mentira, la trampa, el robo, el homicidio y todos los demás tipos de degeneración moral se han vuelto formas de vida insolentes e insensibles por medio de las decisiones y preferencias conscientes de aquellos que se entregan a ellas con indulgencia.

Ergasia ([para] **cometer**) puede hacer referencia a una empresa, negocio o actividad comercial, y esa idea se podría aplicar aquí. La persona impía con frecuencia realiza negocios lucrativos con **toda clase de impureza.** Un líder cristiano comentó hace algunos años que muchos de los libros publicados en los Estados Unidos compiten con el chorro de una alcantarilla, y de hecho es que la pornografía, la prostitución, el cine "para adultos", los programas sugestivos en televisión y **toda clase de impureza** constituyen quizás la industria de mayor volumen y crecimiento en nuestro país. La vasta mayoría de su contenido es abierto al público, desvergonzado y protegido por la ley.

Un artículo en la revista *Forbes* (septiembre 18, 1978, pp. 81-92) titulado "La economía de clasificación X", empezó con una afirmación de lo obvio, diciendo que la pornografía ha dejado de ser un negocio ilegal. El mercado para la pornografía no se limita a los pervertidos y otras clases de lisiados emocionales. Por el contrario, la mayor parte del mercado se encuentra en la gente de clase media. En una sociedad cada vez más permisiva los que gustan de la pornografía están en libertad de regodearse en ella. La revelación más sorprendente fue que, de acuerdo a las cuentas oficiales, los productores y distribuidores de pornografía en este país generan con sus negocios más de cuatro mil millones de dólares al año, una cifra mayor a los ingresos combinados de las industrias del cine y la música que con frecuencia los respaldan. Otros cálculos asignan ese valor triplicado a todo el negocio de la pornografía, incluso el segmento cada vez más rentable de los videos caseros.

La **lascivia** es inseparable de la **avidez**. *Pleonexia* (**avidez**) es codicia sin límites, lujuria desaforada hacia el objeto del deseo egoísta. La inmoralidad no tiene parte alguna en el amor, y todo lo que la persona sensual hace bajo la apariencia de interés en y ayuda a otros no es más que una treta para la explotación. El mundo de **la lascivia** y la **impureza** es el mundo de la **avidez** desenfrenada. La persona que se entrega a la impiedad y la inmoralidad se apropia ávidamente de todo lo que pueda obtener de quienes le rodean. Evalúa todos los aspectos de la vida solo en términos materialistas (Lc. 12:15), utiliza a otras personas para su propia ventaja (1 Ts. 2:5; 2 P. 2:3), y da la espalda a Dios con el objetivo de satisfacer sus propios deseos malignos (Ro. 1:29). Esta **avidez** o avaricia pecaminosa no es nada menos que idolatría (Col. 3:5).

Cuando una persona determina pensar según su propio dictamen, hacer las cosas a su manera y procurarse su propio destino, se está cortando de toda posible relación personal con Dios. Al suceder esto, se escinde de la verdad y se convierte en un ciego espiritual que carece de normas de moralidad. Sin estos principios, la inmoralidad se convierte en un estilo de vida desvergonzado e insensible. El hecho de continuar en ese estado destruye la capacidad de la mente para distinguir el bien del mal, la verdad de la falsedad y la realidad de lo irreal. La vida impía se convierte en la existencia sin sentido ni intelecto.

Ese proceso caracteriza a todo incrédulo. Es la dirección en que se dirige la vida de toda persona impía aunque algunos vayan más lejos que otros en la misma vía. "Los malos hombres y los engañadores irán de mal en peor, engañando y siendo engañados" (2 Ti. 3:13). El hecho de que algunas personas no alcancen los extremos que Pablo menciona en Efesios 4:17-19 se debe solamente al escudo protector de la gracia común y universal de Dios que Él extiende sobre justos e injustos por igual (véase Mt. 5:45), y a la influencia preservadora del Espíritu Santo (Job 34:14-15) y de la iglesia (Mt. 5:13).

EL ANDAR DEL NUEVO HOMBRE

Mas vosotros no habéis aprendido así a Cristo, si en verdad le habéis oído, y habéis sido por él enseñados, conforme a la verdad que esta en Jesús. En cuanto a la pasada manera de vivir, despojaos del viejo hombre, que está viciado conforme a los deseos engañosos, y renovaos en el espíritu de vuestra mente, y vestíos del nuevo hombre, creado según Dios en la justicia y santidad de la verdad. (4:20-24)

216

El nuevo andar en Cristo es exactamente lo opuesto del andar viejo de la carne. Mientras que el viejo hombre andaba en su egocentrismo y futilidad, el nuevo está centrado en Cristo y tiene propósito. Mientras el viejo es insensible y desvergonzado en lo moral y espiritual, el nuevo es sensible al pecado de cualquier clase. Mientras que el viejo es depravado en su manera de pensar, el nuevo ha sido renovado por completo en su mente.

CRISTOCÉNTRICO

Mas vosotros no habéis aprendido así a Cristo, (4:20)

Tras describir los males del mundo pagano y la perversión egocéntrica sin propósito ni normas que al mismo tiempo procede de y conduce a tinieblas e ignorancia espiritual, Pablo declaró a los creyentes que habían recaído en tal degradación: **Mas vosotros no habéis aprendido así a Cristo.** Esa no es la manera ni el estilo de Cristo ni de su reino o familia. "Ustedes no deben tener parte alguna en tales cosas", les insistió, "bien sea por participación directa o por asociación indirecta".

La frase **vosotros no habéis aprendido así a Cristo** es una referencia directa a la salvación. Aprender a Cristo equivale a ser salvo. Aunque es cierto que el verbo *manthanō* puede emplearse con referencia al proceso de aprender la verdad (véase Ro. 16:17; Fil. 4:9), también puede significar "llegar a conocer" (Walter Bauer, *A Greek-English Lexicon of the New Testament*. Traducido y editado por W. F. Arndt y F. W. Gingrich. 5a. ed. [Chicago; U. de Chicago, 1958], p. 490), como un acto que sucede solo una vez, en particular cuando el verbo se encuentra en el indicativo aoristo activo, como en este caso. El aoristo también se emplea en Juan 6:45, donde Jesús habló acerca de aquellos que habían sido "enseñados por Dios" y de "todo aquel que... aprendió de él", como una referencia que apuntó hacia el acto salvador de la fe desde el antiguo pacto y que sería el medio para acercar el hombre a Dios.

En Mateo 11:29 Jesús ofreció una de las invitaciones más amorosas y maravillosas a la salvación: "Llevad mi yugo sobre vosotros, y aprended de mí". Este uso de *manthanō* también está en tiempo aoristo, lo cual indica que se trata de un acto único e irrepetible.

Tanto el contexto como el uso del tiempo verbal aoristo en el verbo "aprender" en estos pasajes lleva a la conclusión de que este aprendizaje se refiere al momento en que se deposita la fe para salvación.

"La amistad del mundo es enemistad contra Dios" (Stg. 4:4), y la persona que hace una profesión por Cristo pero no realiza esfuerzo alguno para romper con sus hábitos mundanos y pecaminosos, tiene razón para dudar de su salvación. "El que dice: Yo le conozco, y no guarda sus mandamientos, el tal es mentiroso, y la verdad no está en él", y "si alguno ama al mundo, el amor del Padre no está en él" (1 Jn. 2:4, 15).

Los caminos de Dios y los caminos del mundo no son compatibles. La idea promovida por algunos que afirman ser evangélicos, según la cual un cristiano no tiene que renunciar a ciertas cosas ni cambiar algo en su vida cuando se convierte en cristiano, no es nada menos que diabólica. Esta noción, bajo el talante de elevar la gracia de Dios y proteger el evangelio de la justificación por obras, el único resultado que tiene es enviar a muchas personas engañadas a recorrer con falsa seguridad el camino ancho que como Jesús dijo, solo conduce a la destrucción (Mt. 7:13).

En el lado humano, la salvación empieza con el arrepentimiento, un cambio de mente y acción con respecto al pecado, el ego y Dios. Juan el Bautista (Mt. 3:2), Jesús (Mt. 4:17) y los apóstoles (Hch. 2:38; 3:19; 5:31; 20:21; 26:20), empezaron sus ministerios con la predicación del arrepentimiento. El propósito mismo de recibir a Cristo es "[ser] salvos de esta perversa generación" (Hch. 2:40), y ninguno que haya sido salvo no ha pasado por el arrepentimiento y abandono del pecado. El arrepentimiento no nos salva, pero Dios no puede salvarnos de pecado que no estemos dispuestos a erradicar de nuestra vida. Aferrarse al pecado es rehuir de Dios, insultar su gracia y anular la fe. Ningún cristiano es del todo libre de la presencia del pecado en esta vida, pero en Cristo está libertado y está dispuesto a mantenerse libre de su orientación hacia el pecado. Muchas veces resbala y cae, pero la dirección determinada de su vida consiste en *alejarse del pecado*.

Una de las primeras cosas que un cristiano debería aprender es que no puede confiar en su propio pensamiento ni fiarse de su propio modo de hacer las cosas. "Por todos murió [Cristo], para que los que viven, ya no vivan para sí, sino para aquel que murió y resucitó por ellos" (2 Co. 5:15). El cristiano tiene la mente de Cristo (1 Co. 2:16) y la mente de Cristo es la única en la que puede confiar sin reservas ni temor. El cristiano obediente y fiel es aquel para quien Cristo piensa, actúa, ama, siente, sirve y vive en todo sentido porque puede decir al lado de Pablo: "Con Cristo estoy juntamente crucificado, y ya no vivo yo, mas vive Cristo en mí; y lo que ahora vivo en la carne, lo vivo en la fe del Hijo de Dios, el cual me amó y se entregó a sí mismo por mí" (Gá. 2:20).

Puesto que tenemos la mente de Cristo, hemos de tener en nosotros "este sentir que hubo también en Cristo Jesús", quien "se humilló a sí mismo, haciéndose obediente hasta la muerte, y muerte de cruz" (Fil. 2:5, 8). Aunque Cristo es uno con su Padre, mientras estuvo en la tierra no hizo nada en absoluto fuera de la voluntad de su Padre (Mt. 26:39, 42; Jn. 4:34; 5:30; 6:38; etc.). Si nuestro Señor encarnado buscó tener la mente de su Padre celestial en todas las cosas que hizo, ¿cuánto más deberíamos nosotros? La marca de la vida cristiana es pensar como Cristo, actuar como Cristo, amar como Cristo y en todos los sentidos posibles ser como Cristo, a fin de que "ya sea que velemos, o que durmamos, vivamos juntamente con él" (1 Ts. 5:10).

Dios tiene planeado el destino del universo, y mientras Cristo esté obrando en nosotros, está llevando a cabo una parte de ese plan por medio de nosotros. La vida centrada en Cristo es la vida más llena de propósito y significado que se pueda concebir, ¡porque forma parte activa del plan divino y de la obra perfecta de Dios!

CONOCE LA VERDAD DE DIOS

si en verdad le habéis oído, y habéis sido por él enseñados, conforme a la verdad que está en Jesús. (4:21)

En lugar de ser ignorante de la verdad de Dios, el cristiano ha **oído** a Cristo y ha **sido por él enseñado.** Ambos verbos están en el tiempo aoristo, apuntando también a un acto singular en el pasado, y en este contexto con referencia al tiempo en que los lectores fueron enseñados acerca del evangelio y creyeron en su mensaje, llamado aquí **la verdad que está en Jesús.** Estos términos describen el momento de la salvación o conversión. Cuando una persona recibe a Cristo como Salvador y Señor, tiene acceso a la verdad de Dios.

No es posible que la frase **si en verdad le habéis oído, y habéis sido por él enseñados** (cp. Mt. 17:5) haga referencia a escuchar la voz física de Jesús en la tierra, porque este no pudo haber sido el caso para todos los creyentes en el Asia menor a quienes Pablo estaba escribiendo. Debe referirse a escuchar su llamado espiritual a la salvación (cp. Jn. 8:47; 10:27; Hch. 3:22-23; He. 3:7-8). Muchas referencias del Nuevo Testamento hablan de este escuchar y ser enseñados como el llamado de Dios (véase por ejemplo, Hch. 2:39). *En autoi* (**por él**) significa en unión con Cristo y recalca el hecho de que en el momento de la conversión recibimos la verdad encarnada en Cristo, porque llegamos a estar en Él y a vivir **por él.**

La vida sin Dios conduce al cinismo acerca de la verdad. La persona impía puede hacer la misma pregunta retórica de Pilato: "¿Qué es la verdad?" (Jn. 18:38), pero sin estar dispuesta a esperar una respuesta satisfactoria. Sin embargo, el cristiano puede decir: "La verdad de Cristo... está en mí" (2 Co. 11:10), y "sabemos que el Hijo de Dios ha venido, y nos ha dado entendimiento para conocer al que es verdadero; y estamos en el verdadero, en su Hijo Jesucristo" (1 Jn. 5:20).

Por ende, **la verdad que está en Jesús** es primero que todo la verdad acerca de la salvación. Esta idea va paralela a la de 1:13, donde Pablo dice escuchar la verdad y estar en Él son sinónimos de la conversión: "En él también vosotros, habiendo oído la palabra de verdad, el evangelio de vuestra salvación, y habiendo creído en él, fuisteis sellados con el Espíritu Santo de la promesa". La **verdad...**

219

está en Jesús y conduce a la plenitud de verdad acerca de Dios, el hombre, la creación, la historia, el pecado, la justicia, la gracia, la fe, la salvación, la vida, la muerte, el propósito y significado de la existencia, las relaciones, el cielo, el infierno, el juicio, la eternidad, y todas las demás cosas de importancia y trascendencia.

Juan resumió esta relación con la verdad al escribir: "Pero sabemos que el Hijo de Dios ha venido, y nos ha dado entendimiento para conocer al que es verdadero; y estamos en el verdadero, en su Hijo Jesucristo. Este es el verdadero Dios, y la vida eterna" (1 Jn. 5:20).

LIBERADO DEL VIEJO HOMBRE

En cuanto a la pasada manera de vivir, despojaos del viejo hombre, que está viciado conforme a los deseos engañosos, (4:22)

Para demostrar la naturaleza transformadora de la regeneración, el apóstol procede a describir y definir las realidades inherentes de la verdad que está en Jesús y que sus lectores escucharon y les fue enseñada en su conversión a Dios. Utiliza aquí tres infinitivos en el original griego para resumir lo que ellos escucharon en el llamamiento del evangelio: **despojaos,** "renovaos" (v. 23) y "vestíos" (v. 24).

Es importante notar que aquí Pablo no está exhortando a los creyentes a hacer estas cosas. Estos tres infinitivos describen la verdad de salvación en Jesús y no son imperativos dirigidos a los cristianos, por lo cual deben ser leídos como: despojarse, renovarse y vestirse. Estas son cosas que ocurren en el momento de la conversión y se mencionan aquí con el único fin de recordar la realidad de esa experiencia.

Despojaos del viejo hombre se relaciona con "habéis oído, y habéis sido por él enseñados" en el evangelio (v. 21). También debe advertirse que, a pesar de ser esencial afirmar que la salvación es un milagro divino y soberano aparte de cualquier contribución humana, también debe afirmarse que los hombres sí participan al escuchar y creer el evangelio y al despojarse del viejo hombre mientras son vestidos con el nuevo. El acto de salvación de Dios efectúa tales respuestas en el alma que cree. No se trata de obras humanas requeridas para merecer la salvación divina sino de elementos inherentes de la obra divina de salvación. Los términos de Pablo aquí son básicamente una descripción del arrepentimiento del pecado y el sometimiento a Dios, que se enseñan muchas veces como elementos de la regeneración (véase Is. 55:6-7; Mt. 19:16-22; Hch. 2:38-40; 20:21; 1 Ts. 1:9; y otros).

En contraste a la persona no regenerada que de continuo resiste y rechaza a Dios y vive en la esfera del pecado que domina sobre su vida (**la pasada manera de vivir**) el cristiano ha escuchado y acatado el llamado: **despojaos del viejo**

hombre. El verbo significa desprenderse o arrancar, como en el caso de prendas o harapos sucios. El tiempo del verbo (aoristo voz media) indica una acción que sucede una vez para siempre y que el creyente realiza en el tiempo de su salvación.

La referencia de Pablo al **viejo hombre** (viejo en el sentido de desgastado e inservible), es consecuente con la terminología del evangelio en sus otras epístolas. Por ejemplo, Colosenses 3 describe el hecho de la salvación con el uso de cuatro verbos: "Porque *habéis muerto,* y vuestra vida está escondida con Cristo en Dios" (v. 3); "*habéis resucitado*" (v. 1); "*habiéndoos despojado* del viejo hombre" (v. 9); y después de habernos "*revestido* del nuevo, el cual conforme a la imagen del que lo creó se va renovando hasta el conocimiento pleno" (v. 10, cursivas añadidas). Todos esos cuatro verbos se encuentran conjugados en el tiempo aoristo en griego, indicando que se refieren a acciones ya completadas y que por lo tanto deben hacer referencia al mismo acontecimiento pasado de la salvación. En el contexto, "despojaos" y "vestíos" no puede ser otra cosa que un paralelo exacto de "habéis muerto" y "habéis resucitado", que en su contenido son verdades acerca de la salvación.

Afirmar la verdad de estos cuatro aspectos de la conversión es la base para las exhortaciones en el pasaje de Colosenses. Pablo está describiendo la salvación a los colosenses de la manera exacta como lo hace para los efesios. Aunque en Efesios no se refiere específicamente a la unión del creyente en la muerte y resurrección de Cristo, sí alude a esa realidad cuando dice que aquel que cree está "en él". Es obvio que sus referencias al **viejo hombre** y al **nuevo hombre** en ambos pasajes son paralelas.

Esta perspectiva se comprueba todavía más con la enseñanza de Pablo en Romanos 6, donde describe la naturaleza de la salvación con énfasis en los verbos: "hemos *muerto* al pecado" (v. 2); "todos ...*hemos sido bautizados* en Cristo Jesús" (v. 3); "*somos sepultados juntamente con él* para muerte" (v. 4); "*fuimos plantados juntamente con él* en la semejanza de su muerte" (v. 5); "nuestro viejo hombre *fue crucificado juntamente con él*" (v. 6); "para que el cuerpo del pecado *sea destruido*" (v. 6); "*el que ha muerto*" (v. 7); y "*morimos* con Cristo" (v. 8; cursivas añadidas). Ocho de esos nueve verbos están conjugados en tiempo aoristo en el griego, como una mirada retrospectiva a un suceso ya completado. Uno se encuentra en tiempo perfecto (v. 5) para mostrar el resultado de ese acontecimiento pasado. De nuevo, Pablo da su exhortación sobre la base de esta descripción de la transformación completa del creyente que tiene lugar en el momento de su conversión (cp. Ro. 6:12-23).

La conclusión ineludible de todo lo dicho por Pablo en Romanos y Colosenses es que la salvación es una unión espiritual con Jesucristo en su muerte y resurrección que también puede describirse como la muerte del "viejo hombre" y la resurrección del "nuevo hombre", el cual anda de ahora en adelante en vida nueva (Ro. 6:4). Esta unión y nueva identidad tienen el claro significado de que la salvación es transformación. No se trata de la adición de un nuevo hombre a un viejo hombre. En Cristo, el viejo hombre deja de existir (cp. 2 Co. 5:17). Esto es lo que escucharon y fueron enseñados los efesios de acuerdo a la verdad que está en Jesús (4:21). El **viejo hombre** es la naturaleza humana antes de su conversión a Dios y que se describe como algo **que está viciado conforme a los deseos engañosos**. El **viejo hombre** del incrédulo no solo es corrupto sino que se corrompe cada vez más (presente pasivo, **está viciado**), porque es el utensilio para satisfacer los **deseos engañosos** y malvados de la naturaleza pecadora y está controlado por ellos (cp. 2:1-3). La invitación del evangelio es a despojarnos del **viejo hombre** en arrepentimiento genuino del pecado, un arrepentimiento que no solo incluye el pesar profundo por el pecado sino un apartarse radical del pecado para volverse a Dios.

CONVERTIRSE EN EL NUEVO HOMBRE

y renovaos en el espíritu de vuestra mente, y vestíos del nuevo hombre, creado según Dios en la justicia y santidad de la verdad. (4:23-24)

Como contraste frente a la mente reprobada y depravada de la persona no regenerada (vv. 17-18), el cristiano es renovado de manera continua **en el espíritu de** [su] **mente** (cp. Col. 3:10). *Ananeoō* (**renovaos**) solo aparece aquí en todo el Nuevo Testamento. La mejor traducción de este infinitivo presente pasivo es considerarlo como un modificador del verbo principal que es **vestíos**, de modo que se leería: "y al ser renovados en el espíritu de vuestra mente, **vestíos del nuevo hombre**". Esto deja en claro que tal renovación es la consecuencia de haberse despojado del viejo hombre, y es el contexto en que uno puede vestirse **del nuevo hombre**. La salvación se relaciona con la mente, que es el centro de los pensamientos, el entendimiento y la creencia, así como de todos los motivos y acciones. Un comentarista explica que **el espíritu de vuestra mente** no pertenece a la esfera del pensamiento o la razón humana, sino a la esfera de la moral, donde tiene lugar esta renovación. John Eadie dice:

> El cambio en la mente no es de tipo psicológico, ni en su esencia ni en su operación; tampoco sucede en la mente como si se tratara de un cambio superficial de opinión o en ciertos puntos de doctrina o práctica; por el contrario, tiene lugar en el espíritu de la mente, en aquello que da a la mente tanto sus inclinaciones como la materia prima de sus pensamientos. No solo es en el espíritu como si estuviera en quietud mística y obscura, sino en el espíritu de la mente, en aquel poder que al cambiar en su naturaleza intrínseca, altera de forma radical y completa la esfera de actividad y la ocupación permanente del mecanismo interno.

Cuando una persona se convierte en cristiano, Dios desde un comienzo renueva su **mente,** dándole una capacidad espiritual y moral por completo nueva, una capacidad que la mente humana más brillante y educada jamás puede alcanzar aparte de Cristo (cp. 1 Co. 2:9-16). Esta renovación continúa en el transcurso de la vida del creyente a medida que es obediente a la Palabra y la voluntad de Dios (cp. Ro. 12:1-2). El proceso no es como un logro que se obtiene una sola vez sino que es la obra continua del Espíritu en el hijo de Dios (Tit. 3:5). Nuestros recursos son la Palabra de Dios y la oración. Es a través de estos medios que adquirimos la mente de Cristo (cp. Fil. 2:5; Col. 3:16; 2 Ti. 1:7), y es por medio de esa mente que vivimos la vida de Cristo.

El **espíritu** renovado **de** la **mente** del creyente es una consecuencia directa de vestirse con el **nuevo hombre** que es la nueva creación, aquel hombre **creado según Dios en la justicia y santidad de la verdad.** Aquel que antes había permanecido en tinieblas ignorante, endurecido, insensibilizado, esclavo de lo sensual, impuro y engañado por los deseos de la carne, ahora ha sido iluminado, ha sido enseñado en **la verdad,** es sensible al pecado, puro en todos los aspectos de su vida y generoso. Aunque antes se había caracterizado por la maldad y el pecado, ahora se caracteriza por **la justicia y la verdad.** En Colosenses 3:12 Pablo llama a los creyentes "escogidos de Dios, santos y amados, de entrañable misericordia, de benignidad, de humildad, de mansedumbre, de paciencia".

Resulta esencial expandir el concepto del **nuevo hombre** de manera que se entienda en su pleno sentido. La palabra **nuevo** (*kainos*) no significa renovado sino enteramente nuevo, aquello que es nuevo en especie o carácter. El **nuevo hombre** es nuevo porque ha sido **creado según Dios,** hecho por completo semejante a Dios. En griego el significado literal es: "de acuerdo a lo que Dios es"; esta es una declaración fenomenal que expresa la realidad asombrosa de la salvación. Aquellos que confiesan a Jesucristo como Señor, ¡son hechos semejantes a Dios! Pedro dice que nos convertimos en "participantes de la naturaleza divina" (2 P. 1:4).

En Gálatas 2:20 Pablo declara: "ya no vivo yo, mas vive Cristo en mí". La imagen de Dios, que se perdió en Adán, es restaurada de una manera más gloriosa en el segundo Adán, aquel quien es la imagen del Dios invisible (cp. 2 Co. 4:4-6, donde Pablo describe a Cristo como la imagen de Dios y el tesoro divino de valor incalculable que mora en nosotros).

Si los creyentes han recibido la naturaleza divina, es decir, la vida de Cristo y la plena semejanza a Dios en este nuevo hombre por un acto de creación divina (cp. Col. 3:10), es obvio que este debió haber sido **creado en la justicia y santidad de la verdad.** En el griego, la palabra **verdad** se coloca al final para establecer un contraste frente a los deseos engañosos del hombre viejo (v. 22), y también se puede traducir: "justicia y santidad verdaderas". Dios no podría crear con menos que esto (véase Lc. 1:75).

La justicia tiene que ver con nuestros semejantes y refleja la segunda tabla de la ley (Éx. 20:12-17). **Santidad** (*hosiotēs*, observancia sagrada de todos los deberes para con Dios) se relaciona con Dios y refleja la primera tabla (Éx. 20:3-11). Por ende, el creyente posee una naturaleza nueva, una nueva identidad como ser humano e hijo de Dios, una persona nueva en su interior que es santa y justa, apta para la presencia de Dios. Este es el yo más verdadero del creyente.

Es tan justo y santo este **nuevo hombre** que Pablo rehúsa admitir que cualquier pecado provenga de esa nueva creación en la imagen de Dios. Por eso su lenguaje en Romanos 6–7 es explícito al ubicar la realidad del pecado en algo por completo aparte del nuevo hombre, y dice: "No reine, pues, el pecado en vuestro *cuerpo mortal,* de modo que lo obedezcáis en sus concupiscencias" (6:12), y "tampoco presentéis *vuestros miembros* al pecado como instrumentos de iniquidad" (6:13, cursivas añadidas).

En esos pasajes Pablo ubica en el cuerpo mortal el pecado que haya en la vida del creyente. En el capítulo 7 lo ve en la carne, y dice al respecto: "De manera que ya no soy yo quien hace aquello, sino el pecado que mora en mí"; "yo sé que en mí, esto es, en mi carne, no mora el bien" (v. 18); "si hago lo que no quiero, ya no lo hago yo, sino el pecado que mora en mí" (v. 20), y "...la ley del pecado que está en mis miembros" (v. 23).

En esos textos Pablo reconoce que ser un nuevo hombre creado a la imagen de Dios no elimina el pecado. Este sigue presente en la carne, el cuerpo, la condición humana no redimida que incluye toda la conducta y la manera de pensar de la persona humana. Sin embargo, él no está dispuesto a permitir que se atribuya responsabilidad al nuevo hombre interior por el pecado. El nuevo "yo" ama y anhela la santidad y justicia para las cuales ha sido creado.

Pablo resume la dicotomía con estas palabras: "Gracias doy a Dios, por Jesucristo Señor nuestro. Así que, yo mismo con la mente [sinónimo aquí del nuevo hombre] sirvo a la ley de Dios, mas con la carne [sinónimo aquí de la condición humana no redimida que está contenida en nuestros cuerpos pecaminosos] a la ley del pecado" (Ro. 7:25). Esta es la lucha que incita la anticipación por "la redención de nuestro cuerpo" descrita en Romanos 8:23 (cp. Fil. 3:20-21).

Somos nuevos, pero todavía no somos *del todo nuevos.* Somos justos y santos, pero todavía no somos *perfectamente* justos y santos. No obstante, el hecho de entender la realidad genuina de nuestra salvación transformadora es esencial si es que vamos a saber cómo vivir como cristianos en el cuerpo de Cristo al cual pertenecemos.

Las porciones restantes de la epístola contienen exhortaciones al creyente para que sujete su cuerpo a obediencia a la voluntad de Dios.

Muchas misiones de rescate tienen un cuarto de aseo personal donde las personas que viven en la calle y no se han bañado en mucho tiempo se deshacen de toda su vestimenta vieja y son bañados y desinfectados de pies a cabeza. Esa ropa vieja, inservible e irrecuperable es quemada, y a estas personas se les da ropa nueva y limpia, porque al hombre limpio hay que darle ropa limpia.

Esa es una ilustración de la salvación, excepto que en la salvación al nuevo creyente no solo se le da un baño superficial sino una naturaleza totalmente nueva. La necesidad continua de la vida cristiana es seguir siempre desechando y quemando los residuos de la vieja vestimenta del pecado: "ni tampoco presentéis vuestros miembros al pecado como instrumentos de iniquidad", ruega Pablo; "sino presentaos vosotros mismos a Dios como vivos de entre los muertos, y vuestros miembros a Dios como instrumentos de justicia" (Ro. 6:13).

Los numerosos "pues" del Nuevo Testamento por lo general presentan requerimientos y encargos a los creyentes para que vivan como las nuevas criaturas que ya son en Cristo. A causa de nuestra vida nueva, nuestro nuevo Señor, nuestra nueva naturaleza y nuestro nuevo poder, somos llamados por lo tanto y *pues,* a vivir de la manera correspondiente y con el estilo de vida debido.

Principios de la vida nueva

14

Por lo cual, desechando la mentira, hablad verdad cada uno con su prójimo; porque somos miembros los unos de los otros. Airaos, pero no pequéis; no se ponga el sol sobre vuestro enojo, ni deis lugar al diablo. El que hurtaba, no hurte más, sino trabaje, haciendo con sus manos lo que es bueno para que tenga qué compartir con el que padece necesidad. Ninguna palabra corrompida salga de vuestra boca, sino la que sea buena para la necesaria edificación, a fin de dar gracia a los oyentes. Y no contristéis al Espíritu Santo de Dios, con el cual fuisteis sellados para el día de la redención. Quítense de vosotros toda amargura, enojo, ira, gritería y maledicencia, y toda malicia. Antes sed benignos unos con otros, misericordiosos, perdonándoos unos a otros, como Dios también os perdonó a vosotros en Cristo. (4:25-32)

La única evidencia confiable de que una persona ha sido salvada no es una experiencia pasada de recibir a Cristo sino una vida presente que refleja a Cristo. "El que dice: Yo le conozco, y no guarda sus mandamientos, el tal es mentiroso, y la verdad no está en él" (1 Jn. 2:4). Las criaturas nuevas actúan como criaturas nuevas. Dios no está haciendo nuevas criaturas a los creyentes de una manera progresiva, sino que los creyentes son aquellos a quienes Él ya ha convertido en nuevas criaturas. "De modo que si alguno está en Cristo, nueva criatura es; las cosas viejas pasaron; he aquí todas son hechas nuevas" (2 Co. 5:17). Este es el interés y preocupación central de Pablo en Romanos 6, donde describe de manera cuidadosa la "vida nueva" en que ahora anda el creyente (v. 4; cp. 7:6).

Pablo acaba de demostrar (vv. 17-24) cómo los creyentes saben que la salvación consiste también en dejar de lado "el viejo hombre" y en ponerse "el nuevo hombre" (Ef. 4:22, 24). Los creyentes no son robots que se limitan a reaccionar de manera automática a los impulsos divinos. Aunque Dios en su soberanía nos convierte en nuevas criaturas, Él también nos manda que en la fuerza del Espíritu subyuguemos nuestra condición humana no redimida (1 Co. 9:27), la cual todavía reside en nosotros, y que vivamos como criaturas nuevas en sumisión a Cristo nuestro nuevo Amo y Señor. La paradoja de la vida cristiana es que tanto la soberanía de Dios como la voluntad del hombre están en pleno funcionamiento. El creyente fiel responde de manera positiva a las declaraciones y a los mandatos soberanos de Dios.

Tras mostrar lo que son y tienen los creyentes en su posición espiritual en Cristo (capítulos 1-3), Pablo da primero una instrucción básica y general para la puesta en práctica de vivir la vida nueva (4:1-24), y luego continúa en el resto de la carta dando mandatos específicos sobre la conducta que debe caracterizar esa vida nueva. En 4:25-32 da mandatos que reflejan varios contrastes entre la vida vieja y la nueva. Con base en su novedad de vida, los creyentes deben cambiar de tal modo que pasen de mentir a hablar verdad, del enojo injusto a la ira justa, del robo a la generosidad, de las palabras destructivas a las palabras edificantes, y de los vicios naturales a las virtudes sobrenaturales.

DE MENTIR A HABLAR LA VERDAD

Por lo cual, desechando la mentira, hablad verdad cada uno con su prójimo; porque somos miembros los unos de los otros. (4:25)

La expresión **por lo cual**, que aparece por segunda vez en el original desde el "pues" del versículo 17, suministra una respuesta anticipada a la descripción general de la nueva vida en Cristo descrita en los versículos 20-24, y presenta el primer mandato específico para el andar nuevo del cristiano.

Los mentirosos no heredarán el reino de Dios. "Pero los cobardes e incrédulos, los abominables y homicidas, los fornicarios y hechiceros, los idólatras y todos los mentirosos tendrán su parte en el lago que arde con fuego y azufre, que es la muerte segunda" (Ap. 21:8; cp. 1 Co. 6:9). Un creyente puede caer en la mentira tanto como puede caer en cualquier pecado, pero si mentir es un hábito continuo en su vida que procede de un corazón que procura engañar, carece de toda base bíblica para creer que es un cristiano. La persona que miente de forma persistente como algo que forma parte regular de su vida cotidiana, demuestra que es hijo del diablo y no de Dios (Jn. 8:44). Satanás miente acerca de Dios, de Cristo, de la vida, la muerte, el cielo, el infierno, las Escrituras, el bien, el mal y todo lo demás. Todo sistema religioso aparte del cristianismo se construye alrededor de diversos engaños de Satanás. Aun las pocas y limitadas verdades que puedan hallarse en las religiones humanas son partes artificiosas de una red de mayor tamaño establecida con el objetivo de engañar.

Desde el tiempo de la caída, la mentira ha sido la característica común de la humanidad no redimida. Nuestra sociedad hoy día depende tanto de la mentira, que si de repente recurriera a decir la verdad en todo, la manera como vivimos en el sistema actual de cosas entraría en colapso. Si los líderes mundiales empezaran a hablar solo la verdad, con toda certeza vendría como resultado la tercera guerra mundial. Hay tantas mentiras amontonadas unas sobre otras, y tal cantidad de organizaciones, negocios, economías, órdenes sociales, gobiernos y tratados que se fundamentan sobre esas mentiras, que el sistema mundial se desintegraría si súbitamente cesara la mentira. El resentimiento y la animosidad no conocerían límites y la confusión sería de proporciones inimaginables.

La mentira abarca más que el simple hecho de decir falsedades directas. También incluye la exageración, aquella adición de falsedad a lo que es verdadero en un principio. Hace algunos años cierto hombre cristiano llegó a ser conocido en muchos lugares por su testimonio poderoso y conmovedor, pero después de varios años él dejó de contarlo. Al preguntarle por qué razón, él contestó con algún grado de integridad: "Con el paso de los años adorné tanto la historia que ni yo mismo sabía qué era cierto y qué era pura exageración".

Hacer trampa en los exámenes y en la declaración de renta para el pago de impuesto es otra forma de mentira. Hacer promesas necias, traicionar la confianza y las confidencias de otra persona, adular con arbitrariedad y presentar excusas por todo, también son formas de mentira.

El cristiano no debería participar de cualquier clase de mentira. Debe caracterizarse por estar siempre **desechando la mentira,** porque **la mentira** es incompatible con su nueva naturaleza e inaceptable para su nuevo Señor. *Apotithēmi*, el vocablo griego del cual se deriva **desechando,** tiene que ver con descartar, arrancar, echar fuera, y todas las ideas similares. Es la palabra empleada por Lucas al referirse a los líderes judíos en Jerusalén quienes, mientras apedreaban a Esteban, "*pusieron* sus ropas a los pies de un joven que se llamaba Saulo" (Hch. 7:58). Pusieron a un lado su vestimenta exterior para tener mayor libertad de movimientos en obra perversa que estaban cometiendo. El cristiano pone a un lado **la mentira** y la desecha por completo, de tal modo que pueda tener plena libertad de movimiento para hacer la obra justa del Señor.

Con una cita de Zacarías 8:16, Pablo pasa de la prohibición negativa al mandato positivo: **hablad verdad cada uno con su prójimo.** Cristo mismo es "el camino, y la verdad, y la vida" (Jn. 14:6); el Espíritu Santo es "el Espíritu de verdad" (v. 17); y la Palabra de Dios es verdad (17:17). Cuando una persona se convierte en creyente sale del dominio de **la mentira** para entrar al dominio de la **verdad,** y por ende toda forma de mentira es en absoluto incongruente con su nueva identidad.

Se debe tener en cuenta que decir la verdad no requiere contar todas las cosas que sabemos. La veracidad no está en conflicto con guardar el carácter confidencial de un asunto privado u otros secretos legítimos. Todas las cosas que decimos deben ser verdaderas de forma incondicional, y retener información con el objetivo de engañar y desorientar es una forma de mentira. No obstante, la veracidad no nos exige decir todo lo que sepamos sin consideración por el efecto que esto tenga. Tampoco nos demanda que descarguemos todos nuestros sentimientos heridos, dudas y resquemores sobre aquellos que nos disgustan, en esa clase de falsa honestidad promovida por la psicología freudiana y otras filosofías de ese tipo. Nuestro interés como cristianos debe enfocarse en permitirle a Dios tratar con nuestros sentimientos afectados y removerlos, no expresarlos de manera caprichosa en algún intento inepto de autojustificación o con la expectación desviada de que su simple expresión los hará desaparecer de alguna manera o enmendará relaciones rotas a causa de ellos. Una cosa es admitir sin reparos que no somos perfectos ni libres de pecado, como lo hizo Pablo (Ro. 7:15-25; Fil. 4:12-14; etc.); otra muy diferente es difundir ampliamente relatos detallados de nuestro pecado.

El manejo que Dios hace de las cosas se basa en la verdad, y su pueblo, trátese de creyentes individuales o de la iglesia como un cuerpo, no puede ser un instrumento apto para su obra a no ser que viva en veracidad pura. **Cada uno** de nosotros debemos hablar **verdad** con nuestro **prójimo; porque somos miembros los unos de los otros.** La palabra **prójimo** se define por la frase **miembros los unos de los otros** y significa hermanos cristianos. Debemos **hablar verdad** a todos en todas las situaciones, pero tenemos un motivo especial para ser veraces con otros creyentes, porque somos miembros todos del cuerpo de Cristo, la iglesia, y por lo tanto **miembros los unos de los otros.**

Nuestros cuerpos físicos no pueden funcionar de manera adecuada y segura si cada miembro no tiene comunicación correcta con los otros. Si nuestro cerebro empezara súbitamente a dar señales falsas a nuestros pies, tropezaríamos o caminaríamos frente a un camión en movimiento en lugar de detenernos antes de cruzar la calle. Si diera informes falsos sobre calor y frío, nos congelaríamos hasta morir por una sensibilidad exagerada a la tibieza o nos quemaríamos vivos bajo agua hirviente por sentirnos refrescados. Si nuestros ojos decidieran enviar señales falsas al cerebro, una curva peligrosa en la carretera podría parecer derecha y segura, y tendríamos un accidente. Si los nervios en nuestras manos y pies perdieran la capacidad de avisar a nuestro cerebro que están sufriendo una lesión, podríamos perder nuestro pie o nuestros dedos sin siquiera saber en qué momento. Ese es el gran peligro de la lepra, que toda lesión, enfermedad y demás aflicciones pueden devastar al cuerpo por la simple razón de que es incapaz de enviar señales de dolor y peligro.

La iglesia no puede funcionar de manera correcta si sus **miembros** obscurecen y ocultan la verdad **los unos de los otros** o si dejan de trabajar juntos con honestidad y amor. No podemos ministrar con efectividad los unos a los otros o con los demás si no hablamos "la verdad en amor" (Ef. 4:15), de manera especial entre nuestros hermanos en la fe.

DE ENOJO INJUSTO A ENOJO JUSTO

Airaos, pero no pequéis; no se ponga el sol sobre vuestro enojo, ni deis lugar al diablo. (4:26-27)

Parorgismos (**enojo**) no es un arranque de ira momentáneo y externo ni un resentimiento interno y efervescente, sino más bien una convicción profunda, determinada y arraigada. Como se ve en este pasaje, su uso en el Nuevo Testamento puede representar una emoción buena o mala, dependiendo de los factores de motivación y propósito.

El mandato de Pablo es **airaos** (de *orgizō*), con el suplemento condicional **pero no pequéis**. En esta declaración el apóstol podría estar legitimando la indignación justa, el enojo hacia todo lo malo y todo lo que se hace contra la persona del Señor y contra su voluntad y propósito. Es el enojo del pueblo del Señor que aborrece la maldad (Sal. 69:9). Es el enojo que detesta la injusticia, la inmoralidad y la impiedad de todo tipo. Es el enojo acerca del cual el gran predicador inglés F. W. Robertson escribió en una de sus cartas. En cierta ocasión se encontró con un hombre que estaba tratando de inducir a una joven para entrar a la prostitución, y él se enojó por ello a tal grado que le mordió el labio hasta hacerlo sangrar.

Jesús expresó su enojo justo hacia la dureza de corazón de los fariseos que se mosquearon con su sanidad del hombre con la mano seca en el día de reposo (Mr. 3:5). Aunque la palabra misma no se emplea en el relato de los acontecimientos en el evangelio, fue sin lugar a dudas esa clase de enojo el que ocasionó que Jesús sacara a los cambistas del templo (Mt. 21:12; Jn. 2:15). Jesús siempre se enojaba justamente cuando la gente no honraba al Padre o cuando otras personas eran tratadas mal, pero Él nunca se enojó de manera egoísta por cosas hechas en su contra. Esa es la medida del enojo justo.

El **enojo** que sí es pecado, por otra parte, es la clase de enojo que se motiva por la defensa personal y el servicio a uno mismo, cuando se guarda rencor y resentimiento por lo que se ha hecho contra nosotros. Es la clase de enojo que conduce al homicidio y a recibir el juicio de Dios (Mt. 5:21-22).

El enojo que es egoísta, indisciplinado y vengativo es pecaminoso y no tiene lugar en la vida cristiana, ni siquiera de manera temporal. En cambio, el enojo que no es egoísta y se basa en el amor a Dios y el interés en otros no solo es permisible sino ordenado. Si uno tiene amor genuino no puede evitar sentirse contrariado y hasta enojado hacia todo lo que lastima el objeto de ese amor.

No obstante, aun el enojo justo puede caer con facilidad en la amargura, el resentimiento y la autojustificación. En consecuencia, Pablo prosigue a decir: **no se ponga el sol sobre vuestro enojo, ni deis lugar al diablo.** Aun el enojo mejor motivado se puede agriar y por esa razón debemos dejarlo a un lado al final del día. Si nos vamos a dormir sin resolverlo, es probable que le dé ocasión o **lugar al diablo** para utilizarlo para sus fines destructivos. Si se prolonga el enojo, uno puede empezar a buscar venganza y violar de ese modo el principio enseñado en Romanos 12:17-21:

> *No paguéis a nadie mal por mal; procurad lo bueno delante de todos los hombres. Si es posible, en cuanto dependa de vosotros, estad en paz con todos los hombres. No os venguéis vosotros mismos, amados míos, sino dejad lugar a la ira de Dios; porque escrito está: Mía es la venganza, yo pagaré, dice el Señor. Así que, si tu enemigo tuviere hambre, dale de comer; si tuviere sed, dale de beber; pues haciendo esto, ascuas de fuego amontonarás sobre su cabeza. No seas vencido de lo malo, sino vence con el bien el mal.*

También puede ser que los versículos 26*b*-27 se refieren por entero a este enojo injusto, y en ese caso Pablo utiliza el imperativo en el sentido de decir que, debido a que el enojo puede llegar en algún momento y apoderarse del creyente, y puesto que tiene una tendencia tan fuerte a crecer y cebarse, debe ser tratado siempre de manera inmediata mediante confesión, abandono y entrega a Dios para limpieza total antes de terminar el día.

En cualquier tipo de enojo, sea legítimo o no, si se decide tolerarlo y hasta cortejarlo, el resultado será darle una oportunidad al diablo, cuando debemos hacer lo contrario "para que Satanás no gane ventaja alguna sobre nosotros; pues no ignoramos sus maquinaciones" (2 Co. 2:11); si no obedecemos en esto al Señor estaremos alimentando nuestro orgullo con lástima de nosotros mismos, orgullo, justicia en nuestra propia opinión, venganza, defensa de nuestros derechos, y todos los demás tipos de pecado y violación egoísta de la santa voluntad de Dios.

DE ROBAR A DAR CON GENEROSIDAD

El que hurtaba, no hurte más, sino trabaje, haciendo con sus manos lo que es bueno para que tenga qué compartir con el que padece necesidad. (4:28)

El tercer mandato que Pablo expone demanda un cambio en el que se pasa del robo a la generosidad. Nadie está por completo libre de la tentación de robar. Muchos niños pasan por una fase en la que piensan que es divertido robar, algunas veces por la simple razón de robar. Existe cierta atracción carnal en el hecho de tomar lo que no nos pertenece y pasar desapercibidos. El viejo hombre tenía una inclinación intrínseca a robar, y esa es una de las muchas características del viejo hombre que son extirpadas por el "nuevo hombre, creado según Dios" (v. 24). El cristiano debe obedecer el mandato: **no hurte** [*kleptō*, del cual se deriva cleptomanía] **más.**

En las últimas décadas los robos en almacenes han tenido un aumento alarmador, y un elevado porcentaje del pillaje es hecho por empleados. En algunos almacenes grandes se aplica hasta una tercera parte del precio de la mercancía para cubrir pérdidas por robos de diversas clases. Las cotizaciones exageradas de forma intencional, los costos operativos falseados y la apropiación desfachatada son prácticas comunes en el mundo de la industria y los negocios. Engrosar cuentas de gastos personales, reportar horas de trabajo en las que no se trabajó, abstenerse de declarar renta e ingresos a la entidad del gobierno encargada de recolectar impuestos, y otros engaños de esa clase ya son aceptados como conductas normales por muchas personas. Para ellos, robar no es más que un juego en el que la única causa de pesar o vergüenza es ser descubiertos.

El latrocinio, los hurtos menores, la extracción de dinero del armario del papá, el negarse a pagar una deuda, el no pago de salarios justos o el embolsarse lo que la gente paga de más, son todos actos de robo. Casi no existe fin a la multiplicidad de maneras como podemos robar, y sin importar la forma ni los riesgos de ser atrapados, robar es pecado y no tiene parte alguna en el andar nuevo del hombre nuevo en Cristo.

Para el cristiano la alternativa al hurto es que **trabaje, ... para que tenga qué compartir con el que padece necesidad.** Es parte del plan de Dios que trabajen todos los que estén en capacidad de hacerlo. "Si alguno no quiere trabajar, tampoco coma. Porque oímos que algunos de entre vosotros andan desordenadamente, no trabajando en nada, sino entremetiéndose en lo ajeno" (2 Ts. 3:10-11). El cristiano que no trabaja y "no provee para los suyos, y mayormente para los de su casa, ha negado la fe, y es peor que un incrédulo" (1 Ti. 5:8).

El producto de nuestra labor debería ser **lo que es bueno,** mediante un trabajo honesto, honorable y productivo. El término *agathos* (**bueno**) connota aquello que es bueno en calidad, y se refiere aquí a un empleo que honre a Dios. Un cristiano nunca debería involucrarse en un trabajo, profesión, empleo o negocio que le exija desacreditar las normas de Dios, que le deshonre, transgreda sus santos mandatos o descarríe o haga daño a otros de cualquier forma.

Haciendo con sus propias manos subraya la verdad de que la norma es que cada persona sea responsable de proveer para sí mismo, y aun más, de compartir con aquellos que **padecen necesidad** a pesar de trabajar duro o debido a la pobreza o la inhabilidad extremas.

Nuestro trabajo no solo no debería lastimar a nadie, también debe realizarse con el propósito específico de hacerles bien y ayudarles, **para... compartir con el que padece necesidad.** El deseo de un cristiano de obtener mayores ingresos debería estar motivado por el propósito de estar en capacidad de dar más y ayudar más. Más allá de hacer provisión para las necesidades básicas de él y su familia, el cristiano prospera para poder dar. Como los demás aspectos de su vida, la ocupación de un cristiano, sea de forma directa o indirecta, debería por sobre todas las cosas ser un medio de servicio a Dios y a los demás.

"Cuando hagas banquete", dijo Jesús, "llama a los pobres, los mancos, los cojos y los ciegos; y serás bienaventurado; porque ellos no te pueden recompensar, pero te será recompensado en la resurrección de los justos" (Lc. 14:13-14). En su paso por Mileto de camino a Jerusalén, las últimas palabras de Pablo para los ancianos de Éfeso fueron: "Ni plata ni oro ni vestido de nadie he codiciado. Antes vosotros sabéis que para lo que me ha sido necesario a mí y a los que están conmigo, estas manos me han servido. En todo os he enseñado que, trabajando así, se debe ayudar a los necesitados, y recordar las palabras del Señor Jesús, que dijo: Más bienaventurado es dar que recibir" (Hch. 20:33-35).

DE PALABRAS CORROMPIDAS A PALABRAS EDIFICANTES

Ninguna palabra corrompida salga de vuestra boca, sino la que sea buena para la necesaria edificación, a fin de dar gracia a los oyentes. Y no contristéis al Espíritu Santo de Dios, con el cual fuisteis sellados para el día de la redención. (4:29-30)

Un cuarto cambio en la vida del cristiano debe consistir en que deje de pronunciar palabras corrompidas a hablar con palabras edificantes y sanas. Su manera de hablar debería transformarse junto a todo lo demás.

Sapros (**corrompida**) se refiere a algo putrefacto o contaminado y se empleaba para aludir a frutas, vegetales y otros alimentos descompuestos e inservibles. El lenguaje sucio nunca debería proceder de la **boca** de un cristiano, porque es algo totalmente ajeno al carácter de su vida nueva. El habla **corrompida** debería ser tan repulsivo para nosotros como una manzana podrida o un pedazo de carne descompuesta. Los chistes sucios y fuera de tono, las groserías, las anécdotas sórdidas, la vulgaridad, el doble sentido y todas las demás formas de lenguaje corrupto nunca deberían salir de nuestros labios. "Pero ahora", escribió Pablo a los colosenses: "dejad también vosotros todas estas cosas: ira, enojo, malicia, blasfemia, palabras deshonestas de vuestra boca" (Col. 3:8; cp. Ef. 5:4).

La lengua es en extremo difícil de controlar. Es "un fuego", dice Santiago, "un mundo de maldad. La lengua está puesta entre nuestros miembros, y contamina todo el cuerpo, e inflama la rueda de la creación, y ella misma es inflamada por el infierno. Porque toda naturaleza de bestias, y de aves, y de serpientes, y de seres del mar, se doma y ha sido domada por la naturaleza humana; pero ningún hombre puede domar la lengua, que es un mal que no puede ser refrenado, llena de veneno mortal" (Stg. 3:6-8).

Cuánto debió afligir a Pedro recordar que no solo había negado a su Señor sino que le negó maldiciendo y jurando (Mt. 26:74). Quizás ese recuerdo hizo que Pedro orara con David: "Pon guarda a mi boca, oh Jehová; guarda la puerta de mis labios" (Sal. 141:3). Solo el Señor tiene poder suficiente para controlar nuestros labios y guardarlos de toda **palabra corrompida**. La lengua, por supuesto, solo habla lo que el corazón le dice que exprese. "De la abundancia del corazón habla la boca", dijo Jesús (Mt. 12:34; cp. Mr. 7:14-23). Una boca sucia es resultado de un corazón sucio, y la única manera en que el Señor limpia nuestra lengua es por medio de su Palabra, la cual llena el corazón con "todo lo que es verdadero, todo lo honesto, todo lo justo, todo lo puro, todo lo amable, todo lo que es de buen nombre", y todo lo que es virtuoso, excelente y "digno de alabanza" (Fil. 4:8).

Además de renunciar al lenguaje corrupto y dañino, debemos desarrollar una forma de hablar que sea pura, beneficiosa y agradable a Dios. Pablo menciona aquí tres características específicas del habla buena: es edificante, apropiada y llena de gracia.

En primer lugar, las palabras de un cristiano deben ser **buenas para la necesaria edificación**. Nuestra manera de hablar debería edificar siendo de ayuda, constructiva, alentadora, instructiva y confortadora. Algunas veces, por supuesto, debe ser correctiva, pero esto también contribuye a la edificación cuando se hace en el espíritu correcto. Proverbios 25:12 enseña: "Como zarcillo de oro y joyel de oro fino es el que reprende al sabio que tiene oído dócil". El predicador de Eclesiastés "procuró hallar palabras agradables, y escribir rectamente palabras de verdad"; además, "las palabras de los sabios son como aguijones; y como clavos hincados son las de los maestros de las congregaciones, dadas por un Pastor" (Ec. 12:10-11).

En segundo lugar, todas las cosas que decimos deberían ser apropiadas, conforme a lo que contribuya en el momento a **la necesaria edificación**. No quiere decir que cada palabra que pronunciemos deba estar cargada de significación trascendente, sino que lo que digamos siempre se ajuste a la situación, de tal modo que contribuye de manera constructiva al todo. Es obvio que nunca deberíamos hacer mención innecesaria de cosas que pueden ocasionarle daño, desánimo o decepción a otra persona. Algunas cosas, aunque puedan ser perfecta y absolutamente ciertas y buenas en sí mismas, es mejor dejarlas sin decir. Todas las personas admiran la sabiduría y virtud de aquellos que hablan con menos frecuencia que los demás, pero al hacerlo por lo general dicen algo de beneficio para todos. Proverbios 25:11 enseña: "Manzana de oro con figuras de plata es la palabra dicha como conviene". Proverbios 15:23 afirma que "el hombre se alegra con la respuesta de su boca; y la palabra a su tiempo, ¡cuán buena es!". Es más, "besados serán los labios del que responde palabras rectas" (Pr. 24:26).

En tercer lugar, lo que decimos debería **dar gracia a los oyentes.** Como Pablo ya dijo, el cristiano maduro no solo habla la verdad sino que la habla en amor (v. 15). La verdad cruda rara vez es apropiada y con frecuencia es destructiva. Hemos sido salvos en la gracia y somos guardados en la gracia; por lo tanto, debemos vivir y hablar con gracia. Así como la gracia es una característica suprema de Dios, también debería caracterizar a sus hijos.

La actitud de gracia siempre caracterizó a Jesús. Isaías dijo acerca de la gentileza y el primor del hablar de Cristo: "Jehová el Señor me dio lengua de sabios, para saber hablar palabras al cansado; despertará mañana tras mañana, despertará mi oído para que oiga como los sabios" (Is. 50:4). Lucas registra el efecto que las palabras del Salvador tuvieron en cierta ocasión: "Y todos daban buen testimonio de él, y estaban maravillados de las palabras de gracia que salían de su boca, y decían: ¿No es éste el hijo de José?" (Lc. 4:22). Pocos instantes después, los que dijeron esas palabras se crisparon, llevaron a Jesús al precipicio de la ciudad, y le habrían tirado desde allí si no hubiera desaparecido de en medio de ellos (vv. 28-30). Jesús no había perdido la gracia en su manera de hablar, porque si la gente hubiera admitido la verdad que Él les recordó acerca de la rebelión espiritual de Israel, y hubieran confesado que también eran culpables del mismo pecado, aceptando el hecho del ofrecimiento de la gracia de Dios a los gentiles, entonces sin lugar a dudas habrían sido edificados y fortalecidos en su vida espiritual. Aun contar a los hombres acerca de su pecado es un acto de gracia, pero si se realiza con el propósito correcto y el espíritu recto, porque hasta que una persona se confronta con y se arrepiente de su pecado, no puede experimentar la gracia de la salvación.

"Sea vuestra palabra siempre con gracia", dijo Pablo a los colosenses, "sazonada con sal, para que sepáis cómo debéis responder a cada uno" (Col. 4:6). La sal es un condimento que preserva y ayuda a retardar la descomposición de los alimentos. Las palabras llenas de gracia de los cristianos ayudan a retardar la descomposición moral y espiritual en el mundo que les rodea. También suministran fortaleza y consuelo a quienes se encuentran en necesidad. Nuestra actitud de gracia refleja la gracia de Cristo, quien utiliza nuestra gracia para atraer a otros a su gracia.

Una motivación fuerte para desechar toda corrupción en nuestra manera de hablar, es que al no hacerlo vamos a contristar **al Espíritu Santo de Dios.** Todo pecado es doloroso para Dios, pero el pecado en sus hijos le rompe el corazón. Cuando sus hijos rehúsan cambiar las costumbres de la vieja vida por los caminos de la nueva, Dios se aflige. El **Espíritu Santo de Dios** llora, por así decirlo, cuando ve a cristianos mintiendo en lugar de hablar la verdad, enojándose de forma injusta y no justa, robando en lugar de compartir con generosidad, y hablando de una manera corrupta y destructiva en lugar de pronunciar con gracia palabras edificantes.

Todo lo que viola la voluntad de Dios y la santidad del corazón **contrista** a la tercera Persona de la Trinidad. Contristar puede llevar a apagar (1 Ts. 5:19) y a perder poder y bendición. Debe advertirse también que tales respuestas por parte del **Espíritu Santo** son una indicación clara de su personalidad, lo cual puede verse en el empleo de pronombres personales con referencia a Él (cp. Jn. 14:17; 16:13; etc.). Su identidad como el Consolador o Ayudador (Jn. 14:16, 26; 15:26; 16:7), indica que Él es igual a Cristo, quien es una persona. El **Espíritu Santo** tiene intelecto (1 Co. 2:11), sentimientos (Ro. 8:27; 15:30) y voluntad (1 Co. 2:11). Él trabaja (1 Co. 12:11), escudriña (1 Co. 2:10), habla (Hch. 13:2), testifica (Jn. 15:26), enseña (Jn. 14:26), convence (Jn. 16:8-11), regenera (Jn. 3:5), intercede (Hch. 8:26), guía (Jn. 16:13), glorifica a Cristo (Jn. 16:14), y dirige el servicio a Dios (Hch. 16:6-7).

De manera específica a la luz de este texto en Efesios, la personalidad del **Espíritu Santo** se ve en el hecho de que Él puede ser tratado como una persona. Es posible provocarle (Hch. 5:9), mentirle (Hch. 5:3), resistirle (Hch. 7:51), insultarle (He. 10:29), y blasfemarle (Mt. 12:31-32).

En efecto, Pablo hace la pregunta: "¿Cómo podemos hacer algo que desagrada tanto a aquel por quien hemos sido **sellados hasta la redención de la posesión adquirida**? (véase 1:13-14). El **Espíritu Santo** es la marca personal de autenticidad que Dios coloca en nosotros, su estampa de aprobación divina. ¿Cómo podemos **contristar** a Aquel quien es nuestro ayudador, consolador, maestro, abogado, residente divino de nuestros corazones, y garante fiel de nuestra redención eterna? ¿Cómo podemos afligir con nuestra falta de gracia al poseedor y dador de gracia infinita, el **Espíritu Santo de Dios**? Él ha hecho tanto por nosotros que por simple gratitud deberíamos no contristarle.

El mandato de no mostrar ingratitud al Espíritu Divino se basa en el hecho de que Él ha asegurado nuestra salvación. Pablo no está diciendo que debemos evitar el pecado a fin de mantener nuestra salvación, sino más bien que deberíamos estar eternamente agradecidos al **Espíritu Santo** porque nos ha hecho imposible perderla.

DE VICIOS NATURALES A VIRTUDES SOBRENATURALES

Quítense de vosotros toda amargura, enojo, ira, gritería y maledicencia, y toda malicia. Antes sed benignos unos con otros, misericordiosos, perdonándoos unos a otros, como Dios también os perdonó a vosotros en Cristo. (4:31-32)

El cambio final que Pablo menciona consiste en desarraigar vicios naturales para reemplazarlos con virtudes sobrenaturales, lo cual equivale a una síntesis de los demás cambios que deben tener lugar en la vida cristiana.

La tendencia natural del ser humano es a pecar, y la tendencia natural del pecado es crecer en pecados cada vez más grandes. Además, el pecado de un cristiano crecerá de igual forma que el de un incrédulo. Si se tolera y no se vigila, nuestros pecados internos de **amargura, enojo e ira** conducirán de forma inevitable a los pecados exteriores de **gritería y maledicencia,** y **toda** clase de manifestaciones de **malicia.**

La **amargura** (*pikria*) refleja un resentimiento calcinante, una actitud rencorosa (véase Hch. 8:23; He. 12:15). Es el espíritu de irritabilidad que mantiene a una persona en animosidad perpetua, haciéndole malsana y ponzoñosa. El **enojo** (*orgē*) también es una actitud recalcitrante pero más interna, sutil y profunda. **Ira** (*thumos*) tiene que ver con la rabia descontrolada de una persona que se deja llevar por la pasión del momento. **Gritería** (*kraugē*) es el grito o imprecación de una persona belicosa y se manifiesta en una explosión en público que revela su falta de control. **Maledicencia** (*blasphēmia*, de la cual se deriva blasfemia) es la difamación continua de otros y que emana de un corazón amargado. Pablo añade a continuación **malicia** (*kakia*), el término general para aludir a la maldad que es la raíz de todos los vicios. Todas estas cosas, dice el apóstol, deben ser **quitadas de vosotros,** desarraigadas por completo.

Estos pecados particulares involucran el conflicto entre una persona y otra, tanto entre un creyente y un incrédulo, y aún peor entre un creyente y otro creyente. Estos son los pecados que rompen la comunión fraternal y destruyen las relaciones personales, debilitan la iglesia y arruinan su testimonio delante del mundo. Cuando un incrédulo ve a cristianos que actúan igual que el resto de la sociedad, la iglesia aparece manchada en sus ojos y esa persona se ratifica aun más en su resistencia a las afirmaciones del evangelio.

En lugar de esos vicios nosotros **antes** debemos ser **benignos unos con otros, misericordiosos, perdonándonos unos a otros, como Dios también nos perdonó a nosotros en Cristo.** Estas son las gracias que Dios nos ha mostrado y son las virtudes de gracia que debemos mostrar a otros. Dios no nos amó, escogió y redimió porque tuviéramos méritos para ello, sino debido puramente a su gracia. "Mas Dios muestra su amor para con nosotros, en que siendo aún pecadores, Cristo murió por nosotros... Porque si siendo enemigos, fuimos reconciliados con Dios por la muerte de su Hijo, mucho más, estando reconciliados, seremos salvos por su vida" (Ro. 5:8, 10). Si Dios tiene tanta gracia para con nosotros, cuánto mas deberíamos nosotros ser **benignos unos con otros, misericordiosos,** siempre dispuestos a perdonarnos **unos a otros** como semejantes y pecadores por igual, **como Dios también** nos **perdonó,** y de manera especial a los hermanos en la fe.

Ser **benigno** de forma incondicional es algo que caracteriza al Señor, como Lucas 6:35*b* lo muestra: "porque él es benigno para con los ingratos y malos". Pablo habla de "las riquezas de su benignidad, ... [que] te guía al arrepentimiento"

(Ro. 2:4). Hemos de ser semejantes a nuestro Padre celestial, como Cristo nos dice, y por eso debemos obedecerle en esto: "Amad, pues, a vuestros enemigos, y haced bien, y prestad, no esperando de ello nada; y será vuestro galardón grande, y seréis hijos del Altísimo" (Lc. 6:35*a*).

Misericordiosos tiene la idea de ser compasivos, y alude en su sentido literal a un sentimiento profundo en el vientre o el estómago, un dolor desgarrador de origen psicosomático que se debe a la empatía frente a la necesidad de una persona. **Perdonándoos unos a otros** es algo tan básico en cuanto a reflejar carácter semejante a Cristo que requiere escaso comentario. La ilustración más gráfica del perdón se encuentra en la parábola de Mateo 18:21-35. Cuando Pedro preguntó acerca de los límites del perdón, el Señor le contó una historia sobre un hombre que tenía una deuda imposible de pagar y quien había sido perdonado por su acreedor, el rey. Era un cuadro de la salvación, la manera como Dios perdona a un pecador la deuda impagable de la rebelión injusta contra Él.

El hombre perdonado fue después donde alguien que le debía una cantidad pequeña y le mandó encarcelar por el no pago de la deuda. El mismo que con ansias había aceptado un perdón tan grande y completo, no estaba dispuesto a perdonar una deuda pequeña y fácil de pagar que otra persona tenía con él. La incongruencia absoluta de su acción muestra el carácter abominable del corazón no perdonador de un creyente, y el hombre fue castigado con severidad por el Señor a causa de su actitud perversa.

Pablo tiene esta misma relación en mente cuando llama a los creyentes a perdonar **como Dios también os perdonó a vosotros en Cristo.** ¿Acaso podemos nosotros, que hemos sido perdonados por tanto, no perdonar las cosas relativamente pequeñas que otros hacen en nuestra contra? De todas las personas en el mundo, nosotros siempre debemos tener la mayor disponibilidad y ánimo para perdonar.

El texto paralelo a este pasaje, hallado en Colosenses 3:1-17, constituye un resumen adecuado de la enseñanza de Pablo aquí.

Si, pues, habéis resucitado con Cristo, buscad las cosas de arriba, donde está Cristo sentado a la diestra de Dios. Poned la mira en las cosas de arriba, no en las de la tierra. Porque habéis muerto, y vuestra vida está escondida con Cristo en Dios. Cuando Cristo, vuestra vida, se manifieste, entonces vosotros también seréis manifestados con él en gloria.

Haced morir, pues, lo terrenal en vosotros: fornicación, impureza, pasiones desordenadas, malos deseos y avaricia que es idolatría; cosas por las cuales la ira de Dios viene sobre los hijos de desobediencia, en las cuales vosotros también anduvisteis en otro tiempo cuando vivíais en ellas. Pero ahora dejad también vosotros todas estas cosas: ira, enojo, malicia, blasfemia, palabras deshonestas de vuestra boca. No mintáis los unos a los otros, habiéndoos despojado del viejo hombre con sus hechos, y revestido del nuevo, el cual conforme a la imagen del que lo creó se va renovando hasta el conocimiento pleno, donde no hay griego ni judío, circuncisión ni incircuncisión, bárbaro ni escita, siervo ni libre, sino que Cristo es el todo, y en todos.

Vestíos, pues, como escogidos de Dios, santos y amados, de entrañable misericordia, de benignidad, de humildad, de mansedumbre, de paciencia; soportándoos unos a otros, y perdonándoos unos a otros si alguno tuviere queja contra otro. De la manera que Cristo os perdonó, así también hacedlo vosotros. Y sobre todas estas cosas vestíos de amor, que es el vínculo perfecto. Y la paz de Dios gobierne en vuestros corazones, a la que asimismo fuisteis llamados en un solo cuerpo; y sed agradecidos. La palabra de Cristo more en abundancia en vosotros, enseñándoos y exhortándoos unos a otros en toda sabiduría, cantando con gracia en vuestros corazones al Señor con salmos e himnos y cánticos espirituales. Y todo lo que hacéis, sea de palabra o de hecho, hacedlo todo en el nombre del Señor Jesús, dando gracias a Dios Padre por medio de él.

Andar en amor

15

Sed, pues, imitadores de Dios como hijos amados. Y andad en amor, como también Cristo nos amó, y se entregó a sí mismo por nosotros, ofrenda y sacrificio a Dios en olor fragante. Pero fornicación y toda inmundicia, o avaricia, ni aun se nombre entre vosotros, como conviene a santos; ni palabras deshonestas, ni necedades, ni truhanerías, que no convienen, sino antes bien acciones de gracias. Porque sabéis esto, que ningún fornicario, o inmundo, o avaro, que es idólatra, tiene herencia en el reino de Cristo y de Dios. Nadie os engañe con palabras vanas, porque por estas cosas viene la ira de Dios sobre los hijos de desobediencia. No seáis, pues, partícipes con ellos. (5:1-7)

En este pasaje Pablo presenta primero las verdades positivas acerca de la vida piadosa verdadera y luego las verdades negativas acerca del amor falso de Satanás y sus consecuencias.

LA INTERPELACIÓN

Sed, pues, imitadores de Dios como hijos amados. Y andad en amor, (5:1-2a)

El **andar** del creyente es un asunto crucial para Pablo. El apóstol presentó el hecho de que nuestro deber es un andar digno (4:1) y diferente al del mundo (4:17). También hará un llamado a un andar en la luz (5:8) y un andar en sabiduría (5:15). En este versículo el apóstol interpela a los creyentes para que anden de tal manera que su vida diaria sea caracterizada por el **amor.** Crecer en amor es una necesidad continua para todo creyente, puesto que el amor cumple toda la ley de Dios (Ro. 13:8-10). A medida que crecemos en amor también vemos la necesidad de ser todavía más amorosos, y ya que el amor como lo define la Biblia es tan contrario a la carne, siempre tenemos la necesidad de que se nos recuerde y estimule a amar.

El **pues** se refiere a la última parte del capítulo 4, en especial el versículo 32. La benignidad, la misericordia y el perdón son características de Dios, quien *es* amor. Dios mismo es infinitamente benigno, misericordioso y perdonador, y la manera como alcanzamos esas virtudes es imitando su Fuente suprema.

Mimētēs (**imitadores**) es el término del cual se deriva mímica y *mimo*, aquella persona que copia y reproduce características específicas de otra persona. Como **imitadores de Dios,** los cristianos han de imitar las características de Dios, sobre todo su **amor.** El todo de la vida cristiana es la reproducción de la piedad tal como se ve en la persona de Cristo. El propósito de Dios con la salvación es redimir a los hombres del pecado y hacerles "conformes a la imagen de su Hijo" (Ro. 8:29). Ser conformados a Cristo equivale a llegar a ser perfectos tal como Dios es perfecto (Mt. 5:48). "Como hijos obedientes", nos dice Pedro, "no os conforméis a los deseos que antes teníais estando en vuestra ignorancia; sino, como aquel que os llamó es santo, sed también vosotros santos en toda vuestra manera de vivir; porque escrito está: Sed santos, porque yo soy santo" (1 P. 1:14-16; cp. Lv. 11:44). La gran esperanza de los creyentes es esta: "sabemos que cuando él se manifieste, seremos semejantes a él, porque le veremos tal como él es" (1 Jn. 3:2). Imitar su **amor** es posible porque "el amor de Dios ha sido derramado en nuestros corazones por el Espíritu Santo que nos fue dado" (Ro. 5:5).

Cuando Alejandro Magno descubrió a un cobarde en su ejército que también se llamaba Alejandro, le dijo a ese soldado: "Renuncie a su cobardía o renuncie a su nombre". Quienes llevan el nombre de Dios deben ser **imitadores de** su carácter. Por su gracia es posible reflejarle aun en nuestras limitaciones del presente.

Para saber cómo es Dios debemos estudiar su Palabra, su revelación y su gran presentación de sí mismo. No obstante, cuanto más aprendemos del carácter de Dios más aprendemos cuán lejos está Él por encima de nosotros y cuán imposible es en nosotros mismos cumplir el mandato de ser como Él, de tener perfección absoluta como la suya en nuestra vida. Por esa razón necesitamos "el ser fortalecidos con poder en el hombre interior por su Espíritu" con el fin de ser "llenos de toda la plenitud de Dios" (Ef. 3:16, 19). La única manera en que podemos convertirnos en **imitadores de Dios** es que el Señor Jesucristo viva su vida perfecta a través de nosotros. Dependemos por completo de su Espíritu para llegar a ser semejantes a Él. Si vamos a obedecer la admonición de Pablo a los corintios: "Todas vuestras cosas sean hechas en amor" (1 Co. 16:14), debemos someternos a la influencia controladora del Espíritu.

Es natural que los **hijos** sean semejantes a sus padres. Tienen la naturaleza de sus padres y de manera instintiva imitan las acciones y conducta de sus padres. Por medio de Jesucristo, Dios nos ha dado el derecho de llegar a ser sus hijos (Jn. 1:12; Gá. 3:26). Como Pablo declaró al principio de esta carta, Dios ya nos había "predestinado para ser adoptados hijos suyos por medio de Jesucristo, según el puro afecto de su voluntad" (Ef. 1:5). Debido a que nuestro Padre celestial es santo, nosotros hemos de ser santos. Porque Él es benigno, debemos ser benignos. Porque Él es perdonador, nosotros debemos ser perdonadores. Por cuanto Dios en Cristo se humilló a sí mismo, nosotros hemos de humillarnos. Puesto que Dios es amor, nosotros como sus **hijos amados** debemos **andar en amor.** Sin embargo, esta capacidad no es natural sino sobrenatural, por lo tanto requiere una naturaleza nueva y el poder continuo del Espíritu Santo que fluye por medio de nosotros por la obediencia a la Palabra de Dios.

La evidencia más grande de amor es el perdón no merecido. El acto supremo del amor de Dios fue dar "a su Hijo unigénito, para que todo aquel que en él cree, no se pierda, mas tenga vida eterna" (Jn. 3:16). El amor de Dios trajo el perdón del hombre. Dios amó al mundo con un amor tan grande que ofreció perdón a la humanidad rebelde, desventurada y vil enviando a su propio Hijo a dar su vida en la cruz para que los seres humanos no sufrieran la muerte eterna. Él ofreció al mundo el don gratuito de la comunión eterna con Él.

Debido a que el perdón es la evidencia suprema del amor de Dios, también será la prueba más convincente de nuestro amor. El amor siempre nos llevará a perdonar a otros así como el amor llevó a Dios en Cristo a perdonarnos (Ef. 4:32). Nada demuestra con mayor claridad un corazón endurecido y carente de amor que la falta de perdón. La falta de perdón hace evidente la falta de amor (véase 4:31). La presencia de perdón siempre demuestra la presencia de amor, porque solo la persona con amor verdadero tiene motivación y poder para perdonar. El alcance de nuestro amor es el alcance de nuestra capacidad para perdonar.

Sin importar qué pueda hacer otro creyente en contra nuestra, sin importar lo terrible, destructivo o injustificado que sea, Cristo ha pagado el castigo pleno por ese pecado. Sin importar cuánto puedan otros lastimarnos, calumniarnos, perseguirnos o hacernos daño de cualquier otra forma, el sacrificio de Cristo fue suficiente para pagar su castigo. Cuando un cristiano expresa o siquiera guarda en su interior sentimientos de venganza hacia un hermano, no solo peca por dejarse controlar del odio egoísta, sino que peca al profanar el sacrificio de Cristo buscando arreglar cuentas con el castigo por un pecado cuya deuda ya ha sido pagada por su Señor.

Gracias a que Cristo ha pagado el castigo por todos los pecados, no tenemos derecho alguno de tener en cuenta el pecado de cualquier persona, ni siquiera en contra de un incrédulo. Pedro pensó que perdonar a alguien "hasta siete" veces era generoso, pero Jesús le aclaró: "No te digo hasta siete, sino aun hasta setenta veces siete" (Mt. 18:22). En Cristo *todos* nuestros pecados "han sido perdonados por su nombre" (1 Jn. 2:12); Él nos ha perdonado *"todos* los pecados" (Col. 2:13, cursivas añadidas). En Él "tenemos redención por su sangre, el perdón de pecados según las riquezas de su gracia" (Ef. 1:7).

Así como la profundidad del amor de Dios se demuestra por lo mucho que Él ha perdonado, la profundidad de nuestro amor se demuestra en cuánto perdonamos. "Y ante todo", dice Pedro, "tened entre vosotros ferviente amor; porque el amor cubrirá multitud de pecados" (1 P. 4:8). La palabra griega detrás de "ferviente" se refiere a un músculo estirado al máximo. Nuestro amor debe estirarse hasta el límite a fin de poder cubrir "multitud de pecados". Cuanto mayor es nuestro amor, mayor será la multitud de pecados que cubrirá mediante el perdón.

La profundidad de nuestro amor también se demuestra al saber cuánto nos ha sido perdonado. En aquella ocasión cuando Jesús estaba cenando con Simón el fariseo, una prostituta entró a la casa y ungió los pies de Jesús con sus lágrimas y un perfume costoso. Simón se exasperó con lo hecho por ella y expresó su decepción al ver que Jesús permitía ser tocado por una mujer de esa clase. Jesús le respondió contando una parábola: "Un acreedor tenía dos deudores: el uno le debía quinientos denarios, y el otro cincuenta; y no teniendo ellos con qué pagar, perdonó a ambos. Di, pues, ¿cuál de ellos le amará más? Respondiendo Simón, dijo: Pienso que aquel a quien perdonó más. Y él le dijo: Rectamente has juzgado". Tras comparar las diferentes maneras como había sido tratado por Simón y por la mujer, Jesús declaró: "Por lo cual te digo que sus muchos pecados le son perdonados, porque amó mucho; mas aquel a quien se le perdona poco, poco ama" (Lc. 7:36-47).

Debido a que Simón no captaba en realidad la enormidad del pecado en su propia vida, y por lo tanto no sentía la necesidad de ser perdonado en gran manera, su actitud hacia los demás era no perdonadora, en especial para aquellos a quienes consideraba como excluidos morales y sociales. La falta de perdón es la medida de la autojustificación, así como el perdón es la medida del amor. Nuestra capacidad de amar, y en consecuencia de perdonar, depende de que tengamos el sentido de lo mucho que Dios nos ha perdonado. La falta de perdón también es una medida de la incredulidad, porque la persona que no siente necesidad de perdón no siente necesidad de Dios.

Robert Falconer narra la historia de su testimonio entre gente desposeída en una ciudad, en especial cuando les leyó en cierta ocasión la historia de la mujer que limpió los pies de Jesús con sus lágrimas. Mientras leía escuchó que alguien sollozaba y se fijó en una niña flaca y cuyo rostro había quedado desfigurado por la viruela. Tras decirle algunas palabras de ánimo ella dijo: "¿Él va a regresar algún día, el hombre que perdonó a la mujer? He escuchado que volverá, ¿va a ser pronto?". "Él podría llegar en cualquier momento, pero ¿por qué lo preguntas?" contestó Falconer. Después de llorar otra vez descontrolada, ella dijo: "Oiga señor, ¿no será que Él puede esperar un poco más? Es que mi pelo todavía no es lo bastante largo para limpiar y secar sus pies".

La persona que ve la grandeza de su propio perdón gracias al amor de Dios, también perdonará siempre en amor. Perdona en amor porque su Padre celestial le ha perdonado en amor y su deseo es ser un imitador de su Padre.

EL PATRÓN

como también Cristo nos amó, y se entregó a sí mismo por nosotros, ofrenda y sacrificio a Dios en olor fragante. (5:2*b*)

Con frecuencia un niño aprende a pintar calcando. Cuanto mayor cuidado tenga al calcar, más cierta será la semejanza de su copia al original. El patrón para la vida cristiana es **Cristo** mismo, aquel conforme a cuya imagen todo cristiano debe calcar su vida. La gran diferencia entre este tipo de calco y el de un niño que aprende a pintar, es que nunca habrá un momento en que Cristo deje de ser el patrón a seguir e imitar. Además, nunca seremos "por nuestra cuenta y riesgo" lo suficientemente diestros para vivir como Él vivió. De hecho, nuestra parte no consiste tanto en modelar nuestra vida sino en permitir que el Espíritu de Dios nos modele conforme a su Hijo. En 2 Corintios 3:18 se expresa esta verdad profunda en términos magníficos: "Por tanto, nosotros todos, mirando a cara descubierta como en un espejo la gloria del Señor, somos transformados de gloria en gloria en la misma imagen, como por el Espíritu del Señor".

El bien supremo de **Cristo** que hemos de imitar es su amor. Él **nos amó, y se entregó a sí mismo por nosotros.** Entregarse uno mismo por otros es el epítome del amor *agape*. El amor bíblico no es una emoción agradable o un buen sentimiento acerca de alguien, sino la entrega de uno mismo por el bien de esa persona (cp. 1 Jn. 3:16). El amor divino es amor incondicional, amor que depende por entero de aquel que ama y no de los méritos, atractivos o respuesta positiva del ser amado. **Cristo** no solo tuvo un profundo interés y sentimiento emotivo por la humanidad, ni se sacrificó por nosotros porque lo mereciésemos (cp. Ro. 5:8, 10). "Siendo aún pecadores", Él **se entregó a sí mismo por nosotros** por puro amor soberano y lleno de gracia, tomando nuestro pecado sobre sí y pagando su castigo pleno en nuestro lugar y a nuestro favor.

El amor de Dios, y todo amor semejante al suyo, ama por causa de dar y no de obtener. Con el amor condicional sucede que si las condiciones no se cumplen no existe obligación alguna de amar. Si no obtenemos algo a cambio, no damos. En cambio, Dios no impone condiciones para su amor hacia nosotros y nos manda amar a otros sin condiciones. No existe manera de ganarse el amor de Dios o de merecerlo por razones de bondad humana.

El amor romántico y emocional entre esposos aumenta y disminuye en el transcurso de la vida cotidiana, y algunas veces desaparece del todo; pero la pérdida de amor romántico nunca es una excusa adecuada para disolver un matrimonio, porque el amor que Dios de forma específica ordena a los esposos que tengan por sus esposas, es amor *agape* (Ef. 5:25; 3:19; cp. Tit. 2:4; etc.), *aquella clase de amor semejante al de Dios por nosotros que es inmerecido, un amor que se basa en una decisión de la voluntad a favor de la persona amada sin* consideración alguna por emociones, atracción o méritos. El amor romántico engrandece y embellece la relación entre esposo y esposa, pero la fuerza que mantiene unido a un matrimonio cristiano es el amor propio de Dios, el amor que ama porque amar es propio de la naturaleza divina. Es el amor que da, no el que se apropia, y que aun cuando deja de recibir sigue dando. Donde exista ese amor sacrificado que es una decisión de la voluntad, también es probable que exista el amor emotivo, íntimo y cariñoso de la amistad (*philia*).

Dios nos amó siendo nosotros aún pecadores y enemigos suyos, y Él continúa amándonos como creyentes aunque sigamos con pecados que nos alejan de su perfección y su gloria. Él nos ama cuando le olvidamos, cuando le desobedecemos, cuando le negamos, cuando no correspondemos a su amor y cuando contristamos a su Espíritu Santo. Al decir Judas: "conservaos en el amor de Dios" (Jud. 21), estaba indicando la responsabilidad que tenemos de permanecer en el lugar donde ese amor divino derrama su bendición plena.

Quienes reciben la naturaleza de Dios por medio de Jesucristo también han recibido el mandato de amar como Dios ama. En Cristo, amar es ahora parte de *nuestra* naturaleza, así como amar es natural para Dios porque su naturaleza es ahora nuestra naturaleza. Un cristiano que no ama está viviendo en contra de su propia naturaleza así como en contra de la naturaleza de Dios.

Por lo tanto, la falta de amor es más que una falla o deficiencia. Es pecado, una desobediencia deliberada y consciente del mandato de Dios y una desatención total de su ejemplo. Amar como Dios ama es amar *porque* Dios ama, porque hemos de ser "imitadores de Dios como hijos amados", y porque **también Cristo nos amó, y se entregó a sí mismo por nosotros, ofrenda y sacrificio a Dios.**

El amor de Dios no solo es perdonador e incondicional sino que también es sacrificado. Por ende, amar como Dios ama es amar con disposición permanente al sacrificio y amar entregándonos tal como Él se **entregó a sí mismo.**

El andar del cristiano en amor se extiende a toda persona, creyentes e incrédulos por igual. Si el amor de Dios puede alcanzar hasta sus enemigos, ¿cómo podemos negarnos a amar a nuestros enemigos? Si Él ama a sus hijos imperfectos con amor perfecto, ¿cómo es posible que no amemos a nuestros hermanos en la fe, cuyas imperfecciones nos son comunes? Además, si el amor divino llevó a Cristo a sacrificarse por pecadores indignos e ingratos, ¿cómo es que no vamos a entregarnos en su nombre a nuestros semejantes pecadores, incrédulos y creyentes por igual?

Poco antes de ser traicionado y arrestado, Jesús cenó con sus discípulos. Durante la comida los discípulos empezaron a discutir entre ellos quién era el más importante. Su Señor enfrentaba la humillación y aflicción más grandes que jamás se hayan experimentado, y sin embargo, solo estaban preocupados por ellos mismos, por su propio prestigio, rango y gloria. Cuando el Señor necesitó más el consuelo, ánimo y apoyo de su parte, actuaron como si Él no estuviese con ellos. Toda su atención estaba enfocada con egoísmo en ellos mismos (Lc. 22:24).

Fue en ese momento que Jesús tomó un recipiente con agua y empezó a lavar los pies de sus discípulos, una tarea que solo estaba reservada para los siervos más humildes. A pesar de la insensibilidad y falta de preocupación de ellos frente al sufrimiento y muerte que le esperaban, Jesús les ministró en actitud humilde, perdonadora, incondicional y sacrificada. Tras acabar de lavarles los pies y regresar a la mesa, "les dijo: ¿Sabéis lo que os he hecho? Vosotros me llamáis Maestro, y Señor; y decís bien, porque lo soy. Pues si yo, el Señor y el Maestro, he lavado vuestros pies, vosotros también debéis lavaros los pies los unos a los otros. Porque ejemplo os he dado, para que como yo os he hecho, vosotros también hagáis. De cierto, de cierto os digo: El siervo no es mayor que su señor, ni el enviado es mayor que el que le envió" (Jn. 13:12-16). Más adelante les dio el mandamiento de amar de este mismo modo y con esa actitud (Jn. 13:34-35).

El hecho de que **Cristo nos amó, y se entregó a sí mismo por nosotros** como **ofrenda y sacrificio** perfectos **a Dios** fue un **olor fragante** para su Padre celestial, porque ese sacrificio demostró de manera suprema y plena la clase de amor que tiene Dios. Las palabras indican para nosotros la expresión personal de amor dirigida a todos los que creen. (Esto no limita la provisión de la expiación a los creyentes solamente, como lo dejan en claro otras citas bíblicas. Véase Jn. 1:29; 3:15-16; Ro. 10:13; 2 Co. 5:14; 1 Ti. 2:4, 6; 4:10; 2 P. 2:1; 1 Jn. 2:2; 4:14.)

Los primeros cinco capítulos de Levítico describen cinco ofrendas ordenadas por Dios a los israelitas. Las primeras tres eran la ofrenda quemada u holocausto, la ofrenda de alimento y la ofrenda de paz. El holocausto (Lv. 1:1-17) representaba la dedicación total de Cristo a Dios al entregar su vida misma para obedecer y agradar a su Padre; la ofrenda de alimento (grano) (Lv. 2:1-16) ilustraba la perfección de Dios, y la ofrenda de paz (Lv. 3:1-17; 4:27-31) mostraba la manera como Él hizo la paz entre Dios y el hombre. Todas esas ofrendas hablaban obviamente de lo que era agradable a Dios. Sobre cada una, las Escrituras dicen que eran "de olor grato para Jehová" (Lv. 1:9, 13, 17; 2:2, 9, 12; 3:5, 16). Filipenses 4:18 explica que el olor fragante significaba que se trataba de un "sacrificio acepto, agradable a Dios"; pero las otras dos ofrendas, la del pecado (Lv. 4:1-26, 32-35) y las expiatorias por transgresión (Lv. 5:1-19), eran ofrendas repugnantes para Dios porque, a pesar de ilustrar la obra de Cristo, le representaban llevando el pecado de la humanidad. Estas ofrendas eran un símbolo del momento en que el Padre dio la espalda a su propio Hijo, por cuanto "al que no conoció pecado, por nosotros lo hizo pecado, para que nosotros fuésemos hechos justicia de Dios en él" (2 Co. 5:21), aquel momento en que Jesús exclamó desde la cruz: "Elí, Elí, ¿lama sabactani? Esto es: Dios mío, Dios mío, ¿por qué me has desamparado?" (Mt. 27:46).

Mientras Cristo llevó sobre sí todo el pecado de la humanidad, Dios no le vio ni se regocijó ni tuvo complacencia en Él; pero cuando el Padre levantó a Cristo de entre los muertos, el sacrificio por el cual fue hecho pecado se convirtió en el sacrificio que conquistó para siempre al pecado. El pecado que le sometió a muerte fue sometido a muerte, y ese inmenso acto de amor fue ofrecido **a Dios en olor fragante.** Ese **olor fragante** esparce su fragancia a todos los que están en la tierra y se colocan bajo la gracia de ese sacrificio, y esparcirá su fragancia a lo largo y ancho del cielo por toda la eternidad. En todos los aspectos, nuestra vida debería agradar a Dios como un sacrificio de olor fragante (cp. 2 Co. 2:14-16).

LA PERVERSIÓN

Pero fornicación y toda inmundicia, o avaricia, ni aun se nombre entre vosotros, como conviene a santos; ni palabras deshonestas, ni necedades, ni truhanerías, que no convienen, sino antes bien acciones de gracias. (5:3-4)

Todo lo que Dios establece, Satanás lo falsea y corrompe. Donde Dios establece amor verdadero, Satanás produce amor adulterado. Ese amor falso caracteriza a los hijos de Satanás, aquellos que son del mundo, así como el amor verdadero caracteriza a los hijos de Dios, aquellos que son ciudadanos del cielo.

En contraste al amor piadoso, perdonador y no egoísta, el amor del mundo es lujurioso e indulgente consigo mismo. Ama porque el objeto del amor es atractivo, aprovechable, agradable, satisfactorio, apreciativo, porque corresponde y produce sentimientos deseados, o es probable que pague lo recibido de alguna forma. Siempre se basa en la satisfacción que la otra persona suministra de las necesidades y deseos individuales, y en el cumplimiento de expectativas egoístas. El amor mundano es recíproco y da poco pero con la expectativa de obtener mucho a cambio. Al hablar de esa clase de amor, Jesús dijo: "Porque si amáis a los que os aman, ¿qué recompensa tendréis? ¿No hacen también lo mismo los publicanos?" (Mt. 5:46).

El mundo alega que necesita amor, y el amor es defendido y ponderado en todas las esquinas. El amor romántico se aclama y encomia de manera especial. En canciones, novelas, películas y series de televisión, se explota de continuo el deseo emocional y lujurioso como si se tratara de amor genuino. La búsqueda fantasiosa del "amor perfecto" se presenta como la experiencia humana suprema.

No debería sorprender que la búsqueda desorientada de esa clase de amor conduzca de forma inevitable a **fornicación y toda inmundicia,** porque esa clase de amor es egoísta y destructivo, es una falsificación engañosa del amor de Dios. Siempre es condicional y siempre es egocéntrico. No se interesa en el compromiso sino solamente en la satisfacción momentánea; no se interesa en dar sino solo en obtener. No tiene base para permanecer porque su propósito consiste en utilizar y explotar en lugar de servir y ayudar. Dura hasta que el ser amado deja de satisfacer o hasta que desaparece para irse con otra persona.

Porneia (**fornicación**) se refiere a todo pecado sexual, y todo pecado sexual es contra Dios y contra el amor verdadero y piadoso. Es el antónimo de *enkrateia*, que se refiere a autocontrol, especialmente en el área sexual. Cuando el apóstol habló delante de Félix y su esposa Drusila, "al disertar Pablo acerca de la justicia, del dominio propio y del juicio venidero, Félix se espantó y dijo: Ahora vete; pero cuando tenga oportunidad te llamaré" (Hch. 24:24-25). Félix había robado a Drusila de su esposo anterior y por ende estaba viviendo con ella en una relación adúltera. El autocontrol sexual del que Pablo habló se relacionaba con la pasión lujuriosa, tal como Félix lo entendió. El mensaje claro al gobernador era que estaba viviendo contrario a la justicia de Dios al rehusar la disciplina de su deseo sexual, y por eso fue sometido al juicio de Dios.

La pérdida de control sexual conduce a lo opuesto que es **fornicación** e **inmundicia**. *Akatharsia* (**inmundicia**) es un término más general que *porneia* y hace referencia a cualquier cosa impura y sucia. Jesús empleó la palabra para describir la podredumbre de los cadáveres que se descomponen en una tumba (Mt. 23:27). Las otras diez ocasiones que se usa la palabra en el Nuevo Testamento está asociada con el pecado sexual. Se refiere a pensamientos, pasiones, ideas y fantasías inmorales, y todas las demás formas de corrupción sexual.

La obsesión contemporánea con el sexo ha encontrado su manera de infiltrarse en la iglesia. La influencia del mundo de la lujuria ha invadido a tal punto y la iglesia es tan débil y falta de discernimiento, que muchos cristianos se han convencido de que todo tipo de excesos e impurezas sexuales son cubiertos por la gracia o pueden llegar a considerarse moralmente seguros si se practican con la actitud correcta, en especial si algún versículo de las Escrituras puede ser arqueado para dar un respaldo aparente. Lo cierto es que **fornicación y toda inmundicia** son cosas que no pueden ser santificadas ni modificadas como algo mejor de lo que son, que es maldad y perversión, un delito contra el Dios santo y el Dios amoroso. En 1 Corintios 5:1-5 y 6:13-20 Pablo muestra que no hay lugar para estas cosas en la vida cristiana.

Como se mencionó en la discusión de Efesios 4:19, **avaricia** es inseparable de **inmundicia**. Toda forma de inmoralidad sexual es una expresión de la voluntad egoísta, la gratificación del ego y el egocentrismo propio de la **avaricia**. Por naturaleza es contraria al amor, que se entrega a sí mismo. La **fornicación** y la **inmundicia** son formas de **avaricia** en el área del pecado sexual. Son manifestaciones de codicia sexual y expresiones de amor adulterado (que en realidad es odio, porque el amor busca la pureza de los demás y no es egoísta), enmascarado como algo bello, bueno y compensador. Por cuanto esos pecados tienen una apariencia tan atractiva y prometedora, cónyuges son abandonados, niños son descuidados, hogares son destruidos, amigos son desatendidos y no

249

se ahorra esfuerzo alguno para satisfacer el deseo de tener al objeto de la lujuria, todo en nombre del amor.

A causa de la fuerte naturaleza sexual de los seres humanos, los pecados sexuales son poderosos y se pueden pervertir de formas inimaginables. Si se les da rienda suelta, los pecados sexuales pueden conducir a la insensibilidad completa frente a los sentimientos y el bienestar de los demás, a una brutalidad horrorosa y con frecuencia al homicidio, como dan testimonio de ello las noticias de todos los días.

Por esa razón los pecados de **fornicación y toda inmundicia, o avaricia, ni aun** debería nombrarse **entre** los cristianos, **como conviene a santos.** Esos pecados no pueden justificarse de ningún modo, y de ninguna manera deberían ser tolerados. El significado de **santos** es "los santificados por Dios", y esa clase de personas no tienen que ver con lo que no sea santo.

Pablo continúa su advertencia contra esta perversión del amor con una lista de pecados relacionados que con seguridad atañe a todo creyente en uno u otro momento de su vida. Los cristianos no solo deberían abstenerse de participar en pecados sexuales de cualquier tipo, sino que nunca deberían ser culpables de **palabras deshonestas, ni necedades, ni truhanerías.**

Palabras deshonestas o sucias tiene que ver con obscenidad en general, cualquier lenguaje degradante e indecente. Proviene de la misma raíz griega de la palabra "vergonzoso" en el versículo 12, donde Pablo dice que tales cosas viles no debían siquiera ser mencionadas, mucho menos ser objeto de participación directa por parte de los creyentes, y allí se relaciona con el término en Colosenses 3:8 que también se traduce "palabras deshonestas de vuestra boca".

Mōrologia (**necedades**) solo se emplea aquí en el Nuevo Testamento y se deriva de *mōros* (que significa tonto o estúpido) y de *legō* (hablar). Se refiere a hablar sandeces, como solo puede ser propio de una persona con graves deficiencias intelectuales. En ocasiones alude a obscenidad rastrera y al lenguaje necio y mentecato que procede de los borrachos o de la boca que es como una alcantarilla, cuya única y torpe función consiste en llenar el aire con cochinerías mundanas.

Eutrapelia (**truhanería**), por otra parte, se refiere a un tipo de lenguaje más enfocado y premeditado. Alude a la idea de convertir con rapidez cualquier cosa que se dice o hace, sin importar cuán inocente sea en sí misma, en algo obsceno o sugestivo. Es el lenguaje sucio de una persona que utiliza toda palabra y circunstancia para ostentar su astucia y humor en el campo de la inmoralidad. Son las maniobras típicas de quienes se dedican al oficio de encontrarle un giro sexual a cualquier situación, como es el caso de los anfitriones de programas de opinión y otros charlatanes indiscretos de profesión. Lo cierto es que la obscenidad rastrera y nada elegante de las **necedades** y la obscenidad de "alto nivel" que son las **truhanerías** o picardías, provienen de la misma clase de corazón, el corazón de la persona que se ha entregado a **toda inmundicia** moral y que llena su boca de **palabras deshonestas.**

A la luz de una enseñanza tan clara de la Palabra de Dios, resulta extraño que tantos cristianos no solo discutan sino que se rían y hagan chistes de forma impune acerca de casi toda forma de intimidad, corrupción y perversión sexual. La norma de Dios sigue siendo clara: no debe haber **palabras deshonestas, ni necedades, ni truhanerías, que no convienen.**

En lugar de involucrarse en la inmoralidad y en el lenguaje sucio, la boca del creyente debería dedicarse a dar **acciones de gracias.** El agradecimiento es una expresión de renuncia al egoísmo. La persona egoísta y no amorosa no da gracias porque piensa que merece cualquier cosa buena que recibe. La persona amorosa y no egoísta, por otra parte, enfoca su vida y su interés en las necesidades de otros. Cualquier cosa buena que recibe de Dios o de otras personas la cuenta como algo inmerecido y gratuito. Siempre es agradecida porque su espíritu está lleno de amor y dadivosidad. En lugar de usar a otros les sirve. En lugar de tratar de convertir lo inocente en inmoral, procura cambiar lo inmoral y fomentar lo justo y santo. Es una persona agradecida porque la vida santa es la vida que satisface, y la gente ve el amor a Dios en la persona agradecida.

Si los cristianos son conocidos por algo, debería ser por su amor expresado hacia Dios y los demás a través de **acciones de gracias** incesantes (cp. 1 Ts. 5:18, donde el mandato es claro: "Dad gracias en todo, porque esta es la voluntad de Dios para con vosotros en Cristo Jesús").

EL CASTIGO

Porque sabéis esto, que ningún fornicario, o inmundo, o avaro, que es idólatra, tiene herencia en el reino de Cristo y de Dios. Nadie os engañe con palabras vanas, porque por estas cosas viene la ira de Dios sobre los hijos de desobediencia. No seáis, pues, partícipes con ellos. (5:5-7)

Es claro que Pablo está reafirmando una verdad que había enseñado a los efesios muchas veces mientras estuvo pastoreando en medio de ellos, y sin duda una verdad que otros habían reforzado. **Porque sabéis esto,** les dijo el apóstol. Es seguro que no había duda o confusión en sus mentes acerca de lo que él estaba a punto de decirles, porque no era algo nuevo.

Dios no tolera el pecado, y el amor pervertido conduce al castigo. El pecado no tiene lugar alguno en su reino ni en su familia. Las palabras **fornicario, inmundo** y **avaro** se derivan de las mismas palabras griegas básicas del versículo 3 y que se traducen *fornicación, inmundicia y avaricia.* La avaricia es una forma de idolatría. El hombre **avaro,** por lo tanto, es más que simplemente egoísta e inmoral, **es idólatra** (cp. Col. 3:5).

Las personas que se caracterizan por los pecados que Pablo acaba de condenar en los versículos 3 y 4 no tendrán **herencia en el reino de Cristo y de Dios.**

Ninguna persona cuyo patrón de vida es de inmoralidad, fornicación, inmundicia y avaricia habituales, puede formar parte del **reino** de Dios, porque es imposible que una persona así le pertenezca. Esto contradice las verdades de Romanos 6 y 2 Corintios 5:17, así como la instrucción de 1 Juan acerca de las características de los creyentes. La vida descrita aquí da testimonio de una naturaleza no redimida y dominada por el pecado, sin importar qué relación con Cristo afirme tener tal persona. Los hijos de Dios tienen la naturaleza de Dios, y la persona que se caracteriza por la pecaminosidad habitual demuestra que no tiene una naturaleza pía (1 Jn. 3:9-10). **El reino de Cristo y de Dios** se refiere a la esfera de la salvación, la comunidad de los redimidos y el lugar de la gloria eterna. El **reino** es el gobierno **de Cristo y de Dios,** el cual incluye la iglesia presente, el milenio futuro y el estado eterno en la gloria.

"Porque la gracia de Dios se ha manifestado para salvación a todos los hombres, enseñándonos que, renunciando a la impiedad y a los deseos mundanos, vivamos en este siglo sobria, justa y piadosamente" (Tit. 2:11-12). Toda persona que es salvada, y por ende forma parte de ese gobierno glorioso **de Cristo y de Dios,** es enseñada y guiada por el Espíritu Santo y por la inclinación de su nueva naturaleza, a abandonar el pecado y buscar siempre la justicia. La persona cuyo patrón básico de vida no refleja esa orientación no puede afirmar que Dios sea su Padre o que **el reino de Cristo y de Dios** sea su **herencia.**

Es peligrosamente engañoso que los cristianos traten de dar seguridad de salvación a una persona que no tenga fundamentos bíblicos para tener tal seguridad. En su primera carta a la iglesia en Corinto, Pablo da una lista todavía más detallada de pecados cuya práctica habitual demuestra que una persona no es salva y no tiene defensa ante Dios. "¿No sabéis que los injustos no heredarán el reino de Dios? No erréis; ni los fornicarios, ni los idólatras, ni los adúlteros, ni los afeminados, ni los que se echan con varones, ni los ladrones, ni los avaros, ni los borrachos, ni los maldicientes, ni los estafadores, heredarán el reino de Dios" (1 Co. 6:9-10). Tales cosas no caracterizan a los hijos de Dios (cp. Gá. 5:17-21, una enseñanza similar). El veredicto de Dios es que, sin importar cuál pueda ser el argumento presentado, una vida dominada de esa manera por el pecado está condenada al infierno.

La gente tratará de negar esto, pero Pablo advierte que no se les debe prestar atención. **Nadie os engañe con palabras vanas,** diciendo que el pecado es tolerable y que Dios no excluirá a los pecadores no arrepentidos de su reino. Las **palabras vanas** están llenas de error y carentes de verdad, por eso tienen poder para engañar.

Es **por estas cosas,** es decir, a causa de los pecados listados aquí y de las mentiras de las **palabras vanas,** que **viene la ira de Dios sobre los hijos de desobediencia.** Tales personas son llamadas **hijos de desobediencia** (véase también 2:2) porque desobedecer es parte de su naturaleza y por ello son "hijos de ira" (2:3; cp. 2 Ts. 1:8-10), blancos de las armas de juicio de Dios.

La actitud de Dios hacia el amor pervertido y el pecado sexual puede verse con claridad en Números 25:1-9, en aquella ocasión cuando los israelitas tuvieron relaciones con mujeres moabitas y Dios juzgó con la muerte a 24.000 de ellos. Su actitud hacia el pecado sexual no ha cambiado, y el amor pervertido atrae la ira de Dios como una ciudad iluminada atrae a los bombarderos enemigos.

En una advertencia final, Pablo dice: **No seáis, pues, partícipes con ellos.** "No se asocien con el mundo en su perversión", les dice; "no se unan a ellos en la maldad. En lugar de eso, únanse y sean socios de Cristo en la justicia. No imiten al mundo sino más bien sean imitadores de Dios, como hijos amados" (v. 1).

Vivir en la luz

16

Porque en otro tiempo erais tinieblas, mas ahora sois luz en el Señor; andad como hijos de luz (porque el fruto del Espíritu es en toda bondad, justicia y verdad), comprobando lo que es agradable al Señor. Y no participéis en las obras infructuosas de las tinieblas, sino más bien reprendedlas; porque vergonzoso es aun hablar de lo que ellos hacen en secreto. Mas todas las cosas, cuando son puestas en evidencia por la luz, son hechas manifiestas; porque la luz es lo que manifiesta todo. Por lo cual dice: Despiértate, tú que duermes, y levántate de los muertos, y te alumbrará Cristo. (5:8-14)

Este pasaje continúa el énfasis en que los creyentes sean "imitadores de Dios como hijos amados" (5:1). La primera forma en que hemos de imitar a Dios es en su amor, el cual Pablo muestra tanto en su forma verdadera como adulterada, afirmando que Cristo mismo es nuestro patrón divino a seguir (vv. 2-7). En los versículos 8-14 el enfoque se centra en nuestra imitación de Dios en términos de vivir en la luz.

La Biblia habla de Dios como nuestra luz y salvación (Sal. 27:1) y como "luz perpetua" (Is. 60:19). Su Palabra es llamada "lámpara... y lumbrera a [nuestro] camino" (Sal. 119:105; cp. v. 130). Cristo es llamado "luz de las naciones" (Is. 49:6), "aquella luz verdadera, que alumbra a todo hombre" (Jn. 1:9), y "la luz del mundo" (Jn. 8:12). Por lo tanto, imitar a Dios significa para un creyente que debe participar de la luz de Dios y reflejarla.

En las Escrituras el empleo de la palabra luz en sentido figurado tiene dos aspectos, el intelectual y el moral. En el aspecto intelectual representa la verdad, mientras que en el moral representa la santidad. Vivir en la luz significa por ende vivir en verdad y en santidad. La figura de tinieblas tiene los mismos dos aspectos. Intelectualmente representa ignorancia y falsedad, y en el aspecto moral connota maldad.

El aspecto intelectual de ambas figuras corresponde a lo que una persona conoce y cree, y el aspecto moral se relaciona con la manera como piensa y actúa. En 2 Corintios Pablo habla acerca del aspecto intelectual cuando dice: "el dios de este siglo cegó el entendimiento de los incrédulos, para que no les resplandezca la luz del evangelio de la gloria de Cristo, el cual es la imagen de Dios" (4:4; cp. Ro. 1:21; Ef. 4:18). En Isaías 5 el profeta habla de ambos aspectos cuando dice: "¡Ay de los que a lo malo dicen bueno, y a lo bueno malo; que hacen de la luz tinieblas, y de las tinieblas luz; que ponen lo amargo por dulce, y lo dulce por amargo!" (v. 20). Tanto la enseñanza como la práctica de esas personas eran corruptas. Pablo habla del aspecto moral cuando exhorta a los creyentes: "Desechemos, pues, las obras de las tinieblas, y vistámonos las armas de la luz" (Ro. 13:12), y en el versículo siguiente especifica algunas de las obras de las tinieblas: glotonerías y borracheras, lujurias y lascivias, contiendas y envidia.

Por otro lado, todo el que pertenece a Dios anda en la luz, tanto en lo intelectual como en lo moral. "Este es el mensaje que hemos oído de él, y os anunciamos", dijo Juan sin lugar a equívocos: "Dios es luz, y no hay ningunas tinieblas en él. Si decimos que tenemos comunión con él, y andamos en tinieblas, mentimos, y no practicamos la verdad; pero si andamos en luz, como él está en luz, tenemos comunión unos con otros, y la sangre de Jesucristo su Hijo nos limpia de todo pecado" (1 Jn. 1:5-7).

En los versículos 8-14 Pablo menciona cinco elementos prácticos que deberíamos reconocer a fin de andar fielmente en la luz de Dios. El apóstol presenta los contrastes, las características, el mandato, la comisión y el llamado de los cristianos como hijos de luz que pertenecen solo a Dios.

EL CONTRASTE

Porque en otro tiempo erais tinieblas, mas ahora sois luz en el Señor; andad como hijos de luz (5:8)

Pablo hace aquí un contraste entre el aspecto que tenía la vida del creyente antes de la salvación y lo que Dios ha propuesto que sea después de la salvación. Al hacerlo, simplemente declara lo que debería ser obvio: una persona que ha sido salvada del pecado debería cortar toda relación con el pecado y vivir como un hijo de Dios redimido y purificado. Para ilustrar ese punto el apóstol emplea las figuras bíblicas comunes de **tinieblas** y **luz**.

LO QUE ANTES ÉRAMOS

La forma verbal de **erais** revela dos realidades importantes. Primero, el tiempo pasado indica una condición que ya no existe, y esa verdad es reforzada con la expresión **en otro tiempo**. Antes en la carta, Pablo dice que "[*estábamos*] muertos en [nuestros] delitos y pecados, en los cuales [*anduvimos*] *en otro tiempo*, siguiendo la corriente de este mundo, conforme al príncipe de la potestad del aire", y que "también todos nosotros vivimos *en otro tiempo* en los deseos de nuestra carne, haciendo la voluntad de la carne y de los pensamientos, y *éramos* por naturaleza hijos de ira, lo mismo que los demás" (2:1-3, cursivas añadidas). Para los cristianos, ser **tinieblas** tanto en lo intelectual como en lo moral es cosa del pasado (cp. 4:17-20).

En segundo lugar, el verbo no es modificado por una preposición tal como *en* o *de*. En otros lugares la Biblia habla de que una persona está en las tinieblas o es de las tinieblas, pero aquí dice *erais tinieblas*. Antes de venir a Cristo nuestra existencia total, nuestro ser así como nuestra conducta, estaba caracterizada por tinieblas. No había otro aspecto en nuestra vida espiritual que no fuese propio de las tinieblas. Éramos hijos de oscuridad e "hijos de desobediencia" (Ef. 5:6). No éramos simples víctimas del sistema de Satanás sino participantes y contribuyentes del mismo. No solo estábamos en pecado, sino que nuestra naturaleza misma estaba caracterizada por el pecado.

La Biblia da cuatro características básicas de esas **tinieblas** espirituales. Primero, es la obra de Satanás. Los que no son hijos de Dios son hijos de su "padre el diablo, y los deseos de [su] padre [quieren] hacer", el cual se define porque "ha sido homicida desde el principio, y no ha permanecido en la verdad, porque no hay verdad en él" (Jn. 8:44; cp. vv. 38, 41).

Es difícil aun para cristianos imaginar que los incrédulos cumplidores de la ley, decentes y agradables con quienes todos los días nos encontramos, sean hijos del diablo. No obstante, toda persona o es un hijo del diablo o es un hijo de Dios. No existen otros tipos de paternidad espiritual ni de hijo espiritual, aunque es obvio que existen grados diversos en los dos tipos existentes en cuanto a estilo de vida se refiere; pero lo cierto es que el filántropo incrédulo, sin importar cuán sofisticado sea y lo bien que se vista, pasará la eternidad separado de Dios y en el mismo infierno donde estará el brujo adorador de Satanás y lacayo de los demonios.

En segundo lugar, las tinieblas espirituales no solo son la obra sino el dominio de Satanás. El incrédulo hace la obra de Satanás porque se encuentra bajo el control de Satanás (en Lc. 22:53 es llamado "la potestad de las tinieblas") y es un ciudadano de su feudo o "potestad de las tinieblas" (Col. 1:13; cp. Ef. 6:12; 1 Jn. 5:19). Esa es la razón por la que es tan necio que las personas rechacen las afirmaciones del evangelio porque se imaginan que al aceptarlas tendrían que renunciar a su libertad y someterse a una obediencia forzosa y no deseada a Dios. Una de las mentiras más engañosas y destructivas de Satanás es la idea de que una persona separada de Dios es libre. El incrédulo está totalmente atado y aprisionado por Satanás mediante el pecado. El hombre caído cree que es libre solo porque lo que su carne desea concuerda en gran medida con lo que Satanás quiere, en cambio la obediencia del creyente a Dios es el deseo más profundo de su corazón (cp. Ro. 6:17-18, 22; 7:22; Sal. 119).

En tercer lugar, las tinieblas espirituales traen el castigo de Dios. Como Pablo acabó de declarar, "viene la ira de Dios sobre los hijos de desobediencia" (Ef. 5:6), quienes son "por naturaleza hijos de ira" (2:3). En el libro de Romanos él dice: "la ira de Dios se revela desde el cielo contra toda impiedad e injusticia de los hombres que detienen con injusticia la verdad" (1:18).

En cuarto lugar, la oscuridad espiritual conduce a un destino último e irreversible de tinieblas eternas. Aquellos que no creen en Jesucristo como Señor y Salvador, bien sean judíos o gentiles, "serán echados a las tinieblas de afuera; allí será el lloro y el crujir de dientes" (Mt. 8:12; cp. 1 S. 2:9; 2 P. 2:17). Aquellos que rechazan a Cristo lo hacen porque se sienten a gusto con las tinieblas, y debido a que *eligen* las tinieblas a cambio de la luz, *tendrán* tinieblas para siempre en lugar de luz. La eternidad no es más que la cristalización permanente de la decisión que han tomado en sus vidas sobre la tierra.

El hecho de que el mundo se encuentra en un estado de total confusión, injusticia, maldad, corrupción y desesperanza, puede ser testificado por cualquier observador sensato, sea creyente o incrédulo. Existe una compulsión constante a recurrir al engaño, la mentira, el robo, la inmoralidad, el homicidio y todas las demás formas de maldad. Igualmente obvia que la propensión del mundo al pecado, existe el hecho ineludible de que la realidad no puede ser hallada por los hombres donde ellos insisten en buscarla. Sin embargo, cuando la realidad suprema de Dios les es ofrecida en Jesucristo, los hombres dan la espalda porque la realidad de su justicia y bondad también revela la realidad de su propio pecado y maldad. Jesús dijo: "Y esta es la condenación: que la luz vino al mundo, y los hombres amaron más las tinieblas que la luz, porque sus obras eran malas. Porque todo aquel que hace lo malo, aborrece la luz y no viene a la luz, para que sus obras no sean reprendidas. Mas el que practica la verdad viene a la luz, para que sea manifiesto que sus obras son hechas en Dios" (Jn. 3:19-21).

Es como si una persona estuviese perdida en una mina abandonada. Cuanto más trata de hallar la salida, más incursiona en la mina y se aleja de la superficie. Cada túnel que toma le lleva a un callejón sin salida o a otro túnel. No tiene idea de dónde se encuentra o qué camino le conviene emprender. Sus ojos están abiertos todo el tiempo pero todo lo que puede ver es tinieblas aplastantes. Tras una semana de andar a tientas por los túneles y pasadizos fríos y sucios, por fin se percata de una luz tenue. Con toda la energía que le queda se aproxima a esa luz y por último encuentra la salida. No obstante, debido a que la luz es tan brillante y le hiere los ojos, se empieza a preguntar si en realidad está en una situación mejor. Recuerda algunas cosas de la mina que le dieron momentos placenteros al distraer su atención del problema en que se encontraba. Por último, decide volver a la mina y se queda a vivir allí.

Esa historia, extraña e improbable como pueda sonarle a cualquiera, se repite en incontables ocasiones todos los días de una manera infinitamente más trágica, cada vez que las personas ven el evangelio de luz y vida, y le dan la espalda para regresar a la senda vieja de tinieblas y muerte.

LO QUE SOMOS

El segundo verbo en el versículo 8 (**sois**) también nos dice dos cosas importantes. El tiempo presente indica nuestra nueva condición espiritual, en contraste a lo que éramos antes de confiar en Cristo. **Ahora** somos **luz en el Señor.** Dios el Padre "nos ha librado de la potestad de las tinieblas, y trasladado al reino de su amado Hijo" (Col. 1:13), y Él es quien nos "llamó de las tinieblas a su luz admirable" (1 P. 2:9).

Así como **erais,** el verbo **sois** no está modificado con preposiciones. La Biblia habla en algunas ocasiones de los creyentes diciendo que están en la luz o que son de la luz, pero aquí se dice que ellos *son* luz. "Vosotros sois la luz del mundo", dijo Jesús (Mt. 5:14). Por cuanto ahora participamos de la naturaleza propia de Cristo, somos partícipes de su luz. Así como Él es "la luz del mundo" (Jn. 8:12), su pueblo también es "la luz del mundo" (Mt. 5:14). Gracias a que estamos **en el Señor,** nosotros que antes fuimos hijos de oscuridad ahora somos **hijos de luz,** y es como tales hijos que debemos **andar** en esta vida.

LAS CARACTERÍSTICAS

(porque el fruto del Espíritu es en toda bondad, justicia y verdad), comprobando lo que es agradable al Señor. (5:9-10)

En lo que parece una declaración entre paréntesis, Pablo presenta las características de los hijos de luz que se manifiestan en lo que llama **el fruto del Espíritu,** que en los mejores manuscritos griegos corresponde a la frase "el fruto de la luz". Las tres características supremas o **fruto** de nuestro andar como hijos de luz son **toda bondad, justicia y verdad.**

Estas son las pruebas de la fe verdadera, de una verdadera relación de salvación con el Señor Jesucristo. Hacer una "decisión" por Cristo, ser miembro de una iglesia, asistir fielmente a cultos de adoración, ser bautizado, dar apoyo económico a la obra del Señor y muchas otras cosas de ese tipo, son utilizadas con frecuencia como evidencia de la salvación. El cristiano fiel debería hacer todas estas cosas, pero se trata de acciones que con gran facilidad se pueden hacer en la carne y por ende no son confiables en sí mismas como evidencia. Por otra parte, las tres características que Pablo menciona aquí son obras espirituales que no pueden hacerse realidad en la carne. La palabra **toda** refleja la perfección del principio divino.

La primera característica es **toda bondad** (cp. "toda malicia" en 4:31). Cierto número de palabras griegas se traducen "bueno" o "bondad" en el Nuevo

Testamento. *Kalos* denota aquello que posee un bien intrínseco porque está libre de defectos, es hermoso y honorable. Tanto Juan el Bautista como Jesús utilizaron el término para hablar del "buen fruto", porque "todo árbol que no da buen fruto es cortado y echado en el fuego" (Mt. 3:10; 7:19). Pablo emplea el término al contarle a Timoteo que "todo lo que Dios creó es bueno" (1 Ti. 4:4). También se emplea con referencia a lo que es moralmente bueno (véase Gá. 4:18; 1 Ti. 5:10, 25; Tit. 2:7, 14). *Chrēstos*, traducido algunas veces "bueno", se refiere a lo que es agradable, útil, conveniente o digno. Pablo utiliza esta palabra cuando declara que "las malas conversaciones corrompen las buenas costumbres" (1 Co. 15:33).

Sin embargo, en el pasaje presente Pablo emplea la palabra *agathōsunē*, que se refiere a excelencia moral, a algo que es bueno tanto en naturaleza como en eficacia. Al igual que el amor *agapē*, la **bondad** *agathōsunē* encuentra su expresión más plena y sublime en lo que se hace de manera voluntaria y sacrificada por otros. "Seguid siempre lo bueno unos para con otros, y para con todos", dijo Pablo a los tesalonicenses (1 Ts. 5:15). En su siguiente carta a esa iglesia el apóstol ora por ellos "para que nuestro Dios os tenga por dignos de su llamamiento, y cumpla todo propósito de bondad y toda obra de fe con su poder" (2 Ts. 1:11, cursivas añadidas). Esta **bondad** que es un fruto de la luz también es un **fruto del Espíritu** (Gá. 5:22).

El segundo resultado o **fruto** de nuestro andar como hijos de luz es **justicia,** y tiene que ver ante todo con nuestra relación con Dios. "Al que no obra, sino cree en aquel que justifica al impío, su fe le es contada por justicia" (Ro. 4:5; cp. Ef. 4:24; Fil. 3:9). Por otra parte, **justicia** también tiene que ver con la manera como vivimos. Quienes son hechos justos tienen el mandato de vivir justamente y de presentarse "a Dios como vivos de entre los muertos, y [sus] miembros a Dios como instrumentos de justicia" (Ro. 6:13). Por cuanto Cristo nos ha dado su propia naturaleza justa, debemos seguir "la justicia, la piedad, la fe, el amor, la paciencia, la mansedumbre" (1 Ti. 6:11). Por cuanto sabemos que Cristo es justo, dice Juan, sabemos "también que todo el que hace justicia es nacido de él" (1 Jn. 2:29).

El tercer **fruto del Espíritu** se manifiesta en honestidad, confiabilidad e integridad, en contraste a las conductas falsas, hipócritas y engañosas de la vida vieja en las tinieblas.

Por lo tanto, vemos que básicamente la **bondad** tiene que ver con nuestra relación con otros, la **justicia** con nuestra relación con Dios, y la **verdad** con nuestra integridad personal.

Sin ese **fruto** no hay evidencia de la vida de Dios. "Guardaos de los falsos profetas, que vienen a vosotros con vestidos de ovejas", advirtió Jesús, "pero por dentro son lobos rapaces. Por sus frutos los conoceréis. ¿Acaso se recogen uvas de los espinos, o higos de los abrojos?" (Mt. 7:15-16). Toda persona da fruto de alguna clase. Los que están en tinieblas dan fruto malo, y quienes están en la luz dan buen fruto. Por esa razón, la persona que no da algún fruto de justicia en su vida no puede alegar que tiene a Cristo. No existe tal cosa como un cristiano sin fruto. Donde hay vida, hay evidencia de vida, así como donde hay muerte habrá evidencia de muerte. El hijo de luz produce **el fruto del Espíritu** y es llamado a incrementar siempre esa producción (Col. 1:10).

Un cristiano puede caer en pecado, y cuando lo hace la fructificación de su vida y su rendimiento se ven afectados, ya que el fruto justo no puede prosperar en medio del pecado; pero la ausencia completa de *cualquier* **fruto... en toda bondad, justicia y verdad** demuestra la ausencia completa de salvación (cp. 2:10).

La vida cristiana, así como cualquier clase de vida, solo es saludable cuando está creciendo. En lo que concierne al andar del creyente, el enfoque primordial de su vida debe fijarse en *tratar todo el tiempo de aprender* **comprobando lo que es agradable al Señor.** A medida que somos obedientes conforme a lo que conocemos, nuestro conocimiento del Señor y de su voluntad se incrementa y profundiza. A medida que somos fieles a la luz, recibimos más de esa luz divina.

Dokimazō (que se traduce **comprobando**) también alude a la idea de someter a prueba. Mientras los cristianos se mantengan **comprobando** y creciendo en **toda bondad, justicia y verdad,** darán una verificación o evidencia de que son quienes afirman ser, hijos de Dios y de luz. El hijo de Dios manifestará su semejanza al Padre celestial, quien es su "luz y... salvación" (Sal. 27:1).

La seguridad de salvación no puede ser determinada de manera confiable por lo que ha sucedido en el pasado, sin importar cuán dramático o significativo haya sido en el momento. Solo puede basarse con certeza en la evidencia de **fruto** en el presente que está siendo producido por una vida espiritual auténtica (véase 2 P. 1:5-11).

Debido a que no portan armas, granadas, explosivos u otros artículos ilegales, la mayoría de las personas no tienen temor de hacer pasar su equipaje por la máquina de rayos X en el aeropuerto. Del mismo modo, nosotros como cristianos no debemos tener temor de ser colocados bajo escrutinio, sea a la luz de la Palabra de Dios o bajo el ojo crítico de un mundo que siempre busca incongruencias entre nuestra profesión de fe y nuestro estilo de vida. No deberíamos tener algo que esconder.

EL MANDATO

Y no participéis en las obras infructuosas de las tinieblas, (5:11*a*)

Sunkoinōneō (**participéis**) también se puede traducir "llegar a ser copartícipe al lado de otros". El hijo de luz no debería involucrarse con el mal, ni siquiera por asociación. No podemos testificar al mundo si no salimos al mundo, y no podemos avanzar mucho en el mundo sin antes entrar en contacto con todo tipo de maldad. Sin embargo, nunca debemos identificarnos con esa maldad o darle oportunidad de arraigarse en nuestra propia vida. Comprometer las normas de Dios equivale a debilitar nuestro testimonio así como nuestro carácter. Ningún acto de injusticia es permisible.

No debemos siquiera tener contacto con un creyente que está pecando abiertamente. "Os he escrito por carta, que no os juntéis con los fornicarios; no absolutamente con los fornicarios de este mundo, o con los avaros, o con los ladrones, o con los idólatras; pues en tal caso os sería necesario salir del mundo. Más bien os escribí que no os juntéis con ninguno que, llamándose hermano, fuere fornicario, o avaro, o idólatra, o maldiciente, o borracho, o ladrón; con el tal ni aun comáis" (1 Co. 5:9-11; cp. 2 Ts. 3:6, 14).

El mandato de Pablo es directo y sencillo: los cristianos que han de producir el fruto justo de la luz y del Espíritu no deben tener relación alguna con **las obras infructuosas de las tinieblas.** Esta designación general alude a los diversos tipos de pecados específicos que el apóstol ya ha mencionado en los capítulos 4 y 5: lujuria, engaño, falsedad, robo, palabras deshonestas, amargura, ira, enojo, gritería, calumnia, malicia, inmoralidad, impureza, avaricia, inmundicia, palabras corrompidas y necias, truhanerías, fornicación e idolatría. Estos y todos los demás tipos y grados de pecado deben ser evitados por el creyente, porque no traen beneficio para el hombre ni dan gloria a Dios.

LA COMISIÓN

sino más bien reprendedlas; porque vergonzoso es aun hablar de lo que ellos hacen en secreto. Mas todas las cosas, cuando son puestas en evidencia por la luz, son hechas manifiestas; porque la luz es lo que manifiesta todo. (5:11b-13)

La responsabilidad del cristiano va más allá de abstenerse de participar en las costumbres pecaminosas del mundo; **más bien** debe reprenderlas. Ignorar el mal es alentarlo; callar al respecto equivale a ayudar a promoverlo. El verbo que se traduce aquí **reprendedlas** (de *elegchō*) alude a la idea de reprobación, corrección, castigo o disciplina. Debemos confrontar el pecado con intolerancia.

Algunas veces esa represión es directa y otras veces indirecta, pero siempre debería ser inmediata a la luz de cualquier cuestión pecaminosa. Al vivir nosotros en obediencia a Dios, ese hecho en sí mismo será un testimonio contra lo que es malo. Cuando quienes viven a nuestro alrededor nos ven ayudando antes que explotando, nos oyen hablando con pureza y no con indecencia, nos observan hablando la verdad y no con engaños, nuestro ejemplo será de por sí una represión con autoridad del egoísmo, la deshonestidad y la falsedad. El simple hecho de negarse a participar en un negocio torcido o una práctica social deshonesta, será en ocasiones una represión enérgica que puede costarnos el empleo o una amistad. La deshonestidad se siente bastante incómoda en la presencia de la honestidad, incluso cuando no existe oposición verbal u otra confrontación directa.

Por supuesto, con frecuencia es necesaria la reprensión abierta. El testimonio silencioso tiene un alcance limitado. El hecho de no pronunciarse en contra de la maldad y oponerse a todo lo malo con acciones prácticas, equivale a desobedecer a Dios. Los creyentes deben **reprender** estas cosas en todas las formas legítimas y bíblicas a que sea necesario recurrir. El amor que no reprende ni se opone abiertamente al pecado no es amor bíblico. El amor no solo "no hace nada indebido" sino que además "no se goza de la injusticia", dondequiera que la encuentre a su paso (1 Co. 13:5-6). Nuestro Señor dijo: "si tu hermano peca contra ti, vé y repréndele estando tú y él solos; si te oyere, has ganado a tu hermano... si no te oyere, toma aún contigo a uno o dos... Si no los oyere a ellos, dilo a la iglesia" (Mt. 18:15-17). Esta es la responsabilidad de todo cristiano (cp. 1 Ti. 5:1, 20; 2 Ti. 4:2; Tit. 1:13; 2:15).

Lo triste es que muchos cristianos a duras penas se las arreglan para mantener en orden sus propias casas espirituales y morales, y carecen del discernimiento, la inclinación o el poder para confrontar la maldad en la iglesia o en la sociedad como un todo. Deberíamos ser tan maduros en la verdad bíblica, en obediencia, santidad y amor, que parte del transcurso natural de nuestra vida fuese exhibir, reprender y ofrecer el remedio para toda clase de mal.

Muchos cristianos no exponen ni reprenden el mal porque no lo toman con la seriedad suficiente. Se ríen y bromean acerca de cosas que son maldad pura, que son inmoralidades e impiedades en extremo. Reconocen la pecaminosidad de esas cosas y es probable que nunca participarían en ellas, pero tienen un goce vicario de las mismas desde una distancia "segura". Al hacerlo, no solo fallan en su responsabilidad de ser una influencia que contrarreste la maldad, sino que antes son influenciados por ella y se dejan contaminar tanto que llegan a pensar y hablar acerca de ello sin exponerlo a la luz ni reprenderlo con autoridad.

Pablo prosigue a decir que **vergonzoso es aun hablar de lo que ellos hacen en secreto.** Algunas cosas son tan viles que deberían discutirse con los menores detalles posibles, porque el mismo hecho de describirlas es peligroso moral y espiritualmente.

Algunas enfermedades, sustancias químicas y subproductos nucleares son mortíferos a tal grado, que aun los técnicos y científicos que trabajan con ellos con la mejor preparación y protección disponibles, se encuentran en peligro constante. Ninguna persona sensata estaría dispuesta a trabajar alrededor de tales cosas de una manera descuidada o arriesgada.

De la misma forma, algunas cosas son tan **vergonzosas** y peligrosas para la vida espiritual que deberían sellarse herméticamente para no tener contacto directo con ellas, ni siquiera con alusiones indirectas en una conversación. Solo deberían exponerse en la medida de lo necesario y ser reprendidas con el fin de librarse de ellas por completo.

Algunos libros y artículos escritos por cristianos acerca de diversas cuestiones morales son tan explícitos, que casi hacen tanto para divulgar como para curar el problema. Podemos dar el diagnóstico y la solución de Dios para los pecados sin presentar todos sus detalles sórdidos.

Nuestro recurso para exponer el mal es la Palabra de Dios, que es la luz (Sal. 119:105, 130; Pr. 6:23; He. 4:12-13), y es "útil para enseñar, para redargüir, para corregir, para instruir en justicia" (2 Ti. 3:16). **Todas las cosas, cuando son puestas en evidencia por la luz** de la Palabra de Dios, **son hechas manifiestas.** Nuestra comisión como hijos de luz consiste en colocar todas las cosas bajo la luz de las Escrituras, exponerlas como son en realidad y procurar remediar todo lo que sea afectado por el mal.

Debido a que la mayoría de las tiendas en las ciudades del medio oriente no tienen ventanas y se construyen lado a lado en calles angostas, se caracterizan por ser bastante oscuras en su interior. Para que un cliente mire bien lo que está comprando, debe sacar la mercancía a la luz del sol, y en esa luz brillante el artículo se puede ver como es en realidad, porque cualquier defecto o imperfección será obvio.

La frase **porque la luz es lo que manifiesta todo.** La luz hace manifiesta todas las cosas y las muestra como son realmente. Cuando el pecado es revelado, pierde su carácter escondido, porque su fealdad disimulada se vuelve patente y ostensible.

EL LLAMADO

Por lo cual dice: Despiértate, tú que duermes, y levántate de los muertos, y te alumbrará Cristo. (5:14)

Pablo ofrece aquí una invitación, un llamado a aquellos que no son hijos de luz para que acudan a la luz y sean salvos.

Las palabras son adaptadas de Isaías 60:1 que dice: "Levántate, resplandece; porque ha venido tu luz, y la gloria de Jehová ha nacido sobre ti". Pablo muestra el significado profético de esos textos al declarar que "la gloria del Señor [que] ha nacido" es **Cristo** Jesús, el Mesías por quien Isaías y todos los demás judíos piadosos habían esperado por tanto tiempo.

Muchos comentaristas creen que el versículo 14 es tomado de un himno de Pascua entonado por la iglesia primitiva y utilizado como una invitación para los incrédulos que pudiesen encontrarse entre la congregación. Las palabras son un resumen en "cápsula" del mensaje evangélico. **Despiértate, tú que duermes,** es una frase que describe al pecador que está dormido en las tinieblas del pecado y es inconsciente de su condición de perdición y su destino trágico. Al igual que Rip van Winkle, aquel personaje literario que despertó tras un letargo de veinte años para encontrar todo cambiado a su alrededor, la persona no salva duerme durante el tiempo de gracia de Dios y no se percata de su oportunidad de salvación a no ser que alguien le despierte para que se dé cuenta de su problema y necesidad. **Levántate de los muertos** es un llamado al arrepentimiento, una apelación a alejarse de **los** senderos **muertos** del pecado. **Te alumbrará Cristo** es la buena nueva de que Dios ha provisto un remedio para todas las personas pecadoras que estén dispuestas a acudir a Él mediante su Hijo bendito, el Salvador de la humanidad. (Véase Isaías 55:6-7, una invitación similar en el Antiguo Testamento.)

De acuerdo con la historia de un gran incendio en Edimburgo, Escocia, en el que las personas se apresuraron a salir del edificio a través de un pasadizo que conducía a la calle. Ya estaban casi fuera de peligro cuando de repente una columna de humo que venía de afuera se cruzó en su camino y les impidió ver la luz al otro lado. En lugar de atravesar la humareda corriendo, decidieron entrar a un cuarto que les pareció seguro. Pero en poco tiempo se agotó el oxígeno y murieron sofocados. Si tan solo hubiesen visto la luz, se habrían salvado.

Horacio Bonar escribió:

> Escuché la voz de Jesús decir:
> "Yo soy la luz de este mundo entenebrecido;
> mírame, haré levantar la mañana
> y todos tus días serán brillantes".
> Miré a Jesús y hallé en Él
> mi estrella, mi sol;
> en esa luz de vida caminaré
> hasta que mis días de peregrinaje lleguen a su fin.

Proverbios 4:18 resume las palabras del apóstol: "Mas la senda de los justos es como la luz de la aurora, que va en aumento hasta que el día es perfecto".

Andar en sabiduría   17

Mirad, pues, con diligencia cómo andéis, no como necios sino como sabios, aprovechando bien el tiempo, porque los días son malos. Por tanto, no seáis insensatos, sino entendidos de cuál sea la voluntad del Señor. (5:15-17)

La palabra *necio* se refiere por lo general a una persona que actúa de manera insensata e irresponsable. Por otro lado, la Biblia define al necio como una persona que dice "en su corazón: No hay Dios", y que en consecuencia es moralmente corrupta y "hace obras abominables" (Sal. 14:1). El necio es la persona que vive aparte de Dios, sea como un ateo teológico o práctico, o como las dos cosas al mismo tiempo, negando a Dios por sus acciones así como por sus palabras. El necio máximo es la persona que tiene patrones de pensamiento y de vida contrarios a Dios.

Puesto que los hombres nacen separados de Dios y con corazones que por naturaleza están en su contra (Ro. 5:8, 10; Ef. 2:3; Col. 1:21), nacen necios espiritualmente. "Pues habiendo conocido a Dios, no le glorificaron como a Dios, ni le dieron gracias, sino que se envanecieron en sus razonamientos, y su necio corazón fue entenebrecido. Profesando ser sabios, se hicieron necios" (Ro. 1:21-22). "El hombre natural no percibe las cosas que son del Espíritu de Dios, porque para él son locura, y no las puede entender, porque se han de discernir espiritualmente" (1 Co. 2:14). El hombre natural tiene las cosas más importantes de la vida en el último lugar, y sus valores y prioridades en el orden inverso. En consecuencia, piensa que la necedad es sabiduría y que la sabiduría es necedad.

Ningún hombre puede vivir sin un dios de algún tipo, y es inevitable que el necio espiritual substituya con un dios falso al Dios verdadero. Crea dioses de su propia iniciativa y fabricación (Ro. 1:21-23), y de hecho se convierte en su propio dios, su propia autoridad en todas las cosas. "El camino del necio es derecho en su opinión" (Pr. 12:15), y por lo tanto determina el bien, el mal, la verdad y la

267

falsedad de completa conformidad a su propia manera caída de pensar y su inclinación pecaminosa.

Cuando los necios se levantan como sus propios dioses, por su propia naturaleza "se mofan del pecado" (Pr. 14:9). El pecado es lo que va en contra de Dios, y como el necio no reconoce a Dios, tampoco reconoce al pecado. El necio que se cree autosuficiente en su vida espiritual hace sus propias reglas y justifica su propia conducta, y al hacerlo se niega a reconocer el pecado y sus consecuencias.

El necio se caracteriza por propagar su necedad. Cuanto más se convence de la sabiduría de su locura, más procurará esparcirla. Por lo que dice y hace da testimonio continuo de su negación de Dios, de su decisión de convertirse en su propio dios, y de su mofa del pecado. Sin importar su nivel intelectual, logros académicos, talentos, riqueza o reputación, la boca del hombre natural no puede realizar otra acción espiritual aparte de hablar sandeces (Pr. 15:2).

La persona no regenerada es un necio porque niega a Dios por creencia y por práctica. Es un necio porque se convierte en su propio dios. Es un necio porque se mofa del pecado, y es un necio porque contamina al resto de la sociedad con la necedad impía que condena su propia alma. Transmite ese legado de necedad a sus hijos, sus amigos y su comunidad, a todos los que estén bajo la influencia de su locura y necedad.

"Por cuanto aborrecieron la sabiduría, y no escogieron el temor de Jehová", dice el escritor de Proverbios acerca de los necios, "ni quisieron mi consejo, y menospreciaron toda represión mía, comerán del fruto de su camino, y serán hastiados de sus propios consejos. Porque el desvío de los ignorantes los matará, y la prosperidad de los necios los echará a perder" (Pr. 1:29-32).

La sabiduría que la persona impía aborrece no es un conocimiento práctico. Por el contrario, el necio se enorgullece de lo mucho que sabe. Se ha calculado que si todo el conocimiento acumulado del hombre desde el principio de la historia registrada hasta 1845 se representara con un centímetro, lo que el ser humano aprendió desde 1845 hasta 1945 equivaldría a 3 centímetros, ¡y lo que aprendió desde 1945 hasta 1975 correspondería a la altura de la estatua de Washington! Desde entonces lo más probable es que haya duplicado esa medida. Sin embargo, pocas personas contenderían que ese adelanto increíble en conocimiento científico, tecnológico y práctico en todas las áreas, haya sido acompañado de forma paralela con un progreso correspondiente en la sabiduría y el sentido común de la gente, para no mencionar la sabiduría moral y espiritual. El hecho es que el entendimiento del hombre acerca de lo que es y hace y por qué lo hace, parece disminuir a medida que su conocimiento práctico aumenta. Cuanto más adquiere conocimiento práctico y superficial, menos puede ver su necesidad del conocimiento que solo proviene de la mente de Dios.

Por lo tanto, el destino último de los necios es que "siempre están aprendiendo, y nunca pueden llegar al conocimiento de la verdad" (2 Ti. 3:7), y que "mueren por falta de entendimiento" (Pr. 10:21), incluso mientras acumulan grandes cantidades de información. Se vuelven más listos y más necios al mismo tiempo. La necedad viene como resultado de confiar en conocimiento puramente humano y excluir el conocimiento divino. La necedad de los hombres aumenta con su conocimiento solo cuando su confianza en sí mismos se incrementa. El hombre natural y no regenerado sufre de su necedad congénita y terminal porque no está dispuesto a someterse a Dios. Acumula un conocimiento vasto aparte de Dios, pero el entendimiento espiritual y la sabiduría divina le son siempre esquivos. Aborrece la verdad acerca del pecado y la salvación.

La sabiduría empieza con el temor al Señor (Pr. 1:7) y continúa con el reconocimiento de su verdad y sus caminos. "los justos y los sabios, y sus obras, están en la mano de Dios" (Ec. 9:1). El camino a la sabiduría y la senda de la vida es el camino de Dios. El único poder que puede vencer la necedad de un hombre y encaminarle en la sabiduría es la salvación, volver a Dios por medio de Jesucristo. Pasar de la necedad a la sabiduría es volverse del ego a Dios. La sabiduría de Dios y la Palabra de Dios son las únicas que "pueden hacer sabio para la salvación por la fe que es en Cristo Jesús" (2 Ti. 3:15).

La clase de sabiduría que la Biblia alaba no es la venerada por los griegos de la antigüedad que eran contemporáneos de Pablo. Su sabiduría se caracterizaba por los sofismas y la sofisticación filosófica, las discusiones en círculos interminables de teorías carentes de relación concreta con la vida y ajenas a las cosas de Dios y a los asuntos prácticos. Los griegos podían, como lo hacían con frecuencia, pasar de una filosofía a otra sin cambiar sus actitudes básicas ni su manera de vivir. Simplemente estaban jugando el juego de filosofar con la clase de sabiduría que no *quiere* llegar al conocimiento de la verdad, porque a diferencia de las hipótesis y las especulaciones, la verdad demanda reconocimiento, aceptación y cambio de vida.

Por otro lado, en las Escrituras la sabiduría está centrada en la convicción y la conducta, de modo específico en reconocer y obedecer a Dios. Cuando una persona se salva es transferida del dominio de la necedad al reino de la sabiduría. Así como el hecho de ser cristiano le lleva a andar como es digno de tal vocación (4:1), de manera humilde (4:2), en unidad (4:3-16), separado de los caminos del mundo (4:17-32), en amor (5:1-7) y en luz (5:8-14), también le lleva a andar en sabiduría (5:15-17).

En el pasaje actual, Pablo menciona tres cosas que la sabiduría del Señor enseña a sus hijos. El creyente sabio conoce sus principios de vida, sus privilegios limitados y los propósitos de su Señor.

269

LOS PRINCIPIOS DE VIDA DEL CREYENTE

Mirad, pues, con diligencia cómo andéis, no como necios sino como sabios,
(5:15)

El significado literal del término griego que se traduce **mirad** es "observar",
y el mandato de Pablo para que los creyentes miren con cuidado **cómo** andan, se
basa en lo que acaba de enseñar antes. **Pues** alude de inmediato al llamado que
el apóstol hizo a los creyentes para que anduviesen como personas que han sido
levantadas de los muertos y están viviendo en la luz de Cristo (v. 14). También se
basa en su llamado a los creyentes para que sean imitadores de su Padre celestial
(5:1). Los cristianos deben andar con sabiduría y no de manera insensata porque
son los hijos amados de Dios, salvos por medio del sacrificio de su Hijo amado
(5:1-2). El andar sabio es lo único apropiado para los hijos de Dios.

Pablo manda a los creyentes que anden **como sabios.** Así como deben andar
en humildad, unidad, separación del mundo, amor y luz (4:1–5:14), también
deben andar en sabiduría. En otras palabras, deben vivir como el tipo de gente
que *son.* En Cristo *somos* uno, *somos* separados, *somos* amor, *somos* luz, y *somos*
sabios; lo que hacemos debe corresponder a lo que somos.

En el momento de la salvación todo creyente es hecho sabio. Pablo escribió a
Timoteo: "desde la niñez has sabido las Sagradas Escrituras, las cuales te pueden
hacer sabio para la salvación por la fe que es en Cristo Jesús" (2 Ti. 3:15). Por la
gracia de Dios, los salvos están "en Cristo Jesús, el cual nos ha sido hecho por
Dios sabiduría, justificación, santificación y redención" (1 Co. 1:30). Así como
en Cristo Dios nos hace justos, santificados y redimidos de una manera milagrosa
e inmediata, Él también nos hace sabios de inmediato. Desde el momento en
que somos salvos nos convertimos en depositarios de sabiduría divina y también
somos hechos responsables por nuestra conducta. Gracias a que estamos en
Cristo, "los tesoros de la sabiduría y del conocimiento" que están escondidos en
Él (Col. 2:3) también están escondidos en nosotros. Juan escribió acerca del
Espíritu Santo, el maestro residente de la verdad en la vida de todo santo de
Dios: "Pero vosotros tenéis la unción del Santo, y conocéis todas las cosas. No os
he escrito como si ignoraseis la verdad, sino porque la conocéis, y porque ninguna
mentira procede de la verdad" (1 Jn. 2:20-21). Además dijo: "la unción que vosotros
recibisteis de él permanece en vosotros, y no tenéis necesidad de que nadie
[algún maestro humano con simple sabiduría humana] os enseñe; así como la
unción misma os enseña todas las cosas, y es verdadera" (v. 27). No podemos
tener salvación sin la sabiduría de Dios, así como tampoco podemos tener
salvación sin su justicia, santificación y redención.

El movimiento en el que se promueve que "creer es fácil" es una causa de
ruina para la iglesia contemporánea, porque entre otras cosas, propone que la

salvación se puede ofrecer en segmentos. Primero se afirma que los hombres nacen de nuevo al aceptar a Cristo como Salvador. Luego, a medida que crecen en la gracia, pueden renunciar al pecado y empezar a vivir en justicia, santificación y sabiduría; en este momento le reciben como Señor. Por otro lado, lo cierto es que Pablo dijo: "Porque la gracia de Dios se ha manifestado para salvación a todos los hombres, enseñándonos que, renunciando a la impiedad y a los deseos mundanos, vivamos en este siglo sobria, justa y piadosamente" (Tit. 2:11-12). La primera instrucción del evangelio para la persona salva es renunciar al pecado y abandonarlo para vivir una vida piadosa y justa. Esa instrucción o sabiduría es una parte del nuevo nacimiento, no algo subsecuente ni secundario.

Como Jesús dejó claro en las Bienaventuranzas, entre las primeras y más necesarias marcas de la salvación se encuentran el dolerse con lloro por el pecado y tener hambre y sed de justicia (Mt. 5:4, 6). Como Pablo dejó cn claro al principio de esta carta: "[Dios hizo sobreabundar su gracia] en toda sabiduría e inteligencia, dándonos a conocer el misterio de su voluntad" (Ef. 1:8-9).

No es que no crezcamos en sabiduría a medida que maduramos en la vida cristiana. Hemos recibido el mandato específico: "creced en la gracia y el conocimiento de nuestro Señor y Salvador Jesucristo" (2 P. 3:18). Al ser cada vez más conformados a nuestro Señor y Salvador, creceremos más y más en su amor, gozo, paz y todas las demás manifestaciones del fruto del Señor (Gá. 5:22-23). En otra de las paradojas divinas del Señor, el hecho es que crecemos en algo que nos ha sido dado por entero. Crecemos en sentido práctico en lo que ya poseemos por la posición que ocupamos en Cristo. Aun Jesús "crecía en sabiduría" (Lc. 2:52), y algunos creyentes en la iglesia de Jerusalén estaban "llenos... de sabiduría" (Hch. 6:3).

Hablando a creyentes, Santiago dijo: "si alguno de vosotros tiene falta de sabiduría, pídala a Dios, el cual da a todos abundantemente y sin reproche, y le será dada" (Stg. 1:5). Pablo oró para que los creyentes de Colosas fuesen "llenos del conocimiento de su voluntad en toda sabiduría e inteligencia espiritual", y que "la palabra de Cristo more en abundancia en [ellos], enseñándoos y exhortándoos unos a otros en toda sabiduría" (Col. 1:9; 3:16). El creyente empieza su nueva vida en Cristo con toda la sabiduría necesaria para vivir para su Señor, pero también debe crecer continuamente en sabiduría para que pueda ser aún más maduro, más fiel y más productivo en su servicio.

Akribōs (**con diligencia**) tiene el significado básico de cuidado preciso y exacto, y alude a la idea asociada de observar, examinar e investigar algo con gran esmero. También transmite la idea de alerta y solicitud. A medida que los creyentes andan por el campo minado espiritual del mundo, deben mantenerse en constante estado de alerta frente a todos los peligros que Satanás pone a su camino. Por esa razón Jesús advirtió que "estrecha es la puerta, y angosto el camino que lleva a la vida" (Mt. 7:14).

Si no hubiera sido escrito siglos antes del tiempo de Pablo, Proverbios 2 habría parecido ser un comentario sobre Efesios 5:15. En todo el capítulo el escritor de Proverbios habla de andar en el sendero sabio y de una manera sabia en la vida, de no recorrer el camino de los malvados ni desviarse en la compañía de gente perversa. De forma similar, el primer salmo habla del hombre bienaventurado como aquel que "no anduvo en consejo de malos, ni estuvo en camino de pecadores, ni en silla de escarnecedores se ha sentado" (v. 1).

La idea de andar con diligencia y precisión en el camino de Dios es el tema del libro de Juan Bunyan, *El progreso del peregrino*. Cada incidente, conversación y observación en ese gran clásico de la literatura cristiana se enfoca en obedecer o desobedecer, acatar o ignorar, seguir o apartarse del sendero divino establecido por Dios para la vida cristiana.

Cuando yo era niño en cierta ocasión atravesé una corriente pasando sobre un tronco que tenía algunas ramas salientes. Un amigo me llamó y por un momento me distraje, así que tropecé con una de las ramas. Ya había pasado el agua, de modo que caí sobre unos arbustos espinosos en la orilla. Como solo tenía puesto el traje de baño, sufrí rasguños dolorosos y cientos de espinas microscópicas quedaron incrustadas en gran parte de mi cuerpo. Esto ilustra lo que puede sucederle a un creyente cuando se distrae del camino de Dios.

Cuando los cristianos pecan y caen en las trampas de Satanás, lo hacen por vivir **como necios** y no **como sabios**. Recaen al seguir la sabiduría de sus vidas viejas que en realidad siempre fue necedad y locura. "Porque nosotros también éramos en otro tiempo insensatos", dijo Pablo, "rebeldes, extraviados, esclavos de concupiscencias y deleites diversos, viviendo en malicia y envidia, aborrecibles, y aborreciéndonos unos a otros" (Tit. 3:3). Esa es la clase de vida de la cual nos separa la sabiduría de Dios. "Pero cuando se manifestó la bondad de Dios nuestro Salvador, y su amor para con los hombres, nos salvó, no por obras de justicia que nosotros hubiéramos hecho, sino por su misericordia, por el lavamiento de la regeneración y por la renovación en el Espíritu Santo, el cual derramó en nosotros abundantemente por Jesucristo nuestro Salvador" (vv. 4-6). Es de esperarse que nuestro cambio en relación con Dios traiga un cambio a nuestra vida diaria, como Pablo prosiguió a explicarle a Tito: "Palabra fiel es esta, y en estas cosas quiero que insistas con firmeza, para que los que creen en Dios procuren ocuparse en buenas obras. Estas cosas son buenas y útiles a los hombres" (v. 8).

Después que David perdonó su vida en dos ocasiones, el celoso e hipócrita Saúl confesó: "He aquí yo he hecho neciamente, y he errado en gran manera", con relación a sus intentos de acabar con la vida de David (1 S. 26:21). Algunos años después, cuando David era rey, decidió con orgullo hacer un censo de la población, y "le pesó en su corazón; y dijo David a Jehová: Yo he pecado gravemente por haber hecho esto; mas ahora, oh Jehová, te ruego que quites el pecado de tu siervo, porque yo he hecho muy neciamente" (2 S. 24:10).

Como aprendemos de David y muchos otros en las Escrituras, los creyentes no son inmunes a la posibilidad de recaer en la necedad. La primera manera como un creyente "hace neciamente" es dejando de creer en Dios sin reservas y por completo. Cree en Dios para su salvación pero no sigue creyendo en Él para todo lo demás. Jesús dijo a los dos discípulos descorazonados en el camino a Emaús: "¡Oh insensatos, y tardos de corazón para creer todo lo que los profetas han dicho!" (Lc. 24:25). En la medida en que no aceptemos alguna parte de la Palabra de Dios, en esa misma medida somos necios.

Un creyente también actúa como un necio cuando es desobediente. "¡Oh gálatas insensatos! ¿quién os fascinó para no obedecer a la verdad, a vosotros ante cuyos ojos Jesucristo fue ya presentado claramente entre vosotros como crucificado? ... ¿Tan necios sois? ¿Habiendo comenzado por el Espíritu, ahora vais a acabar por la carne?" (Gá. 3:1, 3). Al no aferrarse a la doctrina de salvación por fe solamente, los gálatas cayeron presa de la herejía según la cual un gentil debe convertirse en judío por ritualismo antes de poder convertirse en cristiano.

Los creyentes también actúan como necios al poner sus corazones en cosas erróneas. Pablo dijo a Timoteo, por ejemplo, que "los que quieren enriquecerse caen en tentación y lazo, y en muchas codicias necias y dañosas, que hunden a los hombres en destrucción y perdición" (1 Ti. 6:9). Es trágico que muchos cristianos se comporten neciamente al no creer que Dios cumple su Palabra en todo lo que dice, ni le obedecen en todo lo que Él manda y desean muchas cosas contra las que Él advierte claramente. No hay excusa para que los cristianos vivan con necedad cuando el hecho es que la sabiduría de Dios les pertenece. "El que quiera hacer la voluntad de Dios, conocerá si la doctrina es de Dios, o si yo hablo por mi propia cuenta", dijo Jesús a los judíos (Jn. 7:17). Los cristianos que tienen el deseo genuino de conocer la verdad de Dios nunca tendrán dudas al respecto porque cuentan con todos los recursos que necesitan para ser "sabios para el bien, e ingenuos para el mal" (Ro. 16:19).

Muchas personas en el mundo están dedicadas con fanatismo a una ideología, una religión o una moda. El comunista devoto sacrifica todo por el partido. El miembro de una secta está dispuesto a dar todos sus ingresos a su gurú. El entusiasta de la condición física nunca perderá una clase de ejercicios ni ingerirá una caloría de más. Por medio de una autodisciplina increíble, los hombres que buscan la aceptación de sus deidades se han entrenado durante años para caminar sobre brasas ardientes y acostarse en camas con puntillas y vidrios como evidencia de su compromiso religioso.

Hace unos años conocí a una joven recién convertida que era atleta profesional y estaba en los registros de marcas nacionales. Para mantenerse en forma corría veinte kilómetros cada día. Como un mes más tarde se acercó después de un culto dominical y preguntó si la recordaba. Me parecía familiar pero había cambiado tanto durante ese breve tiempo que no la pude reconocer. Me dijo

273

quién era y explicó que había adquirido una enfermedad que los médicos no habían podido diagnosticar todavía y que le había dejado a duras penas con la capacidad de caminar. Sin embargo, en lugar de desanimarse, dijo que tenía la determinación de canalizar la disciplina que la había convertido en una atleta excelente, a fin de tener disciplina para las cosas del Señor. Esa es la marca de un cristiano **sabio.**

LOS PRIVILEGIOS LIMITADOS DEL CREYENTE

aprovechando bien el tiempo, porque los días son malos. (5:16)

Es común no terminar lo que empezamos. Algunas veces una sinfonía queda inconclusa, una pintura queda incompleta o un proyecto a medio hacer porque el músico, el pintor o el trabajador muere. Sin embargo, por lo general es la muerte del compromiso de una persona lo que ocasiona la no finalización de una obra. Los sueños nunca realizados y las esperanzas no materializadas se deben a que quienes trabajan con miras a su realización nunca avanzan más allá de los primeros pasos. Para muchas personas, incluidos muchos cristianos, la vida puede ser una serie de sinfonías inconclusas. Hasta en las oportunidades comunes de la vida cristiana cotidiana, los que son en verdad productivos se han convertido en ases del uso fructífero de las horas y los días de sus vidas.

Sea en el campo artístico, de los negocios, de las relaciones personales o en el campo espiritual, nadie puede convertir un sueño en realidad o sacar una ventaja plena de las oportunidades que se le presentan, si no se mantiene **aprovechando bien el tiempo.**

Pablo no empleó aquí el término *chronos* que alude al **tiempo** que se mide con un reloj y que se divide en horas, minutos y segundos. Usó en cambio *kairos*, que denota una temporada o época concreta, medida y fija. La idea de un período fijo también se ve en el uso del artículo definido en el texto griego, que se refiere a *el* **tiempo,** un concepto que se halla con frecuencia en las Escrituras (cp. Éx. 9:5; 1 P. 1:17). Dios ha establecido límite a nuestra vida, y nuestra oportunidad para el servicio solo existe dentro de esos límites. Es significativo que la Biblia dice que tales tiempos han sido acortados, pero nunca habla de que sean alargados. Una persona puede morir o perder una oportunidad antes del final fijado en el tiempo de Dios, pero no tiene razón para esperar que su vida o su oportunidad continúen después del fin de su tiempo predeterminado.

Habiendo ligado en su soberanía nuestra vida a una eternidad, Dios conoce tanto el principio como el final de nuestro tiempo en la tierra. Como creyentes podemos alcanzar nuestra potencialidad en su servicio, solo en la medida en que aprovechemos al máximo el tiempo que nos ha dado para vivir aquí.

Una estatua antigua de Grecia mostraba a un hombre con alas en sus pies, un mechón al frente de su cabeza y ni un solo cabello por detrás. Abajo tenía esta inscripción: "¿Quién te hizo? Lísipo me hizo. ¿Cuál es tu nombre? Mi nombre es oportunidad. ¿Por qué tienes alas en los pies? Para que pueda alejarme volando con rapidez. ¿Por qué tienes un mechón tan largo al frente? Para que los hombres me puedan atrapar cuando llegue. ¿Por qué eres calvo por detrás? Para que después de pasar al frente, ya nadie me pueda atrapar?".

Exagorazō (**aprovechando**) tiene el significado básico de comprar, en especial de comprar de nuevo algo vendido o comprar todas las existencias. Se empleaba con relación a la compra de un esclavo con fines de ponerle en libertad; por eso la idea de redimir el tiempo está implícita en este versículo. Debemos invertir, emplear al máximo o redimir todo el tiempo que tenemos disponible y dedicarlo al Señor. El término griego está en voz media, indicando que debemos comprar el tiempo nosotros mismos, para nuestro propio uso pero en el servicio del Señor.

Pablo interpela para que aprovechemos **bien** nuestro **tiempo** e inmediatamente después nos insta a andar sabia y no neciamente. Aparte de la desobediencia voluntaria y deliberada de la Palabra de Dios, la cosa más necia espiritualmente que un cristiano puede hacer es desperdiciar el tiempo y las oportunidades, consumir su vida con trivialidades y con un servicio mediocre al Señor.

Shakespeare escribió:

> Hay una corriente en los asuntos de los hombres,
> que aprovechada en el diluvio lleva a la fortuna;
> pero omitida es vía segura a la futilidad y la miseria
> durante el decurso de toda la vida.
> (*Julio César*, 4.3.217)

Napoleón dijo: "Hay en la mitad de toda gran batalla un período de diez a quince minutos que es su punto crucial y decisivo. Aprovecha ese lapso de tiempo y ganarás la batalla; piérdelo y serás derrotado".

Cuando andamos de manera obediente en el camino angosto del evangelio, andamos con cuidado y **aprovechando bien el tiempo** que tenemos a disposición. Aprovechamos por completo cada oportunidad para servir a Dios, redimiendo nuestro tiempo a fin de usarlo para su gloria. Aprovechamos cada oportunidad para evitar el pecado y seguir la justicia. "Así que", dijo Pablo, "según tengamos oportunidad, hagamos bien a todos, y mayormente a los de la familia de la fe" (Gá. 6:10).

Por sus propias razones, Dios permite que algunos de sus hijos vivan y le sirvan hasta bien entrados en años. A otros solo concede pocos años o aun contadas semanas, pero ninguno de nosotros sabe cuán largo o corto será su **tiempo** asignado sobre la tierra.

Cuando era niño tenía un amigo que como yo, planeaba ser pastor cuando grande. Me contaba muchas veces sus planes de terminar el bachillerato, ir a la universidad, estudiar en el seminario y entrar al pastorado. Pero en su último año de secundaria mi amigo estaba conduciendo su automóvil de techo corredizo por una calle cuando de repente los frenos se bloquearon, y fue lanzado al aire como por una catapulta, cayendo sobre su cabeza en la calle y muriendo al instante.

El gran reformador del siglo dieciséis Felipe Melanchton mantenía un registro escrito de todos los momentos desperdiciados y presentaba la lista a Dios como parte de su confesión al final de cada día. No es de extrañarse que Dios le haya usado de una manera tan poderosa.

Muchos textos bíblicos son como faros de advertencia para aquellos que creen que siempre tienen tiempo para hacer lo que deben. Cuando Noé y su familia entraron al arca y la puerta fue cerrada, se acabó la oportunidad de que cualquier otra persona se salvara del diluvio. Debido a que el rey Acab desobedeció a Dios al dejar con vida al perverso Ben-adad, un profeta le dijo: "Así ha dicho Jehová: Por cuanto soltaste de la mano el hombre de mi anatema, tu vida será por la suya, y tu pueblo por el suyo" (1 R. 20:42).

Las cinco vírgenes insensatas que dejaron agotar su aceite antes que el novio llegara, fueron dejadas por fuera del banquete de bodas (Mt. 25:8-10). "Me es necesario hacer las obras del que me envió", dijo Jesús, "entre tanto que el día dura; la noche viene, cuando nadie puede trabajar" (Jn. 9:4). A los fariseos incrédulos dijo: "Yo me voy, y me buscaréis, pero en vuestro pecado moriréis; a donde yo voy, vosotros no podéis venir" (Jn. 8:21). Tras siglos de Dios ofrecer su gracia a Israel, Jesús se lamentó: "¡Jerusalén, Jerusalén, que matas a los profetas, y apedreas a los que te son enviados! ¡Cuántas veces quise juntar a tus hijos, como la gallina junta sus polluelos debajo de las alas, y no quisiste!" (Mt. 23:37). Judas, el ejemplo más trágico de oportunidad desperdiciada, pasó tres años en la presencia misma del Hijo de Dios, como parte del círculo íntimo de sus discípulos, y sin embargo, traicionó a su Señor y vendió su alma por treinta monedas de plata.

Pedro dijo: "si invocáis por Padre a aquel que sin acepción de personas juzga según la obra de cada uno, conducíos en temor todo el tiempo de vuestra peregrinación" (1 P. 1:17). En su discurso de despedida a los ancianos de Éfeso en Mileto, Pablo dijo: "de ninguna cosa hago caso, ni estimo preciosa mi vida para mí mismo, con tal que acabe mi carrera con gozo, y el ministerio que recibí del Señor Jesús" (Hch. 20:24). El recorrido de Pablo fue prescrito por Dios, y dentro de ese curso de vida él ministraría hasta su último aliento de vida física. El apóstol estaba determinado a correr con paciencia y constancia la carrera puesta delante de él (véase He. 12:1). Por esa razón, al final de su vida pudo decir: "He peleado la buena batalla, he acabado la carrera, he guardado la fe" (2 Ti. 4:7).

David tenía una gran conciencia y percepción del tiempo, como lo demuestra su oración: "¿Hasta cuándo, oh Jehová? ¿Te esconderás para siempre? ... Recuerda cuán breve es mi tiempo" (Sal. 89:46-47). En medio de su congoja, angustia y dolor llegó a sentirse desviado de lo que debería estar haciendo, y también desertado por Dios. Por lo tanto, preguntó a Dios cuánto tiempo más estaría a la deriva. Sabía que solo podía vivir un tiempo determinado y que cualquier cosa que hiciera por el Señor tendría que llevarse a cabo durante ese tiempo. En otra ocasión oró: "Hazme saber, Jehová, mi fin, Y cuánta sea la medida de mis días; sepa yo cuán frágil soy. He aquí, diste a mis días término corto, y mi edad es como nada delante de ti" (Sal. 39:4-5).

Pablo habló a los corintios acerca de que ese tiempo era susceptible de ser acortado (1 Co. 7:29), y Santiago advirtió: "¡Vamos ahora! los que decís: Hoy y mañana iremos a tal ciudad, y estaremos allá un año, y traficaremos, y ganaremos; cuando no sabéis lo que será mañana. Porque ¿qué es vuestra vida? Ciertamente es neblina que se aparece por un poco de tiempo, y luego se desvanece" (Stg. 4:13-14).

Kefa Sempangi (cuya historia es relatada en el libro *Duelo en la distancia*, Regal Books), era un pastor nacional en África y a duras penas escapó con su familia de la brutalidad de la opresión y el terror en Uganda, su país natal. Llegaron hasta la ciudad de Filadelfia, donde un grupo de cristianos empezó a cuidarles. Un día su esposa dijo: "Mañana voy a salir a comprar algo de ropa para los niños", y de inmediato ella y su esposo estallaron en llanto. A causa de la amenaza constante de muerte bajo la que habían vivido por tanto tiempo, esa era la primera vez en muchos años, que se habían atrevido tan siquiera a pronunciar la palabra *mañana*.

Sus experiencias aterradoras les obligaron a darse cuenta de lo que es cierto para toda persona: no hay seguridad alguna del mañana. Solo podemos estar seguros de lo que tenemos en este mismo momento. Para el agricultor ufano que tenía planes grandiosos de construir un granero más grande para almacenar sus cosechas, el Señor le dijo: "Necio, esta noche vienen a pedirte tu alma; y lo que has provisto, ¿de quién será?" (Lc. 12:20). Ese hombre ya había vivido su último mañana pero se negaba a vivir en el presente.

La experiencia de esa familia africana también muestra de forma dramática la verdad de que **los días son malos.** Debemos aprovechar al máximo nuestras oportunidades no solo porque nuestros días están contados sino porque el mundo siempre se opone a nosotros y procura estorbar nuestra obra para el Señor. Tenemos poco tiempo y mucha oposición.

Puesto que **los días son malos,** nuestras oportunidades para hacer justicia con libertad se limitan muchas veces. Cuando tenemos oportunidad de hacer algo por causa de su nombre y para su gloria, lo debemos hacer con todo lo que tenemos. El corazón de Dios debe romperse al ver a sus hijos ignorar o aprovechar a medias oportunidad tras oportunidad que les envía todo el tiempo. Cada momento de cada día debería estar lleno de cosas buenas, cosas justas y cosas que glorifiquen al Señor.

Al decir **los días son malos** puede ser que Pablo tuviera en mente algo específico como el estilo de vida corrupto y disipado que caracterizaba a la mayoría de los habitantes de la ciudad de Éfeso. Los cristianos allí estaban rodeados por paganismo e infiltrados por herejías (véase 4:14). Avaricia, deshonestidad e inmoralidad eran parte intrínseca de la manera de vivir en Éfeso, además casi todos los creyentes habían estado antes involucrados en ese estilo de vida y se veían tentados a recaer en él (4:19-32; 5:3-8).

Menos de cien años después que Pablo escribió la epístola a los efesios, el Imperio Romano estaba persiguiendo a los cristianos con crueldad e intensidad crecientes. Los creyentes eran quemados vivos, arrojados a bestias salvajes y tratados brutalmente de maneras incontables e inauditas. Para la iglesia en Éfeso **los días malos** iban a ser cada vez peores. Varias décadas después que Pablo escribió esta epístola, el Señor elogió a la iglesia en Éfeso por sus buenas obras, su perseverancia y su resistencia en contra de las falsas enseñanzas. "Pero tengo contra ti, que has dejado tu primer amor" (Ap. 2:2, 4). Debido a que la iglesia continuaba languideciendo en su devoción al Señor, su candelero iba a ser quitado de su lugar como Él había advertido que sucedería si los creyentes de ese lugar no se arrepentían y hacían las primeras obras (v. 5). En algún momento durante el siglo segundo la iglesia en Éfeso desapareció, y no ha habido una congregación en ese lugar desde entonces. Por cuanto la iglesia en Éfeso no atendió el consejo de Pablo y la advertencia específica del Señor mismo, la consecuencia fue que dejó de existir. En lugar de ayudar a redimir el tiempo en medio de los **días malos** en que existió, la iglesia cayó presa de su influencia destructiva.

Si en los días de los apóstoles era necesario cierto sentido de urgencia, ¿cuánto más se necesita hoy día, cuando estamos mucho más cerca del regreso del Señor y el fin de la oportunidad. (véase Ro. 13:11-14)?

En el tiempo que el pastor Kefa Sempangi, mencionado anteriormente, empezó a ministrar en su iglesia de Uganda, el crecimiento era lento pero constante. Idi Amin había subido al poder militar y político y el pueblo esperaba que las condiciones de vida en su país mejoraran. No obstante, en poco tiempo empezaron a desaparecer amigos y vecinos, en especial aquellos que eran cristianos. Cierto día el pastor Sempangi visitó el hogar de una familia y solo pudo encontrar a uno de los hijos, quien estaba de pie en el interior de la vivienda, con la mirada absorta al vacío y los brazos estáticos en el aire. Descubrieron que había permanecido rígido en ese estado traumático durante varios días, después de haber sido forzado a observar la muerte violenta y el descuartizamiento brutal de todos los demás miembros de su familia.

Enfrentado a un peligro por completo inesperado y espantoso, la iglesia del pastor Sempangi entendió de inmediato que la vida tal como la habían conocido hasta ese momento había llegado a su fin, y que la existencia misma del pueblo del Señor y de la obra del Señor en su tierra estaba amenazada de extinción. Empezaron vigilias continuas de oración, turnándose para orar durante largas horas cada uno. Cuando no estaban orando se dedicaban a testificar a sus vecinos y amigos, urgiéndoles a recibir a Cristo y ser salvos. La iglesia permanece en la actualidad y no ha muerto. En muchos sentidos es más fuerte que nunca antes. Su candelero sigue en su lugar y brilla con fuerza y claridad para el Señor, porque su pueblo aprovechó al máximo el tiempo en medio de días muy malos, no sucumbió ante la maldad de la época en que vivieron y no dejó su primer amor. A muchos les costó hasta la vida, pero demostraron una vez más que la sangre de los mártires es la semilla más fértil de la iglesia.

LOS PROPÓSITOS DEL SEÑOR

Por tanto, no seáis insensatos, sino entendidos de cuál sea la voluntad del Señor. (5:17)

No seáis insensatos es una frase que reitera y refuerza la interpelación previa de Pablo a los creyentes para que no sean necios ni faltos de sabiduría, y **entendidos de cuál sea la voluntad del Señor** expande el tema y hace más explícita su exhortación para que anden sabiamente (v. 15).

A la luz de la urgencia de aprovechar nuestro tiempo al máximo, no ser **insensatos** incluye entre otras cosas, no caer víctimas de la ansiedad y el pánico. Al mirar que hay maldad por todos lados y la necesidad insaciable de evangelismo y servicio a otros en el nombre de Cristo, es fácil sentirse abrumado. Nos vemos tentados a darnos por rendidos y retirarnos, o por otro lado a volvernos hiperactivos, perdiendo así precisión, propósito y efectividad en un delirio de actividades superficiales.

Sin embargo, el sentido apropiado de urgencia motiva y moviliza al creyente sabio a querer más que nunca ser **entendido de cuál sea la voluntad del Señor,** porque sabe que solo en la voluntad y el poder del Señor pueden lograrse cosas buenas de valor y efecto duraderos. Los creyentes sabios no son **insensatos,** corriendo frenéticos en todas las direcciones, tratando de participar en la mayor cantidad de programas y proyectos posibles. Tal actividad puede volverse infructuosa y fútil con gran facilidad, y conduce al desgaste, el derroche de energías y el desánimo, porque funciona en el poder de la carne aun si se emprende con buenas intenciones. Tratar de correr y llevarle la delantera a Dios solo nos atrasa todavía más en la realización de su obra.

La obra de muchas iglesias se vería fortalecida en gran manera si se redujera la cantidad de programas y actividades superfluas que se planean para cada año, si se buscara con mayor esmero y humildad la voluntad del Señor, y se aplicaran los principios de su palabra con mayor fidelidad. Cuando nuestras prioridades son las prioridades de Dios, Él está en libertad de obrar en nosotros y por medio de nosotros para lograr cosas grandes; pero cuando nuestras prioridades no son sus prioridades, Él puede hacer muy poco con nosotros porque cuenta con muy poco de nosotros.

El creyente insensato que se comporta de una manera necia trata de funcionar aparte de la **voluntad** de Dios, y el resultado inevitable es debilidad, frustración e ineficacia, tanto en su vida personal como en su labor para Dios. La única cura para tal insensatez consiste en hallar y seguir **la voluntad del Señor.**

La **voluntad** básica de Dios se encuentra por supuesto en las Escrituras. Allí encontramos sus pautas perfectas y suficientes para conocer y hacer lo que le agrada. No obstante, la **voluntad** de la que Pablo parece hablar aquí es la dirección específica del Señor en la vida de los creyentes individuales. Aunque sus planes y direcciones para cada creyente no se encuentran en la Biblia, los principios generales para entenderlas sí están allí. Dios no promete mostrarnos su voluntad por medio de visiones, coincidencias raras o milagros. Tampoco juega a las adivinanzas con nosotros para ver si de repente nos topamos con su voluntad como un niño encuentra un huevo de pascua escondido en algún lugar de la casa. El deseo más profundo de Dios para todos sus hijos es que conozcan y obedezcan su voluntad, y Él nos da toda la ayuda necesaria para conocerla y obedecerla.

La voluntad de Dios para nuestra vida es primero que todo que le pertenezcamos por medio de Jesucristo. Su voluntad primordial y básica para cada persona es que sea salva e introducida en la familia y en el reino de Dios (1 Ti. 2:3-4). La voluntad de Dios también es que seamos llenos de su Espíritu. Como Pablo prosiguió a enseñar en el versículo siguiente: "No os embriaguéis con vino, en lo cual hay disolución; antes bien sed llenos del Espíritu" (Ef. 5:18).

Experimentamos la voluntad de Dios al ser santificados. "La voluntad de Dios es vuestra santificación" (1 Ts. 4:3), dijo Pablo. Además, disfrutamos su voluntad por medio de la sumisión debida y apropiada a nuestros semejantes. "Por causa del Señor someteos a toda institución humana, ya sea al rey, como a superior, ya a los gobernadores, como por él enviados para castigo de los malhechores y alabanza de los que hacen bien. Porque esta es la voluntad de Dios: que haciendo bien, hagáis callar la ignorancia de los hombres insensatos" (1 P. 2:13-15). De igual forma, debemos someternos a los líderes en la iglesia: "Obedeced a vuestros pastores, y sujetaos a ellos; porque ellos velan por vuestras almas, como quienes han de dar cuenta" (He. 13:17).

La voluntad de Dios puede incluir el sufrimiento: "Mas si haciendo lo bueno sufrís, y lo soportáis, esto ciertamente es aprobado delante de Dios" (1 P. 2:20;

cp. 3:17; 5:10). La voluntad de Dios se cumple a perfección en la acción de gracias del creyente sin importar cuál sea la circunstancia. "Dad gracias en todo, porque esta es la voluntad de Dios para con vosotros en Cristo Jesús" (1 Ts. 5:18). Cuando una persona es salvada, santificada, sumisa, sufrida y agradecida, ya se encuentra *en* la voluntad de Dios. "Deléitate asimismo en Jehová, y él te concederá las peticiones de tu corazón" (Sal. 37:4), nos asegura David basado en su propia experiencia. En otras palabras, cuando *somos* lo que Dios quiere que seamos, Él está en control y nuestra voluntad se funde con la suya, por lo tanto Él nos concede los deseos que Él mismo ha implantado en nuestros corazones.

Jesús es nuestro ejemplo supremo de cumplimiento perfecto de los mandatos de Efesios 5:15-17. Él siempre funcionó de acuerdo con los principios divinos establecidos por su Padre: "De cierto, de cierto os digo: No puede el Hijo hacer nada por sí mismo, sino lo que ve hacer al Padre; porque todo lo que el Padre hace, también lo hace el Hijo igualmente" (Jn. 5:19; cp. v. 30). En segundo lugar, Jesús sabía que su tiempo de ministerio terrenal era breve y pronto llegaría a su final, como se ve en dichos frecuentes como "Mi tiempo aún no ha llegado". Él siempre funcionó dentro de los parámetros de su privilegio limitado de tiempo y oportunidad, aprovechando cada momento de su vida en la obra de su Padre. En tercer lugar, Jesús siempre operó de acuerdo a los propósitos de su Padre. "Mi comida es que haga la voluntad del que me envió, y que acabe su obra" (Jn. 4:34).

"Puesto que", dijo Pedro, "Cristo ha padecido por nosotros en la carne, vosotros también armaos del mismo pensamiento; pues quien ha padecido en la carne, terminó con el pecado, para no vivir el tiempo que resta en la carne, conforme a las concupiscencias de los hombres, sino conforme a la voluntad de Dios" (1 P. 4:1-2).

Las palabras de David expresan la respuesta adecuada a esta enseñanza: "Misericordia y juicio cantaré; a ti cantaré yo, oh Jehová. Entenderé el camino de la perfección cuando vengas a mí. En la integridad de mi corazón andaré" (Sal. 101:1-2).

No embriagarnos con vino

18

No os embriaguéis con vino, en lo cual hay disolución; (5:18*a*)

El versículo introducido con estas palabras es uno de los textos más cruciales en relación con la vida cristiana, con la posibilidad real de andar "como es digno de la vocación con que [fuimos] llamados" (4:1). Ser controlados por el Espíritu Santo es absolutamente esencial para vivir la vida cristiana conforme a las normas de Dios. El camino de Dios no puede entenderse bien ni seguirse fielmente con omisión de la obra del Espíritu en la vida del creyente.

Pero antes que Pablo presentara el mandato "sed llenos del Espíritu" y las características de la vida llena del Espíritu (vv. 18*b*-21), primero dio un mandato negativo y de contraste: **No os embriaguéis con vino.** Embriagarse con vino no solo es un estorbo para ser llenos del Espíritu, sino un remedio adulterado. A la luz de los contrastes precedentes del apóstol entre la luz y las tinieblas (vv. 8-14) y entre la sabiduría y la necedad (vv. 15-17), su punto aquí es que embriagarse es una marca de oscurantismo e insensatez, y que ser lleno del Espíritu es la fuente de la capacidad de un creyente para andar en luz y sabiduría.

Ha habido contados períodos en la historia de la iglesia en los que el consumo de bebidas alcohólicas no ha sido un asunto de controversia y debate. Las iglesias y grupos evangélicos de nuestro tiempo tienen opiniones ampliamente disímiles sobre el tema. Ciertas denominaciones y organizaciones misioneras mantienen opiniones divergentes y esto se refleja en sus estatutos que cambian de un país al otro.

Debemos tener claridad sobre el hecho de que beber o no beber no constituye de por sí una marca y ciertamente tampoco una medida de la vida espiritual. La espiritualidad está determinada por lo que somos adentro, y lo que hacemos es apenas una manifestación exterior de ello.

Siempre se dan muchas razones para la bebida y una de las más comunes es el deseo de estar feliz, o al menos de olvidar una tristeza o problema. El deseo de felicidad genuina es dado por Dios y cumplido a perfección por Dios. En Eclesiastés aprendemos que hay "tiempo de reír" (3:4) y en Proverbios que "el corazón alegre constituye buen remedio" (17:22). David proclamó que en la presencia del Señor "hay plenitud de gozo" (Sal. 16:11). Jesús empezó cada bienaventuranza con la promisión de bendición y felicidad completa para aquellos que se acercan al Señor siguiendo el camino del Señor (Mt. 5:3-11). El apóstol Juan escribió su primera carta no solo para enseñar y amonestar a hermanos creyentes sino para que su propio "gozo sea cumplido" (1:4). Pablo aconsejó a los cristianos en Filipos: "gozaos... regocijaos en el Señor" (3:1; 4:4). En el nacimiento de Jesús el ángel anunció a los pastores: "No temáis; porque he aquí os doy nuevas de gran gozo, que será para todo el pueblo" (Lc. 2:10). Dios quiere que todos los hombres sean felices y gozosos, y una de las grandes bendiciones del evangelio es el gozo sin par que Cristo trae al corazón de cada persona que deposita en Él su confianza.

El problema con ingerir bebidas para estar contento no es el motivo sino los medios. La bebida solo trae felicidad artificial en el mejor de los casos y es contraproducente para la sensibilidad espiritual. Es un escape temporal que lleva con frecuencia a problemas aún peores que los que motivaron a recurrir a ella en primer lugar. La ingestión de bebidas tóxicas nunca es un remedio para las preocupaciones de la vida, pero tiene pocos rivales en su capacidad para multiplicarlos.

LAS ESCRITURAS SIEMPRE CONDENAN LA EBRIEDAD

Beber hasta embriagarse es una conducta que tiene pocos defensores cuerdos, incluso en el mundo secular. Ha ocasionado la pérdida de demasiadas batallas, la ruina de demasiados gobiernos y la corrupción moral de demasiadas vidas y sociedades enteras como para ser considerado algo menos que el mal indiscutible que es. Tan solo en los Estados Unidos hay más de veinte millones de alcohólicos, y casi cuatro millones de estos son menores de veinte años. El alcohol mata.

La embriaguez consiste en nublar o influir por medio del alcohol cualquier parte de la mente de una persona de tal modo que afecta sus facultades. Una persona está ebria en la medida en que el alcohol haya restringido o modificado cualquier aspecto de su manera de pensar o actuar. El estado de embriaguez tiene muchos grados, pero empieza tan pronto interrumpe las funciones normales del cuerpo y la mente.

Tanto el Antiguo como el Nuevo Testamento condenan la embriaguez sin lugar a equívocos. Cada cuadro de beodez que se presenta en la Biblia es una ilustración de pecado y desastre. Poco después del diluvio, Noé se emborrachó y actuó con desvergüenza. Las hijas de Lot ocasionaron la embriaguez de su padre y le hicieron cometer incesto con ellas como un medio disparatado y pervertido de tener hijos. Ben-adad y sus reyes aliados se emborracharon y todos murieron a filo de espada, excepto Ben-adad que fue librado por la desobediencia del rey Acab de Israel (1 R. 20:16-34). Belsasar tuvo un banquete lleno de bebidas alcohólicas, en el que junto a sus invitados alabó a dioses paganos de oro, plata, bronce, hierro, madera y piedra. En medio de la disipación del momento el reino le fue quitado a Belsasar (Dn. 5). Algunos de los cristianos en Corinto se embriagaban durante la cena del Señor, y Dios retribuyó esto a algunos con debilidad y enfermedad, y a otros con la muerte a causa de su sacrilegio y envilecimiento (1 Co. 11:27-30).

El libro de Proverbios tiene muchas advertencias acerca de la bebida. Hablando como un padre, el escritor dijo: "Oye, hijo mío, y sé sabio, Y endereza tu corazón al camino. No estés con los bebedores de vino, ni con los comedores de carne; porque el bebedor y el comilón empobrecerán, y el sueño hará vestir vestidos rotos" (Pr. 23:19-21). Las calles de nuestras ciudades hoy día están llenas con más hombres harapientos que el antiguo escritor de Proverbios jamás podría haber imaginado. Unos versículos más adelante él preguntó: "¿Para quién será el ay? ¿Para quién el dolor? ¿Para quién las rencillas? ¿Para quién las quejas? ¿Para quién las heridas en balde? ¿Para quién lo amoratado de los ojos? Para los que se detienen mucho en el vino, para los que van buscando la mistura. No mires al vino cuando rojea, Cuando resplandece su color en la copa. Se entra suavemente" (vv. 29-31). El vino es tentador a la vista, con su color brillante, su textura burbujeante y su sabor suave, tal como se muestra con vívidas imágenes en los mensajes publicitarios de la actualidad. Lo que sí se aseguran sus promotores de omitir en los comerciales es lo que sigue: "Mas al fin como serpiente morderá, y como áspid dará dolor. Tus ojos mirarán cosas extrañas, y tu corazón hablará perversidades" (vv. 32-33).

También leemos en Proverbios que "el vino es escarnecedor, la sidra alborotadora, y cualquiera que por ellos yerra no es sabio" (20:1). La embriaguez escarnece a una persona al hacerle creer que está mejor y no peor con la bebida, que es más listo y no más necio, y que es más feliz cuando lo cierto es que solo está embotada. Es una herramienta favorita de Satanás por la razón precisa de que engaña al mismo tiempo que destruye. Es evidente que hace a una persona vulnerable a la acción demoníaca. El ebrio no aprende su lección y es engañado una y otra vez. Aun después de haber sido emboscado por la bebida y golpeado sin clemencia, al sacudirse de su estupor temulento dirá: "aún lo volveré a buscar" (23:35).

Entre esas dos advertencias acerca de la embriaguez la sabiduría nos dice además: "Porque abismo profundo es la ramera, y pozo angosto la extraña. También ella, como robador, acecha, y multiplica entre los hombres los prevaricadores" (vv. 27-28). El respetado erudito en Antiguo Testamento Franz Delitzsch comentó: "El autor pasa del pecado de inmundicia al de beodez; tienen una relación estrecha porque la embriaguez incita la lujuria carnal, y para poder revolcarse en el lodo de la intemperancia, un hombre creado a imagen de Dios primero debe brutalizarse mediante intoxicación que aletargue su conciencia" (Johann K. F. Keil y Franz Julius Delitzsch, tomo 4 de *Comentarios sobre el Antiguo Testamento* [Grand Rapids: Associated Publishers and Authors, s.f.], p. 750.)

Isaías advirtió: "¡Ay de los que se levantan de mañana para seguir la embriaguez; que se están hasta la noche, hasta que el vino los enciende!" (Is. 5:11). Es característico de un alcohólico que empiece a beber en la mañana y lo siga haciendo durante el día y hasta bien entrada la noche. El profeta presentó otra escena vívida al decir: "Pero también éstos erraron con el vino, y con sidra se entontecieron; el sacerdote y el profeta erraron con sidra, fueron trastornados por el vino; se aturdieron con la sidra, erraron en la visión, tropezaron en el juicio. Porque toda mesa está llena de vómito y suciedad, hasta no haber lugar limpio" (28:7-8).

La Biblia muestra la borrachera en toda su fealdad y tragedia, siempre asociada con inmoralidad, disolución, conducta desenfrenada, actos irresponsables y salvajes, así como todo tipo de corrupción. Es una de las obras pecaminosas de la carne que están en oposición directa al fruto de justicia del Espíritu (Gá. 5:19-23). La embriaguez es ante todo un pecado. Viene acompañada de enfermedades que desarrolla a medida que devasta la mente y el cuerpo, pero básicamente es un pecado, una manifestación de depravación que por lo tanto debe ser confesada y tratada como pecado.

Pedro dijo a los creyentes que abandonaran los caminos de los gentiles, quienes se mantienen "andando en lascivias, concupiscencias, embriagueces, orgías, disipación y abominables idolatrías" (1 P. 4:3). Pablo amonestó a los tesalonicenses: "Por tanto, no durmamos como los demás, sino velemos y seamos sobrios. Pues los que duermen, de noche duermen, y los que se embriagan, de noche se embriagan. Pero nosotros, que somos del día, seamos sobrios, habiéndonos vestido con la coraza de fe y de amor, y con la esperanza de salvación como yelmo" (1 Ts. 5:6-8; cp. Ro. 13:13). El apóstol advirtió a los creyentes en Corinto que ni siquiera debían asociarse con los tales: "no os juntéis con ninguno que, llamándose hermano, fuere fornicario, o avaro, o idólatra, o maldiciente, o borracho, o ladrón; con el tal ni aun comáis" (1 Co. 5:11). En el siguiente capítulo prosiguió: "¿No sabéis que los injustos no heredarán el reino de Dios? No erréis; ni los fornicarios, ni los idólatras, ni los adúlteros, ni los afeminados, ni los que se echan con varones, ni los ladrones, ni los avaros, ni los borrachos, ni los maldicientes, ni los estafadores, heredarán el reino de Dios" (6:9-10).

Es posible que un cristiano se emborrache, así como es posible que caiga en otros pecados; pero su vida no va a caracterizarse de continuo por la embriaguez o cualquiera de los otros pecados mencionados por Pedro y Pablo.

Sin embargo, a la luz de la situación en Éfeso, se debe reconocer que el interés primordial de Pablo en el pasaje presente es en sentido religioso y no moral. Para los efesios, como para la mayoría de los paganos y creyentes otrora paganos de aquel tiempo, la borrachera tenía una asociación estrecha con los ritos y prácticas idólatras que eran parte integra del culto en templos politeístas. En las religiones de misterio, que empezaron en la antigua Babilonia y fueron copiadas y modificadas en todo el cercano oriente y en las culturas griega y romana, el punto máximo de la experiencia religiosa era la comunión con los dioses mediante diversas formas de éxtasis. Para alcanzar una experiencia extática los participantes utilizaban la autohipnosis y los bailes frenéticos diseñados para elevar las emociones al máximo. Las bebidas fuertes y las orgías sexuales contribuían más todavía al estupor sensual que sus mentes pervertidas les llevaban a convencerse que estaba generando una comunión instantánea con los dioses.

La cultura moderna de las drogas y la música estridente e hipnótica se diferencia muy poco de esos ritos paganos. Las drogas, las luces psicodélicas, la música que aturde los sentidos y las letras y movimientos provocativos se combinan para producir en muchos de los ejecutantes y espectadores estados de ánimo que rayan en la histeria. Es significativo que gran parte de esta subcultura está involucrada de forma directa en una o más de las religiones místicas orientales que enseñan acerca del alcance de mayor iluminación espiritual por medio de un escape a niveles más elevados de conciencia inducidos por drogas, la repetición de nombres o palabras prescritos, y otros medios supersticiosos y demoníacos por el estilo.

El dios más grande de la mitología antigua era conocido como Zeus (nombre griego), Júpiter (nombre romano), y con otros nombres en diversas regiones y épocas. En lo que ahora podemos ver con claridad como un plagio satánico de la concepción de Jesús por el Espíritu Santo, el mito alegaba que Zeus de alguna forma hizo que la diosa Semele concibiera sin tener contacto con ella. Semele decidió que tenía el derecho de ver al padre de su hijo, y mientras lo tenía en su vientre se acercó a Zeus, tan solo para ser incinerada al instante por su gloria. Justo antes de ser destruido, Zeus arrebató a la criatura del vientre de su madre y lo injertó en su propio muslo, donde continuó su desarrollo hasta nacer. El dios infante fue nombrado Dionisio y fue destinado por Zeus a convertirse en gobernante de la tierra.

La leyenda continuaba diciendo que cuando los titanes, quienes habitaban entonces la tierra, escucharon sobre el plan de Zeus, robaron al bebé Dionisio y lo partieron en dos. El niño fue otra vez rescatado por su padre Zeus, quien engulló el corazón de Dionisio y le recreó de forma milagrosa. Luego Zeus hirió a los titanes con relámpagos y los redujo a cenizas de las cuales se levantó la raza humana. Como regente sobre esta nueva raza, Dionisio desarrolló una religión de ascendencia, por la cual los seres humanos podían elevarse a un nivel de conciencia divina. El sistema místico ingeniado por él constaba de música disonante y alocada, danzas arrebatadas, perversión sexual, mutilación del cuerpo, consumo de carne y sangre crudas de toros sacrificados, y borrachera. Dionisio llegó a ser conocido como el dios del vino, la bebida tóxica que era parte integral de la religión disipada que se centraba alrededor de su carácter. Su equivalente romano era llamado Baco, de cuyo nombre se derivan los *bacanales*, el festival romano celebrado con frenesí de danzas, cantilenas, bebida y juerga, que durante más de dos mil años ha sido sinónimo de intemperancia dipsómana y orgías sexuales.

La ciudad de Baalbek al oriente del Líbano, contiene algunas de las ruinas más fascinantes del mundo antiguo. Es el sitio donde se erigieron los primeros templos paganos en el nombre de varios dioses cananeos, y que más adelante fueron dedicados otra vez en los nombres de sus correspondientes deidades griegas y luego romanas tras ser conquistados por esos imperios. El templo central era el de Baco, las columnas y balcones tenían representaciones simbólicas del consumo excesivo de vino que caracterizaba su culto orgiástico.

Ese es precisamente el tipo de culto pagano con el cual estaban muy familiarizados los efesios y en el que muchos creyentes habían estado involucrados antes de su conversión. También era el tipo de culto e inmoralidad y carnalidad asociadas del que muchos de los creyentes en Corinto tenían dificultad para divorciarse y por el que Pablo les amonestó con firmeza: "La copa de bendición que bendecimos, ¿no es la comunión de la sangre de Cristo? El pan que partimos, ¿no es la comunión del cuerpo de Cristo? ... digo que lo que los gentiles sacrifican, a los demonios lo sacrifican, y no a Dios; y no quiero que vosotros os hagáis partícipes con los demonios. No podéis beber la copa del Señor, y la copa de los demonios; no podéis participar de la mesa del Señor, y de la mesa de los demonios" (1 Co. 10:16, 20-21). Más adelante en esa carta hizo una reprensión similar: "Cuando, pues, os reunís vosotros, esto no es comer la cena del Señor. Porque al comer, cada uno se adelanta a tomar su propia cena; y uno tiene hambre, y otro se embriaga" (11:20-21). Satanás es un ladrón y un mentiroso, y se regodea en robar las cosas más hermosas y sagradas del Señor, y en falsificarlas con perversiones atractivas a los sentidos que inducen a los hombres al pecado y que les engañan con respecto a la verdad.

Por lo tanto, en Efesios 5:18, Pablo no solo estaba presentando un contraste moral sino también uno teológico. No solo estaba hablando de los males morales y sociales de la embriaguez, sino del uso espiritual pervertido de la embriaguez como un medio de culto impío. Los cristianos no deben buscar satisfacción religiosa a través de medios paganos como el embriagarse **con vino,** sino que deben hallar su plena satisfacción y regocijo espiritual siendo "llenos del Espíritu". El creyente no tiene necesidad alguna de los caminos y costumbres artificiales, adulterados, degradantes, destructivos e idólatras del mundo. El cristiano tiene al Espíritu de Dios mismo que mora en su interior, el Espíritu cuyo gran deseo es dar al creyente los beneficios y goce plenos y sublimes de su posición suprema como hijo de Dios.

El contexto de este pasaje indica además que Pablo estaba hablando en primer término acerca de las implicaciones religiosas de la embriaguez. Las orgías frenéticas, inmorales y ebrias de las ceremonias paganas estaban acompañadas por liturgias igualmente corruptas. En los versículos 19 y 20 Pablo mostró la clase de liturgia que agrada a Dios: creyentes llenos del Espíritu que se mantienen "hablando entre vosotros con salmos, con himnos y cánticos espirituales, cantando y alabando al Señor en vuestros corazones; dando siempre gracias por todo al Dios y Padre, en el nombre de nuestro Señor Jesucristo".

LA BIBLIA RECOMIENDA EL VINO EN CIERTAS OCASIONES

A pesar de sus múltiples advertencias acerca de los peligros del vino, la bebida no está prohibida en la Biblia en términos absolutos, y de hecho se recomienda y acepta en algunas ocasiones. Las ofrendas de vino acompañaban muchos de los sacrificios del Antiguo Testamento (Éx. 29:40; Nm. 15:5; cp. 28:7). Es probable que se mantuviera una provisión de vino en el templo para tal fin. El salmista habló sobre "el vino que alegra el corazón del hombre" (Sal. 104:15), y el escritor de Proverbios aconsejó: "Dad la sidra al desfallecido, y el vino a los de amargado ánimo" (31:6). Al hablar de la invitación exuberante a la salvación que Dios hace a todos en su gracia, Isaías declaró: "A todos los sedientos: Venid a las aguas; y los que no tienen dinero, venid, comprad y comed. Venid, comprad sin dinero y sin precio, vino y leche" (Is. 55:1).

Pablo aconsejó a Timoteo: "Ya no bebas agua, sino usa de un poco de vino por causa de tu estómago y de tus frecuentes enfermedades" (1 Ti. 5:23). El primer milagro de Jesús fue convertir agua en vino durante un banquete de bodas en Caná (Jn. 2:6-10). También habló en términos favorables acerca del vino en la parábola del buen samaritano, quien echó aceite y vino en las heridas del hombre que halló maltrecho al lado del camino (Lc. 10:34).

Como muchas otras cosas, la clase de vino del que se habla en las Escrituras (tratado a continuación) tiene potencialidad tanto para el mal como para el bien. Yo creo que hubo un tiempo en que el jugo de la uva, al igual que todas las demás cosas creadas por Dios, solo era bueno y no tenía posibilidades latentes de engendrar maldad. La fermentación que es una forma de descomposición, es probable que se haya hecho posible por la corrupción general de la naturaleza a partir de la caída, y de hecho empezó con el vasto cambio en el medio ambiente que presentó el diluvio y la remoción de la cubierta de vapor que rodeaba la masa terráquea y la protegía de los rayos directos del sol. No es desacertado creer que en el reino milenario el proceso será revertido cuando la maldición sea levantada del todo y la naturaleza sea restaurada a su estado original de bondad y perfección.

PAUTAS PARA LOS CRISTIANOS

A la luz del hecho de que la Biblia hace tantas advertencias acerca del consumo de vino y sin embargo, no lo prohíbe e incluso lo recomienda bajo ciertas circunstancias, ¿cómo puede un creyente saber lo que debe hacer? A continuación se presentan ocho sugerencias en forma de preguntas, que al responderse con honestidad a la luz de las Escrituras servirán como pautas útiles.

¿EL VINO DE HOY ES IGUAL AL DE TIEMPOS BÍBLICOS?

Nuestra primera tarea para responder esta pregunta es determinar con exactitud a qué clase de vino se hace referencia en la Biblia, y la segunda es determinar cómo se compara ese vino con el que se produce y consume en la actualidad. Muchos cristianos sinceros y respetuosos de la Biblia justifican su consumo de vino basados en el argumento de que era una práctica aceptable tanto en el Antiguo como en el Nuevo Testamento. No obstante, si la clase de vino usado entonces era diferente al usado hoy día, entonces la aplicación de la enseñanza bíblica acerca del vino también será diferente.

Una clase de vino llamado *sikera* en griego (véase Lc. 1:15) y *shēkār* en hebreo (véase Pr. 20:1; Is. 5:1) se traduce por lo general "sidra" o bebida fuerte a causa de su elevado contenido de alcohol y la subsecuente intoxicación rápida de quienes la consumían.

Una segunda clase de vino era llamado *gleukos* (del cual se deriva el término *glucosa*) y aludía al vino nuevo que era bastante dulce. Algunos de los espectadores en el Pentecostés acusaron a los apóstoles de haberse embriagado con esta clase de vino (Hch. 2:13). La palabra hebrea correspondiente es *tīrōsh* (véase Pr. 3:10; Os. 9:2; Jl. 1:10). Puesto que el jugo recién exprimido de uva u otra fruta se fermentaba con rapidez y podía ocasionar borrachera aun sin añejarse del todo, por lo general se mezclaba con agua antes de su consumo.

Sin embargo, una tercera clase de vino es el que se menciona con mayor frecuencia en ambos testamentos. La palabra hebrea para ese vino es *yayin*, que tiene en su raíz el significado de borbotear, espumar o hervir. La figura de burbujas no tenía que ver con el vino servido sino con el hervor del jugo fresco de uva para reducirlo a un jarabe espeso y hasta a una pasta condensada y apta para ser almacenada sin estropearse. Debido a que el proceso de hervido quita la mayor parte del agua y mata toda la bacteria, el jugo en su estado concentrado no se fermenta. *Yayin* hacía referencia más frecuente a dosis pequeñas de ese jarabe o pasta mezcladas con agua para la preparación de bebidas instantáneas (cp. Sal. 75:8; Pr. 23:30). Incluso cuando se permitía que la mistura reconstituida se fermentara, su contenido de alcohol era bastante bajo.

La palabra más común en el griego del Nuevo Testamento para esta tercera clase de vino es *oinos*, y en su sentido más general se refiere simplemente al jugo de uva. Cualquier fuente judía exacta señala que el *yayin*, vino mezclado llamado *oinos* en griego, no se refiere tanto a un licor obtenido por fermentación, sino con mayor frecuencia a un jarabe espeso o jalea no embriagante y producida con jugo hervido para su almacenamiento. En la ilustración que Jesús hizo de echar el vino nuevo (*oinos*, no *gleukos*) solamente en odres nuevos, es posible que se refiriera a que de esa manera el vino y los odres "se conservan juntamente", evitando la fermentación y también su pérdida por derramamiento (Mt. 9:17).

La práctica de reducir el jugo fresco de uva a un jarabe por hervor o evaporación era de amplia difusión en el cercano oriente así como en las culturas griega y romana de aquel tiempo, y no es poco común en Palestina, Siria, Jordania y Líbano en nuestros días. Además de diluirse para su consumo como bebida, el jarabe espeso se utilizaba para endulzar, dar sabor a las comidas y para untar en panes y pasteles como una jalea. Tanto el jarabe como la mayor parte de las bebidas hechas a partir de él eran por completo libres de todo efecto embriagante.

La Mishná judía, la colección antigua de interpretaciones orales y luego escritas de la ley mosaica que antecedieron al Talmud, declara que los judíos utilizaban con cierta regularidad el vino hervido, es decir, el jugo de uva reducido a una consistencia espesa mediante la acción del calor. Cuando Aristóteles describió el vino de Arcadia dijo que era tan espeso que era necesario raspar las garrafas de cuero en que se almacenaba y después diluir esos pedazos en agua para hacer una bebida. El historiador romano Plinio se refirió con frecuencia a un tipo de vino no embriagante. El poeta romano Horacio escribió en 35 a.C.: "Aquí la gente se embucha a la sombra múltiples copas de vino sin embriagarse". En el noveno libro de su obra *La odisea*, Homero narra que Ulises colocó en su embarcación un cuero cargado de vino negro dulce que era necesario diluir con veinte partes de agua antes de ser bebido. En el año 60 d.C. el biógrafo griego Plutarco hizo este comentario: "El vino filtrado no inflama el cerebro ni infecta la mente y las pasiones, y es mucho más agradable al paladar".

En un artículo de la revista *Cristianismo hoy* (20 de junio de 1975), Robert Stein explica que los antiguos griegos guardaban su vino no hervido, no mezclado y por tal razón con elevado contenido de alcohol, en grandes jarrones llamados ánforas. Antes de beber ese vino lo servían en vasijas más pequeñas llamadas cráteras y lo diluían con agua en proporción máxima de veinte a uno. Solo entonces se echaba el vino en copas semejantes a quilmas de las que se ingería la bebida. A esta forma diluida se aludía comúnmente con la palabra vino (*oinos*), pero al líquido no diluido se le llamaba *akratesteron* o "vino no mezclado", la clase de vino que no se diluía con agua en una vasija y que entorpecía los sentidos. Aun entre los paganos civilizados, el consumo de vino sin mezclar era considerado un acto de sandez y barbarie. El señor Stein cita a Menesiteo de Atenas:

> Los dioses han revelado el vino a los mortales como la bendición más grande para aquellos que lo usan como es debido, pero para quienes lo utilizan sin medida todo lo contrario. Da sustento a quienes lo toman con cautela, así como fortaleza en mente y cuerpo. En la medicina ofrece muchos beneficios; puede mezclarse con líquido y drogas para traer alivio y restitución a los heridos. En el transcurso de la vida diaria, a quienes lo mezclan y beben con moderación da buen ánimo; pero si se pasa por encima de estos límites trae consigo violencia. Si se mezcla solo por mitades trae como resultado la demencia; si no se mezcla, el acabose.

En un antiguo tratado cristiano llamado *La tradición apostólica,* aprendemos que la iglesia primitiva seguía la costumbre de usar solamente esa clase de vino mezclado o mistura, bien fuese a partir de un jarabe o del jugo recién exprimido.

El vino fermentado por medios naturales tiene un contenido alcohólico de nueve a once por ciento. Para que una bebida alcohólica como el brandy tenga un contenido más elevado, debe fortificarse por medios artificiales como la destilación múltiple de vino ya fermentado. Por ende, el vino no mezclado de los antiguos tenía un contenido alcohólico máximo del once por ciento. Aun mezclado por mitades (una mistura que según Menesiteo generaba demencia), el vino tendría un contenido máximo de alcohol del cinco por ciento. Puesto que el vino más fuerte que se bebía normalmente era mezclado por lo menos con tres partes de agua por una de vino, su contenido alcohólico estaría en un rango no mayor a 2.25–2.75 por ciento, muy por debajo del 3.2 por ciento que se considera en la actualidad como el parámetro para clasificar una bebida como alcohólica.

Por lo tanto, es claro que bien sea que el *yayin* o el *oinos* mencionados en la Biblia correspondan al jarabe espeso, a una mezcla de agua y jarabe o a una mistura de agua y vino puro, el vino era o bien no embriagante, o de leve contenido alcohólico. Por lo tanto, para embriagarse **con vino** (*oinos*) en aquel tiempo era necesario ingerir una gran cantidad, como lo sugieren otros pasajes del Nuevo Testamento. "Dado al vino" (1 Ti. 3:3; Tit. 1:7) es la traducción de una palabra griega (*paroinos*) cuyo significado literal es "en o al lado de, vino"; alude a la idea de sentarse al lado de un recipiente lleno de vino durante un largo período de tiempo.

La respuesta a la primera pregunta es un rotundo no. El vino de tiempos bíblicos no era igual al vino no mezclado de nuestra época. Hasta los paganos más civilizados de tiempos bíblicos habrían considerado la ingestión de los vinos modernos como actos bárbaros e irresponsables.

¿ES NECESARIO?

La segunda pregunta que nos ayuda a determinar si un creyente debería o no tomar vino en la actualidad es la siguiente: "¿Es necesario para mí tomar vino?". En tiempos bíblicos, como sucede en muchas partes del mundo hoy día, el agua potable apta para el consumo humano era muy escasa o no estaba disponible. La bebida más segura era el vino, y el vino con cierto contenido alcohólico era en especial seguro debido al efecto antiséptico del alcohol. De hecho servía para purificar el agua.

Por otro lado, es difícil creer que el vino hecho por Jesús de forma milagrosa en el banquete de bodas de Caná o el que sirvió en la santa cena instituida por Él y en otras ocasiones fuera fermentado. ¿Cómo es posible que Él hiciera o sirviera algo que tuviera siquiera la potencialidad para embriagar a una persona? Cuando Él hizo el vino en Caná, primero dijo a los sirvientes que llenaran las tinajas con agua, como para demostrar que el vino que iba a crear de por sí era mezclado. Los invitados a la boda comentaron sobre la elevada calidad del vino (Jn. 2:10), y puesto que lo llamaron *oinos*, es obvio que se trataba de la bebida suave que estaban acostumbrados a hacer añadiendo agua a un jarabe hervido.

Aunque las circunstancias requerían con frecuencia o hacían aconsejable el consumo de vino con algún contenido de alcohol, el vino preferido en tiempos bíblicos tenía muy poco o carecía por completo. Por lo tanto, los creyentes en la actualidad no pueden apelar a la práctica bíblica para justificar su consumo de vino u otras bebidas similares, ya que hoy día existen incontables alternativas de bajo costo. Ingerir bebidas alcohólicas hoy día no es parte necesaria del sustento ni de la vida cotidiana, y en la mayor parte de los casos simplemente es un asunto de preferencia personal.

La bebida tampoco es necesaria para evitar ofender o avergonzar a amigos, conocidos o gente de negocios. El testimonio de un cristiano algunas veces es resentido por otros y puede implicar un precio a pagar en la sociedad actual, pero la mayoría de las personas están inclinadas a respetar nuestra abstinencia cuando se hace por motivos de convicción honesta y no cuando se hace alarde de ella como autojustificación personal o enjuiciamiento de los demás. Es más probable que el argumento de no querer ofender a otros se base en un interés egoísta en nuestra propia imagen y popularidad que en una preocupación genuina por los sentimientos y el bienestar de los demás. Algunos consideran que la bebida es necesaria en algunos casos para poder establecer una relación con una persona no salva a fin de que llegue a tener fe para salvación. No obstante, tal visión del evangelismo es una falla miserable en entender la obra soberana de Dios y el poder del evangelio independientes por completo de cualquier artilugio humano.

¿ES LA MEJOR OPCIÓN?

Puesto que beber vino es algo que no se prohíbe de manera específica y total en las Escrituras, y como no es una necesidad para los creyentes en la mayor parte del mundo, su consumo es una cuestión opcional. La siguiente pregunta es entonces, ¿acaso es la mejor opción?

A lo largo de la historia del pueblo de Dios, Él ha fijado normas elevadas para quienes ejercen posiciones de gran responsabilidad. Durante el sistema de sacrificios instituido bajo el liderazgo de Moisés y descrito en Levítico 4–5, se requería que la persona común y corriente diera una cordera o una cabra como ofrenda de expiación por el pecado o dos tórtolas o palominos (5:7), o incluso una ofrenda de harina (5:11) si no tenía los medios suficientes. Por otra parte, un líder del pueblo debía ofrecer un macho cabrío, y la congregación como un todo o el sumo sacerdote debían ofrecer un becerro.

Aarón y todos los sumos sacerdotes que le sucedieron también tenían que vivir conforme a normas personales más elevadas. A ellos se les ordenó: "Tú, y tus hijos contigo, no beberéis vino ni sidra cuando entréis en el tabernáculo de reunión, para que no muráis; estatuto perpetuo será para vuestras generaciones" (Lv. 10:9). Debido a que el sumo sacerdote era llamado aparte para ejercer un oficio más importante, también era llamado a un compromiso superior con Dios y a un tipo de vida más elevada. Bien sea que la restricción en la bebida atañía su vida como un todo o solo el tiempo en que prestaban su servicio asignado en el tabernáculo o el templo, su ministerio para el Señor debía caracterizarse por la abstinencia total de bebidas alcohólicas. Sus mentes y cuerpos debían ser claros, puros y siempre funcionar bien cuando ministraban en el nombre del Señor. No se podía correr ningún riesgo de deshonra moral o espiritual en el ministerio sagrado.

La misma norma elevada se aplicaba a los gobernantes en Israel. "No es de los reyes, oh Lemuel, no es de los reyes beber vino, ni de los príncipes la sidra; no sea que bebiendo olviden la ley, y perviertan el derecho de todos los afligidos" (Pr. 31:4-5). Su juicio no debía nublarse siquiera por la cantidad mínima de alcohol hallada en el vino (*yayin*), mucho menos por la de una bebida fuerte como la sidra (*shēkār*). La sidra solo debía darse "al desfallecido" como un sedante para su dolor o agonía (v. 6). Cualquier otro uso de ella no era condonado. El vino mezclado normal podía ser dado para alegrar "a los de amargado ánimo. Beban, y olvídense de su necesidad, y de su miseria no se acuerden más" (vv. 6-7). En cambio, los sacerdotes y los gobernantes del pueblo no debían tomar *yayin* ni *shēkār*.

Cualquier persona en Israel podía tomar la decisión de apartarse para Dios de una manera especial tomando el voto nazareo. "El hombre o la mujer que se apartare haciendo voto de nazareo, para dedicarse a Jehová, se abstendrá de vino y de sidra; no beberá vinagre de vino, ni vinagre de sidra, ni beberá ningún licor de uvas, ni tampoco comerá uvas frescas ni secas. Todo el tiempo de su nazareato, de todo lo que se hace de la vid, desde los granillos hasta el hollejo, no comerá" (Nm. 6:2-4). Un nazareo también hacía voto de no rasurarse la cabeza ni contaminarse ritualmente por contacto con un cadáver, todo el tiempo que su voto estuviera en rigor (vv. 5-7).

El nombre nazareo viene del término hebreo *nāzîr*, que significa "separado o consagrado". Tal separación era voluntaria y podía durar de treinta días hasta toda una vida. Todo el tiempo que esa persona, fuese hombre o mujer, se apartara de esa forma a fin de rendir un servicio especial al Señor, su vida debía distinguirse por la pureza estricta, incluso la abstención de cualquier cosa relacionada en lo más mínimo con la bebida. En cierto sentido, el nazareo se elevaba al mismo nivel del gobernante y el sumo sacerdote por su acto de consagración y separación voluntaria y especial.

La Biblia solo menciona a tres hombres que fueron nazareos toda su vida: Sansón, Samuel y Juan el Bautista. Todos ellos fueron apartados como nazareos antes de nacer; Samuel por su madre (1 S. 1:11) y Sansón y Juan el Bautista por el Señor mismo (Jue. 13:3-5; Lc. 1:15). Las madres de Sansón y de Samuel también se abstuvieron de vino y sidra (Jue. 13:4; 1 S. 1:15), en el caso de la madre de Sansón por mandato directo del ángel.

Aunque ignoramos sus nombres, muchos otros nazareos vivieron en Israel y sirvieron al Señor por medio de sus vidas y su consagración especial (véase Lm. 4:7, "nobles" se puede traducir "nazareos"; Am. 2:11). Desdichadamente, muchos de ellos fueron corrompidos a la fuerza por sus compatriotas israelitas: "Mas vosotros disteis de beber vino a los nazareos" (Am. 2:12; cp. Lm. 4:8). El mundo se resiente contra aquellos que mantienen elevadas normas de vida y cuyo ejemplo es una reprimenda contra la vida innoble. En lugar de tratar de alcanzar un nivel más elevado de vida para sí mismos, la gente que es mundana y carnal, incluidos los cristianos mundanos y carnales, se esfuerzan en rebajar y envilecer a quienes viven con pureza para que se queden a su mismo nivel de corrupción.

En el tiempo de Jeremías todos los miembros del clan de los recabitas habían hecho voto para no beber vino, y habían permanecido fieles a ese voto. A causa de su fidelidad, el Señor mandó a Jeremías que los mostrara al pueblo como el ejemplo a seguir y la norma de vida justa, en contraste a la infidelidad y corrupción del resto de Judá, sobre los cuales estaba a punto de traer juicio (Jer. 35:1-19).

El nazareo más sobresaliente fue Juan el Bautista, de quien Jesús dijo: "De cierto os digo: Entre los que nacen de mujer no se ha levantado otro mayor que Juan el Bautista" (Mt. 11:11*a*). Antes que Juan naciera, el ángel dijo sobre él: "será grande delante de Dios. No beberá vino [*oinos*] ni sidra [*sikera*], y será lleno del Espíritu Santo, aun desde el vientre de su madre" (Lc. 1:15).

Sin embargo, Jesús dijo a continuación acerca de Juan el Bautista que "el más pequeño en el reino de los cielos, mayor es que él" (Mt. 11:11*b*). En Jesucristo, todo creyente está en el mismo nivel espiritual de un sumo sacerdote, un gobernador y un nazareo. Cristo nos ama, y por eso "nos lavó de nuestros pecados con su sangre, y nos hizo reyes y sacerdotes para Dios, su Padre" (Ap. 1:5-6). Los cristianos son "linaje escogido, real sacerdocio, nación santa, pueblo adquirido por Dios" (1 P. 2:9; cp. v. 5). Todo cristiano es apartado para Dios de manera especial, y todo cristiano debe separarse de cualquier cosa impura (2 Co. 6:17). "Así que, amados", continuó Pablo, "puesto que tenemos tales promesas, limpiémonos de toda contaminación de carne y de espíritu, perfeccionando la santidad en el temor de Dios" (7:1).

Dios no bajó sus normas para los santos del Nuevo Testamento, quienes son mayores que el mismo Juan el Bautista, como Jesús dijo. Tanto en el Antiguo como en el Nuevo Testamento beber vino o sidra descalificaba a una persona de ejercer liderazgo en el pueblo de Dios. Los líderes cristianos, al igual que los del Antiguo Testamento, son sometidos a normas elevadas y especiales. Los obispos, que son lo mismo que ancianos y pastores, no deben ser "dados al vino", que como se mencionó arriba, es una expresión que traduce una sola palabra (*paroinos*) y significa literalmente "cerca o al lado del vino". Un líder en la iglesia no debe tan siquiera estar al lado del vino. La expresión "es necesario" (1 Ti. 3:2) contiene la partícula griega *dei*, y transmite el significado de necesidad lógica antes que exigencia moral. Por lo tanto, Pablo está diciendo que los líderes en la iglesia de Jesucristo no solo deben abstenerse de bebidas alcohólicas, sino que por pura lógica y definición propia "es necesario" que *no* sean "dados al vino" (vv. 2-3).

Santiago dijo: "Hermanos míos, no os hagáis maestros muchos de vosotros, sabiendo que recibiremos mayor condenación" (Stg. 3:1), y Jesús dijo: "a todo aquel a quien se haya dado mucho, mucho se le demandará; y al que mucho se le haya confiado, más se le pedirá" (Lc. 12:48). Si los sumos sacerdotes, nazareos, reyes, jueces y otros gobernantes del Antiguo Testamento debían mantenerse sobrios y con el juicio claro todo el tiempo, es seguro que el Señor no va a fijar normas más bajas para los líderes en la iglesia, que es el cuerpo encarnado en el presente de su propio Hijo, Jesucristo. Para los diáconos, cuya responsabilidad es servir antes que ejercer liderazgo, la norma es menos estricta. A ellos se les permite tomar vino pero no ser "dados" a él a manera de una adicción, que se deriva de una palabra griega diferente (*prosechontas*) que significa "mantenerse ocupado con". Tal permisión de todas maneras prohíbe la embriaguez, y refleja el lugar distintivo del anciano, pastor y obispo que debe evitar por completo cualquier posibilidad de que su pensamiento sea nublado por la influencia del alcohol. Aquí el impulso del mensaje de Pablo parece ser que, debido a la necesidad de tener mentes claras y un ejemplo puro, los líderes que toman decisiones en la iglesia deben mantener las normas más elevadas posibles de conducta, incluso la abstinencia de toda bebida alcohólica, y que a los diáconos, que no desempeñan papeles tan críticos, les es permitido tomar vino en moderación.

El hecho de que Pablo haya aconsejado a Timoteo: "Ya no bebas agua, sino usa de un poco de vino por causa de tu estómago y de tus frecuentes enfermedades" (1 Ti. 5:23) indica que, de manera consecuente con su abstinencia total por el ejercicio del liderazgo, Timoteo no había tomado una sola gota de vino antes de la recomendación personal de Pablo para que usara "de un poco de vino", y que esto era con fines puramente medicinales. Todo creyente debe presentar su cuerpo "en sacrificio vivo, santo, agradable a Dios" (Ro. 12:1), en consagración total a Él.

¿CREA UN HÁBITO?

En cuarto lugar, un área que los creyentes deben considerar es el asunto de la adicción. Muchas cosas se convierten en hábitos, y muchos de los hábitos que adquirimos son benéficos. Por otra parte, muchos otros hábitos son dañinos y difíciles de romper.

El principio de Pablo según el cual a pesar de que todas las cosas le eran lícitas él no se dejaría dominar de ninguna (1 Co. 6:12), se aplica claramente al peligro de la adicción al alcohol. El alcohol produce con mucha facilidad una dependencia severa y forzosa. Además de los efectos directos que nublan la capacidad cerebral y afectan las funciones corporales, la dependencia misma distrae la atención e interfiere con el juicio y la cordura de la persona adicta.

Un cristiano no solo debe evitar el pecado sino también la potencialidad del pecado. Nunca deberíamos permitir que estemos bajo la influencia o el control de nadie ni nada que nos aleje de las cosas de Dios así sea en lo más mínimo. La opción más segura y sabia para el cristiano es evitar aun las posibilidades mínimas de influencia hacia el mal.

Incluso en los casos en que alguna cosa no cree un hábito en nosotros, sí lo puede hacer en alguien que nos observa y sigue nuestro ejemplo. Puesto que el alcohol es reconocido en todo el mundo como altamente adictivo, un cristiano que bebe crea de forma innecesaria posibilidades de generar adicción al alcohol en otra persona.

¿ES DESTRUCTIVO EN POTENCIA?

Una quinta consideración debería ser la potencialidad destructiva del alcohol. El escritor pagano Menesiteo, ya citado antes, habló de vino mezclado con la mitad de agua como causante de la demencia, y del vino sin mezclar como el acabose de la salud corporal. La capacidad destructiva del alcohol a escala mental, física y social es demasiado evidente como para requerir aquí documentación adicional.

Más del 40 por ciento de todas las muertes violentas están relacionadas con el consumo de alcohol, y por lo menos el 50 por ciento de todas las víctimas fatales en accidentes de tráfico involucran conductores con problemas de embriaguez. Se calcula que por lo menos un cuarto de todos los pacientes internados en hospitales psiquiátricos tienen problemas con el alcohol. El consumo continuo de alcohol produce cirrosis en el hígado e incontables desórdenes físicos. Los problemas relacionados con el alcohol cuestan miles de millones de dólares anuales en pérdida de ingresos para empleados y patrones, en arreglos de cuentas con compañías de seguros y en pólizas más caras para sus clientes, al igual que en muchas otras formas menos directas.

La embriaguez conduce de manera inevitable a la disipación o disolución. La palabra **disolución** se traduce de *asōtia*, que tiene el significado literal: "aquello que es imposible salvar". Se empleaba para aludir a una persona enferma e incurable sin esperanza alguna de recuperarse, y también para hablar de una vida laxa y licenciosa como la que decidió llevar el hijo pródigo (Lc. 15:13). La **disolución** es por lo tanto una forma de autodestrucción.

Como se mencionó antes en el capítulo, el Antiguo Testamento presenta muchos relatos vívidos sobre la estrecha asociación entre la bebida y la inmoralidad, la rebelión, el incesto, la desobediencia a los padres y todo estilo de vida corrompido. La violencia es un acompañante natural de la dipsomanía (Pr. 4:17), y "el vino es escarnecedor, la sidra alborotadora" (20:1).

El profeta Joel exclamó: "Despertad, borrachos, y llorad; gemid, todos los que bebéis vino, a causa del mosto, porque os es quitado de vuestra boca" (Jl. 1:5). Más adelante en su mensaje dijo: "echaron suertes sobre mi pueblo, y dieron los niños por una ramera, y vendieron las niñas por vino para beber" (3:3). Habacuc advirtió: "¡Ay del que da de beber a su prójimo! ¡Ay de ti, que le acercas tu hiel, y le embriagas para mirar su desnudez! Te has llenado de deshonra más que de honra; bebe tú también, y serás descubierto; el cáliz de la mano derecha de Jehová vendrá hasta ti, y vómito de afrenta sobre tu gloria" (Hab. 2:15:16).

El cristiano debe preguntarse si es sabio y prudente que participe en algo que tiene tanta potencialidad para la destrucción y el pecado.

¿OFENDERÁ A OTROS CRISTIANOS?

Hablando acerca de la comida sacrificada a los ídolos, Pablo dijo: "Acerca, pues, de las viandas que se sacrifican a los ídolos, sabemos que un ídolo nada es en el mundo, y que no hay más que un Dios... Pero no en todos hay este conocimiento; porque algunos, habituados hasta aquí a los ídolos, comen como sacrificado a ídolos, y su conciencia, siendo débil, se contamina. Si bien la vianda no nos hace más aceptos ante Dios; pues ni porque comamos seremos más, ni porque no comamos, seremos menos. Pero mirad que esta libertad vuestra no venga a ser tropezadero para los débiles... Y por el conocimiento tuyo, se perderá el hermano débil por quien Cristo murió" (1 Co. 8:4, 7-9, 11).

Un cristiano que por sí mismo es perfectamente capaz de beber con moderación, no está en capacidad de garantizar que su ejemplo no ocasione que un hermano cristiano más débil trate de beber y caiga en la adicción. No solo eso, sino que tal como sucedía en el tiempo de Pablo, alguien que haya sido borracho antes y se convierte en cristiano, asocia muchas actividades inmorales y corruptas con la bebida, y el simple hecho de ver a otro cristiano beber constituye una ofensa para su conciencia. Nuestra libertad en Cristo llega hasta donde empieza a hacer daño a otros, en especial a los hermanos en la fe. No tenemos derecho alguno de hacer que por seguir nuestras preferencias en comidas y bebidas "se pierda aquel por quien Cristo murió" (Ro. 14:15). Ni siquiera podemos tener certeza absoluta de nuestra propia capacidad para beber con moderación, y mucho menos de que nuestro ejemplo no hará que otros, incluidos nuestros hijos, beban más allá de los límites de la moderación. "No destruyas la obra de Dios por causa de la comida", continuó Pablo. "Todas las cosas a la verdad son limpias; pero es malo que el hombre haga tropezar a otros con lo que come. Bueno es no comer carne, ni beber vino, ni nada en que tu hermano tropiece, o se ofenda, o se debilite" (vv. 20-21). Nuestra propia libertad en Cristo no debería valorarse por encima del bienestar de tan siquiera un hermano en la fe. Lo que debemos hacer es todo "lo que contribuye a la paz y a la mutua edificación" (v. 19).

¿DAÑARÁ MI TESTIMONIO CRISTIANO?

Es imposible que el ejercicio de nuestra libertad, de una manera que pudiera hacer daño a un hermano en Cristo, mejore nuestro testimonio delante de los incrédulos. Puede ser que la bebida nos haga más aceptables en algunos círculos sociales, pero nuestra falta de cuidado e interés en los hermanos cristianos va en detrimento de cualquier testimonio positivo que podamos dar. También es un obstáculo para nuestro testimonio delante de muchos otros cristianos, quienes así no estén preocupados por nuestra influencia en su propia manera de vivir para el Señor, de todas maneras se preocuparían por la manera como podría ser una influencia dañina para otros cristianos.

El principio que Pablo dio a los corintios indica que el mejor testimonio es rehusar la invitación de un anfitrión pagano a fin de no ofender a un hermano: "Si algún incrédulo os invita, y queréis ir, de todo lo que se os ponga delante comed, sin preguntar nada por motivos de conciencia. Mas si alguien os dijere: Esto fue sacrificado a los ídolos; no lo comáis, por causa de aquel que lo declaró, y por motivos de conciencia; porque del Señor es la tierra y su plenitud. La conciencia, digo, no la tuya, sino la del otro. Pues ¿por qué se ha de juzgar mi libertad por la conciencia de otro?" (1 Co. 10:27-29). El testimonio es más efectivo si el anfitrión pagano puede ver cuánto amamos a nuestro hermano en la fe y nos preocupamos por su bienestar.

"Ninguno de nosotros vive para sí, y ninguno muere para sí. Pues si vivimos, para el Señor vivimos; y si morimos, para el Señor morimos. Así pues, sea que vivamos, o que muramos, del Señor somos" (Ro. 14:7-8). Puesto que todo lo que un cristiano es y tiene es del Señor, el apóstol también dijo: "Si, pues, coméis o bebéis, o hacéis otra cosa, hacedlo todo para la gloria de Dios. No seáis tropiezo ni a judíos, ni a gentiles, ni a la iglesia de Dios; como también yo en todas las cosas agrado a todos, no procurando mi propio beneficio, sino el de muchos, para que sean salvos" (1 Co. 10:31-33).

Si queremos alcanzar a personas que no son salvas y al mismo tiempo dar un ejemplo que anime a quienes ya lo son, no ejerceremos nuestra libertad para beber o hacer cualquier otra cosa que conduzca a ofenderles ni desviarles en su vida espiritual.

¿ES CORRECTO?

A la luz de todas las preguntas anteriores, el cristiano debería preguntar por último: ¿Está bien que yo tome? Hemos visto que la respuesta a la primera pregunta es un no rotundo: el vino que se bebía en tiempos bíblicos no es el mismo vino que se toma en la actualidad. Las respuestas a la segunda y tercera preguntas también son no para la mayoría de los creyentes en la actualidad: por lo general no es necesario beber vino y en muy raras ocasiones es la mejor opción. La respuesta a las siguientes cuatro preguntas es sí por lo menos en algún grado. Beber puede crear hábitos con gran potencialidad destructiva, es muy probable que ofenda a otros cristianos y que dañe nuestro testimonio ante los incrédulos.

Un hombre me dijo en cierta ocasión: "A veces me tomo una cerveza con los muchachos. ¿Estará mal hecho?". Yo contesté: "¿Qué piensa *usted* al respecto?". "Bueno, pues yo pienso que no está mal, pero me queda la duda". "¿A usted le gusta tener dudas?" pregunté. "No, no me gusta", dijo. "Usted sabe lo que tiene que hacer para acabar con esa duda, ¿cierto?", continué; él dio la respuesta obvia: "Sí, dejar de tomar".

Pablo dijo en términos explícitos: "el que duda sobre lo que come, es condenado, porque no lo hace con fe; y todo lo que no proviene de fe, es pecado" (Ro. 14:23). Aun si creemos que algo no es pecaminoso en sí mismo, si no podemos hacerlo con una conciencia por completo libre, pecamos porque lo hacemos en contra de nuestra conciencia. Ir en contra de nuestra conciencia nos empuja a la autocondenación y la culpa impuesta por nosotros mismos. La conciencia es una alarma dada por Dios para advertirnos sobre la presencia del pecado, y siempre que vamos contra ella la debilitamos y la hacemos menos sensible y menos confiable, al punto que nos adiestramos para rechazarla. Ir en contra de la conciencia de manera continua conduce a silenciarla y a dejarla "cauterizada" como con hierro incandescente (1 Ti. 4:2). Cuando eso sucede, perdemos un agente muy poderoso que Dios nos ha dado para guiarnos (cp. 1 Ti. 1:5, 19).

Al plantearnos estas preguntas acerca de la bebida, la última y más importante es: ¿Puedo hacerlo delante de otros y delante de Dios con fe y confianza totales de que es lo correcto?

Ser llenos del Espíritu – parte 1

19

antes bien sed llenos del Espíritu, hablando entre vosotros con salmos, con himnos y cánticos espirituales, cantando y alabando al Señor en vuestros corazones; dando siempre gracias por todo al Dios y Padre, en el nombre de nuestro Señor Jesucristo. Someteos unos a otros en el temor de Dios. (5:18b-21)

Si no se hubiera incluido la verdad expresada en el versículo 18, que es el corazón del mensaje de Pablo, la carta de Efesios tendría todo el aspecto de un texto legalista. Cada exhortación del apóstol tendría que cumplirse por el poder de la carne. Los creyentes se verían en la necesidad de confiar en sus propios recursos y fortaleza paa seguir el gran mapa de carreteras de la vida cristiana presentado por el apóstol en los capítulos 4–6, y por supuesto, se darían cuenta de su absoluta deficiencia. Los cristianos no pueden andar en humildad, unidad, separación para Dios, luz, amor y sabiduría aparte de la energía y el dinamismo del Espíritu Santo. Andar sin el Espíritu es andar de una manera necia e insensata (véase vv. 15-17). Podemos ser "imitadores de Dios como hijos amados" (5:1), si y solo si somos **llenos del Espíritu** (cp. Jn. 15:5).

En 5:18-21 Pablo presenta primero el contraste entre el camino de la carne y el camino del Espíritu. Como se vio en la discusión anterior del versículo 18a, el camino de la carne se caracteriza por la religión pagana de la cual habían salido muchos de los creyentes en Éfeso, una religión centrada alrededor de bacanales de beodez e inmoralidad que conducían a supuestos éxtasis espirituales, en los cuales una persona trataba de elevarse de manera progresiva hasta alcanzar su comunión con los dioses. Es el camino del ego, el orgullo, la inmoralidad, la avaricia, la idolatría, la confusión, el engaño, la fantasía, la falsedad e incluso el culto a demonios. Es la senda de las tinieblas y la necedad absoluta (véase 5:3-17).

En los versículos 18*b*-21 el apóstol presenta el otro lado del contraste: el andar piadoso de los hijos de Dios que se expresa en la vida controlada por el Espíritu y se caracteriza por la belleza y la santidad. El apóstol da primero el mandato central de la epístola (que es el punto focal del Nuevo Testamento para los creyentes), y sigue su desarrollo con una descripción de las consecuencias de la obediencia a ese mandato.

EL MANDATO

antes bien sed llenos del Espíritu, (5:18*b*)

Aunque Pablo no estuvo presente cuando el Espíritu Santo se manifestó de una manera tan poderosa en el Pentecostés, debió haber tenido ese acontecimiento en mente al escribir **sed llenos del Espíritu.** Es obvio que la venida del Espíritu Santo en Pentecostés ocurrió mientras él era todavía un incrédulo y antes de haber empezado a perseguir la iglesia. Lo cierto es que sin Pentecostés, él y otros incrédulos habrían carecido de razones para perseguir a la iglesia, porque habría sido demasiado débil y desprovista de poder como para constituirse en una amenaza al dominio de Satanás. Entonces los apóstoles escucharon que "de repente vino del cielo un estruendo como de un viento recio que soplaba, el cual llenó toda la casa donde estaban sentados; y se les aparecieron lenguas repartidas, como de fuego, asentándose sobre cada uno de ellos. Y fueron todos llenos del Espíritu Santo, y comenzaron a hablar en otras lenguas, según el Espíritu les daba que hablasen" (Hch. 2:2-4). También fue en esa ocasión que algunos de la multitud acusaron a los apóstoles de estar "llenos de mosto" (v. 13), esperando quizás que en cualquier momento estallaran en el frenesí típico de los cultos místicos paganos.

Aunque otros (tales como Moisés, Éx. 31:3; 35:31) habían sido llenados con el Espíritu con propósitos especiales, fue en Pentecostés que todos los creyentes en la iglesia quedaron por primera vez llenos del Espíritu Santo. Todas las promesas que Jesús hizo a sus discípulos en la última noche que estuvo con ellos se cumplió en uno u otro sentido mediante la venida del Espíritu Santo aquel día. De hecho, la venida del Espíritu Santo fue lo que hizo reales todas las promesas de Jesucristo.

Jesús dijo: "Y yo rogaré al Padre, y os dará otro Consolador, para que esté con vosotros para siempre: el Espíritu de verdad, al cual el mundo no puede recibir, porque no le ve, ni le conoce; pero vosotros le conocéis, porque mora con vosotros, y estará en vosotros" (Jn. 14:16-17). El hecho de que el Espíritu Santo mora en todos los creyentes de forma permanente, en lugar de estar solo con algunos de ellos como sucedía antes de Pentecostés, es una de las grandes verdades de la dispensación propia del Nuevo Testamento. En la nueva era, que es la era eclesiástica, el Espíritu de Dios no se limitaría a estar al lado de su pueblo sino a habitar en todos y cada uno de sus miembros (cp. 1 Co. 3:16; 6:19). Esta residencia permanente del Espíritu Santo en los creyentes es lo que hace posible el cumplimiento de todas las demás promesas de Jesús a su pueblo, y en Efesios 1:13 Él es llamado "el Espíritu Santo de la promesa".

El Espíritu Santo es nuestra garantía y seguridad divinas de que las promesas de Jesús se cumplen (2 Co. 5:5). Entre muchas otras cosas, Él garantiza y asegura que tendremos una morada celestial en la casa del Padre (Jn. 14:2-3); que hará obras mayores, no en tipo sino en alcance, que las hechas por Él (14:12; cp. Mt. 28:18-20); Hch. 1:8); que todo lo que pidamos en su nombre Él lo hará (Jn. 14:13-14); que siempre tendremos la paz propia de Cristo (14:27); que la plenitud de su gozo estará en nosotros (15:11). El Espíritu Santo nos asegura que Jesucristo y el Padre son uno (14:20); que somos sin lugar a dudas hijos de Dios (Ro. 8:16); que él intercederá por nosotros, haciendo así efectivas nuestras oraciones (Ro. 8:26); y que Él hará que nuestra vida dé fruto (Gá. 5:22-23).

Sin embargo, la obra del Espíritu Santo en nosotros y a nuestro favor solo puede ser apropiada en la medida en que seamos llenos de Él. Todo cristiano es habitado por el Espíritu Santo y tiene todo la capacidad para recibir el cumplimiento pleno de todas las promesas de Cristo dadas a aquellos que le pertenecen. Pero ningún cristiano tendrá esas promesas cumplidas en su vida si no está bajo el control completo del Espíritu Santo. Tenemos derecho legítimo de reclamar todas las promesas de Cristo para nosotros desde el momento en que creemos en Él, pero no podemos tener su cumplimiento hasta que permitamos a su Espíritu llenarnos y controlarnos. A menos que conozcamos lo que significa ser dirigidos por el Espíritu Santo, nunca conoceremos la dicha de la seguridad plena del cielo, ni el gozo de trabajar con efectividad para el Señor, de tener nuestras oraciones contestadas todo el tiempo, ni de zambullirnos y deleitarnos en la plenitud del amor, el gozo y la paz de Dios en nosotros.

EL SIGNIFICADO DE SER LLENOS

Antes de considerar aspectos específicos de lo que es la llenura del Espíritu, debemos tener en claro algunas cosas que no son la llenura del Espíritu. En primer lugar, ser llenos del Espíritu no es una experiencia dramática y esotérica en la que uno se siente de repente lleno de energía espiritual para entrar a un estado permanente de espiritualidad avanzada por un segundo acto de bendición divina subsecuente a la salvación. Tampoco es una especie de "trastrueque" temporal que resulta en un éxtasis de palabras o visiones ultraterrenas.

En segundo lugar, ser llenos del Espíritu no corresponde a la noción del otro extremo: simplemente tratar con estoicismo de hacer lo que Dios quiere que hagamos, con la bendición del Espíritu Santo pero básicamente en nuestras propias fuerzas. No es un acto de la carne que cuenta con el sello de aprobación de Dios.

En tercer lugar, ser llenos no es lo mismo que ser poseídos o habitados por el Espíritu Santo, porque Él mora en cada creyente desde el momento de la salvación. Como Pablo declara con llaneza en la carta a los romanos: "el Espíritu de Dios mora en vosotros" (8:9; cp. Jn. 7:38-39). Una persona que no tiene al Espíritu Santo no tiene a Cristo. Hasta a los creyentes inmaduros y mundanos de Corinto, Pablo dijo: "Porque por un solo Espíritu fuimos todos bautizados en un cuerpo, sean judíos o griegos, sean esclavos o libres; y a todos se nos dio a beber de un mismo Espíritu" (1 Co. 12:13). A diferencia de los creyentes antes de Pentecostés, sobre los cuales venía el Espíritu Santo de forma temporal (Jue. 13:25; 16:20; 1 S. 16:14; Sal. 51:11), todos los cristianos son la morada permanente del Espíritu.

En cuarto lugar, ser llenos del Espíritu no corresponde a un proceso en el que se recibe su presencia y poder por grados o en dosis progresivas. Cada cristiano no solo posee al Espíritu Santo sino que le posee en toda su plenitud. Dios no parcela al Espíritu, como si pudiera dividirse en varios segmentos o partes. "Dios no da el Espíritu por medida", dijo Jesús (Jn. 3:34).

En quinto lugar, también es claro a partir de 1 Corintios 12:13 que la llenura del Espíritu no es lo mismo que el bautismo del Espíritu, porque todo creyente ha sido bautizado con el Espíritu y le ha recibido. Aunque sus resultados son experimentados y disfrutados, el bautismo por y la recepción del Espíritu no son realidades que podamos sentir, y por cierto no son experiencias reservadas tan solo para creyentes bendecidos de manera especial. Este milagro es una realidad espiritual que ocurre en todo creyente, bien sea que se percate o no de ello, en el momento que se convierte en cristiano y es colocado por Cristo en su cuerpo por el Espíritu Santo, quien de ahí en adelante establece residencia permanente en esa vida.

Pablo no acusó a los corintios de ser inmaduros y pecaminosos porque no tuvieran aún al Espíritu Santo o el bautismo en el Cuerpo de Cristo, ni les exhortó a que en consecuencia de ello buscasen al Espíritu para remediar la situación. En lugar de eso, les recordó que cada uno de ellos ya poseía al Espíritu Santo. Antes en la carta les había interpelado con estas palabras: "Huid de la fornicación. Cualquier otro pecado que el hombre cometa, está fuera del cuerpo; mas el que fornica, contra su propio cuerpo peca. ¿O ignoráis que vuestro cuerpo es templo del Espíritu Santo, el cual está en vosotros, el cual tenéis de Dios, y que no sois vuestros?" (6:18-19). No estaban pecando debido a la ausencia del Espíritu Santo sino a pesar de la presencia del Espíritu Santo. Aun cuando un cristiano peca sigue siendo habitado por el Espíritu Santo, y es por esa misma razón que su pecado es todavía peor. Cada vez que un cristiano contrista al Espíritu (Ef. 4:30) o le apaga (1 Ts. 5:19), aflige o sofoca al Espíritu que mora en su interior.

Por último, la llenura del Espíritu no es lo mismo que ser sellados o asegurados por Él. Ese es un hecho ya realizado (véase en 1:13). En ninguna parte se ordena o exhorta a los creyentes a mandarse o dejarse habitar, bautizar o sellar por el Espíritu Santo. El *único* mandato que reciben es **sed llenos.**

Sed llenos es la traducción del imperativo presente pasivo de *plēroō*, y su traducción literal es "estén siendo llenos todo el tiempo". Se trata de un mandato que alude al concepto de continuidad consciente. Ser llenos del Espíritu Santo no es una opción para los creyentes sino un mandato. Ningún cristiano puede cumplir la voluntad de Dios para su vida si no está lleno de su Espíritu. Si no obedecemos este mandato, no podemos obedecer cualquier otro, por la sencilla razón de que no podemos hacer la voluntad de Dios aparte del Espíritu de Dios. Fuera del mandato dado a los incrédulos para que depositen su confianza en Cristo para su salvación, no existe un mandato más práctico y necesario en las Escrituras que este dado a los creyentes: **sed llenos del Espíritu.**

Mandatos tales como este nos hacen recordar el hecho de que los creyentes están sujetos a la autoridad divina y son llamados a la obediencia como el elemento más básico de la vida cristiana. En algunos círculos cristianos, la forma de vida e incluso la enseñanza misma reflejan la noción de que el simple hecho de estar en el reino es todo lo que importa en realidad. Cualquier cosa que uno pueda hacer en obediencia al Señor después de esto es considerado como nada más que una especie de "crédito extra" en la vida espiritual. Algunos dirían que como hay seguridad en Cristo de no ir al infierno, aun si todas las obras fueran consumidas por el fuego y no se entregara recompensa alguna, de todas formas iríamos al cielo. Ellos argumentan que hasta la esquina más recóndita y oculta del cielo seguirá siendo cielo, y que todos los creyentes vivirán allí en dicha eterna a pesar de todo.

Esa manera de pensar está en discordancia total con la enseñanza del Nuevo Testamento. Su origen es una dureza espiritual de corazón que tiende a producir una vida superficial e indiferente, caracterizada muchas veces por la inmoralidad y la idolatría. La persona que tiene esa clase de actitud tan ajena a las Escrituras hacia las cosas de Dios, o bien camina en oposición directa al Espíritu o no posee al Espíritu en absoluto, y en tal caso no se trataría de un cristiano. El sometimiento a la voluntad de Dios, al señorío de Cristo y a la guía del Espíritu es una parte esencial, no opcional, de la fe que salva. Un creyente nuevo que no ha recibido instrucción, entenderá muy poco acerca de todas las implicaciones de esa obediencia, pero la orientación espiritual de su nueva naturaleza en Cristo le traerá el deseo de someterse a la Palabra de Dios y al Espíritu de Dios. Una persona que no tiene ese deseo no tiene argumentos legítimos para reclamar salvación.

Resistirse a la llenura y el control del Espíritu Santo es un acto flagrante de desobediencia, y negar o minimizar su importancia equivale a asumir una posición de rebeldía en contra de la enseñanza clara de la Palabra de Dios. Todo cristiano se aleja muchas veces de las normas de Dios y en ocasiones caerá en el pecado y la indiferencia, pero no puede sentirse a gusto y conforme todo el tiempo en ese estado, porque la experiencia del pecado y la indiferencia estarán en lucha constante con su nueva naturaleza (véase Ro. 7:14-25). Sabe que tales cosas no pueden justificarse ni reconciliarse con la voluntad de Dios de ninguna manera.

Como aprendemos de la manera como Pablo trató con los cristianos en Corinto, es posible que por algún tiempo un creyente se vuelva carnal y aun se quede carnal y mundano en cierto grado (1 Co. 3:1), pero esa nunca será la orientación básica de un creyente verdadero. Con el término *carnal* se hace referencia casi siempre a incrédulos en el Nuevo Testamento. "El ocuparse de la carne es muerte, pero el ocuparse del Espíritu es vida y paz. Por cuanto los designios de la carne son enemistad contra Dios; porque no se sujetan a la ley de Dios, ni tampoco pueden" (Ro. 8:6-7). Una persona cuya mente se ocupa con regularidad en cosas de la carne no puede ser cristiana, porque un cristiano "no [vive] según la carne, sino según el Espíritu, si es que el Espíritu de Dios mora en [él]" (v. 9). Un cristiano de profesión que de continuo apetece y anhela las cosas del mundo y de la carne necesita examinar su corazón con mucho detenimiento para ver si su carnalidad es la descrita en 1 Corintios 3:1-3 o en Romanos 8:6-8 (cp. Jn. 2:15-17; Stg. 4:4).

Aunque todo cristiano es habitado, bautizado y sellado por el Espíritu, a no ser que también sea **lleno del Espíritu,** vivirá en debilidad, torpeza, frustración y derrota espiritual.

El aspecto continuo del ser *llenos* (lit., "estar siendo lleno todo el tiempo") involucra una sumisión día tras día y momento tras momento al control del Espíritu. El aspecto pasivo indica que no es algo que hagamos sino que permitimos que sea hecho en nosotros. El acto de llenar es por entero la obra del Espíritu mismo, pero Él obra únicamente a través de nuestra sumisión voluntaria. El aspecto presente del mandato indica que no podemos apoyarnos en estados de llenura en el pasado ni llenura futura, sino que solo podemos vivir en la llenura del presente.

La marca distintiva de una buena relación matrimonial no solo es el amor y la devoción que el esposo y la esposa han tenido en el pasado, por significativo y hermoso que esto haya podido ser, ni tampoco el amor y la devoción que esperan seguir teniendo en el futuro. La fortaleza de su matrimonio radica en el amor y la devoción que tienen el uno por el otro en el presente.

Plēroō connota más que el acto de llenar algo hasta el tope, como cuando alguien vierte agua en un vaso y lo llena hasta el borde. El término se empleaba en tres sentidos adicionales que tienen gran relevancia para el uso que Pablo hace de él aquí. En primer lugar, se empleaba con frecuencia para aludir al viento que llenaba el velaje de una embarcación para su avance en el agua. Ser llenos del Espíritu significa que podemos movernos y avanzar en la vida cristiana por intervención de Dios mismo, con la misma dinámica que llevó a los escritores de la Biblia a ser "inspirados por el Espíritu Santo" (2 P. 1:21).

En segundo lugar, *plēroō* alude a los conceptos de permeabilidad, empapamiento e impregnación, y se utilizaba con referencia a la acción de la sal sobre la carne para darle sazón y preservarla. Dios quiere que su Espíritu Santo sature a tal punto las vidas de sus hijos, que todo lo que ellos piensen, digan y hagan refleje su presencia divina.

En tercer lugar, *plēroō* tiene la connotación de control total. La persona que está llena de tristeza (véase Jn. 16:6) ya no está bajo su propio control sino bajo el control total de esa emoción. De la misma forma, alguien que está lleno de temor (Lc. 5:26), furor (Lc. 6:11), fe (Hch. 6:5) o incluso de Satanás (Hch. 5:3), ya no se encuentra bajo su propio control sino bajo el control total de aquello que ha permitido que le domine. Ser llenos en este sentido es ser dominados y controlados totalmente, y este es el sentido más importante del concepto para los creyentes. Como ya hemos visto, ser **llenos del Espíritu** no es que Él sea añadido de manera progresiva a nuestra vida hasta quedar llenos de Él como un vaso que se va llenando de agua. Es estar bajo su dominio y control totales. Esto presenta un contraste directo frente a la embriaguez y disipación descontroladas que caracterizaban el culto a Dionisio y a que se hizo alusión en la primera mitad del versículo.

Vemos la obra controladora del Espíritu Santo en la vida de Jesús mientras estuvo ministrando en la carne. Él "fue llevado por el Espíritu al desierto, para ser tentado por el diablo" (Mt. 4:1). Aprendemos en el pasaje paralelo de Lucas que el estar "lleno del Espíritu Santo" fue lo que le preparó para ser "llevado por el Espíritu al desierto" (1:12). No es que Jesús se resistiera o tuviera que ser azuzado para actuar, porque su gozo supremo siempre era hacer la voluntad de su Padre (Jn. 4:34), sino que Él se sometió por entero al control del Espíritu. Por cuanto estaba lleno del Señor era controlado por el Espíritu.

El cristiano que está lleno del Espíritu Santo puede compararse con un guante. Hasta que el guante sea llenado por la mano, carece de poder y es inútil. Está diseñado para el trabajo, pero no puede trabajar por sí mismo. Solo funciona cuando la mano lo controla y utiliza. El único trabajo del guante es el trabajo de la mano. El guante no le pide a la mano que le asigne una tarea a realizar, ni va a tratar de completar la tarea sin la mano. Tampoco se jacta de las cosas para las cuales ha sido utilizado, porque sabe que la mano merece todo el crédito. Un cristiano no puede lograr más sin ser lleno del Espíritu Santo que lo que un guante puede llevar a cabo sin ser llenado por una mano. Cualquier cosa que se las agencie para hacer no es más que obras de madera, heno y hojarasca que son como nada y cuyo destino es ser quemadas (1 Co. 3:12-15). Funcionar en la carne no produce en absoluto algo de valor espiritual.

Cuando la iglesia en Jerusalén necesitó de hombres para poder dejar libres a los apóstoles a fin de realizar el trabajo más importante de la oración y el ministerio de la Palabra, eligieron a hombres como Esteban, quien era un "varón lleno de fe y del Espíritu Santo" (Hch. 6:4-5). Gracias a que Esteban se mantenía de continuo en la plenitud del Espíritu, incluso al morir apedreado tuvo "puestos los ojos en el cielo, [y] vio la gloria de Dios, y a Jesús que estaba a la diestra de Dios" (Hch. 7:55). Ser llenos del Espíritu nos desprende de los deseos, las normas, los objetivos, los temores y el sistema mismo de este mundo, y nos da una visión de Dios que no captaríamos de cualquier otra forma. Ser llenos del Espíritu hace que todo lo demás tenga una importancia secundaria, y a veces ninguna en absoluto.

Aunque Pedro fue por primera vez lleno del Espíritu Santo en el día de Pentecostés junto a los demás discípulos, poco tiempo después habló a los líderes judíos reunidos en Jerusalén y se dice de nuevo que estaba "lleno del Espíritu Santo" (Hch. 4:8).

Antes de que Dios pudiera usar a Saulo, quien se convirtió más adelante en Pablo como apóstol a los gentiles, Él mandó que Ananías pusiera sus manos sobre la cabeza de Saulo y le dijera: "Hermano Saulo, el Señor Jesús, que se te apareció en el camino por donde venías, me ha enviado para que recibas la vista y seas lleno del Espíritu Santo" (Hch. 9:17). Sin la rendición total que permitió la llenura del Espíritu, Pablo no habría sido de mayor utilidad para el Señor que los miembros mundanos de la iglesia corintia entre los cuales ministraría después.

Cuando la iglesia en Jerusalén necesitó a un hombre para que ayudara con el ministerio a los gentiles en Antioquía, "enviaron a Bernabé ... Porque era varón bueno, y lleno del Espíritu Santo y de fe" (Hch. 11:22, 24). Leemos que Pablo estaba "lleno del Espíritu Santo" al confrontar al mago engañador llamado Elimas (Hch. 13:9), y que "los discípulos estaban llenos de gozo y del Espíritu Santo" mientras eran vilipendiados y perseguidos por los enemigos de Dios (13:52).

La preocupación que muchos tienen con respecto a recuperar la dedicación, el celo, el amor y el poder de la iglesia primitiva es encomiable. Sin embargo, no podemos tener el poder espiritual de la iglesia primitiva limitándonos a copiar sus métodos operativos. Podemos experimentar el poder espiritual de esos creyentes solamente cuando nos hayamos rendido al control del Espíritu Santo como ellos lo hicieron. No fue su metodología sino sus vidas llenas del Espíritu lo que envistió de poder a los creyentes para transformar al mundo entero en el primer siglo de nuestra era (Hch. 17:6).

LOS MEDIOS PARA SER LLENOS

Dios no manda hacer algo para lo cual no haya provisto los medios para obedecer. Además, si Dios ordena algo de nosotros, no necesitamos orar por ello porque es obvio que se trata de su voluntad y propósito para nosotros. El deseo más profundo de Dios es que cada uno de sus hijos sea lleno de su Espíritu. Solamente necesitamos descubrir los recursos que Él ha provisto para llevar a cabo esa obediencia.

Ser **llenos del Espíritu** incluye confesión de pecado, rendición de la voluntad, el intelecto, el cuerpo, el tiempo, los talentos, las posesiones y los deseos. Requiere la muerte del egocentrismo y el aniquilamiento de la voluntad del yo. Cuando morimos a la egolatría, el Señor nos llena con su Espíritu. El principio afirmado por Juan el Bautista se aplica al Espíritu así como a Cristo: "Es necesario que él crezca, pero que yo mengüe" (Jn. 3:30).

El mandato de Pablo a los colosenses: "La palabra de Cristo more en abundancia en vosotros", va seguido por una serie de mandatos subsecuentes y dependientes (Col. 3:16-25) que constituyen un paralelo exacto a los dados por Pablo en Efesios 5:19-33 como resultados de la llenura del Espíritu. En ambos casos vemos que cantar, dar gracias y vivir en sumisión son cosas que vienen como resultado de haberse dejado llenar del Espíritu y permitir que la palabra de Cristo more en abundancia en nosotros. Por lo tanto, es fácil llegar a la conclusión de que la llenura del Espíritu no es una experiencia esotérica y mística que se concede a una elite religiosa por medio de alguna fórmula secreta u otros medios de ese tipo. Sencillamente consiste en tomar la palabra de Cristo (las Escrituras) y dejar que more en todo nuestro ser y lo sature con su influencia. Ser lleno del Espíritu de Dios es ser lleno de su Palabra, y a medida que nos llenamos con la Palabra de Dios, ella controla nuestro pensamiento y nuestra acción, por medio de lo cual vamos a estar cada vez más bajo el control del Espíritu. Como Charles Spurgeon dijo, la sangre del cristiano debería tener una elevada concentración de "biblirrubina", de modo que cuando se corte o sea herido, exude el plasma de las Escrituras.

La fortaleza de Pedro se debía a que él siempre procuraba estar cerca de Jesús. Cuando Jesús iba caminando por alguna parte, Pedro estaba con Él. Cuando subía una montaña o se montaba en una embarcación, Pedro iba con Él. Pedro se metía en problemas solo cuando se alejaba de su Señor. Cuando permanecía cerca del Señor hacía y decía lo milagroso, y tenía un coraje milagroso.

Cuando Pedro vio a Jesús de pie sobre el agua a cierta distancia del barco, él mismo puso sus pies sobre las aguas cuando Jesús le dijo: "Ven"; caminó sobre el agua al igual que el Señor, hasta que su atención se apartó de Jesús para fijarse en él mismo y sus circunstancias (Mt. 14:27-31). En otra ocasión, cuando Jesús preguntó a sus discípulos: "Y vosotros, ¿quién decís que soy yo?", Pedro respondió de inmediato: "Tú eres el Cristo, el Hijo del Dios viviente. Entonces le respondió Jesús: Bienaventurado eres, Simón, hijo de Jonás, porque no te lo reveló carne ni sangre, sino mi Padre que está en los cielos" (Mt. 16:15-17). Debido a que su mente y espíritu estaban centrados en Cristo, Pedro fue usado por Dios para dar ese gran testimonio del carácter de Jesús como el Mesías y el Hijo de Dios. Sin embargo, poco después Pedro trató de imponer su entendimiento humano sobre el del Señor, y descubrió que en ese caso hablaba en representación del diablo y no dirigido por Dios (16:22-23).

En la ocasión en que los soldados vinieron a arrestar a Jesús en el huerto de Getsemaní, retrocedieron y se postraron en tierra cuando Jesús se identificó como Aquel a quien buscaban. Quizás retomando valor por esa reacción, Pedro sacó su espada y cortó la oreja derecha de Malco, un sirviente del sumo sacerdote, y es probable que habría seguido luchando hasta la muerte si Jesús no le hubiere apaciguado (Jn. 18:3-11; cp. Lc. 22:47-51). Cuando estaba cerca del Señor no tenía temor de nadie, pero cuando poco después se halló separado del Señor, no tuvo el coraje para siquiera admitir que conocía a Jesús (Jn. 18:15-27).

Después que el Señor ascendido envió su Espíritu Santo a morar en sus discípulos y llenarlos de su presencia y poder tal como lo había prometido, Pedro de nuevo se encontró con que era capaz de decir y hacer lo milagroso y de tener un coraje milagroso. Tuvo la valentía para proclamar sin temor a su Señor resucitado en el mismo lugar donde contados meses atrás, había sido arrestado, golpeado y crucificado, y descubrió que su mensaje había sido bendecido e investido de poder divino de una manera milagrosa, lo cual se demostró con más de tres mil personas que acudieron a recibir la salvación con ese primer sermón evangelístico (Hch. 2:14-41). Cuando el hombre cojo de nacimiento que estaba cerca del templo pidió limosna a Pedro y Juan, Pedro contestó: "No tengo plata ni oro, pero lo que tengo te doy; en el nombre de Jesucristo de Nazaret, levántate y anda" (Hch. 3:1-7). Cuando fue arrestado por el Sanedrín e interrogado acerca de la sanidad, Pedro estaba "lleno del Espíritu Santo" y proclamó que ese hombre había sanado por el poder de Jesucristo, a quien ellos habían crucificado. Como no podían negar el milagro y tenían miedo de la gran multitud que glorificaba a Dios a causa de ello, los líderes judíos se limitaron a ordenar a Pedro y Juan que dejaran de predicar en el nombre de Jesús, a lo cual Pedro respondió: "Juzgad si es justo delante de Dios obedecer a vosotros antes que a Dios; porque no podemos dejar de decir lo que hemos visto y oído" (Hch. 4:1-22).

Ser **llenos del Espíritu** es vivir con una conciencia permanente de la presencia personal del Señor Jesucristo, como si estuviésemos de pie al lado suyo, y permitir que su mente domine nuestra vida. Es llenarnos con la Palabra de Dios, de modo que sus pensamientos sean nuestros pensamientos, sus normas nuestras normas, su obra nuestra obra y su voluntad nuestra voluntad. A medida que nos rendimos a la verdad de Cristo, el Espíritu Santo nos guiará a decir, hacer y ser lo que Dios quiere que digamos, hagamos y seamos. "Nosotros todos, mirando a cara descubierta como en un espejo la gloria del Señor, somos transformados de gloria en gloria en la misma imagen, como por el Espíritu del Señor" (2 Co. 3:18). Ser siempre conscientes de Cristo nos lleva a ser semejantes a Cristo.

Tal vez la mejor analogía de la rendición momento tras momento al control del Espíritu es la figura del andar que Pablo presentó en Efesios 4:1. Andar consiste en avanzar un paso a la vez, y no puede hacerse de otro modo. Ser **llenos del Espíritu** consiste en andar bajo el control del Espíritu paso a paso:

pensamiento a pensamiento, decisión a decisión, acto a acto. La vida llena del Espíritu rinde cada paso a la guía del Espíritu de Dios. "Andad en el Espíritu, y no satisfagáis los deseos de la carne. Porque el deseo de la carne es contra el Espíritu, y el del Espíritu es contra la carne; y éstos se oponen entre sí, para que no hagáis lo que quisiereis" (Gá. 5:16-17). Nuestra carne es el fortín o reducto del pecado, aquella parte aún no redimida de nuestra condición humana que está expuesta e inclinada al pecado. Aun como cristianos, como nuevas criaturas en Cristo, nuestro talón de Aquiles moral y espiritual es la carne, los residuos del viejo hombre que tratan de arrastrarnos de vuelta al pecado para que no nos comportemos de manera congruente con nuestra ciudadanía celestial. Pablo habló de la carne como "otra ley en mis miembros, que se rebela contra la ley de mi mente, y que me lleva cautivo a la ley del pecado que está en mis miembros" (Ro. 7:23). La única manera de contrarrestar esa pecaminosidad residual, nuestros deseos malignos y las tentaciones de Satanás, es andar en el Espíritu y funcionar conforme a su control.

No ser llenos del Espíritu equivale a retroceder y caer en "las obras de la carne, que son: adulterio, fornicación, inmundicia, lascivia, idolatría, hechicerías, enemistades, pleitos, celos, iras, contiendas, disensiones, herejías, envidias, homicidios, borracheras, orgías, y cosas semejantes a estas" (Gá. 5:19-21). Para nosotros no es necesario tomar la decisión consciente de hacer las obras de la carne. Si no estamos viviendo bajo el control de la Palabra y el Espíritu de Dios, las obras de la carne son las únicas cosas que *podemos* hacer, debido a que la carne es el único recurso que tenemos en nosotros mismos.

La única defensa contra el poder negativo de la tentación, el pecado y Satanás, es el poder positivo del Espíritu Santo. No tenemos poder sobre esos males, y tratar de combatirlos en nuestras propias fuerzas es como tratar de caminar sobre el agua por nuestras propias fuerzas. Nosotros ganamos victorias espirituales solamente cuando el Espíritu Santo de Dios hace batalla por nosotros.

Cuando nos rendimos al control del Espíritu de Dios, nos damos cuenta de que Él produce cosas maravillosas en nosotros, cosas que son del todo por obra y gracia suyas. Pablo llama estas bendiciones maravillosas el fruto del Espíritu, y son: "amor, gozo, paz, paciencia, benignidad, bondad, fe, mansedumbre, templanza" (Gá. 5:22-23). La persona que es controlada por el Espíritu y que da el fruto del Espíritu es la persona que pertenece a Cristo; además, Pablo continúa, "los que son de Cristo han crucificado la carne con sus pasiones y deseos. Si vivimos por el Espíritu, andemos también por el Espíritu" (Gá. 5:24-25). Andar en el Espíritu es hacer una realidad dinámica la plenitud de la potencialidad y las capacidades de nuestra vida en la tierra como hijos de Dios.

Ser llenos del Espíritu – parte 2   **20**

antes bien sed llenos del Espíritu, hablando entre vosotros con salmos, con himnos y cánticos espirituales, cantando y alabando al Señor en vuestros corazones; dando siempre gracias por todo al Dios y Padre, en el nombre de nuestro Señor Jesucristo. Someteos unos a otros en el temor de Dios. (5:18*b*-21)

A continuación de su mandato: **sed llenos de Espíritu**, Pablo dio un resumen de las consecuencias de la obediencia a ese mandato.

LAS CONSECUENCIAS

hablando entre vosotros con salmos, con himnos y cánticos espirituales, cantando y alabando al Señor en vuestros corazones; dando siempre gracias por todo al Dios y Padre, en el nombre de nuestro Señor Jesucristo. Someteos unos a otros en el temor de Dios. (5:19-21)

Las consecuencias de la vida llena del Espíritu (que enriquecen en gran manera nuestro entendimiento de su naturaleza) se mencionan en el resto de la epístola, y en estos versículos el apóstol nos presenta tres de las más significativas: cánticos de alabanza, acciones de gracia y sumisión. Cuando el Espíritu de Dios nos controla, Él pondrá cántico en nuestros corazones y labios, nos dará gratitud a Dios y nos hará sumisos a otros. Lo primero es interno en un principio, lo segundo se dirige hacia arriba y lo tercero hacia afuera. La llenura del Espíritu Santo nos coloca en la relación correcta con nosotros mismos, con Dios y con los demás.

LA CONSECUENCIA EN NOSOTROS MISMOS: ALABANZA

hablando entre vosotros con salmos, con himnos y cánticos espirituales, cantando y alabando al Señor en vuestros corazones; (5:19)

La vida llena del Espíritu produce música. Bien sea que tenga buena voz o que no pueda memorizar una tonada, el cristiano lleno del Espíritu es un cristiano que canta. No existe un mayor indicio de una vida satisfecha, un alma contenta y un corazón alegre que la expresión del canto.

La primera consecuencia de la vida llena del Espíritu mencionada por Pablo no fue tener una fe que mueve montañas, algún tipo de experiencia de éxtasis espiritual, capacidad para hablar con dinamismo ni otra cosa de ese estilo. Fue simplemente tener un corazón que canta. Cuando el creyente anda en el Espíritu, tiene un gozo interno que se manifiesta con música. Dios pone música en las almas y luego en los labios de sus hijos que andan en obediencia.

Algunos misioneros empezaron la obra evangelística entre los miembros de una tribu indígena que visité en Ecuador en las alturas de los Andes, y por muchos años estuvieron frustrados por la falta de resultados. De un momento a otro el Espíritu de Dios empezó a moverse y una gran cantidad de indígenas se convirtieron en poco tiempo. Además de un hambre irresistible por la Palabra de Dios, una de las primeras evidencias de su vida nueva en Cristo fue un gran deseo de cantar sus alabanzas. Yo escuché mientras ellos se mantenían de pie durante horas en su templo con techo de paja, cantando himno tras himno sin una señal de cansancio. El canto que brotaba de sus corazones era la característica más tangible que distinguía a esos creyentes de todos los demás en su aldea pagana.

La música del Espíritu no se puede restringir por falta de notas ni mejorar con estudios de teoría musical o una voz extraordinaria. El gozo espiritual irradia a través de una canción entonada con la voz destemplada y ronca de un santo que se regocija en el Señor, y estará ausente de la canción entonada con gran habilidad y precisión técnica, pero con una voz que solo se complace en el ego.

Uno de los distintivos más grandes del cristianismo debería ser su música, porque la música que Dios da no es la música que el mundo da. En las Escrituras, la palabra *nuevo* se emplea con mayor frecuencia con relación al canto que a cualquier otro elemento de la salvación. Dios da a sus nuevas criaturas una canción nueva, una canción diferente, una canción peculiar, más pura y más bella que cualquier cosa que el mundo pueda producir.

"Alegraos, oh justos, en Jehová", dice el salmista; "en los íntegros es hermosa la alabanza" (Sal. 33:1). Es gracias a que hemos sido hechos íntegros, purificados del pecado y partícipes de la misma santidad de Dios que cantamos. Nadie excepto un cristiano tiene razón legítima para cantar. Dios mismo pone una canción en nuestras bocas, "cántico nuevo, alabanza a nuestro Dios" (Sal. 40:3). Gracias a que tenemos salvación entonamos cánticos de salvación. "Cantad a Jehová cántico nuevo; cantad a Jehová, toda la tierra. Cantad a Jehová, bendecid su nombre; anunciad de día en día su salvación" (Sal. 96:1-2; cp. 149:1).

Un día los cuatro seres vivientes y los veinticuatro ancianos caerán postrados delante de Jesucristo, el Cordero, y cantarán "un nuevo cántico, diciendo: Digno eres de tomar el libro y de abrir sus sellos; porque tú fuiste inmolado, y con tu sangre nos has redimido para Dios, de todo linaje y lengua y pueblo y nación" (Ap. 5:8-9). El nuevo cántico de Dios es el dulce cántico de la redención.

Cuando Dios libertó a Israel de Egipto, todo el pueblo se reunió y entonó una canción al Señor (Éx. 15:1-18). Tras terminar, María la hermana de Moisés dirigió a las mujeres en más cánticos y danzas al Señor (vv. 20-21). Después que Débora y Barac libraron a Israel de los cananeos, cantaron en "aquel día" (Jue. 5:1). De las 38.000 personas que ministraban en el templo en Jerusalén, 4.000 eran músicos, y en Nehemías leemos acerca de coros con diversas voces (Neh. 12:31, 38). En todo el Antiguo Testamento, y particularmente en los Salmos, leemos acerca de muchas clases de instrumentos musicales que el pueblo de Dios utilizaba para alabarle.

Lo último que Jesús y sus discípulos hicieron después de la última cena fue entonar un himno antes de salir hacia el huerto de Getsemaní, donde Jesús fue arrestado (Mt. 26:30). Mientras estaban encarcelados en Filipos, "a medianoche, orando Pablo y Silas, cantaban himnos a Dios; y los presos los oían" (Hch. 16:25). En el monte del Sion celestial los 144.000 que serán comprados de entre los habitantes de la tierra entonarán "un cántico nuevo delante del trono" de Cristo (Ap. 14:3).

En Efesios 5:19 Pablo explica entre quiénes, de donde, con qué, a quién y de qué manera han de cantar los creyentes llenos del Espíritu.

¿Entre quiénes cantan los creyentes? Los oyentes principales de nuestro cántico son hermanos en la fe, de ahí que Pablo diga **entre vosotros**. A través de las Escrituras se presenta el canto del pueblo de Dios dentro de la comunidad de creyentes. En la Biblia nunca se caracteriza la música como si se produjera con fines evangelísticos. Dios puede usar el contenido del evangelio puesto en forma musical para llevar la verdad a los perdidos y así atraerles a Él mismo. Puesto que el mensaje es tan poderoso, el corazón abierto puede recibirlo aun si solo está expresado con una melodía. Sin embargo, ese no es el propósito específico de la música, y cuando se juega con las emociones sin una presentación clara o completa de la verdad de Dios en la mente de las personas, tal música puede ser contraproducente al producir sentimientos de bienestar y complacencia que son un falseamiento de la paz de Dios y que solo sirve para anestesiar a un incrédulo haciéndole insensible al evangelio de salvación.

Debe advertirse que muchos profesionales del entretenimiento en nuestros días que piensan estar utilizando su música estilo *rock* para evangelizar a los perdidos, con frecuencia lo único que están haciendo es contribuir al debilitamiento de la iglesia. Evangelizar con música contemporánea es un planteamiento con serias deficiencias y anomalías. Tiende a crear orgullo en los músicos antes que humildad. Hace del evangelio una cuestión de entretenimiento cuando nada en él existe con el fin mundano de amenizar o distraer. Convierte en proclamadores públicos y representantes oficiales del cristianismo a quienes son populares y talentosos en los ojos del mundo, dejando en el anonimato a quienes son maestros piadosos de la verdad de Dios por llamamiento y don divino. Con la utilización de los géneros musicales del mundo, hace borrosa la línea abismal que separa los valores mundanos y satánicos de los divinos. Tiene tendencia a negar el poder del evangelio sencillo y la obra salvadora soberana del Espíritu Santo. Crea una amplia división generacional en la iglesia, contribuyendo así a la falta de unidad e intimidad en la comunión fraterna de todos los creyentes. Conduce a la propagación de teología débil o mala y rebaja el nombre del Señor al nivel del mundo. La música del evangelio no es en absoluto un medio legítimo para hacer dinero y buscar la fama, y nunca se le debe permitir abaratar lo que no tiene precio ni trivializar lo que es insondable y profundo.

Las canciones de fe no son para que el mundo las cante, de hecho ni siquiera para ser escuchadas por la gente del mundo. La persona no salva carece de capacidad para comprender las alabanzas que cantamos, porque no tiene la presencia del Espíritu de Dios en su interior. No puede cantar el cántico de redención porque no ha sido redimido. El canto cristiano es una expresión de adoración individual y corporativa para celebrar juntos la vida que tenemos en Jesucristo.

Durante más de mil años tenebrosos de su historia (aproximadamente entre 500–1000 d.C.), la iglesia en general dejó de cantar. A partir de poco después de los tiempos del Nuevo Testamento hasta la Reforma, la música propia de la iglesia por lo general era producida y ejecutada por músicos profesionales. La música que presentaban no podía ser entendida ni apreciada por el miembro promedio de una iglesia. De modo que, los feligreses solo podían sentarse y escuchar, incapaces de participar de manera activa. Pero cuando la Biblia volvió al seno de la iglesia durante la Reforma, vino acompañada por el regreso del canto espiritual. Martín Lutero y algunos de los demás líderes de la Reforma están entre los más grandes escritores de himnos en la historia de la iglesia. Allí donde el evangelio verdadero es conocido y creído, la música es apreciada, amada y entonada. El Espíritu de Dios que habita en el corazón pone música en el corazón.

¿Cómo cantan los creyentes? Cuando están llenos del Espíritu, los cristianos están en capacidad de mantenerse **hablando entre** ellos **con salmos, con himnos y cánticos espirituales, cantando y alabando** todo el tiempo. **Hablando** viene de *laleō*, una onomatopeya o palabra que se origina en la imitación de un sonido, en este caso el del habla humana, en especial la de los niños pequeños cuando

están aprendiendo a hablar emitiendo sonidos como "la, la, la". También aludía al canto de las aves y a otros sonidos característicos de los animales. En su sentido más básico, el término significaba simplemente emitir un sonido. En la Biblia se dice que las trompetas (Ap. 4:1) e incluso los truenos (10:4) hablan o emiten sus voces. El salmista llamó al pueblo de Dios a unir su voz con toda la tierra para aclamar "a Dios con alegría" (Sal. 66:1). La palabra **hablando** incluye aquí cualquier sonido ofrecido a Dios por un corazón lleno del Espíritu. La música producida por un órgano tubular o un coro a cuatro voces no es más aceptable para Dios que los sonidos simples de una guitarra o una flauta de fabricación casera. El sonido que le agrada es el que proviene como resultado de un corazón sumiso a su Espíritu y que canta o toca para su gloria.

Salmos se refiere más que todo a los salmos del Antiguo Testamento con acompañamiento musical o melodía para las letras originales, pero el término también hacía referencia a música vocal de cualquier tipo, como es el caso de los solos y las arias. La iglesia primitiva hacía la mayor parte de su cantar con base en el salterio, utilizando diversas melodías conocidas por la congregación, un patrón seguido durante cientos de años por muchas iglesias europeas y norteamericanas, y usado todavía en algunas congregaciones. Los **salmos** hablan principalmente de la naturaleza y la obra de Dios, sobre todo en las vidas de los creyentes. Por encima de todo, magnifican y glorifican a Dios.

Himnos se refiere más que todo a canciones de alabanza, que en la iglesia primitiva es probable que se distinguieran de los **salmos,** que exaltaban a Dios, en que exaltaban de manera específica al Señor Jesucristo. Muchos eruditos bíblicos creen que varios pasajes del Nuevo Testamento (tales como Col. 1:12-16) eran cantados como himnos en la iglesia primitiva. **Cánticos espirituales** eran probablemente canciones de testimonio que abarcaban una amplia categoría en la que se incluía cualquier tipo de música con la cual se expresaran verdades espirituales.

En la iglesia actual podríamos clasificar algunas versiones de los Salmos 23 y 84 como **salmos,** "Castillo fuerte es nuestro Dios" y "En la cruz" como **himnos,** y "Oh cuánto nos ama el Señor" y "He decidido seguir a Cristo" como **cánticos espirituales.** Sin embargo, la intención del escritor es mostrar que a la hora de exaltar al Señor hay espacio para todo tipo de expresiones musicales.

Cantando viene de *adō,* cuyo significado básico es hacer melodía con la voz, pero en el Nuevo Testamento siempre se emplea con relación a alabar a Dios (véase también Col. 3:16; Ap. 5:9; 14:3; 15:3).

La voz humana es el más hermoso de todos los instrumentos. Parece casi ilimitada su inmensa variedad de tonos, modulaciones, inflexiones y su capacidad para expresar todo tipo de estados de ánimo. Por cuanto es humana en sí misma, la expresión de la voz nos puede hablar como ninguna otra forma musical.

Por sobre todo, el sonido que Dios está buscando en sus hijos es el sonido producido por un corazón lleno del Espíritu, sin importar si la voz que hace el sonido es ronca y rústica o muy adiestrada. Por esa razón todo creyente tiene la misma capacidad de cualquier otro creyente para estar siempre **cantando** las alabanzas que Dios pone en su corazón.

El don de una buena voz u otro talento musical no exige, como muchos argumentan, que necesariamente tenga que ser utilizado para la presentación de música especial en la iglesia. El don para la música no demanda más exhibición pública que el don para la carpintería, la culinaria, la medicina o cualquier otro. Lo que se hace para glorificar a Dios se hace para ese fin exclusivo, y el que sea observado por otros o que pase desapercibido es algo secundario e incidental. Bien sea que cantemos solos en nuestro hogar o en el automóvil, que cantemos con unos cuantos amigos alrededor del piano o con guitarras, o que cantemos en un coro grande dirigiendo a cientos de personas en adoración al unísono, debemos hacerlo a partir de un corazón lleno del Espíritu que no busca gloria más que la de Dios.

Psaltō (**alabando**) se relaciona con el término del que obtenemos *salmo* y su significado literal es tañer, repicar, rasgar o pulsar un instrumento de cuerdas con los dedos, en particular un arpa. Sin embargo, la palabra llegó a representar la producción de cualquier música instrumental. El corazón lleno del Espíritu se expresa **cantando y alabando** con melodías en cualquier forma de música vocal o instrumental.

Hay mucha música en la iglesia hoy día que en verdad honra a Dios y bendice a quienes la escuchan. Trátese de **salmos** que exalten la grandeza de Dios, **himnos** sobre la obra redentora de Cristo o **cánticos espirituales** de testimonio sobre el poder, la ayuda o el consuelo de Dios, tal música debe ser una expresión normal y permanente de la iglesia llena del Espíritu. Bien sea interpretada mediante la voz **cantando** o **alabando** por medio de instrumentos, esa es la música que honra, glorifica y agrada a Dios.

Un día escucharemos cantar a nuestro Señor mismo, ¡y lo hará en medio de nosotros! Él dijo a su Padre: "Anunciaré a mis hermanos tu nombre, en medio de la congregación te alabaré" (He. 2:12). También ahora mismo, cuando nuestros corazones están llenos del Espíritu Santo, Jesús canta canciones de alabanza al Padre por medio de nosotros. Por lo tanto, cada vez que apagamos al Espíritu, acallamos la canción de Cristo al Padre en nuestra vida.

¿Desde qué lugar cantan los creyentes? Los cánticos de salvación se originan **en vuestros corazones.** La forma griega de esta frase permite varios significados. Aquí no hay preposición en el griego, y en tales casos la preposición se determina por el caso del sustantivo, que en este texto tiene varias posibilidades, todas las cuales parecen apropiadas para el contexto. Si el caso de **corazones** se entiende como instrumental de causa, la idea es que nuestros corazones nos hacen cantar y hacer melodías para Dios. En el caso instrumental como medio, la idea es que nuestros corazones son los canales a través de los cuales cantamos alabanzas. En el caso locativo, la idea es que el cántico se centra en nuestros corazones.

Una persona que no tiene un cántico en su corazón no puede cantar desde su corazón o con su corazón. Solo puede cantar con sus labios, y su música y su mensaje carecerán del poder del Espíritu para bendecir a otros en el nombre de Cristo.

Aun como cristianos vamos a carecer de una canción verdadera en nuestros corazones a no ser que estemos bajo el control del Espíritu. Es posible cantar por orgullo, cantar por aclamación y fama, y cantar por dinero; pero el Espíritu está por completo ausente de ese cantar. Una persona que llega a adorar mientras siente amargura hacia Dios, enojo hacia un ser querido o un amigo, o de cualquier forma en desarmonía con el Espíritu de Dios, no debería participar en la entonación de las alabanzas a Dios. Con hipocresía no se puede alabar ni agradar al Señor. Cuando los corazones de las personas no están a cuentas y en rectitud delante de Dios, Él tiene la manera de convertir sus "fiestas en lloro" y sus "cantares en lamentaciones" (Am. 8:10). Dios dijo por medio del mismo profeta: "Quita de mí la multitud de tus cantares, pues no escucharé las salmodias de tus instrumentos. Pero corra el juicio como las aguas, y la justicia como impetuoso arroyo" (5:23-24). "Dejen de cantar hasta que hayan enderezado sus corazones", les estaba diciendo.

Nuestra música no puede ser como la música del mundo, porque nuestro Dios no es como sus dioses. La mayor parte de la música del mundo refleja los caminos del mundo, las normas del mundo, las actitudes del mundo, los ídolos del mundo. Tratar de utilizar esa música para alcanzar al mundo equivale a depreciar el evangelio para su distribución masiva y desleída. Si el mundo escucha que nuestra música no se diferencia mucho de la suya, también estará inclinado a creer que el estilo cristiano de vida no es muy diferente del mundano. Los cristianos no pueden cantar con honestidad las filosofías del mundo y el mundo no puede cantar con honestidad del mensaje cristiano, porque cantan con corazones diferentes en todo sentido. El corazón y la música del cristiano pertenecen a Dios y a su justicia, mientras que el corazón y la música del mundo pertenecen a Satanás y a su iniquidad.

Puesto que la música del cristiano es la música de Dios, será cantada en el cielo durante los siglos venideros. Por otro lado, como la música del mundo es la música de Satanás, un día cesará para jamás ser escuchada de nuevo. Los sonidos y la "voz de arpistas, de músicos, de flautistas y de trompeteros no se oirá más" (Ap. 18:22). A aquellos que hacen música que no es suya, Dios declara: "haré cesar el estrépito de tus canciones, y no se oirá más el son de tus cítaras" (Ez. 26:13). En el infierno los impíos no van a tener ni siquiera su propia música.

Los ritmos pulsátiles de la música aborigen de África imitan las pasiones incansables y supersticiosas de su cultura y religión animista. La música de oriente es disonante y carece de resolución armónica, va con desatino de un lado al otro sin conexión ni destino, sin principio ni fin, así como sus religiones que van de un ciclo a otro de repeticiones interminables de existencias carentes de significado. Su música al igual que su destino, carece de resolución. La música de gran parte del mundo occidental es la música de la seducción y las insinuaciones, un paralelo musical de la sociedad inmoral, lujuriosa y esclava de las pasiones que la produce, canta y disfruta.

La música *rock*, con su atonalidad y disonancias estridentes, es el espejo musical de la filosofía desprovista de esperanza, criterio y propósito que rechaza a Dios y a la razón por igual, y que flota sin orientación en un mar de relatividad e indeterminación que solo se preocupa por la expresión desaforada del ego. La música carece de progresión lógica porque se basa en una filosofía que renuncia a la lógica. Transgrede al cerebro porque su filosofía quebranta la razón. Viola al espíritu porque su filosofía profana la verdad y la bondad, e infringe a Dios porque su filosofía pisotea toda autoridad que no sea el ego.

No solo en los títulos y letras de muchas canciones de *rock*, sino en los nombres de muchos grupos se hace alarde de una orientación a la impiedad, la inmoralidad y muchas veces el culto a demonios. La asociación del *rock* pesado con la violencia, la blasfemia, el sadomasoquismo, la inmoralidad y la perversión sexual, el consumo desmesurado de alcohol y drogas, el misticismo oriental y el ocultismo no es accidental. Todas estas cosas se alimentan de la misma corriente de impiedad. Un famoso cantante de *rock* dijo: "El *rock* siempre ha sido la música del diablo. Contiene todos los elementos más abyectos y bajos que se pueda imaginar". Otro admitió: "He descubierto que soy perverso. Creo en el diablo tanto como creo en Dios, porque se puede usar a cualquiera de los dos para obtener resultados". Poner un mensaje de contenido cristiano en esa clase de estilo musical no eleva la forma, sino que degrada el mensaje al nivel ya establecido en la cultura por ese género.

Una gran mayoría de las personas jóvenes en la sociedad occidental moderna son hostigados todo el tiempo con una filosofía expresada en música que de forma simultánea destruye sus cuerpos, desquicia sus mentes y pervierte sus espíritus. Un joven que se convirtió tras haber estado involucrado en ese mundo me dijo en cierta ocasión: "Siempre que escucho música *rock,* siento un impulso terrible para emborracharme o volver a las drogas". La asociación era tan fuerte que el simple hecho de escuchar la música ponía en marcha sus viejas adicciones.

Muchos de los efectos físicos y emocionales de la música *rock* pueden demostrarse por medios científicos. Howard Hansen de la Academia de Música Eastman escribió lo siguiente: "Primero que todo, la tensión emocional producida por la música es mayor cuando se acelera el compás por encima del pulso... siempre y cuando las subdivisiones de las unidades métricas sean regulares y los acentos se mantengan en conformidad estricta con los patrones básicos, el efecto puede acelerarse pero no causará molestia. La tensión rítmica se eleva con el aumento en potencia dinámica".

Hace algunos años una universidad del estado de Colorado realizó un estudio sobre los efectos de la música en plantas. Las plantas expuestas a música hermosa y apacible crecieron y se orientaron hacia el parlante. En un ambiente idéntico, otro grupo del mismo tipo de plantas fue expuesto a rock ácido. Esas plantas se orientaron en dirección opuesta al parlante y después de tres días se habían marchitado y terminaron muertas. Otros experimentos demostraron que las ondas acústicas de la música rock habían destruido las células de las plantas.

Aparte de si las células humanas son destruidas o no por la música rock, hay cosas de mucho más valor que está destruyendo. Cuando el compás alocado, el ritmo asimétrico, el volumen estruendoso y la disonancia se combinan con gritos salvajes, letras blasfemas y obscenas, y movimientos insinuantes del cuerpo, el cerebro se aturde, las emociones se destrozan, la conciencia se endurece y Satanás tiene una puerta abierta. Aun Aristóteles, el filósofo pagano de la antigüedad, observó sabiamente: "La música representa las pasiones del alma, y si uno escucha la música errónea se convertirá en el tipo erróneo de persona".

La amonestación de las Escrituras: "hágase todo decentemente y con orden" (1 Co. 14:40) se aplica a la música así como a todo lo demás. Dios creó un universo ordenado, y todo lo que es confuso y desordenado no está en armonía con el universo y su Hacedor. "Sobre toda cosa guardada, guarda tu corazón; porque de él mana la vida" (Pr. 4:23). Pablo mandó a los creyentes: "Por lo demás, hermanos, todo lo que es verdadero, todo lo honesto, todo lo justo, todo lo puro, todo lo amable, todo lo que es de buen nombre; si hay virtud alguna, si algo digno de alabanza, en esto pensad" (Fil. 4:8).

El cristiano lleno del Espíritu es gozoso y feliz, apacible y pacífico, seguro y reposado, productivo y generoso, sin importar cuáles sean las circunstancias. Tanto si adora a Dios con libertad en compañía de sus hermanos en la fe un domingo en la mañana, o si está padeciendo dolor a la medianoche en un calabozo como Pablo y Silas (Hch. 16:24-25), su corazón siempre estará **cantando y alabando al Señor.**

En su gran alegoría titulada "El progreso del peregrino", Juan Bunyan presentó a Cristiano, el peregrino, cayendo en el pantano del desánimo, desviándose al castillo de la duda y soportando muchas otras penalidades, frustraciones y fracasos. Aunque en esa historia no se emplea la expresión "lleno del Espíritu", cada vez que Cristiano es librado le vemos proseguir su camino cantando. Cada vez que regresaba a la senda de la vida bajo el control del Espíritu tenía una canción en su corazón.

¿A quién cantan los creyentes? Aunque los creyentes hablan y cantan alabanzas entre ellos para la mutua edificación, su canto siempre debe estar dirigido **al Señor.** Al cantar y alabar no lo hacemos con el propósito de acaparar la atención ni entretener a otros sino para regocijarnos en Dios y alabarle. Bien sea que cantemos un solo, con un coro o con el resto de la congregación, nuestro enfoque

debe estar en el Señor, no en nosotros mismos o en otras personas. Él es nuestro oyente y el destinatario de nuestro canto.

En la dedicación del primer templo, "los levitas cantores, todos los de Asaf, los de Hemán y los de Jedutún, juntamente con sus hijos y sus hermanos, vestidos de lino fino, estaban con címbalos y salterios y arpas al oriente del altar; y con ellos ciento veinte sacerdotes que tocaban trompetas), cuando sonaban, pues, las trompetas, y cantaban todos a una, para alabar y dar gracias a Jehová, y a medida que alzaban la voz con trompetas y címbalos y otros instrumentos de música, y alababan a Jehová, diciendo: Porque él es bueno, porque su misericordia es para siempre" (2 Cr. 5:12-13). Puesto que el Señor se agradó de su adoración armoniosa y de corazón, "la casa se llenó de una nube, la casa de Jehová. Y no podían los sacerdotes estar allí para ministrar, por causa de la nube; porque la gloria de Jehová había llenado la casa de Dios" (vv. 13-14). El deseo de corazón de todos los cristianos debería ser que su alabanza a Dios en música y en todas las demás manifestaciones, sea de "todos a una" y que alcen la voz en unidad para alabar y glorificar al Señor, porque esa es la única manera como el pueblo de Dios *puede* alabarle y glorificarle de manera aceptable.

Juan Sebastián Bach, casi con toda seguridad el músico más grande de todos los tiempos, dijo: "La finalidad de toda la música es la gloria de Dios". En su propia vida y obra el gran compositor y organista se esforzó para vivir la búsqueda constante de esa finalidad, y a través de la música que dedicó solo a Dios, generaciones incontables de creyentes han sido bendecidos.

Las palabras de toda canción cristiana deberían ser bíblicas y reflejar de una manera distinta, clara y precisa la enseñanza de la Palabra de Dios. Es trágico que mucha música que se clasifica con el rótulo de cristiana es una mezcolanza teológica que muchas veces refleja tanto de la filosofía del mundo como de la verdad de Dios. Muchas letras de canciones no son más que sentimientos personales matizados con clichés religiosos.

La música que honra al Señor también bendice a su pueblo. Una obra musical bella y apacible puede calmar nervios, desvanecer el temor y la ansiedad, reducir la amargura y el enojo, y ayudarnos a enfocar nuestra atención en Dios y quitarla de nosotros mismos y las preocupaciones y problemas del mundo.

David no solo fue un hombre de Dios sino un músico habilidoso. La Biblia dice que "cuando el espíritu malo de parte de Dios venía sobre Saúl, David tomaba el arpa y tocaba con su mano; y Saúl tenía alivio y estaba mejor, y el espíritu malo se apartaba de él" (1 S. 16:23). La música tocada por David bendecía a Saúl en sus emociones ("tenía alivio"), en su salud física ("estaba mejor"), y en su vida espiritual ("el espíritu malo se apartaba de él").

Los médicos en los siglos diecisiete y dieciocho con frecuencia recomendaban escuchar música a pacientes con perturbaciones mentales. Incluso prescribían ciertos tipos de música para tratar tipos específicos de desórdenes. Es cierto que la música tiene "los embelesos para aplacar a una bestia salvaje". Los conductistas modernos han demostrado que esas ideas son correctas apoyados en argumentos más científicos. Han determinado el tipo de música que tranquiliza más a una persona en una consulta con el dentista, qué tipo de música contribuye al aumento de la productividad en una oficina o planta de ensamblaje, qué tipo de música ayuda a reducir la impaciencia en un ascensor, y muchos más. Se ha descubierto que la música afecta los músculos, los nervios y la circulación de fluidos en el cuerpo incluso la sangre, la saliva y los líquidos linfáticos. Puede influenciar para bien o para mal en el metabolismo, el ritmo y el pulso cardíaco.

No es posible someter los resultados espirituales de la música a la experimentación y el ensayo científico, pero es indiscutible que la música que enfoca el corazón en alabar a Dios puede ayudar a sanar los males espirituales de su pueblo.

LA CONSECUENCIA PARA CON DIOS: DAR GRACIAS

dando siempre gracias por todo al Dios y Padre, en el nombre de nuestro Señor Jesucristo. (5:20)

La gente puede tener una de tres actitudes posibles acerca de la acción de gracias. La primera es que es algo innecesario. Algunas personas no son agradecidas por la sencilla razón de que consideran que merecen todas las cosas buenas que tienen, si acaso más. El agricultor rico de la parábola de Jesús que fanfarroneaba sobre su prosperidad futura también era desagradecido con respecto a su prosperidad pasada. Al mirar en derredor y darse cuenta de que su tierra era tan productiva que no tenía espacio suficiente para almacenar todas sus cosechas, decidió levantar graneros más grandes y mejores. Después de hacerlo diría a su alma presuntuosa: "Alma, muchos bienes tienes guardados para muchos años; repósate, come, bebe, regocíjate" (Lc. 12:19). No tuvo consideración alguna por Dios, y al no darle a Dios el crédito por sus bendiciones, no veía razón alguna para darle gracias. A causa de su fatuidad e ingratitud "Dios le dijo: Necio, esta noche vienen a pedirte tu alma; y lo que has provisto, ¿de quién será?" (v. 20). En ese juicio estaba implícita la verdad de que el granjero no podía proteger más sus bienes por sus propias fuerzas que el haberlas producido por su propio poder. El Señor dio y el Señor quitó. No sentir la necesidad de agradecer a Dios es mucho peor que la ingratitud, es algo equiparable a la incredulidad. Esta actitud es una forma de ateísmo práctico en el que se opta por no reconocer a Dios.

Una segunda actitud acerca de la acción de gracias es la del hipócrita. En otra parábola Jesús contó acerca del fariseo justo en su propia opinión que estaba de pie en el templo y "oraba consigo mismo de esta manera: Dios, te doy gracias porque no soy como los otros hombres, ladrones, injustos, adúlteros, ni aun como este publicano; ayuno dos veces a la semana, doy diezmos de todo lo que gano" (Lc. 18:11-12). Como Jesús dejó muy en claro con las palabras "oraba consigo mismo", aunque el hombre usó el nombre de Dios su gratitud en realidad estaba dirigida a él mismo. El fariseo usó el nombre de Dios solo para llamar la atención de los demás a su piedad falsa. Como Dios no había sido incluido con sinceridad en esa oración, carecía por completo de valor. El publicano humilde "descendió a su casa justificado", a diferencia del fariseo orgulloso que trató de justificarse (v. 14). Al igual que el resto de su vida, la oración de gratitud del fariseo era puro fingimiento y un despliegue de hipocresía.

La tercera actitud acerca de la acción de gracias es aquella que tiene la persona agradecida de verdad. De los diez leprosos a quienes Jesús sanó en su camino a Jerusalén, el único que se devolvió a darle las gracias fue un samaritano. Su gratitud fue genuina, y Jesús le dijo: "Levántate, vete; tu fe te ha salvado" (Lc. 17:19). Los otros nueve leprosos habían buscado el poder sanador de Jesús solo para su propio beneficio. El samaritano lo buscó además para la gloria de Dios (v. 18). Su gratitud fue una expresión de su confianza en Jesús, su reconocimiento de que carecía de poder en sí mismo y que su sanidad era inmerecida y producto de la pura gracia del Señor. Como resultado, recibió salvación. Esa es la gratitud, la única clase de gratitud, que agrada a Dios y que el santo lleno del Espíritu le ofrecerá.

Una leyenda medieval habla acerca de dos ángeles enviados a la tierra por el Señor para recolectar las oraciones de los santos. Uno de ellos debía recoger las peticiones y el otro las acciones de gracias. El ángel responsable por las peticiones no pudo llevarlas al cielo en un solo viaje, mientras que el ángel responsable de las acciones de gracias las llevó en una sola mano.

Esa leyenda se desarrolló a partir del hecho lamentable de que los hijos de Dios son más propensos a pedir que a dar gracias. Los Salmos son bastante instructivos al respecto porque contienen más alabanzas que peticiones. Lo cierto es que los creyentes se acercan a la presencia de su Padre por medio de la gratitud: "Entrad por sus puertas con acción de gracias, por sus atrios con alabanza" (Sal. 100:4). William Hendriksen comentó en términos pintorescos que "cuando una persona ora sin agradecimiento ha cortado las alas de la oración y cuando la manda a volar no se puede levantar del piso". En Efesios 5:20 Pablo dice cuándo, por qué razón, de qué manera y a qué persona debe dar **siempre gracias** el creyente lleno del Espíritu.

¿Cuándo debemos ser agradecidos? Siempre. Ser **siempre** agradecidos consiste en reconocer el control de Dios sobre nuestra vida en cada detalle a medida que Él busca hacernos conformes a la imagen de su Hijo. Ser desagradecidos equivale a desconocer el control de Dios, el señorío de Cristo y la llenura del Espíritu Santo. Nada aflige más al Espíritu Santo que el creyente que no da gracias. En *El*

rey Lear, Shakespeare escribió: "Ingratitud, ¡enemiga con corazón de mármol! ... ¡Más punzante al alma que el colmillo de una serpiente es tener un hijo ingrato!" Cuando Dios trae pruebas y dificultades a nuestra vida y nos quejamos y murmuramos, estamos porfiando su sabiduría y amor al igual que su soberanía.

Así como hay tres actitudes hacia la gratitud también hay tres niveles de gratitud. El primero es ser agradecidos cuando estamos bendecidos. Siempre que las cosas van bien o Dios concede un beneficio al que damos una bienvenida especial, estamos felices y nos sentimos agradecidos. Al conseguir trabajo, ser librados de una enfermedad, alcanzar una reconciliación con el cónyuge o experimentar otras cosas agradables, es fácil ser agradecidos con el Señor.

Es correcto ser agradecidos por las bendiciones, como la Biblia nos manda a serlo en reiteradas ocasiones. El cántico que Moisés y los hijos de Israel entonaron después de ser libertados de Egipto (Éx. 15:1-21) fue una expresión hermosa y genuina de gratitud que agradó al Señor. Una parte de ese cántico se repetirá un día en el cielo como un testimonio de gratitud a Jesucristo, el Cordero, por libertar a su pueblo del dominio de la bestia (Ap. 15:1-4). Por otra parte, la acción de gracias por bendiciones es algo fácil de hacer y requiere poca madurez espiritual.

El segundo nivel de gratitud es aquel en el cual se da gracias por la esperanza de bendición y la victoria que están por venir. El primer nivel se aplica después del hecho, el segundo en anticipación del hecho. Agradecer a Dios antes de una bendición es más difícil que agradecerle después de recibirla, y requiere más fe y madurez espiritual. Este segundo nivel es donde empiezan a operar la fe y la esperanza, porque involucra cosas invisibles que todavía no se han experimentado. Jesús oró frente a la tumba de Lázaro: "Padre, gracias te doy por haberme oído. Yo sabía que siempre me oyes; pero lo dije por causa de la multitud que está alrededor, para que crean que tú me has enviado" (Jn. 11:41-42). Puesto que Él sabía que su Padre celestial siempre escuchaba y contestaba sus oraciones, Él con toda confianza le agradeció por anticipado lo que sabía que tendría lugar.

Cuando los creyentes llegamos a este nivel de acción de gracias, podemos anticipar la victoria antes de obtenerla, sabiendo que "en todas estas cosas somos más que vencedores por medio de aquel que nos amó" (Ro. 8:37). Aun podemos anticipar nuestra propia muerte o la de un ser querido y dar gracias a Dios, sabiendo que su gracia es suficiente para cada aflicción y para cada prueba (2 Co. 12:9), y que a todos los que mueren en el Señor les espera una resurrección gloriosa. En este nivel se vive en esperanza.

Aquella ocasión en que el pueblo de Judá estaba a punto de ser atacado por los moabitas y amonitas con su mayor poderío militar, el rey Josafat proclamó un ayuno y oró delante de todo el pueblo, proclamando con gran fervor el poder y la bondad del Señor. Reconoció la debilidad de Judá y su derrota segura si el Señor no les ayudaba. "¡Oh Dios nuestro! ¿no los juzgarás tú? Porque en nosotros no hay fuerza contra tan grande multitud que viene contra nosotros;

no sabemos qué hacer, y a ti volvemos nuestros ojos" (2 Cr. 20:1-12). Después el rey dirigió a su pueblo en el desierto de Tecoa y les instruyó que depositaran su confianza en el Señor y sus profetas. En ese punto ordenó a los cantores levitas que se colocaran frente al ejército para "que cantasen y alabasen a Jehová, vestidos de ornamentos sagrados, mientras salía la gente armada, y que dijesen: Glorificad a Jehová, porque su misericordia es para siempre. Y cuando comenzaron a entonar cantos de alabanza, Jehová puso contra los hijos de Amón, de Moab y del monte de Seir, las emboscadas de ellos mismos que venían contra Judá, y se mataron los unos a los otros" (vv. 20-22). Judá dio gracias a Dios por la victoria aun antes que empezara la batalla.

El tercer nivel de gratitud consiste en darle gracias a Dios en medio de la batalla, mientras todavía estamos pasando por tribulación o prueba, y aun cuando parece que estuviéramos fracasando o sufriendo derrota.

Cuando Daniel escuchó que el rey Darío había firmado el decreto prohibiendo la adoración de cualquier dios u hombre que no fuese el rey mismo, de inmediato "entró en su casa, y abiertas las ventanas de su cámara que daban hacia Jerusalén, se arrodillaba tres veces al día, y oraba y daba gracias delante de su Dios, como lo solía hacer antes" (Dn. 6:10). Aunque su vida corría peligro, Daniel dio gracias a Dios porque Dios merecía su gratitud sin importar las circunstancias amenazadoras.

Hasta Jonás con sus prejuicios y desobediencia terminó su oración desde el vientre del gran pez con estas palabras: "Mas yo con voz de alabanza te ofreceré sacrificios; pagaré lo que prometí. La salvación es de Jehová" (Jon. 2:9). El profeta no pide ser rescatado en ninguna parte de esa oración. En lugar de eso alaba a Dios por haberle libertado en el pasado, reconoce su propia pecaminosidad e infidelidad, y termina con una declaración de gratitud por la bondad del Señor.

Después que Pedro y algunos de los otros apóstoles en Jerusalén habían sido flagelados y tenían impuesta la orden de no hablar más en el nombre de Jesús, "ellos salieron de la presencia del concilio, gozosos de haber sido tenidos por dignos de padecer afrenta por causa del Nombre" (Hch. 5:41). Desde su celda en Roma, Pablo aguardaba ser juzgado y con mucha probabilidad ejecutado. Mientras estuvo allí escribió su carta a la iglesia en Filipos, en la cual dio gracias por la fidelidad de sus miembros y por la obra que Dios continuaba haciendo en ellos y por medio de ellos (1:3-6).

Si solo podemos dar gracias a Dios cuando las cosas marchan bien, nuestra gratitud está en el grado más bajo de fidelidad. Si le podemos dar gracias en anticipación de lo que Él hará en el futuro, mostramos mayor madurez espiritual. Por otra parte, dar gracias a Dios mientras estamos en medio del dolor, las pruebas o la persecución, demuestra un nivel de madurez que pocos cristianos parecen conocer pero que nuestro Padre celestial quiere que todos sus hijos tengan.

Ser agradecidos en todo no es una opción para el cristiano, como si se tratara de un nivel elevado de vida que estamos en libertad de escoger o desconocer. Como ha observado Joni Eareckson Tada, una autora cristiana que es parapléjica: "Dar gracias no es cuestión de sentirse agradecido, es una cuestión de obediencia".

¿Por qué cosas debemos dar gracias? Por todas las cosas. El regalo más grande que podemos dar a Dios es un corazón agradecido, porque todo lo que podamos darle no es más que el reconocimiento agradecido de que todo lo que tenemos viene de Él. A Él damos **gracias por todo** debido a que Él nos ha *dado* todas las cosas y porque dar gracias en todo "es la voluntad de Dios para con [nosotros] en Cristo Jesús" (1 Ts. 5:18). Entender "cuál sea la voluntad del Señor" (Ef. 5:17) incluye entender que Él quiere que sus hijos sean agradecidos. El corazón lleno del Espíritu ve la mano y la gracia de Dios en toda circunstancia y sabe que "a los que aman a Dios, todas las cosas les ayudan a bien, esto es, a los que conforme a su propósito son llamados" (Ro. 8:28). El creyente espiritual ve el cuidado sabio y amoroso de Dios en las dificultades y las pruebas tanto como en las bendiciones y la prosperidad. Da gracias a Dios por un trabajo aun si es exigente e insatisfactorio. Da gracias a Dios por su salud, aun si está lejos de ser como le gustaría que fuese. Da gracias a Dios aun cuando mueren sus seres más queridos, y dice junto a Job: "Jehová dio, y Jehová quitó; sea el nombre de Jehová bendito" (Job 1:21).

En Cristo, todas las cosas son para nuestro bien, a fin de que "abundando la gracia por medio de muchos, la acción de gracias sobreabunde para gloria de Dios" (2 Co. 4:15). La meta última es la gloria de Dios, el medio para darle gloria es la acción de gracias, y las razones para dar gracias son todas las cosas que Él ha hecho en la vida del creyente. Glorificar a Dios es darle gracias sin importar cuán lastimados o desilusionados estemos, o que no entendamos la situación. El cristiano lleno del Espíritu "abunda en muchas acciones de gracias a Dios" y le da gracias de forma continua "por su don inefable" (2 Co. 9:12, 15).

Como hijos de Dios debemos ser agradecidos primero que todo por el Señor mismo, por su bondad, amor, gracia, salvación y todas las demás bendiciones que Él concede. Debemos ser agradecidos por todos los hombres, por las bendiciones y las dificultades, por las victorias y las derrotas.

La única persona que de manera genuina puede dar **siempre gracias por todo** es la persona humilde, la persona que sabe que no merece nada y en vista de ello da gracias hasta por las cosas más pequeñas. La falta de gratitud procede del orgullo, de la convicción falsa de que merecemos algo mejor de lo que tenemos. El orgullo trata de convencernos de nuestro trabajo, nuestra salud, nuestro cónyuge y la mayor parte de lo que tenemos no es tan bueno como merecemos que sea. El orgullo fue la raíz del primer pecado y sigue siendo la raíz de todo pecado. El orgullo de Satanás le llevó a rebelarse contra Dios y tratar de usurpar el trono de Dios. El orgullo de Adán y Eva les llevó a creer la mentira de Satanás de que merecían más de lo que tenían y que incluso tenían derecho de ser semejantes a Dios.

Los creyentes siguen sujetos a las tentaciones del orgullo. La única cura es la humildad, que viene como resultado de ser llenos del Espíritu, puesto que ser lleno del Espíritu consiste en morir al yo. Al dejar de ser egoístas, la consecuencia es que Cristo y su voluntad quedan por encima de todo lo demás. La humildad destrona al ego y entroniza a Cristo, y al hacer esto reconoce con gratitud que todas las cosas buenas, incluidas muchas cosas que en el momento parezcan no ser tan buenas, proceden de su mano de gracia.

¿Cómo debemos ser agradecidos? En el nombre de Jesucristo. Dar gracias **en el nombre de nuestro Señor Jesucristo** es dar gracias de una manera consecuente con su carácter y su obra. Podemos dar gracias siempre y por todas las cosas porque sin importar qué suceda con nosotros no solo va a redundar en nuestra bendición última, sino más importante, en su gloria eterna. Cuando cantamos, es Cristo quien canta a través de nosotros, y cuando damos gracias, es Cristo quien da gracias al Padre por medio de nosotros.

Si no fuera por Cristo, la acción de gracias por todas las cosas sería algo insensato porque aparte de Él todas las cosas *no* obran para bien. Lo cierto es que debido a que estamos en Cristo, las cosas buenas y las cosas malas tienen su parte precisa en la obra de Dios que consiste en hacernos conformes a la imagen de su Hijo. Una persona que no es cristiana no tiene a Cristo intercediendo a su favor a la diestra de Dios ni morando en su vida. No tiene la promesa de una herencia en la familia de Dios y la ciudadanía en el reino de Dios, o cualquiera de las demás promesas maravillosas de Cristo. No tiene al Espíritu Santo morando en su ser y no puede tener su llenura. No puede dar gracias por todas las cosas porque no todo le da una razón para dar gracias. Es una persona que solo ve el presente y no la gloria eterna.

En cambio, el hijo de Dios *es* habitado por Cristo, *es* su coheredero y *tiene* al Hijo que intercede por él a la diestra del Padre. Tiene todas las promesas de Cristo que son ciertas para él por medio del Espíritu Santo que mora en él, y a medida que el Espíritu le llena, es limpiado de pecado y hecho cada vez más conforme a Cristo.

El cristiano maduro, el cristiano que es lleno del Espíritu, es agradecido como Cristo mismo lo fue. Jesús daba gracias a su Padre continuamente. Antes de multiplicar los panes y los peces para alimentar a los cuatro mil, el evangelio nos dice que "habiendo dado gracias, los partió, y dio a sus discípulos para que los pusiesen delante" (Mr. 8:6; cp. Mt. 15:36). Como se mencionó antes, Él dio gracias antes de llamar a Lázaro a salir de la tumba (Jn. 11:41). Al instituir la cena del Señor en anticipación de su crucifixión inminente, Él agradeció a su Padre por el pan que habría de convertirse en un símbolo recordatorio de su cuerpo sacrificado (Lc. 22:19).

Jesús fue escarnecido, rechazado, vilipendiado, escupido, blasfemado, azotado y por último crucificado. Sin embargo, a causa de su gran humildad Él siempre dio gracias en todo y por todo. Él merecía gloria pero recibió humillación, merecía amor pero recibió odio, y merecía honor pero recibió deshonra. Merecía alabanza pero recibió escarnio, merecía riquezas pero recibió pobreza, y merecía santidad pero fue hecho pecado por nuestra causa. No obstante, Él nunca perdió su actitud de gratitud para con su Padre celestial, porque Él "se despojó a sí mismo, tomando forma de siervo, [fue] hecho semejante a los hombres; y estando en la condición de hombre, se humilló a sí mismo, haciéndose obediente hasta la muerte, y muerte de cruz" (Fil. 2:7-8).

Debido a que Jesús se despojó a sí mismo hasta el punto de dar su propia vida, Él es capaz de llenarnos de todo aquello de lo cual se despojó, incluso la vida. Merecemos humillación, pero en Cristo recibimos gloria. Merecemos ser aborrecidos pero en lugar de eso somos amados, y merecemos deshonra pero recibimos honor. Merecemos escarnio pero recibimos alabanza, merecemos pobreza pero recibimos riquezas inefables, y merecemos la maldición del pecado que es la muerte pero recibimos justicia y vida eterna. La pregunta es más bien, ¿por qué cosas no podremos dar siempre gracias?

¿A quién debemos dar siempre gracias? A Dios el Padre. La acción de gracias que damos siempre por todas las cosas y en el nombre del Señor Jesucristo, deben ser dadas **al Dios y Padre.** Agradecemos a nuestro Padre celestial así como nuestro Señor mismo lo hizo en la tierra. El dador de "toda buena dádiva y todo don perfecto" (Stg. 1:17) es el receptor de toda acción de gracias genuina y de todo corazón. Se debe dar gracias por todas las cosas al Padre benefactor porque Él ha dado todas las cosas (véase 1:3).

Aun las cosas que llegan por medio de otros provienen de Dios. Debemos ser agradecidos por lo que cualquier persona haga por nosotros, y debemos darles gracias por ello. Sin embargo, es probable que la gratitud a otros no sea más que adulación si no reconocemos antes que la fuente verdadera del favor es Dios.

Una marca de la persona no salva es su falta de gratitud a Dios (Ro. 1:21), pero algo que distingue al creyente lleno del Espíritu es que está **dando siempre gracias por todo al Dios y Padre, en el nombre de nuestro Señor Jesucristo.** El creyente agradecido cumple el mandato: "Por nada estéis afanosos, sino sean conocidas vuestras peticiones delante de Dios en toda oración y ruego, con acción de gracias" (Fil. 4:6). Siempre está "abundando en acciones de gracias" (Col. 2:7) y ofrece de continuo "sacrificio de alabanza, es decir, fruto de labios que confiesan su nombre" (He. 13:15).

Un misionero urbano en la ciudad de Londres fue llamado a un antiguo inquilinato donde una mujer agonizaba en medio de las últimas fases de una terrible enfermedad. La habitación estaba fría y ella se encontraba acostada en el suelo porque no tenía otro lugar. Cuando el misionero le preguntó si había algo que pudiera hacer, ella respondió: "Tengo todo lo que necesito en realidad; tengo a Jesucristo". Profundamente conmovido, el misionero regresó a su casa y compuso estas palabras:

> En el corazón de la ciudad de Londres,
> en medio de las moradas de los pobres,
> se pronunciaron estas palabras radiantes y doradas:
> "Tengo a Cristo, ¿qué más podrá hacerme falta?"
> Lo dicho por una mujer solitaria que murió sobre un suelo
> frío, sin un solo desahogo ni alivio terrenal, es lo único
> cierto:
> "Tengo a Cristo, ¿qué más podrá hacerme falta?"

LA CONSECUENCIA PARA CON LOS HERMANOS EN LA FE: SUMISIÓN

Someteos unos a otros en el temor de Dios. (5:21)

La llenura y el control del Espíritu Santo nos llevará a un espíritu de humildad, al espíritu que nos da el deseo de procurar el bienestar de los demás antes que el nuestro y a vivir en sumisión mutua. Los detalles copiosos de este versículo serán discutidos en el siguiente capítulo, puesto que el versículo suministra una transición hacia la sección que sigue.

En el resto del capítulo 5 y hasta 6:9, Pablo amplía el tema del principio de sumisión de los creyentes como se aplica al control de las relaciones entre esposos y esposas, padres e hijos, y siervos y amos.

El fundamento necesario **21**

Someteos unos a otros en el temor de Dios. (5:21)

Este versículo constituye una transición a la discusión extensa de Pablo sobre las relaciones personales, que continúa hasta el 6:9. El principio general de la sumisión mutua, **someteos unos a otros,** no solo es un producto de la llenura del Espíritu (como quedó señalado en el capítulo anterior) sino también el fundamento de los principios más específicos de autoridad y sumisión, con relación a esposos y esposas, padres e hijos, y amos y siervos, que abarcan la temática de casi todo el pasaje.

Entre las peores tragedias de nuestro tiempo se encuentra la muerte progresiva de la familia tal como ha sido conocida en un sentido tradicional. La infidelidad marital, la exaltación del pecado sexual, la homosexualidad, el aborto, la liberación femenina, la delincuencia y la revolución sexual en general, han contribuido de muchas maneras a la defunción de la unidad familiar. Cada uno de estos elementos es como un nudo en el lazo que estrangula con rapidez el matrimonio y la familia.

Los homosexuales y lesbianas están exigiendo el derecho a casarse y en muchas jurisdicciones de los Estados Unidos así como en un número creciente de grupos eclesiásticos, ya se están reconociendo los matrimonios homosexuales. Hay parejas lesbianas e incluso parejas de hombres homosexuales que están trayendo a su relación los hijos que han tenido con diversos amantes del sexo opuesto, con el objeto de llamar el grupo resultante una familia. Muchas mujeres están tomando la decisión de criar hijos sin estar casadas, y en situaciones así las familias encabezadas por madres o padres solteros son tanto una cuestión de preferencia como de necesidad.

La nueva mentalidad acerca del matrimonio se refleja en la creencia que tienen algunos sociólogos y psicólogos, en el sentido de que el matrimonio debe cambiar de manera radical o ser eliminado por completo, basados en el argumento de que no es más que el vestigio de una comprensión primitiva que el hombre tiene de sí mismo y de la sociedad. Ahora se da por sentado que un hombre "hecho y derecho" no necesita las restricciones y delimitaciones que antes parecían esenciales para una vida productiva y satisfactoria.

Sin una base adecuada de autoridad para las relaciones, la gente busca a tientas relaciones significativas y armoniosas por todos los medios y arreglos que puedan encontrar o ingeniarse. Su único recurso en ese caso es la experimentación, y la desintegración de la familia, y finalmente de la sociedad en general, ya se está dejando ver como la consecuencia inevitable.

Ya es hora de que los cristianos declaren y vivan en la práctica lo que la Biblia siempre ha declarado y lo que la iglesia siempre ha enseñado hasta años recientes: "La norma de Dios para el matrimonio y la familia produce sentido, felicidad, bienaventuranza, bendición, recompensa y satisfacción duradera, y es el *único* principio que puede producir esos resultados".

Sin embargo, en la actualidad abunda la confusión acerca de cuál es la norma de Dios para el matrimonio y la familia, al punto que se ha infiltrado hasta en la iglesia. Una generación atrás una en cada quinientas parejas en la iglesia obtenía un divorcio. Hoy día la tasa de divorcios en la iglesia se ha multiplicado en gran manera y empeora con el paso del tiempo, y la iglesia debe tratar el problema dentro de sus paredes antes de poder aconsejar al mundo con efectividad.

El divorcio dentro de la iglesia se ha vuelto tan común, que un pastor del estado de Virginia diseñó un servicio especial de divorcios en el cual, después que el esposo y la esposa declaran votos de respeto mutuo, se invoca la bendición de Dios sobre la disolución de su matrimonio. Debido en parte a las tragedias que han visto en los matrimonios, en especial los de sus propios padres, muchos jóvenes adultos optan simplemente por irse a vivir juntos. Tan pronto uno de ellos se cansa del arreglo, rompen la relación y buscan a otras personas. Cualquier compromiso mínimo que esté involucrado, no es más que superficial y temporal. La lujuria ha reemplazado al amor y el egoísmo ha suplantado al sacrificio.

Muchos matrimonios que se las arreglan para evitar el divorcio de todas maneras se caracterizan por la infidelidad, el engaño, la falta de respeto y de confianza, el egocentrismo, el materialismo, y un sinnúmero de otros pecados que destruyen la armonía, impiden la felicidad y devastan a los hijos.

Con el aumento en los divorcios llega también el interés cada vez menor en tener hijos. Algunas autoridades calculan que quizás un tercio de las parejas en edad de tener hijos, uno o ambos de los cónyuges se ha hecho esterilizar. Un porcentaje creciente de bebés concebidos aun dentro del matrimonio, son abortados por el simple hecho de no ser deseados. Además, muchos a los que se les permite nacer son víctimas del descuido, el resentimiento y el maltrato por parte de sus padres. Las parejas que sí optan por tener hijos los están teniendo más adelante en sus vidas para que los hijos no interfieran con sus planes de diversión y realización individual.

El pastor de una iglesia evangélica de gran tamaño informó que, aunque la mayoría afirmaban ser cristianos, por lo menos el setenta por ciento de las parejas que acudían a él para casarse ya estaban viviendo juntas. Muchos afirmaban que la voluntad de Dios para ellos era que se casaran, pero al vivir en una desobediencia tan flagrante de sus normas morales, no tenían base alguna para conocer su voluntad acerca del matrimonio de ellos. Otras parejas que afirman ser cristianas quieren casarse por segunda, tercera o cuarta vez, y con frecuencia sostienen que el Señor les guió todas las veces.

Dios está dispuesto a perdonar, limpiar y restaurar al creyente arrepentido, pero Él no cambia sus normas de justicia y pureza ni promete quitar las consecuencias muchas veces trágicas de la desobediencia. Si la iglesia procura acomodar esas normas divinas a la necedad y pecaminosidad de sus propios miembros, no solo ofende y contrista a Dios sino que subvierte su testimonio al mundo. Si el matrimonio no anda bien en la iglesia a duras penas funcionará en el mundo, tal como sucedía en el tiempo de Pablo.

En tiempos del Nuevo Testamento las mujeres eran consideradas como poco más que sirvientas. Muchos hombres judíos oraban cada mañana: "Dios, te doy gracias porque no soy gentil, ni esclavo, ni mujer". La disposición relacionada con divorcio y nuevo matrimonio en Deuteronomio 24 se había distorsionado para incluir casi cualquier ofensa o desagrado en los ojos del esposo. En la sociedad griega la situación de las mujeres era todavía peor. Puesto que las concubinas eran comunes y el papel de una esposa se limitaba a tener hijos legítimos y realizar labores domésticas, los hombres griegos tenían muy pocos motivos para divorciarse de sus esposas, y ellas no tenían recurso alguno contra ellos. Como el divorcio era tan poco común, ni siquiera existía un procedimiento legal para realizarlo. Demóstenes escribió: "Tenemos cortesanas para el placer, tenemos concubinas para la cohabitación diaria, y tenemos esposas con el fin de tener hijos legítimos y guardianas fieles de nuestros asuntos domésticos". La prostitución de hombres y mujeres por igual era descontrolada e inaudita, y es del término griego para aludir a prostitución e impudicia en general (*porneia*) que se deriva la palabra *pornografía*. Lo típico era que los esposos hallaran su gratificación sexual con concubinas y prostitutas, mientras que las esposas, muchas veces con la aprobación de sus esposos, hallaban gratificación sexual con sus esclavos y sirvientes de ambos sexos. La prostitución, la homosexualidad y las demás formas de promiscuidad y perversión sexual traían como resultado inevitable el maltrato sexual de los niños, tal como se ve en estos tiempos.

En la sociedad romana las cosas eran peores todavía. El matrimonio era poco más que prostitución legalizada y el divorcio era una formalidad legal tan fácil que podía aprovecharse tanto como se quisiera. Muchas mujeres no querían tener hijos porque ello arruinaba el aspecto de sus cuerpos, y el feminismo era bastante común. Con el deseo de hacer todo lo que hacían los hombres, algunas mujeres participaban en lucha libre, esgrima, y otras actividades consideradas como exclusivas de los hombres. A algunas les gustaba correr desnudas mientras cazaban cerdos salvajes, y las mujeres se adelantaban a los hombres hasta para tomar la iniciativa de un divorcio.

Pablo amonestó a los creyentes en Éfeso que vivieran en un contraste total frente a las normas corruptas, viles, egocéntricas e inmorales de quienes vivían a su alrededor. La relación entre esposo y esposa debía definirse conforme al modelo establecido por la relación entre Cristo y su iglesia. "Porque el marido es cabeza de la mujer, así como Cristo es cabeza de la iglesia, la cual es su cuerpo, y él es su Salvador. Así que, como la iglesia está sujeta a Cristo, así también las casadas lo estén a sus maridos en todo. Maridos, amad a vuestras mujeres, así como Cristo amó a la iglesia, y se entregó a sí mismo por ella" (5:23-25). La relación entre esposos y esposas cristianos debe ser santa e indisoluble, así como la que existe entre Cristo y su iglesia es santa e indisoluble. Los matrimonios y familias cristianos deben diferenciarse de manera radical de los que hay en el mundo. Las relaciones entre esposos y esposas y padres e hijos, deben estar tan impregnadas de humildad, amor y sumisión mutua, que la autoridad de esposos y padres, aunque se ejerza cuando sea necesario, se vuelva casi invisible, y la sumisión de las esposas y los hijos sea un acto de gracia y amor no forzado.

En el Cantar de los Cantares vemos un modelo hermoso para el matrimonio. Aunque el esposo era un rey, la relación dominante con su esposo estaba determinada por el amor antes que por la autoridad. La esposa reconocía sin vacilación que su esposo era cabeza de la relación, pero era una posición de autoridad revestida de amor y respeto mutuo. "Como el manzano entre los árboles silvestres, así es mi amado entre los jóvenes", dijo ella. "Bajo la sombra del deseado me senté, y su fruto fue dulce a mi paladar. Me llevó a la casa del banquete, y su bandera sobre mí fue amor" (2:3-4). La bandera era un anuncio público, en este caso el anuncio del amor del rey por su esposa, que él quería proclamar al mundo entero. Ella no solo tenía la seguridad de escucharle declarar su amor por ella, sino de hablar de ese amor delante del mundo. "Sustentadme con pasas, confortadme con manzanas; porque estoy enferma de amor", continuó ella. "Su izquierda esté debajo de mi cabeza, y su derecha me abrace" (vv. 5-6). Su esposo era su protector, proveedor y amante dispuesto y anhelante.

Salomón respondió diciéndole: "Levántate, oh amiga mía, hermosa mía, y ven. Porque he aquí ha pasado el invierno, se ha mudado, la lluvia se fue" (vv. 10-11). La primavera había llegado y sus únicos pensamientos eran para su amada. Aquí no hay trazo alguno de superioridad o actitud autoritaria, sino solo de amor, respeto e interés en el bienestar, el gozo y la satisfacción plena de su esposa. Ella expresó al sentimiento mutuo y profundo de su relación al decir: "Mi amado es mío, y yo suya" (v. 16), y más adelante: "Tal es mi amado, tal es mi amigo" (5:16).

Las familias son los ladrillos que componen la sociedad humana, y una sociedad que no protege la familia menoscaba su propia existencia. Cuando la familia desaparece, todas las cosas de valor desaparecen con ella en poco tiempo. Tan pronto se pierde la cohesión, el sentido y la disciplina que trae la familia, se difundirá la anarquía, y donde la anarquía prospera, la ley, la justicia y la seguridad no lo pueden hacer. La familia nutre y liga la sociedad como un todo, mientras que la anarquía que viene como resultado de su ausencia solo desgasta, trastorna y destruye.

Los no redimidos se pueden beneficiar en gran manera cuando siguen los principios básicos de Dios para la familia, pero el poder y la capacidad plenos de esos principios pueden ser entendidos y practicados por aquellos que le pertenecen por la fe en su Hijo. Pablo habla a los efesios como hermanos cristianos, y aparte de la vida y los recursos divinos que solo son poseídos por los cristianos, los principios para el matrimonio y la familia que él da en esta carta están fuera de contexto y solo tienen beneficios limitados. El principio básico de estar sometidos **unos a otros** tiene su poder y efectividad solamente en **el temor de Dios.** La familia puede ser lo que Dios diseñó que fuera, solo cuando los miembros de la familia son lo que Dios ha diseñado que ellos sean: "hechos conformes a la imagen de su Hijo" (Ro. 8:29). Así como un individuo solo puede hallar su realización personal en una relación correcta con Dios, también la familia solo puede hallar realización plena cuando los padres e hijos creyentes siguen su diseño para la familia en el control y el poder del Espíritu Santo (Ef. 5:18*b*).

Las personas que no conocen o tan siquiera reconocen la existencia y autoridad de Dios no están motivadas a aceptar la norma de Dios para el matrimonio y la familia, o para cualquier otra cosa. No tienen la nueva naturaleza ni los recursos internos para seguir por completo esas normas, aun si quisieran hacerlo.

Hace algunos años me pidieron que diera una conferencia sobre ética sexual cristiana para una clase de filosofía en una universidad secular de gran tamaño. Porque conocía que sería inútil tratar de explicar las normas sexuales bíblicas a quienes cuestionaban o rechazaban de forma abierta la autoridad de las Escrituras, empecé mi presentación con estas palabras: "Las normas éticas de Cristo no pueden ser entendidas ni apreciadas por una persona que no le conozca como Salvador y Señor. No espero que la mayoría de ustedes estén de acuerdo con lo que la Biblia dice acerca de ética sexual porque la mayoría de ustedes no están de acuerdo con lo que la Biblia dice acerca de Jesucristo. La condición previa para entender las normas bíblicas sobre *cualquier cosa* es que una persona tenga una relación correcta con Aquel cuya Palabra escrita se encuentra en la Biblia. Solo cuando ustedes conozcan y amen al Señor Jesucristo podrán entender y desear cumplir sus normas para la vida sexual". Un estudiante levantó la mano y dijo: "Bueno, entonces más le vale decirnos cómo conocer y amar a Jesucristo". Con gran entusiasmo ante la sugerencia, pasé la mayor parte del tiempo en mostrarles la necesidad y los medios para creer en Cristo, y los últimos minutos en explicar qué significa el compromiso con Él en relación específica con normas de conducta sexual.

Solo aquellos que han muerto al pecado y están vivos en Dios (Ro. 6:4-6), aquellos son siervos de la justicia (Ro. 6:16-22), aquellos que tienen una mente espiritual (Ro. 8:5-8), aquellos que son investidos de poder por el Espíritu (Ro. 8:13), pueden regocijarse por el privilegio de vivir conforme a la norma del Señor. La reverencia y la adoración de Cristo es la base de tal espíritu de sumisión.

Lo lamentable es que muchas personas que conocen a Jesucristo como Salvador y Señor no mantienen su manera de vivir de acuerdo con sus leyes para la moral, el matrimonio y la familia. Debido a que no están llenos todo el tiempo con su Espíritu y caen al mismo nivel de la sociedad que les rodea, no están motivados ni tienen el poder suficiente para ser obedientes a su Señor en todas las cosas. Poseen al Espíritu Santo, pero el Espíritu Santo no les posee. En consecuencia, muchas parejas cristianas discuten y pelean hasta peor que muchos incrédulos. Muchas familias en religiones falsas, por ejemplo, y aun algunas familias no religiosas, son más disciplinadas y armoniosas en la superficie que algunas familias cristianas. Un creyente carnal tendrá discordia en su familia, tal como la tiene en su propio corazón y en su relación con Dios.

Hoy nos ahogamos en un océano de información sobre el matrimonio. Un libro sobre sexo y matrimonio, bien sea desde el punto de vista secular o cristiano, es un éxito de ventas asegurado. Muchos libros que aparentan ser cristianos se desvelan por el tema del sexo tanto como sus competidores seculares, y a veces hasta con menos delicadeza. Abundan las conferencias matrimoniales, los seminarios de vida conyugal y los consejeros, algunos de los cuales pueden estar bien presentados y tener bases bíblicas sólidas. No obstante, si un creyente no se mantiene lleno del Espíritu Santo y aplicando la Palabra de Dios todosuficiente, hasta el mejor consejo solo podrá producir beneficios superficiales y temporales, porque el corazón no tendrá la motivación correcta ni el poder espiritual adecuado. Por otra parte, cuando estamos llenos del Espíritu y bajo el control de la verdad divina, somos dirigidos por Dios mismo para hacer lo que le agrada, porque su Espíritu controla nuestras actitudes y relaciones.

Santiago dijo: "¿De dónde vienen las guerras y los pleitos entre vosotros? ¿No es de vuestras pasiones, las cuales combaten en vuestros miembros?" (Stg. 4:1). Los conflictos en la iglesia, en el hogar y en el matrimonio siempre vienen como resultado de corazones que están dirigidos por el ego antes que por el Espíritu de Dios. Cuando el ego insiste en sus propios derechos, opiniones y metas, la armonía y la paz se hacen imposibles. La vida egocéntrica siempre batalla por estar en la cima y empuja hacia abajo a los demás a medida que asciende con orgullo. La vida centrada en el Espíritu, por otra parte, está dirigida hacia la humildad y la sumisión a otros, y levanta a los demás en su intención de servir. El creyente lleno del Espíritu se caracteriza por cumplir esto: "no mirando cada uno por lo suyo propio, sino cada cual también por lo de los otros" (Fil. 2:4).

Someteos es la traducción de *hupotassō*, un término de origen militar que significa disponer o arreglar en orden o por rangos. Los cristianos llenos del Espíritu se ponen así mismos por debajo de los demás, **unos a otros**. El concepto central es el de renunciar a los derechos individuales para dar prioridad a los de otra persona. Pablo aconsejó a los creyentes de Corinto que se mantuvieran en sujeción a quienes les ministraban con fidelidad: "Os ruego que os sujetéis a personas como ellos, y a todos los que ayudan y trabajan" (1 Co. 16:16). Pedro nos ordena: "Por causa del Señor someteos a toda institución humana, ya sea al rey, como a superior, ya a los gobernadores, como por él enviados para castigo de los malhechores y alabanza de los que hacen bien. Porque esta es la voluntad de Dios" (1 P. 2:13-15; cp. Ro. 13:1-7). Una nación no puede funcionar sin la autoridad de sus gobernadores, soldados, policías, jueces y demás. Tales personas no detentan su autoridad porque en sí mismas sean mejores que los demás, sino porque sin la designación y el ejercicio de orden y autoridad, la nación se desintegraría en la anarquía.

De forma similar, dentro de la iglesia debemos "[obedecer] a vuestros pastores, y [sujetarnos] a ellos; porque ellos velan por [nuestras] almas, como quienes han de dar cuenta" (He. 13:17). Dios ordena que los pastores y ancianos en la iglesia sean hombres. "La mujer aprenda en silencio, con toda sujeción", dijo Pablo. "Porque no permito a la mujer enseñar, ni ejercer dominio sobre el hombre, sino estar en silencio (1 Ts. 2:11-12). Pablo no estaba enseñando a partir de un sesgo personal o motivado por el chauvinismo masculino, como algunos alegan, sino que estaba reforzando el plan original de Dios sobre el liderazgo del hombre como cabeza del hogar. "Porque Adán fue formado primero, después Eva; y Adán no fue engañado, sino que la mujer, siendo engañada, incurrió en transgresión. Pero se salvará engendrando hijos, si permaneciere en fe, amor y santificación, con modestia" (vv. 13-15).

El papel sumiso de la mujer fue diseñado por Dios en la creación y afirmado por su acto jurídico en respuesta a la caída. Sin embargo, el equilibrio en responsabilidad y bendición se encuentra en la crianza de los hijos por parte de la mujer. Ella se salva de tener que procurar el ejercicio del papel de un hombre y de ser identificada como una persona de segunda categoría, criando a sus hijos y ocupándose con ellos para ser la influencia más grande en su desarrollo y educación iniciales. Las mujeres que tienen hijos y procuran llevar una vida de fe, amor, santidad y dominio propio dan lo mejor a su familia, y por ende a la sociedad. Dios ha diseñado y llamado a las mujeres para que den a luz hijos, y para que los cuiden, arrullen, mimen, enseñen, consuelen y alienten en sus años más formativos, y de una manera que los padres nunca pueden llevar a acabo. El cumplimiento de este llamamiento vital debería ocupar su tiempo y energías, así como descartar cualquier búsqueda de una posición de liderazgo en la iglesia.

Siempre que la iglesia trata de funcionar aparte del sistema de autoridad de Dios, genera confusión y con frecuencia produce herejías. Cuando Mary Baker Eddy asumió el papel de líder y predicadora en una iglesia, nació la secta del cristianismo científico. Cuando Madam Elena Petrovna Blavatsky asumió el papel de teóloga y maestra espiritual, nació la teosofía. Cuando la esposa de Charles Fillmore se atribuyó las mismas prerrogativas, nació el movimiento unitario. Cuando Aimee Semple McPherson empezó a predicar, nació el movimiento pentecostal cuadrangular.

Tal como sucede con los líderes en el gobierno, no es que los líderes en la iglesia tengan una superioridad inherente frente a otros cristianos, o que como tales sean superiores a las mujeres, sino que ninguna institución, incluso la iglesia, puede funcionar sin un sistema de autoridad y sumisión.

En el hogar, la unidad más pequeña de la sociedad humana, se aplica el mismo principio. Hasta la unidad familiar más reducida es incapaz de funcionar si cada miembro exige y expresa a plenitud su propia voluntad y hace todo lo que se le antoje. El sistema de autoridad que Dios ha ordenado para la familia es que los esposos sean la cabeza de las esposas y los padres cabeza sobre los hijos.

Además de esas relaciones sociales funcionales y necesarias basadas en la autoridad y la sumisión mutua, Dios manda a *todos* los cristianos, líderes y seguidores por igual, esposos y esposas por igual, padres e hijos por igual, a que "haya, pues, en vosotros este sentir que hubo también en Cristo Jesús, el cual, siendo en forma de Dios, no estimó el ser igual a Dios como cosa a que aferrarse, sino que se despojó a sí mismo, tomando forma de siervo, hecho semejante a los hombres; y estando en la condición de hombre, se humilló a sí mismo, haciéndose obediente hasta la muerte, y muerte de cruz" (Fil. 2:5-8).

Como Pablo prosiguió a explicar (Ef. 5:22–6:9), el funcionamiento estructural de la familia, así como el de la iglesia y el gobierno, requiere tanto autoridad como sumisión. Por otra parte, en todas las relaciones entre personas debe haber sumisión mutua. La sumisión es una actitud espiritual general que debe ser una realidad en la vida de todos los creyentes en todas sus relaciones.

Incluso las relaciones de autoridad y sumisión en la iglesia y el hogar deben estar controladas por el amor y modificadas por la sumisión mutua. Por simple tradición, las esposas han recibido casi todo el peso de la responsabilidad en el cumplimiento de Efesios 5:22-33, aunque la parte más extensa del pasaje trata acerca de la actitud y las responsabilidades del esposo para con su esposa. Pablo dedicó el doble de espacio a las obligaciones del esposo en comparación a las de la esposa. El esposo no solo "es cabeza de la mujer, así como Cristo es cabeza de la iglesia" (v. 23), sino que los esposos tienen que cumplir el mandato: "amad a vuestras mujeres, así como Cristo amó a la iglesia, y se entregó a sí mismo por ella" (v. 25). "Los maridos deben amar a sus mujeres como a sus mismos cuerpos... cada uno de vosotros ame también a su mujer como a sí mismo" (vv. 28, 33). La entrega que Cristo hizo de su propia vida por la iglesia fue un acto de sumisión divina del Señor para con su esposa, con el propósito de poder limpiarla, glorificarla y purificarla, "a fin de presentársela a sí mismo, una iglesia gloriosa, que no tuviese mancha ni arruga ni cosa semejante, sino que fuese santa y sin mancha" (v. 27).

De igual modo, en el hogar no solo son los hijos quienes deben "obedecer en el Señor a [sus] padres", sino que los padres deben abstenerse de "[provocar] a ira a [sus] hijos, sino [criarlos] en disciplina y amonestación del Señor" (6:1, 4). Incluso mientras ejercen autoridad sobre sus hijos, los padres deben someterse al bienestar moral, espiritual, emocional y físico de sus hijos. En amor, los esposos deben dedicarse con toda sumisión a la satisfacción de las necesidades de sus esposas, y juntos están llamados por igual a entregarse en amor el uno al otro y a sus hijos.

En tiempos del Nuevo Testamento, los esclavos eran muchas veces una parte integral de la familia, y la amonestación de Pablo para amos y esclavos tenía que ver en esencia con relaciones familiares. El esposo y la esposa eran los amos del hogar y los esclavos y sirvientes contratados eran una parte integral de esa unidad familiar. Aquí Pablo también dejó en claro que los siervos cristianos no solo debían "[obedecer] a [sus] amos terrenales" y hacer bien las cosas para ellos (6:5, 8), sino que los amos también debían hacer cosas buenas por sus siervos: "haced con ellos lo mismo, dejando las amenazas, sabiendo que el Señor de ellos y vuestro está en los cielos, y que para él no hay acepción de personas" (v. 9).

Todo cristiano obediente y lleno del Espíritu es un cristiano que se somete. El esposo que exige la sumisión de su esposa a él pero no reconoce su propia obligación de someterse a ella, distorsiona el principio de Dios para la relación matrimonial y no puede funcionar como un esposo piadoso. Los padres que demandan obediencia de sus hijos pero no reconocen su propia obligación de someterse en sacrificio amoroso para satisfacer las necesidades de sus hijos, son ellos mismos desobedientes a su Padre celestial y no pueden funcionar como padres piadosos.

En 1 Corintios 7 Pablo dejó en claro que las relaciones y obligaciones físicas del matrimonio no son unilaterales: "El marido cumpla con la mujer el deber conyugal, y asimismo la mujer con el marido. La mujer no tiene potestad sobre su propio cuerpo, sino el marido; ni tampoco tiene el marido potestad sobre su propio cuerpo, sino la mujer" (vv. 3-4). Aunque Dios ha ordenado a los esposos como cabeza sobre sus esposas, y a los padres como cabeza sobre sus hijos, también ordena la sumisión y responsabilidad mutuas entre *todos* los miembros de la familia.

Aunque Cristo era en el principio con Dios y era Dios (Jn. 1:1), era uno con el Padre (10:30), y estaba con el Padre como el Padre estaba en Él (14:11), Él de todas maneras siempre se sujetó al Padre. Desde la niñez Jesús se consagró a la obra de su Padre (Lc. 2:49), se sometió a la voluntad de su Padre (Jn. 5:30; 15:10; 20:21), y no podía hacer nada aparte de su Padre (Jn. 5:19). Al explicar el orden de Dios sobre las relaciones, Pablo dice: "Quiero que sepáis que Cristo es la cabeza de todo varón, y el varón es la cabeza de la mujer, y Dios la cabeza de Cristo" (1 Co. 11:3). Así como el Hijo se somete al Padre en función pero es igual a Él en naturaleza y esencia, las esposas deben ser sumisas a sus esposos, al mismo tiempo que son por completo iguales a ellos en naturaleza moral y espiritual.

Todos los creyentes son iguales entre sí en todo sentido espiritual. "Ya no hay judío ni griego; no hay esclavo ni libre; no hay varón ni mujer; porque todos vosotros sois uno en Cristo Jesús" (Gá. 3:28). Nos sometemos los unos a los otros en la medida en que el Espíritu Santo nos influye para hacerlo.

El papel y las prioridades de la esposa

22

Las casadas estén sujetas a sus propios maridos, como al Señor; porque el marido es cabeza de la mujer, así como Cristo es cabeza de la iglesia, la cual es su cuerpo, y él es su Salvador. Así que, como la iglesia está sujeta a Cristo, así también las casadas lo estén a sus maridos en todo. (5:22-24)

Debido a que por tanto tiempo gran parte de la iglesia ha dejado de tener en cuenta la enseñanza completa de las Escrituras, a muchos creyentes estas verdades les parecen poco familiares y hasta difíciles de aceptar. Además, puesto que la iglesia ha estado tan inmersa en normas mundanas con las que se ha identificado y de las que ha permitido convertirse en víctima, las normas de Dios parecen haber caducado y hasta ser irrelevantes y ofensivos para la mentalidad moderna. Su camino es tan elevado y contrario al camino del mundo que resulta incomprensible para muchos dentro y fuera de la iglesia.

Una y otra vez el Nuevo Testamento nos llama a otra dimensión de existencia, una nueva manera de pensar, actuar y vivir: "que andéis como es digno de la vocación con que fuisteis llamados... y vestíos del nuevo hombre, creado según Dios en la justicia y santidad de la verdad" (Ef. 4:1, 24). Lo que esto significa es que cumplamos el llamamiento supremo de vivir una vida por completo nueva, de una manera completamente nueva y llena del Espíritu.

Como se mencionó en el capítulo anterior, pocas áreas de la vida moderna han sido tan distorsionadas y corrompidas por el diablo y el mundo, y ocasionando a la iglesia tanta confusión, como las del matrimonio y la familia. Estos son los asuntos que Pablo confronta en Efesios 5:22–6:9. Aquí expande y aclara el principio general de sumisión mutua ("someteos unos a otros en el temor de Dios", v. 21), dando varias ilustraciones de la familia, empezando con la relación entre esposos y esposas. Como se indicó al final de nuestra discusión

341

del versículo 21, la Biblia deja en claro que no existen distinciones espirituales ni morales entre los cristianos. "Ya no hay judío ni griego; no hay esclavo ni libre; no hay varón ni mujer; porque todos vosotros sois uno en Cristo Jesús" (Gá. 3:28). No existe clasificación de cristianos de ningún tipo. Todo creyente en Jesucristo tiene exactamente la misma salvación, la misma postura frente a Dios, la misma naturaleza y recursos divinos, y las mismas promesas y herencia divinas (cp. Hch. 10:34; Ro. 2:11; Stg. 1:1-9).

Por otro lado, en cuestiones de papel y función Dios ha hecho distinciones. Aunque no hay diferencias de valor intrínseco o privilegio y derechos espirituales básicos entre su pueblo, el Señor ha dado a quienes ejercen el gobierno cierta autoridad sobre el pueblo al que rigen, a los líderes de la iglesia les ha delegado autoridad sobre sus congregaciones, a los esposos ha dado autoridad sobre sus esposas, a los padres ha dado autoridad sobre sus hijos, y a los patrones ha dado autoridad sobre los empleados.

En Efesios 5:22-24 Pablo empieza esta lista con una descripción del papel, los deberes y las prioridades de la esposa con relación a la autoridad de su esposo. Primero trata la cuestión básica de la sujeción, luego su modo, motivación y modelo.

LA CUESTIÓN DE LA SUJECIÓN

Las casadas estén sujetas a sus propios maridos, (5:22*a*)

Aquí la palabra **casadas** no tiene un calificativo, así que se aplica a todas las esposas cristianas sin distinción por clase social, educación, inteligencia, madurez espiritual o talentos y dones, edad, experiencia o cualquier otra consideración. El cumplimiento del mandato tampoco depende de la inteligencia de su esposo, ni de carácter, actitud, condición espiritual o cualquier otra consideración. Pablo dice de manera categórica a *todas* las esposas creyentes: **estén sujetas a sus propios maridos.**

Como se indica con cursivas en algunas traducciones, **estén sujetas** no se encuentra en el texto original, pero es porque ese significado proviene del versículo 21. La idea es: "Someteos unos a otros en el temor de Dios [y, como un primer ejemplo], **las casadas... a sus propios maridos**". Como se explicó en el capítulo anterior, *hupotassō* significa renunciar a los derechos individuales, y la voz media del griego (usada en el v. 21 y por extensión implícita en el v. 22), hace énfasis en la sumisión voluntaria de *uno mismo*. El mandato de Dios se dirige a quienes deben someterse. Es decir, la sumisión debe ser una respuesta voluntaria a la voluntad de Dios en el sentido de renunciar a los derechos independientes y propios para someterse a otros creyentes en general y a la autoridad ordenada en particular, en el caso de las esposas, **sus propios maridos.**

Debe advertirse que a la esposa no se le manda obedecer *hupakouō*) a su esposo, como los niños deben obedecer a sus padres y los siervos a sus amos (6:1, 5). Un esposo no debe tratar a su esposa como a un empleado o como a un hijo, sino como a un ser igual del cual Dios le ha asignado la responsabilidad de cuidar, proveer y proteger, y cuyo ejercicio debe realizar en amor. Ella no le pertenece para recibir órdenes y responder a todos sus caprichos y órdenes. Como Pablo procede a explicar en detalle considerable (vv. 25-33), la responsabilidad primordial del esposo como cabeza del hogar es amar, proveer, proteger y servir a su esposa y su familia, no enseñorearse de ellos de acuerdo a sus antojos y gustos personales.

La expresión **sus propios maridos** sugiere el carácter íntimo y mutuo de la sumisión de la esposa. De buena voluntad se hace **sujeta a** aquel quien ella posee como **su propio marido** (cp. 1 Co. 7:3-4). Esposos y esposas por igual deben tener un sentido mutuo de posesión así como una actitud mutua de sumisión. Se pertenecen el uno al otro en una igualdad absoluta. El esposo no posee a la esposa más de lo que ella le posee a él. Él no tiene superioridad y ella ninguna inferioridad, así como alguien que tiene el don de la enseñanza no es superior a el que tiene el don de ayudar a otros. Una lectura cuidadosa de 1 Corintios 12:12-31 mostrará que Dios ha diseñado a cada persona para desempeñar un papel único en el cuerpo de Cristo, y la actitud constante y activa que gobierna todos esos papeles y su empalme y mezcla es "un camino aun más excelente", el del amor (cap. 13).

Como sucede con los dones espirituales, las distinciones entre las posiciones de cabeza y sumisión son por entero funcionales y fueron ordenadas por Dios como tales. Como consecuencia de la desobediencia de Eva al mandato de Dios y porque no consultó con Adán acerca de la tentación de la serpiente, Dios le dijo: "tu deseo será para tu marido, y él se enseñoreará de ti" (Gn. 3:16). El deseo del que aquí se habla no es sexual ni psicológico porque antes de la caída Eva los tenía ambos hacia Adán como su ayuda idónea que Dios creó de manera especial y única para ella. Se trata del mismo deseo del que se habla en el capítulo siguiente, donde se emplea la misma palabra hebrea (*teshūqā*). El término proviene de una raíz árabe que significa compeler, empujar, coaccionar, forzar, azuzar o tratar de controlar. El Señor advirtió a Caín: "el pecado está a la puerta; con todo esto, a ti será su *deseo* [de controlar], y tú te enseñorearás de él" (4:7, cursivas añadidas). El pecado quiso enseñorearse de Caín, pero Dios mandó a Caín que se enseñoreara del pecado. Por ende, a la luz de este significado contextual tan cercano del término *teshūqā*, la maldición sobre Eva fue que el deseo de la mujer sería de allí en adelante usurpar el lugar del hombre como cabeza, y que como resultado el hombre resistiera ese deseo con la acción de enseñorearse de ella. La palabra hebrea que se traduce aquí "él se enseñoreará de ti" no es la misma que se emplea en 1:28, sino que más bien representaba una nueva clase de autoritarismo despótico que no estaba en el plan original del hombre como cabeza del hogar.

Con la caída y su maldición vino la distorsión de la sumisión apropiada de la mujer y de la autoridad apropiada del hombre. Fue el comienzo de la guerra de los sexos, el surgimiento de la liberación femenina y el chauvinismo masculino. Las mujeres tienen una inclinación pecaminosa hacia usurpar la autoridad de los hombres, y los hombres tienen la inclinación pecaminosa de poner a las mujeres bajo sus pies. El decreto divino según el cual el hombre se enseñorearía de la mujer de tal modo fue parte de la maldición de Dios sobre la humanidad, y se requiere una manifestación de gracia en Cristo mediante la llenura del Espíritu Santo para restaurar el orden y armonía originales de la creación, para volver a la sumisión correcta y necesaria en una relación que siempre ha sido corrompida y trastornada por el pecado.

Dios creó a Eva del costado de Adán y ordenó que fuese su ayuda idónea, como Adán mismo testificó con la bella expresión: "hueso de mis huesos y carne de mi carne" (Gn. 2:22-23). La maldición de Dios no cambió su plan básico sobre el carácter mutuo de la relación matrimonial o para la autoridad funcional del esposo sobre la esposa. El hombre fue creado primero y en términos generales también fue creado para ser más fuerte en un sentido físico y emocional que la mujer, quien es "vaso más frágil" (1 P. 3:7). Tanto antes como después de la caída y la maldición consecuente, el hombre fue llamado a ser el proveedor, protector, guía y apacentador de la familia, y la mujer llamada a serle de apoyo en sumisión.

En un pasaje paralelo a Efesios 5:22, Pablo dijo: "Casadas, estad sujetas a vuestros maridos, como conviene en el Señor" (Col. 3:18). Aquí *anēkō* (como conviene) se empleaba algunas veces para referirse a una obligación legal, como en Filemón 8, donde Pablo lo usa con referencia a una propiedad legal. La palabra se refiere a todo aquello que es la norma aceptada de la sociedad humana.

Cualquier sociedad que haya tomado en cuenta la naturaleza obvia de las mujeres o la Palabra de Dios, ha diseñado sus mejores leyes en línea con las leyes divinas. La legislación contra el homicidio tiene como fuente los diez mandamientos, al igual que las leyes contra el robo, el adulterio, el perjurio, y demás. La sumisión de la esposa a su esposo es un principio divino que se ha reflejado hasta cierto grado en los códigos legales de la mayoría de las sociedades.

Durante los últimos siglos la sociedad occidental se ha visto bombardeada con la filosofía humanista e igualitaria de una sociedad sin sexos ni clases, y que se constituyó en la fuerza propulsora detrás de la revolución francesa. El desleimiento y aun la eliminación total de todas las distinciones humanas sigue siendo una estrategia utilizada por Satanás para menoscabar la autoridad legítima y ordenada por Dios en todas las áreas de la actividad humana, en el gobierno, la familia, los establecimientos educativos, e incluso dentro de la iglesia. Nos vemos atacados por los conceptos impíos y ateos de la independencia suprema del hombre frente a toda ley y autoridad externa. Lo cierto es que tal filosofía se destruye a sí misma porque ningún grupo de seres humanos puede vivir de una manera ordenada y productiva si cada persona opta por hacer su propia voluntad. Lo triste es que gran parte de la iglesia ha caído presa de esta filosofía humanista y ahora está dispuesta a reconocer la ordenación al ministerio de homosexuales, mujeres y otros a quienes la Palabra de Dios descalifica de manera específica para ejercer liderazgo en la iglesia. Se arguye por lo general que la enseñanza bíblica contraria los ideales igualitarios fue insertada por editores, escribas, profetas o apóstoles sectarios y recalcitrantes. Como resultado, la iglesia está cosechando el torbellino de confusión, desorden, inmoralidad y apostasía que siempre genera esa clase de dictamen arbitrario sobre la Palabra de Dios. Muchos intérpretes bíblicos operan con base en una hermenéutica guiada por filosofías humanistas contemporáneas y no por la autoridad absoluta de las Escrituras como la Palabra inerrante de Dios.

Pedro enseñó exactamente la misma verdad que Pablo en cuanto a la relación entre esposos y esposas. "Asimismo vosotras, mujeres, estad sujetas [también de *hupotassō*] a vuestros maridos" (1 P. 3:1*a*). La idea no es de servilismo o abyección, sino de funcionar por voluntad propia bajo el liderazgo del esposo. Pedro también recalcó el carácter mutuo de la posesión entre esposos y esposas, usando las mismas palabras de Pablo: "a vuestros maridos". Las esposas deben someterse aun cuando sus esposos "no creen a la palabra, [para que] sean ganados sin palabra por la conducta de sus esposas, considerando vuestra conducta casta y respetuosa" (vv. 1*b*-2). En lugar de importunar, criticar y predicar a su esposo, una esposa debería simplemente darle un buen ejemplo de vida piadosa, mostrándole el poder y la belleza del evangelio por medio del efecto que ha tenido en su propia vida. La humildad, el amor, la pureza moral, la amabilidad y el respeto son los medios más poderosos que una mujer tiene disponibles con el fin de ganar su esposo para el Señor.

Cuando el interés primordial de la esposa se centra en esas virtudes internas, ella no tendrá que preocuparse con mantener un "atavío... externo de peinados ostentosos, de adornos de oro o de vestidos lujosos". Más bien su concentración estará enfocada en "el interno, el del corazón, en el incorruptible ornato de un espíritu afable y apacible, que es de grande estima delante de Dios" (1 P. 3:3-4; cp. 1 Ti. 2:9-10).

La sociedad moderna ha elevado la moda casi al punto de la idolatría. Las tiendas de ropa, la publicidad en periódicos y revistas, y los comerciales de televisión son como pancartas gigantes que proclaman de continuo: "codiciemos la indumentaria". Joyas y accesorios caros y casi siempre ostentosos tanto para hombres como mujeres, se están haciendo cada vez más prevalecientes como un medio para hacer alarde de la prosperidad material y glorificar el ego. Todo el tiempo estamos siendo espoleados para poner nuestros cuerpos y atuendos en la pasarela.

La Biblia no prohíbe el arreglo cuidadoso y la vestimenta atractiva. El desarreglo y el descuido de la apariencia física no son virtudes. Proverbios 31 elogia a la "mujer virtuosa" que trabaja con diligencia y "se hace tapices; de lino fino y púrpura es su vestido" (vv. 10, 22). No obstante, la vestimenta extravagante que se porta con el objetivo de hacer alarde de opulencia o acaparar la atención en nosotros mismos es una expresión de orgullo, la raíz de todos los demás pecados. Es algo contrario a la actitud humilde y abnegada de sumisión que debería caracterizar a todo cristiano, y además es destructivo.

La preocupación de los creyentes debería ser con respecto al atavío espiritual del interior, "el del corazón", y no con el adorno físico del exterior. El "espíritu afable y apacible" de la esposa que viene como resultado de la obediencia al control del Espíritu es "incorruptible" y "de grande estima delante de Dios" (1 P. 3:4). La palabra griega que se traduce "de grande estima" es *polutelēs* y se aplica solo a cosas de un valor extraordinario. Es el término que se emplea con referencia al "vaso de alabastro de perfume de nardo puro de mucho precio" con el que la mujer de Betania ungió los pies de Jesús (Mr. 14:3). Dios no se impresiona con el oro, las piedras preciosas y los vestidos de moda, sino con la mujer que es genuina en su humildad, sumisión, afabilidad y apacibilidad.

En el movimiento feminista, así como en grupos menos extremistas, vemos mujeres que arengan vociferantes sus ideas, opiniones y derechos casi en todas las cuestiones, y muchas veces en nombre del cristianismo. Aun en aquellos casos donde su postura básica es bíblica, con frecuencia su manera de defenderla no lo es. Dios excluye a las mujeres de manera específica del ejercicio dominante de un liderazgo sobre los hombres en la iglesia y en el hogar, y sea cual sea en ambas esferas el grado de su influencia directa, la cual de hecho puede tener un gran poder y significado, esta debe ejercitarse por medio del ánimo y el apoyo.

La santidad siempre ha sido el interés preponderante de las mujeres piadosas. "Porque así también", prosigue Pedro a explicar, "se ataviaban en otro tiempo aquellas santas mujeres que esperaban en Dios, estando sujetas a sus maridos; como Sara obedecía a Abraham, llamándole señor; de la cual vosotras habéis venido a ser hijas, si hacéis el bien, sin temer ninguna amenaza" (1 P. 3:5-6). Así como Abraham fue el padre simbólico de los fieles (Ro. 4:11, 16), su esposa Sara fue la madre simbólica de los sumisos. Puesto que Sara no tenía temor de obedecer a Dios, tampoco tenía temor de lo que su esposo o cualquier otra persona o circunstancia pudiera hacerle. Dios se hará cargo de las consecuencias cuando sus hijos son obedientes a Él.

La Mishná, que es la codificación antigua de ley y tradición judía, refleja las creencias y normas judías prevalecientes que eran aceptadas en el tiempo de Jesús. Describe como deberes de la esposa moler la harina, cocer el pan, cocinar, alimentar a los hijos, hilar, lavar la ropa, y otras labores domésticas típicas. La responsabilidad del esposo era suministrar comida, vestido, zapatos y demás.

Con frecuencia daba a su esposa cierta cantidad de dinero cada semana para sus gastos personales. Muchas mujeres trabajaban con sus esposos en los campos o en un oficio, como fue el caso de Aquila y Priscila (Hch. 18:2-3). Se permitía que una esposa trabajara en artesanías u horticultura en el hogar y que vendiese los frutos de su labor. Las ganancias se utilizaban para complementar el ingreso familiar o como un dinero propio que ella podía gastar o invertir. No obstante, si trabajaba aparte de su esposo en la plaza de mercado o en un oficio, se consideraba que traía mala reputación a su familia. Además de sus labores domésticas y un posible trabajo con su esposo, la esposa también era responsable de preparar a los hijos para ir la escuela (y con frecuencia los llevaba ella misma para asegurar que no faltaran), atender a huéspedes y hacer obras caritativas. En todo momento debía ataviarse de una manera adecuada, tanto por modestia como por mantener un aspecto agraciado. La esposa que con fidelidad cumplía sus responsabilidades era tenida en gran estima por su familia, la sinagoga y la comunidad en general.

Aprendemos con base en la experiencia de Pablo que algunas de las mujeres en la iglesia de los corintios, quizás trastornadas por las feministas locuaces e influyentes de la ciudad, habían empezado a salir en público sin llevar puesto el velo. El Nuevo Testamento no prescribe que todas las mujeres deban llevar velos. Aunque parece haber sido la norma en Corinto (cp. 1 Co. 11:4-6), no existe razón para suponer que las mujeres cristianas en todo el resto de las primeras iglesias usaran velos. Parece que en Corinto las únicas mujeres que por tradición no usaban velo en público eran prostitutas o feministas, y ambos grupos no tenían respeto a Dios ni a la institución familiar. En esa cultura el velo en la cabeza era una señal de corrección moral y de sumisión, así que el simple hecho de no llevarlo puesto era un síntoma de inmoralidad y rebeldía. En esas circunstancias culturales específicas, Pablo aconsejó a "toda mujer que ora o profetiza" que mantuviera su cabeza cubierta (1 Co. 11:5), a fin de no ser consideradas como rebeldes en contra del principio de sumisión ordenado por Dios. Pablo no estableció aquí un modo permanente o universal de vestimenta para las mujeres cristianas, sino que reforzó el principio de que nunca debían dar a la sociedad ni el más mínimo indicio de rebelión o inmoralidad. (Para una discusión más completa sobre este pasaje importante, véase en esta serie el comentario del autor sobre *Primera de Corintios* [Chicago: Moody, 1984], pp. 251-63.)

En su carta a Tito, Pablo enseña: "Las ancianas asimismo sean reverentes en su porte; no calumniadoras, no esclavas del vino, maestras del bien; que enseñen a las mujeres jóvenes a amar a sus maridos y a sus hijos, a ser prudentes, castas, cuidadosas de su casa, buenas, sujetas [*hupotassō*] a sus maridos, para que la palabra de Dios no sea blasfemada" (2:3-5). Las mujeres cristianas de mayor edad no solo deben ser reverentes y evitar la chismería y la bebida en exceso, sino que deben dedicarse de manera activa a enseñar a las mujeres más jóvenes.

Las ancianas deben enseñar a las más jóvenes los requisitos y prioridades de la feminidad cristiana, de forma especial con relación a sus esposos e hijos. Esposos y esposas por igual tienen el mandato divino de amarse mutuamente y de amar a sus hijos. El no obedecer esos mandatos claros es deshonrar la Palabra de Dios.

En nuestra época existe una gran necesidad de que las esposas jóvenes sean "cuidadosas de su casa". Una de las tragedias de la familia moderna es que muchas veces ninguno de los padres se queda en casa. Existen más de cincuenta millones de madres trabajadoras en los Estados Unidos (y la cifra va en aumento), de las cuales por lo menos dos tercios tienen hijos en edad escolar.

La expresión "cuidadosas de su casa" en Tito 2:5 proviene del verbo griego compuesto *oikourgos*, que se deriva de *oikos* (casa) y de una variación d ergon (obra). *Ergon*, sin embargo, no se refiere simplemente a trabajo en general sino que a menudo connota la idea de un trabajo o empleo particular. Es la palabra que Jesús utilizó cuando dijo: "Mi comida es que haga la voluntad del que me envió, y que acabe su *obra*" (Jn. 4:34, cursivas añadidas), y en otra ocasión: "Yo te he glorificado en la tierra; he acabado la *obra* que me diste que hiciese" (17:4, cursivas añadidas). Es la palabra que el Espíritu Santo empleó al mandar en la iglesia de Antioquía: "Apartadme a Bernabé y a Saulo para la *obra* a que los he llamado" (Hch. 13:2, cursivas añadidas). Pablo empleó la palabra al hablar de Epafrodito, quien "por la obra de Cristo estuvo próximo a la muerte" (Fil. 2:30, cursivas añadidas), y con relación a la obra de los líderes cristianos fieles de Tesalónica (1 Ts. 5:13). En otras palabras, no se trata de que una mujer se mantenga ocupada en el hogar, sino que el hogar es el lugar básico de su empleo, es el trabajo que ha recibido por asignación divina.

En su primera carta a Timoteo, Pablo manda "que las viudas jóvenes se casen, críen hijos, gobiernen su casa; que no den al adversario ninguna ocasión de maledicencia" (5:14). La mujer debe ser quien gobierna el hogar porque su trabajo por asignación divina es cuidar de su esposo e hijos. La norma de Dios es que la esposa y madre trabaje dentro, no fuera de la casa. Que una madre consiga un trabajo fuera de la casa con el fin de poder enviar los hijos a una escuela cristiana, es una tergiversación del papel que el esposo tiene como proveedor, así como del deber que ella tiene para con la familia. La buena educación que sus hijos reciban en la escuela se verá contraatacada por su falta de compromiso pleno con las normas bíblicas para la vocación maternal.

Además de tener menos tiempo para trabajar en el hogar, enseñar a sus hijos y cuidar de ellos, una esposa que trabaja por fuera de la casa con frecuencia tiene un jefe al cual es responsable de complacer con su apariencia física y otras cuestiones, complicando de manera innecesaria la relación con su esposo como cabeza del hogar. Se ve forzada a someterse a otros hombres además de su propio esposo y también es probable que se vuelva más independiente en muchos sentidos, incluso el económico, con lo cual contribuye a la fragmentación de la unidad familiar. También se pone en peligro de sucumbir a la seducción del mundo de los negocios y a sentirse cada vez menos satisfecha con el cumplimiento de sus responsabilidades en el hogar.

Uno de los grandes atractivos de muchas sectas para la gente joven es el prospecto de vivir en un grupo similar a una familia, en el que sienten la aceptación y el amor que nunca recibieron en su hogar, debido con frecuencia a la ausencia de la madre. Muchos estudios han demostrado que la mayoría de los niños que crecen en hogares donde la madre trabaja son menos seguros que aquellos cuyas madres siempre están en casa. Su presencia allí, incluso cuando el niño está en la escuela, es para ellos una firme ancla emocional. Las madres trabajadoras contribuyen a la delincuencia y un sinfín de otros problemas que conducen a la decadencia de la familia y de la generación siguiente. Esto no quiere decir que de forma automática o categórica las madres que se quedan en el hogar sean más responsables o espirituales que aquellas que trabajan. Muchas madres que nunca han trabajado fuera de su casa han hecho muy poco para fortalecer o bendecir el hogar. Los chismes, el desperdicio de tiempo en telenovelas indecentes e inmorales, y muchas otras cosas pueden ser tan destructivas como el trabajo lejos del hogar. Lo cierto es que la única oportunidad que una mujer tiene para cumplir a plenitud el plan de Dios para su vida como esposa y madre se encuentra en el hogar.

Ni siquiera se espera que las viudas o las mujeres cuyos esposos las han abandonado dejen su campo de acción y sus hijos para trabajar fuera del hogar. Pablo declaró: "si alguno no provee para los suyos, y mayormente para los de su casa, ha negado la fe, y es peor que un incrédulo" (1 Ti. 5:8). La referencia se aplica a la familia extensa e inmediata de un hombre cristiano, y en el contexto tiene que ver en particular con las viudas. Si una mujer no tiene esposo ni recursos financieros propios, sus hijos o nietos deben encargarse de su cuidado (v. 4). Si no tiene hijos de edad suficiente para sostenerla, los otros hombres en su familia tienen esa obligación (v. 8). Si no tiene parientes varones que la respalden, una mujer de la familia que tenga recursos adecuados debe cuidar de ella (v. 16a). Si no tiene parientes hombres o mujeres, o si los tales son incapaces o no están dispuestos a mantenerla, la iglesia está en la obligación de asumir su cuidado (v. 16b). El principio básico es que debería ser cuidada por otros creyentes y no verse obligada a sostenerse a sí misma con un trabajo fuera del hogar. En los últimos momentos de su vida, estando en la cruz del Calvario, Jesús tomó el tiempo necesario en medio de su agonía para asegurar que su madre viuda quedase bajo el cuidado de Juan (Jn. 19:26-27).

Las viudas que tenían más de sesenta años y habían demostrado su fidelidad como esposas y madres, siendo conocidas por sus buenas obras y su servicio al prójimo y a hermanos cristianos, eran incluidas en la lista oficial de viudas

(1 Ti. 5:9-10). Por fuentes extrabíblicas nos enteramos de que las viudas en esta lista eran sostenidas del todo por la congregación local y servían a la iglesia en ministerios oficiales como parte integral del personal eclesiástico.

Sin embargo, las viudas más jóvenes no debían colocarse en esa lista. Era más probable que ellas se enamoraran de nuevo y quisieran casarse otra vez, dejando así de cumplir su compromiso con el ministerio (vv. 11-12). También estarían más inclinadas a la pereza y a volverse "no solamente ociosas, sino también chismosas y entremetidas" (v. 13). En consecuencia, ellas debían ser alentadas a que "se casen, críen hijos, gobiernen su casa; que no den al adversario ninguna ocasión de maledicencia", como algunas de ellas ya lo habían hecho desviándose en pos de Satanás, quizás con pecado sexual o en un matrimonio mixto (vv. 14-15).

Desde sus inicios, la iglesia primitiva reconoció la prioridad que constituía su obligación de proveer para las viudas. Con el fin de cuidar de ellas con mayor cuidado y equidad, los apóstoles designaron a los primeros diáconos, "a quienes encarguemos de este trabajo" (Hch. 6:3). Los elegidos fueron unos de los hombres más piadosos y mejor preparados en la iglesia de Jerusalén, entre ellos Esteban y Felipe.

Si una mujer todavía tiene hijos en la casa, su obligación primordial es para con ellos. Si no tiene hijos o ya han crecido, tiene la responsabilidad de enseñar a las mujeres más jóvenes e impartirles el conocimiento y la sabiduría que ha adquirido en su propio andar con el Señor. Debería invertir su tiempo enseñando a mujeres jóvenes tanto como enseñó a sus propios hijos. Como una influencia piadosa que trabaja tanto dentro como fuera de su hogar, ella de ese modo puede dejar un legado espiritual a generaciones sucesivas, que trasciende la influencia inmediata que tuvo en su propia familia.

Algunas mujeres cristianas no tienen otra opción que trabajar porque no cuentan con un proveedor en la familia y su iglesia no está dispuesta a ayudarles, pero la gran mayoría de las mujeres que trabajan fuera del hogar lo hacen por alguna necesidad imaginaria de realización personal o de ingresos adicionales para elevar sus condiciones de vida, antes que proveer para las necesidades de la familia. Muchas madres jóvenes le dejan a niñeras sus bebés de tres o cuatro meses de nacidos, con el objeto de volver a trabajar y ganar más dinero, o por la simple razón de eludir las responsabilidades en el hogar. Algunas iglesias, escuelas y otras instituciones cristianas patrocinan esa práctica porque ofrecen servicios de guardería durante toda la semana para madres trabajadoras.

Si el estilo de vida que una familia tiene no se puede mantener sin que la esposa trabaje fuera de la casa, esa familia debería considerar con mucho cuidado si su estilo es la voluntad de Dios para ellos, y asegurarse de no confundir los beneficios económicos de lo que han supuesto correcto, con la bendición que Dios trae. El gran número de mujeres trabajadoras no solo ocasiona daños al hogar sino también a la economía, porque contribuye a la inflación y a la pérdida de puestos de trabajo que de cualquier modo los hombres podrían ocupar.

Tal como sucede con la ingestión de bebidas alcohólicas, la Biblia no prohíbe de manera específica que una esposa trabaje por fuera del hogar, pero las prioridades bíblicas son tan claras que solo pueden ser obedecidas o rechazadas abiertamente, y cada mujer debe elegir la manera como habrá de honrar esas prioridades.

Cuando Samuel era tan solo un infante, su padre Elcana quiso que su madre llevara al niño y subiera con el resto de la familia para ofrecer sacrificios en Jerusalén. No obstante, su madre Ana respondió: "Yo no subiré hasta que el niño sea destetado, para que lo lleve y sea presentado delante de Jehová, y se quede allá para siempre" (1 S. 1:21-22). A pesar de la importancia del sacrificio anual, ella sabía que su responsabilidad primordial en aquel momento era cuidar de su bebé. Al darse cuenta de que sus prioridades eran correctas, Elcana respondió: "Haz lo que bien te parezca; quédate hasta que lo destetes; solamente que cumpla Jehová su palabra" (v. 23).

La mujer industriosa y talentosa que tiene tiempo y energía después de atender sus responsabilidades hogareñas, puede canalizar esos recursos adicionales en muchas áreas de servicio que no la mantengan alejada del hogar durante todo el día. La esposa piadosa de Proverbios 31 cuidaba de su esposo e hijos, hacía compras con diligencia, supervisaba diversos negocios y asuntos financieros, ayudaba a los pobres, daba ánimo y consejos sabios, era una buena maestra y la respetaban en gran manera su esposo, sus hijos y la comunidad (vv. 10-31). No obstante, ella hacía todas esas cosas desde su hogar como el centro básico de operaciones. Con los medios de comunicación y transporte modernos así como otros incontables recursos que la mujer de Proverbios no tenía, las mujeres cristianas en la actualidad cuentan con muchas más oportunidades para ejercer un servicio productivo, beneficioso y satisfactorio, sin sacrificar la prioridad de sus hogares.

EL MODO DE SUJECIÓN

como al Señor; (5:22*b*)

El modo o la actitud de sujeción debe ser **como al Señor.** Todas las cosas que hacemos en obediencia al Señor deben hacerse primero que todo para su gloria y para agradarle. Aquellos a quienes nos sometemos, bien sea en sumisión mutua o en respuesta a su autoridad funcional, con frecuencia no van a inspirar respeto de nuestra parte. Algunas veces serán torpes, desconsiderados, abusivos e ingratos, pero el creyente lleno del Espíritu, y en este caso la esposa, se sujeta de todas maneras porque esa es la voluntad del Señor y su mayor sujeción es a Él. Una esposa que se sujeta de la forma debida a su esposo también se somete **al Señor,** y una esposa que no se sujeta a su esposo tampoco se está sujetando al Señor.

EL MOTIVO DE LA SUJECIÓN

porque el marido es cabeza de la mujer, así como Cristo es cabeza de la iglesia, (5:23*a*)

La motivación suprema de la esposa para sujetarse a su esposo es el hecho de que él es su cabeza funcional en la familia, **así como Cristo es cabeza de la iglesia** (cp. 1 Co. 11:3; Col. 1:18; y véase Ef. 1:22-23). La cabeza da dirección y el cuerpo responde. Un cuerpo físico que no responde a la dirección de la cabeza está impedido, paralizado o pasmado. De igual modo, una esposa que no responde de la manera debida a la dirección de su esposo, manifiesta una disfunción espiritual seria. Por otra parte, una esposa que con amor y buena voluntad responde al liderazgo de su esposo como al Señor, trae honra a su Señor, su esposo, su familia, su iglesia y ella misma. Ella también es un bello testimonio para el Señor ante la vista del mundo que le rodea.

EL MODELO DE SUJECIÓN

la cual es su cuerpo, y él es su Salvador. Así que, como la iglesia está sujeta a Cristo, así también las casadas lo estén a sus maridos en todo. (5:23*b*-24)

El modelo insuperable y definitivo de sujeción es el de Jesucristo mismo, quien realizó el acto supremo de sumisión al entregar su propia vida libre de pecado para salvar a un mundo lleno de pecado. Cristo es el **Salvador de su cuerpo,** de su iglesia, por la cual murió en la cruz. Él es el proveedor y protector perfecto, así como la cabeza de su iglesia, **la cual es su cuerpo.**

Jesucristo es el modelo divino del papel que han de desempeñar los esposos, quienes deben hacer provisión, proteger, preservar, amar y encaminar a sus esposas y sus familias así como Cristo cuida de su iglesia. **Así que, como la iglesia está sujeta a Cristo, así también las casadas lo estén a sus maridos en todo.**

Seguir el plan de Dios para la familia no solo es algo que le agrada a Él, sino que es la única manera de poder tener hogares más piadosos, felices y seguros. Su plan no está dirigido a la exaltación del hombre y la supresión de la mujer, ni a la exaltación de la mujer y la supresión del hombre, sino al perfeccionamiento y realización plenas tanto del hombre como de la mujer, en la manera que Él ha ordenado que sean. Tal perfección y satisfacción se hacen posibles mediante la llenura del Espíritu Santo.

El papel y las prioridades del esposo

23

Maridos, amad a vuestras mujeres, así como Cristo amó a la iglesia, y se entregó a sí mismo por ella, para santificarla, habiéndola purificado en el lavamiento del agua por la palabra, a fin de presentársela a sí mismo, una iglesia gloriosa, que no tuviese mancha ni arruga ni cosa semejante, sino que fuese sant y sin mancha. Así también los maridos deben amar a sus mujeres como a sus mismos cuerpos. El que ama a su mujer, a sí mismo se ama. Porque nadie aborreció jamás a su propia carne, sino que la sustenta y la cuida, como también Cristo a la iglesia, porque somos miembros de su cuerpo, de su carne y de sus huesos. Por esto dejará el hombre a su padre y a su madre, y se unirá a su mujer, y los dos serán una sola carne. Grande es este misterio; mas yo digo esto respecto de Cristo y de la iglesia. Por lo demás, cada uno de vosotros ame también a su mujer como a sí mismo; y la mujer respete a su marido. (5:25-33)

La vida adquiere significado con las relaciones personales, y la más significativa de todas es la que existe entre un hombre y una mujer en el matrimonio. Pedro llamó esto "la gracia de la vida" (1 P. 3:7). Sin embargo, la realización plena dentro de esa relación nos elude con mucha facilidad. Un matrimonio que de una manera continua se pone cada vez mejor y se vuelve cada vez más enriquecedor y satisfactorio, es raro en la actualidad.

Hoy día se levantan muchas voces con la afirmación de que la institución misma del matrimonio ha fracasado en satisfacer las necesidades de las personas; pero el hecho es que la cuestión no es que el matrimonio halla fracasado, puesto que es cada vez más evadido por la gente. La solución actual es el divorcio, cuando lo que se requiere es el esfuerzo y la determinación perseverantes a fin de cumplir el compromiso necesario para hacer funcionar el matrimonio.

En su libro *El matrimonio y sus alternativas,* el doctor Carl Rogers escribe desde el punto de vista de un incrédulo humanista:

A mí me parece que estamos viviendo en una época decisiva e incierta, y la institución del matrimonio se encuentra con toda seguridad en una condición bastante precaria. Si el 50 a 75 por ciento de los automóviles construidos por Ford o la General Motors quedaran por completo inservibles en la parte inicial de sus vidas útiles, es indudable que alguien tomaría medidas drásticas. No contamos con una forma tan organizada de tratar con nuestras instituciones sociales, así que la gente busca a tientas, con mayor o menor grado de ceguera, para encontrar alternativas al matrimonio (que por cierto es exitoso en menos del 50 por ciento). Vivir juntos sin casarse, vivir en comunas, establecer grandes centros para cuidar niños, monogamia en serie (con un divorcio tras otro), el movimiento de liberación femenina para establecer a la mujer como persona independiente y en su propio derecho, nuevas leyes de divorcio que eliminen todo concepto de culpa, todas estas cosas son búsquedas a tientas que quieren conducir a algún modelo nuevo de relación hombre/mujer en el futuro. Se requiere un hombre más osado que yo para predecir qué surgirá como resultado de todo esto. (Nueva York: Dell, 1973, p. 11)

No se necesita osadía para predecir lo que sucederá, sino solo dar un vistazo a la Palabra de Dios. "También debes saber esto", nos dice Pablo: "que en los postreros días vendrán tiempos peligrosos. Porque habrá hombres amadores de sí mismos, avaros, vanagloriosos, soberbios, blasfemos, desobedientes a los padres, ingratos, impíos, sin afecto natural, implacables, calumniadores, intemperantes, crueles, aborrecedores de lo bueno, traidores, impetuosos, infatuados, amadores de los deleites más que de Dios, que tendrán apariencia de piedad, pero negarán la eficacia de ella; a éstos evita... mas los malos hombres y los engañadores irán de mal en peor, engañando y siendo engañados" (2 Ti. 3:1-5, 13).

En esa pasmosa lista de pecados hay varios, tales como la desobediencia a los padres, la falta de afecto natural (el término griego,*astorgos*, se refiere a la falta completa de amor hacia la familia de uno), y la crueldad, que están destruyendo el hogar en la actualidad de forma directa. De todas maneras, *todo* pecado que debilita al individuo también debilita el hogar en alguna medida; *todo* aspecto de la impiedad debilita las relaciones entre esposo y esposa, padres e hijos, y hermanos y hermanas. El hogar se ha convertido en presa lícita de todos los engañadores, pervertidos sexuales y explotadores, como parte del ataque principal que Satanás ha emprendido en contra de los cimientos de la sociedad.

Debido a la maldición sobre el matrimonio desde la caída y a las inclinaciones de la naturaleza caída del hombre y del mundo que se oponen al camino y la voluntad de Dios, la familia siempre ha tenido dificultades. En la cultura occidental de nuestro tiempo, no obstante, la familia es víctima de una arremetida encarnizada que nunca se ha visto en cualquier otro tiempo en la historia de la sociedad humana. Existen menos probabilidades que antes para que una familia viva unida en armonía, amor y respeto mutuo, aparte de la provisión de Dios en Cristo. A medida que surge cada nueva corrupción, una nueva filosofía se levanta para justificarla, y aquellos que persisten en mofarse de lo establecido por Dios, están destinados, como Pablo profetizó, a ir de mal en peor. El matrimonio, al lado de todas las demás instituciones y designios de Dios, será cada vez más precario y destituido a medida que los hombres se rebajan a mayor profundidad en la perversión sexual y el egocentrismo.

Antes de la caída, Adán y Eva vivían en la armonía y satisfacción hermosas de un matrimonio perfecto. Cuando Adán vio a Eva por primera vez la reconoció de inmediato como su compañera perfecta. "Esto es ahora hueso de mis huesos y carne de mi carne", dijo (Gn. 2:23). El hombre no vio deficiencias ni manchas en ella, porque tanto el carácter de ella como la actitud de él eran puros. No había cosa alguna que criticar en Eva y no había un espíritu crítico en Adán. Aunque ambos estaban desnudos, ninguno sentía vergüenza (v. 25), porque no había en ellos un solo pensamiento de maldad, impureza o perversión.

El hombre fue creado primero y le fue asignado el ser cabeza sobre la mujer y la creación, pero la relación de ellos era tan pura y perfecta que el ejercicio de su función como cabeza era una manifestación de su amor consumado por ella, y la sumisión de ella a él era una manifestación de su amor consumado por él. Ningún egoísmo ni apetencia individual mancillaba su relación. Cada uno vivía para el otro en cumplimiento perfecto del propósito con que fueron creados y bajo la provisión y cuidado perfectos de Dios.

El hombre y la mujer estaban identificados el uno con el otro de una manera tan estrecha, que el mandato de Dios fue: "señoree [hombre y mujer] en los peces del mar, en las aves de los cielos, en las bestias, en toda la tierra, ... Y *los* bendijo Dios, y *les* dijo: Fructificad y multiplicaos; llenad la tierra, y sojuzgdla, y señoread en los peces del mar, en las aves de los cielos, y en todas las bestias que se mueven sobre la tierra" (Gn. 1:26-28, cursivas añadidas).

El matrimonio fue instituido para la procreación de seres humanos y la crianza de hijos para llenar la tierra (Gn. 1:28). También para cumplir un propósito de compañía mutua, a fin de que el hombre no estuviese solo (2:18), y también con el propósito de la satisfacción y el placer sexual (1 Co. 7:4-5; cp. He. 13:4).

En el último capítulo discutimos por qué razón la perfecta relación matrimonial entre Adán y Eva fue interrumpida. La caída misma tuvo que ver con una perversión de las funciones propias de cada uno de los cónyuges, y la maldición de Dios ocasionada por la caída también afectó al matrimonio. Eva no solo pecó al desobedecer el mandato específico de Dios, sino al actuar con independencia de su esposo y abstenerse de consultar a Adán con respecto a la tentación de la serpiente. Adán no solo pecó al desobedecer el mandato de Dios, sino al sucumbir ante el liderazgo de Eva y fracasar en el ejercicio de su autoridad dada por Dios. Debido a su desobediencia, Dios trajo la maldición del dolor en el parto para la mujer, y de un deseo pervertido de ser cabeza sobre el hombre. El hombre fue maldecido con el trajín laboral, la dificultad y la frustración en la extracción de sustento de la tierra, y también a estar en conflicto con su esposa para lograr su sumisión. Ambos fueron maldecidos con la muerte como el castigo por su pecado (Gn. 3:16-19; cp. Ro. 5:15-19).

El matrimonio se vio corrompido porque tanto el hombre como la mujer torcieron el plan de Dios para su relación. Invirtieron sus roles asignados y el matrimonio ha sido una lucha constante desde entonces. La liberación femenina refleja los deseos distorsionados de la mujer, y el machismo los del hombre. La naturaleza no redimida de hombres y mujeres por igual les lleva a obsesionarse consigo mismos y a servirse a sí mismos, y esas características no son en absoluto la base para establecer unas relaciones armónicas. El camino de Dios hacia el matrimonio de éxito se enfoca en lo que esposos y esposas por igual contribuyan a su realización, no en lo que puedan sacar de él para su provecho individual.

A lo largo de la historia la distorsión más preponderante de las relaciones ha sido por parte del hombre. En la mayoría de las culturas del mundo antiguo, las mujeres eran tratadas como poco más que sirvientas, y la práctica se refleja en muchas partes del mundo hoy día. Marcio Cato, el famoso estadista romano del siglo segundo a.C. escribió: "Si usted sorprende a su esposa en un acto de infidelidad, la puede matar sin un juicio; pero si ella le sorprende a usted, más le vale a ella no atreverse a tocarle con un solo dedo. Ella no tiene derechos". Tal postura refleja el chauvinismo masculino extremista que vino como resultado de la caída, y refleja la perversión de los roles y las responsabilidades que Dios asignó desde un principio a esposos y esposas.

Incluso en sociedades supuestamente liberadas, las mujeres son miradas casi siempre como objetos sexuales que existen en primer término para la gratificación sensual de los hombres. Como el hombre moderno tiene la inclinación de verse a sí mismo como nada más que una forma animal superior, sin origen ni propósito divino, ni responsabilidad con un Dios personal, el hecho es que tiene todavía mayor disposición para ver a otras personas como simples cosas que puede utilizar para su placer y ventaja individuales.

Como ya se indicó, el ataque inicial de Satanás contra la creación suprema de Dios incluyó la corrupción de la familia. El pecado trajo una influencia alienante y divisoria en el matrimonio y la familia. El primer homicidio fue de un hermano contra otro hermano (Gn. 4:8). Contadas generaciones más adelante vemos a Lamec como un polígamo (Gn. 4:23), apartándose del diseño de Dios para el matrimonio de un hombre y una mujer nada más (2:24). El texto no dice con exactitud qué sucedió cuando Cam vio a su padre Noé, tendido borracho y desnudo en su tienda, pero parece que tuvo que ver con insinuaciones o tentativas de tono sexual pervertido por parte de Cam, teniendo en cuenta de que Noé le maldijo por ello (Gn. 9:25). En el caso de Sara, al ver que no podía tener hijos persuadió a Abraham para que tuviera un hijo por medio de Agar, su esclava, y de ese modo hizo que su esposo cometiera adulterio (16:4). A causa del desenfreno en sus perversiones, en especial de tipo sexual, Dios destruyó a las ciudades de Sodoma y Gomorra (19:24-25). Desde aquel día, Sodoma se ha distinguido por darle nombre a un término común para referirse a la homosexualidad (sodomía). En Génesis 34 leemos acerca de la fornicación de Siquem con Dina, una de las hijas de Jacob (v. 3); como el acto se realizó a la fuerza, también se trató de una violación. Unos capítulos más adelante leemos acerca de otro pecado sexual doble entre Judá y su nuera Tamar, después que ella enviudó. Como no tenía hijos, se vistió como una prostituta de templo pagano (atuendo que incluía un velo), y sedujo a Judá cuando pasó cerca del camino y le dio su hijo deseado, pero a costa de haber cometido los pecados de prostitución e incesto (38:13-18). En el capítulo siguiente vemos el intento de seducción de José por parte de la esposa de Potifar (39:7-12).

En este primer libro de la Biblia vemos inversión en los papeles de esposo y esposa, fratricidio, poligamia, insinuaciones sexuales pervertidas, adulterio, homosexualidad, fornicación, violación, prostitución, incesto y seducción adúltera, cada uno de los cuales ataca de manera directa la santidad y armonía del matrimonio y de la familia.

No obstante, gran parte de la sociedad moderna considera laudables esos mismos pecados. Las mujeres jóvenes que son vírgenes y los esposos que son fieles a sus esposas, son mirados con sospecha o como objetos de burla. La pureza sexual y la fidelidad marital son parte del material básico de ridiculización para comediantes y programas de opinión. De por sí resulta difícil hacer que el matrimonio funcione bajo la maldición cuando la gente reconoce y procura seguir las normas de Dios para la moralidad y el matrimonio. Algo de una dificultad inmensurable y mayor es lograrlo cuando la mayoría hace mofa de esas normas. Los únicos que pueden sobrevivir en una generación malvada y perversa son los cristianos que están llenos con el Espíritu Santo. Aparte de sus recursos divinos, una pareja no tiene mayor probabilidad de hacer que su matrimonio sea lo que Dios propuso que fuese desde el principio, que la de Ponce de León en sus intentos de hallar la fuente de la eterna juventud.

Satanás sabe por experiencia que cuando el hogar se debilita, toda la sociedad se debilita, porque el corazón de todas las relaciones humanas es la familia. La maldición golpea a la humanidad en la base de aquella relación humana que más necesita, la necesidad de que hombres y mujeres cuenten el uno con el otro como ayudas idóneas para llevar vidas productivas, significativas y felices en la tierra. El mundo, inspirado y dirigido por Satanás en persona, nos dice que se puede encontrar sentido y felicidad en servir y complacer al ego en sus antojos, en ser libre de expresar deseo sexual como el individuo quiera hacerlo, sea a través de la promiscuidad, la infidelidad en el matrimonio, el intercambio de consortes, la homosexualidad, la bestialidad o cualquier otra forma. Cada vez que los hombres y las mujeres muerden ese anzuelo engañoso, se suman a las fuerzas de Satanás para menoscabar y destruir toda relación con significado y significado verdadero en sus vidas, tanto en el plano sexual como en todo lo demás. Además, traen sobre sí mismos la destrucción y la enfermedad que Dios ha ordenado como consecuencia de tales pecados.

El entretenimiento popular va más allá del reflejo de los anhelos internos normales y realistas que toda persona tiene acerca de relaciones que sean genuinas y permanentes. La fantasía de la mujer perfecta, el hombre perfecto, la relación romántica perfecta, eluden cada vez más a los soñadores porque las satisfacciones fantasiosas de la inmoralidad son preferidas a las satisfacciones reales que solo vienen como resultado de acatar las normas de pureza y abnegación de Dios. El rostro bello, el cuerpo atlético, la personalidad arrolladora y todos los demás atractivos superficiales, son incapaces de mantener juntos a dos seres humanos cuando la primera prioridad de su vida es servirse y agradarse a sí mismos. La mentira de que ningún rostro es lo bastante hermoso, ningún cuerpo lo bastante sensual, ninguna indumentaria lo bastante espectacular, y ningún placer físico lo bastante satisfactorio, coloca a las personas en una senda de autodestrucción y vacío absoluto.

Incluso al ver que relación tras relación las cosas se hacen cada vez más decepcionantes, la gente sigue esperando encontrar su satisfacción fantasiosa en la siguiente persona, la siguiente experiencia, la siguiente emoción excitante. Puesto que la persona egoísta quiere lo que no tiene, es natural que cada vez quiera tener más. Sin embargo, entre más posee más quiere todavía y menos satisfacción obtendrá. A medida que el ego se eleva por encima del amor y la inmoralidad por encima de la pureza, es inevitable que la fantasía se eleve por encima de la realidad, porque la realidad es demasiado difícil de enfrentar. Dios destina la vida impía e inmoral al espejismo quimérico y al desencanto final.

En Efesios 5:25-33 Pablo continúa su descripción de la vida piadosa y moral del creyente que está lleno del Espíritu Santo y que siempre opta por la sumisión mutua "en el temor de Dios" (v. 21). Como el apóstol ya dejó en claro (vv. 22-24), Dios ha ordenado que el esposo sea cabeza sobre su esposa. No obstante, el énfasis en el resto del capítulo no se hace en la autoridad del esposo sino en su deber de someterse a su esposa mediante su amor por ella. Los versículos 25-31 explican la manera de ese amor y los versículos 32-33 revelan su motivo.

LA MANERA DE AMAR

Maridos, amad a vuestras mujeres, así como Cristo amó a la iglesia, y se entregó a sí mismo por ella, para santificarla, habiéndola purificado en el lavamiento del agua por la palabra, a fin de presentársela a sí mismo, una iglesia gloriosa, que no tuviese mancha ni arruga ni cosa semejante, sino que fuese santa y sin mancha. Así también los maridos deben amar a sus mujeres como a sus mismos cuerpos. El que ama a su mujer, a sí mismo se ama. Porque nadie aborreció jamás a su propia carne, sino que la sustenta y la cuida, como también Cristo a la iglesia, porque somos miembros de su cuerpo, de su carne y de sus huesos. Por esto dejará el hombre a su padre y a su madre, y se unirá a su mujer, y los dos serán una sola carne. (5:25-31)

Como se acabó de advertir, el mandato: **Maridos, amad a vuestras mujeres,** continúa la explicación de Pablo sobre la sujeción mutua que se mencionó en el versículo 21. La sumisión fundamental del esposo a su esposa es por medio de su amor por ella, y el apóstol deja en claro que se trata de un amor sin límites. Los esposos deben amar a sus esposas **así como Cristo amó a la iglesia.** Jesucristo amó a la iglesia antes de traerla a existencia. Él escogió y amó a los suyos aun "antes de la fundación del mundo" (1:4), porque el amor de Dios es presente por la eternidad y no tiene pasado ni futuro.

Es obvio que ningún ser humano y pecaminoso tiene la capacidad para amar con la plenitud y perfección divinas con las que **Cristo amó** y amará por siempre **a la iglesia.** Sin embargo, gracias a que un cristiano tiene la naturaleza de Cristo mismo y el Espíritu Santo en su interior, Dios hace provisión a los esposos para que amen a sus esposas con una medida del amor de Cristo. El esposo que se somete al Señor siendo lleno de su Espíritu (v. 18) está en capacidad de amar a su esposa con la misma clase de amor que Jesús tiene por su propia esposa, la iglesia. El patrón de amor del Señor por su iglesia es el patrón de amor del esposo por su esposa.

En este pasaje Pablo menciona cuatro cualidades de ese amor divino cuyo ejemplo los esposos deben seguir en su relación con sus esposas. Así como el del Señor, el amor del esposo debe ser sacrificado, purificador, preservador e inquebrantable.

AMOR QUE SE SACRIFICA

y se entregó a sí mismo por ella, (5:25*b*)

Cuando Cristo vino a la tierra en forma humana, ya sabía que iba a ser burlado, ridiculizado, aborrecido, rechazado, golpeado y crucificado. Sabía desde el pasado eterno lo que sería demandado de su amor eterno si decidía proveer un camino de salvación a los hombres. Él renunció a sus prerrogativas como Hijo de Dios y "no estimó el ser igual a Dios como cosa a que aferrarse, sino que se despojó a sí mismo, tomando forma de siervo, hecho semejante a los hombres; y estando en la condición de hombre, se humilló a sí mismo, haciéndose obediente hasta la muerte, y muerte de cruz" (Fil. 2:6-8).

Por cuanto su sacrificio fue determinado en el cielo antes que una sola alma hubiera sido creada, y debido a que toda alma creada se hizo pecaminosa con la caída de Adán y digna solo de muerte (Ro. 1:32; 3:10-11, 23; 6:21), el sacrificio de Jesús fue un producto puro de la gracia. Jesús ama y salva porque la gracia es parte integral de su carácter. "Ciertamente, apenas morirá alguno por un justo; con todo, pudiera ser que alguno osara morir por el bueno. Mas Dios muestra su amor para con nosotros, en que siendo aún pecadores, Cristo murió por nosotros" (5:7-8). El amor de Jesús por su iglesia no solo resultó en un sacrificio, sino que fue sacrificado conforme a la *gracia* como un don inmerecido. Ninguna persona merece ser salvada, perdonada, limpiada e introducida en el reino de Dios como su propio hijo e hija. Él no se sacrificó por los agradables o dignos sino por los desagradables e indignos.

El amor del mundo siempre se orienta en los objetos. Una persona es amada a causa de su atractivo físico, su personalidad, su ingenio, su prestigio o alguna otra característica positiva. En otras palabras, el mundo ama a aquellos que estima dignos de ser amados. Es inevitable que esa clase de amor siempre sea inestable y endeble. Tan pronto una persona pierde alguna característica positiva o esa característica deja de ser llamativa, el amor basado en la característica también desaparece. Es debido a que tantos esposos y esposas solo tienen esa clase de amor voluble el uno hacia el otro, que sus matrimonios fracasan. Tan pronto uno de los cónyuges pierde su atractivo, el amor desaparece porque la base del tal amor se ha desvanecido.

El amor de Dios no es de esa clase. Él ama porque en su naturaleza está el amar aquello que ha creado y porque los objetos de su amor *necesitan* ser amados, no porque sean atractivos o merezcan su amor. Lo cierto es que si Dios amara como el mundo ama, no amaría a un solo ser humano; pero Él ama en su gracia maravillosa por la sencilla razón de que no puede hacer algo diferente.

Dios puede mandar que quienes le pertenecen tengan su misma clase de amor porque les ha dado la capacidad de amar como Él ama (cp. Ro. 5:5; 1 Ts. 4:9), y porque su amor ordenado debe ser por lo tanto, un asunto de decisión voluntaria (cp. Stg. 2:8; 1 Jn. 3:7, 16-18, 23; 4:7, 11). Es un acto de la voluntad así como del corazón, y parece que un principio cierto es que todo lo que decidimos amar de corazón y en la práctica, pronto se vuelve atractivo para nosotros. Sin embargo, el hecho de que un cristiano ame con la clase de amor que tiene Cristo no se basa en la condición atractiva del ser amado, sino en el mandato de amar que Dios le da. Amar como Cristo ama no depende en lo más mínimo de lo que otras personas sean en sí mismas, sino por entero de lo que nosotros somos en Cristo. A un esposo no se le manda amar a su esposa por lo que ella sea o no sea. Tiene el mandato de amarla porque la voluntad de Dios para él es que la ame. Es cierto que la intención de Dios es que el esposo también admire a su esposa y esté atraído hacia ella por su belleza, encanto, amabilidad, afabilidad y cualquier otra cualidad o virtud positiva. Sin embargo, aunque tales cosas traen gran bendición y deleite en la vida matrimonial, no son el vínculo firme del matrimonio. Si desaparecen todas las características atractivas y aun las virtudes de la esposa, él sigue bajo la misma obligación de amarla. De hecho, tiene una obligación todavía mayor porque la necesidad que ella tiene del poder sanador y restaurador del amor abnegado de su esposo también es mayor. Esa es la clase de amor que Cristo tiene por su iglesia y por ende es la clase de amor que todo esposo cristiano debe tener por su esposa.

La expresión de amor del buen samaritano para con el hombre que fue golpeado y robado estuvo basada en su propio carácter generoso y en la necesidad severa de aquel hombre. No importó en sentido alguno que el hombre mereciera o no sus muchos cuidados. Jesús lavó los pies de sus discípulos porque les amó y buscó servirles, no porque ellos merecieran que se les prestara hasta el más elemental de los servicios. Él les amaba a pesar de su egoísmo, orgullo, ambición, autoindulgencia, celos y variabilidad. Sin duda sentía gran tristeza y dolor a causa de su egocentrismo continuo después de tres años de estar con Él en compañerismo íntimo, pero no les amó y sirvió con base en esos sentimientos, sino sobre la base de su propia naturaleza amorosa. Él también lavó sus pies como un ejemplo de lo que todo discípulo tiene mandado hacer. "Pues si yo, el Señor y el Maestro, he lavado vuestros pies, vosotros también debéis lavaros los pies los unos a los otros" (Jn. 13:14). Poco después les dijo: "Un mandamiento nuevo os doy: Que os améis unos a otros; como yo os he amado, que también os améis unos a otros" (v. 34).

Donde existe una necesidad, el amor actúa, sin considerar merecimiento o dignidad intrínsecos en quien lo recibe (cp. 1 Jn. 3:16). El amor de Dios es su propia justificación, y cuando amamos como Él ama, nuestro amor también es su propia justificación, porque es semejante a su amor. Dios no amó al mundo y envió a su propio Hijo para redimirlo en vista de que el mundo fuese digno de ese amor. Era del todo indigno de su amor, y cuando su amor vino en forma de carne humana, el mundo lo despreció y rechazó con desaire irreverente y crueldad indescriptible. No obstante, Jesucristo como el amor encarnado de Dios, no se rindió ni se dio la vuelta o se resintió, sino que predicó y enseñó y sangró y murió, porque fue lo exigido por el amor divino.

El amor hace todo lo que sea necesario y no calcula costos ni méritos. Se extiende y ayuda, dirige, enseña, advierte o anima. Si algo se necesita lo da. Sin importar que su ayuda sea recibida o rechazada, apreciada o resentida, el amor persiste mientras la necesidad continúe.

Por lo tanto, el cristiano que ama conforme a lo que otras personas puedan hacer por él o porque le resulten atractivos, no está amando como Dios ama. El esposo que ama a su esposa solamente a causa de su atractivo físico o temperamento agradable, no la ama **como Cristo amó a la iglesia.** El esposo que ama a su esposa por lo que ella pueda darle, ama como el mundo ama y no como Cristo ama. El esposo que ama a su esposa como Cristo ama su iglesia da todo lo que tiene por su esposa, incluso la vida misma si es necesario.

Si un esposo amoroso está dispuesto a sacrificar su vida por su esposa, por cierto estará dispuesto a hacer sacrificios menores por ella y pone a un lado sus propios gustos, deseos, opiniones, preferencias y bienestar, si ello es requerido para agradarla y satisfacer sus necesidades. Muere al ego a fin de vivir para su esposa, porque eso es lo que exige la clase de amor que tiene Cristo. Esa es su sumisión.

La espiritualidad verdadera de un líder de la iglesia no se mide mejor por la manera como dirige una reunión de diáconos o ancianos, por la forma como participa en la Escuela Dominical o por la manera como habla desde el púlpito, sino por la manera como trata a su esposa e hijos en la casa, cuando nadie más le está observando. En ningún lugar se prueba mejor nuestra relación con Dios que en la relación que llevamos con nuestra familia. El hombre que actúa en su papel como dirigente espiritual en la iglesia pero que carece de amor y cuidado en su hogar, es culpable del más grave fraude espiritual.

El mundo dice de continuo al hombre que sea macho, que se defienda por sus propios medios, que afirme lo suyo, que llame la atención a él mismo y viva por completo para sí. Pero Dios dice al hombre cristiano que se entregue por otros y en especial por su esposa, tal como Cristo **se entregó a sí mismo por** la iglesia.

A fin de recordar con cierta regularidad la esencia de este amor que se sacrifica a sí mismo, yo tengo en mi escritorio las siguientes palabras de un autor desconocido:

> Al ser olvidado, abandonado o arrinconado a propósito, y sientes la punzada y el dolor del insulto o el menosprecio, pero tu corazón está feliz al saber que ha sido digno de sufrir por Cristo, allí estás muriendo al ego. Cuando se habla mal de tu bien y tus deseos son repudiados, tu consejo es desatendido, tus opiniones son ridiculizadas y rehúsas dejar que el enojo se apodere de tu corazón y aun a defenderte, en vez de lo cual soportas todo en silencio amoroso y paciente, eso es lo que significa morir al ego. Al ser amoroso y paciente para aguantar cualquier desorden, cualquier irregularidad o cualquier molestia, al estar cara a cara frente al desperdicio, la necedad, la extravagancia, la insensibilidad espiritual,

y soportas todo como Jesús lo soportó, allí es cuando mueres al ego. Cuando te contentas con cualquier comida, cualquier oferta, cualquier vestido, cualquier clima, cualquier sociedad, cualquier actitud, cualquier interrupción, todo por causa de la voluntad de Dios, allí es cuando mueres al ego. Al dejarte de preocupar por la mención de tu nombre en una conversación o con el registro de tus propias buenas obras, o por la pesca de un elogio, cuando de verdad te encanta ser anónimo, eso es morir al ego. Cuando ves a tu hermano prosperar y ver que sus necesidades sean satisfechas, y cuando con toda honestidad te regocijas con él en espíritu sin sentir envidia ni cuestionar a Dios, al tiempo que tus propias necesidades son mucho mayores y estás en circunstancias más angustiosas, eso es morir al yo. Si puedes recibir corrección y reconvención de alguien con menor estatura que tú, y puedes someterte con humildad en el interior y también en el exterior sin que la rebelión o el resentimiento se levanten en tu corazón, entonces es porque estás muriendo a tu ego.

AMOR QUE PURIFICA

para santificarla, habiéndola purificado en el lavamiento del agua por la palabra, a fin de presentársela a sí mismo, una iglesia gloriosa, que no tuviese mancha ni arruga ni cosa semejante, sino que fuese santa y sin mancha. (5:26-27)

Para los esposos, amar a sus esposas como Cristo ama su iglesia equivale a amarlas con un amor purificador. El amor divino no se limita a condenar el mal en quienes ama sino que procura limpiarlos de esa maldad. El gran amor de Cristo por su iglesia no le permite estar a gusto con cualquier pecado y cualquier impureza moral o espiritual en ella. Dios dice a su pueblo: "si vuestros pecados fueren como la grana, como la nieve serán emblanquecidos; si fueren rojos como el carmesí, vendrán a ser como blanca lana" (Is. 1:18). Él echa todos los pecados de sus hijos perdonados "en lo profundo del mar" (Mi. 7:19), perdona su iniquidad y no vuelve a acordarse jamás de su pecado (Jer. 31:34).

Un creyente es perdonado de todo pecado en el momento en que deposita su fe y confianza en Jesucristo como Señor y Salvador. Después de esa purificación inicial y plena del pecado, como Jesús explicó a Pedro mientras lavaba sus pies, la limpieza periódica sigue siendo necesaria: "El que está lavado, no necesita sino lavarse los pies, pues está todo limpio; y vosotros limpios estáis, aunque no todos" (Jn. 13:10). A medida que continuamos confesando nuestros pecados, Cristo "es fiel y justo para perdonar nuestros pecados, y limpiarnos de toda maldad" (1 Jn. 1:9). La **palabra** es el agente de esta santificación (cp. Tit. 3:5), el objetivo de la cual es una pureza y santidad tales que nos hagan aptos para ser presentados a Cristo como su propia esposa amada y eterna, así como habitar para siempre en su presencia gloriosa (cp. Ap. 21:1ss).

El amor solo quiere lo mejor para aquel a quien ama, y no puede tolerar que un ser amado se corrompa o desvíe por cualquier cosa maligna o dañina. Cuando el amor de un esposo por su esposa es como el amor de Cristo por su iglesia, va a procurar de manera continua ayudar a purificarla de cualquier clase de impureza y vicio. Se esforzará en protegerla de la contaminación del mundo y en proteger su santidad, virtud y pureza de todas las formas posibles. Nunca la inducirá a hacer algo insensato ni la expondrá a algo que no sea bueno para ella.

En un popular programa de opinión hace algunos años, el anfitrión entrevistó a dos ministros. Cuando les preguntó qué pensaban de la revista *Playboy*, uno de ellos respondió: "Creo que es detestable. No la leería ni tendría en mi casa porque deshonra a Dios, deshonra a hombres y mujeres, y deshonra casi todas las cosas buenas". El otro ministro dijo: "Yo soy un cristiano evangélico, y quiero que sepa que mi esposa y yo leemos *Playboy*. De hecho, ella me regaló una suscripción a la revista. Tras 18 años de matrimonio pensamos que necesitábamos algo más para estimular nuestra relación". Ese hombre no solo se estaba corrompiendo a sí mismo, sino que propiciaba que su esposa también se contaminara. Cualquiera que fuese el deseo sensual que motivaba a esa pareja a leer tal revista, no se trataba de amor verdadero y piadoso entre ellos.

Cuando un hombre joven dice que ama a una mujer joven pero quiere que ella comprometa su pureza sexual antes de estar casados, su amor no es más que la lujuria del mundo, no el amor de Dios; además es egoísta y no rinde servicio alguno a la mujer. Esa clase de amor contamina en lugar de purificar. Un esposo que corteja a su secretaria o a una vecina, le da a su esposa un motivo para sentirse rechazada y sola, y quizás para empezar ella misma a ser coqueta con otros hombres. De esa manera el esposo no solo pone en grave peligro su propia pureza moral sino también la de su esposa, y toma parte en la responsabilidad por cualquier indiscreción o inmoralidad en la que ella pueda llegar a verse tentada a involucrarse.

En la antigua Grecia, una futura esposa era llevada a un río para ser bañada y purificada en sentido ceremonial de cualquier impureza de su vida pasada. De una manera simbólica, sin importar cómo hubiera sido su vida antes, ahora quedaba purificada por completo de ello y podía entrar al matrimonio sin mancha moral ni social en absoluto. Era lavada y libertada por completo de su pasado para empezar una vida nueva al lado de su esposo.

En un sentido de grandeza mayor e inmensurable, Cristo se entregó a sí mismo por la iglesia, **para santificarla, habiéndola purificado en el lavamiento del agua por la palabra, a fin de presentársela a sí mismo, una iglesia gloriosa, que no tuviese mancha ni arruga ni cosa semejante, sino que fuese santa y sin mancha.** Su purificación de los creyentes no es ceremonial y simbólica, sino real y completa.

La verdad soteriológica contenida en esta bella analogía es que la gracia de salvación hace santos a los creyentes por medio de la obra purificadora de la Palabra de Dios, a fin de que ellos puedan ser presentados a Cristo como su esposa pura y morar para siempre en su amor. Es con ese mismo propósito y en ese mismo amor que los esposos deben cultivar la pureza, la justicia y la santidad de sus propias esposas.

AMOR QUE CUIDA

Así también los maridos deben amar a sus mujeres como a sus mismos cuerpos. El que ama a su mujer, a sí mismo se ama. Porque nadie aborreció jamás a su propia carne, sino que la sustenta y la cuida, como también Cristo a la iglesia, porque somos miembros de su cuerpo, de su carne y de sus huesos. (5:28-30)

Para que el amor de un esposo hacia su esposa sea semejante al amor de Cristo por su cuerpo, la iglesia, también debe caracterizarse por el cuidado afectuoso de la esposa, a tal punto que cuide tanto de su bienestar como él cuida del bienestar de su propio cuerpo.

Los hombres y las mujeres siempre se han interesado en sus cuerpos, pero en ningún otro tiempo de la historia humana la gente ha consentido, protegido, alimentado y complacido al cuerpo de una manera pecaminosa, como en nuestros días. Es incalculable la cantidad de dinero que se gasta hoy día tan solo para decorar, proteger, componer, aumentar, acomodar y exhibir el cuerpo.

Puesto que como cristianos nuestros cuerpos son templos del Espíritu Santo, debemos cuidar de ellos de una forma adecuada, con el suministro de los alimentos apropiados, el mantenimiento de una fortaleza física razonable, el descanso suficiente y demás. Si nuestro cuerpo es saludable adquirimos una sensación y una actitud de bienestar, y cuando el esposo satisface las necesidades de su esposa, con el mismo cuidado y preocupación que tiene para satisfacer las necesidades de su propio cuerpo, él también tendrá un sentido de bienestar y placer genuinos como subproducto de su amor abnegado.

El esposo que ama a su esposa como Cristo ama a la iglesia nunca le hará algo que le causara daño a él en **su propia carne.** Su deseo es sustentarla y cuidarla tanto como **sustenta** y **cuida** su propio cuerpo, porque **también Cristo** hace lo mismo por **la iglesia.**

Cuando ella necesita fortaleza, él le da fortaleza. Cuando necesita ánimo, él se lo da, y así mismo con todas las demás cosas que ella necesite. Así como Dios suple en abundancia para "todo lo que [nos] falta conforme a sus riquezas en gloria en Cristo Jesús" (Fil. 4:19), el esposo amoroso procura suplir todas las necesidades de su esposa. El matrimonio bienaventurado y bendecido es el matrimonio en el que el esposo ama a su esposa con cuidados sin límite. Algo anda muy mal si ella es considerada solo como cocinera, ama de casa, acompañante ocasional y compañera sexual. Ella es un tesoro inmenso dado por Dios, con el propósito de ser amada, atendida, sustentada y cuidada.

Sustentar a una esposa equivale a proveer para sus necesidades, a dar sin reservas todo lo que le ayude a crecer y madurar en favor delante de Dios y el hombre. Cuidarla significa hacer uso del amor tierno y el afecto físico para brindarle calor, comodidad, protección y seguridad. Tal como Cristo provee para su iglesia, el esposo debe proveer para su esposa y su familia.

Cristo hace provisión para nosotros como su iglesia **porque somos miembros de su cuerpo.** Si Él no proveyera para su iglesia tampoco proveería para sí mismo. Él lleva una vida en común con su iglesia y nos ha convertido en **miembros de su cuerpo, de su carne y de sus huesos,** de modo que somos su encarnación actual en la tierra. Pablo dijo: "el que se une al Señor, un espíritu es con él" (1 Co. 6:17), y también: "Con Cristo estoy juntamente crucificado, y ya no vivo yo, mas vive Cristo en mí; y lo que ahora vivo en la carne, lo vivo en la fe del Hijo de Dios, el cual me amó y se entregó a sí mismo por mí" (Gá. 2:20).

AMOR QUE NO SE ROMPE

Por esto dejará el hombre a su padre y a su madre, y se unirá a su mujer, y los dos serán una sola carne. (5:31)

Para que un esposo ame a su esposa como Cristo ama a su Hijo, es necesario que la ame con un amor inquebrantable. En esta cita directa de Génesis 2:24, Pablo hizo énfasis en la permanencia y en la unidad del matrimonio. El principio de Dios para el matrimonio no cambió desde el tiempo de Adán hasta el de Pablo, y tampoco ha cambiado hasta el día de hoy.

Una de las barreras más grandes para el éxito en el matrimonio es que uno o ambos cónyuges no dejen **a su padre y a su madre.** En el matrimonio, una nueva familia empieza y las relaciones de la familia anterior deben cortarse en lo concerniente a autoridad y responsabilidades. Los padres siempre deben ser amados, tenidos en cuenta y cuidados, pero ya no deben controlar las vidas de sus hijos una vez que se hayan casado.

Proskollaō (**se unirá**) tiene el significado literal de pegar o juntar con cemento u otra sustancia adhesiva. Los esposos y las esposas deben **dejar** a sus padres y **unirse** o adherirse el uno al otro de forma inseparable. Rompen unos vínculos para establecer otros, y los nuevos tienen un carácter más obligatorio y permanente que los primeros.

"Jehová Dios de Israel ha dicho que él aborrece el repudio" (Mal. 2:16). Dios siempre ha aborrecido el divorcio y lo seguirá detestando porque destruye algo que Él ha ordenado para ser inquebrantable. Él aborrece el divorcio con base en cualesquiera términos y por cualquier razón. Está dispuesto a tolerarlo en ciertos casos especiales y a perdonarlo, tal como está dispuesto a perdonar cualquier otro pecado, pero nunca cambiará su aborrecimiento del mismo así como tampoco cambiará su aborrecimiento de cualquier otro pecado.

Tanto esposos como esposas no deben apresurarse a proceder a un divorcio a causa de las faltas cometidas por sus cónyuges, ni siquiera en caso de infidelidad. Así como Cristo no se separa de los creyentes que pecan contra Él, los esposos y las esposas no deben separarse de sus cónyuges cuando pecan contra ellos. Así como Cristo siempre es perdonador para con los creyentes, esposos y esposas por igual siempre deben estar dispuestos a perdonarse el uno al otro.

Israel fue infiel a Dios en repetidas ocasiones, y con mucha frecuencia se hace referencia a esa infidelidad en el Antiguo Testamento como adulterio espiritual. Desde el momento en que Dios escogió a Israel para que fuese su pueblo, estuvo determinado a amarle "con amor eterno" (Jer. 31:3). Solo fue después de un adulterio espiritual y un rechazo ininterrumpidos contra Él, que Dios terminó concediendo un divorcio a Israel (Jer. 3:8). Eso no quiso decir que hubiera rechazado a los creyentes verdaderos que había en la nación y que se mantenían seguros en su gracia salvadora (véase Mal. 3:16-18).

Esa es la clase de vínculo perfecto que Dios ordenó para el matrimonio. No es inmutable en cuanto a la eternidad misma, pero es perdurable en lo concerniente a las vidas del esposo y la esposa sobre la tierra. Aunque Él ha hecho provisión para el divorcio en los casos de adulterio continuo y sin arrepentimiento por parte del transgresor (Mt. 5:31-32; 19:4-10), así como en el caso de un cónyuge incrédulo que abandona al creyente (1 Co. 7:15), la muerte es la única disolución que Dios desea para el matrimonio.

Así como el cuerpo de Cristo es indivisible, el diseño ideal de Dios para el matrimonio es que sea indivisible. Como Cristo es uno con su iglesia, los esposos son uno con sus esposas. Por lo tanto, cuando un esposo lastima a su esposa se hace daño a sí mismo. Un esposo que viola su matrimonio se viola a sí mismo. Un esposo que destruye su matrimonio destruye una parte de él mismo.

Con respecto a un hombre y una mujer que se unen en matrimonio, Jesús dijo: "no son ya más dos, sino una sola carne; por tanto, lo que Dios juntó, no lo separe el hombre" (Mt. 19:6). Cuando los fariseos preguntaron: "¿Por qué, pues, mandó Moisés dar carta de divorcio, y repudiarla?", Jesús les contestó: "Por la dureza de vuestro corazón Moisés os permitió repudiar a vuestras mujeres; mas al principio no fue así. Y yo os digo que cualquiera que repudia a su mujer, salvo por causa de fornicación, y se casa con otra, adultera" (vv. 7-9).

Jesús dejó en claro que Dios por medio de Moisés, tan solo "permitió" el divorcio; Él nunca "mandó" que se hiciera, como los líderes judíos habían afirmado por cientos de años. La carta de divorcio cumplía la función de proteger a la esposa ofendida, a quien se le permitía casarse de nuevo sin ser culpada de adulterio. Esa es la única provisión que tanto Moisés como Jesús tienen con respecto al divorcio.

Sin embargo, no es la voluntad de Dios que incluso el adulterio rompa la relación matrimonial, y ese es el mensaje del libro de Oseas. Gomer, la esposa de Oseas, fue infiel hasta el extremo porque no solo cometió adulterio sino que se convirtió en una prostituta. No obstante, la palabra de Dios para Oseas fue que la siguiera amando y perdonando. Cuanto más pecaba ella, más debía él perdonarla, con el propósito de reflejar el perdón y la gracia abundantes de Dios para con su pueblo pecador. Por último, Dios restauró el matrimonio de Oseas y Gomer, y dio a Israel la promesa: "Yo sanaré su rebelión, los amaré de pura gracia; porque mi ira se apartó de ellos. Yo seré a Israel como rocío; él florecerá como lirio" (Os. 14:4-5). Esa es la manera como Dios siempre ha amado a su pueblo, la manera como Jesucristo siempre ha amado a su iglesia, y la manera como los esposos cristianos siempre deben amar a sus esposas. El Señor nunca nos abandona ni expulsa, porque "si confesamos nuestros pecados, él es fiel y justo para perdonar nuestros pecados, y limpiarnos de toda maldad" (1 Jn. 1:9).

Cuando un esposo encuentra fallas e incorrecciones en su esposa, y aun si ella fuese tan infiel y traicionera como Gomer, él debería darse cuenta de que ella no le ha ofendido en nada comparado a lo que él mismo ha ofendido a Dios. Dios tiene inmensurablemente mucho más que perdonarnos de lo que nosotros jamás pudiéramos perdonar a otros. (Una discusión detallada del divorcio se encuentra en los pasajes pertinente de los comentarios del autor sobre *Mateo 1-7* [Moody, 1985] y *Primera de Corintios* [Moody, 1984], así como en su libro *La familia* [Moody, 1982].)

Juan Crisóstomo, uno de los padres de la iglesia primitiva, escribió:

> ¿Has visto la medida de la obediencia? Allí también se encuentra la medida del amor. ¿Te gustaría que tu esposa te obedeciera como la iglesia ama a Cristo? Entonces cuida de ella como Cristo cuida de la iglesia, y si es necesario que entregues tu vida por ella, o que seas cortado en mil pedazos, o que hagas cualquier otro sacrificio, no rehúses hacerlo. Cristo llevó la iglesia a sus pies mediante su gran amor, no por medio de amenazas o cosa semejante, y así también debe ser tu conducta hacia tu esposa.

A cierto hombre que temía estar amando demasiado a su esposa, se le preguntó si la amaba tanto como Cristo ama a la iglesia. Al responder que no se le dijo: "En ese caso usted debe amarla más todavía".

Pedro amonestó: "Vosotros, maridos, igualmente, vivid con ellas sabiamente, dando honor a la mujer como a vaso más frágil, y como a coherederas de la gracia de la vida, para que vuestras oraciones no tengan estorbo" (1 P. 3:7). Aquí vemos al menos tres mandatos. Primero, un esposo debe ser considerado con su esposa. Tratar a la esposa con entendimiento y comprensión es tratarla con sensibilidad y consideración. Vez tras vez escuchamos a esposas decir, y casi siempre con justificación, que sus esposos no las entienden, que no son sensibles frente a sus sentimientos y sus necesidades, y que no se comunican bien con ellas. El hecho de que un esposo pueda tener muchas presiones y preocupaciones que atender por su cuenta no es excusa válida para ser insensible con su esposa, a quien Dios le manda amar y cuidar tanto como Cristo ama y cuida a su iglesia.

En segundo lugar, Pedro enseña que un esposo debe ser caballeroso con su esposa, "dando honor a la mujer como a vaso más frágil". La hidalguía verdadera no solo es una cuestión formal de la vida amable en sociedad, sino que refleja la actitud que los hombres deberían tener hacia todas las mujeres, y en particular hacia sus propias esposas. La cortesía de un esposo hacia su esposa no solo le agrada a ella sino a Dios.

En tercer lugar, Pedro dice a los esposos que honren a sus esposas "como a coherederas de la gracia de la vida". Esposos y esposas por igual deberían ser los mejores amigos el uno del otro, no solo en asuntos familiares y actividades diarias, sino también en las cosas espirituales. Un esposo que no es considerado con su esposa y no la honra y respeta, tiene una vida espiritual defectuosa y sus oraciones van a tener "estorbo".

El esposo que brinda a su esposa consideración, cortesía y honor, contribuye a la belleza y fortaleza de su matrimonio, y además da un ejemplo y legado de gran valor para sus hijos.

EL MOTIVO PARA AMAR A LA ESPOSA

Grande es este misterio; mas yo digo esto respecto de Cristo y de la iglesia. Por lo demás, cada uno de vosotros ame también a su mujer como a sí mismo; y la mujer respete a su marido. (5:32-33)

Como Pablo ha indicado en los versículos 23-29, el matrimonio es una representación de la iglesia y su relación con Cristo. **Este misterio,** esta representación magnífica que los hombres fueron incapaces de descubrir y que era desconocida para los santos del antiguo pacto, pero que ahora ha sido revelada, es **grande.** El nuevo pueblo de Dios, **la iglesia,** es incorporado a su reino y su familia por medio de la fe en **Cristo.** Él es el esposo y el pueblo de Dios es su esposa (Ap. 21:9). La motivación más grande para que un esposo ame, purifique, proteja y cuide a su esposa, es el amor de Cristo que purifica, protege y cuida a su propia esposa, la iglesia. El matrimonio cristiano debe estar lleno de amor, santidad, pureza, sacrificio y sumisión mutua porque esas virtudes caracterizan la relación **de Cristo y de la iglesia.**

369

La relación sagrada entre los esposos y esposas cristianos está relacionada de manera inextricable con la relación sagrada entre Cristo y su iglesia. A causa de este gran carácter sagrado, Pablo dijo: **Por lo demás, cada uno de vosotros ame también a su mujer como a sí mismo; y la mujer respete a su marido.** El uso de la expresión **por lo demás** (*plēn*) cumple la función de dar por terminada la discusión y hacer énfasis en lo que debe recordarse siempre para poner en la práctica.

Cuando los esposos y esposas cristianos andan en el poder del Espíritu, se someten a su Palabra y su control, y practican la sujeción mutua, reciben de lo alto felicidad en gran manera, sus hijos son bendecidos en gran manera, y Dios es honrado en gran manera.

Las responsabilidades de hijos y padres

24

Hijos, obedeced en el Señor a vuestros padres, porque esto es justo. Honra a tu padre y a tu madre, que es el primer mandamiento con promesa; para que te vaya bien, y seas de larga vida sobre la tierra. Y vosotros, padres, no provoquéis a ira a vuestros hijos, sino criadlos en disciplina y amonestación del Señor. (6:1-4)

Muchas veces se ha descrito el experimento en el que se coloca un sapo vivo en una olla con agua fría sobre una estufa, y de manera lenta se hace aumentar el calor. Puesto que el incremento en la temperatura es tan gradual, resulta imperceptible para el sapo y este se queda en la olla incluso cuando el agua empieza a hervir. El animal se ajusta al calor a medida que aumenta y muere hervido. Tal proceso ilustra lo que le ha sucedido a la familia en los Estados Unidos, incluidas muchas familias cristianas. Los cambios de valores en la sociedad han sido tan graduales que a duras penas la gente los ha percibido. Cada cambio minúsculo en normas y valores parece insignificante de por sí, y debido a que los ajustes a esas normas rebajadas se hacen de manera gradual, el peligro no es advertido aun en los momentos en que la familia y la sociedad empiezan a desintegrarse y caer. Las normas morales y espirituales continúan en ese proceso de deterioro gradual hasta que un sinnúmero de familias quedan literalmente destruidas.

En una época en que la tasa de divorcios entre cristianos es casi tan elevada como en el resto de la sociedad, resulta claro que muchos creyentes debieron haber saltado de la olla con agua hirviente hace mucho tiempo. Ya es hora de que dejemos el sistema de maldad que nos invade y destruye, para que nos encarguemos de restablecer nuestra vida conforme a las normas de fidelidad y pureza moral reveladas por Dios. Hace mucho que perdimos la posibilidad de darnos el lujo de vivir en una sociedad que rinde un apoyo nominal a la iglesia y a los valores cristianos.

Siguen proliferando seminarios, libros y artículos cristianos acerca del matrimonio y la familia, y se han propuesto un sinnúmero de esquemas y principios para su fortalecimiento; también existe una cantidad casi infinita de libros sobre psicología infantil, y en contraste radical con todo esto, la Palabra de Dios establece la verdadera base para las relaciones correctas entre padres e hijos en tan solo cuatro versículos. Si cada padre y cada hijo estudia y aplica las otras enseñanzas de las Escrituras que respaldan y desarrollan los principios establecidos en esos versículos, ya cuenta con toda la información fundamental y necesaria para una vida familiar piadosa y armoniosa.

Cuando Dios llamó a los hebreos para que fuesen su pueblo escogido, les destinó a ser el pueblo a través del cual serían "benditas ... todas las familias de la tierra" (Gn. 12:3). En el monte Sinaí les comisionó para ser "un reino de sacerdotes, y gente santa" (Éx. 19:6). Israel habría de ser una nación de testimonio, un pueblo de testigos para Dios. No recibieron un simple llamado para ser depositarios de la verdad y bendición divinas, sino para ser un canal de su verdad y bendición con el propósito de hacer partícipe al mundo entero de estas cosas.

El corazón de la verdad de Dios tiene que ver con Dios mismo. La verdad central de la revelación del Antiguo Testamento es: "Jehová nuestro Dios, Jehová uno es" (Dt. 6:4). La verdad paralela y consecuente tiene que ver con la respuesta del hombre a Dios: "Y amarás a Jehová tu Dios de todo tu corazón, y de toda tu alma, y con todas tus fuerzas. Y estas palabras que yo te mando hoy, estarán sobre tu corazón" (vv. 5, 6). Ese era el mensaje que Israel debía apropiar para sí y luego transmitir a todo el mundo.

El primer paso en la promulgación de la verdad de Dios consistía en transmitirla a los hijos, a la nueva generación. "Y las repetirás a tus hijos, y hablarás de ellas estando en tu casa, y andando por el camino, y al acostarte, y cuando te levantes" (v. 7). Los padres debían hablar de continuo acerca de las cosas de Dios, de tal modo que el conocimiento del Señor y el amor a Él se convirtieran en una cuestión concreta y real de vida y aliento propios para la familia. En caso de que los padres no estuvieran hablando, el testimonio de todos modos seguía siendo continuo. "Y las atarás como una señal en tu mano, y estarán como frontales entre tus ojos" (v. 8). Incluso después que los padres desaparecieran, el testimonio permanecía porque se debía escribir "en los postes de tu casa, y en tus puertas" (v. 9). En otras palabras, siempre debía existir un compromiso tanto verbal como visible a la Palabra de Dios en el hogar. El plan de Dios para su Palabra es que sea pasada de una generación a la siguiente, y su agente primario para tal empresa es la familia.

No obstante, desde el tiempo de la caída la familia ha estado plagada con problemas de todo tipo que la debilitan, menoscaban y amenazan con destruirla. La primera causa de esos problemas, al igual que en todos los problemas humanos, es la naturaleza pecaminosa con la cual nace toda persona. La maldición de la caída está incorporada en la familia. Es la maldición que ocasiona el chauvinismo de los hombres, el deseo de las mujeres de usurpar el lugar de los hombres, la desobediencia de los hijos a sus padres, y el maltrato de los padres sobre los hijos. Solo allí donde Cristo ejerza control como Salvador y Señor, puede una familia vivir a la altura de las normas divinas y cumplir el ministerio que Dios le ha encomendado y ordenado cumplir.

La comisión del estado de Minnesota sobre asuntos de delitos, en una demostración de la veracidad de la visión bíblica, emitió un informe que decía en parte:

> Todo bebé empieza su vida como un pequeño salvaje. Es por completo egoísta y centrado en sí mismo. Quiere lo que quiere cuando lo quiere: su botella con leche, la atención de su madre, los juguetes de otros niños, el reloj de su tío, lo que sea. Niéguele usted tales cosas y el infante hierve con un grado tal de rabia y agresividad que tendría connotaciones homicidas si no fuera por la indefensión pueril del niño. El bebé es sucio, carece de moralidad y conocimiento, no tiene desarrollada una sola habilidad social o técnica. Esto significa que todos los niños, no solo ciertos niños sino todos ellos, nacen siendo delincuentes. Si se les permitiera continuar de forma indefinida en su mundo egocéntrico de la infancia, dando rienda suelta a sus acciones impulsivas para que puedan satisfacer cada deseo y capricho, todos los niños sin excepción se convertirían al crecer en delincuentes, ladrones, asesinos y violadores.

La segunda causa de problemas familiares es el sistema mundano y satánico en que vivimos. Debido a que el plan de Dios es edificar, fortalecer y proteger a la familia, el plan de Satanás es perjudicarla, debilitarla y destruirla. Por todos los medios posibles se propone hacer que la familia se acople al molde del sistema actual de valores mundanos que él maneja, de tal modo que a la familia le resulte imposible funcionar como Dios lo propuso.

El molde del mundo no debería ajustarse a perfección en la vida del cristiano, de hecho no debería ajustarse en absoluto. Dios mandó a Moisés que dijera a Israel: "No haréis como hacen en la tierra de Egipto, en la cual morasteis; ni haréis como hacen en la tierra de Canaán, a la cual yo os conduzco, ni andaréis en sus estatutos. Mis ordenanzas pondréis por obra, y mis estatutos guardaréis, andando en ellos. Yo Jehová vuestro Dios" (Lv. 18:3-4). "En ninguna de estas cosas os amancillaréis; pues en todas estas cosas se han corrompido las naciones que yo echo de delante de vosotros" (v. 24). Desde el principio la intención de Dios para su pueblo era que fuese diferente y distinguible, separado por completo de los caminos del mundo.

Un tercer factor principal en la destrucción del hogar es la influencia perversa de la filosofía humanista. Casi en cualquier colegio y universidad secular de la actualidad se pueden escuchar supuestas ideas futuristas que las directivas académicas promueven y enseñan, así como los conferencistas invitados y las organizaciones universitarias. Un disertador popular dice que se mantiene a la espera de un mundo en el que no habrá escuelas, ni familias, ni relaciones de padres e hijos. Algo que él dice es: "Para hacer libre al niño, debemos prescindir de la paternidad y el matrimonio, y no podemos contentarnos con menos que la eliminación total de la familia".

En el primer seminario internacional que se realizó como preparación para el año internacional del niño en 1977, la secretaria de la unión femenil de Checoslovaquia dijo: "Mucho antes que los representantes de todos los pueblos de la tierra y las Naciones Unidas decidieran adoptar la declaración de los derechos del niño y sus diez principios, los países socialistas habían adquirido una vasta experiencia en la aplicación a la vida cotidiana de las ideas contenidas en la declaración". Una de las metas principales del socialismo marxista consiste en liberar a los hijos del hogar para convertirlos en súbditos bajo la tutela del estado. Un hijo que está fuera del hogar no recibirá enseñanza alguna acerca de normas y actitudes morales, religiosas, sociales, patrióticas o políticas que sean contrarias a lo que el estado quiera.

Una carta que recibí de un hombre en mi iglesia quien había emigrado con su familia desde Checoslovaquia incluye estas palabras:

> En Checoslovaquia la gran mayoría de las mujeres trabajan y los niños se mantienen en jardines infantiles desde los primeros meses de vida. El efecto de esto sobre los lazos familiares es horrible. Mi esposa y yo lo sabemos por experiencia propia. La doctrina atea que se bombea todo el tiempo en las almas de los pequeños levantó la generación más cínica que se pueda imaginar. La mayoría de los jóvenes no creen en nada, ni siquiera en Dios. Hace poco mi esposa visitó nuestro país natal y regresó con tristeza en su corazón. El sistema impío destruyó en gran parte la voluntad de la gente, y produjo una horda sumisa de robots cínicos, indiferentes y desechables. Lo que más me aterra es que la misma clase de proceso y jerga propios del movimiento de liberación que escuché hace veinticinco y treinta años atrás, se están dando ahora mismo en este país, y tal vez nos va a tocar pasar otra vez por lo mismo. Debemos decirle que el colapso actual en la moralidad y la creciente indiferencia de la gente son algunas de las razones por las cuales recibimos hace varios meses a Jesucristo como nuestro Salvador, a pesar de que nuestro trasfondo de materialismo dialéctico (que es otro nombre para el comunismo), es de una magnitud enorme e imposible de imaginar para el norteamericano promedio.

Entre las cosas de las cuales creen los grupos humanistas que los niños deben ser liberados, se encuentran: valores y moralidad tradicionales, autoridad de los padres, disciplina física, religión, nacionalismo, patriotismo y capitalismo. Entre las cosas que según sus creencias se le debería permitir a los niños hacer y tener, están la libertad sexual completa, incluido el derecho a los "matrimonios" homosexuales, los abortos y toda la información y dispositivos gratuitos para la anticoncepción. Se han hecho en este país propuestas serias para la institución de derechos para los hijos en cuestiones tales como la demanda formal de los padres ante la ley en el caso de sentirse obligados a asistir a la iglesia, o para exigir el pago de un salario mínimo por la realización de labores domésticas, y también para que se les permita elegir la familia de su preferencia.

Desde el comienzo de las Escrituras es evidente que los hijos son una bendición de Dios. Cuando Caín nació Eva expresó alborozada: "Por voluntad de Jehová he adquirido varón" (Gn. 4:1), y cuando Set nació Eva le alabó de nuevo: "Porque Dios (dijo ella) me ha sustituido otro hijo en lugar de Abel, a quien mató Caín" (v. 25). Cuando Dios bendijo a Lea con hijos al ver que no era amada por Jacob, ella reconoció su gracia al intervenir en los nacimientos y dijo acerca de Rubén: "Ha mirado Jehová mi aflicción; ahora, por tanto, me amará mi marido", y acerca de Simeón: "Por cuanto oyó Jehová que yo era menospreciada, me ha dado también éste" (Gn. 29:32-33). A lo largo de ambos Testamentos, siempre se muestra a los hijos como dádivas del Señor y bendiciones que deben ser atesoradas, amadas y cuidadas con gratitud y fidelidad. "He aquí, herencia de Jehová son los hijos; cosa de estima el fruto del vientre. Como saetas en mano del valiente, así son los hijos habidos en la juventud. Bienaventurado el hombre que llenó su aljaba de ellos" (Sal. 127:3-5). La calificación para poder recibir una bendición verdadera en la paternidad/maternidad radica en criar hijos que amen al Señor y sigan sus caminos. Es el hijo justo y piadoso quien trae bendición y felicidad a sus padres. "Mucho se alegrará el padre del justo, y el que engendra sabio se gozará con él" (Pr. 23:24). Las mujeres hacen su contribución más especial a la iglesia, y también hallan su satisfacción más plena como madres, al criar hijos en el temor de Dios y al participar de lleno en las actividades del hogar, lo cual excluye la opción de procurar el ejercicio del papel del hombre en la iglesia (véase 1 Ti. 2:15).

Los padres que no tienen un compromiso total e incansable con la enseñanza e instrucción en la piedad de sus hijos, tienen mayor probabilidad de levantarse un día para encontrar a sus hijos e hijas embrollados de forma inextricable en las filosofías y prácticas inmorales e impías del mundo. A pesar de lo que pueda decir el mundo, los hijos deben obedecer y honrar a sus padres. No deben ser liberados de sus padres y recibir la capacidad para elegir y hacer todo lo que quieran de la manera que se les antoje.

En la Palabra de Dios, los padres cuentan con todas las verdades y pautas necesarias para instruir a sus hijos en justicia y piedad. También se encuentra allí todo lo que un hijo necesita saber acerca de la manera como debe relacionarse con sus padres y responder a su autoridad. La Biblia se completó hace dos mil años, pero los hombres no han cambiado desde entonces y Dios tampoco. Lo que las Escrituras tienen que decir es imperecedero y actualizado. Ningún descubrimiento, filosofía o actitud humana es novedoso ni sorprendente para Dios o está por fuera del alcance y juicio de su Palabra revelada.

Efesios 6:1-4 da continuidad a la enseñanza de Pablo sobre la sumisión mutua de los creyentes (5:21), ahora que el apóstol pasa a tratar el tema de la familia. Los versículos 1-3 se enfocan en la sumisión de los hijos y el versículo 4 en la sumisión de los padres.

LA SUMISIÓN DE LOS HIJOS

Hijos, obedeced en el Señor a vuestros padres, porque esto es justo. Honra a tu padre y a tu madre, que es el primer mandamiento con promesa; para que te vaya bien, y seas de larga vida sobre la tierra. (6:1-3)

Tekna (**hijos**) no se refiere en particular a niños pequeños sino a la descendencia en general. Hijos e hijas por igual que aún vivan bajo el techo de sus padres deben **obedecer y honrar a** sus **padres**. Aquí **obedeced** tiene que ver con acción, y **honra** tiene que ver con actitud. Por otro lado, como Pablo acabó de mencionar, aunque los hombres y las mujeres ya no están bajo la autoridad de sus padres una vez se hayan casado (5:31), deben mantener un respeto e interés especial por sus padres mientras vivan. El hijo que es criado para obedecer y honrar a sus padres siempre será sensible a su sabiduría, consejo y bienestar.

Hupakouō (**obedeced**) tiene el significado literal de "escuchar desde abajo", es decir, escuchar con atención total y responder de manera positiva a lo que se escucha. Los **hijos** deben colocarse por debajo de las palabras y la autoridad de sus **padres.**

En el Señor se refiere a la esfera de todo lo que agrada al Señor, y en este caso, a obedecer a los **padres** por causa del Señor. Los hijos obedecen a sus padres como un reflejo de su obediencia al Señor. El contexto deja en claro que **en el Señor** se aplica por igual a **honra** y a **obedeced**. Los **padres** deben ser obedecidos y honrados porque hacerlo equivale a obedecer y honrar al **Señor.**

Los **padres** se colocan en la brecha, por así decirlo, entre sus hijos y Dios mientras los hijos se encuentren en edad muy corta como para mantener una relación plena y madura con Él. Los padres son los mayordomos de Dios y su autoridad delegada para con sus hijos, quienes solo les son confiados por su propio Padre celestial. Por esa razón los hijos reciben el mandato: "Hijos, obedeced a vuestros padres en todo, porque esto agrada al Señor" (Col. 3:20). La única excepción a esa obediencia se da en la cuestión de hacer lo malo. Todo creyente debe rehusar hacer cualquier cosa que a toda vista va en contra de la voluntad de Dios tal como está enseñada en las Escrituras. En ese caso el cristiano debe decir al lado de Pedro y Juan: "Juzgad si es justo delante de Dios obedecer a vosotros antes que a Dios; porque no podemos dejar de decir lo que hemos visto y oído" (Hch. 4:19-20). Sin embargo, en todo lo demás un hijo debe obedecer a sus padres "en todo".

La razón básica por la que los hijos deben obedecer y honrar a sus padres es muy sencilla: **porque esto es justo.** Lo justo del asunto no se fundamenta en estudios psicológicos de casos u otras evidencias o teorías humanas, sino en la norma de justicia de Dios. La declaración de Dios es lo que hace del mandato y su cumplimiento algo **justo.**

Dikaios (**justo**) se refiere a lo que es correcto, honesto e íntegro, a aquello que es tal como debe ser, porque todo lo que Dios manda es *dikaios*. Esdras declaró acerca de Dios: "Y sobre el monte de Sinaí descendiste, y hablaste con ellos desde el cielo, y les diste juicios rectos, leyes verdaderas, y estatutos y mandamientos bueno" (Neh. 9:13). "Los mandamientos de Jehová son rectos", dijo David, "que alegran el corazón; el precepto de Jehová es puro, que alumbra los ojos" (Sal. 19:8). Otro salmista escribió: "Conozco, oh Jehová, que tus juicios son justos", y "estimé rectos todos tus mandamientos sobre todas las cosas" (119:75, 128). Oseas concluyó su mensaje con estas bellas palabras: "¿Quién es sabio para que entienda esto, y prudente para que lo sepa? Porque los caminos de Jehová son rectos, y los justos andarán por ellos; mas los rebeldes caerán en ellos" (Os. 14:9).

La *actitud* justa detrás del *acto* **justo** de obediencia es la **honra** (*timaō*), que significa tener en gran estima y considerar con el máximo respeto y aprecio. En sus dos variaciones de verbo y sustantivo la palabra se emplea con frecuencia como un término de reverencia, estimación y honor con respecto a Dios el Padre y Cristo (1 Ti. 1:17; 1 P. 2:17; Ap. 4:9, 11; 5:12-13; etc.). También es empleada por el Padre en referencia al Hijo (He. 2:9; 2 P. 1:17).

Los hijos deben honrar tanto a **padre** como a **madre** y tener hacia ellos el mayor respeto posible. Cuando Dios introdujo por primera vez su ley escrita en la forma de los diez mandamientos, la primera ley concerniente a relaciones humanas fue: "Honra a tu padre y a tu madre, para que tus días se alarguen en la tierra que Jehová tu Dios te da" (Éx. 20:12), y esa es la ley que Pablo reitera en este texto. Se trata del único mandamiento de los diez que se relaciona con la familia, porque siempre que se obedece ese solo principio, es suficiente para asegurar la relación correcta de los hijos con sus padres. No solo eso, sino que es el principio esencial que fundamenta todas las relaciones humanas correctas y justas en la sociedad. Una persona que crece con un sentido de respeto y obediencia hacia sus padres, tendrá el fundamento necesario para respetar la autoridad de otros líderes y los derechos de las demás personas en general.

El respeto a los padres es de una importancia tan grande para Dios, que Moisés mandó: "El que hiriere a su padre o a su madre, morirá"; e "igualmente el que maldijere a su padre o a su madre, morirá" (Éx. 21:15, 17; cp. Lv. 20:9). El maltrato físico o verbal contra un padre era un delito digno de muerte en el Israel antiguo.

En los Estados Unidos ocurren por lo menos ocho millones de ataques serios por parte de hijos en contra de sus padres. En años recientes, cierta cantidad de niños han sido inculpados por el homicidio de sus padres o por hacer arreglos y contratos para acabar con la vida de sus padres, y casi siempre por ninguna otra razón que el resentimiento a causa del control o la disciplina de los padres. Los hijos a quienes se está diciendo de manera incesante que pueden hacer todo lo que deseen y que vivan a su propio modo, en poco tiempo se burlarán de sus padres y profesores, de las normas morales, la ley y la sociedad en general. Es obvio que todas las relaciones humanas se dan a partir de las relaciones entre padres e hijos. Los hijos que respetan y obedecen a sus padres construirán una sociedad ordenada, armoniosa y productiva. Una generación de hijos indisciplinados y desobedientes producirá una sociedad encaminada al caos y la destrucción.

La **honra** a los padres incluye proveerles medios de subsistencia cuando ya no estén en capacidad de proveer para ellos mismos. Así como los padres pasan alrededor de veinte años cuidando de y proveyendo para cada uno de sus hijos, los hijos también deben invertir todo el tiempo y dinero que sean necesarios para cuidar de sus padres si ellos no pueden hacerlo por sus propios medios.

En cierta ocasión algunos fariseos y escribas quisieron reconvenir a Jesús por permitir que sus discípulos comieran sin antes hacerse un lavado de manos ceremonial, y Él los refutó diciendo: "¿Por qué también vosotros quebrantáis el mandamiento de Dios por vuestra tradición? Porque Dios mandó diciendo: Honra a tu padre y a tu madre; y: El que maldiga al padre o a la madre, muera irremisiblemente. Pero vosotros decís: Cualquiera que diga a su padre o a su madre: Es mi ofrenda a Dios todo aquello con que pudiera ayudarte, ya no ha de honrar a su padre o a su madre. Así habéis invalidado el mandamiento de Dios por vuestra tradición" (Mt. 15:3-6). Jesús dejó en claro que la **honra** que se da a los padres incluye su apoyo económico siempre que se necesite.

Resulta obvio que la simple provisión de medios económicos para los padres en su vejez está muy lejos de ser **honra** verdadera si se realiza aparte de una participación personal y amorosa. El dinero puede ser una expresión de amor pero nunca un substitutivo del amor. Un hijo no puede honrar más a sus padres con el simple pago de sus cuentas, que sus padres le hayan podido criar de una manera responsable limitándose al pago de sus gastos de alimentación, vestuario, educación y otras necesidades, aparte del cuidado amoroso y la intervención personal.

Son los *padres* quienes deben enseñar a los niños a obedecer y honrar a sus padres. El libro de Proverbios está lleno de verdades que guían a los padres en esta instrucción de sus hijos, y que también guían a los hijos en la obediencia a sus padres. Los proverbios son en esencia una serie de lecciones que los padres deben enseñar a sus hijos, y el tema es: "Oye, hijo mío, la instrucción de tu padre, y no desprecies la dirección de tu madre" (1:8). Los padres no son infalibles, pero son la autoridad primordial y la fuente básica de instrucción dadas por Dios para los hijos: "Hijo mío, no te olvides de mi ley, y tu corazón guarde mis mandamientos" (3:1), dice el escritor de Proverbios. "Oíd, hijos, la enseñanza de un padre, y estad atentos, para que conozcáis cordura. Porque os doy buena enseñanza; no desamparéis mi ley. Porque yo también fui hijo de mi padre, delicado y único delante de mi madre. Y él me enseñaba, y me decía: retenga tu corazón mis razones, guarda mis mandamientos, y vivirás" (4:1-4). El padre enseñó a su hijo lo que su padre le había enseñado. Dios en su plan ha determinado que los creyentes transmitan su instrucción divina de una generación a la siguiente.

Un antiguo proverbio chino dice: "Una generación planta los árboles y la siguiente recibe la sombra". Las oportunidades y libertades que tenemos para vivir y practicar nuestra fe fueron ganadas por nuestros antepasados siglos atrás, y transmitidas a nosotros por todas las generaciones desde entonces. Los hijos criados en familias cristianas son bendecidos con el fruto de árboles espirituales plantados muchos años atrás por sus padres y abuelos. De igual modo, se requieren tres o cuatro generaciones para revertir los efectos de un grupo de ancestros y padres inclinados hacia el mal (cp. Éx. 20:5; 34:7; Nm. 14:18; Dt. 5:9). Las bendiciones que tenemos como consecuencia de la predicación, la enseñanza y el compañerismo cristiano de nuestra iglesia local son fruto de la dedicación y el sacrificio de los creyentes que estuvieron aquí antes que nosotros.

Es posible que un hijo no tenga mayor herencia que la instrucción y el ejemplo piadosos de sus padres. "Hijo mío, guarda mis razones, y atesora contigo mis mandamientos. Guarda mis mandamientos y vivirás, y mi ley como las niñas de tus ojos. Lígalos a tus dedos; escríbelos en la tabla de tu corazón" (Pr. 7:1-3). La expresión "las niñas de tus ojos" se refiere a la pupila del ojo; dada su sensibilidad extrema e importancia para la visión correcta, es la parte que más se protege por instinto de cualquier irritación. Un hijo obediente debe atesorar y proteger la enseñanza piadosa de sus padres con más cuidado y circunspección que los que aplica para proteger sus ojos.

Así como un hijo obediente trae felicidad y tranquilidad a una familia, un hijo desobediente trae todo lo contrario: "tristeza de su madre" (Pr. 10:1), desdicha y destrucción a sus padres (17:21; 19:13), e ignominia para ambos (19:26). Se caracteriza porque les utiliza de forma desvergonzada para sus propios fines egoístas (28:24).

El mundo tiene hoy mucho que decir acerca de los llamados derechos de los niños, pero debería hacerse énfasis en sus responsabilidades. El énfasis en los derechos, bien sea de niños o adultos, debilita y destruye relaciones en todos los niveles. Lo que construye relaciones correctas y un carácter justo es el sentido de la responsabilidad.

Aunque en todo tenía la perfección divina y era libre de pecado, incluso Jesús como niño tuvo que crecer de la misma forma que todos los niños. Lucas nos narra que Jesús como niño se mantuvo en sujeción perfecta a sus padres terrenales, y mientras se desarrolló hasta convertirse en hombre adulto, Él "crecía en sabiduría y en estatura, y en gracia para con Dios y los hombres" (Lc. 2:51-52). Él creció en lo intelectual, lo físico, lo espiritual y lo social.

Esos son los aspectos en los que todo niño debe crecer. En el área intelectual debe crecer; cuando un bebé entra al mundo, su mente está en blanco. La niñez es un tiempo de aprendizaje. Todo lo que un niño pueda saber le debe ser enseñado porque viene al mundo sin conocimiento ni juicio intelectual; por ejemplo, están inclinados a preferir las golosinas antes que los alimentos nutritivos, a jugar en sitios peligrosos antes que en los seguros; no conocen los nombres de las cosas ni su uso específico, no saben cómo hablar, etc. Por ende, los padres son responsables de enseñar a sus hijos todo lo que necesitan saber.

Todo niño debe crecer en su aspecto físico. Al nacer es débil en extremo y le falta más desarrollo físico; por eso no puede hacer las cosas por sí mismo. Debe ser alimentado, cambiado y limpiado, cobijado, protegido del frío y el calor excesivos, y todo lo demás. De un modo gradual se le va enseñando a hacer esas cosas por su propia cuenta, pero mientras aprende sus padres deben hacerlo por él y proveerle lo necesario.

Al igual que Jesús, todo niño debe crecer en el aspecto social, "en gracia para con... los hombres". La actitud más dominante de un niño es el egoísmo. Sus intereses son del todo egocéntricos. Sus propios deseos y necesidades es todo lo que conoce y todo lo que le importa. Por supuesto, no se trata de un rasgo permanente de la niñez, siempre y cuando *se le enseñe* a compartir, *se le enseñe* a tener consideración de los demás, *se le enseñe* a no poner sus propios intereses sobre los intereses de los demás, y *se le enseñe* a no frustrarse ni enojarse cuando las cosas no salen como él quiere.

Por encima de todo, todo niño debe crecer en su vida espiritual, "en favor para con Dios". Los hijos no poseen un conocimiento natural de Dios y mucho menos le aman y obedecen de una manera natural. A un niño se le debe enseñar acerca de Dios, su naturaleza, su cuidado, su amor y su voluntad. Al llegar a la edad suficiente, se le debe enseñar su necesidad de depositar su confianza en Jesucristo como su propio Salvador y Señor.

Pablo dijo: "Cuando yo era niño, hablaba como niño, pensaba como niño, juzgaba como niño" (1 Co. 13:11). Los niños tienen deficiencias en todas las áreas de sus vidas, y es responsabilidad de los padres satisfacer sus necesidades de crecimiento, incluso la necesidad de desarrollarse en el conocimiento de las verdades del Señor.

Este **primer mandamiento** de **honra a tu padre y a tu madre** es doble en cuanto a su **promesa** divina; **para que te vaya bien** se relaciona con la calidad de vida, y para que **seas de larga vida sobre la tierra** se relaciona con la cantidad de vida prometida. La promesa original estuvo dirigida a Israel e incluía muchas bendiciones tangibles, físicas y terrenales. Por otro lado, aquí la referencia de Pablo a esa promesa muestra que también se extiende hoy día a los creyentes. Aunque sus bendiciones no siempre tengan que ser tangibles, una familia donde los hijos y los padres viven en amor y sumisión mutuos, gozará de armonía y satisfacción abundantes de parte de Dios, que otras familias jamás pueden conocer. En cuanto a la promesa de **larga vida sobre la tierra,** el creyente que honra a sus padres puede saber que su vida sobre la tierra tendrá la medida plena propuesta por Dios y no será una existencia acortada de forma abrupta como sucedió con Ananías y Safira (Hch. 5:5-10) y ciertos miembros de la iglesia en Corinto (1 Co. 11:30).

Si los padres, quienes tienen mucha más edad y experiencia que los hijos, no pueden cumplir con sus responsabilidades sin ser salvos y llenos del Espíritu Santo, ¿cuánto menos pueden los hijos esperar que pueden cumplir sus responsabilidades sin esos requisitos espirituales? Los hijos a los que Pablo se dirige en Efesios 6:1 reciben el mandato "sed llenos del Espíritu" (5:18) y "someteos unos a otros en el temor de Dios" (5:21), en la misma medida que lo reciben los esposos y esposas de 5:22-33 y los padres de 6:4.

La relación estrecha de Samuel con el Señor empezó cuando él era muy joven, y el rey Josías instigó el avivamiento espiritual en Judá cuando apenas era un adolescente. David era un muchacho cuando el Señor le empezó a usar, y la reina Ester era una jovencita cuando el Señor la usó para salvar a su pueblo de ser aniquilado. Juan el Bautista fue lleno del Señor desde el vientre de su madre (Lc. 1:15).

LA SUMISIÓN DE LOS PADRES

Y vosotros, padres, no provoquéis a ira a vuestros hijos, sino criadlos en disciplina y amonestación del Señor. (6:4)

EL MANDATO NEGATIVO

El primer mandato de Pablo a los padres es negativo: **padres, no provoquéis a ira a vuestros hijos.** Ese era un concepto por completo novedoso en el tiempo de Pablo, en especial al interior de fortines del paganismo como Éfeso. La mayoría de las familias estaban en bancarrota emocional, y el amor mutuo entre familiares era algo casi inaudito. El amor de un padre por sus hijos habría sido algo difícil de imaginar para ellos. De conformidad con la ley romana de *patria potestas*, un padre tenía poder sobre la vida y la muerte no solo de sus esclavos sino de todos los que vivían bajo su techo. Era libre de expulsar a cualquiera de sus hijos, venderlo como esclavo y hasta matarlo, sin tener que rendir cuentas a nadie. Un hijo recién nacido era colocado a los pies de su padre para determinar su suerte. Si el padre lo recogía del suelo, se le permitía al bebé quedarse en la casa; si el padre seguía por su camino, se le desechaba de una manera muy similar a como sucede hoy día con los bebés abortados. Los infantes rechazados que fuesen saludables y vigorosos eran recolectados y llevados cada noche al foro de la ciudad, donde la gente tomaba los que quería a fin de criarlos para la esclavitud o la prostitución.

Una carta escrita en el año 1 a.C. por un hombre llamado Hilarión a su esposa Alis, dice así: "Saludos cordiales. Mira que todavía seguimos aquí en Alejandría. No te preocupes si al regresar todos los demás yo quedo en Alejandría. Te ruego y encarezco que cuides del niño pequeño, y tan pronto reciba salario te lo enviaré. En caso de que hayas tenido suerte y estés esperando otro hijo, si es varón déjale vivir; si es una niña, déjala expuesta a los elementos" (papiros de oxirrinco 4.744). Séneca, estadista de renombre en Roma durante el tiempo en que Pablo escribió esta epístola, dijo: "Degollamos a los bueyes indómitos; estrangulamos a un perro rabioso; clavamos un cuchillo en las vacas enfermas. A los niños que nacen débiles o deformados los ahogamos".

Tal grado de bellaquería y crueldad es pavoroso, pero de acuerdo a un informe reciente, la causa principal para que haya niños en hogares adoptivos en la actualidad no es el divorcio, la pobreza o la muerte de sus padres, sino el simple y llano desinterés de sus padres naturales. Además, es probable que el maltrato más devastador que un niño pueda experimentar es el de ser descuidado por sus progenitores y tratado casi como si no existiera.

Aunque *patēres* (**padres**) hacía referencia a los varones, también se empleaba para hablar del padre y la madre en general. Pablo ha estado hablando acerca de ambos padres en los tres versículos anteriores, y es probable que aun los tenga en mente a ambos al usar este término en el versículo 4. La misma palabra se utiliza en Hebreos 11:23 para hacer referencia a los padres de Moisés.

Puesto que un padre era en todo sentido la figura dominante en los hogares de aquel tiempo, era con mayor frecuencia el responsable de provocar **a ira a** sus **hijos,** aunque es obvio que una madre también puede hacer lo mismo y ninguno de los dos tiene justificación para hacerlo.

Los sociólogos Sheldon y Eleanor Glueck de la universidad de Harvard desarrollaron una prueba (con un 90 por ciento de exactitud comprobada), para determinar si niños de cinco y seis años eran propensos o no a convertirse en delincuentes. Descubrieron que los cuatro factores primordiales que se necesitan para prevenir la delincuencia son: la disciplina firme, ecuánime y consecuente del padre; la supervisión y compañía de la madre durante el día; el afecto demostrado de los padres entre ellos y hacia los hijos; y el tiempo que se pasa juntos en familia y en actividades en las que todos participan (*Unraveling Juvenile Delinquency* [Cambridge, Mass.: Harvard Univ. Press, 1950)], pp. 257-71).

El doctor Paul Meier, quien es un psiquiatra cristiano, presenta una lista similar de factores que producen relaciones correctas entre padres e hijos: amor genuino de los padres entre sí y hacia los hijos; disciplina firme y consecuente; coherencia de normas para padres e hijos; buen ejemplo de los padres; y el padre como verdadera cabeza del hogar. También hace el comentario de que la vasta mayoría de los neuróticos han crecido en hogares donde no hubo un padre o donde este era dominado por la madre (*Christian Child-Rearing and Personality Development* [Grand Rapids: Baker, 1980], pp. 81-82).

La expresión **provoquéis a ira** sugiere un patrón repetitivo y continuo de trato personal que contribuye al desarrollo gradual de enojo y resentimiento profundos que tarde o temprano hierven y se desbordan en forma de hostilidad externa.

Esa clase de trato por lo general no se tiene para con los hijos con la *intención* directa de provocar a ira. Muchas veces se cree que es por el bien del hijo. La sobreprotección con buenas intenciones es una causa muy común para el resentimiento en los hijos. Los padres que asfixian a sus hijos, que restringen de manera exagerada lo que hacen y adonde van, que nunca les dan la confianza necesaria para hacer las cosas por su propia cuenta, y de manera continua ponen en duda su capacidad de juicio, lo único que logran es levantar una barrera inmensa entre ellos y sus hijos, casi siempre bajo la ilusión de estar construyendo una relación más estrecha. Los hijos necesitan ser guiados con cuidado y acatar ciertas restricciones, pero ellos son seres humanos e individuales por derecho propio, y deben aprender a tomar decisiones por su cuenta y en la medida de sus capacidades, determinadas a su vez por la edad y madurez de cada uno. Sus voluntades pueden ser guiadas y orientadas pero no deben ser controladas.

Otra causa común de provocar los hijos a ira es el favoritismo. Isaac favoreció a Esaú por encima de Jacob y Rebeca prefirió a Jacob sobre Esaú. Ese doble favoritismo conflictivo no solo ocasionó grandes problemas para la familia inmediata sino que continuó teniendo repercusiones en los conflictos que se dieron más adelante entre los descendientes de Jacob y Esaú, ¡y los cuales seguimos viendo hasta el día de hoy!

El hecho de que los padres comparen a sus hijos unos con otros, y sobretodo en presencia de ellos, puede ser devastador para el hijo menos favorecido o con menor talento. Tendrá la tendencia a desanimarse, resentirse, aislarse y amargarse. El favoritismo por parte de los padres conduce por lo general al favoritismo entre los hijos mismos, quienes aprenden tal práctica de sus padres. Van a favorecer a un hermano o hermana por encima de los demás y con frecuencia tendrán como su favorito a uno de los padres.

Una tercera forma en que los padres provocan a sus hijos es con el empuje excesivo hacia el logro de metas, por fuera de los límites razonables. Un hijo puede sentirse tan presionado a tener éxito que prácticamente queda destruido, al darse cuenta de que nada que haga o pueda hacer es suficiente para agradar a sus padres. Tan pronto alcanza una meta es retado de nuevo a lograr algo mejor. Los padres que tienen fantasías sobre sus propios logros por medio de las habilidades atléticas de sus hijos, o las madres que fantasean con una carrera célebre por medio de las vidas de sus hijos, lo que hacen equivale a prostituir su responsabilidad como padres.

En cierta ocasión visité a una mujer joven quien se encontraba confinada a una celda acolchada y en estado catatónico. Era cristiana y se había criado en una familia cristiana, pero su madre le había presionado de forma incesante para que fuera la chica más popular, bella y exitosa en el colegio. Había alcanzado a ser líder del grupo de coreografía y animación, reina estudiantil y más adelante se convirtió en modelo. No obstante, la presión hacia la excelencia se volvió excesiva y ella sufrió un colapso mental completo. Después que ella al fin fue dada de alta en el hospital, regresó al mismo ambiente artificial y demasiado exigente. Al ver de nuevo que era incapaz de sobrellevar todas las demandas impuestas, terminó cometiendo suicidio. Ella resumió su frustración cuando me dijo un día: "No me importa qué voy a hacer, solo sé que nunca va a satisfacer a mi mamá".

Una cuarta manera como los niños son provocados a ira es mediante el desánimo. Un hijo que nunca es elogiado o animado por sus padres está destinado a tener problemas. Si se le dice siempre lo que hace mal y nunca se aprecia lo que hace bien, en poco tiempo perderá la esperanza y se convencerá de que es incapaz de hacer bien cualquier cosa. En ese punto ya no le quedan razones siquiera para intentarlo. Los padres siempre pueden hallar alguna cosa que el hijo en verdad hace bien, y deben manifestarle su aprecio al respecto. Un hijo necesita tanta aprobación y ánimo en las cosas buenas, como también necesita corrección en las cosas que no lo son.

Una quinta manera como ocurre la provocación de los hijos es cuando los padres no se sacrifican por ellos y les hacen sentir que no son deseados. Los hijos a quienes se les hace sentir que son intrusos, que siempre están impidiendo el paso e interfieren con los planes y la felicidad de los padres, no pueden evitar volverse resentidos. Para tales hijos los padres mismos llegarán a ser un día no deseados y serán vistos como un estorbo en los planes y la felicidad de los hijos.

Una sexta forma de provocación viene como resultado de no dejar que los niños crezcan a un ritmo normal. El regañarles de forma innecesaria por actuar de manera infantil, a pesar de que ello es perfectamente normal e inofensivo, no contribuye a su madurez sino a impedir la superación de sus actitudes infantiles.

Una séptima forma de airar a los hijos consiste en utilizar el amor como una herramienta de premio o castigo, dándolo cuando el hijo se comporta bien y negándolo cuando no. Con frecuencia esa práctica es inconsciente, pero el hijo o la hija puede percibir cuando un padre o una madre se interesa menos en él o ella cuando es desobediente, que cuando se comporta. Esa no es la manera como Dios ama y no es la manera como Él ha dispuesto que los padres humanos amen. Dios disciplina a sus hijos con el mismo amor con que les bendice. "Porque el Señor al que ama, disciplina, Y azota a todo el que recibe por hijo" (He. 12:6). Debido a que resulta tan fácil castigar motivado por el enojo y el resentimiento, los padres deberían fijarse con mucho cuidado en asegurarse que sus hijos sepan cuánto les aman siempre que se les administre la disciplina.

Una octava forma de provocar a los hijos es el maltrato verbal y físico. Los niños golpeados son una tragedia cada vez mayor en la actualidad. Incluso padres cristianos, y en especial el padre, en ocasiones reaccionan de manera excesiva y le pegan a sus hijos mucho más duro de lo que es necesario. La disciplina física apropiada no es una cuestión de ejercer autoridad y fuerza superiores, sino de corregir con amor y de una manera razonable que los hijos entiendan. Los hijos también son abusados verbalmente. Un padre puede con facilidad imponerse sobre un hijo con palabras al igual que con fuerza física. Cada vez que se hunde al hijo con argumentos superiores o sarcasmo, se puede infligir daño enorme y se le provoca a la ira y el resentimiento. Es sorprendente que algunas veces decimos cosas a nuestros hijos que nunca se nos ocurriría decirle a otra persona, ¡por miedo de arruinar nuestra reputación!

Un padre cristiano confiesa:

> Todos en mi familia son mayores y los hijos se han ido, pero si tuviera que hacer todas las cosas de nuevo, esto es lo que haría: amaría más a mi esposa frente a mis hijos; me reiría más con mis hijos, tanto de nuestros errores como por nuestras alegrías; escucharía más, incluso al más pequeño de todos; sería más honesto acerca de mis propias debilidades, sin aparentar jamás ser perfecto; oraría de una forma diferente por mi familia; en lugar de enfocarme en ellos lo haría en mí. Haría más cosas al lado de mis hijos; les animaría y elogiaría mucho más; prestaría más atención a las cosas pequeñas, con muchos más actos y palabras de consideración. Por último, si tuviera la oportunidad de hacer todo de nuevo, hablaría sobre Dios de una manera más íntima con mi familia; todas las cosas de la vida diaria que sucedieran en un día corriente, las usaría para dirigir sus mentes y corazones a Dios.

EL MANDATO POSITIVO

El mandato positivo a los padres con respecto a sus hijos es este: **criadlos en disciplina y amonestación del Señor.** *Paideia* (**disciplina**) se deriva de la palabra *pais* (niño) y se refiere a la instrucción sistemática de los hijos. Incluye la idea de corrección por las faltas cometidas, como puede verse en el conocido proverbio:

"El que detiene el castigo, a su hijo aborrece; mas el que lo ama, desde temprano lo corrige" (Pr. 13:24). En los diversos usos que se hacen del término en Hebreos 12:5-11, la versión Reina Valera lo traduce como "disciplina", que es el énfasis claro del contexto. El significado que Pablo transmite se expresa de manera completa en el proverbio: "Instruye al niño en su camino, y aun cuando fuere viejo no se apartará de él" (22:6). La **disciplina** tiene que ver con la instrucción general de los hijos que también incluye el castigo cuando sea necesario.

Susana Wesley, la madre de Juan y Carlos Wesley, crió a diecisiete hijos y se expresó con las siguientes palabras acerca de la crianza de los hijos: "El padre que se esfuerza en someter la voluntad egoísta de su hijo labora al lado de Dios en la renovación y salvación de un alma. El padre que le trata con indulgencia hace el trabajo del diablo, convierte la religión en algo impracticable y la salvación en algo inalcanzable, haciendo todo lo que puede hacer para condenar a su hijo en alma y cuerpo para siempre" (citado en *El diario de Juan Wesley* [Chicago: Moody, s.f.], p. 106).

Nouthesia (**amonestación**) tiene el significado literal de "colocar en la mente" y también incluye la connotación de corrección. Se refiere al tipo de instrucción que se encuentra en el libro de Proverbios, donde el enfoque primordial está en la instrucción y la enseñanza de los hijos. No tiene tanto que ver con información sobre hechos concretos como con la inculcación de actitudes y principios de conducta correctos.

La clave para una **disciplina** y **amonestación** justos y correctos de los hijos consiste en que sean **del Señor.** Todas las cosas que los padres hacen por sus hijos deben provenir de Él, conforme a la enseñanza de su Palabra, contando con la guía y el poder de su Espíritu Santo, en el nombre de su Hijo Jesucristo, y para su propia gloria y honra.

Relaciones laborales llenas del Espíritu

25

Siervos, obedeced a vuestros amos terrenales con temor y temblor, con sencillez de vuestro corazón, como a Cristo; no sirviendo al ojo, como los que quieren agradar a los hombres, sino como siervos de Cristo, de corazón haciendo la voluntad de Dios; sirviendo de buena voluntad, como al Señor y no a los hombres, sabiendo que el bien que cada uno hiciere, ése recibirá del Señor, sea siervo o sea libre. Y vosotros, amos, haced con ellos lo mismo, dejando las amenazas, sabiendo que el Señor de ellos y vuestro está en los cielos, y que para él no hay acepción de personas. (6:5-9)

En este pasaje, Pablo presenta su ilustración final del principio de la sumisión mutua producida por el Espíritu: "Someteos unos a otros en el temor de Dios" (5:21). Esta vez lo aplica a las relaciones entre siervos y amos, y por extensión, a todas las relaciones entre patrones y empleados.

En nuestro tiempo la lucha entre patrones y empleados ha llegado a niveles colosales. Conflictos constantes entre trabajadores y la gerencia en los que cada lado acusa al otro de egoísmo e insensatez. Los empleados quieren cargas de trabajo más pequeñas, menos horas, más vacaciones y mayor remuneración y beneficios. Los patrones quieren más productividad, más ganancias y mayor control de las políticas y prácticas de gerencia. Ambas partes quieren pagar impuestos más bajos y al mismo tiempo esperan recibir mayor protección del gobierno y hasta subsidios.

No es difícil ver que el meollo del problema en ambos lados es la avaricia. El pecado de avaricia es el combustible básico que alimenta la espiral inflacionaria que se ha vuelto un elemento común de la vida moderna en casi todo el mundo. Cuando todos quieren más, los precios deben subir para pagar salarios y lucros mayores. Al aumentar los precios el dinero pierde capacidad de compra y la gente sigue exigiendo que se le pague más y que aumenten las ganancias para compensar la diferencia. Cuando el gobierno se involucra bastante por medio de diversos subsidios y apoyos, entonces los impuestos, la deuda de la nación o ambas cosas tienen que subir. Si el gobierno emite más dinero sin respaldo económico, el valor de su moneda disminuye y la gente quiere otra vez mayores ingresos para compensar la diferencia.

A todo esto hay que añadir el principio según el cual a medida que aumentan las posesiones aumenta la codicia, porque la codicia por naturaleza es insaciable. Es muy probable que la sociedad occidental moderna sea la más codiciosa en la historia de la humanidad. Todo el mundo quiere más por menos, y las espirales ascendientes de inflación, deuda y tributación son arrolladoras.

¿Cómo se podrían resolver problemas que parecen tan irreconciliables? Muchas personas abogan por alguna forma de socialismo en la que el gobierno tenga un control total de la economía. Al aumentar la codicia y arreciar el interés egoísta, puede requerirse mayor control del gobierno para prevenir la anarquía. Apocalipsis 18 sugiere que el anticristo al final de los tiempos subirá al poder por medio de un sistema económico mundial en el que casi todo el poder se concentrará en las manos de una elite compuesta por unos cuantos líderes.

Sin embargo, Dios no diseñó la libertad del hombre para que le fuera perjudicial. La diseñó para permitirnos trabajar y ganarnos la vida, proveer para nuestras familias y prestar servicio a los demás. El problema es que, al igual que las demás áreas de la vida, la naturaleza depravada del hombre convierte las provisiones de Dios en instrumentos para lograr fines egoístas. Como sucede con los problemas en las relaciones entre esposos y esposas y padres e hijos (Ef. 5:22-6:4), la solución a los problemas en las relaciones de trabajo debe empezar con la solución de Dios: salvación por medio de Jesucristo y poder para vivir a través de su Espíritu Santo.

En todos los aspectos de la vida humana el plan de Dios opera con base en la autoridad y la sumisión, y esas dos columnas son el fundamento para las relaciones de trabajo bíblicas. Para evitar el caos y la anarquía uno debe dirigir y los otros deben seguir. La sumisión mutua que Pablo enseña con relación a amor y siervos, así como la que debe haber entre esposos y esposas y padres e hijos, se da en el contexto de los papeles de autoridad diseñados por Dios: de los esposos sobre las esposas, de los padres sobre los hijos, y de los amos sobre los siervos. Ellos poseen su autoridad como parte de la mayordomía que Dios les ha asignado, con el fin de ser utilizada para sus propósito y de acuerdo a sus principios. Su autoridad no es total ni ilimitada y debe usarse única y exclusivamente para servir a Dios y para servir a aquellos sobre quienes les ha sido dada la autoridad. Por lo tanto, la sumisión no es de una sola vía sino que es mutua.

Las instrucciones de Pablo para amos y esclavos siguen ubicadas en el contexto del hogar. La vasta mayoría de los negocios en tiempos del Nuevo Testamento eran operados por familias, y por esa razón la mayoría de los siervos eran parte de una familia extendida. En situaciones de producción agrícola los siervos o esclavos trabajaban en los campos o cuidaban los rebaños. Si el maestro tenía un taller los siervos trabajaban como artesanos o ayudantes. Si era mercader los siervos realizaban todas las tareas requeridas para contribuir al funcionamiento del negocio. En cualquier caso, la cabeza de hogar también era la cabeza del negocio o la actividad económica. Por lo general era el patrón, y los siervos eran sus empleados.

En este pasaje Pablo continúa tratando los efectos prácticos de la vida llena del Espíritu (5:18), sin los cuales ninguna de las normas justas de Dios puede ser cumplida ni alcanzada, incluso las que regulan las relaciones de trabajo. Los versículos 5 al 8 enseñan acerca de la sumisión de los esclavos o los trabajadores, y el versículo 9 enseña acerca de la sumisión de los amos o los patrones.

LA SUMISIÓN DE LOS EMPLEADOS

Siervos, obedeced a vuestros amos terrenales con temor y temblor, con sencillez de vuestro corazón, como a Cristo; no sirviendo al ojo, como los que quieren agradar a los hombres, sino como siervos de Cristo, de corazón haciendo la voluntad de Dios; sirviendo de buena voluntad, como al Señor y no a los hombres, sabiendo que el bien que cada uno hiciere, ése recibirá del Señor, sea siervo o sea libre. (6:5-8)

Siervos es la traducción del término griego *douloi*, e indica sujeción y por lo general servidumbre. En tiempos bíblicos la esclavitud era tan común como sus maltratos. Tanto en las culturas griega y romana, la mayoría de los esclavos carecían de derechos legales y eran tratados como bienes comerciales. Los ciudadanos romanos habían llegado a considerar que cualquier clase de trabajo estaba por debajo de su dignidad, y poco a poco todo el imperio llegó a funcionar con base en la fuerza de los esclavos. Los esclavos eran comprados, vendidos, canjeados, utilizados y desechados sin consideración alguna, como si fueran animales o herramientas. Los amos humanitarios como Plinio el anciano, quien se afligió en gran manera por la muerte de algunos de sus esclavos, eran la excepción y no la norma.

Un escritor romano dividió los instrumentos de la agricultura en tres clases: los articulados, que eran esclavos; los inarticulados, que eran animales; y los mudos, que eran herramientas y vehículos. ¡Lo único que distinguía a un esclavo de los animales y las herramientas era que podía hablar! El estadista romano Cato dijo: "Los esclavos viejos deberían arrojarse en un basurero, y cuando un esclavo está enfermo no hay que alimentarlo. No vale la pena gastar dinero en ellos. A los esclavos enfermos hay que desecharlos porque no son más que herramientas inútiles". Augusto crucificó a un esclavo que mató por accidente su faisán mascota, y un hombre llamado Polio lanzó un esclavo en un pantano lleno de anguilas por haber roto una copa de cristal. Juvenal escribió acerca de un esclavista cuyo placer más grande era "escuchar el dulce sonar de la flagelación de sus esclavos". (El material anterior se cita en William Barclay, *Series de estudios bíblicos diarios: las cartas a los gálatas y los efesios* [Filadelfia: Westminster, 1958], pp. 212-14.)

Aunque la Biblia no habla en contra de la esclavitud como tal, habla con claridad en contra de raptar a una persona con el fin de convertirla en o venderla como esclavo o esclava (Éx. 21:16). La trata de esclavos en Europa y Norteamérica que duró hasta la segunda mitad del siglo diecinueve, fue por lo tanto una violación clara de las Escrituras, a pesar de las justificaciones racionales de muchos cristianos que estuvieron involucrados de una u otra forma en ese comercio inicuo.

Ciertos tipos de esclavitud sin maltrato y benéfica eran permitidos y hasta defendidos en el Antiguo Testamento. Por ejemplo, un ladrón que no podía hacer restitución de su delito, tenía que indemnizarse o resarcir la deuda con trabajo, un plan bastante superior a las sentencias aplicadas en las prisiones modernas que no suministran reparación ni desagravio alguno a la víctima por pérdida de propiedad o dinero, ni restauración de la dignidad para el que roba. A los israelitas les era permitido comprar esclavos de las naciones paganas que les rodeaban (Lv. 25:44), pero no se podían comprar ni vender compatriotas israelitas, aunque les era permitido indemnizarse con trabajo voluntario hasta el año de jubileo (vv. 39-40). Durante su tiempo de servicio debían ser tratados como obreros a sueldo y no como esclavos (vv. 40-41, 46). Los esclavos paganos tampoco debían ser abusados y se les daba su libertad si el amo les hacía daño (Éx. 21:26-27). Un esclavo que huía de un amo opresor debía ser asilado y protegido (Dt. 23:15-16). Un compatriota israelita no podía ser usado como esclavo durante más de seis años, y al final de ese término debían recibir provisiones generosas como una forma de bonificación por servicios prestados (Éx. 21:2; Dt. 15:13-14). Cada cincuenta años, en el año de jubileo, todos los esclavos debían ser puestos en libertad y regresar a sus familias (Lv. 25:10). Un esclavo que amara a su amo y prefiriera quedarse a su lado, se ligaba con él de por vida y la señal de este compromiso voluntario era que su amo le perforaba la oreja (Éx. 21:5-6). La clase de esclavitud regulada conforme a la enseñanza bíblica era una bendición tanto para el patrón como para el empleado, y era una relación personal satisfactoria y remunerativa para ambos.

Aunque la esclavitud no es condenada con uniformidad en el Antiguo ni en el Nuevo Testamento, la aplicación sincera de las verdades del Nuevo Testamento ha conducido de forma reiterada a la eliminación total de sus tendencias al maltrato. Allí donde se vive el amor de Cristo en el poder de su Espíritu, es inevitable que sean quebrantadas todas las barreras y relaciones injustas. Al desintegrarse el Imperio Romano, el sistema brutal y abusivo de la esclavitud cayó con él, debido en gran medida a la influencia del cristianismo. En tiempos más recientes el remanente de la trata de esclavos negros fue eliminado en Europa y Norteamérica debido en gran parte a la predicación poderosa y guiada por el Espíritu de hombres tales como Juan Wesley y George Whitefield, y a la gestión pública piadosa de estadistas como Guillermo Wilberforce y William Pitt.

La enseñanza del Nuevo Testamento no se enfoca en reformar y reestructurar sistemas humanos, los cuales nunca son la raíz causante de los problemas humanos. La cuestión problemática siempre es el corazón del hombre, que al ser malvado corrompe hasta los mejores sistemas, y al ser justo mejora hasta los peores. Si los corazones pecaminosos de los hombres no son cambiados, siempre van a encontrar maneras de oprimir a otros sin importar que exista o no la esclavitud como tal. Por otra parte, los creyentes llenos del Espíritu tendrán relaciones justas y armónicas unos con otros, sin importar bajo qué sistema tengan que vivir. Los problemas y las necesidades básicas del ser humano no son políticas, sociales o económicas sino espirituales, y esa es el área en que Pablo se concentra aquí.

A través de la historia, incluso en nuestro tiempo, la población trabajadora ha sido oprimida y abusada por una intimidación económica que se equipara a una esclavitud desalmada en la práctica, sin importar en qué sistema económico, social o político en particular funcione. Por lo tanto, la enseñanza de Pablo se aplica a todos los dueños y administradores de negocios, y a todos los trabajadores y empleados.

Por cuanto el mandato de la sumisión mutua solo es posible para el creyente lleno del Espíritu, Pablo se dirige a **siervos** cristianos, así como más adelante se dirige solo a amos cristianos (v. 9). Les llama a tener la conducta correcta, la perspectiva correcta, la actitud correcta y el compromiso correcto que reflejen su relación correcta con Dios a través de Jesucristo.

LA CONDUCTA CORRECTA

Los **siervos** reciben el mandato: **obedeced a vuestros amos terrenales.** El imperativo **obedeced** está en el tiempo presente griego, lo cual indica una obediencia ininterrumpida. Los creyentes no solo deben obedecer cuando sientan el deseo de hacerlo o cuando sus patrones sean ecuánimes y razonables. Deben obedecer en todas las cosas todo el tiempo, con la única excepción de los casos en que se les mande hacer algo inmoral, idólatra, blasfemo o cualquier cosa semejante. Pedro dijo acerca de los trabajadores del hogar: "Criados, estad sujetos con todo respeto a vuestros amos; no solamente a los buenos y afables, sino también a los difíciles de soportar. Porque esto merece aprobación, si alguno a causa de la conciencia delante de Dios, sufre molestias padeciendo injustamente. Pues ¿qué gloria es, si pecando sois abofeteados, y lo soportáis? Mas si haciendo lo bueno sufrís, y lo soportáis, esto ciertamente es aprobado delante de Dios" (1 P. 2:18-20).

En tiempos del Nuevo Testamento muchos esclavos se convirtieron en cristianos y por ende llegaron a ser hijos de Dios y coherederos con Jesucristo, como Pablo ya ha recordado a sus lectores (1:5-14). Por lo tanto, la respuesta natural de muchos siervos cristianos fue considerar su servidumbre terrenal como algo por completo incongruente con su nueva posición delante de Dios. Dedujeron que siendo hijos de Dios mismo, no debían estar sometidos a ningún ser humano, y mucho menos a un pagano encarnizado e inclemente. Como miembros de la nobleza espiritual del reino de Dios, merecían más que la esclavitud común del imperio.

No obstante, Pablo les dice de la manera más sencilla y rotunda: **obedeced.** La primera obligación de un cristiano es agradar a su Señor y ser un testigo fiel para Él. Una manera de hacer esto, como dice el apóstol, es dar obediencia voluntaria y dispuesta a las personas bajo cuya dirección trabajamos, sin importar quiénes sean o cómo sea su carácter personal. Ser cristiano siempre debe hacer de esa persona un trabajador mejor, más productivo y más aprobado. La gente no se sentirá inclinada a escuchar el testimonio de un Cristo que realiza un trabajo mediocre y negligente o que se caracteriza por sus constantes quejas. Si un cristiano halla intolerable una situación laboral, debería renunciar y buscar otra ocupación, pero mientras esté empleado debería realizar el trabajo lo mejor que puede.

Algunos cristianos podrían argumentar que, si trabajan para un hermano en la fe, no necesitan ser tan cautelosos y responsables porque su testimonio ante esa persona es irrelevante teniendo en cuenta de que ya ha creído. Otros podrían considerar que sus patrones están en la obligación de darles trato preferente porque son hermanos cristianos. Lo cierto es que esa manera de pensar es presuntuosa, carnal y ajena a los principios bíblicos. Pablo escribió: "Todos los que están bajo el yugo de esclavitud, tengan a sus amos por dignos de todo honor, para que no sea blasfemado el nombre de Dios y la doctrina. Y los que tienen amos creyentes, no los tengan en menos por ser hermanos, sino sírvanles mejor, por cuanto son creyentes y amados los que se benefician de su buen servicio" (1 Ti. 6:1-2). Si hemos de ser respetuosos y obedientes con amos incrédulos, ¿cuánto más debemos serlo para con nuestros hermanos en Cristo?

Un patrón es un patrón, sin importar de quién se trate, y merece el mejor esfuerzo en cualquier trabajo que se realice para él. Los santos han de someterse a la autoridad de cualquier persona a quien rindan cuentas. Los pastores y otros obreros cristianos no están exentos de la aplicación de ese principio. Son responsables de someterse a una iglesia, una junta, otro miembro del personal o cualquier otro que ejerza supervisión sobre ellos.

Cuando un creyente se sienta al lado de su jefe en un culto de adoración o trabaja a su lado en el ministerio cristiano, lo hace como un hermano por completo igual en Cristo; pero en el trabajo debe someterse a la autoridad de su jefe, porque ello da testimonio de su sumisión a la autoridad suprema de la Palabra de Dios.

De modo que sin importar que el jefe sea amable o cruel, creyente o pagano, un cristiano debe serle obediente porque esa es la voluntad de Dios. Pablo dijo a Tito: "Exhorta a los siervos a que se sujeten a sus amos, que agraden en todo, que no sean respondones; no defraudando, sino mostrándose fieles en todo, para que en todo adornen la doctrina de Dios nuestro Salvador" (Tit. 2:9-10). La manera como un creyente se desempeña en su trabajo se refleja en su Señor, sin importar quién sea su amo o patrón humano.

LA PERSPECTIVA CORRECTA

La sumisión de un cristiano a su patrón se hace bajo la autoridad **terrenal** del patrón. La función que cumple esa frase preposicional es recalcar que, tanto como debe reconocerse la importancia y respetarse esta relación de autoridad y sumisión, es solo temporal. Es vigente durante esta vida y no se aplica a cuestiones morales y espirituales en ningún momento y bajo ninguna circunstancia.

LA ACTITUD CORRECTA

La actitud del creyente al obedecer a su empleado debe darse **con temor y temblor.** La idea no es de cobardía y miedo irracional, sino del honor y el respeto que hacen ansiar a una persona agradar a otra. Si no puede honrar y respetar a su patrón por su propia causa, le respeta por causa del Señor como alguien bajo el cual ha dispuesto que se someta. Aunque los hombres abusan terriblemente de esto, el principio de autoridad y sumisión es dado por Dios y siempre debe ser honrado. Dios ha permitido que los jefes ocupen el lugar que ocupan y que los subordinados están donde están, y en ese orden de cosas el creyente fiel se somete con disposición, gracia y buena voluntad bajo la autoridad de quienes el Señor ha designado.

El lugar donde un creyente trabaja es parte de su cambio de servicio para el Señor, y con mucha frecuencia es su campo misionero. Cuando realiza su trabajo con responsabilidad y respeto se constituye en un testimonio a los incrédulos, un estímulo y motivo de ánimo para los creyentes, y un acto de servicio a Dios.

EL COMPROMISO CORRECTO

La cuarta cualidad de la sumisión adecuada a los amos es la de **sencillez de corazón.** No se trata de una sumisión hipócrita y superficial, sino genuina e íntegra.

Pablo dijo a los creyentes de Tesalónica: "os rogamos, hermanos, que abundéis en ello más y más; y que procuréis tener tranquilidad, y ocuparos en vuestros negocios, y trabajar con vuestras manos de la manera que os hemos mandado, a fin de que os conduzcáis honradamente para con los de afuera, y no tengáis necesidad de nada" (1 Ts. 4:10-12). La idea es hacer bien el trabajo que nos es asignado hacer, sin quejarnos, sin hacer alarde y sin criticar el trabajo de otro ni ser un obstáculo en cualquier otro sentido.

EL MOTIVO CORRECTO

El interés primordial de un cristiano en cuanto a su trabajo debería ser simplemente hacerlo bien para la gloria de Dios, **como a Cristo.** Ser lleno del Espíritu trae resultados prácticos, incluido llegar a ser un trabajador confiable, productivo y cooperador. Siempre que un cristiano es sumiso al Espíritu Santo sus logros son ofrecidos **a Cristo,** porque Cristo es tanto el origen como el destino final de su obediencia. Hace todas las cosas por amor a Cristo, por el poder de Cristo y para la gloria de Cristo. "Si, pues, coméis o bebéis, o hacéis otra cosa", dice Pablo, "hacedlo todo para la gloria de Dios" (1 Co. 10:31).

El plan de Dios no es llamar a todo creyente a ser predicador, educador, misionero o a ejercer algún tipo de oficio eclesiástico. Esos ministerios no son más espirituales que cualquier otro al que pueda ser llamado por Dios un creyente. Sin embargo, debido a que esos ministerios representan de forma más directa y obvia la obra del Señor, Él no llamará a una persona a ejercerlos si no ha sido fiel en cualquier otro trabajo que haya tenido en su vida. Una persona que no ha sido fiel al Señor como vendedor, secretaria, auxiliar o carpintero, no puede esperar que Dios le haga un llamado a un ministerio de mayor influencia. El Señor solo pone sobre mucho a aquellos que han sido fieles sobre poco (Mt. 25:21).

LA DILIGENCIA CORRECTA

Cuando cristianos llenos del Espíritu son obedientes con sinceridad y sencillez de corazón a sus patrones como a Cristo, no van a trabajar **al ojo, como los que quieren agradar a los hombres, sino como siervos de Cristo, de corazón haciendo la voluntad de Dios.**

El creyente fiel no se limita a hacer lo mínimo que requiere su trabajo, ni mucho menos va a trabajar solo cuando su supervisor u otros trabajadores estén observando, es decir, **al ojo.** No necesita que le vigilen porque siempre hace su trabajo lo mejor que puede, sin importar que otros le observen. Además trabaja con la misma intensidad tras ser descartado para un ascenso o un aumento, que cuando estaba siendo considerado para recibirlos. No hace un buen trabajo para dejar una buena impresión en otras personas (**como los que quieren agradar a los hombres**), o para promover su propio bienestar. Si gana esas cosas para él son incidentales frente a su motivo e intención principales. Trabaja con diligencia porque sabe que hacer esto es **la voluntad de Dios** y porque es el deseo sincero **de** su propio **corazón.**

Sirviendo de buena voluntad, como al Señor y no a los hombres es una reiteración que refuerza lo que Pablo acaba de decir. **De buena voluntad** expresa la actitud del trabajador que no necesita ser azuzado ni compelido. Cuando un cristiano está donde Dios quiere que esté y es obediente en mantenerse **sirviendo como al Señor,** ese es el lugar con mayores retos y posibilidades, así como el más productivo y remunerador en que se puede estar.

Cada día debería ser un día de servicio al Señor. "Todo lo que te viniere a la mano para hacer", nos dice Salomón, "hazlo según tus fuerzas" (Ec. 9:10). En carta dirigida a Roma, Pablo nos dice que no faltemos en diligencia sino que seamos "fervientes en espíritu, sirviendo al Señor" (12:11), y en Colosenses: "todo lo que hagáis, hacedlo de corazón, como para el Señor y no para los hombres" (3:23). Esa es la actitud que el cristiano lleno del Espíritu tiene en su trabajo.

Un creyente hace su trabajo con diligencia por causa del Señor con la absoluta certeza de **que el bien que cada uno hiciere, ése recibirá del Señor, sea siervo o sea libre.** Los créditos y recompensas de Dios son siempre apropiados y dignos de crédito. Es posible que un patrón no aprecie o siquiera se entere del buen trabajo que hayamos hecho, quizás porque es indiferente o porque otro recibe el crédito por lo realizado. Pero Dios sabe y Dios recompensa. Ninguna cosa buena hecha en su nombre y para su gloria puede pasar desapercibida por Él o quedar sin su aprobación y reconocimiento.

Se narra la historia de una pareja anciana de misioneros que estaban regresando a casa en un barco tras muchos años de servicio sacrificado en el África. En el mismo barco estaba Teodoro Roosevelt, quien había acabado de completar un viaje de caza muy exitoso. Tan pronto el barco arribó al puerto en la bahía de Nueva York, miles de entusiastas y docenas de reporteros se alinearon en el muelle para dar la bienvenida a casa a Roosevelt. Por otro lado, ni una sola persona estuvo allí para recibir a los misioneros. Al partir rumbo al hotel en un taxi, el misionero se quejó con su esposa: "Esto no parece justo. Ofrendamos cuarenta años de nuestra vida a Jesucristo para ganar almas en África, y nadie sabe ni se interesa de que hayamos llegado. En cambio el presidente va allá unas semanas para matar animales y todo el mundo se da por enterado". Sin embargo, al orar juntos esa noche antes de retirarse a descansar, fue como si el Señor les dijera: "¿Saben por qué ustedes todavía no han recibido su recompensa, hijos míos? Es porque aún no han llegado a casa".

LA SUMISIÓN DE LOS PATRONES

Y vosotros, amos, haced con ellos lo mismo, dejando las amenazas, sabiendo que el Señor de ellos y vuestro está en los cielos, y que para él no hay acepción de personas. (6:9)

Los comentarios finales de Pablo acerca de la sumisión mutua de los creyentes llenos del Espíritu están dirigidos a **amos,** y por extensión, a patrones cristianos de todo tipo. Su actitud hacia sus trabajadores debe ser básicamente la misma que los trabajadores deberían tener hacia ellos: **haced con ellos lo mismo.**

Lo que antecede a **lo mismo** es con mayor probabilidad el mandato al final del versículo 6: "de corazón haciendo la voluntad de Dios", del cual los versículos 7-8 son un comentario. La relación de un patrón cristiano con sus empleados debería tener la misma motivación y meta que la relación de un trabajador cristiano con su patrón: el deseo de obedecer y agradar al Señor. Un patrón debe usar su autoridad "como al Señor", así como los trabajadores deben someterse a la autoridad "como al Señor". Esa es una expresión de su sumisión mutua y de su obediencia al mandato: "Someteos unos a otros en el temor de Dios" (5:21).

El trabajo principal de un patrón cristiano, así como el trabajo principal de un empleado cristiano, es hacer la voluntad de Dios y manifestar la semejanza a Cristo en todo lo que hace. Toma decisiones de negocios primero que todo con base en las normas divinas de justicia, rectitud, verdad y honestidad, procurando manifestar la naturaleza y voluntad de su Padre celestial en todas las cosas que hace. El trato con sus empleados se basa en el bienestar y los mejores intereses de ellos, así como los del negocio. Les trata con justicia porque esa es la voluntad del Señor. Les trata con respeto porque al hacerlo respeta y honra al Señor.

El patrón lleno del Espíritu se asegura de dejar **las amenazas.** El término empleado sugiere la idea de soltar o liberar. Esa persona se caracteriza porque hace uso mínimo de su autoridad y poder, se abstiene de hacer alarde de su poder y no lo impone a la fuerza sobre aquellos que están bajo su supervisión. Nunca es abusivo ni desconsiderado. Se da cuenta de que su propia autoridad, aunque es dada por Dios, tiene un carácter estrictamente funcional y temporal. Sabe que él y sus trabajadores por igual están bajo la autoridad suprema de Dios, **que el Señor de ellos y** suyo no está en la tierra sino **en los cielos.** El patrón cristiano fiel sabe que es un consiervo de Jesucristo al lado de sus empleados, y rinde cuentas al mismo Amo y **Señor.**

También sabe que delante de Dios no es más importante o digno en sí mismo que el más pequeño de sus empleados, porque **para él no hay acepción de personas** (cp. Hch. 10:34; Ro. 2:11; Stg. 2:9). Tampoco juega con favoritismos porque Dios no tiene favoritos.

La imparcialidad de Dios es la verdad con que Pablo termina su discurso acerca de "someteos unos a otros en el temor de Dios" (5:21). Los creyentes llenos del Espíritu, bien sean esposos o esposas, padres o hijos, patrones o empleados, deben tratarse unos a otros en sumisión mutua porque son amados por igual, cuidados por igual, y están supeditados por igual a un **Señor** común, su Salvador y Señor, Jesucristo.

La guerra del creyente 26

Por lo demás, hermanos míos, fortaleceos en el Señor, y en el poder de su fuerza. Vestíos de toda la armadura de Dios, para que podáis estar firmes contra las asechanzas del diablo. Porque no tenemos lucha contra sangre y carne, sino contra principados, contra potestades, contra los gobernadores de las tinieblas de este siglo, contra huestes espirituales de maldad en las regiones celestes. Por tanto, tomad toda la armadura de Dios, para que podáis resistir en el día malo, y habiendo acabado todo, estar firmes. (6:10-13)

El cristiano verdadero que se describe en Efesios 1-3, el cual vive la vida fiel descrita en 4:1-6:9, puede tener la seguridad de que estará involucrado en la guerra espiritual descrita en 6:10-20. La vida cristiana fiel es una batalla; es guerra en la escala máxima porque cuando Dios comienza a bendecir, Satanás empieza a atacar.

Si estamos andando como es digno de la vocación con que fuimos llamados, en humildad y no en orgullo, en unidad y no en divisiones, en el hombre nuevo y no en el viejo, en amor y no en lujuria, en luz y no en tinieblas, en sabiduría y no en necedad, en la plenitud del Espíritu y no en la embriaguez del vino, así como en la sumisión mutua y no en la independencia que sirve al ego, entonces podemos tener la certeza absoluta de que vamos a tener oposición y conflicto.

El ministerio de Jesús empezó con una gran batalla con Satanás que duró cuarenta días (Lc. 4:2). El finalizar el ministerio de Jesús, Satanás arremetió de nuevo contra Él en el huerto de Getsemaní, con tal ímpetu que Él llegó a sudar grandes gotas como de sangre (22:44). Entre muchas otras verdades instructivas, esos dos hechos nos enseñan que la batalla no se hace más fácil a medida que crecemos en obediencia a Dios. Si de algo podemos estar seguros es que Satanás intensificará sus esfuerzos en contra de aquellos que continúan sirviendo al Señor de manera efectiva. A medida que los creyentes crecen y se hacen más fuertes, lo mismo sucede con los ataques de Satanás.

El cristiano que procura crecer en su conocimiento de y obediencia a la Palabra, y servir al Señor con mayor fidelidad no descubrirá que el ministerio le es cada vez más fácil de ejercer. A medida que el Señor otorga dominio sobre ciertas tentaciones y debilidades, Satanás se dispone a atacar en otras áreas. La fidelidad en el testimonio, la predicación, la enseñanza, la visitación y todos los demás servicios rendidos al Señor, no solo traerá victorias sino también dificultades y oposición especiales. Un cristiano que deja de tener luchas en contra del mundo, la carne y el diablo es un cristiano que ha caído en el pecado o en la complacencia. Un cristiano que no tiene conflicto es un cristiano que ha retrocedido en la batalla y ha dejado su puesto en las primeras filas del servicio.

Cuando Pablo fue a Éfeso por primera vez empezó de inmediato a predicar el evangelio. Dirigió a algunos discípulos de Juan el Bautista a la fe salvadora en Jesucristo y habló durante tres meses en la sinagoga local y luego en la escuela de Tirano. "Así continuó por espacio de dos años, de manera que todos los que habitaban en Asia, judíos y griegos, oyeron la palabra del Señor Jesús. Y hacía Dios milagros extraordinarios por mano de Pablo" (Hch. 19:10.11). Condujo a muchos judíos y gentiles al conocimiento de Cristo. Los que practicaban la magia quemaron sus libros, y así "crecía y prevalecía poderosamente la palabra del Señor" (vv. 17-20). No obstante, desde el principio enfrentó oposición. Fue corrido de la sinagoga por líderes judíos incrédulos (vv. 8-9), remedado por exorcistas judíos apóstatas (vv. 13-16) y amenazado por Demetrio y sus colegas plateros, cuyo lucrativo negocio en la fabricación de ídolos estaba sufriendo a causa del ministerio de Pablo (vv. 23-40).

Pablo sabía que allí donde se presentaban los mayores retos de avance espiritual también estaban con mucha probabilidad el peligro y la oposición más fuertes. Como explicó a los creyentes de Corinto, estaba determinado a quedarse un poco más en Éfeso "porque se me ha abierto puerta grande y eficaz, y muchos son los adversarios" (1 Co. 16:8-9). Muchos pastores se ven tentados a dejar una iglesia u otro campo de servicio cuando las cosas empiezan a ponerse difíciles; pero un ministerio fácil puede ser un ministerio débil, porque allí donde la obra del Señor se realiza con esfuerzo genuino Satanás no va a dejar de oponerse. Como creyentes en Jesucristo, no solo somos hijos y siervos de Dios sino también sus soldados, y el trabajo de un soldado es batallar contra el enemigo.

Aun los ángeles santos de Dios enfrentan oposición cuando ministran para Él. El ángel enviado a Daniel enfrentó la oposición de cierto demonio durante veintiún días y tuvo que ser asistido por el arcángel Miguel (Dn. 10:13) y Miguel mismo tuvo una batalla con Satanás por el cuerpo de Moisés (Jud. 9).

Pablo reflexionó en estos términos acerca de su propia batalla en su carta a la iglesia de los tesalonicenses: "por lo cual quisimos ir a vosotros, yo Pablo ciertamente una y otra vez; pero Satanás nos estorbó" (1 Ts. 2:18). Los creyentes son atacados tanto a escala personal como corporativo.

Pablo advirtió a los ancianos de Éfeso: "Porque yo sé que después de mi partida entrarán en medio de vosotros lobos rapaces, que no perdonarán al rebaño. Y de vosotros mismos se levantarán hombres que hablen cosas perversas para arrastrar tras sí a los discípulos" (Hch. 20:29-30). Serían atacados tanto desde afuera como desde adentro. Satanás siempre está al acecho, y los cristianos enseñados en la Biblia "no ignoramos sus maquinaciones" (2 Co. 2:11).

Aunque sea a manera de acotación a partir del pasaje presente, una mirada a las cartas del Señor a las siete iglesias de Asia menor, la primera de las cuales estuvo dirigida a la iglesia en Éfeso, nos ayudará a entender la manera como Satanás ataca a la iglesia. Esas siete iglesias históricas fueron prototipos de iglesias que han existido durante el transcurso de los siglos desde aquel tiempo. En su visión en Patmos, Juan vio a Jesucristo en su manto real, sacerdotal y profético evaluando las iglesias y ordenando el envío de cartas a cada una. Solo dos de las cartas, las dirigidas a Esmirna y Filadelfia, no contenían alguna forma de advertencia y condenación. La iglesia en Esmirna sufrió gran persecución y se mantuvo fuerte en la fe. La iglesia en Filadelfia también conoció el ataque satánico pero fue una iglesia agresiva y evangelizadora. Ambas iglesias conocieron los ataques de lo que nuestro Señor llama "la sinagoga de Satanás" (Ap. 2:9; 3:9), un grupo de judíos blasfemos y perseguidores de la iglesia. La persecución y la evangelización eran agentes purificadores porque mantenían la atención de los creyentes fuera de ellos mismos y fijada sin distracciones en la voluntad y el poder de Dios.

En las cartas a las otras cinco iglesias hay un aumento progresivo en la seriedad de las advertencias. Los cristianos en Éfeso eran activos en buenas obras, perseverantes, intolerantes del pecado, opuestos a la enseñanza falsa, y habían soportado con paciencia penalidades por causa de Cristo. Sin embargo, habían dejado su primer amor, su fuerte apego inicial y su devoción original al Señor mismo (Ap. 2:2-4). Aunque vivían en medio de una de las ciudades más corruptas del mundo romano, un centro de idolatría pagana y de inmoralidad flagrantes, mantuvieron con fidelidad la doctrina correcta y las normas de pureza moral. Por otro lado, su defecto fatal, aunque parece pequeño comparado con sus áreas de gran fidelidad, era la falta de amor. La vibración emocional había desaparecido, el entusiasmo había bajado y el celo se había reducido a un hábito de ortodoxia y tradición.

Los creyentes fundamentales y ortodoxos están inclinados a creer que aman a Dios porque mantienen una gran consideración y obediencia hacia su Palabra. Pedro se extrañó y ofendió en gran manera cuando Jesús le preguntó en tres ocasiones si en realidad le amaba (Jn. 21:15-17). La teología y la moralidad de Pedro eran correctas, pero su corazón aún no poseía una devoción plena a Cristo. Por importantes que son la doctrina sana y la vida recta, no constituyen substituto alguno para el amor, y de hecho se tornan frías y estériles separadas del amor. La falta de amor no solo aflige al Señor sino que da lugar a Satanás en la vida del creyente. Cuando un creyente o un cuerpo de creyentes pierde su sentido profundo de amor por el Señor, ese creyente o esa iglesia están al borde de un desastre espiritual.

La deserción espiritual empieza por lo general con un simple olvido del gozo de aquellas primeras experiencias después de recibir la salvación, incluso el gran interés en el estudio bíblico, la oración, la adoración y la sensación permanente de pertenecer al Señor Jesús. Por esa razón Cristo dijo a la iglesia en Éfeso: "Recuerda, por tanto, de dónde has caído" (Ap. 2:5a). Les estaba diciendo: "Recuerden cómo eran antes de que su amor se enfriara". En segundo lugar, la deserción espiritual siempre involucra pecado, y el Señor les dijo en seguida que se arrepintieran (v. 5b). Los creyentes que están en pecado, incluidos los faltos de amor, deben ser limpiados por el Señor antes de poder serle útiles de nuevo. En tercer lugar, la deserción espiritual siempre involucra una reducción en la cualidad, si no en la cantidad del servicio cristiano, y por eso el Señor dijo a la iglesia de los efesios: "haz las primeras obras" (v. 5c).

Las actividades ortodoxas pero carentes de amor se realizan en la carne, y aunque tengan apariencia de piedad no son piadosas. El único servicio espiritual verdadero es el servicio en amor. En efecto, el Señor estaba diciendo: "Regresen al fuego, a la fuente de su poder y ayuda. Vuelvan a la Palabra, a la oración y al compañerismo cristiano familiar y cercano. Vuelvan a ser activos en la alabanza al Señor". Pero la iglesia en Éfeso no hizo esto, y tal como lo había advertido (v. 5d), el Señor les quitó su candelero de su lugar. Esa iglesia, aunque era ortodoxa, evangelizadora y activa en buenas obras, en poco tiempo dejó de existir como tal.

La iglesia en Pérgamo también tenía muchas cosas buenas por las cuales fue elogiada por el Señor. A pesar de vivir en una ciudad de paganismo atroz y haber soportado persecución y el martirio de uno de sus líderes principales, la iglesia no negó la fe (Ap. 2:13). Pérgamo era un centro para el culto al emperador y la adoración de Zeus, el cabecilla de las deidades mitológicas romanas. Es probable que la expresión "el trono de Satanás" se refiera a su altar. La ciudad también tenía vínculos estrechos con Esculapio, el dios de la curación, cuyo símbolo en forma de serpiente aún puede verse en las insignias médicas. El piso de su templo estaba cubierto de serpientes no venenosas que se arrastraban sobre los cuerpos de los enfermos y los lisiados con el fin de curarlos. Es indudable que Satanás realizaba suficientes curaciones sobrenaturales para mantener a la gente comprometida en esta religión mentirosa.

Ser cristiano en Pérgamo era difícil, y el pueblo del Señor en aquel lugar era fiel ante todo; pero habían cedido terreno en algunas áreas importantes. Es probable que "la doctrina de Balaam" que algunos de ellos apoyaban, consistiera en la práctica de los matrimonios mixtos con incrédulos, el pecado mediante el cual Balac y Balaam se las arreglaron para descarriar a los israelitas (Ap. 2:14; cp.

Nm. 24:10–25:3). También estaban comiendo cosas sacrificadas a ídolos y
cometiendo actos de inmoralidad participando en la idolatría orgiástica de los
paganos degenerados (Ap. 2:14). En una palabra, estaban remedando al mundo,
cayendo en hábitos y prácticas pecaminosas y contrarias a las normas de Dios al
mismo tiempo que trataban de mantener su vida como iglesia (cp. 1 Co. 10:20-22).

Ese es uno de los peligros más grandes en la iglesia actual. Muchos creyentes
tienen la inclinación de acomodarse de cualquier modo a casi todas las prácticas
mundanas. Bajo la excusa de garantizar la relevancia de su influencia, copian
costumbres inmorales y materialistas del mundo. Si el mundo se obsesiona con
cosas materiales, la iglesia sigue el mismo patrón. Si el mundo baja sus normas
de sexualidad, lo mismo hace la iglesia. Cuando el mundo se deslumbra con el
entretenimiento, la iglesia hace lo mismo. Cuando el mundo glorifica la dignidad
egocéntrica y la realización individual, la iglesia emula esa actitud.

La tercera iglesia que recibió una carta de advertencia del Señor estaba localizada
en Tiatira, y su problema era su actitud tolerante hacia el pecado. El Señor le dijo:
"Yo conozco tus obras, y amor, y fe, y servicio, y tu paciencia, y que tus obras
postreras son más que las primeras. Pero tengo unas pocas cosas contra ti: que
toleras que esa mujer Jezabel, que se dice profetisa, enseñe y seduzca a mis siervos
a fornicar y a comer cosas sacrificadas a los ídolos" (Ap. 2:19-20). La iglesia tenía
muchas cosas buenas y elogiables, pero se convirtió en víctima de una falsa maestra
que se había disfrazado como maestra de Dios. Esta mujer llevó a muchos de los
creyentes a la adoración de ídolos y la inmoralidad sexual asociada con ese culto,
y la iglesia y sus líderes la toleraron tanto como a su doctrina.

Los cristianos siguen sucumbiendo al mal de manera similar. Cuando las
cosas del mundo son idolatradas, aun por creyentes con mucha frecuencia, es
imposible que no sean arrastrados a las concesiones morales y espirituales
demandadas por tal idolatría. Cuando una persona anhela ser como el mundo e
insiste en emularlo, en poco tiempo pensará y actuará de forma semejante a él.

El Señor no tolera el pecado en su iglesia, y el andar en justicia no es cuestión
de mantener un equilibrio entre las cosas buenas y las malas. La lista de cosas
buenas de la iglesia en Tiatira era más larga que la de cosas malas, pero esto no
la protegió del juicio divino. El Señor le había dado tiempo más que suficiente
para arrepentirse, y al negarse a hacerlo Él dijo: "He aquí, yo la arrojo en cama,
y en gran tribulación a los que con ella adulteran, si no se arrepienten de las
obras de ella. Y a sus hijos heriré de muerte, y todas las iglesias sabrán que yo soy
el que escudriña la mente y el corazón; y os daré a cada uno según vuestras
obras" (Ap. 2:22-23). El lecho del vicio sería convertido en un lecho de muerte
para todos los que permanecieran en el pecado, y otras iglesias recibirían como
una seria advertencia el juicio aplicado a esos creyentes.

Muchas iglesias tienen temor de tratar el pecado conocido que se practica en
su seno. No quieren confrontar a los miembros con su inmoralidad o sus ideas

ajenas a la doctrina bíblica, por temor de perder a esos miembros o de ser tachada de rígida, melindrosa, pasada de moda o carente de amor. Sin embargo, lo cierto es que el amor no le hace guiños al pecado y jamás condona la maldad y la injusticia (1 Co. 13:6).

El juicio del Señor solo cayó sobre aquellos miembros de la iglesia que estaban involucrados en idolatría e inmoralidad. Jesús dijo a los fieles: "No os impondré otra carga; pero lo que tenéis, retenedlo hasta que yo venga" (Ap. 2:24-25). En otras palabras, Jesús advirtió que incluso los creyentes más fieles nunca están fuera de peligro hasta el día en que estén con el Señor, y mientras llegue ese momento, bien sea por la muerte o por el regreso del Señor, la exhortación es "retener lo que se tiene", que es la presencia de Cristo y las normas de su Palabra.

La iglesia en Sardis era todavía peor. Puesto que contaba con una congregación grande y muchas actividades, gozaba de cierta reputación como una iglesia viva, pero el Señor la declaró muerta (Ap. 3:1). Como el barco descrito por Coleridge en sus "Coplas del marinero antiguo", el cual era navegado y pilotado por cadáveres, la iglesia en Sardis era manejada por miembros que ya estaban muertos espiritualmente. La ciudad de Sardis era sinónimo de opulencia. La palabra "creso" que hoy significa potentado y magnate, proviene de una alusión a la riqueza exorbitante del rey Creso, quien gobernó sobre el antiguo reino de Lidia, del cual Sardis era la capital. No obstante, las actividades superficiales de la iglesia en aquel lugar no tenían mayor capacidad para mantenerla viva espiritualmente que la gran riqueza y reputación de la ciudad para mantener su propio pulso político. Tanto la ciudad como la iglesia cesaron de existir poco después de la época neotestamentaria.

Cuando una iglesia substituye al Señor y su obra con programas, actividades, ceremonias y acciones humanas, se convierte en un cadáver espiritual a pesar de su apariencia de vitalidad. No tiene vida espiritual porque Dios no está allí. Se convierte en un Icabod, porque la gloria del Señor se aparta de ella (véase 1 S. 4:21). Cuando la falta de amor, la inmoralidad, el ritualismo hueco y la complacencia se apoderan de una iglesia, el resultado es ausencia total de vida espiritual. Los contados creyentes en Sardis que no habían "manchado sus vestiduras" fueron animados por el Señor con la promesa de que un día andarían con Él en la pureza de vestiduras blancas en su reino celestial glorioso (Ap. 3:4-5). Ese remanente fiel impidió que la iglesia como un todo perdiera su candelero y quedara en el olvido.

La quinta iglesia advertida por el Señor fue la de Laodicea. Esta iglesia no tenía una sola cosa digna de elogio, ni siquiera contaba con una apariencia superficial de vida espiritual. Sus miembros eran por completo indiferentes a las cosas del Señor (Ap. 3:15-16). La indiferencia es una enfermedad espiritual que parece inofensiva y es muy probable que haya acabado con la efectividad de más creyentes e iglesias que cualquier otra. Los cristianos de Laodicea se identificaban como una iglesia pero no tenían parte alguna en las cosas del Señor. Ellos decían:

"Yo soy rico, y me he enriquecido, y de ninguna cosa tengo necesidad"; pero el Señor les dijo: "no sabes que tú eres un desventurado, miserable, pobre, ciego y desnudo" (Ap. 3:17). La complacencia religiosa indiferente e hipócrita es algo más nauseabundo para el Señor que la inmoralidad abierta. El corazón frío es el que Dios busca cortejar y atraer con su amor y gracia, mientras que el corazón caliente Él lo acoge en su regazo; pero el corazón tibio es repugnante y Él lo vomita de su boca con aversión total (v. 16).

La iglesia en Laodicea era del todo hipócrita, la clase de iglesia postiza que en realidad no es iglesia. Es la iglesia liberal de hoy día que se llama a sí misma cristiana y al mismo tiempo niega la deidad de Cristo y su sacrificio expiatorio, rechaza su Palabra y desacata sus normas. Es humanista, centrada en el hombre y en el culto al ser humano. Puede tener un cascarón religioso, gran riqueza e influencia a escala mundial. Pero carece de amor por las cosas del Señor y de algún sentido de necesidad del Señor porque encuentra en sí misma todo lo que quiere y espera de la vida. Sus miembros son apóstatas, y por cuanto ellos rechazan al Señor, serán rechazados por Él con náusea como si fueran vómito que sale por su boca.

El patrón de retroceso y desmejoramiento en las cinco iglesias es bastante claro: de una pérdida del primer amor por Cristo, a liarse con el mundo, a la tolerancia del pecado, a la complacencia con programas y actividades, a la satisfacción con las posesiones materiales y el ego. El adversario ataca a toda la iglesia de esta manera tentando a los individuos que hay en su interior a caer en tales pecados. No existen ataques contra la pureza y la santidad de la iglesia que no sean ataques personales contra las personas que hay dentro de esa congregación. Este ataque puede verse con claridad en la experiencia de Pedro (Lc. 22:31-32; 1 P. 5:8) y la de Pablo (2 Co. 12:7; 1 Ts. 2:18). Ningún creyente verdadero está exento de tales ataques.

En reconocimiento de las estratagemas destructivas de Satanás, Pablo termina su carta a la iglesia en Éfeso dando tanto ánimo como apercibimiento a sus hermanos y hermanas de aquel lugar, de una forma similar a como Jesús lo hizo en sus cartas a las siete iglesias de Asia menor más de treinta años después. En 6:10-13 el apóstol presenta la información necesaria con respecto a la preparación, la armadura, el enemigo, la batalla y la victoria en la guerra espiritual del creyente.

LA PREPARACIÓN: FORTALEZA EN EL SEÑOR

Por lo demás, hermanos míos, fortaleceos en el Señor, y en el poder de su fuerza. (6:10)

Algo básico para la vida cristiana efectiva es la preparación. El creyente no preparado se convierte en el creyente derrotado que procura servir al Señor en su propia sabiduría y fuerzas. La fortaleza de la vida cristiana radica en la

dependencia de Dios, en **fortalecerse en el Señor, y en el poder de su fuerza.**
Cualquier otra **fuerza** demuestra ser impotente en absoluto.

La realidad cardinal presentada en el libro de Efesios es que nosotros como
creyentes, estamos en Cristo y somos uno con Él. Su vida es nuestra vida, su
poder nuestro poder, su verdad nuestra verdad, su camino nuestro camino, y
como Pablo prosigue a decir aquí, su **fuerza** es nuestra fuerza.

La **fuerza** del Señor siempre es más que suficiente para la batalla. Cuando Jesús
dijo a la iglesia en Filadelfia: "he aquí, he puesto delante de ti una puerta abierta,
la cual nadie puede cerrar; porque aunque tienes poca fuerza, has guardado mi
palabra, y no has negado mi nombre" (Ap. 3:8), estaba afirmando que tan solo un
poco de poder era suficiente para preservarles, porque se trataba del poder
sobrenatural del Señor. Nuestra propia fuerza jamás es lo bastante fuerte para
hacer oposición real a Satanás, pero cuando somos fuertes **en el Señor, y en el
poder de su fuerza,** hasta un poco de su fuerza es suficiente para ganar cualquier
batalla. "Todo lo puedo en Cristo que me fortalece", dijo Pablo (Fil. 4:13). Lo
importante no es la cantidad de la fuerza que tengamos, únicamente su fuente.

En el sentido último del concepto, las batallas de la iglesia con Satanás ya han
sido ganadas. En su crucifixión y resurrección Jesús destruyó a Satanás y su poder
de pecado y muerte (Ro. 5:18-21; 1 Co. 15:56-57; He. 2:14). La confianza en Jesucristo
es el punto de partida para que una persona tenga esa victoria en su vida. En la
medida en que un cristiano se fortalezca **en el Señor,** su victoria sobre las peores
cosas que Satanás tenga en su contra está garantizada. Estamos en una guerra, una
guerra feroz y terrible; pero no tenemos razón para temer si estamos en el lado del
Señor. La apropiación de esa **fuerza** se da a través de los medios de la gracia:
oración, conocimiento de y obediencia a la Palabra, y fe en las promesas de Dios.

Tras varios años de ministerio, Timoteo se volvió temeroso y tímido. Estaba
enfrentando tentaciones más fuertes de lo que esperaba y oposición mucho más
considerable. Pablo le escribió: "Por lo cual te aconsejo que avives el fuego del
don de Dios que está en ti por la imposición de mis manos. Porque no nos ha
dado Dios espíritu de cobardía, sino de poder, de amor y de dominio propio.
Por tanto, no te avergüences de dar testimonio de nuestro Señor... Tú, pues, hijo
mío, esfuérzate en la gracia que es en Cristo Jesús" (2 Ti. 1:6-8; 2:1).

LA PROVISIÓN: LA ARMADURA DE DIOS

Vestíos de toda la armadura de Dios, para que podáis estar firmes (6:11*a*)

A fin de aprovechar todo el poder de la fuerza del Señor, un creyente también
debe vestirse **de toda la armadura** que Él suministra (cp. 2 Co. 10:3-5). *Enduō*
(**vestíos**) alude a una acción que se realiza de una sola vez por todas, de un

resultado permanente. **Toda la armadura de Dios** no es algo que se pone y se quita según la ocasión, sino algo con lo cual debemos estar vestidos de forma permanente. No se trata de un uniforme que solo se utiliza mientras se juega un partido y que luego uno se quita al terminar el juego. **La armadura de Dios** es el equipo y la indumentaria que acompañan al cristiano de por vida. Es lo que provee de poder divino a los creyentes, el cual procede de "aquel que es poderoso para guardaros sin caída, y presentaros sin mancha delante de su gloria con gran alegría" (Jud. 24).

Es probable que Pablo estuviese encadenado a un soldado romano cuando escribió las palabras de Efesios, y al observar la armadura del soldado fue inspirado por el Espíritu Santo para ver en ella la analogía perfecta de la provisión espiritual de Dios para nuestra batalla contra Satanás y sus huestes de maldad (vv. 14-17). Como el apóstol explica en esos versículos, la **armadura** del creyente le equipa más allá de los hechos iniciales y básicos del evangelio, y se convierte en la única manera de *vivir* la vida obediente, dominada por las Escrituras y llena del poder del Espíritu, de tal modo que estemos en capacidad de **estar firmes.**

Estar firmes (de *histēmi* en griego), cuando se utilizaba en un sentido militar aludía al concepto de mantener una posición de importancia crítica mientras se está bajo ataque. La intención de esta exhortación no se diferencia de la que nuestro Señor dirigió a la iglesia de Tiatira que se encontraba bajo ataque satánico, y a cuyos miembros mandó: "lo que tenéis, retenedlo hasta que yo venga" (Ap. 2:25).

EL ENEMIGO: SATANÁS

contra las asechanzas del diablo. (6:11*b*)

El enemigo contra el cual necesitamos la fuerza y la armadura de Dios es Satanás, **el diablo.** Puesto que es enemigo de Dios también es nuestro enemigo, y la única manera como puede atacar a Dios es por medio de nosotros. Por lo tanto, podemos estar seguros de que siempre está dispuesto a acecharnos y atacarnos con sus **asechanzas.**

Methodia (**asechanzas**), término del cual se deriva la palabra *método*, implica el concepto de sagacidad, perfidia y engaño (véase también 4:14). El término se usaba con frecuencia para hablar de un animal salvaje que acechaba con cautela y luego se lanzaba de forma inesperada y sorpresiva sobre su presa. Las **asechanzas** malignas de Satanás son fabricadas por él con base en la artería y el engaño.

En tiempos modernos existe un fenómeno extraño. A la par con el aumento en la no creencia tan siquiera en la existencia **del diablo,** también se ha dado un aumento en la participación en el ocultismo y el culto a demonios. Estas dos cartas han sido puestas en juego por Satanás.

Las Escrituras hablan con claridad acerca de la existencia muy real y personal de Satanás. En algún tiempo fue el ángel principal, el querubín ungido y el lucero de la mañana que lucía con esplendor todas las joyas de la belleza creada, hasta que se rebeló contra su Creador e intentó usurpar su poder y gloria (véase Is. 14:12-17; Ez. 28:1-10; Ap. 12:7-9). Aparece por primera vez en la Biblia en la forma de una serpiente, cuando tentó a Adán y Eva (Gn. 3:1). Jesús no solo habló acerca de Satanás (Lc. 10:18; Jn. 8:44; 12:31) sino que habló con él (Mt. 4:3-10). Pablo, Pedro, Santiago, Juan y el escritor de Hebreos hablan de él como un ser con personalidad (Ro. 16:20; 2 Co. 2:11; 1 Ts. 2:18; He. 2:14; Stg. 4:7; 1 P. 5:8; Ap. 12:9). Le vemos oponiéndose a la obra de Dios (Zac. 3:1), pervirtiendo la Palabra de Dios (Mt. 4:6), estorbando al siervo de Dios (1 Ts. 2:18), impidiendo el acceso del hombre al evangelio de salvación (2 Co. 4:4), haciendo caer en sus trampas a los malos (1 Ti. 3:7), apareciendo como un ángel de luz (2 Co. 11:14), y combatiendo con el arcángel Miguel (Jud. 9). Este ser trajo pecado al mundo y el mundo entero se encuentra ahora bajo su poder (1 Jn. 5:19).

La Biblia se refiere al **diablo** con nombres y descripciones personales como "querubín grande, protector" (Ez. 28:14), "príncipe de los demonios" (Lc. 11:15), "el príncipe de este mundo" (Jn. 16:11), "el dios de este siglo" (2 Co. 4:4), "el príncipe de la potestad del aire" (Ef. 2:2), y muchos otros. Es identificado como el gran dragón, un león rugiente, el tentador, el acusador y el espíritu que opera en los hijos de desobediencia. En cuarenta y nueve ocasiones es llamado Satanás, que significa "adversario", como también es llamado en el Nuevo Testamento; en treinta y tres ocasiones es llamado diablo, que significa "calumniador". Este arcángel caído y sus ángeles caídos que se convirtieron en demonios, han estado tentando y corrompiendo a la humanidad desde la caída. Son un enemigo maligno, formidable, taimado, sagaz, poderoso e invisible contra el cual ningún ser humano en sus propias fuerzas y recursos puede competir.

Puede verse una evidencia del gran poder y capacidad de engaño de Satanás en el hecho de que, a pesar de la liberación milagrosa que Dios obró en favor de Israel cuando se encontraba bajo el dominio de Egipto, y a pesar de sus bendiciones, protección y provisiones sin medida en el desierto y en Canaán, su pueblo escogido sucumbió de forma reiterada a las seducciones de Satanás, cayendo en la adoración de los ídolos escabrosos y demoníacos del paganismo. Después de todas las predicciones sobre el Mesías que fueron dadas en el Antiguo Testamento y después de la predicación, las enseñanzas y las sanidades milagrosas de Jesús, ¡Satanás se las arregló para inducir al pueblo de Israel a rechazar y crucificar a su propio Mesías! En los últimos días su engaño final de Israel consistirá en persuadirle de que en lugar de Jesús, el anticristo es el Cristo (véase Dn. 9:26-27).

En nuestro propio tiempo el mundo se precipita de buena gana a aceptar engaños diabólicos tales como el movimiento de liberación femenina, que niega el orden de Dios para la familia; la nueva moralidad que es una negación de la moralidad; y la homosexualidad, que es la perversión total de la sexualidad. La proliferación de sectas paganas y cristianas apóstatas, así como de doctrinas y sistemas religiosos y filosóficos que tanto define nuestra época como ninguna otra en la historia, refleja la obra intensa de "espíritus engañadores" y la influencia constante de "doctrinas de demonios" (1 Ti. 4:1). Incluso en nombre del cristianismo se están negando la deidad de Jesucristo, sus milagros, su resurrección, su sacrificio expiatorio y su segunda venida y juicio final. La iglesia es el objetivo central de una seducción perversa que busca alejarla de las Escrituras mediante la teología liberal, la psicología, el misticismo y hasta el ocultismo.

Todas estas cosas son apenas manifestaciones de **las asechanzas del diablo** en contra de la humanidad. En todas las formas que pueda ingeniarse para conducir a la confusión y el engaño, "viene el diablo y quita de su corazón la palabra, para que no crean y se salven" (Lc. 8:12). En otra ocasión el Señor advirtió que "se levantarán falsos Cristos, y falsos profetas, y harán grandes señales y prodigios, de tal manera que engañarán, si fuere posible, aun a los escogidos" (Mt. 24:24).

Las asechanzas del diablo incluyen la propagación de creencias y estilos de vida individuales que corrompen y condenan. Incluyen políticas malévolas y prácticas nacionales e internacionales que engañan y destruyen. Incluyen las dudas puestas en las mentes de los creyentes para alejarles de la confianza en su Padre santo y amoroso. Incluyen tentaciones sobre los hijos de Dios para caer en la inmoralidad, la mundanalidad, el orgullo, la confianza y la complacencia con ellos mismos. Incluyen la calumnia, el escarnio y la persecución contra sus santos. El apóstol Juan resume los puntos de ataque del diablo con la exhortación en su primera epístola: "No améis al mundo, ni las cosas que están en el mundo. Si alguno ama al mundo, el amor del Padre no está en él. Porque todo lo que hay en el mundo, los deseos de la carne, los deseos de los ojos, y la vanagloria de la vida, no proviene del Padre, sino del mundo" (1 Jn. 2:15-16).

LA BATALLA: CONTRA LOS DEMONIOS

Porque no tenemos lucha contra sangre y carne, sino contra principados, contra potestades, contra los gobernadores de las tinieblas de este siglo, contra huestes espirituales de maldad en las regiones celestes. (6:12)

Una de las estrategias más efectivas de Satanás, y por ende uno de los peligros más grandes para un creyente, es la ilusión engañosa de que en realidad no se está librando un conflicto con amenazas serias entre el bien y el mal en el campo sobrenatural e invisible. Después de todo, se argumenta, parece haber muchas cosas buenas en el mundo hoy día. Numerosos males de la antigüedad, tales como la esclavitud y el odio racial, han desaparecido o por lo menos se ha mejorado mucho la situación al respecto. La gente nunca antes ha estado tan interesada en el entendimiento mutuo y la tolerancia, así como en trabajar unidos para mejorar las vidas individuales y la sociedad como un todo. No solo esto, sino que el evangelismo mundial se encuentra en una cima de popularidad, crecimiento e influencia que era desconocida hace un siglo.

No obstante, esa manera de pensar y ver las cosas no solo es ingenua sino que conduce de forma inevitable al letargo, la indiferencia, la indolencia y la parálisis espiritual. Una perspectiva bíblica de la situación y una percepción clara de la dirección en la que se mueven las cosas en realidad, y en especial a la luz de la enseñanza bíblica sobre los últimos tiempos, no deja espacio alguno para tal espejismo en la mente de cualquier creyente sensato. La guerra entre Dios y Satanás no ha disminuido sino aumentado en intensidad, y lo mismo ha sucedido en los frentes de la guerra en esta tierra.

Palē (**lucha**) se utilizaba para aludir al combate mano a mano y de forma específica a la lucha libre. Como sucede en nuestro tiempo, la lucha libre se caracterizaba por las trampas y la ilusión, con la diferencia de que en las peleas que se llevaban a cabo en la Roma antigua eran reales y muchas veces se convertían en asunto de vida para el ganador y muerte para el perdedor. Aunque Satanás y sus secuaces saben que están sentenciados por la eternidad al lago de fuego y azufre que está preparado en el infierno para ellos, procuran con desespero cambiar ese destino creyendo que lo pueden hacer, haciendo guerra incesante para doblegar el poder de Dios y destruir las cosas de Dios, especialmente la iglesia.

Pablo recuerda aquí a sus lectores que la **lucha** del cristiano no solo es contra Satanás mismo sino también contra todo un ejército conformado por sus subordinados los demonios, una hueste inmensa de adversarios que al igual que el diablo, no son de **sangre y carne.** Nuestro enemigo más grande no es el mundo que vemos, por corrupto y malvado que sea, sino el mundo que no podemos ver.

Las palabras **principados, ... potestades, ... los gobernadores de las tinieblas de este siglo, ...** y **huestes espirituales de maldad** describen los diferentes niveles y rangos de esos demonios así como el imperio sobrenatural de maldad en el cual operan. Los seres humanos que promueven el paganismo, el ocultismo y otros movimientos y programas variados de impiedad e inmoralidad, no son más que títeres de Satanás y sus demonios, atrapados por el pecado y convertidos en ayudantes embaucados que contribuyen muchas veces sin saberlo a realizar sus asechanzas.

La mención de cada uno de estos poderes sobrenaturales está precedida por la preposición **contra,** y cada uno parece representar una categoría particular de actividad demoníaca y nivel de autoridad. Las fuerzas de oscuridad de Satanás están muy bien organizadas y estructuradas para emprender una guerra lo más destructiva que sea posible. Al igual que los ángeles santos que no cayeron, los demonios no se procrean y existe un número fijo de ellos, pero son una multitud inmensa y antigua que constituye un enemigo sobrenatural formidable y de mucha experiencia.

Las categorías demoníacas no son explicadas, pero sin duda alguna el término **principados** refleja una orden elevada de demonios (vinculados a "potestades" en Col. 2:15), **potestades** es otra orden mencionada también en 1 P. 3:22) y **los gobernadores de las tinieblas de este siglo** se refiere quizás a demonios que se han infiltrado en varios sistemas políticos del mundo, tratando de moldearlos conforme al patrón del dominio de oscuridad de Satanás (véase Dn. 10:13; Col. 1:13). Se narran muchas historias acerca de conspiraciones a escala mundial, desde las que se mencionan en escritos egipcios antiguos hasta las supuestas cábalas modernas. No hay manera de identificar con absoluta certeza la red de conexiones entre las múltiples **asechanzas** y estratagemas de Satanás y debemos tener cautela con quienes afirman haberla descubierto. No obstante, podemos tener la certeza de que ejerce una influencia activa tras la escena de todo lo que emprende y se propone hacer la humanidad que no tiene a Cristo, tanto en las obras malignas que se realizan de manera obvia y conspicua, como en las múltiples obras encubiertas y con apariencia inocente y benévola que se emprenden en nombre del humanismo.

Es posible que **huestes espirituales de maldad** haga referencia a demonios que están involucrados en las inmoralidades más viles e ignominiosas, como es el caso de las prácticas sexuales pervertidas en extremo, el ocultismo, el culto a Satanás y otras cosas semejantes.

Sin embargo, el propósito de Pablo no es explicar los detalles de la jerarquía diabólica y demoníaca, sino darnos una idea de su sofisticación y poder. Estamos enfrentados a un enemigo de maldad y potencia increíbles, pero no tenemos la necesidad específica de reconocer todas y cada una de las características y actividades de nuestro adversario, sino acudir a Dios, quien es nuestra fuente poderosa y digna de confianza para nuestra protección y victoria totales.

En la actualidad se dicen muchas cosas acerca del exorcismo de demonios realizado por cristianos, aunque la Biblia no enseña tal práctica. Los rituales exorcistas son ajenos a las Escrituras, donde no se registra un solo caso de un demonio que sea expulsado de un creyente, en cualquier momento o lugar por medio de cualquier persona. La Biblia tampoco da alguna fórmula o método para la realización de tal exorcismo. Siempre que Satanás es confrontado por cristianos, el medio de oposición es la fuerza del Señor y la provisión que Él ya ha hecho a favor de todos los creyentes. Todo creyente ya ha experimentado de parte de Dios "la supereminente grandeza de su poder para con nosotros los que creemos, según la operación del poder de su fuerza, la cual operó en Cristo, resucitándole de los muertos y sentándole a su diestra en los lugares celestiales" (Ef. 1:19-20). El poder que levantó a Jesús de los muertos y le exaltó al cielo es *nuestro* poder, que ha sido transmitido a nosotros como coherederos suyos.

La manera de tratar con los demonios en nuestra vida cristiana no consiste en hallar la técnica correcta para echarlos fuera, sino en mantener un compromiso serio y constante con los medios espirituales de la gracia que purifica el alma, de tal modo que no exista un lugar no limpio o un solo rincón que los demonios pudieran ocupar en la vida del creyente o alguna ocasión que pudieran aprovechar de alguna manera para menoscabar su integridad. Santiago da la única fórmula para librarse de los demonios o del diablo mismo: "resistid al diablo, y huirá de vosotros" (Stg. 4:7).

No hay creyente que no pueda lidiar con Satanás basado en los términos del poder de resurrección de Jesucristo en el cual tiene parte como un cristiano. Pablo oró por los colosenses para que vivieran "fortalecidos con todo poder, conforme a la potencia de su gloria, para toda paciencia y longanimidad; con gozo dando gracias al Padre que nos hizo aptos para participar de la herencia de los santos en luz; el cual nos ha librado de la potestad de las tinieblas, y trasladado al reino de su amado Hijo" (Col. 1:11-13). Ningún cristiano sigue bajo el dominio de Satanás, y todo cristiano tiene dentro de sí los recursos del Espíritu Santo de Dios para librarse de cualquier maquinación y emboscada de Satanás y sus demonios, sin importar cuán severa sea. Allí donde el pecado es confesado, desarraigado y abandonado, Satanás y sus demonios son expulsados.

Por otra parte, es peligroso que nos volvamos presuntuosos, creyendo que estamos libres de todo peligro. "Así que, el que piensa estar firme, mire que no caiga" (1 Co. 10:12). Tener la idea imaginaria de que uno domina las Escrituras o cualquier parte de ella, o que se ha vuelto lo bastante fuerte para vivir confiado en su poder personal, es lo que hace de tal persona la más débil y vulnerable de todas. Solo allí donde la confianza se deposita por completo en el poder del Señor hay seguridad. Como el apóstol prosiguió a decir: "No os ha sobrevenido ninguna tentación que no sea humana; pero fiel es Dios, que no os dejará ser tentados más de lo que podéis resistir, sino que dará también juntamente con la tentación la salida, para que podáis soportar" (v. 13).

Es el reconocimiento mismo de nuestra debilidad lo que nos permite tener la mayor fortaleza. "Por tanto, de buena gana me gloriaré más bien en mis debilidades, para que repose sobre mí el poder de Cristo. Por lo cual, por amor a Cristo me gozo en las debilidades, en afrentas, en necesidades, en persecuciones, en angustias; porque cuando soy débil, entonces soy fuerte" (2 Co. 12:9-10).

Un guardia que ve al enemigo acercarse no sale corriendo para empezar a combatir por su cuenta. Lo que hace es informar sobre el ataque inminente a su comandante, quien a su vez organiza la defensa. Cuando Satanás ataca, es necio e insensato tratar de batallar solos contra él. Al igual que el soldado que cumple el deber de guardia, simplemente debemos dar un reporte a nuestro Comandante y dejar la defensa en sus manos. Como el Señor le aseguró al rey Josafat cuando su ejército se enfrentaba al poderío militar superior de Moab y Amón: "No temáis ni os amedrentéis delante de esta multitud tan grande, porque no es vuestra la guerra, sino de Dios" (2 Cr. 20:15).

Mi amigo John Weldon, quien ha dedicado muchos años de su vida al estudio de sectas y religiones falsas, advierte a los creyentes:

> Dios no nos hizo de tal manera que podamos funcionar con seguridad o efectividad en un ambiente de demonios. Aun si fuera neutral, y resulta claro que este no es el caso, ¿quién sabe qué pueden hacer los demonios en su propio ambiente y qué tipos de relaciones existen o pueden construirse entre su mundo y el nuestro? No fuimos creados para volar en cualquier dirección dentro de dominios astrales. Tras admitir la existencia de lo demoníaco, lo cierto es que se trata de actividades que se realizan en una porqueriza astral llena de maldad y hostilidad. No estamos hechos con las capacidades intelectuales para separar el bien del mal ni lo verdadero de lo falso en el dominio de lo oculto. Por ejemplo, el profeta Daniel fue un joven brillante y piadoso; sin embargo, aun él tuvo que recibir sabiduría adicional de Dios de una manera especial para estar en capacidad de ejercer discernimiento en cuestiones ocultas. De modo que el relacionarse con tales cosas producirá siempre conclusiones desacertadas, porque el hombre como una criatura caída no tiene la dotación ni la habilidad necesaria para registrar, clasificar y distinguir en cuestiones demoníacas.

Sabemos a partir de la Palabra de Dios que Satanás y sus demonios invisibles trabajan de manera continua en el mundo y a nuestro alrededor. No obstante, carecemos de la sabiduría para discernir con exactitud cuándo están presentes, cuántos son y de qué tipo, o qué están haciendo. Los santos pisan terreno peligroso cuando intentan manejar asuntos y cosas sobre los cuales la Biblia no da instrucción ni pautas. Debemos vestirnos con la armadura de Dios y reportarnos ante Él sobre todos los asuntos, con una confianza perfecta en Él sabiendo que "mayor es el que está en vosotros, que el que está en el mundo" (1 Jn. 4:4). Las mismas "puertas del Hades no prevalecerán contra" la iglesia de Cristo (Mt. 16:18).

LA VICTORIA RADICA EN ESTAR FIRMES

Por tanto, tomad toda la armadura de Dios, para que podáis resistir en el día malo, y habiendo acabado todo, estar firmes. (6:13)

Es fácil para los creyentes, sobre todo en el mundo occidental donde la iglesia por lo general es próspera y respetada, sentirse complacidos y olvidarse de la seriedad de la batalla que se libra a su alrededor. Se regocijan en "victorias" que no implican batallas y en una especie de paz que no pasa de ser la mera ausencia de conflicto. Su victoria y su paz es la del evasor del llamado a las armas o la del renegado que rehúsa combatir por su país. No están interesados en la **armadura** porque no están involucrados en la guerra.

Dios no es un Dios de deferencias o exenciones. Su pueblo está en guerra y seguirá en guerra hasta que Él regrese y se encargue de juzgar y gobernar la tierra. Por otro lado, aun el más dispuesto y leal soldado de Cristo está indefenso sin la provisión de Dios. Ese es el punto de Pablo aquí: **tomad toda la armadura de Dios.** Contamos con su provisión al ser sus hijos, al tener su Palabra, al ser poseídos por el Espíritu Santo como su morada santa, al tener todos los recursos de nuestro Padre celestial. Dios es nuestra fortaleza, pero su fortaleza solo puede ser apropiada mediante la obediencia; debemos tomar su **armadura** poderosa y vestirnos con ella (vv. 11, 13).

Cada día desde la caída ha sido un **día malo** para la humanidad, y cada día seguirá siendo malo hasta que el usurpador y sus fuerzas sean arrojados para siempre en el abismo eterno y el lago de fuego. Mientras tanto, el Señor nos da el poder **para resistir en el día malo,** a medida que aprovechamos al máximo la **armadura** que Él suministra en su gracia.

Nuestra responsabilidad consiste en **resistir** y **estar firmes.** Cuando Martín Lutero compareció ante la dieta de Worms fue acusado de herejía. Tras ser condenado por declarar que los hombres son salvos solo por fe en Cristo solamente, él declaró: "Mi conciencia es cautiva de la Palabra de Dios ... sobre ella me sostengo, más no puedo hacer". Todo creyente que es fiel a la Palabra de Dios no puede hacer más que **estar firme.**

Hace unos cuarenta años tres hombres realizaron juntos campañas evangelísticas en Irlanda y vieron mucho fruto de sus labores allí. Años más tarde un pastor irlandés quien se había convertido en esas reuniones preguntó por los tres hombres. Le dijeron que solo uno de ellos seguía siendo fiel al Señor. En cuanto a los otros dos, uno había apostatado de la fe y el otro había muerto como alcohólico. Algunos creyentes, **habiendo acabado todo** bien en la obra del Señor, se siguen manteniendo de forma continua en la actitud y la acción de **estar firmes** hasta el final. La cuestión definitiva no tiene que ver con lo que un creyente haya logrado en el pasado, sino con el hecho de que una vez termine la batalla y el humo se haya desvanecido, sea o no sea hallado de pie, fiel, firme y verdadero para con el Salvador.

Juan advirtió: "Mirad por vosotros mismos, para que no perdáis el fruto de vuestro trabajo, sino que recibáis galardón completo" (2 Jn. 8). El gran temor de Pablo era: "no sea que habiendo sido heraldo para otros, yo mismo venga a ser eliminado" (1 Co. 9:27). No sentía temor de perder su salvación sino su recompensa, y lo que es más importante, su utilidad para el Señor. Incontables hombres y mujeres han enseñado con fidelidad una clase de la Escuela Dominical durante muchos años, o han dirigido a muchas personas a Jesucristo, pastoreado una iglesia, dirigido estudios bíblicos, ministrado a los enfermos, y realizado toda clase de servicio en el nombre del Señor, tan solo para que llegue el día en que se den por vencidos, den la espalda a su trabajo y desaparezcan en medio del tumulto mundano. Las circunstancias de cada caso son diferentes, pero la razón subyacente siempre es la misma: decidieron quitarse la **armadura** de Dios y por esa razón perdieron el coraje, el poder y el deseo para **estar firmes.**

En la gran guerra espiritual en la cual batallamos, solo estamos llamados a **resistir** y **estar firmes.** Como se indicó antes, Santiago dice: "Resistid al diablo, y huirá de vosotros" (Stg. 4:7). Pedro nos aconseja: "Sed sobrios, y velad; porque vuestro adversario el diablo, como león rugiente, anda alrededor buscando a quien devorar" (1 P. 5:8-9).

Los gozos más grandes llegan con las victorias más grandes, y las victorias más grandes vienen como resultado de las más grandes batallas, cuando son luchadas en el poder del Señor y con su armadura perfecta.

La armadura del creyente – parte 1

27

Estad, pues, firmes, ceñidos vuestros lomos con la verdad, y vestidos con la coraza de justicia, y calzados los pies con el apresto del evangelio de la paz. (6:14-15)

La gran guerra sobrenatural que se libra a lo largo y ancho del universo y que Pablo describe en 6:11-12 es entre Dios y sus ángeles por un lado, y las fuerzas de Satanás por el otro. Puesto que los cristianos pertenecen a Dios están involucrados en este conflicto espiritual al ser atacados por medio de las numerosas "asechanzas del diablo". El enemigo de Dios se convierte en su enemigo.

Este es el enemigo sobrenatural que se rebeló contra Dios en sus propios cielos, quien tuvo éxito en seducir al hombre para llevarle de la inocencia al pecado en el huerto de Edén, quien intentó de forma reiterada destruir al pueblo escogido de Dios, Israel. Es el enemigo que trató de impedir el nacimiento, el ministerio y la resurrección del mismo Hijo de Dios, Jesucristo. Se trata del enemigo de maldad sin paralelo ni comparación y quien procura estorbar la segunda venida de Cristo, y quien le hará oposición con ferocidad desesperada y sin precedentes cuando en efecto Cristo vuelva por segunda vez.

Debido a que la "lucha [no es] contra sangre y carne" (v. 12), el cristiano no puede librarla en el poder de su propia sangre y carne (2 Co. 10:3-5). Primero que todo es la batalla de Dios y solo puede ser peleada en el poder de Dios y con la armadura de Dios.

Satanás se opone al creyente de muchas maneras, algunas de ellas directas y obvias, otras indirectas y sutiles. Primero que todo, trata de impugnar el carácter y la credibilidad de Dios, tal como lo hizo con Adán y Eva. Puesto que el ser humano halla su fortaleza más grande al confiar en Dios, el objetivo de Satanás es hacer que desconfíe de Dios. Con variaciones innumerables Satanás continúa

415

tentando a los hombres para que duden de la voluntad de Dios ("¿Conque Dios os ha dicho...?") y a que duden de sus motivos ("sabe Dios que el día que comáis de él, serán abiertos vuestros ojos, y seréis como Dios" (Gn. 3:1, 5). El deseo supremo de Satanás es convencer a los hombres de que Dios no es digno de confianza, hacerles negar la Palabra de Dios y creer que Él les miente (véase 1 Jn. 5:10). Satanás presenta al Padre de verdad con su propia imagen perversa, porque es "padre de mentira" (Jn. 8:44).

Cuando un creyente duda de la bondad, el amor, el poder, la gracia, la misericordia o la suficiencia de Dios, se une a Satanás en su impugnación de la veracidad de Dios. Cuando un creyente se intranquiliza y cae víctima de la ansiedad y el desánimo, la depresión y la desesperanza, se está uniendo a Satanás en su impugnación de la confiabilidad de Dios. El diablo incluso persuade a algunos creyentes a cometer homicidio contra ellos mismos (suicidio), porque no están dispuestos a reconocer o aceptar el perdón que su Padre celestial les ofrece de manera continua y gratuita (1 Jn. 1:9). Cuando un niño muere a temprana edad o queda paralizado de por vida, cuando un cónyuge nos es quitado, un hijo se aleja del Señor o cuando sufrimos pérdidas en nuestra salud o finanzas, Satanás o sus demonios pueden tratar de generar pensamientos en la mente con los cuales nos dispongamos a atribuir la culpa de todo a Dios. Esta área de conflicto también incluye el ataque a la veracidad y la suficiencia de las Escrituras.

En segundo lugar, Satanás trata de deslucir la victoria en el presente generando problemas que dificultan la vida, tentándonos de ese modo a abandonar la obediencia a las normas y el llamado de Dios. En este sentido, su táctica más extremada es la persecución. A través de la historia de la iglesia, los creyentes han tenido que pagar por su fe con su reputación, su libertad, sus empleos, sus familias y hasta con sus vidas. Quizás la persecución más común y efectiva del diablo contra los cristianos se plantea en la forma de presión del grupo de coetáneos y de colegas. El temor a las críticas y el deseo de ser aceptado por amigos lleva a los creyentes a poner en entredicho la Palabra de Dios. Satanás puede llegar incluso a invertir su mecanismo y atrofiar la vida cristiana haciéndola muy fácil. Sin penalidades los creyentes se sienten inclinados a perder el sentido de dependencia del Señor. Las circunstancias más fáciles son con frecuencia las más difíciles para demostrar fidelidad a toda prueba. Muchos creyentes cuya fe es fortalecida en tiempos difíciles se dan cuenta de que se les debilita cuando el campo de batalla está inactivo. El cristianismo casi siempre carece de poder cuando se vuelve una alternativa de vida aceptable.

En tercer lugar, Satanás ataca a los creyentes por medio de la confusión y la falsedad doctrinal. Los cristianos que no han sido enseñados en la Palabra de Dios caen como presa fácil de ideas erróneas acerca de las cosas de Dios: acerca de la salvación, la santificación, la moralidad, el cielo y el infierno, la segunda venida, y todas las demás verdades bíblicas. El creyente que tiene confusión con respecto a la Palabra de Dios no puede ser efectivo en la obra de Dios porque es "llevado por doquiera de todo viento de doctrina" (Ef. 4:14). El enemigo trata todo el tiempo de convencer a los cristianos de que la Biblia es difícil de entender y que no es suficiente para tratar asuntos complejos, y en consecuencia la persona promedio no puede esperar que la va a poder comprender o aplicar en la vida práctica, y que por eso más le vale ni siquiera intentarlo. Cuando los creyentes escuchan a predicadores y maestros que presentan interpretaciones conflictivas y aun contradictorias de la doctrina bíblica, se refuerzan sus temores con respecto a la dificultad para entender las Escrituras. Además, en lugar de estudiar la Palabra de Dios por sí mismos, muchos se convierten en ovejas obsequiosas de pastores falsos que las desvían del camino. En ese proceso de autoengaño, envían grandes sumas del dinero que pertenece al Señor para apoyar y financiar causas indignas de llevar su nombre.

En cuarto lugar, Satanás ataca al pueblo de Dios estorbando su servicio a Él. El enemigo se opone ferozmente a toda vida fiel y a todo ministerio efectivo. Se opuso a la obra de Pablo en Éfeso por medio de muchos "adversarios" (1 Co. 16:9) e incluso le dio al apóstol lo que él llamó "un aguijón en mi carne" (2 Co. 12:7); también estorbó sus planes de ir a Tesalónica (1 Ts. 2:18). El Señor utilizó ese aguijón para fortalecer el ministerio de Pablo manteniéndole en dependencia y humildad para con Él, y utilizó ese estorbo para llevar a cabo su obra prioritaria en otro lugar, pero el propósito de Satanás era menoscabar y debilitar la obra.

En quinto lugar, Satanás ataca a los creyentes ocasionando divisiones. Por esa razón Jesús oró con tanta insistencia y fervor por la unidad de sus seguidores (Jn. 17:11, 21-23) y su mandato para ellos es que haya siempre entre ellos reconciliación mutua, rápida y resuelta (Mt. 5:24). Nada evidenciaba con mayor claridad la carnalidad de la iglesia corintia que sus divisiones internas (véase 1 Co. 1–3), y una de las grandes preocupaciones de Pablo por los creyentes en Éfeso era que se mantuvieran "solícitos en guardar la unidad del Espíritu en el vínculo de la paz" (Ef. 4:3). El enemigo sabe que Dios no puede trabajar de manera efectiva en o a través de un cuerpo de creyentes que no están dispuestos a trabajar con amor entre sí.

En sexto lugar, Satanás ataca a los creyentes persuadiéndoles a que confíen en sus propios recursos. Tratar de hacer la obra del Señor en nuestras propias fuerzas equivale a no hacer su obra en absoluto. Después que David había experimentado muchos años de gobierno exitoso sobre Israel y grandes derrotas sobre sus enemigos, "Satanás se levantó contra Israel, e incitó a David a que hiciese censo de Israel". En lugar de confiar en el Señor como lo había hecho en el pasado, David decidió contar sus propios recursos en términos de soldados. El caso es que "esto desagradó a Dios, e hirió a Israel" con el juicio divino consecuente. "Entonces dijo David a Dios: He pecado gravemente al hacer esto; te ruego que quites la iniquidad de tu siervo, porque he hecho muy locamente" (1 Cr. 21:1-8).

Es fácil para los creyentes apoyarse en su conocimiento de la Palabra de Dios y no en Aquel quien da la Palabra y la hace efectiva. Sin importar cuán ortodoxa y completa sea nuestra teología, ni cuán sólido sea el fundamento bíblico de nuestro entendimiento, si no confiamos día tras día en la dirección y provisión de Dios, viviendo con fe constante y oración dependiente, somos soldados de Cristo mal preparados y somos vulnerables a nuestros enemigos espirituales. Ser llenos de la Palabra de Dios pero no obedientes a su Espíritu es lo que ha ocasionado el descenso y la caída de muchos creyentes. La doctrina correcta sin la devoción correcta es una deficiencia bastante seria en la vida de muchos cristianos. La persona que confía en su propio entendimiento y no en el Señor mismo (Pr. 3:5) está jugando en el terreno de Satanás y en cualquier momento cae bajo sus garras. Como advertimos con respecto a la situación de la misma iglesia en Éfeso, en el término de unos cuantos años sus miembros se enfriaron y se volvieron mecánicos en la expresión de su ortodoxia. Teología correcta sin una devoción profunda a Cristo es algo incapaz de impedir la muerte de una iglesia.

En séptimo lugar, Satanás ataca a los creyentes llevándoles a la hipocresía. Uno de sus éxitos más grandes a lo largo de la historia de la iglesia ha sido el de poblar la iglesia con incrédulos religiosos y con creyentes reales que viven vidas de desobediencia. El creyente que se preocupa más por su reputación externa que por su espiritualidad interna, hace al fin de cuentas la obra del diablo y no la del Señor. Sentirse satisfecho con cubrir los pecados y la debilidad espiritual con una máscara de piedad, en lugar de traerlos delante del Señor para recibir su limpieza y fortalecimiento, equivale a rebajarse a apostar en el juego de Satanás.

En octavo lugar, Satanás ataca a los creyentes llevándoles a la mundanalidad, seduciéndoles para que permitan que el mundo los empuje a la fuerza para que se conformen a su propio molde pecaminoso (véase Ro. 12:2). En tiempos de prosperidad le resulta bastante fácil hacer caer al pueblo de Dios en el materialismo, la complacencia, la indulgencia, el hedonismo y el regodeo con las cosas del mundo. Reflexionemos de nuevo en la seria advertencia del apóstol Juan, quien nos recuerda: "No améis al mundo, ni las cosas que están en el mundo. Si alguno ama al mundo, el amor del Padre no está en él. Porque todo lo que hay en el mundo, los deseos de la carne, los deseos de los ojos, y la vanagloria de la vida, no proviene del Padre, sino del mundo" (1 Jn. 2:15-16).

En noveno lugar, de una manera que abarca a todas las demás, Satanás ataca a los creyentes llevándoles a desobedecer la Palabra de Dios. Puesto que Dios quiere que actuemos con fidelidad, el enemigo nos incita a actuar de manera infiel. Como Dios quiere que vivamos moralmente, el enemigo nos instiga a vivir inmoralmente. Ya que Dios quiere que hablemos la verdad, el enemigo nos tienta a mentir. Como Dios quiere que amemos, el enemigo nos tienta a odiar. Ya que

Dios quiere que estemos contentos con lo que tenemos, el enemigo nos tienta a codiciar. Como Dios quiere que vivamos por fe, el enemigo nos tienta a vivir por vista. Esto es así con respecto a todos los mandatos y normas de las Escrituras.

No obstante, aunque debemos ser conscientes de estas estratagemas de Satanás, nuestra defensa contra ellas no radica tan solo en nuestro conocimiento de su existencia y operación, sino ante todo en la provisión de Dios para contrarrestarlas. "Por tanto, tomad toda la armadura de Dios", nos dice Pablo, "para que podáis resistir en el día malo, y habiendo acabado todo, estar firmes" (Ef. 6:13). Una parte de la armadura no es suficiente. Jesús preguntó: "¿O qué rey, al marchar a la guerra contra otro rey, no se sienta primero y considera si puede hacer frente con diez mil al que viene contra él con veinte mil?" (Lc. 14:31). No podemos saber con exactitud cuándo, dónde o cómo nos atacará el enemigo. Por lo tanto, necesitamos tener puesta *toda* la armadura de Dios en *todo* momento. Cuando el creyente está vestido con toda la armadura de Dios, no es necesario saber del todo o entender con detalles específicos las asechanzas del diablo. De hecho, muchas veces el soldado cristiano ni siquiera estará al tanto de un peligro del cual la armadura de Dios le protege en ese momento preciso.

En Efesios 6:14-17 Pablo nos habla de las siete partes de la armadura con las cuales Dios equipa a sus hijos de manera perfecta para resistir con éxito los ataques acérrimos de Satanás y sus huestes.

Como lo indica la palabra **estad,** que representa el tiempo verbal aoristo en griego, las tres primeras piezas de la armadura son permanentes, y el creyente nunca debe estar sin ellas.

EL CINTO DE LA VERDAD

Estad, pues, firmes, ceñidos vuestros lomos con la verdad, (6:14*a*)

El soldado romano siempre llevaba puesta una túnica, una cubierta exterior que servía como su prenda básica. Por lo general se elaboraba a partir de un pedazo grande y cuadrado de tela con aberturas para la cabeza y los brazos. Cubría con soltura la mayor parte del cuerpo del soldado, y como la parte más intensa del combate antiguo se daba mano a mano y cuerpo a cuerpo, una túnica suelta era un impedimento y hasta un peligro en potencia. Por ese motivo, antes de la batalla era fijada con esmero al cuerpo bajo un cinturón grueso y pesado de cuero que mantenía **ceñidos** los **lomos** de los soldados.

El ciudadano común y corriente del cercano oriente tenía que resolver un problema similar con su manto. Siempre que estaba apresurado o tenía trabajo pesado que hacer, o bien se quitaba el manto o lo ceñía alrededor de su cintura. Al preparar Dios a los hijos de Israel para comer la cena de la Pascua antes de sacarlos de Egipto, instruyó a Moisés para que les dijera: "Y lo comeréis así:

ceñidos vuestros lomos, vuestro calzado en vuestros pies, y vuestro bordón en vuestra mano; y lo comeréis apresuradamente; es la Pascua de Jehová" (Éx. 12:11). Con relación a su segunda venida, Jesús nos dice en sentido literal: "Estén ceñidos vuestros lomos, y vuestras lámparas encendidas" (Lc. 12:35). Pedro empleó la misma expresión cuando dijo: "Por tanto, ceñid los lomos de vuestro entendimiento, sed sobrios, y esperad por completo en la gracia que se os traerá cuando Jesucristo sea manifestado" (1 P. 1:13). Ceñir los lomos era un síntoma de presteza y preparación, y el soldado que era serio en cuanto a la guerra siempre se aseguraba de mantener su túnica ceñida con firmeza a su cuerpo con el cinto.

El cinto que mantiene **ceñidos** a los creyentes y demuestra su apresto para la guerra es **la verdad**. *Alētheia* (**verdad**) se refiere básicamente al contenido de aquello que es cierto y conforme a la realidad. El contenido de la **verdad** de Dios es en absoluto esencial para el creyente en su batalla contra las estratagemas de Satanás. Sin conocimiento de la enseñanza bíblica, está sujeto, como el apóstol ya lo ha indicado, a ser "llevado por doquiera de todo viento de doctrina, por estratagema de hombres que para engañar emplean con astucia las artimañas del error" (4:14). En su primera carta a Timoteo, Pablo advierte que "el Espíritu dice claramente que en los postreros tiempos algunos apostatarán de la fe, escuchando a espíritus engañadores y a doctrinas de demonios" (1 Ti. 4:1). Las "doctrinas de demonios" enseñadas en sectas y religiones falsas tienen su origen en los "espíritus engañadores" que Pablo llama en Efesios "principados, ... potestades, ... gobernadores de las tinieblas de este siglo, ... [y] huestes espirituales de maldad en las regiones celestes" (6:12). Estas tretas falsas de Satanás solo pueden contrarrestarse con éxito por medio de **la verdad** de la Palabra de Dios.

Por otro lado, *alētheia* (**verdad**) también puede hacer referencia a la actitud propia de una persona veraz. No solo representa la exactitud de verdades específicas sino la cualidad misma de veracidad. Ese parece ser el significado básico que Pablo tiene en mente aquí. El cristiano debe ceñirse con una actitud de veracidad total. Por ende, ser **ceñidos... con la verdad** es algo que muestra una actitud de presteza y de compromiso genuino. Es la marca del creyente sincero que abandona la hipocresía y el fingimiento. Todo estorbo que pueda obstaculizar su trabajo para el Señor es recogido y metido en su cinto de veracidad para que no impida el paso a la victoria. Así como el corredor serio se quita cualquier prenda innecesaria antes de la carrera (He. 12:1), el soldado serio amarra con firmeza todo pedazo suelto de su vestimenta antes de entrar en la batalla.

Cuánto más importante es el apresto y la preparación del cristiano cuando se enfrenta a las fuerzas de Satanás. "Ninguno que milita", dice Pablo, "se enreda en los negocios de la vida, a fin de agradar a aquel que lo tomó por soldado" (2 Ti. 2:4). Es triste que tantos cristianos se sientan complacidos dejando que las "túnicas" de sus preocupaciones y quehaceres cotidianos sean un estorbo constante a su alrededor que interfiere todo el tiempo con su fidelidad y utilidad para con el Señor, dando así al diablo todas las oportunidades para enredarlos y derrotarlos con sus propios hábitos e intereses inmaduros.

Yo creo que estar **ceñidos... con la verdad** tiene que ver ante todo con la autodisciplina y el compromiso total. El cristiano comprometido es el que en verdad está preparado, al igual que el soldado comprometido y el atleta comprometido. Se dice con frecuencia que ganar en la guerra y en los deportes es el resultado directo de un deseo genuino que conduce a la preparación cuidadosa y el esfuerzo máximo. Es el ejército o el equipo que desea con mayor intensidad la victoria el que tiene la mayor probabilidad de obtenerla, aun si todo lo demás está en su contra.

Hace algunos años me contaron acerca de un joven judío de los Estados Unidos quien decidió irse a vivir en Israel. Después de trabajar allí dos años le exigieron que prestara servicio militar durante cierto período de tiempo, o que se devolviera a su hogar. Su decisión fue unirse al ejército. Su padre era buen amigo de un general israelí que al principio tenía temor de que el joven utilizara esa amistad para asegurarse un servicio militar fácil y seguro. En lugar de esto el joven se presentó ante el general y dijo: "Mi deber actual es demasiado fácil. Quiero estar en la tropa mejor preparada, más estratégica, diligente y difícil del ejército israelí". El general comentó lo siguiente con respecto a ese espíritu de dedicación: "La gente cree que los israelíes son exitosos en la guerra porque somos un pueblo superior o tenemos intelecto o poderío superiores; pero nuestro éxito no se basa en ninguna de esas cosas; se construye a partir del compromiso sacrificado y sin reservas".

Si los atletas se dedican y disciplinan de tal modo que tengan la *posibilidad relativa* de ganar una carrera y "recibir una corona corruptible", ¿cuánto más debemos los creyentes en Jesucristo dedicarnos y disciplinarnos a ganar con *absoluta certeza* en nuestra lucha contra Satanás y recibir una corona "incorruptible" de Dios (1 Co. 9:25)?

Estar **ceñidos... con la verdad** consiste en ser renovados en la mente a fin de que podamos comprobar "cuál sea la buena voluntad de Dios, agradable y perfecta" (Ro. 12:2). Cuando la mente es renovada en compromiso pleno a **la verdad** de Dios, el soldado cristiano es investido de poder para convertirse en "sacrificio vivo, santo" que agrada a Dios y que es el "culto racional" del creyente (v. 1). En muchos sentidos es más difícil y más exigente ser un sacrificio vivo que uno muerto. Morir quemado en la hoguera por causa de la fe sería doloroso, pero es algo que termina en poco tiempo. Llevar toda una vida de obediencia fiel también puede ser doloroso en ocasiones, y demanda constancia y tenacidad todo el tiempo. Requiere un poder permanente que solo puede ser suministrado por el compromiso continuo y total con el Señor. Demanda que el amor "abunde aun más y más en ciencia y en todo conocimiento, para que aprobéis lo mejor, a fin de que seáis sinceros e irreprensibles para el día de Cristo, llenos de frutos de justicia que son por medio de Jesucristo, para gloria y alabanza de Dios" (Fil. 1:9-11). Es necesario que el amor, el conocimiento y el entendimiento de Dios crezcan siempre en nosotros, y cuando crecen también aumenta nuestro compromiso con el Señor para tener excelencia en todas las cosas, siendo la meta última la gloria y alabanza de Dios.

Contentarse con la mediocridad, el letargo, la indiferencia y el desgano es dar la espalda a la protección de la armadura que provee el cinto de **la verdad** de Dios, y quedar expuestos a las asechanzas de Satanás.

El himno de John Monsell se enfoca en la virtud del compromiso verdadero:

> Pelea la buena batalla con todas tus fuerzas;
> Cristo es tu fortaleza y Cristo es tu diestra.
> Aférrate a la vida y será tu gozo y corona eterna.
>
> Corre la carrera recta por la buena gracia de Dios,
> levanta tus ojos y busca su rostro;
> la vida yace ante ti en su plenitud,
> Cristo es la senda y Cristo es tu galardón.
>
> Deja a un lado el temor, fíate de tu capitán;
> su misericordia ilimitada los recursos te dará;
> confía y tu alma confiada probará, que
> Cristo es su vida y Cristo es su amor.

LA CORAZA DE JUSTICIA

y vestidos con la coraza de justicia, (6:14*b*)

Ningún soldado romano salía a la batalla sin su **coraza,** una pieza sólida y sin mangas de la armadura que le cubría todo el torso. En muchos casos se hacía de cuero o tela gruesa y se le cosían cortes superpuestos de pezuñas o cuernos de animales y también pedazos de metal. Algunas se elaboraban con grandes pedazos de metal que se moldeaban o martillaban para ajustarse al cuerpo. La función de esa pieza de la armadura es obvia: proteger el corazón, los pulmones, los intestinos y demás órganos vitales.

En el pensamiento judío de la antigüedad, el corazón representaba la mente y la voluntad, mientras que las entrañas o vísceras eran consideradas como el asiento de las emociones y los sentimientos. La mente y las emociones son las dos áreas donde Satanás ataca con mayor fiereza a los creyentes. El enemigo crea un sistema mundano y un ambiente pecaminoso con el cual nos tienta para que concibamos malos pensamientos y sintamos emociones erradas. Quiere nublar nuestra mente con doctrina falsa, principios falsos e información falsa con el objetivo de desviarnos y confundirnos. También quiere confundir nuestras emociones y de esa manera pervertir nuestros afectos, morales, lealtades, metas y compromisos. Desea arrancar la Palabra de Dios de nuestra mente y suplantarla con sus propias ideas perversas. Procura destruir la vida pura y reemplazarla con inmoralidad, codicia, envidia, odio y todo vicio. Quiere que nos riamos del pecado y no que nos aflijamos por cometerlo sino que lo excusemos antes que confesarlo ante el Señor para recibir su perdón. Nos seduce para que nos acostumbremos tanto al pecado en nosotros y a nuestro alrededor que ya deja de molestarle a nuestra conciencia.

La protección contra esos ataques de Satanás es **la coraza de justicia.** La **justicia** es algo que debemos apropiar y poner alrededor de todo nuestro ser, quedando envueltos en ella así como los soldados antiguos que se cubrían por completo con corazas impenetrables que protegían sus vidas.

Es obvio que Pablo no habla aquí sobre la autojustificación individual, que no es justicia en absoluto sino la peor forma de pecado. No obstante, es con esta clase de justicia que muchos cristianos procuran mantenerse **vestidos,** creyendo que su propio carácter, su conducta y sus logros en el legalismo religioso agradan a Dios y les traerán su recompensa. Lejos de proteger a un creyente, el manto despreciable de la justicia propia suministra a Satanás un arma cargada que él utiliza sin vacilación para asfixiar nuestra vida y servicio espiritual. La autojustificación mantiene a un creyente igual de alejado del poder y la comunión con Dios que a un incrédulo de su reino (Mt. 5:20). Nuestra propia justicia, aun siendo creyentes, no es más que un trapo de inmundicia (Is. 64:6). No trae favor con Dios para nosotros ni protección alguna contra Satanás.

Pablo tampoco está hablando acerca de justicia por imputación, es decir, aquella justicia perfecta que Dios aplica en la cuenta de la vida de todo cristiano en el momento mismo que deposita su fe en Cristo (Ro. 4:6, 11, 22-4). Fue lo que Dios hizo con Cristo: "Al que no conoció pecado, por nosotros lo hizo pecado, para que nosotros fuésemos hechos justicia de Dios en él" (2 Co. 5:21). No podemos estar **vestidos** por nuestra cuenta con algo que Dios ya ha puesto sobre nosotros de antemano. Estamos vestidos de forma permanente en esa justicia, durante nuestra vida en la tierra y por toda la eternidad.

La justicia imputada de Dios es la base de nuestra vida cristiana y de nuestro vivir cristiano. Nos protege del infierno pero no nos protege como tal de Satanás en esta vida presente. La **coraza de justicia** que nos ponemos para quedar **vestidos** con la armadura espiritual que nos protege de nuestro adversario es la **justicia** *práctica* de una vida vivida en obediencia a la Palabra de Dios. (Compárese el vestirse de conducta justa con el "nuevo hombre" en 4:24-27, realidades paralelas que contribuyen a no dar "lugar al diablo". Véase también el vestirse de obras de justicia en Col. 3:9-14.)

Pablo muestra la relación entre estas dos formas de justicia verdadera en Filipenses 3. Su salvación, como él nos expresa, se basó de manera única y exclusiva en la justicia de Dios que le fue imputada por gracia, "no teniendo mi propia justicia, que es por la ley, sino la que es por la fe de Cristo, la justicia que es de Dios por la fe" (v. 9). Por otro lado, su manera de vivir la vida cristiana involucraba otro tipo de justicia, la puesta en práctica de su justicia imputada: "No que lo haya alcanzado ya, ni que ya sea perfecto; sino que prosigo, por ver si logro asir aquello para lo cual fui también asido por Cristo Jesús. Hermanos, yo mismo no pretendo haberlo ya alcanzado; pero una cosa hago: olvidando ciertamente lo que queda atrás, y extendiéndome a lo que está delante, prosigo a la meta, al premio del supremo llamamiento de Dios en Cristo Jesús" (vv. 12-14). La justicia imputada hace posible la justicia práctica, pero solo la obediencia al Señor hace de la justicia práctica una realidad.

Pablo se gloriaba en su justicia imputada, la cual solo puede ser concedida por la gracia salvadora de Dios. Por otra parte, él nunca presumía de ella como muchos creyentes a lo largo de la historia de la iglesia lo han hecho. Los cristianos que dicen que en realidad no importa cómo piensan, hablan o actúan, porque todos los pecados tanto pasados y presentes como futuros están cubiertos por la sangre de Cristo, reflejan esta presunción y se hacen vulnerables al enemigo. Este es el argumento irracional y contrario a la enseñanza bíblica que Pablo refuta en Romanos 6: "¿Qué, pues, diremos? ¿Perseveraremos en el pecado para que la gracia abunde? En ninguna manera. Porque los que hemos muerto al pecado, ¿cómo viviremos aún en él? ... Así también vosotros consideraos muertos al pecado, pero vivos para Dios en Cristo Jesús, Señor nuestro. No reine, pues, el pecado en vuestro cuerpo mortal, de modo que lo obedezcáis en sus concupiscencias; ni tampoco presentéis vuestros miembros al pecado como instrumentos de iniquidad, sino presentaos vosotros mismos a Dios como vivos de entre los muertos, y vuestros miembros a Dios como instrumentos de justicia" (vv. 1-2, 11-13). Jesús murió para salvarnos de todos los aspectos del pecado, tanto de su presencia como de su poder y castigo.

Estar **vestidos con la coraza de justicia** consiste en vivir en obediencia diaria y momento tras momento a nuestro Padre celestial. Esta parte de la armadura de Dios es la vida en santidad, para la cual Dios suministra la norma y el poder, y para la cual también debemos suministrar nosotros toda nuestra disposición voluntaria. Dios mismo nos viste con su justicia que nos es imputada, pero nosotros debemos vestirnos con nuestra justicia práctica.

Lo que primero costará al cristiano si no está armado con **la coraza de justicia** es su gozo. La primera epístola de Juan contiene muchas advertencias y mandatos a los creyentes, todos los cuales son dados al lado de las demás verdades de la carta, "para que vuestro gozo sea cumplido" (1 Jn. 1:4). En otras palabras, la falta de obediencia trae falta de gozo. El único cristiano gozoso es el cristiano obediente.

Muchos, si no la mayoría de los problemas emocionales y en las relaciones que los cristianos experimentan son ocasionados por falta de santidad personal. Muchos de nuestros desencantos y desánimos no provienen de las circunstancias o de otras personas sino de nuestro propio pecado no confesado ni limpiado, y cuando las circunstancias y otras personas en efecto se encargan de robarnos felicidad, es porque estamos desprotegidos sin la armadura de una vida santa. En cualquier caso, la causa de la infelicidad es nuestro propio pecado. Después que David cometió adulterio con Betsabé y ordenó la muerte de su esposo Urías, él no tuvo paz un solo instante. Por eso es que su gran salmo de penitencia por esos pecados incluye el fuego: "Vuélveme el gozo de tu salvación" (Sal. 51:12). La vida carente de santidad no nos quita la salvación, pero sí nos quita el gozo de la salvación.

Hoy día la iglesia es muchas veces culpable de suministrar a los creyentes una armadura de papel que consiste en sugerencias, programas, actividades, técnicas y métodos positivos, cuando lo que en realidad necesitan es la armadura piadosa de una vida santa. Ningún programa, método o técnica puede traer salud y felicidad al creyente que no está dispuesto a confrontar y abandonar su pecado.

En segundo lugar, el creyente que no está armado con justicia práctica en su vida tendrá como resultado la infructuosidad. El cristiano desobediente es improductivo en las cosas del Señor. Cualquier logro que parezca alcanzar será una cáscara ilusoria y superficial sin fruto espiritual por dentro.

En tercer lugar, la vida falta de santidad trae como resultado la pérdida de recompensas. Sin importar qué haga el creyente mundano y carnal, siempre carecerá de valor y nunca será digno de alabanza celestial. No es más que madera, heno y hojarasca en los ojos de Dios, y cuando esa persona se enfrenta al Señor cara a cara, su obra sin valor será consumida por el fuego y perderá su recompensa (1 Co. 3:12-15).

En cuarto lugar, la vida no santa trae oprobio a la gloria de Dios. El mal más grande que acarrea el pecado de un cristiano es lo que refleja en su Padre celestial. La falta de santidad frustra el propósito divino de que todos los creyentes "en todo adornen la doctrina de Dios nuestro Salvador" (Tit. 2:10).

"Amados", implora Pedro, "yo os ruego como a extranjeros y peregrinos, que os abstengáis de los deseos carnales que batallan contra el alma" (1 P. 2:11). Los deseos carnales y todas las demás formas de pecado son parte del arsenal de Satanás con el que libra una guerra a muerte contra nuestras almas. Por lo tanto, nuestra armadura debe incluir **la coraza de justicia,** la santidad genuina del cristiano genuino que siempre está "llevando cautivo todo pensamiento [suyo] a la obediencia a Cristo" (2 Co. 10:5), y cuya mente está siempre puesta "en las cosas de arriba, no en las de la tierra" (Col. 3:2). "La noche está avanzada", dice Pablo, "y se acerca el día. Desechemos, pues, las obras de las tinieblas, y vistámonos las armas de la luz ... vestíos del Señor Jesucristo, y no proveáis para los deseos de la carne" (Ro. 13:12, 14).

EL APRESTO DEL EVANGELIO DE LA PAZ

y calzados los pies con el apresto del evangelio de la paz. (6:15)

Hoy día tenemos zapatos disponibles para todo tipo de actividad que se pueda imaginar. Hay zapatos para vestidos finos, zapatos de trabajo, zapatos para relajarse; en cuestiones atléticas hay zapatos especiales para cada deporte y a veces diferentes tipos de calzado para ciertos deportes. Un jugador de tenis utiliza un tipo de calzado en una cancha de concreto, otro tipo para jugar en una cancha de arcilla y otro para jugar en una de césped. De la misma manera, los jugadores de fútbol americano y béisbol utilizan zapatos diferentes para jugar en diversas superficies.

Los zapatos de un soldado son más importantes todavía que los de un atleta, porque su vida misma puede depender de ellos. Al marchar sobre caminos ásperos y ardientes requiere de mucha protección para sus pies porque tiene que pisar rocas filosas y espinos, y debe atravesar corrientes de agua con superficies irregulares y llenas de obstáculos inadvertidos. Un soldado cuyos pies estén ampollados, cortados o hinchados no puede combatir bien y con frecuencia ni siquiera es capaz de mantenerse de pie, lo cual se constituye en una situación de gran peligro en la batalla. No puede manejar muy bien su espada ni su escudo, y no puede avanzar con rapidez o tan siquiera emprender la retirada.

Además de ser hecho con materiales resistentes y durables para proteger sus pies, el calzado o las botas de un soldado romano se escaldaban en la suela con incrustaciones de metal o puntillas para darle mayor agarre al subir una cuesta resbalosa, y mayor estabilidad en el combate sobre cualquier terreno.

El calzado espiritual de un cristiano es igualmente importante en su guerra contra las asechanzas del diablo. Si ya ha tenido cuidado en ceñir sus lomos con la verdad y vestirse con la coraza de justicia, pero no ha **calzado** sus **pies** de manera adecuada **con el apresto del evangelio de la paz,** está destinado a tropezar, caer y sufrir muchas derrotas.

Hetoimasia (**apresto**) tiene el significado general de preparación y alistamiento. En Tito 3:1 Pablo emplea el término para exhortar a los creyentes: "que *estén dispuestos* a toda buena obra" (cursivas añadidas). Un buen par de botas le permite al soldado estar siempre listo para marchar, escalar, combatir y hacer todo lo que resulte necesario. Cristo exige a su pueblo esa misma actitud de preparación pronta.

Puesto que Pablo citó Isaías 52:7 en el contexto de la predicación del evangelio ("¡Cuán hermosos son los pies de los que anuncian la paz, de los que anuncian buenas nuevas!" Ro. 10:15), muchos comentaristas también interpretan Efesios 6:15 como una referencia a la predicación. Sin embargo, en el texto de Efesios Pablo no está hablando acerca de predicar o enseñar sino de librar batallas espirituales. Además no está hablando acerca de desplazarse a un lugar sino de estar firmes (vv. 11, 13, 14). Su tema no es la evangelización de los perdidos sino la guerra de los santos contra el diablo.

En este pasaje **evangelio de la paz** se refiere a las buenas nuevas de que los creyentes están en paz con Dios. La persona no salva carece de esperanza y piedad, está en pecado y es enemiga de Dios (Ro. 5:6-10). La persona salva, por otro lado, está reconciliada con Dios mediante la fe en su Hijo (vv. 10-11). Como Pablo había proclamado unos versículos antes: "tenemos paz para con Dios por medio de nuestro Señor Jesucristo" (5:1). "Y a vosotros también, que erais en otro tiempo extraños y enemigos en vuestra mente, haciendo malas obras", explicó Pablo a los colosenses, "ahora os ha reconciliado en su cuerpo de carne, por medio de la muerte, para presentaros santos y sin mancha e irreprensibles delante de él" (1:21-22).

El evangelio de la paz es la verdad maravillosa de que en Cristo ahora estamos en paz con Dios y somos uno con Él. Por lo tanto, cuando nuestros **pies** están **calzados con el apresto del evangelio de la paz,** nos mantenemos firmes en la confianza plena del amor de Dios por nosotros, su unión con nosotros y su compromiso para pelear por nosotros.

Cuando Pedro desenvainó su espada al ver que los soldados llegaban a arrestar a Jesús en el huerto de Getsemaní, se consideró a sí mismo invencible porque había acabado de ver a todos los soldados caer postrados en tierra tan solo ante las palabras de Jesús: "Yo soy" (Jn. 18:6). Al enfrentarse al gran ejército madianita que superaba en número a los hijos de Israel como por treinta y dos mil hombres, el Señor dijo a Gedeón: "El pueblo que está contigo es mucho para que yo entregue a los madianitas en su mano, no sea que se alabe Israel contra mí, diciendo: Mi mano me ha salvado" (Jue. 7:2). Después que Gedeón vio disminuir su poderío militar a tan solo unos trescientos hombres, el Señor dio a Israel una victoria asombrosa sin la utilización de un solo instrumento bélico (v. 22). Cuando Judá estaba a punto de ser invadida por los poderosos ejércitos de Amón y Moab, el Señor prometió al rey Josafat: "No temáis ni os amedrentéis delante de esta multitud tan grande, porque no es vuestra la guerra, sino de Dios" (2 Cr. 20:15). "Y cuando [los del pueblo de Dios] comenzaron a entonar cantos de alabanza, Jehová puso contra los hijos de Amón, de Moab y del monte de Seir, las emboscadas de ellos mismos que venían contra Judá, y se mataron los unos a los otros. Porque los hijos de Amón y Moab se levantaron contra los del monte de Seir para matarlos y destruirlos; y cuando hubieron acabado con los del monte de Seir, cada cual ayudó a la destrucción de su compañero. Y luego que vino Judá a la torre del desierto, miraron hacia la multitud, y he aquí yacían ellos en tierra muertos, pues ninguno había escapado" (vv. 22-24). Como sucedió en el caso de la tropa reducida de Gedeón en contra de los madianitas, el Señor ganó la victoria para su pueblo sin que empuñara las armas.

El creyente que se mantiene firme en el poder del Señor no tiene necesidad de temer ningún enemigo, ni siquiera Satanás mismo. Cada vez que el enemigo viene a atacarnos, nuestros pies están arraigados con firmeza en el terreno sólido **del evangelio de la paz,** por medio del cual Dios pasó de ser nuestro enemigo a ser nuestro defensor. Nosotros que antes fuimos sus enemigos ahora somos sus hijos, y nuestro Padre celestial nos ofrece todos sus recursos para "fortalecernos en el Señor, y en el poder de su fuerza" (Ef. 6:10). "Si Dios es por nosotros, ¿quién contra nosotros?" pregunta Pablo. "Antes, en todas estas cosas somos más que vencedores por medio de aquel que nos amó. Por lo cual estoy seguro de que ni la muerte, ni la vida, ni ángeles, ni principados, ni potestades, ni lo presente, ni lo por venir, ni lo alto, ni lo profundo, ni ninguna otra cosa creada nos podrá separar del amor de Dios, que es en Cristo Jesús Señor nuestro" (Ro. 8:31, 37-39).

El creyente lleno del Espíritu quien está vestido por completo con la armadura de Dios puede cantar con plena confianza al lado de John Newton:

> Aunque muchos enemigos te acosen por doquier,
> y tu brazo débil sea,
> tu vida está escondida con Cristo en Dios
> fuera del peligro, del maligno y su poder.
>
> Débil como eres no te desvanecerás,
> ni el desmayo ni la muerte vencerán;
> Jesús es la fortaleza de todo santo
> y su ayuda de lo alto te dará.
>
> Aunque el sentido mortal no la perciba,
> la fe siempre ve a Cristo cerca,
> es el guía, es la gloria, es la defensa,
> ¿Hay acaso fuera de Él algo digno de temer?
>
> Tan segura como su victoria
> y su triunfo en tu lugar,
> la certeza de triunfo es para ti, oh creyente,
> que su nombre has querido amar.

La armadura del creyente – parte 2

28

Sobre todo, tomad el escudo de la fe, con que podáis apagar todos los dardos de fuego del maligno. Y tomad el yelmo de la salvación, y la espada del Espíritu, que es la palabra de Dios; (6:16-17)

Sobre todo es la frase que introduce las últimas tres partes de la armadura. Las primeras tres: cinto, coraza y calzado (vv. 14-15), eran para preparación y protección permanentes y nunca debían quitarse en el campo de batalla. El **escudo,** el **yelmo** y la **espada,** por otra parte, se mantenían siempre listos para la acción y se utilizaban en el momento en que empezaba el combate como tal, de ahí que la acción verbal sea **tomad.**

EL ESCUDO DE LA FE

el escudo de la fe, con que podáis apagar todos los dardos de fuego del maligno. (6:16)

Los soldados romanos utilizaban diversos tipos de escudos, pero dos de ellos eran los más comunes. El primero era un escudo redondo y pequeño de unos sesenta centímetros de diámetro, el cual se aseguraba al brazo con dos correas de cuero. Era liviano y se empleaba para contener los golpes de espada del oponente en el combate cuerpo a cuerpo.

El segundo tipo era el *thureos*, al cual se refiere Pablo aquí. Este **escudo** tenía unos ochenta centímetros de ancho y un metro veinte centímetros de alto; estaba diseñado para proteger todo el cuerpo del soldado, que era bastante más pequeño que el del hombre promedio en la actualidad. El **escudo** estaba hecho de un pedazo sólido de madera y se cubría con metal o cuero resistente y tratado con aceites.

Los soldados que portaban estos escudos se ubicaban al frente en las líneas de batalla, y su disposición normal era lado a lado para formar un escudo humano que impidiera todo acceso al enemigo; estos hombres juntaban sus escudos y creaban una falange inmensa que se extendía por dos o más kilómetros de ancho. Los arqueros se mantenían detrás de este muro protector de escudos y lanzaban sus flechas a medida que avanzaban en contra del enemigo. Cualquier persona que se mantuviera de pie o agachado detrás de esos escudos era protegido de la ráfaga destructiva de flechas y lanzas enemigas.

La **fe** a que Pablo hace referencia aquí no es el cuerpo de creencias cristianas (el término para este tipo de fe fue empleado en 4:13), sino a la confianza básica en Dios, la fe en Cristo que se apropia de la salvación y continúa trayendo bendición y fortaleza a medida que confía en Él para recibir provisión y ayuda diarias. La esencia del cristianismo es creer que Dios existe y que recompensa a quienes lo buscan (He. 11:6); depositar una confianza total en su Hijo como el Salvador crucificado, sepultado, resucitado y ascendido; obedecer las Escrituras como su Palabra infalible con plena autoridad; y esperar con amor la segunda venida del Señor. La gran declaración de Habacuc de que "el justo por su fe vivirá" (Hab. 2:4) es citada y reafirmada en dos ocasiones por Pablo (Ro. 1:17; Gá. 3:11), y una vez por el escritor de Hebreos (10:38).

Toda persona vive según alguna forma de fe. Al cruzar un puente lo hacemos con la fe de que va a soportar nuestro paso y peso. Al ingerir alimentos tenemos la confianza de que no están envenenados. Confiamos nuestra vida a la seguridad de aviones, trenes, barcos, autobuses y automóviles, con fe en su buen funcionamiento. El hecho de que la fe en tales cosas por lo general tiene un buen fundamento, hace posible la vida y la sociedad como las conocemos. Al reflexionar sobre este hecho en un sentido más filosófico, Oliver Wendell Holmes dijo: "Es la fe en algo lo que hace de la vida algo digno de ser vivido".

Por otro lado, **la fe** en Dios tiene una importancia mayor inmensurable y es más digna de confianza que la fe práctica y cotidiana por la cual vivimos en este mundo. Además está lejos de ser tan solo "fe en algo". La fe solo es tan confiable y útil como la dignidad de confianza que posee su objeto; **la fe** cristiana es poderosa y efectiva porque el objeto de esa fe es Jesucristo, y Él es infinitamente poderoso y absolutamente confiable. La fe cristiana nunca falla porque Aquel en quien se deposita la fe nunca falla.

Cuando John Paton estaba traduciendo la Biblia para una tribu en una isla del Mar del Sur, descubrió que no tenían una palabra para aludir al concepto de confianza o fe. Cierto día un nativo que había corrido una larga distancia llegó a la casa del misionero, se dejó caer en una silla grande y cómoda y dijo: "Es bueno dejar caer todo mi peso sobre esta silla". "Eso es", dijo Paton; "voy a traducir fe diciendo que es dejar caer todo nuestro peso sobre Dios".

En tiempos del Nuevo Testamento la punta de las flechas se envolvía con pedazos de tela que se habían sumergido en brea. Justo antes de lanzar la flecha, la punta se encendía y de ese modo se lanzaban **dardos de fuego** hacia las tropas enemigas. La brea ardía con fiereza y al hacer impacto esparcía llamas ardientes en muchas direcciones, incendiando todo material inflamable que tocara. Además de atravesar sus cuerpos, podía infligir quemadas serias a los soldados enemigos y destruir su vestimenta y equipo bélico. La protección más confiable contra esos **dardos de fuego** era **el escudo** *thureos*, cuya cobertura de metal o cuero sumergido en agua podía detener y **apagar** todos esos misiles mortíferos.

Los dardos de fuego espirituales contra los cuales necesitan protección los creyentes parecen ser primero que todo las tentaciones. Satanás bombardea de manera continua a los hijos de Dios con tentaciones a la inmoralidad, el odio, la envidia, el enojo, la codicia, el orgullo, la duda, el temor, la desesperanza, la desconfianza y todos los demás pecados.

La tentación inicial de Satanás para Adán y Eva consistió en incitarles a dudar de Dios y poner su confianza en las mentiras diabólicas. Ese fue el primero de sus **dardos de fuego,** a partir del cual todos los demás han encendido y propagado sus llamas. Toda tentación, sea de forma directa o indirecta, es la tentación a dudar y desconfiar de Dios. El propósito de todos **los dardos** de Satanás, es por ende hacer que los creyentes abandonen su confianza en Dios, clavar una flecha divisoria entre el Salvador y los salvados. Incluso se atrevió a tentar al Hijo de Dios mismo para que desconfiara de su Padre en el desierto, primero de su provisión y luego de su protección y de su plan perfecto (Mt. 4:3-9).

Los esfuerzos para justificar la fornicación o el adulterio en el nombre de la gracia de Dios, con el argumento utilizado por algunos de que el sexo fue creado por Dios y todas las cosas creadas por Él son buenas, pervierten la lógica, contradicen la Palabra de Dios e impugnan su integridad. Tratar de justificar el matrimonio con un incrédulo, arguyendo que la relación es tan bella que debe ser de Dios, es seguir la voluntad de Satanás en lugar de la de Dios. Dudar de Dios equivale a descreerle, y con esto se comete el pecado mencionado por el apóstol Juan: hacerle mentiroso cuando Él ni siquiera puede mentir (1 Jn. 5:10; cp. Tit. 1:2). Siempre que tratamos de justificar cualquier pecado de cualquier manera, degradamos el carácter de Dios y elevamos el de Satanás. Pecar es creerle a Satanás, y seguir la justicia es creerle a Dios. Por lo tanto, todo pecado es resultado de no haber actuado con fe en Dios tanto en su carácter como en su obra. La **fe** es entonces nuestro **escudo** de protección.

El pecado rechaza y contradice las promesas de Dios de que la persona que atiende su consejo es bendecida y bienaventurada (Pr. 8:34), que Él nunca dará a sus hijos una piedra cuando piden un pez (Mt. 7:9), que Él abrirá las ventanas de los cielos y derramará bendiciones sin medida sobre sus hijos fieles (Mal. 3:10), que Él ha dado "toda buena dádiva y todo don perfecto" (Stg. 1:17), que Él "suplirá todo lo que os falta conforme a sus riquezas en gloria" (Fil. 4:19), que Él ya "nos bendijo con toda bendición espiritual en los lugares celestiales en Cristo" (Ef. 1:3), y cientos de otras maravillosas promesas divinas.

La única manera como se pueden **apagar todos los dardos de fuego** de Satanás es *creer* a Dios tomando **el escudo de la fe.** "Toda palabra de Dios es limpia; él es escudo a los que en él esperan. No añadas a sus palabras, para que no te reprenda, y seas hallado mentiroso" (Pr. 30:5-6). David nos recuerda que "acrisolada [es] la palabra de Jehová; escudo es a todos los que en él esperan" (Sal. 18:30). "Esta es la victoria que ha vencido al mundo, nuestra fe" (1 Jn. 5:4).

El maligno (o "vil, perverso", *ponēros*) se refiere al diablo, en contra de cuyas maquinaciones malignas sobrenaturales debemos estar firmes para poderlas "resistir en el día malo" (vv. 11-13). Aquí Pablo hace de nuevo énfasis en que nuestra lucha es contra fuerzas *personales* de maldad, no simplemente en contra de filosofías perversas o ideas erróneas, como lo han sostenido teólogos y predicadores liberales por mucho tiempo. Nuestra batalla no es contra influencias malignas abstractas sino la persona **del maligno** y sus hordas de demonios personales.

EL YELMO DE LA SALVACIÓN

Y tomad el yelmo de la salvación, (6:17*a*)

El quinto elemento de la armadura de Dios está representado por **el yelmo** del soldado romano, sin el cual nunca entraba en la batalla. Algunos de los yelmos estaban hechos de cuero grueso cubierto con placas metálicas, y otros eran de metal pesado que había sido moldeado o martillado. Por lo general tenían lengüetas para proteger el rostro y las orejas.

Por supuesto, la función del **yelmo** era proteger la cabeza de cualquier herida, en particular de las espadas anchas de uso tan común en las guerras de aquel tiempo. No se trataba de la espada mucho más pequeña que se menciona en la segunda parte de este versículo, sino una espada de doble filo y empuñadura (*rhomphaia*, véase Ap. 1:16; 2:12; 6:8), la cual medía de noventa a ciento veinte centímetros de largo. La portaban con mucha frecuencia los hombres de a caballo que las blandían sobre las cabezas de soldados enemigos para partirles el cráneo o decapitarlos.

El hecho de que **el yelmo** esté relacionado con **la salvación** indica que los golpes de Satanás están dirigidos a la seguridad y la certidumbre del creyente en Cristo. Los dos peligrosos filos de la espada espiritual de Satanás son el desánimo y la duda. Para desanimarnos apunta a nuestros fracasos, nuestros pecados, nuestros problemas sin resolver, nuestra mala salud o cualquier otra cosa que parezca negativa en nuestra vida, con el fin de hacernos perder la confianza en el amor y cuidado de nuestro Padre celestial.

Como lo descubrió Elías, podemos estar más vulnerables al desánimo justo después de haber experimentado el éxito. Tras invocar al Señor y traer fuego del cielo para consumir los sacrificios sobre el altar rezumante en agua del monte Carmelo, el profeta había demostrado que el Señor de Israel era el Dios verdadero. Luego mató a 450 profetas falsos de Baal e informó al rey Acab que por fin volvería a caer lluvia sobre Israel. No obstante, cuando la reina Jezabel, quien había traído los falsos profetas a Israel, escuchó que Elías los había matado, le mandó decir: "Así me hagan los dioses, y aun me añadan, si mañana a estas horas yo no he puesto tu persona como la de uno de ellos". Entonces el profeta que había estado firme y sin temor ante cientos de profetas falsos, tuvo gran temor por su vida ante la amenaza de esta mujer. Aunque Elías tal vez tenía unos ochenta años de edad en ese momento, "se levantó y se fue para salvar su vida" descendiendo a Beerseba para internarse en el desierto. Allí "vino y se sentó debajo de un enebro; y deseando morirse, dijo: Basta ya, oh Jehová, quítame la vida, pues no soy yo mejor que mis padres". En lugar de dejar morir a su profeta, el Señor le envió un ángel en dos ocasiones con alimento y agua, y en las fuerzas recuperadas con esa comida Elías caminó cuarenta días y noches para alejarse todavía más y esconderse en el monte Horeb, donde el Señor le preguntó dos veces: "¿Qué haces aquí, Elías?". Después que Elías respondió dos veces diciendo que en efecto, no tenía esperanza alguna y que era el único israelita fiel que quedaba con vida, el Señor le aseguró con voz apacible que Él tenía todavía el control de todas las cosas. Luego dio a su profeta una nueva comisión y le aseguró que siete mil de sus compatriotas tampoco se habían doblegado ante Baal (1 R. 18:27–19:18).

De la experiencia de Elías aprendemos que necesitamos la fortaleza y provisión del Señor tras una victoria al igual que durante la batalla. Para Satanás, la batalla nunca termina, y a él le encanta atacarnos con desánimo en el instante preciso cuando creemos que estamos a salvo. El Señor contó a los discípulos la parábola sobre la viuda insistente a fin de enseñarles "sobre la necesidad de orar siempre, y no desmayar" (Lc. 18:1).

Después que dejaron una tonelada de carbón frente a su casa, una pequeña niña de Londres tomó su pequeña pala y empezó a llevar el carbón al sótano. Un vecino que la observaba le dijo: "Nunca vas a poder llevar todo eso adentro". Ella contestó: "Sí voy a poder, vecino, si trabajo el tiempo suficiente".

La prueba del carácter de una persona consiste en hallar lo que se requiere para detenerle. Algunas personas retroceden tan pronto escuchan el primer disparo, mientras que otros luchan en una batalla tras otra sin siquiera pensar en rendirse. Satanás va a intentar por todos los medios desanimarnos y disuadirnos, haciéndonos recordar nuestras derrotas y los peligros que corremos, colocando a nuestro paso todos los objetos que pueda para destruir nuestra seguridad en Cristo. El Señor le permitió a Satanás despojar a Job de todas las cosas buenas que poseía a excepción de su vida, sin embargo, ese hombre de Dios declaró: "He aquí, aunque él me matare, en él esperaré" (Job 13:15). El libro de Job demuestra el carácter de la verdadera fe que salva, al revelar que no está conectada con los beneficios y bendiciones que una persona tiene o pierde. El yelmo de Job le protegió de todos los golpes y ataques a espada que se hicieron en su contra, y él mantuvo su fe en el amor y el cuidado de Dios. Cuando Dios llamó a Jeremías dijo al profeta que sería rechazado y afligido; no obstante, este hombre testificó: "Fueron halladas tus palabras, y yo las comí; y tu palabra me fue por gozo y por alegría de mi corazón; porque tu nombre se invocó sobre mí, oh Jehová Dios de los ejércitos" (Jer. 15:16).

Satanás también nos tienta a caer en el desánimo cuando vemos a otros creyentes pasar por tiempos de prueba. Siendo consciente de la preocupación profunda de los efesios con respecto a su encarcelamiento, Pablo les dijo: "pido que no desmayéis a causa de mis tribulaciones por vosotros, las cuales son vuestra gloria" (Ef. 3:13). El enemigo nos tienta a darnos por vencidos cuando no podemos ver los resultados de nuestro servicio para el Señor. Cuando los creyentes en Galacia enfrentaron ese problema, Pablo les dijo: "No nos cansemos, pues, de hacer bien; porque a su tiempo segaremos, si no desmayamos" (Gá. 6:9).

Debido a que el adversario nunca bajará su espada contra nosotros todo el tiempo que estemos en la tierra, la armadura de Dios es una necesidad básica y constante hasta que salgamos de esta tierra para siempre. Solo cuando termine nuestro trabajo en la tierra podremos decir con Pablo: "He peleado la buena batalla, he acabado la carrera, he guardado la fe" (2 Ti. 4:7). En su carta breve a la iglesia en Éfeso que se registra en el libro de Apocalipsis, el Señor escribió estas palabras de ánimo: "has sufrido, y has tenido paciencia, y has trabajado arduamente por amor de mi nombre, y no has desmayado" (Ap. 2:3).

El desánimo en la oración por un esposo no salvo que insiste en rechazar el evangelio, o por un hijo que se niega a seguir los caminos del Señor en que ha sido instruido, es algo muy común. También lo es sentirse tentado a descorazonarse cuando, como Pablo, se ora en repetidas ocasiones por una sanidad física que no llega. Dios contestó la oración del apóstol con palabras que se aplican a todo creyente en toda circunstancia: "Bástate mi gracia; porque mi poder se perfecciona en la debilidad". Necesitamos asimismo responder como lo hizo Pablo: "Por tanto, de buena gana me gloriaré más bien en mis debilidades, para que repose sobre mí el poder de Cristo" (2 Co. 12:9). También nos resulta de ayuda recordar al lado del apóstol que "ahora está más cerca de nosotros nuestra salvación que cuando creímos" (Ro. 13:11).

Como mi dedicado abuelo, quien tras predicar el evangelio con fidelidad durante todo su ministerio agonizaba a causa del cáncer, dijo a mi padre: "Me gustaría poder predicar este último sermón que he preparado". Nunca pudo predicar ese sermón desde un púlpito, pero mi padre lo mandó imprimir y lo distribuyó a la congregación en su funeral. Aun mientras yacía en su lecho de muerte anhelaba servir y nunca se descorazonó ni se dio por vencido. Como Isaías nos dice, el Señor "da esfuerzo al cansado, y multiplica las fuerzas al que no tiene ningunas. Los muchachos se fatigan y se cansan, los jóvenes flaquean y caen; pero los que esperan a Jehová tendrán nuevas fuerzas; levantarán alas como las águilas; correrán, y no se cansarán; caminarán, y no se fatigarán" (Is. 40:29-31).

En nombre de la gracia, algunos cristianos insisten que la única responsabilidad de un creyente es renunciar y dejar a Dios hacer lo suyo. Se ha pretendido que la declaración hecha al rey Josafat "no es vuestra la guerra, sino de Dios", significa que los creyentes solo tienen que sentarse a ver con pasividad cómo obra Dios. Esa filosofía siempre presente fue abanderada por la mayoría de los cuáqueros y pietistas de otros siglos, que hacían énfasis en la resignación y la pasividad por encima del compromiso y la autodisciplina. Permanecer y esperar en Jesús no significa que nos abstengamos de hacer cualquier cosa. En el mismo pasaje en que Él nos dice que permanezcamos en Él, explica que esta permanencia implica guardar sus mandamientos (Jn. 15:4-10; cp. 1 Jn. 3:24). La vida rendida de verdad a Dios es la vida que se ha comprometido a una obediencia sin reservas a todos los mandatos de Dios, que de ese modo es agresiva y confronta al enemigo.

Algunos defensores de la visión truncada de la vida rendida a Dios han enseñado que la persona que se ha rendido por completo nunca experimenta tentación, porque Cristo intercepta todos los esfuerzos de Satanás para tentarnos. Esta filosofía está presentada con mayor claridad y en los términos más populares en el libro de Hanna Whithall Smith, *El secreto del cristiano para una vida dichosa*. En ese libro ella dice:

> ¿Qué se *puede* decir acerca de la parte del hombre en esta obra aparte de que su deber se limita a rendirse y confiar de manera continua? Por otra parte, cuando vamos al lado de Dios en esta cuestión, ¿qué hay que no pueda decirse en cuanto a las multiformes y maravillosas maneras como Él lleva a cabo la obra que le ha sido confiada? Aquí es donde entra el factor del crecimiento. Un pedazo de barro nunca crecería hasta convertirse en una vasija hermosa si se dejara inmóvil en el depósito durante mil años; pero cuando es colocada en las manos de un alfarero hábil crece con rapidez bajo su moldeo, hasta convertirse en el vaso útil que se propuso formar. De esta misma forma, el alma que se abandona a la obra del Alfarero celestial, se moldea y convierte en un vaso santificado para honra, el cual su Maestro puede utilizar. ([Westwood, NJ: Revell, 1952], p. 32)

Uno de los problemas con esa visión es que no da cabida a la realidad del pecado. Juan dice sin lugar a equívocos que "Si decimos que no tenemos pecado, nos engañamos a nosotros mismos, y la verdad no está en nosotros" (1 Jn. 1:8). ¿Acaso ese creyente rendido salta de la mano del Alfarero divino y cae en pecado de manera ocasional? Si este es el caso, ¿qué hace pensar esto con respecto al Alfarero, quien de acuerdo a esta perspectiva tiene control completo sobre el barro?

Lo que es más importante, esa visión de las cosas no tiene respaldo bíblico. La rendición y la sumisión al Señor son verdades cardinales reiteradas en el Nuevo Testamento, pero no se sostienen aparte de, y mucho menos en oposición a los abundantes mandatos del Nuevo Testamento para que los cristianos se involucren de manera activa en la obra del Señor. La actitud de "depender de Dios para todas las cosas" y después no utilizar su provisión para hacer las otras cosas que Él manda hacer, no es dependencia sino presunción.

La carta de Pablo a los efesios está repleta de mandatos para que los cristianos hagan ciertas cosas además de la sumisión básica a Dios. Tan pronto el apóstol termina de decir: "Porque por gracia sois salvos por medio de la fe; y esto no de vosotros, pues es don de Dios; no por obras, para que nadie se gloríe", procede de inmediato a decir: "Porque somos hechura suya, creados en Cristo Jesús para buenas obras, las cuales Dios preparó de antemano para que anduviésemos en ellas" (2:8-10). Más adelante nos exhorta: "os ruego que andéis como es digno de la vocación con que fuisteis llamados" (4:1); "que ya no andéis como los otros gentiles, que andan en la vanidad de su mente" (4:17); que seamos "imitadores de Dios como hijos amados. Y andad en amor, como también Cristo nos amó" (5:1-2). Ordena que las esposas se sujeten a sus esposos, que los esposos amen a sus esposas, que los hijos obedezcan a sus padres y los esclavos sean obedientes a sus amos (5:22, 25; 6:1, 5). En el pasaje acerca de la armadura del cristiano (6:10-17) ordena a los creyentes "fortaleceos" y "vestíos de toda la armadura de Dios", "estad firmes" (tres veces), y en su lucha activa contra el diablo y sus fuerzas "tomad toda la armadura de Dios", "resistir en el día malo", ceñir sus lomos con la verdad, vestirse con la coraza de justicia, tomar el escudo de la fe, el yelmo de la salvación y la espada del Espíritu. Pablo no dice aquí nada acerca de rendición pasiva, sino mucho acerca de lucha, compromiso y disciplina en la vida. El creyente fiel siempre debe estar sometido al Señor, pero la sumisión a Él es lo más lejano a la pasividad.

Los cristianos no son espectadores pasivos de la obra de Dios. Son llamados corredores y luchadores (1 Co. 9:24; He. 12:1), peleadores (1 Co. 9:26), soldados (2 Ti. 2:3), hacedores de buenas obras (Tit. 3:8), oponentes de Satanás (1 P. 5:8-9), buscadores de la perfección en la santidad (2 Co. 7:1), y muchas otras designaciones que denotan obediencia activa.

Los recursos espirituales dados por Dios son para que sus hijos los utilicen y no para que los guarden como coleccionistas. Pedro declaró: "Como todas las cosas que pertenecen a la vida y a la piedad nos han sido dadas por su divino poder, mediante el conocimiento de aquel que nos llamó por su gloria y excelencia"; no obstante, amonestó en seguida a los creyentes: "vosotros también, poniendo toda diligencia por esto mismo, añadid a vuestra fe virtud; a la virtud, conocimiento; al conocimiento, dominio propio; al dominio propio, paciencia; a la paciencia, piedad; a la piedad, afecto fraternal; y al afecto fraternal, amor. Porque si estas cosas están en vosotros, y abundan, no os dejarán estar ociosos ni sin fruto en cuanto al conocimiento de nuestro Señor Jesucristo... Por lo cual, hermanos, tanto más procurad hacer firme vuestra vocación y elección; porque haciendo estas cosas, no caeréis jamás" (2 P. 1:3, 5-8, 10). El Señor nos da mandatos para *obedecer* y suministros y equipos para *utilizar*.

En Filipenses 2 Pablo presenta los dos lados de la provisión de Dios y la obediencia del hombre. "Por tanto, amados míos, como siempre habéis obedecido, no como en mi presencia solamente, sino mucho más ahora en mi ausencia, ocupaos en vuestra salvación con temor y temblor, porque Dios es el que en vosotros produce así el querer como el hacer, por su buena voluntad" (vv. 12-13). De nuevo en Colosenses plantea el equilibrio: "para lo cual también trabajo, luchando según la potencia de él, la cual actúa poderosamente en mí" (1:29).

El siervo fiel de Jesucristo no se limita a contemplar a su Amo trabajar, sino que labora esforzado en la obra del Amo y en el poder de su Señor. Al hacerlo, no solo recibe la fortaleza y bendición de Dios sino también, como Pablo, termina involucrado en cosas tales como aflicciones, penalidades, angustias, azotes, cárceles, trajines, falta de descanso, hambre, gloria y deshonra, mala y buena reputación, castigo, tristeza y pobreza (2 Co. 6:4-10; cp. 4:8-18; 11:23-28). Esas cosas vinieron como un resultado directo del ministerio diligente de Pablo para el Señor, y las portaba con alegría como insignias de fidelidad. Los cristianos no crecen ni ganan recompensas con esfuerzos mínimos, mucho menos sin esfuerzo alguno, sino por el máximo de esfuerzo. El creyente activo, laborioso y esforzado es el más tentado por la espada del desánimo de Satanás. La persona que nunca intenta hacer algo de valor tiene muy pocas razones para ser tentada al desánimo.

El otro filo de la espada doble de Satanás es la duda que muchas veces acompaña al desánimo. Las dudas acerca de las verdades de Dios, incluida la duda sobre la salvación de uno mismo, son las peores fuentes de desánimo para un creyente. Si un creyente duda de la bondad o confiabilidad de Dios, o si su relación con Dios parece incierta, carece de fundamento para tener esperanza y por lo tanto de protección frente a la destrucción del desánimo. La persona que cree que no le espera algo que valga la pena, carece de razones para luchar, trabajar o vivir de una manera responsable. Si nuestra vida terrenal que tantas veces resulta desagradable y decepcionante es el único objeto de nuestra seguridad certeza, entonces los cristianos somos sin lugar a dudas "los más dignos de conmiseración de todos los hombres" (1 Co. 15:19).

El ataque más perturbador de Satanás contra los creyentes consiste en tentarles a creer que han perdido o podrían perder su salvación. Pocas cosas son más paralizantes, improductivas o miserables que la inseguridad. Jesús dijo: "La paz os dejo, mi paz os doy; yo no os la doy como el mundo la da. No se turbe vuestro corazón, ni tenga miedo" (Jn. 14:27). Él dijo: "Estas cosas os he hablado para que en mí tengáis paz" (16:33). ¿Cómo es posible que un corazón que duda tenga paz? ¿Cómo puede una persona que vive en incertidumbre continua acerca de su salvación recibir consolación de esas promesas, cuando no está segura de que se aplican a su vida o que siempre se aplican a él? Si pierde su salvación, es obvio que también pierde esas promesas. ¿Cómo podría una persona en esa situación no tener un corazón turbado y lleno de miedo? Esas promesas serían palabras huecas para él.

Una de las verdades centrales de la primera epístola de Juan es la verdad de la certidumbre del conocimiento espiritual del creyente. "Y en esto sabemos que nosotros le conocemos" (2:3); "Os escribo a vosotros, padres, porque conocéis al que es desde el principio. Os escribo a vosotros, jóvenes, porque habéis vencido al maligno. Os escribo a vosotros, hijitos, porque habéis conocido al Padre" (2:13); "Amados, ahora somos hijos de Dios, y aún no se ha manifestado lo que hemos de ser; pero sabemos que cuando él se manifieste, seremos semejantes a él, porque le veremos tal como él es" (3:2); "Y en esto conocemos que somos de la verdad, y aseguraremos nuestros corazones delante de él" (3:19); y muchas más. Los propósitos específicos de Juan al escribir la carta fueron: "para que vuestro gozo sea cumplido" (1:4) y "estas cosas os he escrito a vosotros que creéis en el nombre del Hijo de Dios, para que sepáis que tenéis vida eterna, y para que creáis en el nombre del Hijo de Dios" (5:13).

Las intenciones de Satanás para con los creyentes son todo lo contrario. Su plan es hacer que duden de las promesas de Dios, de su poder, de su bondad, de su verdad y sobre todo, de su disposición o capacidad para guardarles y mantenerles salvos. Si tiene éxito en estos objetivos también logra robar el gozo a los creyentes. Conociendo la estrategia de Satanás, Jesús nos asegura: "Todo lo que el Padre me da, vendrá a mí; y al que a mí viene, no le echo fuera... Y esta es la voluntad del Padre, el que me envió: Que de todo lo que me diere, no pierda yo nada, sino que lo resucite en el día postrero" (Jn. 6:37, 39). Ninguna circunstancia en absoluto, ningún fracaso, falta o pecado sin importar cuán serio, puede hacer que Jesús o su Padre renuncien a o se desliguen de una persona salva. Ninguna persona o cosa puede jamás arrebatar a esa persona de la mano del Hijo o de la mano del Padre (Jn. 10:28-29). Por esa razón Pablo pudo declarar con confianza plena que "ni la muerte, ni la vida, ni ángeles, ni principados, ni potestades, ni lo presente, ni lo por venir, ni lo alto, ni lo profundo, ni ninguna otra cosa creada nos podrá separar del amor de Dios, que es en Cristo Jesús Señor nuestro" (Ro. 8:38-39) y "que el que comenzó en vosotros la buena obra, la perfeccionará hasta el día de Jesucristo" (Fil. 1:6).

Puesto que Pablo se dirige a creyentes, tomar **el yelmo de la salvación** no puede hacer referencia a recibir por primera vez a Cristo como Salvador. Los únicos que pueden tomar cualquier parte de la armadura de Dios, y los únicos que están involucrados en esta lucha sobrenatural contra Satanás y sus fuerzas demoníacas, son aquellos que ya han sido salvos.

Confiar en Jesucristo salva de inmediato del castigo del pecado. Para los creyentes, este primer aspecto de la salvación que es la justificación, está en el pasado. Se llevó a cabo en el momento que confiamos en Cristo, y ese acto particular de fe jamás necesita ser repetido, porque estamos seguros en las manos de nuestro Padre, de quien nunca podemos ser arrebatados, como acabamos de ver (Jn. 10:28-29). Hemos sido salvos para siempre de la condenación (Ro. 8:1).

El segundo aspecto de la salvación, que es la santificación, involucra nuestra vida en la tierra, tiempo durante el cual experimentamos cierta medida de libertad frente al poder dominador del pecado. Al estar ahora bajo la gracia de Dios, el pecado ha perdido todo señorío o dominio sobre nosotros; ya no somos esclavos del pecado para muerte sino siervos de Dios para vivir en justicia (Ro. 6:14, 18-22). Pablo muestra estos dos primeros aspectos de la salvación lado a lado en el capítulo anterior de Romanos: "Porque si siendo enemigos, fuimos reconciliados con Dios por la muerte de su Hijo, mucho más, estando reconciliados, seremos salvos por su vida" (5:10). La muerte de Cristo nos salvo una sola vez para siempre del castigo del pecado, y su vida dentro de nosotros nos está salvando ahora día tras día del poder y el dominio del pecado.

El tercer aspecto de la salvación es futuro, el aspecto de la glorificación, cuando seremos un día salvos por completo y para siempre de la presencia del pecado. Anticipando con gran anhelo ese tiempo glorioso, Juan dice: "Amados, ahora somos hijos de Dios, y aún no se ha manifestado lo que hemos de ser; pero sabemos que cuando él se manifieste, seremos semejantes a él, porque le veremos tal como él es" (1 Jn. 3:2). Ser semejantes a Dios es estar por completo libres de pecado. Nos regocijamos porque este aspecto de nuestra salvación "ahora está más cerca de nosotros que cuando creímos" (Ro. 13:11).

Es este aspecto final de la **salvación** el que constituye la fortaleza real del **yelmo** que protege la fe del creyente. Si perdemos esperanza en la promesa futura de salvación, no puede haber seguridad en el presente. Sin duda alguna esta es la razón por la que Pablo llama esta misma parte de la armadura "yelmo" cuando habla de "la esperanza de salvación" (1 Ts. 5:8). "Nosotros mismos, que tenemos las primicias del Espíritu", explica Pablo en Romanos, "nosotros también gemimos dentro de nosotros mismos, esperando la adopción, la redención de nuestro cuerpo. Porque en esperanza fuimos salvos" (8:23-24). **El yelmo de la salvación** es esa gran esperanza de salvación final que nos da la plena confianza y seguridad de que nuestra lucha presente con Satanás no durará para siempre y que al final seremos victoriosos. Sabemos que la batalla solo tiene lugar en esta vida, y que incluso una larga vida sobre la tierra no es más que un instante comparada con la eternidad que pasaremos con nuestro Señor en el cielo. No estamos en una carrera que podamos perder. No tenemos un purgatorio que enfrentar, tampoco una esperanza incierta en el sentido de que nuestros esfuerzos continuos o los de nuestros seres queridos y amigos quizás logren algún día hacernos aceptables para Dios. Sabemos que Dios "a los que predestinó, a éstos también llamó; y a los que llamó, a éstos también justificó; y a los que justificó, a éstos también glorificó" (Ro. 8:30). No se da la pérdida de una sola alma desde la predestinación hasta la justificación, y de allí a la santificación y la glorificación. Esa es la cadena inquebrantable e irrompible de la salvación de Dios (cp. Jn. 6:39-40; 10:27-30).

Tenemos una esperanza cierta, "una esperanza viva" como Pedro la llama. "Bendito el Dios y Padre de nuestro Señor Jesucristo", expresa el apóstol con alborozo en su primera epístola, "que según su grande misericordia nos hizo renacer para una esperanza viva, por la resurrección de Jesucristo de los muertos, para una herencia incorruptible, incontaminada e inmarcesible, reservada en los cielos para vosotros, que sois guardados por el poder de Dios mediante la fe, para alcanzar la salvación que está preparada para ser manifestada en el tiempo postrero" (1 P. 1:3-5). Cuando **el yelmo** de esa esperanza está bien puesto en su lugar, se hace realidad en nuestra vida que "vosotros os alegráis, aunque ahora por un poco de tiempo, si es necesario, tengáis que ser afligidos en diversas pruebas, para que sometida a prueba vuestra fe, mucho más preciosa que el oro, el cual aunque perecedero se prueba con fuego, sea hallada en alabanza, gloria y honra cuando sea manifestado Jesucristo, a quien amáis sin haberle visto, en quien creyendo, aunque ahora no lo veáis, os alegráis con gozo inefable y glorioso; obteniendo el fin de vuestra fe, que es la salvación de vuestras almas" (vv. 6-9). Esa es **la salvación** que se constituye en nuestro **yelmo,** en la perspectiva futura e indudable del cielo, nuestra **salvación** última, "la cual tenemos como segura y firme ancla del alma" (He. 6:19).

Muchas veces cuando un corredor está en la última vuelta de una carrera sus piernas tambalean de repente y se niegan a seguir adelante. La única esperanza que le queda al corredor es mantener su mente puesta en la meta, en la victoria que deber ganar para él y para su equipo. Esa es la esperanza que le hace continuar hasta el final a pesar de que todos los demás componentes de su ser quieren que se dé por vencido.

A los creyentes perseguidos y desalentados de Tesalónica, Pablo escribió palabras que constituyen un paralelo al pensamiento expresado aquí en Efesios: "Pero nosotros, que somos del día, seamos sobrios, habiéndonos vestido con la coraza de fe y de amor, y con la esperanza de salvación como yelmo. Porque no nos ha puesto Dios para ira, sino para alcanzar salvación por medio de nuestro

Señor Jesucristo, quien murió por nosotros para que ya sea que velemos, o que durmamos, vivamos juntamente con él. Por lo cual, animaos unos a otros, y edificaos unos a otros, así como lo hacéis" (1 Ts. 5:8-11).

A los corintios mundanos, carnales y egocéntricos que se mantenían divididos y confundidos con respecto a la resurrección, Pablo dijo: "Si como hombre batallé en Éfeso contra fieras, ¿qué me aprovecha? Si los muertos no resucitan, comamos y bebamos, porque mañana moriremos" (1 Co. 15:32). Si el cristiano no cuenta con un elemento futuro de la salvación al que pueda anticiparse con expectación, "si en esta vida", como dijo el apóstol unos versículos antes, "solamente esperamos en Cristo", en ese caso realmente "somos los más dignos de conmiseración de todos los hombres" (v. 19). El propio **yelmo** espiritual de Pablo era su esperanza firme en el perfeccionamiento final de su **salvación.** "Porque esta leve tribulación momentánea produce en nosotros un cada vez más excelente y eterno peso de gloria; no mirando nosotros las cosas que se ven, sino las que no se ven; pues las cosas que se ven son temporales, pero las que no se ven son eternas" (2 Co. 4:17-18). El creyente fiel sabe obedecer la exhortación: "No nos cansemos, pues, de hacer bien", porque sabe con plena certeza que "a su tiempo segaremos, si no desmayamos" (Gá. 6:9).

A los cristianos perseguidos y atribulados a quienes escribió, Judas dio advertencias graves acerca de maestros falsos: "Porque algunos hombres han entrado encubiertamente, los que desde antes habían sido destinados para esta condenación, hombres impíos, que convierten en libertinaje la gracia de nuestro Dios, y niegan a Dios el único soberano, y a nuestro Señor Jesucristo" (v. 4). Sin embargo, empezó esa carta dirigiéndose a los creyentes como "los llamados, santificados en Dios Padre, y guardados en Jesucristo" (v. 1). *Tēreō* (el verbo en la palabra "guardados") significa vigilar, amparar, defender y proteger. Dios mismo vela como un guardia defensor sobre sus hijos, y protege a toda persona que le pertenece. Judas terminó la carta asegurando a los creyentes que Dios "es poderoso para guardaros sin caída, y presentaros sin mancha delante de su gloria con gran alegría" (v. 24; cp. 1 Ts. 5:23). La palabra "guardaros" en este versículo no se traduce del griego *tēreō* como en el versículo 1, sino de *phulassō*, que tiene el significado básico de asegurar en medio de un ataque. Sin importar qué puedan lanzar nuestros enemigos espirituales para atacarnos, estamos asegurados por el poder de Dios mismo.

Cantamos sobre esta seguridad y certeza en el querido himno de Samuel Stone, "El fundamento único de la iglesia":

> En medio de ajetreo y tribulación, y del tumulto de su guerra,
> ella aguarda la consumación de su paz eterna;
> hasta que sus ojos anhelantes sean bendecidos con la visión,
> y la gran iglesia en victoria será por fin la iglesia en reposo.

LA ESPADA DEL ESPÍRITU

y la espada del Espíritu, que es la palabra de Dios; (6:17*b*)

La **espada** a que Pablo se refiere aquí es la *machaira*, que tenía diversas longitudes entre quince y treinta centímetros. Era la espada común que portaban los soldados regulares que se desplazaban a pie, y también era el arma principal en el combate cuerpo a cuerpo. Se llevaba en una funda o estuche adherido al cinturón y siempre estaba al alcance de la mano, lista para su uso inmediato. Era la espada llevada por los soldados que vinieron a arrestar a Jesús en el huerto (Mt. 26:47), la misma que Pedro blandió cortando la oreja del siervo del sumo sacerdote (v. 51), y la utilizada por los verdugos de Herodes cuando mandó matar a Santiago (Hch. 12:2).

La frase **del Espíritu** también se puede traducir "por el Espíritu" o "espiritual", haciendo referencia a la naturaleza de la espada antes que a su fuente. A partir del contexto sabemos que se trata de un arma espiritual que existe con el propósito de ser utilizada en nuestra lucha contra enemigos espirituales. La misma frase griega (*tou pneumatos*) se traduce "espiritual" en Efesios 1:3 y 5:19. Aunque su significado es del todo coherente con el contexto de 6:10-17, la traducción que se prefiere es la de genitivo de origen, **del Espíritu,** para indicar que el Espíritu Santo es el origen de **la espada.** Como el Espíritu de verdad (Jn. 14:17), el Espíritu Santo es el Maestro residente de verdad divina en la vida del creyente, quien nos enseña todas las cosas y trae a nuestra mente la Palabra de Dios (v. 26).

El énfasis del pasaje presente se hace en la manera como los creyentes debemos usar **la espada del Espíritu.** No se trata de un arma física diseñada por mentes humanas o fabricada por manos humanas (como se enseña en 2 Co. 10:3-5), sino del arma espiritual perfecta de origen y poder divino. Así como el escudo de la fe y el yelmo de salvación, siempre debe estar a la mano y disponible en todo momento para ser empuñada (vv. 16*a* y 17*a*) y utilizada cuando empieza una batalla.

Pablo declara de forma explícita que **la espada del Espíritu** es la Biblia, **la palabra de Dios.** El pastor y escritor escocés Thomas Guthrie dijo: "La Biblia es un arsenal de armas divinas, un laboratorio de medicinas infalibles, una mina de riquezas inextinguibles. Es un mapa de carreteras para todos los caminos, una carta de navegación para todos los mares, una cura para todas las enfermedades y un bálsamo para todas las heridas. Si alguien pudiese arrebatarnos la Biblia haría que nuestro cielo perdiera su sol".

El siguiente tributo a las Escrituras proviene de una fuente desconocida:

Existen en ella palabras que fueron escritas por reyes, por emperadores, por príncipes, por poetas, por sabios, por filósofos, por pescadores, por hombres de estado, por hombres instruidos en la sabiduría de Egipto, educados en las escuelas de Babilonia y adiestrados a los pies de rabinos brillantes en Jerusalén. Fue escrita por hombres en exilio, en el desierto, en tiendas pastoriles, en pastos verdes y al lado de corrientes de agua. Entre sus autores encontramos a un recolector de impuestos, un granjero y un cultivador de higos. Encontramos hombres pobres, hombres ricos, estadistas, predicadores, capitanes, legisladores, jueces y exiliados. La Biblia es una biblioteca llena de historia, genealogía, etnología, ley, ética, profecía, poesía, elocuencia, medicina, ciencia de la salud, economía política, y las reglas perfectas para la vida personal y en sociedad. Por encima de todo, detrás de cada una de sus palabras se encuentra el autor divino, Dios mismo.

Juan Wesley dijo acerca de la autoría divina de las Escrituras: "La Biblia debe haber sido escrita por Dios o por hombres buenos u hombres malos, o por ángeles buenos o ángeles malos. Ahora, los hombres malos y los ángeles malos no habrían estado dispuestos a escribirla porque condena a hombres y ángeles malos por igual. Los hombres buenos y los ángeles buenos no habrían estado dispuestos a caer en el engaño mintiendo acerca de su autoría y afirmando que Dios la escribió. En consecuencia, la Biblia debió haber sido escrita como ella misma afirma que lo fue: por Dios, quien a través de su Espíritu Santo inspiró a hombres suyos para consignar sus palabras por escrito, mediante la utilización del instrumento humano para comunicar su verdad".

Las Escrituras enseñan muchas verdades acerca de ellas mismas. En primer y más importante lugar, afirma a Dios como su autor. "Toda la Escritura es inspirada por Dios", declaró Pablo (2 Ti. 3:16). "Entendiendo primero esto", dijo Pedro, "que ninguna profecía de la Escritura es de interpretación privada, porque nunca la profecía fue traída por voluntad humana, sino que los santos hombres de Dios hablaron siendo inspirados por el Espíritu Santo" (2 P. 1:20-21).

La Biblia también afirma que es inerrante e infalible, que no contiene errores ni imprecisiones de cualquier tipo. Es por completo libre de tacha, imperfecciones y mancha. Siendo la Palabra de Dios mismo no podría ser de otro modo. David afirma que "la ley de Jehová es perfecta, que convierte el alma; el testimonio de Jehová es fiel, que hace sabio al sencillo. Los mandamientos de Jehová son rectos, que alegran el corazón; el precepto de Jehová es puro, que alumbra los ojos" (Sal. 19:7-8). El escritor del proverbio bíblico nos dice: "Toda palabra de Dios es limpia; él es escudo a los que en él esperan. No añadas a sus palabras, para que no te reprenda, y seas hallado mentiroso" (Pr. 30:5-6).

La Biblia afirma ser completa. Haciendo eco de las palabras de Proverbios recién citadas, así como las de Deuteronomio 4:2 y 12:32, Juan dijo al final del último libro de la Biblia: "Yo testifico a todo aquel que oye las palabras de la profecía de este libro: Si alguno añadiere a estas cosas, Dios traerá sobre él las plagas que están escritas en este libro. Y si alguno quitare de las palabras del libro de esta profecía, Dios quitará su parte del libro de la vida, y de la santa ciudad y de las cosas que están escritas en este libro" (Ap. 22:18-19).

La Biblia afirma su plena autoridad. Isaías declaró: "Oíd, cielos, y escucha tú, tierra; porque habla Jehová" (Is. 1:2). Afirma ser suficiente para nuestras necesidades: "Toda la Escritura es inspirada por Dios, y útil para enseñar, para redargüir, para corregir, para instruir en justicia, a fin de que el hombre de Dios sea perfecto, enteramente preparado para toda buena obra" (2 Ti. 3:16-17).

La Biblia afirma que es efectiva. Cuando sus verdades son proclamadas y aplicadas, suceden cosas. "Así será mi palabra que sale de mi boca; no volverá a mí vacía, sino que hará lo que yo quiero, y será prosperada en aquello para que la envié" (Is. 55:11).

La Biblia también afirma su poder para determinar la verdad de las cosas. Lo que una persona hace con la Palabra de Dios pone en evidencia su relación con Dios mismo. "El que es de Dios", dijo Jesús, "las palabras de Dios oye; por esto no las oís vosotros, porque no sois de Dios" (Jn. 8:47). Aquellos que escuchan la Palabra de Dios y la atienden, dan evidencia de que pertenecen a Dios, y aquellos que niegan y contradicen su Palabra dan evidencia de que no le pertenecen.

Como **la espada del Espíritu,** la Biblia ofrece recursos y bendiciones ilimitados al creyente. Primero que todo, es la fuente de verdad. "Tu palabra es verdad", dijo Jesús a su Padre (Jn. 17:17). La gente busca hoy en todas partes respuestas a la vida, para tratar de descubrir en qué vale la pena creer y qué carece de valor. La fuente de toda verdad acerca de Dios y el hombre la vida y la muerte, el tiempo y la eternidad, los hombres y las mujeres, el bien y el mal, el cielo y el infierno, la condenación y la salvación, se encuentra en y es la **palabra** de Dios mismo.

La Biblia también es fuente de felicidad. Al hablar de la sabiduría de Dios, el escritor de Proverbios dijo: "Bienaventurado [o feliz] el hombre que me escucha" (Pr. 8:34). Jesús dijo: "bienaventurados los que oyen la palabra de Dios, y la guardan" (Lc. 11:28).

La Biblia es la fuente del crecimiento espiritual. Pedro amonestó a los creyentes: "desead, como niños recién nacidos, la leche espiritual no adulterada, para que por ella crezcáis para salvación" (1 P. 2:2).

Es la fuente de poder, "porque la palabra de Dios es viva y eficaz, y más cortante que toda espada de dos filos; y penetra hasta partir el alma y el espíritu, las coyunturas y los tuétanos, y discierne los pensamientos y las intenciones del corazón" (He. 4:12); la fuente de guía y dirección espiritual, lámpara a nuestros pies y lumbrera a nuestro camino (Sal. 119:105); la fuente de consuelo (Ro. 15:4); la fuente de perfección (2 Ti. 3:16). Además, **la palabra de Dios** es la fuente de victoria sobre nuestro gran enemigo espiritual y nuestra arma más poderosa en contra de Satanás.

La espada del Espíritu es primero que todo un arma defensiva, capaz de interceptar y desviar los golpes de un oponente. Es el arma suprema del creyente para su defensa contra las arremetidas de Satanás. No obstante, a diferencia del escudo que da una protección amplia y general, la espada puede deshacer un ataque solo si se maneja con protección y habilidad. Debe atajar el arma enemiga en el lugar y momento exactos en que se realiza el avance ofensivo. Cuando Jesús fue tentado por Satanás en el desierto, su defensa para cada tentación fue un pasaje de las Escrituras que contradecía y refutaba con precisión la palabra del diablo (Mt. 4:4, 7, 10). El cristiano que no conoce bien la Palabra de Dios no la puede usar bien en la batalla. Satanás va a encontrar de forma invariable todos los lugares en que somos ignorantes o estamos confundidos y nos atacará allí mismo. La Biblia no es una espada ancha como la *rhomphaia* que se agita de forma indiscriminada, sino una daga que debe utilizarse con gran precisión.

Los cristianos que se limitan a confiar en su experiencia pasada de salvación y sus sentimientos para salir adelante, son vulnerables a toda clase de peligros espirituales. Siempre terminan metidos en incontables situaciones comprometedoras y caen presa de innumerables ideas y prácticas falsas, por la sencilla razón de que son ignorantes acerca de las enseñanzas específicas de las Escrituras.

El término usado aquí por Pablo para **palabra** no es *logos*, que se refiere a declaraciones o mensajes generales, sino *rhēma*, que se refiere a palabras individuales o declaraciones particulares y específicas. Por lo tanto, el apóstol no está hablando aquí sobre un conocimiento general de las Escrituras, sino que destaca de nuevo la precisión bélica que solo viene como resultado del conocimiento y entendimiento de verdades específicas. Como Jesús lo hizo en el desierto, necesitamos aplicar verdades específicas de las Escrituras para contrarrestar falsedades satánicas específicas. Esa es la razón por la cual Pablo aconsejó a Timoteo: "Procura con diligencia presentarte a Dios aprobado, como obrero que no tiene de qué avergonzarse, que usa bien la palabra de verdad" (2 Ti. 2:15). Los creyentes fieles de Apocalipsis 12 "le han vencido [al acusador] por medio de la sangre del Cordero y de la palabra del testimonio de ellos" (v. 11).

La espada del Espíritu también es un arma ofensiva capaz de infligir golpes al igual que neutralizar los del enemigo. La Biblia, siendo "la palabra de Dios es viva y eficaz, y más cortante que toda espada de dos filos; y penetra hasta partir el alma y el espíritu, las coyunturas y los tuétanos, y discierne los pensamientos y las intenciones del corazón. Y no hay cosa creada que no sea manifiesta en su presencia; antes bien todas las cosas están desnudas y abiertas a los ojos de aquel a quien tenemos que dar cuenta" (He. 4:12-13). Cuando **la palabra de Dios** es predicada, trae el juicio de Dios sobre todas las vidas y presenta de manera infalible y detallada toda la evidencia de pecado y culpa.

La palabra de Dios es tan poderosa que transforma a los hombres al trasladarlos del dominio de la falsedad al imperio de la verdad, del campo de las tinieblas al reino de la luz, y del dominio del pecado y la muerte al de la justicia y la vida. Cambia la tristeza por gozo, la desesperanza por esperanza, la infructuosidad por crecimiento, la inexperiencia por madurez y el fracaso lo convierte en éxito.

Cada vez que la Palabra de Dios es usada para conducir una persona a la salvación, da testimonio de su poder para hendir con un boquete irreversible el dominio de tinieblas de Satanás y traer la luz de vida a un alma perdida.

Al dar testimonio de su Palabra en nuestra familia, entre nuestros amigos, en el trabajo, en la escuela, en el salón de clases, en el púlpito o al viajar, estamos haciendo uso efectivo del arma espiritual más poderosa en todo el universo, la cual ningún poder de Satanás puede resistir.

Por la razón misma de que la Palabra de Dios es tan poderosa y efectiva, es el área donde Satanás monta sus mayores ofensivas. El enemigo hará todo lo que pueda hacer para menoscabar la Palabra de Dios y destruir a quienes la predican y enseñan. Como Jesús aclara en la parábola del sembrador, Satanás se apresura siempre a arrebatar la Palabra de Dios del corazón de quien la escucha antes de que tenga tiempo de echar raíz allí (Mt. 13:19). Muchas personas escuchan de buena gana el evangelio, pero antes de tomar una decisión, alguna interrupción diabólica les distrae y se pierde la efectividad inmediata del testimonio, así como el alma de ese oyente hasta que se convierta. En el corazón de otra persona es posible que la palabra sea aceptada con gozo en un principio, pero cuando Satanás envía "la aflicción o la persecución por causa de la palabra, luego tropieza" (vv. 20-21). Muchas personas parecen ser creyentes genuinos y fieles hasta que llegan las penalidades, las críticas o la persecución. Cuando el precio de la fidelidad se vuelve demasiado elevado, revelan nunca haber tenido fe verdadera para empezar. También hay otro tipo de oyente que acepta la palabra de una manera superficial y temporal, pero como confía en su riqueza la palabra es ahogada "y se hace infructuosa" (v. 22). Debido a que lo que en realidad quiere es el mundo, abandona la palabra.

Por otra parte, cuando el mensaje que es la semilla de la Palabra de Dios es "sembrado en buena tierra", el que lo oye lo entiende "y da fruto; y produce a ciento, a sesenta, y a treinta por uno" (v. 23). Aquí es donde se puede ver el gran poder ofensivo de **la espada del Espíritu,** cuando convierte un alma del pecado a la salvación.

Tanto en el ámbito ofensivo como defensivo, es necesario que el uso de la Palabra de Dios sea específico a fin de que sea efectivo. Romanos 10:17 se traduce con mayor precisión y claridad en estos términos: "la fe viene por el oír, y el oír viene por *una palabra* [*rhēma*, una palabra particular] de Dios" (cursivas añadidas). No es de cualquier parte de las Escrituras que los hombres llegan a la fe, sino de aquellas porciones que declaran el evangelio de salvación. La fe que salva no viene como resultado de creer cualquier verdad de las Escrituras, sino por creer que Jesucristo murió por los pecados del mundo y confiar en su muerte para limpiarnos de todos nuestros pecados.

El cristiano confundido que cita mal verdades bíblicas no puede ser un testigo efectivo. El maestro, predicador y testigo efectivo y exitoso debe estar preparado para instar con la Palabra "a tiempo y fuera de tiempo" (2 Ti. 4:2). Cuanto más conozcamos y entendamos las Escrituras, seremos más capaces de marchar con victoria por las fortalezas de Satanás y llevar a muchas personas de su reino al de Dios.

Ningún creyente tiene excusa para no conocer y entender la Palabra de Dios. Todo creyente tiene al Espíritu Santo de Dios mismo en su interior, como su propio maestro divino de la Palabra divina de Dios. Nuestra única tarea consiste en someternos a su instrucción mediante el estudio disciplinado de la Palabra realizado con sinceridad y compromiso. No podemos alegar ignorancia o incapacidad, solo desinterés y negligencia.

H. P. Barker ofrece una ilustración gráfica que apunta hacia la necesidad doble de conocer y aplicar las verdades de la Biblia.

> Mientras observaba un día en el jardín, vi tres cosas. Primero vi una mariposa. La mariposa era hermosa; se posaba sobre una flor y luego batía las alas para ir a otra flor y después a otra; solo se quedaba sobre cada una de ellas uno o dos segundos para después seguir de igual manera sin cesar. Tocaba todos los capullos agradables que podía encontrar a su paso, pero no derivaba beneficio alguno de ellos. Me quedé observando desde la ventana de mi casa y entró un botánico al jardín con un cuaderno grande de apuntes bajo el brazo y una lupa considerable. El botánico se fijaba en una flor en particular y la examinaba durante un largo tiempo para después escribir notas en su cuaderno. Estuvo allí varias horas haciendo anotaciones y al terminar cerró su cuaderno, se lo metió debajo del brazo, puso la lupa en su bolsillo y se marchó. La tercera cosa que noté fue una abeja, tan solo una abeja pequeña. Sucede que la abeja se posaba sobre una flor y se abría camino para entrar hasta lo profundo de ella y extraer todo el néctar y el polen que pudiera llevar consigo. Cada vez entraba vacía y salía llena. (A. Naismith, *1.200 notas, citas y anécdotas* [Chicago: Moody, 1962], p. 15)

Algunos cristianos, al igual que esa mariposa, revolotean de un estudio bíblico a otro, de un sermón al siguiente, y de un comentario a otro comentario, mientras lo único que ganan es poco más que una sensación positiva y algunas ideas buenas. Otros, como el botánico, estudian las Escrituras de manera cuidadosa y detallada, tomando apuntes en abundancia. De ese modo obtienen mucha información pero poca verdad. Otros, como la abeja, acuden a la Biblia para ser enseñados por Dios y para crecer en el conocimiento suyo. También al igual que la abeja, nunca salen vacíos.

El doctor Martyn Lloyd-Jones escribió acerca de Martín Lutero:

> Lutero se encontraba retenido en las tinieblas por el diablo, aunque era un monje. Este hombre estaba tratando de salvarse a sí mismo por obras. Ayunaba, sudaba y oraba pero era miserable e infeliz, estaba en la esclavitud. Era cautivo de enseñanzas supersticiosas dictadas por la iglesia oficial desde Roma. No obstante, fue puesto en libertad por la palabra de las Escrituras: "el justo por la fe vivirá". A partir de ese momento empezó a entender esta Palabra como nunca antes la había entendido, y cuanto mejor la entendía más veía los errores enseñados por el catolicismo. Vio el error fatal de su práctica religiosa y por eso emprendió con tenacidad y determinación la reforma de la iglesia. Procedió a hacerlo en términos de exposición de las Escrituras. Los grandes doctores en la iglesia romana se sostuvieron en contra de él. En algunas ocasiones tuvo que enfrentarlos solo en combate cercano, y de forma invariable mantenía su posición basado en las Escrituras. Insistió en que la iglesia no está por encima de las Escrituras. La norma por la cual se juzga incluso a la iglesia, decía él, es la Biblia. Aunque era un solo hombre que se mantuvo firme solo al principio, fue capaz de enfrentarse al sistema papal y a doce siglos de tradición. Lo hizo porque tomó con denuedo "la espada del Espíritu, que es la palabra de Dios". (*El soldado cristiano* [Grand Rapids: Baker, 1977], p. 331)

Guillermo Tyndale se comprometió con un voto personal, a que llegaría el día en que todo granjero inglés y todo niño que arara la tierra iba a estar en capacidad de leer y entender las Escrituras, y este hombre dedicó su vida entera a la traducción de la Palabra de Dios al idioma inglés. Resulta esencial que la Palabra de Dios sea conocida, amada y practicada, si es que vamos a ganar la batalla contra Satanás.

Orando en todo tiempo

29

orando en todo tiempo con toda oración y súplica en el Espíritu, y velando en ello con toda perseverancia y súplica por todos los santos; y por mí, a fin de que al abrir mi boca me sea dada palabra para dar a conocer con denuedo el misterio del evangelio, por el cual soy embajador en cadenas; que con denuedo hable de él, como debo hablar. Para que también vosotros sepáis mis asuntos, y lo que hago, todo os lo hará saber Tíquico, hermano amado y fiel ministro en el Señor, el cual envié a vosotros para esto mismo, para que sepáis lo tocante a nosotros, y que consuele vuestros corazones. Paz sea a los hermanos, y amor con fe, de Dios Padre y del Señor Jesucristo. La gracia sea con todos los que aman a nuestro Señor Jesucristo con amor inalterable. Amén. (6:18-24)

En el siglo diecisiete un hombre llamado Johann Burchard Freystein escribió el siguiente himno:

> Levántate alma mía y ora,
> de tu sueño despierta,
> no seas por el día malo
> tomada por sorpresa.
> Pues al enemigo conocemos bien.
> Su cosecha recoge
> mientras duerme el cristiano.
> Vigila pendiente de las trampas del diablo
> no sea que durmiendo te encuentre,
> porque ningún dolor se ahorra
> con tal de engañarte y cegarte.
> Presa de Satanás son casi siempre
> los que duermen creyendo estar seguros
> y no velan ni guardan los muros.

Mas tú vela y ora mientras velas,
ruega a tu Señor con incesantes preces.
Oh Señor, bendice y aquieta en la angustia,
no permitas que cualquier cosa me desvíe
de la voluntad que tengo de servirte.

Hace más de cien años atrás, Charlotte Elliot escribió las palabras para otro himno:

Cristiano, no procures aún tu reposo,
echa por la borda tus sueños de placidez;
estás en medio de enemigos así que vela y ora.

Principados y potencias pertrechan sus filas invisibles,
esperan con atención tus horas sin vigilia
y fuera de la guardia, por eso vela y ora.

Vela como si de ello dependiera el éxito del día.
Ora para que tu ayuda llegue de lo alto;
no des el brazo a torcer, vela y ora sin cesar.

Estos dos himnos señalan en dirección a la realidad de que la victoria sobre Satanás y sus huestes en la gran guerra espiritual en que estamos involucrados demanda un compromiso incesante y diligente a la oración. Eso es exactamente lo que el apóstol Pablo dice al llegar al final de su apelación a los cristianos para que tomen y se vistan con toda la armadura de Dios. Quizás fue este pasaje lo que inspiró a otro compositor de himnos a escribir: "Vistámonos de la armadura del evangelio, pongamos cada parte con oración".

En *El progreso del peregrino,* Juan Bunyan habla acerca del arma de Cristiano llamada oración, la cual después que todo lo demás fallara, le capacitaría para derrotar a los enemigos en el valle de la sombra. La oración es el tema final de Efesios, y aunque tiene una relación muy estrecha con la armadura de Dios, no es mencionada como una parte de ella, por la sencilla razón de que es mucho más que eso. La oración no es un arma piadosa más en el arsenal del cristiano, aunque todas las armas de Dios para el cristiano son importantes. Todo el tiempo que estemos luchando con el cinto de la verdad, la coraza de justicia, el calzado del evangelio de la paz, el escudo de la fe, el yelmo de la salvación y la espada del Espíritu, debemos estar en oración. La oración es el mismísimo aire espiritual que el soldado de Cristo respira. Es la estrategia que cubre todos los aspectos de la guerra que se está librando en el campo espiritual.

Jesús urgió a sus discípulos a orar siempre y no desmayar (Lc. 18:1). Él sabe que cuando la batalla se pone dura los soldados se cansan, se debilitan y se desaniman con facilidad. En la lucha contra Satanás las únicas opciones son orar o desmayar. La admonición final de Pablo para los creyentes a que se mantengan "orando en todo tiempo" no es accidental. No solo se trata de la instrucción final y definitiva acerca de la guerra del creyente, sino que es la verdad culminante de toda la epístola, porque la oración llena todos los aspectos de la vida cristiana. La oración es el gran final en *crescendo* del himno escrito por Pablo en Efesios.

Ningún libro del Nuevo Testamento describe con tal precisión y profundidad los recursos y bendiciones del creyente como la carta a los efesios. En todo su transcurso Pablo magnifica y explica en detalle la verdad que mencionó brevemente en Colosenses: "vosotros estáis completos en él" (2:10) y que Pedro tocó en su segunda epístola: "todas las cosas que pertenecen a la vida y a la piedad nos han sido dadas por su divino poder" (1:3). Aquí se encuentra un catálogo monumental de todo lo que es nuestro en Cristo Jesús.

Pablo empieza Efesios con la declaración abarcadora de que "el Dios y Padre de nuestro Señor Jesucristo, ... nos bendijo con toda bendición espiritual en los lugares celestiales en Cristo" (1:3). Luego procede a contarnos que hemos sido escogidos, predestinados y adoptados como hijos de Dios (1:4-5); bendecidos con sobreabundancia por su gracia (1:6, 8; 2:7); redimidos y perdonados (1:7; 4:32); nos ha sido dado el misterio de su voluntad (1:9; 3:4-6); hemos sido hechos receptores de la herencia divina (1:11); hemos sido sellados con el Espíritu Santo (1:13-14; 4:30); amados por Dios en gran manera (2:4; 5:25); vivificados para vivir una vida nueva (2:10); hechura de Cristo, creados en Él para hacer buenas obras (2:10); nos ha sido impartida la paz de Dios mismo (2:14); hemos sido hechos uno con Cristo y con todos los demás creyentes como su propio cuerpo (2:13-19; 3:4-6); convertidos en ciudadanos del reino de Dios y miembros de su familia (2:19); edificados como templo de Dios y morada de su Espíritu (2:20-22); contamos con acceso denodado y confiado a Dios (3:12); tenemos poder disponible más allá de lo que podemos imaginar (4:3); dotados por Cristo de manera individual y única (4:7); bendecidos con líderes dotados de forma especial para equiparnos en la obra del ministerio (4:11-12); enseñados por Jesucristo mismo (4:20-21); tenemos un nuevo hombre creado en la semejanza de Dios y en su santidad (4:24); somos luz (5:8); tenemos acceso libre a la plenitud del Espíritu Santo (5:18); contamos con las instrucciones y los recursos para que todas nuestras relaciones con otras personas sean como Dios se ha propuesto que sean (5:21–6:9); además, Dios nos ha dado toda su armadura para hacernos invencibles contra Satanás y sus fuerzas demoníacas (6:10-17).

Pablo es consciente de que después que un creyente contempla la lista abrumadora de bendiciones que posee como un hijo exaltado de Dios, es muy probable quedar expuesto al siguiente y gran peligro: la tentación de sentirse satisfecho consigo mismo y de caer en la arrogancia espiritual. El estudiante de

Efesios hace bien si atiende de corazón la advertencia de Pablo a los corintios: "Así que, el que piensa estar firme, mire que no caiga" (1 Co. 10:12). Las bendiciones magníficas e ilimitadas que se describen en Efesios son tan enriquecedoras que Satanás tratará de utilizarlas para que enfoquemos nuestros pensamientos en nosotros mismos como los bendecidos, antes que en Aquel quien nos da las bendiciones. A la luz de nuestros privilegios inmensurables y maravillosos, podemos fácilmente empezar a creer que somos adecuados en nosotros mismos para recibirlos, y de esa manera perdemos el sentido esencial de dependencia de Dios.

Cada vez que un equipo pierde un juego, un conocido entrenador de fútbol americano profesional dice a los jugadores después del partido: "Caballeros, yo les dije cómo ganar. Ustedes no hicieron lo que les dije y perdieron". Al igual que un atleta, un cristiano puede tener grandes habilidades, el mejor entrenamiento, el mejor equipo y una comprensión adecuada de lo que se espera de él y lo que puede hacer, y a pesar de todo esto fracasar por negarse a seguir instrucciones. Si un jugador de fútbol tiene un mal desempeño cuando no sigue las instrucciones de su entrenador, ¿cuán peor le irá a un cristiano cuando deja de seguir a su Señor?

Especialmente a los cristianos que viven en una sociedad libre y próspera les resulta fácil sentirse seguros tal como son y presumir de la gracia de Dios en lugar de depender de ella. Es fácil satisfacerse tanto con las bendiciones físicas que sentimos poco deseo por las bendiciones espirituales, y también llegar a depender tanto de nuestros recursos físicos que sentimos poca necesidad de los recursos espirituales. Cuando los programas, los métodos y el dinero producen resultados tan obvios e impresionantes, somos propensos a confundir éxito humano con bendición divina. Un matrimonio feliz y un hogar donde los hijos se portan bien y todos disfrutan de una iglesia que está creciendo, es algo que tiende a hacer a las personas cómodas con su situación y satisfechas con el estado actual de cosas. Pueden llegar incluso a convertirse en humanistas prácticos que viven como si Dios no fuera necesario. Cuando esto sucede, desaparecen el anhelo apasionado por Dios y el ansia de recibir su ayuda, al lado del poder que Dios quiere investir a los creyentes. Es a causa de este peligro grande y común que Pablo termina esta epístola con un llamado urgente a la oración.

Efesios empieza elevándonos a los lugares celestiales y termina llevándonos a nuestras rodillas. En efecto, Pablo concluye diciendo: "No crean que debido a que ustedes tienen todas estas bendiciones y recursos ahora pueden vivir la vida cristiana sin contar más con la ayuda de Dios". La armadura de Dios no es algo que funciona de manera mecánica o mágica. No podemos simplemente apropiarnos de ella por cuenta propia y esperar que produzca hazañas espirituales de forma automática. Si la frase elocuente de James Russell Lowell: "El don sin el dador está exánime", es cierta con respecto a relaciones humanas, lo es mucho más en cuanto a nuestra relación con Dios. Nuestros dones divinos, tan maravillosos como son, carecen de aliento de vida sin el Dador divino de los dones.

En los versículos finales de esta carta Pablo da primero a los creyentes instrucción general acerca de la oración, luego una ilustración específica de la vida de oración, y por último una bendición.

LA INSTRUCCIÓN GENERAL

orando en todo tiempo con toda oración y súplica en el Espíritu, y velando en ello con toda perseverancia y súplica por todos los santos; (6:18)

Con las cuatro veces que ocurre la palabra **todo** (**toda, todos**) se introducen los cinco énfasis que Pablo hace con respecto al carácter general de la vida de oración del creyente: la clase, la frecuencia, el poder, el proceder y los objetos de la oración.

LA CLASE DE ORACIÓN

Proseuchē (**oración**) se refiere a peticiones generales, mientras que *deēsis* (**súplica**) se refiere a las que son más específicas. El uso de ambas palabras apunta a la idea de que hemos de involucrarnos en **toda** clase de oración que sea apropiada según la necesidad. El precepto y la permisión de las Escrituras sugieren que podemos orar en público o en privado; clamando en alta voz, con susurros suaves o en silencio; de forma deliberada y planeada o espontánea; sentados, puestos de pie, arrodillados y aun acostados; en la casa o en la iglesia; en el trabajo o mientras se viaja; con las manos juntas, separadas, arriba o abajo; con los ojos abiertos o cerrados; con la cabeza inclinada o proyectada al cielo. El Nuevo Testamento, al igual que el Antiguo, menciona muchas formas, circunstancias y posturas para la oración pero no prescribe una en especial. Jesús oró de pie, sentado, arrodillado y es muy probable que en otras posiciones también. Podemos orar en cualquier lugar y situación en que nos encontremos. "Quiero, pues, que los hombres oren en todo lugar" (1 Ti. 2:8), dijo Pablo. Para el cristiano fiel y lleno del Espíritu, cualquier lugar se convierte en un lugar de oración.

LA FRECUENCIA EN LA ORACIÓN

Los judíos del tiempo de Pablo tenían varias horas prescritas para la oración diaria, pero la llegada del nuevo pacto y el nacimiento de la iglesia trajeron una nueva dimensión a la oración, así como a todo lo demás. Jesús dijo: "Velad, pues, en todo tiempo orando que seáis tenidos por dignos de escapar de todas estas cosas que vendrán, y de estar en pie delante del Hijo del Hombre" (Lc. 21:36). Entre otras cosas, los primeros cristianos en Jerusalén "perseveraban en... las oraciones" (Hch. 2:42). Cornelio fue un hombre temeroso de Dios que "oraba a Dios siempre", y a quien el Señor envió a Pedro con el mensaje de salvación (Hch. 10:2). En muchas de sus cartas Pablo urgió a sus lectores a que se dedicaran a la oración (Ro. 12:12; Fil. 4:6; Col. 4:2; 1 Ts. 5:17). El apóstol aseguró a Timoteo, su amado hijo en el Señor, que oraba por él "día y noche" (2 Ti. 1:3). La iglesia primitiva conocía la importancia de la oración, y Dios honraba sus oraciones incluso cuando la fe a veces era débil, como en el caso de quienes estaban orando para que Pedro fuera soltado de la prisión pero no creyeron a Rode cuando les informó que el apóstol estaba tocando la puerta (Hch. 12:12-15).

David dijo: "Tarde y mañana y a mediodía oraré y clamaré, y él oirá mi voz... Dios oirá" (Sal. 55:17, 19). No existe un solo momento en que no necesitemos orar, ni tiempo cuando Dios no esté dispuesto a escuchar nuestras oraciones. En muchos sentidos la oración es aun más importante que el conocimiento acerca de Dios. De hecho, solo a través de una vida de oración llevada con regularidad y seguridad, puede el Espíritu Santo de Dios añadir sabiduría espiritual a nuestro conocimiento intelectual. El doctor Martyn Lloyd-Jones escribió: "nuestra posición máxima como cristianos es puesta a prueba por el carácter de nuestra vida de oración". Una persona puede haberse graduado de una escuela bíblica o de un seminario, o ser un pastor o misionero con mucha experiencia, pero su conocimiento profundo de Dios y su relación personal con Él son medidos por su vida de oración. Si el conocimiento acerca de Dios y las cosas de Dios no nos lleva a conocerle de una manera cada vez más profunda y personal, podemos estar seguros de que nuestra motivación y compromiso están centrados en nosotros mismos y no en Él. La oración más profunda de Jesús por sus discípulos no fue para que simplemente conocieran la verdad acerca de Dios, sino "que te conozcan a ti, el único Dios verdadero, y a Jesucristo, a quien has enviado" (Jn. 17:3). Estudiar y aprender la Palabra de Dios en el espíritu correcto siempre llevará al creyente a conocerle de una manera más íntima y a ser fiel en su comunión con Él por medio de la oración.

Es obvio que **orando en todo tiempo** no significa que debemos orar de un modo formal y notorio durante todo el tiempo de nuestra vida que estemos despiertos. Jesús no hizo eso y mucho menos los apóstoles. Esto tampoco quiere decir que debemos dedicarnos al cumplimiento de patrones y formas rituales de oración que se recitan con actitud mecánica a partir de un libro de oraciones o mientras se cuentan los puntos de una camándula. Eso equivale a reducir la oración a las "vanas repeticiones" que tanto caracterizan a los cultos paganos (Mt. 6:7).

Orar **en todo tiempo** es vivir con una conciencia continua de Dios, de tal modo que todas las cosas que vemos y experimentamos se convierten en tema de oración porque vivimos con una conciencia profunda de nuestro Padre celestial y una sumisión perfecta a Él. Obedecer esta exhortación significa que cuando somos tentados, colocamos la tentación delante de Dios y pedimos su ayuda. Cuando experimentamos algo bueno y hermoso, de inmediato agradecemos al

Señor por ello. Al ver maldad a nuestro alrededor, oramos para que Dios enderece lo torcido y nos disponemos a ser usados por Él para tal fin. Cuando nos encontramos con alguien que no conoce a Cristo, oramos pidiendo que Dios atraiga esa persona para que se acerque a Él, y para que nos utilice como un testigo fiel. Al vernos enfrentados a problemas, acudimos a Dios como nuestro libertador. En otras palabras, nuestra vida se convierte en una oración que asciende de manera continua al trono de la gracia, una comunión perpetua con nuestro Padre celestial. Mantenerse **orando todo el tiempo** consiste en poner nuestra mira y nuestra mente de manera constante "en las cosas de arriba, no en las de la tierra" (Col. 3:2).

El propósito último de nuestra salvación es glorificar a Dios y ser llevados a una comunión íntima y exuberante con Él; si no acudimos a Dios en oración estamos negando ese propósito. Juan dijo: "lo que hemos visto y oído, eso os anunciamos, para que también vosotros tengáis comunión con nosotros; y nuestra comunión verdaderamente es con el Padre, y con su Hijo Jesucristo" (1 Jn. 1:3). Nuestra comunión con Dios no es algo que deba esperar a que lleguemos al cielo. El deseo más grande de Dios, y nuestra necesidad más grande, es permanecer en comunión constante con Él *ahora mismo,* y no existe en la actualidad una expresión o experiencia mayor de comunión con Dios que la oración.

EL PODER DE LA ORACIÓN

El pensamiento de mayor importancia y aplicación que Pablo da acerca de la oración es que debe ser y hacerse **en el Espíritu.** Esta condición suprema para la oración no tiene que ver en absoluto con hablar en lenguas o cualquier otra experiencia dramática o extática. Orar **en el Espíritu** significa orar en el nombre de Cristo, orar de manera coherente con su naturaleza y voluntad. Orar en el Espíritu es orar de forma concertada y armoniosa con el Espíritu, quien "nos ayuda en nuestra debilidad; pues qué hemos de pedir como conviene, no lo sabemos, pero el Espíritu mismo intercede por nosotros con gemidos indecibles. Mas el que escudriña los corazones sabe cuál es la intención del Espíritu, porque conforme a la voluntad de Dios intercede por los santos" (Ro. 8:26-27). Como el "espíritu de gracia y de oración" (Zac. 12:10), el Espíritu Santo ora de continuo por nosotros, y orar bien para nosotros significa orar como Él ora, unir nuestras peticiones a las suyas y nuestra voluntad a la suya. Es alinear nuestra mente y deseos con su mente y deseos, los cuales son consecuentes con la voluntad del Padre y del Hijo.

Ser "llenos del Espíritu" (Ef. 5:18) y andar en su dirección y poder equivale a tener la capacidad de orar **en el Espíritu,** porque nuestra oración estará entonces en armonía con la suya. A medida que nos sometemos al Espíritu Santo obedeciendo su Palabra y descansando en su dirección y fortaleza, seremos llevados a una comunión estrecha y profunda con el Padre y con el Hijo.

EL PROCEDER DE LA ORACIÓN

Siempre que ora, el creyente debe estar **velando en ello con toda perseverancia y súplica.** Jesús dijo a sus discípulos que velaran y oraran (Mt. 26:41; Mr. 13:33; cp. Lc. 18:1). Pablo aconsejó a los colosenses: "Perseverad en la oración, velando en ella" (Col. 4:2). El verbo griego en la palabra "perseverad" (*proskartereō*) significa ser asiduo, constante y tesonero. Se utiliza para hablar de la resistencia fiel de Moisés cuando dirigió a los hijos de Israel en su salida de Egipto (He. 11:27). Perseverar en la oración es traer todas las cosas de nuestra vida delante de Dios con fervor, valor y persistencia.

Las parábolas del vecino importuno y la viuda insistente fueron contadas por Jesús para ilustrar la manera como sus seguidores han de proceder en la oración. Al final de la primera parábola Él declaró: "Y yo os digo: Pedid, y se os dará; buscad, y hallaréis; llamad, y se os abrirá" (Lc. 11:9). Al final de la otra parábola explicó: "¿Y acaso Dios no hará justicia a sus escogidos, que claman a él día y noche? ¿Se tardará en responderles? Os digo que pronto les hará justicia" (Lc. 18:7-8).

A los cristianos dispersados y perseguidos en la iglesia primitiva, Pedro escribió: "sed, pues, sobrios, y velad en oración" (1 P. 4:7). Proceder de la manera correcta en la oración es orar con sensibilidad, con nuestra mente y nuestro entendimiento así como con nuestros corazones y espíritus. "¿Qué, pues? Oraré con el espíritu, pero oraré también con el entendimiento; cantaré con el espíritu, pero cantaré también con el entendimiento" (1 Co. 14:15), dijo Pablo.

Proceder de la manera correcta en la oración también implica orar de forma específica. "Y todo lo que pidiereis al Padre en mi nombre", Jesús prometió, "lo haré, para que el Padre sea glorificado en el Hijo. Si algo pidiereis en mi nombre, yo lo haré." (Jn. 14:13-14). Dios contesta la oración para mostrar su poder, y cuando no oramos de manera específica, Él no puede dar una respuesta específica por medio de la cual su poder y amor para con sus hijos sea desplegado con claridad. Orar como a veces lo hacen los niños, diciendo: "Dios, por favor bendice a todo el mundo", en realidad no es orar en absoluto. Debemos pensar en personas particulares, problemas particulares, necesidades particulares, y luego orar sobre esas cosas de manera específica y ferviente, para que podamos ver la respuesta de Dios y ofrecerle nuestra alabanza y gratitud.

La mayoría de los cristianos nunca toman con seriedad la oración hasta que surge un problema en su propia vida o en la vida de un ser amado. Solo entonces se sienten inclinados a orar con intenciones específicas y con actitud persistente. No obstante, esa es la manera como los cristianos deberían orar *siempre*. La sensibilidad a los problemas y necesidades de otros, en especial de otros creyentes que están enfrentando pruebas o penalidades, nos llevará a orar por ellos "día y noche" como Pablo lo hacía por Timoteo (2 Ti. 1:3).

Puesto que los problemas más grandes siempre son espirituales, nuestro motivo de oración y nuestra concentración más grande, bien sea por nosotros mismos o por otros, debería enfocarse en la protección, la fortaleza y la sanidad espiritual. Sin duda es apropiado presentar necesidades físicas ante nuestro Padre celestial, pero nuestro enfoque principal siempre debería centrarse en necesidades espirituales: victoria sobre la tentación, perdón y limpieza de pecados cometidos, que los incrédulos confíen en Cristo para su salvación, y que los creyentes tengan mayor dependencia de Él. El contexto del llamado de Pablo a la oración es el de la guerra espiritual, y la oración del cristiano debería estar por encima de todo relacionada con esa guerra. El motivo más grande de preocupación e interés sobre nosotros mismos y otros creyentes debería ser la victoria en la batalla contra el enemigo de nuestras almas. Nuestras oraciones más profundas por nuestro cónyuge, nuestros hijos, nuestros hermanos y hermanas en la sangre y en la fe, nuestro pastor, nuestros misioneros y todos los demás, es que ellos ganen en sus vidas la batalla espiritual contra Satanás. Al examinar las oraciones de Pablo en sus epístolas nos damos cuenta de que él oraba ante todo por el bienestar espiritual del pueblo de Dios (véase por ejemplo, 1 Co. 1:4-7; Fil. 1:9-11; Col. 1:9-11; 2 Ts. 1:11-12).

Hace muchos años un santo de Dios oró con estas palabras:

> Oh Señor, en alas de oración me alzo hacia el mundo eterno, y en ese océano ancho mi alma triunfa sobre todos los males en las riberas de la moralidad. Desde allí el tiempo con sus distracciones y crueles decepciones nunca parece tan desconsiderado. En oración oh Dios, me veo como nada. Hallo que mi corazón va en pos de ti con intensidad, y anhelo con sed vehemente vivir contigo. Benditos sean los vientos recios del Espíritu que aceleran mi camino a la nueva Jerusalén. En oración todas las cosas aquí abajo se desvanecen y nada parece importante más que la santidad de corazón y la salvación de otros. En oración todos mis cuidados, ansiedades y temores mundanos desaparecen y son tan pequeños en relevancia como un soplo. En oración mi alma se exalta por dentro con pensamientos de lo que tú estás haciendo por tu iglesia, y anhelo que tu nombre sea glorificado con los muchos pecadores que se vuelven a ti. En oración soy elevado por encima de los guiños y los ceños fruncidos de la vida para saborear los goces celestiales. En oración puedo colocar todos mis intereses en tus manos para que estén a tu entera disposición, porque renuncio a mi propia voluntad e interés. En oración puedo interceder por mis amigos, ministros, pecadores, la iglesia, tu

reino, con la libertad más grande y la esperanza más radiante como un hijo a su Padre y como un amante a su amado. Así, oh Dios, ayúdame a orar siempre y sin cesar.

LOS OBJETOS DE LA ORACIÓN

En otro lugar Pablo nos manda orar por los incrédulos, por los encargados del gobierno y por otros, pero aquí el enfoque es en **todos los santos.** Los creyentes cristianos son **los santos,** y como tales son los únicos que están involucrados en la guerra espiritual para la cual Dios provee la armadura que Pablo acaba de describir, y los únicos que están en capacidad de orar en el Espíritu.

No es inapropiado orar por nosotros mismos, así como tampoco lo es orar por necesidades físicas. Sin embargo, así como la Biblia nos llama a orar más que todo por necesidades espirituales antes que físicas, también nos llama en primera instancia a orar por otros antes que por nosotros mismos. Aunque Pablo también se interesaba en sus propias necesidades, no menciona que orara por él mismo sino que más bien pedía a otros creyentes que oraran a su favor, como lo hace en los dos versículos siguientes (Ef. 6:19-20). Lo más grandioso que podemos hacer por otro creyente o que podemos hacer por nosotros, es orar. Esa es la manera como el cuerpo de Cristo crece tanto en su vida espiritual como en amor. Cuando un miembro del cuerpo está débil, herido o incapaz de funcionar, los otros miembros compensan la falta con su apoyo y ayuda para ese miembro. Samuel dijo al pueblo de Israel: "Así que, lejos sea de mí que peque yo contra Jehová cesando de rogar por vosotros; antes os instruiré en el camino bueno y recto" (1 S. 12:23). Con el Espíritu Santo de Dios que mora en nosotros y nos ayuda inclusive cuando no sabemos cómo orar (Ro. 8:26), ¿cuánto más pecamos nosotros como cristianos contra Dios cuando fallamos en la oración por nuestros hermanos **los santos**?

La persona que mantiene una buena salud espiritual se dedica con tesón al bienestar de los demás y en especial de los hermanos en la fe. Por otra parte, la raíz de las enfermedades tanto psicológicas como espirituales es la preocupación obsesiva con el ego. Lo irónico es que el creyente que se consume con sus propios problemas, aun sus propios problemas espirituales, excluyendo el interés en otros creyentes, sufre a causa de un egocentrismo destructivo que no solo es la causa real sino la barrera más grande para la solución de sus propios problemas. Por lo general esa clase de egoísmo le aísla de otros creyentes, quienes de estar involucrados en comunión fraternal íntima con esa persona, serían de ayuda con sus oraciones constantes por su bienestar espiritual.

Orar por otros con sinceridad y perseverancia es, en la gracia inmensurable de Dios, una gran bendición y fuente de fortaleza para nuestras almas. El doctor Martyn Lloyd-Jones informó que antes de desatarse la guerra civil española la nación ibérica estaba experimentando una epidemia tan grande de neurosis que los psiquiatras no daban abasto. Sin embargo, la guerra, terrible y destructiva como fue en muchos sentidos, tuvo el efecto inesperado de "curar" a muchos de los miles de neuróticos en España. Al tener que preocuparse por el bienestar de sus familias, amigos y patria en lugar del suyo propio, las neurosis de estas personas iban desapareciendo y los hospitales y clínicas casi quedaron vacíos de tales casos. "Esta población de neuróticos fue curada de repente por una ansiedad mayor", una ansiedad que superaba los confines egocéntricos de su bienestar individual. (*El soldado cristiano* [Grand Rapids: Baker, 1977], pp. 357-58)

LA ILUSTRACIÓN ESPECÍFICA

y por mí, a fin de que al abrir mi boca me sea dada palabra para dar a conocer con denuedo el misterio del evangelio, por el cual soy embajador en cadenas; que con denuedo hable de él, como debo hablar. (6:19-20)

El ruego de Pablo para que los hermanos oraran por él no tenía que ver en absoluto con que sanaran sus tobillos, maltrechos y adoloridos por las cadenas y el cepo, ni tampoco para que el apóstol fuera librado de la prisión y el sufrimiento. Su profunda preocupación era: **que al abrir mi boca me sea dada palabra para dar a conocer con denuedo el misterio del evangelio.** Cuando Satanás le tentó a quedarse callado con relación a Cristo, él necesitó la ayuda de Dios para tener **denuedo** y fidelidad en la proclamación **del evangelio.** Necesitaba ayuda en su propia batalla contra Satanás, y rogó a sus hermanos y hermanas en Éfeso que oraran con miras a ese objetivo.

El hecho de que en ese momento él estuviese **en cadenas** era incidental; su mayor preocupación e interés era en **el misterio** [véase 3:3] **del evangelio, por el cual** era un **embajador** enviado por Dios a todos los que escucharían su proclamación. El apóstol quería que sus hermanos en la fe oraran por su victoria en la guerra espiritual que este ministerio provocaba por parte de Satanás. Pablo confrontaba al enemigo cara a cara y sabía que no estaba en capacidad de ganarle en sus propios recursos.

En comparación a la mayor parte de los creyentes Pablo tenía dones especiales, era valiente, intachable en su vida moral y fuerte en su vida espiritual más que cualquiera. Sin embargo, necesitaba en gran medida la ayuda de Dios y el apoyo de los hermanos cristianos. Sabía que el poder y las bendiciones que tenía no eran fruto de sus acciones, y que su madurez y efectividad espiritual se fundamentaban en ese reconocimiento. Dios no puede utilizar a la persona autosuficiente, porque esa persona no siente que necesita de Dios. Es el creyente humilde que conoce su propia necesidad y su auténtica pobreza de espíritu, aquel a quien el Señor puede usar y bendecir en gran manera.

459

Pablo también necesitaba las oraciones de los hermanos en la fe porque era un líder. Nuestro enemigo sabe que cuando acaba con el pastor, las ovejas se dispersan (Mt. 26:31), y los líderes de la iglesia, incluido el Señor mismo, son blanco especial de Satanás. Cuanto más fiel y fructífero sea un pastor, mayor es la necesidad de que su pueblo ore todo el tiempo por su fortaleza y protección. Está mucho más expuesto a las asechanzas del diablo para desanimarle o infatuarle, para perder la esperanza o tener un optimismo superficial, para acobardarle o imbuirle un falso sentido de confianza en sí mismo. Satanás utiliza todas las situaciones, tanto favorables como desfavorables y tanto el éxito como el fracaso, para tratar de debilitar, distraer y desacreditar a los hombres dotados y comisionados por Dios para "perfeccionar a los santos para la obra del ministerio" (Ef. 4:12).

En una carta escrita poco tiempo después de Efesios, Pablo testificó: "Quiero que sepáis, hermanos, que las cosas que me han sucedido, han redundado más bien para el progreso del evangelio, de tal manera que mis prisiones se han hecho patentes en Cristo en todo el pretorio, y a todos los demás. Y la mayoría de los hermanos, cobrando ánimo en el Señor con mis prisiones, se atreven mucho más a hablar la palabra sin temor" (Fil. 1:12-14). Aun estando en prisión lo más importante para Pablo siempre fue **dar a conocer con denuedo el misterio del evangelio,** porque su propio denuedo era lo que atraía a los guardias del pretorio al evangelio y lo que inspiraba mayor denuedo en otros cristianos para mantener en alto su testimonio. Incluso al solicitar oración por él mismo, el propósito y motivación de Pablo eran carentes de egoísmo, la meta seguía siendo el avance del evangelio, que todo redundara en ánimo para otros creyentes y que su Señor fuera glorificado.

Dándose cuenta de que los cristianos de Éfeso no podían orar de manera específica o inteligente por él sin contar con más información, Pablo añadió: **Para que también vosotros sepáis mis asuntos, y lo que hago, todo os lo hará saber Tíquico, hermano amado y fiel ministro en el Señor, el cual envié a vosotros para esto mismo, para que sepáis lo tocante a nosotros, y que consuele vuestros corazones.** Tíquico, un hermano asiático, había sido elegido para acompañar a Pablo y los otros cuando llevaron la ofrenda para la recuperación de los hermanos en Jerusalén (Hch. 20:4-6); él estuvo con Pablo durante su primer encarcelamiento en Roma, y fue comisionado por el apóstol en varias ocasiones para emprender diversos viajes misioneros (véase 2 Ti. 4:12; Tit. 3:12). No solo se encargó de entregar esta carta de parte de Pablo, sino también la dirigida a Colosas, y en ambos casos tenía instrucciones de dar a sus receptores información adicional acerca de la situación del apóstol (Col. 4:7-9). En los dos textos apostólicos es llamado **hermano amado,** porque era muy cercano al corazón de Pablo.

Además de informar a los creyentes en Éfeso, **Tíquico,** quien fue elogiado como **fiel ministro en el Señor,** estaba encargado de animarles: para **que consuele**

vuestros corazones. Parece que la carta misma sería motivo suficiente de ánimo, pero Pablo sabía que una palabra personal de alguien que había estado con él recientemente constituiría un consuelo adicional para sus **corazones**. El hombre en cadenas se aseguró de consolar a otros.

LA BENDICIÓN

Paz sea a los hermanos, y amor con fe, de Dios Padre y del Señor Jesucristo. La gracia sea con todos los que aman a nuestro Señor Jesucristo con amor inalterable. Amén. (6:23-24)

En su hermosa claridad y sencilla dignidad, la bendición final del apóstol se resiste al análisis escueto. No deja de parecerse a las otras bendiciones de Pablo, pero resulta única en su reflejo de los temas tratados en esta epístola de contenido exuberante. Sin duda que la **paz** (cp. 1:2; 2:14-15, 17; 4:3; 6:15), el **amor** (cp. 1:15; 4:2, 15-16; 5:25, 28, 33) y la **fe** (cp. 1:15; 2:8; 3:12, 17; 4:5, 13; 6:16) son las pruebas recurrentes de autenticidad en la línea de pensamiento de esta gran epístola. No es de sorprenderse que Pablo agrupe las tres realidades y ore pidiendo que sean la experiencia y el compromiso vital de todos los creyentes.

La gracia o el favor divino, era el don que Pablo deseaba para **todos los que aman a nuestro Señor Jesucristo con amor inalterable.** Esa es la clase de amor que corresponde a creyentes verdaderos; de este modo, Pablo en realidad está identificando a los únicos que recibirán la gracia como aquellas personas cuyo amor no es temporal e incierto, sino permanente y genuino gracias a su origen divino.

Aplicar en obediencia y en el poder del Espíritu Santo los principios de **paz**, **amor** y **fe** enseñados en esta epístola, traerá como resultado para cada creyente la bendición y el favor de Dios.

Índice de palabras griegas y hebreas

Índice temático

"El *Comentario MacArthur del Nuevo Testamento* es la culminación de los comentarios bíblicos, así de sencillo. No se había visto desde los tiempos de Juan Calvino en Ginebra que un pastor permaneciera en el púlpito y produjera un conjunto teológico semejante a este. Hay aquí exégesis, exposición, doctrina, homilética, hermenéutica, revelación, pastoral y práctica; todo en esta serie. Si me encerrara en una habitación para preparar un sermón y solo tuviera una Biblia y una herramienta de referencia, esta sería la herramienta: El *Comentario MacArthur del Nuevo Testamento*, un tesoro expositivo sin par. No volveremos a ver en esta generación una obra de esta magnitud producida por un solo hombre".
—*Dr. Steven J. Lawson,*
Pastor principal, Christ Fellowship Baptist Church, Mobile, AL (USA)

ISBN: 978-0-8254-1802-0 Romanos, tapa dura
ISBN: 978-0-8254-1803-7 Apocalipsis, tapa dura

Disponibles en su librería cristiana favorita o en www.portavoz.com

La editorial de su confianza

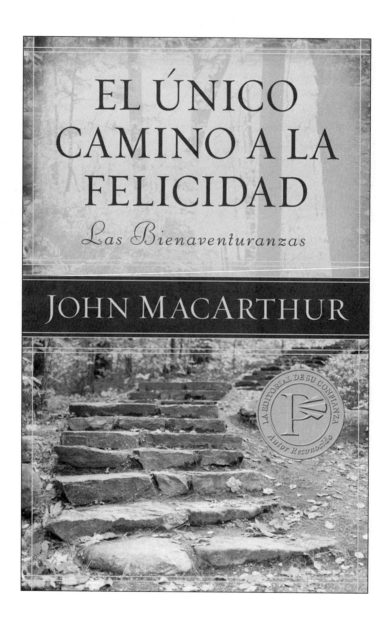

Esta palabra está a la vista en las primeras frases del mayor sermón que Jesús predicó jamás. John MacArthur le muestra cómo transformar su actitud hacia la felicidad e incluso redefinirla. Y todo se reduce a una palabra. Bienaventurado.

ISBN: 978-0-8254-1580-7

Disponible en su librería cristiana favorita o en www.portavoz.com

La editorial de su confianza

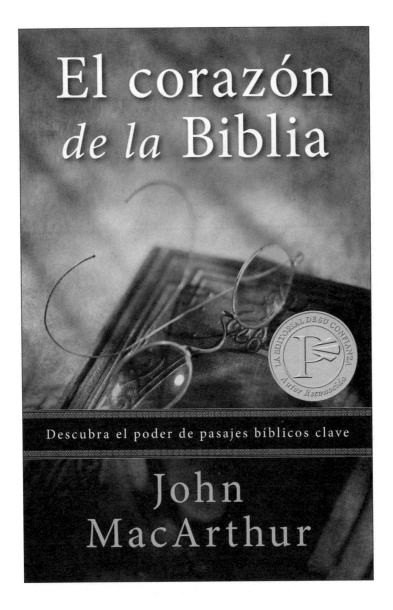

El corazón de la Biblia

de la Biblia

Descubra el poder de pasajes bíblicos clave

John MacArthur

El pastor-maestro de la Biblia ha escogido algunos de los versículos más significativos y memorables de las Escrituras. Mediante la enseñanza de estos versículos nos guía a un nuevo y profundo conocimiento de la Palabra de Dios. John MacArthur invita a todo cristiano a unírsele en un estudio del corazón de la Biblia.

ISBN: 978-0-8254-1577-7

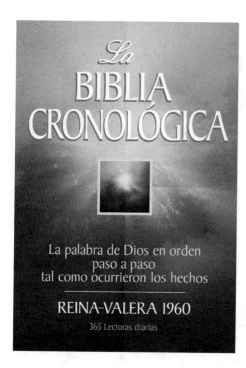

La Biblia cronológica
F. LaGard Smith

UNA BIBLIA COMO NINGUNA OTRA
La Palabra de Dios en orden, tal como ocurrieron los hechos.
Esta presentación única de la Palabra de Dios en orden de acontecimientos nos ayuda a ver y entender con más claridad el plan redentor desde la creación hasta el Apocalipsis. Mediante el orden de sucesos, el creyente apreciará el plan de Dios para su vida como nunca antes. La lectura de la Biblia será más informativa y vibrante. Al ver la perspectiva global y cada parte individual en su contexto adecuado, el lector se sentirá a veces complacido, a veces sorprendido, y siempre edificado.

En *La Biblia cronológica* encontrará:
La versión Reina-Valera 1960
...la versión más utilizada de las Escrituras, una traducción respetada y fácil de entender.
Un arreglo histórico de cada libro de la Biblia
...permite comprender el plan redentor de Dios desde la creación hasta el Apocalipsis en el orden de los acontecimientos.
Comentarios devocionales
...para guiar al lector de pasaje en pasaje y preparar la escena con datos históricos y nuevas percepciones espirituales.
365 secciones de fácil lectura
...para leer toda la Palabra de Dios en un año.
Un enfoque temático de Proverbios y Eclesiastés
...para conocer aspectos concretos de la sabiduría de Dios.

ISBN: 978-0-8254-1635-4 / Tapa dura
ISBN: 978-0-8254-1609-5 / Deluxe

Disponible en su librería cristiana favorita o en www.portavoz.com
La editorial de su confianza